実績と信頼の充実データ

種牡馬
最強データ'23~'24

関口隆哉
宮崎聡史

ドルチェモア

JN027067

Contents

はじめに

　偉大なるディープインパクトがこの世を去ってから4年目。いよいよラストクロップが春のクラシックシーズンを迎えます。さらには良きライバルであったハーツクライもその役目を終え、いよいよ次世代のリーディングサイアー争いが本格的に幕を開けます。一歩リードしている形のロードカナロアやキズナ、エピファネイアに加え、新鋭のドゥラメンテ、キタサンブラックらが、どのような活躍を見せてくれるのか興味は尽きません。また、豪州でブレイクしているモーリスのように、世界で日本発の血統が広まっていくことも、これからの血統界において注目すべきトピックスと言えるでしょう。

　また、2024年には、大井競馬場を舞台にした3歳ダート3冠が創設される予定です。それに伴い、ダート血統にも注目が集まります。国内、海外から続々と名種牡馬がスタッドインし、こちらも群雄割拠の様相を呈しています。芝レースと同じくらい、ダート路線が盛り上がることで、日本の血統界はますます活性化していくのではないでしょうか。（M）

"ポストディープインパクト"は、

ロードカナロア　キズナ

芝、ダートの「二刀流型」か、芝中長距離戦を得意とする「王道型」か!?

キタサンブラック　エピファネイア

ディープインパクト、キングカメハメハ、ハーツクライといった大種牡馬たちがフェイドアウトしていく時期を迎え、レベルの高い混戦が繰り広げられる時代が到来しつつある日本種牡馬界。
ディープに替わる新王座は、芝、ダートの双方で有力な産駒を量産するロードカナロア、キズナを代表とする「二刀流型」なのか、あるいは日本競馬の王道である芝中長距離戦線の大物登場が期待できるエピファネイア、キタサンブラックらの「王道型」なのか。
ハイレベルゆえの厳しさに充ちた時代を牽引する、日本のトップサイアー像を探っていく!

芝、ダートの双方で高いレベルを保つ

3頭の3冠馬が激突した2020年ジャパンCを含め、内外で芝GIを9勝したロードカナロア産駒アーモンドアイ。

"現役"であることが強みとなる、「二刀流型」のトップサイアー2頭

　厳密な境界線を設けるのはなかなかに難しいことではあるが、2022年サイアーランキングのトップ5、1位ディープインパクト、2位ロードカナロア、3位ハーツクライ、4位キズナ、5位ドゥラメンテは、2つのタイプに大別することが可能だ。

　1つ目は、日本競馬番組の中心である、芝中長距離戦線を得意とする産駒を輩出する「王道型」。皐月賞、ダービー、菊花賞の3歳3冠レース、牝馬の世代別頂点を決めるオークス、エリザベス女王杯、「グランプリレース」と称される有馬記念、宝塚記念、伝統と格式を誇る春秋の天皇賞、日本競馬最高の賞金総額が懸かるジャパンCといった、芝中長距離戦線に属する高額賞金レースの勝ち馬、活躍馬を多数出せれば、リーディングサイアー争いでも大きなアドバンテージを得ることになる。2022年のトップ5でいえばディープインパクト、ハーツクライ、ドゥラメンテの3頭が、この「王道型」に属する種牡馬といえるだろう。

　一方、芝中長距離戦線の一線級も送り出すが、ダート戦線で強さを発揮する産駒も多い「二刀流型」が、ロードカナロア、キズナの2頭ということになる。2022年JRAにおける、芝、ダート各部門の順位を見ると、ロードカナロアが芝2位、ダート3位、キズナが芝5位、ダート5位と、両コースを高いレベルでこなしていることが分かる。ちなみにディープインパクトは芝1位、ダート24位、ハーツクライが芝3位、ダート13位、ドゥラメンテが芝4位、ダート12位と、コースの得手、不得手が分かりやすい形で出ている。

　2023年以降のリーディングサイアー争いに目を移すと、死亡や引退により、「王道型」の3頭がすでに現役ではないこと、「二刀流型」の2頭がバリバリの現役であることは、大きな差異。ディープインパクトは2022年2歳世代、ハーツクライは2023年2歳世代、ドゥラメンテは

ロードカナロア　芝における代表産駒

馬名	性	生年	母	母父	戦績	主な勝ち鞍
アーモンドアイ	牝	2015	フサイチパンドラ	サンデーサイレンス	15戦11勝	ジャパンC2回などGI9勝
ダノンスマッシュ	牡	2015	スピニングワイルドキャット	ハードスパン	26戦11勝	高松宮記念、香港スプリント
サートゥルナーリア	牡	2016	シーザリオ	スペシャルウィーク	10戦6勝	皐月賞、ホープフルS
パンサラッサ	牡	2017	ミスペンバリー	Montjeu	25戦7勝	サウジC、ドバイターフ
ステルヴィオ	牡	2015	ラルケット	ファルブラヴ	21戦4勝	マイルCS、スプリングS

ロードカナロア　ダートにおける代表産駒

馬名	性	生年	母	母父	戦績	主な勝ち鞍
レッドルゼル	牡	2016	フレンチノワール	フレンチデピュティ	24戦9勝	JBCスプリント、東京盃
ジンギ	牡	2016	ロイヤルインパクト	ディープインパクト	33戦19勝	園田金盃、名古屋大賞典3着

※競走成績は2023年2月26日現在のものです。

二刀流型
ロードカナロア

圧倒的な層の厚さを誇る万能型サイアー。父キングカメハメハに続く首位種牡馬の座まで、あと一歩のところまできている。

2024年2歳世代が最終産駒となるが、2023年はともかく、2、3年先のリーディングサイアー争いということでは、「二刀流型」種牡馬2頭の方が圧倒的優位に立っていることは間違いない。2022年は共に10位台だった、「王道型」に属するエピファネイア、キタサンブラックの躍進も十分に考えられるが、ディープインパクトに替わる次期リーディングサイアーということでは、ロードカナロア、キズナのどちらかというのが、妥当な見方ではないだろうか。

スピード能力の高さが強力な武器に
次なるダート重賞馬の登場にも期待

2022年まで3年連続でランキング2位となっているロードカナロアだが、1位ディープインパクトとの賞金差ということでは、3年前の約36億9000万円差から約19億7000万円差、約2億5000万円差と急速に接近しつつある。

2022年のロードカナロア産駒には、初年度産駒アーモンドアイ、2年目産駒サートゥルナーリアのような、芝中長距離戦線のトップホースは登場しなかったが、共に全種牡馬中最多となる勝ち馬頭数「276頭」、勝ち鞍数「453勝」という圧倒的なまでの層の厚さが光った。ダート戦に限れば、勝ち馬頭数「193頭」、勝ち鞍数「336勝」。勝ち馬頭数の約70%、勝ち鞍数の約74%が、ダート戦でマークしたものだった。JRA、地方を含めた数字でもあり、芝、ダートそれぞれの1レース当たりの賞金額に大きな差

キズナ
スプリンターからステイヤーまで幅広い一流産駒を輩出。ダートも得意で 2022 年 JRA ダートランキングは 5 位に位置する。

があるため、全獲得賞金におけるダート戦の占める割合は 3 分の 1 程度にとどまるが、ダート戦でコツコツと積み上げた賞金が、首位ディープインパクトとの差を大きく縮める要因の 1 つとなったことは間違いない。ちなみに 2022 年にディープインパクトがダート戦で獲得した賞金は、ロードカナロアより 10 億円以上低い 4 億 4700 万円弱だった。

2022 年末現在、ロードカナロア産駒のダート重賞勝ち産駒はレッドルゼルのみ。もちろん、アーモンドアイに続く芝中長距離戦線の超大物が出ることも望まれるが、ダート重賞勝ち馬が相次ぐようになればリーディングサイアーの座もグッと近付いてくるはずだ。

ロードカナロアが繋養されている社台スタリオンステーション（以下社台 SS）の徳武英介氏は、その現況、次期リーディングサイアー獲得への見込みについて、こうコメントしてくれた。

「初年度産駒からアーモンドアイが出たことで、一時、芝中長距離の大物を求めるような配合に偏っていた印象もあります。現在は、ロードカ

ナロアの長所、芝、ダートを問わず、スプリント戦、マイル戦で発揮される豊かなスピードを引き出す配合に戻ってきています。とはいえ、地力の高さがあるだけに、アーモンドアイやサートゥルナーリアのように、2000 ｍ以上の大レースで活躍する仔も出てくるとは思っています。アーモンドアイが 2 分 20 秒 6 というレコードでジャパン C を制したのも、父のスピード能力が

ダート重賞戦線で獲得賞金額上積みを

あったからこそと考えています。いずれにせよ、日本競馬で何よりも求められるスピードを保持していること、加えて圧倒的な産駒層の厚さがあるだけに、次期リーディングサイアー最有力候補であることは確かでしょう」

現状はスピード武器のマイラー中心
芝中長距離戦線強化で長期政権も

2022年のキズナ産駒からは芝マイルGI安田記念を制したソングライン、阪神大賞典を連覇し天皇賞・春で2着したディープボンドと、マイラー、ステイヤーの双方で重賞ウイナーが誕生した。ダート重賞戦線においても交流ダート重賞ウイナーのテリオスベル、シリウスS2着、チャンピオンズC3着の実績を残したハピ、みやこSで2着したハギノアレグリアス、首でGIIゴドルフィンマイルを制したバスラットレオンといった活躍馬が出て、「二刀流型」の面目躍如ともいえる年となった。

キズナ産駒のダート戦における賞金獲得額は11億7300万円強。これは、全獲得賞金額の36％強となっていて、割合としてはロードカナロアの芝、ダート戦比率より高いものとなっている。2022年末の時点で、キズナ産駒のダート重賞ウイナーは前述のテリオスベル、バスラットレオンに加え、2019年北海道2歳優駿を勝ったキメラヴェリテの計3頭。地方競馬の力の

サウジアラビアでGIII戦を勝ち、帰国2戦目に安田記念を制したキズナ産駒ソングライン。スピード能力は極めて高い。

要る馬場への対応力が高いことも、種牡馬キズナの特徴といえるだろう。2023年以降のリーディングサイアー争いでも、ロードカナロア以上ともいえるキズナのダート適性は大きなアドバンテージとなりそうな予感もある。

「ディープボンドというステイヤーもいますが、基本的にはスピードが武器のマイラーがキズナ産駒の主流。ただし種付料が上がってきた2023年2歳世代は、配合される繁殖牝馬の陣容も変わっただけに、芝中長距離戦線の大物登場も期待できます。従来の得意分野に加えこの路線の活躍馬が続出すれば、長期政権を樹立することも十分にあり得そうです（社台SS・徳武氏）」

キズナ　芝における代表産駒

馬名	性	生年	母	母父	戦績	主な勝ち鞍
ソングライン	牝	2018	ルミナスパレード	*シンボリクリスエス	13戦5勝	安田記念、富士S
アカイイト	牝	2017	ウアジェット	*シンボリクリスエス	27戦5勝	エリザベス女王杯、垂水S
ディープボンド	牡	2017	ゼフィランサス	キングヘイロー	20戦5勝	阪神大賞典2回、フォワ賞
マルターズディオサ	牝	2017	*トップオブドーラ	Grand Slam	17戦4勝	チューリップ賞、紫苑S
ファインルージュ	牝	2018	パシオンルージュ	*ボストンハーバー	10戦3勝	フェアリーS、紫苑S

キズナ　ダートにおける代表産駒

馬名	性	生年	母	母父	戦績	主な勝ち鞍
テリオスベル	牝	2017	アーリースプリング	*クロフネ	30戦6勝	クイーン賞、レディスプレリュード2着
バスラットレオン	牡	2018	バスラットアマル	New Approach	19戦5勝	ゴドルフィンマイル、ニュージーランドT

芝中長距離戦線を席巻する活躍が鍵に

エピファネイア

2022年は苦戦を強いられたが、大物を出す能力に長けた名血種牡馬。レベル高い2023年3歳世代の巻き返しに期待が懸かる。

抜群の芝中長距離適性を活かしたい
現役最高種付額誇る「王道型」種牡馬

初年度産駒から3冠牝馬デアリングタクト、2年目産駒から皐月賞、天皇賞・秋、有馬記念とGIを3勝し、2021年年度代表馬にも選出されたエフフォーリアという芝中長距離戦線の超大物産駒を送り出したエピファネイアだが、2022年は重賞制覇が府中牝馬Sのイズジョーノキセキだけと、思わぬ苦戦を強いられてしまう。サイアーランキングも2021年の8位から12位へと後退してしまったこともあり、勢いが弱まった感は否めなかった。

看板産駒であるエフフォーリアの不振、重賞で好走するも、2、3着に惜敗する産駒が多かったことなどが、年間重賞1勝にとどまった要因となったが、エピファネイア自身も保持していた安定感の欠如、切れ味勝負となったときの不安といったようなものが出てしまった印象もあった。

とはいえ、ドゥラメンテと最後の最後まで2歳リーディング争いを繰り広げていたことが示す通り、2023年3歳世代の充実振りは今後に向けての明るい材料。加えて2023年2歳世代からは、種付料が倍々ペースで増えていった時期の産駒が相次いで登場してくることも、ランキング再浮上に向けての強力な後押しとなってくるはずだ。

JRAにおけるコース別順位において、2020年が芝6位、ダート53位、2021年が芝3位、ダート43位、2022年が芝6位、ダート36位と大きな差があること、また、2020～2022の3年間における芝2000m戦以上のサイアーランキングで、ディープインパクト、ハーツクライに続く3位に付けていることから、エピファネイアが「王道型」の代表的種牡馬であることは明白。年度代表馬クラスの飛び抜けた大物の登場だけでなく、優れた芝中長距離適性を受け継ぐ優秀産駒をいかに量産できるかが、現役最高種付額を誇るエピファネイアがリーディングサイアーにまで辿り着くための、大前提条件となってくることは確かだろう。

初年度産駒から年度代表馬が誕生
新たなスター候補も登場してきた

「王道型」の中で、現在、最も勢いを感じさせ

エピファネイアの代表産駒

馬名	性	生年	母	母父	戦績	主な勝ち鞍
エフフォーリア	牡	2018	ケイティーズハート	ハーツクライ	11戦6勝	有馬記念、天皇賞・秋
デアリングタクト	牝	2017	デアリングバード	キングカメハメハ	13戦5勝	桜花賞、オークス、桜花賞
サークルオブライフ	牝	2019	シーブリーズライフ	アドマイヤジャパン	8戦3勝	阪神ジュベナイルF、アルテミスS
アリストテレス	牡	2017	ブルーダイアモンド	ディープインパクト	20戦4勝	AJCC、菊花賞2着
イズジョーノキセキ	牝	2017	キングダンサー	キングカメハメハ	23戦5勝	府中牝馬S、垂水S

王道型

キタサンブラック

初年度産駒から年度代表馬が誕生し、2023年の種付料は前年から倍増の1000万円に。次なる大物候補も続々と登場してきている。

天皇賞・秋、有馬記念とGⅠ連勝のキタサンブラック産駒イクイノックス。2022年度代表馬に輝く。

るのが、初年度産駒から天皇賞・秋、有馬記念を連勝し、2022年度代表馬に選出されたイクイノックスを送り出したキタサンブラック。自身も3歳秋の菊花賞を皮切りに、芝中長距離GⅠを計7勝した成長力に溢れた名馬だったが、キャリアを重ねながら強さを増していく能力、奥深さを伴った独得の大物感といったものを、上手に産駒に伝えている。

2年目産駒となる2023年3歳馬たちからも、3歳1月の京成杯を制しクラシック有力候補の声が上がるソールオリエンス、2歳牝馬重賞アルテミスSを勝ったラヴェルなど次代のスター候補が登場。種牡馬としての潜在能力の高さを改めて示している。

2世代目産駒がデビューした時点ながら、2022年サイアーランキングで17位に飛び込んできたキタサンブラックだが、JRAにおけるコース別順位では芝11位、ダート43位と、得手不得手がはっきりと出ている。また、芝2000m以上のランキングでは、他の上位種牡馬よりかなり少ない出走頭数ながら、ディープインパクト、ハーツクライといった大御所たちに続く5位に位置していることも、「王道型」としての資質の高さをよく表しているデータだ。

2023年には前年の500万円から1000万円と、倍額の種付料が設定されたキタサンブラック。当然のことながら、配合される繁殖牝馬もより厳選されたものとなってくるはずだ。リーディングサイアー争いを繰り拡げるのは、早くても2、3年先だろうが、エピファネイア同様トッププレベルの厚みを増すことが、王座奪取に向けての重要な鍵となる。

キタサンブラックの代表産駒

馬名	性	生年	母	母父	戦績	主な勝ち鞍
イクイノックス	牡	2019	シャトーブランシュ	キングヘイロー	6戦4勝	有馬記念、天皇賞・秋
ガイアフォース	牡	2019	ナターレ	*クロフネ	7戦3勝	セントライト記念、国東特別
ソールオリエンス	牡	2020	*スキア	Motivator	2戦2勝	京成杯

ロードカナロア
エピファネイア
キズナ
キタサンブラック
オルフェーヴル
コントレイル

VS

芝・ダート「二刀流」型　芝中長距離「王道」型

次代のサイアーに求められる資質とは!?

「元祖二刀流」ともいえた大種牡馬 その後継者である「究極の王道型」

　1995年に初のリーディングサイアーに輝き、その後13年連続でタイトルを守ったサンデーサイレンスは、日本競馬の中心である芝中長距離戦線の強豪だけでなく、ビリーヴ、デュランダルといった芝スプリント、マイル戦線のチャンピオン、ダート王ゴールドアリュールなども送り出した、「元祖二刀流」ともいえる大種牡馬だった。だが、長年に亘り王座を維持できたのは、1995年に皐月賞を制したジェニュインから2005年の3冠馬ディープインパクトの間に誕生した数多の牡牝クラシックホース、そして古馬となって天皇賞・秋、ジャパンC、有馬記念を連勝したゼンノロブロイなど芝中長距離戦線の超一流馬が、ほぼ途切れることなく登場したからこそだろう。

　また、サンデーサイレンス最良の後継者となった現リーディングサイアーであるディープインパクトは、「究極の王道型」ともいえる存在。リアルインパクト、ミッキーアイル、グランアレグリアなど芝マイル戦線の大物も輩出しているが、3冠馬コントレイル、牝馬3冠馬ジェンティルドンナを筆頭とする内外を含め30頭を優に超える芝中長距離GI馬、さらに枚挙に暇がないこの路線の重賞ウイナーが、2022年まで11年連続で王座を守り通した屋台骨であったことは間違いない。

「王道型」、「二刀流型」が入り乱れ レベル高い混戦となることは確実か

　サンデーサイレンス、ディープインパクトという絶対王者の歴史を紐解けば、次代のリーディングサイアーも「王道型」から登場する確率が高いようには思える。しかし、前述のエピファネイア、キタサンブラックにしても、歴代絶対王者のような突き抜けた存在になるのは相当に難しい気もしている。

　その最大の理由としては、日本で供用される種牡馬全体のレベルが上がり、その中で突出することが極めて難しくなっているからだ。2022年の芝中長距離GI戦（障害戦は除く）勝ち馬の父を見ても、ディープインパクト、ドレフォン、ドゥラメンテ、ハーツクライ、キタサンブラック、モーリス、エイシンフラッシュと数多くの種牡

種牡馬でも光を放つ、GI6勝の歴史的名馬

2022年は総合ランキング2位、JRA芝部門2位、同ダート部門3位のロードカナロア。3歳ダート重賞改革も追い風となるか。

馬が名を連ねている。しかも、その中で複数の勝ち馬を送り出していたディープインパクト、ドゥラメンテが共に現役種牡馬でないことは、今後の王座争いをさらに混沌としたものにしていくのではないだろうか。

社台SSの徳武氏は、ディープインパクト退位後のリーディングサイアー争いに関してこんな見解を抱いているそうだ。

「大前提として、日本競馬の馬場特性に合致した、速い時計で走れる能力の持ち主であること。その上で、最も賞金が高い芝中長距離の大レースにおける勝ち馬、上位馬をいかに数多く送り出せるかが勝負という気がしています。ただし、一昔前とは違い、現在はダービーを勝つ能力を持った馬が毎年10数頭は存在するほど、日本競馬全体のレベルが高くなっている。本番前に使うレースの数も減っていますし、狙ったレースを確実に勝ち上がっていく、厩舎やオーナーサイドの技術、戦術も重要になってくるでしょう。そういった状況下で、一頭の種牡馬に有力産駒が集中するのはなかなか難しいのでは、とも感じています。そうなると短距離戦やダート戦でも産駒が活躍する多様性といったものも必要になってくる。現時点では、ランキング上位にいて層の厚さも誇るロードカナロア、キズナが次期リーディングサイアーに就く可能性が高いとは思いますが、数年先でいえばディープインパクトやハーツクライの肌に付けやすい血統構成であるエピファネイア、"王道型"のエースとなりそうなキタサンブラックにも十分にチャンスが有るはずです。さらにいえば、芝、ダートの双方で大物を出せるオルフェーヴルにも

可能性はあるだろうし、これから産駒がデビューしてくるサートゥルナーリア、コントレイルも、確実に上位争いに食い込んでくるでしょう。正直に言うと、"よく分からない"というのが本音です。スタリオンの立場としては、各種牡馬に"空白期間"を作らないよう、毎年コンスタントに繁殖牝馬を集めていくことを心掛けていきます」

2023年には芝中長距離路線のビッグレースであるジャパンC、有馬記念の1着賞金が5億円となり、この2レースを連勝するような産駒が登場してくれば、リーディングサイアー争いでも大きなアドバンテージを得られることになった。一方、下図にあるように、2024年からは3歳ダート中距離路線のレース体系が整備され賞金額もアップする。このダート3冠競走の充実は「二刀流型」にとっての朗報にもなる。

レベルの高い混戦となる首位種牡馬争いが、競馬全体の底上げにも繋がっていけば、ファンが馬券を買う楽しみもより深まってくるはずだ。

3歳ダート中距離路線が充実される（2024年より）

1月中旬 ブルーバードC JpnⅢ 船橋 1800m	2月中旬 雲取賞 JpnⅢ 大井 1800m 3月中旬 京浜盃 JpnⅡ 大井 1700m	4月下旬 羽田盃 JpnⅠ 大井 1800m	6月上旬 東京ダービー JpnⅠ 大井 2000m	10月上旬 ジャパンダートクラシック JpnⅠ 大井 2000m
		未定 ユニコーンS GⅢ 未定	8月上旬 レパードS GⅢ JRA新潟 1800m	9月上旬 不来方賞 JpnⅡ 盛岡 2000m

全日本的なダート競走の体系整備にともない、2024年から実施される3歳ダート3冠競走のレース体型が図のように決定した。賞金も大幅に増額される。

11

日本馬産界を支えた、ディープインパクト、キングカメハメハに続く「第三の男」

歴史的名種牡馬 ハーツクライが 刻んだ偉大なる蹄跡!

2022年にダービー馬ドウデュース、ジャパンダートダービー馬ノットゥルノと、
芝、ダートの双方で世代の頂点に立つ産駒を輩出した、
サンデーサイレンス直仔の大物種牡馬ハーツクライ。
これまでにも世界ランク第1位ジャスタウェイ、
年度代表馬リスグラシューなどの名馬を多数輩出してきた種牡馬としての特徴、
日本馬産界に与えてきた影響を検証しつつ、その後継者サイアーたちにも言及していく。

4歳後半に完成期迎え、海外に雄飛する

末脚勝負に懸ける典型的追込馬から
先行型へ脚質を変え内外でGI制覇

　2020年種付シーズンを最後に、種牡馬引退を表明したハーツクライ。現在、バリバリの現役種牡馬たちからはやや離れた場所に建てられた、社台SS内の厩舎にいるハーツクライはのんびりと余生を過ごしている。若い頃に比べ、だいぶ穏やかになったといわれるハーツクライだが、機嫌が悪いときには馬房を訪れた人を威嚇するような、気性の勝った仕草を見せることもあるそうだ。

　父は、すでにリーディングサイアーの座を連続して獲得していたサンデーサイレンス。母は、新潟大賞典、新潟記念という2つの重賞を含む、芝1400m～2000m戦で計9勝をマークした強豪アイリッシュダンス。ハーツクライは、父にとっては10世代目産駒、母にとっては5番仔として、2001年4月15日に千歳・社台ファームに誕生する。ちなみに「ハーツクライ（心の叫び）」という馬名の由来は、母「アイリッシュダンス（アイルランドの踊り）」から。アイルランドの音楽、舞踊を題材とした舞台作品『リバーサイド』の第1幕2曲目のタイトルが、そのものズバリの「ハーツクライ」なのだ。

　クラブ法人「（有）社台レースホース」の所

競走馬時代を振り返る

PROFILE

2001年4月15日生
競走成績 19戦5勝（3〜5歳・日首英）
主な勝ち鞍 有馬記念、ドバイシーマクラシック、
京都新聞杯。ジャパンC2着、ダービー2着、宝
塚記念2着、大阪杯2着、"Kジョージ"3着。

3走連続鞍上のルメールが、従来の追込み策を捨て先行する
戦法を選択。大本命馬ディープインパクトを降し、初GI制覇。

有馬となったハーツクライは、栗東の名門・橋口弘次郎厩舎に所属する。デビューは3歳1月の京都芝2000mコースを舞台とした新馬戦。武豊が鞍上を務め、単勝1.7倍の圧倒的人気に推されたこのデビュー戦を、好位追走から抜け出すレースで快勝したハーツクライは、来たるべきクラシックに向け好スタートを切った。

幸英明に手綱が替わり、2戦目にして重賞挑戦となったきさらぎ賞は3着まで。安藤勝己に乗り替わったOP若葉Sを差し切り勝ちし、皇月賞に駒を進める。しかしクラシック緒戦は、ダイワメジャーの14着に敗退、末脚不発に終わった。ダービー出走権が確定していなかったこともあり、陣営は、中2週で京都新聞杯に出走することを決定する。

重賞初制覇となったこのGII戦は、ハーツクライにとって重要な転換点にもなった。道中は最後方に付け脚を溜めに溜める。そして、4角を回りホームストレッチに入った勝負どころで、持続力にも優れた切れ味抜群の末脚を一気に爆発させる、という自身のキャラクターに最適の戦法を確立したのだ。続く大一番ダービーでも、乗り替わった横山典弘が直線勝負に徹し、先に抜け出していた安藤勝己騎乗の1番人気馬キングカメハメハを1馬身半差まで追い詰める2着に健闘する。

京都新聞杯、ダービーの2戦で世代トップクラスの地位を確保したハーツクライは、菊花賞で1番人気に推されるまでの存在となっていた。だがこの3冠最終戦は、やや早めに動いて、直線で伸び切れず7着に終わる。ここから、ハーツクライの苦難が始まる。得意とする直線一気がハマる展開となった、4歳時のGII大阪杯、宝塚記念、ジャパンCでも、どうしても後一頭が捉え切れず2着までというレースが続いた。

4歳暮れの有馬記念は、短期免許を取得し日本で騎乗していたC・ルメールが、前走ジャパンCに続いて手綱を取ることに決定。1歳下の無敗の3冠馬ディープインパクトが圧倒的な1番人気に推されていたこのグランプリレースで、ルメールは大胆な戦術を選択する。従来の追込み策を捨て、逃げたタップダンスシチー、それを追い掛けるオースミハルカに続き、3番手から競馬を進めたのだ。確かに、直線の切れ味比べでは、ハーツクライといえどもディープインパクトに及ばない公算は高い。ディープインパクトに勝つためには、前々で競馬を進め、直線で末脚が届かない位置にいることが唯一の方策ではあった。とはいえ慣れない先行策で、早々にハーツクライが上位争いから後退してしまうことも十分に考えられた。

結果的に、ルメールの策は見事に的中する。コースロスなく、4角を3番手で回り直線で抜け出すと、4角で6番手にまでマクリ上げていたディープインパクトの猛追を半馬身差抑え、念願のGI初制覇を成し遂げた。もちろん、大胆な戦術変更に出たルメールの功績は大きいが、道中は折り合い良く先行し最後まで脚色が衰えないレースが出来たことは、体力、そして気性面におけるハーツクライの成長を証明するものでもあった。この有馬記念でのハーツクライの馬体重は、9着に敗れた前年の有馬記念時

13

ハーツクライの血統表

系統：サンデーサイレンス系		母父系統：グレイソヴリン系	
父 *サンデーサイレンス 青鹿 1986	Halo 黒鹿 1969	Hail to Reason	Turn-to
			Nothirdchance
		Cosmah	Cosmic Bomb
			Almahmoud
	Wishing Well 鹿 1975	Understanding	Promised Land
			Pretty Ways
		Mountain Flower	Montparnasse
			Edelweiss
母 アイリッシュダンス 鹿 1990	*トニービン 鹿 1983	*カンパラ	Kalamoun
			State Pension
		Severn Bridge	Hornbeam
			Priddy Fair
	*ビューパーダンス 黒鹿 1983	Lyphard	Northern Dancer
			Goofed
		My Bupers	Bupers
			Princess Revoked

父サンデーサイレンス、母父トニービンというリーディングサイアー同士の組合せ。アウトブリード配合馬でもある。

より26キロ増え自己最多となる498キロだった。

2005年最優秀古牡馬に選ばれたハーツクライ陣営は、5歳時は海外のビッグレースをターゲットとすることを表明する。

初の海外遠征であり、有馬記念以来の実戦となった3月のドバイシーマクラシックは、欧州から豪華な顔触れが集っていた。英オークス、愛オークス、BCフィリー＆メアターフに勝ち、2004年欧州年度代表馬に選出されていたウィジャボード、愛セントレジャー馬コリアーヒル、2004年香港CなどGⅠ4勝をあげていた名牝アレクサンダーゴールドラン。しかし、引き続きC・ルメールが手綱を握った充実著しいハーツクライは、再び先行して直線で早めに抜け出す競馬を展開する。残り200mでは完全に独走状態を築き上げ、最後は2着コリアーヒルに4馬身4分の1差引き離す圧勝で、海外競馬関係者の度

肝を抜いた。

次戦は、首ナドアルシバ競馬場から英アスコット競馬場に舞台を移した、7月のKジョージⅥ世＆QエリザベスS。6頭という少頭数のレースにはなったが、この欧州競馬を代表する伝統の一戦には、愛ダービー、凱旋門賞を勝ち2005年欧州年度代表馬に輝いていたハリケーンラン、2005年英インターナショナルSでゼンノロブロイを降し優勝、2006年ドバイワールドCも圧勝していたエレクトロキューショニストといった、欧州のトップ中のトップが参戦していた。そして、ハーツクライは前記2頭と息をのむような追い比べを演じる。ハリケーンランの鞍上はC・スミヨン、エレクトロキューショニストはL・デットーリと、これまた欧州を代表する名手たちだったが、ハーツクライ＆ルメールのコンビもまったく引けを取らない。最後は1着ハリケーンラン、2着エレクトロキューショニストから半馬身、半馬身の3着となり、ハーツクライは世界最高レベルのグラスホースであることを鮮やかに証明したのだ。

自身の成長力、芝中長距離適性を産駒に伝えることで道を拓いていく

帰国緒戦のジャパンCに敗れ、現役引退が決まったハーツクライは、6歳となった2007年春から、社台スタリオンステーション（以下社台SS）における種牡馬生活を開始する。初年度の種付料は500万円と決して安くはなかったが、109頭の繁殖牝馬と種付され、翌春83頭の初年度産駒が誕生する上々のスタートを切る。

とはいえ、種牡馬ハーツクライを取り巻く状況はなかなかに厳しいものでもあった。種付を開始した2007年のサイアーランキングを見ると、1位の父サンデーサイレンスを筆頭に、2位アグネスタキオン、4位ダンスインザダーク、5位フジキセキ、8位スペシャルウィークと、サイアーランキング上位にはサンデーサイレンス系種牡馬で溢れかえっていたのだ。しかも父

リスグラシュー
豪GIコックスプレートを快勝してから臨んだ、ラストラン有馬記念。強敵相手に圧倒的パフォーマンス示し、5馬身差圧勝。

切れ味抜群の末脚一閃、
ダービー馬の栄光掴む

ドウデュース

後の菊花賞馬アスクビクターモアを交わし、後の年度代表馬イクイノックスとの追い比べをクビ差制したダービー。

母父の血も色濃く継ぐSS直仔サイアー

サンデーサイレンスこそ2002年にこの世を去っていたが、その他のサンデーサイレンス直仔種牡馬たちは現役バリバリ。その上「サンデーサイレンスの最高傑作」と謳われ、現役時代に鎬を削っていたGI7勝馬ディープインパクトも、2007年春からハーツクライと同じ社台SSで種牡馬生活を開始していた。

強力な同系種牡馬陣のなかからハーツクライを配合相手に選んでもらうためには、初期産駒の活躍、そして種牡馬としてのストロングポイントを早急に確立することが求められる。

初年度産駒がデビューした2010年、新種牡馬ランキングでディープインパクトに次ぐ2位に付けたものの、JRA2歳戦歴代最多勝ち鞍数をマークしたライバルに比べ、種牡馬ハーツクライの印象がだいぶ薄かったことは事実だろう。

種牡馬ハーツクライの本領が発揮されたのは、初期産駒が古馬となってから。2013年天皇賞・秋を圧勝したジャスタウェイを筆頭に、ギュスターヴクライ（阪神大賞典）、ウインバリアシオン（日経賞）、カレンミロティック（金鯱

賞）など、芝中長距離重賞ウイナーが相次いで登場したのだ。自らが誇った豊かな成長力、優秀な芝中長距離適性を上手に産駒に伝えられることが、ディープインパクトとは一味違う種牡馬ハーツクライ最大の長所となる。

2014年にはオークス馬ヌーヴォレコルト、ダービー馬ワンアンドオンリーという、世代の頂点に昇り詰めたクラシックホースが登場。その後も米GI馬ヨシダ、年度代表馬リスグラシュー、2歳GIを制したタイムフライヤー、サリオスなどが出現したことで、ハーツクライは様々な側面を持つ超一流サイアーへの道を歩んでいく。社台SSの徳武英介氏は、こんな言葉で種牡馬ハーツクライを語ってくれた。

「コーナーリングの拙さ、2歳戦での物足りなさといった当初の課題を、1つずつクリアしていき、現在の地位を築いてくれました。個人的には、SS直仔でありながら母父トニービンの後継者という意識も持っています。顔立ち、背中のラインの美しさ、気持ちの強さは、BMSから受け継いだものといえるでしょう」

2024年クラシックが楽しみな最終産駒陣

期待の名血が居並ぶ最終世代産駒
母父としても年々評価を高めている

種牡馬供用最終年となった2020年、ハーツクライはゆっくりとしたペースで種付をこなしていった。

「ときには、一週間とか10日間のインターバルを設けながら、まさにVIP待遇で種付シーズンを完走しました。社台SSとしても初めてとなる経験でしたが、ハーツクライはとても頑張ってくれました（社台SS・徳武氏）」

2021年には計35頭の最終世代産駒が誕生し、その全頭が血統登録されている。

2019年に、同じサンデーサイレンス系のディープインパクトがこの世を去っていたこともあり、本来ならばディープに付ける予定だった繁殖牝馬がハーツクライに回ってきたケースもあったのだろうが、配合された繁殖牝馬の顔触れは、下表にあるように豪華絢爛。日本競馬史に残る名種牡馬最後の血を何としてでも欲しいというバイヤー心理も働いたのか、セレクトセールでは億を超える超高額落札馬が相次いだ。

共に海外でGIを制したリアルスティール、ラヴズオンリーユーの半弟にあたるラヴズオンリーミーの牡駒は、3億円強の落札価格も納得できる魅力的な名血馬。当然、ビッグタイトル獲得を視野に入れた、スケールの大きな芝中長距離馬への成長が期待される。母、叔母が共に米GI馬という母スパニッシュクイーンの牡駒、母、叔父が米GI馬となる母シーズアタイガーの牝駒も、国内に留まらず世界に羽ばたいて欲しい血統背景の持ち主。やはりセレクトセールで2億円前後の落札価格となった。また、セール落札馬ではないが、2歳GI馬サリオスの全妹となる母サロミナの牝駒も、デビュー前から熱い注目を浴びる存在となりそうだ。

前述の母シーズアタイガーの牝駒、母サロミナの牝駒も、将来的には大きな期待を担って繁殖牝馬入りの運びとなるはずで、母父としてのハーツクライにも今後は大きな注目が集まる。

すでに母父産駒には、父エピファネイアで皐月賞、天皇賞・秋、有馬記念を制した2021年年度代表馬エフフォーリア、豪で走りブルーダイヤモンドSに勝ったロードカナロア産駒タガロアといったGIホースを筆頭に、すべて父ロードカナロアとなるケイデンスコール（マイラーズC）、トロワゼトワル（京成杯オータムH）、ヴァルディゼール（シンザン記念）といった重賞ウイナーたちが登場している。

エフフォーリアはサンデーサイレンス（以下SS）4×3のクロスを保持していることが大きな特徴。もちろん、SS4×3（＝3×4）のクロスが万能ということではないが、3冠牝馬デアリングタクトらも登場しているだけに、日本

2023年注目の最終世代産駒　Pick Up 7

母馬名	母父	性別	おすすめポイント
*スパニッシュクイーン	TRIBAL RULE	牡	母は米3歳芝GIアメリカンオークスの勝ち馬。叔母に米GIデルマーオークス馬スペンダレラ。1歳セレクトセールで1億9250万円。
*ファタルベーレ	PEDRO THE GREAT	牡	母は米GIデルマーオークスの勝ち馬。底力に優れた中距離型への成長期待の馬。1歳セレクトセールにおいて1億1000万円で落札。
*ラヴズオンリーミー	STORM CAT	牡	半兄にGIドバイターフのリアルスティール。半姉に日香米でGI4勝の名牝ラヴズオンリーユー。当歳セレクトセール3億800万円。
*ラブリーベルナデット	WILBURN	牡	母はGIIミセスリヴィアS、GIIIヴァリーヴューSなど米重賞を3勝した強豪。当歳セレクトセールにおいて2億2000万円で落札。
*イースト	FRANKEL	牝	母は仏GIIIトーマスブライアン賞に勝ち、GIBCジュヴナイルフィリーズターフで2着。母父フランケルとの相乗効果も楽しみに。
*サロミナ	LOMITAS	牝	母はGI独オークス馬。全兄にGI朝日杯FS勝ちのサリオス。半姉にGII府中牝馬S馬サラキア。優秀な瞬発力を活かす競馬が楽しみ。
*シーズアタイガー	TALE OF THE CAT	牝	母は米2歳GIデルマーデビュータントSに勝利。叔父に米GI3勝のスマイリングタイガー。当歳セレクトセールで2億2000万円。

BMSハーツクライの代表産駒エフフォーリア

PROFILE

2018年3月10日生
競走成績　9戦6勝（2〜4歳・日）
主な勝ち鞍　有馬記念、天皇賞・秋、皇月賞、共同通信杯、ダービー2着。

BMS代表産駒となる、有馬記念などGIを3勝した2021年年度代表馬。根幹種牡馬サンデーサイレンス4×3のクロスが完成する配合は、日本のスタンダードとなりつつある。

インブリード：サンデーサイレンス4×3、Hail to Reason 5×5

エフフォーリアの血統表

系統：ロベルト系　母父系統：サンデーサイレンス系

父 エピファネイア 鹿 2010	*シンボリクリスエス 黒鹿 1999	Kris S.	Roberto
			Sharp Queen
		Tee Kay	Gold Meridian
			Tri Argo
	シーザリオ 青 2002	スペシャルウィーク	*サンデーサイレンス
			キャンペンガール
		*キロフプリミエール	Sadler's Wells
			Querida
母 ケイティーズハート 鹿 2009	ハーツクライ 鹿 2001	*サンデーサイレンス	Halo
			Wishing Well
		アイリッシュダンス	*トニービン
			*ビューパーダンス
	*ケイティーズファースト 鹿 1987	Kris	Sharpen Up
			Doubly Sure
		Katies	*ノノアルコ
			Mortefontaine

馬産界のスタンダードになっていくことは間違いない。いずれもSS4×3のクロスが生じるエピファネイア、リオンディーズ、サートゥルナーリアの3兄弟種牡馬と母父ハーツクライという組合せから、芝中長距離戦線の新たな大物が出てくる可能性も十分にあるはずだ。

父ロードカナロアとのマッチングも、現代を代表するニックス配合へと進化してきている。この組合せはロードカナロアの特徴を素直に引き出す傾向もあるだけに、マイル戦線のスーパースター誕生を期待したい。2021、2022年とハーツクライのBMSランキングは10位台だったが、ごく近い将来トップ10に食い込んでくることは確実だろう。

新たなサイアーライン確立の期待高まる

上げ潮に乗ってきた世界ランク1位 今後産駒デビューの後継馬にも期待

キングカメハメハ、ディープインパクトといった現役時代からのライバルたちに比べ、後継サイアーということでは、やや遅れを取った感もあるハーツクライだが、ここに来て、供用当初から期待が大きかった2014年世界ランク1位馬ジャスタウェイが、やっと本領を発揮しだした。初のGI勝ち産駒となったダノンザキッド（ホープフルS）を始め、重賞勝ち馬が相次いで誕生。また、ガストリック（東京スポーツ杯2歳S）、セブンマジシャン（京成杯3着）など、クラシック戦線を賑わす馬たちが多数登場している2023年3歳陣は、黄金世代となる可能性を十分に秘めている。配合、育成など、ジャスタウェイ産駒に関するノウハウが確立して

きたことが、この躍進の原動力。ピーク時の200頭超から60頭台にまで減ってしまった種付数がV字回復していけば、トップ10圏内の常連になっても不思議ではない。

共にジャパンCを制した強豪で、2023年夏から初年度産駒がデビュー予定のシュヴァルグラン、スワーヴリチャードも、潜在能力の高さ

有力後継種牡馬となる世界ランク1位の名馬

ジャスタウェイ

ドバイデューティフリーを圧勝し、2014年世界ランク1位となった名馬。GI馬も誕生し、産駒の活躍が目立ってきた。

ハーツクライ　注目の後継種牡馬たち

馬名	生年	競走成績又は種牡馬成績
ジャスタウェイ	2009年	天皇賞・秋、ドバイDFなどGI3勝。産駒にダノンザキッド、テオレーマ。
スワーヴリチャード	2014年	ジャパンC、大阪杯とGI2勝。初年度産駒は2023年からデビュー予定。
シュヴァルグラン	2012年	ジャパンC、阪神大賞典などに勝利。初年度産駒は2023年からデビュー。
サリオス	2017年	朝日杯FS、毎日王冠2回などに勝利。2023年から種牡馬生活を開始する。
ヨシダ	2014年	芝、ダートで米GI制覇。米で種牡馬入りし、2023年から産駒がデビュー。

を感じさせる後継サイアーたち。どちらも成長力に優れた芝中長距離型で、2歳戦でどうかというのはあるが、スワーヴリチャードは祖母キャリアコレクションが米2歳牝馬戦線の活躍馬だけに、早い時期からのブレイクがあるかもしれない。

　2023年から社台SSで種牡馬生活を開始するサリオスも、楽しみが尽きない新進気鋭。2歳GIを制した仕上りの早さ、マイル〜1800m戦で活きる豊かなスピードと、ほかのハーツクライ代表産駒とはややタイプが違う一流馬であり、ハーツクライを祖とする父系の幅を大きく拡げるような存在となって欲しい。

　「どの繁殖牝馬を付けても走る産駒を出したディープインパクトと違い、ハーツクライは配合される牝馬を選ぶタイプの種牡馬だったと感じています。ハーツクライが誇る圧倒的なまでの爆発力を、いかにして引き出せるか。その意味では、玄人好みする種牡馬だったのかもしれま

芝中距離適性の高さで
GI戦を2勝の実力派

スワーヴリチャード
大阪杯、ジャパンCというGIレース2戦を含め、芝1800〜2400mの重賞を計5勝。2023年から初年度産駒がデビュー。

せん。後継種牡馬に関してもそれぞれに難しさがあるのかもしれませんが、かつて社台SSにけい養されていた（現在は日高・ブリーダーズSSで供用中）ジャスタウェイにせよ、現在、在厩しているスワーヴリチャードにせよ、配合がハマれば大物産駒を出せる、優秀な底力を保持していることは間違いありません。もちろん、今年から供用されるサリオスにも大きな期待を懸けています。米で大活躍したヨシダを間近で見たこともありますが、姿、形を含め、本当に良い馬でした。いずれにしても、ハーツクライが持っていた高い能力、馬相の素晴らしさが後世に引き継がれるよう、我々も努力を重ねていきます（社台SS・徳武氏）」

半姉、半妹もGI勝利、
良血際立つJC優勝馬

シュヴァルグラン
ボウマン騎手の手腕も冴え、ジャパンCを制覇。姉妹にヴィルシーナ、ヴィブロスがいる母系の良さも、種牡馬としての武器に。

春のクラシック戦線で狙える種牡馬はこの馬だ

3歳春GI馬券大作戦

ルーキー種牡馬が躍動した2022年桜花賞は2年目のドゥラメンテ産駒が優勝した。

リアルスティール　　キタサンブラック　　シルバーステート　　マインドユアビスケッツ

春のクラシック戦線を席捲したディープインパクトに代わり、主役を張るのはどの種牡馬の仔か⁉　まさに戦国時代と化した種牡馬界において、注目したいのはニューフェイス。すなわち新種牡馬たち。実は新種牡馬およびデビュー2年目の種牡馬歴の浅い馬の活躍が目立っているのが春の3歳GI戦線なのだ。いち早くルーキーたちの特徴をつかみ、馬券に役立てよう！

19

春の3歳GⅠは新種牡馬の活躍が目立つ

新種牡馬産駒を絡めるのが
馬券的中のポイントに！

偉大なるディープインパクトがこの世を去ってから今年で4年目。ポスト・ディープインパクトの座を巡る争いは佳境に入っている。

そんな中、ディープインパクトのラストクロップたちが3歳クラシックを迎える。もっとも、最終世代は6頭を数えるのみで、何頭がクラシックに駒を進めるかはわからない。ここでも、ディープインパクトの跡目争いはまだまだ予断を許さないと言えよう。

そして、春の3歳GⅠには、1つの大きな特徴がある。それはルーキー種牡馬の成績が良いということ。ルーキー種牡馬とは、初年度産駒もしくは2年目産駒が3歳を迎えた種牡馬で、下表は過去5年の春の3歳GⅠで3着に入った馬の父馬を一覧にしたものだが、一目瞭然ルーキー種牡馬の活躍が見てとれる。

ここ5年、毎年初年度＆2年目産駒が3着までに入っており、ここ2年は春の3歳GⅠ5レース全てで、ルーキー種牡馬が馬券に絡んでいた。特に2022年の皐月賞は初年度産駒同士の

1、2着になるという象徴的なレース結果となっている。

また、初年度産駒が走った種牡馬は2年目（2世代目）も走ることが多いが、キズナのように2年目でいきなりブレイクする種牡馬もいる。たとえ初年度が期待ハズレであっても、簡単に見限ってはいけないというわけだ。

ちなみに初年度、2年目と続けて活躍した種牡馬は、ロードカナロア、エピファネイア、ドゥラメンテのように、有力種牡馬として出世することが多いので、それらの産駒も当然3歳春GⅠシリーズで期待できることになる。

ルーキー種牡馬が活躍する理由としては、そもそも期待されて種牡馬入りしているわけだから、初年度の配合相手は質の高い繁殖牝馬が選ばれやすいという点があげられる。もちろん、馬は生物だから、化学式のように常に決まった反応になるとは限らない。それでも、成功する確率が高まることは事実なのだ。

そして2年目も引き続き同じか同程度の繁殖牝馬がつけられ、かつ初仔の様子を見てから種付が行われることもアドバンテージになる。

そして、ルーキー種牡馬におけるもう1つの

近5年の3歳春の GⅠ勝ち馬の父馬

	順位	桜花賞	皐月賞	NHKマイルC	オークス	ダービー
2022	1	ドゥラメンテ	ドレフォン	ロードカナロア	ドゥラメンテ	ハーツクライ
	2	シルバーステート	キタサンブラック	ダイワメジャー	キングカメハメハ	キタサンブラック
	3	ミッキーアイル	ハーツクライ	ドレフォン	ハービンジャー	ディープインパクト
2021	1	クロフネ	エピファネイア	KINGMAN	ゴールドシップ	ディープインパクト
	2	ディープインパクト	ドゥラメンテ	キズナ	ディープインパクト	エピファネイア
	3	キズナ	バゴ	FRANKEL	キズナ	バゴ
2020	1	エピファネイア	ディープインパクト	リアルインパクト	エピファネイア	ディープインパクト
	2	ダイワメジャー	ハーツクライ	ダイワメジャー	スクリーンヒーロー	ハーツクライ
	3	ディープインパクト	キンシャサノキセキ	オルフェーヴル	ゴールドシップ	ドリームジャーニー
2019	1	ディープインパクト	ロードカナロア	ダイワメジャー	ディープインパクト	ディープインパクト
	2	ダイワメジャー	ジャスタウェイ	ロードカナロア	ディープインパクト	ディープインパクト
	3	バゴ	ディープインパクト	ハーツクライ	バゴ	ジャスタウェイ
2018	1	ロードカナロア	オルフェーヴル	ディープインパクト	ロードカナロア	ディープインパクト
	2	オルフェーヴル	ルーラーシップ	ディープインパクト	ルーラーシップ	オルフェーヴル
	3	ルーラーシップ	スクリーンヒーロー	キングカメハメハ	オルフェーヴル	キングカメハメハ

初年度産駒 ／ 2年目産駒

注目要素として、「予想された産駒のイメージとのギャップ」がある。要するに、事前に想定されていた産駒の特徴と、実際の産駒の走りにギャップがあること。ギャップ自体はどの種牡馬にもあることだが、レースにおける人気に反映されやすいのは、まだそのことが周知されていないルーキー種牡馬ほど顕著になる。

その好例が2022年の皐月賞。優勝馬ジオグリフの父ドレフォンは米チャンピオンスプリンターで、産駒デビュー前の大まかなイメージは「ダートの短距離～マイル向き」だった。

ジオグリフが札幌2歳Sを勝った時も、「力の要る札幌コースの2歳重賞」ということで、あまり評価が高くなかった。実際、その後の朝日杯FS、共同通信杯と人気に応えられなかったこともあり、本番の皐月賞では5番人気に甘んじた。前述のレースで負けたドウデュースやダノンベルーガはともかく、2歳からのぶっつけになったイクイノックスやキラーアビリティより人気が下回ったのは、やはり事前の「距離が長い」というイメージが影響していたと考えられる。

しかし、終わって見れば後の年度代表馬イクイノックスに1馬身差の快勝。3番人気と1番人気との組合せで3連単32840円は、実際以上にギャップで配当が上乗せされたとみていい。

2着のイクイノックスにしても、父キタサンブラックが古馬になって無双したステイヤーだ

2022年皐月賞 2歳チャンピオンで前走弥生賞2着のドウデュースが1番人気。レースはアスクビクターモアが緩めのペースで先行。早めに動いたイクイノックスが直線で抜け出すも、ジオグリフがそれを捉え1馬身差をつけ、1冠目を手に入れた。

っただけに、キャリア2戦でぶっつけの産駒がいきなり好走するとは考えにくい。東京スポーツ杯2歳Sの勝ちっぷりが強烈だったが故の3番人気だが、馬連3570円は、こちらもおいしい馬券となった。

このように、ルーキー種牡馬には、実際に3歳GIで活躍しているという実績に加え、ギャップによる配当の上乗せも期待できる。

そこをピンポイントで狙っていこうというのが今回の特集の狙い。もちろん、イメージで人気が過剰になり、結果的に配当が下がるケースもあるが、それは嬉しい悲鳴というものだ。

というわけで、次ページからは、2023年の春の3歳GIシリーズで狙いたいルーキー種牡馬をレースごとに解説していきたい。

2023年春の3歳GIで狙える1、2年目の新種牡馬はこれだ

種牡馬名	23年3歳生産頭数	オススメポイント
キタサンブラック	81頭	強烈な末脚に支えられたセンスの良さが魅力。距離もマイルから2400mまで対応
シルバーステート	89頭	基本は中距離向きだが対応力はある。いろいろなタイプに期待
ドレフォン	125頭	マイル～中距離が守備範囲。ダート路線での活躍にも期待できる
ビッグアーサー	111頭	潜在的なスピード能力の高さは父譲り。欧州血統の粘り強さも内包する
リアルスティール	108頭	3冠レース皆勤に加え海外GI制覇の身体的、精神的タフさが魅力
サトノダイヤモンド	91頭	種牡馬としてのポテンシャルは高い。距離伸びて真価を発揮する
サトノクラウン	123頭	古馬になって本格化してからは、ビッグレースに強い底力を発揮
マインドユアビスケッツ	102頭	多種多様な産駒を期待できる。ダート向きだが芝もOK、距離は2000mまでか
グレーターロンドン	45頭	他馬に比べて少ない生産頭数ながら重賞馬輩出。産駒は粒揃い

桜花賞 芝1600m 4月9日 阪神競馬場

仕上がりの早さも重要なポイント！

狙える種牡馬はこれだ！

・キタサンブラック
切れ味でいうならポスト・ディープインパクト筆頭。

・ビッグアーサー
サクラバクシンオーらしいスピードが魅力。1600mまでなら。

・グレーターロンドン
母は桜花賞2着馬。自身も1600mでレコード勝ちがある。

切れる脚を持った系統か
パワーも秘めた種牡馬が狙い

　2023年の桜花賞は、ドゥラメンテ産駒の2歳女王リバティアイランドが中心と思われるが、アルテミスSで2着に敗れているように、枠順や展開などによってはつけいる隙はある。そのリバティアイランドをアルテミスSで降したのがキタサンブラック産駒のラヴェル。阪神JFでは11着に敗れたが、末脚不発の展開では致し方ない。切れ味では女王を凌ぐものを持っているので、差し馬有利の馬場や展開になれば怖い。桜花賞へのぶっつけが問題ないこともイクイノックスで証明済み。

　切れ味では劣るが、絶対的スピード能力の高さではサクラバクシンオーの直仔となるビッグアーサー産駒も侮れない。スローの切れ味勝負は分が悪くても、ハイペースの粘り込みならチ

ャンス。「純粋スプリンター」というイメージを覆せれば、2003年に13番人気で2着したシーイズトウショウ（父サクラバクシンオー）の再現も夢ではない。

　初年度産駒から小倉2歳S勝ち馬を出したグレーターロンドンも魅力。自身は中京記念をコースレコード勝ちした快速馬で、母も桜花賞2着馬。マイル適性はかなり高い。エルフィンS勝ちのユリーシャ、菜の花賞勝ちのトラベログも、ともに強烈という勝ち方ではなかったが、それゆえにマークもきつくならないと予想される。父馬の知名度の低さもあって、穴として魅力は十分。オッズの「上乗せ」も期待できる。

　そのほかでは、阪神JFでリバティアイランドの2着に入ったシンリョクカを送り出したサトノダイヤモンド産駒も怖い。期待が大きかっただけにやや残念な2歳戦線だったが、種牡馬としてのポテンシャルの高さは折り紙付き。遅れてきた大物が参戦してくる可能性は高い。

　穴っぽいところでいえば、ウォーフロント直仔の2頭、デクラレーションオブウォーとアメリカンペイトリオットもマークしておきたい。両者とも芝重賞での活躍馬を出しており、牡馬戦線だけでなく、牝馬戦線でも面白い存在。現時点で有力候補といえる馬は出ていないが、滑り込みで出走してきた馬などいたら、3着候補として追加してみるもの悪くない。

桜花賞で狙える1、2年目新種牡馬の仔供たち

仔馬名	種牡馬名	性別	戦績	実績	寸評
ラヴェル	キタサンブラック	牝	3戦2勝	アルテミスS	アルテミスSでリバティアイランドを凌ぐ切れ味
ブトンドール	ビッグアーサー	牝	4戦2勝	函館2歳S	ファンタジーSでも上がり最速の脚で2着
ユリーシャ	グレーターロンドン	牝	4戦2勝	エルフィンS	エルフィンSを逃げ切り勝ち。阪神コースでも勝ち星
シンリョクカ	サトノダイヤモンド	牝	2戦1勝	阪神JF 2着	キャリア1戦で挑んだGI阪神JFで2着
トーセンローリエ	サトノクラウン	牝	4戦2勝	春菜賞	春菜賞（芝1400m）を1分20秒9の好タイム勝ち

※競走成績は2023年2月26日現在のものです。

皐月賞 芝2000m 4月16日 中山競馬場

マイラーでもギリギリ距離が持つのが特徴

狙える種牡馬はこれだ！

・マインドユアビスケッツ
前年のドレフォンに近いイメージ。父系はバラエティに富む。

・リアルスティール
全妹のラヴズオンリーユー同様海外GI勝ちは適応力の高さの証。

・シルバーステート
この馬自身、中距離になってから抜群の安定感を見せている。

第2のドレフォンになれるか マインドユアビスケッツ

皐月賞はよく「速い馬が勝つ」と言われるように、マイルにも対応できるようなスピードが要求されるレースでもある。近年に限らずとも、ロゴタイプやダイワメジャーのように、後に名マイラーとして活躍した馬は少なくない。

そして同時に仕上がりの早さも求められる。産駒が2歳戦から良い走りを見せているような種牡馬なら、その点も該当している。

そう考えると、昨年、FSランキング1位だったドレフォン産駒が皐月賞を勝ったのも、その意味で順当と言えるかもしれない。

今年、その役割を期待されているのが、2022年FSランキングでトップに立ったマインドユアビスケッツ。ドバイゴールデンシャヒーン連覇、BCスプリント2着（ちなみにこの時の1着がドレフォン）という、ダートのA級スプリンターで、種牡馬としても、初年度産駒から全日本2歳優駿勝ちのデルマソトガケ、エーデルワイス賞のマルカラビットを出している。

血統的にはドレフォン以上にダートの短距離傾向が強いが、さかのぼれば加米でノーザンダンサー系を大きく発展させた大種牡馬デピュティミニスターにたどり着くので、芝をこなす産駒が出ても不思議ではない。実際、ホウオウビスケッツが芝で2戦2勝の成績を残しており、重賞実績こそないが、フリージア賞を好タイム勝ちしており、隠れた注目馬となっている。ぜひとも皐月賞に駒を進めて欲しい一頭だ。

適性の高さでいえば、リアルスティール産駒の方が皐月賞向きではある。リアルスティール自身は皐月賞2着だったが、ドゥラメンテの快走がなければ、あるいは勝っていたかもしれない走りをしていただけに、十分に資格はある。現時点での筆頭格はデイリー杯2歳S勝ちのオールパルフェだが、まだまだ有力馬が登場する可能性は高い。期待して待とう。

そのほかでは、シルバーステート産駒にも注目が集まる。中でも、中山芝1600mの1勝クラスを持ったまま3馬身差で楽勝したエエヤンに期待したい。半兄に京成杯勝ちのプレイアンドリアルがいる良血馬で、距離延長は望むところ。コース適性も高そうだ。

皐月賞で狙える1、2年目新種牡馬の仔供たち

仔馬名	種牡馬名	性別	戦績	実績	寸評
ホウオウビスケッツ	マインドユアビスケッツ	牡	2戦2勝	フリージア賞	フリージア賞（2000m）で2分を切る好時計
オールパルフェ	リアルスティール	牡	4戦2勝	デイリー杯2歳S	デイリー杯で負かした相手がGI2着
エエヤン	シルバーステート	牡	4戦2勝	1勝クラス	1勝クラスを持ったまま3馬身差の楽勝。半兄は京成杯勝ちのプレイアンドリアル
トップナイフ	デクラレーションオブウォー	牡	7戦2勝	ホープフルS2着	重賞連続2着。ホープフルSはハナ差の2着
クールミラボー	ドレフォン	牡	3戦1勝	きさらぎ賞3着	初芝、初距離、初コース、初重賞のきさらぎ賞で3着

23

マイラーとしての適性が問われる一戦！

狙える種牡馬はこれだ！

- **リアルスティール**
息の長い末脚を持つので、直線の長い東京コースは合う。

- **ビッグアーサー**
母系にキングマンボやサドラーズウェルズの血を持つ点に注目。

- **シルバーステート**
本質的には中距離血統だが東京のマイルなら向いている。

2022年はドレフォン産駒が100万馬券の片棒を担ぐ！

3歳マイル路線が確立されたことに伴い、トップマイラーたちの競演の舞台となった同レース。その結果、ダイワメジャー、ロードカナロアといったマイル適性の高い種牡馬が、ルーキー種牡馬たちの前に立ちはだかることとなった。

過去5年においても、ルーキー種牡馬が馬券に絡んだのは4回。これはダービーと並び最少で、ほかのGIとの差は歴然だ。それでも、ルーキー種牡馬を狙ってみたい大きな理由は、穴馬券の魅力にある。

2022年のカワキタレブリー（18番人気）を筆頭に、2021年ソングライン（7番人気）、2020年ラウダシオン（9番人気）、2019年ケイデンスコール（14番人気）と、ルーキー種牡馬の産駒で馬券圏内に入った馬は、ことごとく人気薄だった。「ルーキー種牡馬の産駒だから」という理由でもない限り、なかなか買いづらい馬ばかりだったと言えるだろう。

ただ、カワキタレブリーもデイリー杯2歳Sで3着があり、ケイデンスコールに至っては新潟2歳Sの勝ち馬だった。いずれも2桁着順での大敗歴があり、前走も馬券圏外だったことで大きく人気を落としたと思われるが、まだ特徴のつかみ切れていないルーキー種牡馬の産駒だったことも影響していると言えそうだ。

裏を返せば、「重賞で3着内の実績のあるルーキー種牡馬の産駒」が人気を落としていたら、かっこうの狙い目となるわけだ。

リアルスティール産駒とシルバーステート産駒はともに本質的には中距離向きであると思われるが、東京競馬場の長い直線であれば、息の長い末脚を活かしての好走が期待できる。スローの上がり勝負はむしろ大歓迎だ。

ビッグアーサー産駒の場合、生粋スプリンターの可能性もあるが、ビッグアーサー自身に含まれるキングマンボ、サドラーズウェルズの血は魅力的。欧州で培われた粘り強さが期待でき配合次第では、距離を克服する可能性もある。そして前哨戦のマイル重賞でそこそこ走っているのに、「距離が長い」という理由で人気を落としているような産駒がいたら、穴候補に入れておくのも面白い。

NHKマイルCで狙える1、2年目新種牡馬の仔供たち

仔馬名	種牡馬名	性別	戦績	実績	寸評
トーホウガレオン	リアルスティール	牡	5戦1勝	シンザン記念3着	5戦すべて3着以内。着差も3馬身以内と堅実味あり
カルロヴェローチェ	シルバーステート	牡	3戦2勝	白梅賞	白梅賞が逃げて2馬身半引き離す強い内容
ビッグシーザー	ビッグアーサー	牡	6戦4勝	中京2歳S マーガレットS	1600mはギリギリも潜在的なスピードは魅力
トラベログ	グレーターロンドン	牝	2戦2勝	菜の花賞	スタート良く先手を取り、余裕の逃げ切り勝ち
ショーモン	マインドユアビスケッツ	牡	3戦1勝	デイリー杯2歳S 3着	1600mのGIIでしぶとく粘り込み。先行力は魅力

オークス 芝2400m 5月21日 東京競馬場

3歳クラシックでも屈指の難解なレース

- **サトノダイヤモンド**
  菊花賞馬だけにスタミナには問題なし。

- **アメリカンペイトリオット**
  2400mはやや長いが牝馬同士のレースなら対応できる。

- **ミッキーロケット**
  本格化はまだ先だが牝馬同士なら勝負になる。

距離適性を上回る実力差 穴馬でも潜在的能力は高い

桜花賞に続く牝馬クラシックレース第2弾。一番の特徴は、桜花賞から一気に距離が800m伸びること。牝馬には過酷とも言える2400mの距離が、様々な波乱を巻き起こしている。

血統面においても、桜花賞ではスピードと切れが要求されるのに対し、オークスは2400m＋東京コースの長い直線を乗り切るだけのスタミナと精神力が求められる。

ただ、オークスに限ったことではないが、適性だけあればいいのかというとそうでもない。やはり相応の実力は必要となる。過去5年で2桁人気が4頭馬券圏内に入っているが、そのうちの2頭が後に秋華賞で1着と2着、1頭は重賞勝ちを収めており、活躍できていないのは2021年の3着馬ハギノピリナだけだ。

そしてオークスもまた、ルーキー種牡馬の活躍が目立つレース。2019年を除き、毎年ルーキー種牡馬の産駒が馬券圏内に入っている。ちなみに、前述のハギノピリナはキズナの2年目産駒。ここでも、「人気薄のルーキー種牡馬産駒が穴を開ける」パターンにあてはまっている。大穴を狙う上でも、ルーキー種牡馬の産駒はチェックしておきたいところだ。

今年のオークスで注目したいルーキー種牡馬は、まだ種牡馬としてのポテンシャルを出し切れていないサトノダイヤモンド。

「ディープインパクト×ダンチヒ系の異流血脈」という配合はジェンティルドンナと同じ。ピタリとはまれば大物が期待できる。有力馬候補としてあげたいのはアウフヘーベン。まだ1勝馬の身だが、重馬場だった未勝利戦（2000m）の勝ちっぷりがなかなか良かった。

穴っぽいところでは、アメリカンペイトリオット産駒のエールミネルヴァ。こちらも重馬場の未勝利戦を好タイム勝ちしている。父馬がマイラーなので、前哨戦などでよほどの勝ち方をしない限り人気にはならないはずだ。

ほかでは、ミッキーロケット産駒のフラッシングレートも面白い。出遅れからマクリ気味に先行馬を捉えた走りは光るものがあった。

そしてもしスローの差し脚勝負になれば、キタサンブラック産駒の2騎も黙ってはいまい。

オークスで狙える1、2年目新種牡馬の仔供たち

仔馬名	種牡馬名	性別	戦績	実績	寸評
アウフヘーベン	サトノダイヤモンド	牝	4戦1勝		初勝利は芝2000m。重馬場を先行しての勝利
エールミネルヴァ	アメリカンペイトリオット	牝	5戦1勝		重馬場の未勝利戦の勝ちタイムが優秀
フラッシングレート	ミッキーロケット	牝	4戦1勝		出遅れるも緩みのないペースをマクリ気味に差し切る
コナコースト	キタサンブラック	牝	2戦1勝	エルフィンS 2着	エルフィンSで上がり2位となる33秒6の脚で2着
アスコルティアーモ	キタサンブラック	牝	3戦1勝		3戦共に上がり2位以内をマークしている

ダービー 芝2400m 5月28日 東京競馬場

次世代の覇権を握るのはどの種牡馬だ!?

ポスト・ディープを占う一戦
ルーキー種牡馬にもチャンス

産駒デビュー以来、11年で7勝をマークし、2着3回3着4回という、ダービーで圧倒的な戦績を誇る偉大なるディープインパクト。もちろん、2023年にさらに勲章を重ねる可能性もあるので、最終世代からは目が離せない。

その一方で、ダービーサイアーという称号が、ポスト・ディープインパクトを象徴するものになることもまちがいないだろう。

ルーキー種牡馬の産駒で馬券圏内に入ったのは4頭。NHKマイルCと並んで厚い壁となっているが、だからこそダービーサイアーとなって、その名をあげたいところだ

その有力候補の筆頭がキタサンブラック。初年度産駒から年度代表馬を輩出し、格的にもポスト・ディープインパクトの最右翼であるロー

ドカナロア、キズナ、エピファネイア、ドゥラメンテに迫っている。イクイノックスだけでなくその後の世代が続くようなら、リーディング争い、さらにはトップに立つことも夢ではない。

そのためにも、去年取り損なったダービーのタイトルは手に入れたいところ。現時点での1番手がソールオリエンス。京成杯の勝ちっぷりは衝撃的で、早くも皐月賞有力候補に挙げられている。だが、ここでは、あえてその先のダービーの有力候補として注目したい。もちろん皐月賞次第では2冠も期待できる。また、シュヴァルグラン、ヴィルシーナ、ヴィブロスというGI馬を兄姉に持つグランヴィノスも、ぜひダービーで走りを見てみたい一頭だ。

それに続くのはサトノクラウン。キタサンブラック、ハイランドリールという名だたる名馬をGIで降しており、「大物食い」の底力が産駒に伝わるなら面白い。キャリア1戦の身で共同通信杯に駒を進め、0.2秒差4着に入ったタスティエーラには、その雰囲気を感じる。

牡馬3冠で2、4、2着だったリアルスティールも、ダービーサイアーになれるポテンシャルの持ち主。その産駒で注目したいのは、セレクトセールで1億7600万円で取引されたフェイト。現時点で4戦1勝という成績だが、皐月賞をスキップしてダービーに向かうようなローテーションを取れれば怖い存在ではある。

ダービーで狙える1、2年目新種牡馬の仔供たち

仔馬名	種牡馬名	性別	戦績	実績	寸評
ソールオリエンス	キタサンブラック	牡	2戦2勝	京成杯	直線でふらつきながらも、その後に見せた脚は驚異的
グランヴィノス	キタサンブラック	牡	2戦1勝		兄姉にGI馬のいる母系が魅力的
タスティエーラ	サトノクラウン	牡	2戦1勝	共同通信杯 4着	キャリア1戦で挑んだ共同通信杯は4着も大物感あり
フェイト	リアルスティール	牡	4戦1勝		やや大事に使われているがスケールの大きさは感じる
ショウナンバシット	シルバーステート	牡	4戦2勝	1勝クラス	重馬場の2200m戦を乗り切ったタフさは混戦で魅力

カラヴァッジオ

日本で 2023年 初供用される新種牡馬たち

海外、国内から各カテゴリーの勇者たちが参戦!

注目は仏GI産駒出した快速型ダート系種牡馬にも期待馬多数

まず、2023年2月に急遽種牡馬入りが決まった2021年年度代表馬エフフォーリアについて触れておきたい。シーズンにやや遅れての供用開始となったが、天皇賞・秋で2強相手に見せた鮮烈な勝ち方からも種牡馬としての期待は相当高く、あっという間に満口に。自らが保持するサンデーサイレンス4×3のクロスをどう活かすかが、大物産駒誕生の鍵となりそうな予感もする。

シーズンが始まった時点で、最も高額な種付料が設定されたのが、JBBAが導入したカラヴァッジオ。デビュー戦から8連勝を記録した生粋のスプリンターで、仕上りの早さと圧倒的なまでのスピード能力を武器としていた。愛での供用時代から、英、仏で2歳GIを制したテネブリズム、愛GIIデビュータントSを勝ったアガルタらを輩出、2021年欧州リーディングフレッシュサアイアーにも輝いている。日本でも2023年に持込馬アグリが阪急杯に優勝。父が米のトップ種牡馬スキャットダディ、母父がホーリーブルという血統構成で日本の繁殖牝馬と配合しやすい点も、セールスポイントとなりそうだ。

初年度から重賞馬4頭を輩出し2021年欧州のFSランキング首位に輝く。

米からの輸入種牡馬では、ダーレーグループが導入したウィルテイクチャージも高い人気を博しそう。伝統の米3歳GIトラヴァーズSの勝ち馬で、種牡馬としても米GIハリウッドゴールドCを制したゼアゴーズハーヴァードなど複数の重賞ウイナーを送り出している。日本競馬とも抜群の相性を誇るアンブライドルズソングを父に持っていることも、心強い材料といえるだろう。

父ハーツクライの若き後継者としての期待が懸かるサリオスは、仕上りの早さと成長力を兼備したタイプ。マイル〜中距離適性の高さ、母サロミナがGI独オークス馬、半姉に府中牝馬Sに勝ち有馬記念、エリザベス女王杯で共に2着したサラキアがいる母系の素晴らしさも、種

ウィルテイクチャージ
WILL TAKE CHARGE
2013年米3歳牡馬チャンピオン

𝓟ROFILE

競走成績　21戦7勝
最高レーティング　124 I（13年）
主な勝ち鞍　トラヴァーズS、クラークH、ペンシルヴェニアダービー、ブリーダーズCクラシック2着。

父 Unbridled's Song 芦 1993	Unbridled	Fappiano
		Gana Facil
	Trolley Song	Caro
		Lucky Spell
母 Take Charge Lady 鹿 1999	*デヒア	Deputy Minister
		Sister Dot
	Felicita	Rubiano
		Grand Bonheur

カラヴァッジオ
CARAVAGGIO
2021年欧州FSサイアー首位

𝓟ROFILE

競走成績　10戦7勝
最高レーティング　120 S（17年）
主な勝ち鞍　コモンウェルスC、フェニックスS、フライングファイブS、コヴェントリーS。

父 Scat Daddy 黒鹿 2004	*ヨハネスブルグ	*ヘネシー
		Myth
	Love Style	Mr. Prospector
		Likeable Style
母 Mekko Hokte 芦 2000	Holy Bull	Great Above
		Sharon Brown
	Aerosilver	Relaunch
		Silver in Flight

牡馬としての成功を後押ししてくれそうだ。

ダート重賞戦線で大きな活躍を示した馬たちが、相次いで種牡馬入りしてきたのも大きな特徴。チャンピオンズC、JBCクラシックなどGIを4勝し、ドバイワールドCでも2、3着したチュウワウィザードは、世界レベルの能力の持ち主。父キングカメハメハ後継サイアーのダート中距離部門を背負って立つ、大きな存在となることを望みたい。東京大賞典4連覇を成し遂げたオメガパフューム、フェブラリーSを快勝したインティ、スピード能力の高さで南部杯連覇を達成したアルクトスも、安価な種付料が設定されていることもあり需要は高くなるはず。チュウワウィザードを含め、より高速化が進むであろう日本ダート戦線を牽引していく存在となって欲しい。

3歳時、米GIトラヴァーズS、クラークHに優勝。

サリオス
SALIOS
ハーツクライの若き後継種牡馬

PROFILE

競走成績　15戦5勝
最高レーティング　119 I、M（13年）
主な勝ち鞍　朝日杯FS、毎日王冠（2回）、サウジアラビアRC。

朝日杯FSを無敗で勝ち、3歳時と5歳時に毎日王冠優勝。

父	*サンデーサイレンス	Halo
ハーツクライ		Wishing Well
鹿 2001	アイリッシュダンス	*トニービン
		*ビューパーダンス
母	Lomitas	Niniski
*サロミナ		La Colorada
鹿 2009	Saldentigerin	Tiger Hill
		Salde

2023年日本で初供用される主な種牡馬

馬名	父	母父	生年	毛色	供用地	種付料
アルクトス	アドマイヤオーラ	*シンボリクリスエス	2015	鹿毛	新冠・優駿SS	受30万円F
インティ	*ケイムホーム	Northern Afleet	2014	栗毛	新冠・優駿SS	受50万円F
*ウィルテイクチャージ	Unbridled's Song	*デヒア	2010	栗毛	日高・ダーレー・ジャパンSC	産120万円
エフフォーリア	エピファネイア	ハーツクライ	2018	鹿毛	安平・社台SS	受300万円F
オジュウチョウサン	ステイゴールド	*シンボリクリスエス	2011	鹿毛	日高・ヴェルサイユリゾートF	受100万円F
オメガパフューム	*スウェプトオーヴァーボード	ゴールドアリュール	2015	芦毛	新ひだか・レックススタッド	受50万円F
カデナ	ディープインパクト	*フレンチデピュティ	2014	鹿毛	新ひだか・アロースタッド	受30万円F
*カラヴァッジオ	Scat Daddy	Holy Bull	2014	芦毛	新ひだか・JBBA静内種馬場	不300万円返
グローリーヴェイズ	ディープインパクト	*スウェプトオーヴァーボード	2015	黒鹿毛	日高・ブリーダーズSS	受100万円F、産150万円
ケイティブレイブ	アドマイヤマックス	サクラローレル	2013	栗毛	新冠・優駿SS	受30万円F
サリオス	ハーツクライ	Lomitas	2017	栗毛	安平・社台SS	受150万円F
サンライズノヴァ	ゴールドアリュール	*サンダーガルチ	2014	栗毛	新ひだか・アロースタッド	受40万円F
*ジャンダルム	Kitten's Joy	*サンデーサイレンス	2015	黒鹿毛	新ひだか・アロースタッド	受100万円F
ステルヴィオ	ロードカナロア	*ファルブラヴ	2015	鹿毛	新ひだか・アロースタッド	受80万円F
*ストラクター	Palace Malice	More Than Ready	2017	鹿毛	新ひだか・レックススタッド	受70万円F、条件なし50万円
スーパーステション	カネヒキリ	*ワイルドラッシュ	2014	栗毛	新ひだか・レックススタッド	受20万円F
チュウワウィザード	キングカメハメハ	デュランダル	2015	青鹿毛	新冠・優駿SS	受120万円F
*ハイランドリール	Galileo	*デインヒル	2012	鹿毛	日高・エスティファーム	受200万円F、産250万円
パクスアメリカーナ	*クロフネ	*サンデーサイレンス	2015	芦毛	新ひだか・レックススタッド	受40万円F
ヒガシウィルウィン	*サウスヴィグラス	*ブライアンズタイム	2014	栗毛	浦河・イーストスタッド	10万円、受20万円F、産30万円
*ホットロッドチャーリー	Oxbow	Indian Charlie	2018	黒鹿毛	安平・社台SS	受200万円F
マカヒキ	ディープインパクト	*フレンチデピュティ	2013	鹿毛	新ひだか・レックススタッド	受50万円F
マスターフェンサー	ジャスタウェイ	Deputy Minister	2016	栗毛	浦河・イーストスタッド	受20万円F、産30万円

本書の見方

収録馬について

① ランキングサイアー1〜521位

本書では2022年の産駒の獲得賞金（中央・地方・平地・障害の全レースが対象、ただしアラブ系競走は除く）に従い521位までの馬を紹介している。ただし、2020年に日本で生まれた初産駒たちがデビューした馬に関しては、「2022年フレッシュサイアーランキング」で紹介している。紹介スペースは、ランキング1〜20位までが4頁、ランキング21〜100位が2頁、ランキング101〜269位までが4分の1頁、ランキング270〜521位までが8分の1頁となっている。なお、このランキングには外国産馬、持込み馬として産駒が日本で走った、日本以外の国で供用されている種牡馬も含まれている。

② 2022年フレッシュサイアーランキング

2022年から、日本で生まれた初産駒がデビューした種牡馬と2020年生まれの初産駒が存在する種牡馬をすべて紹介している。紹介スペースは、ランキング1〜4位が2頁、5〜10位が2分の1頁、11〜30位までが4分の1頁、31〜36位が8分の1頁となっている。

③ 2023、2024、2025年度新種牡馬

2020年に、日本で初供用された種牡馬で、翌年産駒をもうけた馬を全頭紹介している。2021年もしくは2022年度に日本で初供用された種牡馬についても、全頭紹介頁をもうけている。また、すでに外国産馬などが走り、ランキング1〜521位に入っている種牡馬についても、再びこの項で紹介している。

④ ブルードメアサイアーについて

2022年のブルードメアサイアー（BMS）ランキング1〜16位までの馬を4分の1頁で、17〜88位までの馬を8分の1頁で紹介している。

⑤ 注目される海外けい養種牡馬

2020年に海外で初供用された種牡馬と海外サイアーランキング、海外主要レース勝ち馬の父で登場し前項目で取り上げられなかった種牡馬の中で、特に重要と思われる馬について48頭を、4分の1頁、もしくは8分の1頁で紹介している。

データについて

① ランキング1〜100位及び2022年フレッシュサイアーランキング1〜4位の種牡馬

2020年1月から2022年12月までの中央競馬産駒勝ち鞍データを付している。詳しい表の見方は各扉頁参照のこと。

② ランキング101〜521位及び2022年フレッシュサイアーランキング5位以下の種牡馬

産駒の勝ち鞍データは付さず、2022年度の総収得賞金、アーニングインデックスと能力指数表を示した。

③ 2023年度以降に産駒がデビューする新種牡馬

原則的に産駒データがないため、能力指数表のみを示している。

$$\text{アーニング INDEX} = \frac{（産駒の総収得賞金）}{（産駒の出走頭数）} \div \frac{（全出走馬総収得賞金）}{（総出走頭数）}$$

単勝回収値、単勝適正回収値とは

単勝回収値は、産駒がレースに出走するごとに単勝100円を投票し、1レース平均でいくら回収できるかを表したもの。単勝適正回収値とは、産駒がレースに出走するごとに同じ配当になるようにお金をかけ、1レース平均でいくら回収できるかを表したもの。本書では100円を投票した場合のそれぞれの値を示している。

$$\text{実勢評価値} = \frac{2022年総収得賞金}{2022年出走頭数 \times 2023年種付料}$$

産駒が産み出した賞金総額を種牡馬に依拠する産駒全体の実勢価値で割った値。1.00より大きな値になれば、出走した産駒1頭平均で現在の種付料以上の賞金を生み出しているといえる。

表記について

① 略語

● 各種牡馬の供用地で、SSはスタリオンステーション、SCはスタリオンセンターを指すものとする。
● レース名は原則としてS＝ステークス、C＝カップ、T＝トロフィー、CS＝チャンピオンシップと略記されている。また、英米のレースの距離表示として使われるF＝ハロン（1ハロンは約200m）の略記である。距離表示の前に付くD＝ダート、AW＝オールウェザーは馬場の種類の略記である。
● 国名は、原則として漢字表記とした。主な国名は、日＝日本、米＝アメリカ、加＝カナダ、英＝イギリス、愛＝アイルランド、仏＝フランス、独＝ドイツ、伊＝イタリア、豪＝オーストラリア、新＝ニュージーランド、香＝香港、星＝シンガポール、亜＝アルゼンチン、智＝チリ、伯＝ブラジル、宇＝ウルグアイ、土＝トルコ、首＝アラブ首長国連邦、華＝カタール、沙＝サウジアラビアとなっている。

② ＊印

外国から日本に輸入された種牡馬、繁殖牝馬であることを示す「＊」印は、最初の馬名表示、血統表内での馬名には付しているが、本文中では割愛している。

③ 馬齢表記について

各種牡馬の馬齢表記は、2001年から日本でも採用された国際基準によっている。なお2000年以前のレース名は、当時のものをそのまま使用している（例「朝日杯3歳S」、「共同通信杯4歳S」など）。

④ 重賞競走の表記について

日本がPART I 国へ移行したことに従い、Gレースの表記を国際基準に改め、国際競走でないGレースはすべてJpnと表記されることになったが、本書では便宜的にGで表記している。

⑤ 競走名の前に付くL表記について

OP競走の中で重要なレースであることを示すリステッドレースであることを表している。

※本文中の競走成績は2023年2月26日現在のものです。

2022年 種牡馬ランキング TOP20

ディープインパクトは11年連続でリーディング首位の座を守り続けている。しかし、次代のリーディングの座をめざすロードカナロアやキズナ、新鋭キタサンブラックなどの戦いが熾烈なものとなってきた！

Thoroughbred Stallions In Japan

プロフィールページ

2018～21年の順位　　馬名

5代血統表、種牡馬の系統、母馬（母の父）の系統

2022年総合ランキング、2歳馬ランキング

種付料、けい養先、生年、毛色、生産地など

能力パラメータ

現役時代の競走成績、最高レーティング（P164欄外参照）など

現役時代および種牡馬としてのエピソード

種牡馬の父と母などの血統的特徴

5代以内のインブリード

代表産駒

けい養牧場からのコメント

最近5年間の種付頭数と産駒数

データページ

単勝回収値、単勝適正回収値

実勢評価値、2022年の産駒の総収得賞金、アーニングINDEX、中央競馬、地方競馬の勝馬数の合計など

2020～2022年の中央競馬でのData Box

コース別の勝率、連対率、3着内率

条件別の勝率、連対率、3着内率

人気別の勝率、連対率、3着内率

距離別の勝率、連対率、3着内率

データから導き出される馬券購入時のポイント

重賞レースでの産駒の傾向

通算重賞勝ち数

POGに役立つ2023年期待の2歳馬解説およびおすすめ2歳馬10頭、または種牡馬ストーリー

馬場状態別の勝率、連対率、3着内率

性齢別の勝率、連対率、3着内率

芝、ダートそれぞれの勝利時の脚質

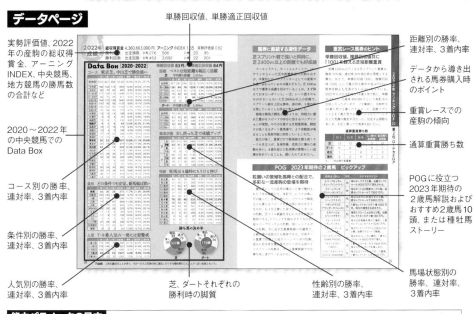

能力パラメータの見方

短…1000～1400m、マ…1600m前後、中…1800～2100m、長…2200m以上、万…万能（産駒の距離タイプが様々）、早…早熟、普…普通、晩…晩成、持続…早熟と晩成を併せ持つ、◎…非常に得意、○…得意、△…やや不向き、▲…不得意

※種付料で受＝受胎確認後支払、産＝産駒誕生後支払、不＝不受胎時全額返還、F＝フリーリターン特約（P138欄外参照）、返＝流死産又は死亡時返還、不出返＝不出生時返金。　価格・支払条件、供用地などは変更の場合があります。

RANKING
1

2021 ①
2020 ①
2019 ①
2018 ①

2歳馬 100

ディープインパクト
DEEP IMPACT

GI、重賞における不変の強さ示し、11年連続王座に

2019年死亡
2002年生　鹿毛　早来・ノーザンファーム産

距離	成長型	芝	ダート	瞬発力	パワー	底力
万	持続	◎	○	◎	○	◎

年次	種付頭数	産駒数
22年	**−**	**−**
21年	−	−
20年	−	6
19年	24	113
18年	207	144

PROFILE

競走成績　14戦12勝（2〜4歳・日仏）
最高レーティング　127 L（06年）
主な勝ち鞍　ジャパンC、有馬記念、宝塚記念、天皇賞·春、ダービー、皐月賞、菊花賞、阪神大賞典、弥生賞、神戸新聞杯。有馬記念2着。

　デビュー前から評判となっていた名血馬で、2歳12月の新馬戦では、単勝1.1倍の人気に応える圧勝を飾る。3歳緒戦のOP若駒S、初の重賞参戦となった弥生賞でもさらに磨きが掛かった末脚を見せ付け、クラシックの主役候補に躍り出た。皐月賞では3角過ぎからマクリ上

げていき、最後はシックスセンスの追い上げを完封して、初GI制覇を達成。続くダービーでもケタ違いの強さを示し、5馬身差の完勝で3歳馬の頂点に立つ。秋は神戸新聞杯を勝って始動。10月の菊花賞ではアドマイヤジャパンの抵抗に、やや苦しんだが最後は2馬身差を付けてゴールを駆け抜け、シンボリルドルフ以来、21年振り史上2頭目となる、「無敗の3冠馬」に輝いた。古馬との初対戦となる暮れの有馬記念でも、単勝1.3倍の1番人気に支持されたが、先に抜け出した1歳上のハーツクライを捉え切れず2着に敗れる。古馬となってからも抜きん

系統：サンデーサイレンス系　母父系統：リファール系				
父 ヘイロー Halo 黒鹿 1969	Hail to Reason	Turn-to	Royal Charger	
			Source Sucree	
		Nothirdchance	Blue Swords	
			Galla Colors	
	Cosmah	Cosmic Bomb	Pharamond	
			Banish Fear	
		Almahmoud	Mahmoud	
			Arbitrator	
ウィッシングウェル Wishing Well 鹿 1975	Understanding	Promised Land	Palestinian	
			Mahmoudess	
		Pretty Ways	Stymie	
			Pretty Jo	
	Mountain Flower	Montparnasse	Gulf Stream	
			Mignon	
		Edelweiss	Hillary	
			Dowager	
母父 アルザオ Alzao 鹿 1980	Lyphard	Northern Dancer	Nearctic	
			Natalma	
		Goofed	Court Martial	
			Barra	
	Lady Rebecca	Sir Ivor	Sir Gaylord	
			Attica	
		Pocahontas	Roman	
			How	
母母 パークレア Burghclere 鹿 1977	Busted	Crepello	Donatello	
			Crepuscule	
		Sans le Sou	*ヴィミー	
			Martial Loan	
	Highclere	Queen's Hussar	March Past	
			Jojo	
		Highlight	Borealis	
			Hypericum	

父
*サンデーサイレンス
青鹿 1986

母
*ウインドインハーヘア
鹿 1991

インブリード：5代前までにクロスなし

血統解説

父サンデーサイレンスは、米2冠、BCクラシックなどを制した1989年米年度代表馬。日本で種牡馬となり、13年連続リーディングサイアーに輝く大金字塔を打ち建てた。後継種牡馬にも恵まれ、日本で誕生した"サンデーサイレンス系"の祖となる。母ウインドインハーヘアは独GIアラルポカルに勝ち、英オークスで2着した一流馬。本馬の半姉に米GIII馬ヴェイルオブアヴァロン（ドローローズH）、全兄にブラックタイド（スプリングS）を産んでいる。母系は名門で、甥にゴルトブリッツ（帝王賞）、一族にレイデオロ（ダービー）がいる。母父アルザオは勝負強さに優れた名サイアー。

代表産駒

ジェンティルドンナ（牝馬3冠、JC2回、有馬記念、ドバイシーマC）、グランアレグリア（マイルCS2回、安田記念、桜花賞、ヴィクトリアM）、コントレイル（3冠、JC）、ラヴズオンリーユー（オークス、BCフィリー＆メアターフ、香港C、QエリザベスII世C）、シャフリヤール（ダービー、ドバイシーマC）、ヴィブロス（秋華賞、ドバイターフ）、リアルインパクト（安田記念、ジョージライダーS）、ショウナンパンドラ（JC、秋華賞）、マリアライト（宝塚記念、エリザベス女王杯）、サトノダイヤモンド（有馬記念。菊花賞）、ワールドプレミア（天皇賞・春、菊花賞）、ミッキーアイル（マイルCS、NHKマイルC）、エイシンヒカリ（香港C、イスパーン賞）、グローリーヴェイズ（香港ヴァーズ2回）、サクソンウォリアー（英2000ギニー、レーシングPT）、フィアースインパクト、オーギュストロダン。

出た競走能力は不変で、春は阪神大賞典、天皇賞・春、宝塚記念と3連勝。秋は日本の競馬ファン、関係者の期待を一身に担って凱旋門賞に向かうが、直線伸び切れず3着で入線、レース後禁止薬物が検出され失格処分を受ける散々の結果となってしまった。帰国後、仏での鬱憤を晴らすかのような快勝劇を演じ、ジャパンC、有馬記念を連勝。この年GIを計4勝し、文句なしで前2005年に続く、2年連続での年度代表馬選出となった。

5歳春から種牡馬生活を開始。現役時代も「父サンデーサイレンスの最高傑作」と評されたが、種牡馬としても「父最良の後継者」という称号を得ることになる。産駒は日本のGI戦線を席巻しただけでなく、欧州でも次々とクラシックホースが誕生。日本生まれの種牡馬としては、史上初めてとなる世界的超一流サイアーへの道を歩んでいった。2022年は、シャフリヤールが首に遠征し、ドバイシーマクラシックに勝利。国内ではポタジェ（大阪杯）、アスクビクターモア（菊花賞）といった2頭のGIホースを含む、計9頭の重賞ウイナーが誕生する。2位ロードカナロアとは約2億5000万円差にまで迫られることにはなったが、11年連続となるリーディングサイアーの座を獲得。13年連続で王座を守った父サンデーサイレンスの牙城に、また一歩迫った。2023年に3歳となる最終世代産駒から、英2歳GIフューチュリティTを制したオーギュストロダン、年明けにシンザン記念を勝ったライトクオンタムといった、内外のスター候補が登場。クラシック戦線における有終の美を飾る可能性も、十分にある。

総収得賞金 4,618,491,000円　**アーニング INDEX** 2.54　実勢評価値 —
勝利頭数／出走頭数：全馬163／404　　2歳 2／3
勝利回数／出走回数：全馬232／2,322　　2歳 2／4

Data Box (2020~2022)

単勝回収値 84円／単勝適正回収値 79円

コース　東京、京都など中央芝でこそ輝く

	1着	2着	3着	出走数	勝率	連対率	3着内率
全体計	610	497	460	5192	11.7%	21.3%	30.2%
中央芝	325	262	243	2471	13.2%	23.8%	33.6%
中央ダ	49	24	29	459	10.7%	15.9%	22.2%
ローカル芝	201	185	157	1875	10.7%	20.6%	29.0%
ローカルダ	35	26	31	387	9.0%	15.8%	23.8%
右回り芝	294	255	231	2462	11.9%	22.3%	31.7%
右回りダ	50	24	32	484	10.3%	15.3%	21.9%
左回り芝	232	192	169	1881	12.3%	22.5%	31.5%
左回りダ	34	26	28	362	9.4%	16.6%	24.3%
札幌芝	16	25	18	194	8.2%	21.1%	30.4%
札幌ダ	7	4	3	44	15.9%	25.0%	31.8%
函館芝	14	11	10	144	9.7%	17.4%	24.3%
函館ダ	1	2	3	23	4.3%	13.0%	26.1%
福島芝	15	18	8	166	9.0%	19.9%	24.7%
福島ダ	1	1	0	30	3.3%	6.7%	6.7%
新潟芝	44	42	36	446	9.9%	19.3%	27.4%
新潟ダ	5	2	3	68	7.4%	10.3%	14.7%
東京芝	116	94	80	869	13.3%	24.2%	33.4%
東京ダ	12	10	9	135	8.9%	16.3%	23.0%
中山芝	59	51	40	486	12.1%	22.6%	30.9%
中山ダ	12	6	5	87	13.8%	20.7%	26.4%
中京芝	72	56	53	569	12.7%	22.5%	31.8%
中京ダ	17	14	16	159	10.7%	19.5%	29.6%
京都芝	44	26	27	260	16.9%	26.9%	37.3%
京都ダ	4	3	3	39	10.3%	17.9%	30.8%
阪神芝	106	91	96	856	12.4%	23.0%	34.2%
阪神ダ	21	5	10	198	10.6%	13.1%	18.2%
小倉芝	40	33	32	356	11.2%	20.5%	29.5%
小倉ダ	4	3	6	63	6.3%	11.1%	20.6%

条件　牝馬限定戦やGII戦で安定

	1着	2着	3着	出走数	勝率	連対率	3着内率
新馬	47	29	27	201	23.4%	37.8%	51.2%
未勝利	143	116	83	999	14.3%	25.9%	34.2%
1勝	182	133	136	1432	12.7%	22.0%	31.5%
2勝	102	103	106	1028	9.9%	19.9%	30.3%
3勝	60	46	33	566	10.6%	18.7%	24.6%
OPEN特別	31	33	36	375	8.3%	17.1%	26.7%
GⅢ	24	25	28	319	7.5%	15.4%	24.1%
GⅡ	23	20	14	215	10.7%	20.0%	26.5%
GⅠ	18	19	16	220	8.2%	16.8%	24.1%
ハンデ戦	58	55	51	695	8.3%	16.3%	23.6%
牝馬限定	99	83	77	883	11.2%	20.6%	29.3%
障害	20	27	19	163	12.3%	28.8%	40.5%

人気　人気は標準的、4~6番人気が狙い

	1着	2着	3着	出走数	勝率	連対率	3着内率
1番人気	258	163	94	806	32.0%	52.2%	63.9%
2~3番人気	197	192	156	1179	16.7%	33.0%	46.2%
4~6番人気	132	109	139	1340	9.9%	18.0%	28.4%
7~9番人気	30	32	60	980	3.1%	6.3%	12.4%
10番人気~	13	28	30	1050	1.2%	3.9%	6.8%

距離　芝中距離戦で最も活躍

芝　平均勝ち距離 1,861m

	1着	2着	3着	出走数	勝率	連対率	3着内率
全体計	526	447	400	4346	12.1%	22.4%	31.6%
芝~1300m	22	13	27	315	7.0%	11.1%	19.7%
芝~1600m	143	104	106	1192	12.0%	20.7%	29.6%
芝~2000m	268	247	194	1970	13.6%	26.1%	36.0%
芝~2400m	72	58	49	595	12.1%	21.8%	30.1%
芝2500m~	21	25	24	274	7.7%	16.8%	25.5%

ダート　平均勝ち距離 1,757m

	1着	2着	3着	出走数	勝率	連対率	3着内率
全体計	84	50	60	846	9.9%	15.8%	22.9%
ダ~1300m	7	4	5	76	9.2%	14.5%	21.1%
ダ~1600m	10	10	17	165	6.1%	12.1%	22.4%
ダ~2000m	58	23	34	525	11.0%	15.4%	21.9%
ダ2100m~	9	13	4	80	11.3%	27.5%	32.5%

馬場状態　馬場状態不問もベストは芝良馬場

		1着	2着	3着	出走数	勝率	連対率	3着内率
芝	良	417	345	310	3372	12.4%	22.6%	31.8%
	稍重	70	71	57	623	11.2%	22.6%	31.8%
	重	30	22	30	261	11.5%	19.9%	31.4%
	不良	9	9	3	90	10.0%	20.0%	23.3%
ダ	良	54	24	35	534	10.1%	14.6%	21.2%
	稍重	12	11	7	144	8.3%	16.0%	20.8%
	重	11	6	11	113	9.7%	15.0%	24.8%
	不良	7	9	7	55	12.7%	29.1%	41.8%

性齢　現3歳が最終産駒、完成度は高い

	1着	2着	3着	出走数	勝率	連対率	3着内率
牡2歳	42	31	28	168	25.0%	43.5%	60.1%
牝2歳	28	17	12	129	21.7%	34.9%	44.2%
牡3歳前半	87	52	46	473	18.4%	29.4%	39.1%
牝3歳前半	62	45	45	461	13.4%	23.2%	31.7%
牡3歳後半	65	45	36	358	18.2%	30.7%	40.8%
牝3歳後半	53	38	27	385	13.8%	23.6%	30.6%
牡4歳	82	84	70	706	11.6%	23.5%	33.4%
牝4歳	66	63	66	589	11.2%	21.9%	31.4%
牡5歳	53	61	57	637	8.3%	17.9%	26.8%
牝5歳	40	48	43	514	7.8%	17.1%	25.5%
牡6歳	35	18	39	438	8.0%	12.1%	21.0%
牝6歳	3	11	5	135	2.2%	5.9%	14.1%
牡7歳以上	14	17	14	340	4.1%	9.1%	13.5%
牝7歳以上	0	0	0	22	0.0%	0.0%	0.0%

勝ち馬の決め手

芝　526勝　追込68／逃げ53／先行227／差し178

ダート　84勝　追込9／逃げ12／先行52／差し11

アウトブリード　父系、母系、または両方に共通の祖先を5代以内に持たない配合のことで、異系交配ともいう。一般的に丈夫な仔が産まれやすいといわれている。

馬券に直結する適性データ

末脚が活きる馬場で圧倒的強さ、馬券的妙味は伏兵人気馬の激走

　自身が誇ったケタ違いともいえる末脚は、産駒にとっても最大の武器。それが十分に活かせる、直線の長い東京芝コース、京都芝コース、加えて芝良馬場での強さは、ある意味必然ともいえるデータだろう。また、総合力の高さ故、ローカル戦、ダート戦、稍重、重馬場でも、かなりの好成績をあげていることも、強く心に留めておきたい。

　産駒層の厚さ、レベルの高さから、１レースに複数の産駒が出走するケースも多いが、そこで狙ってみたいのが４～６番人気といった伏兵評価の馬たち。勝率も10％近くあるだけに、思い切って頭勝負を懸けてみるのも面白い。

　距離は、マイル以上であれば特に問題はなし。中でも、2000ｍ前後の距離でより信頼性が高まることは、馬券作戦にも活用したい。もう１つ、障害戦における素晴らしい成果は、今後も留意しておきたいデータといえるだろう。

重賞レース馬券のヒント

４～６番人気頭固定で高配当も、今年の現４歳世代は特に注目だ

　４～６番人気時の健闘は、重賞においても当てはまる。2022年も青葉賞を４番人気で勝ったプラダリア、神戸新聞杯を５番人気で制したジャスティンパレス、中日新聞杯を５番人気で制したキラーアビリティが、目の覚めるような快走を示し、鮮やかに地力の高さを証明してみせた。もちろん２、３着馬の人気次第という側面はあるが、神戸新聞杯の３連単は45万円強、中日新聞杯でも15万円強の配当が付いていただけに、頭固定で大ホームランを狙うことも可能だった。ちなみに前記３頭はいずれも2023年４歳馬。この世代から今年も目が離せない。

通算重賞勝ち数

	ＧⅠ	ＧⅡ	ＧⅢ	ＧⅠ勝ち産駒数	重賞勝ち産駒数
芝	70	88	122	46	145
ダート	1	0	1	1	2
地方	0	1	3	0	2
海外	12	2	1	7	10

種牡馬ストーリー

日欧でスター登場の最終世代産駒、孫世代からも米GIホース出現

　2023年に３歳となるディープインパクト最終世代産駒からは、日本で６頭、海外で６頭の計12頭が競走馬登録されている。

　日本では、母に米ＧⅠゲイムリーＳを制したイルミナントを持つ、名血馬ライトクオンタムが2023年年明けのシンザン記念を制覇。シンザン記念で手綱を取った、父の主戦騎手でもあった武豊が引き続き騎乗することになれば、牝馬クラシック戦線の話題を独占する形になるかもしれない。また、新馬戦を勝ち、年明けてきさらぎ賞で２着した牡駒オープンファイアも、クラシックを賑わす資質の持ち主だ。

　欧州でも、クラシック戦線での大活躍が期待できる２歳ＧⅠ馬が登場。愛の超名門Ａ・オブ・ライエン厩舎に所属するオーギュストロダンは、緒戦こそ２着に敗れたものの、７月の未勝利戦、９月のＧⅡチャンピオンズジュヴナイルＳ、10月のドンカスター競馬場で行われたマイルＧⅠフューチュリティＴと３連勝を達成する快進撃を見せた。母はロッキンジＳなどＧⅠ３勝の名マイラー、ロードデンドロンという超名血馬。勝ちっ振りも素晴らしく、「ディープインパクト最晩年の傑作」となる可能性も十分にある。

　欧州の代表産駒である英2000ギニー馬サクソンウォリアーも、愛クールモアスタッドで種牡馬となり、2022年から初年度産駒がデビューしている。その中から登場したのが、仏ＧⅢコンデ賞で重賞初制覇を飾り、米に遠征してＧⅠBCジュヴナイルターフにも勝ったヴィクトリアロード。日本の至宝ディープインパクトの血は、世界中でその枝葉を伸ばし始めている。

RANKING 2

2021 ②
2020 ②
2019 ③
2018 ⑦

2歳馬 8

ロードカナロア
LORD KANALOA

勝利数、出走頭数の多さ光り、3年連続で2位キープ

種付料／⤵ 受1200万円F　　供用地／安平・社台SS

2008年生　鹿毛　三石・ケイアイファーム産

距離	成長型	芝	ダート	瞬発力	パワー	底力
短中	普	◎	○	◎	○	◎

年次	種付頭数	産駒数
22年	**136**	**115**
21年	157	125
20年	181	182
19年	250	219
18年	307	176

PROFILE

競走成績　19戦13勝（2〜5歳・日香）
最高レーティング　128 S（13年）
主な勝ち鞍　香港スプリント2回、スプリンターズS2回、安田記念、高松宮記念、京阪杯、シルクロードS、阪急杯。セントウルS2着2回。

　500万下特別からの4連勝で、3歳11月の京阪杯を勝ち重賞初制覇。4歳緒戦のシルクロードSにも勝ち、1番人気で高松宮記念に向かう。しかし、この一戦はカレンチャンの3着まで。その後も2着が続いたが、9月のスプリンターズSを快勝し殻を1つ破った。続く香港スプリ

ントでもレベル高い地元勢を降しGⅠ連勝。2012年最優秀短距離馬のタイトルも得る。5歳時にはさらなる充実を示し、阪急杯、高松宮記念、距離延長の安田記念を勝ち、通算5連勝、GⅠ4連勝を達成。秋緒戦のセントウルSは2着に終わったが、スプリンターズS、香港スプリントを共に連覇し見事に有終の美を飾る。中でも、2着馬に5馬身差を付けた香港スプリントのパフォーマンスは圧巻で、「128S」という高いレーティングを与えられると同時に、2013年年度代表馬の栄誉に浴した。

　6歳春から種牡馬生活を開始、初年度産駒か

36

系統：キングマンボ　母父系統：ストームキャット系

父 キングカメハメハ 鹿 2001	**父父** キングマンボ Kingmambo 鹿 1990	Mr. Prospector	Raise a Native	Native Dancer
				Raise You
			Gold Digger	Nashua
				Sequence
		Miesque	Nureyev	Northern Dancer
				Special
			Pasadoble	Prove Out
				Santa Quilla
	父母 *マンファス 黒鹿 1991	*ラストタイクーン	*トライマイベスト	Northern Dancer
				Sex Appeal
			Mill Princess	Mill Reef
				Irish Lass
		Pilot Bird	Blakeney	Hethersett
				Windmill Girl
			The Dancer	Green Dancer
				Khazaeen
母 レディブラッサム 鹿 1996	**母父** ストームキャット Storm Cat 黒鹿 1983	Storm Bird	Northern Dancer	Nearctic
				Natalma
			South Ocean	New Providence
				Shining Sun
		Terlingua	Secretariat	Bold Ruler
				Somethingroyal
			Crimson Saint	Crimson Satan
				Bolero Rose
	母母 *サラトガデュー 鹿 1989	Cormorant	His Majesty	Ribot
				Flower Bowl
			Song Sparrow	Tudor Minstrel
				Swoon's Tune
		Super Luna	In Reality	Intentionally
				My Dear Girl
			Alada	Riva Ridge
				Syrian Sea

インブリード：Northern Dancer 5・5×4、母レディブラッサムに Secretariat=Syrian Sea 3×4

血統解説

　父キングカメハメハはNHKマイルC、ダービーの「変則2冠」を史上初めて制した名馬。種牡馬としても大成功を収め、2010、2011年リーディングサイアーに輝いた。本馬を筆頭に有力な後継種牡馬も多数登場している。母レディブラッサムは芝、ダートの短距離戦で計5勝をマークした活躍馬。本馬の半兄に6勝をあげて種牡馬入りしたロードバリオス、半弟に4勝馬ロードガルーダを産んでいる。祖母サラトガデューは、ベルデイムS、ガゼルHと米GIを2勝した強豪。母の父ストームキャットは、パワフルなスピードを伝える北米首位サイアー。日本競馬とも抜群の相性を誇っている。

代表産駒

　アーモンドアイ（牝馬3冠、ジャパンC2回、天皇賞・秋2回、ヴィクトリアマイル、ドバイターフ）、ダノンスマッシュ（高松宮記念、香港スプリント）、サートゥルナーリア（皐月賞、ホープフルS）、ステルヴィオ（マイルCS）、ダノンスコーピオン（NHKマイルC）、パンサラッサ（サウジC、ドバイターフ）、タガロア（ブルーダイヤモンドS）、レッドルゼル（JBCスプリント）、ダイアトニック（阪神C）、キングオブコージ（AJCC）、ケイデンスコール（マイラーズC）、サブライムアンセム（フィリーズレビュー）、ファンタジスト（京王杯2歳S）、キングエルメス（京王杯2歳S）、バーナードループ（兵庫CS）、トロワゼトワル（京成杯オータムH2回）、タイムトゥヘヴン（ダービー卿CT）、ボンボヤージ（北九州記念）、レッドガラン（中山金杯）、レイハリア（キーンランドC）。

　ら内外でGIを9勝した歴史的名牝アーモンドアイ、香港スプリント、高松宮記念で共に父仔制覇を果たしたダノンスマッシュ、2年目産駒から皐月賞馬サートゥルナーリアを送り出し、「父キングカメハメハ最良の後継者」と目されるようになった。2022年は国内でダノンスコーピオン（NHKマイルC）、海外でパンサラッサ（ドバイターフ）がGI制覇。ほかにも、ダイアトニック、キングオブコージ、サブライムアンセム、レッドルゼル、レッドガラン、タイムトゥヘヴン、ボンボヤージが重賞勝ちを記録した。ランキング上位勢最多となる勝ち鞍数、出走頭数が示す、産駒層の厚さ、レベルの高さも大きな武器。年々トップとの差は詰まっていて初の戴冠も手が届くところまで来ている。2023年、パンサラッサが世界最高賞金のサウジCを制した。

From Stallion

社台SS事務局・德武英介氏談

　「昨年はディープインパクトとリーディング争いを繰り広げました。結果は2位といってもその差を詰めており、今年は満を持してその座に上り詰めるはずです。初年度産駒からクラシックウイナーを始め、オールマイティーな活躍馬を送り出しましたが、近年では父と同様に短距離戦での産駒の活躍が目立ってきました。よりスピードに特化した配合馬も見られるだけに、この条件では更に絶対的な存在となっていきそうです」

総収得賞金 4,360,663,000円　アーニング INDEX 1.65　実勢評価値 0.62

勝利頭数／出走頭数：全馬276／586　2歳 20／95
勝利回数／出走回数：全馬453／3,692　2歳 22／201

Data Box (2020~2022)

コース　東京芝、中山芝で勝負強い

	1着	2着	3着	出走数	勝率	連対率	3着内率
全体計	512	421	384	5120	10.0%	18.2%	25.7%
中央芝	160	153	116	1564	10.2%	20.0%	27.4%
中央ダ	93	70	82	997	9.3%	16.3%	24.6%
ローカル芝	177	128	118	1648	10.7%	18.5%	25.7%
ローカルダ	82	70	68	911	9.0%	16.7%	24.1%
右回り芝	194	172	136	1940	10.0%	18.9%	25.9%
右回りダ	100	82	85	1133	8.8%	16.1%	23.6%
左回り芝	135	102	90	1193	11.3%	19.9%	27.4%
左回りダ	75	58	65	775	9.7%	17.2%	25.5%
札幌芝	15	15	14	159	9.4%	18.9%	27.7%
札幌ダ	5	6	5	81	6.2%	13.6%	19.8%
函館芝	13	14	7	133	9.8%	20.3%	25.6%
函館ダ	9	5	8	69	13.0%	20.3%	31.9%
福島芝	16	11	16	172	9.3%	15.7%	25.0%
福島ダ	10	4	5	108	9.3%	13.0%	17.6%
新潟芝	37	28	22	348	10.6%	18.7%	25.0%
新潟ダ	12	10	10	170	7.1%	12.9%	18.8%
東京芝	55	52	44	507	10.8%	21.1%	29.8%
東京ダ	31	16	26	277	11.2%	17.0%	26.4%
中山芝	43	36	19	349	12.3%	22.6%	28.1%
中山ダ	25	11	14	219	11.4%	16.4%	22.8%
中京芝	51	29	32	417	12.2%	19.2%	26.9%
中京ダ	32	32	29	328	9.8%	19.5%	28.4%
京都芝	7	11	8	126	5.6%	14.3%	20.6%
京都ダ	9	12	8	91	9.9%	23.1%	31.9%
阪神芝	55	54	45	582	9.5%	18.7%	26.5%
阪神ダ	28	31	34	410	6.8%	14.4%	22.7%
小倉芝	45	31	27	419	10.7%	18.1%	24.6%
小倉ダ	14	13	11	155	9.0%	17.4%	24.5%

条件　どの条件でも安定、新馬戦は買い

	1着	2着	3着	出走数	勝率	連対率	3着内率
新馬	44	36	28	375	11.7%	21.3%	28.8%
未勝利	150	130	118	1546	9.7%	18.1%	25.7%
1勝	140	104	95	1399	10.0%	17.4%	24.2%
2勝	77	64	67	684	11.3%	20.6%	30.4%
3勝	46	37	29	492	9.3%	16.9%	22.8%
OPEN特別	28	25	28	323	8.7%	16.4%	25.1%
GⅢ	17	14	8	185	9.2%	16.8%	21.1%
GⅡ	11	9	11	105	10.5%	19.0%	29.5%
GⅠ	5	3	2	62	8.1%	14.5%	19.4%
ハンデ戦	47	28	36	438	10.7%	17.1%	25.3%
牝馬限定	73	57	63	847	8.6%	15.3%	22.8%
障害	6	2	3	51	11.8%	15.7%	21.6%

人気　7~9番人気の一発には要警戒

	1着	2着	3着	出走数	勝率	連対率	3着内率
1番人気	174	106	70	560	31.1%	50.0%	62.5%
2~3番人気	173	144	125	1021	16.9%	31.0%	43.3%
4~6番人気	109	107	107	1260	8.7%	17.1%	25.6%
7~9番人気	43	44	52	1027	4.2%	8.5%	13.5%
10番人気~	19	22	33	1303	1.5%	3.1%	5.7%

距離　ベストは短距離も幅広く活躍

芝　平均勝ち距離　1,515m

	1着	2着	3着	出走数	勝率	連対率	3着内率
全体計	337	281	234	3212	10.5%	19.2%	26.5%
芝~1300m	126	94	76	1059	11.9%	20.8%	28.0%
芝~1600m	120	105	97	1215	9.9%	18.5%	26.5%
芝~2000m	75	69	53	818	9.2%	17.6%	23.7%
芝~2400m	12	11	8	86	14.0%	26.7%	36.0%
芝2500m~	4	2	3	34	11.8%	17.6%	26.5%

ダート　平均勝ち距離　1,464m

	1着	2着	3着	出走数	勝率	連対率	3着内率
全体計	175	140	150	1908	9.2%	16.5%	24.4%
ダ~1300m	61	52	55	668	9.1%	16.9%	25.1%
ダ~1600m	52	43	45	546	9.5%	17.4%	25.6%
ダ~2000m	62	40	48	684	9.1%	15.6%	23.0%
ダ2100m~	0	5	2	10	0.0%	50.0%	70.0%

馬場状態　少し渋った芝で成績アップ

		1着	2着	3着	出走数	勝率	連対率	3着内率
芝	良	258	214	184	2464	10.5%	19.2%	26.6%
	稍重	54	51	37	500	10.8%	21.0%	28.4%
	重	21	16	12	210	10.0%	17.6%	23.3%
	不良	4	0	1	38	10.5%	10.5%	13.2%
ダ	良	108	74	82	1136	9.5%	16.0%	23.2%
	稍重	25	40	33	380	6.6%	17.1%	25.8%
	重	28	21	28	263	10.6%	18.6%	29.3%
	不良	14	5	7	129	10.9%	14.7%	20.2%

性齢　牡馬は4歳時にもうひと伸び

	1着	2着	3着	出走数	勝率	連対率	3着内率
牡2歳	40	30	20	320	12.5%	21.9%	28.1%
牝2歳	31	25	21	293	10.6%	19.1%	26.3%
牡3歳前半	71	60	57	620	11.5%	21.1%	30.3%
牝3歳前半	61	59	52	645	9.5%	18.6%	26.7%
牡3歳後半	37	37	21	352	10.5%	21.0%	27.0%
牝3歳後半	46	34	47	445	10.3%	18.0%	26.3%
牡4歳	78	50	48	535	14.6%	23.9%	32.9%
牝4歳	45	42	41	608	7.4%	14.3%	21.1%
牡5歳	49	49	32	521	9.4%	18.8%	25.0%
牝5歳	31	22	32	422	7.3%	12.6%	20.1%
牡6歳	21	6	21	254	8.3%	10.6%	18.9%
牝6歳	2	4	4	87	2.3%	8.0%	12.6%
牡7歳以上	6	1	0	67	9.0%	14.9%	16.4%
牝7歳以上	0	0	0	5	0.0%	0.0%	0.0%

勝ち馬の決め手

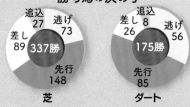

芝　337勝　追込27／逃げ73／差し89／先行148

ダート　175勝　追込8／逃げ56／差し26／先行85

穴血統　人気を裏切ることが多く、その一方で人気薄の時に激走したりする種牡馬のこと。ムラっぽい血統ともいう。

馬券に直結する適性データ

芝スプリント戦で強いと同時に、芝2400ｍ以上の距離でも好成績

　アーモンドアイ、サートゥルナーリア、パンサラッサといった芝中距離戦線の大物も出すが、本質的には、スプリンターとしての資質が色濃く伝わっているのは確かだろう。芝1300ｍ以下で優秀な成績を収めていることは、まず抑えておきたいポイント。一方、レース数そのものが少ないとはいえ芝2400ｍ以上の距離で、スプリント戦を上回る勝率、連対率、3着内率を残していることも併せて覚えておこう。

　極端な瞬発力勝負となるよりは、持続力に優れた豊かなスピードが存分に活きるコンディションが理想。やや力を要する芝稍重馬場、脚抜けが良くなるダート重馬場で、より信頼感が高まることも馬券作戦に活用したいところだ。

　能力が高く、資質だけで新馬戦を勝ち抜くケースも目立つが、自身同様、成長力に優れた産駒も多い。4歳を迎えた牡馬陣が素晴らしい成績を収めていることも、頭に入れておきたい。

重賞レース馬券のヒント

単勝回収値、複勝回収値共に「100」を超える芝短距離重賞

　距離1200ｍ以下となる芝スプリント重賞は、勝率10％強、連対率20％強を誇る得意とする舞台。加えて、単勝回収値「335」、複勝回収値「158」という魅力的な数字が並ぶだけに、馬券作戦上も見逃せないものになっている。2022年も北九州記念を16番人気で制し、単勝16,430円、3連単493,580円という高配当の主役となったボンボヤージュを筆頭に、京阪杯を10番人気で2着したキルロード、函館スプリントSを7番人気で2着したジュビリーヘッドなど人気薄の激走が目立った。出走する頭数も多いが、手広く買って穴馬券を狙いたい。

通算重賞勝ち数

	GⅠ	GⅡ	GⅢ	GⅠ勝ち産駒数	重賞勝ち産駒数
芝	14	15	26 (1)	3	26
ダート	0	0	1	0	1
地方	1	2	0	1	2
海外	4	0	0	2	3

※（　）内は格付前重賞

POG　2023年期待の2歳馬　ピックアップ

粒揃いの繁殖牝馬陣との配合で、多彩な一流産駒の登場を期待

　種牡馬としての名声が確立した後で種付された7年目産駒にも、多彩で、レベルが高い仔が揃った。自身が誇った、パワフルで瞬発力にも富んなスピードを最大限に活かせそうなのが、GⅠを3勝した母ストレイトガールの牝駒。芝マイル戦線を中心に大きな成果が期待できる。クラシックを賑わせそうなのが、母エバーブロッサムの牡駒、母シュンドルボンの牡駒。共に母が芝重賞戦線の活躍馬で、3歳以降の成長力にも期待できる。交流ダート重賞で活躍した母クイーンマンボの牡駒、母父に北米首位種牡馬タピットが入る母マイミスリリーの牝駒は、ダート重賞戦線で大仕事を成し遂げてくれるかも。

母馬名（母父）	性別	おすすめポイント
エバーブロッサム（ディープインパクト）	牡	母はオークスで2着。当歳セレクトセール9020万円で落札される。
クイーンマンボ（マンハッタンカフェ）	牡	母はダートGⅡ関東オークス馬。当歳セレクトセールで7920万円。
シュンドルボン（ハーツクライ）	牡	母はGⅢ中山牝馬Sなど6勝。1歳セレクトセールで9900万円。
ペディクラリス（*サンデーサイレンス）	牡	1歳セレクトセールで1億1000万円。母父の優秀さも活きそう。
ミカリーニョ（ハーツクライ）	牡	祖母ミスエーニョは米GⅠ馬。当歳セレクトセールで1億120万円。
スイートサルサ（デュランダル）	牝	母はGⅢ福島牝馬Sに勝利。1歳セレクションセールで5280万円。
ストレイトガール（フジキセキ）	牝	母はヴィクトリアマイル2回などGⅠ3勝。抜群のスピードで勝負。
*ピースアンドウォー（WAR FRONT）	牝	母は米GⅠレースに勝利。1歳セレクトセール6820万円で落札。
*マイミスリリー（TAPIT）	牝	1歳セレクトセールで7920万円。母父とのマッチングも楽しみだ。
*リリーズキャンドル（STYLE VENDOME）	牝	母は仏GⅠマルセルブサック賞馬。1歳セレクトセールで8800万円。

39

RANKING 3

2歳馬 6

2021 ③
2020 ③
2019 ②
2018 ③

ハーツクライ
HEART'S CRY

種牡馬引退後も勢い衰えず、10年連続でトップ5内に

2021年引退
2001年生　鹿毛　千歳・社台ファーム産

距離	成長型	芝	ダート	瞬発力	パワー	底力
中長	普	◎	○	◎	○	○

年次	種付頭数	産駒数
22年	－	－
21年	－	35
20年	71	130
19年	180	119
18年	174	127

PROFILE

競走成績　19戦5勝（3〜5歳・日首英）
最高レーティング　124 L（06年）
主な勝ち鞍　有馬記念、ドバイシーマクラシック、京都新聞杯。ジャパンC2着、ダービー2着、宝塚記念2着、大阪杯2着、"Kジョージ"3着。

　3歳3月のOP若葉Sを勝って、皐月賞への出走権利を獲得するも、本番ではダイワメジャーの14着に大敗する。中2週で臨んだ京都新聞杯では、後の天皇賞馬スズカマンボを差し切り重賞初制覇。またも中2週での出走となったダービーでは、4角最後方から素晴らしい伸び

を見せたが、先に抜け出していたキングカメハメハに1馬身半差及ばず2着までだった。秋緒戦の神戸新聞杯では3着。菊花賞では1番人気に推されたがデルタブルースの7着に終わる。その後も、4歳4月の大阪杯2着、6月の宝塚記念2着、11月のジャパンC2着など、地力の高さは示したものの勝ち運には恵まれず。暮れの有馬記念は4番人気での出走となったが、鞍上ルメールが追込馬のイメージを覆す先行する作戦を敢行。圧倒的1番人気に推されていた1歳下の3冠馬ディープインパクトの追撃を凌ぎ、番狂わせの形で初のビッグタイトル獲

系統：サンデーサイレンス系　母父系統：グレイソヴリン系

父 *サンデーサイレンス 青鹿 1986	**父父** ヘイロー Halo 黒鹿 1969	Hail to Reason	Turn-to	Royal Charger
				Source Sucree
			Nothirdchance	Blue Swords
				Galla Colors
		Cosmah	Cosmic Bomb	Pharamond
				Banish Fear
			Almahmoud	Mahmoud
				Arbitrator
	父母 ウィッシングウェル Wishing Well 鹿 1975	Understanding	Promised Land	Palestinian
				Mahmoudess
			Pretty Ways	Stymie
				Pretty Jo
		Mountain Flower	Montparnasse	Gulf Stream
				Mignon
			Edelweiss	Hillary
				Dowager
母 アイリッシュダンス 鹿 1990	**母父** *トニービン 鹿 1983	*カンパラ	Kalamoun	*ゼダーン
				Khairunissa
			State Pension	*オンリーフォアライフ
				Lorelei
		Severn Bridge	Hornbeam	Hyperion
				Thicket
			Priddy Fair	Preciptic
				Campanette
	母母 *ビューパーダンス 黒鹿 1983	Lyphard	Northern Dancer	Nearctic
				Natalma
			Goofed	Court Martial
				Barra
		My Bupers	Bupers	Double Jay
				Busanda
			Princess Revoked	Revoked
				Miss Muffet

インブリード：5代前までにクロスなし

血統解説

父サンデーサイレンスは、数多のＧＩ勝ち産駒を送り出し、13年連続でリーディングサイアーを獲得した歴史的大種牡馬。本馬は、父に海外ＧＩタイトルをプレゼントし、後継種牡馬としても大活躍を示す孝行息子となった。母アイリッシュダンスは、新潟大賞典、新潟記念と重賞を2勝し、オールカマーで2着した一流中距離馬。本馬の全兄に6勝馬アグネスシラネイ、全姉に5勝馬エメラルドアイルを産んでいる。母系は活力があり姪にオメガハートランド（フラワーＣ）、オメガハートロック（フェアリーＳ）、一族にノンコノユメ（フェブラリーＳ）がいる。母父トニービンは1994年の首位サイアー。

代表産駒

リスグラシュー（有馬記念、宝塚記念、エリザベス女王杯、コックスプレート）、ジャスタウェイ（天皇賞・秋、安田記念、ドバイデューティフリー）、スワーヴリチャード（ジャパンＣ、大阪杯）、ヨシダ（ターフクラシックＳ、ウッドワードＳ）、ドウデュース（ダービー、朝日杯FS）、シュヴァルグラン（ジャパンＣ）、ワンアンドオンリー（ダービー）、ヌーヴォレコルト（オークス）、アドマイヤラクティ（コーフィールドＣ）、ノットゥルノ（ジャパンダートダービー）、サリオス（朝日杯FS）、タイムフライヤー（ホープフルＳ）、ヒシイグアス（中山記念2回）、ウインバリアシオン（日経賞）、ギュスターヴクライ（阪神大賞典）、カレンミロティック（金鯱賞）、スワーヴアラミス（東海Ｓ）、フェイムゲーム（AR共和国杯）、カポーティスター（日経新春杯）、メイショウミモザ（阪神牝馬Ｓ）、シャドウディーヴァ。

得に成功する。5歳時は海外の大レースにターゲットを絞り、3月のドバイシーマクラシックを快勝。7月のＫジョージⅥ世＆ＱエリザベスＳでは2005年欧州年度代表馬ハリケーンラン、2006年ドバイワールドＣを圧勝していたエレクトロキューショニストといった欧州のトップホースたちと互角に渡り合い、半馬身、半馬身差の3着に健闘した。帰国後ジャパンＣに出走するも、万全の状態は作れず、ディープインパクトの10着に敗退。これが現役最後の一戦となった。

6歳春から種牡馬生活を開始。共に古馬となって大成した初年度産駒アドマイヤラクティ、2年目産駒ジャスタウェイを皮切りに、ダービー馬ワンアンドオンリー、オークス馬ヌーヴォレコルト、いずれもジャパンＣを制したシュヴァルグラン、スワーヴリチャード、2019年年度代表馬リスグラシュー、米を本拠地に走った日本産馬で、芝、ダートの双方でＧＩを勝利したヨシダなどを輩出し、押しも押されもせぬトップサイアーの地位を確立した。2022年はダービー馬ドウデュース、ジャパンダートダービー馬ノットゥルノといった、芝、ダートで世代の頂点に立った馬たちを始め、サリオス（毎日王冠）、メイショウミモザ（阪神牝馬Ｓ）、スワーヴアラミス（東海Ｓ）、ダノンベルーガ（共同通信杯）、マテンロウレオ（きさらぎ賞）、イルーシヴパンサー（東京新聞杯）といった重賞勝ち産駒が登場。10年連続でのトップ5以内となる、前年と同じ3位にランクインした。2023年も、前述のイルーシヴパンサーが年頭の京都金杯を制し、好スタートを切っている。

総収得賞金 3,436,035,000 円　**アーニング INDEX** 1.87　実勢評価値 −

勝利頭数／出走頭数：全馬 172／409	2歳 22／81
勝利回数／出走回数：全馬 262／2,561	2歳 22／186

Data Box (2020~2022)

コース　ダートならどの舞台も安定

	1着	2着	3着	出走数	勝率	連対率	3着内率
全体計	361	333	332	3996	9.0%	17.4%	25.7%
中央芝	140	125	129	1517	9.2%	17.5%	26.0%
中央ダ	55	56	35	645	8.5%	17.2%	22.6%
ローカル芝	108	109	124	1312	8.2%	16.5%	26.0%
ローカルダ	58	43	44	522	11.1%	19.3%	27.8%
右回り芝	141	128	157	1654	8.5%	16.3%	25.8%
右回りダ	70	65	37	684	10.2%	19.7%	25.1%
左回り芝	107	105	95	1164	9.2%	18.2%	26.4%
左回りダ	43	34	42	483	8.9%	15.9%	24.6%
札幌芝	13	16	15	142	9.2%	20.4%	31.0%
札幌ダ	6	6	5	45	13.3%	26.7%	37.8%
函館芝	9	6	13	109	8.3%	13.8%	25.7%
函館ダ	5	2	1	32	15.6%	21.9%	25.0%
福島芝	8	9	19	151	5.3%	11.3%	23.8%
福島ダ	7	5	5	64	10.9%	18.8%	26.6%
新潟芝	22	23	31	299	7.4%	15.1%	25.4%
新潟ダ	11	7	8	103	10.7%	17.5%	25.2%
東京芝	51	49	47	514	9.9%	19.5%	28.6%
東京ダ	11	10	11	174	6.3%	12.1%	18.4%
中山芝	33	29	26	366	9.0%	16.9%	24.0%
中山ダ	17	15	10	156	10.9%	21.2%	27.6%
中京芝	34	34	18	362	9.4%	18.8%	23.8%
中京ダ	21	17	23	206	10.2%	18.4%	29.6%
京都芝	10	14	10	124	8.1%	19.4%	27.4%
京都ダ	8	6	7	73	11.0%	19.2%	28.8%
阪神芝	46	33	46	513	9.0%	15.4%	24.4%
阪神ダ	19	24	7	242	7.9%	17.8%	20.7%
小倉芝	22	21	28	249	8.8%	17.3%	28.5%
小倉ダ	8	6	2	72	11.1%	19.4%	22.2%

条件　新馬戦、障害戦が狙いどころ

	1着	2着	3着	出走数	勝率	連対率	3着内率
新馬	35	34	24	265	13.2%	26.0%	35.1%
未勝利	117	99	106	1087	10.8%	19.9%	29.6%
1勝	96	107	84	1006	9.5%	20.2%	28.5%
2勝	62	55	69	736	8.4%	15.9%	25.3%
3勝	28	22	25	452	6.2%	11.1%	16.6%
OPEN特別	23	16	20	262	8.8%	14.9%	22.5%
GⅢ	11	12	10	164	6.7%	14.0%	20.1%
GⅡ	7	7	5	109	6.4%	12.8%	17.4%
GⅠ	2	3	3	74	2.7%	6.8%	10.8%
ハンデ戦	30	20	30	484	6.2%	10.3%	16.5%
牝馬限定	57	52	60	663	8.6%	16.4%	25.5%
障害	20	22	14	159	12.6%	26.4%	35.2%

人気　標準レベルで人気馬が狙い

	1着	2着	3着	出走数	勝率	連対率	3着内率
1番人気	135	77	48	406	33.3%	52.2%	64.0%
2~3番人気	143	130	111	872	16.4%	31.3%	44.0%
4~6番人気	72	92	102	1014	7.1%	16.2%	26.2%
7~9番人気	24	40	49	849	2.8%	7.5%	13.3%
10番人気~	7	16	36	1014	0.7%	2.3%	5.8%

単勝回収値 66円／**単勝適正回収値** 77円

距離　ダート中距離戦で堅実駆け

芝　平均勝ち距離　1,909m

	1着	2着	3着	出走数	勝率	連対率	3着内率
全体計	248	234	253	2829	8.8%	17.0%	26.0%
芝~1300m	7	17	19	186	3.8%	12.9%	23.1%
芝~1600m	57	54	53	619	9.2%	17.9%	26.5%
芝~2000m	136	124	131	1423	9.6%	18.3%	27.5%
芝~2400m	31	27	27	383	8.1%	15.1%	22.5%
芝2500m~	17	12	22	218	7.8%	13.3%	23.4%

ダート　平均勝ち距離　1,691m

	1着	2着	3着	出走数	勝率	連対率	3着内率
全体計	113	99	79	1167	9.7%	18.2%	24.9%
ダ~1300m	15	10	15	144	10.4%	17.4%	27.8%
ダ~1600m	18	20	14	219	8.2%	17.4%	23.7%
ダ~2000m	74	63	46	713	10.4%	19.2%	25.7%
ダ2100m~	6	6	4	91	6.6%	13.2%	17.6%

馬場状態　少し渋ったダートで躍動

		1着	2着	3着	出走数	勝率	連対率	3着内率
芝	良	191	193	185	2152	8.9%	17.8%	26.4%
	稍重	40	29	45	458	8.7%	15.1%	24.9%
	重	15	9	18	173	8.7%	13.9%	24.3%
	不良	2	3	5	46	4.3%	10.9%	21.7%
ダ	良	68	63	50	704	9.7%	18.6%	25.7%
	稍重	30	18	16	239	12.6%	20.1%	26.8%
	重	12	11	5	132	9.1%	17.4%	21.2%
	不良	3	6	8	92	3.3%	10.9%	19.6%

性齢　早い時期からバリバリ動く

	1着	2着	3着	出走数	勝率	連対率	3着内率
牡2歳	36	33	26	262	13.7%	26.3%	36.3%
牝2歳	18	30	22	213	8.5%	22.5%	32.9%
牡3歳前半	60	41	45	445	13.5%	22.7%	32.8%
牝3歳前半	42	31	29	389	10.8%	18.8%	26.2%
牡3歳後半	30	26	19	285	10.5%	19.6%	26.3%
牝3歳後半	16	25	24	255	6.3%	16.1%	25.5%
牡4歳	51	47	39	462	11.0%	21.2%	29.7%
牝4歳	31	36	40	401	7.7%	16.7%	26.7%
牡5歳	39	27	25	387	10.1%	17.1%	23.5%
牝5歳	22	19	31	340	6.5%	12.1%	21.2%
牡6歳	20	22	21	309	6.5%	13.6%	20.4%
牝6歳	3	3	8	124	2.4%	4.8%	11.3%
牡7歳以上	13	14	14	249	5.2%	10.8%	16.5%
牝7歳以上	0	1	3	34	0.0%	2.9%	11.8%

勝ち馬の決め手

芝　追込 23　逃げ 21　差し 84　先行 120　248勝

ダート　追込 9　逃げ 12　差し 21　先行 71　113勝

欧州型血統　欧州の深い芝コースのような、日本のコースに比べてかなり力の要る馬場を得意とする血統。パワー型ともいう。それに対し、軽いダートコースを得意とする血統をアメリカン血統と呼ぶこともある。

馬券に直結する適性データ

小回りダートコースで好成績、最終世代産駒の2歳戦も要注目

　晩年近くの産駒になるにつれ、ダート戦での強さが目立ってきている。中でも、札幌、函館といったパワフルな先行力が活きる、小回りコースにおける好成績は、是非、頭に入れておきたいデータ。頭勝負でも馬連、3連複の軸としても、高い信頼度が得られるはずだ。

　2023年夏以降にデビューしてくる世代が最終産駒となるが、2歳戦での強さを馬券に活かせる、最後のチャンスにもなる。能力の高さから新馬戦から狙えることも特徴。また、3歳となった牡馬陣が好調を持続する傾向も、併せて覚えておこう。

　1番人気で50％を超える連対率、60％を優に超える3着内率をマークしていることも、馬券に活かしやすいデータ。不動の軸に据え、相手を絞って買う馬連、3連複は、高配当には結び付かないかもしれないが、確実性に優れている上に、十分なプラス配当が期待できるものだ。

重賞レース馬券のヒント

一発を狙うなら芝マイル重賞、ときに高配当馬券の主役となる

　勝率や連対率が飛び抜けて高い訳ではないが、単勝回収値「164」、複勝回収値も「100」に達している芝マイル重賞は、高配当ゲットが期待できる舞台。2022年も、イルーシヴパンサーが4番人気で勝利した東京新聞杯を皮切りに、9番人気だったメイショウミモザが快勝した阪神牝馬S、シュリが12番人気で2着した関屋記念と、伏兵、人気薄の激走があった。11頭立てという少頭数ながら、3連単が10万円を超えた阪神牝馬S、1、2番人気馬との組合せながら、3連単が7万7千円以上付いた関屋記念と、配当面の破壊力も十分だった。

通算重賞勝ち数

	GⅠ	GⅡ	GⅢ	GⅠ勝ち産駒数	重賞勝ち産駒数
芝	14	27	37 (2)	9	33
ダート	0	1	4	0	3
地方	1	0	5	1	5
海外	3	0	1	3	4

※（　）内は格付前重賞

POG　2023年期待の2歳馬　ピックアップ

ラストクロップは少数精鋭、一本筋が通った名血馬が揃う

　年齢、体調を考慮し種付頭数を制限したこともあり、ラストクロップは35頭の血統登録にとどまった。しかし、セールで億越えの産駒が続出したように、配合された繁殖牝馬の質は極めて高かった。3億円超で取り引きされたラヴズオンリーミーの牡駒などに関しては、巻頭特集（P16）に掲載された表を参照して頂きたいが、ここでは、母アレイヴィングビューティの牡駒に、まず注目したい。母が米GⅠ2勝馬というスケールの大きな配合で、3歳戦向きの仕上りの早さも備えている。兄に日本の重賞ホースがいる母クリスプの牡駒、母リュズキナの牝駒も、レベル高い活躍を示してくれそうだ。

母馬名（母父）	性別	おすすめポイント
*アレイヴィングビューティ（MASTERCRAFTSMAN）	牡	母は米GⅠで2勝をマーク。1歳セレクトセールで1億8700万円。
*インクルードベティ（INCLUDE）	牡	母は米GⅠマザーグースS勝ち。1歳セレクトセールで5500万円。
*クリスプ（EL CORREDOR）	牡	母は米GⅠ。半兄にダートGⅠ馬ダノンファラオ。中距離向きか。
*パスオブドリームズ（GIANT'S CAUSEWAY）	牡	全姉に3歳GⅡ2着のクラヴァシュドール。マイル戦線での活躍も。
*パールプリンセス（ASTRONOMER ROYAL）	牡	パワフルで持続力に優れたスピードが武器に。勝負強さも備える。
*アルアリングスター（EXCHANGE RATE）	牝	母は米GⅠBCジュヴナイルフィリーズ2着馬。仕上りは早そう。
*チャリティーライン（MANDURO）	牝	母は伊GⅠリディアテシオ賞に勝利。スケールの大きさ活かしたい。
*ナン（HIGH YIELD）	牝	ヘイロー3×3のクロスを持つ。ダート戦線での活躍あるかも。
*パールサイド（ALHAARTH）	牝	1歳セレクトセールで7480万円。成長力に優れた芝中距離タイプ。
*リュズキナ（STORM CAT）	牝	半兄にGⅡ京都新聞杯勝ちレッドジェネシス。成長力に富むタイプ。

43

2021 ④
2020 ⑫
2019 ㊽
2018 －

2歳馬 **13**

キズナ
KIZUNA

マイルGⅠ馬筆頭に重賞好走馬多数、上位安定勢力に

種付料／⇨受1200万円F　供用地／安平・社台SS

2010年生　青鹿毛　新冠・ノースヒルズ産

距離	成長型	芝	ダート	瞬発力	パワー	底力
万	普	◎	○	◎	○	○

年次	種付頭数	産駒数
22年	**170**	**139**
21年	195	171
20年	242	113
19年	164	113
18年	152	138

PROFILE

競走成績　14戦7勝（2～5歳・日仏）
最高レーティング　121 L（13、14年）
主な勝ち鞍　ダービー、大阪杯、京都新聞杯、ニエル賞、毎日杯。大阪杯2着、京都記念3着、ラジオNIKKEI杯2歳S3着、凱旋門賞4着。

　2歳秋に新馬、500万特別を連覇し、クラシック戦線に名乗りを上げる。暮れのラジオNIKKEI杯2歳Sはエピファネイアの3着、3歳緒戦の弥生賞はカミノタサハラの5着と、やや不満が残るレースが続いた。3月末の毎日杯で重賞初制覇。皐月賞には出走せず5月初旬

の京都新聞杯に向かい、鮮やかな末脚を披露し重賞連勝を飾る。3週間後のダービーでも、4角14番手の位置取りから父ディープインパクト譲りの切れ味が爆発、ゴール寸前でエピファネイアを交わし見事3歳馬の頂点に立つと共に、父の手綱を取った鞍上武豊に8年振り5度目のダービータイトルをもたらした。秋は仏遠征を敢行し、まずはGⅡニエル賞に勝利。凱旋門賞でも中身の濃い競馬を展開したが、トレヴの4着までだった。半年の休養を経た4歳4月の大阪杯で、5つ目の重賞タイトルを獲得。その後は本領を発揮し切れず、天皇賞・春4着、

系統：サンデーサイレンス系　母父系統：ストームキャット系				

父 ディープインパクト 鹿 2002	**父父** *サンデーサイレンス 青鹿 1986	Halo	Hail to Reason	Turn-to
				Nothirdchance
			Cosmah	Cosmic Bomb
				Almahmoud
		Wishing Well	Understanding	Promised Land
				Pretty Ways
			Mountain Flower	Montparnasse
				Edelweiss
	父母 *ウインドインハーヘア 鹿 1991	Alzao	Lyphard	Northern Dancer
				Goofed
			Lady Rebecca	Sir Ivor
				Pocahontas
		Burghclere	Busted	Crepello
				Sans le Sou
			Highclere	Queen's Hussar
				Highlight
母 *キャットクイル 鹿 1990	**母父** ストームキャット Storm Cat 黒鹿 1983	Storm Bird	Northern Dancer	Nearctic
				Natalma
			South Ocean	New Providence
				Shining Sun
		Terlingua	Secretariat	Bold Ruler
				Somethingroyal
			Crimson Saint	Crimson Satan
				Bolero Rose
	母母 パシフィックプリンセス Pacific Princess 鹿 1973	Damascus	Sword Dancer	Sunglow
				Highland Fling
			Kerala	My Babu
				Blade of Time
		Fiji	Acropolis	Donatello
				Aurora
			Rififi	Mossborough
				Khanum

インブリード：Northern Dancer 5×4

血統解説

父ディープインパクトは史上7頭目の3冠馬にして、2022年を含め、11年連続首位種牡馬に輝く歴史的名馬。本馬はその直仔サイアーとして、最高順位に位置している。母系は日本を代表する名門の1つで、本馬の半姉にGI3勝のファレノプシス（桜花賞、秋華賞、エリザベス女王杯）、半兄に米GII馬サンデーブレイク（ピーターパンS）、いとこに3冠馬ナリタブライアン、GI3勝馬ビワハヤヒデ、一族にラストインパクト（京都大賞典）がいる。祖母パシフィックプリンセスも、米GIデラウェアオークスを制した名牝。母父ストームキャットはスピード能力高い北米首位サイアー。

2022年 ランキングTOP20　第4位 キズナ

代表産駒

ソングライン（安田記念、富士S、1351ターフスプリント）、アカイイト（エリザベス女王杯）、ディープボンド（阪神大賞典2回、京都新聞杯、フォワ賞）、バスラットレオン（ニュージーランドT、ゴドルフィンマイル）、マルターズディオサ（チューリップ賞、紫苑S）、アスクワイルドモア（京都新聞杯）、ビアンフェ（函館スプリントS、函館2歳S、葵S）、ファインルージュ（フェアリーS、紫苑S）、クリス タルブラック（京成杯）、シャムロックヒル（マーメイドS）、アブレイズ（フラワーC）、テリオスベル（クイーン賞）、キメラヴェリテ（北海道2歳優駿）、ステラリア（エリザベス女王杯2着）、ハピ（シリウスS2着）、ハギノアレグリアス（みやこS2着）、レジェーロ（葵S2着）、ハギノピリナ（オークス3着）、ヤシャマル（日経新春杯3着）、アネゴハダ、ダディーズビビッド、スーパーホープ。

京都記念3着、5歳時の大阪杯2着などの戦績を残し、現役を退く。

6歳春から種牡馬生活を開始。当初は配合される繁殖牝馬の陣容も、豪華という訳ではなかったが、初年度産駒から古馬となってGIウィナーとなったアカイイト、複数の重賞タイトルを獲得しているビアンフェ、ディープボンド、マルターズディオサなど、レベルの高い産駒が多数登場。年々、種付料も上がっていき、現在は父の有力後継者であり、次期リーディングサイアー候補という評価を得ている。2022年は安田記念、サウジアラビアの重賞1351ターフスプリントを制したソングラインのほか、前述のディープボンド、首で重賞を勝ったバスラットレオン、3歳GIIを勝ったアスクワイルドモアらが活躍。前年と同じ4位をキープした。

From Stallion

社台SS事務局・徳武英介氏談

「父ディープインパクトよりも恵まれた馬体と闘争心もあってか、産駒は様々な条件で活躍を見せています。AEI*も高い馬であり、古馬となってからも息長く競馬をしてくれるので、馬主孝行な種牡馬でもあります。父譲りの好馬体を受け継がれた産駒たちは、セリ市場でも目を引く存在となっており、昨年も活発な取引が行われました。世代を問わない産駒成績からしても、次代のリーディングサイアーと言っていいでしょう」

※AEI＝アーニングINDEX、P30参照。

45

2022年成績

総収得賞金 3,234,881,000 円	アーニング INDEX 2.02	実勢評価値 0.76	
勝利頭数／出走頭数	全馬 171 ／ 355	2歳	19 ／ 65
勝利回数／出走回数	全馬 278 ／ 2,398	2歳	21 ／ 176

Data Box (2020~2022)

単勝回収値 109 円／単勝適正回収値 88 円

コース　再開後の京都芝で活躍期待できる

	1着	2着	3着	出走数	勝率	連対率	3着内率
全体計	356	310	314	3564	10.0%	18.7%	27.5%
中央芝	103	98	88	1000	10.3%	20.1%	28.9%
中央ダ	84	76	74	789	10.6%	20.3%	29.7%
ローカル芝	104	91	102	1116	9.3%	17.5%	26.6%
ローカルダ	65	45	50	659	9.9%	16.7%	24.3%
右回り芝	132	122	110	1322	10.0%	19.2%	27.5%
右回りダ	86	71	75	819	10.5%	19.2%	28.3%
左回り芝	75	65	77	763	9.8%	18.3%	28.4%
左回りダ	63	50	49	629	10.0%	18.0%	25.8%
札幌芝	17	4	9	112	15.2%	18.8%	26.8%
札幌ダ	5	0	3	41	12.2%	12.2%	19.5%
函館芝	9	6	8	87	10.3%	17.2%	26.4%
函館ダ	4	3	3	40	10.0%	17.5%	22.5%
福島芝	10	12	9	115	8.7%	19.1%	27.0%
福島ダ	3	1	2	46	6.5%	8.7%	13.0%
新潟芝	20	21	23	234	8.5%	17.5%	27.4%
新潟ダ	14	10	6	121	11.6%	19.8%	24.8%
東京芝	26	21	22	232	11.2%	20.3%	29.7%
東京ダ	17	15	15	192	8.9%	16.7%	24.5%
中山芝	14	18	18	209	6.7%	15.3%	23.9%
中山ダ	15	6	14	146	10.3%	14.4%	24.0%
中京芝	29	25	35	328	8.8%	16.5%	27.1%
中京ダ	32	25	28	316	10.1%	18.0%	26.9%
京都芝	17	11	8	103	16.5%	27.2%	35.0%
京都ダ	6	8	6	71	8.5%	19.7%	28.2%
阪神芝	46	48	40	456	10.1%	20.6%	29.4%
阪神ダ	46	47	39	380	12.1%	24.5%	34.7%
小倉芝	19	23	18	240	7.9%	17.5%	25.0%
小倉ダ	7	6	9	95	7.4%	13.7%	23.2%

距離　芝ダートとも中距離戦でこそ

芝　　　平均勝ち距離　1,766m

	1着	2着	3着	出走数	勝率	連対率	3着内率
全体計	207	189	190	2116	9.8%	18.7%	27.7%
芝～1300m	26	27	32	366	7.1%	14.5%	23.2%
芝～1600m	55	56	59	632	8.7%	17.6%	26.9%
芝～2000m	105	83	78	885	11.9%	21.2%	30.1%
芝～2400m	16	13	15	164	9.8%	17.7%	26.8%
芝2500m～	5	10	6	69	7.2%	21.7%	30.4%

ダート　平均勝ち距離　1,671m

	1着	2着	3着	出走数	勝率	連対率	3着内率
全体計	149	121	124	1448	10.3%	18.6%	27.2%
ダ～1300m	13	13	17	244	5.3%	10.7%	17.6%
ダ～1600m	37	23	20	312	11.9%	19.2%	25.6%
ダ～2000m	92	80	78	822	11.2%	20.9%	30.4%
ダ2100m～	7	5	9	70	10.0%	17.1%	30.0%

馬場状態　芝ダートとも状態不問

		1着	2着	3着	出走数	勝率	連対率	3着内率
芝	良	160	139	151	1587	10.1%	18.8%	28.4%
	稍重	28	40	26	372	7.5%	18.3%	25.3%
	重	12	7	10	109	11.0%	17.4%	26.6%
	不良	7	3	3	48	14.6%	20.8%	27.1%
ダ	良	92	60	87	895	10.3%	17.0%	26.7%
	稍重	22	32	22	270	8.1%	20.0%	28.1%
	重	22	22	9	177	12.4%	24.9%	29.9%
	不良	13	7	6	106	12.3%	18.9%	24.5%

性齢　牡馬は5歳まで力を持続

	1着	2着	3着	出走数	勝率	連対率	3着内率
牡2歳	41	32	30	303	13.5%	24.1%	34.0%
牝2歳	30	22	27	288	10.4%	18.1%	27.4%
牡3歳前半	64	45	45	579	11.1%	18.8%	26.6%
牝3歳前半	52	49	39	571	9.1%	17.7%	24.5%
牡3歳後半	33	32	37	356	9.3%	18.3%	28.7%
牝3歳後半	46	47	33	399	11.5%	23.3%	31.6%
牡4歳	39	39	49	415	9.4%	18.8%	30.6%
牝4歳	37	30	39	394	9.4%	17.0%	26.9%
牡5歳	15	14	18	164	9.1%	17.7%	28.7%
牝5歳	4	3	6	147	2.7%	4.8%	8.8%
牡6歳	0	0	0				
牝6歳	0	0	0				
牡7歳以上	0	0	0				
牝7歳以上	0	0	0				

条件　OP特別での安定駆けに注目

	1着	2着	3着	出走数	勝率	連対率	3着内率
新馬	30	25	19	265	11.3%	20.8%	27.9%
未勝利	135	103	95	1319	10.2%	18.0%	25.2%
1勝	104	107	120	1113	9.3%	19.0%	29.7%
2勝	49	31	35	375	13.1%	21.3%	30.7%
3勝	13	20	18	195	6.7%	16.9%	26.2%
OPEN特別	14	14	12	116	12.1%	24.1%	34.5%
GⅢ	7	5	14	113	6.2%	10.6%	23.0%
GⅡ	7	1	7	56	12.5%	14.3%	26.8%
GⅠ	2	7	3	64	3.1%	14.1%	18.8%
ハンデ戦	17	17	20	173	9.8%	19.7%	31.2%
牝馬限定	73	67	53	697	10.5%	20.1%	27.7%
障害	5	3	9	52	9.6%	15.4%	32.7%

人気　1番人気は高勝率、頭で狙う

	1着	2着	3着	出走数	勝率	連対率	3着内率
1番人気	122	60	36	334	36.5%	54.5%	65.3%
2～3番人気	123	101	99	700	17.6%	32.0%	46.1%
4～6番人気	76	91	118	975	7.8%	17.1%	29.2%
7～9番人気	21	43	46	758	2.8%	8.4%	14.5%
10番人気～	19	18	24	849	2.2%	4.4%	7.2%

勝ち馬の決め手

芝（207勝）: 追込 21／逃げ 37／差し 51／先行 98
ダート（149勝）: 追込 8／逃げ 29／差し 36／先行 76

異流血統　主流血統とはまったく別のラインで発展してきた系統。種牡馬の数も少なく、細々と伝わっているが、途絶えているわけではない系統。主流以外の血統すべてをこう呼ぶこともある。異種血脈も意味は同じ。

馬券に直結する適性データ

芝、ダートをこなす万能性魅力、仕上りの早さと成長力も兼備

　芝、ダート共に、高いレベルでこなせることが大きな特徴。芝に関しては、得意としていた京都コースが2023年から再開することは、馬券作戦に活かしたいところ。勝率、連対率、3着内率のいずれでも優秀な数字をマークしているだけに、多様な買い方が可能だ。一方、ダート戦では阪神コースを得意としてることも、併せて覚えておきたい。加えてパワーを要する芝不良馬場、脚抜けが良くなるダートの重馬場での好成績にも要注目だ。

　仕上りの早さと、3歳以降の成長力を兼備している点も魅力の1つ。2歳戦では緒戦から十分に狙えること、また3歳後半を迎えた牝馬陣、5歳となった牡馬陣が好成績を残していることは、馬券作戦に取り入れていきたい。

　距離適性も幅広いが、もっとも信頼できるのは2000m前後の中距離戦。これは芝、ダートに共通する傾向となっている。

重賞レース馬券のヒント

配当的妙味高い3〜5番人気馬、特に大一番での健闘に注目を

　重賞で狙ってみたいのが、大本命ではないが有力候補として臨む3〜5番人気の馬。勝率11.1%、連対率15.9%、3着内率25.4%という数字も優秀だし、単勝回収値、複勝回収値共に「100」を超えていることも、馬券購買上の心強い要素となる。中でも、大一番における3〜5番人気馬の頑張りは特筆モノ。2022年安田記念では4番人気ソングラインが勝利し、3連単は6万4千円強の高配当となった。また、2021年有馬記念では5番人気のディープボンドが2着となり、1番人気との組合せで馬単20倍強という、勝負のしがいがある配当が付いた。

通算重賞勝ち数

	G I	G II	G III	GI勝ち産駒数	重賞勝ち産駒数
芝	2	7	9 (1)	2	11
ダート	0	0	0	0	0
地方	0	0	2	0	2
海外	0	2	2	0	3

※（ ）内は格付前重賞

POG　2023年期待の2歳馬　ピックアップ

繁殖牝馬の質が一段と上がり、クラシック戦線での期待高まる

　種付頭数が増え、繁殖牝馬の質もグンと上がったと言われている5年目産駒。実際、セールにおいて高額取引される名血馬も多かった。その筆頭格といえるのが、4億5千万円強の値が付いた母セルキスの牡駒。スケールは大きく、皐月賞で2着した半兄ヴェロックスを超える活躍があるかも。チリの年度代表馬に選出された、異色の名牝である母サボールアトリウンフォの牡駒も楽しみな存在。成長力にも優れていそうで、古馬となってからの大成も期待できる。やはりセールで高い評価を得た母カヴァートラブの牝駒、母ザマックケムブレットの牝駒も、牝馬クラシック戦線を沸かせる資質の持ち主だ。

母馬名（母父）	性別	おすすめポイント
*アルビアーノ （HARLAN'S HOLIDAY）	牡	母はGIIスワンSなどに勝利。1歳セレクトセール3750万円。
*キトゥンズダンブリングス （KITTEN'S JOY）	牡	母は米GIウイナー。1歳セレクトセール7040万円で落札される。
*サボールアトリウンフォ （DANCE BRIGHTLY）	牡	母は南米チリの年度代表馬。1歳セレクトセールで1億120万円。
*セルキス （MONSUN）	牡	半兄にGI2着ヴェロックス。当歳セレクトセール4億5100万円。
*ミリオンドリームズ （FRANKEL）	牡	当歳セレクトセールで4730万円。母父の血が大成を後押しするか。
カウアイレーン （キングカメハメハ）	牝	叔父にブラックホーク、叔母にピンクカメオ。母父との相性も注目。
*カヴァートラブ （AZAMOUR）	牝	母はGI愛オークスで勝利。当歳セレクトセールで1億6500万円。
*ザマックケムブレット （SOCIETY ROCK）	牝	母は米GIIに勝利。当歳セレクトセール1億780万円で落札される。
*ホワイトローズII （TAPIT）	牝	母は米GIIIに勝利。1歳セレクトセールにおいて4510万円で落札。
メジロスプレンダー （*シンボリクリスエス）	牝	叔父にGII馬サトノノブレス。1歳セレクトセールで7260万円。

47

RANKING
5
2歳馬 1
2021 ⑪
2020 ㉒
2019 —
2018 —

ドゥラメンテ
DURAMENTE

3頭の部門別チャンピオン含め、5頭のGI馬が登場

2021 年死亡
2012 年生　鹿毛　安平・ノーザンファーム産

距離	成長型	芝	ダート	瞬発力	パワー	底力
中長	普	◎	○	◎	○	◎

年次	種付頭数	産駒数
22 年	—	96
21 年	131	120
20 年	178	122
19 年	184	203
18 年	294	191

PROFILE

競走成績　9戦5勝（2〜4歳・日首）
最高レーティング　121 L（15年）、121 M（16年）
主な勝ち鞍　ダービー、皐月賞、中山記念。宝塚記念2着、ドバイシーマクラシック2着、共同通信杯2着。

　エリザベス女王杯を連覇したアドマイヤグルーヴの息仔ということもあり、デビュー前から注目を浴びる存在となっていた。単勝1.4倍の圧倒的1番人気に推されていた、2歳10月の新馬戦は2着に惜敗したが、続く未勝利戦、3歳緒戦の500万特別を連勝し、クラシック戦線に名乗りを上げる。共同通信杯2着を経て臨んだ皐月賞では、2カ月振りの実戦ということもあり3番人気での出走となったが、4角で大きく外に膨れながらもそこから立て直し差し切り勝ちを収める、鮮烈なパフォーマンスを展開しクラシックウイナーの仲間入りを果たした。単勝1.9倍の支持を集めたダービーでも、圧巻のレース振りを披露。父キングカメハメハが保持していたダービーレコードを1秒上回る2分23秒2の時計でゴールを駆け抜け、堂々の2冠馬に輝く。「3冠馬誕生は確実」という声も上がったが、脚部不安もあり菊花賞出走を断念。

系統：キングマンボ系　母父系統：サンデーサイレンス系				
父 キングカメハメハ 鹿 2001	父父 キングマンボ Kingmambo 鹿 1990	Mr. Prospector	Raise a Native	Native Dancer
				Raise You
			Gold Digger	Nashua
				Sequence
		Miesque	Nureyev	Northern Dancer
				Special
			Pasadoble	Prove Out
				Santa Quilla
	父母 *マンファス 黒鹿 1991	*ラストタイクーン	*トライマイベスト	Northern Dancer
				Sex Appeal
			Mill Princess	Mill Reef
				Irish Lass
		Pilot Bird	Blakeney	Hethersett
				Windmill Girl
			The Dancer	Green Dancer
				Khazaeen
母 アドマイヤグルーヴ 鹿 2000	母父 *サンデーサイレンス 青鹿 1986	Halo	Hail to Reason	Turn-to
				Nothirdchance
			Cosmah	Cosmic Bomb
				Almahmoud
		Wishing Well	Understanding	Promised Land
				Pretty Ways
			Mountain Flower	Montparnasse
				Edelweiss
	母母 エアグルーヴ 鹿 1993	*トニービン	*カンパラ	Kalamoun
				State Pension
			Severn Bridge	Hornbeam
				Priddy Fair
		ダイナカール	*ノーザンテースト	Northern Dancer
				Lady Victoria
			シャダイフェザー	*ガーサント
				*パロクサイド

インブリード：Northern Dancer 5・5×5

血統解説

父キングカメハメハはダービー馬にしてリーディングサイアーという、日本競馬史に残る名馬。本馬は父にとって初のダービー勝ち産駒でもある。母アドマイヤグルーヴはエリザベス女王杯連覇を含め、重賞を計5勝した名牝。本馬の全姉にアドマイヤセプター（京阪杯2着）、半兄にアドマイヤトライ（阪神スプリングジャンプ3着）を産んだ。共にオークスを勝った曾祖母ダイナカール、祖母エアグルーヴから拡がる牝系は、名門中の名門。本馬の叔父にルーラーシップ（QエリザベスII世C）、いとこにアンドヴァラナウト（ローズS）がいる。母父サンデーサイレンスは13年連続首位BMS。

代表産駒

タイトルホルダー（宝塚記念、天皇賞・春、菊花賞、日経賞、ディープインパクト記念弥生賞）、**スターズオンアース**（オークス、桜花賞）、**ドゥラエレーデ**（ホープフルS）、**リバティアイランド**（阪神ジュベナイルフィリーズ）、**ヴァレーデラルナ**（JBCレディスクラシック）、**アリーヴォ**（小倉大賞典）、**ドゥーラ**（札幌2歳S）、**バーデンヴァイラー**（マーキュリーC、佐賀記念）、**キングストンボーイ**（青葉賞2着）、**アイコンテーラー**（愛知杯2着）、**サウンドビバーチェ**（紫苑S2着）、**ベルクレスタ**（アルテミスS2着）、**タッチウッド**（共同通信杯2着）、**ドゥラドーレス**（毎日杯3着）、**ジュンブルースカイ**（東京スポーツ杯2歳S3着）、**アスコルターレ**（マーガレットS）、**ヴァリアメンテ、ルース、ドゥラモンド、シャイニングフジ、アヴェラーレ、ファルヴォーレ、レヴァンジル、スワーヴエルメ、ヘッズオアテールズ**。

4歳3月の中山記念まで約9カ月の休養を余儀なくされる。その復帰戦を快勝し、重賞3連勝を達成。しかし、首に遠征したドバイシーマクラシックはポストポンの2着、帰国後の宝塚記念もマリアライトの2着と本領を発揮し切れず。結局、新たなタイトルを重ねられないまま現役を退くこととなった。それでも一度も連対を外さなかった安定感の高さは、特筆すべきものと言えるだろう。

5歳春から種牡馬生活を開始。189頭が血統登録された初年度産駒の一頭であるタイトルホルダーが、2021年菊花賞を制し初のGIタイトルを獲得する。2022年には、前述のタイトルホルダーが天皇賞・春、宝塚記念を連勝したほか、共に2年目産駒となるスターズオンアースが桜花賞、オークスの牝馬2冠を制覇、ヴァレーデラルナが古馬陣を降してJBCレディスクラシックに優勝、3年目産駒となるリバティアイランドが阪神JF、ドゥラエレーデがホープフルSに勝利と、計5頭のGI馬が誕生する快進撃を見せた。また、リバティアイランドが最優秀2歳牝馬、スターズオンアースが最優秀3歳牝馬、タイトルホルダーが最優秀古牡馬に選出されたことも、種牡馬としての大きな勲章といえるだろう。加えて2022年2歳リーディングサイアーの栄誉も獲得。総合ランキングでも前年の11位から5位にまで順位を上げる躍進を遂げている。

本来であれば、次期リーディングサイアーの有力候補にもなるところだが、2021年の種付シーズン終了後に急死してしまったことは、日本競馬界の大きな損失となってしまった。

総収得賞金 3,193,786,000 円　**アーニング INDEX** 2.01　**実勢評価値** −

	勝利頭数／出走頭数	全馬 175 ／ 353	2歳	21 ／ 67
	勝利回数／出走回数	全馬 277 ／ 2,078	2歳	25 ／ 142

Data Box (2020~2022)

コース　中央場所なら阪神芝で勝ち切る

	1着	2着	3着	出走数	勝率	連対率	3着内率
全体計	254	231	206	2356	10.8%	20.6%	29.3%
中央芝	95	82	71	779	12.2%	22.7%	31.8%
中央ダ	53	48	33	477	11.1%	21.2%	28.1%
ローカル芝	68	74	68	720	9.4%	19.7%	29.2%
ローカルダ	38	27	34	380	10.0%	17.1%	26.1%
右回り芝	102	82	82	864	11.8%	21.3%	30.8%
右回りダ	49	37	36	476	10.3%	18.1%	25.6%
左回り芝	61	74	57	631	9.7%	21.4%	30.4%
左回りダ	42	38	31	381	11.0%	21.0%	29.1%
札幌芝	16	7	10	97	16.5%	23.7%	34.0%
札幌ダ	5	1	2	30	16.7%	20.0%	26.7%
函館芝	3	5	5	63	4.8%	12.7%	20.6%
函館ダ	3	1	1	23	13.0%	17.4%	21.7%
福島芝	5	6	3	68	7.4%	16.2%	20.6%
福島ダ	4	3	3	41	9.8%	17.1%	24.4%
新潟芝	17	20	14	162	10.5%	22.8%	31.5%
新潟ダ	8	6	5	75	10.7%	18.7%	25.3%
東京芝	32	31	25	278	11.5%	22.7%	31.7%
東京ダ	20	19	10	153	13.1%	25.5%	32.0%
中山芝	27	21	19	219	12.3%	21.9%	30.6%
中山ダ	18	12	6	135	13.3%	22.2%	26.7%
中京芝	12	23	18	195	6.2%	17.9%	27.2%
中京ダ	14	13	16	153	9.2%	17.6%	28.1%
京都芝	1	1	2	15	6.7%	13.3%	26.7%
京都ダ	0	1	0	1	0.0%	100.0%	100.0%
阪神芝	35	29	25	267	13.1%	24.0%	33.3%
阪神ダ	15	16	17	188	8.0%	16.5%	25.5%
小倉芝	15	13	10	135	11.1%	20.7%	34.1%
小倉ダ	4	3	1	58	6.9%	12.1%	24.1%

条件　GIでの勝負強さが光る

	1着	2着	3着	出走数	勝率	連対率	3着内率
新馬	43	41	30	340	12.6%	24.7%	33.5%
未勝利	113	94	88	1097	10.3%	18.9%	26.9%
1勝	56	53	54	561	10.0%	19.4%	29.1%
2勝	24	25	17	152	15.8%	32.2%	43.4%
3勝	5	5	7	53	9.4%	18.9%	32.1%
OPEN特別	3	7	5	51	5.9%	19.6%	29.4%
GⅢ	2	6	4	46	4.3%	17.4%	26.1%
GⅡ	2	0	1	31	6.5%	9.7%	9.7%
GⅠ	7	1	2	32	21.9%	25.0%	31.3%
ハンデ戦	6	3	4	41	14.6%	22.0%	31.7%
牝馬限定	43	41	36	427	10.1%	19.7%	28.1%
障害	1	2	1	7	14.3%	42.9%	57.1%

人気　1番人気できっちり勝ち切る

	1着	2着	3着	出走数	勝率	連対率	3着内率
1番人気	113	49	43	303	37.3%	53.5%	67.7%
2~3番人気	76	102	73	487	15.6%	36.6%	51.5%
4~6番人気	49	61	55	582	8.4%	18.9%	28.4%
7~9番人気	13	16	23	459	2.8%	6.3%	11.3%
10番人気~	4	5	13	532	0.8%	1.7%	4.1%

単勝回収値 74 円／**単勝適正回収値** 81 円

距離　芝ダートとも短距離戦だけは苦手

芝　平均勝ち距離　1,844m

	1着	2着	3着	出走数	勝率	連対率	3着内率
全体計	163	156	139	1499	10.9%	21.3%	30.6%
芝~1300m	5	9	6	118	4.2%	11.9%	16.9%
芝~1600m	45	46	33	457	9.8%	19.9%	27.1%
芝~2000m	93	86	85	774	12.0%	23.1%	34.1%
芝~2400m	12	10	11	108	11.1%	22.2%	32.4%
芝2500m~	8	3	4	42	19.0%	26.2%	35.7%

ダート　平均勝ち距離　1,630m

	1着	2着	3着	出走数	勝率	連対率	3着内率
全体計	91	75	67	857	10.6%	19.4%	27.2%
ダ~1300m	9	14	8	178	5.1%	12.9%	17.4%
ダ~1600m	30	20	13	217	13.8%	23.0%	29.0%
ダ~2000m	50	39	44	442	11.3%	20.1%	30.1%
ダ2100m~	2	2	2	20	10.0%	20.0%	30.0%

馬場状態　少し渋った芝で成績がアップ

		1着	2着	3着	出走数	勝率	連対率	3着内率
芝	良	124	121	114	1168	10.6%	21.0%	30.7%
	稍重	29	24	22	237	12.2%	22.4%	31.6%
	重	8	11	3	74	10.8%	25.7%	29.7%
	不良	2	0	0	20	10.0%	10.0%	10.0%
ダ	良	58	41	47	518	11.2%	19.1%	28.2%
	稍重	15	20	7	185	8.1%	18.9%	22.7%
	重	10	8	5	98	10.2%	18.4%	23.5%
	不良	8	6	8	56	14.3%	25.0%	39.3%

性齢　2歳から動き勢いは衰えない

	1着	2着	3着	出走数	勝率	連対率	3着内率
牡2歳	57	49	33	368	15.5%	28.8%	37.8%
牝2歳	34	32	22	288	11.8%	22.9%	30.6%
牡3歳前半	53	43	39	446	11.9%	21.5%	30.3%
牝3歳前半	28	38	32	409	6.4%	16.6%	23.5%
牡3歳後半	31	24	31	287	10.8%	19.2%	30.0%
牝3歳後半	25	19	19	252	9.9%	17.5%	25.0%
牡4歳	21	22	19	202	10.4%	21.3%	30.7%
牝4歳	8	6	11	111	7.2%	12.6%	23.4%
牡5歳	0	0	0	0			
牝5歳	0	0	0	0			
牡6歳	0	0	0	0			
牝6歳	0	0	0	0			
牡7歳以上	0	0	0	0			
牝7歳以上	0	0	0	0			

勝ち馬の決め手

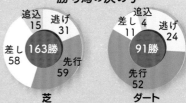

芝　追込 15／逃げ 31／差し 58／先行 59　163勝

ダート　追込 4／逃げ 24／差し 11／先行 52　91勝

毛色　毛色も両親から遺伝するものだが、毛と能力の遺伝には何の因果関係もなく、鹿毛の父から芦毛の仔が産まれても、能力が伝わっていないわけではない。

馬券に直結する適性データ

パワー要すダート、芝稍重得意、2歳戦から動けることも魅力に

　次々と芝GⅠウイナーが誕生したことで、グラスホースの印象も強いが、交流ダートGⅠ馬ヴァレーデラルナが登場したように、ダート戦で本領を発揮する産駒も多い。芝であれば阪神コース、ダートであれば東京コースで優秀な成績を残していることは、覚えておきたいデータ。また、芝であればパワーも必要となる稍重馬場で、より信頼性が高まることも馬券作戦に活かしたいところだ。

　決して早熟タイプではないが、2歳リーディングサイアー獲得が証明しているように、早い時期から活躍できる点も魅力。2歳戦では牡馬の方が牝馬よりも安定感があることも、注目すべき傾向かもしれない。

　距離適性は幅広くマイル～長距離戦のすべてに対応が可能。芝であれば2000m前後、ダートであればマイル前後で好成績をあげていることも、是非心に留めておこう。

重賞レース馬券のヒント

GⅠレースで格別の強さを発揮、頭から狙ってみるのも面白い

　GⅡ、GⅢ戦を合わせた数より、GⅠで数多くの勝ち鞍をマークしていることは、特筆すべき傾向。単勝オッズ90.6倍の14番人気で勝利した2022年ホープフルSのドゥラエレーデ、単勝7番人気で激走した2022年桜花賞のスターズオンアース、見事に1番人気に応えた2022年阪神JFのリバティアイランドなど、様々なシチュエーションでのGⅠ制覇があったが、人気の如何に関わらず、ここ一番での勝負強さを遺憾なく発揮したことでは、どの馬も共通していた。単勝回収値も「410」に達しているだけに、頭勝負を懸け続ける作戦も面白そうだ。

通算重賞勝ち数

	GⅠ	GⅡ	GⅢ	GⅠ勝ち産駒数	重賞勝ち産駒数
芝	7	2	2	4	6
ダート	0	0	0	0	0
地方	1	0	0	1	2
海外	0	0	0	0	0

POG　2023年期待の2歳馬　ピックアップ

質の高さ誇る4年目産駒たち、新たなクラシックホース誕生も

　早逝のため、5シーズンの供用にとどまったことは、日本馬産界全体の損失であることは間違いないが、今夏からデビューする4年目産駒も、クラシック戦線で旋風を巻き起こしそうな名血馬、期待馬が揃っている。いずれもセールで億を超える値段で落札された母ジェイウォークの牡駒、母シーヴの牡駒、母ヴァシリカの牡駒、母デックドアウトの牡駒は、米GⅠホースの仔となる。中でもケンタッキーオークス馬である母シーヴの牡駒は、一級品の成長力、中距離適性を備えていそうだ。母アエロリットの牡駒、母イスパニダの牝駒らには、2歳時から芝マイル戦線を沸かせる存在となることを期待したい。

母馬名（母父）	性別	おすすめポイント
アエロリット（*クロフネ）	牡	母はGⅠ NHKマイルCに勝利。成長力あり、息の長い活躍を期待。
*ヴァシリカ（SKIPSHOT）	牡	母は米GⅠ2勝。当歳セレクトセール1億1550万円で落札される。
*ジェイウォーク（CROSS TRAFFIC）	牡	母は米2歳GⅠを2勝。1歳セレクトセール3億3000万円で落札。
*シーヴ（MINESHAFT）	牡	母はケンタッキーオークス馬。1歳セレクトセール2億4200万円。
*デックドアウト（STREET BOSS）	牡	母はアメリカンオークス馬。1歳セレクトセールで1億4300万円。
*フォースタークルック（FREUD）	牡	1歳セレクトセールで2億2000万円。セクレタリアト5×4持つ。
*イスパニダ（PURE PRIZE）	牝	母はGⅠ亜1000ギニー馬。当歳セレクトセール9900万円で落札。
*サンダーカップ（*サンダーガルチ）	牝	半姉にケンタッキーオークス馬ラブリーマリア。勝負強さを持つ。
*シェイクズセレナーデ（UNBRIDLED'S SONG）	牝	半兄にダートGⅠ馬ノットゥルノ。1歳セレクトセールで2310万円。
*ジプシー（DISTORTED HUMOR）	牝	いとこに米GⅠ4勝のエモリエント。芝中距離戦で本領を発揮か。

RANKING
6
2歳馬 ー

2021 ⑤
2020 ⑤
2019 ⑤
2018 ②

キングカメハメハ
KING KAMEHAMEHA

芝、ダートで3頭のG1ウイナー誕生し、上位キープ

2019年死亡
2001年生　鹿毛　早来・ノーザンファーム産

距離	成長型	芝	ダート	瞬発力	パワー	底力
万	持続	◎	◎	◎	◎	◎

年次	種付頭数	産駒数
22年	ー	ー
21年	ー	ー
20年	ー	ー
19年	ー	77
18年	122	73

PROFILE
競走成績　8戦7勝（2〜3歳・日）
最高レーティング　117 M、L（04年）
主な勝ち鞍　ダービー、NHKマイルC、神戸新聞杯、毎日杯、すみれS。京成杯3着。

　名種牡馬キングマンボの仔を宿して、米から輸入された母が、ノーザンファームで出産した「持込馬」。当歳セレクトセールにおいて、8190万円で落札された。芝1800mで争われた2歳11月の新馬戦、芝2000m戦で行われた12月の500万下エリカ賞を、共に2着馬に

半馬身差を付けて連勝。クラシック候補に名乗りを上げる。3歳1月の京成杯では単勝2.3倍の1番人気に推されたが、直線で伸び切れずフォーカルポイントの3着に敗れた。2月末には、芝2200m戦で争われるOPすみれSに確勝を期して出走。2着馬に2馬身半差を付ける楽勝で、クラシック本番の出走権利をほぼ確定する。3月の毎日杯で、2度目の重賞挑戦。今度は地力の違いを見せ付け、2馬身半差の完勝で初タイトル獲得に成功した。敗戦を喫した京成杯と同じ中山芝2000mコースを舞台とする皐月賞はパスし、より適性が高いと判断された東京コ

系統：キングマンボ系　母父系統：ノーザンダンサー系				

<table>
<tr><td rowspan="16">父
キングマンボ
Kingmambo
鹿 1990</td><td rowspan="8">父父
ミスタープロスペクター
Mr.Prospector
鹿 1970</td><td rowspan="4">Raise a Native</td><td rowspan="2">Native Dancer</td><td>Polynesian</td></tr>
<tr><td>Geisha</td></tr>
<tr><td rowspan="2">Raise You</td><td>Case Ace</td></tr>
<tr><td>Lady Glory</td></tr>
<tr><td rowspan="4">Gold Digger</td><td rowspan="2">Nashua</td><td>Nasrullah</td></tr>
<tr><td>Segula</td></tr>
<tr><td rowspan="2">Sequence</td><td>Count Fleet</td></tr>
<tr><td>Miss Dogwood</td></tr>
<tr><td rowspan="8">父母
ミエスク
Miesque
鹿 1984</td><td rowspan="4">Nureyev</td><td rowspan="2">Northern Dancer</td><td>Nearctic</td></tr>
<tr><td>Natalma</td></tr>
<tr><td rowspan="2">Special</td><td>Forli</td></tr>
<tr><td>Thong</td></tr>
<tr><td rowspan="4">Pasadoble</td><td rowspan="2">Prove Out</td><td>Graustark</td></tr>
<tr><td>Equal Venture</td></tr>
<tr><td rowspan="2">Santa Quilla</td><td>Sanctus</td></tr>
<tr><td>Neriad</td></tr>
<tr><td rowspan="16">母
*マンファス
黒鹿 1991</td><td rowspan="8">母父
*ラストタイクーン
黒鹿 1983</td><td rowspan="4">*トライマイベスト</td><td rowspan="2">Northern Dancer</td><td>Nearctic</td></tr>
<tr><td>Natalma</td></tr>
<tr><td rowspan="2">Sex Appeal</td><td>Buckpasser</td></tr>
<tr><td>Best in Show</td></tr>
<tr><td rowspan="4">Mill Princess</td><td rowspan="2">Mill Reef</td><td>Never Bend</td></tr>
<tr><td>Milan Mill</td></tr>
<tr><td rowspan="2">Irish Lass</td><td>Sayajirao</td></tr>
<tr><td>Scollata</td></tr>
<tr><td rowspan="8">母母
パイロットバード
Pilot Bird
鹿 1983</td><td rowspan="4">Blakeney</td><td rowspan="2">Hethersett</td><td>Hugh Lupus</td></tr>
<tr><td>Bride Elect</td></tr>
<tr><td rowspan="2">Windmill Girl</td><td>Hornbeam</td></tr>
<tr><td>Chorus Beauty</td></tr>
<tr><td rowspan="4">The Dancer</td><td rowspan="2">Green Dancer</td><td>Nijinsky</td></tr>
<tr><td>Green Valley</td></tr>
<tr><td rowspan="2">Khazaeen</td><td>Charlottesville</td></tr>
<tr><td>Aimee</td></tr>
</table>

インブリード：Northern Dancer 4×4

血統解説

父キングマンボは仏2000ギニー、ムーランドロンシャン賞などを制した名マイラー。母に欧米でGⅠを計10勝し、「世紀の名牝」と称されたミエスクを持つ、超名血馬でもある。種牡馬となり世界各地でGⅠ勝ち産駒を輩出した。母マンファスは英で走った未勝利馬。本馬の半兄に米GⅠ馬ザデプティ（サンタアニタダービー）、半妹にレースパイロット（フローラS2着）を産んでいる。母父ラストタイクーンはキングズスタンドS、BCマイルと欧米でGⅠ制覇を達成した強豪。種牡馬としてもオセアニア、南アフリカ、欧州、日本でGⅠウイナーを送り出す、適応力の高さを見せた。

代表産駒

ホッコータルマエ（チャンピオンズC、東京大賞典2回、JBCクラシック、川崎記念3回、帝王賞2回、かしわ記念）、ロードカナロア（スプリンターズS2回、安田記念、高松宮記念、香港スプリント2回）、アパパネ（牝馬3冠、ヴィクトリアマイル、阪神JF）、チュウワウィザード（チャンピオンズC、JBCクラシック、川崎記念2回）、レイデオロ（ダービー、天皇賞・秋）、ドゥラメンテ（ダービー、皐月賞）、ラブリーデイ（宝塚記念、天皇賞・秋）、ローズキングダム（JC、朝日杯FS）、ハタノヴァンクール（川崎記念、ジャパンダートダービー）、ミッキーロケット（宝塚記念）、ジュンライトボルト（チャンピオンズC）、ベルシャザール（JCダート）、レッツゴードンキ（桜花賞）、スタニングローズ（秋華賞）、ルーラーシップ（QEⅡ世C）、リオンディーズ（朝日杯FS）。

ースで開催されるNHKマイルCに出走。中団追走から直線で抜け出すと、すぐに独走状態に。ゴールでは最優秀2歳牡馬コスモサンビームを5馬身突き放し、鮮やかにGⅠ制覇を達成する。当初の予定通り3週間後のダービーに参戦。厳しいローテーション、800mの距離延長を危惧する声もあったが、直線で早めに抜け出し、最後は2着に飛び込んできたハーツクライの猛追を1馬身半差抑え、史上初となる「変則2冠馬」の栄誉に浴した。秋は神戸新聞杯から始動。この一戦でも余裕の勝利を収め、単勝1.5倍の圧倒的1番人気に応える。一流古馬陣との初対決となる天皇賞・秋に向け視界良好と思われたが、屈腱炎を発症し現役引退、種牡馬入りが発表された。

2018年まで14シーズンに亘り種牡馬生活を継続。2010、2011年にリーディングサイアーを獲得するなど、日本生産界のエース種牡馬として素晴らしい業績を残した。牝馬3冠馬アパパネ、内外でGⅠを6勝した歴史的名スプリンターのロードカナロア、ダート王ホッコータルマエ、皐月賞、ダービーの2冠馬ドゥラメンテなど、幅広いジャンルの大物を輩出した万能性が大きな武器。前述のロードカナロア、ドゥラメンテ、ルーラーシップなど、後継サイアーにも恵まれた。2022年にはチュウワウィザード（川崎記念）、スタニングローズ（秋華賞）、ジュンライトボルト（チャンピオンズC）と、ダート、芝の双方で中距離戦GⅠウイナーが誕生。前年の5位から1つ順位を下げる形にはなったが、底力の高さを見せ付け、14年連続となるランキングトップ10入りを果たした。

総収得賞金 2,864,884,000円　**アーニング INDEX** 2.60　　実勢評価値 －

| 勝利頭数／出走頭数：全馬 119 ／ 245 | 2歳 －／－ |
| 勝利回数／出走回数：全馬 191 ／ 1,601 | 2歳 －／－ |

Data Box (2020~2022)

単勝回収値 91円／単勝適正回収値 85円

コース　どの舞台でも堅実な走り

	1着	2着	3着	出走数	勝率	連対率	3着内率
全体計	282	259	211	2612	10.8%	20.7%	28.8%
中央芝	94	85	70	797	11.8%	22.5%	31.2%
中央ダ	73	73	48	712	10.3%	20.5%	27.2%
ローカル芝	58	61	64	634	9.1%	18.8%	27.3%
ローカルダ	57	40	39	469	12.2%	20.7%	29.0%
右回り芝	95	96	75	870	10.9%	22.0%	30.6%
右回りダ	62	70	48	658	9.4%	20.1%	27.4%
左回り芝	57	50	49	557	10.2%	19.2%	28.0%
左回りダ	68	43	39	523	13.0%	21.2%	28.7%
札幌芝	14	7	4	78	17.9%	26.9%	32.1%
札幌ダ	1	6	4	36	2.8%	19.4%	30.6%
函館芝	4	6	5	69	5.8%	14.5%	21.7%
函館ダ	2	5	2	30	6.7%	23.3%	30.0%
福島芝	3	10	8	69	4.3%	18.8%	30.4%
福島ダ	7	6	6	56	12.5%	23.2%	33.9%
新潟芝	10	7	8	127	7.9%	13.4%	19.7%
新潟ダ	12	5	9	104	11.5%	16.3%	25.0%
東京芝	28	29	20	258	10.9%	22.1%	29.8%
東京ダ	31	24	20	256	12.1%	22.7%	30.5%
中山芝	21	10	20	176	11.9%	17.6%	29.0%
中山ダ	21	19	8	180	11.7%	22.2%	26.7%
中京芝	19	14	21	176	10.8%	18.8%	30.7%
中京ダ	25	11	10	163	15.3%	22.1%	28.2%
京都芝	13	7	9	78	16.7%	25.6%	37.2%
京都ダ	5	1	6	65	7.7%	9.2%	18.5%
阪神芝	32	39	21	285	11.2%	24.9%	32.3%
阪神ダ	16	26	14	211	7.6%	19.9%	26.5%
小倉芝	8	17	8	115	7.0%	21.7%	28.7%
小倉ダ	10	7	8	80	12.5%	21.3%	31.3%

条件　GI、GII以外の条件では高値安定

	1着	2着	3着	出走数	勝率	連対率	3着内率
新馬	12	9	13	121	9.9%	17.4%	28.1%
未勝利	89	51	59	677	13.1%	20.7%	29.4%
1勝	76	86	52	718	10.6%	22.6%	29.8%
2勝	48	39	33	388	12.4%	22.4%	30.9%
3勝	30	24	33	292	10.3%	18.5%	29.8%
OPEN特別	27	29	13	259	10.4%	21.6%	26.6%
G Ⅲ	11	16	9	135	8.1%	20.0%	26.7%
G Ⅱ	4	4	9	88	4.5%	14.8%	25.0%
G Ⅰ	3	3	1	61	4.9%	9.8%	11.5%
ハンデ戦	33	32	28	310	10.6%	21.0%	30.0%
牝馬限定	56	43	41	469	11.9%	21.1%	29.9%
障害	18	7	11	127	14.2%	19.7%	28.3%

人気　上位人気できっちり勝ち切る

	1着	2着	3着	出走数	勝率	連対率	3着内率
1番人気	117	59	35	331	35.3%	53.2%	63.7%
2～3番人気	106	49	69	580	18.3%	34.3%	46.2%
4～6番人気	56	69	82	685	8.2%	18.2%	30.2%
7～9番人気	14	29	25	527	2.7%	8.2%	12.9%
10番人気～	7	16	11	616	1.1%	3.7%	5.5%

距離　ダート中長距離戦では堅実

芝　平均勝ち距離　1,916m

	1着	2着	3着	出走数	勝率	連対率	3着内率
全体計	152	146	124	1431	10.6%	20.8%	29.5%
芝～1300m	8	11	3	101	7.9%	18.8%	21.8%
芝～1600m	38	28	29	340	11.2%	19.4%	27.9%
芝～2000m	70	77	74	701	10.0%	21.0%	31.5%
芝～2400m	26	17	12	190	13.7%	22.6%	28.9%
芝2500m～	10	13	6	99	10.1%	23.2%	29.3%

ダート　平均勝ち距離　1,777m

	1着	2着	3着	出走数	勝率	連対率	3着内率
全体計	130	113	86	1181	11.0%	20.6%	27.9%
ダ～1300m	5	7	6	102	4.9%	11.8%	17.6%
ダ～1600m	25	28	16	274	9.1%	19.3%	25.2%
ダ～2000m	80	66	54	686	11.7%	21.3%	29.2%
ダ2100m～	20	12	11	119	16.8%	26.9%	36.1%

馬場状態　馬場状態不問もベストはダート良

		1着	2着	3着	出走数	勝率	連対率	3着内率
芝	良	112	111	95	1081	10.4%	20.6%	29.4%
	稍重	26	24	24	237	10.5%	21.5%	31.6%
	重	10	9	4	84	11.9%	22.6%	27.4%
	不良	4	2	1	29	17.2%	17.2%	20.7%
ダ	良	77	76	53	702	11.0%	21.8%	29.3%
	稍重	25	23	19	242	10.3%	19.8%	27.7%
	重	17	11	9	146	11.6%	19.2%	25.3%
	不良	11	3	6	91	12.1%	15.4%	22.0%

性齢　現4歳が最終産駒、まだまだ伸びる

	1着	2着	3着	出走数	勝率	連対率	3着内率
牡2歳	12	11	7	106	11.3%	21.7%	28.3%
牝2歳	8	9	11	78	10.3%	21.8%	35.9%
牡3歳前半	51	45	32	335	15.2%	28.7%	38.2%
牝3歳前半	24	17	21	254	9.4%	16.1%	24.4%
牡3歳後半	34	32	19	233	14.6%	28.3%	36.5%
牝3歳後半	26	17	17	169	15.4%	25.4%	35.5%
牡4歳	59	43	26	383	15.4%	26.6%	33.4%
牝4歳	17	23	32	223	7.6%	17.9%	32.3%
牡5歳	31	19	20	301	10.3%	16.6%	23.3%
牝5歳	14	15	7	201	7.0%	14.4%	17.9%
牡6歳	8	16	9	187	4.3%	12.8%	17.6%
牝6歳	1	5	8	41	2.4%	14.6%	34.1%
牡7歳以上	15	14	13	228	6.6%	12.7%	18.4%
牝7歳以上	0	0	0	3			

勝ち馬の決め手

芝　　追込 118／逃げ 11／差し 67／先行 66　152勝

ダート　　追込 15／逃げ 11／差し 38／先行 66　130勝

インブリード　父系と母系の両方に共通の祖先を持つ配合のことで、近親交配ともいう。たとえば父の3代前と母系の4代前に同じノーザンダンサーがかけられていれば、その馬は「ノーザンダンサーの3×4」のインブリードを持つという。

馬券に直結する適性データ

コース、馬場コンデション不問、不変の万能性が大きな武器に

晩年の産駒たちが走る時代になっても、芝、ダートの双方でレベル高い走りを展開する傾向は不変。馬場条件を問わないことも特徴で、芝、ダートにおける良、稍重、重、不良という8つのコンディションすべてで、勝率が10%を超えていることは、圧倒的なまでの万能性の証明と言えるだろう。また、芝であれば、札幌、京都コースでより信頼度が高まることは、馬券作戦にも応用したいデータだ。

距離適性も相変わらず幅広いが、近年、芝、ダートを問わず、短距離戦ではやや苦戦する傾向が出ている。一方、芝なら2400m以上、ダートであれば2100m以上で行われるレースは、得意中の得意。勝率、連対率、3着内率のいずれでも優秀な成績を残しているだけに、多様な馬券の買い方が可能となる。もう1つ、ハンデ戦、障害戦といった特殊なレースで安定感が高いことも、馬券的中に繋げたいところだ。

重賞レース馬券のヒント

単勝回収値、複勝回収値が高い4番人気、7番人気での出走

重賞で狙ってみたいのが、単勝回収値「160」、複勝回収値「131」となる4番人気時と、「262」、「101」となっている7番人気時。2022年も、ジュンライトボルトがシリウスSに勝ったときが4番人気、ハヤヤッコの函館記念制覇が7番人気、ルビーカサブランカが制した愛知杯も7番人気時だった。人気から考えて当然のことではあるが、シリウスSの3連単が49,520円、函館記念が76,970円、愛知杯が124,940円と配当的妙味も十分。頭固定の3連単勝負で、大ホームランを狙う作戦も面白い。もちろん、単勝勝負に徹するのも極めて有効だ。

通算重賞勝ち数

	GI	GII	GIII	GI勝ち産駒数	重賞勝ち産駒数
芝	21	37	57	10	54
ダート	4	1	14	4	12
地方	15	5	2	8	
海外	3	0	0	2	2

種牡馬ストーリー

最終世代から3歳GI馬誕生、2年連続で首位BMSにも輝く

75頭が血統登録され、69頭が競走馬デビューしている最終年度産駒。その中から、フラワーC、紫苑Sと重賞タイトルを重ね、ついには秋華賞を制しGIウイナーに昇り詰めたスタニングローズが出たことは、種牡馬キングカメハメハが、牡牝3冠レースで好勝負出来る産駒を送り出す能力の持ち主であることを、改めて示してくれたといえるだろう。ちなみに、キングカメハメハ産駒の牡牝3冠レース制覇は、2017年ダービーのレイデオロ以来5年振り5頭目。秋華賞に勝ったのは、2010年の牝馬3冠馬アパパネ以来12年振りとなる。

一方、これまでにもGI10勝のホッコータルマエを筆頭に、大物を多数送り出していたダート重賞路線でも、川崎記念を制しGI4勝目をあげたチュウワウィザード、鮮烈な末脚を駆使してチャンピオンズCを制したジュンライトボルトが、ビッグタイトルを獲得。ダート戦で発揮されるパワフルなスピードと息の長い末脚は、種牡馬キングカメハメハの真骨頂といえるのかもしれない。

また、BMSランキングで2年連続の首位に立ったことも、特筆すべき出来事となった。皐月賞を勝ったジオグリフ、ヴィクトリアマイルで3つ目のGIタイトルを獲得したソダシが、2022年の代表BMS産駒となるが、レッドシーターフH、ドバイゴールドCと中東で重賞を連勝したステイフーリッシュ、UAEダービーを制したクラウンプライドの頑張りにも、海外遠征に強い順応性の高さを誇るキングカメハメハの血が、大きな貢献を果たしたことは間違いない。

2021 ⑦
2020 ④
2019 ⑪
2018 ⑯

オルフェーヴル
ORFEVRE

2頭のダートGⅠホースを筆頭に、重賞好走産駒続出

種付料／⇨ 受350万円F　供用地／安平・社台SS
2008年生　栗毛　白老・社台コーポレーション白老ファーム産

距離	成長型	芝	ダート	瞬発力	パワー	底力
中長	普	◎	○	◎	○	◎

年次	種付頭数	産駒数
22年	**129**	**99**
21年	157	109
20年	165	32
19年	52	81
18年	136	111

PROFILE

競走成績　21戦12勝（2〜5歳・日仏）
最高レーティング　129L（13年）
主な勝ち鞍　有馬記念2回、宝塚記念、ダービー、皐月賞、菊花賞、大阪杯、神戸新聞杯、スプリングS、フォワ賞2回。凱旋門賞2着2回。

　シンザン記念2着、きさらぎ賞3着と、なかなか重賞を勝てなかったが、3歳3月のスプリングSでタイトル獲得に成功する。続く、東京競馬場で行われた皐月賞では末脚が爆発し、3馬身差の快勝。不良馬場となったダービーでもパワフルな末脚を駆使して、ウインバリアシオンの追い上げを1馬身4分の3差凌いだ。秋緒戦の神戸新聞杯を快勝。菊花賞では、単勝1.4倍の圧倒的1番人気に応える豪快なレース振りを示し、史上7頭目の3冠馬に輝く。暮れの有馬記念では古馬一線級を圧倒し、重賞6連勝を達成。文句なしで2011年年度代表馬に選出された。古馬となってからは、逸走したり大敗を喫したりと気紛れなところも見せたが、4歳時の宝塚記念、ラストランとなった5歳暮れの有馬記念に優勝。仏遠征でGⅡフォワ賞を連覇したほか、凱旋門賞で2年連続2着し、欧州競馬関係者にもインパクトを与えた。

系統：サンデーサイレンス系　母父系統：マイリージャン系				
父 ステイゴールド 黒鹿 1994	**父父** *サンデーサイレンス 青鹿 1986	Halo	Hail to Reason	Turn-to
				Nothirdchance
			Cosmah	Cosmic Bomb
				Almahmoud
		Wishing Well	Understanding	Promised Land
				Pretty Ways
			Mountain Flower	Montparnasse
				Edelweiss
	父母 ゴールデンサッシュ 栗 1988	*ディクタス	Sanctus	Fine Top
				Sanelta
			Doronic	Worden
				Dulzetta
		ダイナサッシュ	*ノーザンテースト	Northern Dancer
				Lady Victoria
			*ロイヤルサッシュ	Princely Gift
				Sash of Honour
母 オリエンタルアート 栗 1997	**母父** メジロマックイーン 芦 1987	メジロティターン	メジロアサマ	*パーソロン
				*スキート
			*シェリル	*スノッブ
				Chanel
		メジロオーロラ	*リマンド	Alcide
				Admonish
			メジロアイリス	*ヒンドスタン
				アサマユリ
	母母 エレクトロアート 栗 1986	*ノーザンテースト	Northern Dancer	Nearctic
				Natalma
			Lady Victoria	Victoria Park
				Lady Angela
		*グランマスティーヴンス	Lt. Stevens	Nantallah
				Rough Shod
			Dhow	Bronze Babu
				Coastal Trade

インブリード：ノーザンテースト４×３

血統解説

父ステイゴールドはラストランとなる香港ヴァーズで初GI制覇を達成した個性派名馬。種牡馬となり独力で道を拓いていき、サンデーサイレンス系を代表する超一流サイアーとなった。母オリエンタルアートは3勝馬。本馬の全兄に有馬記念、宝塚記念、朝日杯FSを制したドリームジャーニー、全弟に4勝馬リヤンドファミユ、アッシュゴールド（デイリー杯2歳S2着）、全妹にデルニエオール（フィリーズレビュー3着）を産んでいる。母父メジロマックイーンは宝塚記念、天皇賞・春2回などGI4勝の名ステイヤー。父×母父の組合せは、日本生産界を代表するニックス配合でもある。

代表産駒

ラッキーライラック（大阪杯、エリザベス女王杯2回、阪神JF）、マルシュロレーヌ（BCディスタフ）、エポカドーロ（皐月賞）、ウシュバテソーロ（東京大賞典、川崎記念）、ショウナンナデシコ（かしわ記念）、オーソリティ（アルゼンチン共和国杯2回）、オセアグレイト（ステイヤーズS）、シルヴァーソニック（ステイヤーズS、レッドシーターフH）、ショウリュウイクゾ（日経新春杯）、ジャスティン（東京盃）、ソーヴァリアント（チャレンジC2回）、アンドラステ（中京記念）、バイオスパーク（福島記念）、ギルデッドミラー（武蔵野S）、サラス（マーメイドS）、クリノプレミアム（中山牝馬S）、ラーゴム（きさらぎ賞）、シャインガーネット（ファルコンS）、ライラック（フェアリーS）、ロックディスタウン（札幌2歳S）、ミクソロジー（ダイヤモンドS）、トゥルボー、ヘリオス。

6歳春から種牡馬生活を開始。初期産駒が走っていた時期には、GIを4勝したラッキーライラックのような大物も出すが、バラツキが大きいタイプとも言われていた。しかし、近年は重賞で好走する産駒が相次ぎ、層の厚さも備えた一流サイアーへと進化を遂げている。2021年には、産駒マルシュロレーヌによるブリーダーズCディスタフ制覇という偉業を達成。2022年も、ショウナンナデシコ、ウシュバテソーロといった2頭の交流ダートGIホースが誕生したほか、ライラック、クリノプレミアム、ギルデッドミラー、ソーヴァリアント、シルヴァーソニック、海外でオーソリティが重賞制覇を成し遂げ、前年と同じランキング7位をキープした。これで3年連続のトップ10入りとなったが、近い将来、首位を争う一頭にもなってきそうだ。

From Stallion

社台SS事務局・徳武英介氏談

「重賞級の大物をコンスタントに送り出すだけでなく、芝、ダートを問わない活躍もあって、今シーズンも多数の申し込みをいただきました。産駒たちは父と同様に気持ちが前向きで、どんなレースでもコンスタントに走れる体力面の強さもあります。近年は産駒が芝長距離でも活躍していますが、これは母系に入ったメジロマックイーンの後押しもあるのでしょう。産駒には父の果たせなかった凱旋門賞制覇を叶えて欲しいです」

総収得賞金 2,527,595,000 円　**アーニング INDEX** 1.87　実勢評価値 2.41

勝利頭数／出走頭数：全馬 137 ／ 300　　2歳 3 ／ 18
勝利回数／出走回数：全馬 247 ／ 2,427　　2歳 3 ／ 48

Data Box（2020~2022）

コース　新潟、小倉など平坦ダート向き

	1着	2着	3着	出走数	勝率	連対率	3着内率
全体計	266	242	249	3060	8.7%	16.6%	24.7%
中央芝	70	68	77	884	7.9%	15.6%	24.3%
中央ダ	50	55	52	693	7.2%	15.2%	22.7%
ローカル芝	75	74	75	878	8.5%	17.0%	25.5%
ローカルダ	71	45	45	605	11.7%	19.2%	26.6%
右回り芝	100	94	98	1150	8.7%	16.9%	25.4%
右回りダ	74	57	61	814	9.1%	16.1%	23.6%
左回り芝	45	46	51	595	7.6%	15.3%	23.9%
左回りダ	47	43	36	484	9.7%	18.6%	26.0%
札幌芝	9	7	5	88	10.2%	18.2%	23.9%
札幌ダ	4	3	2	47	8.5%	14.9%	19.1%
函館芝	8	6	8	79	10.1%	17.7%	27.8%
函館ダ	5	1	2	51	9.8%	11.8%	15.7%
福島芝	14	13	14	128	10.9%	21.1%	32.0%
福島ダ	9	1	7	74	12.2%	13.5%	23.0%
新潟芝	13	13	18	197	6.6%	13.2%	22.3%
新潟ダ	20	12	5	127	15.7%	25.2%	29.1%
東京芝	17	19	20	231	7.4%	15.6%	24.2%
東京ダ	11	11	8	155	7.1%	14.2%	19.4%
中山芝	15	21	26	250	6.0%	14.4%	24.8%
中山ダ	13	16	17	205	6.3%	14.1%	22.4%
中京芝	15	16	16	184	8.2%	16.8%	25.5%
中京ダ	16	20	23	202	7.9%	17.8%	29.2%
京都芝	10	5	7	99	10.1%	15.2%	22.2%
京都ダ	7	6	5	66	10.6%	19.7%	27.3%
阪神芝	28	23	24	304	9.2%	16.8%	24.7%
阪神ダ	19	22	22	267	7.1%	15.4%	23.6%
小倉芝	16	19	14	202	7.9%	17.3%	24.3%
小倉ダ	17	8	6	104	16.3%	24.0%	29.8%

条件　ハンデ戦出走は激走のサイン

	1着	2着	3着	出走数	勝率	連対率	3着内率
新馬	7	7	16	178	3.9%	7.9%	16.9%
未勝利	78	80	83	1014	7.7%	15.6%	23.8%
1勝	78	70	63	886	8.8%	16.7%	23.8%
2勝	45	50	51	492	9.1%	19.3%	29.7%
3勝	25	11	19	198	12.6%	18.2%	27.8%
OPEN特別	22	10	9	138	15.9%	23.2%	29.7%
G Ⅲ	12	12	10	117	10.3%	20.5%	29.1%
G Ⅱ	9	5	2	72	12.5%	20.8%	27.8%
G Ⅰ	2	1	2	44	4.5%	9.1%	11.4%
ハンデ戦	34	20	19	253	13.4%	21.3%	28.9%
牝馬限定	46	44	44	555	8.3%	16.2%	24.1%
障害	9	9	8	79	11.4%	22.8%	32.9%

人気　人気薄での一発にも要警戒

	1着	2着	3着	出走数	勝率	連対率	3着内率
1番人気	95	46	34	270	35.2%	52.2%	64.8%
2~3番人気	82	82	79	523	15.7%	31.4%	46.5%
4~6番人気	60	71	81	742	8.1%	17.7%	28.6%
7~9番人気	23	36	37	662	3.5%	8.9%	14.5%
10番人気~	15	16	26	942	1.6%	3.3%	6.1%

単勝回収値 87 円／単勝適正回収値 86 円

距離　芝の長丁場で本領を発揮

芝　　平均勝ち距離　1,955m

	1着	2着	3着	出走数	勝率	連対率	3着内率
全体計	145	142	152	1762	8.2%	16.3%	24.9%
芝~1300m	10	14	14	189	5.3%	12.7%	20.1%
芝~1600m	29	30	29	433	6.7%	13.6%	20.3%
芝~2000m	62	63	68	771	8.0%	16.2%	25.0%
芝~2400m	24	20	20	203	11.8%	21.7%	31.5%
芝2500m~	20	15	21	166	12.0%	21.1%	33.7%

ダート　平均勝ち距離　1,645m

	1着	2着	3着	出走数	勝率	連対率	3着内率
全体計	121	100	97	1298	9.3%	17.0%	24.5%
ダ~1300m	26	14	17	242	10.7%	16.5%	23.6%
ダ~1600m	14	13	9	227	6.2%	11.9%	15.9%
ダ~2000m	73	65	66	747	9.8%	18.5%	27.3%
ダ2100m~	8	8	5	82	9.8%	19.5%	25.6%

馬場状態　少し渋ったダートで成績急上昇

		1着	2着	3着	出走数	勝率	連対率	3着内率
芝	良	112	92	114	1321	8.5%	15.4%	24.1%
	稍重	16	27	23	264	6.1%	16.3%	25.0%
	重	11	20	10	126	8.7%	24.6%	32.5%
	不良	6	3	5	51	11.8%	17.6%	27.5%
ダ	良	62	70	53	761	8.1%	17.3%	24.3%
	稍重	36	15	16	268	13.4%	19.0%	25.0%
	重	14	7	16	166	8.4%	12.7%	22.3%
	不良	9	8	12	103	8.7%	16.5%	28.2%

性齢　牡馬は3歳後半から一気に伸びる

	1着	2着	3着	出走数	勝率	連対率	3着内率
牡2歳	5	9	8	139	3.6%	10.1%	15.8%
牝2歳	9	5	9	136	6.6%	10.3%	16.9%
牡3歳前半	26	35	39	396	6.6%	15.4%	25.3%
牝3歳前半	35	33	43	410	8.0%	16.6%	24.6%
牡3歳後半	33	17	18	238	13.9%	21.0%	28.6%
牝3歳後半	21	28	20	247	8.5%	19.8%	27.9%
牡4歳	57	34	39	397	14.4%	22.9%	32.7%
牝4歳	35	30	30	379	9.2%	17.2%	25.6%
牡5歳	32	25	30	345	9.3%	16.5%	25.2%
牝5歳	16	19	14	231	6.9%	15.2%	21.2%
牡6歳	6	10	11	140	4.3%	11.4%	19.3%
牝6歳	1	3	3	54	1.9%	7.4%	13.0%
牡7歳以上	1	0	1	27	3.7%	7.4%	11.1%
牝7歳以上	0	0	0	0	-	-	-

勝ち馬の決め手

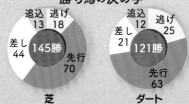

芝
追込 13／逃げ 18／差し 44／先行 70／145勝

ダート
追込 12／逃げ 25／差し 21／先行 63／121勝

グレード制　重賞レースの重要度を表すための制度。格の高い順に、G Ⅰ、G Ⅱ、G Ⅲ の3段階に分けられている。2023年 JRA では年間 26 の G Ⅰレース、41 の G Ⅱレース、72 の G Ⅲレースが行われている。

馬券に直結する適性データ

新潟、小倉のダートで強さ発揮
人気薄での一発にも注意必要

　自身はパワーと切れ味を兼備したグラスホースだったが、産駒にはダート適性に優れたタイプも多い。新潟ダート、小倉ダートといったローカル開催で強いことは、まず覚えておきたいデータ。また、脚抜けが良くなるダート稍重のコンディションで優秀な成績を残していることも、併せて頭に入れておこう。

　もちろん確率的に高い訳ではないが、7〜9番人気、10番人気以下での一発が、ままあることは大きな特徴。7〜9番人気の3着内率が14%強あるだけに、取りあえず相手の一頭に入れておくことをオススメしたい。

　スプリント戦がまったくダメということはないが、芝2000mを超える距離でグンと信頼感が増すことは、馬券作戦に活用したいところ。そのデータとも関連してくるが、中長距離で争われるハンデ戦、障害戦といった、ある意味、特殊なレースでも、積極的に狙っていきたい。

重賞レース馬券のヒント

高配当を生み出す7番人気以下、
思い切った頭勝負が吉と出るかも

　"適性データ"の項でも、7番人気以下での一発が他種牡馬より目立つことを記したが、重賞においてもその傾向は見受けられる。2022年中山牝馬Sを制したクリノプレミアムは、16頭立ての15番人気で単勝は97倍強付いた。当然のことではあるが、3連単は173万円強というスーパー高配当となっている。また、2021年日経新春杯を勝ったショウリュウイクゾ、2020年ステイヤーズSを制したオセアグレイトは、共に7番人気。3連単は96万円強、12万1千円強の配当だった。ピンと来るような穴馬がいたら、思い切った頭勝負を懸けてみたい。

通算重賞勝ち数

	GⅠ	GⅡ	GⅢ	GⅠ勝ち産駒数	重賞勝ち産駒数
芝	5	7	14	2	17
ダート	0	0	2	0	2
地方	3	4	5	2	4
海外	1	0	2	1	3

POG　2023年期待の2歳馬　ピックアップ

父の成長力、爆発力を受け継ぎ、
大一番での大激走を期待したい

　産駒たちの頑張りもあり、一時減っていた生産頭数が回復、2023年2歳馬は3年振りに100頭を超える産駒が血統登録された。大きな期待を懸けられているのが、セールで1億円を超える値が付いた母ユードントラヴミーの牡駒。母父が欧州2歳王者テオフィロで、2歳で出走権利を確保し、クラシック戦線へ向かうローテーションが理想だろう。セール購買馬では、母オータムフラワーの牡駒もクラシックへ名乗りを上げられる器だ。確実に走ってきそうなのが、重賞馬オーソリティの全妹となる母ロザリンドの牝駒。セールで高評価を得た母ポシンシェの牝駒と共に、牝馬重賞戦線を沸かせて欲しい。

母馬名（母父）	性別	おすすめポイント
*オータムフラワー（FLOWER ALLEY）	牡	母は米GⅠで3着。1歳セレクトセールにおいて3630万円で落札。
タムロブライト（*シルバーチャーム）	牡	半兄にミライヘノツバサ。1歳セレクションセールで1650万円。
ハウメア（キングカメハメハ）	牡	半姉にGⅡ勝ち馬シャドウディーヴァ。息の長い活躍が期待できる。
*レディヴァルール（MULTIPLEX）	牡	母は米GⅡ2着、GⅠ3着馬。1歳セレクトセールで2090万円。
*ユードントラヴミー（TEOFILO）	牡	1歳セレクトセールで1億2100万円。成長力を活かし大成狙う。
アルーリングアクト（*エンドスウィープ）	牝	母は2歳GⅢ馬。半姉にGⅢ馬アルーリングボイス。仕上りの早さも武器。
コーラルプリンセス（*クロフネ）	牝	叔父にGⅢ新潟大賞典馬セイクリッドバレー。芝、ダート兼用か。
ファナティック（ジャスタウェイ）	牝	叔母にGⅢクイーンS2着シャルル。母父との相乗効果にも期待。
ポシンシェ（KINGMAMBO）	牝	祖母ハトゥーフは英米でGⅠ3勝。1歳セレクトセールで2640万円。
ロザリンド（*シンボリクリスエス）	牝	全兄にGⅡ馬オーソリティ。スケール大きな芝中距離型に成長か。

RANKING

8
2歳馬 3

2021 ⑥
2020 ⑥
2019 ⑥
2018 ⑨

ルーラーシップ
RULERSHIP

最優秀2歳牡馬登場し、5年連続でトップ10圏内に

種付料／⬆受350万円F　供用地／安平・社台SS
2007年生　鹿毛　早来・ノーザンファーム産

距離	成長型	芝	ダート	瞬発力	パワー	底力
中長	普	◎	○	◎	○	○

年次	種付頭数	産駒数
22年	**97**	**86**
21年	133	92
20年	134	134
19年	227	142
18年	243	160

PROFILE

競走成績　20戦8勝（2～5歳・日首香）
最高レーティング　123I（12年）
主な勝ち鞍　クイーンエリザベスⅡ世C、AJCC、金鯱賞、日経新春杯、鳴尾記念。宝塚記念2着、ジャパンC3着、有馬記念3着、天皇賞・秋3着。

　2歳暮れの新馬戦を単勝1.5倍の圧倒的人気に支持されて勝ち上がる。3歳緒戦のOP若駒Sで2着、500万下特別を勝利した直後の毎日杯で5着など、ここ一番で勝負弱い印象もあったが、5月のLプリンシパルSを圧勝しダービーへの出走権利を得た。4番人気で出走したダービーは、上位争いに加わったもののエイシンフラッシュの5着まで。その後、休養に入り、復帰緒戦となった12月の鳴尾記念で重賞初制覇を達成する。続く有馬記念はオルフェーヴルの6着。古馬となってから、4歳時の日経新春杯、金鯱賞、5歳1月のAJCCとタイトルを重ねていったが、GI戦では掲示板までという戦いが続いた。5歳4月の香港に遠征したQエリザベスⅡ世Cでは、それまでの印象を一変させるような力強いレース振りを示し、2着った香港馬サムザップに3馬身4分の3差を付ける完勝で、念願のGIタイトル獲得に成功す

系統：キングマンボ系　母父系統：グレイソヴリン系					
父 キングカメハメハ 鹿 2001	父父 キングマンボ Kingmambo 鹿 1990	Mr. Prospector	Raise a Native	Native Dancer
				Raise You
			Gold Digger	Nashua
				Sequence
		Miesque	Nureyev	Northern Dancer
				Special
			Pasadoble	Prove Out
				Santa Quilla
	父母 *マンファス 黒鹿 1991	*ラストタイクーン	*トライマイベスト	Northern Dancer
				Sex Appeal
			Mill Princess	Mill Reef
				Irish Lass
		Pilot Bird	Blakeney	Hethersett
				Windmill Girl
			The Dancer	Green Dancer
				Khazaeen
母 エアグルーヴ 鹿 1993	母父 *トニービン 鹿 1983	*カンパラ	Kalamoun	*ゼダーン
				Khairunissa
			State Pension	*オンリーフォアライフ
				Lorelei
		Severn Bridge	Hornbeam	Hyperion
				Thicket
			Priddy Fair	Preciptic
				Campanette
	母母 ダイナカール 鹿 1980	*ノーザンテースト	Northern Dancer	Nearctic
				Natalma
			Lady Victoria	Victoria Park
				Lady Angela
		シャダイフェザー	*ガーサント	Bubbles
				Montagnana
			*パロクサイド	Never Say Die
				Feather Ball

インブリード：Northern Dancer 5・5×5

血統解説

父キングカメハメハは2010、2011年リーディングサイアー。現在は自身から拡がる父系を、日本で築き上げつつある。母系は日本屈指の名門。母エアグルーヴはオークス、天皇賞・秋を制した1997年年度代表馬。本馬の半姉にアドマイヤグルーヴ（エリザベス女王杯2回）、半兄にフォゲッタブル（ステイヤーズS）、半妹にグルヴェイグ（マーメイドS）、甥にドゥラメンテ（ダービー、皐月賞）、姪にアンドヴァラナウト（ローズS）がいる。また、祖母ダイナカールもオークスを制した名牝。母父トニービンは凱旋門賞を制した伊の名馬。日本で種牡馬となり、首位サイアーに輝く成功を収めた。

代表産駒

キセキ（菊花賞）、メールドグラース（コーフィールドC、鳴尾記念、新潟大賞典、小倉記念）、ドルチェモア（朝日杯FS、サウジアラビアロイヤルC）、ダンビュライト（AJCC、京都記念）、ソウルラッシュ（マイラーズC）、ムイトオブリガード（アルゼンチン共和国杯）、リオンリオン（青葉賞、セントライト記念）、ワンダフルタウン（青葉賞、京都2歳S）、グロンディオーズ（ダイヤモンドS）、エヒト（七夕賞）、フェアリーポルカ（中山牝馬S、福島牝馬S）、ディアンドル（福島牝馬S、葵S）、フリームファクシ（きさらぎ賞）、テトラドラクマ（クイーンC）、パッシングスルー（紫苑S）、ホウオウイクセル（フラワーC）、ハッシュライター（ニューカッスルゴールドC）、エイシンクリック（阪神ジャンプS）、マイブルーヘブン（新潟ジャンプS）、サンリヴァル（皐月賞2着）、リリーノーブル。

る。帰国後はGIレースにターゲットを絞り、宝塚記念で2着、天皇賞・秋、ジャパンC、有馬記念でいずれも3着した。

6歳春から種牡馬生活を開始。初年度産駒から菊花賞馬キセキを送り出す。2年目産駒からも、豪遠征で伝統のGI戦コーフィールドCを制したメールドグラースが出て、トップサイアーとしての地歩を築いた。3年目産駒以降も、派手さはないが確実に重賞ウイナーを輩出。2022年には、ソウルラッシュ、エヒト、ジャンプ戦線のエイシンクリックが重賞を制したのに続き、サウジアラビアロイヤルC、朝日杯FSを連勝し、最優秀2歳牡馬のタイトルを得たドルチェモアが登場。前年より2つ順位を落とす形にはなったが、5年連続でトップ10圏内を維持する8位に位置している。

From Stallion

社台SS事務局・徳武英介氏談

「現3歳世代はルーラーシップ産駒の黄金世代となっており、その中からは2歳牡馬チャンピオンも誕生しました。産駒成績からしても、距離が延びてから更に良くなるだけに、今年のクラシック戦線での活躍も楽しみです。自身の恵まれた馬体は、軽量化されたサンデーサイレンス系の繁殖牝馬と上手くマッチングできています。同じ父、そして母系のドゥラメンテが亡き今、より生産界からの注目度も高まってきています」

総収得賞金 2,436,379,000円　**アーニング INDEX** 1.15　**実勢評価値** 1.48

勝利頭数／出走頭数：全馬 174 ／ 469		2歳 19 ／ 88	
勝利回数／出走回数：全馬 279 ／ 3,246		2歳 25 ／ 223	

Data Box (2020〜2022)

単勝回収値 67円／単勝適正回収値 75円

コース　どの舞台でも崩れない。阪神芝○

	1着	2着	3着	出走数	勝率	連対率	3着内率
全体計	323	323	369	4284	7.5%	15.1%	23.7%
中央芝	106	108	113	1275	8.3%	16.8%	25.6%
中央ダ	59	66	87	957	6.2%	13.2%	22.2%
ローカル芝	96	91	107	1221	7.9%	15.3%	24.1%
ローカルダ	62	57	63	831	7.5%	14.3%	21.9%
右回り芝	131	131	142	1560	8.4%	16.8%	25.9%
右回りダ	77	72	88	1078	7.1%	13.8%	22.0%
左回り芝	71	68	78	929	7.6%	15.0%	23.4%
左回りダ	44	52	61	710	6.2%	13.5%	22.1%
札幌芝	10	5	9	100	10.0%	15.0%	24.0%
札幌ダ	7	6	2	68	10.3%	19.1%	22.1%
函館芝	4	11	4	94	4.3%	16.0%	20.2%
函館ダ	5	3	4	59	8.5%	13.6%	20.3%
福島芝	15	7	13	153	9.8%	14.4%	22.9%
福島ダ	7	4	7	77	9.1%	14.3%	23.4%
新潟芝	22	24	28	263	8.4%	17.5%	28.1%
新潟ダ	9	15	14	176	5.1%	13.6%	22.7%
東京芝	29	25	29	375	7.7%	14.4%	22.1%
東京ダ	13	15	20	244	5.3%	11.5%	19.7%
中山芝	25	32	33	343	7.3%	16.6%	26.8%
中山ダ	9	20	11	215	4.2%	13.5%	18.6%
中京芝	20	19	21	298	6.7%	13.1%	20.1%
中京ダ	22	25	20	308	7.1%	14.3%	22.4%
京都芝	9	11	9	115	7.8%	17.4%	25.2%
京都ダ	9	2	12	83	10.8%	13.3%	27.7%
阪神芝	43	40	40	442	9.7%	18.8%	27.8%
阪神ダ	28	30	43	433	6.5%	13.4%	23.3%
小倉芝	25	25	18	313	8.0%	16.0%	26.2%
小倉ダ	12	7	9	143	8.4%	13.3%	19.6%

条件　OP特別、障害戦で安定

	1着	2着	3着	出走数	勝率	連対率	3着内率
新馬	16	19	29	327	4.9%	10.7%	19.6%
未勝利	131	129	130	1631	8.0%	15.9%	23.9%
1勝	103	99	130	1329	7.8%	15.2%	25.0%
2勝	43	37	43	494	8.7%	16.2%	24.9%
3勝	19	29	22	285	6.7%	16.8%	24.6%
OPEN特別	16	10	18	151	10.6%	17.2%	29.1%
GⅢ	8	6	9	109	7.3%	12.8%	21.1%
GⅡ	4	2	4	92	4.3%	6.5%	10.9%
GⅠ	1	1	2	35	2.9%	5.7%	11.4%
ハンデ戦	14	26	20	291	4.8%	13.7%	20.6%
牝馬限定	56	58	64	828	6.8%	13.8%	21.5%
障害	17	11	20	144	11.8%	19.4%	33.3%

人気　標準レベルもやや詰めが甘い

	1着	2着	3着	出走数	勝率	連対率	3着内率
1番人気	125	70	55	393	31.8%	49.6%	63.6%
2〜3番人気	103	114	116	677	15.2%	32.1%	49.2%
4〜6番人気	75	90	123	1070	7.0%	15.4%	26.9%
7〜9番人気	28	39	59	996	2.8%	6.7%	12.7%
10番人気〜	9	21	36	1292	0.7%	2.3%	5.1%

距離　芝の中長距離戦で存在感発揮

芝　平均勝ち距離　1,853m

	1着	2着	3着	出走数	勝率	連対率	3着内率
全体計	202	199	220	2496	8.1%	16.1%	24.9%
芝〜1300m	19	13	22	237	8.0%	13.5%	22.8%
芝〜1600m	49	41	39	597	8.2%	15.1%	21.6%
芝〜2000m	94	102	121	1183	7.9%	16.6%	26.8%
芝〜2400m	31	32	29	321	9.7%	19.6%	28.7%
芝2500m〜	9	11	9	158	5.7%	12.7%	18.4%

ダート　平均勝ち距離　1,658m

	1着	2着	3着	出走数	勝率	連対率	3着内率
全体計	121	124	149	1788	6.8%	13.7%	22.0%
ダ〜1300m	13	14	16	183	7.1%	14.8%	23.5%
ダ〜1600m	22	26	38	368	6.0%	13.0%	23.4%
ダ〜2000m	86	80	88	1140	7.5%	14.6%	22.3%
ダ2100m〜	0	4	7	97	0.0%	4.1%	11.3%

馬場状態　少し渋った芝でこそ輝く

		1着	2着	3着	出走数	勝率	連対率	3着内率
芝	良	146	149	170	1880	7.8%	15.7%	24.7%
	稍重	42	32	26	399	10.5%	18.5%	25.1%
	重	12	12	20	156	7.7%	15.4%	28.2%
	不良	2	6	4	61	3.3%	13.1%	19.7%
ダ	良	79	71	83	1050	7.5%	14.3%	22.2%
	稍重	15	31	33	383	3.9%	12.0%	20.6%
	重	15	9	17	215	7.0%	11.2%	19.1%
	不良	12	13	16	140	8.6%	17.9%	29.3%

性齢　2歳から動き4歳時にもうひと伸び

	1着	2着	3着	出走数	勝率	連対率	3着内率
牡2歳	31	29	32	306	10.1%	19.6%	30.1%
牝2歳	13	21	23	264	4.9%	12.9%	21.6%
牡3歳前半	52	47	59	634	8.2%	15.6%	24.9%
牝3歳前半	45	44	39	586	7.7%	15.2%	21.8%
牡3歳後半	29	35	41	358	8.1%	17.9%	29.3%
牝3歳後半	26	26	25	324	8.0%	16.0%	23.8%
牡4歳	64	46	55	562	11.4%	19.6%	29.4%
牝4歳	24	25	29	427	5.6%	11.5%	18.3%
牡5歳	34	37	40	406	8.4%	17.5%	27.3%
牝5歳	8	7	17	196	4.1%	7.7%	16.3%
牡6歳	10	12	17	230	4.3%	9.6%	17.0%
牝6歳	1	2	6	53	1.9%	5.7%	17.0%
牡7歳以上	1	2	4	70	4.3%	7.1%	12.9%
牝7歳以上	0	1	2	24	0.0%	8.3%	25.0%

勝ち馬の決め手

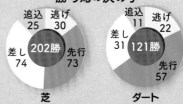

芝　202勝：追込 25／逃げ 30／差し 74／先行 73

ダート　121勝：追込 11／逃げ 22／差し 31／先行 57

クラシック　イギリスのレース体系を模範に、3歳馬だけで行われるGⅠレースのうち、牝馬の桜花賞、オークスと、牡、牝ともに出走できる皐月賞、ダービー、菊花賞の5レースをいう。

馬券に直結する適性データ

芝、ダートこなし、安定感高い 4歳牡馬陣の頑張りにも期待

　パワフルなスピードを武器とする産駒が多く、芝、ダート共にこなせることが特徴。ダートなら札幌コース、芝であれば阪神コースで好成績を残していることは頭に入れておきたいが、大きな穴はなくどのコースでも安定した走りが可能な点も、セールスポイントとなっている。

　2歳戦から動ける仕上りの早さを持っているが、新馬戦からいきなりというよりは、レースを使いながら力を蓄えていくタイプが多く、狙うなら未勝利戦だろう。また、成長力に優れたタイプも多いだけに、4歳牡馬陣が大健闘していることも、馬券作戦に活かしていきたい。

　距離適性も幅広いが、やはり得意としているのは中長距離戦。障害レースでの強さも関連してくるが、芝2400m以上の距離でより信頼性が高まることは、是非覚えておきたい。もう1つ、Lレースを含むOP特別での頑張りも、馬券的中に繋げたいところだ。

重賞レース馬券のヒント

勝率、連対率の高さも光る、単、複回収値が高い3番人気

　3番人気で出走したときは、勝率28.6％、連対率42.9％、複勝率50％、単勝回収値「174」複勝回収値「117」という好成績を残していて、頭勝負、連勝の軸の双方で、信頼できる存在となっている。また、2020年にはフェアリーポルカが、共に3番人気となっていた中山牝馬S、福島牝馬Sを連勝、2020、2021年にはワンダフルタウンが、いずれも3番人気に推されて京都2歳S、青葉賞に勝つなど、リピーターが存在していることも特徴といえるだろう。2022年には、ソウルラッシュが3番人気で富士S2着。今後、3番人気で再びの好走があるかも。

通算重賞勝ち数

	GⅠ	GⅡ	GⅢ	GⅠ勝ち産駒数	重賞勝ち産駒数
芝	2	8	15 (1)	2	19
ダート	0	0	0	0	0
地方	0	0	0	0	0
海外	1	0	1	1	1

※（ ）内は格付前重賞

POG　2023年期待の2歳馬　ピックアップ

飛び切りの名血馬は少ないが、勝負強さを備えた実力派が揃う

　2023年2歳馬が8年目産駒となる、安定感の高いトップ種牡馬。その特徴をよく踏まえた、地味ながらも血統的裏付けがしっかりとした繁殖牝馬と配合が目立っている。セールで高評価を得た母ラスティングソングの牡駒は、シュヴァルグラン、ヴィブロスと同じファミリーの出身。成長力にも優れていそうで、一線級における息の長い活躍が期待できる。母アラドヴァルの牡駒も楽しみな存在。母父の後押しがあれば、芝中長距離戦線の強豪となれるかもしれない。母イタリアンホワイトの牝駒、母モルトフェリーチェの牝駒も、優秀な底力の持ち主。大レースでの一発を望んでも良さそうだ。

母馬名（母父）	性別	おすすめポイント
アラドヴァル（*シンボリクリスエス）	牡	1歳セレクトセールで4180万円。スケールの大きさを活かしたい。
シェリール（*サンデーサイレンス）	牡	全兄にGⅢ馬グロンディオーズ。1歳セレクトセールで6160万円。
スピードリッパー（*ファルブラヴ）	牡	叔父にGⅢ馬ポップロック。1歳セレクトセール3850万円で落札。
スマートルビー（ゼンノロブロイ）	牡	叔父にステラウインド。1歳セレクションセール4070万円で落札。
ラスティングソング（フジキセキ）	牡	いとこにGⅠ馬シュヴァルグラン。当歳セレクトセールで8140万円。
イタリアンホワイト（ステイゴールド）	牝	叔母にGⅡ2着アイスフォーリス。1歳セレクトセールで5720万円。
オウケンビリーヴ（*クロフネ）	牝	母はダートGⅢクラスターC勝ち。母父の血との相乗効果も楽しみに。
ピュリティゴールド（ゴールドアリュール）	牝	叔父にGⅠ2勝馬ハットトリック。1歳セレクトセールで2310万円。
ファシネートダイア（アグネスタキオン）	牝	叔父にGⅡ馬アドマイヤコマンド。当歳セレクトセールで3520万円。
モルトフェリーチェ（ディープインパクト）	牝	半兄にJGⅢ馬ケイティクレバー。1歳サマーセールで2640万円。

RANKING
9
2歳馬 10

2021 ⑯
2020 ㊿
2019 ―
2018 ―

モーリス
MAURICE

名血のGI勝ち牝馬を筆頭に、大物感ある産駒が登場

種付料／⇧受800万円F　供用地／安平・社台SS

2011年生　鹿毛　日高・戸川牧場産

距離	成長型	芝	ダート	瞬発力	パワー	底力
マ中	普	◎	○	◎	○	◎

年次	種付頭数	産駒数
22年	**133**	**102**
21年	146	105
20年	165	137
19年	212	164
18年	245	179

PROFILE

競走成績　18戦11勝（2〜5歳・日香）
最高レーティング　127Ⅰ（16年）
主な勝ち鞍　天皇賞・秋、安田記念、マイルCS、香港C、香港マイル、チャンピオンズマイル、ダービー卿CT。安田記念2着、札幌記念2着。

　シンザン記念5着、スプリングS4着、京都新聞杯7着と重賞で上位進出が叶わず、クラシックには駒を進めなかった。休養を挟み、4歳1月の1000万下特別から快進撃を開始。準OP特別、ダービー卿チャレンジT、安田記念、マイルCS、香港マイル、5歳緒戦のチャンピオンズマイルと日香のマイルGI4つを含む、7連勝を記録した。帰国後の安田記念、札幌記念では共に2着に終わったが、天皇賞・秋、ラストランとなった香港Cと芝2000mのGIを連勝し、2015年年度代表馬の栄誉にも浴す。

　6歳春から種牡馬生活を開始。香港競馬に競走馬を送り込んでいる豪での評価も極めて高く、供用初年度から豪アローフィールドスタッドでのシャトル供用も行っている。日本では、初年度産駒ピクシーナイトが2021年スプリンターズSを制し、初のGI勝ちを達成。また2022年には古馬になって完成を示してきた、

系統：ロベルト系　母父系統：サドラーズウェルズ系

父 スクリーンヒーロー 栗 2004	父父 *グラスワンダー 栗 1995	Silver Hawk	Roberto	Hail to Reason
				Bramalea
			Gris Vitesse	Amerigo
				Matchiche
		Ameriflora	Danzig	Northern Dancer
				Pas de Nom
			Graceful Touch	His Majesty
				Pi Phi Gal
	父母 ランニングヒロイン 鹿 1993	*サンデーサイレンス	Halo	Hail to Reason
				Cosmah
			Wishing Well	Understanding
				Mountain Flower
		ダイナアクトレス	*ノーザンテースト	Northern Dancer
				Lady Victoria
			モデルスポート	*モデルフール
				*マジックゴディス
母 メジロフランシス 鹿 2001	母父 *カーネギー 鹿 1991	Sadler's Wells	Northern Dancer	Nearctic
				Natalma
			Fairy Bridge	Bold Reason
				Special
		Detroit	Riverman	Never Bend
				River Lady
			Derna	Sunny Boy
				Miss Barberie
	母母 メジロモントレー 黒鹿 1986	*モガミ	Lyphard	Northern Dancer
				Goofed
			*ノーラック	Lucky Debonair
				No Teasing
		メジロクインシー	*フィディオン	Djakao
				Thessalie
			メジロボサツ	*モンタヴァル
				*メジロクイン

インブリード：Northern Dancer 5・5×4・5、父スクリーンヒーローに Hail to Reason 4×4

血統解説

父スクリーンヒーローは、名牝ダイナアクトレスの母系を受け継ぐ個性派の名血馬。現役時代はジャパンCに勝っている。種牡馬としても独力で道を切り拓き、一流サイアーとして活躍している。母メジロフランシスは未勝利馬。本馬の全弟にルーカス（東京スポーツ杯2歳S2着）を産んでいる。母系は名門メジロ牧場のファミリーラインから連なる一族で、祖母メジロモントレーは、AJCC、アルゼンチン共和国杯など重賞4勝の強豪。4代母メジロボサツは朝日杯3歳Sの勝ち馬。母父カーネギーは、"欧州の至宝" サドラーズウェルズの直仔。3歳で凱旋門賞を制覇した欧州の一流馬だった。

代表産駒

ピクシーナイト（スプリンターズS、シンザン記念）、**ジェラルディーナ**（エリザベス女王杯、オールカマー）、**ヒトツ**（オーストラリアンダービー、ヴィクトリアダービー、オーストラリアンギニー）**マズ**（ドゥームベン10000、アローフィールド3歳スプリント）、**ジャックドール**（札幌記念、金鯱賞）、**シゲルピンクルビー**（フィリーズレビュー）、**キボウ**（アップアンドカミングスS）、**ノースブリッジ**（AJCC、エプソムC）、**ラーグルフ**（中山金杯、中山記念2着）、**ルークズネスト**（ファルコンS）、**カフジオクタゴン**（レパードS）、**ルペルカーリア**（京都新聞杯2着）、**ベジャール**（毎日杯2着）、**ソリタリオ**（シンザン記念2着）、**インフィナイト**（サウジアラビアRC2着）、**インヴィンシブルティアーズ**（シャンペンクラシック2着）、**フジタサン**（スタットS2着）、**ストゥーティ**（チューリップ賞3着）。

共に初年度産駒であるジェラルディーナ、ジャックドールがGⅠ戦線を大いに沸かせ、父譲りの優れた成長力を遺憾なく発揮している。エリザベス女王杯を制し、日本で2頭目のGⅠ勝ち産駒となったジェラルディーナは、歴史的名牝ジェンティルドンナの娘。名血の継承を見事にアシストしたことは、種牡馬モーリスの今後にとっても大きな出来事となった。ランキングも前年の16位から大きくジャンプアップし、初のトップ10圏内となる9位に飛び込んできた。

豪でもヒトツ（オーストラリアンダービー）、マズ（ドゥームベン10000）というGⅠ馬2頭を筆頭に、数多くの重賞好走馬が誕生。2022年の種付料は8万2500豪ドル（約778万円）で、名門アローフィールドスタッド繋養種牡馬中2番目の高額となっている。

From Stallion

社台SS事務局・徳武英介氏談

「シャトル先のオーストラリアでも、160頭の配合を行う人気ぶりでした。そのオーストラリアだけでなく、昨年は国内でもジェラルディーナがGⅠを制覇。名牝の良さを引き出す種牡馬となっています。明け3歳世代の活躍だけでなく、古馬となった世代も安定した成績を残しているのは、母系に入った『メジロ血統』の底力なのかもしれません。忙しいシーズンとなりますが、健康に気を付けながら仕事をさせていきたいです」

2022年 成績

総収得賞金 2,308,902,000円　アーニング INDEX 1.54　実勢評価値 0.86

	勝利頭数／出走頭数		2歳	
勝利頭数／出走頭数	全馬 148／334		2歳 23／91	
勝利回数／出走回数	全馬 226／1,831		2歳 25／220	

Data Box (2020~2022)

単勝回収値 89円／単勝適正回収値 91円

コース　東京芝、小倉芝で勝ち切る

	1着	2着	3着	出走数	勝率	連対率	3着内率
全体計	231	171	162	2107	11.0%	19.1%	26.8%
中央芝	83	59	70	723	11.5%	19.6%	29.3%
中央ダ	37	21	22	350	10.6%	16.6%	22.9%
ローカル芝	85	69	56	754	11.3%	20.4%	27.9%
ローカルダ	26	22	14	280	9.3%	17.1%	22.1%
右回り芝	93	70	80	867	10.7%	18.8%	28.0%
右回りダ	37	23	21	378	9.8%	15.9%	21.4%
左回り芝	75	58	45	599	12.5%	22.2%	29.7%
左回りダ	26	20	15	252	10.3%	18.3%	24.2%
札幌芝	9	10	10	88	10.2%	21.6%	33.0%
札幌ダ	4	0	1	24	16.7%	16.7%	20.8%
函館芝	9	8	6	72	12.5%	23.6%	31.9%
函館ダ	0	0	1	20	0.0%	5.0%	5.0%
福島芝	5	4	4	62	8.1%	14.5%	21.0%
福島ダ	1	3	1	32	3.1%	12.5%	15.6%
新潟芝	20	11	8	167	12.0%	18.6%	23.4%
新潟ダ	6	6	2	55	10.9%	21.8%	25.5%
東京芝	33	26	21	234	14.1%	25.2%	34.2%
東京ダ	9	5	8	89	10.1%	15.7%	24.7%
中山芝	21	15	22	201	10.4%	17.9%	28.9%
中山ダ	12	6	4	110	10.9%	16.4%	20.0%
中京芝	22	21	17	209	10.5%	20.6%	28.7%
中京ダ	11	9	6	108	10.2%	18.5%	23.1%
京都芝	1	0	1	15	6.7%	6.7%	13.3%
京都ダ	1	4	0	4	25.0%	25.0%	25.0%
阪神芝	28	18	26	273	10.3%	16.8%	26.4%
阪神ダ	15	10	10	147	10.2%	17.0%	23.8%
小倉芝	20	15	11	156	12.8%	22.4%	29.5%
小倉ダ	4	3	5	41	9.8%	17.1%	29.3%

距離　芝中距離適性の高さに注目

芝　平均勝ち距離　1,704m

	1着	2着	3着	出走数	勝率	連対率	3着内率
全体計	168	128	126	1477	11.4%	20.0%	28.6%
芝~1300m	24	20	13	249	9.6%	17.7%	22.9%
芝~1600m	56	52	50	592	9.5%	18.2%	26.7%
芝~2000m	77	51	55	555	13.9%	23.1%	33.0%
芝~2400m	10	5	6	68	14.7%	22.1%	30.9%
芝2500m~	1	0	2	13	7.7%	7.7%	23.1%

ダート　平均勝ち距離　1,459m

	1着	2着	3着	出走数	勝率	連対率	3着内率
全体計	63	43	36	630	10.0%	16.8%	22.5%
ダ~1300m	23	11	10	194	11.9%	17.5%	22.7%
ダ~1600m	21	9	12	170	12.4%	17.6%	24.7%
ダ~2000m	18	22	14	247	7.3%	16.2%	21.9%
ダ2100m~	1	0	1	19	5.3%	10.5%	10.5%

馬場状態　芝は良、ダートは稍重向き

		1着	2着	3着	出走数	勝率	連対率	3着内率
芝	良	139	96	96	1143	12.2%	20.6%	29.0%
	稍重	21	22	21	233	9.0%	18.5%	27.5%
	重	6	7	8	77	7.8%	16.9%	27.3%
	不良	2	3	1	24	8.3%	20.8%	25.0%
ダ	良	35	24	19	398	8.8%	14.8%	19.6%
	稍重	15	12	11	122	12.3%	22.1%	31.1%
	重	8	4	3	68	11.8%	17.6%	22.1%
	不良	5	3	3	42	11.9%	19.0%	26.2%

条件　2勝クラスを苦にしない産駒多い

	1着	2着	3着	出走数	勝率	連対率	3着内率
新馬	33	31	23	327	10.1%	19.6%	26.6%
未勝利	98	85	73	996	9.8%	18.4%	25.7%
1勝	52	36	39	450	11.6%	19.6%	28.2%
2勝	24	6	10	131	18.3%	22.9%	30.5%
3勝	9	3	8	62	14.5%	19.4%	32.3%
OPEN特別	6	3	3	44	13.6%	20.5%	27.3%
GⅢ	4	6	3	47	8.5%	21.3%	27.7%
GⅡ	4	2	1	34	11.8%	17.6%	20.6%
GⅠ	2	0	2	21	9.5%	9.5%	19.0%
ハンデ戦	7	2	5	42	16.7%	21.4%	33.3%
牝馬限定	32	22	27	377	8.5%	14.3%	21.5%
障害	1	1	0	5	20.0%	40.0%	40.0%

性齢　2歳から動き4歳でさらに成長

	1着	2着	3着	出走数	勝率	連対率	3着内率
牡2歳	48	47	32	365	13.2%	26.0%	34.8%
牝2歳	27	25	23	303	8.9%	17.2%	24.8%
牡3歳前半	45	33	34	349	12.9%	22.3%	32.1%
牝3歳前半	23	15	22	354	6.5%	10.7%	16.9%
牡3歳後半	26	23	15	220	11.8%	22.3%	29.1%
牝3歳後半	22	14	13	217	10.1%	16.6%	22.6%
牡4歳	27	9	16	186	14.5%	19.4%	28.0%
牝4歳	14	6	7	118	11.9%	16.9%	22.9%
牡5歳							
牝5歳							
牡6歳							
牝6歳							
牡7歳以上							
牝7歳以上							

人気　4~6番人気の頭狙いを意識

	1着	2着	3着	出走数	勝率	連対率	3着内率
1番人気	79	36	31	223	35.4%	51.6%	65.5%
2~3番人気	77	66	51	421	18.3%	34.0%	46.1%
4~6番人気	57	43	48	513	11.1%	19.5%	28.8%
7~9番人気	9	19	22	437	2.1%	6.4%	11.4%
10番人気~	10	8	10	518	1.9%	3.5%	5.4%

勝ち馬の決め手

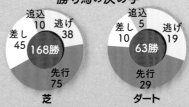

芝　168勝　追込 10／逃げ 38／差し 45／先行 75

ダート　63勝　追込 5／逃げ 19／差し 10／先行 29

クラシック血統　俗に「クラシックディスタンス」と呼ばれる2400m前後の距離を得意とする血統。特にマイルでは短すぎ、3000mでは長すぎる産駒の場合に使われる。

馬券に直結する適性データ

東京、小倉芝コースで好成績、2歳戦強いが、成長力にも注目

　自身が安田記念、天皇賞・秋を制した東京芝コースは、産駒も本領を発揮する舞台。勝率、連対率、3着内率のいずれもで優秀な数字を残しているだけに、多様な馬券作戦が可能となるはずだ。一方、東京芝とは対称的な形態となっている小倉芝でも好成績をあげているのは、面白いところ。こちらのデータも上手に馬券作戦に活かしたい。

　スピード能力が高く、その特徴が十分に発揮できる芝良馬場、脚抜けが良くなるダートの稍重馬場を得意としている。共に3割前後の3着内率をマークしているだけに、人気薄でも、相手の1点に加えておくことをオススメしたい。

　2歳戦から好勝負できる仕上りの早さもあるが、ジャックドール、ジェラルディーナが証明しているように、古馬となってからの成長力も大きな魅力。2023年に5歳となる初年度産駒たちの走りにも、大いに注目したい。

重賞レース馬券のヒント

パワフルなスピードが活きる芝稍重、重馬場は狙いどころ

　切れ味鋭いというより、持続力のあるパワフルなスピードを武器とする産駒が多いためか、芝稍重、芝重馬場で馬券的妙味が高まる時がある。2022年も重馬場で施行されたエプソムCをノースブリッジ、エリザベス女王杯をジェラルディーナが、いずれも4番人気で勝利。単勝オッズは730円、810円と、共に大勝負を懸けられるだけの数字となっていた。エリザベス女王杯の3連単は2通りあり、高い方で28万9千円強の配当が付いている。稍重馬場では2022年毎日杯で9番人気のベジャールが2着。3連単は12万8千円強の高配当となった。

通算重賞勝ち数

	GⅠ	GⅡ	GⅢ	GⅠ勝ち産駒数	重賞勝ち産駒数
芝	2	5	4	2	7
ダート	0	0	1	0	1
地方	0	0	0	0	0
海外	0	0	0	0	0

POG　2023年期待の2歳馬　ピックアップ

世界的名血である超高額取引馬、GⅠ馬の下など注目産駒が揃う

　初年度産駒から成長力に優れた優秀馬を出していることもあり、4年目産駒となる2023年2歳馬には、セールで高額取引される仔が相次いだ。中でも、4億9千万強という破格の値が付いた母モシーンの牡駒は、世界レベルの名血馬。国内だけでなく、海外の超高額賞金レースをターゲットとする国際派への成長を期待したい。父ディープインパクト、父キングカメハメハという血統を持つ繁殖牝馬と配合しやすいことも種牡馬モーリスの強味。ジェラルディーナの全妹となる母ジェンティルドンナの牝駒、ソダシの半弟となる母ブチコの牡駒は、デビュー時から大きな注目を浴びる存在となりそうだ。

母馬名（母父）	性別	おすすめポイント
*ホームカミングクイーン（HOLY ROMAN EMPEROR）	牡	母は英1000ギニーの勝ち馬。1歳セレクトセールで2億4200万円。
*フォトコール（GALILEO）	牡	母は米GⅠで2勝をマーク。当歳セレクトセールで1億4300万円。
ブチコ（キングカメハメハ）	牡	半姉にGⅠ3勝のアイドル馬ソダシ。白毛のニュースター誕生か。
*モシーン（FASTNET ROCK）	牡	母は豪GⅠ4勝の名牝。1歳セレクトセール4億9500万円で落札。
レッドリヴェール（ステイゴールド）	牡	母はGⅠ阪神JFに勝利。1歳セレクトセール8140万円で落札。
キャリコ（ディープインパクト）	牝	叔母に重賞3勝プリモシーン。当歳セレクトセールで9900万円。
ジェンティルドンナ（ディープインパクト）	牝	母は歴史的名牝、全姉ジェラルディーナもGⅠエリザベス女王杯馬。
*シムシマー（POET'S VOICE）	牝	叔父に英GⅡ馬マッドムーン。当歳セレクトセールで5500万円。
ビキニブロンド（キングカメハメハ）	牝	当歳セレクトセールで4730万円。母父の血も活かし大成を狙う。
ラクアミ（ダイワメジャー）	牝	叔父に2歳GⅡ馬モンドキャンノ。1歳セレクトセールで9240万円。

2021 ⑩
2020 ⑦
2019 ⑦
2018 ⑥

ダイワメジャー
DAIWA MAJOR

新たなマイルGⅠ馬登場し、11年連続トップ10堅持

種付料／プライヴェート　供用地／安平・社台SS
2001年生　栗毛　千歳・社台ファーム産

距離	成長型	芝	ダート	瞬発力	パワー	底力
マ中	普	◎	○	○	◎	○

年次	種付頭数	産駒数
22年	**34**	**35**
21年	51	69
20年	112	85
19年	157	82
18年	136	111

PROFILE

競走成績　28戦9勝（2～6歳・日首）
最高レーティング　121M（06、07年）、121Ⅰ（06年）
主な勝ち鞍　天皇賞・秋、マイルCS2回、安田記念、皐月賞、毎日王冠、マイラーズC、ダービー卿チャレンジT。マイルCS2着、中山記念2着。

　1勝馬の身で参戦したスプリングSを11番人気で3着し、皐月賞の出走権利を獲得。本番でも10番人気と低評価だったが、2番手追走から抜け出しクラシックウイナーの仲間入りを果たす。その後、喉鳴症に苦しんだ時期もあったが、4歳4月のダービー卿チャレンジTで久々の重賞制覇。5歳春にマイラーズCを制し、秋に入ると最充実期を迎えた。毎日王冠、天皇賞・秋、マイルCSと3連勝を飾り、2006年最優秀短距離馬に選出される。6歳時はここ一番で強さを発揮し、安田記念、連覇となるマイルCSに勝利。2年連続で最優秀短距離馬のタイトルを得た。ほかに4歳時のマイルCSで2着、6歳時のドバイデューティフリーで3着、5、6歳時の有馬記念で連続3着している。

　7歳春から種牡馬生活を開始。サンデーサイレンス直仔の有力馬としては、最も遅い時期の種牡馬入りとなったが、初年度産駒から無敗で

系統：サンデーサイレンス系　母父系統：ノーザンダンサー系

			Turn-to	Royal Charger
父 *サンデーサイレンス 青鹿 1986	**父父** ヘイロー Halo 黒鹿 1969	Hail to Reason	Turn-to	Source Sucree
			Nothirdchance	Blue Swords
				Galla Colors
		Cosmah	Cosmic Bomb	Pharamond
				Banish Fear
			Almahmoud	Mahmoud
				Arbitrator
	父母 ウィッシングウェル Wishing Well 鹿 1975	Understanding	Promised Land	Palestinian
				Mahmoudess
			Pretty Ways	Stymie
				Pretty Jo
		Mountain Flower	Montparnasse	Gulf Stream
				Mignon
			Edelweiss	Hillary
				Dowager
母 スカーレットブーケ 栗 1988	**母父** *ノーザンテースト 栗 1971	Northern Dancer	Nearctic	Nearco
				Lady Angela
			Natalma	Native Dancer
				Almahmoud
		Lady Victoria	Victoria Park	Chop Chop
				Victoriana
			Lady Angela	Hyperion
				Sister Sarah
	母母 *スカーレットインク 栗 1971	Crimson Satan	Spy Song	Balladier
				Mata Hari
			Papila	Requiebro
				Papalona
		Consentida	Beau Max	Bull Lea
				Bee Mac
			La Menina	Royal Charger
				Your Hostess

インブリード：Almahmoud 4×5、Royal Charger 5×5、母父ノーザンテーストに Lady Angela 3×2

血統解説

　父サンデーサイレンスは1995年から13年連続でリーディングサイアーに輝いた、歴史的大種牡馬。母スカーレットブーケは中山牝馬S、クイーンCなど重賞を4勝した強豪。本馬、半妹ダイワスカーレット（有馬記念、桜花賞、秋華賞、エリザベス女王杯）と兄妹でG I を計9勝する偉業を産駒が成し遂げ、日本競馬史に残る名繁殖牝馬となった。ほかにも本馬の全姉にダイワルージュ（新潟3歳S、阪神3歳牝馬S2着）がいる。母系は名門で、本馬の甥にダイワファルコン（福島記念2回）、一族にダートG I 9勝ヴァーミリアン。母父ノーザンテーストは10度に亘り首位種牡馬を獲得した大立者。

代表産駒

アドマイヤマーズ（香港マイル、NHKマイルC、朝日杯FS）、**メジャーエンブレム（NHKマイルC、阪神JF）**、**セリフォス（マイルCS）**、**コパノリチャード（高松宮記念）**、**カレンブラックヒル（NHKマイルC）**、**レーヌミノル（桜花賞）**、レシステンシア（阪神JF）、**ブルドッグボス（JBCスプリント）**、**ノーヴァレンダ（全日本2歳優駿）**、**ダイワマッジョーレ（京王杯スプリングC）**、エピセアローム（セントウルS）、ミスパンテール（阪神牝馬S）、**ソルヴェイグ（フィリーズレビュー）**、モントライゼ（京王杯2歳S）、ボールライトニング（京王杯2歳S）、ロジチャリス（ダービー卿CT）、**ナックビーナス（キーンランドC）**、エクセラントカーヴ（京成杯オータムH）、**マテンロウオリオン（シンザン記念）**、トーセンベニザクラ（フェアリーS）、フロンティア（新潟2歳S）。

　NHKマイルCを制したカレンブラックヒル、2年目産駒から高松宮記念馬コパノリチャード、4年目産駒からダート短距離戦線の強豪でJBCスプリントを勝ったブルドッグボスが相次いで登場。自身の豊かなスピードとマイル適性、加えて仕上りの早さを上手に伝える一流種牡馬として、大きな存在感を示すことになる。2022年は3歳馬セリフォスが秋になって本格化し、富士S、マイルCSを連勝したほか、3歳芝マイル路線のマテンロウオリオン（シンザン記念、NHKマイルC2着）、交流ダート重賞ダイオライト記念に勝ったノーヴァレンダ、ジャンプ戦線で重賞3勝をマークしたホッコーメヴィウス（阪神ジャンプS）らが活躍。接戦となったトップ10争いを勝ち抜き、11年連続トップ10圏内をキープする快挙を成し遂げた。

From Stallion

社台SS事務局・徳武英介氏談

　「昨年はセリフォスがマイルCSを勝利するなど、改めて『ダイワメジャーここにあり！』と言える産駒成績を残してくれました。シンジケートは解散しており、健康状態に留意しながらの種牡馬生活となります。それでも、心身ともにどっしりと構えている姿を見ていると、今年も何頭か受胎してくれそうです。後継種牡馬も続々と誕生していますが、今年もG I 馬を送り出して、自らの存在をアピールしてもらいたいです」

総収得賞金 2,245,616,000円　アーニング INDEX 1.52　実勢評価値 −
勝利頭数／出走頭数：全馬153／329　　2歳　16／57
勝利回数／出走回数：全馬247／2,631　　2歳　16／174

Data Box (2020~2022)

コース　阪神芝などタフな舞台が合う

	1着	2着	3着	出走数	勝率	連対率	3着内率
全体計	245	244	224	3103	7.9%	15.8%	23.0%
中央芝	73	71	68	863	8.5%	16.7%	24.6%
中央ダ	47	48	46	721	6.5%	13.2%	19.6%
ローカル芝	87	84	88	1016	8.6%	16.8%	25.5%
ローカルダ	38	41	22	503	7.6%	15.7%	20.1%
右回り芝	113	102	91	1213	9.3%	17.7%	25.2%
右回りダ	49	55	42	745	6.6%	14.0%	19.6%
左回り芝	42	51	60	624	6.7%	14.9%	24.5%
左回りダ	36	34	26	479	7.5%	14.6%	20.0%
札幌芝	8	6	8	99	8.1%	14.1%	22.2%
札幌ダ	2	4	2	30	6.7%	20.0%	26.7%
函館芝	12	8	6	102	11.8%	19.6%	25.5%
函館ダ	4	3	1	34	11.8%	20.6%	23.5%
福島芝	10	12	4	134	7.5%	16.4%	19.4%
福島ダ	1	1	3	45	2.2%	4.4%	11.1%
新潟芝	19	13	25	204	9.3%	15.7%	27.9%
新潟ダ	7	7	1	94	7.4%	14.9%	16.0%
東京芝	11	17	16	223	4.9%	12.6%	19.7%
東京ダ	8	12	11	167	4.8%	12.0%	18.6%
中山芝	26	21	26	264	9.8%	17.8%	27.7%
中山ダ	8	12	10	148	5.4%	13.5%	20.3%
中京芝	17	23	24	239	7.1%	16.7%	26.8%
中京ダ	21	15	14	218	9.6%	16.5%	22.9%
京都芝	7	9	6	97	7.2%	16.5%	22.7%
京都ダ	5	2	1	64	7.8%	10.9%	12.5%
阪神芝	29	24	20	279	10.4%	19.0%	26.2%
阪神ダ	26	22	24	342	7.6%	14.0%	21.1%
小倉芝	21	22	21	238	8.8%	18.1%	26.9%
小倉ダ	3	11	1	82	3.7%	17.1%	18.3%

条件　最も安定して走れるのは新馬戦

	1着	2着	3着	出走数	勝率	連対率	3着内率
新馬	18	20	28	219	8.2%	17.4%	30.1%
未勝利	90	75	51	1012	8.9%	16.3%	21.3%
1勝	70	68	75	790	8.9%	17.5%	27.0%
2勝	37	47	32	537	6.9%	15.6%	21.6%
3勝	17	13	17	253	6.7%	11.9%	18.6%
OPEN特別	17	18	16	230	7.4%	15.2%	22.2%
GⅢ	6	7	7	115	5.2%	11.3%	17.4%
GⅡ	4	4	2	52	9.6%	15.4%	21.2%
GⅠ	1	6	2	33	3.0%	21.2%	27.3%
ハンデ戦	17	13	24	275	6.2%	10.9%	19.6%
牝馬限定	38	31	29	433	8.8%	15.9%	22.6%
障害	16	13	7	138	11.6%	21.0%	26.1%

人気　超大穴も警戒しておきたい

	1着	2着	3着	出走数	勝率	連対率	3着内率
1番人気	82	49	31	264	31.1%	49.6%	61.4%
2~3番人気	86	91	64	521	16.5%	34.0%	46.3%
4~6番人気	61	70	80	783	7.8%	16.7%	26.9%
7~9番人気	21	26	30	679	3.1%	6.9%	11.3%
10番人気~	11	21	26	994	1.1%	3.2%	5.8%

単勝回収値 79円／単勝適正回収値 82円

距離　幅広くカバーもベストは芝短距離
芝　平均勝ち距離　1,474m

	1着	2着	3着	出走数	勝率	連対率	3着内率
全体計	160	155	156	1879	8.5%	16.8%	25.1%
芝~1300m	67	56	51	672	10.0%	18.3%	25.9%
芝~1600m	57	65	78	767	7.4%	15.9%	26.1%
芝~2000m	32	31	22	385	8.3%	16.4%	22.1%
芝~2400m	4	2	4	37	10.8%	16.2%	27.0%
芝2500m~	0	1	1	18	0.0%	5.6%	11.1%

ダート　平均勝ち距離　1,477m

	1着	2着	3着	出走数	勝率	連対率	3着内率
全体計	85	89	68	1224	6.9%	14.2%	19.8%
ダ~1300m	29	22	21	371	7.8%	13.7%	19.4%
ダ~1600m	26	23	18	337	7.7%	14.5%	19.9%
ダ~2000m	29	41	28	491	5.9%	14.3%	20.0%
ダ2100m~	1	3	1	25	4.0%	16.0%	20.0%

馬場状態　重まで悪化した芝で強さ発揮

		1着	2着	3着	出走数	勝率	連対率	3着内率
芝	良	123	112	121	1436	8.6%	16.4%	24.8%
	稍重	22	29	24	284	7.7%	18.0%	26.4%
	重	15	14	9	128	11.7%	22.7%	29.7%
	不良	0	0	2	31	0.0%	0.0%	6.5%
ダ	良	51	60	44	755	6.8%	14.7%	20.5%
	稍重	21	17	13	240	8.8%	15.8%	21.3%
	重	9	9	8	150	5.3%	11.3%	15.3%
	不良	5	3	5	79	6.3%	10.1%	16.5%

性齢　牝馬優勢、完成度の高さを活かす

	1着	2着	3着	出走数	勝率	連対率	3着内率
牡2歳	22	24	23	292	7.5%	15.8%	23.6%
牝2歳	24	19	20	223	10.8%	19.3%	28.3%
牡3歳前半	33	38	25	406	8.1%	17.5%	23.6%
牝3歳前半	29	20	21	331	8.8%	14.8%	21.1%
牡3歳後半	18	26	18	322	8.2%	20.0%	28.2%
牝3歳後半	20	23	15	215	9.3%	20.0%	27.0%
牡4歳	25	21	29	326	7.7%	14.1%	23.3%
牝4歳	28	17	18	270	10.4%	16.7%	23.3%
牡5歳	16	25	19	250	6.4%	16.4%	24.0%
牝5歳	9	9	12	177	5.1%	10.2%	16.9%
牡6歳	19	15	17	238	6.7%	14.3%	21.4%
牝6歳	2	5	2	76	1.3%	7.9%	11.8%
牡7歳以上	19	11	10	206	9.2%	14.6%	19.4%
牝7歳以上	1	1	0	11	9.1%	18.2%	18.2%

勝ち馬の決め手

芝　160勝：追込14／逃げ35／差し38／先行73
ダート　85勝：追込2／逃げ13／差し18／先行52

欧州3冠（レース）　ヨーロッパの主要3レース、英国ダービー、キングジョージⅥ世＆QES、凱旋門賞のこと。この3レースすべてに勝った馬を欧州3冠馬といい、ミルリーフ、ラムタラなどがいる。

馬券に直結する適性データ

パワフルなスピードが武器、仕上り早いが、早熟型でもない

　先行力に富んだパワフルなスピードが、産駒最大の武器。その特性が活かしやすい阪神芝、函館芝、中山芝で好成績をあげていることは、しっかりと頭に留めておきたいデータとなる。また、瞬発力勝負の馬たちの切れ味が削がれる、芝重馬場での強さも覚えておこう。

　レシステンシアが勝ち、レーヌミノルが3着した阪神JFでの活躍が示す通り、2歳牝馬陣の頑張りも馬券作戦に活かしたい。新馬戦から買えることも特徴だ。ただし、単なる早熟型からは一線を画し、4歳を迎えた牝馬陣が健闘を示していることも馬券的中に繋げていきたい。

　マイル戦、中距離戦も十分にこなせるが、最も本領を発揮できるのは芝短距離戦。勝率、連対率、3着内率のいずれもが優秀で、多彩な馬券の買い方が可能となる。もう1つ、2022年もホッコーメヴィウスの大活躍があったが、障害戦は得意。積極的に狙っていきたい舞台だ。

重賞レース馬券のヒント

芝マイル重賞で1番人気なら、連軸に据えることが正解か

　芝マイル重賞で1番人気に支持されていた馬は延べ8頭。内7頭は馬券の対象になっていただけに、切るという選択肢はほぼ考えなくていいだろう。一方、2022年ニュージーランドTのマテンロウオリオン、2021年朝日杯FSのセリフォス、2020年NHKマイルCのレシステンシア、同じく桜花賞のレシステンシアはいずれも2着で、勝ち切ることは叶わなかった。ちなみに勝利したのは、2022年富士S、2021年デイリー杯2歳Sのセリフォスの2例。頭勝負を懸けるよりは、馬連、3連複の軸、あるいは3連単の2着付けが、最も有効な馬券作戦かも。

通算重賞勝ち数

	GⅠ	GⅡ	GⅢ	GⅠ勝ち産駒数	重賞勝ち産駒数
芝	9	14	24 (1)	7	22
ダート	0	0	0	0	0
地方	2	1	2	2	3
海外	1	0	0	1	1

※（　）内は格付前重賞

POG　2023年期待の2歳馬　ピックアップ

高齢になっても勢いに陰りなし、さらなる大物登場も期待できる

　今年の2歳馬が13世代目となる、サンデーサイレンス直仔のベテラン名種牡馬。血統登録された産駒は69頭と全盛期に比べると減ったが、配合された繁殖牝馬の質は高く、大物登場も十分に期待できる。セールで2億円を超える超高値が付いた母コーステッドの牝駒は注目の存在。現役馬ダノンベルーガの半妹となるが、芝マイル～中距離戦で大きな仕事を期待したい。同じく、セールで高評価を得た母シュガーショックの牡駒、母ベイトゥベイの牡駒、母ブギーダモーレの牝駒も、優秀なスピード能力の持ち主。いずれもパワーを兼備していて、芝だけでなく、ダート戦線での大成があるかも。

母馬名（母父）	性別	おすすめポイント
*シュガーショック（CANDY RIDE）	牡	半兄に3歳GⅢ馬ラーゴム。1歳セレクトセール9240万円で落札。
*テーブルロンド（ASTRONOMER ROYAL）	牡	叔母アモラマは米GⅡ2勝馬。当歳セレクトセールで4730万円。
*ベイトゥベイ（SLIGO BAY）	牡	半兄にGⅡ馬スワーヴアラミス。1歳セレクトセールで6600万円。
メジロジェニファー（*ホワイトマズル）	牡	1歳セレクトセールで4620万円。勝負強いマイラーへの成長を期待。
*レディマカパ（EQUIANO）	牡	1歳セレクトセールで5280万円。ヘイロー3×5のクロスに妙味。
*コーステッド（TIZWAY）	牝	半兄にGⅢ馬ダノンベルーガ。1歳セレクトセール2億3100万円。
ゴールドエッセンス（キングカメハメハ）	牝	叔父にダービー馬シャフリヤール。ここ一番での強さを活かしたい。
シトロプシス（ジャングルポケット）	牝	祖母ラピッドオレンジはGⅢ馬。当歳セレクトセールで1760万円。
*ブギーダモーレ（RAIL LINK）	牝	1歳セレクトセールで4730万円。成長力に優れ、息の長い活躍が可能。
リラックススマイル（DUBAI DESTINATION）	牝	1歳サマーセールで2310万円。マイル適性の高さも武器となる。

2021 ⑨
2020 ⑨
2019 ⑭
2018 ㉕

＊ヘニーヒューズ
HENNY HUGHES

3年連続でJRAダート種牡馬部門首位に輝く！

種付料／⇨受500万円F　供用地／新冠・優駿SS
2003年生　栗毛　アメリカ産　2013年輸入

距離	成長型	芝	ダート	瞬発力	パワー	底力
短マ	やや早	○	◎	○	◎	○

年次	種付頭数	産駒数
22年	**98**	**74**
21年	117	86
20年	132	101
19年	170	112
18年	192	91

PROFILE

競走成績　10戦6勝（2〜3歳・米）
最高レーティング　120S（06年）
主な勝ち鞍　キングズビショップS、ヴォスバーグS、サラトガスペシャルS、ジャージーショアBCS。BCジュヴナイル2着、シャンペンS2着。

　2歳時、デビューから3連勝でGⅡサラトガスペシャルSを制し重賞初制覇。ホープフルS、シャンペンSと連続して2着で臨んだBCジュヴナイルは、4番人気の評価ながら、スティーヴィーワンダーボーイの2着に入った。
　3歳時は短距離路線を進み、ジャージーショ

アBCSで重賞2勝目をあげると、続くキングズビショップSでGⅠホースに輝いた。さらにヴォスバーグSも制してGⅠ連勝を飾ると、BCスプリントでは1番人気に支持されたが、14着に大敗、これが現役最後のレースとなった。
　4歳春から米で種牡馬入り。GⅠで11勝をあげ、米2歳＆3歳＆古牝馬チャンピオンに選ばれた名牝ビホルダーを筆頭に活躍馬が続出。日本でもアジアエクスプレスが朝日杯フューチュリティS、モーニンがフェブラリーSを勝つなどの活躍で、日米でともに注目を集めた。
　2014年からは日本で種牡馬入り。ワイドフ

系統：ストームキャット系　母父系統：プリンスキロ系				
父 *ヘネシー 栗 1993	父父 ストームキャット Storm Cat 黒鹿 1983	Storm Bird	Northern Dancer	Nearctic
				Natalma
			South Ocean	New Providence
				Shining Sun
		Terlingua	Secretariat	Bold Ruler
				Somethingroyal
			Crimson Saint	Crimson Satan
				Bolero Rose
	父母 アイランドキティ Island Kitty 栗 1976	Hawaii	Utrillo	Toulouse Lautrec
				Urbinella
			Ethane	Mehrali
				Ethyl
		T.C. Kitten	Tom Cat	Tom Fool
				Jazz Baby
			Needlebug	Needles
				Flynet
母 メドウフライヤー Meadow Flyer 鹿 1989	母父 メドウレイク Meadowlake 栗 1983	Hold Your Peace	Speak John	Prince John
				Nuit de Folies
			Blue Moon	Eight Thirty
				Blue Grail
		Suspicious Native	Raise a Native	Native Dancer
				Raise You
			Be Suspicious	Porterhouse
				Nothirdchance
	母母 ショートレイ Shortley 黒鹿 1980	Hagley	Olden Times	Relic
				Djenne
			Teo Pepi	Jet Action
				Sherry L.
		Short Winded	Harvest Singing	Nasrullah
				Meadow
			Wind Cloud	Alquest
				Psychic Cloud

インブリード：5代前までにクロスなし

血統解説

父へネシーは米リーディングサイアーのストームキャットの直仔で、欧米2歳王者のヨハネスブルグなどを輩出した名馬。日本でも供用され、フェブラリーSを勝ったサンライズバッカスなどを出した。

母メドウフライヤーは米1勝。2代母ショートレイは米GⅢファーストフライトHの勝ち馬。母系からは、ロマーノグッチ（米GⅢゴッサムS）、ジントーキング（米GⅢアクアランデルS）が出ている。

母父メドウレイクはアーリントンワシントンフューチュリティの勝ち馬で、父としてメドウスター（BCジュヴナイルフィリーズ）、母父としてリアルインパクト（P184）などを輩出している。

代表産駒

ビホルダー（BCディスタフ2回、BCジュヴナイルフィリーズ、サンタアニタオークス、ラスヴァージネスS、ヴァニティマイル、クレメントLハーシュS、パシフィッククラシック、ゼニヤッタS3回）、**モーニン**（フェブラリーS、根岸S）、**アジアエクスプレス**（朝日杯フューチュリティS）、**ワイドファラオ**（かしわ記念、ニュージーランドT、ユニコーンS）、**アランバローズ**（全日本2歳優駿、東京ダービー）、**メリーメドウ**（プリンセスルーニーS）、**ウェルドーン**（関東オークス）、**ケイアイレオーネ**（兵庫ジュニアGP、シリウスS）、**セキフウ**（兵庫ジュニアGP）、**レピアーウィット**（マーチS）、**ヘニーハウンド**（ファルコンS）、**フルデプスリーダー**（エルムS）、**ドンフォルテス**（北海道2歳優駿、全日本2歳優駿2着）、**ペリエール**（全日本2歳優駿3着）。

ァラオ、アランバローズなど日本で生まれた産駒からもGⅠ馬が出るなど、期待に違わぬ素晴らしい結果を残した。大レースだけでなく、各方面でも堅実に走り、2020年からは3年続けてJRAダート部門のリーディングサイアーに輝いている。また、総合ランキングでも4年続けてトップ20入りを果たしており、500万円という高額の種付料に十分見合った働きを見せている。

2022年も、ランキングこそ前年から2つ落としているがフルデプスリーダーが重賞勝ちを収めるなど、その勢いは衰えていない。

また、直仔のアジアエクスプレスが総合ランキングで34位にランクインするなど、父の父として、さらにストームキャット系の直系としての発展に注目が集まっている。

From Stallion

株式会社優駿・藤本一真氏談

「中央では3年連続でのダートサイアーランキングの首位となりました。得意とする2歳戦からの勝ち上がりの良さに加え、古馬となった産駒たちも、続々とオープン入りを果たしてくれています。日本で繋養されてから今年で10シーズン目を迎えますが、優れた産駒成績や、後継種牡馬を続々と送り出している実績など、生産界に確かな足跡を残したと言えるでしょう。今後も1頭でも多くの活躍馬を送り出してもらいたいです」

総収得賞金 2,173,914,000 円　**アーニング INDEX** 1.37　**実勢評価値** 1.24

勝利頭数／出走頭数：全馬 161 ／ 352　　2歳 32 ／ 69
勝利回数／出走回数：全馬 299 ／ 2,397　　2歳 41 ／ 202

Data Box (2020~2022)

単勝回収値 56 円／単勝適正回収値 80 円

コース　中山など小回りダート向き

	1着	2着	3着	出走数	勝率	連対率	3着内率
全体計	265	274	219	2790	9.5%	19.3%	27.2%
中央芝	3	3	5	106	2.8%	5.7%	10.4%
中央ダ	160	149	130	1498	10.7%	20.6%	29.3%
ローカル芝	4	7	7	142	2.8%	7.7%	12.7%
ローカルダ	98	115	77	1044	9.4%	20.4%	27.8%
右回り芝	6	8	10	171	3.5%	8.2%	14.0%
右回りダ	148	138	114	1393	10.6%	20.5%	28.7%
左回り芝	1	2	2	68	1.5%	4.4%	7.4%
左回りダ	110	126	93	1149	9.6%	20.5%	28.6%
札幌芝	0	1	1	18	0.0%	5.6%	11.1%
札幌ダ	8	9	6	74	10.8%	23.0%	31.1%
函館芝	1	3	1	16	6.3%	25.0%	31.3%
函館ダ	10	4	2	57	17.5%	24.6%	28.1%
福島芝	0	0	0	18	0.0%	0.0%	0.0%
福島ダ	11	18	9	121	9.1%	24.0%	31.4%
新潟芝	0	1	1	33	0.0%	3.0%	6.1%
新潟ダ	19	26	16	237	8.0%	19.0%	25.7%
東京芝	0	0	0	23	0.0%	0.0%	0.0%
東京ダ	53	57	49	515	10.3%	21.4%	30.9%
中山芝	0	1	0	19	0.0%	5.3%	5.3%
中山ダ	53	29	34	374	14.2%	21.9%	31.0%
中京芝	1	1	1	21	4.8%	9.5%	14.3%
中京ダ	38	43	28	397	9.6%	20.4%	27.5%
京都芝	1	0	1	12	8.3%	8.3%	16.7%
京都ダ	8	14	9	109	7.3%	20.2%	28.4%
阪神芝	2	2	4	52	3.8%	7.7%	15.4%
阪神ダ	46	49	38	500	9.2%	19.0%	26.6%
小倉芝	2	0	3	36	5.6%	5.6%	13.9%
小倉ダ	12	15	16	158	7.6%	17.1%	27.2%

条件　完成度の高さが活きる新馬戦が○

	1着	2着	3着	出走数	勝率	連対率	3着内率
新馬	28	19	20	196	14.3%	24.0%	34.2%
未勝利	85	83	60	747	11.4%	22.5%	30.5%
1勝	66	76	56	850	7.8%	16.7%	23.3%
2勝	49	54	45	543	9.0%	19.0%	27.3%
3勝	23	20	21	269	8.6%	16.0%	23.8%
OPEN特別	14	21	14	165	8.5%	21.2%	29.7%
GⅢ	2	2	4	42	4.8%	9.5%	19.0%
GⅡ	0	0	0	2	—	—	—
GⅠ	0	0	0	4	0.0%	0.0%	0.0%
ハンデ戦	14	15	6	166	8.4%	17.5%	21.1%
牝馬限定	45	56	32	443	10.2%	22.8%	30.0%
障害	2	1	1	26	7.7%	11.5%	15.4%

人気　上位人気時は高値安定

	1着	2着	3着	出走数	勝率	連対率	3着内率
1番人気	112	60	44	320	35.0%	53.8%	67.5%
2~3番人気	94	84	67	514	18.3%	34.6%	47.7%
4~6番人気	47	80	55	627	7.5%	20.3%	29.0%
7~9番人気	13	35	34	552	2.4%	8.7%	14.9%
10番人気~	1	16	20	803	0.1%	2.1%	4.6%

距離　ダートなら幅広い距離に対応

芝　平均勝ち距離　1,286m

	1着	2着	3着	出走数	勝率	連対率	3着内率
全体計	7	10	12	248	2.8%	6.9%	11.7%
芝~1300m	4	5	7	134	3.0%	6.7%	11.9%
芝~1600m	3	5	4	88	3.4%	9.1%	13.6%
芝~2000m	0	0	1	22	0.0%	0.0%	4.5%
芝~2400m	0	0	0	2	0.0%	0.0%	0.0%
芝2500m~	0	0	0	2	0.0%	0.0%	0.0%

ダート　平均勝ち距離　1,437m

	1着	2着	3着	出走数	勝率	連対率	3着内率
全体計	258	264	207	2542	10.1%	20.5%	28.7%
ダ~1300m	99	95	75	872	11.4%	22.2%	30.8%
ダ~1600m	88	85	67	861	10.2%	20.1%	27.9%
ダ~2000m	70	83	65	786	8.9%	19.5%	27.7%
ダ2100m~	1	1	0	23	4.3%	8.7%	8.7%

馬場状態　良または稍重のダートがベター

		1着	2着	3着	出走数	勝率	連対率	3着内率
芝	良	5	9	9	182	2.7%	7.7%	12.6%
	稍重	2	1	2	44	4.5%	6.8%	11.4%
	重	0	0	1	19	0.0%	0.0%	5.3%
	不良	0	0	0	3	0.0%	0.0%	0.0%
ダ	良	165	166	129	1518	10.9%	21.8%	30.3%
	稍重	55	60	39	511	10.8%	22.5%	30.1%
	重	27	26	25	341	7.9%	15.5%	22.9%
	不良	11	12	14	172	6.4%	13.4%	21.5%

性齢　2歳時からバリバリ動く

	1着	2着	3着	出走数	勝率	連対率	3着内率
牡2歳	35	35	32	239	14.6%	29.3%	42.7%
牝2歳	20	22	14	170	11.8%	24.7%	32.9%
牡3歳前半	43	31	31	374	11.5%	19.8%	28.1%
牝3歳前半	35	31	23	301	11.6%	21.9%	29.6%
牡3歳後半	18	27	14	228	7.9%	19.7%	25.9%
牝3歳後半	22	18	13	164	13.4%	24.4%	32.3%
牡4歳	42	43	34	421	10.0%	20.2%	28.3%
牝4歳	21	30	14	279	7.5%	18.3%	23.3%
牡5歳	18	16	19	256	7.0%	13.3%	20.7%
牝5歳	6	9	12	181	3.3%	8.3%	14.9%
牡6歳	6	7	5	99	6.1%	13.1%	18.2%
牝6歳	1	5	2	70	1.4%	9.1%	17.1%
牡7歳以上	0	0	0	21	0.0%	0.0%	0.0%
牝7歳以上	0	1	1	13	0.0%	15.4%	30.8%

勝ち馬の決め手

芝 7勝　追込 1／先行 3／差し 3

ダート 258勝　追込 16／逃げ 37／先行 132／差し 73

クロス　インブリードと同じ意味で使われるが、父系と母系の両方に同じ祖先を持つ配合で、その祖先がクロスしているという。(P54 欄外解説インブリードの項参照)

馬券に直結する適性データ

狙うなら距離不問のダート
芝は短距離以外は慎重に

　芝のGⅠ馬、重賞勝ち馬を輩出していることから、芝でも注目を集めるが、265勝のうち、芝での勝利はわずかに7勝だけ。勝率も3％を切っており、軸では狙いにくい。ちなみにその7勝はすべて1600m以内で、それ以上は26戦して3着が1回あるだけで、ほぼ買えない。

　それに対しダートは、さすがJRAのダート部門のトップサイアーだけあって、マイルを中心に幅広い距離に対応。さすがに2000mを超えると厳しいが、出走数も激減するので、買う機会自体ないだろう。

　コース別では広い東京コースでは詰めの甘さも見られるが、小回りの中山コースならスピードで押し切ることも多い。頭で買いたいなら中山をはじめとした小回りコースだ。

　仕上がりの早い父系の特徴を受け継ぎ、新馬戦および2歳戦の勝率が優秀。人気ならデビュー戦から狙っていきたい。

重賞レース馬券のヒント

2歳重賞は絶好の狙い目
特にダート戦なら堅軸

　JRAには2歳ダート重賞が存在しないが、もしあったらヘニーヒューズ産駒が大活躍していただろう。実際、交流重賞での実績には目を見張るものがあるだけに、もし、新設されるようであれば真っ先に買いだ。

　実績の乏しい芝でも、荒れ馬場、力の要る馬場になれば可能性はゼロではない。仕上がりの早さが適性を上回ることもありうる。適性データの項目でも触れたように、短距離ならばチャンスはある。ダートで17％の勝率を誇る函館コースなら、ひょっとするかもしれない。最も早い2歳重賞の函館2歳Sに要注目だ。

通算重賞勝ち数

	GⅠ	GⅡ	GⅢ	GⅠ勝ち産駒数	重賞勝ち産駒数
芝	1	1	1	1	3
ダート	1	0	6	0	6
地方	2	3	1	2	6
海外	1	0	0	1	1

POG　2023年期待の2歳馬　ピックアップ

ソダシで名を上げた白毛一族
出身の牡駒に注目が集まる！

　牡馬で注目は母ユキチャンの牡駒。母は関東オークスなど重賞3勝をあげた活躍馬で、本馬のいとこに桜花賞馬ソダシ、姪にメイケイエール（セントウルS）がいる。この馬も「白毛の一族」らしく真っ白な白毛が目を惹く。ほかには、JBCスプリントの覇者コーリンベリーを母に持つ牡駒にも要注目だ。

　牝馬では叔父にGⅡホープフルSの勝ち馬ハートレーを持つ母ウィキッドアイズの牝駒に期待。2021年の当歳セレクトセールで2640万円で取引された逸材。母父オルフェーヴルは、BMSとしてもGⅠ馬を輩出しており、母系での活躍に注目が集まる。ほかに母レッドクラウディアの牝駒にも期待。

母馬名（母父）	性別	おすすめポイント
コーリンベリー（*サウスヴィグラス）	牡	母はJBCスプリント1着＆3着など短距離重賞で活躍。
ティンバレス（*ウォーエンブレム）	牡	母はエンプレス杯3着。叔父に朝日CC3着アドマイヤメジャー。
フジインザスカイ（ディープスカイ）	牡	当歳セレクトセールで1980万円。祖母は名古屋優駿の勝ち馬。
ヘイローフジ（キングヘイロー）	牡	母は6勝をあげ京阪杯3着。半兄もシルクロードS2着がある。
ユキチャン（*クロフネ）	牡	母は関東オークスなど重賞3勝。桜花賞馬ソダシも出た名門牝系。
ウィキッドアイズ（オルフェーヴル）	牝	当歳セレクトセールで2640万円。叔父にホープフルSのハートレー。
ジャーマンアイリス（カネヒキリ）	牝	初仔。叔父にGⅡ2着のアイスバブル。母系からは名馬クロフネ。
ランスタン（ダイワメジャー）	牝	母系はディープインパクトと同じウインドインハーヘア系で期待。
レッドアメリア（ディープインパクト）	牝	BMSとしても優れたディープインパクトの血で芝適性アップ。
レッドクラウディア（アグネスタキオン）	牝	当歳セレクトセールで3740万円。母はクイーン賞1着、マリーンC2着。

75

RANKING
12
2歳馬 2

2021 ⑧
2020 ⑬
2019 ㊌
2018 −

エピファネイア
EPIPHANEIA

ポスト・ディープの一頭も2022年は物足りなさあり

種付料／⇨受1800万円F　供用地／安平・社台SS
2010年生　鹿毛　安平・ノーザンファーム産

距離	成長型	芝	ダート	瞬発力	パワー	底力
中長	普	◎	○	○	◎	◎

年次	種付頭数	産駒数
22年	**163**	**150**
21年	218	160
20年	240	152
19年	225	138
18年	221	143

PROFILE

競走成績　14戦6勝（2〜5歳・日首香）
最高レーティング　129L（14年）
主な勝ち鞍　ジャパンC、菊花賞、神戸新聞杯、ラジオNIKKEI杯2歳S。ダービー2着、皐月賞2着、大阪杯3着、クイーンエリザベスⅡ世C4着。

　初年度産駒から無敗の3冠牝馬、2年目産駒から年度代表馬を出すなど、華々しい種牡馬デビューを果たし、ポスト・ディープインパクトの有力候補と目される一頭。

　2歳時、新馬戦、京都2歳S、ラジオNIKKEI杯2歳Sと無傷の3連勝を果たし、クラシック有力候補に名乗りをあげる。3歳緒戦の弥生賞こそ4着に敗れたが、続く皐月賞はロゴタイプの2着。ダービーでもキズナとの激しい追い比べの末、半馬身差の2着に惜敗した。

　秋、1.4倍の圧倒的人気に推された神戸新聞杯を2馬身半差で快勝。続く菊花賞も2着に5馬身差の圧勝で、念願のGIタイトルを獲得した。また、鞍上の福永祐一騎手にとっては、初の牡馬クラシックタイトルでもあった。

　4歳緒戦のGⅡ大阪杯はキズナの前に3着と完敗。香港遠征したクイーンエリザベスⅡ世Cも4着に敗れた。休養を挟んだ秋初戦、天皇賞・

系統：ロベルト系　母父系統：サンデーサイレンス系				
父 *シンボリクリスエス 黒鹿 1999	父父 クリスエス Kris S. 黒鹿 1977	Roberto	Hail to Reason	Turn-to
				Nothirdchance
			Bramalea	Nashua
				Rarelea
		Sharp Queen	Princequillo	Prince Rose
				Cosquilla
			Bridgework	Occupy
				Feale Bridge
	父母 ティーケイ Tee Kay 黒鹿 1991	Gold Meridian	Seattle Slew	Bold Reasoning
				My Charmer
			Queen Louie	Crimson Satan
				Reagent
		Tri Argo	Tri Jet	Jester
				Haze
			Hail Proudly	Francis S.
				Spanglet
母 シーザリオ 青 2002	母父 スペシャルウィーク 黒鹿 1995	*サンデーサイレンス	Halo	Hail to Reason
				Cosmah
			Wishing Well	Understanding
				Mountain Flower
		キャンペンガール	マルゼンスキー	Nijinsky
				*シル
			レディーシラオキ	*セントクレスピン
				ミスアシヤガワ
	母母 *キロフプリミエール 鹿 1990	Sadler's Wells	Northern Dancer	Nearctic
				Natalma
			Fairy Bridge	Bold Reason
				Special
		Querida	Habitat	Sir Gaylord
				Little Hut
			Principia	Le Fabuleux
				Pia

インブリード：Hail to Reason 4×5

血統解説

父シンボリクリスエスは2年続けて年度代表馬に選ばれた名馬で、種牡馬としてもステイヤーからマイラー、2歳王者からダート王まで、様々なタイプの一流馬を輩出。その中で、中長距離部門の代表であり、かつ最良の後継種牡馬が本馬。

母系は日本有数の名門で、母シーザリオは米のオークスを制した名競走馬にして、本馬のほかにリオンディーズ（P120）、サートゥルナーリア（P381）を産んだ名繁殖牝馬。2代母キロフプリミエールも米GⅢラトガーズHの勝ち馬。甥にオーソリティ（ジャパンC2着）がいる。母父スペシャルウィークはBMSとしてディアドラ（秋華賞）を出すなど、母系でも一流。

代表産駒

エフフォーリア（天皇賞・秋、有馬記念、皐月賞、ダービー2着）、**デアリングタクト**（桜花賞、オークス、秋華賞、ジャパンC3着、宝塚記念3着）、**サークルオブライフ**（阪神JF、アルテミスS）、**アリストテレス**（AJCC、菊花賞2着）、**イズジョーノキセキ**（府中牝馬S）、**キヨラ**（盛岡オパールC）、**オーソクレース**（菊花賞2着、ホープフルS2着）、**スカイグルーヴ**（京王杯SC2着）、**シーズンズギ**フト（ニュージーランドT2着）、**ヴェローナシチー**（京都新聞杯2着）、**ムジカ**（ローズS2着）、**ソネットフレーズ**（デイリー杯2歳S2着）、**ジャスティンカフェ**（毎日王冠2着）、**クラヴェル**（マーメイドS2着、エリザベス女王杯3着）、**ワールドリバイバル**（ラジオNIKKEI賞2着）、**ニシノラブウインク**（フラワーC2着）、**ディヴァインラヴ**（菊花賞3着）。

秋では初めて掲示板を外す6着に終わったが、続くジャパンCではジャスタウェイに4馬身の差をつけ雪辱。GⅠ2勝目をあげた。2番人気の有馬記念は5着。5歳時、ドバイ遠征したドバイワールドCで9着に大敗すると、このレースを最後に引退、種牡馬入りした。

初年度から6年続けて200頭を超す牝馬に種付する人気種牡馬となり、その期待に応え初年度産駒から3冠牝馬デアリングタクト、2年目産駒に年度代表馬のエフフォーリア、3年目産駒に2歳女王サークルオブライフを送り出した。その結果、種付料は現役種牡馬最高の1800万円にまで上昇している。

2022年は前記の両エースを筆頭に古馬陣が振るわず、ランキングはダウン。それでも層の厚さは変わらないので巻き返しは必至だ。

From Stallion

社台SS事務局・徳武英介氏談

「各世代でGⅠ馬を送り出し、さらに、昨年は2歳戦においてJRAでトップの29頭の産駒が勝ちあがり、2歳サイアーでは僅差の2位となっています。既に2勝を上げている産駒も多く、2年ぶりのクラシック勝利も期待できそうです。がっしりとした体型をした産駒は、セリ市場でも高い評価を受けています。仕上がりの良さが目立っていますが、産駒は父のように古馬となってからの成長力も示してくれるはずです」

総収得賞金 **2,144,126,000円**　アーニング INDEX **1.27**　実勢評価値 **0.32**

勝利頭数／出走頭数：全馬 **141**／**375**		2歳 **29**／**101**	
勝利回数／出走回数：全馬 **205**／**2,269**		2歳 **35**／**237**	

Data Box (2020~2022)

単勝回収値 **75円**／単勝適正回収値 **78円**

コース　左回り巧者ぶりは変わらず

	1着	2着	3着	出走数	勝率	連対率	3着内率
全体計	259	257	241	3025	8.6%	17.1%	25.0%
中央芝	110	120	107	1172	9.4%	19.6%	28.8%
中央ダ	23	24	33	405	5.7%	11.6%	19.8%
ローカル芝	109	99	84	1128	9.7%	18.4%	25.9%
ローカルダ	17	14	17	320	5.3%	9.7%	15.0%
右回り芝	119	123	118	1384	8.6%	17.5%	26.0%
右回りダ	30	23	33	443	6.8%	12.0%	19.4%
左回り芝	100	96	73	911	11.0%	21.5%	29.5%
左回りダ	10	15	17	282	3.5%	8.9%	14.9%
札幌芝	12	8	7	103	11.7%	19.4%	26.2%
札幌ダ	1	1	2	32	3.1%	6.3%	12.5%
函館芝	9	7	13	100	9.0%	16.0%	29.0%
函館ダ	0	2	2	22	0.0%	9.1%	18.2%
福島芝	6	8	9	124	4.8%	11.3%	18.5%
福島ダ	4	1	3	33	12.1%	15.2%	24.2%
新潟芝	27	20	21	252	10.7%	18.7%	27.0%
新潟ダ	3	0	5	59	5.1%	5.1%	13.6%
東京芝	40	40	30	366	10.9%	21.9%	30.1%
東京ダ	3	6	9	106	2.8%	8.5%	17.0%
中山芝	32	20	29	309	10.4%	16.8%	26.2%
中山ダ	6	6	4	101	5.9%	11.9%	15.8%
中京芝	33	36	22	298	11.1%	23.2%	30.5%
中京ダ	4	8	3	117	3.4%	11.1%	13.7%
京都芝	4	14	11	91	4.4%	19.8%	31.9%
京都ダ	2	1	3	28	7.1%	10.7%	21.4%
阪神芝	34	46	37	406	8.4%	19.7%	28.8%
阪神ダ	12	11	17	170	7.1%	13.5%	23.5%
小倉芝	22	20	12	251	8.8%	16.7%	21.5%
小倉ダ	5	1	2	57	8.8%	10.5%	14.0%

距離　芝の中長距離向き、距離は必要

芝　平均勝ち距離 **1,820m**

	1着	2着	3着	出走数	勝率	連対率	3着内率
全体計	219	219	191	2300	9.5%	19.0%	27.3%
芝～1300m	11	17	13	271	4.1%	10.3%	15.1%
芝～1600m	77	77	60	742	10.4%	20.8%	28.8%
芝～2000m	96	100	93	1033	9.3%	19.0%	28.0%
芝～2400m	23	19	22	193	11.9%	21.8%	33.2%
芝2500m～	12	6	3	61	19.7%	29.5%	34.4%

ダート　平均勝ち距離 **1,661m**

	1着	2着	3着	出走数	勝率	連対率	3着内率
全体計	40	38	50	725	5.5%	10.8%	17.7%
ダ～1300m	4	4	6	128	3.1%	6.3%	10.9%
ダ～1600m	8	9	11	176	4.5%	9.7%	15.9%
ダ～2000m	28	19	30	397	7.1%	11.8%	19.4%
ダ2100m～	0	6	3	24	0.0%	25.0%	37.5%

馬場状態　芝は稍重までがベター

		1着	2着	3着	出走数	勝率	連対率	3着内率
芝	良	171	169	141	1746	9.8%	19.5%	27.5%
	稍重	38	35	37	375	10.1%	19.5%	29.3%
	重	7	12	11	138	5.1%	13.8%	21.7%
	不良	3	3	2	41	7.3%	14.6%	19.5%
ダ	良	25	25	26	448	5.6%	11.2%	17.0%
	稍重	5	6	11	140	3.6%	7.9%	15.7%
	重	5	4	8	81	6.2%	11.1%	22.2%
	不良	5	3	4	56	8.9%	14.3%	21.4%

性齢　早熟傾向が見られ世代戦が勝負

	1着	2着	3着	出走数	勝率	連対率	3着内率
牡2歳	43	38	33	335	12.8%	24.2%	34.0%
牝2歳	40	28	45	371	10.8%	18.3%	30.5%
牡3歳前半	43	47	55	539	8.0%	16.7%	26.9%
牝3歳前半	34	49	30	568	6.0%	14.6%	19.9%
牡3歳後半	32	30	20	280	11.4%	22.1%	29.3%
牝3歳後半	31	22	26	342	9.1%	15.5%	23.1%
牡4歳	20	22	14	244	8.2%	17.2%	23.0%
牝4歳	11	17	15	218	5.0%	12.8%	19.7%
牡5歳	2	2	2	65	3.1%	6.2%	9.2%
牝5歳	5	4	6	89	5.6%	10.1%	16.9%
牡6歳							
牝6歳							
牡7歳以上							
牝7歳以上							

条件　注目条件は新馬戦とGI

	1着	2着	3着	出走数	勝率	連対率	3着内率
新馬	41	31	42	338	12.1%	21.3%	33.7%
未勝利	105	101	114	1408	7.5%	14.6%	22.7%
1勝	68	70	43	750	9.1%	18.4%	24.1%
2勝	24	15	14	209	11.5%	18.7%	25.4%
3勝	7	13	8	106	6.6%	18.9%	26.4%
OPEN特別	5	11	8	62	8.1%	25.8%	38.7%
GⅢ	2	6	9	65	3.1%	12.3%	26.2%
GⅡ	4	2	4	60	6.7%	10.0%	16.7%
GⅠ	7	4	4	53	13.2%	20.8%	28.3%
ハンデ戦	3	9	4	89	3.4%	13.5%	21.3%
牝馬限定	51	42	46	625	8.2%	14.9%	22.2%
障害	2	2	5	26	7.7%	15.4%	34.6%

人気　1番人気は勝率、連対率とも優秀

	1着	2着	3着	出走数	勝率	連対率	3着内率
1番人気	97	45	24	258	37.6%	55.0%	64.3%
2～3番人気	86	107	96	569	15.1%	33.9%	50.8%
4～6番人気	51	66	72	766	6.7%	15.3%	24.7%
7～9番人気	19	26	33	658	2.9%	6.8%	11.9%
10番人気～	8	15	21	800	1.0%	2.9%	5.5%

勝ち馬の決め手

芝
追込 27／逃げ 27／差し 64／先行 101　219勝

ダート
追込 2／逃げ 5／差し 8／先行 25　40勝

3着内率　レースで3着以内に絡む割合のことをいう。ワイド馬券や3連単馬券の出現で以前よりも3着までに絡む割合が注目されるようになった。ワイド率ともいう。

馬券に直結する適性データ

世代限定戦なら強さを見せる 1番人気の信頼度は抜群！

　芝219勝に対しダートは40勝。父ほどではないが、ダートへの適性も見られる。ただ、重賞での活躍が芝ばかりであるように、上級馬は芝でこそ能力を発揮する。

　年齢別では2歳戦が強い。産駒数の多さから活躍が目立っているようにも思われるが、実際に2歳牡馬の勝率は12％を超えており、十分頭から狙っていける。また、3歳後半の牡馬も勝率が10％を超えているように、3歳後半での伸びもある。ただ、古馬になるとガクンと勝率が落ちていることも事実で、狙うなら世代混合戦より、2歳、3歳の限定戦か。

　距離別では、どのカテゴリーでも結果を出しているが、やはり距離は長い方が良く、芝2500m～の勝率は19.7％をマーク。連単の軸としても十分なレベルだ。ちなみにダートも同様。

　1番人気時の勝率は40％近く。連対率は50％を超えており、本命時なら連軸にしたい。

重賞レース馬券のヒント

単なる巡り合わせなのか それとも早熟なのか今後に注目

　2022年はエピファネイア産駒の古馬勢にとっては受難の年だった。牡馬のツートップの不振のみならず、古馬勢全体が重賞で軒並み不振だった。重賞勝ちはイズジョーノキセキの府中牝馬Sだけで、ほかは2着が最高。もちろん、個々の馬の成績を以て、エピファネイア産駒全般の話にしてしまうのは極論だが、事実としてあることも覚えておきたい。その代わり、世代限定の2歳、3歳重賞では活躍している。ただし、代表産駒の項を見てもわかるように、2着、3着が多いのが特徴。連軸、3連複の軸には向いているが、単勝勝負は慎重に行いたい。

通算重賞勝ち数

	G I	G II	G III	GI勝ち産駒数	重賞勝ち産駒数
芝	7	2	2	3	5
ダート	0	0	0	0	0
地方	0	0	0	0	0
海外	0	0	0	0	0

POG　2023年期待の2歳馬　ピックアップ

「億超え」の超期待馬がズラリ！ 日本有数の名門からも多数

　牡馬では1歳セレクトセールで2億7500万円の値が付いた母アウェイクの牡駒に注目。叔父に朝日杯FS勝ちのゴスホークケンがいる良血馬で、BMSとしてのディープインパクトにも期待がかかる。母ベルダムの牡駒も母父ディープインパクトだが、母の全姉に名牝ジェンティルドンナがいる良血馬だ。

　牝馬では、日本の誇る超名牝エアグルーヴの血を引く馬がスタンバイ。母アドマイヤセプターの牝駒はスカイグルーヴの全妹。姉以上の活躍に期待だ。母ポルトフィーノの牝駒も、母父クロフネに大物の気配を感じる。また、名馬アーモンドアイの姪にあたる母パンデリングの牝駒も見逃せない一頭だ。

母馬名（母父）	性別	おすすめポイント
アウェイク（ディープインパクト）	牡	1歳セレクトセールで2億7500万円。2歳GI馬を叔父に持つ良血馬。
*アルテリテ（LITERATO）	牡	当歳セレクトセールで2億4200万円。母はGI1勝2着2回3着2回。
オメガフレグランス（ゴールドアリュール）	牡	半兄に東京大賞典4連覇の偉業を達成したオメガパフューム。
デアリングエッジ（キングカメハメハ）	牡	いとこに3冠牝馬デアリングタクト。当歳セレクトセールで1億2650万円。
*トップデサイル（CONGRATS）	牡	母はBCジュヴナイルフィリーズ2着。1歳セレクトセールで1億4850万円。
*ベルダム（ディープインパクト）	牡	叔母に名牝ジェンティルドンナ。当歳セレクトセールで1億120万円。
アドマイヤセプター（キングカメハメハ）	牝	母系は超名門のエアグルーヴ系。全姉にスカイグルーヴがいる。
アメリ（DISTORTED HUMOR）	牝	2代母にGI11勝で米年度代表馬にも輝いた名牝アゼリ。
パンデリング（キングカメハメハ）	牝	1歳セレクトセールで1億5400万円。叔母にGI9勝のアーモンドアイ。
ポルトフィーノ（*クロフネ）	牝	名門エアグルーヴ系の出身。母父クロフネは大物を出すBMS。

RANKING
13
2歳馬 37
2021 ⑭
2020 ⑳
2019 ⑳
2018 ㉓

*シニスターミニスター
SINISTER MINISTER

2022年も産駒がコンスタントに活躍してランクアップ

種付料／⬆受500万円F（不出返）　供用地／新ひだか・アロースタッド
2003年生　鹿毛　アメリカ産　2007年輸入

距離	成長型	芝	ダート	瞬発力	パワー	底力
短中	普	△	◎	○	○	○

年次	種付頭数	産駒数
22年	**112**	**73**
21年	106	80
20年	119	74
19年	115	106
18年	164	98

PROFILE

競走成績　13戦2勝（2〜4歳・米）
最高レーティング　115 M（06年）
主な勝ち鞍　ブルーグラスS。

　2歳12月のデビュー戦は5着だったが、3歳1月の2戦目を8馬身差で勝利。GⅡ6着、準重賞2着から臨んだGⅠブルーグラスSを12馬身3/4差もの大差で圧勝してGⅠホースに輝いた。続くケンタッキーダービーは5番人気に支持されるも16着と大敗。その後、4歳

8月のGⅢ戦での8着を最後に引退した。

　引退後は日本で種牡馬入り。最初の5年間は毎年60頭前後の牝馬を集める中堅種牡馬として活躍。初年度産駒がデビューした2011年のフレッシュサイアーランキングでは13位と低迷したが、2013年には、2年目産駒のインカンテーションがレパードSで重賞初制覇を果たすなどの活躍を見せ、総合ランキングでもトップ50に入る37位を記録した。

　その後、2014年43位、2015年51位、2016年37位と総合ランキングは上がったり下がったりを繰り返すが、種付頭数はコンスタントに

系統：シアトルスルー系　母父系統：ノーザンダンサー系					
父 オールドトリエステ Old Trieste 栗 1995	エーピーインディ A.P. Indy 黒鹿 1989	Seattle Slew	Bold Reasoning	Boldnesian
				Reason to Earn
			My Charmer	Poker
				Fair Charmer
		Weekend Surprise	Secretariat	Bold Ruler
				Somethingroyal
			Lassie Dear	Buckpasser
				Gay Missile
	ラヴリアーリンダ Lovlier Linda 栗 1980	Vigors	Grey Dawn	Herbager
				Polamia
			Relifordie	El Relicario
				Crafordie
		Linda Summers	Crozier	My Babu
				Miss Olympia
			Queenly Gift	Princely Gift
				Second Fiddle
母 スウィートミニスター Sweet Minister 鹿 1997	ザプライムミニスター The Prime Minister 鹿 1987	Deputy Minister	Vice Regent	Northern Dancer
				Victoria Regina
			Mint Copy	Bunty's Flight
				Shakney
		Stick to Beauty	Illustrious	Round Table
				Poster Girl
			Hail to Beauty	Hail to Reason
				Lipstick
	スウィートブルー Sweet Blue 黒鹿 1985	Hurry up Blue	Mr. Leader	Hail to Reason
				Jolie Deja
			Blue Baroness	＊ボールドラッド
				Blue Rage
		Sugar Gold	Mr. Prospector	Raise a Native
				Gold Digger
			Miss Ironside	Iron Ruler
				Other Side

インブリード：母 Sweet Minister に Hail to Reason 4×4

血統解説

父オールドトリエステは米GⅡスワップスSを12馬身差で勝つなど重賞を4勝した活躍馬で、種牡馬としてもBCスプリントを勝ったシルヴァートレイン、サンフェルナンドS勝ちのミニスターエリックなどを出し、日本でも外国産馬のマルターズヒートがフェアリーSを勝っている。シアトルスルーからエーピーインディと続く米国主流血脈の後継馬。母スウィートミニスターは米7勝。母系からは米GⅢディスカヴァリーH勝ちのプロスペクターズフラッグなどがいる。母父ザプライムミニスターは米GⅡグッドウッドHを勝った中距離馬で、種牡馬としてもGⅢ勝ち馬がいる程度の中級種牡馬。

代表産駒

テーオーケインズ（チャンピオンズC、帝王賞、JBCクラシック、アンタレスS）、**ドライスタウト**（全日本2歳優駿）、**ヤマニンアンプリメ**（JBCレディスクラシック）、**インカンテーション**（レパードS、みやこS、平安S、マーチS、白山大賞典、武蔵野S、フェブラリーS2着、同3着、かしわ記念2着、同3着）、**グランブリッジ**（関東オークス、JBCレディスクラシック2着）、**ハヤブサマカ**オー（兵庫ジュニアGP）、**マイネルバサラ**（浦和記念）、**ゴールドクイーン**（かきつばた記念、JBCレディスクラシック2着）、**キングズガード**（プロキオンS、南部杯3着）、**コーラルラッキー**（エーデルワイス賞）、**ラッキードリーム**（JBC2歳優駿）、**シゲルコング**（全日本2歳優駿2着）、**サムライドライブ**（新春ペガサスC）、**フラットライナーズ**（船橋記念）、**アシャカトブ**（佐賀記念2着）。

100頭以上をキープ。2017年にはキングズガードがプロキオンSを制し、インカンテーション、マイネルバサラなどの活躍もあって、ついにランキング19位に躍進。トップ20入りを果たした。これにより、一時期は50万円にまで下がった種付料も回復。2019年には、ヤマニンアンプリメがJBCレディスクラシックを制し、待望のGⅠタイトルを獲得。

2021年になるとテーオーケインズがチャンピオンズCを勝ちJRA最優秀ダートホースに輝いた。これによりランキングは14位に上昇。同馬が2022年にもJBCクラシックを制覇するなどの活躍を見せたことで総合ランキングも13位に上昇した。その結果、2023年の種付料はついに大台の500万円になり、名実ともにトップ種牡馬の仲間入りを果たしている。

From Stallion

（株）ジェイエス・松田拓也氏談

「セリ市場で高い人気を集めている中、昨年は7千万円を越えるような、高額取引馬も誕生しました。種付料はキャリア最高額の設定ながらも、早々に満口とさせていただいております。ここ数年の配合相手を見ても、質の高い繁殖牝馬が集まってきており、距離適性からも新設された3歳ダート3冠競走を意識できる種牡馬といえると思います。今年で20歳となりますので、体調を優先して1年、1年を大事に過ごさせたいと思います」

総収得賞金 1,776,329,000 円　**アーニング INDEX** 1.29　**実勢評価値** 1.16

勝利頭数／出走頭数：全馬 171 ／ 307　2歳 19 ／ 46
勝利回数／出走回数：全馬 318 ／ 2,325　2歳 28 ／ 139

Data Box (2020~2022)　単勝回収値 106円／単勝適正回収値 107円

コース　勝ち星を稼ぐのは阪神ダート

	1着	2着	3着	出走数	勝率	連対率	3着内率
全体計	157	124	128	1549	10.1%	18.1%	26.4%
中央芝	0	0	0	13	0.0%	0.0%	0.0%
中央ダ	85	71	65	829	10.3%	18.8%	26.7%
ローカル芝	0	0	1	27	0.0%	0.0%	3.7%
ローカルダ	72	53	62	680	10.6%	18.4%	27.5%
右回り芝	0	0	0	20	0.0%	0.0%	0.0%
右回りダ	97	74	74	881	11.0%	19.4%	27.8%
左回り芝	0	0	1	10	0.0%	0.0%	10.0%
左回りダ	60	50	53	628	9.6%	17.5%	26.0%
札幌芝	0	0	0	0	0.0%	0.0%	0.0%
札幌ダ	9	6	1	61	14.8%	24.6%	26.2%
函館芝	0	0	0	0	0.0%	0.0%	0.0%
函館ダ	6	6	7	57	10.5%	21.1%	33.3%
福島芝	0	0	0	1	0.0%	0.0%	0.0%
福島ダ	7	7	11	93	7.5%	15.1%	26.9%
新潟芝	0	0	1	15	0.0%	0.0%	6.7%
新潟ダ	8	7	13	113	7.1%	13.3%	24.8%
東京芝	0	0	0	2	0.0%	0.0%	0.0%
東京ダ	26	23	21	273	9.5%	17.9%	25.6%
中山芝	0	0	0	6	0.0%	0.0%	0.0%
中山ダ	22	20	18	234	9.4%	17.9%	25.6%
中京芝	0	0	0	5	0.0%	0.0%	0.0%
中京ダ	26	20	19	242	10.7%	19.0%	26.9%
京都芝	0	0	0	1	0.0%	0.0%	0.0%
京都ダ	2	3	3	48	4.2%	10.4%	16.7%
阪神芝	0	0	0	0	0.0%	0.0%	0.0%
阪神ダ	35	25	23	274	12.8%	21.9%	30.3%
小倉芝	0	0	0	4	0.0%	0.0%	0.0%
小倉ダ	16	7	10	114	14.0%	20.2%	29.8%

条件　重賞以外はどのクラスでも安定

	1着	2着	3着	出走数	勝率	連対率	3着内率
新馬	14	11	12	138	10.1%	18.1%	26.8%
未勝利	59	43	48	574	10.3%	17.8%	26.1%
1勝	51	40	45	515	9.9%	17.7%	26.4%
2勝	19	20	15	180	10.6%	21.7%	30.0%
3勝	8	6	4	73	11.0%	19.2%	24.7%
OPEN特別	5	5	4	65	7.7%	15.4%	21.5%
GⅢ	2	0	1	22	9.1%	9.1%	13.6%
GⅡ	2	0	0	8	25.0%	25.0%	25.0%
GⅠ	1	0	0	4	25.0%	25.0%	25.0%
ハンデ戦	2	1	3	51	3.9%	13.7%	19.6%
牝馬限定	22	16	22	259	8.5%	14.7%	23.2%
障害	2	1	1	25	8.0%	12.0%	16.0%

人気　1番人気はまず勝ち負け、軸に最適

	1着	2着	3着	出走数	勝率	連対率	3着内率
1番人気	48	24	11	106	45.3%	67.9%	78.3%
2~3番人気	50	41	29	251	19.9%	36.3%	47.8%
4~6番人気	39	35	47	376	10.4%	19.7%	32.2%
7~9番人気	14	19	23	373	3.8%	8.8%	15.0%
10番人気~	8	6	19	468	1.7%	3.0%	7.1%

距離　ダートなら距離不問で活躍できる

芝　平均勝ち距離　—

	1着	2着	3着	出走数	勝率	連対率	3着内率
全体計	0	0	1	40	0.0%	0.0%	2.5%
芝~1300m	0	0	1	26	0.0%	0.0%	3.8%
芝~1600m	0	0	0	11	0.0%	0.0%	0.0%
芝~2000m	0	0	0	3	0.0%	0.0%	0.0%
芝~2400m	0	0	0	0	–	–	–
芝2500m~	0	0	0	0	–	–	–

ダート　平均勝ち距離　1,526m

	1着	2着	3着	出走数	勝率	連対率	3着内率
全体計	157	124	127	1509	10.4%	18.6%	27.0%
ダ~1300m	46	38	35	443	10.4%	19.0%	26.9%
ダ~1600m	34	31	43	408	8.3%	15.9%	26.5%
ダ~2000m	73	52	49	637	11.5%	19.6%	27.3%
ダ2100m~	4	3	0	21	19.0%	33.3%	33.3%

馬場状態　ダートなら馬場状態は一切不問

		1着	2着	3着	出走数	勝率	連対率	3着内率
芝	良	0	0	1	33	0.0%	0.0%	3.0%
	稍重	0	0	0	4	0.0%	0.0%	0.0%
	重	0	0	0	0	0.0%	0.0%	0.0%
	不良	0	0	0	3	0.0%	0.0%	0.0%
ダ	良	94	74	76	916	10.3%	18.3%	26.6%
	稍重	33	26	25	295	11.2%	20.0%	28.5%
	重	19	16	15	190	10.0%	18.4%	26.3%
	不良	11	8	11	108	10.2%	17.6%	27.8%

性齢　完成度の高さを活かすタイプ

	1着	2着	3着	出走数	勝率	連対率	3着内率
牡2歳	22	16	14	137	16.1%	27.7%	38.0%
牝2歳	10	7	8	108	9.3%	15.7%	23.1%
牡3歳前半	24	18	22	254	9.4%	16.5%	25.2%
牝3歳前半	16	15	18	242	6.6%	12.8%	20.2%
牡3歳後半	28	17	15	171	16.4%	26.3%	35.1%
牝3歳後半	14	11	11	125	11.2%	20.0%	28.8%
牡4歳	19	15	12	163	11.7%	20.9%	28.2%
牝4歳	10	7	7	103	9.7%	16.5%	23.3%
牡5歳	8	9	2	124	6.5%	13.7%	24.5%
牝5歳	2	2	2	41	4.9%	9.8%	14.6%
牡6歳	5	6	7	61	8.2%	18.0%	29.5%
牝6歳	0	0	1	10	0.0%	0.0%	10.0%
牡7歳以上	1	2	0	26	3.8%	11.5%	15.4%
牝7歳以上							

勝ち馬の決め手

芝 **0勝**

ダート **157勝**　追込 7　差し 22　逃げ 40　先行 88

主流血統 (主流血脈)　現在、父系として繁栄している種牡馬の中でも、特に繁栄している血統のこと。ノーザンダンサー系を中心にしたネアルコの系統、およびミスタープロスペクター系をこう呼ぶ。⇔傍流血統 (P140)

馬券に直結する適性データ

完全なまでのダート血統 距離不問で狙っていきたい

データ対象期間の3年間であげた157勝すべてがダート戦で、芝は40戦して3着が1回あるのみ。紛うことなきダート血統で、芝レースではノーマークでかまわない。そもそも買う機会もほとんどないと思われる。

そのダートでは、短距離から長距離まで幅広く対応。メインは中距離だが、1300m以下でも10.4%の勝率をマークしており、連単の軸としても頼りになる。

人気に対する信頼度は高く、特に1番人気では勝率45.3%、連対率67.9%、3着内率に到っては78.3%という素晴らしい成績を残している。本命時は8割近くが馬券になるということ。堅軸として扱いたい。

年齢別で見ると、2歳牡馬が16.1%の勝率を上げており、早い段階から狙っていける。そして牡馬は3歳後半にそれを上回る16.4%の勝率をマーク。成長力も十分にある。

重賞レース馬券のヒント

ダートではオールラウンダー コース、距離問わず狙いたい

2022年はテーオーケインズがJBCクラシックを制し、3つ目のGIタイトルを獲得したが、3つのGIはいずれも別の競馬場でのもの。さらに、同馬以外のGI勝ちもそれぞれ違う競馬場であげており、距離や性齢だけでなく、コースにおいてもオールラウンダーぶりを発揮している。ちなみに産駒全体では阪神と中京のダートを得意としているので、そこで行われるダート重賞を中心に、それ以外のコースでも積極的に狙っていきたい。適性データでも触れたように、1番人気の信頼度は抜群なので、本命時は素直に堅軸とするのが正解だ。

通算重賞勝ち数

	GI	GII	GIII	GI勝ち 産駒数	重賞勝ち 産駒数
芝	0	0	(1)	0	1
ダート	1	0	8	1	3
地方	4	3	8	3	10
海外	0	0	0	0	0

POG　2023年期待の2歳馬　ピックアップ

インカンテーションの甥など セリで高値がついた馬に注目

母系で芝適性を補うより、得意なダート分野をより強化した方が良いだろう。

牡馬の注目は、父の名を高めたインカンテーションを叔父に持つ、母ヒラボクビジンの牡駒。1歳セレクトセールで7040万円もの値が付いたことからも、期待の高さがうかがえる。母ディアレストトリックスキの牡駒も、高額で取引された期待馬。母父は今や希少なリボー系で、5代以内にインブリードを持たない配合に注目が集まる。

牝馬では、叔父に兵庫チャンピオンシップ勝ちのテーオーエナジーを持つ、母ペイシャオーシャンの牝駒が面白そう。母父ゴールドアリュールにも安定感がある。

母馬名（母父）	性別	おすすめポイント
ウインドブラーハ（*ヨハネスブルグ）	牡	叔父に菊花賞馬ソングオブウインドがいる。名門のファンシミン系。
ツインキャンドル（キングカメハメハ）	牡	母系からジャパンダートダービー勝ち馬のビッグウルフが出ている。
*ディアレストトリックスキ（PROUDEST ROMEO）	牡	北海道1歳セレクションセールで6820万円。アウトブリードが魅力。
ナンヨークイーン（*トワイニング）	牡	当歳セレクトセールで1870万円。近親にGII馬ブラックタキシード。
ヒラボクビジン（*ブライアンズタイム）	牡	1歳セレクトセールで7040万円。叔父にインカンテーションがいる。
フロイラインシチー（*フレンチデピュティ）	牡	母系から種牡馬としても活躍したジャパンC馬ゼンノロブロイ。
フォルテドンナ（*ヘニーヒューズ）	牝	母父がJRAダートトップサイアーとの配合。ダート短距離向き。
プーカ（キングカメハメハ）	牝	北海道1歳サマーセールで1815万円。スピード色の強い配合に期待。
ペイシャオーシャン（ゴールドアリュール）	牝	叔父にGII兵庫チャンピオンシップ勝ちのテーオーエナジー。
ボンジュール（ダイワメジャー）	牝	ダートの短距離戦をパワフルなスピードで活躍が期待できる配合。

RANKING
14
2歳馬 **15**

2021 ⑳
2020 ⑯
2019 ⑫
2018 ⑤

＊ハービンジャー
HARBINGER

クラシック組の頑張りで再び15位以内へ

種付料／⬇受350万円F　供用地／安平・社台SS
2006年生　鹿毛　イギリス産　2010年輸入

距離	成長型	芝	ダート	瞬発力	パワー	底力
中長	普	◎	○	○	○	◎

年次	種付頭数	産駒数
22年	**86**	**49**
21年	81	72
20年	119	146
19年	217	134
18年	214	103

PROFILE

競走成績　9戦6勝（3～4歳・英）
最高レーティング　135L（10年）
主な勝ち鞍　キングジョージⅥ世＆クイーンエリザベスS、ハードウィックS、ジョンポーターS、オーモンドS、ゴードンS。

　4歳時、GⅢジョンポーターS、GⅢオーモンドS、GⅡハードウィックSと芝2400m超の重賞を3連勝。2番人気で迎えたキングジョージⅥ世＆QESでは、ケープブランコ、ユームザイン、ワークフォースといった強豪を抑えて、2分26秒78のレコードタイムで圧勝。着差は11馬身差にも及んだ。そしてこのパフォーマンスにより、「135」という極めて高いレーティングを獲得した。ちなみにこれは歴代8位タイ（21世紀に限ればフランケル、フライトライン、シーザスターズに次ぐ4位）にあたる。

　引退後は日本で種牡馬入り。初年度産駒からベルーフ（京成杯）、2年目産駒からドレッドノータス（京都2歳S）を出すなどの好調な滑り出しを見せたものの、この2頭がクラシック本番で振るわなかったこともあり、評価が一気に下がった。しかし2017年には3年目産駒のディアドラ（秋華賞）、モズカッチャン（エリ

84

系統：ダンチヒ系　母父系統：ネイティヴダンサー系				
父 ダンシリ Dansili 黒鹿 1996	**父父** *ディンヒル 鹿 1986	Danzig	Northern Dancer	Nearctic
				Natalma
			Pas de Nom	Admiral's Voyage
				Petitioner
		Razyana	His Majesty	Ribot
				Flower Bowl
			Spring Adieu	Buckpasser
				Natalma
	父母 ハシリ Hasili 鹿 1991	Kahyasi	*イルドブルボン	Nijinsky
				Roseliere
			Kadissya	Blushing Groom
				Kalkeen
		Kerali	High Line	*ハイハット
				Time Call
			Sookera	Roberto
				Irule
母 ペナンパール Penang Pearl 鹿 1996	**母父** ベーリング Bering 栗 1983	Arctic Tern	Sea Bird	Dan Cupid
				Sicalade
			Bubbling Beauty	Hasty Road
				Almahmoud
		Beaune	Lyphard	Northern Dancer
				Goofed
			Barbra	Le Fabuleux
				Biobelle
	母母 グアパ Guapa 鹿 1988	Shareef Dancer	Northern Dancer	Nearctic
				Natalma
			Sweet Alliance	Sir Ivor
				Mrs. Peterkin
		Sauceboat	Connaught	St. Paddy
				Nagadka
			Cranberry Sauce	Crepello
				Queensberry

インブリード：Northern Dancer 4×4・5、Natalma 5・5×5

血統解説

　シャトルサイアーとしてその血を全世界に広めた種牡馬ディンヒルの直仔である父ダンシリは、仏2000ギニーで2着している。種牡馬となって本馬や凱旋門賞を勝ったレイルリンクなどを出して、欧州でディンヒルの血脈を発展させるのに一役買っている。母ペナンパールは英3勝。母系からはクリンチャー（京都記念）、ミスイロンデル（兵庫ジュニアグランプリ）、フロンタルアタック（神戸新聞杯2着）、ワキノブレイブ（シルクロードS着）、カインドオブハッシュ（プリンスオブウェールズS）などが出ている。母父ベーリングは仏ダービー馬で、欧州の力強いマイラーを多数輩出した。

代表産駒

ノームコア（香港C、札幌記念、ヴィクトリアマイル、富士S、紫苑S）、ディアドラ（ナッソーS、秋華賞、府中牝馬S、英チャンピオンS3着、ドバイターフ3着）、ブラストワンピース（有馬記念、AJCC、札幌記念、新潟記念、毎日杯）、ペルシアンナイト（マイルCS、アーリントンC、皇月賞2着、大阪杯2着）、モズカッチャン（エリザベス女王杯、フローラS）、ドレッドノータス（京都大賞典）、ハービンマオ（関東オークス）、ナミュール（チューリップ賞、秋華賞2着）、ニシノデイジー（中山大障害、東京スポーツ杯2歳S、札幌2歳S）、ペルーフ（京成杯）、プロフェット（京成杯）、ヒーズインラブ（ダービー卿CT）、サマーセント（マーメイドS）、フィリアプーラ（フェアリーS）、プレサージュリフト（クイーンC）、ファントムシーフ（共同通信杯）、ヒンドゥタイムズ（小倉大賞典）。

ザベス女王杯）、ペルシアンナイト（マイルCS）と、秋のGIレースを立て続けに制覇。一気に一流サイアーの仲間入りを果たした。続く2018年には3歳馬ブラストワンピースが有馬記念で古馬を撃破するなどの活躍で、総合ランキングでも5位にランクアップした。翌2019年はノームコアがヴィクトリアマイルを快勝。ディアドラが海外で英GIナッソーSを制覇し、英チャンピオンSで3着。さらに2020年は、ノームコアが香港Cを制してGI2勝目をあげた。2020年、2021年と3歳世代がクラシック戦線で不振を極め、2021年の総合ランキングは20位にまでダウンしてしまったが、2022年はナミュール、プレサージュリフトらクラシック組の活躍もあって、ランキングは14位にまで盛り返している。

From Stallion

社台SS事務局・徳武英介氏談

「欧州の輸入種牡馬の中でも、日本でここまでの産駒成績を残しているのは凄いと思います。世代を問わず、得意としている芝の中長距離では安定した成績を残しており、昨年の2歳戦でも芝で7勝をあげていました。これも自身の素直な性格が、競馬での操縦性の良さとして表れているからでしょう。今後は種付頭数を控えていきますが、17歳という年齢を感じさせない程に元気です。再びGI級の大物を出してもらいたいです」

総収得賞金 1,646,426,000円　**アーニング INDEX** 1.13　**実勢評価値** 1.45

勝利頭数／出走頭数：全馬 109 ／ 324		2歳 17 ／ 83	
勝利回数／出走回数：全馬 149 ／ 2,420		2歳 18 ／ 196	

Data Box (2020~2022)

単勝回収値 68円／単勝適正回収値 73円

コース　北海道シリーズでは安定感抜群

	1着	2着	3着	出走数	勝率	連対率	3着内率
全体計	165	186	193	2569	6.4%	13.7%	21.2%
中央芝	65	71	85	959	6.8%	14.2%	23.0%
中央ダ	18	20	20	265	6.8%	14.3%	21.9%
ローカル芝	79	82	79	1130	7.0%	14.2%	21.2%
ローカルダ	3	13	9	215	1.4%	7.4%	11.6%
右回り芝	83	95	110	1299	6.4%	13.7%	22.2%
右回りダ	16	23	21	297	5.4%	13.1%	20.2%
左回り芝	61	57	54	784	7.8%	15.1%	21.9%
左回りダ	5	10	8	183	2.7%	8.2%	12.6%
札幌芝	14	15	13	163	8.6%	17.8%	25.8%
札幌ダ	0	3	3	24	0.0%	12.5%	25.0%
函館芝	9	11	12	125	7.2%	16.0%	25.6%
函館ダ	0	1	0	18	0.0%	5.6%	5.6%
福島芝	4	5	4	115	3.5%	7.8%	11.3%
福島ダ	1	0	0	14	7.1%	7.1%	7.1%
新潟芝	17	15	14	231	7.4%	13.9%	19.9%
新潟ダ	0	3	1	48	0.0%	6.3%	8.3%
東京芝	22	28	19	290	7.6%	17.2%	23.8%
東京ダ	4	4	4	68	5.9%	11.8%	17.6%
中山芝	18	20	25	264	6.8%	14.4%	23.9%
中山ダ	4	7	4	77	5.2%	14.3%	18.2%
中京芝	22	15	21	269	8.2%	13.8%	21.6%
中京ダ	1	3	0	67	1.5%	6.0%	10.4%
京都芝	7	7	8	84	8.3%	16.7%	26.2%
京都ダ	1	2	1	14	7.1%	21.4%	28.6%
阪神芝	18	16	33	321	5.6%	10.6%	20.9%
阪神ダ	9	7	12	106	8.5%	15.1%	26.4%
小倉芝	13	21	15	227	5.7%	15.0%	21.6%
小倉ダ	1	1	0	44	2.3%	9.1%	13.6%

距離　芝の中長距離適性に特化

芝　平均勝ち距離　1,881m

	1着	2着	3着	出走数	勝率	連対率	3着内率
全体計	144	153	164	2089	6.9%	14.2%	22.1%
芝～1300m	8	8	9	171	4.7%	9.4%	14.6%
芝～1600m	30	28	29	451	6.7%	12.9%	19.3%
芝～2000m	84	85	95	1087	7.7%	15.5%	24.3%
芝～2400m	18	20	22	246	7.3%	15.4%	24.4%
芝2500m～	4	12	9	134	3.0%	11.9%	18.7%

ダート　平均勝ち距離　1,771m

	1着	2着	3着	出走数	勝率	連対率	3着内率
全体計	21	33	29	480	4.4%	11.3%	17.3%
ダ～1300m	2	4	2	69	2.9%	8.7%	11.6%
ダ～1600m	3	4	5	70	4.3%	10.0%	17.1%
ダ～2000m	14	22	20	300	4.7%	12.0%	19.0%
ダ2100m～	2	3	1	41	4.9%	12.2%	14.6%

馬場状態　芝は重馬場まで対応

		1着	2着	3着	出走数	勝率	連対率	3着内率
芝	良	109	116	127	1574	6.9%	14.3%	22.4%
	稍重	24	27	23	345	7.0%	14.8%	21.4%
	重	11	10	11	144	7.6%	14.6%	22.2%
	不良	0	0	3	26	0.0%	0.0%	11.5%
ダ	良	16	17	20	295	5.4%	11.2%	18.0%
	稍重	1	8	3	95	1.1%	9.5%	12.6%
	重	4	6	6	62	6.5%	16.1%	24.2%
	不良	0	2	1	28	0.0%	7.1%	10.7%

性齢　2歳から7歳までジワジワ活躍

	1着	2着	3着	出走数	勝率	連対率	3着内率
牡2歳	32	25	31	264	12.1%	21.6%	33.3%
牝2歳	21	12	16	250	8.4%	13.2%	19.6%
牡3歳前半	21	33	29	399	5.3%	13.5%	20.8%
牝3歳前半	17	18	15	307	5.5%	11.4%	16.3%
牡3歳後半	14	23	18	212	6.6%	17.5%	25.9%
牝3歳後半	11	15	20	183	6.0%	14.2%	25.1%
牡4歳	17	21	16	241	7.1%	15.8%	22.4%
牝4歳	13	18	19	215	6.0%	14.4%	23.3%
牡5歳	10	4	9	170	5.9%	8.2%	13.5%
牝5歳	7	1	7	109	6.4%	7.3%	13.8%
牡6歳	4	10	7	97	4.1%	14.4%	21.6%
牝6歳	2	1	2	28	3.6%	7.1%	14.3%
牡7歳以上	6	8	9	109	5.5%	12.8%	21.1%
牝7歳以上	1	2	3	34	2.9%	8.8%	17.6%

条件　狙いどころは新馬戦と障害戦

	1着	2着	3着	出走数	勝率	連対率	3着内率
新馬	29	20	15	261	11.1%	18.8%	24.5%
未勝利	62	69	77	1024	6.1%	12.8%	20.3%
1勝	40	54	46	654	6.1%	14.4%	21.4%
2勝	19	26	31	290	6.6%	15.5%	26.2%
3勝	10	10	13	166	6.0%	12.0%	19.9%
OPEN特別	8	7	8	81	9.9%	18.5%	28.4%
GⅢ	3	5	5	76	3.9%	10.5%	17.1%
GⅡ	3	2	4	37	8.1%	13.5%	24.3%
GⅠ	1	1	2	29	3.4%	6.9%	13.8%
ハンデ戦	7	10	11	171	4.1%	9.9%	16.4%
牝馬限定	23	23	25	395	5.8%	11.6%	18.0%
障害	10	8	8	49	20.4%	36.7%	53.1%

人気　対抗、伏兵級とも不振。1番人気〇

	1着	2着	3着	出走数	勝率	連対率	3着内率
1番人気	64	34	22	178	36.0%	55.1%	67.4%
2～3番人気	50	79	64	411	12.2%	31.4%	47.0%
4～6番人気	29	55	62	566	5.1%	14.8%	25.8%
7～9番人気	24	15	35	606	4.0%	6.4%	12.2%
10番人気～	8	11	18	857	0.9%	2.2%	4.3%

勝ち馬の決め手

芝　144勝　追込 15／逃げ 16／差し 51／先行 62

ダート　21勝　追込 1／逃げ 3／差し 10／先行 7

シャトルサイアー　北半球と南半球との季節を利用して一年で2度種付を行う種牡馬。日本からも数多くの種牡馬がシャトルサイアーとして南半球に輸出されている。ちなみに、同じ北半球同士では種付シーズンが重なる。

馬券に直結する適性データ

メインステージは芝の中長距離
札幌・函館で頼もしい存在

　芝144勝に対しダート21勝と、明らかな芝血統。下級条件ならともかく、上のクラスでダートを買う機会は少ないと思われるので、基本的にノータッチでいい。

　その芝を距離別に見ると、144勝のうち106勝を中長距離であげており、距離は長い方がいい。マイルGⅠ馬も出ているように一流馬なら対応もするが、一般的な産駒は距離短縮時は若干割り引いて考えたい。

　仕上がり早く2歳戦から活躍するが、その後もポツポツと勝ち星を重ねており、決して早熟ではない。むしろ、息の長い走りを期待できる。特に牝馬は牡馬と互角、いやそれ以上の健闘を見せている点に注目だ。

　コース別では札幌・函館の芝コースで好成績をマーク。ともに3着内率は25％を超えており、連複の軸向き。夏の北海道シリーズでは、積極的に狙っていきたい。

重賞レース馬券のヒント

好調期と不振期が交互に
今は間違いなく狙い目

　3年目産駒がブレイクしたと思ったら、その後の世代が不振だったり、そうかと思えばクラシックを沸かす馬が登場したりと、世代間における産駒のばらつきが目立っている。

　馬券を買う側からすれば狙いにくい面もあるが、このばらつきを利用する手もある。一頭の産駒が活躍し始めたら、ほかの産駒も狙ってみるといい。逆に活躍が見られない世代はしばらく様子見するのもいい。ホープフルS4着のファントムシーフがいる現3歳世代は買い時といっていいだろう。特に前哨戦となる中距離重賞では積極的に狙っていきたい。

通算重賞勝ち数

	GⅠ	GⅡ	GⅢ	GⅠ勝ち産駒数	重賞勝ち産駒数
芝	6	7	21	6	19
ダート	0	0	0	0	0
地方	0	1	0	0	1
海外	2	0	0	2	2

POG　2023年期待の2歳馬　ピックアップ

名門出身の菊花賞好走馬の
甥や姪に注目が集まる

　牡馬の注目は母インディゴブルーの牡駒。叔父にAJCCを勝ち菊花賞で2着しているアリストテレスを持つ。母系はフサイチコンコルドやリンカーンを輩出した名門のバレークイーン系。スタミナのバックボーンにロードカナロアのスピードをミックスしており、皐月賞は距離的にもピッタリだ。

　牝馬はセールで高額取引された馬に注目が集まっているが、やはり牝馬GⅠでの実績が評価されているためと思われる。2代母に秋華賞馬ブラックエンブレムを持つ母オーロラエンブレムの牝駒は4400万円、叔父に菊花賞馬ワールドプレミアがいる母マンハイムの牝駒は3520万円で、それぞれ取引されている。

母馬名（母父）	性別	おすすめポイント
アルギュロス（マンハッタンカフェ）	牡	当歳セレクトセールで3740万円。いとこにGⅡ馬ヴィクティファルス。
アルジャンテ（ディープインパクト）	牡	母は4勝。母父ディープインパクトで芝中距離適性さらにアップ。
インディゴブルー（ロードカナロア）	牡	叔父に菊花賞2着のアリストテレス。名門バレークイーン系。
スナッチマインド（ディープインパクト）	牡	母はGⅢ3着。いとこにNHKマイルC勝ちのラウダシオン。
ディヴァインハイツ（ハーツクライ）	牡	2代母に米GⅠ馬、叔母にFレビュー勝ちのリバティハイツ。
レスペランス（キングカメハメハ）	牡	母はディープインパクトの半妹。名馬がズラリのハイクレア系。
エトワールドパリ（*クロフネ）	牝	当歳セレクトセールで2750万円。叔母に重賞2勝のマキシマムドパリ。
オーロラエンブレム（ディープインパクト）	牝	2代母に秋華賞馬ブラックエンブレム。1歳セレクトセールで4400万円。
マンハイム（ダイワメジャー）	牝	叔父に菊花賞馬ワールドプレミア。1歳セレクトセールで3520万円。
レッドカチューシャ（ディープインパクト）	牝	1歳セレクトセールで4070万円。母は新発田城特別など2勝。

RANKING 15

2021 ⑰
2020 ⑰
2019 ㉓
2018 ㉛

2歳馬 77

スクリーンヒーロー
SCREEN HERO

まだまだ後継種牡馬にだけいい顔はさせない！

種付料／プライベート　供用地／新ひだか・レックススタッド
2004年生　栗毛　千歳・社台ファーム産

距離	成長型	芝	ダート	瞬発力	パワー	底力
万	普	◎	○	○	○	○

年次	種付頭数	産駒数
22年	**74**	**23**
21年	99	39
20年	121	51
19年	118	58
18年	110	90

PROFILE

競走成績　23戦5勝（2〜5歳・日）
最高レーティング　122L（08年）
主な勝ち鞍　ジャパンC、アルゼンチン共和国杯。天皇賞・秋2着、ラジオNIKKEI賞2着、セントライト記念3着。

　3歳時からラジオNIKKEI賞2着、セントライト記念3着とクラシック戦線で善戦していたが、本格化したのは1年近く休養後の4歳の秋。アルゼンチン共和国杯で重賞初制覇を果たすと勇躍、ジャパンCに挑戦する。

　この年のジャパンCはディープスカイ、ウオ

ッカ、メイショウサムソンの3世代のダービー馬に加え、オウケンブルースリ、アサクサキングスという2頭の菊花賞馬が顔を揃える豪華メンバーだった。その中で本馬は、GI初挑戦ということもあって9番人気の低評価だったが、ミルコ・デムーロ騎手の好騎乗もあって、並みいる強豪らを抑えGI初制覇を達成した。

　5歳時は、阪神大賞典4着、天皇賞・春14着、宝塚記念5着と成績は振るわなかったが、天皇賞・秋では7番人気ながらカンパニーの2着に頑張り、名牝ウオッカに先着した。

　6歳春から種牡馬入り。すると30万円とい

系統：ロベルト系　母父系統：サンデーサイレンス系

父 *グラスワンダー 栗 1995	**父父** シルバーホーク Silver Hawk 鹿 1979	Roberto	Hail to Reason	Turn-to
				Nothirdchance
			Bramalea	Nashua
				Rarelea
		Gris Vitesse	Amerigo	Nearco
				Sanlinea
			Matchiche	Mat de Cocagne
				Chimere Fabuleuse
	父母 アメリフローラ Ameriflora 鹿 1989	Danzig	Northern Dancer	Nearctic
				Natalma
			Pas de Nom	Admiral's Voyage
				Petitioner
		Graceful Touch	His Majesty	Ribot
				Flower Bowl
			Pi Phi Gal	Raise a Native
				Soaring
母 ランニングヒロイン 鹿 1993	**母父** *サンデーサイレンス 青鹿 1986	Halo	Hail to Reason	Turn-to
				Nothirdchance
			Cosmah	Cosmic Bomb
				Almahmoud
		Wishing Well	Understanding	Promised Land
				Pretty Ways
			Mountain Flower	Montparnasse
				Edelweiss
	母母 ダイナアクトレス 鹿 1983	*ノーザンテースト	Northern Dancer	Nearctic
				Natalma
			Lady Victoria	Victoria Park
				Lady Angela
		モデルスポート	*モデルフール	Tom Fool
				Model Joy
			*マジックゴディス	Red God
				Like Magic

インブリード：Hail to Reason 4×4、Northern Dancer 4×4

血統解説

父グラスワンダーは1997年の2歳牡馬チャンピオン。3、4歳時に有馬記念、宝塚記念、有馬記念とグランプリ3連覇の名馬。種牡馬としても本馬の他にアーネストリー（宝塚記念）、セイウンスカイ（朝日杯FS）、マルカラスカル（中山大障害）などを出している。母は未勝利。母系は活躍馬多数。2代母ダイナアクトレスは毎日王冠、スプリンターズSなど重賞5勝の強豪。叔父にステージチャンプ（日経賞、天皇賞・春2着、菊花賞2着）、いとこにマルカラスカル（中山大障害、中山グランドジャンプ）がいる。母父サンデーサイレンスは13年連続でリーディングBMSに輝く大種牡馬。

代表産駒

モーリス（P64）、ゴールドアクター（P363）、ウインマリリン（香港ヴァーズ、日経賞、オールカマー、フローラS、オークス2着、エリザベス女王杯2着）、ジェネラーレウーノ（セントライト記念、京成杯、皐月賞3着）、アートハウス（ローズS、愛知杯）、クールキャット（フローラS）、ウインカーネリアン（関屋記念）、ピースオブエイト（毎日杯）、グァンチャーレ（シンザン記念、マイラーズC2着）、ミュゼエイリアン（毎日杯）、トラスト（札幌2歳S）、マイネルグリット（小倉2歳S）、ボルドグフーシュ（有馬記念2着、菊花賞2着）、クリノガウディー（朝日杯FS2着）、マイネルウィルトス（アルゼンチン共和国杯2着）、ウイングレイテスト（デイリー杯2歳S2着）、クライスマイル（レパードS2着）、ルーカス（東京スポーツ杯2歳S2着）。

う種付料の安さもあって、初年度84頭、2年目72頭とそこそこの数の種付を行う。2015年になるとモーリスが年度代表馬に輝き、ゴールドアクターが有馬記念を勝つなど産駒が大活躍。2016年の種付料が一気に300万円に高騰。さらに2016年にもモーリスが香港と日本でGI3勝をあげたことで、総合ランキングで18位に入り、種付料も700万円にまで上昇した。

2017年に総合ランキング47位と大きくダウンしてしまう。その後はモーリス級の大物は出ないものの産駒はコンスタントに活躍し、31位、23位、17位と確実に上昇を続ける。2021年に重賞2勝したウインマリリンが、2022年には香港ヴァーズを勝ち、同年ボルドグフーシュが菊花賞、有馬記念で連続2着するなどの活躍を見せ、総合ランキングでは15位までに上昇している。

From Stallion

㈱レックス・海老原雄二マネジャー談

「毎年のように重賞級の大物を送り出している中、昨年は海外でもGI馬が誕生しました。産駒は様々な条件で幅広い活躍を見せているだけでなく、古馬になってからの成長力も示しています。近年は受胎率を高めるべく種付け回数を限定しており、生産者の皆様もシーズン当初から良質の繁殖牝馬を準備してくださっています。産駒の質はより高くなっているだけに、その中からまた後継種牡馬が出てほしいところです」

総収得賞金 1,620,561,000円　**アーニング INDEX** 1.66　実勢評価値 −

勝利頭数／出走頭数：全馬86 ／ 217	2歳 3 ／ 31
勝利回数／出走回数：全馬142 ／ 1,637	2歳 3 ／ 80

Data Box（2020〜2022）

単勝回収値 68円／**単勝適正回収値** 79円

コース　新潟などローカルダートで活躍

	1着	2着	3着	出走数	勝率	連対率	3着内率
全体計	163	175	190	2084	7.8%	16.2%	25.3%
中央芝	51	51	52	662	7.7%	15.4%	23.3%
中央ダ	31	32	48	427	7.3%	14.8%	26.0%
ローカル芝	48	52	58	631	7.6%	15.8%	25.0%
ローカルダ	33	40	32	364	9.1%	20.1%	28.8%
右回り芝	57	62	63	768	7.4%	15.5%	23.7%
右回りダ	42	40	51	490	8.6%	16.7%	27.1%
左回り芝	40	40	45	497	8.0%	16.1%	25.2%
左回りダ	22	32	29	301	7.3%	17.9%	27.6%
札幌芝	5	6	7	73	6.8%	15.1%	24.7%
札幌ダ	6	3	2	40	15.0%	22.5%	27.5%
函館芝	3	8	7	55	5.5%	20.0%	32.7%
函館ダ	3	1	4	25	12.0%	16.0%	32.0%
福島芝	11	9	8	96	11.5%	20.8%	29.2%
福島ダ	7	7	0	48	14.6%	29.2%	29.2%
新潟芝	12	11	16	162	7.4%	14.2%	24.1%
新潟ダ	8	13	13	90	8.9%	23.3%	37.8%
東京芝	22	24	20	250	8.8%	18.4%	26.4%
東京ダ	9	9	9	117	7.7%	15.4%	23.1%
中山芝	14	15	14	219	6.4%	13.2%	21.0%
中山ダ	13	12	16	151	8.6%	16.6%	27.2%
中京芝	8	6	11	113	7.1%	12.4%	22.1%
中京ダ	5	4	7	94	5.3%	9.6%	23.4%
京都芝	2	2	4	49	4.1%	8.2%	16.3%
京都ダ	5	4	5	39	12.8%	23.1%	35.9%
阪神芝	13	10	11	144	9.0%	16.0%	23.6%
阪神ダ	4	7	18	120	3.3%	9.2%	24.2%
小倉芝	9	10	2	132	6.8%	15.9%	22.7%
小倉ダ	4	6	4	67	6.0%	14.9%	23.9%

条件　どの条件でも安定している

	1着	2着	3着	出走数	勝率	連対率	3着内率
新馬	10	9	11	141	7.1%	13.5%	21.3%
未勝利	56	62	68	749	7.5%	15.8%	24.8%
1勝	53	50	60	576	9.2%	17.9%	28.3%
2勝	22	22	22	294	7.5%	15.0%	22.4%
3勝	9	22	13	173	5.2%	17.9%	25.4%
OPEN特別	9	3	10	84	10.7%	14.3%	26.2%
GⅢ	2	3	1	36	5.6%	13.9%	16.7%
GⅡ	1	4	11	46	10.9%	14.3%	34.8%
GⅠ	0	0	4	26	0.0%	15.4%	15.4%
ハンデ戦	12	18	11	147	8.2%	20.4%	27.9%
牝馬限定	27	32	28	334	8.1%	17.7%	26.0%
障害	3	3	4	41	7.3%	14.6%	22.0%

人気　一番の狙いは4〜6番人気

	1着	2着	3着	出走数	勝率	連対率	3着内率
1番人気	53	29	30	179	29.6%	45.8%	62.6%
2〜3番人気	55	63	57	358	15.4%	33.0%	48.9%
4〜6番人気	41	50	62	492	8.3%	18.5%	31.1%
7〜9番人気	9	25	31	459	2.0%	7.4%	14.2%
10番人気〜	8	11	13	637	1.3%	3.0%	5.0%

距離　距離不問も延びるほど数値上昇

芝　平均勝ち距離　1,709m

	1着	2着	3着	出走数	勝率	連対率	3着内率
全体計	99	103	110	1293	7.7%	15.6%	24.1%
芝〜1300m	20	17	23	276	7.2%	13.4%	21.7%
芝〜1600m	25	43	37	416	6.0%	16.3%	25.2%
芝〜2000m	42	32	41	477	8.8%	15.5%	24.1%
芝〜2400m	10	6	7	88	11.4%	18.2%	26.1%
芝2500m〜	2	5	2	36	5.6%	19.4%	25.0%

ダート　平均勝ち距離　1,604m

	1着	2着	3着	出走数	勝率	連対率	3着内率
全体計	64	72	80	791	8.1%	17.2%	27.3%
ダ〜1300m	15	24	21	239	6.3%	16.3%	25.1%
ダ〜1600m	11	18	23	175	6.3%	16.6%	29.7%
ダ〜2000m	32	28	31	338	9.5%	17.8%	26.9%
ダ2100m〜	6	2	5	39	15.4%	20.5%	33.3%

馬場状態　状態不問、ダート不良でしぶとい

		1着	2着	3着	出走数	勝率	連対率	3着内率
芝	良	75	79	82	974	7.7%	15.8%	24.2%
	稍重	16	18	18	217	7.4%	15.7%	24.0%
	重	4	6	10	83	4.8%	12.0%	24.1%
	不良	4	0	0	19	21.1%	21.1%	21.1%
ダ	良	39	41	51	471	8.3%	17.0%	27.8%
	稍重	14	17	14	159	8.8%	19.5%	28.3%
	重	5	8	9	102	4.9%	12.7%	21.6%
	不良	6	6	6	59	10.2%	20.3%	30.5%

性齢　牡牝とも3歳後半に急成長

	1着	2着	3着	出走数	勝率	連対率	3着内率
牡2歳	9	13	17	148	6.1%	14.9%	26.4%
牝2歳	4	9	14	153	2.6%	8.5%	17.6%
牡3歳前半	31	15	28	273	11.4%	16.8%	27.1%
牝3歳前半	25	26	26	298	8.4%	17.1%	25.8%
牡3歳後半	18	25	24	168	10.7%	25.6%	39.9%
牝3歳後半	21	22	15	174	12.1%	24.7%	33.3%
牡4歳	19	25	29	262	7.3%	16.8%	27.9%
牝4歳	16	19	12	236	6.8%	14.8%	19.9%
牡5歳	11	10	14	144	7.6%	14.6%	24.3%
牝5歳	7	3	6	117	6.0%	8.5%	13.7%
牡6歳	3	5	3	46	6.5%	17.4%	23.9%
牝6歳	1	1	2	46	2.2%	4.3%	8.7%
牡7歳以上	1	0	0	50	2.0%	2.0%	2.0%
牝7歳以上	0	0	0	6	0.0%	0.0%	0.0%

勝ち馬の決め手

芝　99勝　追込5／逃げ16／差し24／先行54

ダート　64勝　追込3／逃げ19／差し7／先行35

血量　その馬に含まれる祖先の血の割合を示す言葉。父と母は50％ずつ、父父と父母、母父と母母は25％ずつというように代をさかのぼるごとに血量は少なくなるのだが、インブリードによって血量を増やすこともできる。

馬券に直結する適性データ

様々な条件をこなし変幻自在 一番輝くのは中長距離

芝99勝に対してダートは64勝。どちらもしっかりこなしている。今は芝での活躍が目立つが、いずれダートの一流馬も出すだろう。

距離に関してはより一層適応力が高く、短距離から長距離までまんべんなく走っている。芝、ダートともに中距離が稼ぎ頭だが、距離が伸びても数値自体は上昇しており、距離延長は歓迎したいところ。ただ、芝2500m～は勝率もガクッと落ちており、ここでの過信は禁物だ。自身もそうだったように、成長力には定評があり、これまでの3頭のGI馬はいずれも古馬になってからタイトルを取っている。現役古馬勢も本格的な活躍はこれからだろう。

人気の信頼度は高くなく、1番人気時の勝率も30%を切っている。むしろ狙い目は3着内率が30%を超えている4～6番人気か。条件別では、GIIとハンデ戦が好成績。実績馬が人気を落としている時が狙い目だ。

重賞レース馬券のヒント

意外性ある種牡馬の代表的存在 実績に比べて低人気なら注目

スクリーンヒーロー自身が9番人気でジャパンCを制したように、産駒も低評価の時に燃えるタイプ。ボルドグフーシュの菊花賞、有馬記念の連続好走はまさにその典型。同馬以外でも、重賞で馬券内に入る時は、着順より低い人気であることが多い。中位人気なら要注意だ。また、連勝で勢いに乗りやすい面もあるので、大物食いもよく見られる。格下だからといってバッサリ切ってしまわないように。

適性データの項でも触れたように、成長力はあるので、3歳で活躍した馬のもう一伸び、遅れてきた素質馬の急成長には要注目だ。

通算重賞勝ち数

	GI	GII	GIII	GI勝ち産駒数	重賞勝ち産駒数
芝	4	9	10	2	12
ダート	0	0	0	0	0
地方	0	0	0	0	0
海外	4	0	0	2	2

POG 2023年期待の2歳馬 ピックアップ

母父ロージズインメイ3人衆に注目 GI激走馬の半妹もスタンバイ

牡馬の注目は、オークス馬ユーバーレーベン、新潟記念勝ちのマイネルファンロンを兄姉に持つ母マイネテレジアの牡駒。スケールの大きい中長距離向き血統で、ダービーも十分狙えそうだ。母マイネソルシエールの牡駒にも期待。母はローズS2着で2代母に愛知杯勝ちのマイネソーサリスがいる。これら2頭に母マイネエレーナの牡駒を加えた3頭はいずれも母父がロージズインメイ。生産者サイドのこだわりを感じる配合だ。

牝馬はエリザベス女王杯を10番人気で激走したアカイイトの半妹にあたる、母ウアジェットの牝駒に注目したい。姉譲りの「ここ一番の爆発力」が今から楽しみだ。

母馬名（母父）	性別	おすすめポイント
アンネリース（ヴィクトワールピサ）	牡	母は4勝。2代母は仏GIIIドルメーロ賞の勝ち馬。芝中距離向き。
ビスカリア（ヴァーミリアン）	牡	母はTCK女王盃を勝ちエンプレス杯で3着。ダート中距離向き。
マイネエレーナ（*ロージズインメイ）	牡	母はスパーキングレディー3着。半兄もシンザン記念2着がある。
マイネソルシエール（*ロージズインメイ）	牡	母はフローラS2着。2代母マイネソーサリスは愛知杯勝ち。
マイネテレジア（*ロージズインメイ）	牡	兄姉にオークス馬ユーバーレーベン、GIII馬マイネルファンロン。
*ミスラゴ（ENCOSTA DE LAGO）	牡	当歳セレクトセールで4180万円。母はGIロイヤルオーク賞で2着。
ウアジェット（*シンボリクリスエス）	牝	半姉にエリザベス女王杯を10番人気で制したアカイイトがいる。
*サバナパディーダ（CAPE CROSS）	牝	半姉に紫苑S2着、クイーンS3着のカリビアンゴールドがいる。
ファインビンテージ（ダンスインザダーク）	牝	母は2勝。全兄マイネルキャラバンは地方競馬で7勝をあげた。
*レディミドルトン（KINGMAMBO）	牝	半姉にシルクロードS2着の快速馬レディオブオペラがいる。

RANKING
16
2歳馬 30

2021 ⑬
2020 ⑮
2019 ⑯
2018 ⑰

*パイロ
PYRO

2頭目のGⅠホース登場でさらに注目度アップ！

Darley

種付料／⇧産400万円　供用地／日高・ダーレー・ジャパンSコンプレックス
2005年生　黒鹿毛　アメリカ産　2010年輸入

距離	成長型	芝	ダート	瞬発力	パワー	底力
マ中	普	○	◎	○	○	○

年次	種付頭数	産駒数
22年	**131**	**75**
21年	126	90
20年	141	63
19年	126	82
18年	151	79

PROFILE

競走成績　17戦5勝（2〜4歳・米）
最高レーティング　115S（09年）
主な勝ち鞍　フォアゴーS、ルイジアナダービー、リズンスターS。BCジュヴナイル2着、シャンペンS2着、ジムダンディS2着。

3歳緒戦のGⅢリズンスターSで重賞初制覇を遂げると、GⅡルイジアナダービーも3馬身差で快勝。ケンタッキーダービーの前哨戦のGⅠブルーグラスSでは1番人気に推されるも10着。続くケンタッキーダービーでも3番人気に支持されたが8着に終わった。さらにトラ

ヴァーズSも1番人気で3着までだった。3歳後半からはマイル路線を進み、4歳時のフォアゴーSで待望のGⅠタイトルを獲得した。

引退後は日本で種牡馬入り。米の人気種牡馬プルピットの直仔ということで注目され、初年度から84頭の牝馬を集め、2年目以降は毎年100頭以上に種付する人気種牡馬となった。

2013年に初年度産駒がデビュー。産駒の走りが好調で、2013年のフレッシュサイアーランキングでは、ヨハネスブルグに次ぐ2位にランクインした。2015年にシゲルカガが交流重賞の北海道スプリントCを制し、重賞初制覇を

系統：シアトルスルー系　母父系統：ニアークティック系

			Seattle Slew	Bold Reasoning	Boldnesian
父 プルピット Pulpit 鹿 1994	エーピーインディ A.P. Indy 黒鹿 1989	Seattle Slew			Reason to Earn
			My Charmer	Poker
				Fair Charmer
		Weekend Surprise	Secretariat	Bold Ruler
				Somethingroyal
			Lassie Dear	Buckpasser
				Gay Missile
	プリーチ Preach 鹿 1989	Mr. Prospector	Raise a Native	Native Dancer
				Raise You
			Gold Digger	Nashua
				Sequence
		Narrate	Honest Pleasure	What a Pleasure
				Tularia
			State	Nijinsky
				Monarchy
母 ワイルドヴィジョン Wild Vision 鹿 1998	ワイルドアゲイン Wild Again 黒鹿 1980	Icecapade	Nearctic	Nearco
				Lady Angela
			Shenanigans	Native Dancer
				Bold Irish
		Bushel-n-Peck	Khaled	Hyperion
				Eclair
			Dama	Dante
				Clovelly
	キャロルズワンダー Carol's Wonder 芦 1984	Pass the Tab	Al Hattab	The Axe
				Abyssinia
			Dantina	Gray Phantom
				Literary Light
		Carols Christmas	Whitesburg	Crimson Satan
				Mirabio
			Light Verse	Reverse
				Brighton View

インブリード：Native Dancer 5×5

血統解説

父プルピットはGII2勝の競走馬だったが、種牡馬として米首種牡馬に輝くタピット、米2冠馬カリフォルニアクロームを出したラッキープルピットを出すなど、シアトルスルーからエーピーインディとつながる米主流血脈の系譜を発展させている。母は1戦1勝。母系は半妹にウォーエコー（米GIIIシルヴァービュレットデイS）、叔父にワイルドワンダー（米GIIマーヴィンリロイH）、近親にタピザー（BCダートマイル）がいる。母父のワイルドアゲインは第1回のブリーダーズCクラシックに優勝している。現代では希少な傍流血脈であるニアークティック系を伝える名種牡馬。

代表産駒

メイショウハリオ（帝王賞、みやこS、マーチS、東京大賞典3着）、ミューチャリー（JBCクラシック）、ビービーバーレル（フェアリーS）、ケンシンコウ（レパードS）、デルマルーヴル（名古屋グランプリ、兵庫ジュニアグランプリ、ジャパンダートダービー2着、全日本2歳優駿2着、川崎記念3着）、ラインカリーナ（関東オークス）、シゲルヒノクニ（京都ハイジャンプ）、シゲルカガ（北海道スプリントC）、ケイアイパープル（佐賀記念、白山大賞典）、ランリョウオー（東京記念、全日本2歳優駿2着）、オルトグラフ（兵庫ジュニアグランプリ2着）、クインズサターン（武蔵野S2着）、アクアリーブル（関東オークス2着）、ハセノパイロ（全日本2歳優駿3着）、バーニングペスカ（小倉2歳S3着）、タービュランス（羽田盃）、ハセノパイロ（東京ダービー）、シャークファング（浦和桜花賞）。

遂げると、2016年にはビービーバーレルがフェアリーSでJRA重賞初制覇。2021年には地方所属馬ミューチャリーがオメガパフューム、チュウワウィザード、テーオーケインズという中央の強豪を降して、JBCクラシックを制覇。待望のGIタイトルを獲得すると、2022年にもメイショウハリオが帝王賞を勝って2頭目のGI馬に輝いた。

　種付頭数も、2016年の184頭を筆頭に、2年目から12年連続で100頭を上回る数を確保しており、人気種牡馬の地位を確立。サイアーランキングも、2018年から5年続けてトップ20以内にランクインしている。

　2023年の種付料はこれまでで最高の400万円となり、名実ともに繋養先スタリオンの看板種牡馬となっている。

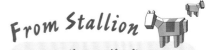

From Stallion

ダーレー・ジャパン
加治屋正太郎ノミネーションマネージャー

「昨年はメイショウハリオが帝王賞を制覇し、2年連続でGI勝ち馬が誕生しました。これは実績と評価に比例して、質の高い繁殖牝馬が集まった結果です。また、全ての世代で8割近くの産駒が勝ち上がっているのは、本馬の勝気な気性が、例外なく産駒に伝わっている証だと思います。今後はこれまで以上の良血馬達がデビューを控えているので、今年も新たな大物を続々と送り出してくれそうです」

総収得賞金 1,607,629,000 円　**アーニング INDEX** 1.12　**実勢評価値** 1.26

勝利頭数／出走頭数：全馬 166 ／ 320　　2 歳　22 ／ 51
勝利回数／出走回数：全馬 283 ／ 2,546　　2 歳　28 ／ 197

Data Box (2020~2022)

単勝回収値 97 円／**単勝適正回収値** 85 円

コース　小倉など小回りダート向き

	1 着	2 着	3 着	出走数	勝率	連対率	3 着内率
全体計	126	115	129	1536	8.2%	15.7%	24.1%
中央芝	2	1	3	51	3.9%	5.9%	11.8%
中央ダ	68	65	67	832	8.2%	16.0%	24.0%
ローカル芝	3	6	5	81	3.7%	11.1%	17.3%
ローカルダ	53	43	54	572	9.3%	16.8%	26.2%
右回り芝	4	5	6	76	5.3%	11.8%	19.7%
右回りダ	76	67	59	775	9.8%	18.5%	26.1%
左回り芝	1	2	2	50	2.0%	6.0%	10.0%
左回りダ	45	41	62	629	7.2%	13.7%	23.5%
札幌芝	0	0	0	1	0.0%	0.0%	0.0%
札幌ダ	3	2	3	30	10.0%	16.7%	26.7%
函館芝	0	0	0	3	0.0%	0.0%	0.0%
函館ダ	3	4	1	24	12.5%	29.2%	33.3%
福島芝	1	2	0	8	12.5%	37.5%	37.5%
福島ダ	9	6	6	71	12.7%	21.1%	29.6%
新潟芝	1	2	0	24	4.2%	12.5%	12.5%
新潟ダ	9	9	9	134	6.7%	13.4%	20.1%
東京芝	0	0	1	19	0.0%	0.0%	5.3%
東京ダ	20	22	25	284	7.0%	14.8%	23.6%
中山芝	1	0	0	14	7.1%	7.1%	7.1%
中山ダ	21	14	14	208	10.1%	16.8%	23.6%
中京芝	0	0	1	13	0.0%	0.0%	7.7%
中京ダ	16	10	28	211	7.6%	12.3%	25.6%
京都芝	0	1	0	3	0.0%	33.3%	33.3%
京都ダ	5	5	3	67	7.5%	14.9%	19.4%
阪神芝	0	1	2	15	6.7%	6.7%	20.0%
阪神ダ	22	24	24	273	8.1%	16.8%	26.0%
小倉芝	1	2	4	32	3.1%	9.4%	21.9%
小倉ダ	13	12	7	102	12.7%	24.5%	31.4%

条件　新馬戦、ハンデ戦出走時は買い

	1 着	2 着	3 着	出走数	勝率	連対率	3 着内率
新馬	12	8	12	112	10.7%	17.9%	28.6%
未勝利	35	35	47	532	6.6%	13.2%	22.0%
1 勝	40	34	33	444	9.0%	16.7%	24.1%
2 勝	21	22	19	249	8.4%	17.3%	24.9%
3 勝	11	8	13	113	9.7%	16.8%	28.3%
OPEN 特別	5	8	4	80	6.3%	16.3%	21.3%
G Ⅲ	3	2	3	25	12.0%	20.0%	32.0%
G Ⅱ	0	0	0	2	0.0%	0.0%	0.0%
G Ⅰ	0	0	0	8	0.0%	0.0%	0.0%
ハンデ戦	7	10	5	83	8.4%	20.5%	26.5%
牝馬限定	25	27	17	278	9.0%	18.7%	24.8%
障害	2	1	5	29	3.4%	10.3%	17.2%

人気　4~6、7~9番人気時が狙い

	1 着	2 着	3 着	出走数	勝率	連対率	3 着内率
1 番人気	31	18	20	113	27.4%	43.4%	61.1%
2~3 番人気	49	45	39	273	17.9%	34.4%	48.7%
4~6 番人気	33	26	43	354	9.3%	16.7%	28.8%
7~9 番人気	11	24	16	321	3.4%	10.9%	15.9%
10 番人気~	3	4	1	504	0.6%	1.4%	4.0%

距離　ベストはダート中距離戦

芝　　平均勝ち距離　1,480m

	1 着	2 着	3 着	出走数	勝率	連対率	3 着内率
全体計	5	7	8	132	3.8%	9.1%	15.2%
芝~1300m	3	4	6	53	5.7%	13.2%	24.5%
芝~1600m	0	2	2	48	0.0%	4.2%	8.3%
芝~2000m	2	1	0	28	7.1%	10.7%	10.7%
芝~2400m	0	0	0	1	0.0%	0.0%	0.0%
芝2500m~	0	0	0	0	0.0%	0.0%	0.0%

ダート　平均勝ち距離　1,534m

	1 着	2 着	3 着	出走数	勝率	連対率	3 着内率
全体計	121	108	121	1404	8.6%	16.3%	24.9%
ダ~1300m	33	23	27	398	8.3%	14.1%	20.9%
ダ~1600m	31	30	32	403	7.7%	15.1%	23.1%
ダ~2000m	56	54	58	580	9.7%	19.0%	29.0%
ダ2100m~	1	1	4	23	4.3%	8.7%	26.1%

馬場状態　馬場は渋れば渋るほどいい

		1 着	2 着	3 着	出走数	勝率	連対率	3 着内率
芝	良	2	6	5	107	1.9%	7.5%	12.1%
	稍重	0	0	3	14	0.0%	0.0%	21.4%
	重	3	1	0	10	30.0%	40.0%	40.0%
	不良	0	0	0	1	0.0%	0.0%	0.0%
ダ	良	66	66	66	813	8.1%	16.2%	24.4%
	稍重	29	15	23	303	9.6%	14.5%	24.4%
	重	19	14	15	189	10.1%	17.5%	25.4%
	不良	7	13	11	99	7.1%	20.2%	30.3%

性齢　ピークは 3 歳後半から 4 歳

	1 着	2 着	3 着	出走数	勝率	連対率	3 着内率
牡 2 歳	15	5	13	126	11.9%	15.9%	26.2%
牝 2 歳	11	11	12	132	8.3%	16.7%	25.8%
牡 3 歳前半	14	17	24	193	7.3%	16.1%	28.5%
牝 3 歳前半	12	13	15	225	5.3%	11.1%	17.8%
牡 3 歳後半	15	10	9	111	13.5%	22.5%	30.6%
牝 3 歳後半	12	14	7	133	9.0%	19.5%	24.8%
牡 4 歳	14	23	15	171	8.2%	21.6%	30.4%
牝 4 歳	15	9	11	146	10.3%	16.4%	24.0%
牡 5 歳	9	3	11	107	8.4%	11.2%	21.5%
牝 5 歳	4	1	3	71	5.6%	7.0%	11.3%
牡 6 歳	3	4	6	66	4.5%	10.6%	19.7%
牝 6 歳	0	0	4	66	0.0%	6.1%	6.1%
牡 7 歳以上	2	6	3	51	3.9%	15.7%	21.6%
牝 7 歳以上	0	0	0	—	—	—	—

勝ち馬の決め手

芝　　　　　　　　　ダート

重賞　レース体系で重用視されているレースのことで賞金が高額である。G Ⅰ、G Ⅱ、G Ⅲとグレード（G）のついた全レースと、障害の重賞がある。

馬券に直結する適性データ

ダート4強種牡馬の一角
距離は中距離がベストか

　ダート121勝に対し芝は5勝。2022年トップ20種牡馬の中では、ヘニーヒューズ、シニスターミニスター、エスポワールシチーと並び、ダート特化種牡馬の一角を担っている。

　そのダートを距離別に見てみると、短距離から中距離までまんべんなく勝ち星を重ねている。2100m～の長距離戦は1勝のみにとどまっているが、そもそも出走数が少ないし、3着内率はそれほど悪いわけではない。中距離戦を中心に幅広く狙っていきたい。

　1番人気の信頼度はやや低めで、むしろ4～6番人気の勝率、7～9番人気の連対率が優秀。思い切った穴狙いも面白いかもしれない。

　年齢別では、3歳後半から4歳にかけてがピークで、この時期の3着内率は60％を超えている。連複のヒモ候補として覚えておきたい。

　コースでは小倉コースが勝率、連対率ともに良く、馬連勝負もおすすめできる。

重賞レース馬券のヒント

穴血統としての魅力十分
人気薄でも大胆に攻めたい

　本文でも触れたように、本馬初のGⅠ馬であるミューチャリーは、JBCクラシックでチュウワウィザード、オメガパヒューム、テーオーケインズという、中央のトップクラスを負かして戴冠したが、実はメイショウハリオも、初GⅠ制覇となった帝王賞でこれら3頭（着順も同じ2～4着）を降している。まさに「大物食い」の血統というべきだろう。ミューチャリーが6番人気、メイショウハリオが5番人気という点も似ている。今後も、GⅠで中位人気の馬がいたら、相手としてだけでなく、思い切って頭で買ってみるのも面白いかもしれない。

通算重賞勝ち数

	GⅠ	GⅡ	GⅢ	GⅠ勝ち産駒数	重賞勝ち産駒数
芝	0	1	1	0	2
ダート	0	0	3	0	2
地方	2	3	3	2	6
海外	0	0	0	0	0

POG　2023年期待の2歳馬　ピックアップ

チリのGⅠ馬の血を引く馬や
地方競馬の名馬の姪に注目！

　牡馬で注目したいのは母グーテデロワの牡駒。2代母シャーパリはチリGⅠ馬。パワフルな系統なのでダート向きでもある。同じように、2代母に独GⅠバーデン大賞2着オヴァンボクイーンを持つ母ノイエクローネの牡駒も、力強い母系で中距離向き。

　牝馬では、地方競馬の大将格として中央勢と渡り合った名馬フリオーソの姪にあたる、母マイナーズドリームの牝駒が楽しみ。母父もダートサイアーとして一時代を築いた名種牡馬。牝馬でも牡馬相手に大きいところを狙える。ほかでは、母ターコイズの牝駒も、JBCレディスクラシックなどを勝った活躍馬ファッショニスタを叔母に持つ良血馬だ。

母馬名（母父）	性別	おすすめポイント
アモーレエテルノ（ゼンノロブロイ）	牡	1歳セレクションセールで3630万円。半兄にGⅡ2着ヴェローナシチー。
カヒリ（キングカメハメハ）	牡	1歳セレクションセールで1650万円。叔父に金鯱賞勝ちのミトラ。
グーテデロワ（スペシャルウィーク）	牡	1歳セレクションセールで1430万円。2代母はチリのGⅠホース。
グラップユアダイヤ（ゴールドアリュール）	牡	2代母グラップユアハートはTCK女王盃など重賞5勝の名牝。
ノイエクローネ（ネオユニヴァース）	牡	2代母に重賞3勝で独GⅠバーデン大賞2着のオヴァンボクイーン。
アイアムノココロ（フジキセキ）	牝	1歳セレクションセールで1485万円。叔父に京成杯のベストディール。
オーシャンフリート（*アフリート）	牝	母は5勝。母父はダートの活躍馬を数多く出した一流サイアー。
ターコイズ（*ハードスパン）	牝	叔母にJBCレディスクラシック勝ちのファッショニスタ。
ブライトリビング（*ワイルドラッシュ）	牝	初仔。叔母に関東オークス勝ちなど重賞で活躍したカラフルデイズ。
マイナーズドリーム（ゴールドアリュール）	牝	叔父に帝王賞などGⅠ6勝をあげた地方競馬の名馬フリオーソ。

95

RANKING
17
2歳馬 21

2021 ⑰
2020 −
2019 −
2018 −

キタサンブラック
KITASAN BLACK

早くも年度代表馬を輩出！ 名種牡馬の覇道を行く名馬

種付料／⬆受1000万円F　供用地／安平・社台SS
2012年生　鹿毛　日高・ヤナガワ牧場産

距離	成長型	芝	ダート	瞬発力	パワー	底力
万	普	◎	○	○	◎	○

年次	種付頭数	産駒数
22年	**178**	**72**
21年	102	55
20年	92	81
19年	110	84
18年	130	−

PROFILE
競走成績　20戦12勝（3〜5歳・日）
最高レーティング　124L（17年）
主な勝ち鞍　ジャパンC、有馬記念、天皇賞・春2回、天皇賞・秋、大阪杯、菊花賞、京都大賞典、セントライト記念、スプリングS。有馬記念2着、同3着。

3歳時、スプリングSから臨んだ皐月賞はドゥラメンテの3着。ダービーこそ14着に大敗したが、セントライト記念を勝って駒を進めた菊花賞を制し、クラシックホースに輝いた。

4歳時、天皇賞・春でGI2勝目をあげると、秋はジャパンCでGI3勝目。前年3着だった有馬記念はサトノダイヤモンドのクビ差2着に惜敗するも、2016年の年度代表馬に輝いた。

5歳時はさらに充実。同年からGIに昇格した大阪杯でGI4勝目をあげると、続く天皇賞・春はディープインパクトの持つコースレコードを1秒縮める快走で連覇を達成。GI5勝目に華を添えた。断然の1番人気に推された宝塚記念は9着に惨敗するも、極悪馬場となった天皇賞・秋では、出遅れて後方からの競馬になるも、力強いマクリでGI6勝目をマーク。

ジャパンCはシュヴァルグランに雪辱されての3着だったが、ラストランとなった有馬記念

系統：サンデーサイレンス系　母父系統：プリンスリーギフト系				
父 ブラックタイド 黒鹿 2001	**父父** *サンデーサイレンス 青鹿 1986	Halo	Hail to Reason	Turn-to
				Nothirdchance
			Cosmah	Cosmic Bomb
				Almahmoud
		Wishing Well	Understanding	Promised Land
				Pretty Ways
			Mountain Flower	Montparnasse
				Edelweiss
	父母 *ウインドインハーヘア 鹿 1991	Alzao	Lyphard	Northern Dancer
				Goofed
			Lady Rebecca	Sir Ivor
				Pocahontas
		Burghclere	Busted	Crepello
				Sans le Sou
			Highclere	Queen's Hussar
				Highlight
母 シュガーハート 鹿 2005	**母父** サクラバクシンオー 鹿 1989	サクラユタカオー	*テスコボーイ	Princely Gift
				Suncourt
			アンジェリカ	*ネヴァービート
				スターハイネス
		サクラハゴロモ	*ノーザンテースト	Northern Dancer
				Lady Victoria
			*クリアアンバー	Ambiopoise
				One Clear Call
	母母 オトメゴコロ 栗 1990	*ジャッジアンジェルーチ	Honest Pleasure	What a Pleasure
				Tularia
			Victorian Queen	Victoria Park
				Willowfield
		*テイズリー	Lyphard	Northern Dancer
				Goofed
			Tizna	Trevieres
				Noris

インブリード：Lyphard 4×4、Norther Dancer 5×5・5

血統解説

　父ブラックタイドは名馬ディープインパクトの全兄にあたる良血馬で、種牡馬としても重賞勝ち馬を複数頭輩出している。本馬はその代表産駒。母系は半兄にショウナンバッハ（中日新聞杯2着、AJCC 3着）、全弟にエブリワンブラック（ダイオライト記念2着）、いとこにアドマイヤフライト（日経新春杯2着）がいる。母父サクラバクシンオーは「90年代最強のスプリンター」と呼ばれた快速馬で、種牡馬としても長きに亘って活躍し、プリンスリーギフト系を発展させている。また、BMSとしても優秀で、ハクサンムーン（セントウルS）、モンドキャノン（京王杯2歳S）などの快速馬を送り出し、その類い稀なスピードを伝えている。

代表産駒

イクイノックス（有馬記念、天皇賞・秋、ダービー2着、皐月賞2着）、ガイアフォース（セントライト記念）、ラヴェル（アルテミスS）、ソールオリエンス（京成杯）、ビジュノワール（フェアリーS3着）、ヴェルテンベルク（京都2歳S3着）、オディロン（雅S）、ジャスティンスカイ（秋色S）、ウィルソンテソーロ（招福S）、ブラックブロッサム（信夫山特別）、ウン（盛岡オパールC）、ロードスパイラル（もみじS2着）。

では、つけいる隙のない完勝でGI 7勝目をあげ、2年連続の年度代表馬の座をものにした。

　2018年から種牡馬入り。種付頭数は初年度から130頭、110頭、92頭、102頭と、社台SSの中では多い方ではなかったが、初年度産駒の評判が良く、2022年には178頭に激増。これはキズナやエピファネイアらベスト10種牡馬を上回る数であった。

　さらにその初年度産駒のイクイノックスが、GIを2勝2着2回の素晴らしい走りで年度代表馬に輝いたことで期待度はさらにアップ。種付料も前年の500万円から一気に倍増の1000万円の大台に到達した。これは全サイアーの中でも5番目に高い種付料となる。

　2023年もソールオリエンスが京成杯を勝つなど、順調なスタートを見せている。

From Stallion

社台SS事務局・徳武英介氏談

「初年度産駒のイクイノックスが年度代表馬となるなど、種牡馬として躍進の1年となりました。馬体の良さは父のブラックタイドというよりも、サンデーサイレンス直仔のようであり、地面に吸いついていくような歩き方を見ていると、懐かしさすら感じます。今後はサンデーサイレンス系種牡馬の中でも、主力ともなり得る可能性も秘めており、現3歳世代や、今後デビューを重ねていく産駒の活躍も楽しみになってきます」

総収得賞金 **1,574,748,000円** アーニング INDEX **2.78** 実勢評価値 **1.25**

勝利頭数／出走頭数：全馬 **61** ／ **126**	2歳 **11** ／ **49**		
勝利回数／出走回数：全馬 **99** ／ **609**	2歳 **12** ／ **116**		

Data Box (2020~2022)

単勝回収値 **73円** ／単勝適正回収値 **81円**

コース　東京では芝ダート共躍動

	1着	2着	3着	出走数	勝率	連対率	3着内率
全体計	70	56	52	566	12.4%	22.3%	31.4%
中央芝	28	24	15	204	13.7%	25.5%	32.8%
中央ダ	9	10	12	78	11.5%	24.4%	39.7%
ローカル芝	26	19	18	213	12.2%	21.1%	29.6%
ローカルダ	7	3	7	71	9.9%	14.1%	23.9%
右回り芝	24	24	19	222	10.8%	21.6%	30.2%
右回りダ	4	8	10	81	4.9%	14.8%	27.2%
左回り芝	30	19	14	195	15.4%	25.1%	32.3%
左回りダ	12	5	9	68	17.6%	25.0%	38.2%
札幌芝	2	1	2	19	10.5%	15.8%	26.3%
札幌ダ	0	0	1	6	0.0%	0.0%	16.7%
函館芝	0	3	0	8	0.0%	37.5%	37.5%
函館ダ	0	0	1	5	0.0%	0.0%	20.0%
福島芝	1	4	3	20	5.0%	25.0%	40.0%
福島ダ	0	0	0	6	0.0%	0.0%	0.0%
新潟芝	3	1	3	36	8.3%	11.1%	19.4%
新潟ダ	1	0	0	6	16.7%	16.7%	16.7%
東京芝	16	11	4	84	19.0%	32.1%	36.9%
東京ダ	5	2	5	21	23.8%	33.3%	57.1%
中山芝	7	3	3	47	14.9%	21.3%	27.7%
中山ダ	0	1	0	12	0.0%	8.3%	16.7%
中京芝	11	7	7	75	14.7%	24.0%	33.3%
中京ダ	6	3	4	41	14.6%	22.0%	31.7%
京都芝	0	0	0	0	-	-	-
京都ダ	0	0	0	0	-	-	-
阪神芝	5	10	8	73	6.8%	20.5%	31.5%
阪神ダ	4	7	6	45	8.9%	24.4%	37.8%
小倉芝	9	3	3	55	16.4%	21.8%	27.3%
小倉ダ	0	0	1	7	0.0%	0.0%	14.3%

条件　未勝利よりは新馬戦で買い

	1着	2着	3着	出走数	勝率	連対率	3着内率
新馬	15	13	10	106	14.2%	26.4%	35.8%
未勝利	28	26	27	277	10.1%	19.5%	29.2%
1勝	14	12	11	123	11.4%	21.1%	30.1%
2勝	7	2	2	19	36.8%	47.4%	57.9%
3勝	1	0	0	3	33.3%	33.3%	33.3%
OPEN特別	0	1	0	9	0.0%	11.1%	11.1%
GⅢ	1	0	2	11	9.1%	9.1%	27.3%
GⅡ	2	0	0	10	20.0%	20.0%	20.0%
GⅠ	2	2	0	8	25.0%	50.0%	50.0%
ハンデ戦	1	1	0	3	33.3%	66.7%	66.7%
牝馬限定	5	6	8	98	5.1%	11.2%	19.4%
障害	0	0	0	0	-	-	-

人気　1番人気の勝率は40%超

	1着	2着	3着	出走数	勝率	連対率	3着内率
1番人気	34	13	8	82	41.5%	57.3%	67.1%
2～3番人気	19	28	21	129	14.7%	36.4%	52.7%
4～6番人気	13	11	13	161	8.1%	14.9%	23.0%
7～9番人気	4	2	4	101	4.0%	5.9%	12.9%
10番人気～	0	2	5	93	0.0%	2.2%	5.4%

距離　芝ダート共マイル適性に注目

芝　平均勝ち距離　1,769m

	1着	2着	3着	出走数	勝率	連対率	3着内率
全体計	54	43	33	417	12.9%	23.3%	31.2%
芝～1300m	5	11	4	48	10.4%	33.3%	41.7%
芝～1600m	17	10	7	114	14.9%	23.7%	29.8%
芝～2000m	27	21	18	221	12.2%	21.7%	29.9%
芝～2400m	3	1	4	30	10.0%	13.3%	26.7%
芝2500m～	2	0	0	4	50.0%	50.0%	50.0%

ダート　平均勝ち距離　1,656m

	1着	2着	3着	出走数	勝率	連対率	3着内率
全体計	16	13	19	149	10.7%	19.5%	32.2%
ダ～1300m	3	2	1	26	11.5%	19.2%	23.1%
ダ～1600m	4	3	5	32	12.5%	21.9%	37.5%
ダ～2000m	7	8	12	85	8.2%	17.6%	31.8%
ダ2100m～	2	0	1	6	33.3%	33.3%	50.0%

馬場状態　渋った芝が得意な道悪巧者

		1着	2着	3着	出走数	勝率	連対率	3着内率
芝	良	36	37	26	328	11.0%	22.3%	30.2%
	稍重	12	5	5	65	18.5%	26.2%	33.8%
	重	5	1	2	23	21.7%	26.1%	34.8%
	不良	1	0	0	1	100.0%	100.0%	100.0%
ダ	良	11	9	8	86	12.8%	23.3%	32.6%
	稍重	4	2	6	40	10.0%	15.0%	30.0%
	重	0	2	4	10	0.0%	20.0%	40.0%
	不良	1	0	3	13	7.7%	7.7%	30.8%

性齢　牡馬は3歳時に大きく成長

	1着	2着	3着	出走数	勝率	連対率	3着内率
牡2歳	13	11	15	103	12.6%	23.3%	37.9%
牝2歳	11	20	5	102	10.8%	30.4%	35.3%
牡3歳前半	18	16	10	117	15.4%	29.1%	37.6%
牝3歳前半	8	4	7	93	8.6%	12.9%	20.4%
牡3歳後半	16	4	6	83	19.3%	24.1%	31.3%
牝3歳後半	4	1	9	68	5.9%	7.4%	20.6%
牡4歳	0	0	0				
牝4歳	0	0	0				
牡5歳	0	0	0				
牝5歳	0	0	0				
牡6歳	0	0	0				
牝6歳	0	0	0				
牡7歳以上	0	0	0				
牝7歳以上	0	0	0				

勝ち馬の決め手

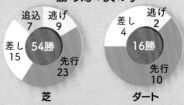

芝　　　　　　　　　ダート

芝：追込 7／逃げ 9／差し 15／先行 23／54勝

ダート：差し 4／逃げ 2／先行 10／16勝

重賞表記のJpnとG　日本が PART Ⅰ 国へ移行したことに従い、Gレースの表記を国際基準に改め、国際競走でないGレースはすべて Jpn と表記されている。本書では便宜的に Jpn も G と表記している。

馬券に直結する適性データ

将来のリーディング候補だけに
オールラウンドに活躍中

芝54勝に対しダートは16勝。今のところ活躍馬は芝に集中しているが、基礎能力の高さがあるのでダートもこなしていくだろう。

距離別に見てみると、芝、ダートともに中距離が稼ぎ場となっているが、マイル戦の勝率がそれを上回っている点に注目したい。キタサンブラック自身は、マイルどころか1800m戦も3歳時に2戦したのみで、皐月賞以降はすべて2000m以上だったが、種牡馬としての適性は予想以上に幅広いようだ。

2歳戦からも走るが、3歳になってからの伸びは驚異的。勝率、連対率、3着内率いずれも高く、特に3歳後半の勝率は抜群で、単勝狙い、連単の軸に向いている。実際、イクイノックスも3歳前半で見せた詰めの甘さが、後半ではすっかり解消されていた。

人気の信頼度も高めで、特に1番人気の勝率は特筆モノ。頭固定で狙っていきたい。

重賞レース馬券のヒント

鋭い差し脚を武器とする
産駒が重賞で活躍している

キタサンブラック自身は強力な先行力で自らレースの主導権をつかみ、そのまま押し切ってしまうことが多かったが、産駒は鋭い末脚を武器とするタイプが重賞で活躍している。

「異次元の末脚」イクイノックスを筆頭に、レースでは最速もしくはそれに準ずる上がり3ハロンの脚を見せて勝っている。イクイノックス以外の3頭による重賞勝ちはいずれも、上がり最速をマークしていた。逆に、ガイアフォースの菊花賞やラヴェルの阪神JFはともに末脚不発で凡走している。末脚を活かせる展開や馬場状態かどうかを、まずチェックしたい。

通算重賞勝ち数

	GⅠ	GⅡ	GⅢ	GⅠ勝ち産駒数	重賞勝ち産駒数
芝	2	2	2	1	4
ダート	0	0	0	0	0
地方	0	0	0	0	0
海外	0	0	0	0	0

POG　2023年期待の2歳馬　ピックアップ

Kオークス2着馬の牡駒や
名門出身の牝駒に注目したい

2022年の秋競馬で評価を爆上げした印象があり、今年のセリでは大台連発の可能性もある。現2歳馬も額面以上に期待できそう。

その意味で、1歳セレクトセールで9020万円の値をつけた母ランドオーバーシーの牡駒の期待度は高い。母はGⅡを勝ちGⅠのケンタッキーオークスで2着。母父はダンチヒ系の快速馬で、母系は全体的にスピード色が強く仕上がりが早くクラシック向きだ。

牝馬では、スクリーンヒーローを輩出したダイナアクトレス系の血を引く母アンコールピースの牝駒に注目。叔父に中山大障害勝ちのマルカラスカルがおり、こちらはスタミナにあふれた配合でオークス向きかも。

母馬名 (母父)	性別	おすすめポイント
*エイシンキルデア (KITTEN'S JOY)	牡	1歳セレクションセールで4180万円。いとこにGⅡ馬スワーヴアラミス。
バクスアジアーナ (*ノヴェリスト)	牡	1歳セレクションセールで2860万円。ウインドインハーヘアの3×4に注目。
*モーニングリズ (ACATENANGO)	牡	叔父に仏2冠馬ブラメト。父系と相性のいいドイツ牝系に期待。
*ランドオーバーシー (BELLAMY ROAD)	牡	1歳セレクトセールで9020万円。母はケンタッキーオークスで2着。
*リプリートⅡ (*マクフィ)	牡	当歳セレクトセールで3520万円。2代母に欧州3歳女王バンクスヒル。
アンコールピース (ネオユニヴァース)	牝	母系はスクリーンヒーローなど名馬多数のダイナアクトレス系。
*サファリミス (NOT FOR SALE)	牝	イクイノックスを手がけた木村哲也厩舎に入厩している期待馬。
シェアザストーリー (*コマンダーインチーフ)	牝	半姉にクイーン賞勝ちのレッドクラウディア。兄妹は順当に勝ち上がる。
デロングスター (ヴィクトワールピサ)	牝	1歳セレクトセールで5170万円。初仔。サンデーの3×4が面白い。
*マニーズオンシャーロット (MIZZEN MAST)	牝	1歳セレクションセールで5060万円。母は米GⅠベルデームSで2着。

RANKING 18

2021 ⑫
2020 ⑪
2019 ⑩
2018 ⑬

2歳馬 9

*キンシャサノキセキ
KINSHASA NO KISEKI

名馬フジキセキの父系を発展させた功労馬

2023年引退
2003年生　鹿毛　オーストラリア産　2005年輸入

距離	成長型	芝	ダート	瞬発力	パワー	底力
短マ	普	○	○	○	○	○

年次	種付頭数	産駒数
22年	**13**	**22**
21年	46	63
20年	100	88
19年	156	85
18年	128	64

PROFILE

競走成績　31戦12勝（2〜8歳・日）
最高レーティング　115 S（11年）
主な勝ち鞍　高松宮記念2回、阪神C2回、スワンS、オーシャンS、函館スプリントS。スプリンターズS2着2回、高松宮記念2着。

　4歳時、重賞勝ちこそなかったものの、NHKマイルC3着、マイルCS5着と大レースで好走。5歳時になると高松宮記念で5番人気2着と健闘し、続く函館スプリントSで重賞初制覇を果たす。秋にはスプリンターズSで2着に入り、短距離〜マイル戦線を盛り上げた。

　6歳時、期待された高松宮記念、スプリンターズSはともに2桁着順に大敗するも、スワンSで重賞2勝目をあげると一気に本格化。阪神C、7歳時のオーシャンSと連勝。さらに高松宮記念も1番人気に応えて勝利し、待望のGⅠタイトルを獲得した。秋はスプリンターズSで2年続けての2着。3番人気に支持されたマイルCSは13着に大敗したが、阪神Cを連覇。8歳時、59キロを背負ってオーシャンSを2着すると、4年連続の出走となった高松宮記念を快勝し、同レース連覇を達成した。

　その直後に現役引退、種牡馬入り。初年度は

100

系統：サンデーサイレンス系　母父系統：リボー系				
父 フジキセキ 青鹿 1992	**父父** *サンデーサイレンス 青鹿 1986	Halo	Hail to Reason	Turn-to
				Nothirdchance
			Cosmah	Cosmic Bomb
				Almahmoud
		Wishing Well	Understanding	Promised Land
				Pretty Ways
			Mountain Flower	Montparnasse
				Edelweiss
	父母 *ミルレーサー 鹿 1983	Le Fabuleux	Wild Risk	Rialto
				Wild Violet
			Anguar	Verso
				La Rochelle
		Marston's Mill	In Reality	Intentionally
				My Dear Girl
			Millicent	Cornish Prince
				Milan Mill
母 *ケルトシャーン 鹿 1994	**母父** プレザントコロニー Pleasant Colony 黒鹿 1978	His Majesty	Ribot	Tenerani
				Romanella
			Flower Bowl	Alibhai
				Flower Bed
		Sun Colony	Sunrise Flight	Double Jay
				Misty Morn
			Colonia	Cockrullah
				Nalga
	母母 フェザーヒル Featherhill 鹿 1978	Lyphard	Northern Dancer	Nearctic
				Natalma
			Goofed	Court Martial
				Barra
		Lady Berry	Violon d'Ingres	Tourment
				Flute Enchantee
			Moss Rose	Mossborough
				Damasi

インブリード：5代前までにクロスなし

13年連続リーディングサイアーのサンデーサイレンスの初年度産駒である父フジキセキは、4戦無敗で父に初GIをプレゼントした。種牡馬としても父系を発展させた名馬。シャトルサイアーとしても活躍。ドバイシーマクラシックを勝った南ア産馬サンクラシークなどを出した。母ケルトシャーンは未出走。母系は叔父に仏GI馬で種牡馬としても成功したグルームダンサー（リュパン賞）、甥に豪GIII馬ランナウェイ（ジーロングC）、一族にレフトハンド（ヴェルメイユ賞）がいる。母父プレザントコロニーは1981年米年度代表馬。GI5勝で米2冠馬。種牡馬としてもセントジョヴァイトなどを出している。

代表産駒

ガロアクリーク（スプリングS、エプソムC2着、皐月賞3着）、**シュウジ**（阪神C、小倉2歳S）、**ルフトシュトローム**（ニュージーランドT）、**モンドキャンノ**（京王杯2歳S、朝日杯FS2着）、**サクセスエナジー**（さきたま杯、かきつばた記念、黒船賞、オーバルスプリント、兵庫GT、東京盃）、**カシアス**（函館2歳S）、**ベルーガ**（ファンタジーS）、**リバーラ**（ファンタジーS）、ヒラボクラター

シュ（佐賀記念）、**サフィロス**（京王杯2歳S2着）、**アドマイヤモラール**（京王杯2歳S2着）、**サイモンゼーレ**（小倉2歳S2着）、**ブルミラコロ**（サマーチャンピオン2着）、**カッパツハッチ**（アイビスサマーダッシュ2着）、**ジュランビル**（フィリーズレビュー3着）、**ジュエルクイーン**（ラブミーチャン記念、エーデルワイス賞2着）、**ストライクイーグル**（大井記念）。

154頭に種付を行い、その後も2020年まで10年続けて100頭以上に種付を行う、人気種牡馬の仲間入りを果たした。

初年度産駒から京王杯2歳S2着のサフィロスが出るなど好調で、2年目産駒のシュウジが小倉2歳Sを制し、初の重賞タイトルを獲得した。モンドキャンノ、サクセスエナジー、ガロアクリークなどが、芝、ダート、距離を問わない活躍を見せ、2016年から7年連続でトップ20入りを果たしている。

2022年はリバーラが10番人気ながらファンタジーSを激勝、波乱の立役者となった。また、8歳になった古豪サクセスエナジーが、勝ち星こそあげられなかったが、サマーチャンピオン、兵庫ゴールドTでともに3着に入り、父譲りの息の長い走りを見せている。

受胎率の低下等もあって、2021年の種付頭数は前年の100頭から46頭に大きくダウン。さらに2022年は13頭にまで減少した。これを受けて、2023年に種牡馬引退となった。

名馬フジキセキがシャトルサイアーとして豪で供用されていた時の産駒で、南半球生まれというハンデ（日本馬より半年近く生まれるのが遅い）もありながら、3歳戦から能力を発揮。以降、コンスタントに活躍し続け、8歳にしてGI連覇を達成した息の長さは賞賛に値する。

現在、モンドキャンノとシュウジが後継として種牡馬入りしているが、フジキセキのサイアーラインを発展させるためにも、さらなる活躍馬の登場および種牡馬入りが期待される。現役競走馬および60頭を数える、2021年生まれの2歳勢の走りに注目したい。

総収得賞金 1,540,151,000円　**アーニング INDEX** 1.01　実勢評価値 −

勝利頭数／出走頭数：全馬 153／338　　2歳 23／64
勝利回数／出走回数：全馬 260／2,708　2歳 33／246

Data Box (2020~2022)

単勝回収値 49円／単勝適正回収値 66円

コース　新潟ダートで勝ち星を荒稼ぎ

	1着	2着	3着	出走数	勝率	連対率	3着内率
全体計	162	222	219	2659	6.1%	14.4%	22.7%
中央芝	11	23	31	412	2.7%	8.3%	15.8%
中央ダ	71	85	93	950	7.5%	16.4%	26.2%
ローカル芝	22	42	42	548	4.0%	11.7%	19.3%
ローカルダ	58	72	53	749	7.7%	17.4%	24.4%
右回り芝	21	48	47	624	3.4%	11.1%	18.6%
右回りダ	75	91	96	1024	7.3%	16.2%	25.6%
左回り芝	12	14	25	297	4.0%	8.8%	17.2%
左回りダ	54	66	50	675	8.0%	17.8%	25.2%
札幌芝	4	8	6	57	7.0%	21.1%	31.6%
札幌ダ	5	6	4	68	7.4%	16.2%	22.1%
函館芝	3	9	5	65	4.6%	18.5%	26.2%
函館ダ	2	6	2	39	5.1%	20.5%	25.6%
福島芝	3	8	7	81	3.7%	13.6%	22.2%
福島ダ	8	6	6	93	8.6%	15.1%	21.5%
新潟芝	3	7	6	117	2.6%	8.5%	13.7%
新潟ダ	19	12	15	164	11.6%	18.9%	28.0%
東京芝	2	6	11	122	1.6%	6.6%	15.6%
東京ダ	17	24	16	255	6.7%	16.1%	22.4%
中山芝	5	7	11	116	4.3%	10.3%	19.8%
中山ダ	20	18	33	267	7.5%	14.2%	26.6%
中京芝	7	4	9	97	7.2%	11.3%	20.6%
中京ダ	18	30	19	256	7.0%	18.8%	26.2%
京都芝	3	5	3	49	6.1%	16.3%	22.4%
京都ダ	9	10	9	96	9.4%	19.8%	29.2%
阪神芝	1	5	6	125	0.8%	4.8%	9.6%
阪神ダ	25	33	35	332	7.5%	17.5%	28.0%
小倉芝	2	6	9	131	1.5%	6.1%	13.0%
小倉ダ	6	12	7	129	4.7%	14.0%	19.4%

条件　重賞以外はどの条件でも安定

	1着	2着	3着	出走数	勝率	連対率	3着内率
新馬	10	12	16	151	6.6%	14.6%	25.2%
未勝利	60	70	74	828	7.2%	15.7%	24.6%
1勝	47	69	60	885	5.3%	13.1%	19.9%
2勝	27	34	34	434	6.2%	14.1%	21.9%
3勝	12	20	14	192	6.3%	16.7%	24.0%
OPEN特別	9	18	19	153	5.9%	17.6%	30.1%
GⅢ	1	2	2	43	2.3%	7.0%	11.6%
GⅡ	2	0	3	11	18.2%	18.2%	45.5%
GⅠ	0	0	1	8	0.0%	0.0%	12.5%
ハンデ戦	8	9	16	149	5.4%	11.4%	22.1%
牝馬限定	30	25	31	390	7.7%	14.1%	22.1%
障害	6	3	4	46	13.0%	19.6%	28.3%

人気　上位人気低調、アテにはできない

	1着	2着	3着	出走数	勝率	連対率	3着内率
1番人気	58	44	21	207	28.0%	49.3%	59.4%
2~3番人気	62	68	76	424	14.6%	30.7%	48.6%
4~6番人気	33	54	69	597	5.5%	14.6%	26.1%
7~9番人気	10	36	33	577	1.7%	8.0%	13.7%
10番人気~	5	23	24	900	0.6%	3.1%	5.8%

距離　ダートは堅実もベストは短距離戦

芝　平均勝ち距離　1,324m

	1着	2着	3着	出走数	勝率	連対率	3着内率
全体計	33	65	73	960	3.4%	10.2%	17.8%
芝~1300m	20	38	36	499	4.0%	11.6%	18.8%
芝~1600m	12	18	25	350	3.4%	8.6%	15.7%
芝~2000m	1	9	11	98	1.0%	10.2%	21.4%
芝~2400m	0	0	1	10	0.0%	0.0%	10.0%
芝2500m~	0	0	0	3	0.0%	0.0%	0.0%

ダート　平均勝ち距離　1,424m

	1着	2着	3着	出走数	勝率	連対率	3着内率
全体計	129	157	146	1699	7.6%	16.8%	25.4%
ダ~1300m	58	60	67	683	8.5%	17.3%	27.1%
ダ~1600m	33	48	40	485	6.8%	16.7%	24.9%
ダ~2000m	38	48	38	512	7.4%	16.8%	24.4%
ダ2100m~	0	1	1	19	0.0%	5.3%	5.3%

馬場状態　渋るよりパサパサの状態がいい

		1着	2着	3着	出走数	勝率	連対率	3着内率
芝	良	25	53	56	734	3.4%	10.6%	18.3%
	稍重	5	8	12	138	3.6%	9.4%	18.1%
	重	0	0	4	65	0.0%	6.2%	9.2%
	不良	3	4	1	23	13.0%	13.0%	17.4%
ダ	良	85	103	90	1040	8.2%	18.1%	26.7%
	稍重	25	19	30	315	7.9%	14.0%	23.5%
	重	16	20	20	233	6.9%	15.5%	24.0%
	不良	3	15	6	111	2.7%	16.2%	21.6%

性齢　3歳後半に牡牝共伸びる

	1着	2着	3着	出走数	勝率	連対率	3着内率
牡2歳	14	24	24	199	7.0%	19.1%	31.2%
牝2歳	12	15	24	179	6.7%	15.1%	28.5%
牡3歳前半	28	16	32	311	9.0%	14.1%	24.4%
牝3歳前半	13	18	14	271	4.8%	11.4%	16.6%
牡3歳後半	12	24	9	180	6.7%	20.0%	25.0%
牝3歳後半	18	22	9	196	9.2%	20.4%	25.0%
牡4歳	20	34	35	340	5.9%	15.9%	26.2%
牝4歳	14	11	22	240	5.8%	10.4%	19.6%
牡5歳	22	29	21	285	7.7%	17.9%	25.3%
牝5歳	3	7	14	180	1.7%	5.6%	13.3%
牡6歳	5	10	7	122	4.1%	12.3%	18.0%
牝6歳	2	4	3	73	2.7%	8.2%	12.3%
牡7歳以上	5	11	9	118	4.2%	13.6%	21.2%
牝7歳以上	0	0	0	11	0.0%	0.0%	0.0%

勝ち馬の決め手

芝　33勝
追込 4／逃げ 7／差し 8／先行 14

ダート　129勝
追込 2／逃げ 27／差し 38／先行 62

折り返しの新馬戦　2003年の6月から新馬戦はどの馬も生涯に一度だけしか出走できない決まりになっているが、それまでは同一開催中であれば何度でも出られたので、初戦敗退しても2戦目の新馬戦に向かうことが出来た。

馬券に直結する適性データ

高いスピード能力を活かせる
短距離戦がベスト条件か

　芝33勝に対しダート129勝。かなりダート寄りにシフトしている。重賞実績は芝に集中しているので、ポテンシャルが高い産駒は芝で、一般的な産駒はダートで狙うのが基本といえそうだ。もちろん、サクセスエナジーのような、ダートで一線級に上りつめるような馬なら、ダート上級戦でも買ってみたい。

　距離別に見ると芝はマイル戦に明確な壁があり、中長距離は3年間でわずかに1勝のみ。少なくとも頭で狙うのは賢明ではない。一方ダートは芝よりも幅広く対応している。ただ、前述したようにダートは下級条件も多いので、上のクラスでの過信は禁物だ。

　年齢では2歳戦から走るが、3歳になってもう一伸びを見せる。2歳で活躍した後、3歳前半で頭打ちになっているように見える産駒でも、3歳後半から巻き返してくることがあるので、簡単に見切ってしまわないように。

重賞レース馬券のヒント

同じレースで活躍する傾向あり
ピンポイントで狙いたい

　キンシャサノキセキ自身、高松宮記念や阪神Cを連覇したように、ある特定の条件＝レースで強さを発揮する傾向がある。それは同じ馬だけでなく、別の馬であってもあてはまることが多い。かつて、京王杯2歳Sを得意にしていたように、「種牡馬としてのリピーター」ぶりに注目してみたい。実際、2022年にはリベーラがファンタジーSを勝ち、父に同レース2勝目をもたらした。コースの違いはあれど、同時期に行われる同距離のレースであることは確か。10番人気の低評価なので軸は無理だったかもしれないが、ヒモ穴ならチャンスがあったかも。

通算重賞勝ち数

	G I	G II	G III	G I勝ち産駒数	重賞勝ち産駒数
芝	0	4	4	0	7
ダート	0	0	0	0	0
地方	0	2	5	0	2
海外	0	0	0	0	0

POG　2023年期待の2歳馬　ピックアップ

2歳王者を出した母系の牡駒や
牝馬重賞に縁深い系統の牝駒

　牡馬の注目は、桜花賞馬アユサンを叔母に持つ、母プレシャスラインの牡駒。すなわち2022年の最優秀2歳牡馬ドルチェモアはいとこにあたる。スピード色が強く仕上がりも早いので、2歳戦から楽しみ。母ビバリーヒルズの牡駒もなかなかの逸材。天皇賞馬のカンパニーやトーセンジョーダンを輩出した名門のクラフティワイフ系の出身で楽しみ。

　牝馬では母フォーエバーローズの牝駒が面白い。叔母にレディアルバローザ（中山牝馬S）、キャトルフィーユ（クイーンS）、エンジェルフェイス（フラワーC）と3頭の重賞勝ち馬がいる。牝馬の活躍馬の出やすい牝系ということで注目してみたい。

母馬名（母父）	性別	おすすめポイント
エクストラベル （キングカメハメハ）	牡	叔父に京成杯AHなど重賞2勝、朝日杯FS2着フィフスペトル。
*カリスマ （SINGSPIEL）	牡	いとこに日経賞、阪神大賞典などGIIを3勝したシャケトラがいる。
ギブユースマイル （*エンパイアメーカー）	牡	1歳セレクションセールで2860万円。2代母にGI馬スマイルトゥモロー。
ビバリーヒルズ （*スニッツェル）	牡	1歳セレクションセールで2420万円。母系は名門のクラフティワイフ系。
プレシャスライン （キングカメハメハ）	牡	叔母に桜花賞馬アユサン。いとこに2歳王者ドルチェモア。
*エノラ （NOVERRE）	牝	母は独オークス馬。半兄に独GIII馬。スタミナを強化する配合。
ゴールウェイ （フサイチコンコルド）	牝	1歳セレクションセールで1760万円。母系は名門メジロ牧場の血を引く。
*ターシャズスター （SPANISH STEPS）	牝	甥に小倉大賞典を勝ち、GI大阪杯で3着したアリーヴォがいる。
フォーエバーローズ （ロードカナロア）	牝	3頭の叔母が牝馬重賞を勝っている「女系一族」。本馬にも期待。
フォルクスオーバー （テイエムオペラオー）	牝	1歳セレクションセールで1210万円。スタミナ色の強い血統。

RANKING 19

2021 ㉚
2020 ㉞
2019 ㊸
2018 ㊼

2歳馬 24

エスポワールシチー
ESPOIR CITY

産駒のコンスタントな活躍でトップ20入り！

種付料／⇧受180万円F　供用地／新冠・優駿SS
2005年生　栗毛　門別・幾千世牧場産

距離	成長型	芝	ダート	瞬発力	パワー	底力
マ中	普	△	◎	○	○	○

年次	種付頭数	産駒数
22年	**142**	**70**
21年	134	56
20年	107	84
19年	138	96
18年	161	71

PROFILE

競走成績　40戦17勝（3〜8歳・日米）
最高レーティング　118M（09、10年）
主な勝ち鞍　ジャパンCダート、フェブラリーS、
JBCスプリント、南部杯3回、かしわ記念3回、
マーチS、みやこS、名古屋大賞典、トパーズS。

　3歳時、初勝利をあげるのに6戦を要したが、
ダートに変更した2勝目から4連勝でオープン
入り。重賞初挑戦の平安Sは2着、GI初走
のフェブラリーSこそ4着だったが、マーチSで
重賞初制覇を果たすと、そこからかしわ記念、
南部杯、ジャパンCダートと連勝して、2009年

のJRA最優秀ダートホースに輝いた。5歳にな
っても勢いはとどまらず、フェブラリーS、かし
わ記念と連勝を伸ばしていく。南部杯2着で連
勝は止まったが、米遠征してBCクラシックに
挑戦。さすがに壁は厚く10着に完敗するも、2
年続けてJRA最優秀ダートホースに選ばれた。

　帰国後、7歳時にかしわ記念でGI6勝目を
マーク。以降もダート重賞の常連として8歳ま
で走り、南部杯（2回）、JBCスプリントを制
して通算9つのダートGIタイトルを獲得した。
ほかにみやこS、名古屋大賞典を勝ち、帝王賞
などGIで2着が5回ある。

系統：サンデーサイレンス系　母父系統：ロベルト系				
父 ゴールドアリュール 栗 1999	**父父** *サンデーサイレンス 青鹿 1986	Halo	Hail to Reason	Turn-to
				Nothirdchance
			Cosmah	Cosmic Bomb
				Almahmoud
		Wishing Well	Understanding	Promised Land
				Pretty Ways
			Mountain Flower	Montparnasse
				Edelweiss
	父母 *ニキーヤ 鹿 1993	Nureyev	Northern Dancer	Nearctic
				Natalma
			Special	Forli
				Thong
		Reluctant Guest	Hostage	Nijinsky
				Entente
			Vaguely Royal	Vaguely Noble
				Shoshanna
母 エミネントシチー 鹿 1998	**母父** *ブライアンズタイム 黒鹿 1985	Roberto	Hail to Reason	Turn-to
				Nothirdchance
			Bramalea	Nashua
				Rarelea
		Kelley's Day	Graustark	Ribot
				Flower Bowl
			Golden Trail	Hasty Road
				Sunny Vale
	母母 ヘップバーンシチー 鹿 1990	*ブレイヴェストローマン	Never Bend	Nasrullah
				Lalun
			Roman Song	Roman
				Quiz Song
		コンパルシチー	*トラフィック	Traffic Judge
				Capelet
			リンネス	*フィダルゴ
				ジーゲリン

インブリード：Hail to Reason 4×4

血統解説

父ゴールドアリュールは、サンデーサイレンス系のダート部門を席捲する大種牡馬で、本馬やスマートファルコン（P148）、コパノリッキー（P166）が後継としてトップ50入りを果たし、さらにゴールドドリーム（P380）、クリソベリル（P392）らも種牡馬デビューを控えている。本馬はその大将格。

母エミネントシチーは3勝。母系は半弟にミヤジコクオウ（レパードS2着）。母父ブライアンズタイムは芝のみならず、ダートでもフリオーソ（P146）などの活躍馬を多数輩出した大種牡馬で、BMSとしても、ブルーコンコルド（JBCスプリント）、ディーマジェスティ（皐月賞）らを輩出している。

代表産駒

ヴァケーション（全日本2歳優駿、マーキュリーC3着）、ペイシャエス（名古屋グランプリ、ユニコーンS、ジャパンダートダービー2着、JBCクラシック3着）、イグナイター（2022年NAR年度代表馬、黒船賞、かきつばた記念、兵庫GT3着）、メモリーコウ（マリーンC2着、ブリーダーズGC2着、東海S3着）、ホールドユアハンド（クラウンC）、ヤマノファイト（報知オールスターC、羽田盃）、ショーム（バレンタインS）、ケイアイドリー（りんくうS）、スマイルウィ（浦和ゴールドC）、インペリシャブル（黒潮盃、鎌倉記念）

ダートでは33戦して、掲示板を外したのは、前述のBCクラシックなどわずか3回のみという、抜群の安定感を誇った。

2014年に種牡馬入り。種付頭数が初年度110頭、2年目91頭、3年目68頭と減少傾向にあったが、デビュー前の産駒の動きが良かったこともあり、2017年には123頭に増加。毎年100頭を超える牝馬を集める人気種牡馬となった。

その期待に応えるように、2017年にはNAR新種牡馬ランキングでトップに輝くと、総合ランキングも確実に上昇。2022年はペイシャエスがユニコーンSを勝ち、イグナイターがNAR年度代表馬に輝き、ついにトップ20入りを果たしている。種牡馬入りした当初は50万円だった種付料も徐々にアップし、2022年には3倍以上の180万円となっている。

From Stallion

株式会社優駿・藤本一真氏談

「昨年はついに地方リーディングサイアーの首位となりました。輸入種牡馬が大半を占めているダートサイアーランキングの中で、内国産種牡馬としては大健闘ではないでしょうか。昨年も産駒たちはダートで安定した勝ち鞍を重ねていましたが、特に重賞での活躍が目立っていました。セリ市場でも活発な取引がされており、今シーズンの種付料はキャリアハイの設定ながらも、多くの配合申し込みをいただいております」

総収得賞金 1,379,289,000円　**アーニング INDEX** 1.18　**実勢評価値** 2.95

勝利頭数／出走頭数：全馬 143／260	2歳 34／62
勝利回数／出走回数：全馬 257／2,053	2歳 46／228

Data Box (2020~2022)

単勝回収値 63円／単勝適正回収値 93円

コース　阪神ダートなどタフな舞台が◯

	1着	2着	3着	出走数	勝率	連対率	3着内率
全体計	69	55	65	798	8.6%	15.5%	23.7%
中央芝	2	2	3	33	6.1%	12.1%	21.2%
中央ダ	42	24	36	402	10.4%	16.4%	25.4%
ローカル芝	1	1	0	31	3.2%	6.5%	6.5%
ローカルダ	24	28	26	332	7.2%	15.7%	23.5%
右回り芝	2	2	3	45	4.4%	8.9%	15.6%
右回りダ	41	35	34	441	9.3%	17.2%	24.9%
左回り芝	0	1	0	18	0.0%	5.6%	5.6%
左回りダ	25	17	28	293	8.5%	14.3%	23.9%
札幌芝	0	0	0	9	0.0%	0.0%	0.0%
札幌ダ	3	4	0	35	8.6%	20.0%	20.0%
函館芝	0	0	0	6	0.0%	0.0%	0.0%
函館ダ	3	0	3	28	10.7%	10.7%	21.4%
福島芝	0	0	0	4	0.0%	0.0%	0.0%
福島ダ	3	8	4	58	5.2%	19.0%	27.6%
新潟芝	1	1	0	8	12.5%	25.0%	25.0%
新潟ダ	7	8	3	73	9.6%	20.5%	24.7%
東京芝	0	0	0	10	0.0%	0.0%	0.0%
東京ダ	13	4	13	128	10.2%	13.3%	23.4%
中山芝	0	0	0	6	0.0%	0.0%	0.0%
中山ダ	12	10	15	146	8.2%	15.1%	25.3%
中京芝	0	0	0	1	0.0%	0.0%	0.0%
中京ダ	5	5	5	92	5.4%	10.9%	16.3%
京都芝	0	0	0	1	0.0%	0.0%	0.0%
京都ダ	3	1	0	24	12.5%	16.7%	16.7%
阪神芝	2	2	3	15	13.3%	26.7%	46.7%
阪神ダ	14	9	8	104	13.5%	22.1%	29.8%
小倉芝	0	0	0	3	0.0%	0.0%	0.0%
小倉ダ	3	3	1	46	6.5%	13.0%	19.6%

条件　主な活躍の場は世代限定戦

	1着	2着	3着	出走数	勝率	連対率	3着内率
新馬	10	7	4	62	16.1%	27.4%	33.9%
未勝利	30	25	18	239	12.6%	23.0%	30.5%
1勝	16	16	22	295	5.4%	10.8%	18.3%
2勝	8	5	11	117	6.8%	11.1%	20.5%
3勝	2	1	4	54	3.7%	5.6%	13.0%
OPEN特別	4	3	4	38	10.5%	18.4%	28.9%
GⅢ	1	0	1	6	16.7%	16.7%	33.3%
GⅡ	1	0	1	1			100.0%
GⅠ	0	0	0	1	0.0%	0.0%	0.0%
ハンデ戦	1	2	6	42	2.4%	7.1%	21.4%
牝馬限定	12	12	6	139	8.6%	17.3%	21.6%
障害	2	2	0	15	13.3%	26.7%	26.7%

人気　2~3番人気の頭を意識

	1着	2着	3着	出走数	勝率	連対率	3着内率
1番人気	20	8	7	66	30.3%	42.4%	53.0%
2~3番人気	28	20	15	121	23.1%	39.7%	52.1%
4~6番人気	13	19	25	163	8.0%	19.6%	35.0%
7~9番人気	9	8	10	156	5.8%	10.9%	17.3%
10番人気~	1	2	8	307	0.3%	1.0%	3.6%

距離　マイルから中距離向き

芝　平均勝ち距離　1,667m

	1着	2着	3着	出走数	勝率	連対率	3着内率
全体計	3	3	3	64	4.7%	9.4%	14.1%
芝~1300m	1	2	1	24	4.2%	12.5%	16.7%
芝~1600m	0	0	0	12	0.0%	0.0%	0.0%
芝~2000m	2	1	2	26	7.7%	11.5%	19.2%
芝~2400m	0	0	0	0			
芝2500m~	0	0	0	2	0.0%	0.0%	0.0%

ダート　平均勝ち距離　1,494m

	1着	2着	3着	出走数	勝率	連対率	3着内率
全体計	66	52	62	734	9.0%	16.1%	24.5%
ダ~1300m	21	16	24	272	7.7%	13.6%	22.4%
ダ~1600m	18	9	13	164	11.0%	16.5%	24.4%
ダ~2000m	27	27	24	292	9.2%	18.5%	26.7%
ダ2100m~	0	0	1	6	0.0%	0.0%	16.7%

馬場状態　渋った馬場よりは良馬場がいい

		1着	2着	3着	出走数	勝率	連対率	3着内率
芝	良	3	3	2	54	5.6%	11.1%	14.8%
	稍重	0	0	1	7	0.0%	0.0%	14.3%
	重	0	0	0	3	0.0%	0.0%	0.0%
	不良	0	0	0	0			
ダ	良	46	30	31	439	10.5%	17.3%	24.4%
	稍重	11	13	18	154	7.1%	15.6%	27.3%
	重	7	6	9	94	7.4%	13.8%	23.4%
	不良	2	3	4	47	4.3%	10.6%	19.1%

性齢　早熟傾向、ピークは短め

	1着	2着	3着	出走数	勝率	連対率	3着内率
牡2歳	10	13	4	71	14.1%	32.4%	38.0%
牝2歳	7	5	5	52	13.5%	23.1%	32.7%
牡3歳前半	14	9	13	127	11.0%	18.1%	28.3%
牝3歳前半	6	3	7	90	6.7%	10.0%	17.8%
牡3歳後半	7	3	4	58	12.1%	17.2%	24.1%
牝3歳後半	6	10	3	63	9.5%	25.4%	30.2%
牡4歳	6	3	9	96	6.3%	9.4%	18.8%
牝4歳	4	3	5	76	5.3%	9.2%	15.8%
牡5歳	8	3	9	79	10.1%	13.9%	25.3%
牝5歳	1	0	2	52	0.0%	1.9%	7.7%
牡6歳	2	1	3	22	9.1%	13.6%	13.6%
牝6歳	0	1	3	9	0.0%	11.1%	44.4%
牡7歳以上	1	0	1	18	5.6%	11.1%	16.7%
牝7歳以上	0	0	0	1			

勝ち馬の決め手

芝
- 追込
- 差し 1
- 逃げ 1
- 先行 1
- 3勝

ダート
- 追込
- 差し 12
- 逃げ 17
- 先行 36
- 66勝

スプリンター　スピード能力に優れ、短距離でも特に1000m~1200mのレースに強い馬。サクラバクシンオーやロードカナロア、ピクシーナイトなど。

馬券に直結する適性データ

ダート種牡馬四天王の一角
中距離でスピードを活かす

　ダート66勝に対し芝はわずかに3勝のみ。パイロのページでも述べたように、ダート種牡馬として四天王と呼んでも差しつかえない存在。買うなら安定安心のダート戦だ。

　そのダート戦では、短距離から中距離まではまんべんなく勝ち星を重ねており、どこから狙ってもOKだが、数値的に単勝狙いならマイル戦、馬連、3連複なら中距離が狙い目と言える。

　仕上がりは早くデビュー戦から狙える。特に新馬戦は16.1％の勝率をマークしており、頭狙いもオススメ。ただ、新馬、未勝利を勝ち上がった後、その上のクラスでやや苦戦している傾向も見られる。意外とピークは短いようだ。

　1番人気時の信頼度はまずまずだが、それ以上に注目したいのが2～3番人気での成績。1番人気とほぼ互角で、配当的に考えるなら、本命時より対抗ポジションにいる時に狙った方がおいしい馬券にありつける。

重賞レース馬券のヒント

2歳交流重賞は要チェック
中央なら3歳同士がベター

　中央に2歳ダート重賞がない現在、どうしても早熟のダート血統は、地方競馬に活躍の馬を求めることになる。今後ダート3冠路線が確立される頃には、もっと中央の2歳、3歳ダート路線も整備されるだろう。そうなってくると、仕上がりの早い、3歳でピークを迎える本馬の産駒の出番となるだろう。

　古馬も混じる世代混合戦よりは、世代限定戦の方が良く、その意味で3歳限定のユニコーンSが狙い目か。ただ、ペイシャエスのように古馬と互角に渡りあえるレベルの馬なら、特に気にせずに狙っていきたい。

通算重賞勝ち数

	GⅠ	GⅡ	GⅢ	GⅠ勝ち産駒数	重賞勝ち産駒数
芝	0	0	0	0	0
ダート	0	0	1	0	1
地方	1	1	2	1	3
海外	0	0	0	0	0

POG　2023年期待の2歳馬　ピックアップ

半兄に2歳GⅠ馬の良血馬や
活躍馬の多い母系出身に期待

　牡馬では母グランロジェの牡駒に注目。叔父に全日本2歳優駿、ダイオライト記念を勝ち、佐賀記念3着があるノーヴァレンダがおり、この馬にも早い時期からダートの重賞での活躍が期待できる。母ドゥルセデレーチェの牡駒も期待できる。叔母にフローラSなど重賞3勝のディアデラノビアがいる良血で、ほかにもディアデラマドレ（府中牝馬S）、ドレッドノータス（京都大賞典）などが出る母系も魅力的だ。

　牝馬では、名牝の末裔に注目。桜花賞馬エルプスの血を引く母ジュリエッタの牝駒、マイルCS馬のシンコウラブリイの子孫となる、母ゴールデンフェザーの牝駒に期待だ。

母馬名（母父）	性別	おすすめポイント
アベニンプラナス（*サウスヴィグラス）	牡	半兄に北海道2歳駿駿2着馬。ミホノブルボンも出た母系に期待。
キングケショウ（*ハードスパン）	牡	1歳セレクションセールで3740万円。母系からアドマイヤムーン。
グランロジエ（キングヘイロー）	牡	叔父に全日本2歳優駿などダート交流重賞2着のノーヴァレンダ。
ジュエリーストーム（*ストーミングホーム）	牡	母父は英米でGⅠを3勝した中距離の強豪。スタミナ寄り配合。
ドゥルセデレーチェ（*フレンチデピュティ）	牡	叔母に重賞3勝のディアデラノビア、いとこも重賞馬で活躍馬多数の母系。
ボナデア（ルーラーシップ）	牡	初仔。2代目母に阪神JF3着のコンコルディア。マイル向きで2歳戦から。
ケープタウンシチー（*シンボリクリスエス）	牝	母は4勝をあげた中級馬。産駒はコンスタントに勝ち上がる。
ゴールデンフェザー（キングカメハメハ）	牝	3代母はマイルCS勝ちを含む重賞6勝の名牝シンコウラブリイ。
ジュリエッタ（*エンパイアメーカー）	牝	4代母に桜花賞馬エルプス。仕上がり早い配合で2歳戦から。
ヘイブンズギフト（*クロフネ）	牝	祖母は3歳GⅡ3着。母父クロフネでダート適性をさらにアップ。

RANKING
20
2歳馬 **12**

2021 ㊿
2020 −
2019 −
2018 −

*ドレフォン
DREFONG

いきなりクラシック馬を輩出した米短距離王

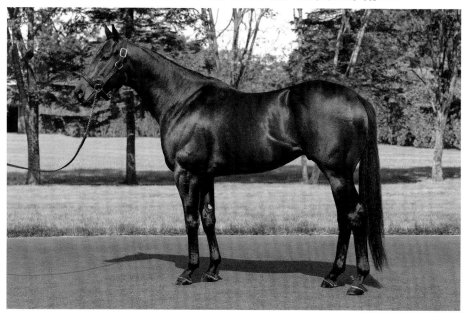

種付料／⇨ 受**700万円**F　供用地／安平・社台ＳＳ
2013年生　鹿毛　アメリカ産　2017年輸入

距離	成長型	芝	ダート	瞬発力	パワー	底力
短	普	○	◎	○	○	○

年次	種付頭数	産駒数
22年	**198**	**100**
21年	172	126
20年	186	125
19年	204	129
18年	207	−

PROFILE

競走成績　9戦6勝（2〜4歳・米）
最高レーティング　118S（16年）
主な勝ち鞍　BCスプリント、フォアゴーS、キングズビショップS。

　2、3歳時、初勝利からの4連勝でGIキングズビショップSを制しGIウイナーに輝く。続くGIBCスプリントは3番人気の評価だったが、マインドユアビスケッツ（P350）に1馬身1/4差をつけて勝利。2016年の米最優秀スプリンターに選ばれた。

　4歳緒戦のGIビングクロスビーSは落馬により競走中止。続くフォアゴーSは2着に4馬身差をつける完勝。連覇を狙ったBCスプリントは1番人気に推されるも6着に敗れ、これがラストランとなった。

　引退後は日本で種牡馬入り。米短距離王に輝いたそのスピードが買われ、初年度から種付頭数207頭という高い人気を集めた。2年目204頭、3年目186頭、4年目172頭と順当に種付をこなしていく。

　そして2021年に初年度産駒がデビューすると、その中の一頭ジオグリフが札幌2歳Sを制

系統：ストームキャット系　母父系統：ノーザンダンサー系

父 ジオポンティ Gio Ponti 鹿 2005	**父父** テイルオブザキャット Tale of the Cat 黒鹿 1994	Storm Cat	Storm Bird	Northern Dancer
				South Ocean
			Terlingua	Secretariat
				Crimson Saint
		Yarn	Mr. Prospector	Raise a Native
				Gold Digger
			Narrate	Honest Pleasure
				State
	父母 チペタスプリングズ Chipeta Springs 鹿 1989	Alydar	Raise a Native	Native Dancer
				Raise You
			Sweet Tooth	On-and-On
				Plum Cake
		Salt Spring	Salt Marsh	Tom Rolfe
				Saline
			Jungle Mythologic	Mount Athos
				Jungle Queen
母 エルティマース Eltimaas 鹿 2007	**母父** ゴーストザッパー Ghostzapper 鹿 2000	Awesome Again	Deputy Minister	Vice Regent
				Mint Copy
			Primal Force	Blushing Groom
				Prime Prospect
		Baby Zip	Relaunch	In Reality
				Foggy Note
			Thirty Zip	Tri Jet
				Sailaway
	母母 ナジェカム Najecam 栗 1993	Trempolino	Sharpen Up	*エタン
				Rocchetta
			Trephine	*ヴァイスリーガル
				Quiriquina
		Sue Warner	Forli	Aristophanes
				Trevisa
			Bitty Girl	Habitat
				Garvey Girl

インブリード：父 Gio Ponti に Raise a Native 4×3、母 Eltimaas に Vice Regent＝ヴァイスリーガル 4×4

血 統 解 説

父ジオポンティはマンノウォーS、アーリントンミリオンなどG1を7勝し、2年連続で米最優秀芝牡馬に選ばれている名中距離馬。オールウェザー馬場のBCクラシックでも2着している。その父テイルオブザキャットも日本で重賞勝ち馬を出しており、日本との相性はいい。母系はおじにアクションディスデイ（BCジュヴナイル）がいる。母父ゴーストザッパーはBCクラシックを勝った米年度代表馬で、日本では直系の父系はあまり馴染みがないが、種牡馬として米で成功している。BMSとしては、ギベオン（金鯱賞）、レヴァンテリオン（函館2歳S）を輩出している。

代表産駒

ジオグリフ（皐月賞、札幌2歳S、共同通信杯2着、朝日杯FS5着）、デシエルト（若葉S、グリーンチャンネルC）、タイセイドレフォン（レパードS2着）、ヒストリックノヴァ（エーデルワイス賞2着）、コンシリエーレ（兵庫CS3着）、カワキタレブリー（NHKマイルC3着）、コンティノアール（カトレアS）、カルネアサーダ（淀短距離S2着）、セイルオンセイラー（鶴ヶ城特別、鳳雛S3着）。

し、早くも重賞サイアーになると、その他の産駒も活躍して、2021年ファーストシーズンリーディングサイアーに輝いた。

　これを受けて、種付料は初期の300万円から一気に倍増し、700万円となる。

　その期待に応えるように、ジオグリフが皐月賞でイクイノックス、ドウデュース、ダノンベルーガら強敵を退け優勝。早くも父にクラシックサイアーの称号をもたらした。また、ジオグリフだけでなく、デシエルトが若葉Sを制し、カワキタレブリーがNHKマイルCで3着に入る活躍を見せたこともあって、2022年も198頭もの牝馬を集めている。

　また、デシエルトが東京ダート1600mでコースレコードを記録する走りを見せており、ダート部門での活躍馬も期待されている。

From Stallion

社台SS事務局・徳武英介氏談

「初年度産駒から皐月賞馬のジオグリフを送り出しましたが、同じように初年度からクラシックホースを送り出した種牡馬には、後のリーディングサイアーがずらりと並んでいます。血統背景が示すとおりに、産駒はダートも得意としており、今後はダート3冠での勝ち馬も充分に期待できそうです。今年誕生する産駒たちは、粒ぞろいと言えるような良血馬が揃っているだけに、2023年世代の産駒にも注目してください」

総収得賞金 **1,349,835,000 円**　アーニング INDEX **1.46**　実勢評価値 **0.94**

勝利頭数／出走頭数：全馬 **94** ／ **205**	2歳 **17** ／ **88**	
勝利回数／出走回数：全馬 **150** ／ **1,098**	2歳 **19** ／ **234**	

Data Box (2020~2022)

単勝回収値 **81円**／単勝適正回収値 **88円**

コース　芝よりはダート。中山、阪神で強い

	1着	2着	3着	出走数	勝率	連対率	3着内率
全体計	108	75	83	1012	10.7%	18.1%	26.3%
中央芝	13	11	12	192	6.8%	12.5%	18.8%
中央ダ	**50**	**26**	**28**	**368**	**13.6%**	**20.7%**	**28.3%**
ローカル芝	11	12	12	170	6.5%	13.5%	20.6%
ローカルダ	34	26	31	282	12.1%	21.3%	32.3%
右回り芝	15	11	12	216	6.9%	12.0%	19.0%
右回りダ	57	32	32	403	14.1%	22.1%	30.3%
左回り芝	9	12	9	145	6.2%	14.5%	20.7%
左回りダ	27	20	26	247	10.9%	19.0%	29.6%
札幌芝	4	3	3	22	18.2%	31.8%	45.5%
札幌ダ	2	5	2	30	6.7%	23.3%	30.0%
函館芝	1	0	0	18	5.6%	5.6%	5.6%
函館ダ	**5**	**2**	**3**	**24**	**20.8%**	**29.2%**	**41.7%**
福島芝	0	2	2	24	0.0%	8.3%	16.7%
福島ダ	4	5	4	37	10.8%	24.3%	35.1%
新潟芝	1	2	2	32	3.1%	9.4%	15.6%
新潟ダ	3	4	4	42	7.1%	16.7%	26.2%
東京芝	5	7	4	71	7.0%	16.9%	22.5%
東京ダ	11	8	7	100	11.0%	19.0%	26.0%
中山芝	5	3	3	52	9.6%	15.4%	21.2%
中山ダ	**13**	**6**	**5**	**97**	**13.4%**	**19.6%**	**24.7%**
中京芝	3	0	0	43	7.0%	14.0%	20.9%
中京ダ	13	8	15	105	12.4%	20.0%	34.3%
京都芝	0	0	0	0			
京都ダ	0	0	0	0			
阪神芝	3	1	5	69	4.3%	5.8%	13.0%
阪神ダ	**26**	**12**	**16**	**171**	**15.2%**	**22.2%**	**31.6%**
小倉芝	2	2	0	31	6.5%	12.9%	19.4%
小倉ダ	**7**	**2**	**4**	**44**	**15.9%**	**20.5%**	**27.3%**

距離　ダートの短距離・中距離が買い

芝　平均勝ち距離　1,617m

	1着	2着	3着	出走数	勝率	連対率	3着内率
全体計	24	23	24	362	6.6%	13.0%	19.6%
芝~1300m	2	3	5	71	2.8%	7.0%	14.1%
芝~1600m	14	14	14	191	7.3%	14.7%	22.0%
芝~2000m	7	6	5	89	7.9%	14.6%	20.2%
芝~2400m	1	0	0	10	10.0%	10.0%	10.0%
芝2500m~	0	0	0	1	0.0%	0.0%	0.0%

ダート　平均勝ち距離　1,554m

	1着	2着	3着	出走数	勝率	連対率	3着内率
全体計	84	52	59	650	12.9%	20.9%	30.0%
ダ~1300m	22	15	16	156	14.1%	23.7%	34.0%
ダ~1600m	18	12	14	174	10.3%	17.2%	25.3%
ダ~2000m	44	25	28	313	14.1%	22.0%	31.0%
ダ2100m~	0	0	1	7	0.0%	0.0%	14.3%

馬場状態　少し湿ったダートで勝負強い

		1着	2着	3着	出走数	勝率	連対率	3着内率
芝	良	20	22	17	286	7.0%	14.7%	20.6%
	稍重	4	1	6	64	6.3%	7.8%	17.2%
	重	0	0	0	11	0.0%	0.0%	0.0%
	不良	0	0	1	4	0.0%	0.0%	25.0%
ダ	良	53	30	40	429	12.4%	19.3%	28.7%
	稍重	21	16	12	137	15.3%	27.0%	35.8%
	重	6	3	6	58	10.3%	15.5%	25.9%
	不良	4	3	1	26	15.4%	26.9%	30.8%

性齢　牡馬は早熟、牝馬は3歳後半から

	1着	2着	3着	出走数	勝率	連対率	3着内率
牡2歳	**31**	**22**	**20**	**219**	**14.2%**	**24.2%**	**33.3%**
牝2歳	13	15	19	223	5.8%	12.6%	21.1%
牡3歳前半	17	3	9	144	11.8%	13.9%	20.1%
牝3歳前半	21	12	20	196	10.7%	16.8%	27.0%
牡3歳後半	7	11	3	102	6.9%	17.6%	20.6%
牝3歳後半	**19**	**12**	**12**	**128**	**14.8%**	**24.2%**	**33.6%**
牡4歳	0	0	0	0			
牝4歳	0	0	0	0			
牡5歳	0	0	0	0			
牝5歳	0	0	0	0			
牡6歳	0	0	0	0			
牝6歳	0	0	0	0			
牡7歳以上	0	0	0	0			
牝7歳以上	0	0	0	0			

条件　2勝クラス、OPでは頼もしい

	1着	2着	3着	出走数	勝率	連対率	3着内率
新馬	16	14	15	188	8.5%	16.0%	23.9%
未勝利	53	33	46	494	10.7%	17.4%	26.7%
1勝	24	20	14	237	10.1%	18.6%	24.5%
2勝	**8**	**5**	**3**	**34**	**23.5%**	**38.2%**	**47.1%**
3勝	1	0	1	8	12.5%	12.5%	25.0%
OPEN 特別	**4**	**1**	**2**	**19**	**21.1%**	**26.3%**	**36.8%**
G Ⅲ	1	2	0	19	5.3%	15.8%	15.8%
G Ⅱ	1	0	1	4	0.0%	0.0%	25.0%
G Ⅰ	1	0	1	9	11.1%	11.1%	22.2%
ハンデ戦	2	1	0	8	25.0%	37.5%	37.5%
牝馬限定	29	20	30	270	10.7%	18.1%	29.3%
障害	0	0	0	0			

人気　2~3番人気の単勝が狙い

	1着	2着	3着	出走数	勝率	連対率	3着内率
1番人気	31	17	14	99	31.3%	48.5%	62.6%
2~3番人気	**44**	**24**	**28**	**219**	**20.1%**	**31.1%**	**43.8%**
4~6番人気	25	24	27	281	8.9%	17.4%	27.0%
7~9番人気	7	7	8	209	3.3%	6.7%	10.5%
10番人気~	1	3	6	204	0.5%	2.0%	4.9%

勝ち馬の決め手

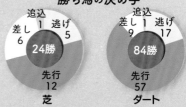

芝　追込 1　逃げ 5　差し 6　24勝　先行 12

ダート　追込 9　逃げ 17　差し 25　84勝　先行 57

全兄弟（姉妹）　馬の兄弟は、母馬を基準に考えるが、同じ母を持っていても、父が同じケースもあれば違うケースもある。そのうちの前者の父も母も同じケースを全兄弟（姉妹）と呼び、後者を半兄弟と呼ぶ。

馬券に直結する適性データ

上級馬なら芝もこなすが
一般的な産駒はダート向き

　芝24勝に対しダートは84勝。上級馬は芝もこなすが、一般的レベルの産駒は、やはりダートが主戦場になると思われる。

　距離別に見てみると、芝はマイル付近に勝ち星が集まっているが、ダートはわりと短距離から中距離まで幅広く好成績を収めている。勝ち数では中距離がリードしているが、率で言ったら短距離の方がいい。また、芝もダートも2000mが限界で、それ以上の長距離ではガクッと成績が落ちる。2000mをこなせば2200mも大丈夫そうだが、この1ハロンの違いが大きくのしかかっている。

　馬場状態では、やや湿ったダートでスピードを活かすタイプ。デシエルトが東京ダート1600mで驚異的なレコードを記録したのも、脚抜きがいい重馬場でのことだった。やはり、全米チャンピオンスプリンターとして、スピードこそ最大の武器、というわけだ。

重賞レース馬券のヒント

能力をフルに発揮した時の
大仕事に注意したい

　展開有利など様々な要素があったとは言え、あのイクイノックスに土をつけたことに変わりはない。しかも後のダービー馬、後の菊花賞馬（ともにレースレコード勝ち）をも降しているのだから、ジオグリフの皐月賞は価値が高い。

　また、重賞ではないが、デシエルトがグリーンチャンネルCで記録した東京ダート1600mの1分33秒5のレコードも超優秀。持てるポテンシャルをフルに発揮した時は、予想以上の走りを見せてくれる。実績面でやや劣っていても、大仕事をやってのける可能性は十分にある。今後も大レースでは目が離せない。

通算重賞勝ち数

	GⅠ	GⅡ	GⅢ	GⅠ勝ち産駒数	重賞勝ち産駒数
芝	1	0	1	1	1
ダート	0	0	0	0	0
地方	0	0	0	0	0
海外	0	0	0	0	0

POG　2023年期待の2歳馬　ピックアップ

名門牝系の出身馬がズラリ
その血筋に新たな勲章を！

　牡馬の注目株は母スペシャルグルーヴの牡駒。半兄にチャンピオンズCのジュンライトボルトがいる。兄は最初、芝を走っていて後にダートで開花したが、この馬にも二刀流の活躍が期待できる。その背景となるのは母系が超名門エアグルーヴ系であること。実は本馬以外にも、母リミニの牡駒もエアグルーヴ系出身。こちらも大物感十分だ。

　牝馬では、母レーヴドリーヴの牝駒も素晴らしい母系を持つ。2歳女王レーヴディソールを筆頭に、多くの活躍馬を出すレーヴドスカーの一族でもある。母父に3冠馬オルフェーヴルを迎えてスケールはかなり大きい。桜花賞を視野に入れたい一頭だ。

母馬名（母父）	性別	おすすめポイント
アデレードヒル（ゴールドヘイロー）	牡	当歳セレクトセールで7260万円。3代母に英愛オークス馬がいる。
カールファターレ（キングカメハメハ）	牡	1歳セレクトセールで6380万円。半兄にOP馬シークレットラン。
スペシャルグルーヴ（スペシャルウィーク）	牡	半兄にチャンピオンズCのジュンライトボルト。3代母はエアグルーヴ。
リミニ（ディープインパクト）	牡	1歳セレクトセールで6600万円。超名門エアグルーヴ系の出身。
レッドエレノア（ハーツクライ）	牡	1歳セレクションセールで5060万円。叔父にGⅡ馬カポーティスター。
チカアレグレ（ハーツクライ）	牝	1歳セレクトセールで4620万円。2代母エルーセラは仏GⅢ勝ち。
バンデイア（ディープインパクト）	牝	1歳セレクトセールで4400万円。いとこにGⅡ馬シゲルピンクルビー。
プラトリーナ（ディープインパクト）	牝	2代母にGⅠプライオレスSの勝ち馬ファニーフロイドがいる。
レーヴドリーヴ（オルフェーヴル）	牝	叔母に2歳女王レーヴディソール。他にも活躍馬が並ぶ名門出身。
ローズノーブル（ディープインパクト）	牝	2代母は仏GⅢ馬。半兄にジュビリーヘッド（函館SS2着）がいる。

111

FLIGHTLINE
フライトライン

2021、22年成績　最高レーティング 140 I（2022年）

出走日	国名	格	レース名	コース・距離	着順	負担重量	馬場状態	タイム	着差	競馬場
2021/4/24	米		未勝利	D6F	1着	53.5	速	1:08.75	13・1/4	サンタアニタパーク
2021/9/5	米		オプショナルクレーミング	D6F	1着	54	速	1:08.05	12・3/4	デルマー
2021/12/26	米	GI	マリブS	D7F	1着	54.5	速	1:21.37	11・1/2	サンタアニタパーク
6/11	米	GI	メトロポリタンH	D8F	1着	56	速	1:33.59	6	ベルモントパーク
9/3	米	GI	パシフィッククラシックS	D10F	1着	56	速	1:59.28	19・1/4	デルマー
11/5	米	GI	ブリーダーズCクラシック	D10F	1着	57	速	2:00.05	8・1/4	キーンランド

圧勝の連続で世界ランク1位に、歴代最高の評価受け種牡馬入り

　自身の怪我やコロナ禍の混乱により、デビュー戦は3歳4月のD6Fで争われる未勝利戦となった。この一戦を13馬身4分の1差で快勝。2戦目となる9月のクレーミングレースは12馬身4分の3差で勝利。初のGI参戦となる暮れのマリブSでも、2着馬に11馬身半差を付け3連勝を記録する。4歳となった2022年は、万全の状態を作り上げてからレースに臨むJ・サドラー調教師の方針もあり、GIレース3戦のみに出走。6月のマイル戦メトロポリタンHを6馬身差、9月のD10F戦パシフィッククラシックSを19馬身4分の1差、ラストランとなる11月のブリーダーズCクラシックでも、並居る強豪たちを圧倒し、2着馬に8馬身4分の1差を付け、有終の美を飾った。

　フランケルと並ぶ歴代1位となる「140」のレーティングを得たフライトラインは、今春から米ケンタッキー州レーンズエンドファームで種牡馬供用される。初年度種付料は20万ドル（約2620万円）と、手が出ないほどの超高額ではないが、種牡馬としての評価額1億8400万ドル（約241億400万円）は、フランケルの1億6000万ドルを上回るものとなっている。

※1ドル＝131円で換算（2022年12月末のレート）

血統解説

　父タピットは2014年から3年連続で北米リーディングサイアーに輝いた大物。米では、コンスティチューション、タピチャー、タピザー、フロステッドといった後継者が出ているが、本馬にはサンデーサイレンスにおけるディープインパクトのような、圧倒的な成果を収める後継種牡馬となることが期待される。父系は3冠馬シアトルスルーへと遡る米生産界を代表する系統。

　母フェザードは米GIIIエッジウッドSに勝ち、GIアメリカンオークス、GIスターレットSで共に2着。母系は米の名門で、曾祖母ファインダーズフィーはGIエイコーンS勝ち馬、一族からGI8勝のヘヴンリープライズが出ている。母父インディアンチャーリーは、仕上り早いスピード型。

系統：シアトルスルー系		母父系統グレイソヴリン系		
父 タピット Tapit 芦 2001	プルピット Pulpit 鹿 1994	A.P. Indy	Seattle Slew	
			Weekend Surprise	
		Preach	Mr. Prospector	
			Narrate	
	タップユアヒールズ Tap Your Heels 芦 1996	Unbridled	Fappiano	
			Gana Facil	
		Ruby Slippers	Nijinsky	
			Moon Glitter	
母 フェザード Feathered 鹿 2012	インディアンチャーリー Indian Charlie 鹿 1995	In Excess	Siberian Express	
			Kantado	
		Soviet Sojourn	Leo Castelli	
			Political Parfait	
	リスィート Receipt 黒鹿 2005	Dynaformer	Roberto	
			Andover Way	
		Finder's Fee	Storm Cat	
			Fantastic Find	

インブリード：Mr. Prospector 4・5×5

2022年 種牡馬ランキング
21~100

GⅠ馬の父となり一気に躍進してきたエイシンフラッシュをはじめトップ20入りを目指す新進気鋭の若き種牡馬たち、海外けい養馬、一時代を築いた名種牡馬からも目が離せない。

Thoroughbred Stallions In Japan

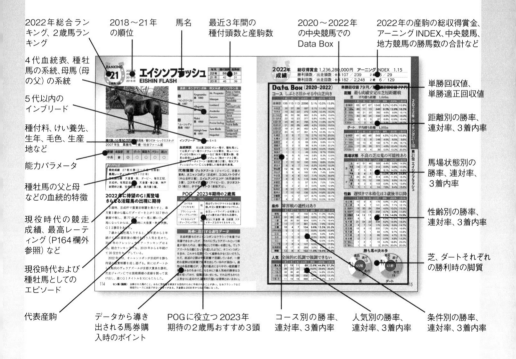

2022年総合ランキング、2歳馬ランキング

4代血統表、種牡馬の系統、母馬(母の父)の系統

5代以内のインブリード

種付料、けい養先、生年、毛色、生産地など

能力パラメータ

種牡馬の父と母などの血統的特徴

現役時代の競走成績、最高レーティング(P164欄外参照)など

現役時代および種牡馬としてのエピソード

代表産駒

2018~21年の順位

馬名

最近3年間の種付頭数と産駒数

2020~2022年の中央競馬でのData Box

2022年の産駒の総収得賞金、アーニングINDEX、中央競馬、地方競馬の勝馬数の合計など

単勝回収値、単勝適正回収値

距離別の勝率、連対率、3着内率

馬場状態別の勝率、連対率、3着内率

性齢別の勝率、連対率、3着内率

芝、ダートそれぞれの勝利時の脚質

データから導き出される馬券購入時のポイント

POGに役立つ2023年期待の2歳馬おすすめ3頭

コース別の勝率、連対率、3着内率

人気別の勝率、連対率、3着内率

条件別の勝率、連対率、3着内率

能力パラメータの見方　短…1000~1400m、マ…1600m前後、中…1800~2100m、長…2200m以上、万…万能(産駒の距離タイプが様々)、早…早熟、普…普通、晩…晩成、持続…早熟と晩成を併せ持つ、◎…非常に得意、○…得意、△…やや不向き、▲…不得意

※種付料で受=受胎確認後支払、産=産駒誕生後支払、不=不受胎時全額返還、F=フリーリターン特約(P138欄外参照)、返=流死産又は死亡時返還、不出走=不出生時返金。　価格・支払条件、供用地などは変更の場合があります。

RANKING
21
2歳馬 68
2021 ㉕
2020 ㉔
2019 ㉕
2018 ㊺

エイシンフラッシュ
EISHIN FLASH

年次	種付頭数	産駒数
22年	**56**	**31**
21年	42	31
20年	46	39

種付料／⇨受80万円F　供用地／新ひだか・レックススタッド

2007年生　黒鹿毛　千歳・社台ファーム産

距離	成長型	芝	ダート	瞬発力	パワー	底力
中長	普	◎	○	○	○	○

PROFILE

競走成績　27戦6勝（2～6歳・日首香）

最高レーティング　121 I（12年）

主な勝ち鞍　天皇賞・秋、ダービー、毎日王冠、京成杯。有馬記念2着、天皇賞・春2着、神戸新聞杯2着、宝塚記念3着、皐月賞3着。

系統：キングマンボ系　母父系統：ハンプトン系

父 *キングズベスト 鹿 1997	Kingmambo 鹿 1990	Mr. Prospector	Raise a Native
			Gold Digger
		Miesque	Nureyev
			Pasadoble
	Allegretta 栗 1978	Lombard	Agio
			Promised Lady
		Anatevka	Espresso
			Almyra
母 *ムーンレディ 黒鹿 1997	Platini 栗 1989	Surumu	Literat
			Surama
		Prairie Darling	Stanford
			Prairie Belle
	Midnight Fever 鹿 1991	Sure Blade	Kris
			Double Lock
		Majoritat	Konigsstuhl
			Monacchia

インブリード：Birkhahn 5×5

血統解説　父は英2000ギニー馬で、種牡馬としては英ダービー馬ワークフォースを輩出。母ムーンレディはGII独セントレジャーなど独米で重賞4勝。母系は叔母にミッドナイトエンジェル（独オークス2着）、姪にメジャータイフーン（函館2歳S2着）。母父プラティニはジャパンCにも参戦した独年度代表馬。

代表産駒　ヴェラアズール（ジャパンC、京都大賞典）、オニャンコポン（京成杯）、ココロノトウダイ（中山金杯2着）、エイムアンドエンド（共同通信杯3着）、コスモイグナーツ（アイビーS）、カリオストロ（橘S）、タマモメイトウ（韋駄天S）。

2022年に待望のGI馬登場
さらなる活躍馬の出現に期待

　3歳時、京成杯で重賞初制覇を果たすと、皐月賞3着から臨んだダービーを上がり32.7秒の豪脚で制し、第77代ダービー馬に輝いた。古馬になってからは、5歳時に天皇賞・秋を快勝。GI2勝目をあげた。

　7歳から種牡馬入りすると、初年度から3年続けて200頭前後の種付を行う人気を見せた。2017年のフレッシュサイアーランキングは4位。総合ランキングでも、2019年から4年続けて20位台をキープしている。

　2022年には、オニャンコポンが京成杯を勝ち待望の重賞制覇を成し遂げる。秋にはダートから芝転向のヴェラアズールが京都大賞典を勝利、次走ジャパンCでは混戦模様の直線を割って抜け出し、遂にGIタイトルを父にもたらした。

POG　2023年期待の2歳馬

母馬名（母父）	性別	おすすめポイント
コイウタ（フジキセキ）	牡	母はヴィクトリアマイルなど重賞2勝。半兄に重賞3着タイセイサミット。
ブランシェール（ディープインパクト）	牡	全兄レッドライデンは初富士Sなど4勝をあげ現在も活躍中。
マイネカメリア（ディープインパクト）	牝	叔父に天皇賞・春、日経賞、ステイヤーズSのマイネルキッツ。

馬券に直結する適性データ

　京成杯勝ちのオニャンコポンはクラシック本番では活躍できなかったが、代わりにヴェラアズールという新星が現れたのは、種牡馬としての勢いを感じる。ヴェラアズールも5歳になって大成したように、オニャンコポンを含め、これから花開いていく産駒も少なくないだろう。ただ、前述の2頭は中長距離で活躍しているが、一般的な産駒は短距離で結果を出しているのが面白い。適性は中長距離だが、人気の盲点になりやすい短距離で狙ってみるのもありだ。ちなみに1番人気時の勝率は3割を切っており、信頼度はいまいち。それ以外もわりと人気なりに走るので、過度の穴狙いは得策とはいえない。

セン馬（騸馬） 去勢された馬のこと。おもに気性難を解消する目的のために手術されることが多い。なおクラシックなど特定のレースに出走できない決まりがある。天皇賞は2008年から出走可能になった。

総収得賞金 1,236,280,000円　アーニング INDEX　1.15

勝利頭数／出走頭数：全馬	107／239	2歳	6／29
勝利回数／出走回数：全馬	182／2,248	2歳	6／129

Data Box (2020~2022)

コース　しぶとさ活かせる中山芝向き

	1着	2着	3着	出走数	勝率	連対率	3着内率
全体計	106	115	113	2098	5.1%	10.5%	15.9%
中央芝	30	37	29	587	5.1%	11.4%	16.4%
中央ダ	19	30	23	472	4.0%	10.4%	15.3%
ローカル芝	35	30	38	662	5.3%	9.8%	15.6%
ローカルダ	22	18	23	377	5.8%	10.6%	16.7%
右回り芝	45	45	41	785	5.7%	11.5%	16.7%
右回りダ	21	32	29	498	4.2%	10.6%	16.5%
左回り芝	19	21	26	452	4.2%	8.8%	14.6%
左回りダ	20	16	17	351	5.7%	10.3%	15.1%
札幌芝	2	6	7	75	2.7%	10.7%	20.0%
札幌ダ	3	1	4	31	9.7%	12.9%	25.8%
函館芝	2	2	3	69	2.9%	5.8%	10.1%
函館ダ	3	2	3	36	8.3%	13.9%	22.2%
福島芝	4	3	7	120	5.8%	10.0%	15.8%
福島ダ	1	3	1	46	2.2%	8.7%	10.9%
新潟芝	4	8	6	144	2.8%	8.3%	12.5%
新潟ダ	3	2	5	89	3.4%	5.6%	11.2%
東京芝	7	10	12	193	3.6%	8.8%	15.0%
東京ダ	9	6	7	144	6.3%	10.4%	15.3%
中山芝	12	16	10	172	7.0%	16.3%	22.1%
中山ダ	3	9	4	162	1.9%	7.4%	9.9%
中京芝	9	4	8	127	7.1%	10.2%	16.5%
中京ダ	8	8	5	118	6.8%	13.6%	17.8%
京都芝	3	1	0	57	5.3%	7.0%	7.0%
京都ダ	0	2	2	31	0.0%	6.5%	12.9%
阪神芝	8	10	7	165	4.8%	10.9%	15.2%
阪神ダ	7	13	10	135	5.2%	14.8%	22.2%
小倉芝	11	5	7	127	8.7%	12.6%	18.1%
小倉ダ	4	2	5	57	7.0%	10.5%	19.3%

条件　障害戦の適性はあり

	1着	2着	3着	出走数	勝率	連対率	3着内率
新馬	7	10	7	150	4.7%	11.3%	16.0%
未勝利	51	58	48	930	5.5%	11.7%	16.9%
1勝	29	30	39	504	5.8%	11.7%	19.4%
2勝	13	17	17	381	3.4%	7.9%	12.3%
3勝	10	4	7	104	9.6%	13.5%	20.2%
OPEN特別	5	3	0	77	6.5%	10.4%	10.4%
GⅢ	1	1	0	34	2.9%	5.9%	5.9%
GⅡ	1	0	0	12	8.3%	8.3%	8.3%
GⅠ	1	0	0	8	12.5%	12.5%	12.5%
ハンデ戦	7	8	4	107	6.5%	14.0%	17.8%
牝馬限定	8	17	8	269	3.0%	9.3%	12.3%
障害	12	8	5	102	11.8%	19.6%	24.5%

人気　全体的に低調で強調できない

	1着	2着	3着	出走数	勝率	連対率	3着内率
1番人気	21	19	11	89	23.6%	44.9%	57.3%
2~3番人気	36	33	24	233	15.5%	29.6%	39.9%
4~6番人気	32	36	40	460	7.0%	14.8%	23.5%
7~9番人気	18	16	25	530	3.4%	6.4%	11.1%
10番人気~	11	19	18	888	1.2%	3.4%	5.4%

単勝回収値 79円／単勝適正回収値 77円

距離　最も成績安定は芝短距離戦

芝　　平均勝ち距離　1,646m

	1着	2着	3着	出走数	勝率	連対率	3着内率
全体計	65	67	67	1249	5.2%	10.6%	15.9%
芝~1300m	20	11	13	240	8.3%	12.9%	18.3%
芝~1600m	18	21	20	392	4.6%	9.9%	15.1%
芝~2000m	20	30	25	500	4.0%	10.0%	15.0%
芝~2400m	6	5	5	87	6.9%	12.6%	18.4%
芝2500m~	1	0	4	30	3.3%	3.3%	16.7%

ダート　平均勝ち距離　1,502m

	1着	2着	3着	出走数	勝率	連対率	3着内率
全体計	41	48	46	849	4.8%	10.5%	15.9%
ダ~1300m	11	5	8	246	4.5%	6.5%	9.8%
ダ~1600m	13	10	8	193	6.7%	11.9%	16.1%
ダ~2000m	17	29	26	371	4.6%	12.4%	19.4%
ダ2100m~	0	4	4	39	0.0%	10.3%	20.5%

馬場状態　不良の芝は鬼の可能性あり

		1着	2着	3着	出走数	勝率	連対率	3着内率
芝	良	41	51	46	928	4.4%	9.9%	14.9%
	稍重	14	7	15	212	6.6%	9.9%	17.0%
	重	7	5	7	86	8.1%	14.0%	19.8%
	不良	3	4	1	23	13.0%	30.4%	34.8%
ダ	良	25	34	25	514	4.9%	11.5%	16.3%
	稍重	5	10	12	168	3.0%	8.9%	16.1%
	重	6	3	5	103	5.8%	8.7%	13.6%
	不良	5	1	4	64	7.8%	9.4%	15.6%

性齢　遅咲きで本格化は3歳後半以降

	1着	2着	3着	出走数	勝率	連対率	3着内率
牡2歳	10	9	8	170	5.9%	11.2%	15.9%
牝2歳	6	4	7	141	4.3%	7.1%	12.1%
牡3歳前半	19	33	24	394	4.8%	13.2%	19.3%
牝3歳前半	12	12	10	258	4.7%	9.3%	11.6%
牡3歳後半	14	12	11	186	7.5%	14.0%	19.9%
牝3歳後半	8	7	8	116	6.9%	12.9%	19.8%
牡4歳	21	24	20	339	6.2%	13.3%	19.2%
牝4歳	4	7	14	170	2.4%	6.5%	14.7%
牡5歳	15	6	13	204	7.3%	10.2%	16.6%
牝5歳	4	6	1	93	4.3%	10.7%	10.8%
牡6歳	3	1	3	86	3.5%	4.7%	8.1%
牝6歳	0	1	2	21	0.0%	4.8%	14.3%
牡7歳以上	2	1	1	16	6.3%	18.8%	25.0%
牝7歳以上	1	0	0	5	20.0%	20.0%	20.0%

勝ち馬の決め手

芝　　65勝　追込 6／逃げ 13／差し 19／先行 27

ダート　41勝　追込 3／逃げ 8／差し 11／先行 19

RANKING 22

2歳馬 11

2021 ㉜
2020 ⑩
2019 −
2018 −

ホッコータルマエ
HOKKO TARUMAE

年次	種付頭数	産駒数
22年	168	116
21年	172	112
20年	161	131

種付料／⇧受300万円F　供用地／浦河・イーストスタッド
2009年生　鹿毛　浦河・市川ファーム産

距離	成長型	芝	ダート	瞬発力	パワー	底力
中	普	○	◎	○	◎	○

PROFILE

競走成績　39戦17勝（3〜7歳・日首）
最高レーティング　119I（14年）
主な勝ち鞍　チャンピオンズC、東京大賞典2回、JBCクラシック、帝王賞2回、川崎記念3回、かしわ記念、アンタレスS、レパードS、佐賀記念など。

2014年のJRAダート王
総合ランキングも20位台に

　4歳時、かしわ記念でGI初制覇を遂げると、帝王賞、JBCクラシック、東京大賞典と地方GIを4勝。5歳時には川崎記念、チャンピオンズC、東京大賞典を勝ってJRA最優秀ダートホースに選ばれた。以降も、帝王賞を勝ち、川崎記念3連覇を果たすなどして、計10個もGIタイトルを獲得した。2013〜15年とNARダートグレード特別賞も手にしている。

　初年度から164頭もの牝馬を集める人気ぶりで、3年目の2019年には208頭もの種付をこなした。

　2022年ブリッツファングが兵庫CSで産駒の重賞初制覇を遂げると、さらにゴライコウもJBC2歳優駿を勝ち、総合ランキングでも20位台にランクインしている。

系統：キングマンボ系　母父系統：ブラッシンググルーム系

父 キングカメハメハ 鹿 2001	Kingmambo 鹿 1990	Mr. Prospector	Raise a Native
			Gold Digger
		Miesque	Nureyev
			Pasadoble
	*マンファス 黒鹿 1991	*ラストタイクーン	*トライマイベスト
			Mill Princess
		Pilot Bird	Blakeney
			The Dancer
母 マダムチェロキー 鹿 2001	Cherokee Run 黒鹿 1990	Runaway Groom	Blushing Groom
			Yonnie Girl
		Cherokee Dame	Silver Saber
			Dame Francesca
	*アンフォイルド 鹿 1995	Unbridled	Fappiano
			Gana Facil
		Bold Foil	Bold Forbes
			Perfect Foil

インブリード：Mr. Prospector 3×5、父キングカメハメハに Northern Dancer 4×4

血統解説　父はNHKマイルC、ダービー勝ちの変則2冠馬で、種牡馬としても、芝、ダートでともに数多くの超一流馬を輩出した名馬。母はダート中距離戦で4勝。母系は叔母にコスモプリズム（エンプレス杯3着、TCK女王盃3着）。母父チェロキーランはBCスプリントを制した快速馬。

代表産駒　ブリッツファング（兵庫CS）、ゴライコウ（JBC2歳優駿）、レディバグ（兵庫ジュニアGP2着）、ダイセンハッピー（名古屋・ゴールドウイング賞）、モリノオーシャン（門別・ブロッサムC）、マママカロニ（大井・ゴールドジュニア）。

POG 2023年期待の2歳馬

母馬名（母父）	性別	おすすめポイント
スピナッチ （ゼンノロブロイ）	牡	1歳セレクトセールで4620万円。叔父にインカンテーション。
ラブリイステラ （*クロフネ）	牡	半兄にプロキオンS勝ちのゲンパチルシファー。中距離向き。
フロー （ゴールドアリュール）	牝	4代母に桜花賞馬アグネスフローラ。母父もダートの名種牡馬。

馬券に直結する適性データ

　トップ20のダート四天王に続く存在だが、こちらはリーディングサイアーのキングカメハメハの直系。奥の深さでいずれ総合ランキング上位に食い込んでくるだろう。ダート種牡馬らしく、ダート86勝に対し芝は1勝のみ。芝のレースではノーマークでかまわない。ダートでは、どの距離区分でも勝ち星をあげている。あえて注目するなら、ダート短距離の勝率がやや低い点か。それでも、連対率、3着内率は変わらないので、買うなら連複の軸にするのが得策だ。コース別では、中京ダートが好成績。こちらは勝率もいいので単勝狙いもありだ。

116　**早熟血統**　2歳のデビュー時期から能力を発揮するが、3歳半ばにはほぼ競走馬としてピークを迎えてしまう血統のこと。ピーク時の能力が高ければ古馬になっても活躍できるが、ほとんどが頭打ちの状態で競走生活を終える。

2022年 成績

総収得賞金 1,186,046,000円　アーニング INDEX　1.04

勝利頭数／出走頭数：全馬 118／254　2歳 27／85
勝利回数／出走回数：全馬 219／1,736　2歳 42／290

Data Box (2020~2022)

コース　中京など左回りダートで活躍

	1着	2着	3着	出走数	勝率	連対率	3着内率
全体計	87	84	85	1022	8.5%	16.7%	25.0%
中央芝	1	2	1	30	3.3%	10.0%	13.3%
中央ダ	51	43	43	545	9.4%	17.2%	25.1%
ローカル芝	0	2	1	37	0.0%	5.4%	8.1%
ローカルダ	35	37	40	410	8.5%	17.6%	27.3%
右回り芝	1	4	0	36	2.8%	13.9%	13.9%
右回りダ	46	44	39	522	8.8%	17.2%	24.7%
左回り芝	0	0	2	26	0.0%	0.0%	7.7%
左回りダ	40	36	44	433	9.2%	17.6%	27.7%
札幌芝	0	0	0	3	0.0%	0.0%	0.0%
札幌ダ	0	3	5	34	0.0%	8.8%	23.5%
函館芝	0	0	0	0	–	–	–
函館ダ	5	1	6	34	14.7%	17.6%	35.3%
福島芝	0	0	1	6	0.0%	0.0%	16.7%
福島ダ	5	4	1	43	11.6%	20.9%	23.3%
新潟芝	0	0	1	17	0.0%	0.0%	5.9%
新潟ダ	5	12	8	87	5.7%	19.5%	28.7%
東京芝	0	0	1	12	0.0%	0.0%	8.3%
東京ダ	18	11	19	185	9.7%	15.7%	25.9%
中山芝	1	2	0	11	9.1%	27.3%	27.3%
中山ダ	13	11	8	148	8.8%	16.2%	21.6%
中京芝	0	0	0	2	0.0%	0.0%	0.0%
中京ダ	17	13	17	161	10.6%	18.6%	29.2%
京都芝	0	0	0	2	0.0%	0.0%	0.0%
京都ダ	0	1	1	5	0.0%	20.0%	40.0%
阪神芝	0	0	0	5	0.0%	0.0%	0.0%
阪神ダ	20	20	15	207	9.7%	19.3%	26.6%
小倉芝	0	1	0	9	0.0%	11.1%	11.1%
小倉ダ	3	4	3	51	5.9%	13.7%	19.6%

条件　ハンデ戦出走時は要チェック

	1着	2着	3着	出走数	勝率	連対率	3着内率
新馬	13	13	8	151	8.6%	17.2%	22.5%
未勝利	41	40	46	516	7.9%	15.7%	24.6%
1勝	21	20	20	255	8.2%	16.1%	23.9%
2勝	9	6	7	56	16.1%	26.8%	39.3%
3勝	3	4	4	30	10.0%	23.3%	36.7%
OPEN特別	1	2	1	18	5.6%	16.7%	22.2%
GⅢ	0	0	0	4	0.0%	0.0%	0.0%
GⅡ	0	0	0	0	–	–	–
GⅠ	0	0	0	0	–	–	–
ハンデ戦	6	3	2	23	26.1%	39.1%	47.8%
牝馬限定	10	14	13	143	7.0%	16.8%	25.9%
障害	1	1	1	8	12.5%	25.0%	37.5%

人気　2~3番人気の勝率が優秀

	1着	2着	3着	出走数	勝率	連対率	3着内率
1番人気	24	13	12	78	30.8%	47.4%	62.8%
2~3番人気	33	29	22	171	19.3%	36.3%	49.1%
4~6番人気	22	27	29	261	8.4%	18.8%	29.9%
7~9番人気	5	11	15	207	2.4%	7.7%	15.0%
10番人気~	4	5	8	313	1.3%	2.9%	5.4%

単勝回収値 98円／単勝適正回収値 86円

距離　ダートなら距離不問もマイルが○

芝　平均勝ち距離　1,200m

	1着	2着	3着	出走数	勝率	連対率	3着内率
全体計	1	4	2	67	1.5%	7.5%	10.4%
芝~1300m	1	2	0	23	4.3%	13.0%	13.0%
芝~1600m	0	2	2	20	0.0%	10.0%	20.0%
芝~2000m	0	0	0	22	0.0%	0.0%	0.0%
芝~2400m	0	0	0	2	0.0%	0.0%	0.0%
芝2500m~	0	0	0	0	–	–	–

ダート　平均勝ち距離　1,662m

	1着	2着	3着	出走数	勝率	連対率	3着内率
全体計	86	80	83	955	9.0%	17.4%	26.1%
ダ~1300m	12	18	19	179	6.7%	16.8%	27.4%
ダ~1600m	20	16	17	200	10.0%	18.0%	26.5%
ダ~2000m	49	43	38	528	9.3%	17.4%	24.6%
ダ2100m~	5	3	9	48	10.4%	16.7%	35.4%

馬場状態　悪化したダートで成績上昇

		1着	2着	3着	出走数	勝率	連対率	3着内率
芝	良	0	1	0	38	0.0%	2.6%	2.6%
	稍重	1	2	2	20	5.0%	15.0%	25.0%
	重	0	1	0	5	0.0%	20.0%	20.0%
	不良	0	0	0	4	0.0%	0.0%	0.0%
ダ	良	52	49	53	595	8.7%	17.0%	25.9%
	稍重	17	15	14	193	8.8%	16.6%	23.8%
	重	13	14	9	117	11.1%	23.1%	30.8%
	不良	4	2	7	50	8.0%	12.0%	26.0%

性齢　2歳よりは3歳以降が勝負

	1着	2着	3着	出走数	勝率	連対率	3着内率
牡2歳	12	12	14	200	6.0%	12.0%	19.0%
牝2歳	11	14	10	135	8.1%	18.5%	25.9%
牡3歳前半	28	24	24	248	11.3%	21.0%	30.6%
牝3歳前半	7	7	10	98	7.1%	14.3%	24.5%
牡3歳後半	14	11	11	137	10.2%	18.2%	26.3%
牝3歳後半	5	7	6	70	7.1%	17.1%	25.7%
牡4歳	8	8	10	93	8.6%	17.2%	28.0%
牝4歳	3	2	1	49	6.1%	10.2%	12.2%
牡5歳	0	0	0	0	–	–	–
牝5歳	0	0	0	0	–	–	–
牡6歳	0	0	0	0	–	–	–
牝6歳	0	0	0	0	–	–	–
牡7歳以上	0	0	0	0	–	–	–
牝7歳以上	0	0	0	0	–	–	–

勝ち馬の決め手

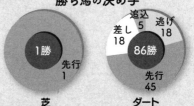

芝
1勝
先行 1

ダート
追込 5
逃げ 18
差し 18
86勝
先行 45

2021 ⑲
2020 ⑲
2019 ⑱
2018 ⑫

ジャスタウェイ
JUST A WAY

年次	種付頭数	産駒数
22年	67	38
21年	61	62
20年	86	136

系統：サンデーサイレンス系　母父系統：ニアークティック系

父 ハーツクライ 鹿 2001	*サンデーサイレンス 青鹿 1986	Halo	Hail to Reason
			Cosmah
		Wishing Well	Understanding
			Mountain Flower
	アイリッシュダンス 鹿 1990	*トニービン	*カンパラ
			Severn Bridge
		*ビューパーダンス	Lyphard
			My Bupers
母 シビル 鹿 1999	Wild Again 黒鹿 1980	Icecapade	Nearctic
			Shenanigans
		Bushel-n-Peck	Khaled
			Dama
	*シャロン 栗 1987	Mo Exception	Hard Work
			With Exception
		Double Wiggle	Sir Wiggle
			Blue Double

種付料／⇧受250万円F　供用地／日高・ブリーダーズSS
2009年生　鹿毛　浦河・社台コーポレーション白老ファーム産

距離	成長型	芝	ダート	瞬発力	パワー	底力
中	普	◎	○	◎	○	○

PROFILE

競走成績　22戦6勝（2～5歳・日首仏）
最高レーティング　130 M（14年）
主な勝ち鞍　ドバイデューティーフリー、天皇賞・秋、安田記念、中山記念、アーリントンC。ジャパンC2着、毎日王冠2着2回、エプソムC2着。

インブリード：5代前までにクロスなし

血統解説　父はP40参照。半姉にスカイノダン（北九州記念2着）、2代母にシャロン（CCAオークス）、母系からはトーヨーレインボー（中京記念）、エターナルビート（クリスタルC2着）、フォーエバーモア（クイーンC）が出ている。母父ワイルドアゲインは第1回のBCクラシックの勝ち馬。

代表産駒　ダノンザキッド（ホープフルS、東京スポーツ杯2歳S）、テオレーマ（JBCレディスクラシック）、ガストリック（東京スポーツ杯2歳S）、エーポス（フィリーズレビュー）、ロードマイウェイ（チャレンジC）、アウィルアウェイ（シルクロードS）。

ランキングはダウンも2023年のクラシックが楽しみ

　4歳時、天皇賞・秋で名牝ジェンティルドンナに4馬身差で快勝。待望のGIタイトルを獲得した。5歳時はさらに充実。ドバイデューティーフリーでは6馬身強の差でレコード勝ち。これにより、「130」のレーティングを獲得し、2014年の「ロンジンワールドベストレースホース」に選ばれた。ほかに安田記念勝ち。

　2018年のFSランキングで1位に輝くと、2020年にはダノンザキッドがホープフルSを勝ち待望のGIタイトルを獲得。2021年はテオレーマがJBCレディスクラシックを制覇。2022年は総合ランキングこそトップ20から陥落してしまったが、ガストリックが東京スポーツ杯2歳Sを制しており、同馬のクラシックでの活躍が期待されている。

POG　2023年期待の2歳馬

母馬名（母父）	性別	おすすめポイント
*ダヌスカズマイガール（SHACKLEFORD）	牡	1歳セレクトセールで6380万円。母父はプリークネスSの勝ち馬。
デリスモア（*ワークフォース）	牡	当歳セレクトセールで6270万円。2代母に重賞2勝アルティマトゥーレ。
プライマリーコード（*クロフネ）	牝	いとこにGI4勝クロノジェネシス、GI2勝ノームコア。

馬券に直結する適性データ

　芝86勝に対しダートは68勝。芝での活躍が目につくが、ダートもこなしているので、ダート戦という理由での即切りは禁物。距離別では中距離が稼ぎどころだが、それ以外の距離もOK。特に芝では2500m～の長丁場で10%を超える勝率、30%近い連対率を誇っており、連の軸として扱っても面白い。2歳重賞勝ちがあるように、仕上がりは早い一方、ダノンザキッドがマイルCSで3歳時3着、4歳時2着と続けて馬券絡みしているように単なる早熟ではない。ヴェロックスのように不振が長引く例もあるが、好走する条件や季節のレースであれば、4歳以降に狙ってみるのもありだ。

単勝回収値　産駒がレースに出走するごとに単勝100円をかけ、1レース平均でいくら回収できるかを表したもの。穴をあける可能性や人気に応える可能性などを推測できる。

2022年 成績

総収得賞金 **1,173,371,000円**　アーニング INDEX　**0.87**

勝利頭数／出走頭数：全馬 110／301	2歳 23／81
勝利回数／出走回数：全馬 174／2,010	2歳 30／238

Data Box (2020~2022)

コース　舞台による差はそう見られない

	1着	2着	3着	出走数	勝率	連対率	3着内率
全体計	154	152	148	2217	6.9%	13.8%	20.5%
中央芝	46	35	40	592	7.8%	13.7%	20.4%
中央ダ	**45**	**31**	**33**	**529**	**8.5%**	**14.4%**	**20.6%**
ローカル芝	40	44	50	646	6.2%	13.0%	20.7%
ローカルダ	23	42	25	450	5.1%	14.4%	20.0%
右回り芝	58	45	57	762	7.6%	13.5%	21.0%
右回りダ	40	38	35	538	7.4%	14.5%	21.0%
左回り芝	25	32	33	461	5.4%	12.4%	19.5%
左回りダ	28	35	23	441	6.3%	14.3%	19.5%
札幌芝	6	5	6	66	9.1%	16.7%	25.8%
札幌ダ	1	5	1	34	2.9%	17.6%	20.6%
函館芝	**9**	**3**	**7**	**49**	**18.4%**	**24.5%**	**38.8%**
函館ダ	1	4	2	27	3.7%	18.5%	25.9%
福島芝	4	7	5	77	5.2%	14.3%	20.8%
福島ダ	1	2	4	37	2.7%	8.1%	18.9%
新潟芝	8	11	10	145	5.5%	13.1%	20.0%
新潟ダ	5	9	4	103	4.9%	13.6%	17.5%
東京芝	14	13	14	184	7.6%	14.7%	21.7%
東京ダ	12	9	8	148	8.1%	14.2%	19.6%
中山芝	12	7	8	158	7.6%	12.0%	17.1%
中山ダ	12	10	15	156	7.7%	14.1%	23.7%
中京芝	6	10	10	147	4.1%	10.9%	17.7%
中京ダ	11	17	11	190	5.8%	14.7%	20.5%
京都芝	5	0	4	57	8.8%	8.8%	15.8%
京都ダ	1	2	0	33	3.0%	9.1%	9.1%
阪神芝	15	15	15	193	7.8%	15.5%	23.3%
阪神ダ	**20**	**10**	**10**	**192**	**10.4%**	**15.6%**	**20.8%**
小倉芝	7	8	12	162	4.3%	9.3%	16.7%
小倉ダ	2	5	4	59	6.8%	15.3%	20.3%

条件　重賞以外は安定した成績

	1着	2着	3着	出走数	勝率	連対率	3着内率
新馬	15	13	17	210	7.1%	13.3%	21.4%
未勝利	61	76	67	970	6.3%	14.1%	21.0%
1勝	45	34	33	542	8.3%	14.6%	20.7%
2勝	17	25	17	309	5.5%	13.6%	19.1%
3勝	**9**	**7**	**6**	**101**	**8.9%**	**15.8%**	**21.8%**
OPEN 特別	4	4	6	63	6.3%	12.7%	22.2%
G III	3	0	4	44	6.8%	6.8%	15.9%
G II	2	0	4	27	7.4%	7.4%	22.2%
G I	1	1	2	25	4.0%	8.0%	16.0%
ハンデ戦	10	6	10	132	7.6%	12.1%	19.7%
牝馬限定	35	23	22	472	7.4%	12.3%	16.9%
障害	3	8	8	74	4.1%	14.9%	25.7%

人気　1番人気は成績優秀、頭候補

	1着	2着	3着	出走数	勝率	連対率	3着内率
1番人気	**61**	**25**	**21**	**156**	**39.1%**	**55.1%**	**68.6%**
2～3番人気	45	56	38	332	13.6%	30.4%	41.9%
4～6番人気	27	52	54	504	5.4%	15.7%	26.4%
7～9番人気	14	15	14	500	2.8%	5.8%	10.8%
10番人気～	10	12	18	799	1.3%	2.8%	5.0%

単勝回収値 **71円**／単勝適正回収値 **77円**

距離　芝ダートとも真価発揮は長丁場

芝　平均勝ち距離　1,745m

	1着	2着	3着	出走数	勝率	連対率	3着内率
全体計	86	79	90	1238	6.9%	13.3%	20.6%
芝～1300m	18	10	17	193	9.3%	14.5%	23.3%
芝～1600m	16	18	27	351	4.6%	9.7%	17.4%
芝～2000m	41	38	35	554	7.4%	14.3%	20.6%
芝～2400m	5	5	9	90	5.6%	11.1%	21.1%
芝2500m～	**6**	**8**	**2**	**50**	**12.0%**	**28.0%**	**32.0%**

ダート　平均勝ち距離　1,725m

	1着	2着	3着	出走数	勝率	連対率	3着内率
全体計	68	73	58	979	6.9%	14.4%	20.3%
ダ～1300m	5	6	9	128	3.9%	8.6%	15.6%
ダ～1600m	13	12	8	197	6.6%	12.7%	16.8%
ダ～2000m	47	50	39	615	7.6%	15.8%	22.1%
ダ2100m～	**3**	**5**	**2**	**39**	**7.7%**	**20.5%**	**25.6%**

馬場状態　芝は稍重まで、ダートは重以上

		1着	2着	3着	出走数	勝率	連対率	3着内率
芝	良	67	57	65	918	7.3%	13.5%	20.6%
	稍重	16	13	16	207	7.7%	14.0%	21.7%
	重	2	6	5	80	2.5%	10.0%	16.3%
	不良	1	3	4	33	3.0%	12.1%	24.2%
ダ	良	38	45	42	592	6.4%	14.0%	21.1%
	稍重	14	13	9	206	6.8%	13.1%	17.5%
	重	**10**	**6**	**3**	**110**	**9.1%**	**14.5%**	**17.3%**
	不良	6	9	4	71	8.5%	21.1%	26.8%

性齢　2歳時からの成績上昇

	1着	2着	3着	出走数	勝率	連対率	3着内率
牡2歳	**30**	**17**	**22**	**235**	**12.8%**	**20.0%**	**29.4%**
牝2歳	8	9	13	210	3.8%	8.1%	14.3%
牡3歳前半	21	28	22	297	7.1%	16.5%	23.9%
牝3歳前半	15	17	21	333	4.5%	9.6%	15.9%
牡3歳後半	13	13	19	187	7.0%	16.6%	26.7%
牝3歳後半	19	10	14	195	9.7%	14.9%	22.1%
牡4歳	21	22	21	263	8.0%	16.3%	24.3%
牝4歳	15	14	12	216	6.9%	13.4%	19.0%
牡5歳	9	17	8	177	5.1%	14.7%	19.2%
牝5歳	5	4	5	116	4.3%	8.6%	12.1%
牡6歳	1	3	0	51	2.0%	7.8%	7.8%
牝6歳	0	0	0	11	0.0%	0.0%	0.0%
牡7歳以上	0	0	0	0			
牝7歳以上	0	0	0	0			

勝ち馬の決め手

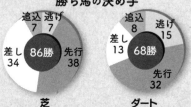

芝：追込 7／逃げ 7／差し 34／先行 38／86勝

ダート：追込 8／逃げ 15／差し 13／先行 32／68勝

RANKING
24
2歳馬 42

2021 ㉔
2020 93
2019 ―
2018 ―

リオンディーズ
LEONTES

年次	種付頭数	産駒数
22年	**143**	**94**
21年	149	98
20年	142	109

種付料／⇨受400万円F　供用地／日高・ブリーダーズSS
2013年生　黒鹿毛　安平・ノーザンファーム産

距離	成長型	芝	ダート	瞬発力	パワー	底力
マ中	普	◎	○	○	○	○

PROFILE
競走成績　5戦2勝（2～3歳・日）
最高レーティング　116（15年）、116 I（16年）
主な勝ち鞍　朝日杯フューチュリティS。

系統：キングマンボ系　母父系統：サンデーサイレンス系

父 キングカメハメハ 鹿 2001	Kingmambo 鹿 1990	Mr. Prospector	Raise a Native
			Gold Digger
		Miesque	Nureyev
			Pasadoble
	*マンファス 黒鹿 1991	*ラストタイクーン	*トライマイベスト
			Mill Princess
		Pilot Bird	Blakeney
			The Dancer
母 シーザリオ 青 2002	スペシャルウィーク 黒鹿 1995	*サンデーサイレンス	Halo
			Wishing Well
		キャンペンガール	マルゼンスキー
			レディーシラオキ
	*キロフプリミエール 鹿 1990	Sadler's Wells	Northern Dancer
			Fairy Bridge
		Querida	Habitat
			Principia

インブリード：Northern Dancer 5・5×4、Special 5×5
血統解説　父は数多くの名馬、名種牡馬を輩出した大種牡馬。母は日米のオークスを制した名牝で、母としても本馬の兄弟にエピファネイア（P76）、サートゥルナーリア（P381）、ルペルカーリア（京都新聞杯2着）を産んだ名牝。甥にオーソリティ（アルゼンチン共和国杯2回、ジャパンC2着）。

代表産駒 **テーオーロイヤル**（ダイヤモンドS、天皇賞・春3着）、**アナザーリリック**（福島牝馬S）、**リプレーザ**（兵庫CS）、**ジャスティンロック**（京都2歳S）、**ピンクカメハメハ**（サウジダービー）、**インダストリア**（ジュニアC）、**オタルエバー**（ファルコンS3着）。

22年は2頭の重賞馬を輩出 さらなる活躍に期待！

2歳時、新馬戦を勝って臨んだ朝日杯FSで、4角15番手から豪脚で快勝。キャリア1戦、しかもデビューからわずか29日という早さでGⅠホースに輝くという快挙を成し遂げた。

3歳時、弥生賞2着から駒を進めた皐月賞では暴走気味に先行し、4位入線も5着降着。続くダービーもマカヒキの5着に終わった。その後故障を発症し引退、種牡馬入り。

6年続けて100頭を優に越える種付を行う人気を獲得。総合ランキングでもトップ20入りをうかがえる位置にランクインしている。

2021年にリプレーザが初重賞勝ちを収めると、2022年にはテーオーロイヤル、アナザーリリックが重賞勝ちを果たしており、さらなる活躍が期待されている。

POG　2023年期待の2歳馬

母馬名（母父）	性別	おすすめポイント
オーサムウインド（ディープインパクト）	牡	1歳セレクトセールで金子真人HDが1億1550万円で落札。
ローザフェリーチェ（*エンパイアメーカー）	牡	当歳セレクトセールで1億560万円。母系は名門の「薔薇の一族」。
モンローブロンド（アドマイヤベガ）	牝	母系からはソングライン、ディアドラなど牝馬GⅠ馬が出ている。

馬券に直結する適性データ

芝はダイヤモンドS勝ち馬がいたり、ファルコンS3着馬がいたりと、守備範囲は広そう。良血種牡馬によく見られる血統の多様性、奥の深さが出ている感じだ。数値的には、2500m～の長距離戦で40%を超える3着内率をマークしている。出走数は12回とそれほど多くないが、そもそも長距離戦の数は他に比べて多くないことを考えると、見かけたら狙ってみたい。そしてダートの2100m～でも同じことが言える。ただ、ダートは短距離戦でも12.6%の勝率をあげており、これも見逃せない。特に中山ダートでは、勝率、連対率が優秀。人気の盲点にもなりやすいのでチェックは欠かさずに。

父系　ある種牡馬の血が父方から伝わっていること。例えばアーモンドアイの父はロードカナロアで、その父はキングカメハメハ、さらにその父がキングマンボという場合、アーモンドアイは父系がキングマンボ系となる。

2022年 成績

総収得賞金 1,156,889,000円　アーニング INDEX　1.01

勝利頭数／出走頭数：全馬102／255　2歳　6／65

勝利回数／出走回数：全馬173／1,802　2歳　6／173

Data Box (2020〜2022)

コース　広いコースよりは小回り向き

	1着	2着	3着	出走数	勝率	連対率	3着内率
全体計	125	131	120	1490	8.4%	17.2%	25.2%
中央芝	35	44	34	417	8.4%	18.9%	27.1%
中央ダ	33	28	26	349	9.5%	17.5%	24.9%
ローカル芝	36	37	40	430	8.4%	17.0%	26.3%
ローカルダ	21	22	20	294	7.1%	14.6%	21.4%
右回り芝	47	49	46	518	9.1%	18.5%	27.4%
右回りダ	31	28	23	350	8.9%	16.9%	23.4%
左回り芝	24	31	27	325	7.4%	16.9%	25.2%
左回りダ	23	22	23	293	7.8%	15.4%	23.2%
札幌芝	3	3	2	42	7.1%	14.3%	19.0%
札幌ダ	5	4	2	28	17.9%	32.1%	39.3%
函館芝	7	2	5	33	21.2%	27.3%	42.4%
函館ダ	1	1	2	18	5.6%	11.1%	22.2%
福島芝	7	2	2	47	14.9%	19.1%	23.4%
福島ダ	1	1	0	24	4.2%	8.3%	8.3%
新潟芝	5	9	6	89	5.6%	15.7%	22.5%
新潟ダ	4	5	7	63	6.3%	14.3%	25.4%
東京芝	10	10	8	122	8.2%	16.4%	23.0%
東京ダ	11	8	11	108	10.2%	17.6%	27.8%
中山芝	6	10	9	100	6.0%	16.0%	25.0%
中山ダ	16	11	5	103	15.5%	26.2%	31.1%
中京芝	9	13	14	118	7.6%	18.6%	30.5%
中京ダ	5	6	5	122	6.6%	13.9%	18.0%
京都芝	0	3	1	12	0.0%	25.0%	33.3%
京都ダ	0	0	2	7	0.0%	0.0%	28.6%
阪神芝	19	21	16	183	10.4%	21.9%	30.6%
阪神ダ	6	9	8	131	4.6%	11.5%	17.6%
小倉芝	5	8	11	101	5.0%	12.9%	23.8%
小倉ダ	2	4	2	39	5.1%	10.3%	20.5%

条件　勝ち上がれればその後も活躍

	1着	2着	3着	出走数	勝率	連対率	3着内率
新馬	18	18	25	220	8.2%	16.4%	27.7%
未勝利	50	64	63	779	6.4%	14.6%	22.7%
1勝	34	34	17	280	12.1%	24.3%	30.4%
2勝	14	10	8	96	14.6%	25.0%	33.3%
3勝	5	4	2	48	10.4%	18.8%	22.9%
OPEN特別	3	1	3	33	9.1%	12.1%	21.2%
GⅢ	3	0	2	20	15.0%	15.0%	25.0%
GⅡ	0	0	0	12	0.0%	0.0%	0.0%
GⅠ	0	0	1	13	0.0%	0.0%	7.7%
ハンデ戦	3	4	0	36	8.3%	19.4%	19.4%
牝馬限定	17	13	13	212	8.0%	14.2%	20.3%
障害	2	0	1	11	18.2%	18.2%	27.3%

人気　1番人気は堅実、見つけたら買い

	1着	2着	3着	出走数	勝率	連対率	3着内率
1番人気	52	31	13	136	38.2%	61.0%	70.6%
2〜3番人気	41	43	43	270	15.2%	31.1%	47.0%
4〜6番人気	22	43	39	348	6.3%	18.7%	29.9%
7〜9番人気	7	10	9	287	2.4%	5.9%	9.1%
10番人気〜	5	4	17	460	1.1%	2.0%	5.7%

単勝回収値 81円／単勝適正回収値 81円

距離　芝は距離不問、ダートは短距離

芝　平均勝ち距離　1,656m

	1着	2着	3着	出走数	勝率	連対率	3着内率
全体計	71	81	74	847	8.4%	17.9%	26.7%
芝〜1300m	13	17	19	179	7.3%	16.8%	27.4%
芝〜1600m	29	37	35	356	8.1%	18.5%	28.4%
芝〜2000m	23	22	18	259	8.9%	17.4%	24.3%
芝〜2400m	4	4	0	41	9.8%	19.5%	19.5%
芝2500m〜	2	1	2	12	16.7%	25.0%	41.7%

ダート　平均勝ち距離　1,468m

	1着	2着	3着	出走数	勝率	連対率	3着内率
全体計	54	50	46	643	8.4%	16.2%	23.3%
ダ〜1300m	22	16	14	174	12.6%	21.8%	29.9%
ダ〜1600m	14	9	11	163	8.6%	14.1%	20.9%
ダ〜2000m	15	22	20	291	5.2%	12.7%	19.6%
ダ2100m〜	3	3	1	15	20.0%	40.0%	46.7%

馬場状態　芝不良だけ苦手も基本は不問

		1着	2着	3着	出走数	勝率	連対率	3着内率
芝	良	57	66	54	662	8.6%	18.6%	26.7%
	稍重	8	11	13	130	6.2%	14.6%	24.6%
	重	5	4	6	41	12.2%	22.0%	36.6%
	不良	1	0	1	14	7.1%	7.1%	14.3%
ダ	良	34	30	29	408	8.3%	15.7%	22.8%
	稍重	11	9	10	135	8.1%	14.8%	22.2%
	重	5	6	4	60	8.3%	18.3%	25.0%
	不良	4	5	3	40	10.0%	22.5%	30.0%

性齢　牡牝とも3歳後半にグンと伸びる

	1着	2着	3着	出走数	勝率	連対率	3着内率
牡2歳	17	27	34	296	5.7%	14.9%	26.4%
牝2歳	15	16	21	201	7.5%	15.4%	25.9%
牡3歳前半	29	31	21	305	9.5%	19.7%	26.6%
牝3歳前半	12	10	12	216	5.6%	6.9%	12.5%	18.1%
牡3歳後半	19	16	14	163	11.7%	21.5%	30.1%
牝3歳後半	17	14	9	129	13.2%	24.0%	31.0%
牡4歳	8	13	7	141	5.7%	14.9%	19.9%
牝4歳	7	2	3	50	14.0%	18.0%	24.0%
牡5歳							
牝5歳							
牡6歳							
牝6歳							
牡7歳以上							
牝7歳以上							

勝ち馬の決め手

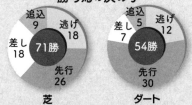

芝　71勝　追込 9／逃げ 18／差し 18／先行 26

ダート　54勝　追込 5／逃げ 12／差し 7／先行 30

RANKING
25
2021 ㉝
2020 ㉞
2019 —
2018 —
2歳馬 **43**

ミッキーアイル
MIKKI ISLE

年次	種付頭数	産駒数
22年	136	91
21年	155	57
20年	104	82

種付料／⇨受 250万円F　供用地／安平・社台SS
2011年生　鹿毛　安平・ノーザンファーム産

距離	成長型	芝	ダート	瞬発力	パワー	底力
短マ	普	○	○	○	○	○

ᴾROFILE

競走成績 20戦8勝（2〜5歳・日香）
最高レーティング 118 M（16年）
主な勝ち鞍 マイルCS、NHKマイルC、スワンS、阪急杯、シンザン記念、アーリントンC。スプリンターズS2着、高松宮記念2着、阪急杯2着。

スピードの力は超一級品
短距離界で活躍を見せる

　3歳初戦のシンザン記念からアーリントンC、NHKマイルCと重賞を勝利、2歳時からの連勝を5に伸ばす。秋はスワンSに勝利するもその後もう一歩という状態が続いた。5歳時、阪急杯で重賞5勝目をあげると続く高松宮記念で2着。秋、スプリンターズS2着から駒を進めたマイルCSで2つ目のGIタイトルを獲得し、2016年のJRA最優秀短距離馬に選ばれた。

　デビューから種付頭数100頭超えの人気で、初年度産駒から重賞馬メイケイエールが出る順調なスタートを切り、2020年のFSランキングは5位。総合でもジワリと順位を上げている。2022年もメイケイエール、ナムラクレアが重賞勝ちを果たし、短距離路線での存在感をアピールしている。

系統：サンデーサイレンス系　母父系統：ダンチヒ系

父 ディープインパクト 鹿 2002	*サンデーサイレンス 青鹿 1986	Halo	Hail to Reason
			Cosmah
		Wishing Well	Understanding
			Mountain Flower
	*ウインドインハーヘア 鹿 1991	Alzao	Lyphard
			Lady Rebecca
		Burghclere	Busted
			Highclere
母 *スターアイル 鹿 2004	*ロックオブジブラルタル 鹿 1999	*デインヒル	Danzig
			Razyana
		Offshore Boom	Be My Guest
			Push a Button
	*アイルドフランス 鹿 1995	Nureyev	Northern Dancer
			Special
		*ステラマドリッド	Alydar
			My Juliet

インブリード：Northern Dancer 5×5・5・4

血統解説　父は歴史を刻み続ける名馬でP32参照。2代母アイルドフランスは仏GⅢミネルバ賞の勝ち馬。母系は半弟にタイセイスターリー（シンザン記念2着）、いとこにアエロリット（NHKマイルC、毎日王冠、天皇賞・秋3着）。3代母ステラマドリッドは米G14勝など連な活躍馬は多数。

代表産駒 メイケイエール（セントウルS、京王杯SC、チューリップ賞、シルクロードS、ファンタジーS、小倉2歳S）、デュアリスト（兵庫ジュニアGP）、ナムラクレア（函館SS、小倉2歳S、桜花賞3着）、ララクリスティーヌ（京都牝馬S）。

POG　2023年期待の2歳馬

母馬名（母父）	性別	おすすめポイント
*チャイマックス（CONGRATS）	牡	1歳セレクトセールで4510万円。母父はシアトルスルー系の快速馬。
キャレモンショコラ（サクラバクシンオー）	牝	当歳セレクトセールで5060万円。短距離向きのスピード十分の配合。
*ライジングクロス（CAPE CROSS）	牝	母は英、愛オークスで2着。半姉アースライズはフラワーC2着。

馬券に直結する適性データ

　芝45勝に対しダート46勝とほぼ互角の成績。優れたダッシュ力で先手を取り、そのままスピードで押し切るのが勝ちパターン。芝もダートも逃げ・先行が勝ちの半数以上を占めている。距離別では、芝は2000mがギリギリ。そもそも長距離は出走が少なく買う機会もないと思われる。一方ダートは、意外にも〜2000mの中距離がベスト。勝率も連対率も優秀なので、短距離血統のイメージで人気が落ちているならチャンスだ。2歳重賞勝ちがあるように仕上がりは早いが、3歳以降にも伸びを見せている。メイケイエールが古馬になってさらに充実したように、ナムラクレアにも古馬短距離戦線で期待だ。

直仔　直接の産駒のこと。直仔の直仔というようにつながっている場合は、直系と呼ぶこともある。例えばステイゴールドはサンデーサイレンスの直仔、ステイゴールドの直仔のオルフェーヴルはサンデーサイレンスの直系という。

2022年成績

総収得賞金 **1,130,246,000円**　アーニング INDEX **1.40**

勝利頭数／出走頭数：全馬 74／180　2歳 10／57
勝利回数／出走回数：全馬 109／1,197　2歳 13／190

Data Box (2020~2022)

コース　小回りコースでスピードを活かす

	1着	2着	3着	出走数	勝率	連対率	3着内率
全体計	91	92	68	985	9.2%	18.6%	25.5%
中央芝	19	18	12	222	8.6%	16.7%	22.1%
中央ダ	28	20	17	244	11.5%	19.7%	26.6%
ローカル芝	26	34	25	316	8.2%	19.0%	26.9%
ローカルダ	18	20	14	203	8.9%	18.7%	25.6%
右回り芝	35	31	27	346	10.1%	19.1%	26.9%
右回りダ	30	22	18	265	11.3%	19.6%	26.4%
左回り芝	10	20	9	185	5.4%	16.2%	21.1%
左回りダ	16	18	13	182	8.8%	18.7%	25.8%
札幌芝	1	5	3	32	3.1%	18.8%	28.1%
札幌ダ	1	1	3	17	5.9%	11.8%	29.4%
函館芝	3	3	4	31	9.7%	19.4%	32.3%
函館ダ	1	0	0	8	12.5%	12.5%	12.5%
福島芝	5	4	1	38	13.2%	23.7%	26.3%
福島ダ	3	1	1	27	11.1%	14.8%	18.5%
新潟芝	3	5	7	60	5.0%	13.3%	25.0%
新潟ダ	4	4	2	46	8.7%	17.4%	21.7%
東京芝	3	5	2	63	4.8%	12.7%	15.9%
東京ダ	5	3	5	56	8.9%	17.9%	25.0%
中山芝	1	5	2	53	1.9%	11.3%	15.1%
中山ダ	11	8	6	76	14.5%	25.0%	32.9%
中京芝	4	11	4	69	5.8%	21.7%	23.2%
中京ダ	7	7	9	80	8.8%	20.0%	28.8%
京都芝	1	2	1	9	11.1%	33.3%	44.4%
京都ダ	0	0	0	4	0.0%	–	–
阪神芝	14	6	7	97	14.4%	20.6%	27.8%
阪神ダ	12	5	7	108	11.1%	17.6%	24.1%
小倉芝	10	6	9	86	11.6%	18.6%	29.1%
小倉ダ	2	5	1	25	8.0%	28.0%	32.0%

条件　勝ち上がれればその後も頑張る

	1着	2着	3着	出走数	勝率	連対率	3着内率
新馬	9	14	11	153	5.9%	15.0%	22.2%
未勝利	35	36	33	502	7.0%	14.1%	20.7%
1勝	21	18	13	176	11.9%	22.2%	29.5%
2勝	8	9	6	68	11.8%	25.0%	33.8%
3勝	4	4	1	22	18.2%	36.4%	40.9%
OPEN特別	6	6	1	23	26.1%	52.2%	56.5%
GⅢ	5	2	1	21	23.8%	33.3%	38.1%
GⅡ	2	4	1	10	20.0%	30.0%	60.0%
GⅠ	0	0	1	12	0.0%	0.0%	8.3%
ハンデ戦	2	1	2	24	8.3%	12.5%	20.8%
牝馬限定	14	16	10	155	9.0%	19.4%	25.8%
障害	0	0	0	2	0.0%	0.0%	0.0%

人気　上位人気の頭は馬券的に狙い

	1着	2着	3着	出走数	勝率	連対率	3着内率
1番人気	38	16	10	102	37.3%	52.9%	62.7%
2～3番人気	35	37	24	181	19.3%	39.8%	53.0%
4～6番人気	14	24	19	233	6.0%	16.3%	24.5%
7～9番人気	2	8	9	195	1.0%	5.1%	9.7%
10番人気～	2	7	6	276	0.7%	3.3%	5.4%

単勝回収値64円／単勝適正回収値81円

距離　ダート中距離の適性はあり

芝　平均勝ち距離　1,387m

	1着	2着	3着	出走数	勝率	連対率	3着内率
全体計	45	52	37	538	8.4%	18.0%	24.9%
芝～1300m	21	19	19	236	8.9%	16.9%	25.0%
芝～1600m	19	20	14	221	8.6%	17.6%	24.0%
芝～2000m	5	13	4	75	6.7%	24.0%	29.3%
芝～2400m	0	0	0	6	0.0%	0.0%	0.0%
芝2500m～	0	0	0	0	–	–	–

ダート　平均勝ち距離　1,416m

	1着	2着	3着	出走数	勝率	連対率	3着内率
全体計	46	40	31	447	10.3%	19.2%	26.2%
ダ～1300m	25	22	14	239	10.5%	19.7%	25.5%
ダ～1600m	6	7	8	103	5.8%	12.6%	20.4%
ダ～2000m	15	11	9	105	14.3%	24.8%	33.3%
ダ2100m～	0	0	0	0	–	–	–

馬場状態　芝ダートとも渋った馬場で強い

		1着	2着	3着	出走数	勝率	連対率	3着内率
芝	良	35	40	29	410	8.5%	18.3%	25.4%
	稍重	6	6	6	87	6.9%	13.8%	20.7%
	重	3	4	1	32	9.4%	21.9%	25.0%
	不良	1	2	1	9	11.1%	33.3%	44.4%
ダ	良	27	21	16	265	10.2%	18.1%	24.2%
	稍重	11	9	10	88	12.5%	22.7%	34.1%
	重	4	4	3	55	7.3%	14.5%	20.0%
	不良	4	6	2	39	10.3%	25.6%	30.8%

性齢　やや遅咲きで3歳後半に伸びる

	1着	2着	3着	出走数	勝率	連対率	3着内率
牡2歳	10	14	17	196	5.1%	12.2%	20.9%
牝2歳	14	18	11	180	7.8%	17.8%	23.9%
牡3歳前半	16	13	15	172	9.3%	16.9%	25.6%
牝3歳前半	13	13	3	126	10.3%	20.6%	23.0%
牡3歳後半	12	17	7	103	11.7%	28.2%	35.0%
牝3歳後半	13	5	7	92	14.1%	19.6%	27.2%
牡4歳	7	8	6	72	9.7%	20.8%	29.2%
牝4歳	6	4	2	46	13.0%	21.7%	26.1%
牡5歳	0	0	0	0	–	–	–
牝5歳	0	0	0	0	–	–	–
牡6歳	0	0	0	0	–	–	–
牝6歳	0	0	0	0	–	–	–
牡7歳以上	0	0	0	0	–	–	–
牝7歳以上	0	0	0	0	–	–	–

勝ち馬の決め手

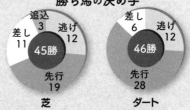

芝　45勝　追込 3／逃げ 12／差し 11／先行 19

ダート　46勝　差し 6／逃げ 12／追込（先行 28）

RANKING **26**

2歳馬 **32**

2021 ㉗
2020 ㊹
2019 ㊄
2018 ㊼

＊マジェスティックウォリアー
MAJESTIC WARRIOR

年次	種付頭数	産駒数
22年	126	75
21年	112	130
20年	174	94

種付料／⇨受 180万円 F　供用地／浦河・イーストスタッド

2005年生　鹿毛　アメリカ産　2015年輸入

距離	成長型	芝	ダート	瞬発力	パワー	底力
短中	やや早	○	◎	○	○	○

PROFILE

競走成績　7戦2勝（2～3歳・米）

最高レーティング　118（07年）

主な勝ち鞍　米・ホープフルS。

系統：シアトルスルー系　母父系統：ミスタープロスペクター系

父 A.P. Indy 黒鹿 1989	Seattle Slew 黒鹿 1974	Bold Reasoning	Boldnesian
			Reason to Earn
		My Charmer	Poker
			Fair Charmer
	Weekend Surprise 鹿 1980	Secretariat	Bold Ruler
			Somethingroyal
		Lassie Dear	Buckpasser
			Gay Missile
母 Dream Supreme 黒鹿 1997	Seeking the Gold 鹿 1985	Mr. Prospector	Raise a Native
			Gold Digger
		Con Game	Buckpasser
			Broadway
	Spinning Round 鹿 1989	Dixieland Band	Northern Dancer
			Mississippi Mud
		Take Heart	Secretariat
			Deck Stewardess

インブリード：Secretariat 3×4、Buckpasser 4×4、Bold Ruler 5・4×5

血統解説　父はBCクラシック、ベルモントSを制した1992年の米年度代表馬で、種牡馬としても米リーディングサイアーに輝いた。母ドリームシュプリームはGIのテストS、バレリーナHなど16戦9勝。母父シーキングザゴールドはミスタープロスペクター直仔種牡馬で日本でもGI勝ち産駒多数。

代表産駒　プリンセスオブシルマー（ケンタッキーオークス、CCAオークス）、ベストウォーリア（P359）、エアアルマス（東海S）、スマッシャー（ユニコーンS）、サンライズホープ（シリウスS、みやこS）、プロミストウォリア（東海S）。

日米でGI馬を輩出！
ランキングも確実に上昇

　2歳2戦目のホープフルSで早くもGI制覇。続くシャンペンSは1番人気に推されるも6着まで。3歳時は4戦するも4着が最高だった。

　まず米で種牡馬入りすると、ケンタッキーオークス、CCAオークスなどGI4勝のプリンセスオブシルマーを輩出。日本でも、外国産馬ベストウォーリアの南部杯連覇などの活躍で注目を集め、2016年からは日本で供用を開始した。初年度から7年連続で種付頭数100頭を超える人気種牡馬となっている。

　2021年にスマッシャーがユニコーンSを制し、日本生まれの産駒として初の重賞制覇。2022年にはサンライズホープがみやこSで2年連続の重賞勝ちをマーク。2023年もプロミストウォリアが東海Sを制し確実に存在感を増している。

POG　2023年期待の2歳馬

母馬名（母父）	性別	おすすめポイント
フロリアード （＊クロフネ）	牡	1歳セレクションセールで3410万円。母系はスカーレット一族。
ホーマンピクシー （キングカメハメハ）	牡	1歳セレクションセールで4510万円。叔父がレパードS3着。
スターシンフォニー （アグネスタキオン）	牝	1歳セレクトセールで3410万円。2代母は米GIで2、3着あり。

馬券に直結する適性データ

　ダート98勝に対し芝は7勝。まるっきり芝がダメというわけではないが、あえて狙うほどでもない。距離別では、長めのダートで好成績。特にダ2100m～では連対率、3着内率ともに優秀なので、連下、3連複の軸として狙ってみてもいい。1番人気の信頼度は標準的だが、注目したいのは7～9番人気時の成績。この人気帯で3着内率が20％を超えるのは注目に値する。3連単や3連複の相手の1頭に加えておくと、思わぬ穴券をゲットできるかもしれない。同じように、ハンデ戦の3着内率も30％を超えているので、こちらも「あと1頭」に迷った時などにおすすめだ。

内国産馬　日本国内で生まれた競走馬のこと。内国産馬が種牡馬になると内国産種牡馬と呼ばれる。また海外で生まれ日本で競走馬登録を行った競走馬を外国産馬と呼んでいる。関連⇒持込馬（P150）

2022年成績

総収得賞金 1,101,519,000円　**アーニング INDEX** 1.08

勝利頭数／出走頭数：全馬 122／227　　2歳 14／55
勝利回数／出走回数：全馬 216／1,753　　2歳 20／179

Data Box (2020~2022)

コース　京都など関西のダートで活躍

	1着	2着	3着	出走数	勝率	連対率	3着内率
全体計	105	114	128	1425	7.4%	15.4%	24.4%
中央芝	3	2	5	89	3.4%	5.6%	11.2%
中央ダ	55	60	54	637	8.6%	18.1%	26.5%
ローカル芝	4	3	11	131	3.1%	5.3%	13.7%
ローカルダ	43	49	58	568	7.6%	16.2%	26.4%
右回り芝	5	2	9	120	4.2%	5.8%	13.3%
右回りダ	67	79	73	759	8.8%	19.2%	28.9%
左回り芝	2	3	7	96	2.1%	5.2%	12.5%
左回りダ	31	30	39	446	7.0%	13.7%	22.4%
札幌芝	1	0	2	11	9.1%	9.1%	27.3%
札幌ダ	9	7	11	57	15.8%	28.1%	47.4%
函館芝	0	0	0	7	0.0%	0.0%	0.0%
函館ダ	3	6	4	38	7.9%	23.7%	34.2%
福島芝	0	0	2	15	0.0%	0.0%	13.3%
福島ダ	5	2	4	49	10.2%	14.3%	22.4%
新潟芝	0	1	2	47	0.0%	2.1%	6.4%
新潟ダ	7	6	4	72	9.7%	18.1%	23.6%
東京芝	1	1	3	29	3.4%	6.9%	13.8%
東京ダ	11	9	14	152	7.2%	13.2%	22.4%
中山芝	0	0	1	21	0.0%	0.0%	4.8%
中山ダ	9	8	11	127	7.1%	13.4%	22.0%
中京芝	1	1	3	24	4.2%	8.3%	20.8%
中京ダ	13	15	21	222	5.9%	12.6%	22.1%
京都芝	0	0	0	2	0.0%	0.0%	0.0%
京都ダ	9	7	6	59	15.3%	27.1%	37.3%
阪神芝	2	1	2	37	5.4%	8.1%	13.5%
阪神ダ	26	36	23	299	8.7%	20.7%	28.4%
小倉芝	2	1	2	27	7.4%	11.1%	18.5%
小倉ダ	6	13	14	130	4.6%	14.6%	25.4%

条件　ハンデ戦出走時は3連系で勝負

	1着	2着	3着	出走数	勝率	連対率	3着内率
新馬	14	8	20	148	9.5%	14.9%	28.4%
未勝利	38	61	53	662	5.7%	15.0%	23.0%
1勝	25	25	37	369	6.8%	13.6%	23.6%
2勝	16	11	10	120	13.3%	22.5%	30.8%
3勝	5	9	6	72	6.9%	19.4%	27.8%
OPEN特別	3	1	2	26	11.5%	15.4%	23.1%
GⅢ	3	0	0	23	13.0%	13.0%	13.0%
GⅡ	1	0	0	5	20.0%	20.0%	20.0%
GⅠ	0	0	0	7	0.0%	0.0%	0.0%
ハンデ戦	5	5	5	42	11.9%	23.8%	35.7%
牝馬限定	18	14	20	255	7.1%	12.5%	20.4%
障害	0	1	0	7	0.0%	14.3%	14.3%

人気　7～9番人気の穴狙いが正解

	1着	2着	3着	出走数	勝率	連対率	3着内率
1番人気	39	26	16	124	31.5%	52.4%	65.3%
2～3番人気	32	33	32	229	14.0%	28.4%	42.4%
4～6番人気	17	30	42	340	5.0%	13.8%	26.2%
7～9番人気	15	19	27	299	5.0%	11.4%	20.4%
10番人気～	2	7	11	440	0.5%	2.0%	4.5%

単勝回収値 71円／単勝適正回収値 73円

距離　距離不問もダート中長距離が◯

芝　平均勝ち距離　1,743m

	1着	2着	3着	出走数	勝率	連対率	3着内率
全体計	7	5	16	220	3.2%	5.5%	12.7%
芝～1300m	0	1	2	37	0.0%	2.7%	8.1%
芝～1600m	3	3	3	78	3.8%	7.7%	11.5%
芝～2000m	4	1	11	95	4.2%	5.3%	16.8%
芝～2400m	0	0	0	10	0.0%	0.0%	0.0%
芝2500m～	0	0	0	0	-	-	-

ダート　平均勝ち距離　1,635m

	1着	2着	3着	出走数	勝率	連対率	3着内率
全体計	98	109	112	1205	8.1%	17.2%	26.5%
ダ～1300m	15	18	20	226	6.6%	14.6%	23.5%
ダ～1600m	20	26	28	301	6.6%	15.3%	24.6%
ダ～2000m	59	58	58	632	9.3%	18.5%	27.7%
ダ2100m～	4	7	6	46	8.7%	23.9%	37.0%

馬場状態　重まで悪化したダートでしぶとい

		1着	2着	3着	出走数	勝率	連対率	3着内率
芝	良	5	4	13	172	2.9%	5.2%	12.8%
	稍重	2	0	2	31	6.5%	6.5%	12.9%
	重	0	0	0	9	0.0%	0.0%	0.0%
	不良	0	1	1	8	0.0%	12.5%	25.0%
ダ	良	56	71	69	751	7.5%	16.9%	26.1%
	稍重	24	20	20	246	9.8%	17.9%	26.0%
	重	13	13	9	127	10.2%	20.5%	27.6%
	不良	5	5	14	81	6.2%	12.3%	29.6%

性齢　2歳から4歳まで落ち込みはない

	1着	2着	3着	出走数	勝率	連対率	3着内率
牡2歳	17	18	20	183	9.3%	19.1%	30.1%
牝2歳	4	7	7	121	3.3%	9.1%	14.9%
牡3歳前半	24	28	28	320	7.5%	16.3%	25.0%
牝3歳前半	11	9	15	182	6.0%	11.0%	19.2%
牡3歳後半	11	23	22	179	6.1%	19.0%	31.3%
牝3歳後半	10	7	6	101	9.9%	16.8%	22.8%
牡4歳	13	14	17	166	7.8%	16.3%	26.5%
牝4歳	6	5	4	82	7.3%	13.4%	18.3%
牡5歳	3	8	7	68	11.8%	16.2%	26.5%
牝5歳	0	1	1	21	0.0%	4.8%	9.5%
牡6歳	1	0	0	5	0.0%	0.0%	0.0%
牝6歳	0	0	0	0	-	-	-
牡7歳以上	1	0	0	4	25.0%	25.0%	25.0%
牝7歳以上	0	0	0	0	-	-	-

勝ち馬の決め手

芝
差し 1
追込 -
逃げ 3
先行 3
7勝

ダート
差し 5
追込 13
逃げ 29
先行 51
98勝

RANKING **27**

2歳馬 **31**

2021 ㉖
2020 ㉝
2019 ⑩
2018 －

ゴールドシップ
GOLD SHIP

年次	種付頭数	産駒数
22年	96	72
21年	106	73
20年	95	85

系統：サンデーサイレンス系　母父系統：マイリージャン系

父		Halo	Hail to Reason
ステイゴールド	*サンデーサイレンス 青鹿 1986		Cosmah
黒鹿 1994		Wishing Well	Understanding
			Mountain Flower
	ゴールデンサッシュ 栗 1988	*ディクタス	Sanctus
			Doronic
		ダイナサッシュ	*ノーザンテースト
			*ロイヤルサッシュ
母		メジロティターン	*メジロアサマ
ポイントフラッグ	メジロマックイーン 芦 1987		*シェリル
芦 1998		メジロオーロラ	*リマンド
			*メジロアイリス
	パストラリズム 黒鹿 1987	*プルラリズム	The Minstrel
			Cambretta
		トクノエイティー	*トライバルチーフ
			アイアンルビー

インブリード：Northern Dancer 5×5、Princely Gift 5×5

血統解説　父はGI複数勝利の大物を数多く送り出した名種牡馬。母ポイントフラッグはチューリップ賞2着。母系は甥にダイメイコリーダ（ジャパンダートダービー2着）。母父は菊花賞勝ち、天皇賞・春連覇などGI4勝の名ステイヤー。ステイゴールド×メジロマックイーンの配合は、黄金配合と呼ばれ3冠馬オルフェーヴルと同じ。

種付料／⇨受200万円F　供用地／新冠・ビッグレッドファーム

2009年生　芦毛　日高・出口牧場産

距離	成長型	芝	ダート	瞬発力	パワー	底力
中長	普	○	○	○	○	○

PROFILE

競走成績　28戦13勝（2〜6歳・日仏）
最高レーティング　124 L（12、13、14年）
主な勝ち鞍　有馬記念、宝塚記念2回、天皇賞・春、皐月賞、菊花賞、阪神大賞典3回、神戸新聞杯、共同通信杯。札幌記念2着、有馬記念3着2回。

ファンに愛される個性派ホース
種牡馬としての活躍にも期待

　3歳時、皐月賞、菊花賞、有馬記念を制し、2012年の最優秀3歳牡馬に選ばれた。古馬になってからは、4、5歳時に宝塚記念を連覇したのをはじめ、天皇賞・春1着、有馬記念3着2回などGIの常連として長く活躍した。ほかに阪神大賞典3連覇、神戸新聞杯、共同通信杯。

　7歳春から種牡馬入り。産駒デビューの2019年の札幌2歳Sでワンツーを決めるなど、産駒は2歳戦から活躍。2021年にはユーバーレーベンがオークスに勝利し、クラシック制覇で待望のGIサイアー入りを果たした。

　2022年はウインマイティーがマーメイドSを勝ち、ウインキートスがGIIで連続3着するなどの活躍を見せたが、総合ランキングは1ランクダウン。巻き返しが期待されている。

代表産駒　ユーバーレーベン（オークス、札幌2歳S2着、阪神JF3着）、ウインキートス（目黒記念、同3着）、ウインマイティー（マーメイドS、オークス3着）、ブラックホール（札幌2歳S）、プリュムドール（ステイヤーズS2着）。

POG　2023年期待の2歳馬

母馬名（母父）	性別	おすすめポイント
ダイヤモンドギフト （*ブライアンズタイム）	牡	1歳セレクションセールで3190万円。母系は日本の名門牝系。
*ノッテビアンカ （KENDARGENT）	牡	1歳セレクトセールで3520万円。叔父に伊ダービー馬がいる。
スウィートレイラニ （ディープインパクト）	牝	母の全姉弟にウリウリ（京都牝馬S）、マカヒキ（ダービー）。

馬券に直結する適性データ

　芝の平均勝ち距離が2013mという、まさに生粋のステイヤー血統。ゴールドシップ自身も、皐月賞からはすべて2000m超のレースに出走。距離は長ければ長い方がいい。ただ、現在の日本の競馬は、ステイヤー血統にはやや不向きなところも多く、それが種牡馬成績が伸びそうで伸びない一因か。逆にいえば、スペシャリティが高いということにもなるため、長距離戦ではなるべく押さえたい。また、ダートは意外と良くない。パワフルでダートもこなせそうだが、芝101勝に対しダートは19勝。ダートで買うなら実際に走ってみてからでも遅くはない。なお、穴馬のイメージがあるが、割と人気には忠実だ。

ニックス（配合）　配合する血統同士の親和性のこと。簡単にいえば相性がいいということ。「○○と××はニックス配合」という場合、○○と××は血統的に相性がいい＝成功例が多いということになる。

2022年成績

総収得賞金	1,035,294,000円	アーニング INDEX	1.10

勝利頭数／出走頭数：全馬 76 ／ 209	2歳 11 ／ 58
勝利回数／出走回数：全馬 105 ／ 1,621	2歳 11 ／ 167

Data Box (2020~2022)

コース　福島芝、小倉芝出走時は注意

	1着	2着	3着	出走数	勝率	連対率	3着内率
全体計	120	143	143	1762	6.8%	14.9%	23.0%
中央芝	42	71	66	737	5.7%	15.3%	24.3%
中央ダ	9	3	9	158	5.7%	7.6%	13.3%
ローカル芝	59	60	65	730	8.1%	16.3%	25.2%
ローカルダ	10	9	3	137	7.3%	13.9%	16.1%
右回り芝	73	90	75	898	8.1%	18.2%	26.5%
右回りダ	13	7	8	169	7.7%	11.8%	16.6%
左回り芝	27	41	55	563	4.8%	12.1%	21.8%
左回りダ	6	5	4	126	4.8%	8.7%	11.9%
札幌芝	7	9	8	97	7.2%	16.5%	24.7%
札幌ダ	2	0	0	8	25.0%	25.0%	25.0%
函館芝	2	8	13	84	2.4%	11.9%	27.4%
函館ダ	0	0	0	0	-	-	-
福島芝	21	10	12	146	14.4%	21.2%	29.5%
福島ダ	2	2	0	18	11.1%	22.2%	22.2%
新潟芝	8	16	13	167	4.8%	14.4%	22.2%
新潟ダ	1	4	0	35	2.9%	14.3%	14.3%
東京芝	13	17	33	279	4.7%	10.8%	22.6%
東京ダ	0	0	1	34	0.0%	0.0%	2.9%
中山芝	14	38	17	303	4.6%	17.2%	22.8%
中山ダ	4	1	7	56	7.1%	8.9%	21.4%
中京芝	7	8	10	123	5.7%	12.2%	20.3%
中京ダ	5	1	3	57	8.8%	10.5%	15.8%
京都芝	2	3	3	36	5.6%	13.9%	22.2%
京都ダ	0	0	0	9	0.0%	0.0%	0.0%
阪神芝	13	13	13	119	10.9%	21.8%	32.8%
阪神ダ	5	2	1	59	8.5%	11.9%	13.6%
小倉芝	14	9	9	113	12.4%	20.4%	28.3%
小倉ダ	0	2	0	10	0.0%	20.0%	20.0%

条件　OPと重賞以外では安定

	1着	2着	3着	出走数	勝率	連対率	3着内率
新馬	12	15	16	179	6.7%	15.1%	24.0%
未勝利	58	80	64	841	6.9%	16.4%	24.0%
1勝	28	28	38	492	5.7%	11.4%	19.1%
2勝	14	12	8	120	11.7%	21.7%	28.3%
3勝	5	5	6	52	9.6%	19.2%	30.8%
OPEN特別	2	2	6	43	4.7%	9.3%	23.3%
GⅢ	1	1	2	26	3.8%	7.7%	15.4%
GⅡ	1	2	5	25	4.0%	12.0%	32.0%
GⅠ	1	0	2	24	4.2%	4.2%	12.5%
ハンデ戦	8	4	5	67	11.9%	17.9%	25.4%
牝馬限定	17	27	27	263	6.5%	16.7%	27.0%
障害	2	2	4	40	5.0%	10.0%	20.0%

人気　上位人気は馬券の軸として信頼

	1着	2着	3着	出走数	勝率	連対率	3着内率
1番人気	37	29	16	116	31.9%	56.9%	70.7%
2～3番人気	47	50	45	275	17.1%	35.3%	51.6%
4～6番人気	26	45	49	450	5.8%	15.8%	26.7%
7～9番人気	7	16	26	437	1.6%	5.3%	11.2%
10番人気～	5	5	11	524	1.0%	1.9%	4.0%

単勝回収値 59円／単勝適正回収値 75円

距離　芝の長丁場でこそ

芝　　平均勝ち距離　2,013m

	1着	2着	3着	出走数	勝率	連対率	3着内率
全体計	101	131	131	1467	6.9%	15.8%	24.7%
芝～1300m	7	7	8	70	10.0%	20.0%	31.4%
芝～1600m	8	23	11	189	4.2%	16.4%	22.2%
芝～2000m	52	64	70	809	6.4%	14.3%	23.0%
芝～2400m	16	24	26	249	6.4%	16.1%	26.5%
芝2500m～	18	13	16	150	12.0%	20.7%	31.3%

ダート　　平均勝ち距離　1,829m

	1着	2着	3着	出走数	勝率	連対率	3着内率
全体計	19	12	12	295	6.4%	10.5%	14.6%
ダ～1300m	1	0	1	21	4.8%	4.8%	9.5%
ダ～1600m	0	0	0	42	0.0%	0.0%	0.0%
ダ～2000m	17	10	9	219	7.8%	13.2%	17.4%
ダ2100m～	1	2	2	13	7.7%	7.7%	23.1%

馬場状態　渋った馬場が得意な重馬場巧者

		1着	2着	3着	出走数	勝率	連対率	3着内率
芝	良	66	97	96	1091	6.0%	14.9%	23.7%
	稍重	24	22	20	257	9.3%	17.9%	25.7%
	重	9	7	8	85	10.6%	18.8%	28.2%
	不良	2	5	7	34	5.9%	20.6%	41.2%
ダ	良	13	7	10	182	7.1%	11.0%	16.5%
	稍重	3	5	0	58	5.2%	13.8%	13.8%
	重	0	0	0	28	0.0%	0.0%	0.0%
	不良	3	0	2	27	11.1%	11.1%	18.5%

性齢　ピークは意外と短め

	1着	2着	3着	出走数	勝率	連対率	3着内率
牡2歳	16	14	20	224	7.1%	13.4%	22.3%
牝2歳	11	21	14	195	5.6%	16.4%	23.6%
牡3歳前半	19	29	26	322	5.9%	14.9%	23.0%
牝3歳前半	19	26	28	267	7.1%	16.9%	27.3%
牡3歳後半	19	12	14	210	9.0%	14.8%	21.4%
牝3歳後半	15	17	14	170	8.8%	18.8%	27.1%
牡4歳	10	13	12	203	4.9%	11.3%	17.2%
牝4歳	11	12	12	130	8.5%	17.7%	26.9%
牡5歳	1	0	2	46	2.2%	2.2%	6.5%
牝5歳	1	1	5	35	2.9%	5.7%	20.0%
牡6歳	0	0	0	0	-	-	-
牝6歳	0	0	0	0	-	-	-
牡7歳以上	0	0	0	0	-	-	-
牝7歳以上	0	0	0	0	-	-	-

勝ち馬の決め手

芝　101勝
追込 13／逃げ 15／先行 46／差し 27

ダート　19勝
追込 3／逃げ 4／先行 8／差し 4

*サウスヴィグラス
SOUTH VIGOROUS

年次	種付頭数	産駒数
22年	―	―
21年	―	―
20年	―	―

2018年死亡
1996年生　栗毛　アメリカ産　1998年輸入

距離	成長型	芝	ダート	瞬発力	パワー	底力
短	普	△	◎	○	○	○

PROFILE

競走成績　33戦16勝（2〜7歳・日）
最高レーティング　114S（03年）
主な勝ち鞍　JBCスプリント、根岸S2回、北海道スプリントC2回、クラスターC、黒船賞、かきつばた記念。東京盃2着、ガーネットS2着。

一時代を築いた名サイアー
後継種牡馬にその血を託す

　6歳時、ガーネットS2着の後の根岸Sで重賞初制覇。さらに黒船賞を皮切りに、かきつばた記念、北海道スプリントC、クラスターC、7歳時の根岸S、北海道スプリントCと重賞6連勝を達成。東京盃2着からコマを進めたJBCスプリントで、マイネルセレクトの追撃をハナ差凌いで逃げ切り待望のGI馬に輝いた。

　8歳春から種牡馬入り。父エンドスウィープの後継として期待され、初年度から150頭の種付を行う人気種牡馬となった。

　産駒は地方競馬を中心に活躍。2012年に初の地方競馬リーディングサイアーに輝くと、2015年からは7年連続でトップの座を堅守。総合リーディングでも2019年の9位をはじめ、トップ10内に4回もランクインした。

系統：フォーティナイナー系　母父系統：ナスルーラ系

父 *エンドスウィープ 鹿 1991	*フォーティナイナー 栗 1985	Mr. Prospector	Raise a Native
			Gold Digger
		File	Tom Rolfe
			Continue
	Broom Dance 鹿 1979	Dance Spell	Northern Dancer
			Obeah
		Witching Hour	Thinking Cap
			Enchanted Eve
母 *ダーケストスター 黒鹿 1989	Star de Naskra 黒鹿 1975	Naskra	Nasram
			Iskra
		Candle Star	Clandestine
			Star Minstrel
	Minnie Riperton 黒鹿 1974	Cornish Prince	Bold Ruler
			Teleran
		English Harbor	War Admiral
			Level Sands

インブリード：Double Jay 5×5、母ダーケストスターに Nasrullah 4×4

血統解説　父エンドスウィープはアドマイヤムーン（P188）などを送り出した名種牡馬。母ダーケストスターは米4勝。母系は甥にサフィロス（京王杯2歳S2着）、姪にコーディエライト（新潟2歳S2着）がいる。母父スタードナスクラは米GIIホイットニーS、米GIIカーターHなどを勝った中距離馬。

代表産駒　コーリンベリー（JBCスプリント）、**サブノジュニア**（JBCスプリント）、**ヒガシウィルウィン**（ジャパンダートダービー）、**ラブミーチャン**（全日本2歳優駿）、**タイニーダンサー**（関東オークス）、**テイエムサウスダン**（兵庫ジュニアGP）、**ナムラタイタン**。

　2022年、地方リーディングは5位に終わり、トップの座を明け渡した。さらに総合ランキングでもトップ20から陥落。それでも、シンシティがアイビスサマーダッシュで2着と、これまで実績が皆無だった芝重賞で結果を残し、トップサイアーとしての奥の深さを見せている。

馬券に直結する適性データ

　芝重賞で2着に入ったとは言っても、産駒全体で見ると、芝では31戦して【1.1.1.28】という成績。本領発揮は95勝をあげているダート戦だ。距離はやはり短距離。全95勝のうち83%が〜1300mで締められている。そこから距離が伸びるにつれて成績がダウンしていく。1600mを超えたら手を出さない方がいい。現5歳世代が最終世代だが、6歳時の成績も悪くないので、まだまだ活躍を期待していい。コース別では、札幌、福島などの小回りコースが好成績。先手を取れそうな枠、メンバー構成なら積極的に狙ってみたい。7〜9番人気の成績も悪くないので、思い切った穴狙いも面白い。

母系　母方の血のつながりのこと。簡単にいえば血統表の下半分の系統を指すことが多い。牝系と同じ意味で使われることもある。

2022年成績

総収得賞金 1,008,831,000円　アーニング INDEX　0.95

| 勝利頭数／出走頭数：全馬129／235　2歳 −／− |
| 勝利回数／出走回数：全馬266／2,120　2歳 −／− |

Data Box（2020〜2022）

コース　福島などローカルダート向き

	1着	2着	3着	出走数	勝率	連対率	3着内率
全体計	96	92	92	1238	7.8%	15.2%	22.6%
中央芝	0	0	0	6	0.0%	0.0%	0.0%
中央ダ	46	60	48	690	6.7%	15.4%	22.3%
ローカル芝	1	1	1	25	4.0%	8.0%	12.0%
ローカルダ	49	31	43	517	9.5%	15.5%	23.8%
右回り芝	1	0	0	19	5.3%	5.3%	5.3%
右回りダ	64	58	56	773	8.3%	15.8%	24.1%
左回り芝	0	0	0	3	0.0%	0.0%	0.0%
左回りダ	31	33	27	434	7.1%	14.7%	21.0%
札幌芝	0	0	0	5	0.0%	0.0%	0.0%
札幌ダ	8	4	8	59	13.6%	20.3%	33.9%
函館芝	0	0	0	0	0.0%	0.0%	0.0%
函館ダ	4	5	7	58	6.9%	15.5%	27.6%
福島芝	1	0	0	2	50.0%	50.0%	50.0%
福島ダ	9	7	11	76	11.8%	21.1%	35.5%
新潟芝	0	1	1	9	0.0%	11.1%	22.2%
新潟ダ	10	8	9	120	8.3%	15.0%	22.5%
東京芝	0	0	0	1	0.0%	0.0%	0.0%
東京ダ	10	19	13	180	5.6%	16.1%	23.3%
中山芝	0	0	0	1	0.0%	0.0%	0.0%
中山ダ	11	21	19	225	4.9%	14.2%	22.7%
中京芝	0	0	0	1	0.0%	0.0%	0.0%
中京ダ	11	6	5	134	8.2%	12.7%	16.4%
京都芝	0	0	0	0	-	-	-
京都ダ	7	6	6	74	9.5%	17.6%	25.7%
阪神芝	0	0	0	4	0.0%	0.0%	0.0%
阪神ダ	18	14	10	211	8.5%	15.2%	19.9%
小倉芝	0	0	0	4	0.0%	0.0%	0.0%
小倉ダ	7	1	3	70	10.0%	11.4%	15.7%

条件　障害適性の高さは見逃せない

	1着	2着	3着	出走数	勝率	連対率	3着内率
新馬	4	4	7	56	7.1%	14.3%	26.8%
未勝利	29	36	24	306	9.5%	21.2%	29.1%
1勝	31	22	33	383	8.1%	13.8%	22.5%
2勝	16	14	13	258	6.2%	11.6%	16.7%
3勝	10	11	6	147	6.8%	14.3%	18.4%
OPEN特別	7	9	9	99	7.1%	16.2%	25.3%
GⅢ	1	1	1	16	6.3%	12.5%	18.8%
GⅡ	0	0	0	0	-	-	-
GⅠ	0	1	1	1	0.0%	100.0%	100.0%
ハンデ戦	3	8	5	87	3.4%	12.6%	18.4%
牝馬限定	7	7	13	122	5.7%	11.5%	22.1%
障害	2	6	1	28	7.1%	28.6%	32.1%

人気　7〜9番人気での一発に警戒

	1着	2着	3着	出走数	勝率	連対率	3着内率
1番人気	42	16	16	109	38.5%	53.2%	67.9%
2〜3番人気	26	38	20	177	14.7%	36.2%	47.5%
4〜6番人気	16	22	35	288	5.6%	13.2%	25.3%
7〜9番人気	11	15	15	243	4.5%	10.7%	16.9%
10番人気〜	3	7	7	449	0.7%	2.2%	3.8%

単勝回収値 60円／単勝適正回収値 80円

距離　やはりダート短距離戦でこそ

芝　平均勝ち距離　1,200m

	1着	2着	3着	出走数	勝率	連対率	3着内率
全体計	1	1	1	31	3.2%	6.5%	9.7%
芝〜1300m	1	1	1	28	3.6%	7.1%	10.7%
芝〜1600m	0	0	0	3	0.0%	0.0%	0.0%
芝〜2000m	0	0	0	0	-	-	-
芝〜2400m	0	0	0	0	-	-	-
芝2500m〜	0	0	0	0	-	-	-

ダート　平均勝ち距離　1,203m

	1着	2着	3着	出走数	勝率	連対率	3着内率
全体計	95	91	91	1207	7.9%	15.4%	22.9%
ダ〜1300m	79	61	62	826	9.6%	16.9%	24.5%
ダ〜1600m	14	21	16	254	5.5%	13.8%	20.1%
ダ〜2000m	2	9	13	126	1.6%	8.7%	19.0%
ダ2100m〜	0	0	0	1	0.0%	0.0%	0.0%

馬場状態　ダート不良で粘り強い走り

		1着	2着	3着	出走数	勝率	連対率	3着内率
芝	良	0	1	1	19	0.0%	5.3%	10.5%
	稍重	1	0	0	9	11.1%	11.1%	11.1%
	重	0	0	0	3	0.0%	0.0%	0.0%
	不良	0	0	0	0	-	-	-
ダ	良	56	51	53	712	7.9%	15.0%	22.5%
	稍重	17	16	16	229	7.4%	14.4%	21.4%
	重	11	15	14	170	6.5%	15.3%	23.5%
	不良	11	9	8	96	11.5%	20.8%	29.2%

性齢　現5歳最終産駒、6歳まで頑張る

	1着	2着	3着	出走数	勝率	連対率	3着内率
牡2歳	5	6	3	49	10.2%	22.4%	28.6%
牝2歳	3	0	7	32	9.4%	9.4%	31.3%
牡3歳前半	20	17	20	197	10.2%	18.8%	28.9%
牝3歳前半	11	12	5	91	12.1%	25.3%	30.8%
牡3歳後半	13	12	9	95	13.7%	26.3%	35.8%
牝3歳後半	10	4	9	73	13.7%	19.2%	31.5%
牡4歳	11	12	13	179	6.1%	12.8%	20.1%
牝4歳	12	11	9	179	6.7%	12.8%	17.9%
牡5歳	5	3	5	121	4.1%	10.7%	14.9%
牝5歳	1	3	5	94	1.1%	4.3%	9.6%
牡6歳	5	8	0	73	6.8%	17.8%	17.8%
牝6歳	0	2	3	36	0.0%	5.6%	13.9%
牡7歳以上	2	3	5	47	4.3%	10.6%	21.3%
牝7歳以上	0	0	0	0	-	-	-

勝ち馬の決め手

芝：逃げ 1、1勝

ダート：差し 10、追込 1、逃げ 38、先行 46、95勝

RANKING 29

2021 ⑱
2020 ⑭
2019 ⑬
2018 ⑩

2歳馬 ―

＊クロフネ
KUROFUNE

年次	種付頭数	産駒数
22年	**―**	**―**
21年	―	―
20年	―	―

2021年死亡
1998年生　芦毛　アメリカ産　2000年輸入

距離	成長型	芝	ダート	瞬発力	パワー	底力
短中	普	◎	◎	○	◎	○

系統：ノーザンダンサー系　母父系統：フェアウェイ系

父 ＊フレンチデビュティ 栗 1992	Deputy Minister 黒鹿 1979	Vice Regent	Northern Dancer
			Victoria Regina
		Mint Copy	Bunty's Flight
			Shakney
	Mitterand 鹿 1981	Hold Your Peace	Speak John
			Blue Moon
		Laredo Lass	Bold Ruler
			Fortunate Isle
母 ＊ブルーアヴェニュー 芦 1990	Classic Go Go 鹿 1978	Pago Pago	Matrice
			Pompilia
		Classic Perfection	Never Bend
			Mira Femme
	Eliza Blue 芦 1983	Icecapade	Nearctic
			Shenanigans
		＊コレラ	Roberto
			Catania

インブリード：Nearctic 5×4、Nasrullah 5×5

血統解説　父は米日で実績をあげた種牡馬。母系は半妹にミスパスカリ（マーメイドS3着）、叔母にブロードツウマインド（米GⅠヴァニティ招待H）、甥にマウントロブソン（スプリングS）、ポポカテペトル（菊花賞3着）、一族にティンバレス（エンプレス杯3着）、アドマイヤメジャー（朝日CC3着）。

代表産駒 ソダシ（桜花賞、阪神JF、ヴィクトリアマイル）、カレンチャン（スプリンターズS、高松宮記念）、ホワイトフーガ（JBCレディスクラシック2回）、アップトゥデイト（中山グランドジャンプ、中山大障害）、スリープレスナイト（スプリンターズS）。

📖 PROFILE

競走成績　10戦6勝（2〜3歳・日）
最高レーティング　125 M、I（01年）
主な勝ち鞍　ジャパンCダート、NHKマイルC、武蔵野S、毎日杯。神戸新聞杯3着、ラジオたんば杯3歳S3着、ダービー5着。

数多くの一流馬を輩出！
BMSとしても実力発揮

　3歳、NHKマイルCでGⅠ初制覇。続くダービーはジャングルポケットの5着。秋はダート路線に挑戦。武蔵野Sを9馬身、ジャパンCダートを7馬身差で圧勝。ともにレコード勝ちという圧巻のパフォーマンスを見せた。

　故障により3歳で引退。4歳春から種牡馬生活に入ると、いきなり朝日杯FS勝ちのフサイチリシャールを輩出。FSランキングではアグネスタキオンに次ぐ2位にランクした。

　以降、ジャンルを問わず活躍馬を続々と輩出し、名種牡馬としての地位を確立した。2007年に総合ランキングで10位に入ると、その後2018年まで12年連続でトップ10入りを果たし、日本の生産界に多大な影響を与えてきた。2020年にはソダシが阪神ジュベナイルフィリーズを勝ち、史上初めて白毛のGⅠ馬に輝いた。2021年に惜しまれつつ死亡。

　2022年には、ソダシがヴィクトリアマイルでGⅠ3勝目をマーク。

　近年は母の父としても大物を連発しており、その血の広がりはとどまりそうにない。

馬券に直結する適性データ

　現4歳世代がラストクロップ。牡馬クラシックには結局縁がなかったが、自身の後継となるような優れたマイラーの登場に期待したいところだ。芝では明確な壁があるが、ダートは距離不問。むしろ、2100m〜における勝率が15.9%とかなり優秀。連対率、3着内率はそれほどでもないので、単勝や連単の軸として狙ってみたい。また、代表産駒にも牝馬の名がズラリと並ぶように、牝馬が強い種牡馬。一般的な産駒もやはり牝馬が好成績。ちなみに牝馬限定戦では3着内率が30%ある。馬場状態ではダートの重馬場が得意。そのせいか、ダートでは差し馬の活躍も目立っているので要チェックだ。

　半兄弟（姉妹）　母馬が同じで、父馬が異なる兄弟（姉妹）のこと。父馬まで同じだと全兄弟（姉妹）になる。

2022年成績

総収得賞金 939,448,000円	アーニング INDEX	1.12
勝利頭数／出走頭数：全馬 81 ／ 186	2歳	－／－
勝利回数／出走回数：全馬 165 ／ 1,676	2歳	－／－

Data Box (2020~2022)

コース　ピンポイントで狙うなら中京芝

	1着	2着	3着	出走数	勝率	連対率	3着内率
全体計	90	97	88	1376	6.5%	13.6%	20.0%
中央芝	11	8	9	153	7.2%	12.4%	18.3%
中央ダ	45	43	38	638	7.1%	13.8%	19.7%
ローカル芝	15	16	13	197	7.6%	15.7%	22.3%
ローカルダ	19	30	28	388	4.9%	12.6%	19.8%
右回り芝	15	15	15	217	6.9%	13.8%	20.7%
右回りダ	43	46	39	663	6.5%	13.4%	19.3%
左回り芝	10	9	6	124	8.1%	15.3%	20.2%
左回りダ	21	27	27	363	5.8%	13.2%	20.7%
札幌芝	2	2	0	22	9.1%	18.2%	18.2%
札幌ダ	0	1	2	27	0.0%	3.7%	11.1%
函館芝	1	1	2	12	8.3%	16.7%	33.3%
函館ダ	1	4	1	28	3.6%	17.9%	21.4%
福島芝	1	2	3	35	2.9%	8.6%	17.1%
福島ダ	3	3	3	61	4.9%	9.8%	14.8%
新潟芝	3	1	4	40	7.5%	10.0%	20.0%
新潟ダ	7	14	7	98	7.1%	21.4%	28.6%
東京芝	3	4	1	56	5.4%	12.5%	14.3%
東京ダ	11	9	11	163	6.7%	12.3%	19.0%
中山芝	1	2	4	35	2.9%	8.6%	20.0%
中山ダ	19	19	15	202	9.4%	18.8%	26.2%
中京芝	**5**	**4**	**2**	**37**	**13.5%**	**24.3%**	**29.7%**
中京ダ	3	4	3	102	2.9%	6.9%	15.7%
京都芝	1	0	0	17	5.9%	5.9%	5.9%
京都ダ	7	5	4	95	7.4%	12.6%	16.8%
阪神芝	6	2	4	45	13.3%	17.8%	26.7%
阪神ダ	8	10	8	178	4.5%	10.1%	14.6%
小倉芝	3	6	2	51	5.9%	17.6%	21.6%
小倉ダ	5	4	6	72	6.9%	12.5%	20.8%

条件　牝馬が強く牝馬限定戦が買い

	1着	2着	3着	出走数	勝率	連対率	3着内率
新馬	2	6	2	55	3.6%	14.5%	18.2%
未勝利	29	26	32	436	6.7%	12.6%	20.0%
1勝	30	36	31	492	6.1%	13.4%	19.7%
2勝	18	21	14	235	7.7%	16.6%	22.6%
3勝	5	3	10	135	3.7%	5.9%	13.3%
OPEN特別	5	5	4	70	7.1%	14.3%	20.0%
GⅢ	3	3	1	30	10.0%	20.0%	23.3%
GⅡ	1	1	0	7	14.3%	28.6%	28.6%
GⅠ	3	0	2	11	27.3%	27.3%	45.5%
ハンデ戦	8	7	6	89	9.0%	16.9%	23.6%
牝馬限定	**33**	**47**	**34**	**372**	**8.9%**	**21.5%**	**30.6%**
障害	6	4	8	95	6.3%	10.5%	18.9%

人気　全体的に低調、アテにできない

	1着	2着	3着	出走数	勝率	連対率	3着内率
1番人気	33	18	19	107	30.8%	47.7%	65.4%
2～3番人気	32	30	26	197	16.2%	31.5%	44.7%
4～6番人気	15	34	21	293	5.1%	16.7%	23.9%
7～9番人気	11	9	17	324	3.4%	6.2%	11.4%
10番人気～	5	10	13	550	0.9%	2.7%	5.1%

単勝回収値 63円／単勝適正回収値 76円

距離　芝はマイル戦、ダートは長距離戦

芝　　平均勝ち距離　1,677m

	1着	2着	3着	出走数	勝率	連対率	3着内率
全体計	26	24	22	350	7.4%	14.3%	20.6%
芝～1300m	4	7	6	96	4.2%	11.5%	17.7%
芝～1600m	**10**	**6**	**6**	**97**	**10.3%**	**16.5%**	**22.7%**
芝～2000m	11	11	10	136	8.1%	16.2%	23.5%
芝～2400m	1	0	0	16	6.3%	6.3%	6.3%
芝2500m～	0	0	0	5	0.0%	0.0%	0.0%

ダート　　平均勝ち距離　1,661m

	1着	2着	3着	出走数	勝率	連対率	3着内率
全体計	64	73	66	1026	6.2%	13.4%	19.8%
ダ～1300m	11	12	9	222	5.0%	10.4%	14.4%
ダ～1600m	11	13	15	226	4.9%	10.6%	17.3%
ダ～2000m	35	46	40	534	6.6%	15.2%	22.7%
ダ2100m～	**7**	**2**	**2**	**44**	**15.9%**	**20.5%**	**25.0%**

馬場状態　重まで悪化したダートで勝負強い

		1着	2着	3着	出走数	勝率	連対率	3着内率
芝	良	20	17	15	254	7.9%	14.6%	20.5%
	稍重	3	4	2	56	5.4%	12.5%	16.1%
	重	2	2	3	31	6.5%	12.9%	22.6%
	不良	1	1	2	9	11.1%	22.2%	44.4%
ダ	良	38	43	32	608	6.3%	13.3%	18.6%
	稍重	12	14	14	209	5.7%	12.4%	19.1%
	重	**11**	**11**	**12**	**132**	**8.3%**	**16.7%**	**25.8%**
	不良	3	3	8	77	3.9%	10.4%	20.8%

性齢　現4歳が最終産駒、牝馬が健闘

	1着	2着	3着	出走数	勝率	連対率	3着内率
牡2歳	2	2	3	46	4.3%	8.7%	15.2%
牝2歳	7	6	5	56	12.5%	23.2%	32.1%
牡3歳前半	8	7	10	147	5.4%	10.2%	17.0%
牝3歳前半	17	15	15	180	9.4%	17.8%	26.1%
牡3歳後半	3	5	7	74	4.1%	10.8%	20.3%
牝3歳後半	15	8	4	105	14.3%	21.9%	25.7%
牡4歳	**13**	**5**	**7**	**142**	**9.2%**	**12.7%**	**17.6%**
牝4歳	**11**	**18**	**20**	**237**	**4.6%**	**12.2%**	**20.7%**
牡5歳	6	9	7	133	4.5%	11.3%	16.5%
牝5歳	3	14	8	136	2.2%	12.5%	18.4%
牡6歳	6	4	2	86	7.0%	11.6%	14.0%
牝6歳	2	4	4	58	3.4%	10.3%	17.2%
牡7歳以上	3	3	4	63	4.8%	9.5%	15.9%
牝7歳以上	0	1	0	8	0.0%	12.5%	12.5%

勝ち馬の決め手

芝（26勝）：追込 3、逃げ 3、差し 4、先行 16

ダート（64勝）：追込 5、逃げ 9、差し 21、先行 29

2021 ㉒
2020 ⑧
2019 ⑧
2018 ⑧

ゴールドアリュール
GOLD ALLURE

年次	種付頭数	産駒数
22年	—	—
21年	—	—
20年	—	—

2017年死亡
1999年生　栗毛　追分・追分ファーム産

系統：サンデーサイレンス系　母父系統：ヌレイエフ系

父			
*サンデーサイレンス 青鹿 1986	Halo 黒鹿 1969	Hail to Reason	Turn-to
			Nothirdchance
		Cosmah	Cosmic Bomb
			Almahmoud
	Wishing Well 鹿 1975	Understanding	Promised Land
			Pretty Ways
		Mountain Flower	Montparnasse
			Edelweiss
母 *ニキーヤ 鹿 1993	Nureyev 鹿 1977	Northern Dancer	Nearctic
			Natalma
		Special	Forli
			Thong
	Reluctant Guest 鹿 1986	Hostage	Nijinsky
			Entente
		Vaguely Royal	Vaguely Noble
			Shoshanna

インブリード：Almahmoud 4×5、母ニキーヤに Northern Dancer 2×4

血統解説　父は米2冠馬で日本で数々の記録を打ち立てた大種牡馬。母ニキーヤは仏3勝。本馬の半弟にゴールスキー（根岸S）、全妹にオリエントチャーム（マーメイドS）を産んでいる。母系は甥にペルシアンナイト（マイルCS）、いとこにディアマイダーリン（クイーン賞）がいる。母父は仏リーディングサイアー。

距離	成長型	芝	ダート	瞬発力	パワー	底力
中	普	◯	◎	◯	◎	◯

PROFILE

競走成績　16戦8勝（2〜4歳・日）
最高レーティング　116 M（03年）
主な勝ち鞍　フェブラリーS、東京大賞典、ジャパンダートダービー、ダービーグランプリ、アンタレスS。ダービー5着、ジャパンCダート5着。

代表産駒 エスポワールシチー、スマートファルコン、コパノリッキー、ゴールドドリーム、クリソベリル、クリソライト（ジャパンダートダービー）、サンライズノヴァ（南部杯）、オーロマイスター（南部杯）、ナランフレグ（高松宮記念）。

遂に芝GⅠホースを輩出 死してなお進化を遂げる！

　3歳時、ダービーでタニノギムレットの5着と健闘。その後はダート路線に的を絞るとジャパンダートダービーを7馬身差、続くダービーグランプリも10馬身差と圧勝。ジャパンCダートは5着に敗れるも暮れの東京大賞典を制し2002年の最優秀ダートホースに選ばれた。4歳時フェブラリーSでGⅠ4勝目をあげ、続くアンタレスSは59キロを背負いながら8馬身差の圧勝。断然人気で迎えた帝王賞で11着に敗れ、その一戦を最後に引退、種牡馬入り。

　初年度からエスポワールシチー（P104）、スマートファルコン（P148）らダートの強豪を輩出し、一気にダート界のトップサイアーに上りつめる。その後もコパノリッキー（P166）、ゴールドドリーム（P380）、クリソベリル（P392）

などを輩出し、サンデーサイレンス系ダート部門を一手に担う活躍を見せた。現在は「種牡馬の父」としても注目を集めている。

　2022年はナランフレグが高松宮記念を制し、父に初の芝GⅠタイトルをもたらしており、さらなる可能性を感じさせている。

馬券に直結する適性データ

　現5歳がラストクロップとなる。もともとダート戦は息の長い活躍が期待できる面があり、5歳で燃え尽きてしまうような系統ではないので、まだまだダート戦線では見逃せない。なお、芝でのGⅠ馬を輩出したが、ナランフレグ自身、芝のレースで実績を積み重ねてきた馬。ダートを使われてきた馬がいきなり芝で走るとは考えにくいので、芝で買うならすでに実績を持つ馬にしたい。ダートのトップサイアーらしく、どの距離もこなしているが、2100m〜の長距離の成績に注目。特に勝率は10％を超えており、単勝や連単の軸として狙ってみても妙味がある。

繁殖牝馬 牧場で仔馬を生み育てる牝馬のこと。肌馬ともいう。現役を退いた牝馬が繁殖牝馬になることを「繁殖に上がる」という。

2022年成績

総収得賞金 893,894,000円　**アーニング INDEX** 1.41

	全馬	2歳
勝利頭数／出走頭数	56／141	－／－
勝利回数／出走回数	99／1,123	－／－

Data Box（2020~2022）

コース　最も安定して走るのは中山ダート

	1着	2着	3着	出走数	勝率	連対率	3着内率
全体計	90	88	115	1407	6.4%	12.7%	20.8%
中央芝	3	3	2	48	6.3%	12.5%	16.7%
中央ダ	54	47	69	793	6.8%	12.7%	21.4%
ローカル芝	1	3	1	49	2.0%	8.2%	10.2%
ローカルダ	32	35	43	517	6.2%	13.0%	21.3%
右回り芝	3	4	2	68	4.4%	10.3%	13.2%
右回りダ	56	49	71	817	6.9%	12.9%	21.5%
左回り芝	1	2	1	22	4.5%	13.6%	18.2%
左回りダ	30	33	41	493	6.1%	12.8%	21.1%
札幌芝	0	0	0	9	0.0%	0.0%	0.0%
札幌ダ	1	2	8	43	2.3%	7.0%	25.6%
函館芝	0	0	0	5	0.0%	0.0%	0.0%
函館ダ	2	3	2	40	5.0%	12.5%	17.5%
福島芝	0	1	0	4	0.0%	25.0%	25.0%
福島ダ	3	7	3	50	6.0%	20.0%	26.0%
新潟芝	0	0	0	12	0.0%	0.0%	0.0%
新潟ダ	7	9	8	112	6.3%	14.3%	21.4%
東京芝	0	0	0	6	0.0%	0.0%	0.0%
東京ダ	13	14	19	204	6.4%	13.2%	22.5%
中山芝	0	1	1	11	0.0%	9.1%	18.2%
中山ダ	15	16	16	185	8.1%	16.8%	25.4%
中京芝	1	2	1	11	9.1%	27.3%	36.4%
中京ダ	10	10	14	177	5.6%	11.3%	19.2%
京都芝	1	0	1	15	6.7%	6.7%	13.3%
京都ダ	10	8	14	139	7.2%	12.9%	23.0%
阪神芝	2	2	0	16	12.5%	25.0%	25.0%
阪神ダ	16	9	20	265	6.0%	9.4%	17.0%
小倉芝	0	0	0	8	0.0%	0.0%	0.0%
小倉ダ	9	4	8	95	9.5%	13.7%	22.1%

条件　OP特別と障害戦が狙いどころ

	1着	2着	3着	出走数	勝率	連対率	3着内率
新馬	3	4	4	21	14.3%	33.3%	52.4%
未勝利	16	20	17	200	8.0%	18.0%	26.5%
1勝	31	27	42	460	6.7%	12.6%	21.7%
2勝	21	16	24	390	5.4%	9.5%	15.6%
3勝	12	8	13	180	6.7%	11.1%	18.3%
OPEN特別	9	15	13	148	6.1%	16.2%	25.0%
GⅢ	2	2	4	37	5.4%	10.8%	21.6%
GⅡ	0	0	0	4	0.0%	0.0%	0.0%
GⅠ	1	1	2	14	7.1%	14.3%	28.6%
ハンデ戦	10	7	13	179	5.6%	9.5%	16.8%
牝馬限定	12	13	18	208	5.8%	12.0%	20.7%
障害	5	5	4	47	10.6%	21.3%	29.8%

人気　人気は標準、1番人気が中心

	1着	2着	3着	出走数	勝率	連対率	3着内率
1番人気	39	18	11	108	36.1%	52.8%	63.0%
2~3番人気	23	31	32	204	11.3%	26.5%	42.2%
4~6番人気	22	27	34	305	7.2%	16.1%	27.2%
7~9番人気	7	10	20	289	2.4%	5.9%	12.8%
10番人気~	4	7	22	548	0.7%	2.0%	6.0%

単勝回収値 54円／単勝適正回収値 71円

距離　芝は短距離、ダートは中長距離

芝　平均勝ち距離　1,400m

	1着	2着	3着	出走数	勝率	連対率	3着内率
全体計	4	6	3	97	4.1%	10.3%	13.4%
芝~1300m	2	5	3	44	4.5%	15.9%	22.7%
芝~1600m	1	1	0	31	3.2%	6.5%	6.5%
芝~2000m	1	0	0	16	6.3%	6.3%	6.3%
芝~2400m	0	0	0	3	0.0%	0.0%	0.0%
芝2500m~	0	0	0	3	0.0%	0.0%	0.0%

ダート　平均勝ち距離　1,570m

	1着	2着	3着	出走数	勝率	連対率	3着内率
全体計	86	82	112	1310	6.6%	12.8%	21.4%
ダ~1300m	20	21	24	349	5.7%	11.7%	18.6%
ダ~1600m	24	22	30	354	6.8%	13.0%	21.5%
ダ~2000m	37	37	52	562	6.6%	13.2%	22.4%
ダ2100m~	5	2	6	45	11.1%	15.6%	28.9%

馬場状態　少し渋ったダートで成績アップ

		1着	2着	3着	出走数	勝率	連対率	3着内率
芝	良	3	5	3	79	3.8%	10.1%	13.9%
	稍重	0	1	0	12	0.0%	8.3%	8.3%
	重	1	0	0	6	16.7%	16.7%	16.7%
	不良	0	0	0	0	-	-	-
ダ	良	53	45	58	773	6.9%	12.7%	20.2%
	稍重	20	19	29	267	7.5%	14.6%	25.5%
	重	8	10	19	163	4.9%	11.0%	22.7%
	不良	5	6	6	107	4.7%	12.1%	17.8%

性齢　現5歳最終産駒、6歳までは奮闘

	1着	2着	3着	出走数	勝率	連対率	3着内率
牡2歳	1	1	0	6	16.7%	33.3%	33.3%
牝2歳	0	0	0	3	0.0%	0.0%	0.0%
牡3歳前半	13	14	13	112	11.6%	24.1%	35.7%
牝3歳前半	8	7	9	94	8.5%	16.0%	25.5%
牡3歳後半	12	5	9	70	17.1%	24.3%	37.1%
牝3歳後半	1	4	3	47	2.1%	10.6%	17.0%
牡4歳	13	17	18	230	5.7%	13.0%	20.9%
牝4歳	8	7	13	128	6.3%	11.7%	21.9%
牡5歳	17	20	28	269	6.3%	13.8%	24.2%
牝5歳	2	3	4	122	1.6%	4.1%	7.4%
牡6歳	13	8	18	176	7.4%	11.9%	22.2%
牝6歳	0	0	1	57	0.0%	0.0%	1.8%
牡7歳以上	7	7	3	130	5.4%	10.8%	13.1%
牝7歳以上	0	0	0	10	0.0%	0.0%	0.0%

勝ち馬の決め手

芝
- 追込 2
- 先行 2
- 4勝

ダート
- 逃げ 18
- 追込 8
- 差し 21
- 先行 39
- 86勝

*アイルハヴアナザー
I'LL HAVE ANOTHER

年次	種付頭数	産駒数
22年	―	―
21年	―	―
20年	―	―

供用地／アメリカ

2009年生	栗毛	アメリカ産	2012年輸入	2018年輸出

距離	成長型	芝	ダート	瞬発力	パワー	底力
マ中	普	○	◎	○	○	○

系統：フォーティナイナー系　母父系統：ロベルト系

父 Flower Alley 栗 2002	Distorted Humor 栗 1993	*フォーティナイナー	Mr. Prospector
			File
		Danzig's Beauty	Danzig
			Sweetest Chant
	*プリンセスオリビア 栗 1995	Lycius	Mr. Prospector
			Lypatia
		Dance Image	Sadler's Wells
			Diamond Spring
母 Arch's Gal Edith 黒鹿 2002	Arch 黒鹿 1995	Kris S.	Roberto
			Sharp Queen
		Aurora	Danzig
			Althea
	Force Five Gal 鹿 1994	Pleasant Tap	Pleasant Colony
			Never Knock
		Last Cause	Caucasus
			Last Bird

インブリード: Danzig 4×4、Northern Dancer 5・5×5、父 Flower Alley に Mr. Prospector 3×3

血統解説　　トーセンラー（P238）、スピルバーグ（天皇賞・秋）の半兄である父フラワーアレイはトラヴァーズSの勝ち馬。母アーチズギャルエディスは米1勝。種牡馬としてブレイム（BCクラシック）を輩出している母父アーチは名種牡馬クリスエスの直仔で、スーパーダービーなどを勝っている。

PROFILE

競走成績　7戦5勝（2～3歳・米）
最高レーティング　125I（12年）
主な勝ち鞍　ケンタッキーダービー、プリークネスS、サンタアニタダービー、ロバートBルイスS。ベストパルS2着。

代表産駒 アナザートゥルース（アンタレスS、ダイオライト記念）、ウインマーベル（葵S、スプリンターズS2着、キーンランドC2着）、マイネルサーパス（ラジオNIKKEI賞2着）、オメガレインボー（エルムS2着）、ウインジェルベーラ（函館2歳S2着）。

2頭目の重賞馬がG12着
ほかの産駒にも注目が集まる

　3歳時、サンタアニタダービーでGI初制覇。続くケンタッキーダービーも9番人気の低評価を覆す走りで優勝。さらにプリークネスSを制し2冠を達成した。3冠制覇が期待されたが、ベルモントSのレース直前に故障で引退。

　引退後は日本で種牡馬入り。初年度から4年続けて100頭を超す種付を行う人気種牡馬となり、2016年のFSランキングではルーラーシップに続いて2位にランクインした。

　2018年12月に米に帰国したが、2019年にアナザートゥルースがアンタレスSを制して重賞サイアーとなる。

　2021年にはオメガレインボーやサヴァ（ユニコーンS2着）などが重賞で活躍。

　2022年には、3歳馬ウインマーベルが葵Sを制して2頭目の重賞馬に輝くと、さらにスプリンターズSで古馬相手にクビ差の2着に健闘する走りを見せた。総合ランキングこそダウンしたが、それまで実績のなかった芝重賞で活躍馬を出すなど、種牡馬としての潜在能力の高さを改めてアピールしている。

馬券に直結する適性データ

　2頭目の重賞勝ち馬が芝の、しかも短距離重賞だったのは意外。ただ、そのウインマーベルはスプリンターズSで2着しているように、単なるフロックとは思えない。やはり米2冠馬の持つポテンシャルの高さか。それでも、基本的にはダート血統で、中距離をメインに短距離まで幅広くこなしている。現4歳勢が日本での最終世代だが、3歳後半から4歳にかけて充実していくので、今年も活躍してくれるだろう。コース別では札幌や福島などの小回りコースが得意で、逆に中央のコースはやや割引。人気の信頼度は高く、1番人気時の3着内率は70％を超えており、連複、ワイドの軸にピッタリだ。

晩成血統　能力のピークを迎えるのが3歳後半以降の馬。極端な例になると古馬になってから急に能力が開花するケースもある。その後も緩やかに成長を続けることも多い。

2022年成績

総収得賞金 888,283,000円	アーニング INDEX　1.13		
勝利頭数／出走頭数：全馬 99 ／ 174	2歳　−／−		
勝利回数／出走回数：全馬 193 ／ 1,813	2歳　−／−		

Data Box (2020〜2022)

コース　札幌ダート、福島などローカル向き

	1着	2着	3着	出走数	勝率	連対率	3着内率
全体計	91	103	87	1426	6.4%	13.6%	19.7%
中央芝	3	9	4	121	2.5%	9.9%	13.2%
中央ダ	36	42	38	651	5.5%	12.0%	17.8%
ローカル芝	14	9	8	182	7.7%	12.6%	17.0%
ローカルダ	38	43	37	472	8.1%	17.2%	25.0%
右回り芝	12	10	9	197	6.1%	11.2%	15.7%
右回りダ	46	56	49	713	6.5%	14.3%	21.2%
左回り芝	4	8	3	95	4.2%	12.6%	15.8%
左回りダ	28	29	26	410	6.8%	13.9%	20.2%
札幌芝	1	1	2	19	5.3%	10.5%	21.1%
札幌ダ	6	5	4	42	14.3%	26.2%	35.7%
函館芝	4	0	3	24	16.7%	16.7%	29.2%
函館ダ	3	6	4	41	7.3%	22.0%	31.7%
福島芝	4	3	1	38	10.5%	18.4%	21.1%
福島ダ	7	3	4	64	10.9%	15.6%	21.9%
新潟芝	2	1	2	44	4.5%	9.1%	11.4%
新潟ダ	9	9	7	110	8.2%	16.4%	22.7%
東京芝	0	4	2	39	0.0%	10.3%	15.4%
東京ダ	11	8	9	184	6.0%	10.3%	15.2%
中山芝	3	3	1	54	5.6%	11.1%	13.0%
中山ダ	11	19	14	237	4.6%	12.7%	18.6%
中京芝	3	2	0	23	13.0%	21.7%	21.7%
中京ダ	8	12	10	174	6.9%	17.2%	25.9%
京都芝	0	2	0	8	0.0%	25.0%	25.0%
京都ダ	5	3	3	55	9.1%	14.5%	20.0%
阪神芝	0	0	1	20	0.0%	0.0%	5.0%
阪神ダ	9	12	12	175	5.1%	12.0%	18.9%
小倉芝	0	1	1	34	0.0%	2.9%	5.9%
小倉ダ	5	8	8	99	5.1%	13.1%	21.2%

条件　OP特別、牝馬限定戦が買い

	1着	2着	3着	出走数	勝率	連対率	3着内率
新馬	2	1	5	62	3.2%	4.8%	12.9%
未勝利	28	34	29	477	5.9%	13.0%	19.1%
1勝	35	33	27	445	7.9%	15.3%	21.3%
2勝	16	18	15	274	5.8%	12.4%	17.9%
3勝	7	2	4	77	9.1%	11.7%	16.9%
OPEN特別	6	10	3	81	7.4%	19.8%	23.5%
GⅢ	1	4	5	38	2.6%	13.2%	26.3%
GⅡ	0	1	1	4	0.0%	100.0%	100.0%
GⅠ	0	1	0	4	0.0%	25.0%	50.0%
ハンデ戦	7	7	4	108	6.5%	13.0%	16.7%
牝馬限定	17	21	22	219	7.8%	17.4%	27.4%
障害	4	1	2	33	12.1%	15.2%	21.2%

人気　1番人気は堅実、複勝率7割超

	1着	2着	3着	出走数	勝率	連対率	3着内率
1番人気	25	15	11	72	34.7%	55.6%	70.8%
2〜3番人気	32	32	22	186	17.2%	34.4%	46.2%
4〜6番人気	20	28	26	292	6.8%	16.4%	25.3%
7〜9番人気	11	21	15	340	3.2%	9.4%	13.8%
10番人気〜	7	8	15	569	1.2%	2.6%	5.3%

単勝回収値 77円／単勝適正回収値 86円

距離　ダートの短距離戦か中距離戦

芝　平均勝ち距離　1,682m

	1着	2着	3着	出走数	勝率	連対率	3着内率
全体計	17	18	12	303	5.6%	11.6%	15.5%
芝〜1300m	6	4	4	79	7.6%	12.7%	17.7%
芝〜1600m	1	3	2	52	1.9%	7.7%	11.5%
芝〜2000m	8	5	4	130	6.2%	10.0%	13.1%
芝〜2400m	2	5	1	28	7.1%	25.0%	28.6%
芝2500m〜	0	1	1	14	0.0%	7.1%	14.3%

ダート　平均勝ち距離　1,590m

	1着	2着	3着	出走数	勝率	連対率	3着内率
全体計	74	85	75	1123	6.6%	14.2%	20.8%
ダ〜1300m	14	21	11	229	6.1%	15.3%	20.1%
ダ〜1600m	17	7	14	210	8.1%	11.4%	18.1%
ダ〜2000m	41	54	49	628	6.5%	15.1%	22.9%
ダ2100m〜	2	3	1	56	3.6%	8.9%	10.7%

馬場状態　ダートは渋れば渋るほどいい

		1着	2着	3着	出走数	勝率	連対率	3着内率
芝	良	12	13	9	211	5.7%	11.8%	16.1%
	稍重	3	3	2	65	4.6%	9.2%	12.3%
	重	2	1	1	20	10.0%	15.0%	20.0%
	不良	0	1	0	7	0.0%	14.3%	14.3%
ダ	良	42	44	39	672	6.3%	12.8%	18.6%
	稍重	15	18	17	218	6.9%	15.1%	22.9%
	重	11	12	11	137	8.0%	16.8%	24.8%
	不良	6	11	8	96	6.3%	17.7%	26.0%

性齢　現4歳がラスト、3歳後半から動く

	1着	2着	3着	出走数	勝率	連対率	3着内率
牡2歳	4	4	5	85	4.7%	9.4%	15.3%
牝2歳	1	2	3	56	1.8%	5.4%	10.7%
牡3歳前半	11	12	12	197	5.6%	11.7%	17.8%
牝3歳前半	10	17	9	163	6.1%	16.6%	22.1%
牡3歳後半	9	4	8	81	11.1%	16.0%	25.9%
牝3歳後半	3	9	8	87	3.4%	13.8%	23.0%
牡4歳	19	20	9	201	9.5%	19.4%	23.9%
牝4歳	14	12	15	172	8.1%	15.1%	23.8%
牡5歳	9	9	10	163	5.5%	11.0%	17.2%
牝5歳	0	0	8	108	5.6%	13.9%	13.9%
牡6歳	7	3	5	89	7.9%	11.2%	16.9%
牝6歳	1	1	0	13	7.7%	15.4%	15.4%
牡7歳以上	1	2	5	44	2.3%	6.8%	18.2%
牝7歳以上	0	0	0	0			

勝ち馬の決め手

芝　17勝
追込 -、差し 4、逃げ 7、先行 6

ダート　74勝
追込 6、差し 12、逃げ 17、先行 39

RANKING
32
2歳馬 25

2021 ㊷
2020 ⑮
2019 —
2018 —

＊ディスクリートキャット
DISCREET CAT

年次	種付頭数	産駒数
22年	73	70
21年	111	75
20年	106	85

Darley

系統：ストームキャット系　母父系統：テディ系

父 Forestry 鹿 1996	Storm Cat 黒鹿 1983	Storm Bird	Northern Dancer
			South Ocean
		Terlingua	Secretariat
			Crimson Saint
	Shared Interest 鹿 1988	Pleasant Colony	His Majesty
			Sun Colony
		Surgery	Dr. Fager
			Bold Sequence
母 Pretty Discreet 鹿 1992	Private Account 鹿 1976	Damascus	Sword Dancer
			Kerala
		Numbered Account	Buckpasser
			Intriguing
	Pretty Persuasive 鹿 1988	Believe It	In Reality
			Breakfast Bell
		Bury the Hatchet	Tom Rolfe
			Christmas Wishes

種付料／⇨産 150万円　供用地／日高・ダーレー・ジャパンＳコンプレックス
2003年生　鹿毛　アメリカ産　2016年輸入

距離	成長型	芝	ダート	瞬発力	パワー	底力
マ中	普	○	○	○	○	○

Ｐ ROFILE

競走成績　9戦6勝（2〜4歳・米首）
最高レーティング　128 M（06年）
主な勝ち鞍　シガーマイル、ジェローム BCH、
UAE ダービー。ヴォスバーグＳ3着、BC ダート
マイル3着。

インブリード： Northern Dancer 4×5、Ribot 5
×5
血統解説　父フォレストリーはキングズビショップ
Ｓ勝ちの短距離馬で、種牡馬としては本馬のほかに
シャックルフォード（プリークネスＳ）などを輩出。母
プリティディスクリートはGⅠアラバマＳ勝ち。母系は
半弟にディスクリートリーマイン（キングズビショップ
Ｓ）、姪にオーサムマリア（オグデンフィップスＨ）。

代表産駒　ダッズキャップス（カーターＨ2回）、
ディスクリートマーク（デルマーオークス）、シーク
レットコンパス（シャンデリアＳ）、オオバンブルマイ
（京王杯2歳Ｓ）、エアハリファ（根岸Ｓ）、コンパス
チョン（全日本2歳優駿2着）。

日本産馬からも重賞馬出現
ランキングも確実に上昇中

　3歳時、デビューからGⅡ UAE ダービー、
GⅡジェロームH、GⅠシガーマイルを含む無
傷の6連勝。UAE ダービーでは後の米年度代
表馬インヴァソール、日本からの遠征馬フラム
ドパシオンらを相手に6馬身差の圧勝。4歳時
は BC ダートマイルで1番人気だったが3着に
敗れる。

　引退後は米で種牡馬入り。ダッズキャップス
（カーターＨ）、外国産馬エアハリファ（根岸
Ｓ）などを輩出。2017年から日本で供用され、初
年度から5年連続で100頭以上に種付する人気
を得る。2022年、オオバンブルマイが京王杯
2歳Ｓを勝ち、日本生まれの産駒として初重賞
制覇を果たしその実力を見せた。ランキングも
確実に上昇しており、ますます目が離せない。

POG　2023年期待の2歳馬

母馬名（母父）	性別	おすすめポイント
スモーダリング（＊パイロ）	牡	全兄に全日本2歳優駿と兵庫ジュニア GP 2着のコンパスチョン。
ドナウィンディ（＊フレンチデピュティ）	牡	叔父に兵庫 CS、名古屋大賞典を勝ち川崎記念3着のドンクール。
タイキマロン（＊ファスリエフ）	牝	母系からはマリアライト（エ女杯）、クリソベリルが出る。

馬券に直結する適性データ

　アメリカ血統らしく、ダートでの活躍馬が多かっ
たこともあり、日本産馬初の重賞勝ちが芝のGⅡだっ
たのは意外だった。とはいえ、ダート58勝に対し芝
は17勝だから、まるっきり苦手というわけではない。
ただ、2歳重賞ということで、素質だけで勝ってし
まった可能性もあるので、芝適性があるかどうかの
判断はまだこれから。距離に関しては、ダートは幅
広く対応しているが芝はマイルまで。新馬、未勝利
の成績は良いとはいえないが、そこを抜けた産駒は
上のクラスでも苦にしていない。また、ハンデ戦の
勝率、連対率が優秀なので、見かけたら狙ってみたい。

　　牝系　母系の中でも特に牝馬の系統のことをいう。「牝系をたどる」という場合、母→祖母→曽祖母というように母馬をた
どっていくことになる。母系とは違い、種牡馬の存在は考慮しないことが多い。

2022年 成績

総収得賞金 841,764,000円	アーニングINDEX 0.88
勝利頭数／出走頭数：全馬 102／212	2歳 23／60
勝利回数／出走回数：全馬 175／1,500	2歳 32／223

Data Box (2020~2022)

コース　中京では芝ダートとも走る巧者

	1着	2着	3着	出走数	勝率	連対率	3着内率
全体計	75	82	82	1043	7.2%	15.1%	22.9%
中央芝	5	13	7	127	3.9%	14.2%	19.7%
中央ダ	32	32	41	425	7.5%	15.1%	24.7%
ローカル芝	12	12	11	192	6.3%	12.5%	18.2%
ローカルダ	26	25	23	299	8.7%	17.1%	24.7%
右回り芝	5	18	14	192	2.6%	12.0%	19.3%
右回りダ	28	34	37	431	6.5%	14.4%	23.0%
左回り芝	11	3	3	106	10.4%	13.2%	16.0%
左回りダ	30	23	27	293	10.2%	18.1%	27.3%
札幌芝	0	1	1	14	0.0%	7.1%	14.3%
札幌ダ	1	4	2	23	4.3%	21.7%	30.4%
函館芝	1	5	3	23	4.3%	26.1%	39.1%
函館ダ	3	4	2	26	11.5%	26.9%	34.6%
福島芝	2	1	2	31	6.5%	9.7%	16.1%
福島ダ	1	3	5	43	2.3%	9.3%	20.9%
新潟芝	2	4	2	63	3.2%	9.5%	12.7%
新潟ダ	8	2	4	53	15.1%	18.9%	26.4%
東京芝	3	3	1	42	7.1%	14.3%	16.7%
東京ダ	12	11	17	139	8.6%	16.5%	28.8%
中山芝	0	0	3	43	0.0%	7.0%	16.3%
中山ダ	11	11	8	119	9.2%	18.5%	25.2%
中京芝	7	0	1	22	31.8%	31.8%	36.4%
中京ダ	10	10	6	101	9.9%	19.8%	25.7%
京都芝	0	1	0	5	0.0%	20.0%	20.0%
京都ダ	0	0	0	12	0.0%	0.0%	0.0%
阪神芝	2	4	2	37	5.4%	21.6%	27.0%
阪神ダ	9	10	16	155	5.8%	12.3%	22.6%
小倉芝	0	1	0	39	0.0%	2.6%	7.7%
小倉ダ	3	1	4	53	5.7%	9.4%	17.0%

条件　上級条件を苦にしない産駒多い

	1着	2着	3着	出走数	勝率	連対率	3着内率
新馬	5	13	4	149	3.4%	12.1%	14.8%
未勝利	38	44	43	520	7.3%	15.8%	24.0%
1勝	19	13	16	246	7.7%	13.0%	19.5%
2勝	9	6	6	60	15.0%	25.0%	35.0%
3勝	2	5	8	32	6.3%	21.9%	46.9%
OPEN特別	1	1	4	21	4.8%	9.5%	28.6%
GIII	0	0	1	10	0.0%	0.0%	10.0%
GII	1	0	0	6	16.7%	16.7%	16.7%
GI	0	0	0	1	0.0%	0.0%	0.0%
ハンデ戦	3	2	0	18	16.7%	27.8%	27.8%
牝馬限定	7	9	8	144	4.9%	11.1%	16.7%
障害	0	0	0	2	0.0%	0.0%	0.0%

人気　2~3番人気の複勝率が優秀

	1着	2着	3着	出走数	勝率	連対率	3着内率
1番人気	28	8	10	81	34.6%	44.4%	56.8%
2~3番人気	22	34	23	154	14.3%	36.4%	51.3%
4~6番人気	16	31	25	244	6.6%	19.3%	29.5%
7~9番人気	6	6	18	241	2.5%	5.0%	12.4%
10番人気~	3	3	6	325	0.9%	1.8%	3.7%

単勝回収値61円／単勝適正回収値77円

距離　ダートなら距離不問、芝マイルまで

芝　平均勝ち距離　1,424m

	1着	2着	3着	出走数	勝率	連対率	3着内率
全体計	17	25	18	319	5.3%	13.2%	18.8%
芝~1300m	5	14	10	156	3.2%	12.2%	18.6%
芝~1600m	11	9	5	110	10.0%	18.2%	22.7%
芝~2000m	1	2	3	51	2.0%	5.9%	11.8%
芝~2400m	0	0	0	2	0.0%	0.0%	0.0%
芝2500m~	0	0	0	0	–	–	–

ダート　平均勝ち距離　1,409m

	1着	2着	3着	出走数	勝率	連対率	3着内率
全体計	58	57	64	724	8.0%	15.9%	24.7%
ダ~1300m	26	24	29	305	8.5%	16.4%	25.9%
ダ~1600m	19	16	22	222	8.6%	15.8%	25.7%
ダ~2000m	12	15	13	184	6.5%	14.7%	21.7%
ダ2100m~	1	2	0	13	7.7%	23.1%	23.1%

馬場状態　悪化したダートで勝負強くなる

		1着	2着	3着	出走数	勝率	連対率	3着内率
芝	良	14	18	11	244	5.7%	13.1%	17.6%
	稍重	3	4	4	49	6.1%	14.3%	22.4%
	重	0	3	2	20	0.0%	15.0%	25.0%
	不良	0	0	1	6	0.0%	0.0%	16.7%
ダ	良	36	28	44	447	8.1%	14.3%	24.2%
	稍重	11	11	11	150	7.3%	14.7%	22.0%
	重	8	13	7	89	9.0%	23.6%	31.5%
	不良	3	5	2	38	7.9%	21.1%	26.3%

性齢　完成は早め、3歳前半がピーク

	1着	2着	3着	出走数	勝率	連対率	3着内率
牡2歳	18	17	13	215	8.4%	16.3%	22.3%
牝2歳	6	8	6	159	3.8%	8.8%	12.6%
牡3歳前半	18	24	17	168	10.7%	25.0%	35.1%
牝3歳前半	9	13	11	180	5.0%	12.2%	18.3%
牡3歳後半	10	8	15	99	10.1%	18.2%	33.3%
牝3歳後半	4	6	6	86	4.7%	11.6%	18.6%
牡4歳	7	4	7	80	8.8%	13.8%	22.5%
牝4歳	3	2	7	55	5.5%	9.1%	21.8%
牡5歳	0	0	0	0	–	–	–
牝5歳	0	0	1	5	0.0%	0.0%	20.0%
牡6歳	0	0	0	0	–	–	–
牝6歳	0	0	0	0	–	–	–
牡7歳以上	0	0	0	1	0.0%	0.0%	0.0%
牝7歳以上	0	0	0	0	–	–	–

勝ち馬の決め手

芝：17勝（逃げ 2／先行 9／差し 4／追込 2）

ダート：58勝（逃げ 14／先行 33／差し 9／追込 2）

RANKING
33
2歳馬 40
2021 ㉟
2020 ⑨⓪
2019 －
2018 －

*マクフィ
MAKFI

年次	種付頭数	産駒数
22年	91	88
21年	133	43
20年	55	71

種付料／↓不200万円返　供用地／新ひだか・JBBA静内種馬場

2007年生　鹿毛　イギリス産　2016年輸入

距離	成長型	芝	ダート	瞬発力	パワー	底力
マ	普	◎	◎	◎	◎	◎

PROFILE

競走成績　6戦4勝（2〜3歳・仏英）

最高レーティング　128 M（10年）

主な勝ち鞍　英2000ギニー、ジャックルマロワ賞、ジェベル賞。クイーンエリザベスⅡ世S5着。

系統：ミスタープロスペクター系　母父系統：ダンチヒ系

父 Dubawi 鹿 2002	Dubai Millennium 鹿 1996	Seeking the Gold	Mr. Prospector
			Con Game
		Colorado Dancer	Shareef Dancer
			Fall Aspen
	Zomaradah 鹿 1995	Deploy	Shirley Heights
			Slightly Dangerous
		Jawaher	*ダンシングブレーヴ
			High Tern
母 Dhelaal 鹿 2002	Green Desert 鹿 1983	Danzig	Northern Dancer
			Pas de Nom
		Foreign Courier	Sir Ivor
			Courtly Dee
	Irish Valley 栗 1982	Irish River	Riverman
			Irish Star
		Green Valley	Val de Loir
			Sly Pola

インブリード：Northern Dancer 5×4、母 Dhelaal に Never Bend 4×4

血統解説　父ドバウィは P315 参照。本馬はその後継種牡馬の筆頭格としての活躍を見せている。母系は叔母にグリーンポーラ（カルヴァドス賞）、叔父にアルハース（デューハーストS）。一族からは名種牡馬グリーンダンサー、オーソライズド（英ダービー）、ソレミア（凱旋門賞）などが出ている。

代表産駒　メイクビリーヴ（仏2000ギニー）、マクファンシー（クリテリウムドサンクルー）、ボネヴァル（新オークス、豪オークス）、オールアットワンス（アイビスSD）、ルーチェドーロ（函館2歳S2着、全日本2歳優駿3着）。

名種牡馬ドバウィの後継ランキングもジワリ上昇

　2、3歳時、3戦3勝で英2000ギニーを制覇。ジャックルマロワ賞では、BCマイル連覇などGI10勝の名牝ゴルディコヴァに2馬身半の差をつけて快勝。この1戦が高く評価され、この年のレーティングでは「128」を獲得した。

　英、豪でシャトルサイアーとして活躍、仏2000ギニーのメイクビリーヴ、新年度代表馬ボヌヴァルなどを輩出。2017年からは日本で供用。2020年のFSランキングでは3位。2021年にはオールアットワンスがアイビスSDを勝ち日本産馬として重賞初制覇を果たした。

　2022年は重賞での活躍は見られなかったが、産駒はコンスタントに走り、総合ランキングでは2つ順位を上げている。世界的に成功しているドバウィの直系として期待がかかる。

POG　2023年期待の2歳馬

母馬名（母父）	性別	おすすめポイント
グレンダロッホ （ディープインパクト）	牡	1歳セレクションセールで2750万円。叔母にマーメイドSのサラス。
スペシャルリボン （スペシャルウィーク）	牝	母系はダイワメジャーなどを出した名門スカーレットインク系。
バルフェダムール （マンハッタンカフェ）	牝	母の全兄に天皇賞馬ヒルノダムール。スタミナ強化の配合。

馬券に直結する適性データ

　芝26勝に対しダートは57勝。欧州マイラーらしく、パワフルな走りでダートもこなしている。距離で見ると、芝は短距離、ダートはマイル前後がメインステージとなっている。2000mにひとつの壁が存在しているが、芝の〜2400mで50％という高い連対率をマークしている。出走数が少ない中での数値なので鵜呑みにはできないが、少なくとも芝長距離で実績ある馬は信頼していい。本命馬はかなり信頼度が高く、1番人気時の勝率は41.9％をマーク。3着内率はそれに比すると抜群に高いわけではないので、本命時は思い切って、馬単、3連単の1着固定軸として狙ってみたい。

フリーリターン特約　所定の条件（種付年の9月1日以降に流産または死産した場合など）を満たした時、翌年に限り同じ種牡馬または同等の種牡馬を無料または条件付きで種付できる特約のこと。

2022年成績

総収得賞金 795,736,000円		アーニング INDEX　0.98	
勝利頭数／出走頭数：全馬 94／181		2歳　12／43	
勝利回数／出走回数：全馬 168／1,324		2歳　16／136	

Data Box (2020〜2022)

コース　北海道などローカルダートで輝く

	1着	2着	3着	出走数	勝率	連対率	3着内率
全体計	83	82	93	1068	7.8%	15.4%	24.2%
中央芝	9	12	11	158	5.7%	13.3%	20.3%
中央ダ	23	15	30	364	6.3%	10.4%	18.7%
ローカル芝	17	27	25	234	7.3%	18.8%	29.5%
ローカルダ	34	28	27	312	10.9%	19.9%	28.5%
右回り芝	14	19	20	218	6.4%	15.1%	24.3%
右回りダ	25	27	36	384	6.5%	13.5%	22.9%
左回り芝	11	20	13	162	6.8%	19.1%	27.2%
左回りダ	32	16	21	292	11.0%	16.4%	23.6%
札幌芝	0	5	3	30	0.0%	16.7%	26.7%
札幌ダ	4	6	4	29	13.8%	34.5%	48.3%
函館芝	3	4	2	21	14.3%	33.3%	42.9%
函館ダ	6	2	6	24	25.0%	33.3%	58.3%
福島芝	2	2	4	30	6.7%	13.3%	26.7%
福島ダ	2	1	4	31	6.5%	9.7%	22.6%
新潟芝	5	5	7	60	8.3%	16.7%	28.3%
新潟ダ	7	4	2	60	11.7%	18.3%	21.7%
東京芝	4	6	5	68	5.9%	14.7%	22.1%
東京ダ	14	5	13	124	11.3%	15.3%	25.8%
中山芝	3	4	5	51	5.9%	13.7%	23.5%
中山ダ	2	5	7	104	1.9%	6.7%	13.5%
中京芝	3	9	4	46	6.5%	26.1%	34.8%
中京ダ	11	7	6	108	10.2%	16.7%	22.2%
京都芝	1	1	0	7	14.3%	28.6%	28.6%
京都ダ	0	0	0	5	0.0%	0.0%	0.0%
阪神芝	1	1	0	32	3.1%	6.3%	9.4%
阪神ダ	7	5	14	131	5.3%	9.2%	16.8%
小倉芝	4	2	4	47	8.5%	12.8%	23.4%
小倉ダ	4	8	5	60	6.7%	20.0%	28.3%

条件　2勝クラス、牝馬限定戦で好走

	1着	2着	3着	出走数	勝率	連対率	3着内率
新馬	8	9	12	147	5.4%	11.6%	19.7%
未勝利	37	44	46	559	6.6%	14.5%	22.7%
1勝	20	20	22	212	9.4%	18.9%	29.2%
2勝	11	5	9	73	15.1%	21.9%	34.2%
3勝	3	1	0	29	10.3%	13.8%	13.8%
OPEN特別	3	3	4	39	7.7%	15.4%	25.6%
GⅢ	1	1	0	17	5.9%	11.8%	11.8%
GⅡ	0	0	0	4			
GⅠ	0	0	0	0			
ハンデ戦	2	0	0	25	8.0%	8.0%	8.0%
牝馬限定	16	17	14	165	9.7%	20.0%	28.5%
障害	0	1	0	10	0.0%	10.0%	10.0%

人気　1番人気は高値安定

	1着	2着	3着	出走数	勝率	連対率	3着内率
1番人気	31	11	9	74	41.9%	56.8%	68.9%
2〜3番人気	23	26	34	157	14.6%	31.2%	52.9%
4〜6番人気	21	28	22	273	7.7%	17.9%	26.0%
7〜9番人気	7	13	17	229	3.1%	8.7%	16.2%
10番人気〜	1	5	11	345	0.3%	1.7%	4.9%

単勝回収値 64円／単勝適正回収値 85円

距離　最も安定するのは芝短距離戦

芝　平均勝ち距離　1,385m

	1着	2着	3着	出走数	勝率	連対率	3着内率
全体計	26	39	36	392	6.6%	16.6%	25.8%
芝〜1300m	12	15	20	147	8.2%	18.4%	32.0%
芝〜1600m	11	14	9	156	7.1%	16.0%	21.8%
芝〜2000m	3	7	7	82	3.7%	12.2%	20.7%
芝〜2400m	0	3	0	6	0.0%	50.0%	50.0%
芝2500m〜	0	0	0	1	0.0%	0.0%	0.0%

ダート　平均勝ち距離　1,516m

	1着	2着	3着	出走数	勝率	連対率	3着内率
全体計	57	43	57	676	8.4%	14.8%	23.2%
ダ〜1300m	11	11	13	188	5.9%	11.7%	18.6%
ダ〜1600m	24	9	19	208	11.5%	15.9%	25.0%
ダ〜2000m	22	23	25	278	7.9%	16.2%	25.2%
ダ2100m〜	0	0	0	2	0.0%	0.0%	0.0%

馬場状態　少し渋った芝は狙い目

		1着	2着	3着	出走数	勝率	連対率	3着内率
芝	良	17	32	23	298	5.7%	16.4%	24.2%
	稍重	7	2	6	52	13.5%	17.3%	28.8%
	重	1	4	6	32	3.1%	15.6%	34.4%
	不良	1	1	1	10	10.0%	20.0%	30.0%
ダ	良	35	32	43	432	8.1%	15.5%	25.5%
	稍重	12	6	8	113	10.6%	15.0%	22.1%
	重	5	4	5	89	5.6%	10.1%	15.7%
	不良	5	1	1	42	11.9%	16.7%	19.0%

性齢　牡牝とも3歳後半に一気に伸びる

	1着	2着	3着	出走数	勝率	連対率	3着内率
牡2歳	16	16	16	203	7.9%	15.8%	23.6%
牝2歳	11	12	18	165	6.7%	13.9%	24.8%
牡3歳前半	14	14	14	188	7.4%	14.9%	20.2%
牝3歳前半	5	12	16	168	3.0%	10.1%	19.6%
牡3歳後半	11	8	11	103	10.7%	18.4%	29.1%
牝3歳後半	13	10	9	98	13.3%	23.5%	32.7%
牡4歳	7	5	7	87	8.0%	13.8%	21.8%
牝4歳	6	6	6	66	9.1%	18.2%	27.3%
牡5歳	0	0	0	0			
牝5歳	0	0	0	0			
牡6歳	0	0	0	0			
牝6歳	0	0	0	0			
牡7歳以上	0	0	0	0			
牝7歳以上	0	0	0	0			

勝ち馬の決め手

芝　26勝：追込3／逃げ4／先行14／差し5

ダート　57勝：追込7／逃げ15／先行22／差し13

RANKING
34
2歳馬 33

2021 ㊺
2020 ⑩㊂
2019 —
2018 —

*アジアエクスプレス
ASIA EXPRESS

年次	種付頭数	産駒数
22年	94	89
21年	134	111
20年	161	107

系統：ストームキャット系　母父系統：グレイソヴリン系

父 *ヘニーヒューズ 栗 2003	*ヘネシー 栗 1993	Storm Cat	Storm Bird
			Terlingua
		Island Kitty	Hawaii
			T.C. Kitten
	Meadow Flyer 鹿 1989	Meadowlake	Hold Your Peace
			Suspicious Native
		Shortley	Hagley
			Short Winded
母 *ランニングボブキャッツ 鹿 2002	Running Stag 鹿 1994	Cozzene	Caro
			Ride the Trails
		Fruhlingstag	Orsini
			Revada
	Backatem 鹿 1997	Notebook	Well Decorated
			Mobcap
		Deputy's Mistress	Deputy Minister
			River Crossing

インブリード：5代前までにクロスなし

種付料／受150万円F　供用地／新冠・優駿SS
2011年生　栗毛　アメリカ産　2013年輸入

距離	成長型	芝	ダート	瞬発力	パワー	底力
短中	やや早	○	◎	○	○	○

PROFILE

競走成績　12戦4勝（2〜5歳・日）
最高レーティング　113I（13年）
主な勝ち鞍　朝日杯フューチュリティS、レパードS。スプリングS2着、アンタレスS2着、名古屋大賞典2着。

血統解説　父ヘニーヒューズはP72参照。本馬のほかにモーニン（フェブラリーS）などの活躍により日本に輸入され活躍中。母系は全弟にレピアーウィット（マーチS、同3着）。母父ランニングスタッグは名種牡馬コジーンの直仔で、香港C2着があるが特に目立った活躍馬は出ていない。

代表産駒　ソロユニット（エーデルワイス賞）、ガリバーストーム（園田ジュニアC）、タツノエクスプレス（船橋・東京湾C）、マイブレイブ（船橋・平和賞2着）、エンリル（金沢・兼六園ジュニアC）、ボイラーハウス（ギャラクシーS3着）。

ランキングは確実に上昇も大物の登場が待たれる

　2歳時、2戦2勝で臨んだ朝日杯FSを快勝。3戦無敗で2013年の最優秀2歳牡馬に選ばれた。3歳時は、スプリングS2着から皐月賞に臨むも6着。その後、ダート戦に狙いを絞りレパードSで重賞2勝目。4歳時はアンタレスS、名古屋大賞典でともに2着した。

　2017年に供用開始。初年度から175頭もの牝馬を集め、その後も5年連続で100頭を超える種付を行う人気種牡馬となる。その期待に応え、初年度産駒から重賞馬を輩出。2020年のFSランキングは7位。

　2021年、2022年と重賞での活躍馬は出ず、種付頭数も徐々に減っている一方で、総合ランキングは2021年が45位、2022年が34位と、確実に順位をあげている点に注目だ。

POG　2023年期待の2歳馬

母馬名（母父）	性別	おすすめポイント
ラトーナ（DANSILI）	牡	1歳セレクトセールで5500万円。海外GI馬が多く出ている母系。
スープレット（ゴールドアリュール）	牝	当歳セレクトセールで2530万円。叔父にGI馬ベストウォーリア。
メジェルダ（ディープインパクト）	牝	1歳セレクションセールで2970万円。母はファンタジーS2着。

馬券に直結する適性データ

　アジアエクスプレス自身は芝とダートの両方で重賞を勝った二刀流だが、産駒の成績を見てみると、ダート60勝に対し芝はわずか3勝。少なくとも芝実績のない（初出走なども含む）馬は手を出すべきではない。距離別に見ると、短距離を中心に中距離まで幅広く対応している。条件別では、新馬、未勝利より1勝クラス、2勝クラスの成績が良い。勝ち上がりに苦労するが、1つ勝てれば2勝目3勝目はそれほど苦にしないと見ていい。ただし、そこからの成長はあまり見込めず、3勝クラスで頭打ちになるケースも多く、重賞では今のところノーマークでかまわないだろう。

傍流血統　主流血統と同じ系統から分岐しながら、発展していない血統のこと。例えば、ノーザンダンサーと同じニアークティックを父に持つアイスカペイド（クロフネの母母父）の系統は、ニアークティックの傍流血統と呼ばれる。

2022年成績

総収得賞金 782,271,000円　**アーニング INDEX** 0.72

| 勝利頭数／出走頭数：全馬 108 ／ 240 | 2歳 22 ／ 69 |
| 勝利回数／出走回数：全馬 188 ／ 1,585 | 2歳 32 ／ 237 |

Data Box (2020~2022)

単勝回収値 65円／単勝適正回収値 77円

コース　中山ダートなど中央ダート向き

	1着	2着	3着	出走数	勝率	連対率	3着内率
全体計	63	75	63	893	7.1%	15.5%	22.5%
中央芝	0	0	1	21	0.0%	0.0%	4.8%
中央ダ	41	41	36	463	8.9%	17.7%	25.5%
ローカル芝	3	2	4	72	4.2%	6.9%	12.5%
ローカルダ	19	32	22	337	5.6%	15.1%	21.7%
右回り芝	0	1	4	52	0.0%	1.9%	9.6%
右回りダ	39	43	33	454	8.6%	18.1%	25.3%
左回り芝	2	1	1	38	5.3%	7.9%	10.5%
左回りダ	21	30	25	346	6.1%	14.7%	22.0%
札幌芝	0	0	3	14	0.0%	0.0%	21.4%
札幌ダ	1	4	1	29	3.4%	17.2%	20.7%
函館芝	0	0	0	5	0.0%	0.0%	0.0%
函館ダ	2	2	3	27	7.4%	14.8%	25.9%
福島芝	0	1	0	6	0.0%	16.7%	16.7%
福島ダ	4	6	3	49	8.2%	20.4%	26.5%
新潟芝	3	0	0	20	15.0%	15.0%	15.0%
新潟ダ	2	7	7	77	2.6%	11.7%	20.8%
東京芝	0	0	0	8	0.0%	0.0%	0.0%
東京ダ	11	12	14	149	7.4%	15.4%	24.8%
中山芝	0	0	0	6	0.0%	0.0%	0.0%
中山ダ	15	22	12	170	8.8%	21.8%	28.8%
中京芝	0	1	1	13	0.0%	7.7%	15.4%
中京ダ	8	11	4	120	6.7%	15.8%	19.2%
京都芝	0	0	0	1	0.0%	0.0%	0.0%
京都ダ	0	0	0	3	0.0%	0.0%	0.0%
阪神芝	0	0	1	6	0.0%	0.0%	16.7%
阪神ダ	15	7	10	141	10.6%	15.6%	22.7%
小倉芝	0	0	0	14	0.0%	0.0%	0.0%
小倉ダ	2	2	4	35	5.7%	11.4%	22.9%

条件　1勝クラス、2勝クラスで好成績

	1着	2着	3着	出走数	勝率	連対率	3着内率
新馬	3	13	10	136	2.2%	11.8%	19.1%
未勝利	34	35	29	485	7.0%	14.2%	20.2%
1勝	17	19	16	188	9.0%	19.1%	27.7%
2勝	8	8	5	52	15.4%	30.8%	40.4%
3勝	1	0	2	20	5.0%	5.0%	15.0%
OPEN特別	0	0	1	11	0.0%	0.0%	9.1%
GⅢ	0	0	0	1	0.0%	0.0%	0.0%
GⅡ	0	0	0	0	－	－	－
GⅠ	0	0	0	0	－	－	－
ハンデ戦	0	0	3	11	0.0%	0.0%	27.3%
牝馬限定	6	9	10	144	4.2%	10.4%	17.4%
障害	0	0	0	0	－	－	－

人気　人気は標準、1番人気が中心

	1着	2着	3着	出走数	勝率	連対率	3着内率
1番人気	23	13	6	64	35.9%	56.3%	65.6%
2～3番人気	22	19	21	137	16.1%	29.9%	45.3%
4～6番人気	10	26	20	197	5.1%	18.3%	28.4%
7～9番人気	5	11	13	215	2.3%	7.4%	13.5%
10番人気～	3	6	3	281	1.1%	3.2%	4.3%

距離　ダートの短距離戦で最も輝く

芝　平均勝ち距離　1,400m

	1着	2着	3着	出走数	勝率	連対率	3着内率
全体計	3	2	5	93	3.2%	5.4%	10.8%
芝～1300m	1	1	3	44	2.3%	4.5%	11.4%
芝～1600m	2	1	2	39	5.1%	7.7%	12.8%
芝～2000m	0	0	0	10	0.0%	0.0%	0.0%
芝～2400m	0	0	0	0	－	－	－
芝2500m～	0	0	0	0	－	－	－

ダート　平均勝ち距離　1,380m

	1着	2着	3着	出走数	勝率	連対率	3着内率
全体計	60	73	58	800	7.5%	16.6%	23.9%
ダ～1300m	30	33	22	323	9.3%	19.5%	26.3%
ダ～1600m	18	23	21	239	7.5%	17.2%	25.9%
ダ～2000m	12	17	14	232	5.2%	12.5%	18.5%
ダ2100m～	0	0	1	6	0.0%	0.0%	16.7%

馬場状態　馬場状態不問もダート良が◎

		1着	2着	3着	出走数	勝率	連対率	3着内率
芝	良	2	1	5	69	2.9%	4.3%	11.6%
	稍重	1	0	0	17	5.9%	5.9%	5.9%
	重	0	1	0	5	0.0%	20.0%	20.0%
	不良	0	0	0	2	0.0%	0.0%	0.0%
ダ	良	38	54	35	513	7.4%	17.9%	24.8%
	稍重	14	11	16	171	8.2%	14.6%	24.0%
	重	5	6	4	82	6.1%	13.4%	18.3%
	不良	3	2	3	34	8.8%	14.7%	23.5%

性齢　3歳後半に一気に伸びる

	1着	2着	3着	出走数	勝率	連対率	3着内率
牡2歳	11	16	14	156	7.1%	17.3%	26.3%
牝2歳	7	12	8	155	4.5%	12.3%	17.4%
牡3歳前半	14	14	14	190	7.4%	14.7%	23.2%
牝3歳前半	5	4	123	123	5.7%	9.8%	13.0%
牡3歳後半	16	8	7	85	18.8%	28.2%	36.5%
牝3歳後半	1	12	4	80	1.3%	16.3%	21.3%
牡4歳	6	5	6	69	8.7%	15.9%	24.6%
牝4歳	1	3	4	35	2.9%	11.4%	22.9%
牡5歳	0	0	0	0	－	－	－
牝5歳	0	0	0	0	－	－	－
牡6歳	0	0	0	0	－	－	－
牝6歳	0	0	0	0	－	－	－
牡7歳以上	0	0	0	0	－	－	－
牝7歳以上	0	0	0	0	－	－	－

勝ち馬の決め手

芝：先行 1、差し 2、3勝

ダート：逃げ 15、追込 5、差し 12、先行 28、60勝

2021 ㉓
2020 ㉓
2019 ㉒
2018 ⑳

2歳馬 67

ブラックタイド
BLACK TIDE

年次	種付頭数	産駒数
22年	**35**	**22**
21年	46	40
20年	73	53

系統：サンデーサイレンス系　母父系統：リファール系

			Turn-to
父	Halo 黒鹿 1969	Hail to Reason	Nothirdchance
*サンデーサイレンス 青鹿 1986		Cosmah	Cosmic Bomb
			Almahmoud
	Wishing Well 鹿 1975	Understanding	Promised Land
			Pretty Ways
		Mountain Flower	Montparnasse
			Edelweiss
母	Alzao 鹿 1980	Lyphard	Northern Dancer
*ウインドインハーヘア 鹿 1991			Goofed
		Lady Rebecca	Sir Ivor
			Pocahontas
	Burghclere 鹿 1977	Busted	Crepello
			Sans le Sou
		Highclere	Queen's Hussar
			Highlight

インブリード：5代前までにクロスなし

種付料／⇩産 150万円　供用地／日高・ブリーダーズSS
2001 年生　黒鹿毛　早来・ノーザンファーム産

距離	成長型	芝	ダート	瞬発力	パワー	底力
中長	普	○	○	○	○	○

PROFILE

競走成績　22 戦 3 勝（2〜7 歳・日）
最高レーティング　108 M（04 年）
主な勝ち鞍　スプリング S、若駒 S。きさらぎ賞 2 着、中山金杯 3 着。

血統解説　父サンデーサイレンスは日本の血統界を大きく発展させた大種牡馬。母は独 G I 勝ち。母系は全弟にディープインパクト（P32）、オンファイア（P300）、甥にゴルトブリッツ（帝王賞）、いとこにウインクリューガー（NHK マイル C）。一族からはナシュワン（英ダービー、キングジョージ VI 世＆ QES）。

代表産駒 キタサンブラック（P96）、テイエムイナズマ（デイリー杯 2 歳 S）、タガノエスプレッソ（デイリー杯 2 歳 S、京都ハイジャンプ）、マイネルフロスト（毎日杯、ダービー 3 着）、ライジングリーズン（フェアリー S）、フェーングロッテン（ラジオ NIKKEI 賞）。

直仔が種牡馬として大成功
父としても負けられない

　3 歳時、スプリング S で重賞初制覇。続く皐月賞では 2 番人気に支持されるもダイワメジャーの 16 着に大敗。この後、屈腱炎で休養、2 年後に復帰するも中山金杯の 3 着が最高成績で勝てなかった。

　無敗の 3 冠馬ディープインパクトの全兄という期待のもと種牡馬入り。2012 年の FS ランキングで 1 位に輝くと、3 年目産駒のキタサンブラックの大活躍で一気にブレイク。

　2015 〜 2018 年は総合ランキングでトップ 20 位内にランクイン。2019 〜 2021 年の 3 年間も 20 位台をキープしてきた。2022 年は、フェーングロッテンが重賞勝ちを収めるもランキングはダウン。キタサンブラックが種牡馬として成功しているだけに、父としても負けられない。

POG　2023 年期待の 2 歳馬

母馬名（母父）	性別	おすすめポイント
アパパネ （キングカメハメハ）	牡	母は牝馬 3 冠馬。半姉にエリザベス女王杯のアカイトリノムスメ。
クロウキャニオン （*フレンチデピュティ）	牡	母は重賞馬 5 頭、2 着馬を 4 頭産んでいる名繁殖牝馬。
ラッシュライフ （サクラバクシンオー）	牡	母はファンタジー S 2 着。半兄に CBC 賞勝ちのファストフォース。

馬券に直結する適性データ

　芝 49 勝に対しダートは 51 勝とほぼ互角の成績。重賞での実績は芝に集中しているが、一般的な産駒はダートでも買える。距離別では、芝はさすが良血種牡馬らしい万能ぶりを見せている。ダートは短距離と中距離に二極化しており、中距離勢がやや優勢か。条件別に見ると特に突出したものはないが、障害戦で好成績をマークしており見かけたら狙ってもいい。2 歳から高齢まで能力を維持する感じで、勝率に比べて連対率、3 着内率は大きく落ち込んでいないので、一応は押さえておきたい。馬場状態は不問だが、芝の不良馬場は勝率が 10％を超えており、馬場が渋ったら買いだ。

　マイラー　1600 m あたりの距離を得意とする馬のことで、1 マイルが約 1600 m であることからつけられた。

2022年成績

総収得賞金 777,596,000円　アーニング INDEX　0.84
勝利頭数／出走頭数：全馬 84 ／ 206　　2歳　4 ／ 32
勝利回数／出走回数：全馬 138 ／ 1,699　　2歳　4 ／ 82

Data Box (2020~2022)

コース　福島、阪神などタフな舞台向き

	1着	2着	3着	出走数	勝率	連対率	3着内率
全体計	100	114	149	1938	5.2%	11.0%	18.7%
中央芝	20	27	40	491	4.1%	9.6%	17.7%
中央ダ	30	32	43	493	6.1%	12.6%	21.3%
ローカル芝	29	37	44	623	4.7%	10.6%	17.7%
ローカルダ	21	18	22	331	6.3%	11.8%	18.4%
右回り芝	37	45	63	736	5.0%	11.1%	19.7%
右回りダ	36	28	44	525	6.9%	12.2%	20.6%
左回り芝	12	18	21	368	3.3%	8.2%	13.9%
左回りダ	15	22	21	299	5.0%	12.4%	19.4%
札幌芝	2	3	7	70	2.9%	7.1%	17.1%
札幌ダ	0	1	1	23	0.0%	4.3%	8.7%
函館芝	5	3	9	61	8.2%	13.1%	27.9%
函館ダ	2	1	3	26	7.7%	11.5%	23.1%
福島芝	**7**	**7**	**4**	**78**	**9.0%**	**17.9%**	**23.1%**
福島ダ	4	2	4	55	7.3%	10.9%	18.2%
新潟芝	5	4	4	119	4.2%	7.6%	10.9%
新潟ダ	5	9	1	54	9.3%	14.8%	20.4%
東京芝	5	5	7	124	4.0%	8.1%	13.7%
東京ダ	4	12	8	126	3.2%	12.7%	19.0%
中山芝	4	8	4	122	3.3%	9.8%	16.4%
中山ダ	8	5	15	142	5.6%	9.2%	19.7%
中京芝	2	10	10	135	1.5%	8.9%	16.3%
中京ダ	6	7	10	119	5.0%	10.9%	19.3%
京都芝	2	1	4	53	3.8%	5.7%	13.2%
京都ダ	3	3	4	51	5.9%	11.8%	19.6%
阪神芝	9	13	21	192	4.7%	11.5%	22.4%
阪神ダ	**15**	**12**	**16**	**174**	**8.6%**	**15.5%**	**24.7%**
小倉芝	8	10	16	160	5.0%	11.3%	17.5%
小倉ダ	4	4	1	54	7.4%	14.8%	16.7%

条件　障害戦出走時は要警戒

	1着	2着	3着	出走数	勝率	連対率	3着内率
新馬	8	11	11	158	5.1%	12.0%	19.0%
未勝利	50	48	63	772	6.5%	12.7%	20.9%
1勝	27	44	44	640	4.2%	11.1%	18.0%
2勝	12	17	26	250	4.8%	11.6%	22.0%
3勝	7	8	6	100	7.0%	15.0%	21.0%
OPEN特別	4	1	8	106	3.8%	4.7%	12.3%
GⅢ	3	2	2	31	9.7%	16.1%	22.6%
GⅡ	1	0	1	17	5.9%	5.9%	11.8%
GⅠ	0	0	2	8	0.0%	0.0%	25.0%
ハンデ戦	4	4	8	90	4.4%	8.9%	17.8%
牝馬限定	16	22	33	372	4.3%	10.2%	19.1%
障害	**12**	**17**	**14**	**144**	**8.3%**	**20.1%**	**29.9%**

人気　人気は標準的、人気馬が中心

	1着	2着	3着	出走数	勝率	連対率	3着内率
1番人気	**37**	**22**	**18**	**118**	**31.4%**	**50.0%**	**65.3%**
2〜3番人気	35	38	39	249	14.5%	30.3%	46.5%
4〜6番人気	27	43	59	456	5.9%	15.4%	28.3%
7〜9番人気	11	20	27	456	2.4%	6.8%	12.7%
10番人気〜	2	8	20	811	0.2%	1.2%	3.7%

単勝回収値 47円／単勝適正回収値 70円

距離　ダートの中長距離向き

芝　平均勝ち距離　1,716m

	1着	2着	3着	出走数	勝率	連対率	3着内率
全体計	49	64	84	1114	4.4%	10.1%	17.7%
芝〜1300m	11	16	23	236	4.7%	11.4%	21.2%
芝〜1600m	8	10	16	277	2.9%	6.5%	12.3%
芝〜2000m	27	30	35	489	5.5%	11.7%	18.8%
芝〜2400m	1	5	6	83	1.2%	7.2%	14.5%
芝2500m〜	2	3	4	29	6.9%	17.2%	31.0%

ダート　平均勝ち距離　1,652m

	1着	2着	3着	出走数	勝率	連対率	3着内率
全体計	51	50	65	824	6.2%	12.3%	20.1%
ダ〜1300m	10	8	19	167	6.0%	10.8%	22.2%
ダ〜1600m	6	8	13	171	3.5%	8.2%	15.8%
ダ〜2000m	**35**	**29**	**30**	**447**	**7.8%**	**14.3%**	**21.0%**
ダ2100m〜	0	5	3	39	0.0%	12.8%	20.5%

馬場状態　馬場状態不問、芝不良も得意

		1着	2着	3着	出走数	勝率	連対率	3着内率
芝	良	35	46	65	822	4.3%	9.9%	17.8%
	稍重	10	11	13	188	5.3%	11.2%	18.1%
	重	1	4	5	75	1.3%	6.7%	13.3%
	不良	**3**	**3**	**1**	**29**	**10.3%**	**20.7%**	**24.1%**
ダ	良	30	32	42	497	6.0%	12.5%	20.9%
	稍重	**11**	**8**	**10**	**153**	**7.2%**	**12.4%**	**19.0%**
	重	5	8	8	101	5.0%	12.9%	20.8%
	不良	5	2	5	73	6.8%	9.6%	16.4%

性齢　2歳から4歳まで安定駆け

	1着	2着	3着	出走数	勝率	連対率	3着内率
牡2歳	11	10	13	151	7.3%	13.9%	22.5%
牝2歳	6	9	14	183	3.3%	8.2%	15.8%
牡3歳前半	20	19	17	267	7.5%	14.6%	21.0%
牝3歳前半	13	15	31	272	4.8%	10.3%	21.7%
牡3歳後半	**10**	**10**	**11**	**138**	**7.2%**	**14.5%**	**22.5%**
牝3歳後半	7	3	7	142	4.9%	7.0%	12.0%
牡4歳	**17**	**18**	**18**	**239**	**7.1%**	**14.6%**	**22.2%**
牝4歳	8	16	13	199	4.0%	12.1%	18.6%
牡5歳	9	11	15	158	5.7%	12.7%	22.0%
牝5歳	2	5	3	100	2.0%	7.0%	10.0%
牡6歳	0	9	10	67	0.0%	13.4%	28.4%
牝6歳	2	0	3	43	4.7%	11.6%	14.0%
牡7歳以上	6	4	10	116	5.2%	8.6%	17.2%
牝7歳以上	0	0	0	0			

勝ち馬の決め手

芝　49勝
追込 7／逃げ 9／差し 14／先行 19

ダート　51勝
追込 5／逃げ 4／差し 7／先行 35

シルバーステート
SILVER STATE

年次	種付頭数	産駒数
22年	200	82
21年	138	106
20年	165	89

系統：サンデーサイレンス系　母父系統：ロベルト系

父 ディープインパクト 鹿 2002	*サンデーサイレンス 青鹿 1986	Halo	Hail to Reason
			Cosmah
		Wishing Well	Understanding
			Mountain Flower
	*ウインドインハーヘア 鹿 1991	Alzao	Lyphard
			Lady Rebecca
		Burghclere	Busted
			Highclere
母 *シルヴァースカヤ 黒鹿 2001	Silver Hawk 鹿 1979	Roberto	Hail to Reason
			Bramalea
		Gris Vitesse	Amerigo
			Matchiche
	Boubskaia 黒鹿 1987	Niniski	Nijinsky
			Virginia Hills
		Frenetique	Tyrant
			Femina

インブリード：Hail to Reason 4×4、Northern Dancer 5×5

血統解説　父ディープインパクトはP32参照。母シルヴァースカヤはミネルヴ賞など仏GⅢ2勝。本馬の半兄に豪GⅠ馬セヴィル（ザメトロポリタン）を産んでいる。母系は叔母にデインスカヤ（アスタルテ賞）、甥にヴィクティファルス（スプリングS）、いとこにシックスセンス（京都記念）、デルフォイ（京都新聞杯2着）。

種付料／⇨受600万円F　供用地／新冠・優駿SS
2013年生　青鹿毛　安平・ノーザンファーム産

距離	成長型	芝	ダート	瞬発力	パワー	底力
マ中	普	◎	○	○	○	○

PROFILE

競走成績　5戦4勝（2〜4歳・日）
最高レーティング　レーティング対象外
主な勝ち鞍　垂水S、オーストラリアT、紫菊賞。

代表産駒　ウォーターナビレラ（ファンタジーS、桜花賞2着、阪神JF3着）、セイウンハーデス（プリンシパルS）、コムストックロード（葵S2着）、シルヴァーデューク（サウジアラビアロイヤルC3着）、ベルウッドブラボー（ジュニアC2着）。

未完の大器から大物種牡馬へ
産駒の快進撃はまだまだ続く

　2歳時、デビュー戦こそ2着に敗れたが、未勝利戦、紫菊賞を圧倒的人気に応え連勝。クラシックでも期待されたが屈腱炎でリタイア。1年7カ月に及ぶ長期休養を経て復帰すると、オーストラリアT、垂水Sと連勝。さらなる活躍を期待されたが、再び屈腱炎を発症し引退。

　2018年に種付料80万円で種牡馬デビュー。血統のわりに手頃な価格もあって人気を集めていたが、産駒の評判も良く種付料も上昇。

　2021年に産駒がデビューすると重賞馬ウォーターナビレラの活躍もあり、FSランキングはドレフォンに次ぐ2位。

　それにより2022年の種付料は一気に4倍増の600万円に高騰。それでも200頭もの牝馬を集めており、本馬への期待の高さがうかがえる。

POG　2023年期待の2歳馬

母馬名（母父）	性別	おすすめポイント
ピースエンブレム （*ウォーエンブレム）	牡	叔母に秋華賞馬ブラックエンブレム。いとこにGⅡ馬ウィクトーリア。
マルモリバニー （ダンスインザダーク）	牡	1歳セレクションセールで6820万円。半姉はクイーンC3着。
*テルアケリー （TAPIT）	牝	1歳セレクトセールで8800万円。母は米GⅠで1着2着3着。

馬券に直結する適性データ

　芝48勝に対しダートは10勝。基礎能力の高い馬がダートもこなしているイメージで、メインは芝の中距離と言える。長距離は意外と苦手で、むしろ〜1300mの短距離戦の方が成績が良い。条件別では、クラスの壁を感じさせない活躍ぶりで、2勝クラスからOPクラスまでいずれも標準以上の数値をマークしている。昇級戦ということで評価が下がっている場合は、思い切って狙ってみても面白い。そのことを裏付けるように、人気面でも4〜6番人気の成績がいいので、ズバリ買い時と言える。なお、1番人気の信頼度も高いので、昇級戦で人気なら、素直に軸として扱おう。

　マイル（戦） 1600m（1マイル）で行われるレースのこと。ただし1マイルというと、正確には、1609.3mになる。JRAのマイルGⅠには、安田記念、マイルチャンピオンシップなど8つがある。

2022年成績

総収得賞金 770,147,000円		アーニング INDEX　1.04	
勝利頭数／出走頭数：全馬 67／165		2歳　18／59	
勝利回数／出走回数：全馬 96／1,058		2歳　19／178	

Data Box (2020〜2022)

コース　中央芝よりローカル芝向き

	1着	2着	3着	出走数	勝率	連対率	3着内率
全体計	58	57	61	690	8.4%	16.7%	25.5%
中央芝	21	21	27	251	8.4%	16.7%	27.5%
中央ダ	6	6	3	101	5.9%	11.9%	14.9%
ローカル芝	27	25	28	260	10.4%	20.0%	30.8%
ローカルダ	4	5	3	78	5.1%	11.5%	15.4%
右回り芝	30	33	35	313	9.6%	20.1%	31.3%
右回りダ	6	6	4	116	5.2%	10.3%	13.8%
左回り芝	17	13	20	194	8.8%	15.5%	25.8%
左回りダ	4	5	2	63	6.3%	14.3%	17.5%
札幌芝	2	4	5	24	8.3%	25.0%	45.8%
札幌ダ	1	1	0	12	8.3%	16.7%	16.7%
函館芝	2	2	4	32	6.3%	12.5%	25.0%
函館ダ	1	0	1	10	10.0%	10.0%	20.0%
福島芝	4	4	2	34	11.8%	23.5%	29.4%
福島ダ	0	0	0	7	0.0%	0.0%	0.0%
新潟芝	5	4	5	52	9.6%	17.3%	26.9%
新潟ダ	0	0	0	12	0.0%	0.0%	0.0%
東京芝	6	4	9	82	7.3%	12.2%	23.2%
東京ダ	3	1	0	24	12.5%	16.7%	16.7%
中山芝	8	7	6	73	11.0%	20.5%	28.8%
中山ダ	0	3	1	28	0.0%	10.7%	14.3%
中京芝	7	5	6	64	10.9%	18.8%	28.1%
中京ダ	1	4	2	77	3.7%	18.5%	25.9%
京都芝	0	0	0	0	-	-	-
京都ダ	0	0	0	0	-	-	-
阪神芝	7	10	12	96	7.3%	17.7%	30.2%
阪神ダ	3	2	2	49	6.1%	10.2%	14.3%
小倉芝	7	6	6	54	13.0%	24.1%	35.2%
小倉ダ	1	0	0	10	10.0%	10.0%	10.0%

条件　OP特別で安定感抜群

	1着	2着	3着	出走数	勝率	連対率	3着内率
新馬	12	11	16	130	9.2%	17.7%	30.0%
未勝利	30	32	34	415	7.2%	14.9%	23.1%
1勝	9	7	7	84	10.7%	19.0%	27.4%
2勝	2	2	0	12	16.7%	33.3%	33.3%
3勝	1	0	0	1	100.0%	100.0%	100.0%
OPEN特別	3	3	2	21	14.3%	28.6%	38.1%
GⅢ	1	1	1	13	7.7%	15.4%	23.1%
GⅡ	0	0	0	6	0.0%	0.0%	0.0%
GⅠ	0	1	1	7	0.0%	14.3%	28.6%
ハンデ戦	0	0	0	2	0.0%	0.0%	0.0%
牝馬限定	4	5	4	92	4.3%	9.8%	14.1%
障害	0	0	0	1	0.0%	0.0%	0.0%

人気　4〜6番人気の食い込みに注意

	1着	2着	3着	出走数	勝率	連対率	3着内率
1番人気	18	11	7	54	33.3%	53.7%	66.7%
2〜3番人気	20	15	14	114	17.5%	30.7%	43.0%
4〜6番人気	16	19	24	192	8.3%	18.2%	30.7%
7〜9番人気	2	9	13	159	1.3%	6.9%	15.1%
10番人気〜	2	3	3	172	1.2%	2.9%	4.7%

単勝回収値 68円／単勝適正回収値 81円

距離　芝中距離のスペシャリスト

芝　平均勝ち距離　1,694m

	1着	2着	3着	出走数	勝率	連対率	3着内率
全体計	48	46	55	511	9.4%	18.4%	29.2%
芝〜1300m	9	4	8	86	10.5%	15.1%	24.4%
芝〜1600m	10	10	18	173	5.8%	11.6%	22.0%
芝〜2000m	28	28	25	218	12.8%	25.7%	37.2%
芝〜2400m	1	4	3	30	3.3%	16.7%	26.7%
芝2500m〜	0	0	1	4	0.0%	0.0%	25.0%

ダート　平均勝ち距離　1,380m

	1着	2着	3着	出走数	勝率	連対率	3着内率
全体計	10	11	6	179	5.6%	11.7%	15.1%
ダ〜1300m	5	4	5	70	7.1%	12.9%	20.0%
ダ〜1600m	3	1	0	39	7.7%	10.3%	10.3%
ダ〜2000m	2	6	1	68	2.9%	11.8%	13.2%
ダ2100m〜	0	0	0	2	0.0%	0.0%	0.0%

馬場状態　芝は状態不問、ベストは良馬場

		1着	2着	3着	出走数	勝率	連対率	3着内率
芝	良	40	33	41	398	10.1%	18.3%	28.6%
	稍重	6	12	11	93	6.5%	19.4%	31.2%
	重	2	1	2	18	11.1%	16.7%	27.8%
	不良	0	0	1	2	0.0%	0.0%	50.0%
ダ	良	8	7	3	108	7.4%	13.9%	16.7%
	稍重	1	2	2	37	2.7%	8.1%	13.5%
	重	1	1	1	20	5.0%	10.0%	15.0%
	不良	0	1	0	14	0.0%	7.1%	7.1%

性齢　完成度高い、3歳後半でも伸びる

	1着	2着	3着	出走数	勝率	連対率	3着内率
牡2歳	21	14	25	176	11.9%	19.9%	34.1%
牝2歳	11	6	9	125	8.8%	13.6%	20.8%
牡3歳前半	10	13	10	139	7.2%	16.5%	23.7%
牝3歳前半	4	9	4	129	3.1%	13.2%	20.2%
牡3歳後半	10	6	3	67	14.9%	23.9%	28.4%
牝3歳後半	2	5	5	55	3.6%	12.7%	21.8%
牡4歳	0	0	0	0	-	-	-
牝4歳	0	0	0	0	-	-	-
牡5歳	0	0	0	0	-	-	-
牝5歳	0	0	0	0	-	-	-
牡6歳	0	0	0	0	-	-	-
牝6歳	0	0	0	0	-	-	-
牡7歳以上	0	0	0	0	-	-	-
牝7歳以上	0	0	0	0	-	-	-

勝ち馬の決め手

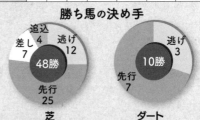

芝　48勝：追込 4／差し 7／逃げ 12／先行 25

ダート　10勝：逃げ 3／先行 7

RANKING
37
2歳馬 **48**

2021 ㊲
2020 ㉟
2019 ㊳
2018 ㊴

フリオーソ
FURIOSO

年次	種付頭数	産駒数
22年	**58**	**29**
21年	63	54
20年	107	76

Darley

種付料／⇒産100万円　供用地／日高・ダーレー・ジャパンSコンプレックス
2004年生　栗毛　新冠・ハシモトファーム産

距離	成長型	芝	ダート	瞬発力	パワー	底力
中	普	△	◎	◎	○	○

PROFILE

競走成績　39戦11勝（2～8歳・日）
最高レーティング　115 M、I（10、11年）
主な勝ち鞍　帝王賞2回、川崎記念、ジャパンダートダービー、全日本2歳優駿、かしわ記念、ダイオライト記念2回、日本テレビ盃。フェブラリーS2着。

いまだに重賞馬は出ないがランクは前年順位をキープ

　全日本2歳優駿で交流GI初制覇。3歳以後はダート交流重賞を中心に走り、ジャパンダートダービーで中央馬を撃破、以後地方競馬の大将格として、カネヒキリ、スマートファルコンら並みいる中央の強豪を相手に、帝王賞2回、川崎記念、かしわ記念を勝り、JBCクラシック、フェブラリーSで2着に入った。2007、2008、2010、2011年NAR年度代表馬。

　2019年の175頭をピークに、初年度から8年連続で100頭以上に種付を行い、ランキングも徐々に上昇していった。

　2021年63頭、2022年58頭と種付頭数は減少。それでも、総合ランキングは30位台をキープしている。一刻も早い重賞ウイナーの登場に期待したい。

系統：ロベルト系　母父系統：ミスタープロスペクター系

父 *ブライアンズタイム 黒鹿 1985	Roberto 鹿 1969	Hail to Reason	Turn-to
			Nothirdchance
		Bramalea	Nashua
			Rarelea
	Kelley's Day 鹿 1977	Graustark	Ribot
			Flower Bowl
		Golden Trail	Hasty Road
			Sunny Vale
母 *ファーザ 栗 1995	Mr. Prospector 鹿 1970	Raise a Native	Native Dancer
			Raise You
		Gold Digger	Nashua
			Sequence
	Baya 栗 1990	Nureyev	Northern Dancer
			Special
		Barger	Riverman
			Trillion

インブリード：Hail to Reason 3×5、Nashua 4×4

血統解説　父ブライアンズタイムは3冠馬ナリタブライアンを筆頭に、多くの名馬を輩出したレジェンド種牡馬。芝だけでなくダートにおいても活躍馬を数多く出しており、本馬はその代表的存在。母は半弟にトーセンルーチェ（ダイオライト記念3着）。2代母バヤは仏GIIIグロット賞の勝ち馬で、仏オークス2着。

代表産駒　ヒカリオーソ（東京ダービー、戸塚記念、川崎記念2着）、**エイコーン**（みやこS3着、シリウスS3着）、**バリスコア**（兵庫ジュニアGP3着）、**テルペリオン**（仁川S、マーキュリー C3着）、**グランモナハート**（ロジータ記念）、**タイキフェルベール**（師走S）。

POG　2023年期待の2歳馬

母馬名（母父）	性別	おすすめポイント
エグジビッツ （*サウスヴィグラス）	牡	母の全姉がエーデルワイス賞で2着。ダートに特化した配合。
クリマノカローン （トーセンラー）	牡	母系からはサッカーボーイやステイゴールドなどの名馬が出ている。
ルヴェンソンヴェール （*クロフネ）	牝	叔父にセントライト記念、京成杯を勝ったフェイトフルウォー。

馬券に直結する適性データ

　芝は0勝どころかデータ期間で3着にすら入っていない、まさに完全なダート血統。芝で買う機会もないと思われるが、ノーマークでかまわない。代わりにダートはどの距離でも勝ち星をあげているようにどこでも狙える。その中でも、長距離は勝率が10%を超えており単狙いもありだ。レース条件では1勝クラスがメイン。そこで伸び悩む産駒も多く、上のクラスでは慎重に買いたい。1番人気の勝率が30%を切っておりやや心許ないが、それ以上に2～3番人気の勝率がいい。信頼度の落ちる本命時よりも、対抗・単穴ポジションにいる時の方が、配当的に考えてもオススメだ。

　名牝　自身が重賞をいくつも制しているか、または重賞勝ち馬など、活躍馬を多く輩出している牝馬のこと。

2022年成績

総収得賞金 692,764,000円　アーニング INDEX　0.59
勝利頭数／出走頭数：全馬 125／261　2歳 17／56
勝利回数／出走回数：全馬 244／2,570　2歳 20／238

Data Box (2020~2022)

コース　阪神ダート、札幌ダートなら狙える

	1着	2着	3着	出走数	勝率	連対率	3着内率
全体計	32	30	39	652	4.9%	9.5%	15.5%
中央芝	0	0	0	17	0.0%	0.0%	0.0%
中央ダ	19	20	25	388	4.9%	10.1%	16.5%
ローカル芝	0	0	0	22	0.0%	0.0%	0.0%
ローカルダ	13	10	14	225	5.8%	10.2%	16.4%
右回り芝	0	0	0	21	0.0%	0.0%	0.0%
右回りダ	17	23	24	333	5.1%	12.0%	19.2%
左回り芝	0	0	0	17	0.0%	0.0%	0.0%
左回りダ	15	7	15	280	5.4%	7.9%	13.2%
札幌芝	0	0	0	1	0.0%	0.0%	0.0%
札幌ダ	4	3	0	16	25.0%	43.8%	43.8%
函館芝	0	0	0	0	–	–	–
函館ダ	0	0	0	11	0.0%	0.0%	0.0%
福島芝	0	0	0	6	0.0%	0.0%	0.0%
福島ダ	1	0	2	33	3.0%	3.0%	9.1%
新潟芝	0	0	0	8	0.0%	0.0%	0.0%
新潟ダ	5	2	3	65	7.7%	10.8%	15.4%
東京芝	0	0	0	8	0.0%	0.0%	0.0%
東京ダ	8	4	6	146	5.5%	8.2%	12.3%
中山芝	0	0	0	3	0.0%	0.0%	0.0%
中山ダ	4	6	7	139	2.9%	7.2%	12.2%
中京芝	0	0	0	3	0.0%	0.0%	0.0%
中京ダ	2	1	6	69	2.9%	4.3%	13.0%
京都芝	0	0	0	0	–	–	–
京都ダ	0	2	0	16	0.0%	12.5%	12.5%
阪神芝	0	0	0	6	0.0%	0.0%	0.0%
阪神ダ	7	8	12	87	8.0%	17.2%	31.0%
小倉芝	0	0	0	5	0.0%	0.0%	0.0%
小倉ダ	1	4	3	31	3.2%	16.1%	25.8%

条件　主な活躍は1勝クラス

	1着	2着	3着	出走数	勝率	連対率	3着内率
新馬	1	2	3	52	1.9%	5.8%	11.5%
未勝利	10	9	10	255	3.9%	7.5%	11.4%
1勝	14	9	13	165	8.5%	13.9%	21.8%
2勝	4	7	8	137	2.9%	8.0%	13.9%
3勝	2	1	2	26	7.7%	11.5%	19.2%
OPEN特別	1	2	1	31	3.2%	9.7%	12.9%
GⅢ	0	0	2	5	0.0%	0.0%	40.0%
GⅡ	0	0	0	1	0.0%	0.0%	0.0%
GⅠ	0	0	0	0	–	–	–
ハンデ戦	4	0	3	43	9.3%	9.3%	16.3%
牝馬限定	5	1	6	89	5.6%	6.7%	13.5%
障害	0	0	0	20	0.0%	0.0%	0.0%

人気　2~3番人気が1番人気に迫る勝率

	1着	2着	3着	出走数	勝率	連対率	3着内率
1番人気	6	5	2	21	28.6%	52.4%	61.9%
2~3番人気	13	14	3	61	21.3%	44.3%	49.2%
4~6番人気	10	7	19	115	8.7%	14.8%	31.3%
7~9番人気	1	2	9	144	0.7%	2.1%	8.3%
10番人気~	2	2	6	331	0.6%	1.2%	3.0%

単勝回収値 48円／単勝適正回収値 87円

距離　ダート中長距離戦なら頭を意識

芝　平均勝ち距離　―

	1着	2着	3着	出走数	勝率	連対率	3着内率
全体計	0	0	0	39	0.0%	0.0%	0.0%
芝~1300m	0	0	0	12	0.0%	0.0%	0.0%
芝~1600m	0	0	0	10	0.0%	0.0%	0.0%
芝~2000m	0	0	0	17	0.0%	0.0%	0.0%
芝~2400m	0	0	0	0	–	–	–
芝2500m~	0	0	0	0	–	–	–

ダート　平均勝ち距離　1,684m

	1着	2着	3着	出走数	勝率	連対率	3着内率
全体計	32	30	39	613	5.2%	10.1%	16.5%
ダ~1300m	6	10	16	160	3.8%	10.0%	20.0%
ダ~1600m	7	5	9	158	4.4%	7.6%	13.3%
ダ~2000m	13	10	12	236	5.5%	9.7%	14.8%
ダ2100m~	6	5	2	59	10.2%	18.6%	22.0%

馬場状態　渋った馬場で粘りが増す

		1着	2着	3着	出走数	勝率	連対率	3着内率
芝	良	0	0	0	26	0.0%	0.0%	0.0%
	稍重	0	0	0	10	0.0%	0.0%	0.0%
	重	0	0	0	3	0.0%	0.0%	0.0%
	不良	0	0	0	0	–	–	–
ダ	良	20	11	23	354	5.6%	8.8%	15.3%
	稍重	7	9	9	139	5.0%	11.5%	18.0%
	重	3	7	6	65	4.6%	15.4%	24.6%
	不良	2	3	1	55	3.6%	9.1%	10.9%

性齢　3歳後半に伸びるがピーク短い

	1着	2着	3着	出走数	勝率	連対率	3着内率
牡2歳	4	2	5	55	7.3%	10.9%	20.0%
牝2歳	0	0	3	47	0.0%	0.0%	6.4%
牡3歳前半	8	5	4	117	6.8%	11.1%	14.5%
牝3歳前半	2	4	4	66	3.0%	9.1%	15.2%
牡3歳後半	5	6	1	53	9.4%	20.8%	22.6%
牝3歳後半	0	2	0	17	0.0%	11.8%	11.8%
牡4歳	7	4	6	79	8.9%	13.9%	21.5%
牝4歳	1	1	0	26	3.8%	7.7%	7.7%
牡5歳	1	2	2	57	1.8%	5.3%	8.8%
牝5歳	1	1	3	48	2.1%	4.2%	10.4%
牡6歳	0	2	4	51	0.0%	3.9%	11.8%
牝6歳	2	0	1	33	6.1%	6.1%	12.1%
牡7歳以上	1	1	2	20	5.0%	10.0%	35.0%
牝7歳以上	0	0	0	3	0.0%	0.0%	0.0%

勝ち馬の決め手

芝 0勝　ダート 32勝
追込 4　逃げ 2　先行 10　差し 16

147

スマートファルコン
SMART FALCON

年次	種付頭数	産駒数
22年	**85**	**61**
21年	90	36
20年	54	24

系統：サンデーサイレンス系　母父系統：オリオール系

			Hail to Reason
父 ゴールドアリュール 栗 1999	*サンデーサイレンス 青鹿 1986	Halo	Hail to Reason
			Cosmah
		Wishing Well	Understanding
			Mountain Flower
	*ニキーヤ 鹿 1993	Nureyev	Northern Dancer
			Special
		Reluctant Guest	Hostage
			Vaguely Royal
母 ケイシュウハーブ 芦 1988	*ミシシッピアン 鹿 1971	Vaguely Noble	*ヴィエナ
			Noble Lassie
		Gazala	Dark Star
			Belle Angevine
	キョウエイシラユキ 芦 1980	*クラウンドプリンス	Raise a Native
			Gay Hostess
		*アリアーン	*シルバーシャーク
			Nucciolina

インブリード：Vaguely Noble 5×3

種付料／⇨ 受50万円F　供用地／新ひだか・レックススタッド
2005年生　栗毛　静内・岡田スタッド産

距離	成長型	芝	ダート	瞬発力	パワー	底力
マ中	普	△	◎	△	◎	△

PROFILE

競走成績　34戦23勝（2〜7歳・日首）
最高レーティング　118 I（12年）
主な勝ち鞍　JBCクラシック2回、東京大賞典2回、帝王賞、川崎記念、浦和記念2回、ダイオライト記念、日本テレビ盃、ブリーダーズGC、兵庫GT。

血統解説　父ゴールドアリュールは競走馬としてだけでなく、種牡馬としてもダート界を席捲した名馬。本馬はその代表産駒の一頭。母系は半兄にワールドクリーク（東京大賞典）、甥にリッカルド（エルムS）、叔母にキョウエイコロナ（小倉3歳S3着）。母父ミシシッピアンは仏2000ギニー2着。

代表産駒　オーヴェルニュ（東海S、同2着、平安S）、シャマル（東京スプリント、サマーチャンピオン、オーバルスプリント）、ティーズダンク（川崎・戸塚記念、さきたま杯2着）、マンノグランプリ（東京ジャンプS3着）、プロンディーヴァ（川崎・ローレル賞）。

2頭目の重賞勝ち馬輩出
ライバルに負けない活躍を

　5歳時のJBCクラシックでGI初制覇を果たすと、東京大賞典、帝王賞、JBCクラシック、東京大賞典、川崎記念を含む9連勝を達成。その後も、地方競馬をメインステージとして活躍し、GI6勝を含む通算19個もの重賞タイトルを獲得した。

　初年度から5年続けて100頭以上に種付する人気種牡馬となり、2016年のFSランキングは5位、ダート部門では1位に輝いた。

　2021年にはオーヴェルニュが東海Sを制して初の重賞タイトルを父にもたらした。

　2022年はシャマルが東京スプリント、サマーチャンピオン、オーバルスプリントと重賞3勝をあげている。同じゴールドアリュール産駒のライバルたちに負けない活躍が期待される。

POG　2023年期待の2歳馬

母馬名（母父）	性別	おすすめポイント
クラールハイト （キングカメハメハ）	牡	叔母に七夕賞2着マイネルサージュ。SS 3×3のクロスに注目。
ビフォーダーク （キングカメハメハ）	牡	全兄に全日本2歳優駿3着など重賞で活躍したティーズダンク。
マイネチリペッパー （ネオユニヴァース）	牝	2代母に富士S1着、NHKマイルC3着のレッドチリペッパー。

馬券に直結する適性データ

　芝は1勝3着3回という成績。ゴールドアリュール産駒らしい、徹底してダートに特化した種牡馬といえよう。距離では、長距離は苦手。スマートファルコン自身、19勝の重賞のうち、ダ2100m〜は3勝のみ。地方の小回りコースならともかく、中央のダートコースでは、2000mがギリギリのようだ。人気には忠実なタイプで、1番人気の成績は優秀。2〜3番人気も勝率23.4%、3着内率45.5%と高く、上位人気に支持されている時は堅軸として扱おう。やや遅咲きで2歳戦および新馬戦は牡牝合わせても1勝のみ。未勝利のまま3歳を迎え、そこからようやく本格始動という産駒が多い。

名牝系　重賞勝ち馬など、活躍馬を多く輩出している牝系のこと。自分自身が活躍馬でなくても、繁殖牝馬として活躍馬を産んでいる牝馬が多ければ名牝系となる。＝名門も同じ意味で使われる。

2022年 成績

総収得賞金 691,018,000円　アーニング INDEX　0.91

勝利頭数／出走頭数：全馬 87 ／ 169		2歳 5 ／ 19	
勝利回数／出走回数：全馬 181 ／ 1,438		2歳 6 ／ 98	

Data Box (2020~2022)

コース　ローカル向きも阪神ダートでも

	1着	2着	3着	出走数	勝率	連対率	3着内率
全体計	48	36	57	794	6.0%	10.6%	17.8%
中央芝	0	0	0	11	0.0%	0.0%	0.0%
中央ダ	24	20	33	402	6.0%	10.9%	19.2%
ローカル芝	1	0	3	65	1.5%	1.5%	6.2%
ローカルダ	23	16	21	316	7.3%	12.3%	19.0%
右回り芝	1	0	3	48	2.1%	2.1%	8.3%
右回りダ	32	21	36	450	7.1%	11.8%	19.8%
左回り芝	0	0	0	16	0.0%	0.0%	0.0%
左回りダ	15	15	18	268	5.6%	11.2%	17.9%
札幌芝	0	0	0	4	0.0%	0.0%	0.0%
札幌ダ	2	0	1	18	11.1%	11.1%	16.7%
函館芝	1	0	0	6	16.7%	16.7%	16.7%
函館ダ	1	0	2	27	3.7%	3.7%	11.1%
福島芝	0	0	2	13	0.0%	0.0%	15.4%
福島ダ	5	3	2	48	10.4%	16.7%	20.8%
新潟芝	0	0	0	23	0.0%	0.0%	0.0%
新潟ダ	5	3	3	60	8.3%	13.3%	18.3%
東京芝	0	0	0	3	0.0%	0.0%	0.0%
東京ダ	5	6	8	105	4.8%	10.5%	18.1%
中山芝	0	0	0	2	0.0%	0.0%	0.0%
中山ダ	1	6	8	106	0.9%	6.6%	14.2%
中京芝	0	0	0	2	0.0%	0.0%	0.0%
中京ダ	5	6	7	103	4.9%	10.7%	17.5%
京都芝	0	0	0	3	0.0%	0.0%	0.0%
京都ダ	3	2	5	37	8.1%	13.5%	27.0%
阪神芝	0	0	0	3	0.0%	0.0%	0.0%
阪神ダ	15	6	12	154	9.7%	13.6%	21.4%
小倉芝	0	0	1	17	0.0%	0.0%	5.9%
小倉ダ	5	4	6	60	8.3%	15.0%	25.0%

条件　1勝クラスなど下級条件が中心

	1着	2着	3着	出走数	勝率	連対率	3着内率
新馬	1	4	2	42	2.4%	11.9%	16.7%
未勝利	17	13	23	292	5.8%	10.3%	18.2%
1勝	15	8	18	211	7.1%	10.9%	19.4%
2勝	7	9	9	150	4.7%	10.7%	16.7%
3勝	5	1	5	71	7.0%	8.5%	15.5%
OPEN特別	2	0	0	23	8.7%	8.7%	8.7%
GⅢ	1	0	2	10	10.0%	10.0%	30.0%
GⅡ	1	1	0	2	50.0%	100.0%	100.0%
GⅠ	0	0	0	4	0.0%	0.0%	0.0%
ハンデ戦	3	0	4	44	6.8%	6.8%	15.9%
牝馬限定	9	6	14	148	6.1%	10.1%	19.6%
障害	1	0	2	11	9.1%	9.1%	27.3%

人気　1番人気、2~3番人気の頭が狙い

	1着	2着	3着	出走数	勝率	連対率	3着内率
1番人気	10	4	3	26	38.5%	53.8%	65.4%
2~3番人気	18	8	9	77	23.4%	33.8%	45.5%
4~6番人気	14	13	19	156	9.0%	17.3%	29.5%
7~9番人気	5	10	16	185	2.7%	8.1%	16.8%
10番人気~	2	1	12	361	0.6%	0.8%	4.2%

単勝回収値 59円／単勝適正回収値 94円

距離　ダートの短距離戦狙いが正解

芝　平均勝ち距離　1,200m

	1着	2着	3着	出走数	勝率	連対率	3着内率
全体計	1	0	3	76	1.3%	1.3%	5.3%
芝~1300m	1	0	3	57	1.8%	1.8%	7.0%
芝~1600m	0	0	0	13	0.0%	0.0%	0.0%
芝~2000m	0	0	0	5	0.0%	0.0%	0.0%
芝~2400m	0	0	0	0	-	-	-
芝2500m~	0	0	0	1	0.0%	0.0%	0.0%

ダート　平均勝ち距離　1,489m

	1着	2着	3着	出走数	勝率	連対率	3着内率
全体計	47	36	54	718	6.5%	11.6%	19.1%
ダ~1300m	18	15	13	213	8.5%	15.5%	21.6%
ダ~1600m	7	6	12	144	4.9%	9.0%	17.4%
ダ~2000m	22	15	28	348	6.3%	10.6%	18.7%
ダ2100m~	0	0	1	13	0.0%	0.0%	7.7%

馬場状態　ダート不良でスピードが活きる

		1着	2着	3着	出走数	勝率	連対率	3着内率
芝	良	0	0	2	58	0.0%	0.0%	3.4%
	稍重	1	0	1	13	7.7%	7.7%	15.4%
	重	0	0	0	3	0.0%	0.0%	0.0%
	不良	0	0	0	2	0.0%	0.0%	0.0%
ダ	良	30	18	26	412	7.3%	11.7%	18.0%
	稍重	5	7	12	142	3.5%	8.5%	16.9%
	重	5	6	9	99	5.1%	11.1%	20.2%
	不良	7	5	7	65	10.8%	18.5%	29.2%

性齢　やや遅咲き、ピークは短い

	1着	2着	3着	出走数	勝率	連対率	3着内率
牡2歳	0	3	0	31	0.0%	9.7%	9.7%
牝2歳	1	4	1	38	2.6%	13.2%	15.8%
牡3歳前半	8	7	10	124	6.5%	12.1%	20.2%
牝3歳前半	6	3	10	112	5.4%	8.0%	17.0%
牡3歳後半	8	1	3	48	16.7%	18.8%	25.0%
牝3歳後半	4	1	4	53	7.5%	9.4%	17.0%
牡4歳	13	7	11	116	11.2%	17.2%	26.7%
牝4歳	3	1	4	46	6.5%	8.7%	17.4%
牡5歳	3	7	6	90	3.3%	11.1%	17.8%
牝5歳	0	0	0	24	0.0%	0.0%	0.0%
牡6歳	0	2	3	42	0.0%	4.8%	11.9%
牝6歳	2	0	1	43	4.7%	4.7%	7.0%
牡7歳以上	1	0	4	28	3.6%	3.6%	17.9%
牝7歳以上	0	0	2	10	0.0%	0.0%	20.0%

勝ち馬の決め手

芝　　　　　ダート
追込 1　　差し 3　追込 2　逃げ 8
1勝　　　　47勝　　先行 34

RANKING **39**

2021 ㉘
2020 ㉑
2019 ⑮
2018 ㉑

2歳馬 49

ヴィクトワールピサ
VICTOIRE PISA

年次	種付頭数	産駒数
22年	－	－
21年	－	50
20年	64	78

供用地／トルコ
2007年生　黒鹿毛　千歳・社台ファーム産　2021年輸出

距離	成長型	芝	ダート	瞬発力	パワー	底力
中長	持続	◎	○	○	○	○

PROFILE

競走成績　15戦8勝（2～4歳・日首）
最高レーティング　122M（11年）
主な勝ち鞍　ドバイワールドC、有馬記念、皐月賞、中山記念、弥生賞、ラジオNIKKEI杯2歳S。ジャパンC3着、ダービー3着。

日本馬初のドバイWC制覇！
新天地で種牡馬生活継続中

　3歳時、皐月賞を快勝して臨んだダービーでは1番人気に推されるもエイシンフラッシュの3着。秋は仏遠征して、ニエル賞4着、凱旋門賞7着と健闘した。帰国後、有馬記念でブエナビスタを降して2つめのGI制覇。

　4歳時のドバイワールドCでは、同じ日本馬トランセンドを抑えて優勝し、日本調教馬として初めて同レース制覇を達成。M・デムーロ騎手の好騎乗が光ったレースでもあった。

　5歳から種牡馬入り。初年度産駒から桜花賞馬ジュエラーが登場するなど、コンスタントに活躍した。2021年にトルコへ輸出。

　2022年はフォルコメンがダービー卿CTで2着するも、総合ランキングはダウン。残された産駒での巻き返しが期待される。

系統：サンデーサイレンス系　母父系統：ミスタープロスペクター系

父 ネオユニヴァース 鹿 2000	*サンデーサイレンス 青鹿 1986	Halo	Hail to Reason
			Cosmah
		Wishing Well	Understanding
			Mountain Flower
	*ポインテッドパス 栗 1984	Kris	Sharpen Up
			Doubly Sure
		Silken Way	Shantung
			Boulevard
母 *ホワイトウォーターアフェア 栗 1993	Machiavellian 黒鹿 1987	Mr. Prospector	Raise a Native
			Gold Digger
		Coup de Folie	Halo
			Raise the Standard
	Much Too Risky 栗 1982	Bustino	Busted
			Ship Yard
		Short Rations	Lorenzaccio
			Short Commons

インブリード：Halo 3×4

血統解説　父はP230参照。母ホワイトウォーターアフェアは仏GIIボモーヌ賞の勝ち馬。母系は半兄にアサクサデンエン（安田記念）、半兄にスウィフトカレント（小倉記念、天皇賞・秋2着）、叔父にリトルロック（プリンスオブウェールズS）、近親にロブティサージュ（阪神JF）がいる。

代表産駒　ジュエラー（桜花賞）、アサマノイタズラ（セントライト記念）、ウィクトーリア（フローラS）、スカーレットカラー（府中牝馬S）、ブレイキングドーン（ラジオNIKKEI賞）、レッドアネモス（クイーンS）、コウソクストレート（ファルコンS）。

POG　2023年期待の2歳馬

母馬名（母父）	性別	おすすめポイント
*イマーキュレイトキャット（STORM CAT）	牡	1歳セレクトセールで4290万円。全兄にGIII2着のフォルコメン。
ベストリーダー（ゼンノロブロイ）	牡	当歳セレクトセールで2200万円。サンデーの3×3に注目。
ピサノベッテル（*クロフネ）	牝	叔母に福島牝馬Sを連覇したオールザットジャズがいる。

馬券に直結する適性データ

　芝68勝に対しダートは30勝。芝寄りだがダートもきっちりこなしている。距離を見ると、どの区分でも勝ち星をあげているように、特に苦手はない。その一方で、目立った成績を残している区分もなく、全体的にプッシュしづらい。条件別でも同じだが、3勝クラス、ハンデ戦は比較的成績が良いので、買うならこのあたりか。1番人気の勝率は21.4％しかなく信頼度は低い。抜けた人気でもない限り、単勝や連単の軸には向いていない。なお、現2歳世代が日本で産まれたラストクロップ。桜花賞馬ジュエラーに続く2頭目のクラシックホース、そしてGI馬の登場に期待したい。

　持込馬　母馬が受胎した状態で輸入され日本国内で生まれた競走馬、または当歳（0歳）のうちに母馬とともに輸入された競走馬のこと。

2022年成績

総収得賞金 682,503,000円	アーニング INDEX　0.71		
勝利頭数／出走頭数：全馬 91／214		2歳　10／50	
勝利回数／出走回数：全馬 163／1,835		2歳　12／197	

Data Box（2020~2022）

コース　どの競馬場でも似たような成績

	1着	2着	3着	出走数	勝率	連対率	3着内率
全体計	98	124	128	1963	5.0%	11.3%	17.8%
中央芝	31	43	52	623	5.0%	11.9%	20.2%
中央ダ	22	23	27	437	5.0%	10.3%	16.5%
ローカル芝	37	40	36	628	5.9%	12.3%	18.0%
ローカルダ	8	18	13	275	2.9%	9.5%	14.2%
右回り芝	43	53	57	790	5.4%	12.2%	19.4%
右回りダ	18	20	23	432	4.2%	8.8%	14.1%
左回り芝	25	30	31	451	5.5%	12.2%	19.1%
左回りダ	12	21	17	280	4.3%	11.8%	17.9%
札幌芝	4	6	3	66	6.1%	15.2%	19.7%
札幌ダ	1	1	1	29	3.4%	6.9%	10.3%
函館芝	6	4	2	69	8.7%	14.5%	17.4%
函館ダ	1	0	1	19	5.3%	5.3%	10.5%
福島芝	3	3	10	95	3.2%	6.3%	16.8%
福島ダ	0	1	1	28	0.0%	3.6%	7.1%
新潟芝	8	10	8	151	5.3%	11.9%	17.2%
新潟ダ	3	7	2	62	4.8%	16.1%	19.4%
東京芝	8	11	15	176	4.5%	10.8%	19.3%
東京ダ	7	5	13	119	5.9%	12.2%	19.5%
中山芝	10	10	11	163	6.1%	12.3%	19.0%
中山ダ	7	8	10	144	4.9%	10.4%	17.4%
中京芝	9	9	8	134	6.7%	13.4%	19.4%
中京ダ	2	6	1	95	2.1%	8.4%	14.7%
京都芝	5	4	10	70	7.1%	12.9%	27.1%
京都ダ	3	1	3	51	5.9%	7.8%	13.7%
阪神芝	8	18	16	214	3.7%	12.1%	19.6%
阪神ダ	5	6	5	119	4.2%	9.2%	13.4%
小倉芝	7	8	5	113	6.2%	13.3%	17.7%
小倉ダ	1	3	2	42	2.4%	9.5%	14.3%

条件　3勝クラス、ハンデ戦で好成績

	1着	2着	3着	出走数	勝率	連対率	3着内率
新馬	6	7	9	128	4.7%	10.2%	17.2%
未勝利	32	42	44	706	4.5%	10.5%	16.7%
1勝	34	38	41	590	5.8%	12.2%	19.2%
2勝	16	22	26	351	4.6%	10.8%	18.2%
3勝	9	9	4	115	7.8%	15.7%	19.1%
OPEN特別	1	2	3	62	1.6%	4.8%	9.7%
GⅢ	1	3	3	29	3.4%	13.8%	24.1%
GⅡ	1	2	4	21	4.8%	14.3%	19.0%
GⅠ	0	0	0	7	0.0%	0.0%	0.0%
ハンデ戦	5	14	6	126	4.0%	15.1%	19.8%
牝馬限定	12	21	24	331	3.6%	10.0%	17.2%
障害	2	1	3	48	4.2%	6.3%	12.5%

人気　全体的に平均的

	1着	2着	3着	出走数	勝率	連対率	3着内率
1番人気	21	15	15	98	21.4%	36.7%	52.0%
2～3番人気	34	41	33	240	14.2%	31.3%	45.0%
4～6番人気	24	37	40	421	5.7%	14.5%	24.0%
7～9番人気	9	20	25	476	1.9%	6.1%	11.3%
10番人気～	12	12	18	776	1.5%	3.1%	5.4%

単勝回収値 70円／単勝適正回収値 68円

距離　最も安定するのは芝短距離戦

芝　　平均勝ち距離　1,677m

	1着	2着	3着	出走数	勝率	連対率	3着内率
全体計	68	83	88	1251	5.4%	12.1%	19.1%
芝～1300m	12	19	10	198	6.1%	15.7%	20.7%
芝～1600m	25	26	28	394	6.3%	12.9%	20.1%
芝～2000m	24	31	40	526	4.6%	10.5%	18.1%
芝～2400m	5	4	10	99	5.1%	9.1%	19.2%
芝2500m～	2	3	0	34	5.9%	14.7%	14.7%

ダート　平均勝ち距離　1,633m

	1着	2着	3着	出走数	勝率	連対率	3着内率
全体計	30	41	40	712	4.2%	10.0%	15.6%
ダ～1300m	7	4	5	97	7.2%	11.3%	16.5%
ダ～1600m	5	6	5	146	3.4%	7.5%	11.0%
ダ～2000m	16	28	24	419	3.8%	10.5%	16.2%
ダ2100m～	2	4	5	50	4.0%	12.0%	22.0%

馬場状態　状態は不問、芝重で粘り強い

		1着	2着	3着	出走数	勝率	連対率	3着内率
芝	良	57	62	66	940	6.1%	12.7%	19.7%
	稍重	5	15	12	203	2.5%	9.9%	15.8%
	重	6	4	8	79	7.6%	12.7%	22.8%
	不良	0	2	2	29	0.0%	6.9%	13.8%
ダ	良	16	20	28	422	3.8%	8.5%	15.2%
	稍重	6	12	9	154	3.9%	11.7%	16.9%
	重	5	3	3	78	6.4%	10.3%	14.1%
	不良	3	6	0	58	5.2%	15.5%	17.2%

性齢　遅咲きで3歳後半からが勝負

	1着	2着	3着	出走数	勝率	連対率	3着内率
牡2歳	5	6	8	121	4.1%	9.1%	15.7%
牝2歳	6	12	11	144	4.2%	12.5%	20.1%
牡3歳前半	19	13	26	259	7.3%	12.4%	22.4%
牝3歳前半	7	19	9	255	2.7%	10.2%	13.7%
牡3歳後半	9	14	12	135	6.7%	17.0%	25.9%
牝3歳後半	4	7	9	116	3.4%	9.5%	17.2%
牡4歳	24	23	15	228	10.5%	20.6%	27.2%
牝4歳	8	4	9	141	5.7%	8.5%	14.9%
牡5歳	8	12	10	221	3.6%	9.0%	13.6%
牝5歳	3	5	4	108	2.8%	7.4%	11.1%
牡6歳	6	5	8	117	5.1%	9.4%	16.2%
牝6歳	0	0	1	51	0.0%	0.0%	2.0%
牡7歳以上	1	5	8	103	1.0%	5.8%	13.6%
牝7歳以上	0	0	1	12	0.0%	0.0%	8.3%

勝ち馬の決め手

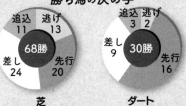

芝　68勝　追込 11／逃げ 13／先行 20／差し 24

ダート　30勝　追込 3／逃げ 2／先行 16／差し 9

RANKING
40
2021 ⑱
2020 －
2019 －
2018 －
2歳馬 **27**

イスラボニータ
ISLA BONITA

年次	種付頭数	産駒数
22年	175	112
21年	159	85
20年	122	106

種付料／⇨受150万円 F　供用地／安平・社台SS
2011年生　黒鹿毛　白老・社台コーポレーション白老ファーム産

距離	成長型	芝	ダート	瞬発力	パワー	底力
マ中	普	○	○	○	○	○

PROFILE

競走成績　25戦8勝（2〜6歳・日）
最高レーティング　117 M（16、17年）、117 I、L（14年）
主な勝ち鞍　皐月賞、阪神C、マイラーズC、セントライト記念、共同通信杯、東京スポーツ杯2歳S。ダービー2着、マイルCS2着。

フジキセキ初のクラシック馬
後継としてかかる期待は大きい

　2歳時、東京スポーツ杯2歳Sで重賞初制覇。3歳緒戦の共同通信杯を勝って臨んだ皐月賞を快勝。フジキセキ産駒初のクラシックホースに輝いた。秋はセントライト記念から天皇賞・秋に向かい3着。2014年の最優秀3歳牡馬。古馬になってからはマイルを中心に走り、マイラーズC、阪神Cを勝った。

　7歳から種牡馬入り。初年度から170頭の牝馬を集める人気種牡馬となり、2021年のFSランキングはドレフォン、シルバーステートに次ぐ3位。それもあって、2022年の種付頭数は初年度を超える175頭を記録した。

　2022年はプルパレイがイスラボニータ産駒として初重賞制覇を達成。名馬フジキセキの後継として、大きな期待が寄せられている。

系統：サンデーサイレンス系　母父系統：グレイソヴリン系

父 フジキセキ 青鹿 1992	*サンデーサイレンス 青鹿 1986	Halo	Hail to Reason
			Cosmah
		Wishing Well	Understanding
			Mountain Flower
	*ミルレーサー 鹿 1983	Le Fabuleux	Wild Risk
			Anguar
		Marston's Mill	In Reality
			Millicent
母 *イスラコジーン 鹿 2002	Cozzene 芦 1980	Caro	*フォルティノ
			Chambord
		Ride the Trails	Prince John
			Wildwook
	Isla Mujeres 鹿 1995	Crafty Prospector	Mr. Prospector
			Real Crafty Lady
		Lido Isle	Far North
			She Is Gorgeous

インブリード：In Reality 4×5

血統解説　父フジキセキは、サンデーサイレンスの一期生として活躍した名馬。種牡馬としても大きな成功を収めている。母イスラコジーンは米GⅡミセズリヴィアS2着。母系は半姉にジェラスガール（米LファムファタールS）。母父コジーンはBCマイルを制した快速馬で、日本でも実績を残している名種牡馬。

代表産駒　プルパレイ（ファルコンS）、バトルクライ（すばるS）、オメガリッチマン（京成杯2着）、ミカッテヨンデイイ（フェニックス賞）、ニシノレバンテ（福島2歳S2着）、アルーリングビュー（紅梅S3着）、ヤマニンサルバム（寿S）。

POG　2023年期待の2歳馬

母馬名（母父）	性別	おすすめポイント
*ジベッサ （CITY ZIP）	牡	1歳セレクトセールで8360万円。母は米GⅠ勝ちがある強豪。
*マルバイユ （MARJU）	牡	半姉に桜花賞馬マルセリーナ、甥にラストドラフト（京成杯）。
プロミネント （*タイキシャトル）	牝	1歳セレクションセールで3410万円。叔父にダービー2着アドマイヤメイン。

馬券に直結する適性データ

　芝36勝に対しダートは23勝。パワフルな走りを見せるフジキセキ系らしく、両方をこなしている。距離を見てみると、芝の勝ち星の60％以上を〜1600mで占めておりマイラー適性が高い。イスラボニータ自身は2200mの重賞を勝ったり、ダービーで2着しているが、産駒は2000mを超えると3着にすら入っていない。まだ大物と呼べるレベルの産駒は出ていないので、断定するのは早計だが、一般的な産駒は2000mまでだ。人気の信頼度は高く1番人気の勝率は35.8％。3着内率にいたっては71.7％にも及ぶ。2〜3番人気の成績も優秀なので、人気サイドの時は黙って軸にしよう。

良血馬　母が名競走馬だったり、名繁殖牝馬だった場合の産駒のことをいう。たとえ父がリーディングサイアーであっても、母系に活躍馬がいなければ良血馬とはいわない。血統馬や名血馬ともいう。

2022年 成績

総収得賞金 671,573,000円　アーニング INDEX　0.87

勝利頭数／出走頭数：全馬 51／172　　2歳 14／76

勝利回数／出走回数：全馬 84／910　　2歳 17／228

Data Box (2020~2022)

コース　中山では芝ダート問わず走る

	1着	2着	3着	出走数	勝率	連対率	3着内率
全体計	59	48	52	643	9.2%	16.6%	24.7%
中央芝	19	17	20	200	9.5%	18.0%	28.0%
中央ダ	15	11	9	149	10.1%	17.4%	23.5%
ローカル芝	17	17	18	213	8.0%	16.0%	24.4%
ローカルダ	8	3	5	81	9.9%	13.6%	19.8%
右回り芝	22	19	26	256	8.6%	16.0%	26.2%
右回りダ	16	11	11	142	11.3%	19.0%	26.8%
左回り芝	14	15	12	155	9.0%	18.7%	26.5%
左回りダ	7	3	3	88	8.0%	11.4%	14.8%
札幌芝	1	1	1	24	4.2%	8.3%	12.5%
札幌ダ	1	0	2	9	11.1%	11.1%	33.3%
函館芝	0	2	1	17	0.0%	11.8%	17.6%
函館ダ	1	0	3	5	20.0%	20.0%	80.0%
福島芝	3	3	2	27	11.1%	22.2%	29.6%
福島ダ	1	0	0	10	10.0%	10.0%	10.0%
新潟芝	3	4	4	40	7.5%	17.5%	27.5%
新潟ダ	2	0	0	17	11.8%	11.8%	11.8%
東京芝	5	8	4	64	7.8%	20.3%	26.6%
東京ダ	3	1	3	37	8.1%	10.8%	18.9%
中山芝	7	4	4	53	13.2%	20.8%	28.3%
中山ダ	7	5	5	55	12.7%	21.8%	30.9%
中京芝	6	3	4	53	11.3%	17.0%	24.5%
中京ダ	2	2	0	34	5.9%	11.8%	11.8%
京都芝	0	0	0	0	-	-	-
京都ダ	0	0	0	0	-	-	-
阪神芝	7	5	12	83	8.4%	14.5%	28.9%
阪神ダ	5	5	1	57	8.8%	17.5%	19.3%
小倉芝	4	4	6	52	7.7%	15.4%	26.9%
小倉ダ	1	1	2	6	16.7%	33.3%	33.3%

条件　完成度の高さ活きる新馬が狙い

	1着	2着	3着	出走数	勝率	連対率	3着内率
新馬	12	14	13	132	9.1%	19.7%	29.5%
未勝利	27	24	27	362	7.5%	14.1%	21.5%
1勝	11	4	7	96	11.5%	15.6%	22.9%
2勝	6	3	3	20	30.0%	45.0%	60.0%
3勝	1	0	0	3	33.3%	33.3%	33.3%
OPEN特別	1	3	1	13	7.7%	30.8%	38.5%
GⅢ	1	0	1	12	8.3%	8.3%	16.7%
GⅡ	0	0	0	4	0.0%	0.0%	0.0%
GⅠ	0	0	0	5	0.0%	0.0%	0.0%
ハンデ戦	0	1	0	3	0.0%	33.3%	33.3%
牝馬限定	5	6	7	83	6.0%	13.3%	21.7%
障害	0	0	0	0	-	-	-

人気　上位人気は馬単の軸候補

	1着	2着	3着	出走数	勝率	連対率	3着内率
1番人気	19	12	7	53	35.8%	58.5%	71.7%
2～3番人気	26	16	15	107	24.3%	39.3%	53.3%
4～6番人気	9	11	18	172	5.2%	11.6%	22.1%
7～9番人気	4	9	8	149	2.7%	8.7%	14.1%
10番人気～	1	0	4	162	0.6%	0.6%	3.1%

単勝回収値 73円／単勝適正回収値 90円

距離　はっきり芝のマイル戦向き

芝　平均勝ち距離　1,517m

	1着	2着	3着	出走数	勝率	連対率	3着内率
全体計	36	34	38	413	8.7%	16.9%	26.2%
芝～1300m	8	10	9	124	6.5%	14.5%	21.8%
芝～1600m	22	18	17	197	11.2%	20.3%	28.9%
芝～2000m	6	6	12	85	7.1%	14.1%	28.2%
芝～2400m	0	0	0	6	0.0%	0.0%	0.0%
芝2500m～	0	0	0	1	0.0%	0.0%	0.0%

ダート　平均勝ち距離　1,461m

	1着	2着	3着	出走数	勝率	連対率	3着内率
全体計	23	14	14	230	10.0%	16.1%	22.2%
ダ～1300m	11	6	9	103	10.7%	16.5%	25.2%
ダ～1600m	3	5	3	62	4.8%	12.9%	17.7%
ダ～2000m	8	3	2	63	12.7%	17.5%	20.6%
ダ2100m～	1	0	0	2	50.0%	50.0%	50.0%

馬場状態　渋ったダートでスピードを活かす

		1着	2着	3着	出走数	勝率	連対率	3着内率
芝	良	29	27	31	333	8.7%	16.8%	26.1%
	稍重	6	5	4	61	9.8%	18.0%	24.6%
	重	1	2	3	16	6.3%	18.8%	37.5%
	不良	0	0	0	3	0.0%	0.0%	0.0%
ダ	良	16	11	8	165	9.7%	16.4%	21.2%
	稍重	5	2	4	40	12.5%	17.5%	27.5%
	重	2	1	2	16	12.5%	18.8%	31.3%
	不良	0	0	0	9	0.0%	0.0%	0.0%

性齢　完成度は高めで牡馬は安定

	1着	2着	3着	出走数	勝率	連対率	3着内率
牡2歳	16	16	17	178	9.0%	18.0%	27.5%
牝2歳	9	13	13	118	7.6%	18.6%	29.7%
牡3歳前半	14	11	10	133	10.5%	18.8%	26.3%
牝3歳前半	5	4	3	97	5.2%	9.3%	12.4%
牡3歳後半	8	4	5	63	12.7%	19.0%	27.0%
牝3歳後半	7	0	4	54	13.0%	13.0%	20.4%
牡4歳	0	0	0	0	-	-	-
牝4歳	0	0	0	0	-	-	-
牡5歳	0	0	0	0	-	-	-
牝5歳	0	0	0	0	-	-	-
牡6歳	0	0	0	0	-	-	-
牝6歳	0	0	0	0	-	-	-
牡7歳以上	0	0	0	0	-	-	-
牝7歳以上	0	0	0	0	-	-	-

勝ち馬の決め手

芝　36勝
追込 1／差し 11／逃げ 7／先行 17

ダート　23勝
差し逃げ 3 7／先行 13

RANKING
41
2021 ⑳
2020 –
2019 –
2018 –
2歳馬 14

ビッグアーサー
BIG ARTHUR

年次	種付頭数	産駒数
22年	85	71
21年	107	107
20年	135	111

系統：プリンスリーギフト系　母父系統：キングマンボ系

父 サクラバクシンオー 鹿 1989	サクラユタカオー 栗 1982	*テスコボーイ	Princely Gift
			Suncourt
		アンジェリカ	*ネヴァービート
			スターハイネス
	サクラハゴロモ 鹿 1984	*ノーザンテースト	Northern Dancer
			Lady Victoria
		クリアアンバー	Ambiopoise
			One Clear Call
母 *シャボナ 鹿 2005	Kingmambo 鹿 1990	Mr. Prospector	Raise a Native
			Gold Digger
		Miesque	Nureyev
			Pasadoble
	Relish 鹿 1999	Sadler's Wells	Northern Dancer
			Fairy Bridge
		Reloy	Liloy
			Rescousse

インブリード：Northern Dancer 4×5・4、母シャボナに Special 4×4

種付料／⇧受150万円F　供用地／新ひだか・アロースタッド
2011年生　鹿毛　浦河・バンブー牧場産

距離	成長型	芝	ダート	瞬発力	パワー	底力
短	普	○	○	○	○	○

PROFILE

競走成績　15戦8勝（3〜6歳・日香）
最高レーティング　117S（16年）
主な勝ち鞍　高松宮記念、セントウルS。北九州記念2着、京阪杯2着、阪神C3着。

血統解説　父サクラバクシンオーは「90年代の最強スプリンター」と称された名馬で、種牡馬としても大成功を収め、日本の血統界に多大な功績を残した。本馬は晩年の傑作。母系は半弟にセキフウ（兵庫ジュニアGP、ユニコーンS2着、サウジダービー2着）。母父はBMSとしてはスズカマンボ（天皇賞・春）等を輩出。

代表産駒　トウシンマカオ（京阪杯、京王杯2歳S2着）、ブトンドール（函館2歳S、ファンタジーS2着）、ビッグシーザー（中京2歳S、福島2歳S）、イコサン（クローバー賞2着）、グットディール（昇竜S3着）。

稀代の快速馬の後継種牡馬
重賞馬も輩出し意気上がる

　4歳時、デビューから5連勝でOP入り。重賞初挑戦となった北九州記念は2着。その後、京阪杯2着、阪神C3着、シルクロードS5着と勝てないレースが続いたが、1番人気に推された高松宮記念をレコードで制して、GI初挑戦にして初制覇の快挙を達成した。秋、セントウルS1着から臨んだスプリンターズSは1番人気に推されるも12着に大敗。香港遠征した香港スプリントも10着に終わった。

　7歳から種牡馬入り。産駒は2021年デビュー。同年のFSランキングは7位。

　2022年、ブトンドールが函館2歳Sを制し、産駒の初重賞勝ちを飾ると、トウシンマカオが京阪杯を制して2頭目の重賞馬となった。種付料もアップして、ますます期待が高まる。

POG　2023年期待の2歳馬

母馬名（母父）	性別	おすすめポイント
エメライン （マンハッタンカフェ）	牡	1歳セレクションセールで2310万円。全姉も势上がる。
パレード （ディープインパクト）	牡	2代母は亜GI馬。叔母に関東オークス2着サトノジョリー。
マルモレイナ （*エンパイアメーカー）	牝	1歳セレクションセールで3410万円。2代母は2歳重賞勝ち馬。

馬券に直結する適性データ

　芝26勝に対しダートは11勝。芝でスピードを活かすタイプといえそうだ。注目したいのは距離別成績。芝26勝のうち23勝が〜1300mの短距離戦で、実に9割近くを占めている。残る3勝も〜1600m戦で、それ以上の距離では3着内にも入っていない。もっとも、出走回数も5回しかなく、厩舎サイドも短距離向きだとよくわかっているようだ。出てきても買う必要はまったくない。ただし、ダートでは2100m〜で2戦して2着2回。短距離向きと思われて、人気を落としているようなら、こちらは狙ってみても面白い。なお、人気時の信頼度は高く、上位人気なら単の軸にも向いている。

リース供用　海外にけい養されている種牡馬を期限付きで借りてきて日本で供用すること。また、逆に日本にけい養されている種牡馬を海外にリース供用として輸出することもある。

2022年成績

総収得賞金 660,787,000円　アーニング INDEX　0.96

	全馬	2歳
勝利頭数／出走頭数	54／153	16／70
勝利回数／出走回数	79／954	22／265

Data Box (2020~2022)

コース　福島芝などローカル芝巧者

	1着	2着	3着	出走数	勝率	連対率	3着内率
全体計	37	36	41	496	7.5%	14.7%	23.0%
中央芝	6	5	8	94	6.4%	11.7%	20.2%
中央ダ	4	6	8	117	3.4%	8.5%	15.4%
ローカル芝	20	20	16	183	10.9%	21.9%	30.6%
ローカルダ	7	5	9	102	6.9%	11.8%	20.6%
右回り芝	18	18	17	176	10.2%	20.5%	30.1%
右回りダ	6	7	10	138	4.3%	9.4%	16.7%
左回り芝	7	6	7	99	7.1%	13.1%	20.2%
左回りダ	5	4	7	81	6.2%	11.1%	19.8%
札幌芝	0	2	0	15	0.0%	13.3%	13.3%
札幌ダ	1	0	0	3	33.3%	33.3%	33.3%
函館芝	5	3	4	24	20.8%	33.3%	50.0%
函館ダ	0	0	0	14	0.0%	0.0%	0.0%
福島芝	6	4	3	36	16.7%	27.8%	36.1%
福島ダ	1	1	3	12	8.3%	16.7%	41.7%
新潟芝	4	4	2	40	10.0%	20.0%	25.0%
新潟ダ	3	0	4	24	12.5%	16.7%	33.3%
東京芝	1	2	1	28	3.6%	10.7%	14.3%
東京ダ	0	2	1	25	0.0%	8.0%	12.0%
中山芝	2	1	3	31	6.5%	9.7%	19.4%
中山ダ	1	2	5	52	1.9%	5.8%	15.4%
中京芝	3	1	4	33	9.1%	12.1%	24.2%
中京ダ	2	1	2	32	6.3%	9.4%	15.6%
京都芝	0	0	0	0	–	–	–
京都ダ	0	0	0	0	–	–	–
阪神芝	3	2	4	35	8.6%	14.3%	25.7%
阪神ダ	3	2	2	40	7.5%	12.5%	17.5%
小倉芝	2	6	0	35	5.7%	22.9%	31.4%
小倉ダ	0	2	0	17	0.0%	11.8%	11.8%

条件　ひとつ勝てればその後チャンス

	1着	2着	3着	出走数	勝率	連対率	3着内率
新馬	4	7	12	97	4.1%	11.3%	23.7%
未勝利	15	20	23	320	4.7%	10.9%	18.1%
1勝	8	2	3	36	22.2%	27.8%	36.1%
2勝	4	2	0	8	50.0%	75.0%	75.0%
3勝	0	2	0	8	0.0%	25.0%	25.0%
OPEN特別	4	1	3	16	25.0%	31.3%	50.0%
G III	2	1	0	8	25.0%	37.5%	37.5%
G II	0	1	0	2	0.0%	50.0%	50.0%
G I	0	0	0	0	–	–	–
ハンデ戦	2	1	0	6	33.3%	50.0%	50.0%
牝馬限定	1	7	7	62	1.6%	12.9%	24.2%
障害	0	0	0	2	0.0%	0.0%	0.0%

人気　人気に推されていたら買い

	1着	2着	3着	出走数	勝率	連対率	3着内率
1番人気	18	8	9	50	36.0%	52.0%	70.0%
2～3番人気	12	13	11	69	17.4%	36.2%	52.2%
4～6番人気	6	13	13	102	5.9%	18.6%	31.4%
7～9番人気	1	2	7	115	0.9%	2.6%	8.7%
10番人気～	0	0	1	162	0.0%	0.0%	0.6%

距離　芝短距離のスペシャリスト

単勝回収値 34円／単勝適正回収値 76円

芝　平均勝ち距離　1,223m

	1着	2着	3着	出走数	勝率	連対率	3着内率
全体計	26	25	24	277	9.4%	18.4%	27.1%
芝～1300m	23	19	18	183	12.6%	23.0%	32.8%
芝～1600m	3	6	6	89	3.4%	10.1%	16.9%
芝～2000m	0	0	0	5	0.0%	0.0%	0.0%
芝～2400m	0	0	0	0	–	–	–
芝2500m～	0	0	0	0	–	–	–

ダート　平均勝ち距離　1,286m

	1着	2着	3着	出走数	勝率	連対率	3着内率
全体計	11	11	17	219	5.0%	10.0%	17.8%
ダ～1300m	7	6	10	134	5.2%	9.7%	17.2%
ダ～1600m	3	2	5	57	5.3%	8.8%	17.5%
ダ～2000m	1	1	2	26	3.8%	7.7%	15.4%
ダ2100m～	0	2	0	2	0.0%	100.0%	100.0%

馬場状態　スピード活きる綺麗な芝が理想

		1着	2着	3着	出走数	勝率	連対率	3着内率
芝	良	21	21	18	216	9.7%	19.4%	27.8%
	稍重	5	2	5	47	10.6%	14.9%	25.5%
	重	0	2	1	11	0.0%	18.2%	27.3%
	不良	0	0	0	0	–	–	–
ダ	良	4	7	12	125	3.2%	8.8%	18.4%
	稍重	2	3	1	54	3.7%	9.3%	11.1%
	重	4	0	2	22	18.2%	18.2%	27.3%
	不良	1	1	0	18	5.6%	11.1%	22.2%

性齢　やや遅咲きで勝負は3歳後半

	1着	2着	3着	出走数	勝率	連対率	3着内率
牡2歳	11	11	11	155	7.1%	14.2%	21.3%
牝2歳	5	8	13	100	5.0%	13.0%	26.0%
牡3歳前半	10	2	4	90	11.1%	13.3%	17.8%
牝3歳前半	2	7	6	71	2.8%	12.7%	21.1%
牡3歳後半	4	5	3	37	10.8%	24.3%	32.4%
牝3歳後半	5	3	4	45	11.1%	17.8%	26.7%
牡4歳	0	0	0	0	–	–	–
牝4歳	0	0	0	0	–	–	–
牡5歳	0	0	0	0	–	–	–
牝5歳	0	0	0	0	–	–	–
牡6歳	0	0	0	0	–	–	–
牝6歳	0	0	0	0	–	–	–
牡7歳以上	0	0	0	0	–	–	–
牝7歳以上	0	0	0	0	–	–	–

勝ち馬の決め手

芝　26勝　逃げ7　差し9　追込　先行10

ダート　11勝　逃げ4　差し1　追込1　先行5

RANKING
42

2歳馬 **39**

2021 ⑬
2020 −
2019 −
2018 −

*アメリカンペイトリオット
AMERICAN PATRIOT

年次	種付頭数	産駒数
22年	185	129
21年	186	63
20年	86	74

Darley

系統：ダンチヒ系　母父系統：インテント系

父 War Front 鹿 2002	Danzig 鹿 1977	Northern Dancer	Nearctic
			Natalma
		Pas de Nom	Admiral's Voyage
			Petitioner
	Starry Dreamer 芦 1994	Rubiano	Fappiano
			Ruby Slippers
		Lara's Star	Forli
			True Reality
母 Life Well Lived 鹿 2007	Tiznow 鹿 1997	Cee's Tizzy	Relaunch
			*ティズリー
		Cee's Song	Seattle Song
			Lonely Dancer
	Well Dressed 黒鹿 1997	Notebook	Well Decorated
			Mobcap
		Trithenia	Gold Meridian
			Tri Argo

インブリード：Moon Gritter＝Relaunch 5×4、母 Life well lived に Seattle Slew 4×4

血統解説　父ウォーフロントは名馬ダンチヒ最晩年の産駒で、後継種牡馬として米で成功している。母は米1勝。母系は叔父にウェルアームド（ドバイワールドC）、一族からはサイバーナイフ（アーカンソーダービー）、シンボリクリスエス（P226）などが出ている。母父は BCクラシック連覇の名馬。

種料料／⇨産150万円　供用地／日高・ダーレー・ジャパンSコンプレックス
2013年生　鹿毛　アメリカ産　2017年輸入

距離	成長型	芝	ダート	瞬発力	パワー	底力
マ中	普	○	○	○	○	○

PROFILE

競走成績　14戦5勝（3〜4歳・米英）
最高レーティング　115 M（17年）
主な勝ち鞍　メーカーズ46マイルS、ケントS。
セクレタリアトS3着。

代表産駒　ビーアストニッシド（スプリングS）、プレスレスリー（葵S3着）、シルフィードレーヴ（小倉2歳S3着）、イールテソーロ（ひまわり賞3着）、クレスコジョケツ（桑園特別）。

芝中距離でスピードを発揮
出だし好調で期待も大きい

3歳時、芝9FのGⅢケントSを1分47秒19のコースレコードで勝利し、重賞初制覇を果たすと、GⅠセクレタリアトSで3着。

4歳時、メーカーズ46マイルSでクビ差の接戦を制してGⅠウイナーに輝く。英遠征して臨んだアンSは大敗。

引退後は日本で種牡馬入り。「ダンチヒ晩年の傑作」と称されるウォーフロントの直仔ということで人気となり、初年度から154頭の牝馬を集めた。2021年のFSランキングは5位。産駒の評判も良く、2021、2022年は合わせて371頭もの種付を行っている。

2022年、ビーアストニッシドがスプリングSを勝ち、重賞サイアーに輝く。2世代目も重賞で活躍しており、期待は膨らむばかりだ。

POG　2023年期待の2歳馬

母馬名（母父）	性別	おすすめポイント
アイランドクイーン （ネオユニヴァース）	牡	2代母は仏1000ギニー馬。いとこにGⅡ2着アマルフィコースト。
ペブルガーデン （ディープインパクト）	牡	1歳セレクションセールで3300万円。芝中距離向き配合。
キエレ （Distorted Humor）	牝	2代母に天皇賞馬ヘヴンリーロマンス。叔父にGⅠ馬アウォーディー。

馬券に直結する適性データ

芝19勝に対してダート22勝。ダート傾向が強いというより、芝では切れ負けしている印象。上級馬ならクラシック戦線でも活躍できることは、ビーアストニッシドで証明済みだ。距離別では、芝は短距離から中距離まで幅広く対応しているが、ダートは中距離に良績が集中している。ただ、出走数こそ少ないがダートの長距離も悪くないので、見かけたら狙ってみるのも面白い。人気には忠実なタイプで、特に1番人気時の勝率は42.9％と高く、3着内率にいたっては実に71.4％をマーク。本命視されている時は単複いずれにおいても、かなり頼りになる軸といえるだろう。

リーディングサイアー　1年を通じて産駒が最も賞金を稼いだサイアーのこと。賞金はレースの入着賞金の総額のため、GⅠレース勝ちがなくてもリーディングサイアーになることは可能。チャンピオンサイアーも同じ意味。

2022年 成績

総収得賞金 625,736,000円	アーニング INDEX	0.95
勝利頭数／出走頭数：全馬 70／147	2歳	14／53
勝利回数／出走回数：全馬 116／1,046	2歳	17／218

Data Box (2020~2022)

コース　阪神では芝でもダートでも躍動

	1着	2着	3着	出走数	勝率	連対率	3着内率
全体計	41	37	47	492	8.3%	15.9%	25.4%
中央芝	9	7	7	99	9.1%	16.2%	23.2%
中央ダ	13	17	17	163	8.0%	18.4%	28.8%
ローカル芝	10	8	16	137	7.3%	13.1%	24.8%
ローカルダ	9	5	7	93	9.7%	15.1%	22.6%
右回り芝	10	11	15	140	7.1%	15.0%	25.7%
右回りダ	17	12	18	167	10.2%	17.4%	28.1%
左回り芝	8	4	8	88	9.1%	13.6%	22.7%
左回りダ	5	10	6	89	5.6%	16.9%	23.6%
札幌芝	0	0	1	7	0.0%	0.0%	14.3%
札幌ダ	2	0	2	10	20.0%	20.0%	40.0%
函館芝	0	0	1	11	0.0%	0.0%	9.1%
函館ダ	2	0	1	13	15.4%	15.4%	23.1%
福島芝	1	0	4	21	4.8%	4.8%	23.8%
福島ダ	1	1	0	11	9.1%	18.2%	18.2%
新潟芝	3	1	1	37	8.1%	10.8%	13.5%
新潟ダ	2	0	1	14	14.3%	14.3%	21.4%
東京芝	3	0	3	26	11.5%	11.5%	23.1%
東京ダ	1	6	2	37	2.7%	18.9%	24.3%
中山芝	3	0	2	23	13.0%	13.0%	21.7%
中山ダ	6	3	6	51	11.8%	17.6%	29.4%
中京芝	3	2	3	33	9.1%	18.2%	30.3%
中京ダ	2	4	3	38	5.3%	15.8%	23.7%
京都芝	0	0	0	0	–	–	–
京都ダ	0	0	0	0	–	–	–
阪神芝	3	7	2	50	6.0%	20.0%	24.0%
阪神ダ	6	8	9	75	8.0%	18.7%	30.7%
小倉芝	3	4	5	28	10.7%	25.0%	42.9%
小倉ダ	0	0	0	7	0.0%	0.0%	0.0%

条件　1勝クラスは壁にならない

	1着	2着	3着	出走数	勝率	連対率	3着内率
新馬	5	10	12	90	5.6%	16.7%	30.0%
未勝利	21	19	21	275	7.6%	14.5%	22.2%
1勝	12	6	6	83	14.5%	21.7%	28.9%
2勝	2	1	3	23	8.7%	13.0%	26.1%
3勝	0	0	1	2	0.0%	0.0%	50.0%
OPEN特別	0	0	1	3	0.0%	0.0%	33.3%
GⅢ	0	1	3	10	0.0%	10.0%	40.0%
GⅡ	1	0	0	2	50.0%	50.0%	50.0%
GⅠ	0	0	0	4	0.0%	0.0%	0.0%
ハンデ戦	1	0	1	2	50.0%	50.0%	100.0%
牝馬限定	7	10	9	93	7.5%	18.3%	28.0%
障害	0	0	0	0	–	–	–

人気　1人気は高値安定、大穴も注意

	1着	2着	3着	出走数	勝率	連対率	3着内率
1番人気	18	5	7	42	42.9%	54.8%	71.4%
2〜3番人気	7	9	10	67	10.4%	23.9%	38.8%
4〜6番人気	11	15	19	133	8.3%	19.5%	33.8%
7〜9番人気	1	4	6	97	1.0%	5.2%	11.3%
10番人気〜	4	4	5	153	2.6%	5.2%	8.5%

単勝回収値 110円／単勝適正回収値 89円

距離　ダートは距離不問、ベストは中距離

芝　平均勝ち距離　1,453m

	1着	2着	3着	出走数	勝率	連対率	3着内率
全体計	19	15	23	236	8.1%	14.4%	24.2%
芝～1300m	6	3	13	80	7.5%	11.3%	27.5%
芝～1600m	8	9	7	96	8.3%	17.7%	25.0%
芝～2000m	5	3	3	56	8.9%	14.3%	19.6%
芝～2400m	0	0	0	3	0.0%	0.0%	0.0%
芝2500m～	0	0	0	1	0.0%	0.0%	0.0%

ダート　平均勝ち距離　1,616m

	1着	2着	3着	出走数	勝率	連対率	3着内率
全体計	22	22	24	256	8.6%	17.2%	26.6%
ダ～1300m	5	4	6	59	8.5%	15.3%	25.4%
ダ～1600m	2	7	5	64	3.1%	14.1%	21.9%
ダ～2000m	14	10	13	127	11.0%	18.9%	29.1%
ダ2100m～	1	1	0	6	16.7%	33.3%	33.3%

馬場状態　ダート重できっちり勝ち切る

		1着	2着	3着	出走数	勝率	連対率	3着内率
芝	良	17	11	15	188	9.0%	14.9%	22.9%
	稍重	1	3	8	40	2.5%	10.0%	30.0%
	重	1	1	0	6	16.7%	33.3%	33.3%
	不良	0	0	0	2	0.0%	0.0%	0.0%
ダ	良	11	15	16	167	6.6%	15.6%	25.1%
	稍重	4	6	6	58	6.9%	17.2%	27.6%
	重	7	1	2	29	24.1%	27.6%	34.5%
	不良	0	0	0	2	0.0%	0.0%	0.0%

性齢　牡は2歳から、牝馬は3歳後半

	1着	2着	3着	出走数	勝率	連対率	3着内率
牡2歳	5	12	10	77	6.5%	22.1%	35.1%
牝2歳	8	8	16	135	5.9%	11.9%	23.7%
牡3歳前半	7	5	7	87	8.0%	13.8%	21.8%
牝3歳前半	10	7	8	92	10.9%	18.5%	27.2%
牡3歳後半	2	2	3	46	4.3%	8.7%	15.2%
牝3歳後半	9	3	3	55	16.4%	21.8%	27.3%
牡4歳	0	0	0	0	–	–	–
牝4歳	0	0	0	0	–	–	–
牡5歳	0	0	0	0	–	–	–
牝5歳	0	0	0	0	–	–	–
牡6歳	0	0	0	0	–	–	–
牝6歳	0	0	0	0	–	–	–
牡7歳以上	0	0	0	0	–	–	–
牝7歳以上	0	0	0	0	–	–	–

勝ち馬の決め手

芝　19勝：追込1／差し3／逃げ7／先行8

ダート　22勝：追込1／差し3／逃げ7／先行11

157

RANKING
43
2歳馬 57

2021 ㉞
2020 ㉘
2019 ㉝
2018 ㊼

＊ノヴェリスト
NOVELLIST

年次	種付頭数	産駒数
22年	23	29
21年	43	16
20年	33	49

種付料／⇨受50万円F　供用地／新ひだか・レックススタッド
2009年生　鹿毛　アイルランド産　2013年輸入

距離	成長型	芝	ダート	瞬発力	パワー	底力
中長	やや晩	○	○	○	○	○

PROFILE

競走成績　11戦9勝（2〜4歳・独伊仏英）
最高レーティング　128 L（13年）
主な勝ち鞍　キングジョージVI世＆QES、サンクルー大賞、バーデン大賞、ジョッキークラブ大賞、バーデン企業大賞、ウニオンレネン。

2頭目の重賞勝ち馬を輩出！
今年こそ巻き返しを誓う！

　3歳時、ジョッキークラブ大賞でGI初制覇。4歳時はさらに充実。バーデン企業大賞、サンクルー大賞、キングジョージVI世＆QES、バーデン大賞と連勝。特にキングジョージVI世＆QESは、芝12Fを2分24秒60のレコードをマークしての快勝だった。

　引退後は日本で種牡馬入り。初年度から4年連続で100頭に種付する人気を集めた。当初は目立った活躍馬がいなかったが、ヴァルコス、ラストドラフトが中長距離重賞で活躍。

　2022年にはブレークアップがアルゼンチン共和国杯を制し2頭目の重賞馬に輝くと、メイドイットマムが東京2歳優駿牝馬を勝ちNAR2歳女王に選出。種付料、種付頭数ともにダウンしている現状だが、巻き返しが期待される。

系統：バーラム系　母父系統：ニジンスキー系

父 Monsun 黒鹿 1990	Konigsstuhl 黒鹿 1976	Dschingis Khan	Tamerlane
			Donna Diana
		Konigskronung	Tiepoletto
			Kronung
	Mosella 鹿 1985	Surumu	Literat
			Surama
		Monasia	Authi
			Monacensia
母 Night Lagoon 黒鹿 2001	Lagunas 鹿 1981	＊イルドブルボン	Nijinsky
			Roseliere
		Liranga	Literat
			Love In
	Nenuphar 黒鹿 1994	Night Shift	Northern Dancer
			Ciboulette
		Narola	Nebos
			Nubia

インブリード：Literat 4×4、父Monsun に Kaiserkrone=kaiserradler 4×4、母Night Lagoon に Northern Dancer 4×3

血統解説　父モンズーンは独年度代表馬であり、独リーディングサイアーに3度輝いた名種牡馬でもある。母ナイトラグーンは独GIIIヴィンターケーニギン賞の勝ち馬で、本馬の半弟に独GII2着のナンディアスを産んでいる。母系は叔父にナイトタンゴ（独ダービー2着）。母父ラグナスは独ダービー馬で、スタミナと底力に優れる。

代表産駒　ブレークアップ（アルゼンチン共和国杯）、ラストドラフト（京成杯、アルゼンチン共和国杯2着、中日新聞杯2着、AJCC3着2回）、ゴッドセレクション（ジャパンDダービー2着）、ヴァルコス（青葉賞2着）、ウォルフェ（豪GIIIクーニーH）、メイドイットマム（東京2歳優駿牝馬）。

POG　2023年期待の2歳馬

母馬名（母父）	性別	おすすめポイント
セイカハルカゼ（＊グラスワンダー）	牡	母系から大種牡馬サンデーサイレンスが出る。父系との相性がいい。
ヤマニアドーレ（ダイワメジャー）	牡	2代母に新潟記念勝ち、オークス3着のヤマニンアラバスタ。
ヴェルーテ（ディープインパクト）	牝	いとこに青葉賞勝ち馬のプラダリア。オークス向きの配合か。

馬券に直結する適性データ

　芝55勝に対しダートは22勝。パワフルなドイツ血統なのでダートもこなしているものの、基本は芝向き。芝1400mのファルコンSで3着しているように短距離にも対応しているが、やはり中長距離でこそ持ち味のスタミナが活きる。〜2400m戦では35.1%の3着内率をマークしており、3連複やワイドの軸にはもってこいだ。もう1つ注目したいのが東京コースを得意としていること。ブレークアップがアルゼンチン共和国杯勝ちしたのは記憶に新しいが、産駒全体でも東京芝コースは12%の勝率を誇っている。東京芝の中長距離戦なら、積極的に狙っていきたい。

2022年成績

総収得賞金 610,988,000円　アーニング INDEX　0.79

勝利頭数／出走頭数：全馬 72 ／ 171　2歳 10 ／ 39
勝利回数／出走回数：全馬 117 ／ 1,493　2歳 13 ／ 156

Data Box (2020~2022)

コース　東京芝で勝ち星量産、中央芝○

	1着	2着	3着	出走数	勝率	連対率	3着内率
全体計	77	74	93	1294	6.0%	11.7%	18.9%
中央芝	33	28	27	397	8.3%	15.4%	22.2%
中央ダ	14	12	14	281	5.0%	9.3%	14.2%
ローカル芝	22	22	36	392	5.6%	11.2%	20.4%
ローカルダ	8	12	16	224	3.6%	8.9%	16.1%
右回り芝	23	29	33	452	5.1%	11.5%	18.8%
右回りダ	16	16	22	312	5.1%	10.3%	17.3%
左回り芝	32	20	30	332	9.6%	15.7%	24.7%
左回りダ	6	8	8	193	3.1%	7.3%	11.4%
札幌芝	1	1	5	40	2.5%	5.0%	17.5%
札幌ダ	0	4	6	24	0.0%	16.7%	41.7%
函館芝	3	4	2	36	8.3%	19.4%	25.0%
函館ダ	2	0	0	20	10.0%	10.0%	10.0%
福島芝	3	5	5	63	4.8%	12.7%	20.6%
福島ダ	0	1	2	23	0.0%	4.3%	13.0%
新潟芝	6	3	7	87	6.9%	10.3%	18.4%
新潟ダ	3	2	4	66	4.5%	7.6%	13.6%
東京芝	18	12	9	150	12.0%	20.0%	26.0%
東京ダ	1	2	2	72	1.4%	4.2%	6.9%
中山芝	8	10	7	114	7.0%	15.8%	21.9%
中山ダ	6	7	3	95	6.3%	13.7%	16.8%
中京芝	8	6	14	100	8.0%	14.0%	28.0%
中京ダ	2	4	2	55	3.6%	10.9%	14.5%
京都芝	1	2	6	34	2.9%	8.8%	26.5%
京都ダ	3	2	1	28	10.7%	17.9%	21.4%
阪神芝	6	4	5	99	6.1%	10.1%	15.2%
阪神ダ	4	1	4	85	4.7%	5.8%	15.1%
小倉芝	1	3	3	66	1.5%	6.1%	10.6%
小倉ダ	1	1	2	36	2.8%	5.6%	11.1%

条件　狙いどころは3勝クラスと障害戦

	1着	2着	3着	出走数	勝率	連対率	3着内率
新馬	6	4	9	104	5.8%	9.6%	18.3%
未勝利	29	32	33	567	5.1%	10.8%	16.6%
1勝	23	18	26	311	7.4%	13.2%	21.5%
2勝	14	16	18	186	7.5%	16.1%	25.8%
3勝	7	5	8	77	9.1%	15.6%	26.0%
OPEN特別	3	7	7	77	3.9%	13.0%	22.1%
GⅢ	0	0	1	16	0.0%	0.0%	6.3%
GⅡ	1	2	2	22	4.5%	13.6%	22.7%
GⅠ	0	0	0	6	0.0%	0.0%	0.0%
ハンデ戦	6	5	7	82	7.3%	13.4%	22.0%
牝馬限定	9	10	7	196	4.6%	9.7%	13.3%
障害	6	10	11	72	8.3%	22.2%	37.5%

人気　7~9番人気の一発に要警戒

	1着	2着	3着	出走数	勝率	連対率	3着内率
1番人気	20	8	10	65	30.8%	43.1%	58.5%
2~3番人気	26	22	19	155	16.8%	31.0%	43.2%
4~6番人気	22	29	47	317	6.9%	16.1%	30.9%
7~9番人気	12	20	17	303	4.0%	10.6%	16.2%
10番人気~	3	5	11	526	0.6%	1.5%	3.6%

単勝回収値 72円／単勝適正回収値 82円

距離　芝は距離が延びるほどいい

芝　平均勝ち距離　1,793m

	1着	2着	3着	出走数	勝率	連対率	3着内率
全体計	55	50	63	789	7.0%	13.3%	21.3%
芝~1300m	5	8	6	129	3.9%	10.1%	14.7%
芝~1600m	16	14	19	236	6.8%	12.7%	20.8%
芝~2000m	25	18	25	313	8.0%	13.7%	21.7%
芝~2400m	8	8	10	74	10.8%	21.6%	35.1%
芝2500m~	1	2	3	37	2.7%	8.1%	16.2%

ダート　平均勝ち距離　1,446m

	1着	2着	3着	出走数	勝率	連対率	3着内率
全体計	22	24	30	505	4.4%	9.1%	15.0%
ダ~1300m	11	12	16	184	6.0%	12.5%	21.2%
ダ~1600m	2	3	3	104	1.9%	4.8%	7.7%
ダ~2000m	9	9	11	204	4.4%	8.8%	14.2%
ダ2100m~	0	0	0	13	0.0%	0.0%	0.0%

馬場状態　芝の対応は稍重まで

		1着	2着	3着	出走数	勝率	連対率	3着内率
芝	良	43	35	46	593	7.3%	13.2%	20.9%
	稍重	10	7	11	129	7.8%	13.2%	21.7%
	重	2	6	4	55	3.6%	14.5%	21.8%
	不良	0	2	2	12	0.0%	16.7%	33.3%
ダ	良	12	10	22	296	4.1%	7.4%	14.9%
	稍重	7	8	4	109	6.4%	13.8%	17.4%
	重	1	2	3	57	1.8%	5.3%	10.5%
	不良	2	4	1	43	4.7%	14.0%	16.3%

性齢　やや遅咲きで3歳後半から勝負

	1着	2着	3着	出走数	勝率	連対率	3着内率
牡2歳	6	4	6	92	6.5%	10.9%	17.4%
牝2歳	4	5	6	123	3.3%	7.3%	12.2%
牡3歳前半	16	12	15	215	7.4%	13.0%	20.0%
牝3歳前半	6	12	6	177	3.4%	10.2%	13.6%
牡3歳後半	10	7	11	109	9.2%	15.6%	25.7%
牝3歳後半	7	1	7	93	7.5%	8.6%	16.1%
牡4歳	11	15	18	168	6.5%	15.5%	26.2%
牝4歳	8	7	7	114	7.0%	13.2%	19.3%
牡5歳	6	8	14	121	5.0%	11.6%	23.1%
牝5歳	4	8	10	78	5.1%	15.4%	28.2%
牡6歳	4	4	3	54	7.4%	14.8%	20.4%
牝6歳	0	0	0	7	0.0%	0.0%	0.0%
牡7歳以上	1	1	1	15	6.7%	13.3%	20.0%
牝7歳以上	0	0	0	0			

勝ち馬の決め手

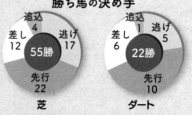

芝 55勝：追込 4／逃げ 17／差し 12／先行 22

ダート 22勝：追込 1／逃げ 5／差し 6／先行 10

RANKING
44
2歳馬 **28**

2021 ㊵
2020 ㊳
2019 ⑱
2018 －

カレンブラックヒル
CURREN BLACK HILL

年次	種付頭数	産駒数
22年	**78**	**54**
21年	84	65
20年	92	61

系統：サンデーサイレンス系　母父系統：ファピアノ系

父 ダイワメジャー 栗 2001	*サンデーサイレンス 青鹿 1986	Halo	Hail to Reason
			Cosmah
		Wishing Well	Understanding
			Mountain Flower
	スカーレットブーケ 栗 1988	*ノーザンテースト	Northern Dancer
			Lady Victoria
		*スカーレットインク	Crimson Satan
			Consentida
母 *チャールストンハーバー 鹿 1998	Grindstone 黒鹿 1993	Unbridled	Fappiano
			Gana Facil
		Buzz My Bell	Drone
			Chateaupavia
	Penny's Valentine 栗 1989	Storm Cat	Storm Bird
			Terlingua
		Mrs. Penny	Great Nephew
			Tananarive

インブリード：Northern Dancer 4×5、母チャールストンハーバーに Le Fabuleux 4×4

血統解説　GⅠ5勝の名マイラーである父ダイワメジャーは、種牡馬としてもサンデー系のマイラー部門を発展させている。本馬の半弟にレッドアルヴィス（ユニコーンS）、甥にペニーズゴールド（クインシー賞）、2代母に英愛2,3歳女王ミセスペニー（仏オークス）。母父グラインドストーンはケンタッキーダービー馬。

種付料／受**70万円** F　供用地／新冠・優駿SS
2009年生　黒鹿毛　安平・ノーザンファーム産

距離	成長型	芝	ダート	瞬発力	パワー	底力
マ中	普	○	○		○	○

PROFILE

競走成績　22戦7勝（3〜6歳・日）
最高レーティング　117Ⅰ（12年）
主な勝ち鞍　NHKマイルC、毎日王冠、ニュージーランドT、ダービー卿CT、小倉大賞典。

代表産駒 アサヒ（東京スポーツ杯2歳S2着）、アザワク（エーデルワイス賞2着）、ラヴケリー（ファンタジーS3着、函館2歳S3着）、セイウンヴィーナス（クイーンC3着）、カイトゲニー（橘S3着）、ジョリダム（クローバー賞）、ヒノクニ（ひまわり賞）。

名馬ダイワメジャーの後継
ライバルたちに負けられない

　3歳時、1番人気に支持されたNHKマイルCを鮮やかに逃げ切り、無傷の4連勝でGⅠホースに輝く。秋には毎日王冠で古馬を降し連勝をさらに伸ばすも、続く天皇賞・秋はエイシンフラッシュの5着。古馬になってからはダービー卿CT、小倉大賞典を勝った。

　7歳春から種牡馬入り。初年度から100頭前後の種付数をキープ。2019年のFSランキングは9位とやや出遅れたが、その後は産駒が重賞で好走していることもあり、総合ランキングは確実に上昇していった。

　2022年は重賞での活躍が見られず、ランキングは3ランクダウン。続々と種牡馬入りしているダイワメジャー直仔のライバルたちに負けないためにも、さらなる奮起を期待したい。

POG　2023年期待の2歳馬

母馬名（母父）	性別	おすすめポイント
*カリズマティックゴールド（*カリズマティック）	牡	当歳セレクトセールで3300万円。オークス馬も出ている名門。
クリノラプコール（キングカメハメハ）	牡	母系からエリザベス女王杯勝ちのリトルアマポーラが出ている。
ヒバリエクスプレス（*アグネスデジタル）	牝	全姉にエーデルワイス賞2着、道営スプリント勝ちのアザワク。

馬券に直結する適性データ

　芝21勝に対しダートは倍以上の54勝。キレというより先行して押し切るパワフルな走りを得意とするだけに、ダートも苦にしていない。ちなみに、芝とダート合わせて75勝のうち8割以上が逃げ・先行であげている。先行有利な馬場の時や内枠に入った時などは積極的に狙っていきたい。距離では芝はマイルまでだが、ダートは中距離もこなしている。年齢では牝馬は特に仕上がりが早く、2歳戦で14.8％の勝率をマークしている。一方、牡馬は3歳後半に完成する。1番人気よりも2〜3番人気の成績が良く、3着内率にいたってはほぼ互角。配当的な妙味を考えると対抗時が買い時だ。

レコード　距離別の走破タイムの新記録のこと。芝とダートがあり、それぞれの競走場でのレコードをコースレコードといい、JRAの全競馬場の中での最高記録をJRAレコードという。

2022年成績

総収得賞金 579,033,000円　アーニング INDEX　0.76

勝利頭数／出走頭数：全馬 74／169　2歳 15／46
勝利回数／出走回数：全馬 135／1,444　2歳 22／170

Data Box（2020～2022）

単勝回収値 102円／単勝適正回収値 83円

コース　函館ダートコースは鬼

	1着	2着	3着	出走数	勝率	連対率	3着内率
全体計	75	84	78	1082	6.9%	14.7%	21.9%
中央芝	10	18	9	197	5.1%	14.2%	18.8%
中央ダ	31	31	25	366	8.5%	16.9%	23.8%
ローカル芝	11	15	12	230	4.8%	11.3%	16.5%
ローカルダ	23	20	32	289	8.0%	14.9%	26.0%
右回り芝	14	24	15	292	4.8%	13.0%	18.2%
右回りダ	38	29	36	414	9.2%	16.2%	24.9%
左回り芝	7	9	6	123	5.7%	13.0%	17.9%
左回りダ	16	22	21	241	6.6%	15.8%	24.5%
札幌芝	3	1	3	28	10.7%	14.3%	25.0%
札幌ダ	1	1	5	28	3.6%	7.1%	25.0%
函館芝	4	3	2	38	10.5%	18.4%	23.7%
函館ダ	6	6	1	35	17.1%	34.3%	37.1%
福島芝	1	1	2	31	3.2%	6.5%	12.9%
福島ダ	3	0	6	35	8.6%	8.6%	25.7%
新潟芝	1	1	1	45	2.2%	4.4%	6.7%
新潟ダ	2	5	9	56	3.6%	12.5%	28.6%
東京芝	5	7	4	68	7.4%	17.6%	23.5%
東京ダ	8	11	8	104	7.7%	18.3%	26.0%
中山芝	3	6	1	57	5.3%	15.8%	17.5%
中山ダ	11	11	7	121	9.1%	18.2%	24.0%
中京芝	1	1	1	22	4.5%	9.1%	13.6%
中京ダ	6	6	4	81	7.4%	14.8%	19.8%
京都芝	0	1	0	14	0.0%	7.1%	7.1%
京都ダ	2	2	1	28	7.1%	14.3%	17.9%
阪神芝	2	4	4	58	3.4%	10.3%	17.2%
阪神ダ	10	7	9	113	8.8%	15.0%	23.0%
小倉芝	1	8	3	66	1.5%	13.6%	18.2%
小倉ダ	5	2	7	54	9.3%	13.0%	25.9%

条件　牝馬限定戦出走時は買い

	1着	2着	3着	出走数	勝率	連対率	3着内率
新馬	9	5	4	99	9.1%	14.1%	18.2%
未勝利	32	43	37	478	6.7%	15.7%	23.4%
1勝	23	22	20	317	7.3%	14.2%	20.5%
2勝	9	9	7	96	9.4%	18.8%	26.0%
3勝	1	2	4	47	2.1%	6.4%	14.9%
OPEN特別	2	2	3	28	7.1%	14.3%	25.0%
GⅢ	0	0	3	13	0.0%	0.0%	23.1%
GⅡ	0	1	0	7	0.0%	14.3%	14.3%
GⅠ	0	0	0	2	0.0%	0.0%	0.0%
ハンデ戦	0	3	0	27	0.0%	11.1%	11.1%
牝馬限定	14	12	5	135	10.4%	19.3%	23.0%
障害	1	0	0	5	20.0%	20.0%	20.0%

人気　2～3番人気が1番人気に迫る複勝率

	1着	2着	3着	出走数	勝率	連対率	3着内率
1番人気	19	8	8	64	29.7%	42.2%	54.7%
2～3番人気	34	29	23	165	20.6%	38.2%	52.1%
4～6番人気	10	26	19	211	4.7%	17.1%	26.1%
7～9番人気	8	12	15	254	3.1%	7.9%	13.8%
10番人気～	5	9	13	393	1.3%	3.6%	6.9%

距離　ダートは距離不問で活躍

芝　平均勝ち距離　1,457m

	1着	2着	3着	出走数	勝率	連対率	3着内率
全体計	21	33	21	427	4.9%	12.6%	17.6%
芝～1300m	8	15	8	168	4.8%	13.7%	18.5%
芝～1600m	10	9	8	149	6.7%	12.8%	18.1%
芝～2000m	3	9	5	102	2.9%	11.8%	16.7%
芝～2400m	0	0	0	6	0.0%	0.0%	0.0%
芝2500m～	0	0	0	2	0.0%	0.0%	0.0%

ダート　平均勝ち距離　1,403m

	1着	2着	3着	出走数	勝率	連対率	3着内率
全体計	54	51	57	655	8.2%	16.0%	24.7%
ダ～1300m	26	22	19	258	10.1%	18.6%	26.0%
ダ～1600m	12	16	14	167	7.2%	16.8%	25.1%
ダ～2000m	15	13	24	226	6.6%	12.4%	23.0%
ダ2100m～	1	0	0	4	25.0%	25.0%	25.0%

馬場状態　芝ダートとも少し渋った馬場が○

		1着	2着	3着	出走数	勝率	連対率	3着内率
芝	良	15	21	18	321	4.7%	11.2%	16.8%
	稍重	5	6	2	71	7.0%	15.5%	18.3%
	重	0	2	1	26	0.0%	7.7%	11.5%
	不良	1	4	0	9	11.1%	55.6%	55.6%
ダ	良	31	32	35	406	7.6%	15.5%	24.1%
	稍重	16	9	7	129	12.4%	19.4%	24.8%
	重	4	5	8	75	5.3%	12.0%	22.7%
	不良	3	5	7	45	6.7%	17.8%	33.3%

性齢　2歳時は牝馬優勢、完成は早め

	1着	2着	3着	出走数	勝率	連対率	3着内率
牡2歳	8	13	9	135	5.9%	15.6%	22.2%
牝2歳	18	9	9	122	14.8%	22.1%	29.5%
牡3歳前半	14	22	23	238	5.9%	15.1%	24.8%
牝3歳前半	4	16	4	140	2.9%	14.3%	17.1%
牡3歳後半	14	8	8	131	10.7%	16.8%	22.9%
牝3歳後半	1	5	5	78	1.3%	7.7%	14.1%
牡4歳	12	6	15	134	9.0%	14.9%	26.1%
牝4歳	4	2	3	51	7.8%	11.8%	17.6%
牡5歳	1	1	1	41	2.4%	4.9%	7.3%
牝5歳	0	0	1	17	0.0%	0.0%	5.9%
牡6歳	0	0	0	0	-	-	-
牝6歳	0	0	0	0	-	-	-
牡7歳以上	0	0	0	0	-	-	-
牝7歳以上	0	0	0	0	-	-	-

勝ち馬の決め手

芝　21勝
追込 1／差し 1／逃げ 6／先行 12

ダート　54勝
追込 2／差し 8／逃げ 16／先行 28

RANKING
45

2021 ㊸
2020 ㊲
2019 ㊿
2018 ⑨⓪

2歳馬 46

*ダンカーク
DUNKIRK

年次	種付頭数	産駒数
22年	**51**	**41**
21年	65	66
20年	89	101

系統：ファピアノ系　母父系統：シアトルスルー系

父 Unbridled's Song 芦 1993	Unbridled 鹿 1987	Fappiano	Mr. Prospector
			Killaloe
		Gana Facil	Le Fabuleux
			Charedi
	Trolley Song 芦 1983	Caro	*フォルティノ
			Chambord
		Lucky Spell	Lucky Mel
			Incantaion
母 Secret Status 栗 1997	A.P. Indy 黒鹿 1989	Seattle Slew	Bold Reasoning
			My Charmer
		Weekend Surprise	Secretariat
			Lassie Dear
	Private Status 栗 1991	Alydar	Raise a Native
			Sweet Tooth
		Miss Eva	Con Brio
			Apolinea

インブリード：Raise a Native 5×4

種付料／⬇受50万円F　供用地／浦河・イーストスタッド
2006年生　芦毛　アメリカ産　2014年輸入

距離	成長型	芝	ダート	瞬発力	パワー	底力
マ中	普	○	○	○	○	○

PROFILE

競走成績　5戦2勝（3歳・米）
最高レーティング　117 M（09年）
主な勝ち鞍　ベルモントS2着、フロリダダービー2着。

血統解説　BCジュヴナイルの勝ち馬である父アンブライドルズソングは、種牡馬としても2017年の米リーディングに輝く名馬。母シークレットステイタスはケンタッキーオークスなどGIを2勝。2代母プライヴェートステイタスは米GIアシュランドSで3着。母父エーピーインディはシアトルスルー系を発展させた大種牡馬。

代表産駒　ハヴァナ（シャンペンS）、ルワトン（智2000ギニー）、エルレイブリランテ（タンテオデポトリリョス）、アイスジャイアント（JBC2歳優駿）、メイショウテンスイ（兵庫ジュニアGP2着、サマーチャンピオン2着）、レオビヨンド（中山大障害3着）。

米で高い実績を誇る種牡馬
第2の重賞馬が期待される

　3歳時、デビューからの2連勝の後1番人気で出走したGIフロリダダービーは、クオリティロードのレコード走の前に2着惜敗。2番人気で臨んだケンタッキーダービーは11着と凡走するも、2番人気のベルモントSではサマーバードの2着に入った。

　4歳で種牡馬入りすると、ハヴァナがGIシャンペンSを勝ち、2013年の米FSランキングで1位を獲得。ほかにもチリのGIホースを出すなどの実績を残した。

　2015年から日本で供用。2018年のFSランキングは2位。2021年にアイスジャイアントがJBC2歳優駿を勝ち、日本産馬初の重賞勝ちを収めた。2022年は目立った活躍馬は出せなかったが、まだまだ注目したい一頭だ。

POG　2023年期待の2歳馬

母馬名（母父）	性別	おすすめポイント
リボンチャン（*エンパイアメーカー）	牡	母系はスカーレットインク系。アンブライドルドの3×3が興味深い。
ジュエルトウショウ（アグネスタキオン）	牝	2代母に宝塚記念、秋華賞などGI3勝のスイープトウショウ。
ライトリーチューン（マンハッタンカフェ）	牝	叔母にフローラS勝ちのバウンシーチューン。オークス向きか。

馬券に直結する適性データ

　芝12勝に対しダートは49勝。アンブライドルズソング×エーピーインディという、典型的なアメリカン血統なだけに、むしろよく芝も走っているという印象だ。中でも芝〜2400mは勝率13.6%、連対率27.1%と優秀で、もし買う機会があれば馬連で勝負してみたい。一方、ダートは中距離がベスト。人気には忠実で、1番人気の勝率は42.1%、連対率は63.2%とかなり優秀。こちらも馬連の軸として狙っていこう。脚質は逃げ・先行が大半を占めているので、内枠だったり、先手が取れそうなメンバーだったりした時はチャンスだ。コースでは中京、阪神のダートで好成績を残している。

　連対率　レースで1、2着に絡む割合のことをいう。DATA BOXの産駒成績では全産駒の出走回数に対して、何回1、2着したかを表している。騎手の場合には騎乗回数に対しての1、2着の割合をいう。

2022年成績

総収得賞金	578,725,000円	アーニング INDEX	0.56

	全馬		2歳	
勝利頭数／出走頭数	103	230	18	65
勝利回数／出走回数	172	1,938	26	276

Data Box（2020～2022）

コース　勝ち星は中京ダートに集中

	1着	2着	3着	出走数	勝率	連対率	3着内率
全体計	61	61	63	1127	5.4%	10.8%	16.4%
中央芝	5	9	3	138	3.6%	10.1%	12.3%
中央ダ	28	24	36	503	5.6%	10.3%	17.5%
ローカル芝	7	6	3	157	4.5%	8.3%	10.2%
ローカルダ	21	22	21	329	6.4%	13.1%	19.5%
右回り芝	8	13	3	185	4.3%	11.4%	13.0%
右回りダ	27	21	39	474	5.7%	10.1%	18.4%
左回り芝	4	2	3	102	3.9%	5.9%	8.8%
左回りダ	22	25	18	358	6.1%	13.1%	18.2%
札幌芝	0	1	1	25	0.0%	4.0%	8.0%
札幌ダ	1	0	0	18	5.6%	5.6%	5.6%
函館芝	2	1	1	19	10.5%	15.8%	21.1%
函館ダ	1	2	1	25	4.0%	12.0%	16.0%
福島芝	0	4	0	29	0.0%	13.8%	13.8%
福島ダ	1	1	1	28	3.6%	7.1%	10.7%
新潟芝	2	0	0	39	5.1%	5.1%	5.1%
新潟ダ	1	6	3	76	1.3%	9.2%	13.2%
東京芝	1	2	2	55	1.8%	5.5%	9.1%
東京ダ	6	7	5	137	4.4%	9.5%	13.1%
中山芝	1	4	1	48	2.1%	10.4%	12.5%
中山ダ	9	3	14	131	6.9%	8.4%	17.6%
中京芝	1	0	0	16	6.3%	6.3%	12.5%
中京ダ	15	12	10	145	10.3%	18.6%	25.5%
京都芝	3	0	0	12	25.0%	25.0%	25.0%
京都ダ	3	4	1	37	8.1%	18.9%	21.6%
阪神芝	0	3	0	23	0.0%	13.0%	13.0%
阪神ダ	10	11	18	198	5.1%	10.6%	19.7%
小倉芝	2	0	0	29	6.9%	6.9%	6.9%
小倉ダ	2	1	6	37	5.4%	8.1%	24.3%

条件　2勝クラス、障害戦で安定

	1着	2着	3着	出走数	勝率	連対率	3着内率
新馬	4	8	7	112	3.6%	10.7%	17.0%
未勝利	22	18	18	452	4.9%	8.8%	12.8%
1勝	20	16	19	327	6.1%	11.0%	16.8%
2勝	11	14	9	136	8.1%	18.4%	25.0%
3勝	5	2	7	52	9.6%	13.5%	26.9%
OPEN特別	2	5	3	59	3.4%	11.9%	16.9%
GⅢ	0	0	0	13	0.0%	0.0%	0.0%
GⅡ	0	1	0	4	0.0%	25.0%	25.0%
GⅠ	0	0	1	1	0.0%	0.0%	100.0%
ハンデ戦	1	3	3	53	1.9%	7.5%	13.2%
牝馬限定	9	7	9	196	4.6%	8.2%	12.8%
障害	3	3	1	29	10.3%	20.7%	24.1%

人気　1番人気は優秀で軸向き

	1着	2着	3着	出走数	勝率	連対率	3着内率
1番人気	24	12	5	57	42.1%	63.2%	71.9%
2～3番人気	17	24	10	119	14.3%	34.5%	42.9%
4～6番人気	17	10	25	217	7.8%	12.4%	24.0%
7～9番人気	4	11	16	235	1.7%	6.4%	13.2%
10番人気～	2	7	8	528	0.4%	1.7%	3.2%

単勝回収値 42円／単勝適正回収値 82円

距離　芝ダート共長い距離で真価発揮

芝　平均勝ち距離　1,658m

	1着	2着	3着	出走数	勝率	連対率	3着内率
全体計	12	15	6	295	4.1%	9.2%	11.2%
芝～1300m	6	5	3	92	6.5%	12.0%	15.2%
芝～1600m	1	2	1	74	1.4%	4.1%	5.4%
芝～2000m	1	4	1	100	1.0%	5.0%	6.0%
芝～2400m	3	3	1	22	13.6%	27.3%	31.8%
芝2500m～	1	1	0	7	14.3%	28.6%	28.6%

ダート　平均勝ち距離　1,712m

	1着	2着	3着	出走数	勝率	連対率	3着内率
全体計	49	46	57	832	5.9%	11.4%	18.3%
ダ～1300m	3	11	14	210	1.4%	6.7%	13.3%
ダ～1600m	9	11	9	200	4.5%	10.0%	14.5%
ダ～2000m	37	24	33	411	9.0%	14.8%	22.9%
ダ2100m～	0	0	1	11	0.0%	0.0%	9.1%

馬場状態　少し渋った芝や不良ダートで◯

		1着	2着	3着	出走数	勝率	連対率	3着内率
芝	良	5	9	4	223	2.2%	6.3%	8.1%
	稍重	5	5	2	48	10.4%	20.8%	25.0%
	重	2	1	0	18	11.1%	16.7%	16.7%
	不良	0	0	0	6	0.0%		
ダ	良	25	25	36	505	5.0%	9.9%	17.0%
	稍重	8	9	8	159	5.0%	10.7%	15.7%
	重	8	5	12	101	7.9%	12.9%	24.8%
	不良	8	7	1	67	11.9%	22.4%	23.9%

性齢　ピークは3歳後半、5歳まで維持

	1着	2着	3着	出走数	勝率	連対率	3着内率
牡2歳	5	11	7	104	4.8%	15.4%	22.1%
牝2歳	2	5	4	111	1.8%	6.3%	9.9%
牡3歳前半	14	12	14	184	7.6%	14.1%	21.7%
牝3歳前半	5	3	3	149	3.4%	5.4%	7.4%
牡3歳後半	10	4	3	80	12.5%	17.5%	21.3%
牝3歳後半	1	5	4	67	1.5%	9.0%	14.9%
牡4歳	14	13	11	164	8.5%	16.5%	23.2%
牝4歳	3	1	6	116	2.6%	3.4%	8.6%
牡5歳	5	6	8	80	6.3%	13.8%	23.8%
牝5歳	4	2	2	62	6.5%	9.7%	12.9%
牡6歳	0	2	2	19	0.0%	10.5%	21.1%
牝6歳	0	0	1	20	5.0%	5.0%	5.0%
牡7歳以上	0	0	0	0			
牝7歳以上	0	0	0	0			

勝ち馬の決め手

芝　12勝：差し 1／逃げ 2／先行 9／追込（—）

ダート　49勝：差し 5／逃げ 10／先行 29／追込 5

＊ダノンレジェンド
DANON LEGEND

年次	種付頭数	産駒数
22年	71	93
21年	126	99
20年	143	84

種付料／⇩受80万円F　供用地／浦河・イーストスタッド

2010年生　黒鹿毛　アメリカ産　2012年輸入

距離	成長型	芝	ダート	瞬発力	パワー	底力
短マ	普	△	○	○	○	○

系統：ヒムヤー系　母父系統：ストームキャット系

父 Macho Uno 芦 1998	Holy Bull 芦 1991	Great Above	Minnesota Mac
			Ta Wee
		Sharon Brown	Al Hattab
			Agathea's Dawn
	Primal Force 鹿 1987	Blushing Groom	Red God
			Runaway Bride
		Prime Prospect	Mr. Prospector
			Square Generation
母 ＊マイグッドネス 黒鹿 2005	Storm Cat 黒鹿 1983	Storm Bird	Northern Dancer
			South Ocean
		Terlingua	Secretariat
			Crimson Saint
	Caressing 黒鹿 1998	Honour and Glory	Relaunch
			Fair to All
		Lovin Touch	Majestic Prince
			Forest Princess

インブリード：Raise a Native 5×5

血統解説　父マッチョウノはBCジュヴナイルなどG12勝。異流血脈として貴重なヒムヤー系を発展させている名種牡馬でもある。母は米1勝。母系は半弟にダノンキングリー（安田記念）、叔父にウェストコースト（トラヴァーズS）。母父ストームキャットは米首位種牡馬で、日本の血統界とも相性は抜群。

代表産駒　スペシャルエックス（兵庫ジュニアGP2着）、ジュディッタ（西脇S）、シンヨモギネス（ニセコ特別）、ベストリーガード（チバテレ杯）、ブラックマンバ（高知・金の鞍賞）。

PROFILE

競走成績　30戦14勝（2〜6歳・日）
最高レーティング　114 M（16年）
主な勝ち鞍　JBCスプリント、東京盃、カペラS、黒船賞2回、東京スプリント、クラスターC2回、北海道スプリントC。

産駒が重賞で好走！
ランキングも確実に上昇

　4歳12月、重賞初挑戦となったカペラSを12番人気で制すると一気に本格化。続く黒船賞、東京スプリントと連勝して、ダート短距離重賞界の常連となる。その後もクラスターC、東京盃、北海道スプリントCなど勝ち星を重ね、ラストランとなったJBCスプリントを制し、待望のGIタイトルを獲得した。ほかにJBCスプリント2着（5歳時）。

　7歳から種牡馬入り。2年目から4年続けて100頭以上に種付する人気を獲得。2020年のFSランキングは9位。

　産駒は中央地方問わずに走り、総合ランキングも確実に上昇。2022年にはスペシャルエックスが兵庫ジュニアGPで2着。重賞勝ち馬の出現も時間の問題といえるだろう。

POG　2023年期待の2歳馬

母馬名（母父）	性別	おすすめポイント
クインズアリエス（＊ヘニーヒューズ）	牡	叔父に兵庫ジュニアGP、シリウスSを勝ったケイアイレオーネ。
タイムツラン（＊ブライアンズタイム）	牡	2代母に重賞馬アイオーユー。兄姉の勝ち上がり率は優秀。
コパノビジン（ゴールドアリュール）	牝	叔父に平安S、アンタレスSで共に3着のシルクシュナイダー。

馬券に直結する適性データ

　ダノンレジェンド自身は、全14勝はすべて1400m以下。1600m以上の距離は5回走って2着が1回あるだけという短距離のスペシャリストだったが、産駒は意外にも距離適性は幅広い。むしろ中距離の方が成績が良く、勝率15％、3着内率34％は十分に狙えるレベル。距離延長が理由で人気が落ちているようならチャンスだ。ちなみに芝は短距離とマイルで5勝をあげているのみ。基本的にはノーマークでかまわない。1番人気の勝率が50％と非常に高く、本命時の信頼度は高い。ただし、連対率はさほど変わらないので、単勝や連単の1着固定で狙いたい。

レーティング①　競走馬の能力を数値で表したときに用いる負担重量（ハンデキャップ）のこと。単位はポンド（1ポンド＝約0.45kg）で表す。

2022年成績

総収得賞金 569,117,000円　**アーニング INDEX** 0.74

勝利頭数／出走頭数：全馬 84 ／ 170　　2歳 21 ／ 58
勝利回数／出走回数：全馬 167 ／ 1,296　　2歳 30 ／ 231

Data Box (2020~2022)

コース　阪神ダートの鬼で勝ち星を量産

	1着	2着	3着	出走数	勝率	連対率	3着内率
全体計	45	30	45	556	8.1%	13.5%	21.6%
中央芝	2	1	2	69	2.9%	4.3%	7.2%
中央ダ	26	14	22	207	12.6%	19.3%	30.0%
ローカル芝	3	6	8	105	2.9%	8.6%	16.2%
ローカルダ	14	9	13	175	8.0%	13.1%	20.6%
右回り芝	3	3	5	108	2.8%	5.6%	10.2%
右回りダ	26	16	21	220	11.8%	19.1%	28.6%
左回り芝	1	1	3	47	2.1%	4.3%	10.6%
左回りダ	14	7	14	162	8.6%	13.0%	21.6%
札幌芝	0	1	0	7	0.0%	14.3%	14.3%
札幌ダ	4	1	1	18	22.2%	27.8%	33.3%
函館芝	0	0	1	9	0.0%	0.0%	11.1%
函館ダ	1	2	2	20	5.0%	15.0%	25.0%
福島芝	2	1	1	13	15.4%	23.1%	30.8%
福島ダ	2	1	1	19	10.5%	15.8%	21.1%
新潟芝	1	3	3	38	2.6%	10.5%	18.4%
新潟ダ	3	3	2	32	9.4%	18.8%	25.0%
東京芝	1	1	2	26	3.8%	7.7%	15.4%
東京ダ	7	3	8	67	10.4%	14.9%	26.9%
中山芝	0	0	0	18	0.0%	0.0%	0.0%
中山ダ	5	3	5	61	8.2%	13.1%	21.3%
中京芝	0	0	0	2	0.0%	0.0%	0.0%
中京ダ	4	1	4	63	6.3%	7.9%	14.3%
京都芝	0	0	0	4	0.0%	0.0%	0.0%
京都ダ	0	0	0	3	0.0%	0.0%	0.0%
阪神芝	1	0	0	21	4.8%	4.8%	4.8%
阪神ダ	14	8	9	76	18.4%	28.9%	40.8%
小倉芝	0	1	3	36	0.0%	2.8%	11.1%
小倉ダ	0	1	3	23	0.0%	4.3%	17.4%

条件　完成度高く新馬戦から動く

	1着	2着	3着	出走数	勝率	連対率	3着内率
新馬	8	6	5	87	9.2%	16.1%	21.8%
未勝利	18	10	13	230	7.8%	12.2%	17.8%
1勝	13	7	17	159	8.2%	12.6%	23.3%
2勝	5	6	8	60	8.3%	18.3%	31.7%
3勝	1	1	2	8	12.5%	25.0%	50.0%
OPEN特別	0	0	0	10	0.0%	0.0%	0.0%
GⅢ	0	0	0	0	–	–	–
GⅡ	0	0	0	0	–	–	–
GⅠ	0	0	0	0	–	–	–
ハンデ戦	0	1	1	7	0.0%	14.3%	28.6%
牝馬限定	6	7	11	94	6.4%	13.8%	25.5%
障害	0	0	0	0	–	–	–

人気　上位人気の馬単勝負が面白い

	1着	2着	3着	出走数	勝率	連対率	3着内率
1番人気	12	1	2	24	50.0%	54.2%	62.5%
2～3番人気	15	13	10	79	19.0%	35.4%	48.1%
4～6番人気	11	6	18	135	8.1%	12.6%	25.9%
7～9番人気	6	6	8	120	5.0%	10.0%	16.7%
10番人気～	1	4	7	198	0.5%	2.5%	6.1%

単勝回収値 80円／単勝適正回収値 103円

距離　適性の幅広い、ベストは中距離

芝　平均勝ち距離　1,200m

	1着	2着	3着	出走数	勝率	連対率	3着内率
全体計	5	7	10	174	2.9%	6.9%	12.6%
芝～1300m	4	6	8	109	3.7%	9.2%	16.5%
芝～1600m	1	1	2	49	2.0%	4.1%	8.2%
芝～2000m	0	0	0	16	0.0%	0.0%	0.0%
芝～2400m	0	0	0	0	–	–	–
芝2500m～	0	0	0	0	–	–	–

ダート　平均勝ち距離　1,456m

	1着	2着	3着	出走数	勝率	連対率	3着内率
全体計	40	23	35	382	10.5%	16.5%	25.7%
ダ～1300m	17	11	13	170	10.0%	16.5%	24.1%
ダ～1600m	8	4	11	111	7.2%	10.8%	20.7%
ダ～2000m	15	8	11	100	15.0%	23.0%	34.0%
ダ2100m～	0	0	0	1	0.0%	0.0%	0.0%

馬場状態　ダートは状態不問も良がベスト

		1着	2着	3着	出走数	勝率	連対率	3着内率
芝	良	5	4	8	134	3.7%	6.7%	12.7%
	稍重	0	3	2	24	0.0%	12.5%	20.8%
	重	0	0	0	13	0.0%	0.0%	0.0%
	不良	0	0	0	3	0.0%	0.0%	0.0%
ダ	良	28	15	22	238	11.8%	18.1%	27.3%
	稍重	7	5	6	81	8.6%	14.8%	22.2%
	重	4	2	7	48	8.3%	12.5%	27.1%
	不良	1	0	0	15	6.7%	13.3%	13.3%

性齢　成長力があり4歳時に好成績

	1着	2着	3着	出走数	勝率	連対率	3着内率
牡2歳	10	5	7	88	11.4%	17.0%	25.0%
牝2歳	10	4	5	103	9.7%	13.6%	18.4%
牡3歳前半	4	5	3	90	4.4%	10.0%	13.3%
牝3歳前半	7	3	9	93	7.5%	10.8%	20.4%
牡3歳後半	5	3	5	46	10.9%	17.4%	28.3%
牝3歳後半	1	3	3	48	2.1%	8.3%	14.6%
牡4歳	5	4	7	39	12.8%	23.1%	41.0%
牝4歳	3	3	6	49	6.1%	12.2%	24.5%
牡5歳	0	0	0	0	–	–	–
牝5歳	0	0	0	0	–	–	–
牡6歳	0	0	0	0	–	–	–
牝6歳	0	0	0	0	–	–	–
牡7歳以上	0	0	0	0	–	–	–
牝7歳以上	0	0	0	0	–	–	–

勝ち馬の決め手

芝　差し 1／5勝／逃げ 4

ダート　差し 6／逃げ 16／40勝／先行 18

コパノリッキー
COPANO RICKEY

年次	種付頭数	産駒数
22年	75	95
21年	130	107
20年	143	119

系統：サンデーサイレンス系　母父系統：ミスタープロスペクター系

父 ゴールドアリュール 栗 1999	*サンデーサイレンス 青鹿 1986	Halo	Hail to Reason
			Cosmah
		Wishing Well	Understanding
			Mountain Flower
	*ニキーヤ 鹿 1993	Nureyev	Northern Dancer
			Special
		Reluctant Guest	Hostage
			Vaguely Royal
母 コパノニキータ 栗 2001	*ティンバーカントリー 栗 1992	Woodman	Mr. Prospector
			*プレイメイト
		Fall Aspen	Pretense
			Change Water
	ニホンピロローズ 栗 1996	*トニービン	*カンパラ
			Severn Bridge
		ウェディングブーケ	*リアルシャダイ
			*アリーウイン

インブリード：5代前までにクロスなし

種付料／⤵受100万円F　供用地／日高・ブリーダーズSS
2010年生　栗毛　日高・ヤナガワ牧場産

距離	成長型	芝	ダート	瞬発力	パワー	底力
マ中	普	○	◎	○	◎	○

PROFILE

競走成績　33戦16勝（2〜7歳・日）
最高レーティング　118 M（16年）、118 I（16、17年）
主な勝ち鞍　フェブラリーS2回、東京大賞典、JBCクラシック2回、帝王賞、南部杯2回、かしわ記念3回、東海S、兵庫CS。

血統解説　父ゴールドアリュールは多くの種牡馬を後継馬としてサイアーランキングに送り込んでいる、ダート種牡馬の父的存在。母は3勝。本馬の半弟に9勝をあげた活躍馬コパノチャーリー、全弟に南関東で11勝をあげたコパノジャッキーを産んでいる。母父ティンバーカントリーは米GⅠ3勝をあげた名馬。

代表産駒　コパノニコルソン（駒場特別）、エコロクラージュ（園田・楠賞）、ファーストリッキー（高知・金の鞍賞）、セブンカラーズ（名古屋・ゴールドウイング賞）、アームズレイン。

ダートGⅠ11勝の偉業達成
種牡馬としても戴冠を

　4歳時、16頭立ての16番人気でフェブラリーSを制覇してファンを驚かせると、この勝利で一気に才能が開花。交流GⅠの常連として快進撃を始める。かしわ記念3回、JBCクラシック2回、フェブラリーS連覇、帝王賞、南部杯2回とGⅠ勝ちを重ね、ラストランとなった東京大賞典を制して、GⅠ11勝という金字塔をうち立てた。2015年のJRA最優秀ダートホース、2016、17年のNARダートグレード競走特別賞を獲得した。

　8歳から種牡馬入り。2021年のFSランキングは6位にランクイン。

　2022年は重賞で活躍するような産駒は出なかったが、堅実な走りでランキング50以内に入っており、今後も期待されている。

POG　2023年期待の2歳馬

母馬名（母父）	性別	おすすめポイント
キモンカラー (*シニスターミニスター)	牡	初仔。2代母キモンレッドはJBCレディスクラシック3着。
レッドビアンカ (*ハードスパン)	牡	1歳セレクションセールで1485万円。叔父にGⅢ馬プルパレイ。
ラブミーチャン (*サウスヴィグラス)	牝	母は全日本2歳優駿などを勝ちNAR年度代表馬に輝いた名牝。

馬券に直結する適性データ

　ゴールドアリュールの直仔種牡馬に共通する特徴として、「ダートに特化している」ことがあげられるが、この馬もその例に漏れず、ダート専用種牡馬ぶりを遺憾なく発揮している。芝はわずかに1勝で、買う必要も機会もないだろう。ダートでは短距離から長距離まで、まんべんなくこなしているが、注目したいのは長距離。ダ2100m〜においては出走数こそ少ないが、勝率は21.4％、3着内率も42.9％をマークしている。条件別では1勝目をあげた後に伸び悩む産駒が多い。そもそもオープンクラスにたどり着けないのだから、重賞での活躍が見られないのも納得である。

　レーティング②　94年から欧米で統一した基準に改められ96年からは国際的に統一したものを採用することが決まり、現在はIFHA（国際競馬統括機関連盟）が国際ハンデキャッパー会議により決定している。

2022年成績

総収得賞金 555,854,000円	アーニング INDEX　0.62		
勝利頭数／出走頭数：全馬84／198		2歳 29／85	
勝利回数／出走回数：全馬147／1,288		2歳 41／325	

Data Box（2020〜2022）

コース　阪神ダートとローカルダートで

	1着	2着	3着	出走数	勝率	連対率	3着内率
全体計	34	25	35	466	7.3%	12.7%	20.2%
中央芝	0	1	1	16	0.0%	6.3%	12.5%
中央ダ	17	10	21	233	7.3%	11.6%	20.6%
ローカル芝	1	0	1	30	3.3%	3.3%	6.7%
ローカルダ	16	14	12	187	8.6%	16.0%	22.5%
右回り芝	0	1	2	27	0.0%	3.7%	11.1%
右回りダ	23	16	17	229	10.0%	17.0%	24.5%
左回り芝	1	0	0	16	6.3%	6.3%	6.3%
左回りダ	10	8	16	191	5.2%	9.4%	17.8%
札幌芝	0	0	0	4	0.0%	0.0%	0.0%
札幌ダ	3	2	0	19	15.8%	26.3%	26.3%
函館芝	0	0	0	2	0.0%	0.0%	0.0%
函館ダ	2	0	2	9	22.2%	22.2%	44.4%
福島芝	0	0	0	7	0.0%	0.0%	0.0%
福島ダ	3	3	1	21	14.3%	28.6%	33.3%
新潟芝	1	0	0	9	11.1%	11.1%	11.1%
新潟ダ	2	2	2	36	5.6%	11.1%	16.7%
東京芝	0	0	0	6	0.0%	0.0%	0.0%
東京ダ	5	1	10	84	6.0%	7.1%	19.0%
中山芝	0	1	1	8	0.0%	12.5%	25.0%
中山ダ	3	5	6	76	3.9%	10.5%	18.4%
中京芝	0	0	0	4	0.0%	0.0%	0.0%
中京ダ	3	5	4	71	4.2%	11.3%	16.9%
京都芝	0	0	0	0	-	-	-
京都ダ	0	0	0	0	-	-	-
阪神芝	0	0	0	0	0.0%	0.0%	0.0%
阪神ダ	9	4	5	73	12.3%	17.8%	24.7%
小倉芝	0	0	0	0	0.0%	0.0%	0.0%
小倉ダ	3	2	3	31	9.7%	16.1%	25.8%

条件　牝馬限定戦での活躍が目立つ

	1着	2着	3着	出走数	勝率	連対率	3着内率
新馬	4	6	8	98	4.1%	10.2%	18.4%
未勝利	23	16	23	269	8.6%	14.5%	23.0%
1勝	6	2	3	80	7.5%	10.0%	13.8%
2勝	1	1	1	11	9.1%	18.2%	27.3%
3勝	0	0	0	3	0.0%	0.0%	0.0%
OPEN特別	0	0	0	4	0.0%	0.0%	0.0%
GⅢ	0	0	0	1	0.0%	0.0%	0.0%
GⅡ	0	0	0	0	-	-	-
GⅠ	0	0	0	0	-	-	-
ハンデ戦	0	1	0	2	0.0%	50.0%	50.0%
牝馬限定	6	6	7	71	8.5%	16.9%	26.8%
障害	0	0	0	0	-	-	-

人気　馬券の軸は1番人気より2〜3番人気

	1着	2着	3着	出走数	勝率	連対率	3着内率
1番人気	7	5	3	25	28.0%	48.0%	60.0%
2〜3番人気	12	7	12	59	20.3%	32.2%	52.5%
4〜6番人気	9	6	12	113	8.0%	13.3%	23.9%
7〜9番人気	4	5	6	106	3.8%	8.5%	14.2%
10番人気〜	2	2	2	163	1.2%	2.5%	3.7%

単勝回収値 128円／単勝適正回収値 98円

距離　ダートの長丁場で最も輝く

芝　平均勝ち距離　2,200m

	1着	2着	3着	出走数	勝率	連対率	3着内率
全体計	1	1	2	46	2.2%	4.3%	8.7%
芝〜1300m	0	0	0	14	0.0%	0.0%	0.0%
芝〜1600m	0	0	0	11	0.0%	0.0%	0.0%
芝〜2000m	0	1	2	18	0.0%	5.6%	16.7%
芝〜2400m	1	0	0	2	50.0%	50.0%	50.0%
芝2500m〜	0	0	0	1	0.0%	0.0%	0.0%

ダート　平均勝ち距離　1,539m

	1着	2着	3着	出走数	勝率	連対率	3着内率
全体計	33	24	33	420	7.9%	13.6%	21.4%
ダ〜1300m	12	7	7	136	8.8%	14.0%	19.1%
ダ〜1600m	6	5	11	117	5.1%	9.4%	18.8%
ダ〜2000m	12	11	13	153	7.8%	15.0%	23.5%
ダ2100m〜	3	1	2	14	21.4%	28.6%	42.9%

馬場状態　ダートの良または重馬場が○

		1着	2着	3着	出走数	勝率	連対率	3着内率
芝	良	1	0	2	31	3.2%	3.2%	9.7%
	稍重	0	0	0	10	0.0%	0.0%	0.0%
	重	0	1	0	3	0.0%	33.3%	33.3%
	不良	0	0	0	2	0.0%	0.0%	0.0%
ダ	良	20	19	22	256	7.8%	15.2%	23.8%
	稍重	8	1	8	103	7.8%	8.7%	16.5%
	重	4	3	2	41	9.8%	17.1%	22.0%
	不良	1	1	1	20	5.0%	10.0%	15.0%

性齢　牝馬優勢、2歳戦から動く

	1着	2着	3着	出走数	勝率	連対率	3着内率
牡2歳	8	5	7	102	7.8%	12.7%	19.6%
牝2歳	5	8	6	83	6.0%	15.7%	22.9%
牡3歳前半	6	5	10	102	5.9%	10.8%	20.6%
牝3歳前半	6	4	9	79	7.6%	12.7%	24.1%
牡3歳後半	5	2	1	59	8.5%	11.9%	13.6%
牝3歳後半	4	1	2	41	9.8%	12.2%	17.1%
牡4歳	0	0	0	0	-	-	-
牝4歳	0	0	0	0	-	-	-
牡5歳	0	0	0	0	-	-	-
牝5歳	0	0	0	0	-	-	-
牡6歳	0	0	0	0	-	-	-
牝6歳	0	0	0	0	-	-	-
牡7歳以上	0	0	0	0	-	-	-
牝7歳以上	0	0	0	0	-	-	-

勝ち馬の決め手

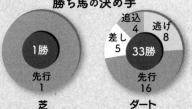

芝　1勝　先行1

ダート　33勝　逃げ8　追込4　差し5　先行16

RANKING 48

2歳馬 73

2021 (57)
2020 (87)
2019 (112)
2018 –

ワールドエース
WORLD ACE

年次	種付頭数	産駒数
22年	**35**	**46**
21 年	64	98
20 年	131	41

種付料／⇩受30万円F　供用地／新冠・アロースタッド

2009年生　鹿毛　安平・ノーザンファーム産

距離	成長型	芝	ダート	瞬発力	パワー	底力
マ中	普	○	○	○	○	○

PROFILE

競走成績　17 戦 4 勝（2～6歳・日）

最高レーティング　116 L（12年）、116 M（14年）

主な勝ち鞍　マイラーズC、きさらぎ賞、若葉S。皐月賞2着、ダービー4着、安田記念5着。

ディープの後継争いに参戦 ランキングもジワリ上昇

3歳時、きさらぎ賞、若葉Sと連勝。続く皐月賞は2着。ダービーでは1番人気に推されたがディープブリランテの4着に終わった。その後、屈腱炎で長期休養入り。1年8カ月ぶりに復帰を果たすと、2戦目のマイラーズCをコースレコードで制し重賞2勝目をマークした。

7歳から種牡馬入り。初年度から131頭に種付する人気種牡馬となる。その後、種付頭数は減少していくが、2019年、2020年と続けて兄弟馬が活躍したことで注目を集め、2020年は初年度に並ぶ131頭の種付を行った。

現時点では、青葉賞3着のレッドヴェロシティ以外は重賞での活躍馬は出ていないが、堅実な走りで総合ランキングはジワリと上昇。さらなるランクアップが期待される。

系統：サンデーサイレンス系　母父系統：ハンプトン系

父 ディープインパクト 鹿 2002	*サンデーサイレンス 青鹿 1986	Halo	Hail to Reason
			Cosmah
		Wishing Well	Understanding
			Mountain Flower
	*ウインドインハーヘア 鹿 1991	Alzao	Lyphard
			Lady Rebecca
		Burghclere	Busted
			Highclere
母 *マンデラ 栗 2000	Acatenango 栗 1982	Surumu	Literat
			Surama
		Aggravate	Aggressor
			Raven Locks
	Mandellicht 黒鹿 1994	Be My Guest	Northern Dancer
			What a Treat
		Mandelauge	Elektrant
			Mandriale

インブリード：Northern Dancer 5×4

血統解説　父ディープインパクトは11年連続のリーディングサイアー。母マンデラはGI独オークス3着。本馬の全弟にワールドプレミア（菊花賞、天皇賞・春）、半弟にヴェルトライゼンデ（日経新春杯、鳴尾記念、ホープフルS2着、ダービー3着）を産んでいる。母父アカテナンゴは独仏G I7勝で種牡馬としてもG I馬を輩出。

代表産駒 **レッドヴェロシティ**（青葉賞3着）、**オータムレッド**（クローバー賞）、**ワールドスケール**（猪苗代特別）、**サンストックトン**（石狩特別）、**シルトプレ**（ダービーグランプリ、川崎・鎌倉記念）、**シルバーエース**（境港特別）、**アサケエース**（中京2歳S3着）。

POG　2023年期待の2歳馬

母馬名（母父）	性別	おすすめポイント
クラシックリディア（*ハービンジャー）	牡	1歳セレクトセールで3410万円。祖母ブルーメンブラッドはGI馬。
ダイワオンディーヌ（*クロフネ）	牡	1歳セレクトセールで2640万円。兄姉は順当に勝ち上がる。
*ティッカーテープ（ROYAL APPLAUSE）	牝	母はアメリカンオークスなどGI2勝をあげた名牝。

馬券に直結する適性データ

芝31勝に対してダートは15勝。基本的に芝でスピードを活かすタイプだが、ダートをこなすパワーも備えている。芝、ダート共にどの距離にも対応している。特に狙い目は芝～2400m。勝率11.4%をマークしており、単勝狙いを視野に入れてもいいレベルだ。重賞実績が青葉賞3着だけにもかかわらず、50位以内に入っているということは、それだけ産駒たちはコンスタントに賞金を稼いでいるわけだが、一方で勝ち味が遅いことも事実。重賞に限らず、OPクラスでも実績は皆無なので要注意。なお、決め手は逃げ・先行よりも、差し・追込の方が勝ち星を多くあげていることを覚えておきたい。

レーティング③　日本では、従来kgを単位としたフリーハンデが日本中央競馬会（現JRA）のハンデキャップ作成委員により発表されていた。95年より欧米と統一した基準で格付けを始め、97年よりポンド表記を並記。

2022年成績

総収得賞金 554,546,000円　**アーニング INDEX** 0.67

勝利頭数／出走頭数：全馬 76／183　2歳 7／33
勝利回数／出走回数：全馬 131／1,796　2歳 8／106

Data Box (2020~2022)

コース 東京芝をピンポイント狙い

	1着	2着	3着	出走数	勝率	連対率	3着内率
全体計	46	51	89	1123	4.1%	8.6%	16.6%
中央芝	20	21	25	321	6.2%	12.8%	20.6%
中央ダ	7	14	19	298	2.3%	7.0%	13.4%
ローカル芝	11	8	29	292	3.8%	6.5%	16.4%
ローカルダ	8	8	16	212	3.8%	7.5%	15.1%
右回り芝	17	20	29	376	4.5%	9.8%	17.6%
右回りダ	11	15	22	320	3.4%	8.1%	15.0%
左回り芝	14	9	25	233	6.0%	9.9%	20.6%
左回りダ	4	7	13	190	2.1%	5.8%	12.6%
札幌芝	1	2	2	29	3.4%	10.3%	17.2%
札幌ダ	0	0	3	26	0.0%	0.0%	11.5%
函館芝	0	2	3	18	0.0%	11.1%	27.8%
函館ダ	1	1	3	23	4.3%	8.7%	21.7%
福島芝	0	1	1	30	3.3%	3.3%	6.7%
福島ダ	2	3	2	24	8.3%	20.8%	29.2%
新潟芝	3	0	2	52	5.8%	5.8%	9.6%
新潟ダ	3	2	4	37	8.1%	13.5%	24.3%
東京芝	9	7	11	104	8.7%	15.4%	26.0%
東京ダ	0	4	5	82	0.0%	4.9%	11.0%
中山芝	6	7	6	93	6.5%	14.0%	20.4%
中山ダ	3	2	5	107	2.8%	4.7%	10.3%
中京芝	2	2	12	81	2.5%	4.9%	19.8%
中京ダ	1	1	4	71	1.4%	2.8%	8.5%
京都芝	0	2	3	21	0.0%	9.5%	23.8%
京都ダ	0	0	0	8	0.0%	0.0%	0.0%
阪神芝	5	5	5	103	4.9%	9.7%	14.6%
阪神ダ	4	8	4	101	4.0%	11.9%	19.8%
小倉芝	4	2	9	82	4.9%	7.3%	18.3%
小倉ダ	1	1	0	31	3.2%	6.5%	6.5%

条件 活躍のほとんどが下級条件

	1着	2着	3着	出走数	勝率	連対率	3着内率
新馬	3	4	7	103	2.9%	6.8%	13.6%
未勝利	23	24	40	541	4.3%	8.7%	16.1%
1勝	14	10	33	340	4.1%	7.1%	16.8%
2勝	7	13	5	104	6.7%	19.2%	24.0%
3勝	0	0	3	20	0.0%	0.0%	15.0%
OPEN特別	0	0	0	12	0.0%	0.0%	0.0%
GⅢ	0	0	0	4	0.0%	0.0%	0.0%
GⅡ	0	0	1	5	0.0%	0.0%	20.0%
GⅠ	0	0	0	0	0.0%	0.0%	0.0%
ハンデ戦	1	2	2	21	4.8%	14.3%	23.8%
牝馬限定	1	0	1	128	0.8%	0.8%	2.3%
障害	1	0	0	6	16.7%	16.7%	16.7%

人気 全体的に強調材料少ない

	1着	2着	3着	出走数	勝率	連対率	3着内率
1番人気	16	10	5	52	30.8%	50.0%	59.6%
2～3番人気	14	11	21	114	12.3%	21.9%	40.4%
4～6番人気	13	17	36	218	6.0%	13.8%	30.3%
7～9番人気	2	6	16	231	0.9%	3.5%	10.4%
10番人気～	2	7	11	514	0.4%	1.8%	3.9%

単勝回収値 50円／単勝適正回収値 61円

距離 芝の中距離で最も活躍

芝 平均勝ち距離 1,774m

	1着	2着	3着	出走数	勝率	連対率	3着内率
全体計	31	29	54	613	5.1%	9.8%	18.6%
芝～1300m	3	4	14	115	2.6%	6.1%	18.3%
芝～1600m	10	13	23	248	4.0%	9.3%	18.5%
芝～2000m	13	8	10	193	6.7%	10.9%	16.1%
芝～2400m	5	2	5	44	11.4%	15.9%	27.3%
芝2500m～	0	2	2	13	0.0%	15.4%	30.8%

ダート 平均勝ち距離 1,700m

	1着	2着	3着	出走数	勝率	連対率	3着内率
全体計	15	22	35	510	2.9%	7.3%	14.1%
ダ～1300m	2	2	9	146	1.4%	2.7%	8.9%
ダ～1600m	2	3	7	116	1.7%	4.3%	10.3%
ダ～2000m	10	15	18	231	4.3%	10.8%	18.6%
ダ2100m～	1	2	1	17	5.9%	17.6%	23.5%

馬場状態 少し渋った芝で連対率上昇

		1着	2着	3着	出走数	勝率	連対率	3着内率
芝	良	20	20	37	443	4.5%	9.0%	17.4%
芝	稍重	8	9	12	111	7.2%	15.3%	26.1%
芝	重	2	0	4	46	4.3%	4.3%	13.0%
芝	不良	1	0	1	13	7.7%	7.7%	15.4%
ダ	良	9	14	19	314	2.9%	7.3%	13.4%
ダ	稍重	5	4	8	101	5.0%	8.9%	16.8%
ダ	重	0	0	2	60	0.0%	3.3%	15.0%
ダ	不良	1	1	3	35	2.9%	8.6%	11.4%

性齢 牝馬苦戦、牡馬は4歳まで走る

	1着	2着	3着	出走数	勝率	連対率	3着内率
牡2歳	10	9	21	149	6.7%	12.8%	26.8%
牝2歳	2	0	2	75	2.7%	2.7%	5.3%
牡3歳前半	10	19	25	269	3.7%	10.8%	20.1%
牝3歳前半	2	0	4	144	1.4%	2.8%	2.8%
牡3歳後半	10	11	15	156	6.4%	13.5%	23.1%
牝3歳後半	0	1	0	53	0.0%	1.9%	1.9%
牡4歳	11	6	14	125	8.8%	13.6%	24.8%
牝4歳	0	0	4	59	0.0%	0.0%	6.8%
牡5歳	2	3	7	72	2.8%	6.9%	16.7%
牝5歳	0	0	1	27	0.0%	0.0%	3.7%
牡6歳	0	0	0	0			
牝6歳	0	0	0	0			
牡7歳以上	0	0	0	0			
牝7歳以上	0	0	0	0			

勝ち馬の決め手

芝：追込 5／逃げ 4／先行 10／差し 12　31勝
ダート：追込 3／逃げ 4／先行 6／差し 2　15勝

RANKING
49
2021 ㉛
2020 ⑬
2019 −
2018 −
2歳馬 34

ラブリーデイ
LOVELY DAY

年次	種付頭数	産駒数
22年	37	50
21年	67	57
20年	90	65

種付料／⇨受80万円F　供用地／日高・ブリーダーズSS

2010年生　黒鹿毛　早来・ノーザンファーム産

距離	成長型	芝	ダート	瞬発力	パワー	底力
中	普	○	○	○	○	○

PROFILE

競走成績　33戦9勝（2〜6歳・日香）

最高レーティング　121 L（15年）

主な勝ち鞍　宝塚記念、天皇賞・秋、京都記念、京都大賞典、鳴尾記念、中山金杯。金鯱賞2着、京王杯2歳S2着、小倉記念2着、ジャパンC3着。

待望の重賞勝ち馬が登場！
総合ランキングも50位内に

　4歳までは、重賞では2着が最高の成績だったが、5歳時の中山金杯で重賞初制覇を遂げると、一気に本格化。続く京都記念も勝って重賞2勝目。阪神大賞典、天皇賞・春の長距離戦は凡走したが、適距離に戻った鳴尾記念を勝って臨んだ宝塚記念を優勝。ついにGⅠホースに上りつめた。さらに秋、天皇賞・秋を制して2つめのGⅠタイトルを獲得した。その後は、GⅠで好走するも3着まで。

　7歳から種牡馬入り。初年度の138頭から、種付頭数は減少していたが、2022年、グリューネグリーンが京都2歳Sを勝ち、初の重賞馬となった。これに伴い、総合ランキングでもトップ50位以内となる49位にランクイン。今後の活躍にも注目が集まる。

系統：キングマンボ系　母父系統：サンデーサイレンス系

父 キングカメハメハ 鹿 2001	Kingmambo 鹿 1990	Mr. Prospector	Raise a Native
			Gold Digger
		Miesque	Nureyev
			Pasadoble
	*マンファス 黒鹿 1991	*ラストタイクーン	*トライマイベスト
			Mill Princess
		Pilot Bird	Blakeney
			The Dancer
母 ポップコーンジャズ 鹿 2000	ダンスインザダーク 鹿 1993	*サンデーサイレンス	Halo
			Wishing Well
		ダンシングキイ	Nijinsky
			Key Partner
	グレイスルーマー 栗 1994	*トニービン	*カンパラ
			Severn Bridge
		ディスクジョッキー	*リアルシャダイ
			シャダイチャッター

インブリード：Northern Dancer 5・5×5

血統解説　父キングカメハメハは2010、2011年のリーディングサイアー。後継種牡馬も続々成功を収めており、一大父系を築いている。母ポップコーンジャズは1勝。本馬の全弟にボッケリーニ（目黒記念、中日新聞杯）を産んでいる。母父ダンスインザダークは菊花賞馬で、優れたスタミナを伝えている。

代表産駒　グリューネグリーン（京都2歳S）、プライルード（大井・優駿スプリント、全日本2歳優駿3着）、エムエスドン（笠松・ライデンリーダー記念）、ゾンニッヒ（若潮S）、セブンデイズ（昇仙峡特別）。

POG　2023年期待の2歳馬

母馬名（母父）	性別	おすすめポイント
サルタート（ゴールドアリュール）	牡	叔父に日経新春杯を勝ち天皇賞・春ら勝パフォーマプロミス。
アンドリエッテ（ディープインパクト）	牝	母はマーメイドS1着、チューリップ賞2着。切れ味ある配合。
ハブルバブル（ディープインパクト）	牝	母はフラワーC2着。叔父にダービー馬ディープブリランテ。

馬券に直結する適性データ

　産駒初の重賞勝ちが芝2000mの京都2歳Sというのも、秋の天皇賞馬ラブリーデイらしいところ。実際、産駒全体の傾向を見ても、芝の中距離がメインステージとなっており、それを超えると成績はガタ落ちしている。また、芝の21勝に対してダートも21勝。芝もダートもこなしているのは、キングカメハメハ直仔種牡馬の傾向とも言える。ちなみにダートも中距離傾向があるが、適性は芝よりも幅広そうだ。現状は2勝目で壁を迎える産駒が多い。重賞勝ちしたグリューネグリーンにしても、実際は2勝だった。1番人気の信頼度は高く、勝率41.7%、3着内率75%はかなりの堅軸と言える。

レーティング④　日本では97年、国際的には94年を境に現行の基準に統一される以前と以後のレーティングにはかなりの隔たりが生じている。なお国際的には、2013年にレーティングの見直しが行われている。

2022年成績

総収得賞金 545,509,000円	アーニング INDEX 0.75

	全馬	2歳
勝利頭数／出走頭数	82／161	17／48
勝利回数／出走回数	152／1,435	27／205

Data Box (2020~2022)

コース　小倉芝など小回りコース向き

	1着	2着	3着	出走数	勝率	連対率	3着内率
全体計	42	47	55	801	5.2%	11.1%	18.0%
中央芝	11	9	11	174	6.3%	11.5%	17.8%
中央ダ	11	8	10	258	4.3%	7.4%	11.2%
ローカル芝	10	15	16	190	5.3%	13.2%	21.6%
ローカルダ	10	15	18	179	5.6%	14.0%	24.0%
右回り芝	14	21	21	232	6.0%	15.1%	24.1%
右回りダ	8	10	15	245	3.3%	7.3%	13.5%
左回り芝	7	3	6	130	5.4%	7.7%	12.3%
左回りダ	13	13	13	192	6.8%	13.5%	20.3%
札幌芝	3	1	5	24	12.5%	16.7%	37.5%
札幌ダ	0	2	2	21	0.0%	9.5%	19.0%
函館芝	0	5	3	22	0.0%	22.7%	36.4%
函館ダ	2	1	2	13	15.4%	23.1%	38.5%
福島芝	0	2	4	26	0.0%	7.7%	23.1%
福島ダ	0	2	4	19	0.0%	10.5%	31.6%
新潟芝	2	1	2	34	5.9%	11.8%	14.7%
新潟ダ	2	1	4	30	6.7%	10.0%	23.3%
東京芝	4	1	4	61	6.6%	8.2%	14.8%
東京ダ	6	3	3	88	6.8%	10.2%	13.6%
中山芝	4	4	3	57	7.0%	14.0%	19.3%
中山ダ	3	4	5	91	3.3%	7.7%	13.2%
中京芝	1	0	1	37	2.7%	2.7%	5.4%
中京ダ	5	9	6	74	6.8%	18.9%	27.0%
京都芝	0	0	1	6	0.0%	0.0%	16.7%
京都ダ	0	0	0	1	0.0%	0.0%	0.0%
阪神芝	3	4	3	50	6.0%	14.0%	20.0%
阪神ダ	2	1	2	78	2.6%	3.8%	6.4%
小倉芝	4	5	2	47	8.5%	19.1%	23.4%
小倉ダ	1	0	0	22	4.5%	4.5%	4.5%

条件　現状は下級条件での活躍中心

	1着	2着	3着	出走数	勝率	連対率	3着内率
新馬	5	9	13	134	3.7%	10.4%	20.1%
未勝利	21	27	33	500	4.2%	9.6%	16.2%
1勝	11	7	5	116	9.5%	15.5%	19.8%
2勝	4	2	1	35	11.4%	17.1%	20.0%
3勝	0	0	0	10	0.0%	20.0%	20.0%
OPEN特別	0	0	3	8	0.0%	0.0%	37.5%
GⅢ	1	0	0	3	33.3%	33.3%	33.3%
GⅡ	0	0	0	2	0.0%	0.0%	0.0%
GⅠ	0	0	0	1	0.0%	0.0%	0.0%
ハンデ戦	1	1	0	11	9.1%	18.2%	18.2%
牝馬限定	4	5	4	115	3.5%	7.8%	11.3%
障害	0	0	0	8	0.0%	0.0%	0.0%

人気　1番人気優秀、見つけたら買い

	1着	2着	3着	出走数	勝率	連対率	3着内率
1番人気	15	6	6	36	41.7%	58.3%	75.0%
2～3番人気	7	17	15	82	8.5%	29.3%	47.6%
4～6番人気	10	15	17	145	6.9%	17.2%	29.0%
7～9番人気	5	7	10	169	3.0%	7.1%	13.0%
10番人気～	5	2	7	377	1.3%	1.9%	3.7%

単勝回収値99円／単勝適正回収値81円

距離　距離は必要、芝中距離が中心

芝　平均勝ち距離　1,643m

	1着	2着	3着	出走数	勝率	連対率	3着内率
全体計	21	24	27	364	5.8%	12.4%	19.8%
芝～1300m	4	5	4	74	5.4%	12.2%	17.6%
芝～1600m	7	5	6	118	5.9%	10.2%	15.3%
芝～2000m	10	14	14	151	6.6%	15.9%	25.2%
芝～2400m	0	0	1	14	0.0%	0.0%	7.1%
芝2500m～	0	0	2	7	0.0%	0.0%	28.6%

ダート　平均勝ち距離　1,562m

	1着	2着	3着	出走数	勝率	連対率	3着内率
全体計	21	23	28	437	4.8%	10.1%	16.5%
ダ～1300m	5	2	9	117	4.3%	6.0%	13.7%
ダ～1600m	6	4	3	100	6.0%	10.0%	13.0%
ダ～2000m	8	16	15	195	4.1%	12.3%	20.0%
ダ2100m～	2	1	1	25	8.0%	12.0%	16.0%

馬場状態　芝ダートとも渋った馬場でこそ

		1着	2着	3着	出走数	勝率	連対率	3着内率
芝	良	14	17	21	289	4.8%	10.7%	18.0%
	稍重	3	4	2	50	6.0%	14.0%	18.0%
	重	4	3	4	24	16.7%	29.2%	45.8%
	不良	0	0	0	1	0.0%	0.0%	0.0%
ダ	良	9	11	20	259	3.5%	7.7%	15.4%
	稍重	6	6	7	98	6.1%	12.2%	19.4%
	重	3	5	0	50	6.0%	16.0%	16.0%
	不良	3	1	1	30	10.0%	13.3%	16.7%

性齢　本格化は3歳後半以降の晩成型

	1着	2着	3着	出走数	勝率	連対率	3着内率
牡2歳	8	10	13	161	5.0%	11.2%	19.3%
牝2歳	4	5	8	101	4.0%	8.9%	16.8%
牡3歳前半	6	8	18	205	2.9%	6.8%	15.6%
牝3歳前半	6	7	2	127	4.7%	10.2%	11.8%
牡3歳後半	4	6	7	91	4.4%	11.0%	18.7%
牝3歳後半	6	6	6	53	11.3%	22.6%	34.0%
牡4歳	6	5	1	44	13.6%	25.0%	27.3%
牝4歳	2	0	0	27	7.4%	7.4%	7.4%
牡5歳	0	0	0	0			
牝5歳	0	0	0	0			
牡6歳	0	0	0	0			
牝6歳	0	0	0	0			
牡7歳以上	0	0	0	0			
牝7歳以上	0	0	0	0			

勝ち馬の決め手

芝
追込 2／逃げ 2／差し 4／先行 13　21勝

ダート
差し 2／逃げ 6／先行 13　21勝

RANKING
50
2歳馬 114

2021 (51)
2020 (57)
2019 (72)
2018 (153)

トゥザグローリー
TO THE GLORY

年次	種付頭数	産駒数
22年	**ー**	**10**
21年	18	11
20年	18	17

2022年引退
2007年生　鹿毛　安平・ノーザンファーム産

距離	成長型	芝	ダート	瞬発力	パワー	底力
中長	やや晩	○	○	○	○	△

PROFILE

競走成績　33戦8勝（3～7歳・日）
最高レーティング　120 L（11、12年）
主な勝ち鞍　京都記念、日経賞、日経新春杯、鳴尾記念、中日新聞杯、カシオペアS。青葉賞2着、有馬記念3着2回、天皇賞・秋5着。

系統：キングマンボ系　母父系統：サンデーサイレンス系

父 キングカメハメハ 鹿 2001	Kingmambo 鹿 1990	Mr. Prospector	Raise a Native
			Gold Digger
		Miesque	Nureyev
			Pasadoble
	*マンファス 黒鹿 1991	*ラストタイクーン	*トライマイベスト
			Mill Princess
		Pilot Bird	Blakeney
			The Dancer
母 トゥザヴィクトリー 鹿 1996	*サンデーサイレンス 青鹿 1986	Halo	Hail to Reason
			Cosmah
		Wishing Well	Understanding
			Mountain Flower
	*フェアリードール 栗 1991	Nureyev	Northern Dancer
			Special
		Dream Deal	Sharpen Up
			Likely Exchange

インブリード：Nureyev 4×3、Northern Dancer 5・5×4

血統解説　父キングカメハメハは日本で父系を発展させている大種牡馬。母トゥザヴィクトリーはエリザベス女王杯を勝ち、ドバイワールドC2着。本馬の全弟にトゥザワールド（弥生賞、有馬記念2着）、全妹にトーセンビクトリー（中山牝馬S）、甥にリオンリオン（青葉賞）、メドウラーク（七夕賞）と活躍馬多数。

代表産駒 **カラテ**（新潟記念、東京新聞杯）、**ゲンパチルシファー**（プロキオンS）、**マイランコントル**（水沢・ウイナーC）、**サヨノグローリー**（浦和・ニューイヤーC3着）、**アギト**（川崎・クラウンC3着）、**ローランダー**（ひまわり賞2着）、**ユウストレート**。

2頭目の重賞勝ち馬が出現 総合ランキングは1つアップ

3歳時、中日新聞杯で重賞初制覇。続く有馬記念は14番人気ながら3着に健闘した。4歳時、京都記念、日経賞を連勝して天皇賞・春に挑戦したが、1番人気に応えられず13着と大敗。その後、暮れの有馬記念で2年続けての3着に入った。ほかに日経新春杯、鳴尾記念。

母がドバイワールドC2着のトゥザヴィクトリーという良血が注目されて種牡馬入り。

2021年、カラテが東京新聞杯を制し、父に初の重賞タイトルをもたらすと、2022年にはゲンパチルシファーがプロキオンSを制し2頭目の重賞馬に輝いた。また、カラテも新潟記念で重賞2勝目をマークしている。

2022年にイーストスタッドから田中春美牧場に移動。新天地でさらなる奮起を目指す。

POG　2023年期待の2歳馬

母馬名（母父）	性別	おすすめポイント
オーバーザムーン（アドマイヤムーン）	牡	叔母に小倉2歳S勝ちのメイプルロード。名馬達のクロスに期待。
ボンネット（アポロキングダム）	牝	初仔。母は地方8勝。キングマンボの3×4のクロスに注目。
ムサ（*フレンチデピュティ）	牝	母父はBMSとしても高いポテンシャルを持つ種牡馬。

馬券に直結する適性データ

芝、ダートの両方で重賞勝ち馬を出しているように、キングカメハメハ直仔らしい万能さが見られる。距離においても長距離以外はそつなくこなしている。やや晩成傾向があり2歳戦は苦手で、特に牡馬は60戦して1勝3着1回と壊滅的。馬券として狙うなら古馬になってから。実際、代表産駒のカラテは2歳時は6戦して未勝利だったが、5歳で初重賞制覇し6歳に重賞勝ちを重ねている。ゲンパチルシファーも重賞勝ちは6歳だった。4、5歳までくすぶっている産駒たちも、レースを使われているうちに力をつけていくので、実績が足りないと感じても、穴として候補に入れておきたい。

レーティング⑤ 数値の略語はS（1000～1300m）＝Sprint、M（1301～1899m）＝Mile、I（1900～2100m）＝Intermediate、L（2101～2700m）＝Long、E（2701m以上）＝Extendedを表す。2歳時の値には距離区分を設けない。

2022年 成績

総収得賞金 543,937,000円　**アーニング INDEX** 0.90

	全馬	2歳
勝利頭数／出走頭数	72／135	4／12
勝利回数／出走回数	140／1,341	5／49

Data Box (2020~2022)

コース　札幌などローカルダート向き

	1着	2着	3着	出走数	勝率	連対率	3着内率
全体計	34	55	51	813	4.2%	10.9%	17.2%
中央芝	10	4	6	138	7.2%	10.1%	14.5%
中央ダ	7	24	19	286	2.4%	10.8%	17.5%
ローカル芝	5	9	9	155	3.2%	9.0%	14.8%
ローカルダ	12	18	17	234	5.1%	12.8%	20.1%
右回り芝	7	8	8	172	4.1%	8.7%	13.4%
右回りダ	10	28	16	311	3.2%	12.2%	17.4%
左回り芝	8	5	7	115	7.0%	11.3%	17.4%
左回りダ	9	14	20	209	4.3%	11.0%	20.6%
札幌芝	1	1	0	16	6.3%	12.5%	12.5%
札幌ダ	3	4	2	31	9.7%	22.6%	29.0%
函館芝	0	0	0	11	0.0%	0.0%	0.0%
函館ダ	0	3	2	16	0.0%	18.8%	31.3%
福島芝	2	4	4	29	6.9%	20.7%	34.5%
福島ダ	0	3	2	28	0.0%	10.7%	17.9%
新潟芝	1	3	3	44	2.3%	9.1%	15.9%
新潟ダ	3	2	2	52	5.8%	9.6%	13.5%
東京芝	6	2	2	49	12.2%	16.3%	20.4%
東京ダ	2	8	12	99	2.0%	10.1%	22.2%
中山芝	3	1	2	52	5.8%	7.7%	11.5%
中山ダ	2	8	5	85	2.4%	11.8%	17.6%
中京芝	1	0	2	28	3.6%	3.6%	10.7%
中京ダ	4	4	6	58	6.9%	13.8%	24.1%
京都芝	1	0	1	6	16.7%	16.7%	33.3%
京都ダ	2	1	0	24	8.3%	12.5%	12.5%
阪神芝	0	1	1	31	0.0%	3.2%	6.5%
阪神ダ	1	7	2	78	1.3%	10.3%	12.8%
小倉芝	0	1	0	27	0.0%	3.7%	3.7%
小倉ダ	2	2	3	49	4.1%	8.2%	14.3%

条件　ハンデ戦出走時は激走に注意

	1着	2着	3着	出走数	勝率	連対率	3着内率
新馬	1	1	2	52	1.9%	3.8%	7.7%
未勝利	14	23	21	380	3.7%	9.7%	15.3%
1勝	10	23	19	279	3.6%	11.8%	18.6%
2勝	5	5	6	77	6.5%	13.0%	20.8%
3勝	2	4	4	43	4.7%	14.0%	23.3%
OPEN特別	1	1	1	17	5.9%	11.8%	17.6%
GⅢ	3	1	1	9	33.3%	44.4%	55.6%
GⅡ	0	1	0	4	0.0%	25.0%	25.0%
GⅠ	0	0	0	4	0.0%	0.0%	0.0%
ハンデ戦	2	5	5	34	5.9%	20.6%	35.3%
牝馬限定	6	9	8	113	5.3%	13.3%	20.4%
障害	2	4	3	52	3.8%	11.5%	17.3%

人気　1人気は連軸や3連系軸に最適

	1着	2着	3着	出走数	勝率	連対率	3着内率
1番人気	9	9	6	33	27.3%	54.5%	72.7%
2〜3番人気	8	13	13	84	9.6%	25.3%	41.0%
4〜6番人気	14	19	12	180	7.8%	18.3%	25.0%
7〜9番人気	3	12	14	206	1.5%	7.3%	14.1%
10番人気〜	2	6	9	363	0.6%	2.2%	4.7%

単勝回収値 69円／単勝適正回収値 66円

距離　芝ならマイル、ダートは中距離

芝　平均勝ち距離　1,727m

	1着	2着	3着	出走数	勝率	連対率	3着内率
全体計	15	13	15	293	5.1%	9.6%	14.7%
芝〜1300m	1	4	5	66	1.5%	7.6%	15.2%
芝〜1600m	9	4	7	91	9.9%	14.3%	22.0%
芝〜2000m	4	5	2	100	4.0%	9.0%	11.0%
芝〜2400m	1	0	1	23	4.3%	4.3%	8.7%
芝2500m〜	0	0	0	13	0.0%	0.0%	0.0%

ダート　平均勝ち距離　1,526m

	1着	2着	3着	出走数	勝率	連対率	3着内率
全体計	19	42	36	520	3.7%	11.7%	18.7%
ダ〜1300m	7	9	9	143	4.9%	11.2%	17.5%
ダ〜1600m	2	12	13	141	1.4%	9.9%	19.1%
ダ〜2000m	10	20	11	220	4.5%	13.6%	18.6%
ダ2100m〜	0	1	3	16	0.0%	6.3%	25.0%

馬場状態　ダートは不良以外に対応

		1着	2着	3着	出走数	勝率	連対率	3着内率
芝	良	9	11	10	216	4.2%	9.3%	13.9%
	稍重	4	2	4	55	7.3%	10.9%	18.2%
	重	1	0	0	15	6.7%	6.7%	13.3%
	不良	1	0	0	7	14.3%	14.3%	14.3%
ダ	良	10	27	19	304	3.3%	12.2%	18.4%
	稍重	4	9	10	98	4.1%	13.3%	23.5%
	重	4	5	6	70	5.7%	12.9%	21.4%
	不良	1	1	1	48	2.1%	4.2%	6.3%

性齢　晩成型で勝負は5歳以降

	1着	2着	3着	出走数	勝率	連対率	3着内率
牡2歳	1	0	2	60	1.7%	1.7%	5.0%
牝2歳	0	3	6	61	0.0%	4.9%	14.8%
牡3歳前半	6	9	7	137	4.4%	10.9%	16.1%
牝3歳前半	4	9	7	115	3.5%	11.3%	17.4%
牡3歳後半	3	4	4	86	3.5%	12.8%	17.4%
牝3歳後半	3	2	2	62	4.8%	8.1%	14.5%
牡4歳	6	9	11	143	4.2%	10.5%	18.2%
牝4歳	1	2	3	47	2.1%	6.4%	12.8%
牡5歳	9	12	6	85	10.6%	24.7%	31.8%
牝5歳	2	2	2	22	0.0%	9.1%	18.2%
牡6歳	3	3	3	33	9.1%	18.2%	24.2%
牝6歳	0	0	0	14	0.0%	0.0%	0.0%
牡7歳以上	0	0	0	0			
牝7歳以上	0	0	0	0			

勝ち馬の決め手

芝　15勝：逃げ4／先行8／差し3
ダート　19勝：逃げ3／先行9／差し4／追込3

RANKING
51
2歳馬

2021 ⑩
2020 ⑰
2019 ⑬
2018 ㉖

＊ザファクター
THE FACTOR

年次	種付頭数	産駒数
22年	—	—
21年	—	—
20年	—	—

供用地／アメリカ、オーストラリア
2008年生　芦毛　アメリカ産　2019年輸入　2020年輸出

距離	成長型	芝	ダート	瞬発力	パワー	底力
短	普	○	○	○	○	○

PROFILE

競走成績　13戦6勝（2～4歳・米首）
最高レーティング　117 S、M（11年）
主な勝ち鞍　マリブS、パットオブライエンS、サンカルロスS、レベルS、サンヴィンセントS。トリプルベンドH2着、ビングクロスビーS2着。

系統：ダンチヒ系　母父系統：ミスタープロスペクター系

父 War Front 鹿 2002	Danzig 鹿 1977	Northern Dancer	Nearctic
			Natalma
		Pas de Nom	Admiral's Voyage
			Petitioner
	Starry Dreamer 芦 1994	Rubiano	Fappiano
			Ruby Slippers
		Lara's Star	Forli
			True Reality
母 Greyciousness 芦 1995	Miswaki 栗 1978	Mr. Prospector	Raise a Native
			Gold Digger
		Hopespringseternal	Buckpasser
			Rose Bower
	Skatingonthinice 芦 1986	Icecapade	Nearctic
			Shenanigans
		Rain Shower	Bold Forbes
			Right as Rain

インブリード：Mr. Prospector 5×3、Nearctic 4×4、Native Dancer 5×5・5

血統解説　父ウォーフロントは競走馬としてはGⅡ級だったが、種牡馬として大成功を収め、「ダンチヒ晩年の傑作」とも称されている名馬。日本でもアメリカンペイトリオットが輸入されている。母は姪にキーパーオブザスターズ（ゲイムリーS）。母父ミスワキはミスプロ系では異色のステイヤー血統。

代表産駒　ノーテッドアンドクォーテッド（シャンデリアS）、シストロン（ビングクロスビーS）、ショウナンマグマ（ディセンバーS、ラジオNIKKEI賞2着）、ナックドロップス（舞浜特別）、サンノゼテソーロ（南総S）、サンライズアリオン（刈谷特別）。

1年間のリース供用だが
産駒は重賞で活躍を見せる

　2歳時、2戦目の未勝利戦（D6F）を1分06秒98のレコードで8馬身1/4差で圧勝。さらにサンヴィンセントS、レベルSとGⅡを連勝。1番人気に推されたアーカンソーダービーこそ7着に敗れたが、続くパットオブライエンSを制しGⅠ初制覇。さらに3歳12月のマリブSでGⅠ2勝目をあげた。4歳時はトリプルベンドH、ビングクロスビーSとGⅠで続けて2着に入った。

　5歳から種牡馬入り。米と豪のシャトルサイアーとして活躍。ノーテッドアンドクォーテッド（シャンデリアS）、シストロン（ビングクロスビーS）などのGⅠ馬を送り出している。

　日本でも外国産馬がコンスタントに走っていたため、2019年に1年間のリース供用。日本生まれの産駒は2021年デビュー。同年のFSランキングは8位。

　2022年は日本産の産駒の中からショウナンマグマがラジオNIKKEI賞で2着に入ったほか、ナックドロップスが特別戦を勝つなどの活躍を見せ、総合51位にランクインした。

馬券に直結する適性データ

　日本生まれの産駒は現4歳世代だが、海外産の別世代の産駒もちらほら見られる。芝12勝に対しダートは31勝。アメリカで活躍している系統らしく、ダート向きのパワフルな走りが特徴といえよう。芝の長距離以外はどの区分でも走っているが、メインはダート短距離。短距離向きということもあり、決め手は逃げ・先行が圧倒的。脚をためて差すより、スピードで押し切るのが勝ちパターンだ。人気薄でも内枠を引いたら要注意。ショウナンマグマがラジオNIKKEI賞で8番人気2着、ナックドロップスが舞浜特別を12番人気で1着しているように、穴っぽいところがあるので、大穴狙いも面白い。

BMS（ブルードメアサイアー）　母の父のこと。配合において種牡馬（＝父）の次に影響力が強いとされている。母系の系統はこのブルードメアサイアーの系統のことをさす。BMSと表示されることが多い。

2022年成績

総収得賞金 535,102,000円　**アーニング INDEX** 1.15

勝利頭数／出走頭数：全馬 67 ／ 103　　2歳 －／－
勝利回数／出走回数：全馬 111 ／ 922　　2歳 －／－

Data Box (2020~2022)

コース　小倉などローカルダートが○

	1着	2着	3着	出走数	勝率	連対率	3着内率
全体計	43	40	39	565	7.6%	14.7%	21.6%
中央芝	4	2	0	72	5.6%	8.3%	8.3%
中央ダ	19	14	21	214	8.9%	15.4%	25.2%
ローカル芝	8	6	6	117	6.8%	12.0%	17.1%
ローカルダ	12	18	12	162	7.4%	18.5%	25.9%
右回り芝	9	3	1	107	8.4%	11.2%	12.1%
右回りダ	20	20	24	227	8.8%	17.6%	28.2%
左回り芝	2	4	3	69	2.9%	8.7%	13.0%
左回りダ	11	12	9	149	7.4%	15.4%	21.5%
札幌芝	0	1	0	11	0.0%	9.1%	9.1%
札幌ダ	0	0	1	9	0.0%	0.0%	11.1%
函館芝	2	0	0	12	16.7%	16.7%	16.7%
函館ダ	0	1	2	11	0.0%	9.1%	27.3%
福島芝	1	2	0	20	5.0%	15.0%	15.0%
福島ダ	3	2	1	18	16.7%	27.8%	33.3%
新潟芝	1	2	4	28	3.6%	10.7%	25.0%
新潟ダ	0	1	0	6	6.1%	18.2%	24.2%
東京芝	1	0	0	30	3.3%	10.0%	10.0%
東京ダ	5	3	4	59	8.5%	13.6%	20.3%
中山芝	3	0	0	21	14.3%	14.3%	14.3%
中山ダ	8	4	10	83	9.6%	14.5%	26.5%
中京芝	1	1	1	24	4.2%	8.3%	12.5%
中京ダ	4	5	3	57	7.0%	15.8%	21.1%
京都芝	0	0	0	1	0.0%	0.0%	0.0%
京都ダ	0	0	0	0	-	-	-
阪神芝	0	0	0	20	0.0%	0.0%	0.0%
阪神ダ	6	7	7	72	8.3%	18.1%	27.8%
小倉芝	3	0	1	22	13.6%	13.6%	18.2%
小倉ダ	3	6	3	34	8.8%	26.5%	35.3%

条件　1勝クラスで安定した走り

	1着	2着	3着	出走数	勝率	連対率	3着内率
新馬	4	5	4	72	5.6%	12.5%	18.1%
未勝利	25	17	23	307	8.1%	13.7%	21.2%
1勝	10	14	8	124	8.1%	19.4%	25.8%
2勝	2	3	4	36	5.6%	13.9%	25.0%
3勝	1	0	0	13	7.7%	7.7%	7.7%
OPEN特別	1	0	0	9	11.1%	11.1%	11.1%
GⅢ	0	1	0	2	0.0%	50.0%	50.0%
GⅡ	0	0	0	0	-	-	-
GⅠ	0	0	0	0	-	-	-
ハンデ戦	1	3	0	13	7.7%	30.8%	30.8%
牝馬限定	9	6	3	103	8.7%	14.6%	17.5%
障害	0	0	0	0	-	-	-

人気　1番人気高勝率、大穴の激走も注

	1着	2着	3着	出走数	勝率	連対率	3着内率
1番人気	14	4	3	34	41.2%	52.9%	61.8%
2〜3番人気	13	12	12	80	16.3%	31.3%	46.3%
4〜6番人気	11	10	12	133	8.3%	15.8%	24.8%
7〜9番人気	2	8	8	120	1.7%	8.3%	15.0%
10番人気〜	3	6	4	198	1.5%	4.5%	6.6%

単勝回収値 78円／単勝適正回収値 86円

距離　ダート短距離戦が最も堅実

芝　平均勝ち距離　1,400m

	1着	2着	3着	出走数	勝率	連対率	3着内率
全体計	12	8	6	189	6.3%	10.6%	13.8%
芝〜1300m	7	4	5	97	7.2%	11.3%	16.5%
芝〜1600m	1	3	1	56	1.8%	7.1%	8.9%
芝〜2000m	4	1	0	32	12.5%	15.6%	15.6%
芝〜2400m	0	0	0	3	0.0%	0.0%	0.0%
芝2500m〜	0	0	0	1	0.0%	0.0%	0.0%

ダート　平均勝ち距離　1,421m

	1着	2着	3着	出走数	勝率	連対率	3着内率
全体計	31	32	33	376	8.2%	16.8%	25.5%
ダ〜1300m	16	16	19	173	9.2%	18.5%	29.5%
ダ〜1600m	6	4	4	84	7.1%	11.9%	16.7%
ダ〜2000m	8	12	10	117	6.8%	17.1%	25.6%
ダ2100m〜	1	0	0	2	50.0%	50.0%	50.0%

馬場状態　稍重ダートでスピードを活かす

		1着	2着	3着	出走数	勝率	連対率	3着内率
芝	良	9	7	6	141	6.4%	11.3%	15.6%
	稍重	3	1	0	38	7.9%	10.5%	10.5%
	重	0	0	0	9	0.0%	0.0%	0.0%
	不良	0	0	0	1	0.0%	0.0%	0.0%
ダ	良	17	22	18	237	7.2%	16.5%	24.1%
	稍重	11	7	9	92	12.0%	19.6%	29.3%
	重	1	1	4	30	3.3%	6.7%	20.0%
	不良	2	2	2	17	11.8%	23.5%	35.3%

性齢　完成度高めで世代戦で好成績

	1着	2着	3着	出走数	勝率	連対率	3着内率
牡2歳	6	5	1	69	8.7%	15.9%	17.4%
牝2歳	2	6	5	76	2.6%	10.5%	17.1%
牡3歳前半	10	10	14	117	8.5%	17.1%	29.1%
牝3歳前半	11	7	9	132	8.3%	13.6%	20.5%
牡3歳後半	6	4	7	71	8.5%	14.1%	23.9%
牝3歳後半	6	6	1	63	9.5%	19.0%	20.6%
牡4歳	1	0	0	8	12.5%	12.5%	12.5%
牝4歳	0	0	0	0	-	-	-
牡5歳	0	0	0	0	-	-	-
牝5歳	0	0	0	0	-	-	-
牡6歳	1	0	2	14	0.0%	14.3%	21.4%
牝6歳	0	0	0	0	-	-	-
牡7歳以上	1	0	1	12	8.3%	8.3%	16.7%
牝7歳以上	0	0	0	0	-	-	-

勝ち馬の決め手

芝（12勝）　追込 0／差し 6／先行 3／逃げ 3
ダート（31勝）　追込 1／差し 2／先行 14／逃げ 14

2021 ㊼
2020 ㊌
2019 ㊿
2018 ⑧⓪

ストロングリターン
STRONG RETURN

年次	種付頭数	産駒数
22年	**36**	**38**
21年	59	49
20年	69	59

種付料／⇩受50万円F　産80万円　供用地／日高・ブリーダーズSS
2006年生　鹿毛　千歳・社台ファーム産

距離	成長型	芝	ダート	瞬発力	パワー	底力
マ中	普	○	○	○	○	△

系統：ロベルト系　母父系統：ミスタープロスペクター系

父 *シンボリクリスエス 黒鹿 1999	Kris S. 黒鹿 1977	Roberto	Hail to Reason
			Bramalea
		Sharp Queen	Princequillo
			Bridgework
	Tee Kay 黒鹿 1991	Gold Meridian	Seattle Slew
			Queen Louie
		Tri Argo	Tri Jet
			Hail Proudly
母 *コートアウト 鹿 1998	Smart Strike 鹿 1992	Mr. Prospector	Raise a Native
			Gold Digger
		Classy'n Smart	Smarten
			No Class
	*アザール 栗 1991	Nijinsky	Northern Dancer
			Flaming Page
		Smart Heiress	Vaguely Noble
			Smartaire

インブリード：Nashua 5×5、母コートアウトに
Smartaire 4×3

血統解説　父シンボリクリスエスは天皇賞・秋、
有馬記念を共に連覇した名馬。後継種牡馬としてエ
ピファネイア（P76）が成功し、父系を発展させてい
る。母コートアウトはGⅠマザリーンSで2着がある米
6勝馬。半妹にレッドオーヴァル（桜花賞2着）がい
る。母父は米リーディングサイアーを獲得した名馬。

代表産駒 プリンスリターン（キャピタルS、ポー
トアイランドS、シンザン記念2着、アーリントンC
3着、函館2歳S3着）、ツヅミモン（シンザン記念
2着）、ペイシャルアス（カンナS）、フレアリングダイ
ヤ（大井金盃2着）。

PROFILE

競走成績　27戦7勝（2〜6歳・日）
最高レーティング　118 M（12年）
主な勝ち鞍　安田記念、京王杯スプリングC。
安田記念2着、ラジオNIKKEI賞3着。

安田記念をレコード勝ち
鋭い切れを産駒に伝えたい

　5歳時、京王杯スプリングCで重賞初制覇を
果たすと、続く安田記念でリアルインパクトの
2着。6歳時、京王杯SC4着を経て臨んだ2
度目の安田記念を1分31秒3のコースレコー
ドで制し、待望のGⅠタイトルを手に入れた。
ほかにラジオNIKKEI賞3着。

　7歳から種牡馬入り。シンボリクリスエス直
仔のGⅠマイラーということで期待され、2年
目から4年連続で100頭を超える種付を行っ
た。2017年のFSランキングは7位。

　ツヅミモン、プリンスリターンと2頭のシン
ザン記念2着馬が出るなど堅実に実績を重ねて
いったが、2022年はこれといって活躍馬が出
ず、ランキングはダウン。自身が晩成だっただ
けに巻き返しはこれからだ。

POG　2023年期待の2歳馬

母馬名（母父）	性別	おすすめポイント
リボンアート （*サンデーサイレンス）	牡	母系はダイワメジャーなどを出し たスカーレット一族。
カタマチボタン （ダンスインザダーク）	牝	母は桜花賞3着。全姉にツヅミ モン（シンザン記念3着）。
プレステッツァ （ルーラーシップ）	牝	2代母の全兄にドバイワールド C勝ちのヴィクトワールピサ。

馬券に直結する適性データ

　ダート33勝に対し芝はわずか6勝。父の切れと勝負
強さを受け継いだ産駒がまだ少ないこともあるが、一
般的な産駒はダートで地道に走るようだ。距離では短
距離がメイン。決め手を見ると、短距離が得意なだけ
にやはり先行が多いが、差し・追込で10勝をマークし
ている点に注目したい。ハイペース必至の時や、時計
の出やすい馬場になって差し脚がはまりそうな時は、後
ろから行く馬を狙っても面白い。それを裏付けるよう
にダート重の成績がいいので、馬場が渋ったら押さえて
おきたい。1勝クラスを勝った後に壁にぶつかる産駒が
多いので、2勝クラスの昇級戦などは注意が必要だ。

2022年成績

総収得賞金 516,963,000円	**アーニング INDEX** 0.48	
勝利頭数／出走頭数：全馬 100／240	2歳 14／50	
勝利回数／出走回数：全馬 170／2,142	2歳 17／210	

Data Box (2020〜2022)

コース　ローカルダート専門で考えたい

	1着	2着	3着	出走数	勝率	連対率	3着内率
全体計	39	61	62	1077	3.6%	9.3%	15.0%
中央芝	3	10	7	168	1.8%	7.7%	11.9%
中央ダ	15	21	21	406	3.7%	8.9%	14.0%
ローカル芝	3	10	7	201	1.5%	6.5%	10.0%
ローカルダ	18	20	27	302	6.0%	12.6%	21.5%
右回り芝	3	9	9	237	1.3%	5.1%	8.9%
右回りダ	14	19	29	391	3.6%	8.4%	15.9%
左回り芝	3	11	4	128	2.3%	10.9%	14.1%
左回りダ	19	22	19	317	6.0%	12.9%	18.9%
札幌芝	1	2	1	32	3.1%	9.4%	12.5%
札幌ダ	1	2	3	29	3.4%	10.3%	20.7%
函館芝	0	1	3	22	0.0%	4.5%	18.2%
函館ダ	1	1	1	23	4.3%	8.7%	13.0%
福島芝	0	1	0	35	0.0%	2.9%	2.9%
福島ダ	2	2	4	34	5.9%	11.8%	23.5%
新潟芝	0	2	0	37	0.0%	5.4%	10.8%
新潟ダ	7	8	6	87	8.0%	17.2%	24.1%
東京芝	2	7	3	70	2.9%	12.9%	17.1%
東京ダ	6	9	5	134	4.5%	11.2%	14.9%
中山芝	0	2	2	46	0.0%	4.3%	8.7%
中山ダ	4	7	12	137	2.9%	8.0%	16.8%
中京芝	1	0	2	25	4.0%	4.0%	12.0%
中京ダ	6	5	8	96	6.3%	11.5%	19.8%
京都芝	1	1	0	12	8.3%	16.7%	16.7%
京都ダ	0	0	0	17	0.0%	0.0%	0.0%
阪神芝	0	0	2	40	0.0%	0.0%	5.0%
阪神ダ	5	5	4	118	4.2%	8.5%	11.9%
小倉芝	1	2	1	50	2.0%	6.0%	8.0%
小倉ダ	1	2	5	33	3.0%	9.1%	24.2%

条件　基本は下級条件が活躍の場

	1着	2着	3着	出走数	勝率	連対率	3着内率
新馬	2	11	4	104	1.9%	12.5%	16.3%
未勝利	17	24	32	550	3.1%	7.5%	13.3%
1勝	16	14	13	240	6.7%	12.5%	17.9%
2勝	1	9	7	148	0.7%	6.8%	11.5%
3勝	0	1	4	23	0.0%	4.3%	21.7%
OPEN特別	3	1	1	14	21.4%	28.6%	35.7%
GⅢ	0	1	1	5	0.0%	20.0%	40.0%
GⅡ	0	0	0	0	-	-	-
GⅠ	0	0	0	2	0.0%	0.0%	0.0%
ハンデ戦	0	1	2	18	0.0%	5.6%	16.7%
牝馬限定	3	9	7	137	2.2%	8.8%	13.9%
障害	0	0	0	9	0.0%	0.0%	0.0%

人気　1番人気の頭は意識しておきたい

	1着	2着	3着	出走数	勝率	連対率	3着内率
1番人気	16	5	6	42	38.1%	50.0%	64.3%
2〜3番人気	12	19	20	126	9.5%	24.6%	40.5%
4〜6番人気	8	23	18	199	4.0%	15.6%	24.6%
7〜9番人気	3	7	10	253	1.2%	4.0%	7.9%
10番人気〜	0	7	8	466	0.0%	1.5%	3.2%

単勝回収値 22円／単勝適正回収値 55円

距離　短距離向きでダート短距離が○

芝　平均勝ち距離　1,517m

	1着	2着	3着	出走数	勝率	連対率	3着内率
全体計	6	20	14	369	1.6%	7.0%	10.8%
芝〜1300m	1	6	5	93	1.1%	7.5%	12.9%
芝〜1600m	4	10	7	157	2.5%	8.9%	13.4%
芝〜2000m	1	2	1	110	0.9%	4.5%	6.4%
芝〜2400m	0	0	0	7	0.0%	0.0%	0.0%
芝2500m〜	0	0	0	2	0.0%	0.0%	0.0%

ダート　平均勝ち距離　1,339m

	1着	2着	3着	出走数	勝率	連対率	3着内率
全体計	33	41	48	708	4.7%	10.5%	17.2%
ダ〜1300m	20	22	21	288	6.9%	14.6%	21.9%
ダ〜1600m	9	9	8	167	5.4%	10.8%	15.6%
ダ〜2000m	4	10	18	241	1.7%	5.8%	13.3%
ダ2100m〜	0	0	1	12	0.0%	0.0%	8.3%

馬場状態　ダート重なら単勝狙いでも

		1着	2着	3着	出走数	勝率	連対率	3着内率
芝	良	4	17	10	275	1.5%	7.6%	11.3%
	稍重	1	3	3	69	1.4%	5.8%	10.1%
	重	1	0	1	21	4.8%	4.8%	9.5%
	不良	0	0	0	4	0.0%	0.0%	0.0%
ダ	良	21	25	28	424	5.0%	10.8%	17.5%
	稍重	3	9	10	154	1.9%	7.8%	14.3%
	重	8	4	7	86	9.3%	14.0%	22.1%
	不良	1	3	3	44	2.3%	9.1%	15.9%

性齢　晩成型で3歳後半以降が勝負

	1着	2着	3着	出走数	勝率	連対率	3着内率
牡2歳	3	8	17	114	2.6%	9.6%	24.6%
牝2歳	2	6	1	111	1.8%	7.2%	8.1%
牡3歳前半	8	12	10	204	3.9%	9.8%	14.7%
牝3歳前半	8	3	3	170	1.2%	5.9%	7.6%
牡3歳後半	7	5	7	98	7.1%	12.2%	19.4%
牝3歳後半	4	8	6	82	4.9%	14.6%	22.0%
牡4歳	9	5	7	111	8.1%	12.6%	18.9%
牝4歳	2	3	1	40	5.0%	12.5%	15.0%
牡5歳	1	5	6	91	1.1%	6.6%	13.2%
牝5歳	1	0	0	16	0.0%	0.0%	6.3%
牡6歳	1	1	3	28	3.6%	7.1%	17.9%
牝6歳	0	0	0	0	-	-	-
牡7歳以上	0	0	0	13	0.0%	0.0%	0.0%
牝7歳以上	0	0	0	0	-	-	-

勝ち馬の決め手

芝　　6勝　差し3　先行3

ダート　33勝　逃げ4　追込2　差し8　先行19

2021	㊻
2020	㉜
2019	㉜
2018	㉚

メイショウボーラー
MEISHO BOWLER

年次	種付頭数	産駒数
22年	**7**	**22**
21年	33	38
20年	50	54

2022年引退
2001年生　黒鹿毛　浦河・日の出牧場産

距離	成長型	芝	ダート	瞬発力	パワー	底力
短マ	普	○	○	○	○	○

PROFILE

競走成績　29戦7勝（2～6歳・日香）
最高レーティング　114 M（05年）
主な勝ち鞍　フェブラリーS、デイリー杯2歳S、根岸S、ガーネットS、小倉2歳S。スプリンターズS2着、朝日杯FS2着、皐月賞3着。

2022年をもって種牡馬引退 残された産駒の活躍に期待

　2歳時、新馬戦、フェニックスS、小倉2歳S、デイリー杯2歳Sと4連勝を記録。朝日杯FSでは断然の1番人気に推されるが2着。3歳時、皐月賞3着、NHKマイルC3着と、健闘するも及ばず。4歳時はダート路線を進み、ガーネットS、根岸S、フェブラリーSと3連勝して待望のGIホースに輝いた。ほかにスプリンターズSで2着がある。

　7歳から種牡馬入り。名馬タイキシャトルの後継種牡馬として期待されていたこともあって、初年度から8年続けて100頭以上に種付するなどの人気を誇り、長らく浦河地区のエース種牡馬として活躍してきた。

　2022年に種牡馬を引退。後継種牡馬にバトンを渡し余生を過ごすことになる。

系統：ヘイルトゥリーズン系　母父系統：ストームキャット系

父		Halo	Hail to Reason
*タイキシャトル 栗 1994	Devil's Bag 鹿 1981		Cosmah
		Ballade	Herbager
			Miss Swapsco
	*ウェルシュマフィン 鹿 1987	Caerleon	Nijinsky
			Foreseer
		Muffitys	Thatch
			Contrail
母		Storm Bird	Northern Dancer
*ナイスレイズ 黒鹿 1994	Storm Cat 黒鹿 1983		South Ocean
		Terlingua	Secretariat
			Crimson Saint
	Nice Tradition 鹿 1979	Search Tradition	Nashua
			Searching
		Nice Dancing	Kazan
			Nice

インブリード：Northern Dancer 5×4

血統解説　父タイキシャトルは超一流マイラーとして国内外で活躍し1998年の年度代表馬に選ばれた名馬。母系は甥にマッハヴェロシティ（青葉賞2着、新潟大賞典2着）、いとこにトゥーマンスプレント（ホーソーンダービー）。母父は米リーディングサイアーで、BMSとして日本でも数多くのGI馬を出している名馬。

代表産駒　ニシケンモノフ（JBCスプリント）、エキマエ（兵庫CS）、ラインミーティア（アイビスSD）、マキオボーラー（小倉サマージャンプ）、ショーウェイ（ファンタジーS2着）、メイショウタンツツ（京都ハイジャンプ3着）。

POG　2023年期待の2歳馬

母馬名（母父）	性別	おすすめポイント
オムスビ （オレハマッテルゼ）	牡	母系からは、GIの常連として活躍した名脇役ナイスネイチャ。
ナムラカメーリア （ネオユニヴァース）	牡	いとこにアルゼンチン共和国杯勝ちのブレークアップ。
メイショウトパーズ （*クロフネ）	牝	母系からは帝王賞勝ちのダート王・メイショウハリオ。

馬券に直結する適性データ

　芝10勝に対しダートは34勝。メイショウボーラー自身、芝とダートの二刀流だったがダートの方が実績はあった。産駒も一流馬はダートで名を成し、2番手以降は芝の短距離でがんばっている。距離は基本的に短距離～マイル向きだが、ダートに関しては距離不問。特にダート2100m～は出走数こそ少ないが、勝率30%、3着内率70%はかなり優秀。短距離向きのイメージが強いため人気にもなりにくいだろうから、見かけたら積極的に狙っていきたい。詰めが甘いところがあり、1番人気での勝率は23.3%とやや低め。本命視されている時でも頭固定よりも連軸とする方がいいだろう。

2022年成績

総収得賞金 501,582,000円	アーニング INDEX　0.48

| 勝利頭数／出走頭数：全馬 110 ／ 232 | 2歳 8 ／ 40 |
| 勝利回数／出走回数：全馬 197 ／ 2,309 | 2歳 15 ／ 207 |

Data Box (2020〜2022)

コース　中山ダートで粘り強く走れる

	1着	2着	3着	出走数	勝率	連対率	3着内率
全体計	44	66	53	1083	4.1%	10.2%	15.1%
中央芝	7	7	5	131	5.3%	10.7%	14.5%
中央ダ	20	27	23	419	4.8%	11.2%	16.7%
ローカル芝	3	10	5	181	1.7%	7.2%	9.9%
ローカルダ	14	22	20	352	4.0%	10.2%	15.9%
右回り芝	10	11	6	208	4.8%	10.1%	13.0%
右回りダ	19	31	27	472	4.0%	10.6%	16.3%
左回り芝	0	5	4	92	0.0%	5.4%	9.7%
左回りダ	15	18	16	299	5.0%	11.0%	16.4%
札幌芝	1	0	0	9	11.1%	11.1%	11.1%
札幌ダ	2	1	3	18	11.1%	16.7%	33.3%
函館芝	0	2	0	22	0.0%	9.1%	9.1%
函館ダ	1	1	2	21	4.8%	9.5%	19.0%
福島芝	0	0	0	12	0.0%	0.0%	0.0%
福島ダ	0	3	1	29	0.0%	10.3%	13.8%
新潟芝	0	1	2	39	0.0%	2.6%	7.7%
新潟ダ	4	4	4	66	6.1%	12.1%	18.2%
東京芝	0	1	0	31	0.0%	6.5%	9.7%
東京ダ	4	4	4	66	6.1%	12.1%	18.2%
中山芝	0	0	0	13	0.0%	0.0%	0.0%
中山ダ	5	7	3	82	6.1%	14.6%	18.3%
中京芝	0	3	1	34	0.0%	8.8%	11.8%
中京ダ	7	10	8	167	4.2%	10.2%	15.0%
京都芝	2	2	2	24	8.3%	16.7%	25.0%
京都ダ	3	4	2	58	5.2%	12.1%	15.5%
阪神芝	5	3	2	63	7.9%	12.7%	15.9%
阪神ダ	8	12	14	213	3.8%	9.4%	16.0%
小倉芝	2	4	2	65	3.1%	9.2%	12.3%
小倉ダ	2	1	2	51	0.0%	5.9%	9.8%

条件　1勝クラスやハンデ戦で買い

	1着	2着	3着	出走数	勝率	連対率	3着内率
新馬	2	5	4	86	2.3%	8.1%	12.8%
未勝利	16	33	17	469	3.4%	10.4%	14.1%
1勝	13	17	17	239	5.4%	12.6%	19.7%
2勝	7	5	10	165	4.2%	7.3%	13.3%
3勝	5	6	3	88	5.7%	12.5%	15.9%
OPEN 特別	4	2	3	65	6.2%	9.2%	13.8%
GⅢ	0	0	0	6	0.0%	0.0%	0.0%
GⅡ	0	0	0	3	0.0%	0.0%	0.0%
GⅠ	0	0	0	0	-	-	-
ハンデ戦	5	6	4	75	6.7%	14.7%	20.0%
牝馬限定	4	16	6	146	2.7%	13.7%	17.8%
障害	3	2	1	33	9.1%	15.2%	18.2%

人気　1番人気は低勝率、連軸扱いで

	1着	2着	3着	出走数	勝率	連対率	3着内率
1番人気	10	12	4	43	23.3%	51.2%	60.5%
2〜3番人気	15	17	6	94	16.0%	34.0%	40.4%
4〜6番人気	14	19	17	192	7.3%	17.2%	26.0%
7〜9番人気	6	11	18	242	2.5%	7.0%	14.5%
10番人気〜	2	9	9	545	0.4%	2.0%	3.7%

単勝回収値 59円／単勝適正回収値 70円

距離　ダートなら中距離にも対応可能

芝　平均勝ち距離　1,420m

	1着	2着	3着	出走数	勝率	連対率	3着内率
全体計	10	17	10	312	3.2%	8.7%	11.9%
芝〜1300m	5	8	2	146	3.4%	8.9%	10.3%
芝〜1600m	2	4	7	122	1.6%	4.9%	10.7%
芝〜2000m	3	5	1	43	7.0%	18.6%	20.9%
芝〜2400m	0	0	0	0	-	-	-
芝2500m〜	0	0	0	1	0.0%	0.0%	0.0%

ダート　平均勝ち距離　1,485m

	1着	2着	3着	出走数	勝率	連対率	3着内率
全体計	34	49	43	771	4.4%	10.8%	16.3%
ダ〜1300m	14	23	20	368	3.8%	10.1%	15.5%
ダ〜1600m	8	7	8	190	4.2%	7.9%	12.1%
ダ〜2000m	9	17	13	203	4.4%	12.8%	19.2%
ダ2100m〜	3	2	2	10	30.0%	50.0%	70.0%

馬場状態　芝ダートとも渋った馬場でこそ

		1着	2着	3着	出走数	勝率	連対率	3着内率
芝	良	6	9	5	227	2.6%	6.6%	8.8%
	稍重	2	4	2	51	3.9%	11.8%	15.7%
	重	1	3	3	29	3.4%	13.8%	24.1%
	不良	1	1	0	5	20.0%	40.0%	40.0%
ダ	良	16	31	23	452	3.5%	10.4%	15.5%
	稍重	13	9	10	176	7.4%	12.5%	18.2%
	重	4	5	0	89	4.5%	10.1%	15.7%
	不良	1	4	1	54	1.9%	9.3%	18.5%

性齢　遅咲きで3歳後半以降に花開く

	1着	2着	3着	出走数	勝率	連対率	3着内率
牡2歳	1	7	5	99	1.0%	8.1%	13.1%
牝2歳	2	7	2	99	2.0%	9.1%	11.1%
牡3歳前半	8	7	10	165	4.8%	9.1%	15.2%
牝3歳前半	6	14	4	159	3.8%	12.6%	15.1%
牡3歳後半	5	5	4	70	7.1%	14.3%	20.0%
牝3歳後半	4	8	3	66	6.1%	18.2%	22.7%
牡4歳	9	10	8	95	9.5%	20.0%	28.4%
牝4歳	0	2	3	51	0.0%	3.9%	9.8%
牡5歳	5	3	5	93	5.4%	7.5%	14.0%
牝5歳	2	1	1	28	7.1%	10.7%	14.3%
牡6歳	3	3	4	86	3.5%	7.0%	11.6%
牝6歳	0	0	0	?	-	-	-
牡7歳以上	1	1	4	75	1.3%	2.7%	8.0%
牝7歳以上	1	1	0	14	7.1%	14.3%	14.3%

勝ち馬の決め手

芝　10勝　追込 1／逃げ 5／先行 2／差し 2

ダート　34勝　追込 5／逃げ 9／先行 12／差し 8

RANKING
54
2歳馬 **82**

2021 ㉙
2020 ㉗
2019 ㉔
2018 ㉜

ディープブリランテ
DEEP BRILLANTE

年次	種付頭数	産駒数
22年	**35**	**40**
21年	63	24
20年	44	30

種付料／⇨受50万円、産80万円　供用地／日高・ブリーダーズSS
2009年生　鹿毛　新冠・パカパカファーム産

距離	成長型	芝	ダート	瞬発力	パワー	底力
中長	普	◎	○	○	○	○

PROFILE

競走成績　7戦3勝（2～3歳・日英）
最高レーティング　118 L（12年）
主な勝ち鞍　ダービー、東京スポーツ杯2歳S。
スプリングS2着、共同通信杯2着、皐月賞3着。

エースの不在が響いたが
巻き返しはこれから

　2歳時、不良馬場の東京スポーツ杯2歳Sを圧勝して、一躍クラシック候補として注目を集める。3歳緒戦の共同通信杯、2戦目のスプリングSはともに1番人気で2着、さらに皐月賞はゴールドシップの3着だったが、続くダービーでは、フェノーメノの追撃をハナ差凌いで優勝。父ディープインパクトに、初となるダービー馬のタイトルをもたらした。その後、英遠征して"キングジョージ"に挑むも8着。

　3歳で引退して種牡馬入り。初年度から205頭もの種付を行う人気種牡馬となった。

　2020年、21年とモズベッロの活躍で注目を集めたが、2022年は同馬の休養などもあって総合ランキングは前年29位から大きくダウン。さらなる活躍馬の出現が待たれる。

系統：サンデーサイレンス系　母父系統：ネヴァーベンド系

父 ディープインパクト 鹿 2002	*サンデーサイレンス 青鹿 1986	Halo	Hail to Reason
			Cosmah
		Wishing Well	Understanding
			Mountain Flower
	*ウインドインハーヘア 鹿 1991	Alzao	Lyphard
			Lady Rebecca
		Burghclere	Busted
			Highclere
母 *ラヴアンドバブルズ 鹿 2001	Loup Sauvage 栗 1994	Riverman	Never Bend
			River Lady
		Louveterie	Nureyev
			Lupe
	*バブルドリーム 鹿 1993	Akarad	Labus
			Licata
		*バブルプロスペクター	Miswaki
			*バブルカンパニー

インブリード：Lyphard 4×5、Busted 4×5、Northern Dancer 5×5

血統解説　父ディープインパクトは11年連続でリーディングサイアーに輝いた名馬。母ラヴアンドバブルズは仏GIIIクロエ賞の勝ち馬で本場の半妹にバブルバブル（フラワーC2着）を産んでいる。一族にバブルガムフェロー（天皇賞・秋）、ザッツザプレンティ（菊花賞）など。母父はイスパーン賞勝ち馬で底力あるネヴァーベンド系。

代表産駒　モズベッロ（日経新春杯、大阪杯2着、宝塚記念3着）、セダブリランテス（ラジオNIKKEI賞、中山金杯）、ラプタス（兵庫GT、黒船賞、かきつばた記念2回、サマーチャンピオン）、ミッキーブリランテ（阪急杯2着）、ナムラドノヴァン（阪神大賞典3着）。

POG　2023年期待の2歳馬

母馬名（母父）	性別	おすすめポイント
センティナリー（*フレンチデピュティ）	牡	叔父に天皇賞・春、阪神大賞典を勝ったアドマイヤジュピタ。
ハーランズルビー（HARLAN'S HOLIDAY）	牝	全兄に大阪杯2着、宝塚記念3着とGIで好走したモズベッロ。
ヤマニンファビュル（エアジハード）	牝	いとこに2022年の神戸新聞杯で2着したヤマニンゼスト。

馬券に直結する適性データ

　芝39勝に対しダートは29勝。本質的には芝向きだが、馬場状態をものともしないパワフルさでダートも対応しており、距離は短距離から長距離までまんべんなくこなしている。一線級はともかく、標準的な産駒はむしろ短距離よりか。イメージほど長距離戦には強くないので注意。決め手では差しが多い点に注目したい。逃げ馬が多く、ペースが速くなりそうな時は狙い目だ。穴っぽいところがあり、モズベッロは宝塚記念を12番人気3着、大阪杯を6番人気2着しているが、標準的な産駒も7～9番人気で16.1％の3着内率を記録しており、配当的に十分お釣りが来るレベルだ。

2022年成績

総収得賞金 497,932,000円　アーニング INDEX　0.67

勝利頭数／出走頭数：全馬 70／166　　2歳 3／18
勝利回数／出走回数：全馬116／1,329　　2歳 3／44

Data Box（2020~2022）

コース　北海道芝で安定感抜群

	1着	2着	3着	出走数	勝率	連対率	3着内率
全体計	68	86	105	1402	4.9%	11.0%	18.5%
中央芝	16	24	30	374	4.3%	10.7%	18.7%
中央ダ	19	25	27	405	4.7%	10.9%	17.5%
ローカル芝	23	26	24	389	5.9%	12.6%	18.8%
ローカルダ	10	11	24	234	4.3%	9.0%	19.2%
右回り芝	30	32	35	470	6.4%	13.2%	20.6%
右回りダ	21	22	28	385	5.5%	11.2%	18.4%
左回り芝	9	18	18	279	3.2%	9.7%	16.1%
左回りダ	8	14	23	254	3.1%	8.7%	17.7%
札幌芝	2	5	4	37	5.4%	18.9%	29.7%
札幌ダ	3	1	3	24	12.5%	16.7%	29.2%
函館芝	2	4	1	25	8.0%	24.0%	28.0%
函館ダ	1	1	5	21	4.8%	9.5%	33.3%
福島芝	5	5	2	53	9.4%	18.9%	22.6%
福島ダ	2	2	3	32	6.3%	12.5%	21.9%
新潟芝	3	6	7	112	2.7%	8.0%	14.3%
新潟ダ	1	0	3	40	2.5%	2.5%	10.0%
東京芝	4	8	9	112	3.6%	10.7%	18.8%
東京ダ	4	8	10	126	3.2%	9.5%	17.5%
中山芝	6	7	7	103	5.8%	12.6%	19.4%
中山ダ	6	9	9	143	4.2%	10.5%	16.8%
中京芝	2	4	3	69	2.9%	8.7%	13.0%
中京ダ	3	6	10	88	3.4%	10.2%	21.6%
京都芝	2	2	2	32	6.3%	12.5%	18.8%
京都ダ	2	0	2	25	8.0%	8.0%	16.0%
阪神芝	4	7	12	127	3.1%	8.7%	18.1%
阪神ダ	7	8	6	111	6.3%	13.5%	18.9%
小倉芝	9	2	7	93	9.7%	11.8%	19.4%
小倉ダ	0	0	1	29	0.0%	3.4%	3.4%

条件　完成度活かした新馬戦が得意

	1着	2着	3着	出走数	勝率	連対率	3着内率
新馬	10	9	9	106	9.4%	17.9%	26.4%
未勝利	23	30	34	481	4.8%	11.0%	18.1%
1勝	20	27	37	475	4.2%	9.9%	17.7%
2勝	9	13	16	186	4.8%	11.8%	20.4%
3勝	3	2	5	91	3.3%	5.5%	11.0%
OPEN特別	5	2	1	34	14.7%	20.6%	23.5%
GⅢ	0	2	1	20	0.0%	10.0%	15.0%
GⅡ	1	2	1	17	5.9%	17.6%	23.5%
GⅠ	0	1	1	14	0.0%	7.1%	14.3%
ハンデ戦	5	3	4	69	7.2%	11.6%	17.4%
牝馬限定	10	9	13	224	4.5%	8.5%	14.3%
障害	3	2	0	22	13.6%	22.7%	22.7%

人気　7～9番人気の一発は要警戒

	1着	2着	3着	出走数	勝率	連対率	3着内率
1番人気	17	16	13	68	25.0%	48.5%	67.6%
2～3番人気	24	28	18	141	12.8%	24.8%	42.6%
4～6番人気	19	20	32	317	6.0%	12.3%	22.4%
7～9番人気	14	17	25	348	4.0%	8.9%	16.1%
10番人気～	3	11	17	550	0.5%	2.5%	5.6%

単勝回収値 61円／単勝適正回収値 69円

距離　芝ダートとも距離不問で走る

芝　平均勝ち距離　1,615m

	1着	2着	3着	出走数	勝率	連対率	3着内率
全体計	39	50	54	763	5.1%	11.7%	18.7%
芝～1300m	14	7	11	184	7.6%	11.4%	17.4%
芝～1600m	10	23	18	279	3.6%	11.8%	18.3%
芝～2000m	11	15	15	227	4.8%	11.5%	18.1%
芝～2400m	2	1	8	40	5.0%	7.5%	27.5%
芝2500m～	2	4	2	33	6.1%	18.2%	24.2%

ダート　平均勝ち距離　1,524m

	1着	2着	3着	出走数	勝率	連対率	3着内率
全体計	29	36	51	639	4.5%	10.2%	18.2%
ダ～1300m	7	12	16	181	3.9%	10.5%	19.3%
ダ～1600m	10	12	15	195	5.1%	11.3%	19.0%
ダ～2000m	10	9	19	230	4.3%	8.3%	16.5%
ダ2100m～	2	3	1	33	6.1%	15.2%	18.2%

馬場状態　馬場状態不問、芝重で勝ち切る

		1着	2着	3着	出走数	勝率	連対率	3着内率
芝	良	30	39	43	589	5.1%	11.7%	19.0%
芝	稍重	3	8	6	113	2.7%	9.7%	15.0%
芝	重	5	1	5	49	10.2%	12.2%	22.4%
芝	不良	0	1	2	12	8.3%	25.0%	25.0%
ダ	良	16	25	38	386	4.1%	10.6%	20.5%
ダ	稍重	5	4	8	122	4.1%	7.4%	13.9%
ダ	重	5	3	3	81	6.2%	13.6%	17.3%
ダ	不良	3	1	2	50	6.0%	8.0%	12.0%

性齢　牡牝共3歳後半がピーク

	1着	2着	3着	出走数	勝率	連対率	3着内率
牡2歳	9	16	11	150	6.0%	16.7%	24.0%
牝2歳	6	6	5	73	8.2%	16.4%	23.3%
牡3歳前半	11	12	19	217	5.1%	10.6%	19.4%
牝3歳前半	6	8	6	158	3.8%	8.9%	12.7%
牡3歳後半	5	9	12	86	5.8%	16.3%	30.2%
牝3歳後半	6	5	10	74	8.1%	14.9%	28.4%
牡4歳	8	11	10	162	4.9%	11.7%	17.9%
牝4歳	6	5	13	112	5.4%	9.8%	21.4%
牡5歳	6	6	5	121	5.0%	9.9%	14.0%
牝5歳	1	1	0	20	5.0%	10.0%	10.0%
牡6歳	5	4	6	83	6.0%	10.8%	18.1%
牝6歳	3	2	2	70	2.9%	7.1%	10.0%
牡7歳以上	1	0	0	20	5.0%	5.0%	5.0%
牝7歳以上	0	0	2	28	0.0%	7.1%	7.1%

勝ち馬の決め手

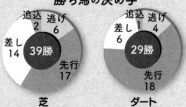

芝　39勝：逃げ6、先行17、差し14、追込2
ダート　29勝：逃げ4、先行18、差し6、追込1

ベルシャザール
BELSHAZZAR

年次	種付頭数	産駒数
22年	4	13
21年	20	17
20年	24	32

系統：キングマンボ系　母父系統：サンデーサイレンス系

父 キングカメハメハ 鹿 2001	Kingmambo 1990	Mr. Prospector	Raise a Native
			Gold Digger
		Miesque	Nureyev
			Pasadoble
	*マンファス 黒鹿 1991	*ラストタイクーン	*トライマイベスト
			Mill Princess
		Pilot Bird	Blakeney
			The Dancer
母 マルカキャンディ 青鹿 1996	*サンデーサイレンス 青鹿 1986	Halo	Hail to Reason
			Cosmah
		Wishing Well	Understanding
			Mountain Flower
	*ジーナロマンティカ 鹿 1988	*セクレト	Northern Dancer
			Betty's Secret
		Waya	Faraway Son
			War Path

インブリード：Northern Dancer 5・5×4

種付料／プライヴェート　供用地／青森県・フォレブルー（東北牧場）
2008年生　青鹿毛　千歳・社台ファーム産

距離	成長型	芝	ダート	瞬発力	パワー	底力
中長	普	○	○	○	○	○

PROFILE

競走成績　18戦6勝（2～6歳・日）
最高レーティング　116 M（13年）
主な勝ち鞍　ジャパンCダート、武蔵野S、ブラジルC、ホープフルS。スピリングS2着、ダービー3着、フェブラリーS3着。

キンカメ産駒のダートGI馬
芝適性を強みに活躍したい

　3歳時、スプリングS2着から臨んだ皐月賞は3番人気に支持されるもオルフェーヴルの11着。続くダービーでは、オルフェーヴル、ウインバリアシオンに続く3着と好走した。5歳からはダート路線に転向。武蔵野Sで初重賞制覇を遂げると、続くジャパンCダートでは、ワンダーアキュート、ホッコータルマエら強豪を降してGI初制覇。2013年の最優秀ダートホースに輝いた。ほかにフェブラリーS3着。

　7歳から種牡馬入り。3年連続で100頭以上に種付を行う人気で、2018年のFSランキングでは3位にランクインした。

　2022年は目立った活躍馬が出なかったが、総合ランキングは50位台をキープ。重賞でも活躍するような産駒の出現に期待したい。

血統解説　父キングカメハメハは後継馬が続々と登場する偉大な名馬。府中牝馬Sなど7勝をあげた母マルカキャンディは、本馬の半姉にライムキャンディ（クイーンC2着）を産んでいる。3代母ワーヤはマンノウォーSなど米GI4勝の活躍馬。母父サンデーサイレンスは13年連続リーディングBMSの名馬。

代表産駒　シャイニーロック（リゲルS、日高S）、ソルトイブキ（濃尾特別）、ナリタフォルテ（赤穂特別）、ピアノマン（盛岡・やまびこ賞）、グランコージー（水沢・シアンモア記念2着）、ネーロルチェンテ（門別・ブロッサムC）、エキサイター（野路菊S3着）。

POG　2023年期待の2歳馬

母馬名（母父）	性別	おすすめポイント
フルーツタルト （ディープインパクト）	牡	母は3勝。母父ディープインパクトとの相性の良さに期待。
ローズプラネット （*フレンチデピュティ）	牡	母系から南米で種牡馬として成功しているアグネスゴールド。
ハーツデザイヤー （アグネスタキオン）	牝	叔父に愛知杯を勝ち、朝日CC2着のトウカイパルサー。

馬券に直結する適性データ

　ベルシャザール自身ダービーで3着に入ったが不良馬馬でのものであり、芝適性はあるが得意というほどではない。買うならダートで。距離では短距離から中距離までこなしており、特に中距離が稼ぎどころになっている。仕上がりは遅く、新馬戦は0勝2着1回3着2回と苦手としている。それに合わせ2歳戦もわずか2勝のみ。また、その2勝は牝馬があげたものなので、牡馬は3歳になるまで様子見が正解。逆に3歳後半に完成してからは、高齢になるまで息の長い活躍をするので速い切りは禁物。コースでは、小倉ダートを筆頭にローカルのダートコースが狙い目だ。

2022年成績

総収得賞金 492,017,000円　アーニング INDEX　0.58

勝利頭数／出走頭数：全馬 87 ／ 190　　2歳 7 ／ 23
勝利回数／出走回数：全馬 151 ／ 1,908　　2歳 7 ／ 135

Data Box (2020~2022)

コース　小倉などローカルダート巧者

	1着	2着	3着	出走数	勝率	連対率	3着内率
全体計	28	47	54	715	3.9%	10.5%	18.0%
中央芝	2	6	6	54	3.7%	14.8%	25.9%
中央ダ	13	22	28	353	3.7%	9.9%	17.8%
ローカル芝	2	2	1	64	3.1%	6.3%	7.8%
ローカルダ	11	17	19	244	4.5%	11.5%	19.3%
右回り芝	4	4	6	68	5.9%	11.8%	20.6%
右回りダ	10	27	31	356	2.8%	10.4%	19.1%
左回り芝	0	4	1	45	0.0%	8.9%	11.1%
左回りダ	14	12	16	241	5.8%	10.8%	17.4%
札幌芝	1	0	0	6	16.7%	16.7%	16.7%
札幌ダ	0	1	2	22	0.0%	4.5%	13.6%
函館芝	1	0	0	2	50.0%	50.0%	50.0%
函館ダ	0	2	3	18	0.0%	11.1%	27.8%
福島芝	0	0	0	0	0.0%	0.0%	0.0%
福島ダ	2	1	3	26	7.7%	11.5%	23.1%
新潟芝	0	0	1	16	0.0%	0.0%	6.3%
新潟ダ	2	3	3	53	3.8%	9.4%	15.1%
東京芝	0	1	2	12	0.0%	25.0%	25.0%
東京ダ	8	4	9	107	7.5%	11.2%	19.6%
中山芝	0	0	0	10	0.0%	0.0%	0.0%
中山ダ	1	7	7	112	0.9%	7.1%	13.4%
中京芝	0	1	0	22	0.0%	4.5%	4.5%
中京ダ	4	5	4	81	4.9%	11.1%	16.0%
京都芝	0	1	1	5	0.0%	20.0%	40.0%
京都ダ	1	3	5	30	0.0%	16.7%	26.7%
阪神芝	2	2	5	27	7.4%	14.8%	33.3%
阪神ダ	4	6	6	104	3.8%	9.6%	18.3%
小倉芝	0	1	0	13	0.0%	7.7%	7.7%
小倉ダ	3	5	4	44	6.8%	18.2%	27.3%

条件　牝馬限定戦、障害戦で注意

	1着	2着	3着	出走数	勝率	連対率	3着内率
新馬	0	1	2	58	0.0%	1.7%	5.2%
未勝利	15	29	25	356	4.2%	12.4%	19.4%
1勝	10	13	18	179	5.6%	12.8%	22.9%
2勝	4	6	10	124	3.2%	8.1%	16.1%
3勝	1	3	2	32	3.1%	12.5%	18.8%
OPEN特別	1	0	0	6	16.7%	16.7%	16.7%
GⅢ	0	0	0	1	0.0%	0.0%	0.0%
GⅡ	0	0	0	0	-	-	-
GⅠ	0	0	0	0	-	-	-
ハンデ戦	0	0	2	20	0.0%	0.0%	10.0%
牝馬限定	7	11	12	121	5.8%	14.9%	24.8%
障害	3	5	3	41	7.3%	19.5%	26.8%

人気　7〜9番人気の穴馬を狙ってこそ

	1着	2着	3着	出走数	勝率	連対率	3着内率
1番人気	11	4	10	38	28.9%	39.5%	65.8%
2〜3番人気	7	19	15	78	9.0%	33.3%	52.6%
4〜6番人気	6	12	18	130	4.6%	13.8%	27.7%
7〜9番人気	7	13	11	175	4.0%	11.4%	17.7%
10番人気〜	0	4	3	335	0.0%	1.2%	2.1%

距離　距離は延びれば延びるほどいい

芝　平均勝ち距離　1,675m

	1着	2着	3着	出走数	勝率	連対率	3着内率
全体計	4	8	7	118	3.4%	10.2%	16.1%
芝〜1300m	0	0	0	16	0.0%	0.0%	0.0%
芝〜1600m	3	5	2	40	7.5%	20.0%	25.0%
芝〜2000m	1	3	3	51	2.0%	7.8%	13.7%
芝〜2400m	0	0	2	10	0.0%	0.0%	20.0%
芝2500m〜	0	0	0	1	0.0%	0.0%	0.0%

ダート　平均勝ち距離　1,640m

	1着	2着	3着	出走数	勝率	連対率	3着内率
全体計	24	39	47	597	4.0%	10.6%	18.4%
ダ〜1300m	5	4	6	106	4.7%	8.5%	14.2%
ダ〜1600m	4	7	11	117	3.4%	9.4%	18.8%
ダ〜2000m	14	24	25	335	4.2%	11.3%	18.8%
ダ2100m〜	1	4	5	39	2.6%	12.8%	25.6%

馬場状態　芝ダートとも良馬場で本領発揮

		1着	2着	3着	出走数	勝率	連対率	3着内率
芝	良	4	5	7	90	4.4%	10.0%	17.8%
	稍重	0	2	0	17	0.0%	11.8%	11.8%
	重	0	0	0	8	0.0%	0.0%	0.0%
	不良	0	1	0	3	0.0%	33.3%	33.3%
ダ	良	12	28	28	357	3.4%	11.2%	19.0%
	稍重	8	6	5	127	6.3%	11.0%	15.0%
	重	3	3	9	66	4.5%	9.1%	22.7%
	不良	1	2	5	47	2.1%	6.4%	17.0%

性齢　晩成型で3歳後半に活躍

	1着	2着	3着	出走数	勝率	連対率	3着内率
牡2歳	0	1	3	52	0.0%	1.9%	7.7%
牝2歳	2	1	2	40	5.0%	7.5%	12.5%
牡3歳前半	6	8	10	140	4.3%	10.0%	17.1%
牝3歳前半	4	8	8	113	3.5%	10.6%	17.7%
牡3歳後半	2	8	4	59	3.4%	16.9%	23.7%
牝3歳後半	3	6	0	50	6.0%	12.0%	18.0%
牡4歳	6	13	11	133	4.5%	14.3%	22.6%
牝4歳	3	2	4	43	7.0%	11.6%	20.9%
牡5歳	3	7	2	50	6.0%	20.0%	24.0%
牝5歳	0	0	0	30	0.0%	0.0%	0.0%
牡6歳	1	2	10	44	4.5%	6.8%	29.5%
牝6歳	0	0	0	0	-	-	-
牡7歳以上	0	0	0	0	-	-	-
牝7歳以上	0	0	0	0	-	-	-

勝ち馬の決め手

芝　　4勝
追込 1／逃げ 1／先行 2

ダート　24勝
追込 3／逃げ 4／差し 6／先行 11

リアルインパクト
REAL IMPACT

年次	種付頭数	産駒数
22年	20	35
21年	53	70
20年	129	62

系統：サンデーサイレンス系　母父系統：プリンスキロ系

父 ディープインパクト 鹿 2002	*サンデーサイレンス 青鹿 1986	Halo	Hail to Reason
			Cosmah
		Wishing Well	Understanding
			Mountain Flower
	*ウインドインハーヘア 鹿 1991	Alzao	Lyphard
			Lady Rebecca
		Burghclere	Busted
			Highclere
母 *トキオリアリティー 栗 1994	Meadowlake 栗 1983	Hold Your Peace	Speak John
			Blue Moon
		Suspicious Native	Raise a Native
			Be Suspicious
	What a Reality 栗 1978	In Reality	Intentionally
			My Dear Girl
		What Will Be	Crozier
			Solabar

インブリード：Northern Dancer 5×5

種付料／⇩受50万円F　供用地／新冠・優駿SS
2008年生　鹿毛　安平・ノーザンファーム産

距離	成長型	芝	ダート	瞬発力	パワー	底力
短マ	普	○	○	○	○	○

PROFILE

競走成績　30戦5勝（2〜7歳・日豪）
最高レーティング　118 M（15年）
主な勝ち鞍　安田記念、ジョージライダーS、阪神C2回。ドンカスターマイル2着、朝日杯FS2着、毎日王冠2着、京王杯2歳S2着。

血統解説　父ディープインパクトは11年連続のリーディングサイアー。本馬はその初年度産駒で最初の牡馬G1馬である。母トキオリアリティーは3勝で本馬の半兄にアイルラヴァゲイン（オーシャンS）、半弟にネオリアリズム（QエリザベスII世C、マイルCS3着）を産んでいる。甥にインディチャンプ（安田記念、マイルCS）がいる。

代表産駒　**ラウダシオン**（NHKマイルC、京王杯SC）、**カウントデルピー**（ヴィクトリーS）、**ルナーインパクト**（WATCWAオークス）、**スカイラブ**（ローズヒルギニーズ2着）、**アルムブラスト**（カンナS）、**プルタオルネ**（船橋・平和賞）、**ティーズダンキー**（名古屋・梅花賞）。

産駒は豪で大ブレイク！
日本でもさらなる活躍馬を

　3歳時、NHKマイルC3着から安田記念に挑戦すると、古馬を相手に快勝。59年ぶりの快挙を達成した。その後、5歳時の阪神Cで通算3勝目をあげると、6歳時にも同レースを連覇。7歳時には豪遠征してジョージライダーSを制し、海外G1ウイナーに輝いた。

　8歳から日と豪でシャトルサイアーとしてスタッドイン。産駒は2019年に走り始め、同年のFSランキングではキズナ、エピファネイアに次ぐ3位にランクインした。2020年にはラウダシオンがNHKマイルCを制覇し、G1サイアーに輝いている。

　日本ではラウダシオン以外の活躍馬が出ず、ランキング下降気味だが、豪で産駒が大活躍しており、日本での再ブレイクが期待される。

POG　2023年期待の2歳馬

母馬名（母父）	性別	おすすめポイント
アンティフォナ （SONGANDAPRAYER）	牡	全兄にNHKマイルC勝ちのラウダシオンがいる
ヴィートマルシェ （*フレンチデビュティ）	牡	2代母に桜花賞馬キョウエイマーチ。姪にGI2着ナミュール。
*コケレール （ZAMINDAR）	牝	母は仏GIサンタラリ賞の勝ち馬。母父は仏首位種牡馬。

馬券に直結する適性データ

　芝25勝に対しダート36勝と、ややダート寄りの傾向を見せているが一線級の産駒は芝でこそ。豪で活躍している産駒もいずれも芝レースで結果を出している。距離別では、芝はマイルに良績が集中しているが、ダートは長距離以外は幅広く対応している。1番人気の信頼度はまずまず。ただ、勝率34.8%に対し、連対率39.1%はちょっと低い。連複の軸というより、1着固定で相手を手広く流した方がいい。また、7〜9番人気での成績も悪くないので、思い切った大穴狙いも面白い。コース別では札幌ダート、函館ダートが好調。夏の北海道シリーズでは積極的に買いたい。

2022年成績

総収得賞金 479,855,000円　**アーニング INDEX** 0.81

勝利頭数／出走頭数：全馬 54／131　2歳 12／37
勝利回数／出走回数：全馬 79／946　2歳 13／123

Data Box （2020~2022）

単勝回収値 71円／単勝適正回収値 83円

コース　北海道のダートで勝負強い

	1着	2着	3着	出走数	勝率	連対率	3着内率
全体計	61	57	73	969	6.3%	12.2%	19.7%
中央芝	13	12	18	223	5.8%	11.2%	19.3%
中央ダ	18	17	15	269	6.7%	13.0%	18.6%
ローカル芝	12	14	15	249	4.8%	10.4%	16.5%
ローカルダ	18	14	25	228	7.9%	14.0%	25.0%
右回り芝	12	15	20	282	4.3%	9.6%	16.7%
右回りダ	24	16	23	291	8.2%	13.7%	21.6%
左回り芝	13	11	11	180	7.2%	13.3%	19.4%
左回りダ	12	15	17	206	5.8%	13.1%	21.4%
札幌芝	1	1	2	31	3.2%	6.5%	12.9%
札幌ダ	3	3	6	23	13.0%	26.1%	52.2%
函館芝	1	2	2	22	4.5%	13.6%	22.7%
函館ダ	4	2	2	20	20.0%	30.0%	40.0%
福島芝	1	2	1	33	3.0%	9.1%	12.1%
福島ダ	0	1	1	31	0.0%	3.2%	6.5%
新潟芝	4	2	5	67	6.0%	9.0%	16.4%
新潟ダ	1	4	5	55	1.8%	9.1%	21.8%
東京芝	7	7	5	85	8.2%	16.5%	22.4%
東京ダ	5	8	5	85	5.9%	15.3%	21.2%
中山芝	6	2	9	76	7.9%	10.5%	22.4%
中山ダ	5	2	4	70	7.1%	10.0%	15.7%
中京芝	2	2	3	38	5.3%	10.5%	18.4%
中京ダ	6	3	5	66	9.1%	13.6%	21.2%
京都芝	0	1	0	20	0.0%	5.0%	5.0%
京都ダ	1	2	2	24	4.2%	12.5%	20.8%
阪神芝	0	2	4	42	0.0%	4.8%	14.3%
阪神ダ	7	5	4	90	7.8%	13.3%	17.8%
小倉芝	3	5	1	58	5.2%	13.8%	17.2%
小倉ダ	4	1	4	33	12.1%	15.2%	27.3%

条件　どのクラスでも安定駆け

	1着	2着	3着	出走数	勝率	連対率	3着内率
新馬	4	4	2	82	4.9%	9.8%	12.2%
未勝利	26	20	23	433	6.0%	10.6%	15.9%
1勝	19	20	34	267	7.1%	14.6%	27.3%
2勝	7	8	12	110	6.4%	13.6%	24.5%
3勝	2	2	0	38	5.3%	10.5%	10.5%
OPEN特別	1	1	0	19	5.3%	10.5%	10.5%
GⅢ	0	1	1	7	0.0%	14.3%	28.6%
GⅡ	1	1	1	10	10.0%	20.0%	30.0%
GⅠ	1	0	0	5	20.0%	20.0%	20.0%
ハンデ戦	2	2	4	30	6.7%	13.3%	26.7%
牝馬限定	17	7	17	164	10.4%	14.6%	25.0%
障害	0	0	0	2	0.0%	0.0%	0.0%

人気　7~9番人気の一発は要警戒

	1着	2着	3着	出走数	勝率	連対率	3着内率
1番人気	16	2	8	46	34.8%	39.1%	56.5%
2~3番人気	21	23	21	132	15.9%	33.3%	49.2%
4~6番人気	12	15	24	200	6.0%	13.5%	25.5%
7~9番人気	8	13	12	213	3.8%	9.9%	15.5%
10番人気~	4	4	8	380	1.1%	2.1%	4.2%

距離　距離対応に限界、ダート短距離◯

芝　平均勝ち距離　1,568m

	1着	2着	3着	出走数	勝率	連対率	3着内率
全体計	25	26	33	472	5.3%	10.8%	17.8%
芝~1300m	4	8	11	140	2.9%	8.6%	16.4%
芝~1600m	15	13	18	202	7.4%	13.9%	22.8%
芝~2000m	6	5	4	123	4.9%	8.9%	12.2%
芝~2400m	0	0	0	7	0.0%	0.0%	0.0%
芝2500m~	0	0	0	0	-	-	-

ダート　平均勝ち距離　1,497m

	1着	2着	3着	出走数	勝率	連対率	3着内率
全体計	36	31	40	497	7.2%	13.5%	21.5%
ダ~1300m	14	16	9	184	7.6%	16.3%	21.2%
ダ~1600m	5	8	6	112	4.5%	11.6%	17.0%
ダ~2000m	17	7	25	197	8.6%	12.2%	24.9%
ダ2100m~	0	0	0	0	-	-	-

馬場状態　ダートは状態不問、ベストは良

		1着	2着	3着	出走数	勝率	連対率	3着内率
芝	良	20	20	29	365	5.5%	11.0%	18.9%
	稍重	2	3	3	62	3.2%	8.1%	12.9%
	重	2	2	1	31	6.5%	16.1%	19.4%
	不良	1	1	0	14	7.1%	7.1%	7.1%
ダ	良	24	19	27	299	8.0%	14.4%	23.4%
	稍重	7	3	7	97	7.2%	10.3%	17.5%
	重	3	4	5	61	4.9%	11.5%	19.7%
	不良	2	5	1	40	5.0%	17.5%	20.0%

性齢　牝馬優勢、完成は少し遅め

	1着	2着	3着	出走数	勝率	連対率	3着内率
牡2歳	5	4	4	96	5.2%	9.4%	13.5%
牝2歳	2	3	3	66	3.0%	7.6%	12.1%
牡3歳前半	13	8	10	164	7.9%	12.8%	18.9%
牝3歳前半	13	9	12	173	7.5%	12.7%	19.7%
牡3歳後半	2	6	8	84	2.4%	9.5%	19.0%
牝3歳後半	10	4	8	93	10.8%	15.1%	23.7%
牡4歳	6	7	12	106	5.7%	12.3%	23.6%
牝4歳	7	12	10	110	6.4%	17.3%	26.4%
牡5歳	3	4	3	55	5.5%	12.7%	18.2%
牝5歳	0	3	0	24	0.0%	12.5%	12.5%
牡6歳	0	0	0	0	-	-	-
牝6歳	0	0	0	0	-	-	-
牡7歳以上	0	0	0	0	-	-	-
牝7歳以上	0	0	0	0	-	-	-

勝ち馬の決め手

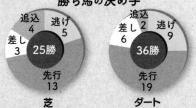

芝（25勝）　追込 4／逃げ 5／差し 3／先行 13

ダート（36勝）　追込 2／逃げ 9／差し 6／先行 19

2022年 ランキング21~100　第56位 リアルインパクト

RANKING
57
2歳馬 85

2021 ㊳
2020 ㊱
2019 ㊲
2018 ㉗

*ロージズインメイ
ROSES IN MAY

年次	種付頭数	産駒数
22年	**12**	**8**
21年	16	30
20年	40	85

種付料／⇨受50万円F　供用地／新冠・ビッグレッドファーム

2000年生　青鹿毛　アメリカ産　2005年輸入

距離	成長型	芝	ダート	瞬発力	パワー	底力
中	普	○	○	○	○	○

PROFILE

競走成績　13戦8勝（3～5歳・米首）

最高レーティング　123 I（05年）

主な勝ち鞍　ドバイワールドC、ホイットニーH、ケンタッキーCクラシックH。BCクラシック2着、ドンH2着。

大物候補の出現で巻き返しに期待したい

4歳時、GⅠホイットニーH、GⅡケンタッキーCクラシックHを含む5連勝を達成。さらに、5番人気だったBCクラシックで2着に健闘。5歳時、ドンH2着から臨んだドバイワールドCを3馬身差で快勝しGⅠ2勝目をあげた。

引退後は日本で種牡馬入り。初年度から150頭に種付する人気を集めた。その後、種付頭数は減少したが、コスモオオゾラやドリームバレンチノが重賞で活躍したことで、再び100頭を超す牝馬を集める人気を得た。

ただ、前述の2頭に続く大物が出ず、種付頭数は再び減少。2022年の種付頭数は12頭にまで落ち込んでしまった。

それでも、2022年はホウオウルーレットが大器の片鱗を見せて注目を集めている。

系統：ヘイルトゥリーズン系　母父系統：プリンスローズ系

父 Devil His Due 黒鹿 1989	Devil's Bag 鹿 1981	Halo	Hail to Reason
			Cosmah
		Ballade	Herbager
			Miss Swapsco
	Plenty O'Toole 黒鹿 1977	Raise a Cup	Raise a Native
			Spring Sunshine
		Li'l Puss	Noble Jay
			Li'l Sis
母 Tell a Secret 黒鹿 1977	Speak John 鹿 1958	Prince John	Princequillo
			Not Afraid
		Nuit de Folies	Tornado
			Folle Nuit
	Secret Retreat 鹿 1968	Clandestine	Double Jay
			Conniver
		Retirement	Royal Gem
			Marie J.

インブリード：Double Jay 5×4

血統解説　父デヴィルヒズデューはサバーバンHなどGⅠを5勝した名馬で、本馬はその代表産駒となる。母テルアシークレットは米9勝でGⅢ2着2回。母系は姪にグリーフリー（米GⅢイエルバブエナBCH）。母父スピークジョンはガーデンステートSなどを勝ったプリンスキロ系のマイラー。

代表産駒 **ドリームバレンチノ**（JBCスプリント、函館SS）、**コスモオオゾラ**（弥生賞）、**サミットストーン**（浦和記念）、**ローズジュレップ**（兵庫ジュニアGP）、**ローズプリンスダム**（レパードS）、**ウインムート**（さきたま杯）、**ホウオウルーレット**（いわき特別）。

POG　2023年期待の2歳馬

母馬名（母父）	性別	おすすめポイント
フライングメリッサ（ダンスインザダーク）	牡	半兄マイネルラフレシアは東京スポーツ杯2歳S3着。
マイネソーサリス（*ブライアンズタイム）	牡	母は愛知杯勝ち。全姉マイネソルシエールはフローラS2着。
モエレカトリーナ（ゴールドヘイロー）	牝	母の全妹にエーデルワイス賞2着モエレオンリーワン。

馬券に直結する適性データ

芝6勝に対しダートは33勝。芝もこなすがやはり適性はダートにある。距離別に見ると、短距離から長距離までそれなりにこなしている。ただ、得意といえるほどの成績を残しているわけではないことを覚えておきたい。その中で、ダートの長距離は勝率10.5%、連対率18.4%と、狙ってみても面白いレベルではある。牡牝ともに、3歳後半にピークを迎える傾向があり、そこからの活躍は見込めない。特に牝馬は4歳以降、42戦して3着が3回あるだけとても手は出せない。コースでは札幌、函館のダートコースがいい。特に札幌ダートは勝率20%もあり、ピンポイントで狙ってみたい。

2022年 成績

総収得賞金 472,829,000円　**アーニング INDEX** 0.61

勝利頭数／出走頭数：全馬 85 ／ 172	2歳 6 ／ 15
勝利回数／出走回数：全馬 157 ／ 1,921	2歳 7 ／ 63

Data Box (2020~2022)

コース　北海道などローカルダートで健闘

	1着	2着	3着	出走数	勝率	連対率	3着内率
全体計	39	32	40	725	5.4%	9.8%	15.3%
中央芝	2	1	3	91	2.2%	3.3%	6.6%
中央ダ	14	16	16	317	4.4%	9.5%	14.5%
ローカル芝	4	3	9	107	3.7%	6.5%	15.0%
ローカルダ	19	12	12	210	9.0%	14.8%	20.5%
右回り芝	4	4	12	127	3.1%	6.3%	15.7%
右回りダ	19	17	17	312	6.1%	11.5%	17.0%
左回り芝	2	0	0	71	2.8%	2.8%	2.8%
左回りダ	14	11	11	215	6.5%	11.6%	16.7%
札幌芝	0	1	2	15	0.0%	6.7%	20.0%
札幌ダ	5	0	1	25	20.0%	20.0%	24.0%
函館芝	1	1	3	12	8.3%	16.7%	41.7%
函館ダ	3	5	2	22	13.6%	36.4%	45.5%
福島芝	1	1	1	17	5.9%	11.8%	17.6%
福島ダ	0	2	0	25	8.0%	8.0%	8.0%
新潟芝	0	0	0	19	0.0%	0.0%	0.0%
新潟ダ	5	3	3	46	10.9%	17.4%	23.9%
東京芝	1	0	0	34	2.9%	2.9%	2.9%
東京ダ	6	7	6	111	5.4%	11.7%	17.1%
中山芝	1	0	0	24	4.2%	4.2%	4.2%
中山ダ	5	4	8	133	3.8%	6.8%	12.8%
中京芝	0	0	1	18	5.6%	5.6%	5.6%
中京ダ	3	1	2	58	5.2%	6.9%	10.3%
京都芝	0	0	1	7	0.0%	0.0%	14.3%
京都ダ	2	1	2	14	14.3%	21.4%	35.7%
阪神芝	0	1	0	26	0.0%	3.8%	11.5%
阪神ダ	1	2	2	59	1.7%	5.1%	8.5%
小倉芝	1	0	3	26	3.8%	3.8%	15.4%
小倉ダ	1	3	4	34	2.9%	11.8%	23.5%

条件　未勝利戦、OP特別で安定

	1着	2着	3着	出走数	勝率	連対率	3着内率
新馬	3	2	3	54	5.6%	9.3%	14.8%
未勝利	18	16	12	267	6.7%	12.7%	17.2%
1勝	13	7	13	225	5.8%	8.9%	14.7%
2勝	4	4	10	140	2.9%	5.7%	12.9%
3勝	1	0	1	21	4.8%	4.8%	9.5%
OPEN特別	2	5	3	30	6.7%	23.3%	33.3%
G Ⅲ	0	0	1	13	0.0%	0.0%	7.7%
G Ⅱ	0	0	0	6	0.0%	0.0%	0.0%
G Ⅰ	0	0	0	6	0.0%	0.0%	0.0%
ハンデ戦	1	2	1	30	3.3%	10.0%	13.3%
牝馬限定	5	5	5	94	5.3%	10.6%	16.0%
障害	2	2	3	32	6.3%	12.5%	21.9%

人気　2〜3番人気が優秀、軸候補

	1着	2着	3着	出走数	勝率	連対率	3着内率
1番人気	9	6	2	28	32.1%	53.6%	60.7%
2〜3番人気	11	14	9	64	17.2%	39.1%	53.1%
4〜6番人気	14	5	12	121	11.6%	15.7%	25.6%
7〜9番人気	3	8	13	199	1.5%	5.5%	12.1%
10番人気〜	4	1	7	345	1.2%	1.4%	3.5%

距離　芝は短距離、ダートは中長距離向き

単勝回収値 69円／単勝適正回収値 88円

芝　平均勝ち距離　1,733m

	1着	2着	3着	出走数	勝率	連対率	3着内率
全体計	6	4	12	198	3.0%	5.1%	11.1%
芝〜1300m	0	2	4	33	0.0%	6.1%	18.2%
芝〜1600m	2	0	1	58	3.4%	3.4%	5.2%
芝〜2000m	4	1	3	82	4.9%	6.1%	9.8%
芝〜2400m	0	0	0	8	0.0%	0.0%	0.0%
芝2500m〜	0	1	4	17	0.0%	5.9%	29.4%

ダート　平均勝ち距離　1,718m

	1着	2着	3着	出走数	勝率	連対率	3着内率
全体計	33	28	28	527	6.3%	11.6%	16.9%
ダ〜1300m	4	6	6	89	4.5%	11.2%	18.0%
ダ〜1600m	4	5	1	109	3.7%	8.3%	9.2%
ダ〜2000m	21	14	17	291	7.2%	12.0%	17.9%
ダ2100m〜	4	3	4	38	10.5%	18.4%	28.9%

馬場状態　ダートは重馬場まで対応

		1着	2着	3着	出走数	勝率	連対率	3着内率
芝	良	5	4	8	142	3.5%	6.3%	12.0%
	稍重	0	0	4	42	0.0%	0.0%	9.5%
	重	0	0	1	12	0.0%	8.3%	8.3%
	不良	0	0	0	2	0.0%	0.0%	0.0%
ダ	良	22	14	19	318	6.9%	11.3%	17.3%
	稍重	5	8	7	114	4.4%	11.4%	17.5%
	重	5	5	1	60	8.3%	16.7%	18.3%
	不良	1	1	1	35	2.9%	5.7%	8.6%

性齢　牡牝とも3歳後半がピーク

	1着	2着	3着	出走数	勝率	連対率	3着内率
牡2歳	4	2	2	70	5.7%	8.6%	11.4%
牝2歳	1	2	1	42	2.4%	7.1%	9.5%
牡3歳前半	10	8	5	120	8.3%	15.0%	19.2%
牝3歳前半	4	6	5	100	4.0%	10.0%	15.0%
牡3歳後半	8	4	4	64	12.5%	18.8%	25.0%
牝3歳後半	3	2	3	34	8.8%	14.7%	23.5%
牡4歳	6	3	9	112	5.4%	8.0%	16.1%
牝4歳	0	0	3	34	0.0%	0.0%	8.8%
牡5歳	3	4	2	94	3.2%	7.4%	9.4%
牝5歳	0	0	0	3	0.0%	0.0%	0.0%
牡6歳	1	4	1	41	2.4%	7.3%	9.8%
牝6歳	0	0	0	3	0.0%	0.0%	0.0%
牡7歳以上	1	1	3	38	2.6%	5.3%	13.2%
牝7歳以上	0	0	0	0			

勝ち馬の決め手

芝　6勝　差し 1／逃げ 2／先行 3

ダート　33勝　追込 1／差し 9／逃げ 9／先行 14

RANKING
58
2歳馬 110

2021 ㊶
2020 ㊶
2019 ㉛
2018 ⑱

アドマイヤムーン
ADMIRE MOON

年次	種付頭数	産駒数
22年	14	21
21年	39	39
20年	69	47

Darley

系統：フォーティナイナー系　母父系統：サンデーサイレンス系

父 *エンドスウィープ 鹿 1991	*フォーティナイナー 栗 1985	Mr. Prospector	Raise a Native
			Gold Digger
		File	Tom Rolfe
			Continue
	Broom Dance 鹿 1979	Dance Spell	Northern Dancer
			Obeah
		Witching Hour	Thinking Cap
			Enchanted Eve
母 マイケイティーズ 黒鹿 1998	*サンデーサイレンス 青鹿 1986	Halo	Hail to Reason
			Cosmah
		Wishing Well	Understanding
			Mountain Flower
	*ケイティーズファースト 鹿 1987	Kris	Sharpen Up
			Doubly Sure
		Katies	*ノノアルコ
			Mortefontaine

インブリード：Nearctic 5×5

血統解説　父エンドスウィープはサウスヴィグラス、スウェプトオーヴァーボードなど名種牡馬を輩出した超一流サイアーで、日本でフォーティナイナー系を発展させた。母系は半弟にプレイ（弥生賞2着）、一族からはエフフォーリア（有馬記念）、ヒシアマゾン（エリザベス女王杯）などが出ている。

代表産駒　ファインニードル（P360）、セイウンコウセイ（高松宮記念）、オースミムーン（東京ハイジャンプ）、ハクサンムーン（P286）、ムーンクエイク（京王杯SC）、レオアクティヴ（京王杯2歳S）、ブラックムーン（京都金杯）。

種付料／⇨産50万円　供用地／日高・ダーレー・ジャパンSコンプレックス
2003年生　鹿毛　早来・ノーザンファーム産

距離	成長型	芝	ダート	瞬発力	パワー	底力
短中	普	◎	○	○	○	○

PROFILE

競走成績　17戦10勝（2〜4歳・日香首）
最高レーティング　125 M（07年）
主な勝ち鞍　ジャパンC、宝塚記念、ドバイデューティーフリー、京都記念、札幌記念、弥生賞、共同通信杯、札幌2歳S。香港C2着。

有力後継馬も産駒デビュー
スピード満点のG13勝馬

　3歳時、1番人気の皐月賞は4着、ダービーも3番人気7着に終わったが、天皇賞・秋3着、香港C2着と好走すると、4歳時、ドバイデューティーフリーで初GI制覇を果たした。帰国後も、宝塚記念、ジャパンCと制して2007年の年度代表馬の栄に浴している。

　5歳から種牡馬入り。2011年FSランキングは2位。2017年にセイウンコウセイが高松宮記念を制しGIサイアーに輝き、総合ランキングでも、2013年から2018年まで6年連続でトップ20以内をキープした。

　近年は活躍馬に恵まれず、ランキングは下降。2022年は有力後継種牡馬のファインニードルが産駒デビューを果たしFSランキングで9位。高いスピード能力の継承に期待がかかる。

POG　2023年期待の2歳馬

母馬名（母父）	性別	おすすめポイント
タツサファイア（サクラバクシンオー）	牡	母父は90年代最強スプリンター。スピードに特化した配合。
*サマンダ（*コマンズ）	牝	いとこに重賞馬スティッフェリオ、バスラットレオン。
*ニードルクラフト（MARK OF ESTEEM）	牝	スプリンターズS、高松宮記念を制したファインニードルの全妹。

馬券に直結する適性データ

　芝33勝に対しダートは7勝。力強さに欠けるところがあるので、スピードが活きる芝向き。距離に関しては、33勝のうち21勝が短距離戦とはっきりと短距離傾向が出ている。ただし、それ以外の距離でも勝ち星をあげており、まったくダメというわけではない。すでに距離実績がある馬に対し、距離が長いという理由で割り引くのは得策ではない。近年は2歳〜3歳前半の成績が芳しくなく、牡牝ともに勝率が5％を下回っており、少なくとも単では買いにくい。ただ、牝馬は3歳後半から一気に勝率を上げてくるので、頭打ちになっているように見える産駒の巻き返しに期待しよう。

2022年 成績

総収得賞金 455,292,000円	アーニング INDEX	0.44

勝利頭数／出走頭数：全馬82／232	2歳 2／28
勝利回数／出走回数：全馬139／2,248	2歳 3／91

Data Box (2020~2022)

コース より小回り向きの傾向強くなる

	1着	2着	3着	出走数	勝率	連対率	3着内率
全体計	40	59	69	1195	3.3%	8.3%	14.1%
中央芝	14	13	28	324	4.3%	8.3%	17.0%
中央ダ	6	10	11	266	2.3%	6.0%	10.2%
ローカル芝	19	24	19	418	4.5%	10.3%	14.8%
ローカルダ	1	12	11	187	0.5%	7.0%	12.8%
右回り芝	24	27	30	466	5.2%	10.9%	17.4%
右回りダ	3	18	10	284	1.1%	7.4%	10.9%
左回り芝	7	8	16	254	2.8%	5.9%	12.2%
左回りダ	4	4	12	169	2.4%	4.7%	11.8%
札幌芝	3	3	3	41	7.3%	14.6%	22.0%
札幌ダ	0	1	0	21	0.0%	4.8%	4.8%
函館芝	3	0	4	47	6.4%	6.4%	14.9%
函館ダ	0	4	2	13	0.0%	30.8%	46.2%
福島芝	2	5	3	69	2.9%	10.1%	14.5%
福島ダ	0	3	2	35	0.0%	8.6%	14.3%
新潟芝	6	5	3	99	6.1%	11.1%	14.1%
新潟ダ	0	1	2	31	0.0%	3.2%	9.7%
東京芝	2	1	10	104	1.9%	2.9%	12.5%
東京ダ	3	1	5	80	3.8%	5.0%	11.3%
中山芝	7	7	9	109	6.4%	12.8%	21.1%
中山ダ	1	7	5	104	1.0%	7.7%	12.5%
中京芝	1	4	4	73	1.4%	6.8%	12.3%
中京ダ	1	2	5	58	1.7%	5.2%	13.8%
京都芝	1	0	1	24	4.2%	8.3%	12.5%
京都ダ	0	0	0	5	0.0%	0.0%	0.0%
阪神芝	4	4	8	87	4.6%	9.2%	18.4%
阪神ダ	2	1	2	63	3.2%	6.3%	7.9%
小倉芝	4	7	2	89	4.5%	12.4%	14.6%
小倉ダ	0	0	1	29	0.0%	3.4%	3.4%

条件 3勝クラス、障害戦で活躍

	1着	2着	3着	出走数	勝率	連対率	3着内率
新馬	1	7	9	121	0.8%	6.6%	14.0%
未勝利	18	34	20	603	3.0%	8.6%	11.9%
1勝	10	13	22	255	3.9%	9.0%	17.6%
2勝	3	3	6	79	7.6%	11.4%	19.0%
3勝	6	6	5	72	8.3%	16.7%	23.6%
OPEN特別	4	4	7	68	5.9%	11.8%	22.1%
GⅢ	1	0	3	34	2.9%	2.9%	11.8%
GⅡ	0	2	0	18	11.1%	11.1%	11.1%
GⅠ	0	0	0	5	0.0%	0.0%	0.0%
ハンデ戦	5	5	7	83	6.0%	12.0%	20.5%
牝馬限定	4	4	8	140	2.9%	5.7%	11.4%
障害	8	8	3	60	13.3%	26.7%	31.7%

人気 上位人気不振、7~9番人気が○

	1着	2着	3着	出走数	勝率	連対率	3着内率
1番人気	10	5	6	45	22.2%	33.3%	46.7%
2~3番人気	15	13	16	122	12.3%	23.0%	36.1%
4~6番人気	12	26	22	240	5.0%	15.8%	25.0%
7~9番人気	7	18	14	253	2.8%	9.9%	15.4%
10番人気~	4	5	14	595	0.7%	1.5%	3.9%

単勝回収値 48円／単勝適正回収値 64円

距離 芝短距離の適性に特化

芝　平均勝ち距離　1,376m

	1着	2着	3着	出走数	勝率	連対率	3着内率
全体計	33	37	47	742	4.4%	9.4%	15.8%
芝~1300m	21	25	20	321	6.5%	14.3%	20.6%
芝~1600m	8	6	19	265	3.0%	5.3%	12.5%
芝~2000m	2	4	7	128	1.6%	4.7%	10.2%
芝~2400m	1	1	0	13	7.7%	15.4%	15.4%
芝2500m~	1	1	1	15	6.7%	13.3%	20.0%

ダート　平均勝ち距離　1,514m

	1着	2着	3着	出走数	勝率	連対率	3着内率
全体計	7	22	22	453	1.5%	6.4%	11.3%
ダ~1300m	3	19	13	230	1.3%	9.6%	15.2%
ダ~1600m	1	0	2	84	1.2%	1.2%	3.6%
ダ~2000m	3	3	6	130	2.3%	4.6%	9.2%
ダ2100m~	0	0	1	9	0.0%	0.0%	11.1%

馬場状態 芝は稍重までがベター

		1着	2着	3着	出走数	勝率	連対率	3着内率
芝	良	26	25	27	551	4.7%	9.3%	14.2%
	稍重	5	9	13	130	3.8%	10.8%	20.8%
	重	2	2	3	46	4.3%	8.7%	15.2%
	不良	0	1	4	15	0.0%	6.7%	33.3%
ダ	良	5	9	14	268	1.9%	5.2%	10.4%
	稍重	1	6	3	76	1.3%	9.2%	13.2%
	重	0	3	4	69	0.0%	4.3%	10.1%
	不良	1	4	1	40	2.5%	12.5%	15.0%

性齢 牝は3歳後半以降花開く

	1着	2着	3着	出走数	勝率	連対率	3着内率
牡2歳	2	4	6	111	1.8%	5.4%	10.8%
牝2歳	4	6	6	138	2.9%	7.2%	11.6%
牡3歳前半	5	18	8	205	2.4%	11.2%	15.1%
牝3歳前半	3	2	9	175	1.7%	2.9%	8.0%
牡3歳後半	3	5	6	92	3.3%	8.7%	15.2%
牝3歳後半	7	7	2	84	8.3%	16.7%	19.0%
牡4歳	2	5	7	80	2.5%	8.8%	17.5%
牝4歳	8	6	7	74	10.8%	18.9%	28.4%
牡5歳	4	0	4	55	7.3%	7.3%	14.5%
牝5歳	2	6	6	64	3.1%	12.5%	21.9%
牡6歳	0	5	3	36	0.0%	13.9%	22.2%
牝6歳	2	1	5	45	4.4%	6.7%	17.8%
牡7歳以上	7	3	5	121	5.8%	8.3%	12.4%
牝7歳以上	0	0	0	2	0.0%	0.0%	0.0%

勝ち馬の決め手

芝　33勝　追込3／逃げ9／差し9／先行12

ダート　7勝　追込2／差し1／逃げ／先行4

RANKING
59
2歳馬 75

2021 ⑳
2020 ㊻
2019 ⑳
2018 ⑳

＊モンテロッソ
MONTEROSSO

年次	種付頭数	産駒数
22年	―	5
21年	12	25
20年	44	24

Darley

2021年引退
2007年生　鹿毛　イギリス産　2014年輸入

距離	成長型	芝	ダート	瞬発力	パワー	底力
マ中	やや晩	○	○	△	○	○

系統：ミスタープロスペクター系　母父系統：サドラーズウェルズ系

父 Dubawi 鹿 2002	Dubai Millennium 鹿 1996	Seeking the Gold	Mr. Prospector
			Con Game
		Colorado Dancer	Shareef Dancer
			Fall Aspen
	Zomaradah 鹿 1995	Deploy	Shirley Heights
			Slightly Dangerous
		Jawaher	＊ダンシングブレーヴ
			High Tern
母 Porto Roca 鹿 1996	Barathea 鹿 1990	Sadler's Wells	Northern Dancer
			Fairy Bridge
		Brocade	Habitat
			Canton Silk
	Antelliere 鹿 1986	Salieri	Accipiter
			Hogan's Sister
		Anntelle	Loosen Up
			Soft Quest

インブリード：Northern Dancer 5×4

血統解説　父ドバウィは世界各地で活躍馬を送り出し、歴史的名馬ドバイミレニアムの血統を発展させている名種牡馬。母ポルトロカは豪GⅠクールモアフィリー＆メアクラシックの勝ち馬。母系は叔父にブルーバードザワールド（新インターナショナルS）、姪にサイレントシディション（ウイリアムレイドS）。母父はBCマイル勝ち。

PROFILE

競走成績　17戦7勝（2～6歳・英愛独首）
最高レーティング　126Ⅰ（12年）
主な勝ち鞍　ドバイワールドC、キングエドワードⅦ世S、ドバイシティオブゴールド。ドバイワールドC3着、愛ダービー4着。

待望の重賞ウイナー出現！
残された産駒にも期待！

　3歳時、キングエドワードⅦ世Sで初重賞制覇。続く愛ダービーは1番人気に推されるも4着。4歳時、ドバイシティオブゴールドから駒を進めたドバイワールドCはヴィクトワールピサの3着。5歳時、2度目の挑戦となったドバイワールドCを3馬身差で快勝。待望のGⅠウイナーに輝いた。

　引退後は日本で種牡馬入り。世界中で活躍するドバウィの直仔種牡馬ということで注目され、供用初年度には119頭の牝馬を集めた。しかしながら、人気に応えるだけの実績を残せず、種付頭数は年々減少し、ついに2021年に種牡馬引退となった。

　2022年、ビリーバーがアイビスSDを制覇。待望の重賞サイアーに輝いている。

代表産駒　ビリーバー（アイビスSD、同3着）、リュヌルージュ（中山牝馬S2着、マーメイドS3着）、ラセット（中京記念2着、きさらぎ賞3着）、ホープフルサイン（淀短距離S）、リンゾウチャネル（盛岡・ジュニアグランプリ）。

POG　2023年期待の2歳馬

母馬名（母父）	性別	おすすめポイント
エイシンパンジー（＊トニービン）	牡	叔父に小倉大賞典のエーシンジーライン。母系からリーチザクラウン。
＊アドニータ（SINGSPIEL）	牝	いとこに英ダービー馬アダイヤー。スタミナ豊富な配合。
カレイジャスミン（タヤスツヨシ）	牝	母はフローラS2着。母父はダービー馬。底力に優れる。

馬券に直結する適性データ

　自身が2000mのドバイワールドCの勝ち馬だったこともあり、初重賞勝ちが1000m戦だったのは意外だった。とはいえ、産駒全体ではやはり距離は長い方が良い。晩成傾向が強く、2歳戦では1勝のみで新馬戦に到っては未勝利。使われて力をつけていくタイプといえるだろう。その証拠に、牡牝ともに5歳時の勝率がいい。ちなみにビリーバーがアイビスSDを制したのは7歳でのこと。5歳時に同レースで3着していることを考えると、産駒の息の長さがうかがえる。1番人気の信頼度は良好だが、2～3番人気での数値がそれに匹敵しており、配当面を考えると、こちらも狙っていきたい。

2022年 成績

総収得賞金 448,977,000円　アーニング INDEX　0.67

勝利頭数／出走頭数：全馬 66／149　　2歳 4／26

勝利回数／出走回数：全馬 117／1,474　　2歳 7／137

Data Box (2020~2022)

コース　コースによる巧拙はあまりない

	1着	2着	3着	出走数	勝率	連対率	3着内率
全体計	33	32	45	735	4.5%	8.8%	15.0%
中央芝	6	8	7	139	4.3%	10.1%	15.1%
中央ダ	12	13	19	291	4.1%	8.6%	15.1%
ローカル芝	7	5	10	156	4.5%	7.7%	14.1%
ローカルダ	8	6	9	149	5.4%	9.4%	15.4%
右回り芝	10	10	10	195	5.1%	10.3%	15.4%
右回りダ	12	9	19	249	4.8%	8.4%	16.1%
左回り芝	2	3	6	83	2.4%	6.0%	13.3%
左回りダ	8	10	9	191	4.2%	9.4%	14.1%
札幌芝	0	0	1	16	0.0%	0.0%	6.3%
札幌ダ	1	0	0	11	9.1%	9.1%	9.1%
函館芝	1	1	1	10	10.0%	20.0%	30.0%
函館ダ	0	0	0	3	0.0%	0.0%	0.0%
福島芝	0	0	2	31	0.0%	0.0%	6.5%
福島ダ	2	1	1	19	10.5%	15.8%	21.1%
新潟芝	1	1	1	44	2.3%	4.5%	6.8%
新潟ダ	2	1	4	41	4.9%	7.3%	17.1%
東京芝	1	2	4	40	2.5%	7.5%	17.5%
東京ダ	3	5	1	90	3.3%	8.9%	10.0%
中山芝	2	3	1	46	4.3%	10.9%	13.0%
中山ダ	4	5	6	101	4.0%	8.9%	14.9%
中京芝	1	0	2	16	6.3%	6.3%	18.8%
中京ダ	3	4	4	60	5.0%	11.7%	18.3%
京都芝	2	0	0	11	18.2%	18.2%	18.2%
京都ダ	2	1	4	21	9.5%	14.3%	33.3%
阪神芝	1	3	2	42	2.4%	9.5%	14.3%
阪神ダ	3	2	8	79	3.8%	6.3%	16.5%
小倉芝	4	3	3	39	10.3%	17.9%	25.6%
小倉ダ	0	0	0	15	0.0%	0.0%	0.0%

条件　3勝クラス、障害戦で好成績

	1着	2着	3着	出走数	勝率	連対率	3着内率
新馬	0	0	0	51	0.0%	0.0%	0.0%
未勝利	16	16	17	363	4.4%	8.8%	13.5%
1勝	11	6	15	174	6.3%	9.8%	18.4%
2勝	5	7	8	97	5.2%	12.4%	20.6%
3勝	3	1	4	30	10.0%	13.3%	26.7%
OPEN特別	1	3	2	37	2.7%	10.8%	16.2%
GⅢ	1	2	2	19	5.3%	15.8%	26.3%
GⅡ	0	0	0	2	0.0%	0.0%	0.0%
GⅠ	0	0	0	3	0.0%	0.0%	0.0%
ハンデ戦	2	4	4	46	4.3%	13.0%	21.7%
牝馬限定	4	5	5	116	3.4%	7.8%	12.1%
障害	4	3	4	41	9.8%	17.1%	24.4%

人気　2〜3番人気が1番人気に迫る成績

	1着	2着	3着	出走数	勝率	連対率	3着内率
1番人気	6	3	6	20	30.0%	45.0%	75.0%
2〜3番人気	13	12	10	54	24.1%	46.3%	64.8%
4〜6番人気	11	12	13	122	9.0%	18.9%	29.5%
7〜9番人気	5	3	12	190	2.6%	4.2%	10.5%
10番人気〜	2	5	7	390	0.5%	1.8%	3.6%

単勝回収値 69円／単勝適正回収値 94円

距離　芝ダート共距離は必要なタイプ

芝　平均勝ち距離　1,769m

	1着	2着	3着	出走数	勝率	連対率	3着内率
全体計	13	13	17	295	4.4%	8.8%	14.6%
芝〜1300m	3	1	4	78	3.8%	5.1%	10.3%
芝〜1600m	2	5	3	77	2.6%	9.1%	13.0%
芝〜2000m	5	6	8	106	4.7%	10.4%	17.9%
芝〜2400m	2	0	0	15	13.3%	13.3%	13.3%
芝2500m〜	1	1	2	19	5.3%	10.5%	21.1%

ダート　平均勝ち距離　1,615m

	1着	2着	3着	出走数	勝率	連対率	3着内率
全体計	20	19	28	440	4.5%	8.9%	15.2%
ダ〜1300m	5	2	7	111	4.5%	6.3%	12.6%
ダ〜1600m	3	2	2	88	3.4%	5.7%	8.0%
ダ〜2000m	12	13	19	226	5.3%	11.1%	19.5%
ダ2100m〜	0	0	0	15	0.0%	13.3%	13.3%

馬場状態　ダート稍重で成績急上昇

		1着	2着	3着	出走数	勝率	連対率	3着内率
芝	良	12	7	13	210	5.7%	9.0%	15.2%
	稍重	1	3	2	57	1.8%	7.0%	10.5%
	重	0	2	1	23	0.0%	8.7%	13.0%
	不良	0	1	1	5	0.0%	20.0%	40.0%
ダ	良	9	8	17	251	3.6%	6.8%	13.5%
	稍重	9	5	9	99	9.1%	14.1%	23.2%
	重	1	2	0	44	2.3%	6.8%	6.8%
	不良	1	4	2	46	2.2%	10.9%	15.2%

性齢　晩成で本格化は牡牝共5歳

	1着	2着	3着	出走数	勝率	連対率	3着内率
牡2歳	0	0	0	82	0.0%	0.0%	0.0%
牝2歳	1	0	2	49	2.0%	2.0%	6.1%
牡3歳前半	7	10	9	142	4.9%	12.0%	18.3%
牝3歳前半	3	2	2	96	3.1%	5.2%	7.3%
牡3歳後半	3	1	4	53	5.7%	7.5%	15.1%
牝3歳後半	2	0	5	31	6.5%	6.5%	22.6%
牡4歳	4	4	4	82	4.9%	9.8%	15.9%
牝4歳	2	3	3	40	5.0%	12.5%	20.0%
牡5歳	10	7	12	101	9.9%	16.8%	28.7%
牝5歳	2	4	4	32	6.3%	18.8%	31.3%
牡6歳	1	1	1	33	3.0%	6.1%	9.1%
牝6歳	0	0	0	15	0.0%	0.0%	0.0%
牡7歳以上	1	3	1	15	6.7%	26.7%	33.3%
牝7歳以上	1	0	0	6	16.7%	16.7%	16.7%

勝ち馬の決め手

芝　13勝　追込3／逃げ3／差し3／先行4

ダート　20勝　追込1／逃げ3／差し7／先行9

2021 ⑤⑧
2020 ⑤⑤
2019 ㊾
2018 ㊷

メイショウサムソン
MEISHO SAMSON

年次	種付頭数	産駒数
22年	―	9
21年	11	13
20年	25	22

2021年引退
2003年生　鹿毛　浦河・林孝雄産

距離	成長型	芝	ダート	瞬発力	パワー	底力
中長	やや晩	○	○	○	○	○

PROFILE

競走成績　27戦9勝（2〜5歳・日仏）
最高レーティング　122 I、L（07年）
主な勝ち鞍　ダービー、皐月賞、天皇賞・春、天皇賞・秋、大阪杯、スプリングS。宝塚記念2着、天皇賞・春2着、ジャパンC3着。

日本でのSW系の後継者
大物産駒の出現が待たれる

　3歳時、皐月賞、ダービーを制して2冠を達成。3冠を狙った菊花賞は4着。4歳時は天皇賞の春秋制覇を達成し、宝塚記念で2着、ジャパンC3着。5歳時は天皇賞・春2着、宝塚記念2着の後に、凱旋門賞にも挑戦したがザルカヴァの10着。ほかに大阪杯、スプリングS。

　6歳春から種牡馬入り。初年度産駒の動きが悪く出遅れ気味の種牡馬生活だったが、徐々にランクアップ。産駒が重賞で活躍し始めた2015年から3年続けて20位台に入った。

　その後も、日本におけるサドラーズウェルズ系の継承者として活躍していたが、2021年に種牡馬生活にピリオドを打った。残された産駒の中から、父系を継承するような大物産駒が登場することに期待したい。

系統：サドラーズウェルズ系　母父系統：リファール系

父 *オペラハウス 鹿 1988	Sadler's Wells 鹿 1981	Northern Dancer	Nearctic
			Natalma
		Fairy Bridge	Bold Reason
			Special
	Colorspin 鹿 1983	High Top	Derring-Do
			Camenae
		Reprocolor	Jimmy Reppin
			Blue Queen
母 マイヴィヴィアン 鹿 1997	*ダンシングブレーヴ 鹿 1983	Lyphard	Northern Dancer
			Goofed
		Navajo Princess	Drone
			Olmec
	ウイルプリンセス 鹿 1983	*サンプリンス	Princely Gift
			Costa Sola
		エール	*フォルティノ
			ガーネット

インブリード：Northern Dancer 3×4

血統解説　父オペラハウスはキングジョージVI世＆QESなどG13連勝の欧州古馬王者。本馬のほかにGI7勝のテイエムオペラオー、南部杯のニホンピロジュピタなどを輩出。母系は4代母に天皇賞馬ガーネット、叔母にノーザンプリンセス（七夕賞3着）、近親にミトラ（金鯱賞）。母父は1980年代欧州最強馬と呼ばれた名馬。

代表産駒　デンコウアンジュ（福島牝馬S、愛知杯、中山牝馬S、ヴィクトリアマイル2着）、ルミナスウォリアー（函館記念）、キンショーユキヒメ（福島牝馬S）、フロンテアクイーン（中山牝馬S）、メイショウグロッケ（セントウルS2着）。

POG　2023年期待の2歳馬

母馬名（母父）	性別	おすすめポイント
アップルティー （*サンデーサイレンス）	牡	全姉に福島牝馬S勝ちのキンショーユキヒメ。
ゴットバシオン （オルフェーヴル）	牡	2冠馬×3冠馬というスケールの大きい配合に期待。
ショウナンハウメア （キングカメハメハ）	牝	母系から春秋マイルGIを2勝した名マイラーのエアジハード。

馬券に直結する適性データ

　芝15勝に対しダートは18勝。パワフルな欧州血統だけにダートもこなしている。むしろ、芝向きの切れ味のなさが、ここまで種牡馬として苦戦を強いられている要因といえるかもしれない。距離は意外と幅広く対応しているがやはり長距離でこそ。芝は勝率20%に連対率33.3%、ダートも勝率12.5%に連対率18.8%と、他の距離に比べて頭1つ抜けている。適鞍がなくて凡走を続けている馬でも、得意の長距離戦なら狙ってみたい。障害戦に強いのは相変わらずで、京都ジャンプSで2着、小倉サマージャンプで2、3着しているマサハヤドリームが近年の勝ち頭となっている。

2022年 成績

総収得賞金 436,674,000円　**アーニング INDEX** 1.00

勝利頭数／出走頭数：全馬 46 ／ 97		2歳 4 ／ 11	
勝利回数／出走回数：全馬 83 ／ 931		2歳 4 ／ 65	

Data Box (2020~2022)

コース　ローカルダートで存在感を発揮

	1着	2着	3着	出走数	勝率	連対率	3着内率
全体計	33	53	47	717	4.6%	12.0%	18.5%
中央芝	5	13	9	136	3.7%	13.2%	19.9%
中央ダ	9	6	14	206	4.4%	7.3%	14.1%
ローカル芝	10	14	11	203	4.9%	11.8%	17.2%
ローカルダ	9	20	13	172	5.2%	16.9%	24.4%
右回り芝	11	15	15	237	4.6%	11.0%	17.3%
右回りダ	8	11	22	233	3.4%	8.2%	17.6%
左回り芝	4	12	5	99	4.0%	16.2%	21.2%
左回りダ	10	15	5	145	6.9%	17.2%	20.7%
札幌芝	1	0	0	19	5.3%	5.3%	5.3%
札幌ダ	0	1	0	11	0.0%	9.1%	9.1%
函館芝	1	1	0	20	5.0%	10.0%	10.0%
函館ダ	0	0	1	6	0.0%	0.0%	16.7%
福島芝	3	2	1	20	15.0%	25.0%	30.0%
福島ダ	1	1	1	13	7.7%	15.4%	23.1%
新潟芝	1	4	2	28	3.6%	17.9%	25.0%
新潟ダ	4	4	3	35	11.4%	22.9%	31.4%
東京芝	2	6	2	29	6.9%	27.6%	34.5%
東京ダ	3	3	0	35	8.6%	17.1%	17.1%
中山芝	1	2	0	30	3.3%	10.0%	10.0%
中山ダ	1	0	4	37	2.7%	2.7%	13.5%
中京芝	1	2	1	45	2.2%	6.7%	8.9%
中京ダ	3	8	2	75	4.0%	14.7%	17.3%
京都芝	1	0	1	21	4.8%	4.8%	9.5%
京都ダ	0	0	4	33	0.0%	0.0%	12.1%
阪神芝	1	5	6	56	1.8%	10.7%	21.4%
阪神ダ	5	3	6	101	5.0%	7.9%	13.9%
小倉芝	3	5	7	71	4.2%	11.3%	21.1%
小倉ダ	1	6	6	32	3.1%	21.9%	40.6%

条件　障害戦適性の高さは相変わらず

	1着	2着	3着	出走数	勝率	連対率	3着内率
新馬	0	1	3	45	0.0%	2.2%	8.9%
未勝利	16	15	14	276	5.8%	11.2%	16.3%
1勝	12	25	18	215	5.6%	17.2%	25.6%
2勝	7	7	11	114	6.1%	12.3%	21.9%
3勝	2	5	1	66	3.0%	10.6%	12.1%
OPEN特別	4	6	1	31	12.9%	32.3%	35.5%
GⅢ	1	2	3	18	5.6%	16.7%	33.3%
GⅡ	0	1	0	7	0.0%	14.3%	14.3%
GⅠ	0	0	0	2	0.0%	0.0%	0.0%
ハンデ戦	4	4	4	69	5.8%	11.6%	17.4%
牝馬限定	6	2	6	113	5.3%	7.1%	12.4%
障害	9	9	4	57	15.8%	31.6%	38.6%

人気　2~3番人気が優秀で軸候補

	1着	2着	3着	出走数	勝率	連対率	3着内率
1番人気	13	14	3	47	27.7%	57.4%	63.8%
2~3番人気	17	20	12	82	20.7%	45.1%	59.8%
4~6番人気	5	12	16	143	3.5%	11.9%	23.1%
7~9番人気	4	8	14	167	2.4%	7.2%	15.6%
10番人気~	3	8	6	335	0.9%	3.3%	5.1%

単勝回収値 95円／単勝適正回収値 74円

距離　芝ダート共長い距離で力を出せる

芝　平均勝ち距離　1,860m

	1着	2着	3着	出走数	勝率	連対率	3着内率
全体計	15	27	20	339	4.4%	12.4%	18.3%
芝~1300m	4	8	6	94	4.3%	12.8%	19.1%
芝~1600m	2	3	2	58	3.4%	8.6%	12.1%
芝~2000m	5	8	9	142	3.5%	9.2%	15.5%
芝~2400m	1	6	2	30	3.3%	23.3%	30.0%
芝2500m~	3	2	1	15	20.0%	33.3%	40.0%

ダート　平均勝ち距離　1,656m

	1着	2着	3着	出走数	勝率	連対率	3着内率
全体計	18	26	27	378	4.8%	11.6%	18.8%
ダ~1300m	2	2	2	66	3.0%	6.1%	9.1%
ダ~1600m	7	9	5	87	8.0%	18.4%	24.1%
ダ~2000m	7	14	18	209	3.3%	10.0%	18.7%
ダ2100m~	2	1	2	16	12.5%	18.8%	31.3%

馬場状態　芝は重、ダートは良馬場で安定

		1着	2着	3着	出走数	勝率	連対率	3着内率
芝	良	10	16	15	233	4.3%	11.2%	17.6%
	稍重	2	6	3	62	3.2%	12.9%	17.7%
	重	3	4	2	36	8.3%	19.4%	25.0%
	不良	0	1	0	8	0.0%	12.5%	12.5%
ダ	良	11	19	18	218	5.0%	13.8%	22.0%
	稍重	3	3	2	76	3.9%	7.9%	10.5%
	重	3	1	6	48	6.3%	10.4%	22.9%
	不良	1	2	1	36	2.8%	8.3%	11.1%

性齢　遅咲きで3歳後半以降が勝負

	1着	2着	3着	出走数	勝率	連対率	3着内率
牡2歳	0	3	4	36	0.0%	8.3%	19.4%
牝2歳	0	0	0	24	0.0%	0.0%	0.0%
牡3歳前半	7	5	7	102	6.9%	11.8%	16.7%
牝3歳前半	5	6	4	112	4.5%	9.8%	13.4%
牡3歳後半	1	8	5	39	2.6%	23.1%	35.9%
牝3歳後半	4	4	4	56	7.1%	14.3%	21.4%
牡4歳	13	17	17	113	11.5%	26.5%	41.6%
牝4歳	3	6	4	66	4.5%	13.6%	19.7%
牡5歳	1	0	0	38	2.6%	2.6%	2.6%
牝5歳	3	2	1	29	3.4%	10.3%	13.8%
牡6歳	3	2	1	40	7.5%	12.5%	15.0%
牝6歳	2	0	0	20	10.0%	10.0%	15.0%
牡7歳以上	3	4	0	75	4.0%	13.3%	18.7%
牝7歳以上	1	0	1	24	4.2%	4.2%	8.3%

勝ち馬の決め手

芝（15勝）　追込 1／逃げ 1／差し 4／先行 9

ダート（18勝）　追込 3／逃げ 2／差し 2／先行 11

RANKING 61

2歳馬 53

2021 (55)
2020 (79)
2019 (125)
2018 ー

トゥザワールド
TO THE WORLD

年次	種付頭数	産駒数
22年	33	25
21年	37	44
20年	70	61

種付料／⇨受30万円F 供用地／新冠・優駿SS
2011年生 鹿毛 安平・ノーザンファーム産

距離	成長型	芝	ダート	瞬発力	パワー	底力
中	普	○	○	○	○	○

PROFILE

競走成績 12戦4勝（2～4歳・日豪）
最高レーティング 120 L（14年）
主な勝ち鞍 弥生賞、若駒S。有馬記念2着、皐月賞2着、ザBMW2着、セントライト記念2着、ダービー5着。

系統：キングマンボ系 母父系統：サンデーサイレンス系

父 キングカメハメハ 鹿 2001	Kingmambo 鹿 1990	Mr. Prospector	Raise a Native
			Gold Digger
		Miesque	Nureyev
			Pasadoble
	*マンファス 黒鹿 1991	*ラストタイクーン	*トライマイベスト
			Mill Princess
		Pilot Bird	Blakeney
			The Dancer
母 トゥザヴィクトリー 鹿 1996	*サンデーサイレンス 青鹿 1986	Halo	Hail to Reason
			Cosmah
		Wishing Well	Understanding
			Mountain Flower
	*フェアリードール 栗 1991	Nureyev	Northern Dancer
			Special
		Dream Deal	Sharpen Up
			Likely Exchange

インブリード：Nureyev 4×3、Northern Dancer 5・5×4

血統解説 父キングカメハメハはダービー馬にして首位種牡馬。母トゥザヴィクトリーはエリザベス女王杯など重賞を4勝し、ドバイワールドC、オークスで2着した名牝中の名牝。本馬の全兄に京都記念など重賞5勝のトゥザグローリー、全妹にトーセンビクトリー（中山牝馬S）がいる。母父サンデーサイレンスは歴史に残る大種牡馬。

代表産駒 ゴールドチャリス（中京2歳S）、ワールドリング（大井・アフター5スター賞）、ペルセウスシチー、コスモアンジュ、ミエノワールド、ショウナンバービー、ケンアンビシャス、ビッグバレリーナ（名古屋・東海クイーンC）、マナホク（盛岡・不来方賞）。

GIで3度2着した名中距離馬、種牡馬となり地方の強豪も出す

2歳10月の未勝利戦から、500万特別、3歳緒戦のL若駒S、初重賞制覇となった弥生賞と4連勝。1番人気に支持された皐月賞では、3番手追走から抜け出しを図ったが、イスラボニータに交わされ2着に惜敗する。続くダービーでも、直線伸び切れずワンアンドオンリーの5着まで。秋緒戦のセントライト記念で2着し、菊花賞に向かうも16着に大敗。人気薄で臨んだ暮れの有馬記念でジェンティルドンナの2着し、地力の高さを示した。4歳時に豪遠征を敢行。GIザBMWで2着している。

種牡馬となり、2歳OP特別を制したゴールドチャリス、公営大井のローカル重賞馬ワールドリングなどを輩出。2022年はJRAのペルセウスシチー、公営船橋のマナホクらが活躍した。

POG 2023年期待の2歳馬

母馬名（母父）	性別	おすすめポイント
ヴィフォルテ（*デヒア）	牡	叔父にGII3着馬アルトップラン。1歳サマーセールで落札される。
*シーキングオアシス（SEEKING THE GOLD）	牡	1歳サマーセールで落札される。パワフルなスピード光る中距離型。
ソフィアルージュ（*クロフネ）	牝	九州1歳市場で落札される。母父の血の後押しでダートに活路あり。

馬券に直結する適性データ

日本屈指の名門母系の出身者で、近親、自身ともに芝中距離戦線を得意としていたが、産駒には地方競馬の活躍馬も多く、ダート適性の高さが目立っている。中京ダートで好成績を残していることは、まず抑えておきたいポイント。勝率、連対率、3着内率のいずれも優秀な成績を残しているだけに、思い切った頭勝負も懸けられるし、馬連、3連複馬券の軸としても信頼できる。また、芝であればパワーを要する稍重馬場が向くことも覚えておきたい。芝、ダート共に短距離離戦で強いことも、自身のイメージとは異なる産駒の特徴と言える。

2022年成績

総収得賞金 435,743,000円　**アーニング INDEX** 0.54

勝利頭数／出走頭数：全馬 85／179	2歳 18／52
勝利回数／出走回数：全馬 148／1,645	2歳 23／229

Data Box (2020〜2022)

単勝回収値 66円／単勝適正回収値 75円

コース　勝負どころはローカルダート

	1着	2着	3着	出走数	勝率	連対率	3着内率
全体計	37	44	42	618	6.0%	13.1%	19.9%
中央芝	4	5	4	108	3.7%	8.3%	12.0%
中央ダ	10	19	15	219	4.6%	13.2%	20.1%
ローカル芝	12	5	11	151	7.9%	11.3%	18.5%
ローカルダ	11	15	12	140	7.9%	18.6%	27.1%
右回り芝	10	7	13	170	5.9%	10.0%	17.6%
右回りダ	12	19	17	211	5.7%	14.7%	22.7%
左回り芝	4	3	1	79	5.1%	8.9%	10.1%
左回りダ	9	15	10	148	6.1%	16.2%	23.0%
札幌芝	1	1	2	25	4.0%	8.0%	16.0%
札幌ダ	2	2	0	12	16.7%	33.3%	33.3%
函館芝	3	0	1	17	17.6%	17.6%	23.5%
函館ダ	0	2	2	14	0.0%	14.3%	28.6%
福島芝	1	0	3	20	5.0%	5.0%	20.0%
福島ダ	1	1	0	17	5.9%	11.8%	11.8%
新潟芝	4	1	0	39	10.3%	12.8%	15.4%
新潟ダ	3	5	5	48	6.3%	16.7%	27.1%
東京芝	1	1	0	35	2.9%	5.7%	5.7%
東京ダ	2	6	3	68	2.9%	11.8%	16.2%
中山芝	2	4	3	39	5.1%	15.4%	23.1%
中山ダ	8	10	8	111	7.2%	16.2%	23.4%
中京芝	1	1	1	15	6.7%	13.3%	20.0%
中京ダ	4	4	2	32	12.5%	25.0%	31.3%
京都芝	0	0	0	5	0.0%	0.0%	0.0%
京都ダ	0	1	2	8	0.0%	12.5%	37.5%
阪神芝	1	0	1	29	3.4%	3.4%	6.9%
阪神ダ	0	2	2	32	0.0%	6.3%	12.5%
小倉芝	2	1	3	35	5.7%	11.4%	20.0%
小倉ダ	1	3	1	17	5.9%	11.8%	29.4%

条件　活躍の舞台は2勝クラス

	1着	2着	3着	出走数	勝率	連対率	3着内率
新馬	3	4	3	59	5.1%	11.9%	16.9%
未勝利	18	25	15	304	5.9%	14.1%	19.1%
1勝	9	7	14	156	5.8%	10.3%	19.2%
2勝	5	7	3	58	8.6%	20.7%	25.9%
3勝	1	1	5	22	4.5%	9.1%	31.8%
OPEN特別	1	0	2	14	7.1%	7.1%	21.4%
GⅢ	0	0	0	4	0.0%	0.0%	0.0%
GⅡ	0	0	0	2	0.0%	0.0%	0.0%
GⅠ	0	0	0	1	0.0%	0.0%	0.0%
ハンデ戦	1	1	1	18	5.6%	11.1%	16.7%
牝馬限定	4	12	11	128	3.1%	12.5%	21.1%
障害	0	0	0	2	0.0%	0.0%	0.0%

人気　全体的に低調で狙いづらい

	1着	2着	3着	出走数	勝率	連対率	3着内率
1番人気	10	8	5	41	24.4%	43.9%	56.1%
2〜3番人気	12	15	10	76	15.8%	35.5%	48.7%
4〜6番人気	9	12	12	117	7.7%	17.9%	28.2%
7〜9番人気	4	5	12	130	3.1%	6.9%	16.2%
10番人気〜	2	4	3	256	0.8%	2.3%	3.5%

距離　芝ダート共短距離で走る

芝　平均勝ち距離　1,388m

	1着	2着	3着	出走数	勝率	連対率	3着内率
全体計	16	10	15	259	6.2%	10.0%	15.8%
芝〜1300m	10	5	12	105	9.5%	14.3%	25.7%
芝〜1600m	2	1	1	74	2.7%	4.1%	5.4%
芝〜2000m	4	4	2	70	5.7%	11.4%	14.3%
芝〜2400m	0	0	0	10	0.0%	0.0%	0.0%
芝2500m〜	0	0	0	0	-	-	-

ダート　平均勝ち距離　1,417m

	1着	2着	3着	出走数	勝率	連対率	3着内率
全体計	21	34	27	359	5.8%	15.3%	22.8%
ダ〜1300m	13	16	13	154	8.4%	18.8%	27.3%
ダ〜1600m	0	5	3	74	0.0%	6.8%	10.8%
ダ〜2000m	8	11	9	128	6.3%	15.6%	24.2%
ダ2100m〜	0	0	3	3	0.0%	0.0%	33.3%

馬場状態　芝は渋った馬場で走る

		1着	2着	3着	出走数	勝率	連対率	3着内率
芝	良	8	9	10	190	4.2%	8.9%	14.2%
	稍重	6	1	3	48	12.5%	14.6%	20.8%
	重	2	0	1	15	13.3%	13.3%	20.0%
	不良	0	0	1	6	0.0%	0.0%	16.7%
ダ	良	11	20	12	206	5.3%	15.0%	20.9%
	稍重	4	8	8	76	5.3%	15.8%	26.3%
	重	3	4	0	40	7.5%	17.5%	20.0%
	不良	3	2	6	37	8.1%	13.5%	29.7%

性齢　完成は遅くピークも短い

	1着	2着	3着	出走数	勝率	連対率	3着内率
牡2歳	3	3	3	69	4.3%	8.7%	13.0%
牝2歳	5	3	3	59	8.5%	13.6%	18.6%
牡3歳前半	5	7	4	119	4.2%	10.1%	13.4%
牝3歳前半	6	11	9	126	4.8%	13.5%	20.6%
牡3歳後半	7	2	1	38	18.4%	23.7%	26.3%
牝3歳後半	2	8	5	65	3.1%	15.4%	23.1%
牡4歳	4	5	6	54	7.4%	16.7%	27.8%
牝4歳	3	4	6	50	6.0%	14.0%	26.0%
牡5歳	1	1	0	18	5.6%	11.1%	11.1%
牝5歳	1	0	5	22	4.5%	4.5%	27.3%
牡6歳	0	0	0	0	-	-	-
牝6歳	0	0	0	0	-	-	-
牡7歳以上	0	0	0	0	-	-	-
牝7歳以上	0	0	0	0	-	-	-

勝ち馬の決め手

芝：差し 2／逃げ 6／先行 8／16勝
ダート：差し 4／逃げ 5／先行 12／21勝

RANKING
62
2歳馬 一
2021 ⑦
2020 ㉛
2019 ㊳
2018 ㊲

＊タートルボウル
TURTLE BOWL

年次	種付頭数	産駒数
22年	－	－
21年	－	－
20年	－	－

系統：ノーザンダンサー系　母父系統：ダンテ系

父 Dyhim Diamond 栗 1994	Night Shift 鹿 1980	Northern Dancer	Nearctic
			Natalma
		Ciboulette	Chop Chop
			Windy Answer
	Happy Landing 鹿 1984	Homing	Habitat
			Heavenly Thought
		Laughing Goddess	Green God
			Gay Baby
母 Clara Bow 鹿 1990	Top Ville 鹿 1976	High Top	Derring-Do
			Camenae
		Sega Ville	Charlottesville
			La Sega
	Kamiya 鹿 1975	Kalamoun	＊ゼダーン
			Khairunissa
		Shahinaaz	＊ヴェンチア
			Cherry

インブリード：祖母 Kamiya に Prince Bio 3×3

2017 年死亡
2002 年生　鹿毛　アイルランド産　2012 年輸入

距離	成長型	芝	ダート	瞬発力	パワー	底力
マ中	普	○	○	○	○	○

PROFILE

競走成績　21戦7勝（2〜5歳・仏英）
最高レーティング　117 M（07年）
主な勝ち鞍　ジャンプラ賞、ジョンシェール賞、モンテニカ賞。イスパーン賞2着、ミュゲ賞2着、エドモンブラン賞2着、ジャックルマロワ賞3着。

仏クラシック馬も出した実力派、日本でも複数の重賞勝ち馬輩出

　2歳9月に仏で競走馬デビュー。キャリアを重ねながら徐々に地力を蓄えていき、O・ペリエが手綱を取った3歳6月のGⅢジョンシェール賞で重賞初制覇。続くGⅠジャンプラ賞でもペリエの好騎乗に応え、鮮やかな勝利を収めた。長期休養が明けた4歳以降、重賞タイトルは重ねられなかったが、5歳時にはイスパーン賞2着、QアンS3着、ジャックルマロワ賞3着と、マイル〜中距離GⅠ戦で力のあるところを示している。

　まず仏で種牡馬入り。初年度産駒から仏2歳GⅠクリテリウムアンテルナシオナルの勝ち馬で、英2000ギニーで2着したフレンチフィフティーン、そして仏2000ギニー馬ルカヤンを出す健闘を示す。2012年秋に社台グループが

血統解説　父ディームダイヤモンドは独、仏で重賞を制した短距離馬。種牡馬となりスペインのリーディングサイアーにも輝いた。代表産駒である本馬のほか、同じく仏GⅠを制したバナビー（カドラン賞）を出している。母クララボウは仏で走った未勝利馬。母父トップヴィルは仏ダービー馬で、豊富なスタミナを子孫に伝えている。

代表産駒　ルカヤン(仏2000ギニー)、**フレンチフィフティーン**（クリテリウムアンテルナシオナル）、**タイセイビジョン**(京王杯2歳S)、**アンデスクイーン**(レディスプレリュード)、**トリオンフ**(中山金杯)、**ベレヌス**(中京記念)、**ヴェントヴォーチェ**（キーンランドC）。

購入し、翌春から社台SSでの供用を開始。芝中距離重賞を3勝したトリオンフを皮切りに、これまでに計5頭の重賞ウイナーを送り出している。2022年はベレヌス、ヴェントボーチェが重賞を制したほか、芝スプリント重賞戦線におけるタイセイビジョンの活躍が光った。

馬券に直結する適性データ

　自身の競走成績や産駒の仏GⅠ制覇からグラスホースという印象もあるが、アンデスクイーンのような交流ダート重賞戦線の活躍馬を出している。力要す馬場への対応力は高く、JRAでは、芝、ダートで拮抗した勝ち鞍数をマークしている。芝であれば、札幌、小倉といったパワーも要求されるローカル場所で好成績を収めていることは、ぜひ抑えておきたいポイント。また、芝稍重を得意としていることも併せて覚えておこう。距離適性は幅広く、距離の短縮、延長があった際は予想外の好走に注意を払いたい。もう1つ、ハンデ戦に強いことも馬券作戦に活かしたいデータとなっている。

2022年成績

総収得賞金 415,127,000円　アーニング INDEX　1.28

勝利頭数／出走頭数：全馬 31 ／ 72　　2歳　−／−

勝利回数／出走回数：全馬 58 ／ 694　　2歳　−／−

Data Box (2020~2022)

コース　ローカル芝で見つけたら買い

	1着	2着	3着	出走数	勝率	連対率	3着内率
全体計	50	46	46	705	7.1%	13.6%	20.1%
中央芝	7	4	3	112	6.3%	9.8%	12.5%
中央ダ	16	14	16	247	6.5%	12.1%	18.6%
ローカル芝	15	11	10	120	12.5%	21.7%	30.0%
ローカルダ	12	17	17	226	5.3%	12.8%	20.4%
右回り芝	20	14	10	150	13.3%	22.7%	29.3%
右回りダ	18	25	24	300	6.0%	14.3%	22.3%
左回り芝	1	1	3	80	1.3%	2.5%	6.3%
左回りダ	10	6	9	173	5.8%	9.2%	14.5%
札幌芝	5	4	0	23	21.7%	39.1%	39.1%
札幌ダ	1	1	2	21	4.8%	9.5%	19.0%
函館芝	1	1	1	8	12.5%	25.0%	37.5%
函館ダ	1	4	4	25	4.0%	20.0%	36.0%
福島芝	3	2	3	24	12.5%	20.8%	33.3%
福島ダ	1	2	0	27	3.7%	11.1%	11.1%
新潟芝	1	1	0	19	5.3%	10.5%	10.5%
新潟ダ	0	5	6	46	0.0%	2.2%	13.0%
東京芝	0	0	3	45	0.0%	0.0%	6.7%
東京ダ	4	3	2	66	6.1%	10.6%	13.6%
中山芝	5	2	0	39	12.8%	17.9%	17.9%
中山ダ	4	2	5	87	4.6%	6.9%	12.6%
中京芝	1	0	0	18	5.6%	5.6%	5.6%
中京ダ	6	2	1	61	9.8%	13.1%	16.4%
京都芝	1	0	0	8	12.5%	12.5%	12.5%
京都ダ	4	3	4	22	18.2%	31.8%	50.0%
阪神芝	1	2	0	20	5.0%	15.0%	15.0%
阪神ダ	4	6	4	72	5.6%	13.9%	20.8%
小倉芝	4	3	6	28	14.3%	25.0%	46.4%
小倉ダ	3	7	4	46	6.5%	21.7%	30.4%

条件　ハンデ戦出走時は警戒が必要

	1着	2着	3着	出走数	勝率	連対率	3着内率
新馬	3	2	0	20	15.0%	25.0%	25.0%
未勝利	16	9	13	177	9.0%	14.1%	21.5%
1勝	17	22	23	314	5.4%	12.4%	19.7%
2勝	6	7	6	117	5.1%	11.1%	16.2%
3勝	4	1	4	38	10.5%	13.2%	23.7%
OPEN特別	2	3	1	29	6.9%	17.2%	20.7%
GⅢ	4	3	0	21	19.0%	33.3%	33.3%
GⅡ	0	0	0	4			
GⅠ	0	0	0	5	0.0%	0.0%	0.0%
ハンデ戦	5	5	3	44	11.4%	22.7%	29.5%
牝馬限定	7	6	6	121	5.8%	10.7%	15.7%
障害	2	1	1	22	9.1%	13.6%	18.2%

人気　2〜3番人気が1番人気と同等の働き

	1着	2着	3着	出走数	勝率	連対率	3着内率
1番人気	11	4	3	34	32.4%	44.1%	52.9%
2〜3番人気	24	24	10	103	23.3%	46.6%	56.3%
4〜6番人気	10	12	15	153	6.5%	14.4%	24.2%
7〜9番人気	4	2	12	148	2.7%	4.1%	12.2%
10番人気〜	3	5	7	289	1.0%	2.8%	5.2%

単勝回収値 69円／単勝適正回収値 92円

距離　芝の短距離または中距離で走る

芝　　平均勝ち距離　1,709m

	1着	2着	3着	出走数	勝率	連対率	3着内率
全体計	22	15	13	232	9.5%	15.9%	21.6%
芝〜1300m	6	5	2	35	17.1%	31.4%	37.1%
芝〜1600m	2	1	3	74	2.7%	4.1%	8.1%
芝〜2000m	14	8	8	104	13.5%	21.2%	28.8%
芝〜2400m	0	1	0	14	0.0%	7.1%	7.1%
芝2500m〜	0	0	0	5	0.0%	0.0%	0.0%

ダート　平均勝ち距離　1,750m

	1着	2着	3着	出走数	勝率	連対率	3着内率
全体計	28	31	33	473	5.9%	12.5%	19.5%
ダ〜1300m	1	1	2	74	1.4%	2.7%	5.4%
ダ〜1600m	3	3	5	87	3.4%	6.9%	12.6%
ダ〜2000m	22	26	25	284	7.7%	16.9%	25.7%
ダ2100m〜	2	1	1	28	7.1%	10.7%	14.3%

馬場状態　少し渋った芝で勝率アップ

		1着	2着	3着	出走数	勝率	連対率	3着内率
芝	良	16	14	11	187	8.6%	16.0%	21.9%
	稍重	5	1	2	34	14.7%	17.6%	23.5%
	重	1	0	0	8	12.5%	12.5%	12.5%
	不良	0	0	0	3	0.0%	0.0%	0.0%
ダ	良	23	23	17	298	7.7%	15.4%	21.1%
	稍重	2	3	8	81	2.5%	6.2%	16.0%
	重	1	1	6	56	1.8%	3.6%	14.3%
	不良	2	4	2	38	5.3%	15.8%	21.1%

性齢　現5歳が最終産駒、まだ頑張る

	1着	2着	3着	出走数	勝率	連対率	3着内率
牡2歳	1	2	0	10	10.0%	30.0%	30.0%
牝2歳	1	0	0	18	5.6%	5.6%	5.6%
牡3歳前半	13	5	11	85	15.3%	21.2%	34.1%
牝3歳前半	4	2	5	82	4.9%	7.3%	13.4%
牡3歳後半	6	5	3	59	10.2%	18.6%	23.7%
牝3歳後半	3	5	3	43	7.0%	18.6%	25.6%
牡4歳	10	5	13	138	7.2%	10.9%	20.3%
牝4歳	4	6	4	81	4.9%	12.3%	17.3%
牡5歳	7	13	6	113	6.2%	17.7%	23.0%
牝5歳	2	2	2	53	3.8%	7.5%	11.3%
牡6歳	1	1	0	31	3.2%	6.5%	6.5%
牝6歳	0	0	0	1	0.0%	0.0%	0.0%
牡7歳以上	0	1	0	9	0.0%	11.1%	11.1%
牝7歳以上	0	0	0	4	0.0%	0.0%	0.0%

勝ち馬の決め手

芝　22勝　追込 3／逃げ 7／差し 4／先行 8

ダート　28勝　追込 2／逃げ 7／差し 9／先行 10

RANKING 63

2021 ⑬
2020 －
2019 －
2018 －

2歳馬 56

サトノアラジン
SATONO ALADDIN

年次	種付頭数	産駒数
22年	**64**	**83**
21年	124	72
20年	95	54

系統：サンデーサイレンス系　母父系統：ストームキャット系

父			Halo	Hail to Reason
ディープインパクト 鹿 2002	*サンデーサイレンス 青鹿 1986	Halo		Cosmah
		Wishing Well	Understanding	Mountain Flower
	*ウインドインハーヘア 鹿 1991	Alzao	Lyphard	Lady Rebecca
		Burghclere	Busted	Highclere
母		Storm Bird	Northern Dancer	South Ocean
*マジックストーム 黒鹿 1999	Storm Cat 黒鹿 1983	Storm Bird		
		Terlingua	Secretariat	Crimson Saint
	Foppy Dancer 鹿 1990	Fappiano	Mr. Prospector	Killaloe
		Water Dance	Nijinsky	Luiana

インブリード：Northern Dancer 5×4・5

種付料／⇨ 受100万円F　供用地／日高・ブリーダーズSS
2011年生　鹿毛　安平・ノーザンファーム産

距離	成長型	芝	ダート	瞬発力	パワー	底力
マ中	普	○	○	○	○	○

PROFILE

競走成績　29戦8勝（2〜6歳・日香）
最高レーティング　118 M（17年）
主な勝ち鞍　安田記念、スワンS、京王杯スプリングC。毎日王冠2着、富士S2着、エプソムC2着。

血統解説　父ディープインパクトは世界に冠たる超一流サイアー。母マジックストームは米GⅡモンマスオークスの勝ち馬。本馬の姉にラキシス（エリザベス女王杯）、全妹にフローレスマジック（福島牝馬S2着）を産んだ。母系には活力があり、本馬のいとこに米2歳GI馬ドリルがいる。母父ストームキャットは北米首位サイアー。

代表産駒　グランドインパクト（ブルーサファイアS）、セイクリッドサトノ（ボーンクラッシャーS）、ペニーウエカ（ウェリントンS3着）、ウェルカムニュース、ディパッセ、グラスミヤラビ、レディバランタイン、ロードアラビアン、クアトロマジコ、ハギノメーテル。

シャトル供用先新で重賞馬誕生、日本でも順位上げた安田記念馬

2歳8月の新馬戦を勝ち上がってから重賞戦線を歩んだが、ラジオNIKKEI杯3着、共同通信杯3着と収得賞金を上乗せできず、クラシックは6着となった菊花賞のみの出走となった。4歳以降はマイル戦線に主軸を置き、5歳5月の京王杯スプリングCで重賞初制覇。秋にはスワンSにも勝ち、この路線のトップホースとしての認知度を高める。その後は人気になりながら凡走が続いたが、7番人気での出走となった6歳時の安田記念で自慢の末脚が爆発。4角15番手からの差し切り勝ちを収めた。

供用初年度から新でのシャトル供用を開始。新重賞馬セイクリッドサトノ、豪重賞馬グランドインパクトらが登場した。日本でもウェルカムニュース、ディパッセが3勝クラスを卒業。

POG　2023年期待の2歳馬

母馬名（母父）	性別	おすすめポイント
*スカイランダーガール（STROLL）	牡	当歳セレクトセールで4510万円。パワフルなスピードが武器となる。
*ムーンライトダンス（SINNDAR）	牡	母は愛GⅢ馬。姪にシゲルピンクダイヤ。1歳セレクトセールで4070万円。
*ヒップホップスワン（TIZ WONDERFUL）	牝	当歳セレクトセールで4070万円。芝、ダート双方のマイル戦向き。

馬券に直結する適性データ

2022年に初年度産駒が3歳となった段階だけに、今後傾向が変化してくることが予想されるが、ダート適性は高く、なかでも中山ダート、中京ダートで好成績を収めていることは馬券作戦に取り入れたいデータ。また、中途半端に脚抜けが良くなるよりはパワフルなスピードが最優先されるダート良馬場で本領を発揮することが多い。自身がそうだったように成長力に優れたタイプが主流。初年度産駒は牡牝共に3歳後半を迎えて信頼性が高まってきたが、古馬になってさらに強さを増す可能性も十分ある。1番人気時はぜひ頭固定で勝負したい。

2022年 成績

総収得賞金 407,373,000円　アーニング INDEX　0.82

	2歳
勝利頭数／出走頭数：全馬 36 ／ 111	7 ／ 41
勝利回数／出走回数：全馬 65 ／ 648	7 ／ 124

Data Box (2020〜2022)

単勝回収値 74円／単勝適正回収値 85円

コース　好走率高いのは中山、中京ダート

	1着	2着	3着	出走数	勝率	連対率	3着内率
全体計	33	20	44	486	6.8%	10.9%	20.0%
中央芝	3	2	6	91	3.3%	5.5%	12.1%
中央ダ	14	3	15	147	9.5%	11.6%	21.8%
ローカル芝	9	6	11	136	6.6%	11.0%	19.1%
ローカルダ	7	9	12	112	6.3%	14.3%	25.0%
右回り芝	7	6	13	141	5.0%	9.2%	18.4%
右回りダ	13	5	17	152	8.6%	11.8%	23.0%
左回り芝	5	2	4	84	6.0%	8.3%	13.1%
左回りダ	8	7	10	107	7.5%	14.0%	23.4%
札幌芝	2	2	2	16	12.5%	25.0%	37.5%
札幌ダ	0	0	0	4	0.0%	0.0%	0.0%
函館芝	0	0	0	7	0.0%	0.0%	0.0%
函館ダ	0	0	0	5	0.0%	0.0%	0.0%
福島芝	1	0	1	14	7.1%	7.1%	14.3%
福島ダ	0	0	1	14	0.0%	0.0%	7.1%
新潟芝	2	1	1	35	5.7%	8.6%	11.4%
新潟ダ	1	2	1	19	5.3%	15.8%	21.1%
東京芝	2	0	2	27	7.4%	7.4%	14.8%
東京ダ	2	0	2	33	6.1%	6.1%	12.1%
中山芝	0	1	3	33	0.0%	3.0%	12.1%
中山ダ	**5**	**2**	**5**	**43**	**11.6%**	**16.3%**	**27.9%**
中京芝	1	1	1	24	4.2%	8.3%	12.5%
中京ダ	**5**	**5**	**7**	**55**	**9.1%**	**18.2%**	**30.9%**
京都芝	0	0	0	0	-	-	-
京都ダ	0	0	0	0	-	-	-
阪神芝	1	1	1	31	3.2%	6.5%	9.7%
阪神ダ	7	1	8	71	9.9%	11.3%	22.5%
小倉芝	3	2	6	40	7.5%	12.5%	27.5%
小倉ダ	2	2	3	15	6.7%	20.0%	40.0%

条件　OPが壁、現状は下級条件中心

	1着	2着	3着	出走数	勝率	連対率	3着内率
新馬	6	5	5	83	7.2%	13.3%	19.3%
未勝利	13	11	31	305	4.3%	7.9%	18.0%
1勝	**7**	**4**	**4**	**71**	**9.9%**	**15.5%**	**21.1%**
2勝	5	0	2	15	33.3%	33.3%	46.7%
3勝	2	0	2	8	25.0%	25.0%	50.0%
OPEN特別	0	0	1	4	0.0%	0.0%	25.0%
GⅢ	0	0	0	4	0.0%	0.0%	0.0%
GⅡ	0	0	0	0	-	-	-
GⅠ	0	0	0	0	-	-	-
ハンデ戦	1	0	1	6	16.7%	16.7%	33.3%
牝馬限定	4	0	5	62	6.5%	6.5%	14.5%
障害	0	0	1	4	0.0%	0.0%	25.0%

人気　1番人気は驚きの勝率、馬単軸で

	1着	2着	3着	出走数	勝率	連対率	3着内率
1番人気	**11**	**2**	**3**	**24**	**45.8%**	**54.2%**	**66.7%**
2〜3番人気	9	6	13	69	13.0%	21.7%	40.6%
4〜6番人気	7	7	18	118	5.9%	11.9%	27.1%
7〜9番人気	5	4	8	117	4.3%	7.7%	14.5%
10番人気〜	1	1	3	162	0.6%	1.2%	3.1%

距離　芝は短距離、ダートは中距離向き

芝　平均勝ち距離　1,400m

	1着	2着	3着	出走数	勝率	連対率	3着内率
全体計	12	8	17	227	5.3%	8.8%	16.3%
芝〜1300m	**5**	**4**	**5**	**51**	**9.8%**	**17.6%**	**27.5%**
芝〜1600m	5	0	5	77	6.5%	6.5%	13.0%
芝〜2000m	2	2	6	86	2.3%	4.7%	11.6%
芝〜2400m	0	2	1	11	0.0%	18.2%	27.3%
芝2500m〜	0	0	0	2	0.0%	0.0%	0.0%

ダート　平均勝ち距離　1,729m

	1着	2着	3着	出走数	勝率	連対率	3着内率
全体計	21	12	27	259	8.1%	12.7%	23.2%
ダ〜1300m	1	3	10	62	1.6%	6.5%	22.6%
ダ〜1600m	3	0	4	55	5.5%	5.5%	12.7%
ダ〜2000m	**17**	**9**	**13**	**139**	**12.2%**	**18.7%**	**28.1%**
ダ2100m〜	0	0	0	3	0.0%	0.0%	0.0%

馬場状態　ダートは状態不問、芝は良が◎

		1着	2着	3着	出走数	勝率	連対率	3着内率
芝	良	12	5	13	180	6.7%	9.4%	16.7%
	稍重	0	1	2	32	0.0%	3.1%	9.4%
	重	0	2	1	12	0.0%	16.7%	25.0%
	不良	0	0	1	3	0.0%	0.0%	33.3%
ダ	良	15	5	14	156	9.6%	12.8%	21.8%
	稍重	4	4	11	66	6.1%	12.1%	28.8%
	重	2	1	1	22	9.1%	13.6%	18.2%
	不良	0	2	1	15	0.0%	13.3%	20.0%

性齢　ジリジリと年を重ねるごとに成長

	1着	2着	3着	出走数	勝率	連対率	3着内率
牡2歳	6	5	13	124	4.8%	8.9%	19.4%
牝2歳	6	4	9	89	6.7%	11.2%	21.3%
牡3歳前半	7	5	8	116	6.0%	10.3%	17.2%
牝3歳前半	3	2	4	57	5.3%	8.8%	15.8%
牡3歳後半	**6**	**4**	**8**	**58**	**10.3%**	**17.2%**	**31.0%**
牝3歳後半	5	0	3	46	10.9%	10.9%	17.4%
牡4歳	0	0	0	0	-	-	-
牝4歳	0	0	0	0	-	-	-
牡5歳	0	0	0	0	-	-	-
牝5歳	0	0	0	0	-	-	-
牡6歳	0	0	0	0	-	-	-
牝6歳	0	0	0	0	-	-	-
牡7歳以上	0	0	0	0	-	-	-
牝7歳以上	0	0	0	0	-	-	-

勝ち馬の決め手

芝　12勝　逃げ3／差し4／先行5／追込

ダート　21勝　逃げ6／差し3／先行11／追込1

199

RANKING
64
2歳馬 **65**

2021 ⑧
2020 ⑭
2019 －
2018 －

＊エイシンヒカリ
A SHIN HIKARI

年次	種付頭数	産駒数
22年	**12**	**15**
21年	21	37
20年	56	69

種付料／⇨受120万円F　供用地／浦河・イーストスタッド
2011年生　芦毛　新ひだか・木田牧場産

距離	成長型	芝	ダート	瞬発力	パワー	底力
中	普	○	○	○	○	○

系統：サンデーサイレンス系　母父系統：ストームキャット系

父 ディープインパクト 鹿 2002	＊サンデーサイレンス 青鹿 1986	Halo	Hail to Reason
			Cosmah
		Wishing Well	Understanding
			Mountain Flower
	＊ウインドインハーヘア 鹿 1991	Alzao	Lyphard
			Lady Rebecca
		Burghclere	Busted
			Highclere
母 ＊キャタリナ 芦 1994	Storm Cat 黒鹿 1983	Storm Bird	Northern Dancer
			South Ocean
		Terlingua	Secretariat
			Crimson Saint
	Carolina Saga 芦 1980	Caro	＊フォルティノ
			Chambord
		Key to the Saga	Key to the Mint
			Sea Saga

インブリード：Northern Dancer 5×4

血統解説　本馬は父ディープインパクト代表産駒のなかでも異色の存在と呼べる個性派。母キャタリナは米で走った3勝馬。本馬の半兄にエーシンピーシー（スプリングS3着）、全妹にエイシンティンクル（関屋記念3着）、姪にスマイルカナ（ターコイズS）がいる。父、母父ストームキャットの組合せは現代を代表するニックス配合。

代表産駒　エイシンヒテン（ローズS2着）、カジュフェイス（もみじS）、エイシンスポッター、セリシア、タツリュウオー、ララエフォール、クープドクール、ミニョンルミエール、エイシンリボーン、エイシンイナズマ、エイシンイルハーン、シャイニングライト。

PROFILE

競走成績　15戦10勝（3～5歳・日香仏英）
最高レーティング　127 M（16年）
主な勝ち鞍　イスパーン賞、香港C、毎日王冠、エプソムC、都大路S、アイルランドT。

海外でGⅠを2勝の個性派名馬 種牡馬としての今後も楽しみに

　緒戦こそ好位追走から抜け出して勝利したが、以降は逃げに徹してLアイルランドTまで5連勝。初の重賞参戦となった3歳暮れのチャレンジCは9着に敗れたが、4歳緒戦のL都大路S、初重賞タイトルとなるエプソムC、毎日王冠と3連勝を飾る。しかし天皇賞・秋では9着に完敗。暮れの香港Cでは低評価に甘んじていたが、力強いスピードでGⅠ制覇を達成する。5歳初夏には仏遠征を敢行、イスパーン賞を10馬身差で圧勝する衝撃的な走りを披露した。

　6歳春から種牡馬生活を開始。供用3年目まで80頭を超える繁殖牝馬と交配するまずまずの人気を博している。近2年は種付頭数も激減してしまっただけに、現在走っている初期産駒たちの奮闘が大いに期待されるところだ。

POG　2023年期待の2歳馬

母馬名（母父）	性別	おすすめポイント
ピンクノミーナ（ダイワメジャー）	牡	1歳オータムセールで落札される。サンデーサイレンス3×3を持つ。
ムスターヴェルク（ハーツクライ）	牡	叔父にGⅢメートルダール。芝中距離戦線での活躍を期待したい。
＊フォーシンズ（SINNDAR）	牝	母はGⅡブランドフォードSなどに勝利。1歳サマーセールで落札。

馬券に直結する適性データ

　スケールの大小はともかく、自身の資質を受け継いだ産駒が多くやや力の要る馬場でパワフルなスピードを活かす競馬を得意とする。中京芝、小倉芝で好成績を収めていること、芝稍重馬場、脚抜けが良くなるダート稍重馬場で本領を発揮しやすいことはセットで頭に入れておきたい。キャリアを積み重ねながら地力を蓄えていくタイプも多く、新馬戦ではなく未勝利戦で狙っていくことが正解。また、3歳後半から安定感が高まってくる傾向も馬券作戦に活かしていきたい。伏兵評価となる4～6番人気時の頑張りも特筆すべきデータと言える。

2022年成績

総収得賞金 407,138,000円　アーニング INDEX　0.74

勝利頭数／出走頭数：全馬 53 ／ 123　2歳 11 ／ 43
勝利回数／出走回数：全馬 93 ／ 835　2歳 15 ／ 162

Data Box (2020～2022)

コース　小倉芝、中京芝で速さを活かす

	1着	2着	3着	出走数	勝率	連対率	3着内率
全体計	35	47	44	558	6.3%	14.7%	22.6%
中央芝	8	6	13	153	5.2%	9.2%	17.6%
中央ダ	6	17	10	127	4.7%	18.1%	26.0%
ローカル芝	15	16	13	183	8.2%	16.9%	24.0%
ローカルダ	6	8	8	95	6.3%	14.7%	23.2%
右回り芝	17	9	15	193	8.8%	13.5%	21.2%
右回りダ	5	18	10	124	4.0%	18.5%	26.6%
左回り芝	6	13	11	140	4.3%	13.6%	21.4%
左回りダ	7	7	8	98	7.1%	14.3%	22.4%
札幌芝	0	0	1	9	0.0%	0.0%	11.1%
札幌ダ	2	0	1	6	33.3%	33.3%	50.0%
函館芝	3	0	1	17	17.6%	17.6%	23.5%
函館ダ	0	0	1	6	0.0%	0.0%	16.7%
福島芝	2	0	2	27	7.4%	7.4%	14.8%
福島ダ	0	2	1	9	0.0%	22.2%	33.3%
新潟芝	0	6	1	41	0.0%	14.6%	17.1%
新潟ダ	4	2	3	30	13.3%	20.0%	30.0%
東京芝	2	2	4	56	3.6%	7.1%	14.3%
東京ダ	3	4	3	33	9.1%	21.2%	30.3%
中山芝	2	2	9	43	4.7%	9.3%	30.2%
中山ダ	2	5	3	52	3.8%	13.5%	19.2%
中京芝	4	5	6	46	8.7%	19.6%	32.6%
中京ダ	0	1	2	35	0.0%	2.9%	8.6%
京都芝	0	0	0	4	0.0%	0.0%	0.0%
京都ダ	0	0	0	2	0.0%	0.0%	0.0%
阪神芝	4	2	0	50	8.0%	12.0%	12.0%
阪神ダ	1	8	4	40	2.5%	22.5%	32.5%
小倉芝	6	5	2	43	14.0%	25.6%	30.2%
小倉ダ	0	3	0	9	0.0%	33.3%	33.3%

条件　新馬戦より未勝利戦で好走

	1着	2着	3着	出走数	勝率	連対率	3着内率
新馬	2	4	7	81	2.5%	7.4%	16.0%
未勝利	22	29	25	307	7.2%	16.6%	24.8%
1勝	6	10	9	118	5.1%	13.6%	21.2%
2勝	3	1	2	25	12.0%	16.0%	24.0%
3勝	1	1	1	8	12.5%	25.0%	37.5%
OPEN特別	1	1	0	6	16.7%	33.3%	33.3%
GⅢ	0	0	0	6	0.0%	0.0%	0.0%
GⅡ	0	1	0	4	0.0%	25.0%	25.0%
GⅠ	0	0	0	3	0.0%	0.0%	0.0%
ハンデ戦	1	0	0	6	16.7%	16.7%	16.7%
牝馬限定	6	10	14	100	6.0%	16.0%	30.0%
障害	0	0	0	0	-	-	-

人気　4～6番人気から一発を狙う

	1着	2着	3着	出走数	勝率	連対率	3着内率
1番人気	6	9	4	27	22.2%	55.6%	70.4%
2～3番人気	9	14	14	71	12.7%	32.4%	52.1%
4～6番人気	13	12	11	125	10.4%	20.0%	28.8%
7～9番人気	6	9	8	129	4.7%	11.6%	17.8%
10番人気～	1	3	7	206	0.5%	1.9%	5.3%

単勝回収値 84円／単勝適正回収値 81円

距離　芝は短距離、ダートはマイル

芝　平均勝ち距離　1,409m

	1着	2着	3着	出走数	勝率	連対率	3着内率
全体計	23	22	26	336	6.8%	13.4%	21.1%
芝～1300m	12	4	5	90	13.3%	17.8%	23.3%
芝～1600m	7	10	13	133	5.3%	12.8%	22.6%
芝～2000m	4	6	7	102	3.9%	9.8%	16.7%
芝～2400m	0	2	0	7	0.0%	28.6%	28.6%
芝2500m～	0	0	1	4	0.0%	0.0%	25.0%

ダート　平均勝ち距離　1,425m

	1着	2着	3着	出走数	勝率	連対率	3着内率
全体計	12	25	18	222	5.4%	16.7%	24.8%
ダ～1300m	5	8	7	82	6.1%	15.9%	24.4%
ダ～1600m	4	6	4	49	8.2%	20.4%	28.6%
ダ～2000m	3	11	7	85	3.5%	16.5%	24.7%
ダ2100m～	0	0	0	6	0.0%	0.0%	0.0%

馬場状態　芝ダート共少し渋った馬場で◎

		1着	2着	3着	出走数	勝率	連対率	3着内率
芝	良	16	16	21	264	6.1%	12.1%	20.1%
	稍重	5	4	5	45	11.1%	20.0%	31.1%
	重	2	1	0	24	8.3%	12.5%	12.5%
	不良	0	0	0	3	0.0%	33.3%	33.3%
ダ	良	8	12	10	136	5.9%	14.7%	22.1%
	稍重	4	8	5	52	7.7%	23.1%	32.7%
	重	0	3	0	21	0.0%	14.3%	28.6%
	不良	0	2	0	13	0.0%	15.4%	15.4%

性齢　牡牝とも3歳後半がピーク

	1着	2着	3着	出走数	勝率	連対率	3着内率
牡2歳	6	3	7	111	5.4%	8.1%	14.4%
牝2歳	3	8	5	77	3.9%	14.3%	20.8%
牡3歳前半	5	13	8	110	4.5%	16.4%	23.6%
牝3歳前半	6	7	10	92	6.5%	14.1%	25.0%
牡3歳後半	6	9	3	58	10.3%	25.9%	31.0%
牝3歳後半	5	4	7	54	9.3%	16.7%	29.6%
牡4歳	0	2	0	16	0.0%	12.5%	12.5%
牝4歳	4	1	4	40	10.0%	12.5%	22.5%
牡5歳	0	0	0				
牝5歳	0	0	0				
牡6歳	0	0	0				
牝6歳	0	0	0				
牡7歳以上	0	0	0				
牝7歳以上	0	0	0				

勝ち馬の決め手

芝（23勝）：逃げ 7、先行 7、差し 5、追込 4
ダート（12勝）：逃げ 1、先行 6、差し 3、追込 2

RANKING
65

2歳馬　123

2021 (91)
2020 (82)
2019 (192)
2018 －

AMERICAN PHAROAH
アメリカンファラオ

年次	種付頭数	産駒数
22年	－	－
21年	－	－
20年	－	－

写真はダノンファラオ

供用地／アメリカ
2012年生　鹿毛　アメリカ産

距離	成長型	芝	ダート	瞬発力	パワー	底力
中	普	○	◎	◎	◎	◎

PROFILE

競走成績　11戦9勝（2～3歳・米）
最高レーティング　134 I（15年）
主な勝ち鞍　ブリーダーズCクラシック、ケンタッキーダービー、プリークネスS、ベルモントS、ハスケル招待S、フロントランナーS。

日本のダートコースと相性良い 37年振りに誕生した米3冠馬

デビュー2戦目のGIデルマーフューチュリティで初勝利をマーク。さらに、フロントランナーSでGI連勝を飾る。3歳時は3月のGIIレベルS圧勝で始動。続くGIアーカンソーダービーを勝ってから向かった、ケンタッキーダービーを1馬身差、プリークネスSを7馬身差、ベルモントSを5馬身半差で制し、1978年アファームド以来37年振りとなる米3冠馬の栄誉を獲得する。その後、ハスケル招待Sで通算8連勝を達成。GIトラヴァーズSは2着に終わったが、ラストランのブリーダーズCクラシックを完勝し、2015年米年度代表馬に選出された。

4歳春から米で種牡馬入り。米、仏でGI勝ち産駒を出しているほか、日本でもカフェファラオ、ダノンファラオがダートGIを制した。

系統：ファピアノ系　母父系統：ストームキャット系

父 Pioneerof the Nile 黒鹿 2006	*エンパイアメーカー 黒鹿 2000	Unbridled	Fappiano
			Gana Facil
		Toussaud	El Gran Senor
			Image of Reality
	Star of Goshen 鹿 1994	Lord at War	General
			Luna de Miel
		Castle Eight	Key to the Kingdom
			Her Native
母 Littleprincessemma 栗 2006	Yankee Gentleman 鹿 1999	Storm Cat	Storm Bird
			Terlingua
		Key Phrase	Flying Paster
			Sown
	Exclusive Rosette 栗 1993	Ecliptical	Exclusive Native
			Minnetonka
		Zetta Jet	Tri Jet
			Queen Zetta

インブリード：Northern Dancer 5×5

血統解説　父パイオニアオブザナイルは米GI馬。本馬のほかにもBCジュヴナイルを制した米最優秀2歳牡馬クラシックエンパイアを出している。母系は豪華で、本馬の全妹に米GI2着アメリカンクレオパトラ、半妹に米GI馬チェイシングイエスタデイ（スターレットS）。母父ヤンキージェントルマンはストームキャット直仔のB級種牡馬。

代表産駒　**カフェファラオ**（フェブラリーS2回、南部杯）、**ダノンファラオ**（ジャパンダートダービー）、**ハーヴェイズリルゴイル**（QエリザベスII世CCS）、**ヴァンゴッホ**（クリテリウムアンテルナシオナル）、**アズタイムゴーズバイ**（ビホルダーマイルS）。

POG　2023年期待の2歳馬

母馬名（母父）	性別	おすすめポイント
*スウィッチインタイム（GALILEO）	牡	当歳セレクトセール1億6500万円。スケールの大きさ活かしたい。
DAISY MILLER（SMART STRIKE）	牡	米国産のマル外馬。パワフルなスピードが武器の中距離タイプに。
*ジャンナスキッキ（WAR FRONT）	牝	叔母に仏GIヴェルメイユ賞馬シャレータ。芝、ダート共にこなす。

馬券に直結する適性データ

自身が米3冠馬であり当然のことかもしれないが、ダート中距離適性の高さが魅力。なかでも中京ダート、京都ダートにおける強さはまず抑えておきたいポイントとなる。仕上り早く2歳戦から活躍できる点も特徴。自身もデビュー戦で敗れていたが、産駒も新馬戦より未勝利戦で信頼性が高まることも興味深い現象と言えるだろう。もちろん確率的には低いが、7番人気以下で度々勝利をあげていることも馬券作戦に応用したいデータ。思い切った頭狙いが3連単の高配当ゲットに繋がるかも。パワーに優れ、ダート不良馬場は得意だ。

2022年成績

総収得賞金 397,418,000円　アーニング INDEX　2.52

勝利頭数／出走頭数：全馬14／35	2歳 1／11
勝利回数／出走回数：全馬30／138	2歳 1／22

Data Box (2020~2022)
単勝回収値 242円／単勝適正回収値 100円

コース　どこのコースでもハイアベレージ

	1着	2着	3着	出走数	勝率	連対率	3着内率
全体計	36	14	13	218	16.5%	22.9%	28.9%
中央芝	4	2	2	25	16.0%	24.0%	32.0%
中央ダ	14	7	5	90	15.6%	23.3%	28.9%
ローカル芝	3	2	0	15	13.3%	13.3%	20.0%
ローカルダ	16	5	5	88	18.2%	23.9%	29.5%
右回り芝	0	0	0	19	0.0%	0.0%	15.8%
右回りダ	16	8	5	95	16.8%	25.3%	30.5%
左回り芝	6	2	0	21	28.6%	38.1%	38.1%
左回りダ	4	4	5	83	16.9%	21.7%	27.7%
札幌芝	0	0	0	1	0.0%	0.0%	0.0%
札幌ダ	2	1	1	9	22.2%	33.3%	44.4%
函館芝	0	0	0	0	-	-	-
函館ダ	1	0	1	5	20.0%	20.0%	40.0%
福島芝	0	0	0	1	0.0%	0.0%	0.0%
福島ダ	1	0	0	7	14.3%	14.3%	14.3%
新潟芝	2	0	0	6	33.3%	33.3%	33.3%
新潟ダ	2	0	0	14	14.3%	14.3%	14.3%
東京芝	4	2	0	13	30.8%	46.2%	46.2%
東京ダ	4	1	2	28	14.3%	17.9%	25.0%
中山芝	0	0	0	3	0.0%	0.0%	0.0%
中山ダ	2	0	0	11	18.2%	18.2%	18.2%
中京芝	0	0	0	2	0.0%	0.0%	0.0%
中京ダ	**8**	**3**	**3**	**41**	**19.5%**	**26.8%**	**34.1%**
京都芝	0	0	0	1	0.0%	0.0%	0.0%
京都ダ	**5**	**0**	**1**	**12**	**41.7%**	**41.7%**	**50.0%**
阪神芝	0	0	0	8	0.0%	0.0%	25.0%
阪神ダ	3	6	2	39	7.7%	23.1%	28.2%
小倉芝	0	0	0	3	0.0%	0.0%	33.3%
小倉ダ	2	1	0	12	16.7%	25.0%	25.0%

条件　未勝利戦ならまず勝ち負け

	1着	2着	3着	出走数	勝率	連対率	3着内率
新馬	5	3	1	28	17.9%	28.6%	32.1%
未勝利	**11**	**7**	**5**	**50**	**22.0%**	**36.0%**	**46.0%**
1勝	9	2	4	78	11.5%	14.1%	19.2%
2勝	3	2	2	21	14.3%	23.8%	33.3%
3勝	1	0	0	8	12.5%	12.5%	12.5%
OPEN特別	3	0	1	15	20.0%	20.0%	26.7%
GⅢ	2	0	0	9	22.2%	22.2%	22.2%
GⅡ	0	0	0	2	0.0%	0.0%	0.0%
GⅠ	2	0	0	6	33.3%	33.3%	33.3%
ハンデ戦	2	1	1	12	16.7%	25.0%	33.3%
牝馬限定	4	2	2	30	13.3%	20.0%	26.7%
障害	0	0	0	0	-	-	-

人気　7番人気以下の頭は要警戒

	1着	2着	3着	出走数	勝率	連対率	3着内率
1番人気	18	6	2	45	40.0%	53.3%	57.8%
2~3番人気	9	4	6	49	18.4%	26.5%	38.8%
4~6番人気	5	3	5	51	9.8%	15.7%	25.5%
7~9番人気	2	1	0	37	5.4%	8.1%	8.1%
10番人気~	2	0	0	36	5.6%	5.6%	5.6%

距離　ダートは距離不問、ベストは中距離

芝　平均勝ち距離　1,500m

	1着	2着	3着	出走数	勝率	連対率	3着内率
全体計	6	2	3	40	15.0%	20.0%	27.5%
芝~1300m	0	0	1	6	0.0%	0.0%	16.7%
芝~1600m	6	2	0	24	25.0%	33.3%	37.5%
芝~2000m	0	0	1	9	0.0%	0.0%	11.1%
芝~2400m	0	0	0	1	0.0%	0.0%	0.0%
芝2500m~	0	0	0	0	-	-	-

ダート　平均勝ち距離　1,638m

	1着	2着	3着	出走数	勝率	連対率	3着内率
全体計	30	12	10	178	16.9%	23.6%	29.2%
ダ~1300m	4	3	1	32	12.5%	21.9%	25.0%
ダ~1600m	7	2	3	42	16.7%	21.4%	28.6%
ダ~2000m	19	7	6	102	18.6%	25.5%	31.4%
ダ2100m~	0	0	0	2	0.0%	0.0%	0.0%

馬場状態　ダート不良では鬼の可能性あり

		1着	2着	3着	出走数	勝率	連対率	3着内率
芝	良	5	1	3	33	15.2%	18.2%	27.3%
	稍重	1	1	0	7	14.3%	28.6%	28.6%
	重	0	0	0	0	-	-	-
	不良	0	0	0	0	-	-	-
ダ	良	19	8	7	123	15.4%	22.0%	27.6%
	稍重	6	2	2	29	20.7%	27.6%	34.5%
	重	2	1	0	19	10.5%	15.8%	15.8%
	不良	3	1	1	7	42.9%	57.1%	71.4%

性齢　2歳時からガンガン動く

	1着	2着	3着	出走数	勝率	連対率	3着内率
牡2歳	2	3	1	21	9.5%	23.8%	28.6%
牝2歳	7	2	4	33	21.2%	27.3%	39.4%
牡3歳前半	5	0	0	20	25.0%	25.0%	25.0%
牝3歳前半	5	2	4	41	12.2%	24.4%	34.1%
牡3歳後半	2	0	0	14	14.3%	14.3%	14.3%
牝3歳後半	9	4	1	36	25.0%	36.1%	38.9%
牡4歳	1	0	1	16	6.3%	6.3%	12.5%
牝4歳	4	0	2	27	14.8%	14.8%	22.2%
牡5歳	1	0	0	10	10.0%	10.0%	10.0%
牝5歳	0	0	0	0	-	-	-
牡6歳	0	0	0	0	-	-	-
牝6歳	0	0	0	0	-	-	-
牡7歳以上	0	0	0	0	-	-	-
牝7歳以上	0	0	0	0	-	-	-

勝ち馬の決め手

芝　6勝：追込 1／逃げ 2／差し 1／先行 2

ダート　30勝：追込 2／逃げ 14／先行 12／差し 2

203

RANKING
66
2歳馬 ―

2021 ㊱
2020 ⑬
2019 ④
2018 ④

ステイゴールド
STAY GOLD

年次	種付頭数	産駒数
22年	―	―
21年	―	―
20年	―	―

2015年死亡
1994年生　黒鹿毛　白老・白老ファーム産

距離	成長型	芝	ダート	瞬発力	パワー	底力
中	普	◎	○	◎	○	◎

PROFILE

競走成績　50戦7勝（2〜7歳・日首香）
最高レーティング　120 L（01年）
主な勝ち鞍　香港ヴァーズ、ドバイシーマクラシック、目黒記念、日経新春杯。宝塚記念2着、天皇賞・春2着、天皇賞・秋2着2回、日経賞2着。

系統：サンデーサイレンス系　母父系統：ファイントップ系

父 *サンデーサイレンス 青鹿 1986	Halo 黒鹿 1969	Hail to Reason	Turn-to	Nothirdchance
		Cosmah	Cosmic Bomb	Almahmoud
	Wishing Well 鹿 1975	Understanding	Promised Land	Pretty Ways
		Mountain Flower	Montparnasse	Edelweiss
母 ゴールデンサッシュ 栗 1988	*ディクタス 栗 1967	Sanctus	Fine Top	Sanelta
		Doronic	Worden	Dulzetta
	ダイナサッシュ 鹿 1979	*ノーザンテースト	Northern Dancer	Lady Victoria
		*ロイヤルサッシュ	Princely Gift	Sash of Honour

インブリード：5代前までにクロスなし

血統解説　父サンデーサイレンスは日本産馬のレベルを一気に引き上げた大種牡馬。母系は名門で、本馬の全妹にレクレドール（ローズS）、叔父にサッカーボーイ（マイルCS）、姪にショウナンパンドラ（ジャパンC）、甥にドリームパスポート（神戸新聞杯）らがいる。仏で生まれた母父ディクタスはジャックルマロワ賞勝ちの名マイラー。

代表産駒　オルフェーヴル（3冠、有馬記念2回、宝塚記念）、ゴールドシップ（有馬記念、天皇賞・春、宝塚記念2回、皐月賞、菊花賞）、オジュウチョウサン（中山GJ6回、中山大障害3回）、ドリームジャーニー（有馬記念、宝塚記念）、ウインブライト。

日本競馬史に確かな蹄跡残した
個性派競走馬にして名種牡馬

　4歳2月のダイヤモンドSで2着したのを皮切りに、天皇賞・春、宝塚記念、天皇賞・秋で2着、目黒記念、有馬記念で3着し「善戦マン」の異名で呼ばれるようになる。5歳時も日経賞、金鯱賞、鳴尾記念、宝塚記念で3着、天皇賞・秋で2着。さらにAJCC2着、京都記念3着、日経賞2着を経た6歳5月の目黒記念を勝ち、遂に重賞ウイナーの仲間入りを果たした。7歳1月の日経新春杯で重賞2勝目。直後に首へ遠征し、世界的名馬ファンタスティックライトを降しGⅡドバイシーマクラシックを制する大金星をマークする。ラストランとなった暮れの香港ヴァーズでは、再び海外における勝負強さを見せ初のGⅠタイトル獲得に成功した。

　決して恵まれた種牡馬生活のスタートではな

かったが、3冠馬オルフェーヴル、GⅠ6勝のゴールドシップらの超大物産駒を出し名サイアーへの道を切り拓いていく。2022年もオジュウチョウサンが6度目の中山グランドJ制覇を成し遂げたほか、ステイフーリッシュが海外重賞を2勝するなど変わらぬ存在感を示した。

馬券に直結する適性データ

　現在走っている産駒は晩年の仔供たちということになるが、全盛期同様、独特の勝負強さと芝中距離適性の高さを併せ持っている。芝1700〜2000m戦における安定感の高さはしっかりと抑えておきたいデータ。王者オジュウチョウサンは現役を退いてしまったが、スタミナに優れているだけに今後も障害戦は積極的に馬券を買っていきたい舞台となるはずだ。また、OP特別で優秀な成績を残していることも馬券作戦に活用していきたい。伏兵評価となる4〜6番人気で健闘していることも特徴。高齢が嫌われて人気を落しているようなケースは絶好の狙い目となる。

2022年成績

総収得賞金 396,845,000円　アーニング INDEX　1.84

| 勝利頭数／出走頭数：全馬 20 ／ 48 | 2歳 －／－ |
| 勝利回数／出走回数：全馬 32 ／ 480 | 2歳 －／－ |

Data Box (2020~2022)

コース　現在はローカル芝で強さ発揮

	1着	2着	3着	出走数	勝率	連対率	3着内率
全体計	30	43	34	494	6.1%	14.8%	21.7%
中央芝	8	20	10	227	3.5%	12.3%	16.7%
中央ダ	7	7	9	95	7.4%	14.7%	24.2%
ローカル芝	11	14	7	133	8.3%	18.8%	24.1%
ローカルダ	4	2	8	39	10.3%	15.4%	35.9%
右回り芝	12	22	8	218	5.5%	15.6%	19.3%
右回りダ	4	6	10	84	4.8%	11.9%	23.8%
左回り芝	7	12	9	142	4.9%	13.4%	19.7%
左回りダ	7	3	7	50	14.0%	20.0%	34.0%
札幌芝	0	1	0	10	0.0%	10.0%	10.0%
札幌ダ	0	0	0	0	-	-	-
函館芝	1	2	1	7	14.3%	42.9%	57.1%
函館ダ	0	0	0	0	-	-	-
福島芝	2	4	0	35	5.7%	17.1%	17.1%
福島ダ	0	0	0	5	0.0%	0.0%	0.0%
新潟芝	2	3	4	29	6.9%	17.2%	31.0%
新潟ダ	1	1	3	11	9.1%	18.2%	45.5%
東京芝	2	7	3	79	2.5%	11.4%	15.2%
東京ダ	3	2	1	22	13.6%	22.7%	27.3%
中山芝	2	6	3	59	3.4%	13.6%	18.6%
中山ダ	0	1	4	18	0.0%	5.6%	27.8%
中京芝	3	2	0	34	8.8%	14.7%	20.6%
中京ダ	3	3	0	17	17.6%	17.6%	35.3%
京都芝	2	2	3	28	7.1%	14.3%	25.0%
京都ダ	2	1	1	23	8.7%	13.0%	17.4%
阪神芝	2	5	1	61	3.3%	11.5%	13.1%
阪神ダ	2	3	3	32	6.3%	15.6%	25.0%
小倉芝	3	2	0	18	16.7%	27.8%	27.8%
小倉ダ	0	1	2	6	0.0%	16.7%	50.0%

条件　OP特別、障害戦での強さ健在

	1着	2着	3着	出走数	勝率	連対率	3着内率
新馬	0	0	0	0	-	-	-
未勝利	5	4	2	38	13.2%	23.7%	28.9%
1勝	8	12	6	87	9.2%	23.0%	29.9%
2勝	9	9	11	106	8.5%	17.0%	27.4%
3勝	5	8	7	131	3.8%	9.9%	15.3%
OPEN特別	11	14	6	111	9.9%	22.5%	27.9%
GⅢ	3	3	1	54	5.6%	11.1%	13.0%
GⅡ	3	3	1	48	6.3%	12.5%	27.1%
GⅠ	3	2	4	28	10.7%	17.9%	32.1%
ハンデ戦	6	11	7	132	4.5%	12.9%	18.2%
牝馬限定	4	5	0	38	10.5%	23.7%	23.7%
障害	17	12	10	109	15.6%	26.6%	35.8%

人気　ホットゾーンは4~6番人気

	1着	2着	3着	出走数	勝率	連対率	3着内率
1番人気	8	7	6	37	21.6%	40.5%	56.8%
2～3番人気	16	11	13	86	18.6%	31.4%	46.5%
4～6番人気	12	20	10	141	8.5%	22.7%	29.8%
7～9番人気	6	5	13	112	5.4%	9.8%	21.4%
10番人気～	5	12	2	227	2.2%	7.5%	8.4%

単勝回収値 87円／単勝適正回収値 84円

距離　好走するためには距離が必要

芝　平均勝ち距離　2,021m

	1着	2着	3着	出走数	勝率	連対率	3着内率
全体計	19	34	17	360	5.3%	14.7%	19.4%
芝～1300m	0	0	1	5	0.0%	0.0%	20.0%
芝～1600m	2	10	7	75	2.7%	16.0%	25.3%
芝～2000m	13	15	4	163	8.0%	17.2%	19.6%
芝～2400m	2	5	3	78	2.6%	9.0%	12.8%
芝2500m～	2	4	2	39	5.1%	15.4%	20.5%

ダート　平均勝ち距離　1,782m

	1着	2着	3着	出走数	勝率	連対率	3着内率
全体計	11	9	17	134	8.2%	14.9%	27.6%
ダ～1300m	0	1	1	7	0.0%	14.3%	28.6%
ダ～1600m	3	2	2	26	11.5%	19.2%	26.9%
ダ～2000m	7	5	13	89	7.9%	13.5%	28.1%
ダ2100m～	1	1	1	12	8.3%	16.7%	25.0%

馬場状態　芝ダート共馬場状態は問わない

		1着	2着	3着	出走数	勝率	連対率	3着内率
芝	良	13	25	11	256	5.1%	14.8%	19.1%
	稍重	4	5	4	68	5.9%	13.2%	19.1%
	重	0	4	1	25	0.0%	12.0%	20.0%
	不良	2	0	1	11	9.1%	27.3%	27.3%
ダ	良	6	5	9	79	7.6%	13.9%	25.3%
	稍重	2	3	5	30	6.7%	16.7%	33.3%
	重	1	0	1	15	6.7%	6.7%	13.3%
	不良	2	1	2	10	20.0%	30.0%	50.0%

性齢　現8歳世代がラストクロップ

	1着	2着	3着	出走数	勝率	連対率	3着内率
牡2歳	0	0	0	0	-	-	-
牝2歳	0	0	0	0	-	-	-
牡3歳前半	0	0	0	0	-	-	-
牝3歳前半	0	0	0	0	-	-	-
牡3歳後半	0	0	0	0	-	-	-
牝3歳後半	0	0	0	0	-	-	-
牡4歳	0	0	0	0	-	-	-
牝4歳	0	0	0	0	-	-	-
牡5歳	7	10	11	107	6.5%	15.9%	26.2%
牝5歳	4	9	5	50	8.0%	26.0%	36.0%
牡6歳	13	19	11	187	7.0%	17.1%	23.0%
牝6歳	1	2	1	24	4.2%	12.5%	16.7%
牡7歳以上	22	15	16	229	9.6%	16.2%	23.1%
牝7歳以上	0	0	0	0	0.0%	0.0%	0.0%

勝ち馬の決め手

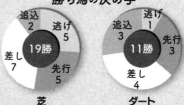

芝　19勝　追込 2／逃げ 5／先行 5／差し 7

ダート　11勝　逃げ 1／追込 3／先行 3／差し 4

RANKING
67
2021 ⑬
2020 ⑭
2019 ⑫
2018 －
2歳馬 105

フェノーメノ
FENOMENO

年次	種付頭数	産駒数
22年	－	13
21年	18	22
20年	28	30

2021年引退
2009年生　青鹿毛　平取・追分ファーム産

距離	成長型	芝	ダート	瞬発力	パワー	底力
中長	普	○	○	○	○	○

PROFILE

競走成績　18戦7勝（2～6歳・日）
最高レーティング　121 E（13年）
主な勝ち鞍　天皇賞・春2回、日経賞、セントライト記念、青葉賞。ダービー2着、天皇賞・秋2着、宝塚記念4着、ジャパンC5着。

ダート、障害戦の活躍産駒多い
天皇賞・春連覇の名ステイヤー

　3歳4月の青葉賞で重賞初制覇。続くダービーでは激烈な首位争いに加わり、ディープブリランテのハナ差2着に惜敗する。9月のセントライト記念で重賞2勝目。古馬との初対戦となった天皇賞・秋では1番人気に推されたが、エイシンフラッシュの2着に終わった。4歳緒戦の日経賞を勝ってから臨んだ天皇賞・春で念願のGⅠ制覇を達成。5歳の天皇賞・春でも、ウインバリアシオン、キズナらの強敵を退け、史上3頭目の春の盾連覇を成し遂げる。

　7歳春から種牡馬生活を開始。供用初年度には140頭を超える種付をこなしたが、年々種付数が減少し、2021年シーズン終了後に種牡馬引退を発表した。ナッジ、ワーウルフなどが、ダート、障害重賞戦で好走を見せている。

系統：サンデーサイレンス系　母父系統：ダンチヒ系

父 ステイゴールド 黒鹿 1994	*サンデーサイレンス 青鹿 1986	Halo	Hail to Reason
			Cosmah
		Wishing Well	Understanding
			Mountain Flower
	ゴールデンサッシュ 栗 1988	*ディクタス	Sanctus
			Doronic
		ダイナサッシュ	*ノーザンテースト
			*ロイヤルサッシュ
母 *ディラローシェ 鹿 1999	*デインヒル 鹿 1986	Danzig	Northern Dancer
			Pas de Nom
		Razyana	His Majesty
			Spring Adieu
	Sea Port 黒鹿 1980	Averof	Sing Sing
			Argentina
		Anchor	Major Portion
			Ripeck

インブリード：Northern Dancer 5×4、母ディラローシェに Ribot 4×4、母父デインヒルに Natalma 3×3
血統解説　父ステイゴールドは数多くの芝GⅠウイナーを送り出した個性派の名種牡馬。母ディラローシェは愛米で走った2勝馬。本馬の叔父にGⅡ時代の香港国際ヴァーズを制し、遠征してきたジャパンCで2着に好走したインディジェナスがいる。母父デインヒルは「世界最強シャトル種牡馬」と称されたダンチヒ直子の超一流サイアー。

代表産駒 ナッジ（JBC 2歳優駿2着）、ワーウルフ（京都ハイジャンプ2着）、キタノオクトパス（ジャパンダートダービー3着）、アルーブルト、レディオマジック、ナギサ、フェアリーグルーヴ、クロスザルビコン、エムティエーレ（金沢ヤングチャンピオン）。

POG　2023年期待の2歳馬

母馬名（母父）	性別	おすすめポイント
ステラアクトレス（*オペラハウス）	牡	祖母カムイイトーは3歳GⅢ3着。1歳サマーセールで落札された。
マグナカルタ（*ルールオブロー）	牝	1歳セプテンバーセールで落札。ダート中距離戦線での活躍期待。
ラッポルティ（ジャングルポケット）	牝	サンデーサイレンス3×4のクロス持つ。芝、ダート共にこなせる。

馬券に直結する適性データ

　超一流のグラスホースだった自身のイメージとは違う、パワータイプの産駒が多い。当然、JRAにおける活躍もダート戦に偏っていて、なかでも阪神ダートで優秀な成績を収めていることは、頭に入れておくべきデータだ。また、力の要るコンディションになることが多いダート良馬場で、より信頼性が高まることも併せて覚えておこう。ちなみに芝であれば、稍重馬場が理想となる。人気での信頼度は高く、1番人気であれば連軸に据えておくことが正解。もう1つ、2勝クラス、障害戦を得意としていることも馬券的中に繋げていきたい。

2022年成績

総収得賞金 383,451,000円　**アーニング INDEX** 0.64

勝利頭数／出走頭数：全馬 57／133	2歳 4／23
勝利回数／出走回数：全馬 93／1,323	2歳 7／111

Data Box（2020～2022）

コース　ほぼ阪神ダート専用

	1着	2着	3着	出走数	勝率	連対率	3着内率
全体計	32	42	36	782	4.1%	9.5%	14.1%
中央芝	2	7	10	171	1.2%	5.3%	11.1%
中央ダ	15	12	9	239	6.3%	11.3%	15.1%
ローカル芝	9	9	10	198	4.5%	9.1%	14.1%
ローカルダ	6	14	7	174	3.4%	11.5%	15.5%
右回り芝	6	9	12	215	2.8%	7.0%	12.6%
右回りダ	14	13	10	256	5.5%	10.5%	14.5%
左回り芝	5	7	8	153	3.3%	7.8%	13.1%
左回りダ	7	13	6	157	4.5%	12.7%	16.6%
札幌芝	0	0	1	20	0.0%	0.0%	5.0%
札幌ダ	1	0	1	17	5.9%	5.9%	11.8%
函館芝	1	3	0	14	7.1%	28.6%	28.6%
函館ダ	1	0	1	9	11.1%	11.1%	22.2%
福島芝	3	1	0	27	11.1%	14.8%	14.8%
福島ダ	0	5	0	31	0.0%	16.1%	16.1%
新潟芝	2	4	3	52	3.8%	11.5%	17.3%
新潟ダ	2	3	0	30	6.7%	16.7%	20.0%
東京芝	1	2	3	68	1.5%	4.4%	8.8%
東京ダ	3	5	3	71	4.2%	11.3%	15.5%
中山芝	1	1	2	47	2.1%	4.3%	8.5%
中山ダ	2	3	1	77	2.6%	6.5%	7.8%
中京芝	2	1	2	34	5.9%	8.8%	14.7%
中京ダ	2	5	2	56	3.6%	12.5%	16.1%
京都芝	0	2	2	20	0.0%	10.0%	20.0%
京都ダ	1	3	0	20	5.0%	20.0%	20.0%
阪神芝	0	2	3	36	0.0%	5.6%	13.9%
阪神ダ	9	1	5	71	12.7%	14.1%	21.1%
小倉芝	1	0	4	51	2.0%	2.0%	9.8%
小倉ダ	0	1	2	31	0.0%	3.2%	9.7%

条件　父同様に障害適性の高さ魅力

	1着	2着	3着	出走数	勝率	連対率	3着内率
新馬	1	3	3	78	1.3%	5.1%	9.0%
未勝利	19	18	30	482	3.9%	7.7%	13.9%
1勝	10	19	7	180	5.6%	16.1%	20.0%
2勝	4	3	1	44	9.1%	15.9%	18.2%
3勝	2	1	1	19	10.5%	15.8%	21.1%
OPEN特別	2	1	0	23	8.7%	13.0%	13.0%
GⅢ	0	0	0	8	0.0%	0.0%	0.0%
GⅡ	0	1	0	3	0.0%	33.3%	33.3%
GⅠ	0	0	0	0	-	-	-
ハンデ戦	2	0	0	11	18.2%	18.2%	18.2%
牝馬限定	5	9	6	125	4.0%	11.2%	16.0%
障害	6	4	6	55	10.9%	18.2%	29.1%

人気　人気は標準的、1番人気中心

	1着	2着	3着	出走数	勝率	連対率	3着内率
1番人気	12	5	3	31	38.7%	54.8%	64.5%
2～3番人気	12	11	9	76	15.8%	30.3%	42.1%
4～6番人気	8	19	13	150	5.3%	18.0%	26.7%
7～9番人気	4	8	9	184	2.2%	6.5%	11.4%
10番人気～	2	3	8	396	0.5%	1.3%	3.3%

距離　最も活躍できるのはダートマイル

芝　平均勝ち距離　1,909m

	1着	2着	3着	出走数	勝率	連対率	3着内率
全体計	11	16	20	369	3.0%	7.3%	12.7%
芝～1300m	1	0	0	27	3.7%	3.7%	3.7%
芝～1600m	1	3	3	96	1.0%	4.2%	7.3%
芝～2000m	8	8	11	189	4.2%	8.5%	14.3%
芝～2400m	0	5	5	43	0.0%	11.6%	23.3%
芝2500m～	1	0	1	14	7.1%	7.1%	14.3%

ダート　平均勝ち距離　1,557m

	1着	2着	3着	出走数	勝率	連対率	3着内率
全体計	21	26	16	413	5.1%	11.4%	15.3%
ダ～1300m	4	7	2	121	3.3%	9.1%	10.7%
ダ～1600m	7	9	3	91	7.7%	17.6%	20.9%
ダ～2000m	10	7	8	171	5.8%	9.9%	14.6%
ダ2100m～	0	3	3	30	0.0%	10.0%	20.0%

馬場状態　芝は稍重、ダートは不良以外

		1着	2着	3着	出走数	勝率	連対率	3着内率
芝	良	6	13	11	261	2.3%	7.3%	11.5%
	稍重	5	3	6	67	7.5%	11.9%	20.9%
	重	0	0	1	29	0.0%	0.0%	3.4%
	不良	0	0	2	12	0.0%	0.0%	16.7%
ダ	良	14	15	10	240	5.8%	12.1%	16.3%
	稍重	5	6	5	94	5.3%	11.7%	17.0%
	重	2	5	1	51	3.9%	13.7%	15.7%
	不良	0	0	0	28	0.0%	0.0%	0.0%

性齢　晩成型でジワジワ力をつける

	1着	2着	3着	出走数	勝率	連対率	3着内率
牡2歳	2	3	4	107	1.9%	4.7%	8.4%
牝2歳	0	2	1	47	0.0%	4.3%	6.4%
牡3歳前半	9	10	11	198	4.5%	9.6%	15.2%
牝3歳前半	6	7	8	145	4.1%	9.0%	14.5%
牡3歳後半	7	3	4	84	8.3%	11.9%	16.7%
牝3歳後半	2	6	2	74	2.7%	10.8%	13.5%
牡4歳	3	6	6	65	4.6%	13.8%	23.1%
牝4歳	6	3	3	62	9.7%	14.5%	19.4%
牡5歳	2	5	2	25	8.0%	28.0%	36.0%
牝5歳	1	0	1	30	3.3%	6.7%	10.0%
牡6歳	0	0	0	0			
牝6歳	0	0	0	0			
牡7歳以上	0	0	0	0			
牝7歳以上	0	0	0	0			

単勝回収値 60円／単勝適正回収値 78円

勝ち馬の決め手

芝
11勝
逃げ 5／先行（追込 4／差し 2）

ダート
21勝
追込・逃げ 1／先行 9／差し 10

RANKING
68
2歳馬 115

2021 ⑧⑧
2020 ⑥⑨
2019 ⑨④
2018 ⑧①

リーチザクラウン
REACH THE CROWN

年次	種付頭数	産駒数
22年	38	19
21年	31	24
20年	32	14

系統：サンデーサイレンス系　母父系統：シアトルスルー系

父		Halo	Hail to Reason
スペシャルウィーク 黒鹿 1995	*サンデーサイレンス 青鹿 1986		Cosmah
		Wishing Well	Understanding
			Mountain Flower
	キャンペンガール 鹿 1987	マルゼンスキー	Nijinsky
			*シル
		レディーシラオキ	*セントクレスピン
			ミスアシヤガワ
母	Seattle Slew 黒鹿 1974	Bold Reasoning	Boldnesian
クラウンピース 鹿 1997			Reason to Earn
		My Charmer	Poker
			Fair Charmer
	*クラシッククラウン 鹿 1985	Mr. Prospector	Raise a Native
			Gold Digger
		Six Crowns	Secretariat
			Chris Evert

インブリード：Hail to Reason 4×5、母クラウンピースに Bold Ruler 4×4

血統解説 父スペシャルウィークは、ジャパンC、ダービーなどGIを4勝。種牡馬としても成功を収めた。祖母クラシッククラウンは、共に米GIフリゼットS、ガゼルHを制した名牝。母系からエーシンジーライン（小倉大賞典）、ケンホファヴァルト（京都ジャンプS）らが出ている。母父シアトルスルーは米3冠馬にして北米首位種牡馬。

種付料／⇨受50万円F　供用地／新ひだか・アロースタッド
2006年生　青鹿毛　千歳・社台ファーム産

距離	成長型	芝	ダート	瞬発力	パワー	底力
マ中	普	○	○	○	○	△

PROFILE

競走成績 26戦4勝（2〜7歳・日）
最高レーティング 114 M（10年）
主な勝ち鞍 マイラーズC、きさらぎ賞。ダービー2着、神戸新聞杯2着、ラジオNIKKEI杯2歳S2着、中山記念3着、菊花賞5着。

代表産駒 クラウンプライド（UAEダービー、チャンピオンズC2着、JBCクラシック2着、日本テレビ盃2着）、**キョウヘイ**（シンザン記念）、**サヤカチャン**（アルテミスS2着）、**ブルーバード**（ダリア賞）、**ニシノドレッシー**、**スーパーマックス**（佐賀王冠賞）。

産駒からUAEダービー馬登場、地力の高さ誇る名血サイアー

　初重賞制覇となったきさらぎ賞を含め、5戦3勝2着2回の戦績で皐月賞へ向かう。しかし、2番人気に推されながら13着に大敗。捲土重来を期したダービーでは、ロジユニヴァースの2着に入り地力の高さを示した。神戸新聞杯2着を経て1番人気だった菊花賞は、スリーロールスの5着。暮れの有馬記念で大敗したこともあり以降はマイル戦線を主戦場とし、4歳時のマイラーズCで重賞2勝目、5歳時の中山記念で3着している。

　7歳春から種牡馬生活を開始。初年度産駒のキョウヘイがシンザン記念を制した。その後、重賞勝ち産駒は出ていなかったが、2022年にはクラウンプライドがUAEダービーを制する快挙を達成。帰国後もJBCクラシック、チャンピオンズCで共に2する活躍を示している。

POG　2023年期待の2歳馬

母馬名（母父）	性別	おすすめポイント
*インランジェリー （*エンパイアメーカー）	牡	母は米GIスピンスターS勝ち。当歳セレクトセールで3740万円。
ヴァリアントレディ （*ウォーエンブレム）	牝	いとこに3歳GⅢ馬タガノアザガル。マイル戦向きのスピード持つ。
ウマヤノニウシ （*ストリートセンス）	牝	1歳サマーセールで落札される。ハマれば大物誕生の血統構成だ。

馬券に直結する適性データ

　芝、ダートで均衡した成績を収めているが、好走の確率が高まるのがローカル開催のダート戦。なかでも新潟ダートにおける好成績は馬券作戦に活かしたいデータだ。また、パワフルなスピード能力に長けている面もあり、脚抜けが良くなるダート稍重馬場を得意としていることも併せて覚えておこう。仕上がりが早く、2歳戦から狙えることも特徴。新馬戦でも意外なくらいの健闘を見せていて、連軸に据えて好配当を狙いたい。また、牝馬限定戦に強いこと、ダート中距離戦線で高い信頼性を誇っていることも馬券作戦に取り入れていきたい。

2022年成績

総収得賞金 379,460,000円	アーニング INDEX 0.85	
勝利頭数／出走頭数：全馬 44／99	2歳 2／11	
勝利回数／出走回数：全馬 84／907	2歳 2／43	

Data Box（2020～2022）
単勝回収値 124円／単勝適正回収値 108円

コース　中山など小回りダートで走る

	1着	2着	3着	出走数	勝率	連対率	3着内率
全体計	40	33	27	631	6.3%	11.6%	15.8%
中央芝	5	8	5	169	3.0%	7.7%	10.7%
中央ダ	13	8	12	187	7.0%	11.2%	17.6%
ローカル芝	14	11	8	186	7.5%	13.4%	17.7%
ローカルダ	8	6	2	89	9.0%	15.7%	18.0%
右回り芝	16	14	7	219	7.3%	13.7%	16.9%
右回りダ	12	7	5	142	8.5%	13.4%	16.9%
左回り芝	3	5	6	130	2.3%	6.2%	10.8%
左回りダ	9	7	9	134	6.7%	11.9%	18.7%
札幌芝	2	2	1	23	8.7%	17.4%	21.7%
札幌ダ	0	0	0	6	0.0%	0.0%	0.0%
函館芝	3	3	2	18	16.7%	33.3%	44.4%
函館ダ	1	0	0	2	50.0%	50.0%	50.0%
福島芝	2	2	0	26	7.7%	15.4%	15.4%
福島ダ	0	0	0	8	0.0%	0.0%	0.0%
新潟芝	2	2	2	51	3.9%	7.8%	11.8%
新潟ダ	3	2	2	27	11.1%	18.5%	25.9%
東京芝	1	3	2	58	1.7%	6.9%	10.3%
東京ダ	2	2	7	79	2.5%	5.1%	13.9%
中山芝	3	5	3	57	5.3%	14.0%	19.3%
中山ダ	7	4	5	74	9.5%	14.9%	21.6%
中京芝	0	0	2	27	0.0%	0.0%	7.4%
中京ダ	4	3	0	28	14.3%	25.0%	25.0%
京都芝	1	0	0	10	10.0%	10.0%	10.0%
京都ダ	0	0	0	5	0.0%	0.0%	0.0%
阪神芝	0	0	0	44	0.0%	0.0%	0.0%
阪神ダ	4	2	0	29	13.8%	20.7%	20.7%
小倉芝	5	2	1	41	12.2%	17.1%	19.5%
小倉ダ	0	1	0	18	0.0%	5.6%	5.6%

条件　牝馬限定戦出走時は要マーク

	1着	2着	3着	出走数	勝率	連対率	3着内率
新馬	6	7	1	71	8.5%	18.3%	19.7%
未勝利	18	13	21	299	6.0%	10.4%	17.4%
1勝	14	7	8	167	8.4%	12.6%	17.4%
2勝	3	4	3	89	3.4%	7.9%	11.2%
3勝	0	3	0	10	0.0%	30.0%	30.0%
OPEN特別	2	2	1	40	5.0%	10.0%	12.5%
GⅢ	0	0	0	12	0.0%	0.0%	0.0%
GⅡ	0	0	0	5	0.0%	0.0%	0.0%
GⅠ	0	1	0	3	0.0%	33.3%	33.3%
ハンデ戦	0	3	1	23	0.0%	13.0%	17.4%
牝馬限定	10	2	4	68	14.7%	17.6%	23.5%
障害	3	4	7	63	4.8%	11.1%	22.2%

人気　4～6番人気の食い込みに注意

	1着	2着	3着	出走数	勝率	連対率	3着内率
1番人気	9	2	1	19	47.4%	57.9%	63.2%
2～3番人気	11	6	8	59	18.6%	30.5%	44.1%
4～6番人気	13	17	14	146	8.9%	20.5%	30.1%
7～9番人気	6	7	6	150	4.0%	8.7%	12.7%
10番人気～	4	4	5	320	1.3%	2.5%	4.1%

距離　はっきりダート中距離向き

芝　平均勝ち距離　1,347m

	1着	2着	3着	出走数	勝率	連対率	3着内率
全体計	19	19	13	355	5.4%	10.7%	14.4%
芝～1300m	12	9	4	137	8.8%	15.3%	18.2%
芝～1600m	4	5	7	138	2.9%	6.5%	11.6%
芝～2000m	3	5	2	80	3.8%	10.0%	12.5%
芝～2400m	0	0	0	0	–	–	–
芝2500m～	0	0	0	0	–	–	–

ダート　平均勝ち距離　1,548m

	1着	2着	3着	出走数	勝率	連対率	3着内率
全体計	21	14	14	276	7.6%	12.7%	17.8%
ダ～1300m	7	4	1	73	9.6%	15.1%	16.4%
ダ～1600m	3	3	7	89	3.4%	6.7%	14.6%
ダ～2000m	11	7	6	104	10.6%	17.3%	23.1%
ダ2100m～	0	0	0	10	0.0%	0.0%	0.0%

馬場状態　少し渋ったダートで勝負強い

		1着	2着	3着	出走数	勝率	連対率	3着内率
芝	良	14	14	9	261	5.4%	10.7%	14.2%
	稍重	4	4	3	62	6.5%	12.9%	17.7%
	重	1	1	1	24	4.2%	8.3%	12.5%
	不良	0	0	0	8	0.0%	0.0%	0.0%
ダ	良	14	8	8	163	8.6%	13.5%	18.4%
	稍重	5	3	4	52	9.6%	15.4%	23.1%
	重	2	1	0	36	5.6%	8.3%	8.3%
	不良	0	2	2	25	0.0%	8.0%	16.0%

性齢　完成度は高く世代戦が勝負

	1着	2着	3着	出走数	勝率	連対率	3着内率
牡2歳	11	8	4	103	10.7%	18.4%	22.3%
牝2歳	7	2	4	87	8.0%	10.3%	14.9%
牡3歳前半	4	6	5	104	3.8%	9.6%	14.4%
牝3歳前半	5	2	4	76	6.6%	9.2%	14.5%
牡3歳後半	4	2	1	54	7.4%	11.1%	13.0%
牝3歳後半	4	5	3	43	9.3%	20.9%	27.9%
牡4歳	2	5	7	79	2.5%	8.9%	17.7%
牝4歳	2	3	3	33	6.1%	15.2%	21.2%
牡5歳	2	3	3	39	5.1%	12.8%	23.1%
牝5歳	1	1	0	26	3.8%	7.7%	7.7%
牡6歳	1	0	0	31	3.2%	3.2%	3.2%
牝6歳	0	0	0	2	0.0%	0.0%	0.0%
牡7歳以上	0	0	0	19	0.0%	0.0%	0.0%
牝7歳以上	0	0	0	0	–	–	–

勝ち馬の決め手

芝　19勝　逃げ 2／差し 7／先行 10

ダート　21勝　追込 1／差し 3／逃げ 5／先行 12

RANKING **69**
2歳馬 64

2021 (54)
2020 ㊿
2019 (69)
2018 (73)

トランセンド
TRANSCEND

年次	種付頭数	産駒数
22年	**28**	**31**
21年	49	26
20年	38	13

種付料／⇨受50万円F　供用地／新ひだか・アロースタッド
2006年生　鹿毛　新冠・ノースヒルズマネジメント産

距離	成長型	芝	ダート	瞬発力	パワー	底力
マ中	普	△	◎	○	○	○

PROFILE

競走成績　24戦10勝（3～6歳・日首）
最高レーティング　121 I（11年）
主な勝ち鞍　ジャパンCダート2回、フェブラリーS、南部杯、みやこS、レパードS。ドバイWC2着、JBCクラシック2着、東海S2着。

系統：ニアークティック系　母父系統：グレイソヴリン系

父 *ワイルドラッシュ 鹿 1994	Wild Again 黒鹿 1980	Icecapade	Nearctic
			Shenanigans
		Bushel-n-Peck	Khaled
			Dama
	Rose Park 鹿 1986	Plugged Nickle	Key to the Mint
			Toll Booth
		Hardship	Drone
			Hard and Fast
母 シネマスコープ 栗 1993	*トニービン 鹿 1983	*カンパラ	Kalamoun
			State Pension
		Severn Bridge	Hornbeam
			Priddy Fair
	ブルーハワイ 鹿 1989	*スリルショー	Northern Baby
			Splendid Girl
		*サニースワップス	Hawaii
			*アイアンエイジ

インブリード：Khaled 4×5、Hyperion 5×5

血統解説　父ワイルドラッシュは米日で成功を収めた名種牡馬。本馬は日本における飛び切りの代表産駒となっている。母シネマスコープはOP新潟日報賞を含む5勝をマーク。本馬の叔父にパルスビート（京都新聞杯2着）、甥にアングライフェン（名古屋GP2着）がいる。母父トニービンは1994年リーディングサイアーに輝く大物。

代表産駒 **トランセンデンス**（JBC2歳優駿2着）、**メイショウダジン**（日本テレビ盃3着）、**エングローサー**（ユニコーンS3着）、**リアルミー**（JBC2歳優駿3着）、**ゴールドホイヤー**（大井・マイルGP）、**テイエムチェロキー**（佐賀王冠賞）、**フリーフリッカー**。

日本競馬史に残るダートホース 産駒は地方競馬での活躍目立つ

当初は芝のレースにも出走していたが、ダート戦で勝ち鞍を重ね3歳8月のレパードSで重賞初制覇を達成する。4歳秋以降に充実期を迎え、みやこS、ジャパンCダート、5歳緒戦のフェブラリーSを3連勝。続くドバイワールドCでも、ヴィクトワールピサとの日本馬ワンツーフィニッシュの快挙を成し遂げた。帰国後、南部杯に勝ち、JBCクラシックで2着、12月にはジャパンCダートを連覇し、文句なしで2011年最優秀ダートホースに選出される。

7歳春から種牡馬生活を開始。これまでに交流ダート重賞の好走馬、地方競馬ローカル重賞の勝ち馬などを多数輩出している。2022年もリアルミーが交流2歳重賞で3着したほか、ゴールドホイヤーらのローカル重賞馬が誕生した。

POG　2023年期待の2歳馬

母馬名（母父）	性別	おすすめポイント
ガニエ（ダンスインザダーク）	牡	1歳サマーセールで1155万円。ここ一番での勝負強さに期待。
クラウンザショパン（ゴールドアリュール）	牡	パワフルなスピード持つ中距離型。母父の血との相性も楽しみに。
レースドール（*クロフネ）	牝	いとこにGⅢ馬クラージュゲリエ。1歳サマーセールで1100万円。

馬券に直結する適性データ

自身が誇った圧倒的なまでのダート適性が種牡馬としての大きな武器となっている。中央開催、ローカル開催という比較では前者における活躍が顕著。なかでも阪神ダートでの頑張りは、ぜひ馬券作戦に活かしたいところとなる。ちなみに、ローカルであれば小倉ダートが得意なことも併せて覚えておきたい。自身のイメージとは若干異なるが、意外と仕上りが早く2歳戦から十分な狙いが立つ。また、使い込んでというより新馬戦から能力全開となる傾向にも注意を払いたい。好配当を狙うのであれば4～6番人気時が絶好の狙い目だ。

2022年 成績

総収得賞金 375,806,000円　アーニング INDEX　0.79

勝利頭数／出走頭数：全馬 46 ／ 106　　2歳 5 ／ 11
勝利回数／出走回数：全馬 96 ／ 927　　2歳 8 ／ 41

Data Box（2020～2022）

コース　阪神ダートで勝ち星を稼ぐ

	1着	2着	3着	出走数	勝率	連対率	3着内率
全体計	36	27	33	502	7.2%	12.5%	19.1%
中央芝	2	4	4	36	5.6%	16.7%	27.8%
中央ダ	21	11	17	277	7.6%	11.6%	17.7%
ローカル芝	4	5	2	50	8.0%	18.0%	22.0%
ローカルダ	9	7	10	139	6.5%	11.5%	18.7%
右回り芝	2	8	5	59	3.4%	16.9%	25.4%
右回りダ	20	10	17	265	7.5%	11.3%	17.7%
左回り芝	4	1	1	26	15.4%	19.2%	23.1%
左回りダ	10	8	10	151	6.6%	11.9%	18.5%
札幌芝	0	0	1	5	0.0%	0.0%	20.0%
札幌ダ	0	1	0	8	0.0%	12.5%	12.5%
函館芝	1	1	0	6	16.7%	33.3%	33.3%
函館ダ	0	0	1	8	0.0%	0.0%	12.5%
福島芝	0	0	0	5	0.0%	0.0%	0.0%
福島ダ	0	1	1	21	0.0%	4.8%	9.5%
新潟芝	0	0	0	5	0.0%	0.0%	0.0%
新潟ダ	3	2	2	35	8.6%	14.3%	20.0%
東京芝	2	1	1	10	20.0%	30.0%	40.0%
東京ダ	4	4	4	73	5.5%	11.0%	16.4%
中山芝	0	0	1	8	0.0%	0.0%	12.5%
中山ダ	5	0	5	69	7.2%	7.2%	14.5%
中京芝	2	0	0	12	16.7%	16.7%	16.7%
中京ダ	3	2	4	43	7.0%	11.6%	20.9%
京都芝	0	0	0	2	0.0%	0.0%	0.0%
京都ダ	2	1	0	34	5.9%	8.8%	8.8%
阪神芝	0	3	2	16	0.0%	18.8%	31.3%
阪神ダ	**10**	**6**	**8**	**101**	**9.9%**	**15.8%**	**23.8%**
小倉芝	1	4	1	17	5.9%	29.4%	35.3%
小倉ダ	**3**	**1**	**2**	**24**	**12.5%**	**16.7%**	**25.0%**

条件　早さを活かした新馬戦が得意

	1着	2着	3着	出走数	勝率	連対率	3着内率
新馬	**3**	**4**	**2**	**36**	**8.3%**	**19.4%**	**25.0%**
未勝利	16	8	15	208	7.7%	11.5%	18.8%
1勝	15	10	15	168	8.9%	14.9%	23.8%
2勝	4	4	1	78	5.1%	10.3%	11.5%
3勝	1	2	2	23	4.3%	13.0%	21.7%
OPEN特別	2	4	1	28	7.1%	21.4%	25.0%
GⅢ	0	0	0	6	0.0%	0.0%	0.0%
GⅡ	0	0	0	6	0.0%	0.0%	0.0%
GⅠ	0	0	0	0	–	–	–
ハンデ戦	1	0	0	14	7.1%	7.1%	7.1%
牝馬限定	3	3	2	67	4.5%	9.0%	11.9%
障害	**5**	**5**	**3**	**47**	**10.6%**	**21.3%**	**27.7%**

人気　4～6番人気の激走割合高い

	1着	2着	3着	出走数	勝率	連対率	3着内率
1番人気	12	4	4	36	33.3%	44.4%	55.6%
2～3番人気	11	13	12	74	14.9%	32.4%	48.6%
4～6番人気	**13**	**11**	**10**	**104**	**12.5%**	**23.1%**	**32.7%**
7～9番人気	4	2	5	107	3.7%	5.6%	10.3%
10番人気～	1	2	5	228	0.4%	1.3%	3.5%

単勝回収値 63円／単勝適正回収値 91円

距離　芝ダート共短距離戦で好走

芝　平均勝ち距離　1,500m

	1着	2着	3着	出走数	勝率	連対率	3着内率
全体計	6	9	6	86	7.0%	17.4%	24.4%
芝～1300m	**3**	**6**	**1**	**30**	**10.0%**	**30.0%**	**33.3%**
芝～1600m	1	2	3	29	3.4%	10.3%	20.7%
芝～2000m	2	1	2	23	8.7%	13.0%	21.7%
芝～2400m	0	0	0	4	0.0%	0.0%	0.0%
芝2500m～	0	0	0	0	–	–	–

ダート　平均勝ち距離　1,463m

	1着	2着	3着	出走数	勝率	連対率	3着内率
全体計	30	18	27	416	7.2%	11.5%	18.0%
ダ～1300m	**11**	**3**	**11**	**111**	**9.9%**	**12.6%**	**22.5%**
ダ～1600m	9	5	2	103	8.7%	13.6%	15.5%
ダ～2000m	10	8	14	191	5.2%	9.4%	16.8%
ダ2100m～	0	2	0	11	0.0%	18.2%	18.2%

馬場状態　悪化したダートで勝負強い

		1着	2着	3着	出走数	勝率	連対率	3着内率
芝	良	3	9	4	62	4.8%	19.4%	25.8%
	稍重	1	0	1	16	6.3%	6.3%	12.5%
	重	1	0	0	4	25.0%	25.0%	25.0%
	不良	1	0	1	4	25.0%	25.0%	50.0%
ダ	良	19	8	16	239	7.9%	11.3%	18.0%
	稍重	7	4	5	91	7.7%	12.1%	17.6%
	重	**4**	**6**	**4**	**58**	**6.9%**	**17.2%**	**24.1%**
	不良	0	0	2	28	0.0%	0.0%	7.1%

性齢　完成早く2歳戦が勝負

	1着	2着	3着	出走数	勝率	連対率	3着内率
牡2歳	**5**	**3**	**5**	**39**	**12.8%**	**20.5%**	**33.3%**
牝2歳	**4**	**2**	**4**	**32**	**12.5%**	**18.8%**	**31.3%**
牡3歳前半	8	4	7	92	8.7%	13.0%	20.7%
牝3歳前半	0	0	72	72	6.9%	9.7%	9.7%
牡3歳後半	4	2	3	39	10.3%	15.4%	23.1%
牝3歳後半	2	2	2	28	7.1%	14.3%	21.4%
牡4歳	3	6	9	95	3.2%	9.5%	18.9%
牝4歳	1	1	0	13	7.7%	15.4%	15.4%
牡5歳	2	3	2	62	3.2%	8.1%	12.9%
牝5歳	0	0	0	0	–	–	–
牡6歳	5	5	2	50	10.0%	20.0%	24.0%
牝6歳	0	0	0	0	–	–	–
牡7歳以上	2	1	2	20	10.0%	20.0%	25.0%
牝7歳以上	0	0	0	1	0.0%	0.0%	0.0%

勝ち馬の決め手

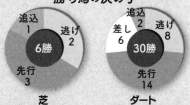

芝　6勝　追込1／逃げ2／差し6／先行3

ダート　30勝　追込2／逃げ8／差し6／先行14

RANKING **70**

2021 ⑥⑨
2020 ⑦⑤
2019 ⑨⑦
2018 ⑬

2歳馬 **80**

ジョーカプチーノ
JO CAPPUCCINO

年次	種付頭数	産駒数
22年	**27**	**14**
21年	23	22
20年	30	19

種付料／⇨受30万円F　供用地／新冠・ビッグレッドファーム
2006年生　芦毛　荻伏・ハッピーネモファーム産

距離	成長型	芝	ダート	瞬発力	パワー	底力
短マ	普	○	○	△	○	○

PROFILE

競走成績　23戦6勝（2～6歳・日）
最高レーティング　113 M（11年）
主な勝ち鞍　NHKマイルC、シルクロードS、ファルコンS、ラピスラズリS。スワンS2、3着、京王杯SC3着、ニュージーランドT3着。

3歳マイル戦線の頂点に到達
種牡馬となり重賞馬を輩出する

　3歳春に500万特別、初重賞制覇となるファルコンSを連勝。ニュージーランドT3着を挟んで臨んだNHKマイルCは10番人気という低評価だったが、2番手追走から直線抜け出し最後は2馬身差を付ける盤石のレース振りでビッグタイトル獲得に成功する。続くダービーで最下位に敗れたこともあり、以降は芝短距離、マイル戦線に専念。4歳暮れのOPラピスラズリS、5歳緒戦のシルクロードSを連勝したほか、5歳秋のスワンSで2着している。

　種牡馬入り当初は配合数に恵まれてはいなかったが、初年度産駒から重賞馬ジョーストリクトリが出たことから2017年には100頭を超える牝馬と種付された。2022年も含め4年連続でランキングトップ100入りを果たしている。

系統：サンデーサイレンス系　母父系統：ニジンスキー系

父 マンハッタンカフェ 青鹿 1998	*サンデーサイレンス 青鹿 1986	Halo	Hail to Reason
			Cosmah
		Wishing Well	Understanding
			Mountain Flower
	*サトルチェンジ 黒鹿 1988	Law Society	Alleged
			Bold Bikini
		Santa Luciana	Luciano
			Suleika
母 ジョープシケ 芦 2000	フサイチコンコルド 鹿 1993	Caerleon	Nijinsky
			Foreseer
		*バレークイーン	Sadler's Wells
			Sun Princess
	ジョーユーチャリス 芦 1988	トウショウボーイ	*テスコボーイ
			*ソシアルバタフライ
		ジョーバブーン	*フォルティノ
			ハードゲイ

インブリード：母父フサイチコンコルドにNorthern Dancer 3×3

血統解説　父マンハッタンカフェは有馬記念などGI 3勝の名ステイヤー。種牡馬としては中距離戦線の活躍馬を多く出し、2009年首位種牡馬に輝いている。母ジョープシケは1勝馬。3代母ジョーバブーンは京阪杯で2着している。母父フサイチコンコルドはデビュー3戦目にダービーを制した天才型。種牡馬としても成功を収めた。

代表産駒　ジョーストリクトリ（ニュージーランドT）、ナムラリコリス（函館2歳S）、ジョーアラビカ（京阪杯3着）、ジョーマンデリン（函館スプリントS3着）、マイネルパールマン（端午S）、コスモイグローク（すずらん賞）、キタノリューオー、ネクストストーリー。

POG　2023年期待の2歳馬

母馬名（母父）	性別	おすすめポイント
マイネオレンジ （*ロージズインメイ）	牡	母は3勝をマーク。パワフルなスピードを武器とするマイラーか。
ルピナスベル （*ホワイトマズル）	牡	アウトブリード配合が施される。芝、ダート問わずにタフに走れる。
ロッツオブラブ （ステイゴールド）	牡	祖母ケイティラブはGⅢ勝ち馬。1歳サマーセールで落札される。

馬券に直結する適性データ

　中央開催のダート、ローカル開催の芝が多くの勝ち鞍を重ねている舞台。なかでも中山ダート、東京ダート、函館芝を得意としていることは馬券作戦に活用すべきデータとなっている。またダートであればパワフルなスピードが発揮しやすい重、不良馬場で強いことも併せて覚えておこう。自身も3歳春に大きな輝きを放ったが、牡駒陣も3歳前半に好成績を残している。旬が短い傾向もあるだけに、この時期のここぞというレースを取り逃がさないことを心掛けたい。芝の距離適性はスプリント戦にあり。4～6番人気での頑張りにも注目だ。

2022年成績

総収得賞金 368,638,000円　**アーニング INDEX** 0.69

	全馬	2歳
勝利頭数／出走頭数	47／119	3／11
勝利回数／出走回数	82／979	7／40

Data Box （2020〜2022）

コース　東京、中山ダートに勝ち星集中

	1着	2着	3着	出走数	勝率	連対率	3着内率
全体計	39	38	63	757	5.2%	10.2%	18.5%
中央芝	5	7	13	163	3.1%	7.4%	15.3%
中央ダ	16	13	15	210	7.6%	13.8%	21.0%
ローカル芝	15	13	26	254	5.9%	11.0%	21.3%
ローカルダ	3	5	9	130	2.3%	6.2%	13.1%
右回り芝	15	12	22	224	6.7%	12.1%	21.9%
右回りダ	9	9	14	186	4.8%	9.7%	17.2%
左回り芝	4	6	14	165	2.4%	6.1%	14.5%
左回りダ	9	10	10	154	6.5%	12.3%	18.8%
札幌芝	2	2	4	35	5.7%	11.4%	22.9%
札幌ダ	0	0	0	19	0.0%	0.0%	0.0%
函館芝	5	2	1	20	25.0%	35.0%	40.0%
函館ダ	0	0	1	11	0.0%	0.0%	9.1%
福島芝	3	1	7	48	6.3%	8.3%	22.9%
福島ダ	0	1	2	22	0.0%	4.5%	13.6%
新潟芝	4	5	9	79	5.1%	11.4%	22.8%
新潟ダ	1	3	5	49	2.0%	8.2%	18.4%
東京芝	1	1	7	80	1.3%	2.5%	11.3%
東京ダ	8	5	4	83	9.6%	15.7%	20.5%
中山芝	2	5	2	65	3.1%	10.8%	13.8%
中山ダ	8	6	9	95	8.4%	14.7%	24.2%
中京芝	0	2	1	34	0.0%	5.9%	8.8%
中京ダ	0	1	2	22	4.5%	9.1%	13.6%
京都芝	0	0	1	1	0.0%	0.0%	100.0%
京都ダ	0	0	0	1	0.0%	0.0%	0.0%
阪神芝	2	1	3	17	11.8%	17.6%	35.3%
阪神ダ	0	2	2	31	0.0%	6.5%	12.9%
小倉芝	1	1	4	38	2.6%	5.3%	15.8%
小倉ダ	1	0	0	7	14.3%	14.3%	14.3%

条件　ハンデ戦出走時は注意必要

	1着	2着	3着	出走数	勝率	連対率	3着内率
新馬	5	5	3	72	6.9%	13.9%	18.1%
未勝利	18	14	23	333	5.4%	9.6%	16.5%
1勝	8	16	26	237	3.4%	10.1%	21.1%
2勝	3	1	5	40	7.5%	10.0%	22.5%
3勝	1	3	3	30	10.0%	13.3%	23.3%
OPEN特別	1	1	1	33	3.0%	6.1%	9.1%
GⅢ	1	0	2	9	11.1%	11.1%	33.3%
GⅡ	0	0	0	6	0.0%	0.0%	0.0%
GⅠ	0	0	0	6	0.0%	0.0%	0.0%
ハンデ戦	2	1	3	19	10.5%	15.8%	31.6%
牝馬限定	1	8	5	87	1.1%	10.3%	16.1%
障害	0	0	0	0	-	-	-

人気　人気馬不振4〜6番人気が狙い

	1着	2着	3着	出走数	勝率	連対率	3着内率
1番人気	5	2	4	22	22.7%	31.8%	50.0%
2〜3番人気	12	10	16	84	14.3%	26.2%	45.2%
4〜6番人気	15	15	21	174	8.6%	17.2%	29.3%
7〜9番人気	6	5	14	154	3.9%	7.1%	16.2%
10番人気〜	1	6	8	323	0.3%	2.2%	4.6%

単勝回収値64円／単勝適正回収値81円

距離　芝は短距離、ダートはマイル以上

芝　平均勝ち距離　1,310m

	1着	2着	3着	出走数	勝率	連対率	3着内率
全体計	20	20	39	417	4.8%	9.6%	18.9%
芝〜1300m	14	12	20	200	7.0%	13.0%	23.0%
芝〜1600m	4	5	8	134	3.0%	6.7%	12.7%
芝〜2000m	2	2	9	68	2.9%	5.9%	19.1%
芝〜2400m	0	1	1	12	0.0%	8.3%	16.7%
芝2500m〜	0	0	1	3	0.0%	0.0%	33.3%

ダート　平均勝ち距離　1,516m

	1着	2着	3着	出走数	勝率	連対率	3着内率
全体計	19	18	24	340	5.6%	10.9%	17.9%
ダ〜1300m	6	10	15	179	3.4%	8.9%	17.3%
ダ〜1600m	7	4	3	89	7.9%	12.4%	15.7%
ダ〜2000m	5	4	5	67	7.5%	13.4%	20.9%
ダ2100m〜	1	0	1	5	20.0%	20.0%	40.0%

馬場状態　渋ったダートで成績急上昇

		1着	2着	3着	出走数	勝率	連対率	3着内率
芝	良	18	15	31	311	5.8%	10.6%	20.6%
	稍重	1	3	4	62	1.6%	6.5%	12.9%
	重	1	0	3	32	3.1%	3.1%	12.5%
	不良	0	2	1	12	0.0%	16.7%	25.0%
ダ	良	7	13	17	206	3.4%	9.7%	18.0%
	稍重	3	4	2	72	4.2%	9.7%	12.5%
	重	6	0	5	45	13.3%	13.3%	24.4%
	不良	3	1	0	17	17.6%	23.5%	23.5%

性齢　3歳前半に伸びるがピーク短い

	1着	2着	3着	出走数	勝率	連対率	3着内率
牡2歳	5	4	4	80	6.3%	11.3%	16.3%
牝2歳	9	8	9	131	6.9%	13.0%	19.8%
牡3歳前半	11	9	11	123	8.9%	16.3%	25.2%
牝3歳前半	2	3	5	104	1.9%	4.8%	9.6%
牡3歳後半	3	3	14	74	4.1%	8.1%	27.0%
牝3歳後半	3	3	6	72	4.2%	8.3%	16.7%
牡4歳	4	4	2	55	7.3%	14.5%	18.2%
牝4歳	1	0	6	60	1.7%	1.7%	11.7%
牡5歳	0	0	2	26	0.0%	0.0%	7.7%
牝5歳	2	2	2	13	0.0%	15.4%	30.8%
牡6歳	1	2	2	11	9.1%	27.3%	45.5%
牝6歳	0	0	0	8	-	-	-
牡7歳以上	0	0	0	8	0.0%	0.0%	0.0%
牝7歳以上	0	0	0	1	0.0%	0.0%	0.0%

勝ち馬の決め手

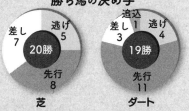

芝　20勝　差し7／逃げ5／先行8／追込

ダート　19勝　差し3／逃げ4／先行11／追込1

2021 ㊝
2020 ㊝
2019 ㊝
2018 ㊝

＊ベーカバド
BEHKABAD

年次	種付頭数	産駒数
22年	2	3
21年	8	6
20年	10	23

種付料／20万円F　産30万円　供用地／新冠・白馬牧場
2007年生　鹿毛　フランス産　2012年輸入

距離	成長型	芝	ダート	瞬発力	パワー	底力
マ中	普	○	○	△	○	○

PROFILE

競走成績　11戦6勝（2〜4歳・仏米）
最高レーティング　122 L（10、11年）
主な勝ち鞍　パリ大賞、ニエル賞、ギシュ賞、シェーヌ賞。シャンティイ大賞2着、ブリーダーズCターフ3着、凱旋門賞4着。

仏GⅠを制した芝中長距離型
産駒は多彩なジャンルで活躍

　C・ルメールが騎乗した、デビュー3戦目となる2歳9月のGⅡシェーヌ賞で重賞初制覇。3歳5月のGⅢギシュ賞を勝ってから臨んだ仏ダービーは、ロペデヴェガの4着だった。重馬場で行われた次走のパリ大賞では、パワフルな走りでGⅠタイトル獲得に成功。GⅡニエル賞を勝ってから向かった凱旋門賞では有力馬の一頭に数えられたが、ワークフォースの4着まで。11月には米に遠征し、ブリーダーズCターフで3着する。4歳時はGⅡシャンティイ大賞で2着したが、これが現役最後の一戦となった。

　すぐに日本で種牡馬となり、これまでにスプリント、ダート、障害戦線の重賞好走馬を出している。安定感は高く、2022年を含め7年連続でランキング2ケタ台をキープした。

系統：ダンチヒ系　母父系統：エタン系

父 Cape Cross 黒鹿 1994	Green Desert 鹿 1983	Danzig	Northern Dancer
			Pas de Nom
		Foreign Courier	Sir Ivor
			Courtly Dee
	Park Appeal 黒鹿 1982	Ahonoora	Lorenzaccio
			Helen Nichols
		Balidaress	Balidar
			Innocence
母 Behkara 鹿 2000	Kris 栗 1976	Sharpen Up	＊エタン
			Rocchetta
		Doubly Sure	Reliance
			Soft Angels
	Behera 鹿 1986	Mill Reef	Never Bend
			Milan Mill
		Borushka	Bustino
			Valdavia

インブリード：Never Bend 5×4

血統解説　父ケープクロスは英マイルGⅠロッキンジSに勝利。種牡馬となりシーザスターズ、ウィジャボード、ゴールデンホーンらの超大物産駒を出した。母ベーカラは仏GⅡユベールドショードネイ賞の勝ち馬。祖母ベヘーラは仏GⅠサンタラリ賞を制している。母父クリスは、16戦14勝2着2回の戦績を残した欧州の名マイラー。

代表産駒　ハングリーベン（兵庫ジュニアグランプリ2着）、タイセイアベニール（函館スプリントS3着）、ダブルシャープ（札幌2歳S3着）、エネスク（北海道2歳優駿3着）、ビレッジイーグル（中山大障害5着2回）、タイセイエクレール、アップクォーク。

POG　2023年期待の2歳馬

母馬名（母父）	性別	おすすめポイント
ジーピークロス（アグネスタキオン）	牡	いとこにGⅠ馬モズカッチャン。芝中長距離戦線で持ち味発揮か。
メダリオンスター（スペシャルウィーク）	牡	叔父にGⅢ3着馬アドマイヤメジャー。1歳サマーセールで落札。
コウギョウデジタル（＊アグネスデジタル）	牝	1歳セプテンバーセールで落札。ダート向きのスピード活かしたい。

馬券に直結する適性データ

　瞬発力比べになるよりは、パワフルなスピードで押し切れるレースで好走が目立つ。そういった展開になることも多いローカル場所の芝は、いちばんの稼ぎどころ。馬場は悪くなるにこしたことはなく、芝重馬場で健闘を示している。またダートであれば、やはりパワーが活きる福島ダートで好成績を残していることも併せて覚えておこう。2歳戦であれば牝馬を狙うのが正解。加えて、牡牝共に3歳後半で力を増す傾向もある。ダートで走る産駒は中距離戦で本領を発揮するが、芝であればマイル以下の距離が向くことも馬券に活用していきたい。

2022年成績

総収得賞金 354,768,000円　アーニング INDEX 0.62

勝利頭数／出走頭数：全馬 48 ／ 128	2歳 4 ／ 16
勝利回数／出走回数：全馬 87 ／ 1,247	2歳 4 ／ 93

Data Box (2020~2022)

コース 芝ダートともローカル向き

	1着	2着	3着	出走数	勝率	連対率	3着内率
全体計	26	33	34	595	4.4%	9.9%	15.6%
中央芝	4	8	6	136	2.9%	8.8%	13.2%
中央ダ	5	9	10	168	3.0%	8.3%	14.3%
ローカル芝	11	11	14	193	5.7%	11.4%	18.7%
ローカルダ	6	5	4	98	6.1%	11.2%	15.3%
右回り芝	10	12	13	199	5.0%	11.1%	17.6%
右回りダ	9	8	9	170	5.3%	10.0%	15.3%
左回り芝	4	4	6	108	3.7%	7.4%	13.0%
左回りダ	2	6	5	96	2.1%	8.3%	13.5%
札幌芝	1	1	2	16	6.3%	12.5%	25.0%
札幌ダ	1	0	0	9	11.1%	11.1%	11.1%
函館芝	1	0	2	16	6.3%	6.3%	18.8%
函館ダ	0	0	1	8	0.0%	0.0%	12.5%
福島芝	1	1	0	36	2.8%	5.6%	5.6%
福島ダ	3	2	2	19	15.8%	26.3%	36.8%
新潟芝	3	4	2	46	6.5%	15.2%	19.6%
新潟ダ	1	2	0	23	4.3%	13.0%	13.0%
東京芝	1	2	2	50	2.0%	6.0%	10.0%
東京ダ	0	3	4	48	0.0%	6.3%	14.6%
中山芝	1	0	7	45	2.2%	2.2%	17.8%
中山ダ	2	3	3	45	4.4%	11.1%	17.8%
中山ダ	5	5	5	80	6.3%	12.5%	18.8%
中京芝	1	1	3	34	2.9%	5.9%	14.7%
中京ダ	1	1	1	25	4.0%	8.0%	12.0%
京都芝	1	0	0	8	12.5%	12.5%	12.5%
京都ダ	0	1	0	9	0.0%	11.1%	11.1%
阪神芝	0	3	1	33	0.0%	9.1%	12.1%
阪神ダ	0	0	1	31	0.0%	0.0%	3.2%
小倉芝	4	4	5	45	8.9%	17.8%	28.9%
小倉ダ	0	0	0	14	0.0%	0.0%	0.0%

条件 どの条件もパッとしない

	1着	2着	3着	出走数	勝率	連対率	3着内率
新馬	0	1	2	31	0.0%	3.2%	9.7%
未勝利	13	9	8	197	6.6%	11.2%	15.2%
1勝	7	8	10	151	4.6%	9.9%	16.6%
2勝	4	5	2	101	4.0%	8.9%	10.9%
3勝	2	5	6	59	3.4%	11.9%	22.0%
OPEN特別	3	5	8	67	4.5%	11.9%	23.9%
G III	0	0	1	15	0.0%	0.0%	6.7%
G II	0	0	0	3	0.0%	0.0%	0.0%
G I	0	0	0	3	0.0%	0.0%	0.0%
ハンデ戦	0	2	4	70	0.0%	2.9%	8.6%
牝馬限定	1	1	0	50	0.0%	4.0%	6.0%
障害	3	0	3	32	9.4%	9.4%	18.8%

人気 2～3番人気の複勝率が優秀

	1着	2着	3着	出走数	勝率	連対率	3着内率
1番人気	6	5	1	21	28.6%	52.4%	57.1%
2～3番人気	11	8	9	53	20.8%	35.8%	52.8%
4～6番人気	9	10	11	115	7.8%	16.5%	26.1%
7～9番人気	1	5	7	129	0.8%	4.7%	11.6%
10番人気～	2	5	7	309	0.6%	2.3%	4.5%

単勝回収値 49円／単勝適正回収値 79円

距離 ダート中距離の適性は高い

芝 平均勝ち距離 1,580m

	1着	2着	3着	出走数	勝率	連対率	3着内率
全体計	15	19	20	329	4.6%	10.3%	16.4%
芝～1300m	5	9	11	131	3.8%	10.7%	19.1%
芝～1600m	5	4	4	90	5.6%	10.0%	14.4%
芝～2000m	4	6	5	94	4.3%	10.6%	16.0%
芝～2400m	0	0	0	9	0.0%	0.0%	0.0%
芝2500m～	1	0	0	5	20.0%	20.0%	20.0%

ダート 平均勝ち距離 1,496m

	1着	2着	3着	出走数	勝率	連対率	3着内率
全体計	11	14	14	266	4.1%	9.4%	14.7%
ダ～1300m	5	3	3	105	4.8%	7.6%	10.5%
ダ～1600m	0	2	4	50	0.0%	4.0%	12.0%
ダ～2000m	6	8	7	104	5.8%	13.5%	20.2%
ダ2100m～	0	1	0	7	0.0%	14.3%	14.3%

馬場状態 悪化した芝で出番あり

		1着	2着	3着	出走数	勝率	連対率	3着内率
芝	良	12	13	16	246	4.9%	10.2%	16.7%
	稍重	1	3	2	53	1.9%	7.5%	11.3%
	重	2	2	1	22	9.1%	18.2%	22.7%
	不良	0	1	1	8	0.0%	12.5%	25.0%
ダ	良	4	10	9	154	2.6%	9.1%	14.9%
	稍重	1	3	4	48	2.1%	8.3%	16.7%
	重	2	0	1	32	6.3%	6.3%	9.4%
	不良	4	1	0	32	12.5%	15.6%	15.6%

性齢 完成は遅め、3歳後半から勝負

	1着	2着	3着	出走数	勝率	連対率	3着内率
牡2歳	1	0	2	49	2.0%	2.0%	6.1%
牝2歳	2	2	1	24	8.3%	16.7%	20.8%
牡3歳前半	3	8	2	82	3.7%	13.4%	15.9%
牝3歳前半	1	3	1	52	1.9%	7.7%	9.6%
牡3歳後半	6	1	3	43	14.0%	16.3%	23.3%
牝3歳後半	3	1	1	24	12.5%	16.7%	20.8%
牡4歳	6	4	6	67	9.0%	14.9%	23.9%
牝4歳	0	2	2	35	0.0%	5.7%	11.4%
牡5歳	4	6	8	70	5.7%	14.3%	25.7%
牝5歳	1	0	5	53	0.0%	1.9%	11.3%
牡6歳	2	5	2	66	3.0%	10.6%	13.6%
牝6歳	0	0	0	15	0.0%	0.0%	0.0%
牡7歳以上	1	1	2	37	2.7%	5.4%	10.8%
牝7歳以上	0	1	0	10	0.0%	10.0%	10.0%

勝ち馬の決め手

芝　　　　　ダート

RANKING
72
2歳馬 **95**

2021 ⑤⑨
2020 ⑦③
2019 ⑧②
2018 ⑯

グランプリボス
GRAND PRIX BOSS

年次	種付頭数	産駒数
22年	**3**	**1**
21年	3	9
20年	12	22

種付料／⇨受50万円F　供用地／浦河・谷川牧場
2008年生　鹿毛　安平・ノーザンファーム産

距離	成長型	芝	ダート	瞬発力	パワー	底力
マ	普	○	○	○	○	○

PROFILE

競走成績　28戦6勝（2〜6歳・日英香）
最高レーティング　118 M（14年）
主な勝ち鞍　NHKマイルC、朝日杯FS、マイラーズC、スワンS、京王杯2歳S。安田記念2着2回、マイルCS2着、阪神C2着。

芝マイルG12勝のスピード馬
産駒は公営競馬での活躍が光る

　デビュー3戦目の京王杯2歳Sで重賞初制覇を飾る。続く朝日杯FSは5番人気での出走となったが、強い内容で連勝を飾り2010年最優秀2歳牡馬にも選出された。3歳春は最大のターゲットであったNHKマイルCを快勝し、2つ目のビッグタイトル獲得に成功。その後もタフにキャリアを重ね、4歳時にはスワンSを勝ち、安田記念、マイルCSで2着。5歳時にはマイラーズCを制覇、6歳時には安田記念で2着、ラストラン香港マイルで3着している。

　父サクラバクシンオーの後継者としての期待も担って種牡馬入り。芝で重賞勝ちしたモズナガレボシを出したが、産駒には地方競馬での活躍馬が目立つ。2022年はモズヘラクレス、リュウノシンゲンらが地方ローカル重賞を制した。

系統：プリンスリーギフト系、母父系統：サンデーサイレンス系

父 サクラバクシンオー 鹿 1989	サクラユタカオー 栗 1982	*テスコボーイ	Princely Gift
			Suncourt
		アンジェリカ	*ネヴァービート
			スターハイネス
	サクラハゴロモ 鹿 1984	*ノーザンテースト	Northern Dancer
			Lady Victoria
		*クリアアンバー	Ambiopoise
			One Clear Call
母 ロージーミスト 黒鹿 1997	*サンデーサイレンス 青鹿 1986	Halo	Hail to Reason
			Cosmah
		Wishing Well	Understanding
			Mountain Flower
	*ビューティフルベーシック 栗 1989	Secretariat	Bold Ruler
			Somethingroyal
		Nervous Pillow	Nervous Energy
			Fathers Pillow

インブリード：Nasrullah 5×5

血統解説　父サクラバクシンオーは日本で独自の発展を遂げたプリンスリーギフト系を代表する名競走馬にして名種牡馬。母ロージーミストは1勝。本馬の半兄に3勝馬ミステリーゲスト、半妹に同じく3勝したアドマイヤキュートを産んでいる。母父サンデーサイレンスは13年連続首位種牡馬にして13年連続のリーディングBMS。

代表産駒　モズナガレボシ（小倉記念）、リュウノシンゲン（佐賀・中島記念、水沢・東北優駿）、モズピンポン、モズマゾク、リーチ（川崎・鎌倉記念）、ゼットパッション（浦和・桜花賞）、モズヘラクレス（高知・大高坂賞）、マリンスカイ（高知・土佐春花賞）。

POG　2023年期待の2歳馬

母馬名（母父）	性別	おすすめポイント
セイギハカツ （RAVEN'S PASS）	牡	アウトブリード配合された、スピードタイプ。パワーも備える。
*モズキンメダリスト （BERNARDINI）	牝	脚捌きの良いダートに向く。パワフルなスピードが武器となりそう。
モズフリムカナイデ （*クロフネ）	牝	全兄にGⅢモズナガレボシ。1歳オータムセールで落札される。

馬券に直結する適性データ

　地方競馬のローカル重賞ウイナーが続出していることが証明されているが、ダート適性の高さは種牡馬としての武器。JRAでもダート戦での好成績が目立ち、特に阪神ダートコースでの頑張りは馬券作戦に活かしたいデータ。反対に、自身が大活躍を示した中央場所の芝で産駒が未勝利なことも、覚えておきたい数字といえるかもしれない。ちなみに、ダートであれば脚抜けが良くなる、重馬場で本領を発揮する。仕上りは早い方ではなく2歳戦では狙い辛い。成績が向上してくるのは3歳後半を迎えてから。特に牡馬陣にはこの傾向が顕著だ。

2022年成績

総収得賞金 354,033,000円　アーニング INDEX　0.62
勝利頭数／出走頭数：全馬 62／127　2歳 6／14
勝利回数／出走回数：全馬 122／1,276　2歳 12／85

Data Box (2020〜2022)

コース　好走は阪神ダートに集中

	1着	2着	3着	出走数	勝率	連対率	3着内率
全体計	26	26	28	509	5.1%	10.2%	15.7%
中央芝	0	2	4	56	0.0%	3.6%	10.7%
中央ダ	11	13	11	215	5.1%	11.2%	16.3%
ローカル芝	7	2	3	86	8.1%	10.5%	14.0%
ローカルダ	8	9	10	152	5.3%	11.2%	17.8%
右回り芝	4	2	3	88	4.5%	6.8%	10.2%
右回りダ	14	18	14	236	5.9%	13.6%	19.5%
左回り芝	2	2	4	48	4.2%	8.3%	16.7%
左回りダ	5	4	7	131	3.8%	6.9%	12.2%
札幌芝	0	0	1	6	0.0%	0.0%	16.7%
札幌ダ	3	4	1	20	15.0%	35.0%	40.0%
函館芝	0	0	0	0	-	-	-
函館ダ	0	1	0	8	0.0%	12.5%	12.5%
福島芝	1	0	0	15	6.7%	6.7%	6.7%
福島ダ	2	0	0	20	10.0%	10.0%	10.0%
新潟芝	3	0	1	27	11.1%	11.1%	14.8%
新潟ダ	1	1	0	30	3.3%	6.7%	6.7%
東京芝	0	0	2	15	0.0%	0.0%	13.3%
東京ダ	3	2	1	57	5.3%	8.8%	10.5%
中山芝	0	0	0	14	0.0%	0.0%	0.0%
中山ダ	3	4	6	61	4.9%	11.5%	21.3%
中京芝	0	2	1	12	0.0%	16.7%	25.0%
中京ダ	1	1	6	44	2.3%	4.5%	18.2%
京都芝	0	0	0	3	0.0%	0.0%	0.0%
京都ダ	1	0	1	22	4.5%	4.5%	9.1%
阪神芝	0	2	2	24	0.0%	8.3%	16.7%
阪神ダ	4	7	3	75	5.3%	14.7%	18.7%
小倉芝	3	0	0	24	12.5%	12.5%	12.5%
小倉ダ	1	2	3	30	3.3%	10.0%	20.0%

条件　3勝クラスが壁、1勝クラスが中心

	1着	2着	3着	出走数	勝率	連対率	3着内率
新馬	0	1	5	40	0.0%	2.5%	15.0%
未勝利	8	10	2	225	3.6%	8.0%	8.9%
1勝	13	9	13	141	9.2%	15.6%	24.8%
2勝	4	5	6	86	4.7%	10.5%	17.4%
3勝	0	1	2	11	0.0%	9.1%	27.3%
OPEN特別	0	0	0	4	0.0%	0.0%	0.0%
GⅢ	1	0	0	7	14.3%	14.3%	14.3%
GⅡ	0	0	0	3	0.0%	0.0%	0.0%
GⅠ	0	0	0	0	-	-	-
ハンデ戦	2	0	2	19	10.5%	10.5%	21.1%
牝馬限定	5	5	2	89	5.6%	11.2%	13.5%
障害	0	0	0	8	0.0%	0.0%	0.0%

人気　1番人気は3連複の軸で考えたい

	1着	2着	3着	出走数	勝率	連対率	3着内率
1番人気	8	4	4	24	33.3%	50.0%	66.7%
2〜3番人気	6	6	6	39	15.4%	30.8%	46.2%
4〜6番人気	7	8	8	97	7.2%	15.5%	23.7%
7〜9番人気	4	6	4	117	3.4%	8.5%	12.0%
10番人気〜	1	2	6	240	0.4%	1.3%	3.8%

単勝回収値 53円／単勝適正回収値 83円

距離　短距離よりは中距離が向く

芝　平均勝ち距離　1,886m

	1着	2着	3着	出走数	勝率	連対率	3着内率
全体計	7	4	7	142	4.9%	7.7%	12.7%
芝〜1300m	1	1	0	34	2.9%	5.9%	5.9%
芝〜1600m	0	0	3	43	0.0%	0.0%	7.0%
芝〜2000m	5	2	4	53	9.4%	13.2%	20.8%
芝〜2400m	0	1	0	9	0.0%	11.1%	11.1%
芝2500m〜	1	0	0	3	33.3%	33.3%	33.3%

ダート　平均勝ち距離　1,547m

	1着	2着	3着	出走数	勝率	連対率	3着内率
全体計	19	22	21	367	5.2%	11.2%	16.9%
ダ〜1300m	6	7	6	133	4.5%	9.8%	14.3%
ダ〜1600m	4	8	5	97	4.1%	12.4%	17.5%
ダ〜2000m	8	7	9	127	6.3%	11.8%	18.9%
ダ2100m〜	1	0	1	10	10.0%	10.0%	20.0%

馬場状態　芝は稍重、ダートは重で走る

		1着	2着	3着	出走数	勝率	連対率	3着内率
芝	良	4	3	4	110	3.6%	6.4%	10.0%
	稍重	2	1	3	23	8.7%	13.0%	26.1%
	重	1	0	0	8	12.5%	12.5%	12.5%
	不良	0	0	0	1	0.0%	0.0%	0.0%
ダ	良	9	14	13	224	4.0%	10.3%	16.1%
	稍重	4	3	4	67	6.0%	10.4%	16.4%
	重	4	4	2	48	8.3%	16.7%	20.8%
	不良	2	1	2	28	7.1%	10.7%	17.9%

性齢　晩成型で2歳戦は苦手

	1着	2着	3着	出走数	勝率	連対率	3着内率
牡2歳	0	0	2	26	0.0%	0.0%	7.7%
牝2歳	1	0	1	26	3.8%	3.8%	7.7%
牡3歳前半	5	9	1	101	5.0%	13.9%	14.9%
牝3歳前半	2	2	3	93	2.2%	4.3%	7.5%
牡3歳後半	5	2	5	47	10.6%	14.9%	25.5%
牝3歳後半	0	0	1	28	0.0%	0.0%	3.6%
牡4歳	8	7	9	87	9.2%	17.2%	27.6%
牝4歳	2	3	2	35	5.7%	14.3%	20.0%
牡5歳	1	1	3	40	2.5%	5.0%	12.5%
牝5歳	1	2	1	27	3.7%	11.1%	14.8%
牡6歳	1	0	0	6	16.7%	16.7%	16.7%
牝6歳	0	0	0	1	0.0%	0.0%	0.0%
牡7歳以上	0	0	0	0	-	-	-
牝7歳以上	0	0	0	0	-	-	-

勝ち馬の決め手

芝　7勝
逃げ 1／追込 2／差し 2／先行 2

ダート　19勝
逃げ 3／差し 3／先行 13

RANKING
73
2歳馬 120

2021 ㊿
2020 ㊼
2019 (51)
2018 ㊶

マツリダゴッホ
MATSURIDA GOGH

年次	種付頭数	産駒数
22年	7	7
21年	13	10
20年	23	18

種付料／⇨受50万円F　供用地／新ひだか・レックススタッド
2003年生　鹿毛　静内・岡田スタッド産

距離	成長型	芝	ダート	瞬発力	パワー	底力
マ中	普	○	○	○	○	○

PROFILE
競走成績　27戦10勝（2～6歳・日香）
最高レーティング　121 L（07年、08年）
主な勝ち鞍　有馬記念、AJCC、オールカマー3回、日経賞。札幌記念2着、日経賞3着。

中山芝コースで輝くGPホース
種牡馬としても個性的活躍示す

3歳暮れの準OP特別、4歳緒戦のAJCCを連勝。日経賞3着を経た天皇賞・春は大敗したが、秋になってオールカマーを制した。大一番の有馬記念では9番人気だったが、抜群の中山芝コース適性を発揮しグランプリホースの栄誉に浴す。以降も中山芝コースで輝き5歳時の日経賞に勝利。5、6歳時のオールカマーにも優勝しこのレース3連覇の偉業を達成した。ほかに5歳時の札幌記念で2着、ジャパンCでスクリーンヒーローの4着している。

7歳春から種牡馬生活を開始。初年度産駒ウインマーレライを皮切りに、クールホタルビ、マイネルハニー、ロードクエスト、リンゴアメといった重賞ウイナーが登場。2022年まで9年連続でランキング2ケタ台を維持している。

系統：サンデーサイレンス系　母父系統：ボールドルーラー系

父 *サンデーサイレンス 青鹿 1986	Halo 黒鹿 1969	Hail to Reason	Turn-to
			Nothirdchance
		Cosmah	Cosmic Bomb
			Almahmoud
	Wishing Well 鹿 1975	Understanding	Promised Land
			Pretty Ways
		Mountain Flower	Montparnasse
			Edelweiss
母 *ペイパーレイン 栗 1991	Bel Bolide 栗 1978	Bold Bidder	Bold Ruler
			High Bid
		Lady Graustark	Graustark
			Inyala
	*フローラルマジック 黒鹿 1985	Affirmed	Exclusive Native
			Won't Tell You
		Rare Lady	Never Bend
			Double Agent

インブリード：母ペイパーレインにNasurullah 4×4

血統解説　父サンデーサイレンスは日本競馬史に燦然と輝く大種牡馬。本馬はその最終世代産駒の一頭となる。母ペイパーレインは米で走った6勝馬。母系は独特の勝負強さを誇る名門で、本馬の叔父にナリタトップロード（菊花賞）、いとこにダノンヨーヨー（富士S）がいる。母父ベルボライドは英米で重賞を5勝した一流中距離馬。

代表産駒　**ロードクエスト**（スワンS）、**ウインマーレライ**（ラジオNIKKEI賞）、**マイネルハニー**（チャレンジC）、**クールホタルビ**（ファンタジーS）、**リンゴアメ**（函館2歳S）、**アルマワイオリ**（朝日杯FS2着）、**ウインアグライア**（若駒S）、**アリンナ**（葵S）。

POG　2023年期待の2歳馬

母馬名（母父）	性別	おすすめポイント
オーミポルカ（キングヘイロー）	牡	1歳セプテンバーセールで落札。母父の血も活きれば出世も可能に。
ケイティラブ（*スキャン）	牡	母はGⅢアイビスサマーダッシュの勝ち馬。スピード能力は高い。
ボヌールバトー（ジャングルポケット）	牝	1歳セプテンバーセールで落札。底力に優れた芝、ダート兼用馬か。

馬券に直結する適性データ

重賞計6勝と自身が大得意とした中山芝は、産駒も活躍する舞台。人気薄でも相手の一頭には加えておきたい。極端な瞬発力比べよりはパワフルで持続力に優れた末脚で押し切ってしまうレースが理想。当然、芝稍重馬場が最も本領を発揮する馬場コンディションとなる。仕上りはやや遅めで、新馬戦を含む2歳戦より、キャリアを積み地力が強化された4歳牡馬陣の信頼性が高いことも、馬券作戦に活かしたいデータ。また、2勝クラスで健闘することも併せて覚えておこう。意外にも思えるが芝の勝ち鞍の半分強を短距離戦で記録している。

2022年 成績

総収得賞金 352,774,000円　アーニング INDEX　0.65

勝利頭数／出走頭数：全馬 41／120	2歳 1／11
勝利回数／出走回数：全馬 76／1,238	2歳 1／45

Data Box (2020~2022)

コース　中山芝など関東芝で活躍

	1着	2着	3着	出走数	勝率	連対率	3着内率
全体計	48	43	64	1040	4.6%	8.8%	14.9%
中央芝	18	9	16	296	6.1%	9.1%	14.5%
中央ダ	6	2	9	156	3.8%	5.1%	10.9%
ローカル芝	18	24	34	448	4.0%	9.4%	17.0%
ローカルダ	6	8	5	140	4.3%	10.0%	13.6%
右回り芝	25	21	35	469	5.3%	9.8%	17.3%
右回りダ	9	5	11	179	5.0%	7.8%	14.0%
左回り芝	10	10	13	247	4.0%	8.1%	13.4%
左回りダ	3	5	3	117	2.6%	6.8%	9.4%
札幌芝	5	1	6	53	9.4%	11.3%	22.6%
札幌ダ	0	1	0	11	0.0%	9.1%	9.1%
函館芝	4	4	5	76	5.3%	10.5%	17.1%
函館ダ	0	1	1	16	0.0%	6.3%	12.5%
福島芝	4	3	9	86	4.7%	8.1%	18.6%
福島ダ	1	0	0	19	5.3%	5.3%	5.3%
新潟芝	3	8	4	87	3.4%	12.6%	17.2%
新潟ダ	1	4	0	39	2.6%	12.8%	12.8%
東京芝	7	3	7	125	5.6%	8.0%	13.6%
東京ダ	0	0	1	44	0.0%	0.0%	2.3%
中山芝	9	5	8	106	8.5%	13.2%	20.8%
中山ダ	1	1	4	62	1.6%	3.2%	9.7%
中京芝	1	1	3	62	1.6%	3.2%	9.5%
中京ダ	2	1	3	34	5.9%	8.8%	14.7%
京都芝	1	0	0	16	6.3%	6.3%	6.3%
京都ダ	2	1	0	7	28.6%	42.9%	42.9%
阪神芝	1	1	1	49	2.0%	4.1%	6.1%
阪神ダ	3	0	4	43	7.0%	7.0%	16.3%
小倉芝	1	7	6	83	1.2%	9.6%	16.9%
小倉ダ	2	1	2	21	9.5%	14.3%	23.8%

条件　2勝クラスなど下級条件が中心

	1着	2着	3着	出走数	勝率	連対率	3着内率
新馬	2	3	3	73	2.7%	6.8%	11.0%
未勝利	21	29	32	565	3.7%	8.8%	14.5%
1勝	11	12	16	232	4.7%	9.9%	16.8%
2勝	8	7	11	88	9.1%	17.0%	29.5%
3勝	2	4	6	89	6.7%	9.0%	15.7%
OPEN特別	3	0	8	89	3.4%	3.4%	12.4%
GⅢ	1	0	0	29	3.4%	3.4%	3.4%
GⅡ	0	0	0	11	0.0%	0.0%	0.0%
GⅠ	0	0	0	7	0.0%	0.0%	0.0%
ハンデ戦	2	2	9	83	2.4%	4.8%	15.7%
牝馬限定	2	5	3	99	2.0%	7.1%	10.1%
障害	4	10	12	143	2.8%	9.8%	18.2%

人気　1番人気不振、2〜3番人気が軸候補

	1着	2着	3着	出走数	勝率	連対率	3着内率
1番人気	8	5	5	31	25.8%	41.9%	58.1%
2〜3番人気	22	22	14	111	19.8%	39.6%	52.3%
4〜6番人気	13	16	21	204	6.4%	14.2%	24.5%
7〜9番人気	4	6	20	246	1.6%	4.1%	12.2%
10番人気〜	5	4	16	591	0.8%	1.5%	4.2%

距離　芝ダート共はっきり短距離向き

芝　平均勝ち距離　1,453m

	1着	2着	3着	出走数	勝率	連対率	3着内率
全体計	36	33	50	744	4.8%	9.3%	16.0%
芝〜1300m	19	19	34	351	5.4%	10.8%	20.5%
芝〜1600m	9	9	9	226	4.0%	8.0%	11.9%
芝〜2000m	7	5	6	145	4.8%	8.3%	12.4%
芝〜2400m	0	0	0	10	0.0%	0.0%	0.0%
芝2500m〜	1	0	1	12	8.3%	8.3%	16.7%

ダート　平均勝ち距離　1,313m

	1着	2着	3着	出走数	勝率	連対率	3着内率
全体計	12	10	14	296	4.1%	7.4%	12.2%
ダ〜1300m	7	9	5	152	4.6%	10.5%	13.8%
ダ〜1600m	3	1	5	70	4.3%	5.7%	12.9%
ダ〜2000m	2	0	4	71	2.8%	2.8%	8.5%
ダ2100m〜	0	0	0	3	0.0%	0.0%	0.0%

馬場状態　馬場状態は不問

		1着	2着	3着	出走数	勝率	連対率	3着内率
芝	良	25	24	35	544	4.6%	9.0%	15.4%
	稍重	8	5	9	131	6.1%	9.9%	16.8%
	重	2	4	6	55	3.6%	10.9%	21.8%
	不良	1	0	0	14	7.1%	7.1%	7.1%
ダ	良	5	7	7	178	2.8%	6.7%	10.7%
	稍重	3	0	4	58	5.2%	5.2%	12.1%
	重	2	2	1	36	5.6%	11.1%	13.9%
	不良	2	1	2	24	8.3%	12.5%	20.8%

性齢　晩成型で3歳後半以降に奮闘

	1着	2着	3着	出走数	勝率	連対率	3着内率
牡2歳	3	3	4	83	3.6%	7.2%	12.0%
牝2歳	6	7	5	111	5.4%	11.7%	16.2%
牡3歳前半	7	8	8	164	4.3%	9.1%	14.0%
牝3歳前半	4	3	8	151	4.0%	4.6%	9.9%
牡3歳後半	6	5	3	75	8.0%	14.7%	18.7%
牝3歳後半	3	4	6	76	3.9%	9.2%	17.1%
牡4歳	8	10	14	116	6.9%	15.5%	27.6%
牝4歳	1	3	2	102	1.0%	3.9%	5.9%
牡5歳	5	9	10	88	5.7%	15.9%	27.3%
牝5歳	1	1	3	40	2.5%	5.0%	12.5%
牡6歳	2	1	1	49	4.1%	6.1%	8.2%
牝6歳	4	1	5	41	9.8%	12.2%	24.4%
牡7歳以上	0	0	3	58	0.0%	0.0%	5.2%
牝7歳以上	0	4	0	29	0.0%	0.0%	13.8%

単勝回収値 87円／単勝適正回収値 77円

勝ち馬の決め手

芝 36勝　逃げ 12／先行 14／差し 7／追込 3

ダート 12勝　逃げ 5／先行 5／差し 2

RANKING
74
2歳馬 —

2021 ⑤
2020 ⑥
2019 ⑤
2018 ⑥

＊プリサイスエンド
PRECISE END

年次	種付頭数	産駒数
22年	—	—
21年	—	0
20年	7	4

2021年死亡
1997年生　黒鹿毛　アメリカ産　2005年輸入

距離	成長型	芝	ダート	瞬発力	パワー	底力
短マ	普	○	○	○	○	△

系統：フォーティナイナー系　母父系統：プリンスローズ系

父 ＊エンドスウィープ 鹿 1991	＊フォーティナイナー 栗 1985	Mr. Prospector	Raise a Native
			Gold Digger
		File	Tom Rolfe
			Continue
	Broom Dance 鹿 1979	Dance Spell	Northern Dancer
			Obeah
		Witching Hour	Thinking Cap
			Enchanted Eve
母 Precisely 栗 1987	Summing 鹿 1978	Verbatim	Speak John
			Well Kept
		Sumatra	Groton
			Sunda Strait
	Crisp'n Clear 鹿 1981	Cold Reception	Secretariat
			Cold Comfort
		Ring O'Bells	Grey Dawn
			Aldonza

インブリード：Nearctic 5×5、Nashua 5×5

血統解説　父エンドスウィープは米日で成功を収めたフォーティナイナー系を代表する名種牡馬。母プレサイスリーは米で64戦13勝の戦績を残したタフネスホース。本馬のいとこに外国産馬として日本で走り、JRAで3勝、公営高知で17勝をあげたレッドスポッツカーがいる。母父サミングは、米3冠最終戦ベルモントSを制した強豪。

PROFILE

競走成績　9戦4勝（2～3歳・加米）
最高レーティング　レーティング対象外
主な勝ち鞍　ベイショアS、ディスプレイS。ウィザーズS2着、サマーS3着、カウディンS3着。

代表産駒 シェリーン（カムリーS）、グロリアスノア（武蔵野S）、**カフジテイク**（根岸S）、シェアースマイル（エーデルワイス賞）、プラチナティアラ（函館2歳S2着）、**オーバースペック**（新潟2歳S2着）、コウエイアンカ（サマーCH2着）、**トキノゲンジ**。

Fナイナー系のいぶし銀種牡馬
ダートで活躍する産駒を輩出

　2歳5月に加で競走馬デビュー。GⅡサマーSでは3着だったが、未勝利戦、一般競走で2つの勝ち鞍をマークする。初めての米本土でのレースとなった10月のGⅡカウディンSでも3着まで。その後、加に戻りLディスプレイSに勝った。3歳時は米アケダクト競馬場で2戦し、4月のGⅢベイショアSで初重賞制覇を達成。5月のGⅢウィザーズSで2着し、これが現役最後の一戦となった。

　まず米で種牡馬入り。米GⅡカムリーSを勝ったシェリーンを出した。2005年から日本での種牡馬生活を開始。父エンドスウィープ、その父フォーティナイナーがすでに日本で成功を収めていたこともあり、供用初年度の128頭を皮切りに、7年連続で100頭以上の種付をこなす人気を博す。産駒からグロリアスノア、シェアースマイル、カフジテイクといったいずれもダート戦線の重賞勝ち馬が登場。2022年もコウエイアンカが交流ダート重賞で2着するなど、相変わらずの高いダート適性を発揮し、14年連続でランキング80位以内を確保した。

馬券に直結する適性データ

　かつては芝重賞の好走馬も出していたが、近3年間のJRAにおける勝ち鞍「25」はすべてをダート戦でマークしたものとなっている。そのなかで注目したいのが福島ダート、小倉ダートにおける連対率、3着内率の高さ。頭狙いではなく連の軸に据えておく馬券作戦を用いたい。また、パワフルなスピードが活きやすい、ダート重馬場を得意としていることも併せて覚えておこう。80％超えの3着内率を記録している、1番人気時の信頼性の高さも馬券作戦に活用したいデータ。ダートであれば距離は不問も、好走する確率が高いのは中距離戦だ。

2022年成績

総収得賞金 346,676,000円　アーニング INDEX 0.84
勝利頭数／出走頭数：全馬 41／92　　2歳 －／－
勝利回数／出走回数：全馬 80／881　　2歳 －／－

Data Box (2020~2022)

コース 福島、小倉ダートなど小回り向き

	1着	2着	3着	出走数	勝率	連対率	3着内率
全体計	25	31	36	549	4.6%	10.2%	16.8%
中央芝	0	0	1	35	0.0%	0.0%	2.9%
中央ダ	16	14	21	296	5.4%	10.1%	17.2%
ローカル芝	0	0	0	37	0.0%	0.0%	0.0%
ローカルダ	9	17	14	181	5.0%	14.4%	22.1%
右回り芝	0	0	1	41	0.0%	0.0%	2.4%
右回りダ	15	21	26	305	4.9%	11.8%	20.3%
左回り芝	0	0	0	24	0.0%	0.0%	0.0%
左回りダ	10	10	9	172	5.8%	11.6%	16.9%
札幌芝	0	0	0	3	0.0%	0.0%	0.0%
札幌ダ	0	1	2	16	0.0%	6.3%	18.8%
函館芝	0	0	0	0	0.0%	0.0%	0.0%
函館ダ	0	0	1	13	0.0%	0.0%	7.7%
福島芝	0	0	0	2	0.0%	0.0%	0.0%
福島ダ	2	5	3	36	5.6%	19.4%	27.8%
新潟芝	0	0	0	12	0.0%	0.0%	0.0%
新潟ダ	2	3	4	40	5.0%	12.5%	22.5%
東京芝	0	0	0	13	0.0%	0.0%	0.0%
東京ダ	5	3	2	83	6.0%	9.6%	12.0%
中山芝	0	0	1	18	0.0%	0.0%	5.6%
中山ダ	5	8	12	110	4.5%	11.8%	22.7%
中京芝	0	0	0	6	0.0%	0.0%	0.0%
中京ダ	3	4	3	49	6.1%	14.3%	20.4%
京都芝	0	0	0	1	0.0%	0.0%	0.0%
京都ダ	2	0	2	27	7.4%	7.4%	14.8%
阪神芝	0	0	0	3	0.0%	0.0%	0.0%
阪神ダ	4	3	5	76	5.3%	9.2%	15.8%
小倉芝	0	0	0	6	0.0%	0.0%	0.0%
小倉ダ	2	4	1	27	7.4%	22.2%	25.9%

条件 牝馬限定戦で成績安定

	1着	2着	3着	出走数	勝率	連対率	3着内率
新馬	2	0	1	25	8.0%	8.0%	12.0%
未勝利	9	11	12	170	5.3%	11.8%	18.8%
1勝	12	13	15	195	6.2%	12.8%	20.5%
2勝	2	6	7	129	1.6%	6.2%	11.6%
3勝	0	2	1	23	0.0%	8.7%	13.0%
OPEN特別	0	0	1	9	0.0%	0.0%	11.1%
GⅢ	0	0	0	4	0.0%	0.0%	0.0%
GⅡ	0	0	0	0	0.0%	0.0%	0.0%
GⅠ	0	0	0	1	0.0%	0.0%	0.0%
ハンデ戦	0	1	0	12	0.0%	8.3%	16.7%
牝馬限定	5	5	9	74	6.8%	13.5%	25.7%
障害	0	1	1	10	0.0%	10.0%	20.0%

人気 1番人気は堅実無比

	1着	2着	3着	出走数	勝率	連対率	3着内率
1番人気	8	6	4	22	36.4%	63.6%	81.8%
2～3番人気	5	11	8	53	9.4%	30.2%	45.3%
4～6番人気	7	8	10	96	7.3%	15.6%	26.0%
7～9番人気	2	5	10	114	1.8%	6.1%	14.9%
10番人気～	3	2	5	274	1.1%	1.8%	3.6%

単勝回収値 45円／単勝適正回収値 71円

距離 ダート中距離適性も見逃せない

芝　平均勝ち距離 －

	1着	2着	3着	出走数	勝率	連対率	3着内率
全体計	0	0	1	72	0.0%	0.0%	1.4%
芝～1300m	0	0	0	36	0.0%	0.0%	0.0%
芝～1600m	0	0	1	26	0.0%	0.0%	3.8%
芝～2000m	0	0	0	8	0.0%	0.0%	0.0%
芝～2400m	0	0	0	2	0.0%	0.0%	0.0%
芝2500m～	0	0	0	0	-	-	-

ダート　平均勝ち距離 1,448m

	1着	2着	3着	出走数	勝率	連対率	3着内率
全体計	25	31	35	477	5.2%	11.7%	19.1%
ダ～1300m	10	12	14	198	5.1%	11.1%	18.2%
ダ～1600m	7	4	4	113	6.2%	9.7%	13.3%
ダ～2000m	7	15	17	157	4.5%	14.0%	24.8%
ダ2100m～	1	0	0	9	11.1%	11.1%	11.1%

馬場状態 悪化したダートでしぶとさを発揮

		1着	2着	3着	出走数	勝率	連対率	3着内率
芝	良	0	0	1	53	0.0%	0.0%	1.9%
	稍重	0	0	0	12	0.0%	0.0%	0.0%
	重	0	0	0	4	0.0%	0.0%	0.0%
	不良	0	0	0	3	0.0%	0.0%	0.0%
ダ	良	12	23	20	290	4.1%	12.1%	19.0%
	稍重	6	3	8	94	6.4%	9.6%	18.1%
	重	5	3	5	59	8.5%	13.6%	22.0%
	不良	2	2	2	34	5.9%	11.8%	17.6%

性齢 3歳後半から6歳まで長く活躍

	1着	2着	3着	出走数	勝率	連対率	3着内率
牡2歳	2	0	1	48	4.2%	4.2%	6.3%
牝2歳	1	0	2	13	7.7%	7.7%	23.1%
牡3歳前半	7	6	7	98	7.1%	13.3%	20.4%
牝3歳前半	2	2	3	47	4.3%	8.5%	14.9%
牡3歳後半	1	2	3	35	2.9%	8.6%	17.1%
牝3歳後半	0	2	3	21	0.0%	9.5%	23.8%
牡4歳	2	2	1	43	4.7%	9.3%	11.6%
牝4歳	3	5	9	57	5.3%	14.0%	29.8%
牡5歳	1	4	4	44	2.1%	10.4%	18.8%
牝5歳	2	3	1	29	6.9%	17.2%	20.7%
牡6歳	2	4	2	45	4.4%	13.3%	17.8%
牝6歳	2	1	2	29	6.9%	10.3%	10.3%
牡7歳以上	0	1	1	35	0.0%	2.9%	5.7%
牝7歳以上	0	0	0	3	0.0%	0.0%	0.0%

勝ち馬の決め手

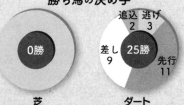

芝　0勝

ダート　追込2　逃げ3　差し9　25勝　先行11

RANKING
75
2歳馬 **249**

2021 ⑧⑦
2020 ㊽
2019 ㊳
2018 ㉔

ドリームジャーニー
DREAM JOURNEY

年次	種付頭数	産駒数
22年	－	－
21年	－	－
20年	－	4

2021年引退
2004年生　鹿毛　白老・社台コーポレーション白老ファーム産

距離	成長型	芝	ダート	瞬発力	パワー	底力
中長	やや晩	○	○	○	○	△

PROFILE

競走成績　31戦9勝（2～7歳・日）
最高レーティング　122L（09年）
主な勝ち鞍　有馬記念、宝塚記念、朝日杯FS、大阪杯、神戸新聞杯、小倉記念、朝日チャレンジC。中山記念2着、オールカマー2着2回。

グランプリレース連覇の一流馬
中長距離戦線の優秀産駒も登場

　2歳9月に新馬戦、OP芙蓉Sを連勝。続く東京スポーツ杯2歳Sは3着に敗れたが、12月の朝日杯FSを快勝し2006年最優秀2歳牡馬に選出される。3歳緒戦の弥生賞は3着。皐月賞8着、ダービー5着とクラシックでは不発に終わるが、9月の神戸新聞杯で2つ目の重賞タイトルを獲得した。5着に終わった菊花賞以降、不振に陥ったが、4歳夏に小倉記念、朝日チャレンジCを連勝し復調を示す。5歳となり最充実期を迎え、4月の大阪杯で重賞5勝目、末脚が爆発した6月の宝塚記念で2年半振りとなるGⅠ制覇を達成した。暮れには有馬記念を勝ちグランプリレースを連覇。2009年最優秀4歳以上牡馬にも選出されている。

　8歳から種牡馬生活を開始。95頭に種付さ

系統：サンデーサイレンス系　母父系統：マイリージャン系

父 ステイゴールド 黒鹿 1994	*サンデーサイレンス 青鹿 1986	Halo	Hail to Reason
			Cosmah
		Wishing Well	Understanding
			Mountain Flower
	ゴールデンサッシュ 栗 1988	*ディクタス	Sanctus
			Doronic
		ダイナサッシュ	*ノーザンテースト
			*ロイヤルサッシュ
母 オリエンタルアート 栗 1997	メジロマックイーン 芦 1987	メジロティターン	*メジロアサマ
			*シェリル
		メジロオーロラ	*リマンド
			メジロアイリス
	エレクトロアート 栗 1986	*ノーザンテースト	Northern Dancer
			Lady Victoria
		*グランマスティーヴンス	Lt. Stevens
			Dhow

インブリード：ノーザンテースト4×3

血統解説　父ステイゴールドは個性派の名種牡馬。本馬は父に初のGⅠタイトルをもたらしている。母オリエンタルアートは3勝馬。本馬の全弟に3冠馬オルフェーヴル、アッシュゴールド（デイリー杯2歳S2着）、全妹にデルニエオール（フィリーズレビュー3着）を産んだ。母父メジロマックイーンは1990年代のスーパーホース。

代表産駒　ヴェルトライゼンデ（日経新春杯、鳴尾記念）、ミライヘノツバサ（ダイヤモンドS）、トゥラヴェスーラ（阪急杯2着）、エスティタート（シルクロードS2着）、アルメリアブルーム（愛知杯2着）、スルーセブンシーズ（紫苑S2着）、イルティモーネ。

れた供用初年度を皮切りに、4年連続して50頭以上の繁殖牝馬と交配された。初年度産駒の一頭ミライヘノツバサが7歳となり重賞を勝ったのに続き、5世代目産駒ヴェルトライゼンデが2022年鳴尾記念、2023年日経新春杯を制し、種牡馬としての地力の高さを証明している。

馬券に直結する適性データ

　勝ち鞍の約82%を芝のレースであげている典型的なグラスホース。自身もそうだったが右回りコースを得意としていて、なかでも好成績が目立っていた京都芝が2023年から再開されることは、産駒にとっても追い風となりそう。また、速い時計が出る軽い芝良馬場より、パワフルな末脚が全開となる芝重馬場に強いことは、馬券作戦に活かしていきたいデータとなる。晩成の傾向もあり、4、5歳の牡馬陣が優秀な成績を残していることもぜひ覚えておきたい傾向といえるだろう。中長距離適性が高く2000m以上で本領を発揮するのも特徴だ。

2022年成績

総収得賞金 337,032,000円　アーニング INDEX　1.53
勝利頭数／出走頭数：全馬 17／49　2歳 0／2
勝利回数／出走回数：全馬 27／495　2歳 0／3

Data Box (2020~2022)

単勝回収値 122円／単勝適正回収値 75円

コース　京都芝で輝く、右回り芝で好走

	1着	2着	3着	出走数	勝率	連対率	3着内率
全体計	22	29	27	374	5.9%	13.6%	20.9%
中央芝	9	16	13	163	5.5%	15.3%	23.3%
中央ダ	3	1	1	43	7.0%	9.3%	11.6%
ローカル芝	9	12	12	147	6.1%	14.3%	22.4%
ローカルダ	1	0	1	21	4.8%	4.8%	9.5%
右回り芝	12	21	14	195	6.2%	16.9%	24.1%
右回りダ	1	1	1	26	3.8%	7.7%	11.5%
左回り芝	6	7	11	115	5.2%	11.3%	20.9%
左回りダ	3	0	1	38	7.9%	7.9%	10.5%
札幌芝	0	2	0	10	0.0%	20.0%	20.0%
札幌ダ	0	0	0	1	0.0%	0.0%	0.0%
函館芝	1	1	1	11	9.1%	18.2%	27.3%
函館ダ	0	0	0	0	-	-	-
福島芝	2	0	0	16	12.5%	12.5%	12.5%
福島ダ	0	0	0	2	0.0%	0.0%	0.0%
新潟芝	1	1	1	25	4.0%	8.0%	12.0%
新潟ダ	0	0	0	2	0.0%	0.0%	0.0%
東京芝	2	2	4	39	5.1%	10.3%	20.5%
東京ダ	2	0	1	22	9.1%	9.1%	13.6%
中山芝	2	4	4	37	5.4%	16.2%	27.0%
中山ダ	1	1	0	17	5.9%	11.8%	11.8%
中京芝	3	4	6	51	5.9%	13.7%	25.5%
中京ダ	1	0	0	14	7.1%	7.1%	7.1%
京都芝	4	3	2	21	19.0%	33.3%	42.9%
京都ダ	0	0	0				
阪神芝	1	7	1	66	1.5%	12.1%	16.7%
阪神ダ	0	0	0		0.0%	0.0%	0.0%
小倉芝	2	4	4	34	5.9%	17.6%	29.4%
小倉ダ	0	0	1		0.0%	0.0%	50.0%

距離　芝の中距離戦向き

芝　平均勝ち距離　1,900m

	1着	2着	3着	出走数	勝率	連対率	3着内率
全体計	18	28	25	310	5.8%	14.8%	22.9%
芝～1300m	2	3	0	35	5.7%	14.3%	14.3%
芝～1600m	3	7	4	73	4.1%	13.7%	19.2%
芝～2000m	9	10	14	121	7.4%	15.7%	27.3%
芝～2400m	3	5	6	56	5.4%	14.3%	25.0%
芝2500m～	1	3	1	25	4.0%	16.0%	20.0%

ダート　平均勝ち距離　2,100m

	1着	2着	3着	出走数	勝率	連対率	3着内率
全体計	4	1	2	64	6.3%	7.8%	10.9%
ダ～1300m	0	0	0	9	0.0%	0.0%	0.0%
ダ～1600m	0	0	0	9	0.0%	0.0%	0.0%
ダ～2000m	1	0	1	26	3.8%	3.8%	7.7%
ダ2100m～	3	1	1	20	15.0%	20.0%	25.0%

馬場状態　馬場は渋れば渋るほどいい

		1着	2着	3着	出走数	勝率	連対率	3着内率
芝	良	10	18	20	237	4.2%	11.8%	20.3%
	稍重	3	5	3	43	7.0%	18.6%	25.6%
	重	5	4	1	25	20.0%	36.0%	40.0%
	不良	0	1	0	5	0.0%	20.0%	20.0%
ダ	良	2	0	1	43	4.7%	4.7%	7.0%
	稍重	1	0	0	11	9.1%	9.1%	9.1%
	重	0	0	0		0.0%	0.0%	0.0%
	不良	1	1	1	7	14.3%	28.6%	42.9%

性齢　分かりやすい晩成型

	1着	2着	3着	出走数	勝率	連対率	3着内率
牡2歳	0	0	1	11	0.0%	0.0%	9.1%
牝2歳	1	1	1	19	5.3%	10.5%	15.8%
牡3歳前半	0	2	1	29	0.0%	6.9%	10.3%
牝3歳前半	3	0	5	20	15.0%	15.0%	40.0%
牡3歳後半	0	0	2	8	0.0%	25.0%	25.0%
牝3歳後半	0	1	2	8	0.0%	12.5%	37.5%
牡4歳	5	8	6	68	7.4%	19.1%	27.9%
牝4歳	2	4	1	36	5.6%	16.7%	19.4%
牡5歳	9	6	5	74	12.2%	20.3%	27.0%
牝5歳	1	0	2	40	2.5%	2.5%	7.5%
牡6歳	3	5	5	61	4.9%	13.1%	21.3%
牝6歳	0	1	0	8	0.0%	12.5%	12.5%
牡7歳以上	2	3	1	32	6.3%	15.6%	18.8%
牝7歳以上	0	0	0		0.0%	0.0%	0.0%

条件　2勝クラス、ハンデ戦で成績安定

	1着	2着	3着	出走数	勝率	連対率	3着内率
新馬	1	0	1	18	5.6%	5.6%	16.7%
未勝利	5	3	6	75	6.7%	10.7%	18.7%
1勝	7	7	10	109	6.4%	12.8%	22.0%
2勝	6	9	6	86	7.0%	17.4%	24.4%
3勝	2	4	3	50	4.0%	12.0%	18.0%
OPEN特別	3	3	1	38	7.9%	15.8%	18.4%
GⅢ	2	3	0	16	12.5%	31.3%	31.3%
GⅡ	0	4	0	12	0.0%	33.3%	33.3%
GⅠ	0	0	0		0.0%	0.0%	0.0%
ハンデ戦	5	6	1	60	8.3%	18.3%	20.0%
牝馬限定	3	3	6	41	7.3%	14.6%	29.3%
障害	4	4	3	40	10.0%	20.0%	27.5%

人気　1番人気は低勝率、2～3番人気が○

	1着	2着	3着	出走数	勝率	連対率	3着内率
1番人気	6	7	2	25	24.0%	52.0%	60.0%
2～3番人気	10	10	4	53	18.9%	37.7%	45.3%
4～6番人気	6	11	15	99	6.1%	17.2%	32.3%
7～9番人気	3	3	7	87	3.4%	6.9%	14.9%
10番人気～	1	2	2	150	0.7%	2.0%	3.3%

勝ち馬の決め手

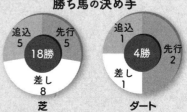

芝：追込 5／先行 5／差し 8／18勝
ダート：追込 1／先行 2／差し 1／4勝

2021 ⑥
2020 －
2019 －
2018 －

*ラニ
LANI

年次	種付頭数	産駒数
22年	**10**	**21**
21年	35	33
20年	49	58

種付料／⇨受50万円F　供用地／新ひだか・アロースタッド
2013年生　芦毛　アメリカ産　2014年輸入

距離	成長型	芝	ダート	瞬発力	パワー	底力
中	普	○	○	○	○	△

系統：シアトルスルー系　母父系統：サンデーサイレンス系

父 Tapit 芦 2001	Pulpit 鹿 1994	A.P. Indy	Seattle Slew
			Weekend Surprise
		Preach	Mr. Prospector
			Narrate
	Tap Your Heels 芦 1996	Unbridled	Fappiano
			Gana Facil
		Ruby Slippers	Nijinsky
			Moon Glitter
母 ヘヴンリーロマンス 鹿 2000	*サンデーサイレンス 青鹿 1986	Halo	Hail to Reason
			Cosmah
		Wishing Well	Understanding
			Mountain Flower
	*ファーストアクト 鹿 1986	Sadler's Wells	Northern Dancer
			Fairy Bridge
		Arkadina	Ribot
			Natashka

インブリード：Northern Dancer 5×4、父 Tapit に Mr. Prospector 3×4

血統解説　父タピットは3年連続で北米首位サイアーに輝いた大物。母ヘヴンリーロマンスは天皇賞・秋、札幌記念など重賞3勝の名牝。本馬の半兄に重賞5勝馬アウォーディー（JBCクラシック）、半姉に重賞6勝馬アムールブリエ（名古屋グランプリ2回）を産んでいる。母父サンデーサイレンスは現代日本競馬の根幹を支える大種牡馬。

PROFILE

競走成績　17戦3勝（2～4歳・日首米）
最高レーティング　113 L（16年）
主な勝ち鞍　UAEダービー。ベルモントS3着。

代表産駒　リメイク（カペラS、オーバルスプリント2着）、ラニカイ、ラブベティー、ケウ（佐賀・ル・プランタン賞）、カリカ、ムーヴ、ガンモヘラクレス、クレメダンジュ、フリューゲルホルン、ガウラ、ブレイクザアイス、アントラシート、バシュラマック、オデッセイ。

海外で結果を残したダート馬
父となり初年度産駒が重賞制覇

　米に渡り繁殖牝馬生活を送っていた、天皇賞・秋を勝ったヘヴンリーロマンスの息仔。日本で競走馬デビューし2歳11月の未勝利戦、連闘で出走の500万特別を連勝した。続くヒヤシンスSは5着に敗れたが、首に遠征してUAEダービーを制する快挙を成し遂げる。その後は米3冠レースに参戦。最終戦となるベルモントSでは直線で猛烈な追込みを見せ、勝ったクリエイターから1馬身半差の3着に健闘した。

　帰国後のレース、そして4歳時の首遠征では好結果を残せず5歳春から種牡馬入り。供用初年度には118頭と種付される人気を博した。2022年に初年度産駒の一頭リメイクがカペラSに優勝。地方競馬で活躍する仔も多く初のランキングトップ80入りを果たした。

POG　2023年期待の2歳馬

母馬名（母父）	性別	おすすめポイント
アミザクラ （メイショウボーラー）	牡	1歳サマーセールで落札される。サンデーサイレンス3×4を持つ。
フロントタック （MACHO UNO）	牡	1歳サマーセールで落札される。時計の速いダート戦に向きそう。
グレースシャンティ （ダノンシャンティ）	牝	1歳オータムセールで落札される。マイル適性の高さも武器となるか。

馬券に直結する適性データ

　2022年に2年目産駒がデビューした若い種牡馬であることに加え、地方競馬の活躍産駒も多いことから、JRAにおけるデータも今後大きく変容してくる可能性はある。現段階で目立っているのが東京ダートにおける好成績。良い脚が長く使えることが特徴だけに、東京ダートにおける健闘は将来的にもトレンドとなりそうだ。また、脚抜けが良くなりパワフルなスピードが発揮しやすい、ダート重馬場を得意としていることも頭に入れておきたい。2歳戦から動けるが、成長力もあり牡牝共に3歳後半で成績が上がっている点も要注目だろう。

2022年成績

総収得賞金 323,446,000円　アーニング INDEX　0.57

勝利頭数／出走頭数：全馬 53 ／ 125	2歳 15 ／ 51
勝利回数／出走回数：全馬 72 ／ 888	2歳 19 ／ 222

Data Box (2020~2022)

コース　左回りダートが得意なサウスポー

	1着	2着	3着	出走数	勝率	連対率	3着内率
全体計	12	14	17	211	5.7%	12.3%	20.4%
中央芝	1	1	0	24	4.2%	8.3%	8.3%
中央ダ	6	9	8	112	5.4%	13.4%	20.5%
ローカル芝	0	0	0	8	0.0%	0.0%	0.0%
ローカルダ	5	4	9	67	7.5%	13.4%	26.9%
右回り芝	1	0	0	17	5.9%	5.9%	5.9%
右回りダ	5	4	9	88	5.7%	10.2%	20.5%
左回り芝	0	1	0	15	0.0%	6.7%	6.7%
左回りダ	6	9	8	91	6.6%	16.5%	25.3%
札幌芝	0	0	0	1	0.0%	0.0%	0.0%
札幌ダ	0	0	0	1	0.0%	0.0%	0.0%
函館芝	0	0	0	1	0.0%	0.0%	0.0%
函館ダ	0	0	0	0	-	-	-
福島芝	0	0	0	0	-	-	-
福島ダ	1	0	1	10	10.0%	10.0%	20.0%
新潟芝	0	0	0	4	0.0%	0.0%	0.0%
新潟ダ	1	1	4	19	5.3%	10.5%	31.6%
東京芝	0	1	0	11	0.0%	9.1%	9.1%
東京ダ	3	5	1	41	7.3%	19.5%	22.0%
中山芝	1	0	0	9	11.1%	11.1%	11.1%
中山ダ	1	0	2	34	2.9%	2.9%	8.8%
中京芝	0	0	0	0	-	-	-
中京ダ	2	3	3	31	6.5%	16.1%	25.8%
京都芝	0	0	0	0	-	-	-
京都ダ	0	0	0	0	-	-	-
阪神芝	0	0	0	4	0.0%	0.0%	0.0%
阪神ダ	2	4	5	37	5.4%	16.2%	29.7%
小倉芝	0	0	0	1	0.0%	0.0%	0.0%
小倉ダ	1	0	1	4	25.0%	25.0%	50.0%

条件　新馬戦より未勝利戦で活躍

	1着	2着	3着	出走数	勝率	連対率	3着内率
新馬	2	3	2	47	4.3%	10.6%	14.9%
未勝利	6	9	10	130	4.6%	11.5%	19.2%
1勝	1	2	5	32	3.1%	9.4%	25.0%
2勝	0	0	0	0	-	-	-
3勝	0	0	0	0	-	-	-
OPEN特別	2	0	0	2	100.0%	100.0%	100.0%
GⅢ	1	0	0	2	50.0%	50.0%	50.0%
GⅡ	0	0	0	0	-	-	-
GⅠ	0	0	0	0	-	-	-
ハンデ戦	0	0	0	0	-	-	-
牝馬限定	4	8	7	47	8.5%	25.5%	40.4%
障害	0	0	0	2	0.0%	0.0%	0.0%

人気　上位人気堅実、見つけたら買い

	1着	2着	3着	出走数	勝率	連対率	3着内率
1番人気	4	4	3	12	33.3%	66.7%	91.7%
2~3番人気	6	2	6	24	25.0%	33.3%	58.3%
4~6番人気	1	5	5	38	2.6%	15.8%	28.9%
7~9番人気	1	3	2	37	2.7%	10.8%	16.2%
10番人気~	0	0	1	102	0.0%	0.0%	1.0%

単勝回収値 33円／単勝適正回収値 77円

距離　適性はダート中距離、短距離もOK

芝　平均勝ち距離　2,000m

	1着	2着	3着	出走数	勝率	連対率	3着内率
全体計	1	1	0	32	3.1%	6.3%	6.3%
芝~1300m	0	0	0	1	0.0%	0.0%	0.0%
芝~1600m	0	0	0	9	0.0%	0.0%	0.0%
芝~2000m	1	1	0	16	6.3%	12.5%	12.5%
芝~2400m	0	0	0	5	0.0%	0.0%	0.0%
芝2500m~	0	0	0	0	-	-	-

ダート　平均勝ち距離　1,464m

	1着	2着	3着	出走数	勝率	連対率	3着内率
全体計	11	13	17	179	6.1%	13.4%	22.9%
ダ~1300m	3	0	2	27	11.1%	11.1%	18.5%
ダ~1600m	5	10	6	66	7.6%	22.7%	31.8%
ダ~2000m	3	3	9	83	3.6%	7.2%	18.1%
ダ2100m~	0	0	0	3	0.0%	0.0%	0.0%

馬場状態　悪化したダートで成績アップ

		1着	2着	3着	出走数	勝率	連対率	3着内率
芝	良	1	1	0	23	4.3%	8.7%	8.7%
	稍重	0	0	0	7	0.0%	0.0%	0.0%
	重	0	0	0	1	0.0%	0.0%	0.0%
	不良	0	0	0	1	0.0%	0.0%	0.0%
ダ	良	8	7	10	111	7.2%	13.5%	22.5%
	稍重	1	3	3	41	2.4%	9.8%	17.1%
	重	2	2	3	18	11.1%	22.2%	38.9%
	不良	0	1	1	9	0.0%	11.1%	22.2%

性齢　牡牝とも3歳後半以降が勝負

	1着	2着	3着	出走数	勝率	連対率	3着内率
牡2歳	3	3	1	50	6.0%	12.0%	14.0%
牝2歳	1	3	2	44	2.3%	9.1%	13.6%
牡3歳前半	3	0	5	45	6.7%	6.7%	17.8%
牝3歳前半	1	6	3	38	2.6%	18.4%	26.3%
牡3歳後半	2	1	1	20	10.0%	15.0%	20.0%
牝3歳後半	2	1	5	16	12.5%	18.8%	50.0%
牡4歳	0	0	0	0	-	-	-
牝4歳	0	0	0	0	-	-	-
牡5歳	0	0	0	0	-	-	-
牝5歳	0	0	0	0	-	-	-
牡6歳	0	0	0	0	-	-	-
牝6歳	0	0	0	0	-	-	-
牡7歳以上	0	0	0	0	-	-	-
牝7歳以上	0	0	0	0	-	-	-

勝ち馬の決め手

芝　1勝（先行1）

ダート　11勝（逃げ1、差し4、先行6）

2021 ⑦⑤
2020 ㊴
2019 ㉙
2018 ⑭

＊シンボリクリスエス
SYMBOLI KRIS S

年次	種付頭数	産駒数
22年	―	―
21年	―	―
20年	―	4

2020年死亡
1999年生　黒鹿毛　アメリカ産　2001年輸入

距離	成長型	芝	ダート	瞬発力	パワー	底力
万	普	◎	◎	◎	◎	◎

系統：ロベルト系　母父系統：シアトルスルー系

			Turn-to
父 Kris S. 黒鹿 1977	Roberto 鹿 1969	Hail to Reason	Turn-to
			Nothirdchance
		Bramalea	Nashua
			Rarelea
	Sharp Queen 鹿 1965	Princequillo	Prince Rose
			Cosquilla
		Bridgework	Occupy
			Feale Bridge
母 Tee Kay 黒鹿 1991	Gold Meridian 黒鹿 1982	Seattle Slew	Bold Reasoning
			My Charmer
		Queen Louie	Crimson Satan
			Reagent
	Tri Argo 黒鹿 1982	Tri Jet	Jester
			Haze
		Hail Proudly	Francis S.
			Spanglet

インブリード：Royal Charger 5×5

血統解説　父クリスエスはBCターフに勝ったプライズドなど数多くの米GI馬を送り出したロベルト系名種牡馬。母ティーケイは米GIIIマーサワシントンSの勝ち馬。本馬の半弟に4勝馬ピサノデイラニを産んだ。また母系からはドバイワールドC馬ウェルアームドも登場している。母父ゴールドメリディアンは愛Lレースに勝利。

代表産駒 ルヴァンスレーヴ（チャンピオンズC、南部杯、ジャパンダートダービー、全日本2歳優駿）、**サクセスブロッケン**（フェブラリーS、東京大賞典、ジャパンダートダービー）、**エピファネイア**（ジャパンC、菊花賞）、**アルフレード**（朝日杯FS）、**サンカルロ**

PROFILE
競走成績　15戦8勝（2～4歳・日）
最高レーティング　124 L（03年）
主な勝ち鞍　有馬記念2回、天皇賞・秋2回、神戸新聞杯、青葉賞。ダービー2着、ジャパンC3着2回、宝塚記念5着。

2年連続年度代表馬に輝く名馬
種牡馬としても大成功を収める

　2歳10月の新馬戦で勝利してからあと一歩が足りないレースが続いたが、3歳4月に500万特別、初重賞制覇となる青葉賞を連勝し世代トップクラスの仲間入りを果たす。続くダービーではゴール寸前でタニノギムレットに交わされ2着まで。秋になって本格化し、神戸新聞杯、古馬との初対戦となった天皇賞・秋を連勝。ジャパンCは3着だったが、暮れの有馬記念を制し2002年度代表馬に輝く。4歳時も、天皇賞・秋、有馬記念で共に連覇を達成。なかでもラストランとなった有馬記念では、レース史上最大着差となる9馬身差の圧勝を飾り、2年連続となる2003年度代表馬に選ばれる決定打にもなった。

　種牡馬としても最良の後継者となったエピフ
ァネイアを筆頭に、ルヴァンスレーヴ、ストロングリターン、サクセスブロッケン、アルフレードといったGI勝ち産駒を輩出。2009年から6年連続でランキングトップ4入りを果たした。2022年もプリティーチャンスがダート交流重賞レディスプレリュードを制している。

馬券に直結する適性データ

　全盛時には芝、ダートの双方で優秀産駒を多数輩出していたが、晩年の産駒になるにつれダート適性の高さがより鮮明になってきた。そのなかでも、中京ダートコースにおける好成績は馬券作戦に活かしていきたいデータ。勝率もまずまずで頭勝負を懸けてみるのも面白い。一方、出走回数こそ少ないものの素晴らしい成績をあげている京都芝が再開されることで、2023年以降グラスホースたちの巻き返しがあるかもしれない。伏兵評価となる4～6番人気での健闘も抑えておきたいポイント。頭勝負、連軸の双方で好配当を狙いたい。

2022年成績

総収得賞金 314,408,000円	アーニング INDEX　0.75

勝利頭数／出走頭数：全馬 40 ／ 93	2歳 1 ／ 2
勝利回数／出走回数：全馬 63 ／ 992	2歳 1 ／ 12

Data Box (2020〜2022)

コース　中京などローカルダート向き

	1着	2着	3着	出走数	勝率	連対率	3着内率
全体計	26	31	42	520	5.0%	11.0%	19.0%
中央芝	2	6	8	94	2.1%	8.5%	17.0%
中央ダ	11	12	22	220	5.0%	10.5%	20.5%
ローカル芝	4	5	3	77	5.2%	11.7%	15.6%
ローカルダ	9	8	9	129	7.0%	13.2%	20.2%
右回り芝	4	7	8	115	3.5%	9.6%	16.5%
右回りダ	12	15	20	220	5.5%	12.3%	21.4%
左回り芝	2	4	3	55	3.6%	10.9%	16.4%
左回りダ	8	5	11	129	6.2%	10.1%	18.6%
札幌芝	1	1	0	13	7.7%	15.4%	15.4%
札幌ダ	2	1	2	9	22.2%	33.3%	55.6%
函館芝	1	0	1	6	16.7%	16.7%	33.3%
函館ダ	0	0	1	5	0.0%	0.0%	20.0%
福島芝	0	0	2	11	0.0%	0.0%	18.2%
福島ダ	0	2	2	24	0.0%	8.3%	16.7%
新潟芝	1	0	0	13	7.7%	7.7%	7.7%
新潟ダ	2	0	6	32	6.3%	6.3%	25.0%
東京芝	0	2	3	30	0.0%	6.7%	16.7%
東京ダ	2	3	8	63	3.2%	7.9%	20.6%
中山芝	0	1	2	30	0.0%	3.3%	10.0%
中山ダ	5	4	5	47	6.5%	13.0%	23.4%
中京芝	1	2	0	13	7.7%	23.1%	23.1%
中京ダ	4	2	1	34	11.8%	17.6%	20.6%
京都芝	1	2	0	8	12.5%	37.5%	50.0%
京都ダ	2	3	2	30	6.7%	16.7%	23.3%
阪神芝	1	1	2	26	3.8%	7.7%	15.4%
阪神ダ	2	1	4	50	4.0%	6.0%	14.0%
小倉芝	1	0	0	21	0.0%	9.5%	9.5%
小倉ダ	1	3	1	25	4.0%	16.0%	20.0%

条件　現状は下級条件の活躍が中心

	1着	2着	3着	出走数	勝率	連対率	3着内率
新馬	1	0	1	25	4.0%	4.0%	8.0%
未勝利	11	14	15	168	6.5%	14.9%	23.8%
1勝	10	11	14	143	7.0%	14.7%	24.5%
2勝	5	6	5	101	5.0%	10.9%	15.8%
3勝	1	3	6	70	1.4%	5.7%	14.3%
OPEN特別	0	0	5	31	0.0%	0.0%	16.1%
GⅢ	1	0	1	11	9.1%	9.1%	18.2%
GⅡ	0	1	0	5	0.0%	20.0%	20.0%
GⅠ	0	0	0	4	0.0%	0.0%	0.0%
ハンデ戦	1	2	6	62	1.6%	4.8%	14.5%
牝馬限定	5	2	3	53	9.4%	13.2%	18.9%
障害	3	4	5	38	7.9%	18.4%	31.6%

人気　4〜6番人気の好走率は高め

	1着	2着	3着	出走数	勝率	連対率	3着内率
1番人気	7	6	7	27	25.9%	48.1%	74.1%
2〜3番人気	8	9	11	53	15.1%	32.1%	52.8%
4〜6番人気	11	10	11	108	10.2%	19.4%	29.6%
7〜9番人気	3	7	13	123	2.4%	8.1%	18.7%
10番人気〜	0	3	5	247	0.0%	1.2%	3.2%

単勝回収値 44円／単勝適正回収値 78円

距離　好走するためには距離が必要

芝　平均勝ち距離　1,867m

	1着	2着	3着	出走数	勝率	連対率	3着内率
全体計	6	11	11	171	3.5%	9.9%	16.4%
芝〜1300m	0	0	0	13	0.0%	0.0%	0.0%
芝〜1600m	1	4	4	44	2.3%	11.4%	20.5%
芝〜2000m	5	6	5	82	6.1%	13.4%	19.5%
芝〜2400m	0	1	2	18	0.0%	5.6%	16.7%
芝2500m〜	0	0	0	14	0.0%	0.0%	0.0%

ダート　平均勝ち距離　1,745m

	1着	2着	3着	出走数	勝率	連対率	3着内率
全体計	20	20	31	349	5.7%	11.5%	20.3%
ダ〜1300m	1	0	2	40	2.5%	2.5%	7.5%
ダ〜1600m	3	5	6	71	4.2%	11.3%	19.7%
ダ〜2000m	15	15	20	223	6.7%	13.5%	22.4%
ダ2100m〜	1	0	3	15	6.7%	6.7%	26.7%

馬場状態　芝ダート共良馬場がベター

		1着	2着	3着	出走数	勝率	連対率	3着内率
芝	良	6	8	9	111	5.4%	12.6%	20.7%
	稍重	0	1	1	36	0.0%	2.8%	5.6%
	重	0	2	0	17	0.0%	11.8%	11.8%
	不良	0	0	1	7	0.0%	0.0%	14.3%
ダ	良	13	14	20	204	6.4%	13.2%	23.0%
	稍重	2	5	8	66	3.0%	10.6%	22.7%
	重	3	1	0	43	7.0%	9.3%	9.3%
	不良	2	0	3	36	5.6%	5.6%	13.9%

性齢　ジワジワ成長し4歳時にピーク

	1着	2着	3着	出走数	勝率	連対率	3着内率
牡2歳	2	3	3	41	4.9%	12.2%	19.5%
牝2歳	0	0	0	8	0.0%	0.0%	0.0%
牡3歳前半	7	6	11	98	7.1%	13.3%	24.5%
牝3歳前半	1	1	0	22	4.5%	9.1%	9.1%
牡3歳後半	3	2	7	45	6.7%	11.1%	26.7%
牝3歳後半	2	0	1	8	25.0%	25.0%	37.5%
牡4歳	4	8	5	68	5.9%	17.6%	25.0%
牝4歳	3	5	3	34	8.8%	23.5%	32.4%
牡5歳	2	1	2	48	4.2%	6.3%	12.5%
牝5歳	1	1	2	50	2.0%	4.0%	8.0%
牡6歳	2	1	4	48	4.2%	6.3%	14.6%
牝6歳	1	4	5	12	8.3%	33.3%	41.7%
牡7歳以上	1	3	8	75	1.3%	5.3%	16.0%
牝7歳以上	0	0	0	6	0.0%	0.0%	0.0%

勝ち馬の決め手

芝　6勝　追込 1／逃げ 2／差し 2／先行 1

ダート　20勝　逃げ 4／差し 7／先行 9

トーセンジョーダン
TOSEN JORDAN

年次	種付頭数	産駒数
22年	0	1
21年	1	0
20年	0	22

種付料／プライヴェート　供用地／日高・エスティファーム
2006年生　鹿毛　早来・ノーザンファーム産

距離	成長型	芝	ダート	瞬発力	パワー	底力
中長	普	○	○	△	○	△

PROFILE

競走成績　30戦9勝（2〜8歳・日）
最高レーティング　121 I、L（11年）
主な勝ち鞍　天皇賞・秋、札幌記念、AJCC、アルゼンチン共和国杯。ジャパンC2、3着、天皇賞・春2着、共同通信杯2着、大阪杯3着。

天皇賞・秋でレコードを樹立
産駒は地方競馬で活躍を示す

　2歳時に未勝利戦、500万特別、LホープフルSを3連勝。3歳緒戦の共同通信杯で2着しクラシック本番での活躍が期待されたが、脚部不安を発症し長期休養を余儀なくされる。復帰後はなかなか勝ち鞍に恵まれなかったが、4歳夏から準OP特別、LアイルランドT、初重賞制覇となるアルゼンチン共和国杯と3連勝。暮れの有馬記念は5着までだったが、5歳となり強さを増し1月のAJCC、8月の札幌記念とタイトルを重ねていった。10月の天皇賞・秋は7番人気での出走となったが、ブエナビスタ、エイシンフラッシュらの強豪を一蹴し、芝2000m1分56秒1の日本レコードを樹立し価値あるGI制覇を成し遂げる。これが最後の勝ち鞍となったが、天皇賞・春2着、ジャパンC2、3着

系統：グレイソヴリン系　母父系統：ノーザンダンサー系

父 ジャングルポケット 鹿 1998	*トニービン 鹿 1983	*カンパラ	Kalamoun
			State Pension
		Severn Bridge	Hornbeam
			Priddy Fair
	*ダンスチャーマー 黒鹿 1990	Nureyev	Northern Dancer
			Special
		Skillful Joy	Nodouble
			Skillful Miss
母 エヴリウィスパー 栗 1997	*ノーザンテースト 栗 1971	Northern Dancer	Nearctic
			Natalma
		Lady Victoria	Victoria Park
			Lady Angela
	*クラフティワイフ 栗 1985	Crafty Prospector	Mr. Prospector
			Real Crafty Lady
		Wife Mistress	Secretariat
			Political Payoff

インブリード：Northern Dancer 4×3、Hyperion 5×5、母父ノーザンテーストに Lady Angela 3×2
血統解説　父ジャングルポケットはダービー、ジャパンCを制した2001年年度代表馬。種牡馬としても成功を収めた。母系は名門で半弟にトーセンホマレボシ（京都新聞杯）、叔父にビッグショウリ（マイラーズC）、甥に豪GI馬トーセンスターダム、いとこにGI2勝のカンパニー。母父ノーザンテーストは10度首位種牡馬に輝く大物。

代表産駒　アズマヘリテージ（小倉2歳S2着）、シルブロン（ダイヤモンドS3着）、キタノインディ、パンクショット、ルノワール、アンタンスルフレ（金沢・北國王冠）、セシール（盛岡・イーハトーブマイル）、ジェフリー（盛岡・ウイナーC）、シウラグランデ。

など、随所で地力の高さを示した。
　種牡馬となり、2歳GⅢ2着馬アズマヘリテージのほか、2022年のアンタンスルフレ、シウラグランデなど地方競馬ローカル重賞馬を輩出。なお2023年の2歳産駒はいないが2024年2歳馬には血統登録された産駒が存在している。

馬券に直結する適性データ

　自身はスピード能力が高い芝中長距離型だったが、産駒にはダート適性に優れたタイプが多い。得意としているのはローカル場所のダート戦。距離は1800m以上で、重、不良馬場であればより信頼性が高くなる。成長力に関しては自身の資質を受け継いでいる産駒が多く、4歳牡馬陣の成績が優秀な点は馬券作戦に活かしていきたいデータ。ただし、オープン戦線での活躍には高い壁があり、1勝クラスで連の軸に据える買い方が最も効果的かもしれない。もう1つ、苦手としている芝でも2200〜2400m戦であれば、狙ってみるのも面白い。

2022年 成績

総収得賞金 312,785,000円　アーニング INDEX 0.46

勝利頭数／出走頭数：全馬 68 ／ 152	2歳 3 ／ 13
勝利回数／出走回数：全馬 143 ／ 1,828	2歳 3 ／ 80

Data Box (2020~2022)

コース　勝ち星の約半数はローカルダート

	1着	2着	3着	出走数	勝率	連対率	3着内率
全体計	20	24	33	534	3.7%	8.2%	14.4%
中央芝	4	1	2	89	4.5%	5.6%	7.9%
中央ダ	6	10	14	195	3.1%	8.2%	15.4%
ローカル芝	1	2	3	86	1.2%	3.5%	7.0%
ローカルダ	9	11	14	164	5.5%	12.2%	20.7%
右回り芝	1	1	3	108	0.9%	1.9%	4.6%
右回りダ	10	9	17	197	5.1%	9.6%	18.3%
左回り芝	4	2	2	67	6.0%	9.0%	11.9%
左回りダ	5	12	11	162	3.1%	10.5%	17.3%
札幌芝	0	0	1	5	0.0%	0.0%	20.0%
札幌ダ	1	1	1	11	9.1%	18.2%	27.3%
函館芝	0	0	0	0	0.0%	0.0%	0.0%
函館ダ	0	1	1	12	0.0%	8.3%	16.7%
福島芝	0	0	0	19	0.0%	0.0%	0.0%
福島ダ	1	1	1	18	5.6%	11.1%	16.7%
新潟芝	1	1	0	19	5.3%	10.5%	10.5%
新潟ダ	4	1	5	44	9.1%	11.4%	22.7%
東京芝	3	1	1	32	9.4%	12.5%	15.6%
東京ダ	1	5	3	69	1.4%	8.7%	13.0%
中山芝	1	0	1	31	3.2%	3.2%	6.5%
中山ダ	1	1	6	63	1.6%	3.2%	12.7%
中京芝	0	0	1	16	0.0%	0.0%	6.3%
中京ダ	0	6	3	49	0.0%	12.2%	18.4%
京都芝	0	0	0	9	0.0%	0.0%	0.0%
京都ダ	1	0	1	13	7.7%	7.7%	15.4%
阪神芝	0	0	0	17	0.0%	0.0%	0.0%
阪神ダ	3	4	4	50	6.0%	14.0%	22.0%
小倉芝	0	1	0	22	0.0%	4.5%	9.1%
小倉ダ	3	1	3	30	10.0%	13.3%	23.3%

条件　2勝クラスが壁、1勝クラス中心

	1着	2着	3着	出走数	勝率	連対率	3着内率
新馬	1	1	4	62	1.6%	3.2%	9.7%
未勝利	11	14	19	318	3.5%	7.9%	13.8%
1勝	6	8	10	99	6.1%	14.1%	24.2%
2勝	2	2	2	60	3.3%	6.7%	10.0%
3勝	1	1	1	9	11.1%	22.2%	33.3%
OPEN特別	0	0	0	0	-	-	-
GⅢ	0	0	0	1	0.0%	0.0%	0.0%
GⅡ	0	0	0	2	-	-	-
GⅠ	0	0	0	0	-	-	-
ハンデ戦	1	0	0	12	8.3%	8.3%	8.3%
牝馬限定	4	5	10	78	5.1%	11.5%	24.4%
障害	1	2	3	15	6.7%	20.0%	40.0%

人気　全体的に低調でアテにならない

	1着	2着	3着	出走数	勝率	連対率	3着内率
1番人気	4	7	4	20	20.0%	55.0%	75.0%
2～3番人気	6	7	7	44	13.6%	29.5%	45.5%
4～6番人気	7	2	8	80	8.8%	11.3%	21.3%
7～9番人気	2	6	6	116	1.7%	6.9%	12.1%
10番人気～	2	4	11	289	0.7%	2.1%	5.9%

単勝回収値 50円／単勝適正回収値 70円

距離　芝は中長距離、ダートは中距離

芝　平均勝ち距離　2,220m

	1着	2着	3着	出走数	勝率	連対率	3着内率
全体計	5	3	5	175	2.9%	4.6%	7.4%
芝～1300m	0	0	2	44	0.0%	0.0%	4.5%
芝～1600m	0	0	0	42	0.0%	0.0%	0.0%
芝～2000m	2	2	3	65	3.1%	6.2%	10.8%
芝～2400m	2	1	0	17	11.8%	17.6%	17.6%
芝2500m～	1	0	0	7	14.3%	14.3%	14.3%

ダート　平均勝ち距離　1,623m

	1着	2着	3着	出走数	勝率	連対率	3着内率
全体計	15	21	28	359	4.2%	10.0%	17.8%
ダ～1300m	4	4	6	84	4.8%	9.5%	16.7%
ダ～1600m	1	5	3	68	1.5%	8.8%	13.2%
ダ～2000m	10	12	17	198	5.1%	11.1%	19.7%
ダ2100m～	0	0	2	9	0.0%	0.0%	22.2%

馬場状態　渋ったダートで存在感発揮

		1着	2着	3着	出走数	勝率	連対率	3着内率
芝	良	4	2	3	129	3.1%	4.7%	7.0%
芝	稍重	1	0	2	29	3.4%	3.4%	10.3%
芝	重	0	0	0	13	0.0%	7.7%	7.7%
芝	不良	0	0	0	4	0.0%	0.0%	0.0%
ダ	良	7	9	17	219	3.2%	7.3%	15.1%
ダ	稍重	4	7	6	78	5.1%	14.1%	21.8%
ダ	重	2	3	3	34	5.9%	14.7%	23.5%
ダ	不良	2	2	2	28	7.1%	14.3%	21.4%

性齢　4歳時に上向くがピークは短い

	1着	2着	3着	出走数	勝率	連対率	3着内率
牡2歳	2	1	4	65	3.1%	4.6%	10.8%
牝2歳	0	0	0	27	0.0%	0.0%	0.0%
牡3歳前半	5	7	6	158	3.2%	7.6%	11.4%
牝3歳前半	2	4	6	83	2.4%	7.2%	14.5%
牡3歳後半	2	3	2	56	5.4%	8.9%	12.5%
牝3歳後半	2	1	3	25	8.0%	12.0%	24.0%
牡4歳	6	7	6	52	11.5%	25.0%	36.5%
牝4歳	1	2	3	40	2.5%	7.5%	15.0%
牡5歳	0	0	2	28	0.0%	7.1%	25.0%
牝5歳	0	0	0	9	0.0%	0.0%	0.0%
牡6歳	0	0	1	8	0.0%	0.0%	12.5%
牝6歳	0	0	0	0	-	-	-
牡7歳以上	0	0	0	0	-	-	-
牝7歳以上	0	0	0	0	-	-	-

勝ち馬の決め手

芝：5勝（差し 2、逃げ、先行 3）
ダート：15勝（差し 5、逃げ 4、先行 6）

RANKING **80**
2歳馬 232

2021 ㊹
2020 ㉙
2019 ㉗
2018 ⑲

ネオユニヴァース
NEO UNIVERSE

年次	種付頭数	産駒数
22年	－	0
21年	1	12
20年	20	7

2021年死亡
2000年生　鹿毛　千歳・社台ファーム産

距離	成長型	芝	ダート	瞬発力	パワー	底力
万	普	◎	◎	○	○	○

PROFILE

競走成績　13戦7勝（2〜4歳・日）
最高レーティング　117 L（03年）
主な勝ち鞍　ダービー、皐月賞、大阪杯、スプリングS、きさらぎ賞。菊花賞3着、神戸新聞杯3着、ジャパンC4着、宝塚記念4着。

競走馬、種牡馬として成功した
切れ味抜群の末脚光るSS直仔

　3歳となり500万特別、初重賞制覇となるきさらぎ賞、続くスプリングSと3連勝。1番人気での出走となった皐月賞は、サクラプレジデントとの馬体を接した追い比べとなり、アタマ差抜け出しクラシックタイトルを手に入れる。ダービーでは瞬発力と持続力に優れた末脚が全開となり、早め先頭に立ったゼンノロブロイを交わし通算5連勝で3歳馬の頂点に立った。3冠が懸かる菊花賞は、ザッツザプレンティの3着まで。4歳時は大阪杯を制している。

　初年度産駒からダービー馬ロジュニヴァース、皐月賞馬アンライバルドを出す華々しいスタートを切る。2年目産駒からもドバイワールドC馬ヴィクトワールピサを出し、種牡馬としても日本競馬史に名を残す存在となった。

系統：サンデーサイレンス系　母父系統：エタン系

父 *サンデーサイレンス 青鹿 1986	Halo 黒鹿 1969	Hail to Reason	Turn-to
			Nothirdchance
		Cosmah	Cosmic Bomb
			Almahmoud
	Wishing Well 鹿 1975	Understanding	Promised Land
			Pretty Ways
		Mountain Flower	Montparnasse
			Edelweiss
母 *ポインテッドパス 栗 1984	Kris 栗 1976	Sharpen Up	*エタン
			Rocchetta
		Doubly Sure	Reliance
			Soft Angels
	Silken Way 栗 1973	Shantung	Sicambre
			Barley Corn
		Boulevard	Pall Mall
			Costa Sola

インブリード：5代前までクロスなし

血統解説　父サンデーサイレンスは切れ味鋭い末脚と大レースで活きる勝負強さを産駒に伝えた歴史的大種牡馬。母ポインテッドパスは未勝利馬。本馬の半姉に仏GⅢ馬フェアリーパス（カルヴァドス賞）、全兄にチョウカイリョウガ（京成杯2着）を産んだ。母父クリスはサセックスSなどを勝った名マイラー。

代表産駒　ヴィクトワールピサ（ドバイWC、有馬記念、皐月賞）、ロジュニヴァース（ダービー）、アンライバルド（皐月賞）、ネオリアリズム（QエリザベスⅡ世C）、デスペラード（ステイヤーズS2回）、グレンツェント（東海S）、イタリアンレッド（府中牝馬S）

POG　2023年期待の2歳馬

母馬名（母父）	性別	おすすめポイント
*ホウショウワールド（SKY CLASSIC）	牡	祖母ノーブルグラスはGⅢ札幌スプリントS連覇。成長力も武器に。
*レディーエリオット（AUTHORIZED）	牡	スケール大きなアウトブリード配合。芝中長距離戦線で本領発揮。
カネスベネフィット（MISWAKI）	牝	叔父にGⅡ2着馬ジャミール。確実性高い走りを披露してくれそう。

馬券に直結する適性データ

　芝、ダート兼用のパワフルなスピードが産駒最大の武器となっているが、現在はダートでの強さが目立ってきている。ローカル開催のダートは全体的に得意とする舞台だが、なかでも福島ダート、新潟ダートでの頑張りは馬券作戦に活かしたい。共に勝率が14％を超えているだけに、思い切った頭勝負を懸けてみるのも面白い。また、脚抜けが良くなるダート重馬場で信頼性が増すことも併せて覚えておこう。距離適性も幅広い方だが近年は中距離戦での健闘が際立ってきている。人気にはキッチリ応えてくれ、3番人気以内なら基本的には買いだ。

2022年成績

総収得賞金 305,012,000円　**アーニング INDEX** 0.60

勝利頭数／出走頭数：全馬 53／113	2歳 1／7
勝利回数／出走回数：全馬 90／1,071	2歳 1／26

Data Box（2020〜2022）

コース　福島ダート、新潟ダートで活躍

	1着	2着	3着	出走数	勝率	連対率	3着内率
全体計	41	30	21	684	6.0%	10.4%	13.5%
中央芝	3	7	2	98	3.1%	10.2%	12.2%
中央ダ	17	10	10	299	5.7%	9.0%	12.4%
ローカル芝	4	6	6	125	3.2%	8.0%	12.8%
ローカルダ	17	7	3	162	10.5%	14.8%	16.7%
右回り芝	6	8	5	158	3.8%	8.9%	12.0%
右回りダ	27	13	12	309	8.7%	12.9%	16.8%
左回り芝	1	5	3	64	1.6%	9.4%	14.1%
左回りダ	7	4	1	152	4.6%	7.2%	7.9%
札幌芝	3	1	0	31	9.7%	12.9%	12.9%
札幌ダ	1	1	1	10	10.0%	20.0%	30.0%
函館芝	1	2	1	17	5.9%	17.6%	23.5%
函館ダ	2	0	0	9	22.2%	22.2%	22.2%
福島芝	0	1	0	19	0.0%	5.3%	5.3%
福島ダ	3	1	1	21	14.3%	19.0%	23.8%
新潟芝	0	1	0	19	0.0%	5.3%	15.8%
新潟ダ	6	2	0	42	14.3%	19.0%	19.0%
東京芝	1	4	0	30	3.3%	16.7%	16.7%
東京ダ	0	0	1	55	0.0%	0.0%	1.8%
中山芝	1	2	0	37	2.7%	8.1%	10.8%
中山ダ	7	4	2	88	8.0%	12.5%	14.8%
中京芝	0	0	1	16	0.0%	0.0%	6.3%
中京ダ	0	1	2	55	1.8%	5.5%	5.5%
京都芝	0	0	1	9	0.0%	0.0%	11.1%
京都ダ	5	1	5	39	12.8%	15.4%	28.2%
阪神芝	1	1	0	22	4.5%	9.1%	9.1%
阪神ダ	5	5	2	117	4.3%	8.5%	10.3%
小倉芝	0	0	0	23	0.0%	0.0%	0.0%
小倉ダ	4	1	1	25	16.0%	20.0%	24.0%

条件　1勝クラスなら主力級の扱い必要

	1着	2着	3着	出走数	勝率	連対率	3着内率
新馬	1	1	1	37	2.7%	5.4%	8.1%
未勝利	13	11	6	244	5.3%	9.8%	12.3%
1勝	14	5	8	135	10.4%	14.1%	20.0%
2勝	8	6	5	157	5.1%	8.9%	12.1%
3勝	7	5	2	80	8.8%	15.0%	17.5%
OPEN特別	0	6	2	93	0.0%	6.5%	8.6%
GⅢ	2	2	0	21	9.5%	19.0%	19.0%
GⅡ	0	0	0	16			
GⅠ	0	0	0	0	-	-	-
ハンデ戦	4	6	2	75	5.3%	13.3%	16.0%
牝馬限定	2	0	2	57	3.5%	3.5%	7.0%
障害	4	6	3	85	4.7%	11.8%	15.3%

人気　上位人気の勝率が優秀

	1着	2着	3着	出走数	勝率	連対率	3着内率
1番人気	15	4	2	32	46.9%	59.4%	65.6%
2〜3番人気	16	6	6	63	25.4%	34.9%	44.4%
4〜6番人気	8	12	9	123	6.5%	16.3%	23.6%
7〜9番人気	2	6	3	148	1.4%	5.4%	7.4%
10番人気〜	4	8	4	403	1.0%	3.0%	4.0%

距離　ダート中距離向きの傾向が明確

芝　平均勝ち距離　1,586m

	1着	2着	3着	出走数	勝率	連対率	3着内率
全体計	7	13	8	223	3.1%	9.0%	12.6%
芝〜1300m	2	4	1	58	3.4%	10.3%	12.1%
芝〜1600m	2	3	2	54	3.7%	9.3%	13.0%
芝〜2000m	3	5	5	93	3.2%	8.6%	14.0%
芝〜2400m	0	1	0	10	0.0%	10.0%	10.0%
芝2500m〜	0	0	0	8	0.0%	0.0%	0.0%

ダート　平均勝ち距離　1,650m

	1着	2着	3着	出走数	勝率	連対率	3着内率
全体計	34	17	13	461	7.4%	11.1%	13.9%
ダ〜1300m	7	5	3	134	5.2%	9.0%	11.2%
ダ〜1600m	2	2	3	109	1.8%	3.7%	6.4%
ダ〜2000m	24	10	7	208	11.5%	16.3%	19.7%
ダ2100m〜	1	0	0	10	10.0%	10.0%	10.0%

馬場状態　悪化したダートで勝率が僅かに上昇

		1着	2着	3着	出走数	勝率	連対率	3着内率
芝	良	6	8	7	165	3.6%	8.5%	12.7%
	稍重	0	4	0	36	0.0%	11.1%	11.1%
	重	1	0	1	20	5.0%	5.0%	10.0%
	不良	0	1	0	2	0.0%	50.0%	50.0%
ダ	良	20	14	4	272	7.4%	12.5%	14.3%
	稍重	7	2	5	105	6.7%	8.6%	13.3%
	重	5	1	3	54	9.3%	11.1%	16.7%
	不良	2	0	0	30	6.7%	6.7%	6.7%

性齢　本格化は3歳後半以降

	1着	2着	3着	出走数	勝率	連対率	3着内率
牡2歳	2	5	0	48	4.2%	14.6%	14.6%
牝2歳	1	0	1	33	3.0%	3.0%	6.1%
牡3歳前半	7	4	5	100	7.0%	11.0%	16.0%
牝3歳前半	2	2	1	49	4.1%	8.2%	10.2%
牡3歳後半	9	2	1	51	17.6%	21.6%	23.5%
牝3歳後半	0	0	1	22	0.0%	0.0%	4.5%
牡4歳	12	6	6	83	14.5%	21.7%	28.9%
牝4歳	0	1	0	16	0.0%	6.3%	6.3%
牡5歳	4	6	3	111	3.6%	9.0%	11.7%
牝5歳	2	3	1	26	7.7%	19.2%	23.1%
牡6歳	3	3	0	81	3.7%	7.4%	7.4%
牝6歳	1	0	2	32	3.1%	3.1%	9.4%
牡7歳以上	2	4	3	111	1.8%	5.4%	8.1%
牝7歳以上	0	0	0	6	0.0%	0.0%	0.0%

単勝回収値 63円／単勝適正回収値 94円

勝ち馬の決め手

芝：差し 1、逃げ 3、先行 3、7勝
ダート：追込 2、逃げ 5、差し 9、先行 18、34勝

RANKING
81
2歳馬 44

2021 ㊴
2020 ㉕
2019 (59)
2018 (70)

＊バゴ
BAGO

年次	種付頭数	産駒数
22年	**60**	**63**
21年	105	80
20年	118	63

種付料／⇨受100万円F　供用地／新ひだか・JBBA静内種馬場
2001年生　黒鹿毛　フランス産　2005年輸入

距離	成長型	芝	ダート	瞬発力	パワー	底力
中長	普	○	○	○	◎	○

PROFILE

競走成績　16戦8勝（2～4歳・仏英愛米日）
最高レーティング　126L（04年）
主な勝ち鞍　凱旋門賞、パリ大賞、ガネー賞、ジャンプラ賞、クリテリウムアンテルナシオナル。タタソールズゴールドC2着。

次なる大物産駒登場が待たれる 歴史的名牝も出した凱旋門賞馬

2歳11月のクリテリウムアンテルナシオナル、3歳緒戦のジャンプラ賞、続くパリ大賞と仏GⅠを3連勝。英インターナショナルS3着で連勝は止まったが、凱旋門賞でチェリーミックス、ウィジャボードらを降し、4つ目のGⅠタイトルを得ると共に2004年欧州最優秀3歳牡馬の栄誉にも浴した。4歳緒戦のGⅠガネー賞にも勝ったが、その後はタタソールズGC2着、"Kジョージ"3着、凱旋門賞3着と勝ち鞍を重ねられずに現役を退く。

初年度産駒から菊花賞馬ビックウィークが誕生。10年目産駒から、GⅠを4勝し年度代表馬に輝くクロノジェネシスが登場し、改めて父としての評価を高める。2022年は、重賞勝ち産駒が出ず、ランキングを大きく落とす形となった。

系統：ブラッシンググルーム系　母父系統：ヌレイエフ系

父 Nashwan 栗 1986	Blushing Groom 栗 1974	Red God	Nasrullah
			Spring Run
		Runaway Bride	Wild Risk
			Aimee
	Height of Fashion 鹿 1979	Bustino	Busted
			Ship Yard
		Highclere	Queen's Hussar
			Highlight
母 Moonlight's Box 鹿 1996	Nureyev 鹿 1977	Northern Dancer	Nearctic
			Natalma
		Special	Forli
			Thong
	Coup de Genie 鹿 1991	Mr. Prospector	Raise a Native
			Gold Digger
		Coup de Folie	Halo
			Raise the Standard

インブリード：Nearco5×5、母Moonlight's BoxにNatalma 3×4、Native Dancer 4×4

血統解説　父ナシュワンは英ダービー、"Kジョージ"などに勝った名馬中の名馬。母系は名門で祖母クードジェニーはモルニ賞、サラマンドル賞と仏GⅠを2勝した名牝、本馬の半弟にマキシオス（ムーランドロンシャン賞）、一族に米GⅠ4勝のエモリエントがいる。母父ヌレイエフは父系の祖にもなったノーザンダンサー直仔の大物。

代表産駒　**クロノジェネシス**（有馬記念、宝塚記念2回、秋華賞）、**ビッグウィーク**（菊花賞）、**ステラヴェローチェ**（神戸新聞杯）、**コマノインパルス**（京成杯）、**タガノアガザル**（ファルコンS）、**オウケンサクラ**（フラワーC）、**クリスマス**、**トロワボヌール**。

POG　2023年期待の2歳馬

母馬名（母父）	性別	おすすめポイント
カインドオブブルー（＊クロフネ）	牡	1歳セレクションセールで2035万円。叔父にスズジュピターがいる。
ビップセーラ（ヴィクトワールピサ）	牡	祖母ストールンハートは智ダービー馬。タフさも武器になりそう。
インプレッシブ（オンファイア）	牝	1歳セレクションセールで1350万円。いとこにアイオライト。

馬券に直結する適性データ

代表産駒クロノジェネシスにもその傾向があったが、やや力が要る芝で最も本領を発揮する。芝の稍重馬場での強さはもちろんだが、パワーを要す条件になりがちな福島芝、阪神芝で健闘していることも併せて覚えておこう。また、クロノジェネシスが去り現状では大物が不足している感は否めない。2勝クラスで頑張っていることは、ある意味淋しいデータにもなっている。障害レースでレベル高い走りを展開していることもあり、ステイヤー色の濃いタイプと思われがちだが、意外なほど芝スプリント戦での成績が良い点も要注目だろう。

2022年成績

総収得賞金 295,881,000円	アーニング INDEX 0.63	
勝利頭数／出走頭数：全馬 41／105		２歳 12／42
勝利回数／出走回数：全馬 59／709		２歳 14／147

Data Box (2020~2022)

コース 阪神芝などタフなコースで走る

	1着	2着	3着	出走数	勝率	連対率	3着内率
全体計	32	33	39	527	6.1%	12.3%	19.7%
中央芝	13	8	17	162	8.0%	13.0%	23.5%
中央ダ	7	4	6	117	6.0%	9.4%	14.5%
ローカル芝	10	15	11	176	5.7%	14.2%	20.5%
ローカルダ	2	6	5	72	2.8%	11.1%	18.1%
右回り芝	16	17	16	217	7.4%	15.2%	22.6%
右回りダ	5	7	7	110	4.5%	10.9%	17.3%
左回り芝	7	6	12	121	5.8%	10.7%	20.7%
左回りダ	4	3	4	79	5.1%	8.9%	13.9%
札幌芝	1	1	2	23	4.3%	8.7%	17.4%
札幌ダ	0	1	0	14	0.0%	7.1%	7.1%
函館芝	0	2	0	22	0.0%	9.1%	9.1%
函館ダ	0	1	0	6	0.0%	16.7%	16.7%
福島芝	4	3	2	27	14.8%	25.9%	33.3%
福島ダ	0	0	1	9	0.0%	0.0%	11.1%
新潟芝	0	3	0	39	0.0%	7.7%	15.4%
新潟ダ	0	2	1	22	0.0%	9.1%	22.7%
東京芝	4	1	6	50	8.0%	10.0%	22.0%
東京ダ	0	2	0	40	0.0%	5.0%	7.5%
中山芝	2	3	6	59	3.4%	8.5%	18.6%
中山ダ	3	2	5	41	7.3%	12.2%	24.4%
中京芝	3	2	3	32	9.4%	15.6%	25.0%
中京ダ	2	1	0	17	11.8%	11.8%	17.6%
京都芝	1	0	0	8	12.5%	12.5%	12.5%
京都ダ	1	1	0	8	12.5%	25.0%	25.0%
阪神芝	6	4	5	45	13.3%	22.2%	33.3%
阪神ダ	1	0	1	28	3.6%	3.6%	7.1%
小倉芝	2	4	1	33	6.1%	18.2%	21.2%
小倉ダ	0	2	0	4	0.0%	50.0%	50.0%

条件 現状の買いどころは障害戦

	1着	2着	3着	出走数	勝率	連対率	3着内率
新馬	2	5	6	70	2.9%	10.0%	18.6%
未勝利	14	16	21	280	5.0%	10.7%	18.2%
1勝	7	6	6	98	7.1%	13.3%	19.4%
2勝	3	3	3	31	9.7%	19.4%	29.0%
3勝	1	0	1	28	3.6%	3.6%	7.1%
OPEN特別	3	1	1	22	13.6%	18.2%	22.7%
GⅢ	1	1	0	9	11.1%	22.2%	22.2%
GⅡ	2	1	0	6	33.3%	50.0%	50.0%
GⅠ	3	2	4	12	25.0%	41.7%	75.0%
ハンデ戦	1	1	1	25	4.0%	8.0%	12.0%
牝馬限定	1	2	3	62	1.6%	4.8%	9.7%
障害	4	2	3	29	13.8%	20.7%	31.0%

人気 上位人気は堅実で信頼できる

	1着	2着	3着	出走数	勝率	連対率	3着内率
1番人気	11	8	3	33	33.3%	57.6%	66.7%
2～3番人気	16	9	10	68	23.5%	36.8%	51.5%
4～6番人気	5	13	13	107	4.7%	16.8%	29.0%
7～9番人気	2	2	10	103	1.9%	3.9%	11.7%
10番人気～	2	3	8	245	0.8%	2.0%	5.3%

単勝回収値64円／単勝適正回収値84円

距離 芝短距離の適性も見逃せない

芝 平均勝ち距離 1,683m

	1着	2着	3着	出走数	勝率	連対率	3着内率
全体計	23	23	28	338	6.8%	13.6%	21.9%
芝～1300m	5	6	4	48	10.4%	22.9%	31.3%
芝～1600m	9	4	8	97	9.3%	13.4%	21.6%
芝～2000m	4	12	13	163	2.5%	9.8%	17.8%
芝～2400m	4	1	2	20	20.0%	25.0%	35.0%
芝2500m～	1	0	1	10	10.0%	10.0%	20.0%

ダート 平均勝ち距離 1,511m

	1着	2着	3着	出走数	勝率	連対率	3着内率
全体計	9	10	11	189	4.8%	10.1%	15.9%
ダ～1300m	3	4	8	63	4.8%	11.1%	23.8%
ダ～1600m	2	1	1	54	3.7%	5.6%	7.4%
ダ～2000m	4	5	2	69	5.8%	13.0%	15.9%
ダ2100m～	0	0	0	3	-	-	-

馬場状態 渋った芝でこそのタイプ

		1着	2着	3着	出走数	勝率	連対率	3着内率
芝	良	15	17	22	271	5.5%	11.8%	19.9%
	稍重	5	6	6	51	9.8%	19.6%	31.4%
	重	1	0	0	9	11.1%	22.2%	22.2%
	不良	2	0	0	7	28.6%	28.6%	28.6%
ダ	良	7	4	5	117	6.0%	9.4%	13.7%
	稍重	1	2	3	41	2.4%	7.3%	14.6%
	重	1	3	1	19	5.3%	21.1%	31.6%
	不良	0	1	2	12	0.0%	8.3%	16.7%

性齢 2歳から動き6歳まで力持続

	1着	2着	3着	出走数	勝率	連対率	3着内率
牡2歳	7	9	9	93	7.5%	17.2%	26.9%
牝2歳	2	5	5	96	2.1%	7.3%	12.5%
牡3歳前半	5	6	9	79	6.3%	13.9%	25.3%
牝3歳前半	1	0	4	61	1.6%	1.6%	8.2%
牡3歳後半	5	4	2	46	10.9%	19.6%	23.9%
牝3歳後半	0	1	2	22	0.0%	4.5%	13.6%
牡4歳	7	5	4	52	13.5%	23.1%	30.8%
牝4歳	3	1	1	8	37.5%	50.0%	62.5%
牡5歳	2	2	2	46	4.3%	8.7%	13.0%
牝5歳	1	0	0	6	16.7%	16.7%	50.0%
牡6歳	2	2	2	19	10.5%	21.1%	31.6%
牝6歳	0	0	0	1	0.0%	0.0%	0.0%
牡7歳以上	1	0	0	18	5.6%	5.6%	5.6%
牝7歳以上	0	0	0	0	-	-	-

勝ち馬の決め手

芝: 逃げ 1／追込 5／差し 4／先行 13（23勝）
ダート: 先行 9（9勝）

RANKING
83
2歳馬 81

2021 ⑨⑤
2020 ⑦⑩
2019 ⑬⑦
2018 －

＊エスケンデレヤ
ESKENDEREYA

年次	種付頭数	産駒数
22年	13	19
21年	30	10
20年	22	28

種付料／⇩受20万円F　供用地／新ひだか・JBBA静内種馬場
2007年生　栗毛　アメリカ産　2015年輸入

距離	成長型	芝	ダート	瞬発力	パワー	底力
短中	普	△	◎	◎	○	○

PROFILE

競走成績　6戦4勝（2〜3歳・米）
最高レーティング　124 M（10年）
主な勝ち鞍　ウッドメモリアルS、ファウンテン
オブユースS、ピルグリムS。

3連勝で米GI制覇の中距離馬
種牡馬となり米で実績を残す

　デビュー2戦目のLピルグリムSで初勝利を
あげ、ブリーダーズCジュヴナイルに駒を進め
たが、ヴェイルオブヨークの9着に大敗する。
4歳緒戦の一般競走で2勝目をマークした直後
のGIIファウンテンオブユースSでは、2着馬
に8馬身半差を付ける圧勝で重賞初制覇。続く
4月のGIウッドメモリアルSでも、2着馬に
9馬身4分の3差を付ける独走劇を演じ、スタ
ーホース候補に躍り出る。しかし、左前脚の怪
我で競走生活をリタイア、米で種牡馬入りする。
　米供用時代から、BCスプリントなどを勝ち
米スプリント王に選ばれたマイトーリ、同じく
米GIを勝ったモースピリットなどを輩出。日
本での産駒にもダートGI2着のダイメイコリ
ーダが出たが、やや低迷の状況が続いている。

系統：ストームキャット系　母父系統：シアトルスルー系

父 Giant's Causeway 栗 1997	Storm Cat 黒鹿 1983	Storm Bird	Northern Dancer
			South Ocean
		Terlingua	Secretariat
			Crimson Saint
	Mariah's Storm 鹿 1991	Rahy	Blushing Groom
			Glorious Song
		＊イメンス	Roberto
			Imsodear
母 Aldebaran Light 鹿 1996	Seattle Slew 黒鹿 1974	Bold Reasoning	Boldnesian
			Reason to Earn
		My Charmer	Poker
			Fair Charmer
	Altair 鹿 1991	Alydar	Raise a Native
			Sweet Tooth
		＊ステラオデッセイ	Northern Dancer
			Queen Sucree

インブリード：Northern Dancer 4×4、Hail to
Reason 5×5、Bold Ruler 5×5
血統解説　父ジャイアンツコースウェイは、GIを計6
勝した欧州年度代表馬。種牡馬となりストームキャット系を
代表する存在となった。母アルデバランライトは米で走っ
た3勝馬。本馬の半兄に英GI馬で種牡馬入りを果たし
たパルモント（ミドルパークS）を産んでいる。母父シア
トルスルーは米3冠馬にして北米首位種牡馬の超大物。

代表産駒　マイトーリ（BCスプリント、チャーチルダウン
ズS、メトロポリタンH、フォアゴーS）、モースピリット（メトロ
ポリタンH、ロスアラミトスフューチュリティ）、イザベラシングス
（ミセスリヴィアS）、ダイメイコリーダ（ジャパンダートダービー
2着）、スズカデレヤ、アベックフォルス、ハイエストエンド。

POG　2023年期待の2歳馬

母馬名（母父）	性別	おすすめポイント
ヴェレーナ（＊アルデバランII）	牝	いとこにダートGI馬ドライスタウト。1歳サマーセールで落札。
ディアジローズ（＊ワイルドラッシュ）	牝	1歳サマーセールで1100万円。ダートのマイル〜2000m戦に向く。
マジッククレスト（＊ウォーエンブレム）	牝	貴重な母父の血も楽しみ。パワフルなスピードが大きな武器に。

馬券に直結する適性データ

　JRAにおける勝ち鞍の約90%をダート戦であげて
いる、パワフルなスピードタイプ。中山ダート、阪神
ダートで優秀な成績を収めていることは、馬券作戦に
ぜひ活用していきたいデータだ。また脚抜けが良くな
り、スピードが活きることが多いダート稍重で好成績
を残していることも、併せて頭に入れておきたい。2
歳戦はいま1つだが、3歳後半を迎えた牡馬陣が確か
な成長を見せることも大きな特徴。勝率も高いだけに
思い切った頭勝負が功を奏するかもしれない。距離
適性は中距離にアリ。好走の確率が高く連軸としても
信頼を置ける。

2022年 成績

総収得賞金 287,951,000円　**アーニング INDEX** 0.67

勝利頭数／出走頭数：全馬 47／95	2歳 4／22
勝利回数／出走回数：全馬 89／895	2歳 4／68

Data Box (2020~2022)

単勝回収値 70円／単勝適正回収値 95円

コース　好走は中山、阪神ダートに集中

	1着	2着	3着	出走数	勝率	連対率	3着内率
全体計	46	47	38	638	7.2%	14.6%	20.5%
中央芝	0	1	1	40	0.0%	2.5%	5.0%
中央ダ	28	34	20	351	8.0%	17.7%	23.4%
ローカル芝	5	3	2	72	6.9%	11.1%	13.9%
ローカルダ	13	9	15	175	7.4%	12.6%	21.1%
右回り芝	5	4	3	76	6.6%	11.8%	15.8%
右回りダ	29	32	19	304	9.5%	20.1%	26.3%
左回り芝	0	0	0	36	0.0%	0.0%	0.0%
左回りダ	12	11	16	222	5.4%	10.4%	17.6%
札幌芝	1	1	0	12	8.3%	16.7%	16.7%
札幌ダ	2	2	1	18	11.1%	22.2%	27.8%
函館芝	0	1	0	7	0.0%	14.3%	14.3%
函館ダ	1	1	1	18	5.6%	11.1%	16.7%
福島芝	2	1	1	19	10.5%	15.8%	21.1%
福島ダ	3	1	3	25	12.0%	16.0%	28.0%
新潟芝	0	0	0	18	0.0%	0.0%	0.0%
新潟ダ	6	1	4	56	10.7%	12.5%	19.6%
東京芝	0	0	0	13	0.0%	0.0%	0.0%
東京ダ	5	8	7	123	4.1%	10.6%	16.3%
中山芝	0	0	0	10	0.0%	0.0%	0.0%
中山ダ	13	11	6	133	9.8%	18.0%	22.6%
中京芝	0	0	0	5	0.0%	0.0%	0.0%
中京ダ	1	2	5	43	2.3%	7.0%	18.6%
京都芝	0	0	0	6	0.0%	0.0%	0.0%
京都ダ	3	4	3	21	14.3%	33.3%	47.6%
阪神芝	0	1	1	9	0.0%	11.1%	22.2%
阪神ダ	7	11	4	74	9.5%	24.3%	29.7%
小倉芝	2	0	1	11	18.2%	18.2%	27.3%
小倉ダ	0	2	1	15	0.0%	13.3%	20.0%

条件　1勝クラスで安定した成績

	1着	2着	3着	出走数	勝率	連対率	3着内率
新馬	4	2	2	54	7.4%	11.1%	14.8%
未勝利	24	23	21	341	7.0%	13.8%	19.9%
1勝	15	18	9	155	9.7%	21.3%	27.1%
2勝	3	1	6	62	4.8%	6.5%	16.1%
3勝	0	1	2	21	0.0%	9.5%	14.3%
OPEN特別	0	1	0	11	0.0%	9.1%	9.1%
GⅢ	0	0	0	3	0.0%	0.0%	0.0%
GⅡ	0	0	0	2	-	-	-
GⅠ	0	0	0	0	-	-	-
ハンデ戦	0	1	1	13	0.0%	7.7%	15.4%
牝馬限定	5	6	8	106	4.7%	10.4%	17.9%
障害	0	0	1	9	0.0%	0.0%	11.1%

人気　2~3番人気が1番人気に迫る好成績

	1着	2着	3着	出走数	勝率	連対率	3着内率
1番人気	13	9	5	40	32.5%	55.0%	67.5%
2~3番人気	22	13	5	73	30.1%	47.9%	54.8%
4~6番人気	6	12	12	116	5.2%	15.5%	25.9%
7~9番人気	4	9	10	149	2.7%	8.7%	15.4%
10番人気～	1	4	7	269	0.4%	1.9%	4.5%

距離　ダート中距離向き

芝　平均勝ち距離　1,480m

	1着	2着	3着	出走数	勝率	連対率	3着内率
全体計	5	4	3	112	4.5%	8.0%	10.7%
芝～1300m	3	2	2	32	9.4%	15.6%	21.9%
芝～1600m	0	0	0	32	0.0%	0.0%	0.0%
芝～2000m	2	2	1	43	4.7%	9.3%	11.6%
芝～2400m	0	0	0	4	0.0%	0.0%	0.0%
芝2500m～	0	0	0	1	0.0%	0.0%	0.0%

ダート　平均勝ち距離　1,717m

	1着	2着	3着	出走数	勝率	連対率	3着内率
全体計	41	43	35	526	7.8%	16.0%	22.6%
ダ～1300m	7	3	3	73	9.6%	13.7%	17.8%
ダ～1600m	1	7	6	113	0.9%	7.1%	12.4%
ダ～2000m	30	32	25	311	9.6%	19.9%	28.0%
ダ2100m～	3	1	1	29	10.3%	13.8%	17.2%

馬場状態　少し渋ったダートで成績急上昇

		1着	2着	3着	出走数	勝率	連対率	3着内率
芝	良	2	3	2	81	2.5%	6.2%	8.6%
	稍重	3	1	1	25	12.0%	16.0%	20.0%
	重	0	0	0	6	0.0%	0.0%	0.0%
	不良	0	0	0	0	-	-	-
ダ	良	23	22	21	331	6.9%	13.6%	19.9%
	稍重	11	11	4	101	10.9%	21.8%	25.7%
	重	4	5	7	51	7.8%	17.6%	31.4%
	不良	3	5	3	43	7.0%	18.6%	25.6%

性齢　3歳時に急成長する

	1着	2着	3着	出走数	勝率	連対率	3着内率
牡2歳	3	2	4	73	4.1%	6.8%	12.3%
牝2歳	2	2	2	45	4.4%	8.9%	13.3%
牡3歳前半	15	18	8	146	10.3%	22.6%	28.1%
牝3歳前半	4	3	8	112	2.7%	6.3%	13.4%
牡3歳後半	9	3	7	56	16.1%	21.4%	33.9%
牝3歳後半	6	6	1	61	9.8%	19.7%	21.3%
牡4歳	3	9	4	67	4.5%	17.9%	23.9%
牝4歳	3	0	1	32	9.4%	9.4%	12.5%
牡5歳	2	3	2	47	4.3%	10.6%	17.0%
牝5歳	0	2	1	8	0.0%	25.0%	12.5%
牡6歳	0	0	0	0	-	-	-
牝6歳	0	0	0	0	-	-	-
牡7歳以上	0	0	0	0	-	-	-
牝7歳以上	0	0	0	0	-	-	-

勝ち馬の決め手

芝　差し1／逃げ1／5勝／先行3／追込（中央）

ダート　追込4／逃げ6／差し6／41勝／先行25

RANKING
84
2歳馬 **69**

2021 ⑧
2020 ⑧
2019 ⑦
2018 ⑧

＊トビーズコーナー
TOBY'S CORNER

年次	種付頭数	産駒数
22年	**30**	**31**
21年	45	32
20年	52	30

系統：ダンチヒ系　母父系統：テディ系			
父 Bellamy Road 黒鹿 2002	Concerto 栗 1994	Chief's Crown	Danzig
			Six Crowns
		Undeniably	In Reality
			Past Forgetting
	Hurry Home Hillary 黒鹿 1995	Deputed Testamony	Traffic Cop
			Proof Requested
		Ten Cents a Turn	Cozzene
			Rub al Khali
母 Brandon's Ride 黒鹿 1996	Mister Frisky 栗 1987	Marsayas	Damascus
			Extra Place
		Frisky Flyer	Highest Tide
			Eager Nymph
	Mrs. Bumble 芦 1983	Restivo	Restless Native
			Jaffa
		Bumble	Poker
			Distant Scene

種付料／⇨産 **20万円**　供用地／宮崎・吉野牧場
2008年生　栗毛　アメリカ産　2012年輸入

距離	成長型	芝	ダート	瞬発力	パワー	底力
短マ	普	△	○	△	○	○

PROFILE
- **競走成績**　12戦5勝（2〜4歳・米）
- **最高レーティング**　レーティング対象外
- **主な勝ち鞍**　ウッドメモリアルS。フィリップHアイズリンS2着、ニューオーリンズH3着、ジェネラルジョージH3着、ゴーサムS3着。

インブリード：母 Brandon's Ride に、Round Table 4×4

血統解説　父ベラミーロードは米GⅠウッドメモリアルSの勝ち馬。本馬とは同レースの父仔制覇を成し遂げたことになる。ダンチヒ系のなかでも中距離適性が高い、チーフズクラウンから連なる父系の継承者。母ブランドンズライドは米1勝馬。本馬の半兄に米8勝馬ロードウィリングがいる。母父ミスターフリスキーは米GⅠウイナー。

代表産駒　ソリストサンダー（武蔵野S、かしわ記念2着、南部杯3着）、ソウカイボーイ（兵庫ジュニアグランプリ3着）、ショウナンマリオ、グリードパルフェ（高知・高知県知事賞）、リンノレジェンド（門別・道営記念）、スターシューター、シゲルボブキャット。

唯一の重賞タイトルは米GⅠ戦、父となり重賞ウイナー送り出す

　米で競走馬デビューし、2歳11月の未勝利戦から3歳緒戦のクレーミングレース、続くLワーラウェイSと3連勝を飾る。初の重賞出走となったGⅢゴーサムSは3着までだったが、4月のウッドメモリアルSで1番人気に推されていた米最優秀2歳馬にも選ばれていたアンクルモーらを降し、GⅠタイトル獲得に成功する。その後、故障を発症し米3冠レースへの出走は叶わず。復帰してからは4歳7月のLマウンテンビューHに勝利している。

　引退後すぐに日本で種牡馬となり、3年目産駒のソリストサンダーがダート重賞制覇を達成。ほかに地方競馬のローカル重賞勝ち馬を複数送り出し、2022年を含め6年連続でサイアーランキングトップ100入りを果たしている。

POG　2023年期待の2歳馬

母馬名（母父）	性別	おすすめポイント
サクラワイズ （サクラバクシンオー）	牡	1歳サマーセールで落札される。豊かなスピード能力を活かしたい。
ナムラレビス （キングヘイロー）	牝	確実性の高い走りが武器となりそう。母父の血にも期待が懸かる。
ホシゾラ （ネオユニヴァース）	牝	アウトブリード配合が施される。パワフルなスピード持つ中距離型。

馬券に直結する適性データ

　地方競馬で走っている産駒が多いこともあり、JRAにおける出走数そのものが少ないが、計13勝中12勝をダート戦でマークしている。なかでも、パワーを要す馬場コンディションになりやすい新潟ダートで優秀な成績を残していることは、頭に入れておいて損はないデータだ。ソリストサンダーというバリバリのオープン馬も出しているが、クラスの壁がある産駒が多く最も安定感の高い走りを披露できるのは2勝クラスのレース。また、ハンデ戦で好成績を残していることにも注目したい。もう1つ7〜9番人気時の健闘も特筆モノだ。

2022年成績

総収得賞金 274,013,000円	アーニング INDEX　0.68
勝利頭数／出走頭数：全馬 40／90	2歳　8／22
勝利回数／出走回数：全馬 77／770	2歳　10／107

Data Box (2020~2022)

コース　狙いは新潟などローカルダート

	1着	2着	3着	出走数	勝率	連対率	3着内率
全体計	13	9	10	171	7.6%	12.9%	18.7%
中央芝	0	1	0	4	0.0%	25.0%	25.0%
中央ダ	6	4	1	92	6.5%	10.9%	12.0%
ローカル芝	1	0	0	13	7.7%	7.7%	7.7%
ローカルダ	6	4	9	62	9.7%	16.1%	30.6%
右回り芝	1	1	0	13	7.7%	15.4%	15.4%
右回りダ	5	3	7	86	5.8%	9.3%	17.4%
左回り芝	0	0	0	4	0.0%	0.0%	0.0%
左回りダ	7	5	3	68	10.3%	17.6%	22.1%
札幌芝	0	0	0	0	–	–	–
札幌ダ	1	0	1	5	20.0%	20.0%	40.0%
函館芝	0	0	0	1	0.0%	0.0%	0.0%
函館ダ	1	0	0	4	25.0%	25.0%	25.0%
福島芝	0	0	0	4	0.0%	0.0%	0.0%
福島ダ	1	0	4	15	0.0%	6.7%	33.3%
新潟芝	0	0	0	3	0.0%	0.0%	0.0%
新潟ダ	3	3	3	22	13.6%	27.3%	40.9%
東京芝	0	0	0	0	–	–	–
東京ダ	4	2	0	34	11.8%	17.6%	17.6%
中山芝	0	0	1	2	0.0%	50.0%	50.0%
中山ダ	1	2	1	29	3.4%	10.3%	13.8%
中京芝	0	0	0	2	0.0%	0.0%	0.0%
中京ダ	0	0	0	12	0.0%	0.0%	0.0%
京都芝	0	0	0	2	0.0%	0.0%	0.0%
京都ダ	0	0	0	5	0.0%	0.0%	0.0%
阪神芝	0	0	0	0	–	–	–
阪神ダ	1	0	0	24	4.2%	4.2%	4.2%
小倉芝	0	0	0	0	–	–	–
小倉ダ	1	0	0	4	25.0%	25.0%	50.0%

条件　2勝クラス、ハンデ戦で出番あり

	1着	2着	3着	出走数	勝率	連対率	3着内率
新馬	2	0	0	14	14.3%	14.3%	14.3%
未勝利	2	4	0	71	2.8%	8.5%	8.5%
1勝	3	2	1	37	8.1%	13.5%	16.2%
2勝	3	3	5	37	8.1%	16.2%	29.7%
3勝	1	0	3	15	6.7%	6.7%	26.7%
OPEN特別	1	0	1	5	20.0%	20.0%	40.0%
GⅢ	1	1	0	4	25.0%	50.0%	50.0%
GⅡ	0	0	0	0	–	–	–
GⅠ	0	0	0	0	–	–	–
ハンデ戦	1	2	2	13	7.7%	23.1%	38.5%
牝馬限定	0	0	1	15	0.0%	0.0%	6.7%
障害	0	1	0	14	0.0%	7.1%	7.1%

人気　7~9番人気の激走に注意

	1着	2着	3着	出走数	勝率	連対率	3着内率
1番人気	3	1	1	9	33.3%	44.4%	55.6%
2~3番人気	2	3	4	21	9.5%	23.8%	42.9%
4~6番人気	6	1	3	31	19.4%	22.6%	32.3%
7~9番人気	2	3	1	37	5.4%	13.5%	16.2%
10番人気~	0	2	1	87	0.0%	2.3%	3.4%

距離　ダート中距離をピンポイント狙い

単勝回収値 72円／単勝適正回収値 104円

芝　平均勝ち距離　1,200m

	1着	2着	3着	出走数	勝率	連対率	3着内率
全体計	1	1	0	17	5.9%	11.8%	11.8%
芝~1300m	1	0	0	9	11.1%	11.1%	11.1%
芝~1600m	0	1	0	6	0.0%	16.7%	16.7%
芝~2000m	0	0	0	2	0.0%	0.0%	0.0%
芝~2400m	0	0	0	0	–	–	–
芝2500m~	0	0	0	0	–	–	–

ダート　平均勝ち距離　1,675m

	1着	2着	3着	出走数	勝率	連対率	3着内率
全体計	12	8	10	154	7.8%	13.0%	19.5%
ダ~1300m	2	1	2	50	4.0%	6.0%	10.0%
ダ~1600m	2	1	0	36	5.6%	8.3%	8.3%
ダ~2000m	6	5	8	62	9.7%	17.7%	30.6%
ダ2100m~	2	1	0	6	33.3%	50.0%	50.0%

馬場状態　ダートの適性は稍重まで

		1着	2着	3着	出走数	勝率	連対率	3着内率
芝	良	1	1	0	12	8.3%	16.7%	16.7%
	稍重	0	0	0	3	0.0%	0.0%	0.0%
	重	0	0	0	0	–	–	–
	不良	0	0	0	1	0.0%	0.0%	0.0%
ダ	良	8	7	8	92	8.7%	16.3%	25.0%
	稍重	3	1	1	31	9.7%	12.9%	16.1%
	重	1	0	0	23	4.3%	4.3%	4.3%
	不良	0	0	1	8	0.0%	0.0%	12.5%

性齢　2歳から5歳まで長く活躍

	1着	2着	3着	出走数	勝率	連対率	3着内率
牡2歳	0	1	0	15	0.0%	6.7%	6.7%
牝2歳	2	1	0	15	13.3%	20.0%	20.0%
牡3歳前半	3	3	0	27	11.1%	22.2%	22.2%
牝3歳前半	0	0	0	20	0.0%	0.0%	0.0%
牡3歳後半	1	1	1	15	6.7%	13.3%	20.0%
牝3歳後半	0	0	1	9	0.0%	0.0%	11.1%
牡4歳	1	1	2	23	4.3%	8.7%	17.4%
牝4歳	0	1	0	17	0.0%	5.9%	5.9%
牡5歳	3	2	4	27	11.1%	18.5%	33.3%
牝5歳	0	0	0	0	–	–	–
牡6歳	2	0	0	8	25.0%	25.0%	25.0%
牝6歳	1	0	1	6	16.7%	16.7%	50.0%
牡7歳以上	0	0	0	0	–	–	–
牝7歳以上	0	0	0	0	–	–	–

勝ち馬の決め手

芝：差し1、1勝

ダート：逃げ1、差し3、先行8、12勝

RANKING
85
2歳馬 98

2021 ⑪
2020 ⑯
2019 ⑭
2018 ㉓

トーセンラー
TOSEN RA

年次	種付頭数	産駒数
22年	**18**	**23**
21年	29	31
20年	50	40

種料料／⇨受50万円F、産80万円　供用地／新ひだか・レックススタッド
2008年生　黒鹿毛

距離	成長型	芝	ダート	瞬発力	パワー	底力
中	普	◎	○	△	○	△

PROFILE

- 競走成績　25戦4勝（2〜6歳・日）
- 最高レーティング　119 M、E（13年）
- 主な勝ち鞍　マイルCS、京都記念、きさらぎ賞。天皇賞・春2着、京都記念2着、セントライト記念2着、小倉記念2着、七夕賞2着、菊花賞3着。

初出走の芝マイル戦でGI制覇
初年度産駒から重賞2勝馬登場

　2歳2月のきさらぎ賞で重賞初制覇を達成。3冠戦では最終戦菊花賞の3着が最高着順だった。古馬となってからは、上位争いを繰り広げながらも勝ち切れないレースが続いたが、5歳2月の京都記念で2年振りとなる重賞勝ちを記録する。直後の天皇賞・春では4角2番手から直線で粘りを見せたが、フェノーメノの2着までだった。秋には初のマイル戦となるマイルCSに参戦。直線で末脚を爆発させ、思わぬ形で念願のGIタイトル獲得に成功する。

　7歳春から種牡馬生活を開始。人気爆発とまではいかなかったが、供用初年度から6年連続で50頭以上の種付をこなす。2022年新春に初年度産駒ザダルが重賞2勝目をマーク。ランキングでも初のトップ100入りを果たした。

系統：サンデーサイレンス系　母父系統：ミスタープロスペクター系

父		Halo	Hail to Reason
ディープインパクト 鹿 2002	*サンデーサイレンス 青鹿 1986	Halo	Cosmah
		Wishing Well	Understanding
			Mountain Flower
	*ウインドインハーヘア 鹿 1991	Alzao	Lyphard
			Lady Rebecca
		Burghclere	Busted
			Highclere
母	Lycius 栗 1988	Mr. Prospector	Raise a Native
*プリンセスオリビア 栗 1995			Gold Digger
		Lypatia	Lyphard
			Hypatia
	Dance Image 鹿 1990	Sadler's Wells	Northern Dancer
			Fairy Bridge
		Diamond Spring	Vaguely Noble
			Dumfries

インブリード：Northern Dancer 5×5・4、Lyphard 4×4、Goofed 5×5・5

血統解説　父ディープインパクトは11年連続でリーディングサイアーを継続している大種牡馬。母系は現代の名門で本馬の半兄に種牡馬としても成功を収めている米GI馬フラワーアレイ（トラヴァーズS）、全弟に同じく種牡馬として活躍しているスピルバーグ（天皇賞・秋）がいる。母父リシウスは英2歳GIミドルパークSに勝利。

代表産駒　ザダル（エプソムC、京都金杯）、アイラブテーラー（淀短距離S）、アケルナルスター、グルアーブ、バンデルオーラ、ファンシャン、サザンナイツ、エンドウノハナ、ジャガード、トーセンスカイ、ロードバルドル、ブルーゲート、ドロップオブライト。

POG　2023年期待の2歳馬

母馬名（母父）	性別	おすすめポイント
ケンブリッジデイズ（*クロフネ）	牡	叔父にGII重賞3勝シルクフェイマス。芝中長距離で本領を発揮か。
クリスティロマンス（*シンボリクリスエス）	牝	サンデーサイレンス3×3のクロス持つ。距離適性は幅広そう。
フレグラントプレス（*クロフネ）	牝	叔父に豪GI2着のトーセンバジル。サンデーサイレンス3×4。

馬券に直結する適性データ

　JRAでマークした計29勝中27勝までが芝でマークしたものとなる、典型的なグラスホース。いずれも素軽さだけでなく力強さも求められる札幌芝、函館芝、中京芝で優秀な成績を残していることは、馬券作戦に活かしていきたいデータ。なかでも函館芝は最も頭勝負が懸けやすい舞台となっている。距離適性は幅広いが意外なくらいにスプリント戦で頑張っていることも、頭に入れておきたいところ。人気薄でも連の相手として1点加えておくことを強くオススメしたい。もう1つ牡牝共に3歳後半から信頼性が増してくる傾向もある。

勝利頭数／出走頭数：全馬 40／111　　2歳 4／29
勝利回数／出走回数：全馬 59／1,015　　2歳 5／100

Data Box (2020~2022)

コース　北海道芝が得意な洋芝巧者

	1着	2着	3着	出走数	勝率	連対率	3着内率
全体計	29	27	27	536	5.4%	10.4%	15.5%
中央芝	10	7	9	195	5.1%	8.7%	13.3%
中央ダ	2	3	1	75	2.7%	6.7%	8.0%
ローカル芝	17	17	15	231	7.4%	14.7%	21.2%
ローカルダ	0	0	2	35	0.0%	0.0%	5.7%
右回り芝	14	18	15	254	5.5%	12.6%	18.5%
右回りダ	1	3	1	65	1.5%	6.2%	7.7%
左回り芝	12	6	8	165	7.3%	10.9%	15.8%
左回りダ	1	0	2	45	2.2%	2.2%	6.7%
札幌芝	3	4	3	31	9.7%	22.6%	32.3%
札幌ダ	0	0	0	5	0.0%	0.0%	0.0%
函館芝	5	2	1	22	22.7%	31.8%	36.4%
函館ダ	0	0	0	3	0.0%	0.0%	0.0%
福島芝	1	3	0	37	2.7%	10.8%	10.8%
福島ダ	0	0	0	7	0.0%	0.0%	0.0%
新潟芝	4	0	0	52	7.7%	7.7%	15.4%
新潟ダ	0	0	0	2	0.0%	0.0%	22.2%
東京芝	6	1	4	82	7.3%	8.5%	13.4%
東京ダ	1	0	0	26	3.8%	3.8%	3.8%
中山芝	3	5	3	73	4.1%	11.0%	15.1%
中山ダ	1	2	1	33	3.0%	9.1%	12.1%
中京芝	3	5	1	38	7.9%	21.1%	23.7%
中京ダ	0	0	0	10	0.0%	0.0%	0.0%
京都芝	1	0	1	6	16.7%	16.7%	33.3%
京都ダ	0	0	0	0	-	-	-
阪神芝	0	1	1	34	0.0%	2.9%	5.9%
阪神ダ	0	0	1	14	0.0%	0.0%	7.1%
小倉芝	1	3	6	51	2.0%	7.8%	19.6%
小倉ダ	0	0	0	1	0.0%	0.0%	0.0%

条件　活躍の中心は下級条件

	1着	2着	3着	出走数	勝率	連対率	3着内率
新馬	1	3	2	76	1.3%	5.3%	7.9%
未勝利	13	16	14	298	4.4%	9.7%	14.4%
1勝	9	6	10	96	9.4%	15.6%	26.0%
2勝	3	2	0	38	7.9%	13.2%	13.2%
3勝	0	0	0	7	0.0%	0.0%	0.0%
OPEN特別	2	0	1	17	11.8%	11.8%	17.6%
GⅢ	2	0	0	11	18.2%	18.2%	18.2%
GⅡ	0	0	0	7	0.0%	0.0%	0.0%
GⅠ	0	0	0	2	0.0%	0.0%	0.0%
ハンデ戦	2	0	0	18	11.1%	11.1%	16.7%
牝馬限定	1	5	3	61	1.6%	9.8%	14.8%
障害	1	0	0	16	6.3%	6.3%	6.3%

人気　7~9番人気に一発の可能性あり

	1着	2着	3着	出走数	勝率	連対率	3着内率
1番人気	9	3	3	25	36.0%	48.0%	60.0%
2~3番人気	7	7	10	54	13.0%	25.9%	44.4%
4~6番人気	7	7	7	86	8.1%	16.3%	23.3%
7~9番人気	6	7	6	124	4.8%	10.5%	15.3%
10番人気~	1	3	2	263	0.4%	1.5%	2.3%

単勝回収値 55円／単勝適正回収値 87円

距離　芝短距離戦で最も活躍

芝　平均勝ち距離　1,637m

	1着	2着	3着	出走数	勝率	連対率	3着内率
全体計	27	24	24	426	6.3%	12.0%	17.6%
芝~1300m	9	10	6	110	8.2%	17.3%	22.7%
芝~1600m	6	8	2	123	4.9%	11.4%	13.0%
芝~2000m	9	4	10	162	5.6%	8.0%	14.2%
芝~2400m	1	1	3	19	5.3%	10.5%	26.3%
芝2500m~	2	1	3	12	16.7%	25.0%	50.0%

ダート　平均勝ち距離　1,700m

	1着	2着	3着	出走数	勝率	連対率	3着内率
全体計	2	3	3	110	1.8%	4.5%	7.3%
ダ~1300m	0	2	2	27	0.0%	7.4%	14.8%
ダ~1600m	1	1	0	31	3.2%	6.5%	6.5%
ダ~2000m	1	0	1	49	2.0%	2.0%	4.1%
ダ2100m~	0	0	0	3	0.0%	0.0%	0.0%

馬場状態　芝の良馬場がベター

		1着	2着	3着	出走数	勝率	連対率	3着内率
芝	良	20	18	20	306	6.5%	12.4%	19.0%
	稍重	3	4	3	79	3.8%	8.9%	12.7%
	重	3	2	1	38	7.9%	13.2%	15.8%
	不良	1	0	0	3	33.3%	33.3%	33.3%
ダ	良	2	0	2	63	0.0%	3.2%	6.3%
	稍重	1	1	1	26	3.8%	7.7%	11.5%
	重	0	0	0	14	0.0%	0.0%	0.0%
	不良	1	0	0	14	7.1%	7.1%	7.1%

性齢　牡牝共3歳後半に伸びる

	1着	2着	3着	出走数	勝率	連対率	3着内率
牡2歳	4	4	2	92	4.3%	8.7%	10.9%
牝2歳	0	2	3	56	0.0%	3.6%	8.9%
牡3歳前半	4	8	5	115	3.5%	10.4%	14.8%
牝3歳前半	3	5	3	78	3.8%	10.3%	14.1%
牡3歳後半	6	3	7	62	9.7%	14.5%	25.8%
牝3歳後半	3	1	4	38	7.9%	10.5%	21.1%
牡4歳	4	0	3	43	9.3%	9.3%	16.3%
牝4歳	3	4	0	23	13.0%	30.4%	30.4%
牡5歳	2	0	0	15	13.3%	13.3%	13.3%
牝5歳	0	0	0	17	0.0%	0.0%	0.0%
牡6歳	1	0	0	6	16.7%	16.7%	16.7%
牝6歳	0	0	0	1	0.0%	0.0%	0.0%
牡7歳以上	0	0	0	0	-	-	-
牝7歳以上	0	0	0	0	-	-	-

勝ち馬の決め手

芝　逃げ 4　先行 7　差し 11　追込 5　27勝

ダート　先行 2　2勝

RANKING
86
2歳馬 **127**

2021 ⑥⓪
2020 ㊾
2019 ㉚
2018 ㉙

ジャングルポケット
JUNGLE POCKET

年次	種付頭数	産駒数
22年	—	—
21年	—	16
20年	21	21

2021年死亡
1998年生　鹿毛　早来・ノーザンファーム産

距離	成長型	芝	ダート	瞬発力	パワー	底力
中長	普	◎	○	◎	◎	○

系統：グレイソヴリン系　母父系統：ヌレイエフ系

父 *トニービン 鹿 1983	*カンバラ 黒鹿 1976	Kalamoun	*ゼダーン
			Khairunissa
		State Pension	*オンリーフォアライフ
			Lorelei
	Severn Bridge 栗 1965	Hornbeam	Hyperion
			Thicket
		Priddy Fair	Preciptic
			Campanette
母 *ダンスチャーマー 黒鹿 1990	Nureyev 鹿 1977	Northern Dancer	Nearctic
			Natalma
		Special	Forli
			Thong
	Skillful Joy 栗 1979	Nodouble	Noholme
			Abla-Jay
		Skillful Miss	Daryl's Joy
			Poliniss

インブリード：5代前までにクロスなし

血統解説　父トニービンは伊のトップホース。仏に遠征して凱旋門賞を制した。引退後すぐに日本で種牡馬となり、首位サイアーの栄誉にも浴す。母系は、いとこにストークアンドレイ（函館2歳S）、アルムダプタ（北海道2歳優駿）、ホシノピアス（フェアリーS2着）がいる。母父ヌレイエフは仏首位種牡馬。豊かなスピードを子孫に伝えている。

PROFILE
競走成績	13戦5勝（2〜4歳・日）
最高レーティング	123L（01年）
主な勝ち鞍	ジャパンC、ダービー、共同通信杯、

札幌3歳S。天皇賞・春2着、皐月賞3着。

代表産駒　トーセンジョーダン（天皇賞・秋）、ジャガーメイル（天皇賞・春）、オウケンブルースリ（菊花賞）、クィーンスプマンテ（エリザベス女王杯）、トールポピー（オークス）、アヴェンチュラ（秋華賞）、ジャングルロケット（新オークス）、アウォーディ。

東京芝コースでG1 2勝の名馬、父最良の後継者として活躍示す

　デビュー戦、札幌3歳Sを連勝。暮れのラジオたんぱ杯3歳Sはアグネスタキオンの2着に終わったが、3歳緒戦の共同通信杯で2つ目の重賞タイトルを得る。皐月賞はアグネスタキオンの3着。1番人気に推されたダービーでは、息の長い末脚を存分に発揮し世代の頂点に立った。菊花賞はマンハッタンカフェの4着に敗れるも、得意としている東京コースのジャパンCを快勝。2001年度代表馬の栄誉に浴す。

　種牡馬となり、JRA、交流ダート、海外を含め、計9頭のGI勝ち産駒を輩出。1994年首位種牡馬に輝いた父トニービン最良の後継サイアーにもなった。2022年もサンレイポケットが重賞戦線を賑わすなど産駒が踏ん張り、16年連続でランキングトップ100以内をキープした。

POG　2023年期待の2歳馬

母馬名（母父）	性別	おすすめポイント
エナジーラピス（ロードカナロア）	牡	アウトブリード配合が施される。母父の血も活きれば面白い存在に。
マーシフルレイン（キングカメハメハ）	牡	祖母にGI秋華賞2着のレインダンス。芝中距離戦で本領発揮か。
ジュベリュール（*サンデーサイレンス）	牝	祖母ファビラスラフインはGI秋華賞馬。スケールの大きさを誇る。

馬券に直結する適性データ

　アウォーディ、ディアドムスといったダートGIウイナーも輩出しているが、JRAにおける勝ち鞍の80%以上を芝であげているように、本質的には自らが誇った芝中距離適性の高さが産駒の武器となる。最も多くの勝ち鞍数をマークしているのは東京芝。ただし、勝率、連対率、3着内率から、馬券が買いやすいのは新潟芝。稍重馬場を含むやや力を要する芝であれば、より信頼性が高まる。1番人気では68%を超える連対率を残していて、連軸に据えた買い方が正解。相手を絞りキッチリとプラス収支を確保する馬券作戦で勝負を懸けたい。

2022年成績

	総収得賞金 269,968,000円	アーニング INDEX　0.50
勝利頭数／出走頭数	全馬 43／119	2歳 2／15
勝利回数／出走回数	全馬 68／1,226	2歳 2／74

Data Box (2020~2022)

コース　左回りが得意のサウスポー

	1着	2着	3着	出走数	勝率	連対率	3着内率
全体計	25	27	37	713	3.5%	7.3%	12.5%
中央芝	9	10	12	243	3.7%	7.8%	12.8%
中央ダ	3	2	3	144	2.1%	3.5%	5.6%
ローカル芝	12	13	20	247	4.9%	10.1%	18.2%
ローカルダ	1	2	2	79	1.3%	3.8%	6.3%
右回り芝	9	10	13	272	3.3%	7.0%	11.8%
右回りダ	3	4	3	124	2.4%	5.6%	8.1%
左回り芝	12	13	19	213	5.6%	11.7%	20.7%
左回りダ	1	0	2	99	1.0%	1.0%	3.0%
札幌芝	1	1	4	25	4.0%	8.0%	24.0%
札幌ダ	0	0	0	2	0.0%	0.0%	0.0%
函館芝	2	1	1	14	14.3%	21.4%	28.6%
函館ダ	0	0	0	3	0.0%	0.0%	0.0%
福島芝	3	1	1	35	8.6%	11.4%	14.3%
福島ダ	0	2	0	12	0.0%	16.7%	16.7%
新潟芝	4	4	6	63	6.3%	12.7%	22.2%
新潟ダ	0	0	1	30	0.0%	0.0%	3.3%
東京芝	6	4	8	95	6.3%	10.5%	18.9%
東京ダ	0	0	1	48	0.0%	0.0%	2.1%
中山芝	1	4	0	72	1.4%	6.9%	6.9%
中山ダ	2	2	1	60	3.3%	6.7%	8.3%
中京芝	2	5	5	60	3.3%	11.7%	20.0%
中京ダ	1	0	0	21	4.8%	4.8%	4.8%
京都芝	1	2	0	24	4.2%	12.5%	12.5%
京都ダ	0	0	0	8	0.0%	0.0%	0.0%
阪神芝	1	0	4	52	1.9%	1.9%	9.6%
阪神ダ	1	0	1	28	3.6%	3.6%	7.1%
小倉芝	0	1	3	50	0.0%	2.0%	8.0%
小倉ダ	0	0	1	11	0.0%	0.0%	9.1%

条件　障害戦の適性は高い

	1着	2着	3着	出走数	勝率	連対率	3着内率
新馬	2	1	1	48	4.2%	6.3%	8.3%
未勝利	10	12	10	298	3.4%	7.4%	10.7%
1勝	9	7	10	174	5.2%	9.2%	14.9%
2勝	2	4	10	112	1.8%	5.4%	14.3%
3勝	2	2	1	23	8.7%	17.4%	21.7%
OPEN特別	2	5	2	58	3.4%	12.1%	15.5%
GⅢ	1	1	2	30	3.3%	6.7%	13.3%
GⅡ	0	0	2	18	0.0%	0.0%	11.1%
GⅠ	0	0	0	0			
ハンデ戦	2	4	2	59	3.4%	10.2%	13.6%
牝馬限定	1	2	1	63	1.6%	4.8%	6.3%
障害	3	5	1	51	5.9%	15.7%	17.6%

人気　1番人気は優秀、見つけたら買い

	1着	2着	3着	出走数	勝率	連対率	3着内率
1番人気	7	4	1	16	43.8%	68.8%	75.0%
2～3番人気	8	7	8	64	12.5%	23.4%	35.9%
4～6番人気	3	12	17	124	2.4%	12.1%	25.8%
7～9番人気	8	6	5	149	5.4%	9.4%	12.8%
10番人気～	2	3	7	411	0.5%	1.2%	2.9%

単勝回収値 56円／単勝適正回収値 75円

距離　芝の中距離戦向き

芝　平均勝ち距離　1,791m

	1着	2着	3着	出走数	勝率	連対率	3着内率
全体計	21	23	32	490	4.3%	9.0%	15.5%
芝～1300m	4	2	4	73	5.5%	8.2%	13.7%
芝～1600m	3	6	3	114	2.6%	7.9%	10.5%
芝～2000m	12	8	18	218	5.5%	9.2%	17.4%
芝～2400m	1	5	7	61	1.6%	9.8%	21.3%
芝2500m～	1	2	0	24	4.2%	12.5%	12.5%

ダート　平均勝ち距離　1,850m

	1着	2着	3着	出走数	勝率	連対率	3着内率
全体計	4	4	5	223	1.8%	3.6%	5.8%
ダ～1300m	1	1	1	59	1.7%	3.4%	5.1%
ダ～1600m	0	0	1	40	0.0%	0.0%	2.5%
ダ～2000m	2	2	3	107	1.9%	3.7%	6.5%
ダ2100m～	1	1	0	17	5.9%	11.8%	11.8%

馬場状態　芝の対応は稍重まで

		1着	2着	3着	出走数	勝率	連対率	3着内率
芝	良	15	15	24	349	4.3%	8.6%	15.5%
	稍重	3	4	7	78	3.8%	9.0%	17.9%
	重	2	1	0	50	4.0%	6.0%	8.0%
	不良	1	3	0	13	7.7%	30.8%	30.8%
ダ	良	3	1	2	135	2.2%	3.0%	4.4%
	稍重	0	1	1	47	0.0%	2.1%	4.3%
	重	1	2	0	26	3.8%	11.5%	11.5%
	不良	0	0	2	15	0.0%	13.3%	13.3%

性齢　3歳後半に伸びるがピークは短い

	1着	2着	3着	出走数	勝率	連対率	3着内率
牡2歳	4	0	2	62	6.5%	6.5%	9.7%
牝2歳	0	1	1	15	0.0%	6.7%	13.3%
牡3歳前半	2	5	12	160	1.3%	4.4%	11.9%
牝3歳前半	0	0	5	76	2.6%	6.6%	6.6%
牡3歳後半	5	4	2	61	8.2%	14.8%	18.0%
牝3歳後半	1	0	0	29	3.4%	3.4%	3.4%
牡4歳	5	6	6	76	6.6%	14.5%	22.4%
牝4歳	0	0	1	28	0.0%	5.4%	10.8%
牡5歳	3	5	5	56	5.5%	16.4%	21.8%
牝5歳	0	0	2	13	0.0%	0.0%	15.4%
牡6歳	3	3	6	64	4.7%	9.4%	14.1%
牝6歳	1	0	1	11	9.1%	9.1%	18.2%
牡7歳以上	2	2	4	102	2.0%	3.9%	7.8%
牝7歳以上	0	0	0	15	0.0%	0.0%	0.0%

勝ち馬の決め手

芝 21勝
- 追込 4
- 逃げ 2
- 先行 5
- 差し 10

ダート 4勝
- 追込 1
- 先行 1
- 差し 2

RANKING
87
2歳馬 ―

2021 ㊾
2020 ㉚
2019 ㉘
2018 ㉟

＊カジノドライヴ
CASINO DRIVE

年次	種付頭数	産駒数
22 年	―	―
21 年	―	―
20 年	―	―

2019 年死亡
2005 年生　栗毛　アメリカ産　2006 年輸入

距離	成長型	芝	ダート	瞬発力	パワー	底力
短中	普	○	◎	○	○	○

系統：シアトルスルー系　母父系統：ノーザンダンサー系

父 Mineshaft 黒鹿 1999	A.P. Indy 黒鹿 1989	Seattle Slew	Bold Reasoning
			My Charmer
		Weekend Surprise	Secretariat
			Lassie Dear
	Prospectors Delite 栗 1989	Mr. Prospector	Raise a Native
			Gold Digger
		Up the Flagpole	Hoist the Flag
			The Garden Club
母 Better Than Honour 鹿 1996	Deputy Minister 黒鹿 1979	Vice Regent	Northern Dancer
			Victoria Regina
		Mint Copy	Bunty's Flight
			Shakney
	Blush With Pride 栗 1979	Blushing Groom	Red God
			Runaway Bride
		Best in Show	Traffic Judge
			Stolen Hour

インブリード：5代前までクロスなし

血統解説　父マインシャフトはジョッキークラブ GC など米 GI 4勝の強豪。種牡馬としても実績を残した。母系は世界的名門で本馬の半兄にジャジル（ベルモント S）、半姉にラグズトゥリッチズ（ベルモント S、ケンタッキーオークス）、いとこにピーピングフォーン（愛オークス）がいる。母父デピュティミニスターは北米首位サイアー。

代表産駒　カジノフォンテン（川崎記念。かしわ記念）、メイショウカズサ（浦和記念、プロキオン S）、ヴェンジェンス（みやこ S）、ドライヴナイト（すばる S）、ノーブルサターン（兵庫 CS 2着）、コウエイテンマ（兵庫ジュニアグランプリ 2着）、プレスティージオ。

PROFILE

競走成績　11 戦 4 勝（3 ～ 6 歳・日米首）
最高レーティング　116 M（09 年）
主な勝ち鞍　ピーターパン S、アレキサンドライト S。フェブラリー S 2着、アハルテケ S 3着。

ダート交流GⅠ勝ち産駒出し
米遠征でGⅡ制した未完の大器

　京都 D 1800 m コースを舞台とした 3 歳 2 月の新馬戦で、2 着馬を 2 秒 3 差突き放す衝撃的なデビューを飾る。米に遠征して臨んだ 2 戦目の GⅡ ピーターパン S でも 5 馬身強の差を付ける完勝で、重賞初制覇を達成した。しかし、兄姉に続く制覇を目指したベルモント S は、レース直前に挫石し出走を回避する。秋に再び渡米しステップレースを勝利。BC クラシックに駒を進めたが、さすがに米トップクラスの壁は厚く 12 着に敗れた。帰国緒戦のジャパン C ダートはカネヒキリの 6 着まで。4 歳緒戦の準 OP アレキサンドライト S を快勝してから向かったフェブラリー S では、上位 3 頭による白熱の叩き合いの末カネヒキリには先着したものの、勝利したサクセスブロッケンからクビ差の 2 着に惜敗する。

　種牡馬となり GⅠ 馬カジノフォンテンを筆頭とするダート戦線の強豪を出し、地力の高さを示した。2022 年は前述のカジノフォンテン、メイショウカズサがダート重賞戦線で健闘、8 年連続でランキング 100 位以内を維持している。

馬券に直結する適性データ

　JRA における勝ち鞍数 34 勝のすべてをダート戦でマークしている、生粋のダートホース。東京ダート、阪神ダートで好成績を収めていることは、まずは抑えておきたいデータと言えるだろう。加えて、スピードとパワーの微妙なバランスが問われるコンディションとなるダート不良馬場を、非常に得意としていることもぜひ馬券作戦に活かしていきたい。レースを使い込んで地力を蓄えていく傾向が顕著で、高齢になっても活躍できることも特徴。2023 年 5 歳世代が最終世代となるがまだまだ侮るは禁物だ。中距離適性が高く 1800 ～ 2000 m 戦で狙いたい。

2022年成績

総収得賞金 269,263,000円	アーニング INDEX 0.80
勝利頭数／出走頭数：全馬 35 ／ 75	2歳 －／－
勝利回数／出走回数：全馬 72 ／ 729	2歳 －／－

Data Box (2020~2022)

単勝回収値 81円／単勝適正回収値 87円

コース　東京、阪神ダートで勝負強い

	1着	2着	3着	出走数	勝率	連対率	3着内率
全体計	34	29	30	525	6.5%	12.0%	17.7%
中央芝	0	0	0	7	0.0%	0.0%	0.0%
中央ダ	21	22	22	315	6.7%	13.7%	20.6%
ローカル芝	0	0	1	16	0.0%	0.0%	6.3%
ローカルダ	13	7	7	187	7.0%	10.7%	14.4%
右回り芝	0	0	1	14	0.0%	0.0%	7.1%
右回りダ	23	18	16	316	7.3%	13.0%	18.0%
左回り芝	0	0	0	7	0.0%	0.0%	0.0%
左回りダ	11	11	13	186	5.9%	11.8%	18.8%
札幌芝	0	0	0	2	0.0%	0.0%	0.0%
札幌ダ	2	0	0	13	15.4%	15.4%	15.4%
函館芝	0	0	0	0	－	－	－
函館ダ	0	1	1	6	0.0%	16.7%	33.3%
福島芝	0	0	1	3	0.0%	0.0%	33.3%
福島ダ	1	1	0	20	5.0%	10.0%	10.0%
新潟芝	0	0	0	2	0.0%	0.0%	0.0%
新潟ダ	2	2	2	48	4.2%	8.3%	12.5%
東京芝	0	0	0	3	0.0%	0.0%	0.0%
東京ダ	6	7	8	82	7.3%	15.9%	25.6%
中山芝	0	0	0	2	0.0%	0.0%	0.0%
中山ダ	4	3	4	75	5.3%	9.3%	14.7%
中京芝	0	0	0	4	0.0%	0.0%	0.0%
中京ダ	3	2	3	56	5.4%	8.9%	14.3%
京都芝	0	0	0	1	0.0%	0.0%	0.0%
京都ダ	1	6	2	52	1.9%	13.5%	17.3%
阪神芝	0	0	0	1	0.0%	0.0%	0.0%
阪神ダ	10	6	8	106	9.4%	15.1%	22.6%
小倉芝	0	0	0	5	0.0%	0.0%	0.0%
小倉ダ	5	1	1	44	11.4%	13.6%	15.9%

条件　未勝利戦、牝馬限定戦が買い

	1着	2着	3着	出走数	勝率	連対率	3着内率
新馬	1	2	3	24	4.2%	12.5%	25.0%
未勝利	12	12	13	155	7.7%	15.5%	23.9%
1勝	13	6	8	156	8.3%	12.2%	17.3%
2勝	5	7	5	93	5.4%	12.9%	18.3%
3勝	1	0	1	57	1.8%	1.8%	3.5%
OPEN特別	1	0	1	38	2.6%	2.6%	5.3%
GⅢ	1	1	0	9	11.1%	22.2%	22.2%
GⅡ	0	1	0	2	0.0%	50.0%	50.0%
GⅠ	0	0	0	0	－	－	－
ハンデ戦	2	0	0	47	4.3%	4.3%	8.5%
牝馬限定	10	6	5	95	10.5%	16.8%	22.1%
障害	0	0	1	11	0.0%	0.0%	9.1%

人気　2〜3番人気が1番人気に迫る好成績

	1着	2着	3着	出走数	勝率	連対率	3着内率
1番人気	8	4	2	26	30.8%	46.2%	53.8%
2〜3番人気	15	8	7	60	25.0%	38.3%	50.0%
4〜6番人気	2	12	12	101	2.0%	13.9%	25.7%
7〜9番人気	7	5	5	120	5.8%	10.0%	14.2%
10番人気〜	2	0	5	229	0.9%	0.9%	3.1%

距離　ダート中距離戦でこそ

芝　平均勝ち距離　－

	1着	2着	3着	出走数	勝率	連対率	3着内率
全体計	0	0	1	23	0.0%	0.0%	4.3%
芝〜1300m	0	0	1	7	0.0%	0.0%	14.3%
芝〜1600m	0	0	0	6	0.0%	0.0%	0.0%
芝〜2000m	0	0	0	9	0.0%	0.0%	0.0%
芝〜2400m	0	0	0	1	0.0%	0.0%	0.0%
芝2500m〜	0	0	0	0	－	－	－

ダート　平均勝ち距離　1,641m

	1着	2着	3着	出走数	勝率	連対率	3着内率
全体計	34	29	29	502	6.8%	12.5%	18.3%
ダ〜1300m	4	5	10	111	3.6%	8.1%	17.1%
ダ〜1600m	7	5	7	97	7.2%	12.4%	19.6%
ダ〜2000m	23	18	12	285	8.1%	14.4%	18.6%
ダ2100m〜	0	1	0	9	0.0%	11.1%	11.1%

馬場状態　ダート不良で勝ち切れる

		1着	2着	3着	出走数	勝率	連対率	3着内率
芝	良	0	0	0	12	0.0%	0.0%	0.0%
	稍重	0	0	0	5	0.0%	0.0%	0.0%
	重	0	0	1	4	0.0%	0.0%	25.0%
	不良	0	0	0	2	0.0%	0.0%	0.0%
ダ	良	19	22	15	286	6.6%	14.3%	19.6%
	稍重	3	5	4	108	2.8%	7.4%	11.1%
	重	3	1	7	68	4.4%	5.9%	16.2%
	不良	9	1	3	40	22.5%	25.0%	32.5%

性齢　現5歳が最終産駒となる

	1着	2着	3着	出走数	勝率	連対率	3着内率
牡2歳	1	2	0	9	11.1%	33.3%	33.3%
牝2歳	1	3	3	11	9.1%	36.4%	63.6%
牡3歳前半	5	9	5	80	6.3%	17.5%	23.8%
牝3歳前半	7	2	7	72	9.7%	12.5%	22.2%
牡3歳後半	5	0	2	41	12.2%	12.2%	17.1%
牝3歳後半	2	2	1	26	7.7%	15.4%	19.2%
牡4歳	2	0	3	42	4.8%	4.8%	11.9%
牝4歳	5	3	1	46	10.9%	17.4%	19.6%
牡5歳	3	2	5	64	4.7%	7.8%	15.6%
牝5歳	1	2	1	40	2.5%	7.5%	10.0%
牡6歳	0	1	0	50	0.0%	2.0%	2.0%
牝6歳	1	1	1	14	7.1%	14.3%	21.4%
牡7歳以上	1	2	2	40	2.5%	7.5%	12.5%
牝7歳以上	0	0	0	1	0.0%	0.0%	0.0%

勝ち馬の決め手

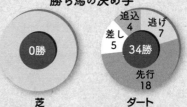

芝　0勝

ダート　34勝
追込 4
逃げ 7
差し 5
先行 18

RANKING
88
2021 ⑩⑨
2020 ⑧⑤
2019 ⑩
2018 －
2歳馬 18

ダノンバラード
DANON BALLADE

年次	種付頭数	産駒数
22年	71	51
21年	98	34
20年	104	66

種付料／↑受200万円F　供用地／新冠・ビッグレッドファーム
2008年生　黒鹿毛　三石・ケイアイファーム産

距離	成長型	芝	ダート	瞬発力	パワー	底力
中長	普	○	○	○	○	○

PROFILE

競走成績　26戦5勝（2〜6歳・日）
最高レーティング　117L（13年）
主な勝ち鞍　AJCC、ラジオNIKKEI杯2歳S。
宝塚記念2着、日経新春杯2着、皐月賞3着、オールカマー3着、中日新聞杯3着2回。

系統：サンデーサイレンス系　母父系統：ファピアノ系

父 ディープインパクト 鹿 2002	*サンデーサイレンス 青鹿 1986	Halo	Hail to Reason
			Cosmah
		Wishing Well	Understanding
			Mountain Flower
	*ウインドインハーヘア 鹿 1991	Alzao	Lyphard
			Lady Rebecca
		Burghclere	Busted
			Highclere
母 *レディバラード 黒鹿 1997	Unbridled 鹿 1987	Fappiano	Mr. Prospector
			Killaloe
		Gana Facil	Le Fabuleux
			Charedi
	Angelic Song 鹿 1988	Halo	Hail to Reason
			Cosmah
		Ballade	Herbager
			Miss Swapsco

インブリード：Halo 3×3

血統解説　父ディープインパクトは日本が生み出した世界的名種牡馬。母系は名門で母レディバラードはTCK女王盃などダート重賞2勝。本馬の叔父に米GI馬スライゴーベイ（ハリウッドターフカップS）、いとこにフサイチセブン（ダイオライト記念）、一族にエアアルマス（東海S）がいる。母父アンブライドルドは米の一流サイアー。

代表産駒　ロードブレス（日本テレビ盃）、キタウィング（フェアリーS）、ナイママ（札幌2歳S2着）、グラニット（サウジアラビアロイヤルC2着）、ウィンターフェル（北海道2歳優駿2着）、ダノンレジーナ（JBCレディスクラシック4着）、モンブランテソーロ

伊、英でも種牡馬供用された
特異な経験を持つ気鋭サイアー

　ラジオNIKKEI杯2歳Sで重賞初制覇。皐月賞は後の3冠馬オルフェーヴルの3着。その後も4歳時のLアンドロメダSに勝ったが、重賞では上位争いに加わるもののなかなか勝ち切ることが出来なかった。5歳1月のAJCCで2年1カ月振りの重賞勝利を記録。6月の宝塚記念でゴールドシップの2着している。

　7歳春から種牡馬生活を開始。2シーズン供用されてから伊、英に渡り、かの地で1シーズンずつ種牡馬生活を送る。日本で誕生した初年度産駒から2歳重賞戦線で活躍したナイママ、ウィンターフェルが出たこともあり、2019年から逆輸入という形で日本での種牡馬生活を再開。2022年は2頭目の重賞馬キタウィングも登場し、再びランキング2ケタ台に入ってきた。

POG　2023年期待の2歳馬

母馬名（母父）	性別	おすすめポイント
ニシノアラモード （リーチザクラウン）	牡	1歳サマーセールで1100万円。サンデーサイレンス3×4持つ。
コスモビクシス （ステイゴールド）	牝	ヘイローの3本クロスが入る。母父の後押しで大物誕生あるかも。
ラベルトワ （ゼンノロブロイ）	牝	叔父にGⅢ3着馬コスモロビン。サンデーサイレンス3×3持つ。

馬券に直結する適性データ

　JRAで走っている産駒数そのものが少ない段階だが、レベルが高く、芝、ダートの双方で走れることが魅力で、今後はそれなりの数が揃った産駒陣が毎年積み重なっていくことから、新たな傾向が出てくるかもしれない。パワフルなスピードの持ち主で、ダート良馬場で素晴らしい数字を残していることはまず頭に入れておきたいところ。出走していればとりあえず馬券の軸に据えておく馬券作戦は、かなり有効なモノとなるはずだ。仕上がり早く2歳戦から好走するが、成長力を兼備していることも特徴。中距離適性の高さも、大きな武器となっている。

2022年 成績

総収得賞金 266,707,000円　**アーニング INDEX** 0.87

勝利頭数／出走頭数：全馬 16／68	2歳 10／51	
勝利回数／出走回数：全馬 23／329	2歳 13／193	

Data Box (2020~2022)

コース　ダートに可能性を見出せる

	1着	2着	3着	出走数	勝率	連対率	3着内率
全体計	19	20	30	290	6.6%	13.4%	23.8%
中央芝	3	9	13	105	2.9%	11.4%	23.8%
中央ダ	**4**	**3**	**1**	**24**	**16.7%**	**29.2%**	**33.3%**
ローカル芝	9	8	15	152	5.9%	11.2%	21.1%
ローカルダ	3	0	1	9	33.3%	33.3%	44.4%
右回り芝	7	12	19	162	4.3%	11.7%	23.5%
右回りダ	**5**	**3**	**2**	**25**	**20.0%**	**32.0%**	**40.0%**
左回り芝	5	5	9	93	5.4%	10.8%	20.4%
左回りダ	2	0	0	8	25.0%	25.0%	25.0%
札幌芝	1	0	1	8	12.5%	12.5%	25.0%
札幌ダ	0	0	0	0	-	-	-
函館芝	2	2	3	17	11.8%	23.5%	41.2%
函館ダ	0	0	1	1	0.0%	0.0%	100.0%
福島芝	3	2	4	37	8.1%	13.5%	24.3%
福島ダ	1	0	0	2	50.0%	50.0%	50.0%
新潟芝	3	2	5	48	6.3%	10.4%	20.8%
新潟ダ	1	0	0	1	100.0%	100.0%	100.0%
東京芝	2	3	4	35	5.7%	14.3%	25.7%
東京ダ	0	0	0	3	0.0%	0.0%	0.0%
中山芝	1	3	7	49	2.0%	8.2%	22.4%
中山ダ	0	0	0	0	-	-	-
中京芝	0	0	0	12	0.0%	0.0%	0.0%
中京ダ	1	0	0	4	25.0%	25.0%	25.0%
京都芝	0	0	0	0	-	-	-
京都ダ	3	0	0	4	75.0%	75.0%	75.0%
阪神芝	0	3	2	21	0.0%	14.3%	23.8%
阪神ダ	1	3	1	8	12.5%	50.0%	62.5%
小倉芝	0	2	2	30	0.0%	6.7%	13.3%
小倉ダ	0	0	0	1	0.0%	0.0%	0.0%

条件　3勝クラスで成績安定

	1着	2着	3着	出走数	勝率	連対率	3着内率
新馬	2	3	6	44	4.5%	11.4%	25.0%
未勝利	5	8	12	112	4.5%	11.6%	22.3%
1勝	4	5	6	81	4.9%	11.1%	18.5%
2勝	2	0	1	8	25.0%	25.0%	37.5%
3勝	**3**	**2**	**1**	**11**	**27.3%**	**45.5%**	**54.5%**
OPEN特別	2	0	2	18	11.1%	11.1%	22.2%
GⅢ	1	2	2	10	10.0%	30.0%	50.0%
GⅡ	0	0	0	3	0.0%	0.0%	0.0%
GⅠ	0	0	0	3	0.0%	0.0%	0.0%
ハンデ戦	1	0	1	9	11.1%	11.1%	22.2%
牝馬限定	2	1	2	28	7.1%	10.7%	17.9%
障害	0	0	0	0	-	-	-

人気　2~3番人気の頭に妙味あり

	1着	2着	3着	出走数	勝率	連対率	3着内率
1番人気	3	2	0	8	37.5%	62.5%	62.5%
2~3番人気	**10**	**0**	**5**	**24**	**41.7%**	**41.7%**	**62.5%**
4~6番人気	5	11	16	87	5.7%	18.4%	36.8%
7~9番人気	1	4	5	65	1.5%	7.7%	15.4%
10番人気~	0	3	4	106	0.0%	2.8%	6.6%

単勝回収値 42円／単勝適正回収値 101円

距離　最も輝くのはダート中距離戦

芝　平均勝ち距離　1,667m

	1着	2着	3着	出走数	勝率	連対率	3着内率
全体計	12	17	28	257	4.7%	11.3%	22.2%
芝~1300m	1	6	5	61	1.6%	11.5%	19.7%
芝~1600m	5	4	9	73	6.8%	12.3%	24.7%
芝~2000m	6	7	13	113	5.3%	11.5%	23.0%
芝~2400m	0	0	0	7	0.0%	0.0%	0.0%
芝2500m~	0	0	1	3	0.0%	0.0%	33.3%

ダート　平均勝ち距離　1,771m

	1着	2着	3着	出走数	勝率	連対率	3着内率
全体計	7	3	2	33	21.2%	30.3%	36.4%
ダ~1300m	0	0	0	4	0.0%	0.0%	0.0%
ダ~1600m	1	0	0	3	33.3%	33.3%	33.3%
ダ~2000m	**6**	**3**	**2**	**25**	**24.0%**	**36.0%**	**44.0%**
ダ2100m~	0	0	0	0	-	-	-

馬場状態　芝ダートとも状態不問

		1着	2着	3着	出走数	勝率	連対率	3着内率
芝	良	8	12	22	204	3.9%	9.8%	20.6%
	稍重	3	2	6	37	8.1%	13.5%	29.7%
	重	0	0	0	12	8.3%	33.3%	33.3%
	不良	0	0	0	4	0.0%	0.0%	0.0%
ダ	良	5	3	1	18	27.8%	44.4%	50.0%
	稍重	0	0	0	9	0.0%	0.0%	0.0%
	重	1	0	1	3	33.3%	33.3%	66.7%
	不良	1	0	0	3	33.3%	33.3%	33.3%

性齢　2歳戦から動きピークは4歳

	1着	2着	3着	出走数	勝率	連対率	3着内率
牡2歳	5	5	11	74	6.8%	13.5%	28.4%
牝2歳	5	6	6	88	5.7%	12.5%	19.3%
牡3歳前半	0	1	1	9	0.0%	11.1%	22.2%
牝3歳前半	0	0	0	2	0.0%	0.0%	0.0%
牡3歳後半	0	1	0	9	0.0%	0.0%	11.1%
牝3歳後半	0	0	0	0	-	-	-
牡4歳	**7**	**0**	**5**	**42**	**16.7%**	**16.7%**	**28.6%**
牝4歳	0	1	0	6	0.0%	16.7%	16.7%
牡5歳	1	4	4	25	4.0%	20.0%	36.0%
牝5歳	0	1	1	11	0.0%	9.1%	18.2%
牡6歳	0	0	1	14	0.0%	7.1%	7.1%
牝6歳	1	1	1	10	10.0%	20.0%	30.0%
牡7歳以上	0	0	0	0	-	-	-
牝7歳以上	0	0	0	0	-	-	-

勝ち馬の決め手

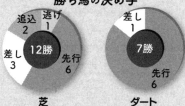

芝　12勝（追込2／逃げ1／差し3／先行6）
ダート　7勝（差し1／先行6）

245

RANKING
89
2歳馬 **90**

2021 ⑯
2020 ⑯
2019 ⑭
2018 －

＊ヴァンセンヌ
VINCENNES

年次	種付頭数	産駒数
22年	36	15
21年	24	22
20年	36	33

種付料／⇒受30万円F、産50万円　供用地／新ひだか・レックススタッド
2009年生　鹿毛　白老・社台コーポレーション白老ファーム産

距離	成長型	芝	ダート	瞬発力	パワー	底力
短マ	普	○	○	○	○	△

PROFILE

競走成績　16戦6勝（3〜6歳・日）
最高レーティング　116M（15年）
主な勝ち鞍　東京新聞杯。安田記念2着、京王
杯スプリングC2着。

系統：サンデーサイレンス系　母父系統：ハビタット系

父　ディープインパクト　鹿 2002	＊サンデーサイレンス　青鹿 1986	Halo	Hail to Reason
			Cosmah
		Wishing Well	Understanding
			Mountain Flower
	＊ウインドインハーヘア　鹿 1991	Alzao	Lyphard
			Lady Rebecca
		Burghclere	Busted
			Highclere
母　フラワーパーク　鹿 1992	ニホンピロウイナー　黒鹿 1980	＊スティールハート	Habitat
			A.1
		ニホンピロエバート	＊チャイナロック
			ライトフレーム
	ノーザンフラワー　栗 1977	＊ノーザンテースト	Northern Dancer
			Lady Victoria
		＊ファイアフラワー	Dike
			Pascha

インブリード：Northern Dancer 5×4

血統解説　父ディープインパクトは3冠馬にして首位
種牡馬という歴史的名馬。母フラワーパークは高松宮杯、
スプリンターズSを連勝した1996年最優秀短距離馬。
本馬の半兄に5勝馬フィレンツェ、いとこにエムオーウイ
ナー（シルクロードS）がいる。母父ニホンピロウイナー
はマイルCS2回、安田記念を制した超一流マイラー。

代表産駒　ロードベイリーフ（アイビスサマーダッ
シュ3着）、イロゴトシ（ひまわり賞）、トゥルスウィー
（佐賀・九州ダービー栄城賞）、ハルノインパクト（高
知優駿）、グリンデルヴァルト、バラジ、ファユエン、
ビップエレナ、ヤマニンプレシオサ、ウォーロード。

産駒たちが確実に走ってくる
マイル適性高い超名血種牡馬

　3歳4月に新馬戦を勝ち上がり、直後に京都
新聞杯に挑んだが12着に大敗する。その後は
長期休養期間などもあり苦しい時期が続いた
が、5歳春から軌道に乗り500万特別、1000
万特別、準OP特別と連勝。久し振りの重賞参
戦となった6歳2月の東京新聞杯で接戦をモノ
にし、重賞ウイナーの仲間入りを果たす。その
後も京王杯スプリングC、安田記念で連続2着
しマイラーとしての高い資質を示した。

　1996年最優秀短距離馬フラワーパークの息
仔という血統の良さも買われて種牡馬入り。人
気爆発とまではいかないが、毎年、一定の種付
頭数を確保している。2022年はロードベイリ
ーフが重賞で好走するなど産駒陣が確実に走
り、2年連続でトップ100入りを果たした。

POG　2023年期待の2歳馬

母馬名（母父）	性別	おすすめポイント
クラウンモンロー（＊ザール）	牡	1歳サマーセールで落札される。短距離、マイル適性が高そう。
エイシンバーサス（＊ファルブラヴ）	牝	叔母にGⅡ馬エーシンヴァーゴウ。1歳セプテンバーセールで落札。
シゲルハチマンタイ（＊シンボリクリスエス）	牝	いとこにGⅠ馬レインボーライン。1歳オータムセールで落札される。

馬券に直結する適性データ

　自身譲りのパワーも兼備した豊かなスピードが産駒
の武器で、基本的には芝適性が高いが、ローカル開
催のダート戦で好成績を残していることは馬券作戦に
活かしたいデータ。なかでも新潟ダートはぜひとも狙
いたい舞台となっている。加えてダート不良馬場で絶
対的な強さを誇っている点も併せて覚えておこう。2
歳戦がまったくダメということではないが、成長力が
あり3歳後半の牡馬陣が安定した走りを披露している
ことも、注目したい傾向といえるだろう。もう1つ7
〜9番人気で侮れない存在となることも強く心に留め
ておきたい。

2022年成績

総収得賞金 265,721,000円　**アーニング INDEX** 0.71

勝利頭数／出走頭数：全馬 35／83	2歳 5／18
勝利回数／出走回数：全馬 52／682	2歳 6／90

Data Box（2020~2022）

コース　新潟などローカルダートで好走

	1着	2着	3着	出走数	勝率	連対率	3着内率
全体計	26	22	31	425	6.1%	11.3%	18.6%
中央芝	8	4	11	140	5.7%	8.6%	16.4%
中央ダ	1	5	3	77	1.3%	7.8%	11.7%
ローカル芝	8	10	8	122	6.6%	14.8%	21.3%
ローカルダ	9	3	9	86	10.5%	14.0%	24.4%
右回り芝	10	9	6	158	6.3%	12.0%	15.8%
右回りダ	3	2	5	78	3.8%	6.4%	12.8%
左回り芝	6	4	12	99	6.1%	10.1%	22.2%
左回りダ	7	6	7	85	8.2%	15.3%	23.5%
札幌芝	1	2	3	13	7.7%	23.1%	46.2%
札幌ダ	0	0	0	1	0.0%	0.0%	0.0%
函館芝	0	0	0	6	0.0%	0.0%	0.0%
函館ダ	0	0	0	4	0.0%	0.0%	0.0%
福島芝	0	0	2	20	0.0%	0.0%	10.0%
福島ダ	2	0	2	13	15.4%	15.4%	30.8%
新潟芝	2	3	1	27	7.4%	18.5%	22.2%
新潟ダ	5	2	5	28	17.9%	25.0%	42.9%
東京芝	2	2	10	58	3.4%	6.9%	24.1%
東京ダ	1	3	0	30	3.3%	13.3%	13.3%
中山芝	2	0	0	40	5.0%	5.0%	5.0%
中山ダ	0	2	2	30	0.0%	6.7%	13.3%
中京芝	2	0	2	19	10.5%	10.5%	21.1%
中京ダ	1	1	2	27	3.7%	7.4%	14.8%
京都芝	0	0	1	11	0.0%	0.0%	9.1%
京都ダ	0	0	0	3	0.0%	0.0%	0.0%
阪神芝	4	2	0	31	12.9%	19.4%	19.4%
阪神ダ	0	0	1	14	0.0%	0.0%	7.1%
小倉芝	3	3	0	37	8.1%	16.2%	21.6%
小倉ダ	1	0	0	15	6.7%	6.7%	6.7%

条件　OP以上が壁、1勝クラスが中心

	1着	2着	3着	出走数	勝率	連対率	3着内率
新馬	1	2	0	31	3.2%	9.7%	9.7%
未勝利	10	9	11	187	5.3%	10.2%	16.0%
1勝	9	7	10	99	9.1%	16.2%	26.3%
2勝	5	3	8	74	6.8%	10.8%	21.6%
3勝	1	2	1	25	4.0%	12.0%	16.0%
OPEN特別	0	1	0	11	0.0%	9.1%	9.1%
GⅢ	0	0	1	6	0.0%	0.0%	16.7%
GⅡ	0	0	0	3	-	-	-
GⅠ	0	0	0	0	-	-	-
ハンデ戦	1	3	1	20	5.0%	20.0%	25.0%
牝馬限定	8	3	8	81	9.9%	13.6%	23.5%
障害	0	2	0	10	0.0%	20.0%	20.0%

人気　7～9番人気の頭は一応警戒

	1着	2着	3着	出走数	勝率	連対率	3着内率
1番人気	5	4	2	18	27.8%	50.0%	61.1%
2～3番人気	7	9	4	49	14.3%	32.7%	40.8%
4～6番人気	5	7	15	91	5.5%	13.2%	29.7%
7～9番人気	6	1	7	99	6.1%	7.1%	14.1%
10番人気～	3	3	3	178	1.7%	3.4%	5.1%

単勝回収値 171円／単勝適正回収値 93円

距離　芝なら短距離、ダートなら中距離

芝　平均勝ち距離　1,613m

	1着	2着	3着	出走数	勝率	連対率	3着内率
全体計	16	14	19	262	6.1%	11.5%	18.7%
芝～1300m	6	7	3	75	8.0%	17.3%	21.3%
芝～1600m	3	2	7	72	4.2%	6.9%	16.7%
芝～2000m	6	2	8	102	5.9%	7.8%	15.7%
芝～2400m	1	3	1	12	8.3%	33.3%	41.7%
芝2500m～	0	0	0	1	0.0%	0.0%	0.0%

ダート　平均勝ち距離　1,530m

	1着	2着	3着	出走数	勝率	連対率	3着内率
全体計	10	8	12	163	6.1%	11.0%	18.4%
ダ～1300m	4	1	3	57	7.0%	8.8%	14.0%
ダ～1600m	1	3	0	35	2.9%	11.4%	11.4%
ダ～2000m	5	4	7	68	7.4%	13.2%	23.5%
ダ2100m～	0	0	2	3	0.0%	0.0%	66.7%

馬場状態　芝なら稍重、ダートなら不良

		1着	2着	3着	出走数	勝率	連対率	3着内率
芝	良	9	11	12	195	4.6%	10.3%	16.4%
	稍重	4	2	7	50	8.0%	12.0%	26.0%
	重	3	1	0	14	21.4%	28.6%	28.6%
	不良	0	0	0	3	0.0%	0.0%	0.0%
ダ	良	6	4	6	97	6.2%	10.3%	16.5%
	稍重	2	1	1	30	6.7%	10.0%	13.3%
	重	0	2	4	25	0.0%	8.0%	24.0%
	不良	2	1	1	11	18.2%	27.3%	36.4%

性齢　3歳後半に急激に成長

	1着	2着	3着	出走数	勝率	連対率	3着内率
牡2歳	2	2	1	34	5.9%	11.8%	14.7%
牝2歳	1	3	1	45	2.2%	8.9%	11.1%
牡3歳前半	4	3	4	60	6.7%	11.7%	18.3%
牝3歳前半	4	1	6	71	5.6%	7.0%	15.5%
牡3歳後半	4	6	3	38	10.5%	26.3%	34.2%
牝3歳後半	2	0	5	45	4.4%	4.4%	15.6%
牡4歳	3	3	3	30	10.0%	20.0%	30.0%
牝4歳	3	5	5	63	4.8%	12.7%	20.6%
牡5歳	1	1	1	28	3.6%	7.1%	10.7%
牝5歳	2	0	2	21	9.5%	9.5%	19.0%
牡6歳	0	0	0	0	-	-	-
牝6歳	0	0	0	0	-	-	-
牡7歳以上	0	0	0	0	-	-	-
牝7歳以上	0	0	0	0	-	-	-

勝ち馬の決め手

芝　追込2　逃げ2　16勝　先行4　差し8

ダート　差し2　逃げ2　10勝　先行6

247

RANKING
90
2021 ⑭
2020 ⑱
2019 ㊻
2018 ㊾
2歳馬 160

ダノンシャンティ
DANON CHANTILLY

年次	種付頭数	産駒数
22年	—	—
21年	—	11
20年	15	11

2020年引退
2007年生　黒鹿毛　日高・ダーレー・ジャパンファーム産

距離	成長型	芝	ダート	瞬発力	パワー	底力
マ中	普	◯	◯	◯	◯	◯

系統：サンデーサイレンス系　母父系統：ネヴァーベンド系

父 フジキセキ 青鹿 1992	*サンデーサイレンス 青鹿 1986	Halo	Hail to Reason
			Cosmah
		Wishing Well	Understanding
			Mountain Flower
	*ミルレーサー 鹿 1983	Le Fabuleux	Wild Risk
			Anguar
		Marston's Mill	In Reality
			Millicent
母 *シャンソネット 鹿 2000	Mark of Esteem 鹿 1993	Darshaan	Shirley Heights
			Delsy
		Homage	Ajdal
			Home Love
	Glorious Song 鹿 1976	Halo	Hail to Reason
			Cosmah
		Ballade	Herbager
			Miss Swapsco

インブリード：Halo 3×3

血統解説　父フジキセキはサンデーサイレンス系隆盛の先駆けともなった名種牡馬。母系は世界的名門で祖母グロリアスソングは米GⅠを4勝した名牝。本馬の叔父にシングスピール（ジャパンC）、種牡馬として大成功したラーイ、いとこにメゾソプラノ（ヴェルメイユ賞）がいる。母父マークオブエスティームは英2000ギニーに勝利。

PROFILE

競走成績　8戦3勝（2〜4歳・日）
最高レーティング　115 M（11年）
主な勝ち鞍　NHKマイルC、毎日杯。共同通信杯2着、ラジオNIKKEI杯2歳S3着。

3歳春に大きく輝いたマイル王
父となり重賞馬2頭を送り出す

新馬戦を勝ち上がってから臨んだラジオNIKKEI杯2歳Sは、ヴィクトワールピサの3着まで。3歳緒戦の共同通信杯もハンソデバンドの2着だったが、3月の毎日杯を快勝し重賞初制覇を達成する。5月のNHKマイルCは堂々の1番人気での出走。4角16番手の位置取りから直線で目の覚めるような末脚が爆発し、芝1600m戦1分31秒4という日本レコードを樹立し、ビッグタイトル獲得に成功した。

5歳春から種牡馬入り。初年度産駒であるスマートオーディン、サイタスリーレッドが重賞を制する、幸先良いスタートを切る。しかし産駒成績は尻すぼみとなり、2020年に種牡馬を引退。2022年はメイショウウチデらが活躍し7年連続でランキング2ケタ台をキープした。

代表産駒 スマートオーディン（京都新聞杯、阪急杯、毎日杯、東京スポーツ杯2歳S）、サイタスリーレッド（オーバルスプリント）、ガンサリュート（京成杯2着）、メイショウウチデ（小倉サマージャンプ2着）、シンギュラリティ、ジャコマル、グロワールシチー。

POG　2023年期待の2歳馬

母馬名（母父）	性別	おすすめポイント
アップファーレン （*ハードスパン）	牡	1歳サマーセールで落札される。マイル戦向きのスピードを持つ。
タイプムーン （*アイルハヴアナザー）	牝	ダート適性の高さが武器となりそう。中距離戦線でスピード活かす。
ハイヨーシルバー （*クロフネ）	牝	芝、ダート兼用のマイラーに。やや力の要る馬場で本領発揮か。

馬券に直結する適性データ

芝、ダート共にこなすが、最も得意としているのは、ローカル開催の芝、なかでも新潟芝は安定感の高さが光る舞台で、思い切った頭勝負も連軸に据えることも、共に有効な馬券戦術となる。また自身が誇ったスピード能力を産駒に伝えている面もあり、芝良馬場が本領発揮の条件となることも併せて覚えておこう。やや晩成の傾向も顕著で、絶好の狙いどころとなるのは5歳牡馬陣。34%強の3着内率を記録していることは、上手に馬券作戦に取り入れていきたい。もう1つ、障害戦における健闘もしっかりと心に留めておくべきデータとなる。

2022年成績

総収得賞金 254,046,000円　**アーニング INDEX** 0.75

	全馬	2歳
勝利頭数／出走頭数	31／75	1／5
勝利回数／出走回数	60／757	2／35

Data Box (2020~2022)

コース　新潟芝出走時をピンポイント狙い

	1着	2着	3着	出走数	勝率	連対率	3着内率
全体計	26	34	50	669	3.9%	9.0%	16.4%
中央芝	5	11	13	145	3.4%	11.0%	20.0%
中央ダ	5	9	14	194	2.6%	7.2%	14.9%
ローカル芝	12	11	16	196	6.1%	11.7%	19.9%
ローカルダ	4	3	7	134	3.0%	5.2%	10.4%
右回り芝	11	12	19	223	4.9%	10.3%	18.8%
右回りダ	7	11	16	222	3.2%	8.1%	15.3%
左回り芝	6	8	10	107	5.6%	13.1%	22.4%
左回りダ	2	1	5	106	1.9%	2.8%	7.5%
札幌芝	0	0	1	10	0.0%	0.0%	10.0%
札幌ダ	0	1	0	16	0.0%	6.3%	6.3%
函館芝	2	2	2	22	9.1%	18.2%	27.3%
函館ダ	0	0	1	10	0.0%	0.0%	10.0%
福島芝	2	1	4	32	6.3%	9.4%	21.9%
福島ダ	1	1	1	17	5.9%	11.8%	17.6%
新潟芝	4	4	4	49	8.2%	16.3%	24.5%
新潟ダ	1	1	0	31	3.2%	6.5%	6.5%
東京芝	2	5	4	45	4.4%	15.6%	24.4%
東京ダ	0	0	2	41	0.0%	0.0%	4.9%
中山芝	2	4	3	41	4.9%	14.6%	22.0%
中山ダ	1	6	6	68	1.5%	10.3%	19.1%
中京芝	0	1	2	24	0.0%	4.2%	12.5%
中京ダ	1	0	3	34	2.9%	2.9%	11.8%
京都芝	0	2	4	22	0.0%	9.1%	27.3%
京都ダ	0	0	0	9	0.0%	0.0%	0.0%
阪神芝	1	0	0	37	2.7%	2.7%	8.1%
阪神ダ	4	3	6	76	5.3%	9.2%	17.1%
小倉芝	4	3	2	59	6.8%	11.9%	16.9%
小倉ダ	1	0	2	26	3.8%	3.8%	11.5%

条件　活躍どころは1勝クラス、障害戦

	1着	2着	3着	出走数	勝率	連対率	3着内率
新馬	0	1	3	39	0.0%	2.6%	10.3%
未勝利	10	11	22	294	3.4%	7.1%	14.6%
1勝	13	13	14	187	7.0%	13.9%	21.4%
2勝	4	7	5	108	3.7%	10.2%	14.8%
3勝	1	2	6	32	3.1%	9.4%	28.1%
OPEN特別	1	2	3	22	4.5%	13.6%	27.3%
GⅢ	0	1	1	8	0.0%	12.5%	25.0%
GⅡ	0	0	0	2	0.0%	0.0%	0.0%
GⅠ	0	0	0	1	0.0%	0.0%	0.0%
ハンデ戦	1	1	1	35	2.9%	5.7%	8.6%
牝馬限定	5	6	5	86	5.8%	12.8%	18.6%
障害	3	3	4	27	11.1%	22.2%	37.0%

人気　全体的に低調

	1着	2着	3着	出走数	勝率	連対率	3着内率
1番人気	7	5	3	25	28.0%	48.0%	60.0%
2～3番人気	7	10	12	75	9.3%	22.7%	38.7%
4～6番人気	8	14	20	148	5.4%	14.9%	28.4%
7～9番人気	3	5	12	175	1.7%	4.6%	11.4%
10番人気～	4	3	7	273	1.5%	2.6%	5.1%

単勝回収値94円／単勝適正回収値61円

距離　芝のマイルと中距離向き

芝　平均勝ち距離　1,700m

	1着	2着	3着	出走数	勝率	連対率	3着内率
全体計	17	22	29	341	5.0%	11.4%	19.9%
芝～1300m	4	8	10	131	3.1%	9.2%	16.8%
芝～1600m	6	8	8	112	5.4%	12.5%	19.6%
芝～2000m	5	5	9	77	6.5%	13.0%	24.7%
芝～2400m	0	0	1	7	0.0%	0.0%	14.3%
芝2500m～	2	1	1	14	14.3%	21.4%	28.6%

ダート　平均勝ち距離　1,300m

	1着	2着	3着	出走数	勝率	連対率	3着内率
全体計	9	12	21	328	2.7%	6.4%	12.8%
ダ～1300m	7	10	12	164	4.3%	10.4%	17.7%
ダ～1600m	0	1	5	69	0.0%	1.4%	8.7%
ダ～2000m	2	1	4	93	2.2%	3.2%	7.5%
ダ2100m～	0	0	0	2	0.0%	0.0%	0.0%

馬場状態　芝良馬場がベター

		1着	2着	3着	出走数	勝率	連対率	3着内率
芝	良	13	17	24	250	5.2%	12.0%	21.6%
	稍重	2	3	4	55	3.6%	9.1%	16.4%
	重	1	1	0	25	4.0%	8.0%	8.0%
	不良	1	1	1	11	9.1%	18.2%	27.3%
ダ	良	6	7	13	194	3.1%	6.7%	13.4%
	稍重	3	1	5	71	4.2%	5.6%	12.7%
	重	0	1	2	34	0.0%	2.9%	8.8%
	不良	0	3	1	29	0.0%	10.3%	13.8%

性齢　3歳後半から動き、本格化は5歳

	1着	2着	3着	出走数	勝率	連対率	3着内率
牡2歳	0	1	3	22	0.0%	4.5%	18.2%
牝2歳	2	2	3	53	3.8%	7.5%	13.2%
牡3歳前半	2	5	9	99	2.0%	7.1%	16.2%
牝3歳前半	1	1	7	110	0.9%	1.8%	8.2%
牡3歳後半	3	1	4	40	7.5%	10.0%	20.0%
牝3歳後半	5	3	3	60	8.3%	13.3%	18.3%
牡4歳	2	5	2	46	4.3%	15.2%	15.2%
牝4歳	4	4	5	61	6.6%	13.1%	21.3%
牡5歳	4	2	9	44	9.1%	13.6%	34.1%
牝5歳	2	2	0	22	9.1%	18.2%	18.2%
牡6歳	1	9	3	54	1.9%	18.5%	24.1%
牝6歳	1	2	1	19	5.3%	10.5%	15.8%
牡7歳以上	2	3	0	66	3.0%	7.6%	15.2%
牝7歳以上	0	0	0	0	-	-	-

勝ち馬の決め手

芝　追込4／逃げ5／差し2／先行6　17勝
ダート　追込1／逃げ2／差し2／先行4　9勝

RANKING
91
2歳馬 137

2021 ⑯
2020 ⑭
2019 ㉔
2018 ⑭

KITTEN'S JOY
キトゥンズジョイ

年次	種付頭数	産駒数
22年	－	－
21年	－	－
20年	－	－

写真はジャンダルム

2022年死亡
2001年生　栗毛　アメリカ産

距離	成長型	芝	ダート	瞬発力	パワー	底力
マ中	普	◎	○	○	○	○

PROFILE

競走成績　14戦9勝（2〜4歳・米）
最高レーティング　122 L（04年）
主な勝ち鞍　セクレタリアトS、JHターフクラシック招待S、ファイアークラッカーBCH、ヴァージニアダービー、アメリカンターフS。

北米首位サイアーを2度獲得
日本でもGⅠウイナーが登場

　デビュー3戦目の初勝利以降一貫して芝を走り、3歳時にはGⅠセクレタリアトS、GⅠJHターフクラシック招待Sを含む重賞6勝を記録。ブリーダーズCターフはベタートークナウの2着に終わったが、2004年米最優秀芝牡馬に選出される。4歳時はGⅡファイアークラッカーBCHに勝ち、GⅠアーリントンミリオンで2着。最終的に芝のレースでは、12戦9勝2着3回という抜群の安定感を示した。

　米で種牡馬となり、ステファニーズキトゥン、ビッグブルーキトゥンといった米芝戦線の強豪、ロアリングライオンらの欧州GⅠホースを輩出。2013、2018年と2度に渡り北米首位サイアーに輝いている。2022年にはジャンダルムが産駒初となるJRAのGⅠレース制覇を達成した。

系統：サドラーズウェルズ系　母父系統：ロベルト系

父 El Prado 芦 1989	Sadler's Wells 鹿 1981	Northern Dancer	Nearctic
			Natalma
		Fairy Bridge	Bold Reason
			Special
	Lady Capulet 芦 1974	Sir Ivor	Sir Gaylord
			Attica
		Cap and Bells	Tom Fool
			Ghazni
母 Kitten's First 鹿 1991	Lear Fan 鹿 1981	Roberto	Hail to Reason
			Bramalea
		Wac	Lt. Stevens
			Belthazar
	That's My Hon 栗 1983	L'Enjoleur	Buckpasser
			Fanfreluche
		One Lane	Prince John
			Danger Ahead

インブリード：Northern Dancer 3×5、Thong＝Lt.Stevens 5×4、Tom Fool 4×5、Hail to Reason 5×4、Turn-to 5×5

血統解説　父エルプラドは北米首位サイアーにも輝いた米におけるサドラーズウェルズ系種牡馬の代表格。現役時代は愛2歳GⅠレースに勝っている。母キトゥンズファーストは米で走った1勝馬。本馬の半妹にゲイムリーS、メイトリアークSなど米GⅠ3勝のプレシャスキトゥンがいる。母父リアファンはロベルト直仔の名種牡馬。

代表産駒　ロアリングライオン（愛チャンピオンS）、カメコ（英2000ギニー）、ステファニーズキトゥン（BCフィリー＆メアターフ）、ビッグブルーキトゥン（ユナイテッドネーションズS2回）、ホークビル（ドバイシーマクラシック）、ジャンダルム（スプリンターズS）。

POG　2023年期待の2歳馬

母馬名（母父）	性別	おすすめポイント
＊フライングティパット （TAPIT）	牡	いとこにGⅠ6勝のグランアレグリア。マイル路線での活躍に期待。
BROKEN DREAMS （BROKEN VOW）	牡	母は米GⅢで2勝したグラスホース。やや力の要る芝で本領発揮か。

（血統登録されている2023年2歳馬は上記2頭のみ）

馬券に直結する適性データ

　米に拠点を置く超一流サイアーであり日本で走る産駒は極めて少ない。限られたデータであるだけに信頼性にはやや欠けるが、自らが誇った圧倒的なまでの芝適性は日本で走る産駒にもよく伝わっている。スピードの絶対値が高いだけに基本的には良馬場が理想。ただし、パワーも兼備していて、渋った芝やダートでも十分に好勝負が可能なことも併せて覚えておきたい。スプリントGⅠ馬ジャンダルムが出たこともありマイル以下の距離における良績が目立っているが、本来は中長距離適性が高く距離延長に何ら問題はないはずだ。

2022年 成績

総収得賞金 248,948,000円　アーニング INDEX　5.53

勝利頭数／出走頭数：全馬 6／10　2歳 1／2
勝利回数／出走回数：全馬 11／78　2歳 1／6

Data Box (2020~2022)

コース　芝ダート兼用で中央芝向き

	1着	2着	3着	出走数	勝率	連対率	3着内率
全体計	9	6	4	78	11.5%	19.2%	24.4%
中央芝	5	1	1	26	19.2%	23.1%	26.9%
中央ダ	2	1	1	18	11.1%	16.7%	22.2%
ローカル芝	1	3	0	20	5.0%	20.0%	20.0%
ローカルダ	1	1	2	14	7.1%	14.3%	28.6%
右回り芝	5	3	1	31	16.1%	25.8%	29.0%
右回りダ	3	1	1	17	17.6%	23.5%	29.4%
左回り芝	1	1	0	15	6.7%	13.3%	13.3%
左回りダ	0	1	2	15	0.0%	6.7%	20.0%
札幌芝	0	0	0	3	0.0%	0.0%	0.0%
札幌ダ	0	0	0	1	0.0%	0.0%	0.0%
函館芝	0	1	0	1	0.0%	100.0%	100.0%
函館ダ	0	0	0	0	-	-	-
福島芝	0	0	0	1	0.0%	0.0%	0.0%
福島ダ	1	0	0	4	25.0%	25.0%	25.0%
新潟芝	1	0	0	4	25.0%	25.0%	25.0%
新潟ダ	0	0	1	4	0.0%	25.0%	50.0%
東京芝	0	0	0	5	0.0%	0.0%	0.0%
東京ダ	0	0	0	7	0.0%	0.0%	0.0%
中山芝	4	0	0	10	40.0%	40.0%	40.0%
中山ダ	0	0	0	1	0.0%	0.0%	0.0%
中京芝	0	1	0	7	0.0%	14.3%	14.3%
中京ダ	0	0	1	4	0.0%	0.0%	25.0%
京都芝	0	0	0	0	-	-	-
京都ダ	0	0	1	1	0.0%	100.0%	100.0%
阪神芝	1	1	1	12	8.3%	16.7%	25.0%
阪神ダ	1	0	1	8	12.5%	25.0%	37.5%
小倉芝	0	1	0	4	0.0%	25.0%	25.0%
小倉ダ	0	0	0	2	0.0%	0.0%	0.0%

条件　完成度が活きる新馬戦で好成績

	1着	2着	3着	出走数	勝率	連対率	3着内率
新馬	1	1	0	7	14.3%	28.6%	28.6%
未勝利	1	3	2	38	2.6%	10.5%	15.8%
1勝	1	1	1	9	11.1%	22.2%	33.3%
2勝	1	0	0	6	16.7%	16.7%	16.7%
3勝	0	1	0	1	0.0%	100.0%	100.0%
OPEN特別	3	0	0	5	60.0%	60.0%	60.0%
GⅢ	1	0	1	8	12.5%	12.5%	25.0%
GⅡ	0	0	0	2	0.0%	0.0%	0.0%
GⅠ	1	0	0	4	25.0%	25.0%	25.0%
ハンデ戦	2	0	0	8	25.0%	25.0%	25.0%
牝馬限定	0	0	0	2	0.0%	0.0%	0.0%
障害	0	0	0	2	0.0%	0.0%	0.0%

人気　1番人気は低調でアテにならない

	1着	2着	3着	出走数	勝率	連対率	3着内率
1番人気	3	1	0	11	27.3%	36.4%	36.4%
2~3番人気	2	3	2	20	10.0%	25.0%	35.0%
4~6番人気	2	1	1	23	8.7%	13.0%	17.4%
7~9番人気	2	0	0	9	22.2%	22.2%	22.2%
10番人気~	0	1	1	17	0.0%	5.9%	11.8%

距離　芝の短距離からマイル向き

単勝回収値 97円／単勝適正回収値 84円

芝　平均勝ち距離　1,367m

	1着	2着	3着	出走数	勝率	連対率	3着内率
全体計	6	4	1	46	13.0%	21.7%	23.9%
芝~1300m	3	0	0	9	33.3%	33.3%	33.3%
芝~1600m	3	0	1	17	17.6%	17.6%	23.5%
芝~2000m	0	3	0	14	0.0%	21.4%	21.4%
芝~2400m	0	0	0	3	0.0%	0.0%	0.0%
芝2500m~	0	1	0	3	0.0%	33.3%	33.3%

ダート　平均勝ち距離　1,800m

	1着	2着	3着	出走数	勝率	連対率	3着内率
全体計	3	2	3	32	9.4%	15.6%	25.0%
ダ~1300m	1	1	0	5	20.0%	40.0%	40.0%
ダ~1600m	0	0	0	7	0.0%	0.0%	0.0%
ダ~2000m	1	0	3	17	5.9%	5.9%	23.5%
ダ2100m~	1	1	0	3	33.3%	66.7%	66.7%

馬場状態　芝の良馬場がベスト

		1着	2着	3着	出走数	勝率	連対率	3着内率
芝	良	5	4	1	38	13.2%	23.7%	26.3%
芝	稍重	1	0	0	6	16.7%	16.7%	16.7%
芝	重	0	0	0				
芝	不良	0	0	0				
ダ	良	2	1	0	23	8.7%	13.0%	21.7%
ダ	稍重	0	1	0	6	0.0%	16.7%	33.3%
ダ	重	1	0	0	3	33.3%	33.3%	33.3%
ダ	不良	0	0	0				

性齢　完成は早く2歳から動く

	1着	2着	3着	出走数	勝率	連対率	3着内率
牡2歳	1	2	1	14	7.1%	21.4%	28.6%
牝2歳	1	0	0	3	33.3%	33.3%	33.3%
牡3歳前半	0	1	1	21	0.0%	4.8%	9.5%
牝3歳前半	0	0	0	5	0.0%	0.0%	0.0%
牡3歳後半	1	2	1	11	9.1%	27.3%	36.4%
牝3歳後半	0	0	0	0	-	-	-
牡4歳	0	0	0	3	0.0%	0.0%	0.0%
牝4歳	0	0	0	0	-	-	-
牡5歳	3	1	0	13	23.1%	30.8%	30.8%
牝5歳	0	0	0	0	-	-	-
牡6歳	1	0	1	5	20.0%	20.0%	40.0%
牝6歳	0	0	0	0	-	-	-
牡7歳以上	2	0	0	5	40.0%	40.0%	40.0%
牝7歳以上	0	0	0	0	-	-	-

勝ち馬の決め手

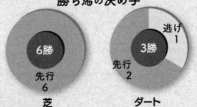

芝：6勝（先行6）
ダート：3勝（逃げ1、先行2）

RANKING
92
2歳馬 —

2021 ㊼
2020 ㊵
2019 ㊶
2018 ㉖

＊スウェプトオーヴァーボード
SWEPT OVERBOARD

年次	種付頭数	産駒数
22年	—	—
21年	—	—
20年	—	—

2017年死亡
1997年生　芦毛　アメリカ産　2002年輸入

距離	成長型	芝	ダート	瞬発力	パワー	底力
短マ	普	○	○	○	○	○

系統：フォーティナイナー系　母父系統：テディ系

父 ＊エンドスウィープ 鹿 1991	＊フォーティナイナー 栗 1985	Mr. Prospector	Raise a Native
			Gold Digger
		File	Tom Rolfe
			Continue
	Broom Dance 鹿 1979	Dance Spell	Northern Dancer
			Obeah
		Witching Hour	Thinking Cap
			Enchanted Eve
母 Sheer Ice 芦 1982	Cutlass 鹿 1970	Damascus	Sword Dancer
			Kerala
		Aphonia	Dunce
			Gambetta
	Hey Dolly A. 芦 1974	Ambehaving	Ambiorix
			Dentifrice
		Swift Deal	Native Charger
			Miss Barter

インブリード：Native Dancer 5×5、母父 Cutlass に My Babu 3×3

血統解説　父エンドスウィープは米日で成功を収めたフォーティナイナー直仔の名種牡馬。本馬は、サウスヴィグラス、アドマイヤムーンらと並ぶ日本における父の有力後継者となった。母シアーアイスは米で17勝をマーク。母系から米GI馬チェリーブ（サンアントニオS）が出ている。母父カットラスはテディ系のA級サイアー。

代表産駒 オメガパフューム（東京大賞典4回、帝王賞）、レッドファルクス（スプリンターズS2回）、リッジマン（ステイヤーズS）、エーシンブラン（兵庫CS）、パドトロワ（函館スプリントS）、アーバンストリート（シルクロードS）、キョウエイアシュラ。

PROFILE

競走成績　20戦8勝（2～5歳・米）
最高レーティング　123S（01年）
主な勝ち鞍　メトロポリタンH、エインシェントタイトルH、ハリウッドターフエクスプレスH、サンミゲルS。

競走馬、種牡馬の双方で成功
今後は後継者たちの活躍も期待

デビュー以来一貫してスプリント戦線を歩み、3歳1月のGⅢサンミゲルSで重賞初制覇を達成。その後もLレース、重賞を中心に常に上位争いを繰り広げ、4歳10月のエインシェントタイトルHで強敵コナゴールドを完封し、念願のGIタイトル獲得に成功した。続くBCスプリントはスクワートルスクワートの4着に終わるが、11月のGⅢターフエクスプレスHで3度目の重賞制覇。5歳時はアルデバランを降しGIメトロポリタンHを制している。

引退後すぐに日本で種牡馬入り。初年度産駒アーバンストリートが重賞制覇を達成したのを皮切りに、自身を彷彿とさせる短距離馬だけでなく、ダート中距離戦線の強豪、生粋のステイヤーなど様々なタイプの優秀産駒を輩出した。

2017年に死亡しすでに晩年の産駒たちが走る時代に入っているが、2022年も16年連続となるランキング2ケタ台をキープ。すでにGI産駒を出しているパドトロワを筆頭に、レッドファルクス、オメガパフュームなど後継者サイアーたちの活躍も大いに期待されるところだ。

馬券に直結する適性データ

万能型ではあるが、基本的にはダート色の濃いタイプである。JRAにおける勝ち鞍も、80％近くがダート戦に集中。なかでも京都ダートで好成績を残していることは、2023年以降にも活きてくるであろうデータ。思い切った頭勝負に妙味がありそうだ。また、パワフルなスピードが存分に発揮しやすいダート重馬場を得意としていることも併せて覚えておきたい。オメガパフュームの東京大賞典4連覇が象徴的だが、高齢になっても力が落ちないことも大きな特徴。出走回数自体が少ないが、7歳以上の牡馬が驚異的な頑張りを示している。

2022年 成績

総収得賞金 247,470,000円　**アーニング INDEX** 0.57

勝利頭数／出走頭数：全馬 37 ／ 96		2歳 －／－	
勝利回数／出走回数：全馬 67 ／ 953		2歳 －／－	

Data Box (2020～2022)

コース　京都など中央ダートで勝ち星稼ぐ

	1着	2着	3着	出走数	勝率	連対率	3着内率
全体計	34	36	40	739	4.6%	9.5%	14.9%
中央芝	3	1	6	81	3.7%	4.9%	12.3%
中央ダ	21	19	17	321	6.5%	12.5%	17.8%
ローカル芝	4	4	4	106	3.8%	7.5%	11.3%
ローカルダ	6	12	13	231	2.6%	7.8%	13.4%
右回り芝	4	4	6	96	4.2%	8.3%	14.6%
右回りダ	18	20	16	344	5.2%	11.0%	15.7%
左回り芝	1	0	3	66	1.5%	1.5%	6.1%
左回りダ	9	11	14	208	4.3%	9.6%	16.3%
札幌芝	0	0	0	6	0.0%	0.0%	0.0%
札幌ダ	1	1	1	20	5.0%	10.0%	15.0%
函館芝	0	0	0	6	0.0%	0.0%	0.0%
函館ダ	0	2	0	14	0.0%	14.3%	14.3%
福島芝	1	1	1	18	5.6%	11.1%	16.7%
福島ダ	0	2	3	42	0.0%	4.8%	11.9%
新潟芝	3	1	2	54	5.6%	7.4%	11.1%
新潟ダ	2	4	3	65	3.1%	9.2%	13.8%
東京芝	0	0	2	30	0.0%	0.0%	6.7%
東京ダ	5	5	6	90	5.6%	11.1%	17.8%
中山芝	3	1	1	35	8.6%	11.4%	14.3%
中山ダ	7	6	6	149	4.7%	8.7%	12.8%
中京芝	0	0	0	7	0.0%	0.0%	0.0%
中京ダ	2	2	5	53	3.8%	7.5%	17.0%
京都芝	0	0	1	7	0.0%	0.0%	14.3%
京都ダ	5	1	1	18	27.8%	33.3%	38.9%
阪神芝	0	0	2	9	0.0%	0.0%	22.2%
阪神ダ	4	7	4	64	6.3%	17.2%	23.4%
小倉芝	0	2	1	15	0.0%	13.3%	20.0%
小倉ダ	1	1	1	37	2.7%	5.4%	8.1%

条件　2勝クラスが壁、1勝クラスなら

	1着	2着	3着	出走数	勝率	連対率	3着内率
新馬	1	0	1	28	3.6%	3.6%	7.1%
未勝利	14	13	11	204	6.9%	13.2%	18.6%
1勝	14	19	17	305	4.6%	10.8%	16.4%
2勝	4	6	5	181	2.2%	5.5%	8.3%
3勝	0	0	3	14	0.0%	0.0%	21.4%
OPEN特別	0	0	2	12	0.0%	0.0%	16.7%
GⅢ	2	1	1	7	28.6%	42.9%	57.1%
GⅡ	0	0	0	4	0.0%	0.0%	0.0%
GⅠ	0	0	0	1	0.0%	0.0%	0.0%
ハンデ戦	0	0	1	18	0.0%	0.0%	5.6%
牝馬限定	4	4	3	117	3.4%	6.8%	9.4%
障害	1	3	0	15	6.7%	26.7%	26.7%

人気　上位人気が低調で買いづらい

	1着	2着	3着	出走数	勝率	連対率	3着内率
1番人気	12	9	4	46	26.1%	45.7%	54.3%
2～3番人気	10	9	6	75	13.3%	25.3%	33.3%
4～6番人気	8	9	13	144	5.6%	11.8%	20.8%
7～9番人気	2	7	8	135	1.5%	6.7%	12.6%
10番人気～	3	5	9	354	0.8%	2.3%	4.8%

単勝回収値 76円／単勝適正回収値 65円

距離　ダートは中距離戦まで対応

芝　平均勝ち距離　1,314m

	1着	2着	3着	出走数	勝率	連対率	3着内率
全体計	7	5	10	187	3.7%	6.4%	11.8%
芝～1300m	5	5	7	114	4.4%	8.8%	14.9%
芝～1600m	1	0	3	53	1.9%	1.9%	7.5%
芝～2000m	1	0	0	13	7.7%	7.7%	7.7%
芝～2400m	0	0	0	5	0.0%	0.0%	0.0%
芝2500m～	0	0	0	2	0.0%	0.0%	0.0%

ダート　平均勝ち距離　1,448m

	1着	2着	3着	出走数	勝率	連対率	3着内率
全体計	27	31	30	552	4.9%	10.5%	15.9%
ダ～1300m	12	15	16	311	3.9%	8.7%	13.8%
ダ～1600m	6	7	11	126	4.8%	10.3%	19.0%
ダ～2000m	9	9	3	111	8.1%	16.2%	18.9%
ダ2100m～	0	0	0	4	0.0%	0.0%	0.0%

馬場状態　ダートは渋れば渋るほど勝率アップ

		1着	2着	3着	出走数	勝率	連対率	3着内率
芝	良	5	1	6	127	3.9%	4.7%	9.4%
	稍重	2	2	3	36	5.6%	11.1%	19.4%
	重	0	1	1	18	0.0%	5.6%	11.1%
	不良	0	1	0	6	0.0%	16.7%	16.7%
ダ	良	11	20	20	309	3.6%	10.0%	16.5%
	稍重	7	5	6	118	5.9%	10.2%	15.3%
	重	5	4	2	72	6.9%	12.5%	15.3%
	不良	4	2	2	53	7.5%	11.3%	15.1%

性齢　現5歳が最終産駒、長く活躍

	1着	2着	3着	出走数	勝率	連対率	3着内率
牡2歳	5	5	2	43	11.6%	23.3%	27.9%
牝2歳	1	0	0	18	5.6%	5.6%	5.6%
牡3歳前半	8	4	7	79	10.1%	15.2%	24.1%
牝3歳前半	3	2	5	88	3.4%	5.7%	11.4%
牡3歳後半	2	2	0	42	4.8%	9.5%	9.5%
牝3歳後半	3	3	4	37	8.1%	16.2%	27.0%
牡4歳	3	8	7	119	2.5%	9.2%	15.1%
牝4歳	1	5	6	108	0.9%	5.6%	11.1%
牡5歳	3	3	4	75	4.0%	8.0%	13.3%
牝5歳	3	3	3	80	3.8%	7.5%	11.3%
牡6歳	1	1	0	14	7.1%	14.3%	14.3%
牝6歳	0	0	1	27	0.0%	0.0%	3.7%
牡7歳以上	2	3	1	18	11.1%	27.8%	33.3%
牝7歳以上	0	0	0	6	0.0%	0.0%	0.0%

勝ち馬の決め手

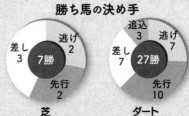

芝　7勝　逃げ2　追込（差し3）先行2

ダート　27勝　逃げ7　追込3　差し7　先行10

RANKING
93
2歳馬 76

2021 ⑦
2020 ㉖
2019 ㊺
2018 ㊾

＊バトルプラン
BATTLE PLAN

年次	種付頭数	産駒数
22年	―	12
21年	18	43
20年	55	37

2021年引退
2005年生　鹿毛　アメリカ産　2010年輸入

距離	成長型	芝	ダート	瞬発力	パワー	底力
マ中	やや早	○	○	○	○	△

PROFILE

競走成績　6戦4勝（3〜5歳・米）
最高レーティング　117 M（10年）
主な勝ち鞍　ニューオリンズH。スティーヴンフォスターH2着。

系統：ファピアノ系　母父系統：ミスタープロスペクター系

父 ＊エンパイアメーカー 黒鹿 2000	Unbridled 鹿 1987	Fappiano	Mr. Prospector
			Killaloe
		Gana Facil	Le Fabuleux
			Charedi
	Toussaud 黒鹿 1989	El Gran Senor	Northern Dancer
			Sex Appeal
		Image of Reality	In Reality
			Edee's Image
母 Flanders 栗 1992	Seeking the Gold 鹿 1985	Mr. Prospector	Raise a Native
			Gold Digger
		Con Game	Buckpasser
			Broadway
	Starlet Storm 栗 1987	Storm Bird	Northern Dancer
			South Ocean
		Cinegita	Secretariat
			Wanika

インブリード：Mr. Prospector 4×3、Northern Dancer 4×4、Buckpasser 5×4、父エンパイアメーカーに In Reality 4×3

血統解説　父エンパイアメーカーはベルモントS馬。種牡馬となり米で成功を収めた後で日本に導入された。母系は名門で本馬の半姉に米GI4勝のサーフサイド（サンタアニタオークス）、姪に米GII馬オープンウォーター、一族にエアフォースブルー（デューハーストS）。母父シーキングザゴールドは日本競馬とも好相性示す一流種牡馬。

代表産駒　ブレスジャーニー（サウジアラビアRC、東京スポーツ杯2歳S）、ライオンボス（アイビスサマーダッシュ）、マイネルシュバリエ（札幌2歳S2着）、アッシェンプッテル（クイーン賞2着）、モジアナフレイバー（東京大賞典3着）、ヒデノインペリアル。

米GII制した飛び切りの名血馬
種牡馬となり重賞馬を輩出する

　関節の故障などで3、4歳時は1走ずつの出走だったが、4歳時の未勝利戦で初勝利をあげる。5歳となり続けてレースを使えるようになって、一般競走、クレーミングレース、GIIニューオリンズHに勝利し通算の連勝を「4」まで伸ばした。6月のGIスティーヴンフォスターHでも後の米古牡馬王者ブレイムと接戦を繰り拡げ、4分の3馬身差の2着だった。

　半姉に米3歳牝馬王者サーフサイドがいる血統の良さも買われ、引退後すぐに日本で種牡馬入り。これまでにブレスジャーニー、ライオンボスといった重賞勝ち産駒を輩出している。2022年は地方競馬のローカル重賞馬ユメノホノオ（高知・金の鞍賞）らが健闘し、8年連続でランキング2ケタ台をキープした。

POG　2023年期待の2歳馬

母馬名（母父）	性別	おすすめポイント
ミサコ（＊クロフネ）	牡	母の初仔。パワフルなスピード活きるマイル〜中距離戦で地力発揮。
メモリーマニフィカ（マンハッタンカフェ）	牡	芝、ダート兼用の中距離型か。息の長い末脚が武器となりそう。
アイシャ（ハーツクライ）	牝	祖母シーズオールエルティッシュは米GII馬。確実性の高さも魅力。

馬券に直結する適性データ

　地方競馬のローカル重賞勝ち馬が多数登場していることが示す通り、パワーが問われるダート戦を最も得意としている。JRAでは全般的に苦戦が続いているが、中山ダートで13％を超える連対率を記録していることは馬券作戦に活かしていきたいデータ。また、パワーとスピードの双方を求められることが多いダート不良馬場で成績が良いことも、併せて頭に入れておきたい。やや晩成の傾向もあり本領を発揮するのは3歳前半から。また、1番人気での信頼度が高いことも抑えておきたい特徴となる。もう1つ、中距離適性の高さも武器だ。

2022年 成績

総収得賞金 246,992,000円　**アーニング INDEX** 0.43

勝利頭数／出走頭数：全馬 53／127　　2歳 5／24

勝利回数／出走回数：全馬 99／1,122　　2歳 9／91

Data Box (2020〜2022)

コース　ほぼ中山ダート専用と考えたい

	1着	2着	3着	出走数	勝率	連対率	3着内率
全体計	20	24	27	471	4.2%	9.3%	15.1%
中央芝	3	5	6	64	4.7%	12.5%	21.9%
中央ダ	9	7	9	213	4.2%	7.5%	11.7%
ローカル芝	3	6	2	83	3.6%	10.8%	13.3%
ローカルダ	5	6	10	111	4.5%	9.9%	18.9%
右回り芝	1	4	7	77	1.3%	6.5%	15.6%
右回りダ	10	10	9	191	5.2%	10.5%	15.2%
左回り芝	4	5	1	63	6.3%	14.3%	15.9%
左回りダ	4	3	10	133	3.0%	5.3%	12.8%
札幌芝	0	0	2	9	0.0%	0.0%	22.2%
札幌ダ	2	0	1	12	16.7%	16.7%	25.0%
函館芝	0	0	0	6	0.0%	0.0%	0.0%
函館ダ	0	2	2	8	0.0%	25.0%	50.0%
福島芝	0	1	0	15	0.0%	6.7%	6.7%
福島ダ	0	0	0	13	0.0%	0.0%	0.0%
新潟芝	2	5	0	28	7.1%	25.0%	25.0%
新潟ダ	1	1	2	26	3.8%	7.7%	15.4%
東京芝	2	2	1	29	6.9%	13.8%	17.2%
東京ダ	1	1	4	71	1.4%	2.8%	8.5%
中山芝	1	3	4	28	3.6%	14.3%	28.6%
中山ダ	**4**	**6**	**0**	**74**	**5.4%**	**13.5%**	**13.5%**
中京芝	1	0	0	13	7.7%	7.7%	7.7%
中京ダ	2	1	4	36	5.6%	8.3%	19.4%
京都芝	0	0	1	2	0.0%	0.0%	50.0%
京都ダ	0	0	2	14	0.0%	0.0%	14.3%
阪神芝	0	0	0	5	0.0%	0.0%	0.0%
阪神ダ	4	0	0	54	7.4%	7.4%	13.0%
小倉芝	0	0	0	12	0.0%	0.0%	0.0%
小倉ダ	0	2	1	16	0.0%	12.5%	18.8%

条件　現状の活躍どころは未勝利戦

	1着	2着	3着	出走数	勝率	連対率	3着内率
新馬	0	1	1	39	0.0%	2.6%	5.1%
未勝利	**11**	**13**	**10**	**186**	**5.9%**	**12.9%**	**18.3%**
1勝	6	5	12	135	4.4%	8.1%	17.0%
2勝	1	1	1	64	1.6%	3.1%	4.7%
3勝	1	0	0	9	11.1%	11.1%	11.1%
OPEN特別	1	2	3	35	2.9%	8.6%	17.1%
GⅢ	0	2	0	6	0.0%	33.3%	33.3%
GⅡ	0	0	0	5	0.0%	0.0%	0.0%
GⅠ	0	0	0	1	0.0%	0.0%	0.0%
ハンデ戦	1	0	0	27	3.7%	3.7%	7.4%
牝馬限定	4	4	2	83	4.8%	9.6%	12.0%
障害	0	0	0	5	0.0%	0.0%	0.0%

人気　1番人気は連軸、3連複軸候補

	1着	2着	3着	出走数	勝率	連対率	3着内率
1番人気	**3**	**4**	**1**	**12**	**25.0%**	**58.3%**	**66.7%**
2〜3番人気	9	4	8	43	20.9%	30.2%	48.8%
4〜6番人気	5	8	6	92	5.4%	14.1%	20.7%
7〜9番人気	3	5	7	99	3.0%	8.1%	15.2%
10番人気〜	0	3	5	230	0.0%	1.3%	3.5%

単勝回収値 47円／単勝適正回収値 75円

距離　芝は距離不問、ダートは中距離戦

芝　平均勝ち距離　1,567m

	1着	2着	3着	出走数	勝率	連対率	3着内率
全体計	6	11	8	147	4.1%	11.6%	17.0%
芝〜1300m	2	3	4	52	3.8%	9.6%	17.3%
芝〜1600m	2	4	3	45	4.4%	13.3%	20.0%
芝〜2000m	0	3	1	32	0.0%	9.4%	12.5%
芝〜2400m	2	1	0	13	15.4%	23.1%	23.1%
芝2500m〜	0	0	0	5	0.0%	0.0%	0.0%

ダート　平均勝ち距離　1,536m

	1着	2着	3着	出走数	勝率	連対率	3着内率
全体計	14	13	19	324	4.3%	8.3%	14.2%
ダ〜1300m	6	3	6	97	6.2%	9.3%	15.5%
ダ〜1600m	0	1	5	86	0.0%	1.2%	7.0%
ダ〜2000m	8	9	8	138	5.8%	12.3%	18.1%
ダ2100m〜	0	0	0	3	0.0%	0.0%	0.0%

馬場状態　不良まで悪化したダートで出番

		1着	2着	3着	出走数	勝率	連対率	3着内率
芝	良	4	9	6	113	3.5%	11.5%	16.8%
	稍重	2	1	1	23	8.7%	13.0%	17.4%
	重	0	1	1	9	0.0%	11.1%	22.2%
	不良	0	0	0	2	0.0%	0.0%	0.0%
ダ	良	7	7	9	196	3.6%	7.1%	11.7%
	稍重	3	2	4	61	4.9%	8.2%	14.8%
	重	2	1	2	35	5.7%	8.6%	14.3%
	不良	**2**	**3**	**4**	**32**	**6.3%**	**15.6%**	**28.1%**

性齢　3歳前半から5歳まで活躍

	1着	2着	3着	出走数	勝率	連対率	3着内率
牡2歳	0	4	5	52	0.0%	7.7%	17.3%
牝2歳	2	2	2	41	4.9%	9.8%	14.6%
牡3歳前半	**5**	**3**	**4**	**57**	**8.8%**	**14.0%**	**21.1%**
牝3歳前半	3	4	3	64	4.7%	10.9%	15.6%
牡3歳後半	1	1	2	24	4.2%	8.3%	16.7%
牝3歳後半	2	2	0	46	4.3%	8.7%	8.7%
牡4歳	2	0	0	27	7.4%	7.4%	7.4%
牝4歳	2	1	4	28	7.1%	10.7%	25.0%
牡5歳	1	1	0	15	6.7%	13.3%	13.3%
牝5歳	1	3	4	42	2.4%	9.5%	19.0%
牡6歳	0	1	1	25	0.0%	4.0%	8.0%
牝6歳	1	1	3	34	2.9%	5.9%	11.8%
牡7歳以上	0	1	0	14	0.0%	7.1%	7.1%
牝7歳以上	0	0	0	7	0.0%	0.0%	0.0%

勝ち馬の決め手

芝　6勝　追込 —／逃げ —／差し 3／先行 3

ダート　14勝　追込 2／逃げ 3／差し 3／先行 6

RANKING
95
2歳馬 **86**

2021 ⑧⑥
2020 ⑩⑧
2019 ⑰
2018 —

スピルバーグ
SPIELBERG

年次	種付頭数	産駒数
22年	**3**	**7**
21年	9	12
20年	19	34

種付料／プライヴェート　供用地／青森県・フォレブルー
2009年生　鹿毛　千歳・社台ファーム産

距離	成長型	芝	ダート	瞬発力	パワー	底力
中長	普	○	○	○	○	△

PROFILE

競走成績　18戦6勝（2〜6歳・日英）
最高レーティング　120 L（14年）
主な勝ち鞍　天皇賞・秋、プリンシパルS、メイS。
ジャパンC3着、毎日王冠3着、共同通信杯3着、
毎日杯3着。

爆発的な末脚駆使し秋の盾制覇
現在は東北で種牡馬生活を送る

　2歳10月の新馬戦を勝ち上がり、デビュー3戦目となった3歳2月の共同通信杯でゴールドシップの3着。毎日杯でも3着までだったが、5月のLプリンシパルSに勝利しダービーに駒を進めた。その後長期休養を余儀なくされたが、4歳秋から5月初夏にかけ1000万特別、準OP特別、OPメイSと3連勝。毎日王冠3着を挟んで臨んだ天皇賞・秋では切れ味鋭い末脚が爆発し、ジェンティルドンナらを抑えビッグタイトル獲得に成功する。次走ジャパンCはエピファネイアの3着だった。

　供用初年度は100頭を超える種付をこなしたが、大物産駒が登場してないこともあり年々種付数が減少してしまった。2022年からは青森県に移動し種牡馬生活を続行している。

系統：サンデーサイレンス系　母父系統：ミスタープロスペクター系

父 ディープインパクト 鹿 2002	*サンデーサイレンス 青鹿 1986	Halo	Hail to Reason
			Cosmah
		Wishing Well	Understanding
			Mountain Flower
	*ウインドインハーヘア 鹿 1991	Alzao	Lyphard
			Lady Rebecca
		Burghclere	Busted
			Highclere
母 *プリンセスオリビア 栗 1995	Lycius 栗 1988	Mr. Prospector	Raise a Native
			Gold Digger
		Lypatia	Lyphard
			Hypatia
	Dance Image 鹿 1990	Sadler's Wells	Northern Dancer
			Fairy Bridge
		Diamond Spring	Vaguely Noble
			Dumfries

インブリード：Lyphard 4×4、Northern Dancer 5×5・4、Goofed 5×5・5

血統解説　父ディープインパクトは21世紀序盤の日本馬界をリードした大種牡馬。母系は現代の名門で、本馬の半兄にフラワーアレイ（トラヴァーズS）、全兄にトーセンラー（マイルCS）、半姉にブルーミングアレー（フローラS3着）、姪にランブリングアレー（中山牝馬S）がいる。母父リシウスは英2歳GⅠミドルパークSに勝利した。

代表産駒　ウインドジャマー、タイキフォース、デルマカンノン、ルージュリナージュ、ルージュメサージュ、ラブスピール、カズロレアート、メイショウユウスイ、ヴルカーノ、アカリン、ナイトコマンダー、ミナミン、トーセンジザス、フロンタルジェダイ。

POG　2023年期待の2歳馬

母馬名（母父）	性別	おすすめポイント
エイシンエルヴァー （*タイキシャトル）	牡	パワフルなスピードを持つマイル〜中距離型。ダート戦線で活躍か。
リプカ （*ハービンジャー）	牡	サンデーサイレンス3×3クロス持つ。母父の血も効果を生みそう。
プラセール （*ヘクタープロテクター）	牝	半姉にGⅢ勝ちホタルビ。1歳オータムセールで落札される。

馬券に直結する適性データ

　母系の影響もあるのか、やや力の要る馬場コンディションで息の長い末脚を活かすレース展開が理想となる。JRAでは芝よりもダート適性の高さが目立っていて、中京ダートにおける高い勝率と連対率は、ぜひ馬券作戦に応用したいデータとなっている。また、芝であれば重馬場での成績が良いことも併せて覚えておこう。これも自身を彷彿とさせる特徴だが、産駒もやや晩成の傾向を保持している。3歳後半に牡牝共に信頼性が増すことも、心に刻んでおきたいところだ。もう1つ、2、3番人気での勝率の高さも馬券作戦に取り入れたい。

2022年成績

総収得賞金 245,737,000円 アーニング INDEX 0.51		
勝利頭数／出走頭数：全馬49／107	2歳 6／27	
勝利回数／出走回数：全馬82／936	2歳 7／128	

Data Box (2020~2022)

コース　左回りダートが得意なサウスポー

	1着	2着	3着	出走数	勝率	連対率	3着内率
全体計	26	38	33	599	4.3%	10.7%	16.2%
中央芝	6	10	15	159	3.8%	10.1%	19.5%
中央ダ	5	13	9	140	3.6%	12.9%	19.3%
ローカル芝	6	9	6	185	3.2%	8.1%	11.4%
ローカルダ	9	6	3	115	7.8%	13.0%	15.7%
右回り芝	5	11	10	210	2.4%	7.6%	12.4%
右回りダ	5	9	8	147	3.4%	9.5%	15.0%
左回り芝	7	8	11	130	5.4%	11.5%	20.0%
左回りダ	9	10	4	108	8.3%	17.6%	21.3%
札幌芝	1	2	0	19	5.3%	15.8%	15.8%
札幌ダ	0	0	0	12	0.0%	0.0%	0.0%
函館芝	0	0	1	18	0.0%	0.0%	5.6%
函館ダ	2	0	0	5	40.0%	40.0%	40.0%
福島芝	0	1	0	27	0.0%	3.7%	3.7%
福島ダ	0	1	1	13	0.0%	7.7%	15.4%
新潟芝	1	1	3	40	2.5%	5.0%	12.5%
新潟ダ	1	1	1	29	3.4%	6.9%	10.3%
東京芝	4	4	7	57	7.0%	14.0%	26.3%
東京ダ	2	5	3	40	5.0%	17.5%	25.0%
中山芝	1	3	4	56	1.8%	7.1%	14.3%
中山ダ	1	3	3	47	2.1%	8.5%	14.9%
中京芝	2	3	1	37	5.4%	13.5%	16.2%
中京ダ	6	4	0	39	15.4%	25.6%	25.6%
京都芝	0	0	1	12	0.0%	0.0%	8.3%
京都ダ	1	3	0	17	5.9%	23.5%	23.5%
阪神芝	1	3	3	34	2.9%	11.8%	20.6%
阪神ダ	1	2	3	36	2.8%	8.3%	16.7%
小倉芝	2	2	1	44	4.5%	9.1%	11.4%
小倉ダ	1	0	0	17	0.0%	0.0%	5.9%

条件　2勝クラスなら主力級の活躍

	1着	2着	3着	出走数	勝率	連対率	3着内率
新馬	2	2	4	57	3.5%	7.0%	14.0%
未勝利	15	15	15	319	4.7%	9.4%	14.1%
1勝	7	17	12	181	3.9%	13.3%	19.9%
2勝	2	6	4	47	4.3%	17.0%	25.5%
3勝	1	0	0	2	50.0%	50.0%	50.0%
OPEN特別	0	0	0	2	0.0%	0.0%	0.0%
GⅢ	0	0	0	2	0.0%	0.0%	0.0%
GⅡ	0	0	0	2	0.0%	0.0%	0.0%
GⅠ	0	0	0	4	0.0%	0.0%	0.0%
ハンデ戦	1	0	0	7	14.3%	14.3%	14.3%
牝馬限定	7	9	5	121	5.8%	13.2%	17.4%
障害	1	2	2	14	7.1%	21.4%	35.7%

人気　2～3番人気の勝率が優秀

	1着	2着	3着	出走数	勝率	連対率	3着内率
1番人気	10	9	6	37	27.0%	51.4%	67.6%
2～3番人気	12	11	7	63	19.0%	36.5%	47.6%
4～6番人気	4	6	11	97	4.1%	10.3%	21.6%
7～9番人気	1	10	7	116	0.9%	9.5%	15.5%
10番人気～	0	4	4	300	0.0%	1.3%	2.7%

単勝回収値 26円／単勝適正回収値 64円

距離　芝は中距離、ダートはマイル向き

芝　平均勝ち距離　1,783m

	1着	2着	3着	出走数	勝率	連対率	3着内率
全体計	12	19	21	344	3.5%	9.0%	15.1%
芝～1300m	2	5	3	65	3.1%	10.8%	15.4%
芝～1600m	1	5	6	79	1.3%	7.6%	15.2%
芝～2000m	9	8	11	172	5.2%	9.9%	16.3%
芝～2400m	0	1	1	21	0.0%	4.8%	9.5%
芝2500m～	0	0	0	7	0.0%	0.0%	0.0%

ダート　平均勝ち距離　1,679m

	1着	2着	3着	出走数	勝率	連対率	3着内率
全体計	14	19	12	255	5.5%	12.9%	17.6%
ダ～1300m	1	3	2	59	1.7%	6.8%	10.2%
ダ～1600m	3	5	3	46	6.5%	17.4%	23.9%
ダ～2000m	10	11	7	145	6.9%	14.5%	19.3%
ダ2100m～	0	0	0	5	0.0%	0.0%	0.0%

馬場状態　芝ダート共重馬場で出番到来

		1着	2着	3着	出走数	勝率	連対率	3着内率
芝	良	8	16	14	251	3.2%	9.6%	15.1%
	稍重	2	2	4	62	3.2%	6.5%	12.9%
	重	2	1	2	16	12.5%	18.8%	31.3%
	不良	0	0	1	15	0.0%	0.0%	6.7%
ダ	良	9	14	9	165	5.5%	13.9%	19.4%
	稍重	2	0	1	46	4.3%	6.5%	6.5%
	重	2	3	0	22	9.1%	22.7%	22.7%
	不良	1	1	2	22	4.5%	9.1%	22.7%

性齢　3歳後半に花が開く

	1着	2着	3着	出走数	勝率	連対率	3着内率
牡2歳	3	4	3	52	5.8%	13.5%	19.2%
牝2歳	1	2	1	49	2.0%	6.1%	8.2%
牡3歳前半	4	5	9	113	3.5%	8.0%	15.9%
牝3歳前半	5	10	8	133	3.8%	11.3%	17.3%
牡3歳後半	4	4	2	44	9.1%	18.2%	22.7%
牝3歳後半	4	3	0	58	6.9%	12.1%	12.1%
牡4歳	5	10	9	63	7.9%	23.8%	38.1%
牝4歳	1	2	3	65	1.5%	4.6%	9.2%
牡5歳	0	0	0	0	－	－	－
牝5歳	0	0	0	27	0.0%	0.0%	0.0%
牡6歳	0	0	0	0	－	－	－
牝6歳	0	0	0	0	－	－	－
牡7歳以上	0	0	0	0	－	－	－
牝7歳以上	0	0	0	0	－	－	－

勝ち馬の決め手

芝　12勝　追込2　逃げ1　先行4　差し5

ダート　14勝　差し3　逃げ3　先行8

257

RANKING
96
2歳馬 66
2021 ⑩
2020 ⑭
2019 ⑫
2018 −

パドトロワ
PAS DE TROIS

年次	種付頭数	産駒数
22年	39	16
21年	30	22
20年	38	36

2022年死亡
2007年生　鹿毛　千歳・社台ファーム産

距離	成長型	芝	ダート	瞬発力	パワー	底力
短	普	○	○	△	○	△

PROFILE

競走成績　35戦9勝（2〜7歳・日香）
最高レーティング　112S（11年）
主な勝ち鞍　アイビスサマーダッシュ、キーンランドC、函館スプリントS、オーストラリアT。スプリンターズS2着、キーンランドC3着。

初めてのGⅠ勝ち産駒登場も早逝が惜しまれる名短距離馬

　OP橘S3着を経て臨んだNHKマイルCは16着に大敗。4歳春に準OP心斎橋S、LオーストラリアTを連勝し、スプリント戦線一線級の仲間入りを果たす。7月にはLレースUHB杯に勝利。9番人気での出走となったスプリンターズSでカレンチャンの2着し、その名を多くの競馬ファンに知らしめた。夏場に強く、5歳時はアイビスサマーダッシュ、キーンランドCと重賞を連勝。6歳時にも函館スプリントSを制し、3つ目の重賞タイトルを得る。

　初年度産駒の一頭であるダンシングプリンスが古馬になって大成し、2022年にJBCスプリント、サウジアラビアのGⅢリヤドダートスプリントなどに勝利。しかし、その活躍の最中である9月に天国へと旅立ってしまった。

系統：フォーティナイナー系　母父系統：サンデーサイレンス系

父 *スウェプトオーヴァーボード 芦 1997	*エンドスウィープ 鹿 1991	*フォーティナイナー	Mr. Prospector
			File
		Broom Dance	Dance Spell
			Witching Hour
	Sheer Ice 芦 1982	Cutlass	Damascus
			Aphonia
		Hey Dolly A.	Ambehaving
			Swift Deal
母 グランパドドゥ 鹿 1997	フジキセキ 青鹿 1992	*サンデーサイレンス	Halo
			Wishing Well
		*ミルレーサー	Le Fabuleux
			Marston's Mill
	スターバレリーナ 鹿 1990	Risen Star	Secretariat
			Ribbon
		*ベリアーニ	Nureyev
			Eleven Pleasures

インブリード： Northern Dancer 5×5

血統解説　父スウェプトオーヴァーボードは米GⅠ馬で種牡馬としても成功を収めた。母系は名門で、母グランパドドゥ（中日新聞杯）、祖母スターバレリーナは共に重賞勝ち馬。叔父にはアンドゥオール（東海S）、いとこにもGⅠ3勝のロゴタイプ（皐月賞、安田記念）がいる。母父フジキセキはSS直仔のGⅠウイナーにして名種牡馬。

代表産駒　ダンシングプリンス（JBCスプリント、リヤドダートスプリント、カペラS、北海道スプリントC）、エムティアン（エーデルワイス賞3着）、パドカトル、シゲルキンセイ、ヒヤ、ハチキンムスメ（高知・黒潮ジュニアCS）、アトカラツイテクル。

POG　2023年期待の2歳馬

母馬名（母父）	性別	おすすめポイント
アマノブラウニイー （サクラバクシンオー）	牡	パワフルなスピード誇るスプリンター。芝、ダート双方で走れそう。
ピュアコンチェルト （*キンシャサノキセキ）	牝	当歳セレクトセールで1430万円。フジキセキ3×3のクロスを持つ。
バーニングテイスト （*ハービンジャー）	牝	アウトブリード配合が施される。末脚の切れが武器となりそうだ。

馬券に直結する適性データ

　飛び切りの代表産駒ダンシングプリンスが、交流ダート重賞、海外を活躍の主舞台としていることもあり、JRAでは勝ち鞍数そのものが1ケタ台に止まっている。全9勝中8勝をダート戦でマークしているように砂適性の高さは明らか。ローカル場所、パサパサの良馬場、スプリント戦といった条件が揃うことで、好走する確率はより高くなる。逆に言えばそれ以外の条件では苦戦続きであることも事実。今後にJRAでデビューする産駒たちが大勢をひっくり返す可能性も十分にあるが、芝であれば短距離戦であってもスルーするのが正解かも。

2022年成績

総収得賞金 231,058,000円	アーニング INDEX　0.59	
勝利頭数／出走頭数：全馬 41 ／ 87	2歳 11 ／ 24	
勝利回数／出走回数：全馬 67 ／ 661	2歳 17 ／ 92	

Data Box (2020〜2022)

コース　ややローカルのダート向き

	1着	2着	3着	出走数	勝率	連対率	3着内率
全体計	9	11	10	221	4.1%	9.0%	13.6%
中央芝	0	0	0	18	0.0%	0.0%	0.0%
中央ダ	5	4	4	89	5.6%	10.1%	14.6%
ローカル芝	1	3	1	52	1.9%	7.7%	9.6%
ローカルダ	3	4	5	62	4.8%	11.3%	19.4%
右回り芝	0	2	1	50	0.0%	4.0%	6.0%
右回りダ	6	6	5	93	6.5%	12.9%	18.3%
左回り芝	1	1	0	18	5.6%	11.1%	11.1%
左回りダ	2	2	4	58	3.4%	6.9%	13.8%
札幌芝	0	0	0	4	0.0%	0.0%	0.0%
札幌ダ	0	0	0	6	0.0%	0.0%	0.0%
函館芝	0	1	0	8	0.0%	12.5%	12.5%
函館ダ	0	0	0	1	0.0%	0.0%	0.0%
福島芝	0	0	0	6	0.0%	0.0%	0.0%
福島ダ	1	0	1	13	7.7%	7.7%	15.4%
新潟芝	1	1	0	9	11.1%	22.2%	22.2%
新潟ダ	1	1	1	16	6.3%	12.5%	18.8%
東京芝	0	0	0	6	0.0%	0.0%	0.0%
東京ダ	0	0	0	17	0.0%	0.0%	0.0%
中山芝	0	0	0	7	0.0%	0.0%	0.0%
中山ダ	4	1	3	35	11.4%	14.3%	22.9%
中京芝	0	0	0	5	0.0%	0.0%	0.0%
中京ダ	1	1	3	25	4.0%	8.0%	20.0%
京都芝	0	0	0	1	0.0%	0.0%	0.0%
京都ダ	0	0	0	5	0.0%	0.0%	0.0%
阪神芝	0	0	0	4	0.0%	0.0%	0.0%
阪神ダ	1	3	1	32	3.1%	12.5%	15.6%
小倉芝	0	1	1	20	0.0%	5.0%	10.0%
小倉ダ	0	0	2	6	0.0%	0.0%	33.3%

条件　2勝クラスの成績は悪くない

	1着	2着	3着	出走数	勝率	連対率	3着内率
新馬	0	3	0	22	0.0%	13.6%	13.6%
未勝利	3	5	4	94	3.2%	8.5%	12.8%
1勝	2	3	4	77	2.6%	6.5%	11.7%
2勝	1	1	2	18	5.6%	11.1%	22.2%
3勝	1	0	0	6	16.7%	16.7%	16.7%
OPEN特別	1	0	0	5	20.0%	20.0%	20.0%
GⅢ	1	0	1	3	33.3%	33.3%	66.7%
GⅡ	0	0	0	2	–	–	–
GⅠ	0	0	0	0	–	–	–
ハンデ戦	0	0	0	4	0.0%	0.0%	0.0%
牝馬限定	1	0	0	24	4.2%	4.2%	4.2%
障害	0	1	1	4	0.0%	25.0%	50.0%

人気　1番人気の勝率が5割超

	1着	2着	3着	出走数	勝率	連対率	3着内率
1番人気	6	1	0	11	54.5%	63.6%	63.6%
2〜3番人気	2	2	2	20	10.0%	20.0%	30.0%
4〜6番人気	0	6	4	41	0.0%	14.6%	24.4%
7〜9番人気	0	2	4	44	0.0%	4.5%	13.6%
10番人気〜	1	1	1	109	0.9%	1.8%	2.8%

単勝回収値 47円／単勝適正回収値 56円

距離　活躍の場はダート短距離に限定

芝　平均勝ち距離　1,400m

	1着	2着	3着	出走数	勝率	連対率	3着内率
全体計	1	3	1	70	1.4%	5.7%	7.1%
芝〜1300m	0	3	1	45	0.0%	6.7%	8.9%
芝〜1600m	1	0	0	20	5.0%	5.0%	5.0%
芝〜2000m	0	0	0	4	0.0%	0.0%	0.0%
芝〜2400m	0	0	0	0	–	–	–
芝2500m〜	0	0	0	1	0.0%	0.0%	0.0%

ダート　平均勝ち距離　1,194m

	1着	2着	3着	出走数	勝率	連対率	3着内率
全体計	8	8	9	151	5.3%	10.6%	16.6%
ダ〜1300m	8	6	9	121	6.6%	11.6%	19.0%
ダ〜1600m	0	2	0	19	0.0%	10.5%	10.5%
ダ〜2000m	0	0	0	10	0.0%	0.0%	0.0%
ダ2100m〜	0	0	0	1	0.0%	0.0%	0.0%

馬場状態　力の要るダートが向く

		1着	2着	3着	出走数	勝率	連対率	3着内率
芝	良	1	2	1	46	2.2%	6.5%	8.7%
	稍重	0	1	0	14	0.0%	7.1%	7.1%
	重	0	0	0	8	0.0%	0.0%	0.0%
	不良	0	0	0	2	0.0%	0.0%	0.0%
ダ	良	5	7	6	87	5.7%	13.8%	20.7%
	稍重	1	1	2	36	2.8%	5.6%	11.1%
	重	1	0	1	17	5.9%	5.9%	11.8%
	不良	1	0	0	11	9.1%	9.1%	9.1%

性齢　完成度は高めで5歳まで走る

	1着	2着	3着	出走数	勝率	連対率	3着内率
牡2歳	0	3	2	23	0.0%	13.0%	21.7%
牝2歳	1	2	0	14	7.1%	21.4%	21.4%
牡3歳前半	1	1	0	39	2.6%	5.1%	5.1%
牝3歳前半	0	1	0	34	0.0%	2.9%	2.9%
牡3歳後半	1	2	3	23	4.3%	13.0%	26.1%
牝3歳後半	0	0	0	17	0.0%	0.0%	0.0%
牡4歳	4	1	4	37	10.8%	13.5%	24.3%
牝4歳	0	0	0	17	0.0%	0.0%	0.0%
牡5歳	2	2	2	18	11.1%	22.2%	33.3%
牝5歳	0	0	0	2	0.0%	0.0%	0.0%
牡6歳	0	0	0	1	0.0%	0.0%	0.0%
牝6歳	0	0	0	0	–	–	–
牡7歳以上	0	0	0	0	–	–	–
牝7歳以上	0	0	0	0	–	–	–

勝ち馬の決め手

芝：1勝（差し1）
ダート：8勝（追込1、差し1、先行1、逃げ5）

RANKING
97

2歳馬 **72**

2021 ⑮
2020 −
2019 −
2018 −

ディーマジェスティ
DEE MAJESTY

年次	種付頭数	産駒数
22年	**72**	**62**
21年	97	37
20年	62	40

種付料／⬇受80万円F　供用地／新ひだか・アロースタッド

2013年生　鹿毛　新ひだか・服部牧場産

距離	成長型	芝	ダート	瞬発力	パワー	底力
中長	普	○	○	○	○	○

系統：サンデーサイレンス系　母父系統：ロベルト系

父 ディープインパクト 鹿 2002	*サンデーサイレンス 青鹿 1986	Halo	Hail to Reason
			Cosmah
		Wishing Well	Understanding
			Mountain Flower
	*ウインドインハーヘア 鹿 1991	Alzao	Lyphard
			Lady Rebecca
		Burghclere	Busted
			Highclere
母 エルメスティアラ 鹿 1998	*ブライアンズタイム 黒鹿 1985	Roberto	Hail to Reason
			Bramalea
		Kelley's Day	Graustark
			Golden Trail
	*シンコウエルメス 鹿 1993	Sadler's Wells	Northern Dancer
			Fairy Bridge
		Doff the Derby	Master Derby
			Margarethen

インブリード：Hail to Reason 4×4、Northern Dancer 5×4

血統解説　父ディープインパクトは11年連続首位種牡馬に輝く超大物サイアー。母系には活力があり、本馬の半兄にセイクレットレーヴ（ニュージーランドT2着）、いとこにタワーオブロンドン（スプリンターズS）、オセアグレイト（ステイヤーズS）、仏G1馬ソーベツ（サンタラリ賞）がいる。母父ブライアンズタイムはロベルト系名種牡馬。

PROFILE

競走成績　11戦4勝（2〜4歳・日）

最高レーティング　120I（16年）

主な勝ち鞍　皐月賞、セントライト記念、共同通信杯。ダービー3着、菊花賞4着。

代表産駒　クロスマジェスティ（アネモネS）、シゲルファンタジー、メイショウヒツクリ、デルマグレムリン、アップストローク、カンザシ、ダンディジャック、ディープレイヤー、ハルオブ、バンクロール、ドットクルー、ストロンゲスト、ワンエルメス。

重賞連勝で皐月賞制した強豪
産駒レベルの高さが武器となる

　デビュー戦、2戦目共に2着に惜敗したが3戦目で初勝利をあげる。3歳緒戦の共同通信杯は6番人気での出走となったが、力強い末脚を披露し重賞初制覇を飾った。続く皐月賞でも8番人気と評価は低かったが、マカヒキ、サトノダイヤモンドらを抑えクラシックウイナーの仲間入りを果たす。1番人気に推されたダービーはマカヒキの3着。セントライト記念で重賞3勝目をマークしてから臨んだ菊花賞は、サトノダイヤモンドの4着だった。

　5歳春から種牡馬生活を開始。供用初年度の78頭を皮切りに、5年連続で60頭台〜90頭台の種付をこなす安定した人気を博している。大物は出ていないが産駒層は厚く、2022年に初のランキングトップ100入りを果たした。

POG　2023年期待の2歳馬

母馬名（母父）	性別	おすすめポイント
*ベイトンドーロ （MEDAGLIA D'ORO）	牡	母は米GⅡブラックアイドスーザンSに勝利。勝負強さにも期待。
アンローランサン （フサイチコンコルド）	牝	サドラーズウェルズ4×4を持つ。スケールの大きさを活かしたい。
エメラルドビーム （*ファスリエフ）	牝	1歳オータムセールで落札される。サンデーサイレンス3×4を持つ。

馬券に直結する適性データ

　2022年に2世代目産駒がデビューした段階だけに、まだまだ傾向は大きく変わってきそうだ。いちおう現段階では芝、ダート共にこなせ、距離にもある程度の融通が効くことが産駒の特徴となっている。そのなかで、福島芝、中山芝で好成績を収めていることは覚えておきたいポイント。また、スピードが活きる芝良馬場、ダート重馬場で本領を発揮するケースが多いことも併せて頭に止めておこう。馬券作戦的に、ぜひ抑えておきたいのが7〜9番人気時に10%を超える連対率を残している点。人気薄でも相手候補の一頭に加えておくのが正解だ。

2022年 成績

総収得賞金 228,204,000円　**アーニング INDEX** 0.72

勝利頭数／出走頭数：全馬 27 ／ 70	2歳 5 ／ 30
勝利回数／出走回数：全馬 39 ／ 431	2歳 6 ／ 88

Data Box (2020〜2022)

コース　関東の小回り芝向き

	1着	2着	3着	出走数	勝率	連対率	3着内率
全体計	17	22	18	267	6.4%	14.6%	21.3%
中央芝	5	7	8	70	7.1%	17.1%	28.6%
中央ダ	4	5	3	79	5.1%	11.4%	15.2%
ローカル芝	3	8	4	68	4.4%	16.2%	22.1%
ローカルダ	5	2	3	50	10.0%	14.0%	20.0%
右回り芝	7	11	6	85	8.2%	21.2%	28.2%
右回りダ	6	6	2	80	7.5%	15.0%	17.5%
左回り芝	1	4	6	53	1.9%	9.4%	20.8%
左回りダ	3	1	4	49	6.1%	8.2%	16.3%
札幌芝	0	1	1	10	0.0%	10.0%	20.0%
札幌ダ	1	0	0	5	20.0%	20.0%	20.0%
函館芝	0	1	0	3	0.0%	33.3%	33.3%
函館ダ	2	0	0	4	50.0%	50.0%	50.0%
福島芝	2	3	2	13	15.4%	38.5%	53.8%
福島ダ	0	0	0	7	0.0%	0.0%	0.0%
新潟芝	0	1	0	15	0.0%	6.7%	13.3%
新潟ダ	1	1	0	5	20.0%	40.0%	40.0%
東京芝	1	1	5	25	4.0%	8.0%	28.0%
東京ダ	1	0	1	22	4.5%	4.5%	9.1%
中山芝	3	6	3	29	10.3%	31.0%	41.4%
中山ダ	1	2	0	16	6.3%	18.8%	18.8%
中京芝	0	2	0	13	0.0%	15.4%	15.4%
中京ダ	1	0	0	22	4.5%	4.5%	18.2%
京都芝	0	0	0	0	–	–	–
京都ダ	0	0	0	0	–	–	–
阪神芝	1	0	0	16	6.3%	6.3%	6.3%
阪神ダ	2	3	2	41	4.9%	12.2%	17.1%
小倉芝	1	0	0	14	7.1%	7.1%	7.1%
小倉ダ	0	1	0	7	0.0%	14.3%	14.3%

条件　新馬戦より未勝利戦で成績安定

	1着	2着	3着	出走数	勝率	連対率	3着内率
新馬	1	5	2	51	2.0%	11.8%	15.7%
未勝利	13	9	7	149	8.7%	14.8%	19.5%
1勝	2	6	8	48	4.2%	16.7%	33.3%
2勝	0	1	1	5	0.0%	20.0%	40.0%
3勝	0	0	0	3	0.0%	0.0%	0.0%
OPEN特別	1	1	0	3	33.3%	66.7%	66.7%
GⅢ	0	0	0	5	0.0%	0.0%	0.0%
GⅡ	0	0	0	0	–	–	–
GⅠ	0	0	0	1	0.0%	0.0%	0.0%
ハンデ戦	0	0	0	0	–	–	–
牝馬限定	5	3	1	43	11.6%	18.6%	20.9%
障害	0	0	0	0	–	–	–

人気　大駆け傾向あり

	1着	2着	3着	出走数	勝率	連対率	3着内率
1番人気	5	5	4	20	25.0%	50.0%	70.0%
2〜3番人気	5	5	5	34	14.7%	29.4%	44.1%
4〜6番人気	4	5	4	55	7.3%	16.4%	23.6%
7〜9番人気	2	5	2	64	3.1%	10.9%	14.1%
10番人気〜	1	2	3	94	1.1%	3.2%	6.4%

単勝回収値 108円／単勝適正回収値 74円

距離　芝ダート共短距離戦向き

芝　平均勝ち距離　1,575m

	1着	2着	3着	出走数	勝率	連対率	3着内率
全体計	8	15	12	138	5.8%	16.7%	25.4%
芝〜1300m	2	7	2	34	5.9%	26.5%	32.4%
芝〜1600m	3	4	4	48	6.3%	14.6%	22.9%
芝〜2000m	3	4	6	52	5.8%	13.5%	25.0%
芝〜2400m	0	0	0	4	0.0%	0.0%	0.0%
芝2500m〜	0	0	0	0	–	–	–

ダート　平均勝ち距離　1,378m

	1着	2着	3着	出走数	勝率	連対率	3着内率
全体計	9	7	6	129	7.0%	12.4%	17.1%
ダ〜1300m	5	5	0	36	13.9%	27.8%	27.8%
ダ〜1600m	1	0	3	35	2.9%	2.9%	11.4%
ダ〜2000m	3	2	3	56	5.4%	8.9%	14.3%
ダ2100m〜	0	0	0	2	0.0%	0.0%	0.0%

馬場状態　芝は良馬場、ダートは重馬場

		1着	2着	3着	出走数	勝率	連対率	3着内率
芝	良	8	13	12	115	7.0%	18.3%	28.7%
	稍重	0	2	0	19	0.0%	10.5%	10.5%
	重	0	0	0	4	0.0%	0.0%	0.0%
	不良	0	0	0	0	–	–	–
ダ	良	4	5	5	80	5.0%	11.3%	17.5%
	稍重	2	1	0	28	7.1%	10.7%	10.7%
	重	3	1	1	16	18.8%	25.0%	31.3%
	不良	0	0	0	5	0.0%	0.0%	0.0%

性齢　ディープ系らしく完成は早い

	1着	2着	3着	出走数	勝率	連対率	3着内率
牡2歳	4	8	3	64	6.3%	18.8%	23.4%
牝2歳	4	2	1	45	8.9%	13.3%	15.6%
牡3歳前半	3	3	6	63	4.8%	9.5%	19.0%
牝3歳前半	3	4	2	39	7.7%	17.9%	23.1%
牡3歳後半	2	3	6	41	4.9%	12.2%	26.8%
牝3歳後半	1	2	0	15	6.7%	20.0%	20.0%
牡4歳	0	0	0	0	–	–	–
牝4歳	0	0	0	0	–	–	–
牡5歳	0	0	0	0	–	–	–
牝5歳	0	0	0	0	–	–	–
牡6歳	0	0	0	0	–	–	–
牝6歳	0	0	0	0	–	–	–
牡7歳以上	0	0	0	0	–	–	–
牝7歳以上	0	0	0	0	–	–	–

勝ち馬の決め手

芝　　逃げ 1／差し 3／先行 4／8勝

ダート　逃げ 1／先行 8／9勝

2021 ⑦
2020 ⑫
2019 ㊹
2018 ㉝

キングヘイロー
KING HALO

年次	種付頭数	産駒数
22年	－	－
21年	－	－
20年	－	0

2019 年死亡
1995 年生　鹿毛　新冠・協和牧場産

距離	成長型	芝	ダート	瞬発力	パワー	底力
短マ	普	◎	◎	○	○	○

系統：リファール系　母父系統：ヘイルトゥリーズン系

				Nearctic
父	Lyphard 鹿 1969	Northern Dancer		Natalma
*ダンシングブレーヴ 鹿 1983		Goofed		Court Martial
				Barra
	Navajo Princess 鹿 1974	Drone		Sir Gaylord
				Cap and Bells
		Olmec		Pago Pago
				Chocolate Beau
母	Halo 黒鹿 1969	Hail to Reason		Turn-to
*グッバイヘイロー 栗 1985				Nothirdchance
		Cosmah		Cosmic Bomb
				Almahmoud
	Pound Foolish 鹿 1979	Sir Ivor		Sir Gaylord
				Attica
		Squander		Buckpasser
				Discipline

インブリード：Sir Gaylord 4×4、Turn-to 5×4・5、Almahmoud 5×4、Tom Fool 5×5

血統解説　父ダンシングブレーヴは凱旋門賞などを制し「1980 年代欧州最強馬」と呼ばれた名馬。産駒数は少ないながら種牡馬としても成功を収めた。母グッバイヘイローはケンタッキーオークス、CCA オークス、マザーグースS、ラカニャーダSなど米GIを7勝した大物。母父ヘイローはサンデーサイレンスの父でもある名種牡馬。

代表産駒　ローレルゲレイロ（スプリンターズS、高松宮記念）、カワカミプリンセス（オークス、秋華賞）、メーデイア（JBC レディスクラシック）、ダイアナヘイロー（阪神C）、クリールカイザー（AJCC）、キタサンミカヅキ、キクノアロー、ダイメイプリンセス。

PROFILE
競走成績　27 戦 6 勝（2～5歳・日）
最高レーティング　113 S、M、L（00 年）
主な勝ち鞍　高松宮記念、中山記念、東京新聞杯、東京スポーツ杯3歳S。マイルCS2着、皐月賞2着、京都新聞杯2着、Rたんば杯3歳S2着。

スプリントGI制した超名血馬
種牡馬となり立派な功績を残す

「欧州最強馬」と謳われた父、米GIを7勝した名牝中の名牝である母との配合から誕生した超名血馬。デビュー戦から東京スポーツ杯3歳Sまで無傷の3連勝を飾り、クラシック有力候補と目される。しかし、皐月賞で2着に惜敗したのを皮切りに、ダービー大敗、菊花賞5着と勝利を得ることは叶わなかった。4歳となり東京新聞杯、中山記念を連勝したがその後は勝ち運に見放され続ける。4番人気で臨んだ5歳3月の高松宮記念では直線でパワフルな末脚が炸裂、最後は4頭の追い比べをクビ差抜け出し念願のGIタイトル獲得に成功した。

種牡馬となり、牝馬2冠馬カワカミプリンセス、最優秀短距離馬にも選出されたローレルゲレイロ、牝馬ダート重賞戦線の雄メーデイアといった独得の大物感を誇るGIウィナーを輩出。2022 年を含め、18 年連続でランキング2ケタ台をキープする息の長い活躍を示している。また、2022 年度代表馬イクイノックスの母父に入ったことで、その血統の素晴らしさと能力の高さが改めて注目された。

馬券に直結する適性データ

晩年の産駒たちが走る時代となり、JRA における勝ち鞍数そのものが全盛時より大きく減ってしまっている。そういう状況ではあるが、自身が唯一のGIタイトル獲得を成し遂げた中京芝で健闘していることは頭に入れておきたいデータ。勝率、連対率共に高く、頭固定、連軸に据えての大勝負も可能となってくる。スピード能力は高く、芝良馬場での好成績も抑えておきたいポイント。ダートでもそのスピードが活きる脚抜けの良い不良馬場が得意。晩成の傾向も強くなってきていて、2023 年に5歳となる最終世代産駒は、要注目だ。

2022年成績

総収得賞金 227,771,000円　**アーニング INDEX** 0.66

		2歳
勝利頭数／出走頭数：全馬38／77	2歳 −／−
勝利回数／出走回数：全馬64／864	2歳 −／−

Data Box (2020~2022)

コース　父がGI勝った中京芝で好成績

	1着	2着	3着	出走数	勝率	連対率	3着内率
全体計	11	23	19	284	3.9%	12.0%	18.7%
中央芝	2	5	4	60	3.3%	11.7%	18.3%
中央ダ	2	13	9	123	1.6%	12.2%	19.5%
ローカル芝	4	4	3	47	8.5%	17.0%	23.4%
ローカルダ	3	1	3	54	5.6%	7.4%	13.0%
右回り芝	4	6	4	63	6.3%	15.9%	22.2%
右回りダ	3	10	8	112	2.7%	11.6%	18.8%
左回り芝	2	3	3	41	4.9%	12.2%	17.1%
左回りダ	2	4	4	65	3.1%	9.2%	15.4%
札幌芝	0	0	0	2	0.0%	0.0%	0.0%
札幌ダ	0	0	0	5	0.0%	0.0%	0.0%
函館芝	0	0	0	3	0.0%	0.0%	0.0%
函館ダ	1	0	0	3	33.3%	33.3%	33.3%
福島芝	1	0	0	6	16.7%	16.7%	16.7%
福島ダ	0	0	0	11	0.0%	0.0%	0.0%
新潟芝	0	1	2	11	0.0%	9.1%	27.3%
新潟ダ	0	0	2	9	0.0%	0.0%	22.2%
東京芝	0	0	1	20	0.0%	0.0%	5.0%
東京ダ	0	3	1	38	0.0%	7.9%	10.5%
中山芝	1	2	1	13	7.7%	23.1%	30.8%
中山ダ	2	7	3	44	4.5%	20.5%	27.3%
中京芝	2	2	0	13	15.4%	30.8%	30.8%
中京ダ	2	1	1	18	11.1%	16.7%	22.2%
京都芝	0	1	0	8	0.0%	12.5%	25.0%
京都ダ	0	0	3	13	0.0%	0.0%	23.1%
阪神芝	1	2	1	19	5.3%	15.8%	21.1%
阪神ダ	0	3	2	28	0.0%	10.7%	17.9%
小倉芝	1	1	1	12	8.3%	16.7%	25.0%
小倉ダ	0	0	0	8	0.0%	0.0%	0.0%

条件　障害戦の適性は高い

	1着	2着	3着	出走数	勝率	連対率	3着内率
新馬	0	1	0	15	0.0%	6.7%	6.7%
未勝利	7	5	9	99	7.1%	12.1%	21.2%
1勝	4	11	8	94	4.3%	16.0%	24.5%
2勝	5	4	1	52	9.6%	17.3%	19.2%
3勝	0	5	7	48	0.0%	10.4%	25.0%
OPEN特別	2	0	1	23	8.7%	8.7%	13.0%
GIII	0	0	0	8	0.0%	0.0%	0.0%
GII	0	0	0	5	0.0%	0.0%	0.0%
GI	0	0	0	2	0.0%	0.0%	0.0%
ハンデ戦	0	4	3	27	0.0%	14.8%	25.9%
牝馬限定	0	0	0	23	0.0%	0.0%	0.0%
障害	7	3	7	59	11.9%	16.9%	28.8%

人気　4~6番人気が驚異的な成績

	1着	2着	3着	出走数	勝率	連対率	3着内率
1番人気	9	8	3	22	40.9%	77.3%	90.9%
2~3番人気	1	9	8	34	2.9%	29.4%	52.9%
4~6番人気	7	5	6	45	15.6%	26.7%	40.0%
7~9番人気	1	3	4	46	2.2%	8.7%	17.4%
10番人気~	0	1	5	196	0.0%	0.5%	3.1%

単勝回収値 34円／単勝適正回収値 75円

距離　芝中距離をピンポイント狙い

芝　平均勝ち距離　1,633m

	1着	2着	3着	出走数	勝率	連対率	3着内率
全体計	6	9	7	107	5.6%	14.0%	20.6%
芝~1300m	2	3	3	38	5.3%	13.2%	21.1%
芝~1600m	1	1	1	34	2.9%	5.9%	8.8%
芝~2000m	3	3	3	31	9.7%	19.4%	29.0%
芝~2400m	0	2	0	3	0.0%	66.7%	66.7%
芝2500m~	0	0	0	1	0.0%	0.0%	0.0%

ダート　平均勝ち距離　1,660m

	1着	2着	3着	出走数	勝率	連対率	3着内率
全体計	5	14	12	177	2.8%	10.7%	17.5%
ダ~1300m	2	7	6	66	3.0%	13.6%	22.7%
ダ~1600m	0	0	0	33	0.0%	0.0%	0.0%
ダ~2000m	2	5	4	58	3.4%	12.1%	20.7%
ダ2100m~	1	2	0	20	5.0%	15.0%	15.0%

馬場状態　芝の良馬場が大前提

		1着	2着	3着	出走数	勝率	連対率	3着内率
芝	良	6	7	7	77	7.8%	16.9%	26.0%
	稍重	0	2	0	19	0.0%	10.5%	10.5%
	重	0	0	0	9	0.0%	0.0%	0.0%
	不良	0	0	0	2	0.0%	0.0%	0.0%
ダ	良	3	8	7	111	2.7%	9.9%	16.2%
	稍重	0	3	0	35	0.0%	8.6%	14.3%
	重	2	1	1	17	0.0%	17.6%	23.5%
	不良	0	2	4	14	14.3%	14.3%	28.6%

性齢　現5歳最終産駒、ちょうどピーク

	1着	2着	3着	出走数	勝率	連対率	3着内率
牡2歳	0	0	0	3	0.0%	0.0%	0.0%
牝2歳	0	0	0	10	0.0%	0.0%	0.0%
牡3歳前半	2	4	2	43	4.7%	14.0%	18.6%
牝3歳前半	0	0	0	21	0.0%	0.0%	0.0%
牡3歳後半	1	1	0	11	9.1%	18.2%	18.2%
牝3歳後半	0	0	0	1	0.0%	0.0%	0.0%
牡4歳	5	9	4	66	7.6%	21.2%	27.3%
牝4歳	1	0	1	13	7.7%	7.7%	15.4%
牡5歳	5	4	2	30	16.7%	30.0%	36.7%
牝5歳	0	1	0	19	0.0%	5.3%	36.8%
牡6歳	2	4	3	42	4.8%	14.3%	21.4%
牝6歳	0	0	1	11	0.0%	0.0%	9.1%
牡7歳以上	1	1	6	56	1.8%	3.6%	14.3%
牝7歳以上	1	2	1	17	5.9%	17.6%	23.5%

勝ち馬の決め手

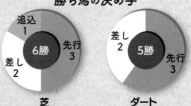

芝　追込1　先行3　差し2　6勝

ダート　差し2　先行3　5勝

RANKING
100
2歳馬 70

2021 ⑫
2020 ⑳
2019 ㉑
2018 ⑭

FRANKEL
フランケル

年次	種付頭数	産駒数
22年	−	−
21年	−	−
20年	−	−

写真はソウルスターリング

供用地／イギリス
2008年生　鹿毛　イギリス産

距離	成長型	芝	ダート	瞬発力	パワー	底力
マ中	普	◎	○	◎	○	◎

系統：サドラーズウェルズ系　母父系統：ダンチヒ系

父				
父 Galileo 鹿 1998	Sadler's Wells 鹿 1981	Northern Dancer	Nearctic
			Natalma
		Fairy Bridge	Bold Reason
			Special
	Urban Sea 栗 1989	Miswaki	Mr. Prospector
			Hopespringseternal
		Allegretta	Lombard
			Anatevka
母 Kind 鹿 2001	*デインヒル 鹿 1986	Danzig	Northern Dancer
			Pas de Nom
		Razyana	His Majesty
			Spring Adieu
	Rainbow Lake 鹿 1990	Rainbow Quest	Blushing Groom
			I Will Follow
		Rockfest	Stage Door Johnny
			Rock Garden

インブリード：Northern Dancer 3×4、Natalma 4×5・5、Buckpasser 5×5

血統解説　父ガリレオは21世紀の欧州生産界を支配した歴史的大種牡馬。本馬は父の最高傑作にして、最良の後継者にもなりつつある。母カインドはLキルヴィントンSなど英で6勝をマーク。本馬の全弟に欧州最優秀古牡馬ノーブルミッション（英チャンピオンS）を産んでいる。母父デインヒルは欧州、豪で大活躍した名種牡馬。

PROFILE

競走成績　14戦14勝（2〜4歳・英愛）
最高レーティング　140 M、I（12年）
主な勝ち鞍　英2000ギニー、英チャンピオンS、英インターナショナルS、サセックスS2回、QアンS、ロッキンジS、QエリザベスII世S。

代表産駒　アルピニスタ（凱旋門賞）、アダイヤー（英ダービー）、クラックスマン（英チャンピオンS2回）、ハリケーンレーン（愛ダービー）、ウエストオーバー（愛ダービー）、モズアスコット（安田記念）、ソウルスターリング（オークス）、グレナディアガーズ。

種牡馬としても大成功収める
世界最高レーティングホース

　無傷の4連勝でGⅠデューハーストSを制し2010年欧州最優秀2歳牡馬に選出。3歳時も英2000ギニー、QエリザベスII世SなどGⅠ4勝を含む5連勝を飾り2011年欧州年度代表馬のタイトルも得る。4歳時は、サセックスSなどマイルGⅠを3連勝した後、距離延長に挑み英インターナショナルS、英チャンピオンSを制覇。歴代最高レーティング「140」を獲得すると共に、2年連続欧州年度代表馬に選ばれた。

　英で種牡馬となり、凱旋門賞馬アルピニスタ、英ダービー馬アダイヤーなど数多のGⅠ勝ち産駒を輩出。2021、2022年と欧州リーディングサイアーに輝いた。ソウルスターリング、モズアスコット、グレナディアガーズと3頭のGⅠ勝ち馬が出るなど日本競馬との相性も抜群だ。

POG　2023年期待の2歳馬

母馬名（母父）	性別	おすすめポイント
*カーミングエフェクト （WAR FRONT）	牡	母はアメリカンオークスなど米GⅠを4勝。スピード能力は高い。
*コールバック （*ストリートセンス）	牡	母は米GⅠウイナー。当歳セレクトセールにおいて2億6400万円。
*ジェットセッティング （FAST COMPANY）	牡	母はGⅠ愛1000ギニー馬。1歳セレクトセールで1億7050万円。

馬券に直結する適性データ

　欧州の歴史的大種牡馬であった父ガリレオの直仔は日本ではいま一つの成績に終始してしまったが、その息仔であり、現役欧州ナンバーワン種牡馬である本馬は、日本競馬との素晴らしい相性を誇っている。芝、ダート共にこなすが、高いスピード能力を存分に発揮できるのはやはり芝。東京芝、芝良馬場で好成績を収めていることはまず覚えておきたいデータとなる。また、ダートでも、東京コースで高い勝率をマークしていることも併せて頭に入れておこう。仕上り早く新馬戦で圧倒的な成果をあげている点も、ぜひ馬券作戦に活かしていきたい。

※99位のリアルスティールはP352に掲載しています。

2022年 成績

総収得賞金 211,684,000円　**アーニング INDEX** 1.62

	2歳
勝利頭数／出走頭数：全馬 9 ／ 29	2歳 2 ／ 8
勝利回数／出走回数：全馬 11 ／ 107	2歳 2 ／ 14

Data Box (2020~2022)

コース　東京での活躍は相変わらず

	1着	2着	3着	出走数	勝率	連対率	3着内率
全体計	26	38	36	292	8.9%	21.9%	34.2%
中央芝	10	10	14	99	10.1%	20.2%	34.3%
中央ダ	3	1	3	25	12.0%	16.0%	28.0%
ローカル芝	10	27	19	147	6.8%	25.2%	38.1%
ローカルダ	3	0	0	21	14.3%	14.3%	14.3%
右回り芝	12	24	22	170	7.1%	21.2%	34.1%
右回りダ	2	1	3	23	8.7%	13.0%	26.1%
左回り芝	8	13	11	75	10.7%	28.0%	42.7%
左回りダ	4	0	0	23	17.4%	17.4%	17.4%
札幌芝	2	6	4	30	6.7%	26.7%	40.0%
札幌ダ	0	0	0	0	–	–	–
函館芝	3	6	3	24	12.5%	37.5%	50.0%
函館ダ	0	0	0	0	–	–	–
福島芝	0	1	0	4	0.0%	25.0%	25.0%
福島ダ	0	0	0	1	0.0%	0.0%	0.0%
新潟芝	0	2	5	15	0.0%	13.3%	46.7%
新潟ダ	0	0	0	2	0.0%	0.0%	0.0%
東京芝	5	3	2	23	21.7%	34.8%	43.5%
東京ダ	3	0	0	8	37.5%	37.5%	37.5%
中山芝	1	2	4	22	4.5%	13.6%	31.8%
中山ダ	0	0	0	0	–	–	–
中京芝	3	8	4	38	7.9%	28.9%	39.5%
中京ダ	1	0	0	13	7.7%	7.7%	7.7%
京都芝	0	2	3	11	0.0%	18.2%	45.5%
京都ダ	0	0	0	0	–	–	–
阪神芝	4	3	5	43	9.3%	16.3%	27.9%
阪神ダ	0	1	3	15	0.0%	6.7%	26.7%
小倉芝	2	4	3	36	5.6%	16.7%	25.0%
小倉ダ	2	0	0	5	40.0%	40.0%	40.0%

条件　完成度活きる新馬戦で好走

	1着	2着	3着	出走数	勝率	連対率	3着内率
新馬	5	4	2	24	20.8%	37.5%	45.8%
未勝利	4	8	12	81	4.9%	14.8%	29.6%
1勝	6	7	7	61	9.8%	21.3%	32.8%
2勝	6	11	5	45	13.3%	37.8%	48.9%
3勝	1	4	5	44	2.3%	11.4%	22.7%
OPEN特別	0	0	0	8	0.0%	0.0%	0.0%
GⅢ	1	3	2	14	7.1%	28.6%	42.9%
GⅡ	1	1	1	7	14.3%	28.6%	42.9%
GⅠ	2	0	0	9	22.2%	22.2%	22.2%
ハンデ戦	1	3	3	36	2.8%	11.1%	19.4%
牝馬限定	2	6	4	35	5.7%	22.9%	34.3%
障害	0	0	0	1	0.0%	0.0%	0.0%

人気　上位人気で勝ち切れない

	1着	2着	3着	出走数	勝率	連対率	3着内率
1番人気	10	13	12	55	18.2%	41.8%	63.6%
2～3番人気	11	12	12	86	12.8%	26.7%	40.7%
4～6番人気	3	9	5	67	4.5%	17.9%	25.4%
7～9番人気	1	3	3	43	2.3%	9.3%	16.3%
10番人気～	1	1	4	42	2.4%	4.8%	14.3%

単勝回収値 79円／単勝適正回収値 52円

距離　距離不問、ベストは芝マイル

芝　平均勝ち距離　1,460m

	1着	2着	3着	出走数	勝率	連対率	3着内率
全体計	20	37	33	246	8.1%	23.2%	36.6%
芝～1300m	7	10	13	83	8.4%	20.5%	36.1%
芝～1600m	9	9	12	78	11.5%	23.1%	38.5%
芝～2000m	4	16	7	77	5.2%	26.0%	35.1%
芝～2400m	0	2	1	6	0.0%	33.3%	50.0%
芝2500m～	0	0	0	2	0.0%	0.0%	0.0%

ダート　平均勝ち距離　1,633m

	1着	2着	3着	出走数	勝率	連対率	3着内率
全体計	6	1	3	46	13.0%	15.2%	21.7%
ダ～1300m	0	0	0	4	0.0%	0.0%	0.0%
ダ～1600m	3	0	1	20	15.0%	15.0%	20.0%
ダ～2000m	3	1	2	20	15.0%	20.0%	30.0%
ダ2100m～	0	0	0	2	0.0%	0.0%	0.0%

馬場状態　パンパンの良馬場がベスト

		1着	2着	3着	出走数	勝率	連対率	3着内率
芝	良	18	31	29	198	9.1%	24.7%	39.4%
	稍重	1	4	2	32	3.1%	15.6%	21.9%
	重	1	2	2	13	0.0%	15.4%	30.8%
	不良	0	0	0	3	33.3%	33.3%	33.3%
ダ	良	4	1	2	31	12.9%	16.1%	22.6%
	稍重	0	0	1	7	0.0%	0.0%	14.3%
	重	2	0	0	5	40.0%	40.0%	40.0%
	不良	0	0	0	3	0.0%	0.0%	0.0%

性齢　2歳牡馬の複勝率5割超

	1着	2着	3着	出走数	勝率	連対率	3着内率
牡2歳	5	7	6	33	15.2%	36.4%	54.5%
牝2歳	2	0	2	17	11.8%	11.8%	23.5%
牡3歳前半	2	2	4	25	8.0%	16.0%	32.0%
牝3歳前半	2	5	4	28	7.1%	25.0%	39.3%
牡3歳後半	2	0	3	16	12.5%	12.5%	31.3%
牝3歳後半	2	4	7	34	5.9%	17.6%	38.2%
牡4歳	2	0	0	17	0.0%	11.8%	11.8%
牝4歳	4	10	3	52	7.7%	26.9%	32.7%
牡5歳	0	0	0	0	–	–	–
牝5歳	3	5	4	28	10.7%	28.6%	42.9%
牡6歳	3	0	0	12	25.0%	25.0%	25.0%
牝6歳	1	3	3	25	4.0%	16.0%	28.0%
牡7歳以上	0	0	0	0	–	–	–
牝7歳以上	0	0	0	0	–	–	–

勝ち馬の決め手

芝　20勝　追込 1／逃げ 5／先行 8／差し 6

ダート　6勝　追込 1／先行 3／差し 2

BAAEED
バーイード

PROFILE

競走成績 11戦10勝（2022年5戦4勝）
牡・鹿毛・2018年4月18日生まれ
調教師 William Haggas（イギリス）
主戦騎手 J.クローリー

2022年成績　最高レーティング 135 I（2022年）

出走日	国名	格	レース名	コース・距離	着順	負担重量	馬場状態	タイム	着差	競馬場
5/14	英	GI	ロッキンジS	芝8F	1着	57	良	1:35.71	3・1/4	ニューベリー
6/14	英	GI	クイーンアンS	芝8F	1着	58	良	1:37.76	1・3/4	アスコット
7/27	英	GI	サセックスS	芝8F	1着	61.5	良	1:37.74	1・3/4	グッドウッド
8/17	英	GI	英インターナショナルS	芝10F56Y	1着	61	良	2:09.30	6・1/2	ヨーク
10/15	英	GI	英チャンピオンS	芝9F212Y	4着	60.5	稍重	(2:09.46)	1・3/4	アスコット

年を跨いでGI6連勝を記録、2022年欧州年度代表馬にも輝く

　3歳6月のデビューとなり、クラシックレースとは無縁だったが、秋にはムーランドロンシャン賞、QエリザベスⅡ世Sとマイル GIを連勝し、6戦全勝の成績で3歳時を終えた。

　4歳となった2022年にも快進撃は続き、5月のロッキンジS、6月のクイーンアンS、7月のサセックスSといったマイルGI戦を、いずれもレベルの違いを実感させるレース振りで快勝。「歴史的名マイラー」としての地位を完全に確立する。8月には、初の中距離戦となる距離2050mの英インターナショナルSに参戦。ここでも最大の武器となるパワフルな末脚を遺憾なく発揮し、2着ミシュリフに6馬身半差を付け、GI6連勝を達成すると共にデビュー戦以来の連勝を「10」に伸ばした。一時、凱旋門賞に向かうプランも浮上したが、ラストランとして選択されたのは、10月の英チャンピオンS。当然の如く圧倒的な1番人気に推されたが、勝ったベイブリッジから1馬身4分の3差を付けられる4着となり、生涯唯一の敗戦を喫する。

　欧州年度代表馬の栄誉を手土産に、英シャドウェルスタッドで種牡馬入り。2023年の種付料は、8万ポンド（約1320万円）に設定された。

※1ポンド＝165円で換算（2022年12月末のレート）

血統解説

　父シーザスターズは母が凱旋門賞馬、半兄が欧州の大種牡馬ガリレオという超名血馬。英ダービー、英インターナショナルS、凱旋門賞などを制し、2009年欧州年度代表馬に選出された。種牡馬としても英ダービー馬ハーザンド、"Kジョージ"などを制した名牝タグルーダなど、数多くの大物産駒を送り出す成功を収めている。

　母系も素晴らしく、1歳上の半兄に英GI馬フクム（コロネーションC）、祖母に米GI馬ラフドゥード（BCフィリー＆メアターフ）。6代母ハイクレアは、世界各地で数多くの一流馬を輩出した名門母系の祖。日本ではディープインパクト、レイデオロらが同じ一族の出身者となる。母父キングマンボは父系の祖にもなった名種牡馬。

系統：ダンチヒ系　母父系統：キングマンボ系

父 シーザスターズ Sea The Stars 鹿 2006	ケープクロス Cape Cross 黒鹿 1994	Green Desert	Danzig
			Foreign Courier
		Park Appeal	Ahonoora
			Balidaress
	アーバンシー Urban Sea 栗 1989	Miswaki	Mr. Prospector
			Hopespringseternal
		Allegretta	Lombard
			Anatevka
母 アガリード Aghareed 鹿 2009	キングマンボ Kingmambo 鹿 1990	Mr. Prospector	Raise a Native
			Gold Digger
		Miesque	Nureyev
			Pasadoble
	ラフドゥード Lahudood 鹿 2003	Singspiel	In The Wings
			Glorious Song
		Rahayeb	*アラジ
			Bashayer

インブリード：Mr. Prospector 4×3・5、Northern Dancer 5×5

2022年 種牡馬ランキング
101〜269

この順位帯には海外でけい養されている種牡馬が数多く登場する。アーニングインデックスが異常に高い数値を示すなど順位だけではわからない海外けい養種牡馬の実力恐るべし。

Thoroughbred Stallions In Japan

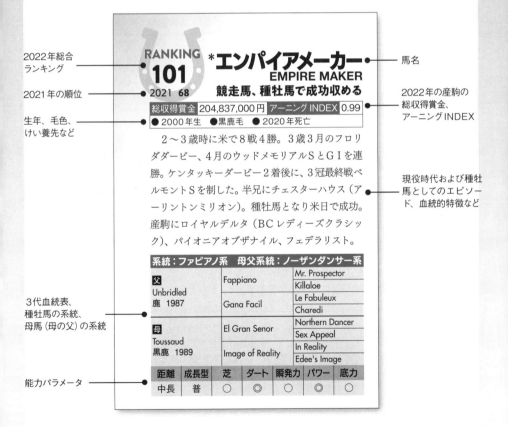

2022年総合ランキング

2021年の順位

生年、毛色、けい養先など

RANKING
101
2021 68

＊**エンパイアメーカー**
EMPIRE MAKER
競走馬、種牡馬で成功収める

馬名

2022年の産駒の総収得賞金、アーニングINDEX

| 総収得賞金 | 204,837,000 円 | アーニング INDEX | 0.99 |

● 2000 年生　● 黒鹿毛　● 2020 年死亡

　2〜3歳時に米で8戦4勝。3歳3月のフロリダダービー、4月のウッドメモリアルSとGIを連勝。ケンタッキーダービー2着後に、3冠最終戦ベルモントSを制した。半兄にチェスターハウス（アーリントンミリオン）。種牡馬となり米日で成功。産駒にロイヤルデルタ（BCレディーズクラシック）、パイオニアオブザナイル、フェデラリスト。

現役時代および種牡馬としてのエピソード、血統的特徴など

系統：ファピアノ系	母父系統：ノーザンダンサー系	
父 Unbridled 鹿 1987	Fappiano	Mr. Prospector
		Killaloe
	Gana Facil	Le Fabuleux
		Charedi
母 Toussaud 黒鹿 1989	El Gran Senor	Northern Dancer
		Sex Appeal
	Image of Reality	In Reality
		Edee's Image

3代血統表、種牡馬の系統、母馬（母の父）の系統

距離	成長型	芝	ダート	瞬発力	パワー	底力
中長	普	○	○	○	○	○

能力パラメータ

能力パラメータの見方　短…1000〜1400m、マ…1600m 前後、中…1800〜2100m、長…2200m以上、万…万能（産駒の距離タイプが様々）、早…早熟、普…普通、晩…晩成、持続…早熟と晩成を併せ持つ、◎…非常に得意、○…得意、△…やや不向き、▲…不得意

RANKING 101 *エンパイアメーカー
EMPIRE MAKER
2021 68
競走馬、種牡馬で成功収める

総収得賞金	204,837,000円	アーニング INDEX	0.99

● 2000年生　● 黒鹿毛　● 2020年死亡

　2～3歳時に米で8戦4勝。3歳3月のフロリダダービー、4月のウッドメモリアルSとGⅠを連勝。ケンタッキーダービー2着後に、3冠最終戦ベルモントSを制した。半兄にチェスターハウス（アーリントンミリオン）。種牡馬となり米日で成功。産駒にロイヤルデルタ（BCレディーズクラシック）、パイオニアオブザナイル、フェデラリスト。

系統：ファピアノ系		母父系統：ノーザンダンサー系	
父 Unbridled 鹿 1987	Fappiano	Mr. Prospector	
		Killaloe	
	Gana Facil	Le Fabuleux	
		Charedi	
母 Toussaud 黒鹿 1989	El Gran Senor	Northern Dancer	
		Sex Appeal	
	Image of Reality	In Reality	
		Edee's Image	

距離	成長型	芝	ダート	瞬発力	パワー	底力
中長	普	○	◎	○	◎	○

RANKING 102 タイセイレジェンド
TAISEI LEGEND
2021 134
5歳時ダート短距離の頂点に

総収得賞金	204,270,000円	アーニング INDEX	1.75

● 2007年生　● 栗毛　● 供用地／新冠・優駿SS

　2～8歳時に日首韓で42戦9勝。レース経験を重ねながら地力を蓄え、5歳8月のクラスターCで重賞初制覇。東京盃2着を挟み、川崎競馬場D1400mコースを舞台としたJBCスプリントを鮮やかに逃げ切った。6歳時の東京盃で前年のリベンジを果たしている。産駒にスピーディーキック（エーデルワイス賞）、タイセイスラッガー。

系統：キングマンボ系		母父系統：マイリージャン系	
父 キングカメハメハ 鹿 2001	Kingmambo	Mr. Prospector	
		Miesque	
	*マンファス	*ラストタイクーン	
		Pilot Bird	
母 シャープキック 鹿 1996	メジロマックイーン	メジロティターン	
		メジロオーロラ	
	ペッパーキャロル	ニチドウアラシ	
		ダイナキャロル	

距離	成長型	芝	ダート	瞬発力	パワー	底力
短	普	△	○	○	○	△

RANKING 103 ゼンノロブロイ
ZENNO ROB ROY
2021 94
偉大な蹄跡刻んだGⅠ3勝馬

総収得賞金	187,961,000円	アーニング INDEX	0.47

● 2000年生　● 黒鹿毛　● 2022年死亡

　3～5歳時に日英で20戦7勝。3歳時は青葉賞、神戸新聞杯に勝ったが、ダービーは2着、菊花賞は4着だった。4歳秋に最充実期に入り、天皇賞・秋、ジャパンC、有馬記念と3連勝し、2004年年度代表馬に選出される。代表産駒にサンテミリオン（オークス）、マグニフィカ（ジャパンダートダービー）、トレイルブレイザー（京都記念）。

系統：サンデーサイレンス系		母父系統：ミスタープロスペクター系	
父 *サンデーサイレンス 青鹿 1986	Halo	Hail to Reason	
		Cosmah	
	Wishing Well	Understanding	
		Mountain Flower	
母 ローミンレイチェル 鹿 1990	*マイニング	Mr. Prospector	
		I Pass	
	One Smart Lady	Clever Trick	
		Pia's Lady	

距離	成長型	芝	ダート	瞬発力	パワー	底力
中長	普	◎	○	◎	○	○

RANKING 105 *クリエイターⅡ
CREATOR
2021 106
米3冠最終戦で勝負強さ発揮

総収得賞金	183,318,000円	アーニング INDEX	0.50

● 2013年生　● 芦毛　● 供用地／新ひだか・JBBA静内種馬場

　2～3歳時に米で12戦3勝。初勝利まで6戦を要したが、2勝目となった3歳4月のアーカンソーダービーで、重賞初制覇をGⅠ戦でマークする。ケンタッキーダービーは13着に大敗したが、3冠最終戦のベルモントSで勝負強さを発揮、ハナ差の大接戦を制しビッグタイトルを獲得した。産駒にリコーヴィクター（JBC2歳優駿3着）。

系統：シアトルスルー系		母父系統：テディ系	
父 Tapit 芦 2001	Pulpit	A.P. Indy	
		Preach	
	Tap Your Heels	Unbridled	
		Ruby Slippers	
母 Morena 黒鹿 2004	Privately Held	Private Account	
		Aviance	
	Charytin	Summing	
		Crownit	

距離	成長型	芝	ダート	瞬発力	パワー	底力
中長	普					

※104位のサトノクラウンはP358に掲載しています。

RANKING 106

カネヒキリ
KANE HEKILI

2021 96

3年を経て再びのダート王に

総収得賞金	180,381,000円	アーニング INDEX	0.68

● 2002年生　● 栗毛　● 2016年死亡

　2〜8歳時に日首で23戦12勝。3歳時にJCダートなどGⅠを3勝し、2005年最優秀ダート馬に。4歳緒戦のフェブラリーSにも勝った。その後長期休養を経た6歳時に、JCダート、東京大賞典に連勝し、2008年最優秀ダート馬に再び輝く。7歳時には川崎記念を制した。産駒にミツバ（川崎記念）、テーオーエナジー、ロンドンタウン。

系統：サンデーサイレンス系		母父系統：ノーザンダンサー系	
父　フジキセキ　青鹿 1992	*サンデーサイレンス	Halo
		Wishing Well
	*ミルレーサー	Le Fabuleux
		Marston's Mill
母　*ライフアウトゼア　栗 1992	Deputy Minister	Vice Regent
		Mint Copy
	Silver Valley	Mr. Prospector
		Seven Valleys

距離	成長型	芝	ダート	瞬発力	パワー	底力
マ中	普	△	◎	○	○	○

RANKING 107

スズカコーズウェイ
SUZUKA CAUSEWAY

2021 90

タフに活躍したGⅡウイナー

総収得賞金	175,594,000円	アーニング INDEX	0.58

2004年生　● 栗毛　● 供用地／新ひだか・アロースタッド

　2〜9歳時に日で44戦6勝。初の重賞出走となったニュージーランドTで4着。3歳夏以降は、長らく条件戦で走っていたが、5歳春に準OP特別、京王杯スプリングCを連勝した。父は欧州年度代表馬。半弟に重賞3勝馬カデナ（弥生賞）、テンダンス（東京スポーツ杯2歳S3着）。産駒にスズカコーズライン（北海道スプリントC2着）。

系統：ストームキャット系		母父系統：ノーザンダンサー系	
父　Giant's Causeway　栗 1997	Storm Cat	Storm Bird
		Terlingua
	Mariah's Storm	Rahy
		*イメンス
母　*フレンチリヴィエラ　栗 1999	*フレンチデピュティ	Deputy Minister
		Mitterand
	Actinella	Seattle Slew
		Aerturas

距離	成長型	芝	ダート	瞬発力	パワー	底力
短マ	普	△	○	△	○	△

RANKING 109

DARK ANGEL
ダークエンジェル

2021 158

優秀なスピード能力を伝える

総収得賞金	170,891,000円	アーニング INDEX	4.75

● 2005年生　● 芦毛　● 供用地／アイルランド

　2歳時に英で9戦4勝。2歳9月のGⅡミルリーフSで重賞初制覇。次走のミドルパークSでGⅠウイナーに輝く。種牡馬となり、現役時代以上の大きな成功を収めた。産駒にリーサルフォース（ダイヤモンドジュビリーS）、マングスティン（仏1000ギニー）、ハリーエンジェル（ジュライC）。日本でマッドクール（シルクロードS3着）。

系統：ノーザンダンサー系		母父系統：ミスタープロスペクター系	
父　Acclamation　鹿 1999	Royal Applause	*ワージブ
		Flying Melody
	Princess Athena	Ahonoora
		Shopping Wise
母　Midnight Angel　芦 1994	Machiavellian	Mr. Prospector
		Coup de Folie
	Night At Sea	Night Shift
		Into Harbour

距離	成長型	芝	ダート	瞬発力	パワー	底力
短	普	◎	○	◎	○	○

RANKING 110

マンハッタンカフェ
MANHATTAN CAFE

2021 71

首位サイアーにも輝いた名馬

総収得賞金	170,834,000円	アーニング INDEX	0.95

● 1998年生　● 青鹿毛　● 2015年死亡

　3〜4歳時に日仏で12戦6勝。夏の上がり馬として参戦した菊花賞で重賞初制覇。続く有馬記念にも勝ち、トップホースの地位を確固たるものとする。4歳となり天皇賞・春にも勝った。父の有力後継者の一頭となり、2009年首位種牡馬にも輝いた。代表産駒にヒルノダムール（天皇賞・春）、グレープブランデー（フェブラリーS）など。

系統：サンデーサイレンス系		母父系統：リボー系	
父　*サンデーサイレンス　青鹿 1986	Halo	Hail to Reason
		Cosmah
	Wishing Well	Understanding
		Mountain Flower
母　*サトルチェンジ　黒鹿 1988	Law Society	Alleged
		Bold Bikini
	Santa Luciana	Luciano
		Suleika

距離	成長型	芝	ダート	瞬発力	パワー	底力
万	普	◎	○	○	○	○

※ 108位のサトノダイヤモンドは P358 に掲載しています。

*アポロキングダム
APOLLO KINGDOM
少ない産駒からJGI馬誕生

総収得賞金	169,630,000円	アーニングINDEX	0.67

●2003年生 ●栗毛 ●2022年引退

2〜4歳時に日で11戦2勝、3歳春に未勝利戦、500万下戦を連勝した。キングマンボ直仔の名馬である父、米GI馬ブロードブラッシュが出ている母系が買われて日本で種牡馬入り。数少ない初年度産駒からアポロマーベリック（中山グランドジャンプ）が出た。ほかに、アポロスターズ（カンナS）、アポロビビ、ニシノライトニング。

系統：キングマンボ系　母父系統：ストームキャット系

父	Kingmambo	Mr. Prospector
Lemon Drop Kid		Miesque
鹿 1996	Charming Lassie	Seattle Slew
		Lassie Dear
母	Storm Cat	Storm Bird
Bella Gatto		Terlingua
栗 1996	Winter Sparkle	Northjet
		Turn to Talent

距離	成長型	芝	ダート	瞬発力	パワー	底力
マ中	普	○	○	△	○	△

タイムパラドックス
TIME PARADOX
ダートGI5勝の晩成タイプ

総収得賞金	167,495,000円	アーニングINDEX	0.35

●1998年生 ●栗毛 ●2019年引退

3〜8歳時に日で50戦16勝。晩成の名ダート馬で、6歳11月のジャパンCダートを皮切りに7歳時の川崎記念、帝王賞、JBCクラシック、8歳時のJBCクラシックとGIを計5勝した。甥にタイムフライヤー（ホープフルS）、いとこにサクラローレル（有馬記念）。産駒にソルテ（さきたま杯）、トウケイタイガー（かきつばた記念）。

系統：ロベルト系　母父系統：リファール系

父	Roberto	Hail to Reason
*ブライアンズタイム		Bramalea
黒毛 1985	Kelley's Day	Graustark
		Golden Trail
母	Alzao	Lyphard
*ジョリーザザ		Lady Rebecca
鹿 1991	Bold Lady	*ボールドラッド
		Tredam

距離	成長型	芝	ダート	瞬発力	パワー	底力
中	やや晩	△	◎	△	○	○

---

*ワークフォース
WORKFORCE
勝負強い欧州最優秀3歳牡馬

総収得賞金	164,941,000円	アーニングINDEX	0.87

●2007年生 ●鹿毛 ●供用地／アイルランド

2〜4歳時に英仏で9戦4勝。GIIダンテSで2着してから臨んだキャリア3戦目となる英ダービーを、2分31秒33のレコードタイムを樹立して快勝。10月の凱旋門賞では先に抜け出していた日本馬ナカヤマフェスタを差し切り、GI2勝目。2010年欧州最優秀3歳牡馬にも選出された。産駒にディバインフォース（ステイヤーズS）。

系統：キングマンボ系　母父系統：サドラーズウェルズ系

父	Kingmambo	Mr. Prospector
*キングズベスト		Miesque
鹿 1997	Allegretta	Lombard
		Anatevka
母	Sadler's Wells	Northern Dancer
Soviet Moon		Fairy Bridge
鹿 2001	Eva Luna	Alleged
		Media Luna

距離	成長型	芝	ダート	瞬発力	パワー	底力
中長	普	○	○	○	○	○

トーセンブライト
TOSEN BRIGHT
高齢でも活躍した名ダート馬

総収得賞金	163,153,000円	アーニングINDEX	1.04

●2001年生 ●鹿毛 ●2020年引退

2〜9歳時に日で54戦11勝。3歳時のサラブレッドチャレンジで重賞初制覇。その後、なかなかタイトルに恵まれなかったが、8歳3月の黒船賞で4年8カ月振りに重賞ウイナーとなった。12月には兵庫ゴールドTにも優勝。9歳暮れに兵庫ゴールドT連覇を達成している。産駒にハイランドピーク（エルムS）、トーセンマリオン。

系統：ロベルト系　母父系統：ミスタープロスペクター系

父	Roberto	Hail to Reason
*ブライアンズタイム		Bramalea
黒鹿 1985	Kelley's Day	Graustark
		Golden Trail
母	ジェイドロバリー	Mr. Prospector
アサヒブライト		Number
黒鹿 1996	コスモローマン	*ナイスダンサー
		ジェラルレッド

距離	成長型	芝	ダート	瞬発力	パワー	底力
マ中	普	△	○	△	○	○

RANKING 115 SPEIGHTSTOWN スパイツタウン

2021 92

日本とも好相性の米短距離王

総収得賞金	161,671,000円	アーニング INDEX	1.56

● 1998年生　●栗毛　●供用地／アメリカ

　2〜6歳時に米で16戦10勝。6歳となり競走馬としてのピークを迎え、チャーチルダウンズH、トゥルーノースBCH、AGヴァンダービルトHとGIIを3連勝。10月のブリーダーズCスプリントにも勝ち、2004年米最優秀スプリンターに選ばれた。産駒にヘインズフィールド（ジョッキークラブGC）。日本でGI馬モズスーパーフレア。

系統：ミスタープロスペクター系　母父系統：ストームキャット系

父 Gone West 鹿 1984	Mr. Prospector	Raise a Native
		Gold Digger
	Secrettame	Secretariat
		Tamerett
母 Silken Cat 栗 1993	Storm Cat	Storm Bird
		Terlingua
	Silken Doll	Chieftain
		Insilca

距離	成長型	芝	ダート	瞬発力	パワー	底力
短マ	普	○	○	○	○	○

RANKING 116 ロゴタイプ LOGOTYPE

2021 143

6歳でもGI制した2歳王者

総収得賞金	160.270.000円	アーニング INDEX	0.42

● 2010年生　●黒鹿毛　●供用地／新ひだか・レックススタッド

　2〜7歳時に日香首で30戦6勝。朝日杯FSに勝ち、2012年最優秀2歳牡馬に選出される。3歳緒戦のスプリングS、続く皐月賞にも勝利しクラシックウイナーの栄誉に浴す。その後、勝ち運に見放され続けたが、6歳時の安田記念を8番人気で制した。祖母スターバレリーナはローズS馬。産駒にラブリイユアアイズ（阪神JF2着）。

系統：サドラーズウェルズ系　母父系統：サンデーサイレンス系

父 ローエングリン 栗 1999	Singspiel	In The Wings
		Glorious Song
	*カーリング	Garde Royale
		Corraleja
母 ステレオタイプ 鹿 2002	*サンデーサイレンス	Halo
		Wishing Well
	スターバレリーナ	Risen Star
		*ベリアーニ

距離	成長型	芝	ダート	瞬発力	パワー	底力
マ中	普	○	○	○	○	○

RANKING 117 *キングズベスト KING'S BEST

2021 64

産駒が日英でダービーを制覇

総収得賞金	157,379,000円	アーニング INDEX	0.64

● 1997年生　●鹿毛　● 2019年死亡

　2〜3歳時に英愛で6戦3勝。クレイヴァンSで2着してから臨んだ英2000ギニーで、ジャイアンツコーズウェイを降して勝利。半姉にアーバンシー（凱旋門賞）、甥にガリレオ（英ダービー）。2010年には、エイシンフラッシュが日本ダービーを制した後、ワークフォースが英ダービーに勝利、産駒による同一年日英ダービー制覇を達成した。

系統：キングマンボ系　母父系統：テディ系

父 Kingmambo 鹿 1990	Mr. Prospector	Raise a Native
		Gold Digger
	Miesque	Nureyev
		Pasadoble
母 Allegretta 栗 1978	Lombard	Agio
		Promised Lady
	Anatevka	Espresso
		Almyra

距離	成長型	芝	ダート	瞬発力	パワー	底力
万	普	◎	○	◎	○	◎

RANKING 118 ローエングリン LOHENGRIN

2021 85

海外でも好走の名血マイラー

総収得賞金	156,321,000円	アーニング INDEX	0.46

● 1999年生　●栗毛　● 2020年引退

　2〜8歳時に日仏香で48戦10勝。中山記念2回、マイラーズC2回とGIIを4勝したほか、ムーランドロンシャン賞で2着、宝塚記念、香港マイルで3着している。母カーリングは仏オークス、ヴェルメイユ賞勝ちの名牝。産駒にGI3勝のロゴタイプ（皐月賞）、カラクレナイ（フィリーズレビュー）、トーセンスーリヤ（函館記念）。

系統：サドラーズウェルズ系　母父系統：ネヴァーベンド系

父 Singspiel 鹿 1992	In the Wings	Sadler's Wells
		High Hawk
	Glorious Song	Halo
		Ballade
母 *カーリング 黒鹿 1992	Garde Royale	Mill Reef
		Royal Way
	Corraleja	Carvin
		Darling Dale

距離	成長型	芝	ダート	瞬発力	パワー	底力
マ中	普	○		○	○	○

RANKING 119

ヴァーミリアン VERMILION
2021 63

ダートGI9勝の名中距離馬

総収得賞金	156,250,000円	アーニング INDEX	0.64

● 2002年生　● 黒鹿毛　● 2017年引退

　2〜8歳時に日首で34戦15勝。5歳時に川崎記念、JBCクラシック、ジャパンCダート、東京大賞典に勝ち、2007年最優秀ダートホースに選出される。その後も6歳時のフェブラリーS、JBCクラシック、7歳時の帝王賞、JBCクラシック、8歳時の川崎記念とGIタイトルを重ねた。産駒にノットフォーマル、リュウノユキナ。

系統：キングマンボ系　母父系統：サンデーサイレンス系

父	Kingmambo	Mr. Prospector
*エルコンドルパサー		Miesque
黒鹿 1995	*サドラーズギャル	Sadler's Wells
		Glenveagh
母	*サンデーサイレンス	Halo
スカーレットレディ		Wishing Well
黒鹿 1995	スカーレットローズ	*ノーザンテースト
		*スカーレットインク

距離	成長型	芝	ダート	瞬発力	パワー	底力
中長	持続	○	◎	○	○	○

RANKING 120

ディープスカイ DEEP SKY
2021 102

史上2頭目の「変則2冠馬」に

総収得賞金	154,539,000円	アーニング INDEX	0.58

● 2005年生　● 栗毛　● 2021年引退

　2〜4歳時に日で17戦5勝。3歳3月の毎日杯で重賞初制覇。NHKマイルC、ダービーにも勝利を収め、史上2頭目の「変則2冠馬」に輝いた。秋緒戦の神戸新聞杯で重賞4連勝を達成。その後、豪華メンバーが揃ったジャパンCで2着、4歳時の安田記念でも2着している。産駒に共にGI馬のキョウエイギア、サウンドスカイ。

系統：サンデーサイレンス系　母父系統：ダンチヒ系

父	*サンデーサイレンス	Halo
アグネスタキオン		Wishing Well
栗 1998	アグネスフローラ	*ロイヤルスキー
		アグネスレディー
母	Chief's Crown	Danzig
*アビ		Six Crowns
栗 1995	Carmelized	Key to the Mint
		Carmelize

距離	成長型	芝	ダート	瞬発力	パワー	底力
中長	普	○	○	○	○	○

RANKING 121

レッドスパーダ RED SPADA
2021 125

高齢でも活躍の一流マイラー

総収得賞金	145,220,000円	アーニング INDEX	0.95

● 2006年生　● 鹿毛　● 供用地／新冠・クラックステーブル

　2〜8歳時に日で27戦7勝。3歳時にスプリングSで2着、NHKマイルCでも2着し一線級の仲間入りを果たす。4歳1月の東京新聞杯で重賞初制覇。その後、長期休養も挟みながらタフにキャリアを重ね、7歳時の関屋記念、8歳時の京王杯スプリングCを制した。いとこに米の名馬カーリン。産駒にテイエムスパーダ（CBC賞）。

系統：ヘイルトゥリーズン系　母父系統：ストームキャット系

父	Devil's Bag	Halo
*タイキシャトル		Ballade
栗 1994	*ウェルシュマフィン	Caerleon
		Muffitys
母	Storm Cat	Storm Bird
*バービキャット		Terlingua
鹿 1993	Barbarika	Bates Motel
		War Exchange

距離	成長型	芝	ダート	瞬発力	パワー	底力
短マ	普	○	○	○	△	○

RANKING 122

ガルボ GARBO
2021 207

息長く走り重賞4勝をマーク

総収得賞金	143,847,000円	アーニング INDEX	2.00

● 2007年生　● 青毛　● 供用地／新ひだか・アロースタッド

　2〜8歳時に日で42戦5勝。3歳1月のシンザン記念で重賞初制覇。その後、なかなか勝ち鞍をあげられなかったが、5歳春に東京新聞杯、ダービー卿チャレンジTに勝利。7歳時も函館スプリントSを制し、「古豪健在」をアピールした。ほかに、阪神Cで2着2回、阪急杯、京都金杯でも2着している。産駒にガルボマンボ、モチベーション。

系統：サンデーサイレンス系　母父系統：ニジンスキー系

父	*サンデーサイレンス	Halo
マンハッタンカフェ		Wishing Well
青鹿 1998	*サトルチェンジ	Law Society
		Santa Luciana
母	*ジェネラス	Caerleon
ヤマトダマシイ		Doff the Derby
黒鹿 1997	ハハゴゼン	*ファストトパーズ
		ケイティルート

距離	成長型	芝	ダート	瞬発力	パワー	底力
短マ	普	○	△	△	○	△

RANKING 123
2021 99

トーセンホマレボシ
TOSEN HOMAREBOSHI
ＧⅡ制覇後にダービーも好走

総収得賞金	140,696,000円	アーニング INDEX	0.42

●2009年生　●鹿毛　●供用地／日高・エスティファーム

　２〜３歳時に日で７戦３勝。３歳３月の500万特別で２勝目をマークすると、５月の京都新聞杯で重賞初制覇を飾る。続くダービーでは２番手追走から粘り腰を見せ、勝ったディープブリランテから０秒１差の３着に健闘した。半兄にトーセンジョーダン（天皇賞・秋）。産駒に重賞３勝馬ミッキースワロー（日経賞）、フィールインラヴ。

系統：サンデーサイレンス系　母父系統：ノーザンダンサー系		
父 ディープインパクト 鹿 2002	*サンデーサイレンス	Halo
		Wishing Well
	*ウインドインハーヘア	Alzao
		Burghclere
母 エヴリウィスパー 栗 1997	*ノーザンテースト	Northern Dancer
		Lady Victoria
	*クラフティワイフ	Crafty Prospector
		Wife Mistress

距離	成長型	芝	ダート	瞬発力	パワー	底力
中	普	○	○	○	○	○

RANKING 124
2021 67

KINGMAN
キングマン
日本でも走る英トップ種牡馬

総収得賞金	139,526,000円	アーニング INDEX	2.82

●2011年生　●鹿毛　●供用地／イギリス

　２〜３歳時に英愛仏で８戦７勝。無傷の３連勝で向かった英2000ギニーは２着。その後、愛2000ギニー、セントジェイムズパレスＳ、サセックスＳ、ジャックルマロワ賞とマイルＧⅠを４連勝し、2014年欧州年度代表馬に選出された。産駒にＧⅠ５勝のパレスピア、ＧⅠ３勝ペルシアンキング。日本でシュネルマイスター（NHKマイルＣ）。

系統：ダンチヒ系　母父系統：ミスタープロスペクター系		
父 Invincible Spirit 鹿 1997	Green Desert	Danzig
		Foreign Courier
	Rafha	Kris
		Eljazzi
母 Zenda 鹿 1999	Zamindar	Gone West
		Zaizafon
	Hope	*ダンシングブレーヴ
		Bahamian

距離	成長型	芝	ダート	瞬発力	パワー	底力
マ中	普	◎	○	○	○	○

RANKING 125
2021 132

コパノリチャード
COPANO RICHARD
強さ見せつけ短距離ＧⅠ制覇

総収得賞金	138,378,000円	アーニング INDEX	0.72

●2010年生　●黒鹿毛　●2021年引退

　２〜５歳時に日で22戦６勝。３歳２月のアーリントンＣで重賞初制覇。秋のスワンＳでは古馬陣を完封して、逃げ切り勝ちを収める。４歳緒戦の阪急杯で重賞３勝目。続く高松宮記念では２番手追走から抜群の手応えで抜け出し、３馬身差の快勝でＧⅠタイトルを得る。産駒にキモンルビー（船橋・船橋記念）、グットクレンジング。

系統：サンデーサイレンス系　母父系統：グレイソヴリン系		
父 ダイワメジャー 栗 2001	*サンデーサイレンス	Halo
		Wishing Well
	スカーレットブーケ	*ノーザンテースト
		*スカーレットインク
母 ヒガシリンクス 鹿 1999	*トニービン	*カンパラ
		Severn Bridge
	ビッグラブリー	Caerleon
		*アルガリー

距離	成長型	芝	ダート	瞬発力	パワー	底力
短マ	普	○	○	△	△	△

RANKING 126
2021 122

*グラスワンダー
GRASS WONDER
スケール大きいＧⅠ戦４勝馬

総収得賞金	137,896,000円	アーニング INDEX	0.59

●1995年生　●栗毛　●2020年引退

　２〜５歳時に日で15戦９勝。朝日杯３歳Ｓをレコードタイムで制し、最優秀２歳牡馬に選出される。３歳暮れの有馬記念でＧⅠ戦２勝目。４歳時は共に同い歳の好敵手スペシャルウィークを２着に抑え、宝塚記念、有馬記念とグランプリレース連勝を飾った。代表産駒にスクリーンヒーロー（ジャパンＣ）、アーネストリー（宝塚記念）。

系統：ロベルト系　母父系統：ダンチヒ系		
父 Silver Hawk 鹿 1979	Roberto	Hail to Reason
		Bramalea
	Gris Vitesse	Amerigo
		Matchiche
母 Ameriflora 鹿 1989	Danzig	Northern Dancer
		Pas de Nom
	Graceful Touch	His Majesty
		Pi Phi Gal

距離	成長型	芝	ダート	瞬発力	パワー	底力
万	普	◎	○	◎	○	◎

127

2021 123

アンライバルド
UNRAIVALED
3強対決を制し皐月賞馬に輝く

総収得賞金	135,476,000円	アーニング INDEX	0.55

● 2006年生　●鹿毛　●供用地／日高・ブリーダーズSS

　2〜5歳時に日で10戦4勝。3歳緒戦のOP若駒S、3月のスプリングSを連勝。ロジユニヴァース、リーチザクラウンと並ぶ3強の一角として迎えた皐月賞では、直線で素晴らしい伸びを見せ、クラシックウイナーの仲間入りを果たした。半兄にフサイチコンコルド（ダービー）。産駒に重賞勝ち馬トウショウドラフタ（ファルコンS）。

系統：サンデーサイレンス系　母父系統：サドラーズウェルズ系		
父 ネオユニヴァース 鹿 2000	*サンデーサイレンス	Halo
		Wishing Well
	*ポインテッドパス	Kris
		Silken Way
母 *バレークイーン 鹿 1988	Sadler's Wells	Northern Dancer
		Fairy Bridge
	Sun Princess	*イングリッシュプリンセス
		Sunny Valley

距離	成長型	芝	ダート	瞬発力	パワー	底力
マ中	普	○	△	○	○	○

129

2021 177

*ヴィットリオドーロ
VITTORIO D'ORO
重賞馬2頭輩出の名血種牡馬

総収得賞金	133,522,000円	アーニング INDEX	1.19

● 2009年生　●黒鹿毛　●2022年引退

　2〜5歳時に日で12戦4勝。重賞、特別勝ちはなくD1800〜2100m戦で計4勝をマークした。父が米生産界を代表するトップ種牡馬、母がダート重賞8勝の名牝という血統が買われて種牡馬入り。数少ない産駒からオマツリオトコ（兵庫ジュニアGP）、イグナシオドーロ（北海道2歳優駿）という2頭の重賞ウイナーが登場している。

系統：サドラーズウェルズ系　母父系統：ミスタープロスペクター系		
父 Medaglia d'Oro 黒鹿 1999	El Prado	Sadler's Wells
		Lady Capulet
	Cappucino Bay	Bailjumper
		Dubbed In
母 プリエミネンス 鹿 1997	*アフリート	Mr. Prospector
		Polite Lady
	アジテーション	Caerleon
		*ランザリスク

距離	成長型	芝	ダート	瞬発力	パワー	底力
中普	普	△	○	△	○	△

130

2021 137

*ノボジャック
NOBO JACK
ダート重賞8勝の名短距離馬

総収得賞金	129,860,000円	アーニング INDEX	0.80

● 1997年生　●栗毛　● 2020年引退

　2〜7歳時に日で43戦11勝。4歳3月の黒船賞から、群馬記念、北海道スプリントC、クラスターC、東京盃、JBCスプリントと重賞を6連勝し、ダート短距離戦線の頂点に立った。ほかに5歳時の群馬記念、6歳時の黒船賞に勝っている。産駒にブラゾンドゥリス（黒船賞）、ラブバレット（北海道スプリントC2着）、キャプテンシップ。

系統：ノーザンダンサー系　母父系統：ミスタープロスペクター系		
父 *フレンチデピュティ 栗 1992	Deputy Minister	Vice Regent
		Mint Copy
	Mitterand	Hold Your Peace
		Laredo Lass
母 *フライトオブエンジェルス 鹿 1992	*アフリート	Mr. Prospector
		Polite Lady
	Intently	Drone
		Naughty Intentions

距離	成長型	芝	ダート	瞬発力	パワー	底力
短マ	普	△	○	△	○	○

131

2021 130

シビルウォー
CIVIL WAR
ダート重賞を5勝のパワー型

総収得賞金	123,551,000円	アーニング INDEX	0.29

● 2005年生　●鹿毛　●供用地／日高・白井牧場

　2〜10歳時に日で51戦11勝。タフにキャリアを重ね、6歳夏のブリーダーズゴールドCで重賞初制覇。10月の白山大賞典で重賞2勝目をあげた。その後、7歳でマーキュリーC、連覇となるブリーダーズゴールドC、8歳時にも名古屋グランプリを制している。叔母に米GⅡ4勝のミスゴールデンサークル。産駒にフーズサイド、サラコナン。

系統：ミスタープロスペクター系　母父系統：サドラーズウェルズ系		
父 *ウォーエンブレム 青鹿 1999	Our Emblem	Mr. Prospector
		Personal Ensign
	Sweetest Lady	Lord At War
		Sweetest Roman
母 *チケットトゥダンス 鹿 1999	Sadler's Wells	Northern Dancer
		Fairy Bridge
	River Missy	Riverman
		Quilloquick

距離	成長型	芝	ダート	瞬発力	パワー	底力
中長	普	△	○	△	○	○

　※128位のベストウォーリアはP359に掲載しています。

RANKING 132

INTO MISCHIEF
イントゥミスチーフ

4年連続で北米首位種牡馬に

2021 126

総収得賞金	123.350.000円	アーニング INDEX	1.96

● 2005年生 ●鹿毛 ●供用地／アメリカ

　2〜3歳時に米で6戦3勝。米2歳GⅠギャッシュコールフューチュリティに勝利した。米で種牡馬となり、現役時代を凌駕する大活躍を展開中。オーセンティック（BCクラシック）、マンダルーン（ケンタッキーダービー）など、数多くのGⅠ勝ち産駒を送り出し、4年連続で北米首位サイアーに輝いた。日本ではジゲンが走っている。

系統：ストームキャット系　母父系統：ニアークティック系

父 Harlan's Holiday 鹿 1999	Harlan	Storm Cat
		Country Romance
	Christmas in Aiken	Affirmed
		Dowager
母 Leslie's Lady 鹿 1996	Tricky Creek	Clever Trick
		Battle Creek Girl
	Crystal Lady	Stop the Music
		One Last Bird

距離	成長型	芝	ダート	瞬発力	パワー	底力
マ中	普	△	◎	○	◎	◎

RANKING 133

*ケープブランコ
CAPE BLANCO

GⅠ3連勝で米芝牡馬王者に

2021 105

総収得賞金	122,402,000円	アーニング INDEX	0.41

● 2007年生 ●栗毛 ●供用地／青森県・JBBA 九州種馬場

　2〜4歳時に愛英仏首米で15戦9勝。3歳5月のGⅡダンテSまで4連勝を飾る。仏ダービーは大敗も愛ダービーで初GⅠ制覇。9月の愛チャンピオンSにも勝利した。4歳後半は米を主戦場としマンノウォーS、アーリントンミリオン、ターフクラシック招待SとGⅠ3連勝。米芝牡馬王者に選ばれた。産駒にランスオブプラーナ。

系統：サドラーズウェルズ系　母父系統：ボールドルーラー系

父 Galileo 鹿 1998	Sadler's Wells	Northern Dancer
		Fairy Bridge
	Urban Sea	Miswaki
		Allegretta
母 Laurel Delight 栗 1990	Presidium	General Assembly
		Doubly Sure
	Foudroyer	*アーティアス
		Foudre

距離	成長型	芝	ダート	瞬発力	パワー	底力
中長	普	◎	○	○	○	○

RANKING 134

ローズキングダム
ROSE KINGDOM

GⅠ2勝のバラー族の貴公子

2021 100

総収得賞金	121,848,000円	アーニング INDEX	0.66

● 2007年生 ● 黒鹿毛 ● 2018年引退

　2〜6歳時に日で25戦6勝。無傷の3連勝で朝日杯FSを勝ち、文句なしで最優秀2歳牡馬に選ばれる。3歳となりダービー、菊花賞は共に2着だったが、繰り上がりながらジャパンCを制した。母系は「バラ一族」と呼ばれる現代の名門で、母はGⅡ戦に勝利、姪にスタニングローズ（秋華賞）がいる。産駒にロザムール（七夕賞2着）。

系統：キングマンボ系　母父系統：サンデーサイレンス系

父 キングカメハメハ 鹿 2001	Kingmambo	Mr. Prospector
		Miesque
	*マンファス	*ラストタイクーン
		Pilot Bird
母 ローズバド 青 1998	*サンデーサイレンス	Halo
		Wishing Well
	ロゼカラー	Shirley Heights
		*ローザネイ

距離	成長型	芝	ダート	瞬発力	パワー	底力
マ中	普	○	○	△	○	○

RANKING 135

POINT OF ENTRY
ポイントオブエントリー

日本でも重賞勝ち産駒が登場

2021 124

総収得賞金	120,645,000円	アーニング INDEX	3.83

● 2008年生 ●鹿毛 ●供用地／アメリカ

　3〜5歳時に米で18戦9勝。4歳になって本格化し、マンノウォーS、ソードダンサー招待S、ターフクラシック招待Sと米芝GⅠを3連勝。5歳時にも、ガルフストリームパークターフH、マンハッタンHとGⅠを2つ制した。産駒に米GⅠ馬ポイントミーバイ（ブルースDS）。日本ではロータスランド（関屋記念、京都牝馬S）が活躍。

系統：ロベルト系　母父系統：ミスタープロスペクター系

父 Dynaformer 黒鹿 1985	Roberto	Hail to Reason
		Bramalea
	Andover Way	His Majesty
		On the Trail
母 Matlacha Pass 鹿 1997	Seeking the Gold	Mr. Prospector
		Con Game
	Our Country Place	Pleasant Colony
		*メイプルジンスキー

距離	成長型	芝	ダート	瞬発力	パワー	底力
中長	普	○	○	○	○	○

RANKING 137 ローレルゲレイロ / LAUREL GUERREIRO
2021 116
GⅠ連勝し最優秀短距離馬に

総収得賞金	114,050,000円	アーニング INDEX	0.59

● 2004年生　●青鹿毛　●2022年引退

　2～6歳時に日香首で31戦5勝。朝日杯FS、NHKマイルCで共に2着。4歳時に東京新聞杯、阪急杯を勝利した。5歳となり高松宮記念、スプリンターズSを制し、2009年最優秀短距離馬に選ばれる。全弟にリキサンマックス（きさらぎ賞2着）、甥にノースブリッジ（AJCC）。産駒にアイオライト（全日本2歳優駿2着）、アイライン。

系統：リファール系　母父系統：ニジンスキー系

父			
キングヘイロー 鹿 1995	*ダンシングブレーヴ	Lyphard	Navajo Princess
	*グッバイヘイロー	Halo	Pound Foolish
母			
ビッグテンビー 黒鹿 1998	*テンビー	Caerleon	Shining Water
	モガミヒメ	*カコイーシーズ	モガミポイント

距離	成長型	芝	ダート	瞬発力	パワー	底力
短マ	普	○	○	△	○	△

RANKING 138 サムライハート / SAMURAI HEART
2021 144
日本屈指の名門母系受け継ぐ

総収得賞金	113,099,000円	アーニング INDEX	0.74

● 2002年生　●鹿毛　●2022年死亡

　2～4歳時に日で5戦3勝。新馬戦を勝ち上がったが、5着に敗れた500万下エリカ賞のレース後に右橈骨骨折が判明し、春のクラシックへの出走は叶わず。3歳10月に復帰後500万下戦、1000万特別を連勝した。母エアグルーヴ、祖母ダイナカールから拡がる日本屈指の名門母系出身。産駒にオヤコダカ（兵庫ジュニアグランプリ2着）。

系統：サンデーサイレンス系　母父系統：グレイソヴリン系

父			
*サンデーサイレンス 青鹿 1986	Halo	Hail to Reason	Cosmah
	Wishing Well	Understanding	Mountain Flower
母			
エアグルーヴ 鹿 1993	*トニービン	*カンバラ	Severn Bridge
	ダイナカール	*ノーザンテースト	シャダイフェザー

距離	成長型	芝	ダート	瞬発力	パワー	底力
マ中	普	○	△	○	○	△

RANKING 139 *ヨハネスブルグ / JOHANNESBURG
2021 62
世界レベルで父系が発展する

総収得賞金	112,482,000円	アーニング INDEX	0.45

● 1999年生　●鹿毛　●2019年引退

　2～3歳時に英愛仏米で10戦7勝。モルニ賞、ミドルパークS、BCジュヴナイルなどGⅠ戦4つを含む無傷の7連勝をマークし、欧州、米双方で最優秀2歳牡馬に選出された。種牡馬となり、最良の後継者となったスキャットダディ（フロリダダービー）らを輩出。日本ではホウライアキコ、ネロ、エイティーンガールらが重賞を制している。

系統：ストームキャット系　母父系統：テディ系

父			
*ヘネシー 栗 1993	Storm Cat	Storm Bird	Terlingua
	Island Kitty	Hawaii	T.C.Kitten
母			
Myth 鹿 1993	*オジジアン	Damascus	Gonfalon
	Yarn	Mr. Prospector	Narrate

距離	成長型	芝	ダート	瞬発力	パワー	底力
短マ	早	○	○	◎	○	○

RANKING 140 アスカクリチャン / ASUKA KURICHAN
2021 211
ダートGⅡ勝ち産駒送り出す

総収得賞金	106,956,000円	アーニング INDEX	1.98

● 2007年生　●鹿毛　●供用地／新冠・白馬牧場

　2～7歳時に日香で46戦7勝。レース経験を積み重ねながら地力を蓄えていき、5歳夏の七夕賞で重賞初制覇を飾る。6歳時は函館記念3着、札幌記念2着と夏の北海道で好走を続け、11月のアルゼンチン共和国杯で2つ目の重賞タイトルを獲得した。叔父にシグナスヒーロー（AJCC2着）。産駒にGⅡ馬クリノドラゴン（浦和記念）。

系統：ミスタープロスペクター系　母父系統：ノーザンダンサー系

父			
スターリングローズ 栗 1997	*アフリート	Mr. Prospector	Polite Lady
	*コマーズ	Danzig	*ミドルマーチ
母			
ローレルワルツ 鹿 1996	ダイナレター	*ノーザンテースト	*トゥザレター
	スワンスキー	マルゼンスキー	*リビィザリブラ

距離	成長型	芝	ダート	瞬発力	パワー	底力
中	晩	○	△	△	△	△

※136位のグレーターロンドンはP359に掲載しています。

RANKING 141

TAPIT
タピット

2021 101

米で大成功収めた名サイアー

総収得賞金	106,182,000円	アーニング INDEX	1.47

● 2001年生　●芦毛　●供用地／アメリカ

　2～3歳時に米で6戦3勝。2歳時にGⅢロー
レルフューチュリティ、3歳時にGⅠウッドメモ
リアルSを勝っている。種牡馬となり現役時代を
凌駕する大成功を収め、3年連続北米首位サイア
ーにも輝いた。産駒にいずれも米GⅠ馬のフライ
トライン、トゥーナリスト、エッセンシャルクオ
リティ。日本でテスタマッタ、ラビットラン。

系統：シアトルスルー系　母父系統：ファピアノ系			
父 Pulpit 鹿 1994	A.P. Indy	Seattle Slew	Weekend Surprise
		Mr. Prospector	Mr. Prospector
	Preach	Mr. Prospector	Narrate
母 Tap Your Heels 芦 1996	Unbridled	Fappiano	Gana Facil
	Ruby Slippers	Nijinsky	Moon Glitter

距離	成長型	芝	ダート	瞬発力	パワー	底力
マ中	普	○	◎	○	○	○

RANKING 142

ARROGATE
アロゲート

2021 215

彗星の如く登場の米3歳王者

総収得賞金	104,489,000円	アーニング INDEX	2.32

● 2013年生　●芦毛　● 2020年死亡

　3～4歳時に米首で11戦7勝。3歳4月とい
う遅いデビューとなったが、重賞初出走となるト
ラヴァーズS、BCクラシックを連勝し、2016年
米最優秀3歳牡馬に選出される。4歳時も、ペガ
サスWC、ドバイWCを連勝した。産駒にシーク
レットオース（ケンタッキーオークス）、ファン
トゥドリーム（ラブレアS）。日本でジュタロウ。

系統：ファピアノ系　母父系統：フォーティナイナー系			
父 Unbridled's Song 芦 1993	Unbridled	Fappiano	Gana Facil
	Trolley Song	Caro	Lucky Spell
母 Bubbler 黒鹿 2006	Distorted Humor	*フォーティナイナー	Danzig's Beauty
	Grechelle	Deputy Minister	Meadow Star

距離	成長型	芝	ダート	瞬発力	パワー	底力
中	普	○	◎	○	○	○

RANKING 144

LEMON DROP KID
レモンドロップキッド

2021 274

日本でもダートのスター誕生

総収得賞金	100,386,000円	アーニング INDEX	5.58

● 1996年生　●鹿毛　● 2021年引退

　2～4歳時に米で24戦10勝。2歳時にフュー
チュリティS、3歳時にベルモントS、トラヴァー
ズSとGⅠレースに勝利。4歳時にもホイットニー
H、ウッドワードSとGⅠタイトルを重ね、2000
年米古牡馬王者に選ばれた。産駒にリチャーズキ
ッド（パシフィッククラシックS2回）など。日本
ではレモンポップ（フェブラリーS）が活躍中。

系統：キングマンボ系　母父系統：シアトルスルー系			
父 Kingmambo 鹿 1990	Mr. Prospector	Raise a Native	Gold Digger
	Miesque	Nureyev	Pasadoble
母 Charming Lassie 黒鹿 1987	Seattle Slew	Bold Reasoning	My Charmer
	Lassie Dear	Buckpasser	Gay Missile

距離	成長型	芝	ダート	瞬発力	パワー	底力
中	普	△	◎	○	○	○

RANKING 146

***フレンチデピュティ**
FRENCH DEPUTY

2021 151

父、母父で大活躍の名種牡馬

総収得賞金	94,714,000円	アーニング INDEX	0.92

● 1992年生　●栗毛　● 2018年引退

　2～3歳時に米で6戦4勝。GⅡジェロームH
に勝利。米で種牡馬となり、レフトバンク（ホイ
ットニーH）、ハウスパーティー（プライオレス
S）らのGⅠ馬が登場。外国産馬として走ったク
ロフネ（JCダート）の大活躍もあり、日本に導
入された。日本での産駒にアドマイヤジュピタな
ど。母父としても、素晴らしい業績を残している。

系統：ノーザンダンサー系　母父系統：プリンスキロ系			
父 Deputy Minister 黒鹿 1979	Vice Regent	Northern Dancer	Victoria Regina
	Mint Copy	Bunty's Flight	Shakney
母 Mitterand 鹿 1981	Hold Your Peace	Speak John	Blue Moon
	Laredo Lass	Bold Ruler	Fortunate Isle

距離	成長型	芝	ダート	瞬発力	パワー	底力
万	持続	◎	○	◎	○	○

※ 143位のファインニードル、145位のミッキーロケットは P360 に掲載しています。

RANKING 148 *アルデバランⅡ ALDEBARAN
2021 194
5歳で花開いた米短距離王者

総収得賞金	91,553,000円	アーニングINDEX	0.73

● 1998年生　●鹿毛　●供用地／青森県・JBBA 七戸種馬場

　2～5歳時に英米で25戦8勝。GⅠで4度2着を経験した後、5歳3月のサンカルロスHで念願のGⅠ制覇。その後、メトロポリタンH、フォアゴーHとGⅠタイトルを重ね、2003年米最優秀スプリンターに選出された。米供用時代の産駒にメインシークエンス（BCターフ）。日本でダンスディレクター（シルクロードS2回）、ギシギシ。

系統：ミスタープロスペクター系　母父系統：テディ系

父		Native Dancer
Mr. Prospector 鹿 1970	Raise a Native	Native Dancer
		Raise You
	Gold Digger	Nashua
		Sequence
母	Private Account	Damascus
Chimes of Freedom 栗 1987		Numbered Account
	Aviance	Northfields
		Minnie Hauk

距離	成長型	芝	ダート	瞬発力	パワー	底力
短マ	普	○	○	△	○	○

RANKING 149 MALIBU MOON マリブムーン
2021 139
種牡馬となり大きく羽ばたく

総収得賞金	89,110,000円	アーニングINDEX	2.83

● 1997年生　●鹿毛　● 2021年死亡

　2歳時に米で2戦1勝。種牡馬となって大成功を収めた。産駒にオーブ（ケンタッキーダービー）、デヴィルメイケア（マザーグースS）、ファニームーン（CCAオークス）など米GⅠ馬多数。日本でもオーブルチェフ（全日本2歳優駿）、マドラスチェック（TCK女王盃）、オーロラテソーロ（クラスターC）がダート重賞を制している。

系統：シアトルスルー系　母父系統：ミスタープロスペクター系

父		Bold Reasoning
A.P. Indy 黒鹿 1989	Seattle Slew	Bold Reasoning
		My Charmer
	Weekend Surprise	Secretariat
		Lassie Dear
母	Mr. Prospector	Raise a Native
Macoumba 鹿 1992		Gold Digger
	Maximova	Green Dancer
		Baracala

距離	成長型	芝	ダート	瞬発力	パワー	底力
短中	やや早	△	◎	○	○	○

RANKING 150 *ストリートセンス STREET SENSE
2021 142
日本供用経験持つ米2歳王者

総収得賞金	88,387,000円	アーニングINDEX	1.16

● 2004年生　●鹿毛　●供用地／アメリカ

　2～3歳時に米で13戦6勝。BCジュヴナイルを制し、2006年米最優秀2歳牡馬に選出される。3歳時にもケンタッキーダービー、トラヴァーズSとGⅠ2勝の大活躍を見せた。産駒にマッキンジー（ホイットニーS）など。2013年には日本でリース供用され、ファッショニスタ（JBCレディスクラシック）、サヴィらが誕生している。

系統：ミスタープロスペクター系　母父系統：ノーザンダンサー系

父		Mr. Prospector
Street Cry 黒鹿 1998	Machiavellian	Mr. Prospector
		Coup de Folie
	Helen Street	Troy
		Waterway
母	Dixieland Band	Northern Dancer
Bedazzle 鹿 1997		Mississippi Mud
	Majestic Legend	His Majesty
		Long Legend

距離	成長型	芝	ダート	瞬発力	パワー	底力
マ中	普					

RANKING 151 タニノギムレット TANINO GIMLET
2021 112
ダービー父娘制覇の偉業達成

総収得賞金	86,979,000円	アーニングINDEX	0.28

● 1999年生　●鹿毛　● 2020年引退

　2～3歳時に日で8戦5勝。3歳時にシンザン記念、アーリントンC、スプリングSと重賞3連勝。しかし、皐月賞3着、NHKマイルC3着と、大魚を逃がし続ける。捲土重来を期したダービーでは、パワフルな末脚が炸裂し世代の頂点に立つ。2007年にウオッカが64年振りの牝馬ダービー馬となり、史上初の父娘制覇の偉業を達成した。

系統：ロベルト系　母父系統：グレイソヴリン系

父		Hail to Reason
*ブライアンズタイム 黒鹿 1985	Roberto	Hail to Reason
		Bramalea
	Kelley's Day	Graustark
		Golden Trail
母	*クリスタルパレス	Caro
タニノクリスタル 栗 1988		Hermieres
	*タニノシーバード	Sea Bird
		Flaxen

距離	成長型	芝	ダート	瞬発力	パワー	底力
マ中	普					

RANKING 153　PIONEEROF THE NILE
パイオニアオブザナイル
2021 206

37年振り誕生の米3冠馬の父

総収得賞金	84,672,000円	アーニング INDEX	3.14

● 2006年生　●黒鹿毛　●2019年死亡

　2～3歳時に米で10戦5勝。2歳時のキャッシュコールフューチュリティ、3歳時のサンタアニタダービーと米GⅠを2勝した。種牡馬となり、37年振り史上12頭目の米3冠馬に輝いたアメリカンファラオを出す大仕事を成し遂げる。その他の産駒にクラシックエンパイア（BCジュヴナイル）。日本でレヴァンテライオン、フラーレン。

系統：ファピアノ系　母父系統：ペティション系

父 *エンパイアメーカー 黒鹿 2000	Unbridled	Fappiano
		Gana Facil
	Toussaud	El Gran Senor
		Image of Reality
母 Star of Goshen 鹿 1994	Lord at War	General
		Luna de Miel
	Castle Eight	Key to the Kingdom
		Her Native

距離	成長型	芝	ダート	瞬発力	パワー	底力
マ中	やや早	○	◎	○	◎	○

RANKING 154　ショウナンカンプ
SHONAN KAMPF
2021 147

初重賞勝ちはスプリントGⅠ

総収得賞金	83,185,000円	アーニング INDEX	0.45

● 1998年生　●鹿毛　●2020年死亡

　3～5歳時に日で19戦8勝。4歳となり、準OP特別、OPオーシャンS、高松宮記念と3連勝し、一気に芝スプリント戦線の頂点にまで駆け上がった。その後、スワンS、5歳時の阪急杯にも勝っている。産駒にショウナンアチーヴ（ニュージーランドT）、ラブカンプー（CBC賞）、ショウナンカザン（淀短距離S）、ミキノドラマー。

系統：プリンスリーギフト系　母父系統：ニジンスキー系

父 サクラバクシンオー 鹿 1989	サクラユタカオー	*テスコボーイ
		アンジェリカ
	サクラハゴロモ	*ノーザンテースト
		*クリアアンバー
母 ショウナングレイス 鹿 1989	*ラッキーソブリン	Nijinsky
		Sovereign
	ヤセイコーソ	タケシバオー
		メジロチドリ

距離	成長型	芝	ダート	瞬発力	パワー	底力
短マ	普	○	△	○	○	○

RANKING 155　MORE THAN READY
モアザンレディ
2021 205

米豪で数多くのGⅠ産駒輩出

総収得賞金	82,541,000円	アーニング INDEX	4.59

● 1997年生　●黒鹿毛　●2022年死亡

　2～3歳時に米で17戦7勝。2歳4月のデビュー戦から、GⅢトレモントS、GⅡサンフォードSを含む5連勝を記録。3歳時にGⅡハッチンソンS、GⅠキングズビショップSを勝った。産駒にロイエイチ（BCスプリント2回）、セブリング（ゴールデンスリッパーS）ら米豪のGⅠ馬多数。日本でジャングロ（ニュージーランドT）が活躍。

系統：ヘイルトゥリーズン系　母父系統：ミスタープロスペクター系

父 *サザンヘイロー 鹿 1983	Halo	Hail to Reason
		Cosmah
	Northern Sea	Northern Dancer
		Sea Saga
母 Woodman's Girl 鹿 1990	Woodman	Mr. Prospector
		*プレイメイト
	Becky Be Good	Naskra
		Good Landing

距離	成長型	芝	ダート	瞬発力	パワー	底力
短中	普	○	○	○	○	○

RANKING 156　フサイチセブン
FUSAICHI SEVEN
2021 146

1億円超で落札されGⅡ勝利

総収得賞金	81,726,000円	アーニング INDEX	1.01

● 2006年生　●鹿毛　●供用地／新冠・優駿SS

　3～7歳時に日で19戦6勝。当歳セレクトセールにおいて1億500万で落札された、ケンタッキーダービー馬フサイチペガサスの息子。母系も、世界的な名門であるバラード系の血を受け継いでいる。4歳時のダイオライト記念で重賞制覇を達成したほか、OP阿蘇Sに勝ち、シリウスS、アンタレスSで3着した。産駒にラボエームなど。

系統：ミスタープロスペクター系　母父系統：ノーザンダンサー系

父 Fusaichi Pegasus 鹿 1997	Mr. Prospector	Raise a Native
		Gold Digger
	Angel Fever	Danzig
		Rowdy Angel
母 *ディボステスティモニー 栗 1992	Vice Regent	Northern Dancer
		Victoria Regina
	Angelic Song	Halo
		Ballade

距離	成長型	芝	ダート	瞬発力	パワー	底力
中	普	△	○	△	○	○

※152位のレッドファルクスはP361に掲載しています。

SIYOUNI
シューニ
仏で大物輩出のヌレイエフ系

総収得賞金	78,443,000円	アーニング INDEX	5.81

● 2007年生　●鹿毛　●供用地／フランス

　2～3歳時に仏で12戦4勝。仏2歳GIジャンリュックラガルデール賞を制した。半妹にシューマ（サンチャリオットS）。産駒にソットサス（凱旋門賞）、セントマークスバシリカ（愛チャンピオンS、仏ダービー）、ローレンス（仏オークス）、エルヴェディヤ（ムーランドロンシャン賞）。日本ではヴィズサクセスが芝短距離戦線で活躍中。

系統：ヌレイエフ系　母父系統：ダンチヒ系		
父 Pivotal 栗 1993	Polar Falcon	Nureyev
		Marie d'Argonne
	Fearless Revival	Cozzene
		Stufida
母 Sichilla 鹿 2002	*デインヒル	Danzig
		Razyana
	Slipstream Queen	Conquistador Cielo
		Country Queen

距離	成長型	芝	ダート	瞬発力	パワー	底力
マ	やや早	○	○	○	○	○

トーホウジャッカル
TOHO JACKAL
菊花賞で初重賞制覇達成する

総収得賞金	78,040,000円	アーニング INDEX	1.16

● 2011年生　●栗毛　●供用地／新冠・クラックステーブル

　3～5歳時に日で13戦3勝。神戸新聞杯3着で出走権を得た菊花賞で、ステイヤーとしての資質が開花。直線早めに抜け出し、サウンズオブアースの追撃を半馬身差抑えクラシックウイナーの栄誉に浴した。4歳時の宝塚記念はラブリーデイの4着。半姉にトーホウアマポーラ（CBC賞）。産駒にトーホウディアス、トーホウラビアン。

系統：サンデーサイレンス系　母父系統：ファピアノ系		
父 スペシャルウィーク 黒鹿 1995	*サンデーサイレンス	Halo
		Wishing Well
	キャンペンガール	マルゼンスキー
		レディーシラオキ
母 *トーホウガイア 栗 2001	Unbridled's Song	Unbridled
		Trolley Song
	Agami	Nureyev
		Agacerie

距離	成長型	芝	ダート	瞬発力	パワー	底力
中長	普	○	△	○	△	○

UNCLE MO
アンクルモー
大物感魅力の米2歳牡馬王者

総収得賞金	75,736,000円	アーニング INDEX	1.53

● 2008年生　●鹿毛　●供用地／アメリカ

　2～3歳時に米で8戦5勝。シャンペンS、BCジュヴナイルを連勝し、文句なしで米最優秀2歳牡馬に選出される。3歳時にはGIIケルソHを制した。産駒にナイキスト（ケンタッキーダービー）、モードニゴール（ベルモントS）、ゴールデンパル（BCターフスプリント）、アウトワーク（ウッドメモリアルS）。日本でハリーバローズが走る。

系統：グレイソヴリン系　母父系統：ロベルト系		
父 Indian Charlie 鹿 1995	In Excess	Siberian Express
		Kantado
	Soviet Sojourn	Leo Castelli
		Political Parfait
母 Playa Maya 黒鹿 2000	Arch	Kris S.
		Aurora
	Dixie Slippers	Dixieland Band
		Cyane's Slippers

距離	成長型	芝	ダート	瞬発力	パワー	底力
マ中	普	△	◎	○	○	○

*ケイムホーム
CAME HOME
高い勝率残した米GI3勝馬

総収得賞金	73,573,000円	アーニング INDEX	0.33

● 1999年生　●黒鹿毛　●2021年死亡

　2～3歳時に米で12戦9勝。2歳9月のホープフルSでGI初制覇。3歳時にも、サンタアニタダービー、パシフィッククラシックSとGIタイトルを2つ重ねた。ほかにGII、GIIIを計5勝している。米供用時代の産駒にGIII馬パッション（ラハブラS）。日本でインティ（フェブラリーS）、タガノトネール（武蔵野S）、サウンドリアーナ。

系統：ミスタープロスペクター系　母父系統：ニアークティック系		
父 Gone West 鹿 1984	Mr. Prospector	Raise a Native
		Gold Digger
	Secrettame	Secretariat
		Tamerett
母 Nice Assay 黒鹿 1988	Clever Trick	Icecapade
		Kankakee Miss
	*インフルヴュー	Full Out
		Turn n'See

距離	成長型	芝	ダート	瞬発力	パワー	底力
短中	普	○	○	○	○	○

RANKING 161

ナカヤマフェスタ
NAKAYAMA FESTA

2021 121　　**凱旋門賞であわやの2着健闘**

総収得賞金	71,423,000円	アーニング INDEX	0.41

● 2006年生　●鹿毛　●供用地／新ひだか・アロースタッド

　2〜5歳時に日仏で15戦5勝。2歳時の東京スポーツ杯2歳S、3歳時のセントライト記念と重賞タイトルを重ねる。4歳となり、LメトロポリタンS、宝塚記念を連勝。秋には仏に遠征し、凱旋門賞ではゴール前でワークフォースに交わされ2着に惜敗した。産駒にガンコ（日経賞）、バビット（セントライト記念）、ヴォージュ。

系統：サンデーサイレンス系	母父系統：リボー系		
父 ステイゴールド 黒鹿 1994	*サンデーサイレンス	Halo
		Wishing Well
	ゴールデンサッシュ	*ディクタス
		ダイナサッシュ
母 ディアウィンク 鹿 1998	*タイトスポット	His Majesty
		Premium Win
	セイレイ	*ディンヒル
		*センスオブリズム

距離	成長型	芝	ダート	瞬発力	パワー	底力
中長	普	○	○	△	○	○

RANKING 162

CURLIN
カーリン

2021 149　　**2年連続米年度代表馬に輝く**

総収得賞金	71,176,000円	アーニング INDEX	1.98

● 2004年生　●栗毛　●供用地／アメリカ

　3〜4歳時に米首で16戦11勝。3歳時にプリークネスS、ジョッキークラブGC、BCクラシックを制し、2007年米年度代表馬に選出。4歳時は、ドバイWC、ジョッキークラブGCなどに勝ち2年連続で米年度代表馬となった。産駒にヴィーノロッソ（BCクラシック）、マラサート（BCディスタフ）など。日本でビヨンドザファザー。

系統：ミスタープロスペクター系	母父系統：ノーザンダンサー系		
父 Smart Strike 鹿 1992	Mr. Prospector	Raise a Native
		Gold Digger
	Classy'n Smart	Smarten
		No Class
母 Sheriff's Deputy 鹿 1994	Deputy Minister	Vice Regent
		Mint Copy
	Barbarika	Bates Motel
		War Exchange

距離	成長型	芝	ダート	瞬発力	パワー	底力
中	普	○	◎	○	◎	○

RANKING 163

*ストーミングホーム
STORMING HOME

2021 150　　**英米を股にかけGIを制する**

総収得賞金	68,070,000円	アーニング INDEX	0.72

● 1998年生　●黒鹿毛　● 2020年引退

　2〜5歳時に英仏米日で24戦8勝。4歳10月の英チャンピオンSでムーンバラッドらを倒しGI初制覇。5歳時は米を拠点に、チャールズウィッティンガム記念H、CLハーシュ記念ターフCSとGIを2つ制した。産駒にジャッカルベリー（ミラノ大賞）、ライオンテイマー（ヴィクトリアダービー）。日本でティーハーフ、マコトブリジャール。

系統：ミスタープロスペクター系	母父系統：ノーザンダンサー系		
父 Machiavellian 黒鹿 1987	Mr. Prospector	Raise a Native
		Gold Digger
	Coup de Folie	Halo
		Raise the Standard
母 Try to Catch Me 鹿 1986	Shareef Dancer	Northern Dancer
		Sweet Alliance
	It's in the Air	Mr. Prospector
		A Wind Is Rising

距離	成長型	芝	ダート	瞬発力	パワー	底力
短中	普	○	○	○	○	○

RANKING 164

オウケンブルースリ
OKEN BRUCE LEE

2021 191　　**菊花賞を制した夏の上がり馬**

総収得賞金	67,343,000円	アーニング INDEX	0.79

● 2005年生　●栗毛　●供用地／浦河・イーストスタッド

　3〜7歳時に日で27戦5勝。3歳夏に未勝利戦、500万特別、1000万特別と3連勝。神戸新聞杯3着を経て臨んだ菊花賞では、3角過ぎからマクリ上げる豪快なレース振りで鮮やかに1番人気に応えた。4歳時は京都大賞典に勝ちジャパンCで2着している。産駒にオウケンムーン（共同通信杯）、ジャズブルース、サンシャインアン。

系統：グレイソヴリン系	母父系統：ノーザンダンサー系		
父 ジャングルポケット 鹿 1998	*トニービン	*カンパラ
		Severn Bridge
	*ダンスチャーマー	Nureyev
		Skillful Joy
母 *シルバージョイ 栗 1993	Silver Deputy	Deputy Minister
		Silver Valley
	Joy of Myrtlewood	Northern Jove
		Myrtlewood Lass

距離	成長型	芝	ダート	瞬発力	パワー	底力
中長	普	○	○	○	○	○

RANKING 165 ハタノヴァンクール HATANO VAINQUEUR
2021 180
ダートGI2勝の名中距離馬

総収得賞金	67,290,000円	アーニング INDEX	0.65

● 2009年生　●栗毛　●日高・グッドラックファーム

　2〜4歳時に日で17戦7勝。3歳となりダート戦線に専念。500万下戦、OP伏竜S、OP端午S、ジャパンダートダービーと4連勝した。4歳時は2つ目のGIタイトル獲得となる川崎記念とブリーダーズゴールドCに勝っている。叔父にジャガーメイル（天皇賞・春）。産駒にロイヤルペガサス、スティールグレイス（門別・リリーC）。

系統：キングマンボ系 母父系統：ロベルト系			
父　キングカメハメハ　鹿 2001	Kingmambo	Mr. Prospector	
		Miesque	
	*マンファス	*ラストタイクーン	
		Pilot Bird	
母　ハタノブリエ　栗 1997	*ブライアンズタイム	Roberto	
		Kelley's Day	
	ハヤベニコマチ	*サンデーサイレンス	
		ターンツーダイナ	

距離	成長型	芝	ダート	瞬発力	パワー	底力
中長	普	△	○	△	○	○

RANKING 166 ワンダーアキュート WONDER ACUTE
2021 155
6歳以降にダートGIを3勝

総収得賞金	66,028,000円	アーニング INDEX	0.64

● 2006年生　●鹿毛　●供用地／新ひだか・アロースタッド

　3〜9歳時に日で48戦13勝。3歳時にシリウスS、武蔵野Sを連勝。5歳時の東海Sで重賞3勝目。6歳時のJBCクラシックで念願のGIタイトル獲得に成功する。その後、7歳時に日本テレビ盃、8歳時に帝王賞、9歳時にもかしわ記念を制している。半兄にワンダースピード（東海S）。産駒にワンダーシエンプロ、アキュートガール。

系統：ノーザンダンサー系 母父系統：リボー系			
父　*カリズマティック　栗 1996	Summer Squall	Storm Bird	
		Weekend Surprise	
	Bali Babe	Drone	
		Polynesian Charm	
母　*ワンダーヘリテージ　黒鹿 1995	Pleasant Tap	Pleasant Colony	
		Never Knock	
	Casa Petrone	Petrone	
		Grand Tania	

距離	成長型	芝	ダート	瞬発力	パワー	底力
中長	普	△	○	△	○	○

RANKING 167 ニホンピロアワーズ NIHONPIRO OURS
2021 127
最優秀ダートホース栄誉獲得

総収得賞金	65,829,000円	アーニング INDEX	1.13

● 2007年生　●青鹿毛　●供用地／新ひだか・レックススタッド

　3〜8歳時に日で42戦13勝。一貫してダート中長距離戦線を歩み、4歳暮れの名古屋GPで重賞初制覇。5歳時には名古屋大賞典、白山大賞典、ジャパンCダートを制し、2012年最優秀ダートホースに選ばれた。その後も、6歳時に平安S、7歳時に東海S、ダイオライト記念に勝っている。産駒にニホンピロスクーロ、シゲルホヤサク。

系統：リファール系 母父系統：サンデーサイレンス系			
父　*ホワイトマズル　鹿 1990	*ダンシングブレーヴ	Lyphard	
		Navajo Princess	
	Fair of the Furze	Ela-Mana-Mou	
		Autocratic	
母　ニホンピロルピナス　青 2002	アドマイヤベガ	*サンデーサイレンス	
		ベガ	
	ニホンピロタイラ	Theatrical	
		*ミルカレント	

距離	成長型	芝	ダート	瞬発力	パワー	底力
中長	普	△	○	○	○	○

RANKING 168 ヴァンキッシュラン VANQUISH RUN
2021 179
超高値で購買された青葉賞馬

総収得賞金	65,179,000円	アーニング INDEX	0.85

● 2013年生　●黒鹿毛　●供用地／日高・エスティファーム

　2〜3歳時に日で8戦3勝。当歳セレクトセールにおいて1億9950万円の高値で落札された。3歳1月の未勝利戦で初勝利。4月の500万特別で2勝目をあげると続く青葉賞で重賞初制覇を達成する。ダービーはマカヒキの13着に敗退。叔父にGI馬ムブタヒージ（オーサムアゲインS）。産駒にトーセンヴァンノ（札幌2歳S3着）。

系統：サンデーサイレンス系 母父系統：サドラーズウェルズ系			
父　ディープインパクト　鹿 2002	*サンデーサイレンス	Halo	
		Wishing Well	
	*ウインドインハーヘア	Alzao	
		Burghclere	
母　*リリーオブザヴァレー　鹿 2007	Galileo	Sadler's Wells	
		Urban Sea	
	Pennegale	Pennekamp	
		Gale Warning	

距離	成長型	芝	ダート	瞬発力	パワー	底力
中	普	△	○	○	○	○

RANKING 170 アドマイヤマックス
ADMIRE MAX
2021 181

大物産駒出した高松宮記念馬

総収得賞金	62,418,000円	アーニング INDEX	0.53

● 1999年生　●鹿毛　●2023年死亡

　2～6歳時に日香で23戦4勝。新馬戦、東京スポーツ杯2歳Sを連勝しエリートコースに乗るも、春のクラシックには出走出来ず。古馬となってからはマイル、短距離戦線を歩み、5歳時に富士S、6歳となり高松宮記念に勝った。母系は名門で一族にGI2勝馬ラインクラフト（NHKマイルC）。産駒にGI3勝のケイティブレイブ。

系統：サンデーサイレンス系		母父系統：ノーザンダンサー系	
父 *サンデーサイレンス 青鹿 1986	Halo	Hail to Reason
		Cosmah
	Wishing Well	Understanding
		Mountain Flower
母 ダイナシュート 栗 1982	*ノーザンテースト	Northern Dancer
		Lady Victoria
	シャダイマイン	*ヒッティングアウェー
		*ファンシミン

距離	成長型	芝	ダート	瞬発力	パワー	底力
短マ	やや晩	○		○	○	○

RANKING 171 *ヘニーハウンド
HENNY HOUND
2021 195

父の名を高める重賞制覇達成

総収得賞金	62,375,000円	アーニング INDEX	0.55

● 2008年生　●栗毛　●供用地／青森県・(有) フォレブルー

　2～8歳時に日で22戦4勝。米国産のマル外馬として日本でデビュー。キャリア2戦目でGIIIファルコンSを制し、後に日本に導入され大きな成功を収める父ヘニーヒューズの名を知らしめる、先駆的な役割りも果たした。その後OP鞍馬S、LオパールSに勝っている。産駒にモナルヒ、クインズジュピタ、サンマルセレッソ。

系統：ストームキャット系		母父系統：テディ系	
父 *ヘニーヒューズ 栗 2003	*ヘネシー	Storm Cat
		Island Kitty
	Meadow Flyer	Meadowlake
		Shortley
母 Beautiful Moment 栗 1994	Crusader Sword	Damascus
		Copernica
	Proud Minstrel	Proud Birdie
		Minstrel Lady

距離	成長型	芝	ダート	瞬発力	パワー	底力
短マ	普	○	○	○	○	△

RANKING 172 ロジユニヴァース
LOGI UNIVERSE
2021 145

ダービーを圧勝したパワー型

総収得賞金	62,191,000円	アーニング INDEX	0.48

● 2006年生　●鹿毛　●供用地／新冠・優駿SS

　2～6歳時に日で10戦5勝。札幌2歳S、ラジオNIKKEI杯2歳S、弥生賞と重賞3連勝。1番人気に推された皐月賞は大敗したが、続くダービーでは不良馬場も味方にして、4馬身差の圧勝を飾った。母系は名門でいとこにディアドラ（ナッソーS）、一族にソングライン（安田記念）。産駒にロジペルレスト、ユニバーサルライト。

系統：サンデーサイレンス系		母父系統：ダンチヒ系	
父 ネオユニヴァース 鹿 2000	*サンデーサイレンス	Halo
		Wishing Well
	*ポインテッドパス	Kris
		Silken Way
母 アコースティクス 鹿 2001	Cape Cross	Green Desert
		Park Appeal
	*ソニック	Machiavellian
		Sonic Lady

距離	成長型	芝	ダート	瞬発力	パワー	底力
中長	普	○		△	○	○

RANKING 174 グランデッツァ
GRANDEZZA
2021 230

クラシック戦線の主役候補に

総収得賞金	60,289,000円	アーニング INDEX	0.56

● 2009年生　●栗毛　●2020年引退

　2～6歳時に日で19戦5勝。札幌2歳Sで重賞初制覇を達成。3歳緒戦のスプリングSにも勝ち、皐月賞では1番人気に推される。しかし、直線で伸び切れずゴールドシップの5着に終わった。その後、5歳時にL都大路S、6歳時に七夕賞を制している。姉にマルセリーナ（桜花賞）。産駒にカリスマサンヒカル、ローズブルーム。

系統：サンデーサイレンス系		母父系統：ノーザンダンサー系	
父 アグネスタキオン 栗 1998	*サンデーサイレンス	Halo
		Wishing Well
	アグネスフローラ	*ロイヤルスキー
		アグネスレディー
母 *マルバイユ 鹿 2000	Marju	*ラストタイクーン
		Flame of Tara
	Hambye	Distant Relative
		Paglietta Gener

距離	成長型	芝	ダート	瞬発力	パワー	底力
中	普	○		○	○	○

※ 169位のタリスマニック、173位のネロはP361に掲載しています。

RANKING 175 シルポート SILPORT
2021 131
逃げに徹し活路拓いた個性派

総収得賞金	59,221,000円	アーニング INDEX	0.57

● 2005年生 ●鹿毛 ●新ひだか・レックススタッド

3〜8歳時に日で54戦10勝。逃げに徹して勝っても負けてもファンを大いに沸かせた個性派の一流馬。6歳時の京都金杯、マイラーズC、7歳時の連覇となったマイラーズCと重賞を計3勝した。いとこにサウンドオブハート（阪神牝馬S）、カフェブリリアント（阪神牝馬S）。産駒にハクサンアマゾネス、ハクサンライラック。

系統：リファール系　母父系統：サンデーサイレンス系

父	*ダンシングブレーヴ	Lyphard
*ホワイトマズル		Navajo Princess
鹿 1990	Fair of the Furze	Ela-Mana-Mou
		Autocratic
母	*サンデーサイレンス	Halo
スペランツァ		Wishing Well
栗 1998	*フジャブ	Woodman
		Winters' Love

距離	成長型	芝	ダート	瞬発力	パワー	底力
マ	普	○	○	△	○	△

RANKING 177 ウインバリアシオン WIN VARIATION
2021 160
3冠馬の好敵手として存在感

総収得賞金	58,466,000円	アーニング INDEX	0.26

● 2008年生 ●鹿毛 ●供用地／青森県・スプリングファーム

2〜7歳時に日で23戦4勝。3歳4月の青葉賞で重賞初制覇を達成。続くダービー、神戸新聞杯、菊花賞は、いずれも3冠馬オルフェーヴルの2着となった。4歳時は天皇賞・春で3着。5歳時の有馬記念でまたもオルフェーヴルの2着する。6歳緒戦の日経賞で3年弱振りの重賞勝利を飾った。産駒にドスハーツ、カミノホウオー。

系統：サンデーサイレンス系　母父系統：ノーザンダンサー系

父	*サンデーサイレンス	Halo
ハーツクライ		Wishing Well
鹿 2001	アイリッシュダンス	*トニービン
		ビューパーダンス
母	Storm Bird	Northern Dancer
*スーパーバレリーナ		South Ocean
鹿 1994	*カウントオンアチェンジ	Time for a Change
		Count On Kathy

距離	成長型	芝	ダート	瞬発力	パワー	底力
中長	普	○	○	△	○	△

RANKING 178 *アグネスデジタル AGNES DIGITAL
2021 119
あらゆる条件でGI6つ制す

総収得賞金	55,981,000円	アーニング INDEX	0.37

● 1997年生 ●栗毛 ●2021年死亡

2〜6歳時に日香首で32戦12勝。3歳秋のマイルCSを皮切りに、4歳時の南部杯、天皇賞・秋、香港C、5歳時のフェブラリーS、6歳時の安田記念と、ダート、国内外、マイル戦、中距離戦など異なる条件でGIを計6勝した。産駒にカゼノコ（ジャパンダートダービー）、ヤマニンキングリー（札幌記念）、アスカノロマン（東海S）。

系統：ミスタープロスペクター系　母父系統：ダンチヒ系

父	Mr. Prospector	Raise a Native
Crafty Prospector		Gold Digger
栗 1979	Real Crafty Lady	In Reality
		Princess Roycraft
母	Chief's Crown	Danzig
Chancey Squaw		Six Crowns
鹿 1991	Alliance	Alleged
		Runaway Bride

距離	成長型	芝	ダート	瞬発力	パワー	底力
マ中	普	○	◎	○	○	◎

RANKING 179 *ロードアルティマ LORD ULTIMA
2021 141
米一流種牡馬の16歳下の半弟

総収得賞金	55,513,000円	アーニング INDEX	0.35

● 2000年生 ●黒鹿毛 ●2022年引退

2〜7歳時に日で12戦6勝。準OP札幌日刊スポーツ杯をはじめ、D1000m〜芝1600mの距離で計6勝をマークした。16歳上の半兄に米GI馬で種牡馬としても成功を収めたゴーンウエスト、甥にサクラオリオン（中京記念）がいる名門母系の出身者。産駒にヒロイックアゲン（ルミエールオータムダッシュ）、タイムトリップ。

系統：ミスタープロスペクター系　母父系統：ボールドルーラー系

父	Mr. Prospector	Raise a Native
Seeking the Gold		Gold Digger
鹿 1985	Con Game	Buckpasser
		Broadway
母	Secretariat	Bold Ruler
Secrettame		Somethingroyal
栗 1978	Tamerett	Tim Tam
		Mixed Marriage

距離	成長型	芝	ダート	瞬発力	パワー	底力
短マ	普	○	○	△	○	△

RANKING 181

2021 138

バンブーエール
BAMBOO ERE
GI産駒を出した名短距離馬

総収得賞金	55,474,000円	アーニング INDEX	0.44

● 2003年生　● 栗毛　● 供用地／浦河・イーストスタッド

　2〜6歳時に日首で25戦10勝。5歳を迎えて本格化しL北陸S、LペルセウスS、JBCスプリントと3連勝し、一気にダート短距離戦線の頂点に立つ。6歳時にはドバイゴールデンシャヒーンで4着し、クラスターC、東京盃を連勝した。産駒にダートGI馬キャッスルトップ（ジャパンダートダービー）、ダンツゴウユウ（大沼S）。

系統：ミスタープロスペクター系		母父系統：ブラッシンググルーム系	
父 ＊アフリート 栗 1984	Mr. Prospector	Raise a Native	
		Gold Digger	
	Polite Lady	Venetian Jester	
		Friendly Ways	
母 ＊レインボーウッド 栗 1991	Rainbow Quest	Blushing Groom	
		I Will Follow	
	Priceless Fame	Irish Castle	
		Comely Nell	

距離	成長型	芝	ダート	瞬発力	パワー	底力
短中	普	△	◎	◎	◎	◎

RANKING 182

2021 152

ダノンシャーク
DANON SHARK
6歳で芝マイルGIを制する

総収得賞金	55,195,000円	アーニング INDEX	0.30

● 2008年生　● 鹿毛　● 2021年引退

　2〜8歳時に日で39戦7勝。重賞2着を3度経験した後、5歳新春の京都金杯で念願の重賞タイトルを手に入れる。秋には富士Sで重賞2勝目。6歳秋には前年3着に敗れていたマイルCSで接戦をものにし、芝マイル戦線の頂点に立った。姪にシンリョクカ（阪神JF2着）。産駒にタイキドミニオン、シャークスポット、テリーヌ。

系統：サンデーサイレンス系		母父系統：ニジンスキー系	
父 ディープインパクト 鹿 2002	＊サンデーサイレンス	Halo	
		Wishing Well	
	＊ウインドインハーヘア	Alzao	
		Burghclere	
母 ＊カーラパワー 鹿 1998	Caerleon	Nijinsky	
		Foreseer	
	Jabali	Shirley Heights	
		Toute Cy	

距離	成長型	芝	ダート	瞬発力	パワー	底力
マ	普	◎	○	◎	○	△

RANKING 183

2021 171

＊ハードスパン
HARD SPUN
パワフルなスピードを伝える

総収得賞金	54,922,000円	アーニング INDEX	0.55

● 2004年生　● 鹿毛　● 供用地／アメリカ

　2〜3歳時に米で13戦7勝。米3歳戦線のトップクラスとして活躍し、3冠レースで2、3、4着と好勝負を演じた。ハスケル招待H2着後短距離GIキングズビショップSに出走し、ついにGIタイトルを手中にする。産駒にスパントゥラン（BCダートマイル）、アロハウエスト（BCスプリント）、サマリーズ（全日本2歳優駿）。

系統：ダンチヒ系		母父系統：レイズアネイティヴ系	
父 Danzig 鹿 1977	Northern Dancer	Nearctic	
		Natalma	
	Pas de Nom	Admiral's Voyage	
		Petitioner	
母 Turkish Tryst 栗 1991	Turkoman	Alydar	
		Taba	
	Darbyvail	Roberto	
		Luiana	

距離	成長型	芝	ダート	瞬発力	パワー	底力
中	普	○	◎	○	○	○

RANKING 184

2021 245

アドマイヤコジーン
ADMIRE COZZENE
2、6歳時にマイルGI制覇

総収得賞金	54,856,000円	アーニング INDEX	1.52

● 1996年生　● 芦毛　● 2017年死亡

　2〜6歳時に日香で23戦6勝。2歳時に東京スポーツ杯3歳S、朝日杯3歳Sを勝ち、1998年最優秀2歳牡馬に選出。6歳時に二度目のピークを迎え、東京新聞杯、阪急杯、安田記念を制し、2002年最優秀スプリンターの栄誉に浴す。産駒にアストンマーチャン（スプリンターズS）、スノードラゴン（スプリンターズS）、マジンプロスパー。

系統：グレイソヴリン系		母父系統：ノーザンダンサー系	
父 Cozzene 芦 1980	Caro	＊フォルティノ	
		Chambord	
	Ride the Trails	Prince John	
		Wildwook	
母 ＊アドマイヤマカディ 栗 1991	＊ノーザンテースト	Northern Dancer	
		Lady Victoria	
	＊ミセスマカディー	＊トライバルチーフ	
		Hanina	

距離	成長型	芝	ダート	瞬発力	パワー	底力
マ中	普	◎	△	○	○	○

※180位のインカンテーションは P362 に掲載しています。

RANKING 185 ナムラタイタン
NAMURA TITAN
2021 203
公営東海のスターホース出す

総収得賞金	53,553,000円	アーニング INDEX	0.85

● 2006年生　●栗毛　●新ひだか・アロースタッド

　3～11歳時に日で52戦21勝。JRAで武蔵野S、LコーラルS、L欅S、LオアシスS2回に勝ち、東海Sで2着、平安Sで3着、プロキオンSで3着している。公営岩手移籍後にも桐花賞、シアンモア記念、みちのく大賞典、赤松杯など当地のビッグレースを多数制した。産駒にブンブンマル（名古屋・新春ペガサスC、湾岸スターC）。

系統：フォーティナイナー系　母父系統：ミスタープロスペクター系

父 *サウスヴィグラス 栗 1996	*エンドスウィープ	*フォーティナイナー
		Broom Dance
	*ダーケストスター	Star de Naskra
		Minnie Riperton
母 ネクストタイム 栗 1995	*アフリート	Mr. Prospector
		Polite Lady
	*ジャビラバ	Majestic Light
		*コマーズ

距離	成長型	芝	ダート	瞬発力	パワー	底力
マ中	普	△	○	△	△	△

RANKING 186 ハクサンムーン
HAKUSAN MOON
2021 196
芝スプリント戦線を沸かせる

総収得賞金	53,009,000円	アーニング INDEX	0.59

● 2009年生　●栗毛　●供用地／新ひだか・レックススタッド

　2～7歳時に日で29戦7勝。3歳11月の京阪杯で重賞初制覇。その後、スプリント戦線の一線級として長く活躍し、4歳時のアイビスSD、セントウルSに勝ち、同年のスプリンターズS、6歳時の高松宮記念で2着している。半弟に独GⅢ馬ワーリングステーツ（バファリアンクラシック）。産駒にハクサンハーバー、ハクサンタマテバコ。

系統：フォーティナイナー系　母父系統：プリンスリーギフト系

父 アドマイヤムーン 鹿 2003	*エンドスウィープ	*フォーティナイナー
		Broom Dance
	マイケイティーズ	*サンデーサイレンス
		*ケイティーズファースト
母 チリエージェ 栗 2001	サクラバクシンオー	サクラユタカオー
		サクラハゴロモ
	メガミゲラン	*シェイディハイツ
		モガミゲラン

距離	成長型	芝	ダート	瞬発力	パワー	底力
短	普	○	○	△	○	△

RANKING 187 GUN RUNNER
ガンランナー
2021 348
GIを5連勝の米年度代表馬

総収得賞金	52,375,000円	アーニング INDEX	1.94

● 2013年生　●栗毛　●供用地／アメリカ

　2～5歳時に米首で19戦12勝。4歳3月のドバイWCは2着に終わったが、帰国後に快進撃が始まる。スティーヴンフォスターH、ホイットニーS、ウッドワードS、BCクラシック、5歳緒戦のペガサスWCとGIを5連勝。2017年米年度代表馬にも選出された。産駒にアーリーヴォーティング（プリークネスS）。日本でドライゼが走る。

系統：ファピアノ系　母父系統：ストームキャット系

父 Candy Ride 鹿 1999	Ride the Rails	Cryptoclearance
		Herbalesian
	Candy Girl	Candy Stripes
		City Girl
母 Quiet Giant 鹿 2007	Giant's Causeway	Storm Cat
		Mariah's Storm
	Quiet Dance	Quiet American
		Misty Dancer

距離	成長型	芝	ダート	瞬発力	パワー	底力
マ中	普	○	◎	○	◎	◎

RANKING 188 *ワイルドラッシュ
WILD RUSH
2021 163
米日で成功収めた名サイアー

総収得賞金	49,837,000円	アーニング INDEX	1.23

● 1994年生　●鹿毛　●2018年死亡

　2～4歳時に米で16戦8勝。4歳時にカーターH、メトロポリタンHと米GIを2勝した。米日で種牡馬供用され共に成功を収める。産駒にステラージェーン（マザーグースS）、ハリウッドストーリー（ヴァニティH）、ドリームラッシュ（テストS）、トランセンド（ジャパンCダート2回）、パーソナルラッシュ（ダービーグランプリ）。

系統：ニアークティック系　母父系統：リボー系

父 Wild Again 黒鹿 1980	Icecapade	Nearctic
		Shenanigans
	Bushel-n-Peck	Khaled
		Dama
母 Rose Park 鹿 1986	Plugged Nickle	Key to the Mint
		Toll Booth
	Hardship	Drone
		Hard and Fast

距離	成長型	芝	ダート	瞬発力	パワー	底力
マ中	普	○	◎	○	○	○

RANKING 189 ＊タイキシャトル
TAIKI SHUTTLE
2021 104 **大往生を遂げた世界の名マイラー**

総収得賞金	49,788,000円	アーニング INDEX	0.35

● 1994年生 ●栗毛 ●供用地／2022年死亡

　3〜4歳時に日仏で13戦11勝。マイルCS 2回、スプリンターズS、安田記念、ジャックルマロワ賞、スワンS、京王杯SC、ユニコーンS。1998年年度代表馬。父デヴィルズバッグは米2歳牡馬チャンピオン。産駒にメイショウボーラー（P178）、ウインクリューガー（NHKマイルC）、レッドスパーダ（P272）、サマーウインド（JBCスプリント）。

系統：ヘイルトゥリーズン系　母父系統：ニジンスキー系

父 Devil's Bag 鹿 1981	Halo	Hail to Reason
		Cosmah
	Ballade	Herbager
		Miss Swapsco
母 ＊ウェルシュマフィン 鹿 1987	Caerleon	Nijinsky
		Foreseer
	Muffitys	Thatch
		Contrail

距離	成長型	芝	ダート	瞬発力	パワー	底力
短マ	普	◎	◯	◯	◎	◯

RANKING 190 トーセンファントム
TOSEN PHANTOM
2021 164 **豪のGIウイナーを輩出**

総収得賞金	49,641,000円	アーニング INDEX	0.50

● 2007年生 ●鹿毛 ● 2020年引退

　2歳時に日で4戦2勝。当歳セレクトセールで9450万円の高値がついた期待馬。東京スポーツ杯2歳S 2着。叔父に南半球で種牡馬として活躍するアグネスゴールド（スプリングS）。産駒に日本で重賞勝ちした後、豪に移籍してGI 2勝をあげたブレイブスマッシュ（マニカトS、フューチュリティS、サウジアラビアRC）、トーセンラムセス。

系統：サンデーサイレンス系　母父系統：グレイソヴリン系

父 ネオユニヴァース 鹿 2000	＊サンデーサイレンス	Halo
		Wishing Well
	＊ポインテッドパス	Kris
		Silken Way
母 バースデイローズ 栗 1995	＊トニービン	＊カンパラ
		Severn Bridge
	エリザベスローズ	＊ノーザンテースト
		＊ノーベンバーローズ

距離	成長型	芝	ダート	瞬発力	パワー	底力
マ中	普	◯	△	△	◯	△

RANKING 191 STORMY ATLANTIC
ストーミーアトランティック
2021 159 **2006年米2歳リーディング**

総収得賞金	49,346,000円	アーニング INDEX	5.48

● 1994年生 ●黒鹿毛 ● 2021年引退

　2〜4歳時に米で15戦6勝。LダミトリウスSなど、短距離戦線で活躍した。産駒にストーミーリベラル（BCターフスプリント2回）、ゲットストーミー（ターフクラシックS）、ネクストクエスチョン（ニアークティックS）、アップウィズザバーズ（ジャマイカH）、アサクサゲンキ（小倉2歳S、小倉サマージャンプ2回）、クレバーペガサス。

系統：ストームキャット系　母父系統：シアトルスルー系

父 Storm Cat 黒鹿 1983	Storm Bird	Northern Dancer
		South Ocean
	Terlingua	Secretariat
		Crimson Saint
母 Hail Atlantis 鹿 1987	Seattle Slew	Bold Reasoning
		My Charmer
	Flippers	Coastal
		Moccasin

距離	成長型	芝	ダート	瞬発力	パワー	底力
短マ	やや早	△	◯	◯	◯	△

RANKING 192 MACLEAN'S MUSIC
マクリーンズミュージック
2021 250 **米でFN系を受け継ぐ種牡馬**

総収得賞金	49,040,000円	アーニング INDEX	2.72

● 2008年生 ●鹿毛 ●供用地／アメリカ

　3歳時に米で1戦1勝。父は米でフォーティナイナー系を発展させた名種牡馬で、本馬はその後継として着実に成功を収めている。産駒にジャッキーズウォリアー（米シャンペンS）、コンプレックシティ（米シャンペンS）、クラウドコンピューティング（プリークネスS）、ドレインザクロック（WスティーヴンスS）。日本でサイモンハロルド。

系統：フォーティナイナー系　母父系統：ファピアノ系

父 Distorted Humor 栗 1993	＊フォーティナイナー	Mr. Prospector
		File
	Danzig's Beauty	Danzig
		Sweetest Chant
母 Forest Music 芦 2001	Unbridled's Song	Unbridled
		Trolley Song
	Defer West	Gone West
		Defer

距離	成長型	芝	ダート	瞬発力	パワー	底力
マ中	普	◯	◯	◯	◯	◯

ワンアンドオンリー
ONE AND ONLY
ハーツクライ最初のダービー馬

総収得賞金	48,820,000円	アーニング INDEX	0.68
●2011年生	●黒鹿毛	●供用地／熊本県・ストームファーム	

2〜6歳時に日首で33戦4勝。3歳時、3番人気で迎えたダービーで皐月賞馬イスラボニータを抑えて優勝。父ハーツクライに初の栄冠をもたらした。ほかに神戸新聞杯、ラジオNIKKEI杯2歳S、弥生賞2着、ドバイシーマクラシック3着。供用初年度から種付頭数が少なく、厳しい種牡馬生活を強いられている。産駒にシャンバラなど。

系統：サンデーサイレンス系		母父系統：ヘイルトゥリーズン系	
父 ハーツクライ 鹿 2001	*サンデーサイレンス	Halo	
		Wishing Well	
	アイリッシュダンス	*トニービン	
		*ビューパーダンス	
母 ヴァーチュ 鹿 2002	*タイキシャトル	Devil's Bag	
		*ウェルシュマフィン	
	サンタムール	Danzig	
		*アンブロジン	

距離	成長型	芝	ダート	瞬発力	パワー	底力
中長	普	○	○	△	○	○

NEW APPROACH
ニューアプローチ
欧州2歳＆3歳牡馬王者に輝く

総収得賞金	48,777,000円	アーニング INDEX	2.71
●2005年生	●栗毛	●供用地／イギリス	

2〜3歳時に英愛で11戦8勝。2歳時、5戦5勝で欧州最優秀2歳牡馬に選ばれると、3歳時も英ダービー、愛チャンピオンS、英チャンピオンSと勝って欧州最優秀3歳牡馬に選ばれた。半兄にシンコウフォレスト（高松宮記念）。産駒にドーンアプローチ（P303）、マサー（英ダービー）、ダーリントンホール（共同通信杯）、ベストアプローチ。

系統：サドラーズウェルズ系		母父系統：クラリオン系	
父 Galileo 鹿 1998	Sadler's Wells	Northern Dancer	
		Fairy Bridge	
	Urban Sea	Miswaki	
		Allegretta	
母 Park Express 黒鹿 1983	Ahonoora	Lorenzaccio	
		Helen Nichols	
	Matcher	Match	
		Lachine	

距離	成長型	芝	ダート	瞬発力	パワー	底力
万	普	◎	○	○	○	◎

NO NAY NEVER
ノーネイネヴァー
2022年英愛2歳首位種牡馬

総収得賞金	46,391,000円	アーニング INDEX	3.44
●2011年生	●黒鹿毛	●供用地／アイルランド	

2〜3歳時に米英仏で6戦4勝。モルニ賞、BCターフスプリント2着。産駒にテンソヴリンズ（ジュライC）、アルコールフリー（コロネーションS）、ブラックベアード（ミドルパークS）、リトルビッグベアー（フェニックスS）。2022年の英愛2歳リーディングサイアー。日本ではユニコーンライオン（鳴尾記念、福島記念）、フリード。

系統：ストームキャット系		母父系統：ミスタープロスペクター系	
父 Scat Daddy 黒鹿 2004	*ヨハネスブルグ	*ヘネシー	
		Myth	
	Love Style	Mr. Prospector	
		Likeable Style	
母 Cat's Eye Witness 鹿 2003	Elusive Quality	Gone West	
		Touch of Greatness	
	Comical Cat	Exceller	
		Six Months Long	

距離	成長型	芝	ダート	瞬発力	パワー	底力
短中	早	○	○	○	○	○

ノーザンリバー
NORTHERN RIVER
芝とダートで重賞制覇！

総収得賞金	46,348,000円	アーニング INDEX	0.86
●2008年生	●鹿毛	●供用地／青森県・フォレブルー	

2〜7歳時に日で28戦10勝。3歳時、アーリントンCを勝つなど芝でも活躍していたが、本格化したのはダートに路線変更してから。カペラS、東京スプリント、さきたま杯、東京盃と主に短距離で活躍した。母系は半兄にランフォルセ（浦和記念）、甥にロジユニヴァース（ダービー）、姪にディアドラ（秋華賞）。産駒にボンボンショコラ。

系統：サンデーサイレンス系		母父系統：ミスタープロスペクター系	
父 アグネスタキオン 栗 1998	*サンデーサイレンス	Halo	
		Wishing Well	
	アグネスフローラ	ロイヤルスキー	
		アグネスレディー	
母 *ソニック 黒鹿 1996	Machiavellian	Mr. Prospector	
		Coup de Folie	
	Sonic Lady	Nureyev	
		Stumped	

距離	成長型	芝	ダート	瞬発力	パワー	底力
短中	普	○	◎	△	○	○

RANKING 197

*カラヴァッジオ
CARAVAGGIO
2021 332
日本でも実績のある父系

総収得賞金	46,168,000円	アーニング INDEX	2.05
●2014年生　●芦毛　●供用地／新ひだか・JBBA 静内種馬場			

　2〜3歳時に愛英仏で10戦7勝。2歳時、愛フ
ェニックスS、コモンウェルスCの2つのGⅠを
含む無傷の6連勝を達成。その後は3戦してGⅡ
を1勝加えるに留まった。父はP411参照。母系
は甥にプルパレイ（ファルコンS）。米で種牡馬入
り。産駒にテネブリズム（ジャンプラ賞）。日本で
アグリ（阪急杯）。2023年から日本で供用される。

系統：ストームキャット系　母父系統：ヒムヤー系

父 Scat Daddy 黒鹿 2004	*ヨハネスブルグ	*ヘネシー
		Myth
	Love Style	Mr. Prospector
		Likeable Style
母 Mekko Hokte 芦 2000	Holy Bull	Great Above
		Sharon Brown
	Aerosilver	Relaunch
		Silver in Flight

距離	成長型	芝	ダート	瞬発力	パワー	底力
短マ	普	◎	○	○	○	○

RANKING 198

DISTORTED HUMOR
ディストーティドヒューマー
2021 170
米でFN系を発展させた名馬

総収得賞金	44,588,000円	アーニング INDEX	1.65
●1993年生　●栗毛　●2021年引退			

　3〜5歳時に米で23戦8勝。米GⅡを2勝し
た程度の競走馬だが、種牡馬としてはフォーティ
ナイナー系を大きく発展させた名馬。産駒にファ
ニーサイド（ケンタッキーダービー、プリークネ
スS）、ドロッセルマイヤー（BCクラシック）、フ
ラワーアレイ（トラヴァーズS）、エニーギヴンサ
タデー（ハスケル招待H）、メイショウヒューマ。

系統：フォーティナイナー系　母父系統：ダンチヒ系

父 *フォーティナイナー 栗 1985	Mr. Prospector	Raise a Native
		Gold Digger
	File	Tom Rolfe
		Continue
母 Danzig's Beauty 鹿 1987	Danzig	Northern Dancer
		Pas de Nom
	Sweetest Chant	Mr. Leader
		Gay Sonnet

距離	成長型	芝	ダート	瞬発力	パワー	底力
中	普	○	○	○	○	○

RANKING 199

アッミラーレ
AMMIRARE
2021 129
SS系のダート短距離種牡馬

総収得賞金	43,364,000円	アーニング INDEX	0.29
●1997年生　●黒鹿毛　●供用地／青森県・フォレブルー			

　3〜6歳時に日で18戦6勝。ダートのOP、
欅Sと春待月Sを勝った。母は米GⅡレアパフュ
ームS勝ち。産駒は、NAR年度代表馬に2度輝
いたハッピースプリント（P388）を筆頭に、ミ
スミランダー（ロジータ記念、関東オークス2
着）、トキノエクセレント（さきたま杯2着）、サ
クラサクラサクラなど地方の活躍馬が多い。

系統：サンデーサイレンス系　母父系統：ナスルーラ系

父 *サンデーサイレンス 青鹿 1986	Halo	Hail to Reason
		Cosmah
	Wishing Well	Understanding
		Mountain Flower
母 *ダジルミージョリエ 鹿 1988	Carr de Naskra	Star de Naskra
		Cornish Runner
	Mawgrit	Hoist the Flag
		Spring Sunshine

距離	成長型	芝	ダート	瞬発力	パワー	底力
短中	普	△	○	○	○	○

RANKING 200

ELUSIVE QUALITY
イルーシヴクオリティ
2021 218
名馬ゴーンウエストの後継者

総収得賞金	43,060,000円	アーニング INDEX	9.57
●1993年生　●鹿毛　●2018年死亡			

　3〜5歳時に米で20戦9勝。GⅢジャイプール
H、GⅢポーカーH。2004年米リーディングサイ
アーで、名馬ゴーンウエストの血を発展させた功
労者。産駒にスマーティジョーンズ（ケンタッキ
ーダービー、プリークネスS）、レイヴンズパス
（P298）、クオリティロード（P290）、イルーシヴ
シティ（モルニ賞）、日本でダノングッドが走る。

系統：ミスタープロスペクター系　母父系統：ノーザンダンサー系

父 Gone West 鹿 1984	Mr. Prospector	Raise a Native
		Gold Digger
	Secrettame	Secretariat
		Tamerett
母 Touch of Greatness 鹿 1986	Hero's Honor	Northern Dancer
		Glowing Tribute
	Ivory Wand	Sir Ivor
		Natashka

距離	成長型	芝	ダート	瞬発力	パワー	底力
短中	やや早	○	◎	◎	○	○

JUSTIFY
ジャスティファイ
無敗で米3冠を制した名馬

総収得賞金	40,480,000円	アーニング INDEX	0.82

●2015年生　●栗毛　●供用地／アメリカ

　3歳時に米で6戦6勝。ケンタッキーダービー、プリークネスS、ベルモントSを制し、史上13頭目の米クラシック3冠馬に輝いた。無敗での3冠制覇はシアトルスルー以来、41年ぶり2頭目の快挙となる。2018年の米年度代表馬。2022年にデビューした初年度産駒にスタチュエット（バランシーヌS）、チャンピオンズドリーム（ナシュアS）。

系統：ストームキャット系		母父系統：ノーザンダンサー系	
父 Scat Daddy 黒鹿　2004	*ヨハネスブルグ	*ヘネシー
		Myth
	Love Style	Mr. Prospector
		Likeable Style
母 Stage Magic 栗　2007	Ghostzapper	Awesome Again
		Baby Zip
	Magical Illusion	Pulpit
		Voodoo Lily

距離	成長型	芝	ダート	瞬発力	パワー	底力
中長	普	○	◎	◎	◎	◎

QUALITY ROAD
クオリティロード
順調に父系を伸ばす注目株

総収得賞金	39,924,000円	アーニング INDEX	1.48

●2006年生　●鹿毛　●供用地／アメリカ

　2～4歳時に米で13戦8勝。フロリダダービー、ドンH、メトロポリタンH、ウッドワードS。母系は叔母に米3歳女王のアジナ（BCディスタフ）。産駒にシティオブライト（P404）、エーベルタスマン（ケンタッキーオークス）、コーニッシュ（BCジュヴナイル）、カレドニアロード（BCジュヴナイルフィリーズ）、ベラフィナ（サンタアニタオークス）。

系統：ミスタープロスペクター系		母父系統：ニジンスキー系	
父 Elusive Quality 鹿　1993	Gone West	Mr. Prospector
		Secrettame
	Touch of Greatness	Hero's Honor
		Ivory Wand
母 Kobla 鹿　1995	Strawberry Road	Whiskey Road
		Giftisa
	Winglet	Alydar
		Highest Trump

距離	成長型	芝	ダート	瞬発力	パワー	底力
中	普	○	◎	○	○	○

I AM INVINCIBLE
アイアムインヴィンシブル
豪でブレイクした快速血統

総収得賞金	39,463,000円	アーニング INDEX	4.38

●2004年生　●鹿毛　●供用地／オーストラリア

　3～6歳時に豪で13戦5勝。GⅢDCマッケイS。父は数多くの快速馬を輩出し、ダンチヒ～グリーンデザートとつながる父系を発展させた名種牡馬で、本馬は豪におけるこの父系の旗手。産駒にラヴィングギャビー（マニカトS）、ブレインズボー（クールモアスタッドS）、ホームアフェアーズ。2018/2019年豪2歳リーディングサイアー。

系統：ダンチヒ系		母父系統：スターキングダム系	
父 Invincible Spirit 鹿　1997	Green Desert	Danzig
		Foreign Courier
	Rafha	Kris
		Eljazzi
母 Cannarelle 鹿　1998	Canny Lad	Bletchingly
		Jesmond Lass
	Countess Pedrille	Zoffany
		Sister Pedrille

距離	成長型	芝	ダート	瞬発力	パワー	底力
短中	普	◎	○	○	○	○

*スクワートルスクワート
SQUIRTLE SQUIRT
2001年米最優秀短距離馬

総収得賞金	39,077,000円	アーニング INDEX	0.38

●1998年生　●黒鹿毛　●供用地／鹿児島県・JBBA九州種馬場

　2～4歳時に米で16戦8勝。3歳時、キングズビショップS、BCスプリントを制して2001年米最優秀スプリンターに選出された。引退後は日本で種牡馬入り。2021年にヨカヨカが北九州記念を勝ち、本馬の産駒並びに九州産馬として初の重賞制覇を果たしている。ほかにジェイケイセラヴィ（アイビスSD2着）、サツマノオンナ。

系統：ミスタープロスペクター系		母父系統：リボー系	
父 Marquetry 栗　1987	Conquistador Cielo	Mr. Prospector
		K D Princess
	Regent's Walk	Vice Regent
		Lover's Walk
母 Lost the Code 鹿　1990	Lost Code	Codex
		Loss or Gain
	Smarter by the Day	Smarten
		Tentamara

距離	成長型	芝	ダート	瞬発力	パワー	底力
短	普	○	○	△	△	△

RANKING 205 キャプテントゥーレ
CAPTAIN THULE
2021 168
重賞4勝をあげた皐月賞馬

総収得賞金	38,776,000円	アーニング INDEX	0.54

● 2005年生　● 芦毛　● 2016年引退

　2〜6歳時に日で20戦5勝。皐月賞、デイリー杯2歳S、朝日チャレンジC2回。中山記念2着、金鯱賞2着、朝日杯FS3着。母は阪神牝馬S勝ち。2代母スキーパラダイスはムーランドロンシャン賞勝ち。半兄にシルヴァーソニック（ステイヤーズS）。産駒にカシノマスト（小倉2歳S3着）、クロスケ（大井・黒潮盃）、カシノブレンド。

系統：サンデーサイレンス系	母父系統：グレイソヴリン系		
父 アグネスタキオン 栗 1998	*サンデーサイレンス	Halo	Wishing Well
	アグネスフローラ	*ロイヤルスキー	アグネスレディー
母 エアトゥーレ 芦 1997	*トニービン	*カンバラ	Severn Bridge
	*スキーパラダイス	Lyphard	Ski Goggle

距離	成長型	芝	ダート	瞬発力	パワー	底力
マ中	普	◎	○	△	○	△

RANKING 206 リヤンドファミユ
LIEN DE FAMILLE
2021 259
3冠馬を全兄に持つ良血馬

総収得賞金	37,681,000円	アーニング INDEX	0.56

● 2005年生　● 鹿毛　● 2021年引退

　2〜6歳時に日で24戦4勝。若駒S、但馬S、早春S。全兄に3冠馬オルフェーヴル（P56）、ドリームジャーニー（P222）、全弟にアッシュゴールド（デイリー杯2歳S2着、きさらぎ賞3着）、全妹にデルニエオール（フィリーズレビュー3着）がいる名門出身。産駒にエアフォースワン、ベストインクラス、マイプレシャスワン。

系統：サンデーサイレンス系	母父系統：マイリージャン系		
父 ステイゴールド 黒鹿 1994	*サンデーサイレンス	Halo	Wishing Well
	ゴールデンサッシュ	*ディクタス	ダイナサッシュ
母 オリエンタルアート 栗 1997	メジロマックイーン	メジロティターン	メジロオーロラ
	エレクトロアート	*ノーザンテースト	*グランマスティーヴンス

距離	成長型	芝	ダート	瞬発力	パワー	底力
中長	普	○	△	△	△	△

RANKING 207 トウケイヘイロー
TOKEI HALO
2021 228
重賞4勝をあげた中距離馬

総収得賞金	37,680,000円	アーニング INDEX	0.93

● 2009年生　● 鹿毛　● 供用地／新ひだか・アロースタッド

　2〜6歳時に日香首星で27戦8勝。4歳時、ダービー卿CT、鳴尾記念、函館記念、札幌記念と重賞4勝。天皇賞・秋ではジェンティルドンナに次ぐ2番人気に支持されたがジャスタウェイの10着。その後、香港Cで2着に入った。父はP294参照。叔母にクインオブクイン（クイーン賞2着）。母系は名門のファンシミン系。産駒にメイショウオキビ。

系統：サンデーサイレンス系	母父系統：ネヴァーベンド系		
父 ゴールドヘイロー 青鹿 1997	*サンデーサイレンス	Halo	Wishing Well
	*ニアーザゴールド	Seeking the Gold	*ニヤー
母 ダンスクィーン 鹿 1992	*ミルジョージ	Mill Reef	Miss Charisma
	ハイネスポート	*ノーザンテースト	*ファンシミン

距離	成長型	芝	ダート	瞬発力	パワー	底力
中	普	○	○	○	△	△

RANKING 208 ポアゾンブラック
POISON BLACK
2021 271
マイネルラヴの貴重な直仔

総収得賞金	37,546,000円	アーニング INDEX	0.52

● 2009年生　● 青毛　● 供用地／新ひだか・アロースタッド

　2〜8歳時に日で33戦12勝。L春雷S、LニフS、道営スプリントを勝ち、南部杯2着、北海道スプリントC2着、クラスターC2着と交流重賞で健闘した。父はスプリンターズSで王者タイキシャトルを降した快速馬で、本馬はその貴重な後継種牡馬となる。産駒にスターオブケリー（盛岡・ハヤテスプリント）、イチネンエーグミ。

系統：ミスタープロスペクター系	母父系統：ダンチヒ系		
父 *マイネルラヴ 青鹿 1995	Seeking the Gold	Mr. Prospector	Con Game
	Heart of Joy	*リイフォー	Mythographer
母 サンライトチーフ 栗 2003	*チーフベアハート	Chief's Crown	Amelia Bearhart
	サンライトコール	*スルーザドラゴン	イズミサンエイ

距離	成長型	芝	ダート	瞬発力	パワー	底力
短マ	普	△	◎	△	○	△

RANKING 209　スターリングローズ STERLING ROSE
2021 156　ダート短距離界で強さを発揮

総収得賞金	37,152,000円	アーニング INDEX	0.26

● 1997年生　● 栗毛　● 2018年死亡

　3〜7歳時に日で40戦14勝。JBCスプリント、同3着、かしわ記念、兵庫GT、プロキオンS2回、シリウスS、フェブラリーS3着。父アフリートはダートの活躍馬を数多く輩出した大種牡馬。全姉にゴールデンジャック（4歳牝馬特別）、甥にサイドワインダー（関屋記念）。産駒にアスカクリチャン（P276）、コスモスターリング。

系統：ミスタープロスペクター系　母父系統：ダンチヒ系

父 *アフリート 栗 1984	Mr. Prospector	Raise a Native
		Gold Digger
	Polite Lady	Venetian Jester
		Friendly Ways
母 *コマーズ 鹿 1983	Danzig	Northern Dancer
		Pas de Nom
	*ミドルマーチ	Buckpasser
		Nice Princess

距離	成長型	芝	ダート	瞬発力	パワー	底力
短マ	やや晩	○	○	△	○	○

RANKING 210　*アポロソニック APOLLO SONIC
2021 278　米2冠馬を父に持つ外国産馬

総収得賞金	36,940,000円	アーニング INDEX	0.55

● 2010年生　● 鹿毛　● 供用地／新冠・白馬牧場

　2〜3歳時に日で7戦2勝。青葉賞2着で出走権を得たダービーでは、8番人気ながら積極的に先行しキズナから0.3秒差の3着に健闘した。父ビッグブラウンはケンタッキーダービー、プリークネスSを勝った米2冠馬。産駒にスーパーバンタム（北日本新聞杯、石川ダービー、西日本ダービー）、オグリビッグマミー、アポロハクジャ。

系統：ダンチヒ系　母父系統：ストームキャット系

父 Big Brown 鹿 2005	Boundary	Danzig
		Edge
	Mien	Nureyev
		Miasma
母 Purely Surprized 栗 2004	Pure Prize	Storm Cat
		Heavenly Prize
	Raise the Prize	Prized
		Raised Clean

距離	成長型	芝	ダート	瞬発力	パワー	底力
中	普	○	○	△	○	△

RANKING 211　ハットトリック HAT TRICK
2021 186　米で成功を収めた一流マイラー

総収得賞金	36,071,000円	アーニング INDEX	8.02

● 2001年生　● 黒鹿毛　● 2020年死亡

　3〜6歳時に日香首で21戦8勝。4歳時、マイルCS、香港マイルを連勝して2005年の最優秀短距離馬に選ばれた。母は米GⅡサンタイネスS勝ち。米で種牡馬入りすると、欧州最優秀2歳牡馬のダビルシム（モルニ賞）、キングデヴィッド（ジャマイカH）、サパタ（亜2000ギニー）などを出し大成功を収めた。日本ではエアファンディタ。

系統：サンデーサイレンス系　母父系統：リボー系

父 *サンデーサイレンス 青鹿 1986	Halo	Hail to Reason
		Cosmah
	Wishing Well	Understanding
		Mountain Flower
母 *トリッキーコード 青鹿 1991	Lost Code	Codex
		Loss or Gain
	Dam Clever	Damascus
		Clever Bird

距離	成長型	芝	ダート	瞬発力	パワー	底力
短マ	普	○	○	○	○	○

RANKING 212　MIDNIGHT LUTE ミッドナイトリュート
2021 219　2007年の米短距離王！

総収得賞金	35,718,000円	アーニング INDEX	2.65

● 2003年生　● 黒鹿毛　● 供用地／アメリカ

　2〜5歳時に米で13戦6勝。4歳時、フォアゴーS、BCスプリントを勝って2007年の米最優秀スプリンターに選ばれた。5歳時にはBCスプリントの連覇を達成した。父は米2冠馬。産駒にミッドナイトビズー（サンタアニタオークス）、ミッドナイトラッキー（エイコーンS）、シェイキンイットアップ（マリブS）。日本でセデックカズマ。

系統：ファピアノ系　母父系統：ノーザンダンサー系

父 Real Quiet 鹿 1995	Quiet American	Fappiano
		Demure
	Really Blue	Believe It
		Meadow Blue
母 Candytuft 鹿 1996	*デヒア	Deputy Minister
		Sister Dot
	Bolt From the Blue	Blue Times
		Berkut

距離	成長型	芝	ダート	瞬発力	パワー	底力
短マ	普	△	○	○	○	○

RANKING 215　ヤマニンセラフィム

YAMANIN SERAPHIM

2021 **263**

母は2歳女王の良血馬

総収得賞金	34,932,000円	アーニング INDEX	1.29

● 1999年生　● 栗毛　● 2018年引退

　2〜4歳時に日で6戦3勝。京成杯。母は阪神3歳牝馬Sを制した2歳女王。全妹にヤマニンアルシオン（阪神JF2着）、2代母にアルセア（米2歳女王）、いとこにアコマ（スピンスターS）、近親にアルビアーノ（スワンS）など。産駒にナムラクレセント（阪神大賞典）、グルームアイランド（報知オールスターC）、サラフィエル。

系統：サンデーサイレンス系		母父系統：ダンチヒ系	
父 *サンデーサイレンス 青鹿 1986	Halo	Hail to Reason
		Cosmah
	Wishing Well	Understanding
		Mountain Flower
母 *ヤマニンパラダイス 鹿 1992	Danzig	Northern Dancer
		Pas de Nom
	Althea	Alydar
		Courtly Dee

距離	成長型	芝	ダート	瞬発力	パワー	底力
中	普	○	○	○	○	△

RANKING 216　*フィガロ

FIGARO

2021 **153**

地方競馬の活躍馬を輩出

総収得賞金	31,370,000円	アーニング INDEX	0.58

● 1995年生　● 芦毛　● 2020年死亡

　2歳時に日で3戦2勝。2戦2勝で挑んだ朝日杯3歳Sでグラスワンダーのレコード駆けの3着に健闘した。父はGⅢレベルの競走馬で種牡馬としてもGⅡクラス。産駒にアンパサンド（P323）、ハーミア（戸塚記念、関東オークス2着）、プレティオラス（P363）、ブーラヴィーダ（兵庫CS3着）、パンタレイ（京浜盃）、エフェルヴェソンス。

系統：ストームキャット系		母父系統：ボールドルーラー系	
父 Future Storm 栗 1990	Storm Cat	Storm Bird
		Terlingua
	Sea Sands	Sea Bird
		Slapton Sands
母 Karamea 芦 1987	Air Forbes Won	Bold Forbes
		Bronze Point
	Timely Table	Around Two Turns
		Timely Tammy

距離	成長型	芝	ダート	瞬発力	パワー	底力
マ中	普	△	○	△	○	△

RANKING 217　CARPE DIEM

カーペディエム

2021 **176**

アイアンホースの息仔

総収得賞金	31,307,000円	アーニング INDEX	1.39

● 2012年生　● 栗毛　● 供用地／アメリカ

　2〜3歳時に米で6戦4勝。2歳時、ブリーダーズフューチュリティを勝ち、BCジュヴナイルで2着。3歳時はブルーグラスSでGⅠ2勝目。父は「アイアンホース」の愛称で知られる名馬。半兄にジェイビーズサンダー（ブリーダーズフューチュリティ）。産駒にフィンガルズケイブ、リンカーンテソーロ（冬至特別）、エイシンアンヴァル。

系統：ストームキャット系		母父系統：ファピアノ系	
父 Giant's Causeway 栗 1997	Storm Cat	Storm Bird
		Terlingua
	Mariah's Storm	Rahy
		*イメンス
母 Rebridled Dreams 鹿 2000	Unbridled's Song	Unbridled
		Trolley Song
	Key Cents	Corridor Key
		Centimeter

距離	成長型	芝	ダート	瞬発力	パワー	底力
マ中	やや早					

RANKING 218　GOLDEN HORN

ゴールデンホーン

2021 **222**

2015年の欧州年度代表馬

総収得賞金	30,721,000円	アーニング INDEX	0.98

● 2012年生　● 鹿毛　● 供用地／イギリス

　2〜3歳時に英愛仏米で9戦7勝。3歳時、英ダービー、凱旋門賞、愛チャンピオンS、エクリプスS、英インターナショナルS2着、BCターフ2着の成績を残し、2015年の欧州年度代表馬＆最優秀3歳牡馬に選ばれた。父はP333。叔母にレベッカシャープ（コロネーションS）。産駒にボタニク（ドーヴィル大賞）、ターキッシュパレス。

系統：ダンチヒ系		母父系統：キングマンボ系	
父 Cape Cross 黒鹿 1994	Green Desert	Danzig
		Foreign Courier
	Park Appeal	Ahonoora
		Balidaress
母 Fleche d'Or 鹿 2006	Dubai Destination	Kingmambo
		Mysterial
	Nuryana	Nureyev
		Loralane

距離	成長型	芝	ダート	瞬発力	パワー	底力
中長	普	◎	○	◎	○	○

※ 213位のマクマホン、214位のヤマカツエースは P362 に掲載しています。

RANKING 220 クリーンエコロジー
CLEAN ECOLOGY
2021 246
いとこに米GⅠ馬がいる良血馬

総収得賞金	30,029,000円	アーニング INDEX	0.95

● 2008年生　● 芦毛　● 2019年引退

　２〜８歳時に日で50戦９勝。中央で準OPのアクアマリンSを勝ち、ホッカイドウ競馬に移籍してからはエトワール賞、道営スプリントなどを勝った。父はP52参照。母系は叔母にゴールデンバレエ（サンタアニタオークス）、いとこにドロッセルマイヤー（BCクラシック）。産駒にサウンドブライアン、ディープエコロジー、チュラウェーブ。

系統：キングマンボ系　母父系統：ファピアノ系

父	Kingmambo	Mr. Prospector
キングカメハメハ		Miesque
鹿 2001	*マンファス	*ラストタイクーン
		Pilot Bird
母	Unbridled's Song	Unbridled
*スパークルジュエル		Trolley Song
芦 2004	Golden Jewel Box	Slew o'Gold
		Miss Storm Bird

距離	成長型	芝	ダート	瞬発力	パワー	底力
短マ	普	△	○	△	△	△

RANKING 221 TEMPLE CITY
テンプルシティ
2021 292
米でロベルト系を広める

総収得賞金	29,941,000円	アーニング INDEX	3.33

● 2005年生　● 黒鹿毛　● 供用地／アメリカ

　３〜５歳時に米で15戦４勝。GⅡクーガーⅡ世H、GⅠハリウッドターフCS２着。父ダイナフォーマーは米でロベルト系を発展させた名種牡馬。母系は２代母にマクンバ（マルセルブサック賞）、叔父にマリブムーン（P278）。産駒にミステンプルシティ（メイトリアークS）、アナルズオブタイム（ハリウッドダービー）。日本でコスモセイリュウ。

系統：ロベルト系　母父系統：ダンチヒ系

父	Roberto	Hail to Reason
Dynaformer		Bramalea
黒鹿 1985	Andover Way	His Majesty
		On the Trail
母	Danzig	Northern Dancer
Curriculum		Pas de Nom
鹿 1999	Macoumba	Mr. Prospector
		Maximova

距離	成長型	芝	ダート	瞬発力	パワー	底力
中長	普	○	○	○	○	○

RANKING 222 GRAYDAR
グレイダー
2021 318
米トップサイアーの血を引く

総収得賞金	29,571,000円	アーニング INDEX	6.57

● 2009年生　● 芦毛　● 供用地／アメリカ

　３〜４歳時に米で６戦５勝。ドンH、ニューオリンズH、ケルソH。父はBCジュヴナイルの勝ち馬で、2017年の米リーディングサイアーに輝いた名種牡馬。半兄にユニオンコース（フラッシュS２着）、スターオブデヴィッド（イロコイS３着）。産駒にロンボ（ロバートB.ルイスS）、グレイマジシャン、エルズリー（伊万里特別）。

系統：ファピアノ系　母父系統：ノーザンダンサー系

父	Unbridled	Fappiano
Unbridled's Song		Gana Facil
芦 1993	Trolley Song	Caro
		Lucky Spell
母	*デビア	Deputy Minister
Sweetest Smile		Sister Dot
黒鹿 1998	Cielo Otono	Conquistador Cielo
		Moment's Prayer

距離	成長型	芝	ダート	瞬発力	パワー	底力
マ	普	△	○	△	○	△

RANKING 223 ゴールドヘイロー
GOLD HALO
2021 178
実力で種牡馬の地位を確立

総収得賞金	29,258,000円	アーニング INDEX	0.31

● 1997年生　● 青鹿毛　● 2017年引退

　２〜４歳時に日で８戦５勝。南関東・大井で走り、ゴールデンジュビリー、緑風賞などに勝った。半兄にロードプラチナム（函館記念）。産駒にトウケイヘイロー（P291）、モエレプット（エーデルワイス賞２着）、コスモコルデス（北海道２歳優駿２着）、プロモントーリオ（目黒記念３着）、スティルネス（新潟２歳S３着）、ナチュラリー。

系統：サンデーサイレンス系　母父系統：ミスタープロスペクター系

父	Halo	Hail to Reason
*サンデーサイレンス		Cosmah
青鹿 1986	Wishing Well	Understanding
		Mountain Flower
母	Seeking the Gold	Mr. Prospector
ニアーザゴールド		Con Game
鹿 1991	*ニヤー	Northern Dancer
		Far

距離	成長型	芝	ダート	瞬発力	パワー	底力
短中	普	○	○	△	○	○

※ 219位のゴールドアクターは P363 に掲載しています。

RANKING 224

2021 **221**

ダブルスター
DOUBLE STAR
半姉に名牝ラブミーチャン

総収得賞金	28,519,000円	アーニング INDEX	0.45

● 2009年生　●栗毛　●2022年引退

　2〜7歳時に日で35戦6勝。OPアルデバランSを勝ち、BSN賞3着、南部杯4着などの実績を残した。父はP80参照。母系は、半姉に全日本2歳優駿、東京盃などを制してNAR年度代表馬に2度選出された名牝ラブミーチャン、叔父にイッシンドウタイ（マーチS2着）がいる。産駒にルイジアンナ、リュヌダムール。

系統：シアトルスルー系　母父系統：ノーザンダンサー系

父	Old Triste	A.P. Indy
*シニスターミニスター		Lovlier Linda
鹿 2003	Sweet Minister	The Prime Minister
		Sweet Blue
母	*アサティス	Topsider
ダッシングハニー		Secret Asset
栗 2002	ラストヒット	*スラヴィック
		ゲートアンドフライ

距離	成長型	芝	ダート	瞬発力	パワー	底力
中	普	△	○	△	○	△

RANKING 225

2021 **236**

FROSTED
フロステッド
ダート中距離G13勝の強豪

総収得賞金	27,584,000円	アーニング INDEX	0.88

● 2012年生　●芦毛　●供用地／アメリカ

　2〜4歳時に米首で19戦6勝。ウッドメモリアルS、メトロポリタンH、ホイットニーSとダート8〜9FのGIで3勝。父は米リーディングサイアー。母は米GIIコティリオンH勝ち。叔父にミッドシップマン（BCジュヴナイル）。産駒にトラヴェルコラム（ゴールデンロッドS）、アイスダンシング（サンタイネスS）、ジャスパークローネ。

系統：シアトルスルー系　母父系統：ノーザンダンサー系

父	Pulpit	A.P. Indy
Tapit		Preach
芦 2001	Tap Your Heels	Unbridled
		Ruby Slippers
母	Deputy Minister	Vice Regent
Fast Cookie		Mint Copy
鹿 2000	Fleet Lady	Avenue of Flags
		*ディアーミミ

距離	成長型	芝	ダート	瞬発力	パワー	底力
マ中	普	○	◎	○	○	○

RANKING 226

2021 **154**

アサクサキングス
ASAKUSA KINGS
菊花賞1着、ダービー2着の実力馬

総収得賞金	27,264,000円	アーニング INDEX	0.22

● 2004年生　●鹿毛　●2016年引退

　2〜7歳時に日で23戦6勝。3歳時、きさらぎ賞で重賞初制覇。ダービーでは14番人気だったがウオッカの2着。秋は菊花賞をアタマ差制してクラシックホースに輝いた。父はP314参照。叔父に皐月賞馬ジェニュイン。産駒にバンローズキングス（兵庫ダービー、兵庫CS3着）、キーグラウンド（名古屋大賞典3着）、クラキングス。

系統：リファール系　母父系統：サンデーサイレンス系

父	*ダンシングブレーヴ	Lyphard
*ホワイトマズル		Navajo Princess
鹿 1990	Fair of the Furze	Ela-Mana-Mou
		Autocratic
母	*サンデーサイレンス	Halo
クルーピアスター		Wishing Well
栗 1996	*クルーピアレディー	What Luck
		Question d'Argent

距離	成長型	芝	ダート	瞬発力	パワー	底力
中長	普	○	○	○	○	△

RANKING 227

2021 **240**

サクラゼウス
SAKURA ZEUS
高知競馬で12連勝の活躍

総収得賞金	27,241,000円	アーニング INDEX	0.55

● 2004年生　●鹿毛　●供用地／新ひだか・新和牧場

　2〜6歳時に日で16戦14勝。中央で2勝しファルコンSで3着に入る走りを見せた。長期休養後に高知競馬に移籍すると、負けなしの12連勝を記録して力の違いを見せつけた。父は「90年代最強スプリンター」と呼ばれた名馬。母系からはバブルガムフェロー（天皇賞・秋）。産駒にサクラヘラクレス、メガゼウス、サンダーゼウス。

系統：プリンスリーギフト系　母父系統：シアトルスルー系

父	サクラユタカオー	*テスコボーイ
サクラバクシンオー		アンジェリカ
鹿 1989	サクラハゴロモ	*ノーザンテースト
		*クリアアンバー
母	Seattle Slew	Bold Reasoning
*サクラブラッサム		My Charmer
鹿 1996	Aly Sangue	Alydar
		*サング

距離	成長型	芝	ダート	瞬発力	パワー	底力
短	普	△	○	○	△	△

RANKING 228 サンカルロ SAN CARLO
2021 233 阪神C連覇を達成した快速馬

総収得賞金	27,094,000円	アーニング INDEX	0.23

● 2006年生 ●黒鹿毛 ●2020年引退

　2〜8歳時に日で49戦6勝。短距離からマイル路線で活躍した快速馬。阪神C連覇を始め、ニュージーランドT、阪急杯を勝ち、高松宮記念2着2回、阪神C2着、阪急杯2着、スプリンターズS3着の実績を残した。父はP226参照。母系は2代母にミスセクレト（伊1000ギニー）。産駒にミリミリ、サンコーチ、リュクスガレリア。

系統：ロベルト系		母父系統：ミスタープロスペクター系	
父 *シンボリクリスエス 黒鹿 1999	Kris S.	Roberto	
		Sharp Queen	
	Tee Kay	Gold Meridian	
		Tri Argo	
母 ディーバ 栗 1997	Crafty Prospector	Mr. Prospector	
		Real Crafty Lady	
	*ミスセクレト	*セクレト	
		My First Fling	

距離	成長型	芝	ダート	瞬発力	パワー	底力
短マ	普	○	○	○	○	△

RANKING 229 WAR FRONT ウォーフロント
2021 374 「ダンチヒ晩年の傑作」と称される

総収得賞金	27,000,000円	アーニング INDEX	2.00

● 2002年生 ●鹿毛 ●供用地／アメリカ

　2〜4歳時に米で13戦4勝。AGヴァンダービルトBCH、ヴォスバーグS2着、フォアゴーS2着。種牡馬として大成功を収め、「ダンチヒ晩年の傑作」と呼ばれる。産駒にユーエスネイヴィーフラッグ（P408）、デクラレーションオブウォー（P356）、アメリカンペイトリオット（P156）、ザファクター（P174）。日本でフォッサマグナ。

系統：ダンチヒ系		母父系統：ファピアノ系	
父 Danzig 鹿 1977	Northern Dancer	Nearctic	
		Natalma	
	Pas de Nom	Admiral's Voyage	
		Petitioner	
母 Starry Dreamer 芦 1994	Rubiano	Fappiano	
		Ruby Slippers	
	Lara's Star	Forli	
		True Reality	

距離	成長型	芝	ダート	瞬発力	パワー	底力
短中	普	◎	○	○	◎	○

RANKING 230 *オールステイ ALL STAY
2021 258 日本でも実績ある母系が魅力

総収得賞金	26,848,000円	アーニング INDEX	1.99

● 2011年生 ●鹿毛 ●供用地／浦河・ヒダカファーム

　2〜5歳時に日で18戦3勝。きさらぎ賞5着。父はP333参照。叔父にフラワーアレイ（トラヴァーズS）、トーセンラー（P238）、スピルバーグ（P256）、叔母にブルーミングアレー（フローラS3着）、いとこにランブリングアレー（中山牝馬S、ヴィクトリアマイル2着）。産駒にラヴォラーレ、バルストライク、シュウエットカズ。

系統：ダンチヒ系		母父系統：ファピアノ系	
父 Cape Cross 黒鹿 1994	Green Desert	Danzig	
		Foreign Courier	
	Park Appeal	Ahonoora	
		Balidaress	
母 Flowerette 鹿 2004	Victory Gallop	Cryptoclearance	
		Victorious Lil	
	*プリンセスオリビア	Lycius	
		Dance Image	

距離	成長型	芝	ダート	瞬発力	パワー	底力
中	普	△	○	△	△	△

RANKING 231 SHAMARDAL シャマーダル
2021 190 欧州でSキャット系を発展

総収得賞金	26,652,000円	アーニング INDEX	1.18

● 2002年生 ●鹿毛 ●2020年死亡

　2〜3歳時に英首仏で7戦6勝。仏2000ギニー、仏ダービー、セントジェイムズパレスS、デューハーストS。産駒にロペデヴェガ（P410）、タルナワ（BCターフ）、エイブルフレンド（香港マイル）、ピナツボ（ジャンプラ賞）、ブルーポイント（ミドルパークS）、ダンエクセル（シンガポール航空国際C）、ライトオンキュー、トリプルエース。

系統：ストームキャット系		母父系統：ミスタープロスペクター系	
父 Giant's Causeway 栗 1997	Storm Cat	Storm Bird	
		Terlingua	
	Mariah's Storm	Rahy	
		*イメンス	
母 Helsinki 鹿 1993	Machiavellian	Mr. Prospector	
		Coup de Folie	
	Helen Street	Troy	
		Waterway	

距離	成長型	芝	ダート	瞬発力	パワー	底力
マ中	普	◎	○	◎	○	◎

RANKING 232　EXCEED AND EXCEL
エクシードアンドエクセル
2021 **305**　**豪リーディングに輝く名種牡馬**

総収得賞金	25,233,000円	アーニング INDEX	0.93

● 2000年生　●鹿毛　● 2020年引退

　2〜3歳時に豪英で12戦7勝。ドバイレーシングクラブC、ニューマーケットH。産駒にエクセレブレーション（ムーランドロンシャン賞）、ミスタースタニング（香港スプリント）、ゲルフ（サイアーズプロデュースS）、アンバースカイ（アルクオーツスプリント）、ヘルメット（ATCシャンペンS）。2012/13年豪リーディングサイアー。

系統：ダンチヒ系　母父系統：ノーザンダンサー系		
父 *デインヒル 鹿 1986	Danzig	Northern Dancer
		Pas de Nom
	Razyana	His Majesty
		Spring Adieu
母 Patrona 栗 1994	Lomond	Northern Dancer
		My Charmer
	Gladiolus	Watch Your Step
		Back Britches

距離	成長型	芝	ダート	瞬発力	パワー	底力
短中	普	◎	○	○	○	○

RANKING 233　KHOZAN
コーザン
2021 **283**　**名牝を姉に持つ良血馬**

総収得賞金	25,037,000円	アーニング INDEX	5.56

● 2012年生　●黒鹿毛　●供用地／アメリカ

　3歳時に米で2戦2勝。父はP289参照。母系は素晴らしく、半姉にGI6勝で米最優秀3歳＆古牝馬に選ばれたロイヤルデルタ（BCレディーズクラシック）、クラウンクイーン（QエリザベスII世CCS）、半弟にデルタプリンス（メイカー46マイルS）。産駒にバックグラウンド（ロングエイカーズマイルH）、ジャスパーゴールド。

系統：フォーティナイナー系　母父系統：シアトルスルー系		
父 Distorted Humor 栗 1993	*フォーティナイナー	Mr. Prospector
		File
	Danzig's Beauty	Danzig
		Sweetest Chant
母 Delta Princess 黒鹿 1999	A.P. Indy	Seattle Slew
		Weekend Surprise
	Lyphard's Delta	Lyphard
		Proud Delta

距離	成長型	芝	ダート	瞬発力	パワー	底力
マ	普	△	○	△	△	○

RANKING 234　UNION RAGS
ユニオンラグズ
2021 **252**　**Nダンサー系の傍流の継承者**

総収得賞金	24,796,000円	アーニング INDEX	0.92

● 2009年生　●鹿毛　●供用地／アメリカ

　2〜3歳時に米で8戦5勝。ベルモントS、シャンペンS、BCジュヴナイル2着。父はノーザンダンサー系の傍流血統でバラエティに富んだ産駒を出す。甥にデクラレーションオブウォー（P356）。産駒にパラダイスウッズ（サンタアニタオークス）、ユニオンストライク（デルマーデビュータントS）。日本でアナンシエーション。

系統：ノーザンダンサー系　母父系統：ミスタープロスペクター系		
父 Dixie Union 黒鹿 1997	Dixieland Band	Northern Dancer
		Mississippi Mud
	She's Tops	Capote
		She's a Talent
母 Tempo 栗 1992	Gone West	Mr. Prospector
		Secrettame
	Terpsichorist	Nijinsky
		Glad Rags

距離	成長型	芝	ダート	瞬発力	パワー	底力
マ中	普	○	○	○	○	○

RANKING 235　SHALAA
シャラー
2021 **342**　**2022年仏2歳首位種牡馬**

総収得賞金	24,054,000円	アーニング INDEX	1.34

● 2013年生　●鹿毛　●供用地／オーストラリア

　2〜3歳時に英仏で8戦6勝。モルニ賞、ミドルパークS、リッチモンドS、ジュライS、ベンゴーフS。父はダンチヒ〜グリーンデザートと続く父系を発展させている大種牡馬。母系は叔父にハイル（ミドルパークS）。産駒にノースピークアレキサンダー（愛メイトロンS）、セブンヴェール（ATCリースリングS）。2022年仏2歳首位に輝く。

系統：ダンチヒ系　母父系統：ダンチヒ系		
父 Invincible Spirit 鹿 1997	Green Desert	Danzig
		Foreign Courier
	Rafha	Kris
		Eljazzi
母 Ghurra 鹿 2002	War Chant	Danzig
		Hollywood Wildcat
	Futuh	Diesis
		Hardship

距離	成長型	芝	ダート	瞬発力	パワー	底力
短	普	○	○	○	○	○

RANKING 236

EMCEE
エムシー
米トップサイアーを父に持つ

2021 **198**

総収得賞金	23,437,000円	アーニング INDEX	2.60

● 2008年生 ●黒鹿毛 ●供用地／ブラジル

　3～4歳時に米で8戦4勝。フォアゴーS、AGヴァンダービルトH3着、カーターH4着。父は2017年の北米リーディングサイアー。半弟にサーファー（マクトゥームチャレンジR1）、叔母にオーサムヒューマー（スピナウェイS）、甥にコンスティチューション（フロリダダービー、ドンH）。産駒にコラルノクターン（遠江S）。

系統：ファピアノ系	母父系統：ノーザンダンサー系	
父 Unbridled's Song 芦 1993	Unbridled	Fappiano
		Gana Facil
	Trolley Song	Caro
		Lucky Spell
母 Surf Club 黒鹿 1998	Ocean Crest	Storm Bird
		S.S.Aroma
	Horns Gray	Pass the Tab
		Cox's Angel

距離	成長型	芝	ダート	瞬発力	パワー	底力
短マ	普	△	○	○	○	○

RANKING 237

***マスクゾロ**
MASK ZORRO
ダート中距離戦線で活躍

2021 **444**

総収得賞金	23,196,000円	アーニング INDEX	0.43

● 2011年生 ●黒鹿毛 ●供用地／新冠・白馬牧場

　2～6歳時に日で16戦7勝。GⅢシリウスS、OPジュライS、準OP桃山Sとダートの中距離戦線で活躍した。父ローマンルーラーはハスケル招待Hの勝ち馬。母系は叔母にGⅠ5勝の名牝ユー（フリゼットS、エイコーンSなど）。いとこにユーアンドアイフォーエバー（ガルフストリームパークH）。産駒にマスクドサムライ。

系統：ミスタープロスペクター系	母父系統：ストームキャット系	
父 Roman Ruler 黒鹿 2002	Fusaichi Pegasus	Mr. Prospector
		Angel Fever
	Silvery Swan	Silver Deputy
		Sociable Duck
母 Saravati 黒鹿 2006	Giant's Causeway	Storm Cat
		Mariah's Storm
	Our Dani	Homebuilder
		Lovely Briar

距離	成長型	芝	ダート	瞬発力	パワー	底力
中	普	△	○	△	○	△

RANKING 238

RAVEN'S PASS
レイヴンズパス
日本でもGⅠホースを輩出

2021 **299**

総収得賞金	22,859,000円	アーニング INDEX	0.73

● 2005年生 ●栗毛 ●供用地／アイルランド

　2～3歳時に英仏米で12戦6勝。BCクラシック、クイーンエリザベスⅡ世S、セレブレイションマイル、セントジェイムズパレスS2着、ジャンプラ賞2着、サセックスS2着。父はP289参照。母系は姪にキャッスルレディ（仏1000ギニー）。産駒にタワーオブロンドン（P381）、ロイヤルマリン（ジャンリュックラガルデール賞）。

系統：ミスタープロスペクター系	母父系統：ペティション系	
父 Elusive Quality 鹿 1993	Gone West	Mr. Prospector
		Secrettame
	Touch of Greatness	Hero's Honor
		Ivory Wand
母 Ascutney 黒鹿 1994	Lord At War	General
		Luna de Miel
	Right Word	Verbatim
		Oratorio

距離	成長型	芝	ダート	瞬発力	パワー	底力
短中	普	◎				

RANKING 239

ヒルノダムール
HIRUNO D'AMOUR
天皇賞・春を父仔制覇

2021 **204**

総収得賞金	22,816,000円	アーニング INDEX	0.39

● 2007年生 ●鹿毛 ● 2019年引退

　2～5歳時に日仏で21戦4勝。4歳時GⅡの大阪杯をレコード勝ち。続く天皇賞・春でエイシンフラッシュを降し、父マンハッタンカフェとの父仔制覇を果たした。ほかに皐月賞2着。父はP269参照。母系は2代母にメアリーリノア（マルセルブサック賞）、いとこにディアマジェスティ（中山大障害2着）。産駒にニシノオイカゼ（湯沢特別）。

系統：サンデーサイレンス系	母父系統：ニジンスキー系	
父 マンハッタンカフェ 青鹿 1998	*サンデーサイレンス	Halo
		Wishing Well
	*サトルチェンジ	Law Society
		Santa Luciana
母 シェアエレガンス 鹿 1998	*ラムタラ	Nijinsky
		Snow Bride
	*メアリーリノア	L'Emigrant
		Marie Noelle

距離	成長型	芝	ダート	瞬発力	パワー	底力
中長	普	○	○	○	○	○

RANKING 240

ザサンデーフサイチ
THE SUNDAY FUSAICHI
当歳セレクトで5億円超！

2021 **223**

総収得賞金	22,634,000円	アーニング INDEX	0.34

● 2004年生 ●黒鹿毛 ●2022年引退

　2〜11歳時に日で41戦3勝。2004年の当歳セレクトセールで5億1450万円もの超高値がついて話題となった。母は天皇賞馬にして数多くの名馬の祖となっている、現代の日本競馬界最高レベルの名牝。半姉にアドマイヤグルーヴ（エリザベス女王杯）、半弟にルーラーシップ（P60）、甥にドゥラメンテ（P48）。産駒にフィデリオグリーン。

系統：サンデーサイレンス系	母父系統：グレイソヴリン系		
父 ダンスインザダーク 鹿 1993	*サンデーサイレンス	Halo
		Wishing Well
	*ダンシングキイ	Nijinsky
		Key Partner
母 エアグルーヴ 鹿 1993	*トニービン	*カンパラ
		Severn Bridge
	ダイナカール	*ノーザンテースト
		シャダイフェザー

距離	成長型	芝	ダート	瞬発力	パワー	底力
中	普	○	△	△	△	△

RANKING 241

BOLT D'ORO
ボルトドーロ
日本でも活躍馬を出した新鋭

2021 **—**

総収得賞金	22,182,000円	アーニング INDEX	4.93

● 2015年生 ●鹿毛 ●供用地／アメリカ

　2〜3歳時に米で8戦4勝。デルマーフューチュリティ、フロントランナーS、BCジュヴナイル3着。父は米でサドラーズウェルズ系を発展させた大種牡馬。半姉にソニックミュール（サラトガスペシャルS3着）、半弟にグローバルキャンペーン（ウッドワードH）。産駒にメジャーデュード（ピルグリムS）、フロムダスク（京王杯2歳S2着）。

系統：サドラーズウェルズ系	母父系統：シアトルスルー系		
父 Medaglia d'Oro 黒鹿 1999	El Prado	Sadler's Wells
		Lady Capulet
	Cappucino Bay	Bailjumper
		Dubbed In
母 Globe Trot 鹿 2008	A.P. Indy	Seattle Slew
		Weekend Surprise
	Trip	Lord At War
		Tour

距離	成長型	芝	ダート	瞬発力	パワー	底力
短マ	やや早	◎	◎	○	○	○

RANKING 242

セレスハント
CERES HUNT
ダート短距離重賞で活躍！

2021 **286**

総収得賞金	22,176,000円	アーニング INDEX	0.62

● 2005年生 ●栗毛 ●供用地／新ひだか・アロースタッド

　2〜9歳時に日で61戦12勝。北海道スプリントC2回、東京スプリント、サマーチャンピオンと短距離の交流重賞で4勝をあげている。父はトラヴァーズS勝ちの名中距離馬。母系は半兄にエリモソルジャー（京都4歳特別2着）、叔母にソルトイット（ブラックアイドスーザンS）。甥にエリモエクスパイア（天皇賞・春2着）。産駒にパー。

系統：フォーティナイナー系	母父系統：ブラッシンググルーム系		
父 *コロナドズクエスト 栗 1995	*フォーティナイナー	Mr. Prospector
		File
	Laughing Look	Damascus
		Laughter
母 *エリモシンフォニー 芦 1990	Blushing Groom	Red God
		Runaway Bride
	Let It Fly	Hatchet Man
		Idle Hour Princess

距離	成長型	芝	ダート	瞬発力	パワー	底力
短マ	普	○	○	△	△	△

RANKING 243

BOBBY'S KITTEN
ボビーズキトゥン
日本でも好成績の父系

2021 **289**

総収得賞金	21,770,000円	アーニング INDEX	2.42

● 2011年生 ●鹿毛 ●供用地／イギリス

　2〜5歳時に米加愛で15戦6勝。BCターフスプリント、ピルグリムS、BCジュヴナイルターフ3着。父は米英でGI馬を数多く輩出している名種牡馬で、日本でもジャンダルムがスプリンターズSを勝っている。全弟にキャメロットキトゥン（アメリカンターフS）。産駒にサンドリーン（ダッチェスオブケンブリッジS）、アルバミノル。

系統：サドラーズウェルズ系	母父系統：ストームキャット系		
父 Kitten's Joy 栗 2001	El Prado	Sadler's Wells
		Lady Capulet
	Kitten's First	Lear Fan
		That's My Hon
母 Celestial Woods 鹿 2003	Forestry	Storm Cat
		Shared Interest
	Celestial Bliss	Relaunch
		North of Eden

距離	成長型	芝	ダート	瞬発力	パワー	底力
短マ	普	○	○	△	△	○

RANKING 244
スペシャルウィーク
SPECIAL WEEK
2021 254
幾多の名勝負を演じた名馬

総収得賞金	21,582,000円	アーニング INDEX	1.60

● 1995年生 ●黒鹿毛 ●2018年死亡

　2〜4歳時に日で17戦10勝。ジャパンC、ダービー、天皇賞・春、天皇賞・秋、有馬記念2着、宝塚記念2着、菊花賞2着。産駒にトーホウジャッカル（菊花賞）、シーザリオ（オークス）、ブエナビスタ（ジャパンC）、ローマンレジェンド（東京大賞典）、ゴルトブリッツ（帝王賞）。リーチザクラウン（P208）、インティライミ（京都新聞杯）。

系統：サンデーサイレンス系	母父系統：ニジンスキー系		
父	Halo	Hail to Reason	
*サンデーサイレンス		Cosmah	
青鹿 1986	Wishing Well	Understanding	
		Mountain Flower	
母	マルゼンスキー	Nijinsky	
キャンペンガール		*シル	
鹿 1987	レディーシラオキ	*セントクレスピン	
		ミスアシヤガワ	

距離	成長型	芝	ダート	瞬発力	パワー	底力
万	普	◎	○	◎	○	○

RANKING 245
MEDAGLIA D'ORO
メダグリアドーロ
2021 148
米でSW系を広めた名馬

総収得賞金	21,547,000円	アーニング INDEX	0.60

● 1999年生 ●黒鹿毛 ●供用地／アメリカ

　2〜5歳時に米首で17戦8勝。トラヴァーズS、ホイットニーH、ドンH。産駒にゴールデンシックスティ（香港3冠）、レイチェルアレクサンドラ（プリークネスS）、ソングバード（BCジュヴナイルフィリーズ）、タリスマニック（P361）、ヴァイオレンス（P318）、プラムプリティ（ケンタッキーオークス）、エーシンメンフィス（愛知杯）。

系統：サドラーズウェルズ系	母父系統：テディ系		
父	Sadler's Wells	Northern Dancer	
El Prado		Fairy Bridge	
芦 1989	Lady Capulet	Sir Ivor	
		Cap and Bells	
母	Bailjumper	Damascus	
Cappucino Bay		Court Circuit	
鹿 1989	Dubbed In	Silent Screen	
		Society Singer	

距離	成長型	芝	ダート	瞬発力	パワー	底力
中	普	○	◎	○	○	◎

RANKING 246
オンファイア
ON FIRE
2021 188
名馬ディープインパクトの半弟

総収得賞金	21,321,000円	アーニング INDEX	0.47

● 2003年生 ●鹿毛 ●2021年引退

　2歳時に日で3戦1勝。東京スポーツ杯2歳S3着。全兄にブラックタイド（P142）、ディープインパクト（P32）、半弟にニュービギニング（毎日杯3着）、甥にゴルトブリッツ（帝王賞）。産駒にウキヨノカゼ（クイーンC、キーンランドC、福島牝馬S、スプリンターズS3着）、シゲルキョクチョウ（小倉2歳S2着）、アベニンドリーム。

系統：サンデーサイレンス系	母父系統：リファール系		
父	Halo	Hail to Reason	
*サンデーサイレンス		Cosmah	
青鹿 1986	Wishing Well	Understanding	
		Mountain Flower	
母	Alzao	Lyphard	
*ウインドインハーヘア		Lady Rebecca	
鹿 1991	Burghclere	Busted	
		Highclere	

距離	成長型	芝	ダート	瞬発力	パワー	底力
マ中	やや早	○	○	○	○	○

RANKING 247
アーネストリー
EARNESTLY
2021 157
宝塚記念で鮮やかなGI勝ち

総収得賞金	20,975,000円	アーニング INDEX	0.26

● 2005年生 ●鹿毛 ●2019年引退

　2〜7歳時に日で29戦10勝。宝塚記念、同3着、金鯱賞、札幌記念、中日新聞杯、天皇賞・秋3着。父はグランプリ3勝の名馬で種牡馬としても確実に父系を伸ばしている。母系は叔父にアグネスカミカゼ（目黒記念）。母系から天皇賞・秋でシンボリルドルフを破ったギャロップダイナが出ている。産駒にイロエンピツ（佐賀・たんぽぽ賞）。

系統：ロベルト系	母父系統：グレイソヴリン系		
父	Silver Hawk	Roberto	
*グラスワンダー		Gris Vitesse	
栗 1995	Ameriflora	Danzig	
		Graceful Touch	
母	*トニービン	*カンパラ	
レットルダムール		Severn Bridge	
鹿 1994	ダイナチャイナ	*ノーザンテースト	
		アスコットラップ	

距離	成長型	芝	ダート	瞬発力	パワー	底力
中	普	○	○	△	○	○

RANKING 248
ワイルドワンダー
WILD WONDER
2021 162
ダート重賞で幅広く活躍

総収得賞金	20,841,000円	アーニング INDEX	0.93

● 2002年生　● 黒鹿毛　● 2020年引退

　2〜8歳時に日で30戦9勝。アンタレスS、プロキオンS、根岸S、南部杯2着、武蔵野S2着、フェブラリーS3着とダート重賞で幅広い活躍を見せた。父は3冠馬ナリタブライアンを筆頭に数多くの名馬を輩出した伝説的種牡馬。半弟にオペラブラーボ（新潟大賞典3着）。産駒にスイシン（佐賀桜花賞）、ワルツフォーラン。

系統：ロベルト系	母父系統：サンデーサイレンス系		
父 *ブライアンズタイム 黒鹿 1985	Roberto	Hail to Reason	
		Bramalea	
	Kelley's Day	Graustark	
		Golden Trail	
母 ワルツダンサー 鹿 1995	*サンデーサイレンス	Halo	
		Wishing Well	
	*ウイニングフォーアスター	Mr. Prospector	
		Barbs Dancer	

距離	成長型	芝	ダート	瞬発力	パワー	底力
短中	普	△	◎	△	◎	△

RANKING 249
ドリームバレンチノ
DREAM VALENTINO
2021 465
7歳でJBCスプリント制覇

総収得賞金	20,571,000円	アーニング INDEX	0.91

● 2007年生　● 青毛　● 供用地／新ひだか・アロースタッド

　2〜10歳時に日で55戦12勝。5歳時に函館SSで初重賞制覇。6歳時にはシルクロードS、兵庫GTと勝ち、7歳時にJBCスプリントを制して待望のGIウイナーに輝いた。さらに9歳時にも東京盃を勝っている。父はP186参照。母コスモヴァレンチは小倉2歳Sの勝ち馬。全弟にウインムート（さきたま杯）。産駒にマヨン。

系統：ヘイルトゥリーズン系	母父系統：ミスタープロスペクター系		
父 *ロージズインメイ 青鹿 2000	Devil His Due	Devil's Bag	
		Plenty O'Toole	
	Tell a Secret	Speak John	
		Secret Retreat	
母 コスモヴァレンチ 青鹿 2002	*マイネルラヴ	Seeking the Gold	
		Heart of Joy	
	イブキローマン	*ブレイヴェストローマン	
		シラフジビゼン	

距離	成長型	芝	ダート	瞬発力	パワー	底力
短	やや晩	◎	◎	△	◎	△

RANKING 250
オーシャンブルー
OCEAN BLUE
2021 257
有馬記念で2着に健闘

総収得賞金	20,279,000円	アーニング INDEX	0.20

● 2008年生　● 鹿毛　● 2022年死亡

　3〜7歳時に日で30戦7勝。4歳時、金鯱賞で重賞初制覇。続く有馬記念では10番人気ながらゴールドシップの2着に健闘。ルーラーシップに先着した。さらに6歳時の中山金杯で重賞2勝目をマークした。父はP204参照。母は米GⅢイエルバブエナBCHの勝ち馬。姪にアルメリアブルーム（愛知杯2着）。産駒にアクアマリンブルー。

系統：サンデーサイレンス系	母父系統：ネヴァーベンド系		
父 ステイゴールド 黒鹿 1994	*サンデーサイレンス	Halo	
		Wishing Well	
	ゴールデンサッシュ	*ディクタス	
		ダイナサッシュ	
母 *ブアブー 鹿 1998	Dashing Blade	Elegant Air	
		Sharp Castan	
	Plains Indian	*ダンシングブレーヴ	
		Prairie Venus	

距離	成長型	芝	ダート	瞬発力	パワー	底力
中長	普	◎	△	△	◎	◎

RANKING 251
セレン
SERENE
2021 272
南関東・大井で活躍！

総収得賞金	20,030,000円	アーニング INDEX	0.56

● 2005年生　● 栗毛　● 供用地／浦河・No.9ホーストレーニングメソッド

　2〜8歳時に日で29戦13勝。南関東・大井を舞台に活躍。京成盃グランドマイラーズ、大井記念、東京記念、勝島王冠を勝ち、東京記念と大井・金盃で2着した。父はサンデーサイレンスの初年度産駒で宝塚記念の勝ち馬。母系からは名牝トリプティク（愛2000ギニー、英チャンピオンS）が出ている。産駒にブラヴール（京浜盃）。

系統：サンデーサイレンス系	母父系統：ロベルト系		
父 マーベラスサンデー 栃栗 1992	*サンデーサイレンス	Halo	
		Wishing Well	
	モミジダンサー	ヴァイスリーガル	
		モミジⅡ	
母 ハイエストデイ 黒鹿 2001	*ブライアンズタイム	Roberto	
		Kelley's Day	
	*カリネッタ	Caerleon	
		Barger	

距離	成長型	芝	ダート	瞬発力	パワー	底力
中長	普	△	◎	△	◎	△

RANKING 252 CONSTITUTION
コンスティチューション
2021 183
早くも米クラシック馬を輩出

総収得賞金	19,986,000円	アーニング INDEX	1.48

● 2011年生　● 鹿毛　● 供用地／アメリカ

　3～4歳時に米で8戦4勝。フロリダダービー、ドンH。父は米リーディングサイアー。母系は半妹にジャカランダ（テンプティドS）、叔父にエムシー（P298）、サーファー（マクトゥームチャレンジR1）。産駒にティズザロー（ベルモントS）、アメリカンレボリューション（シガーマイルH）。日本でサンライズラポール。

系統：シアトルスルー系		母父系統：フォーティナイナー系	
父 Tapit 芦 2001	Pulpit	A.P. Indy	Preach
		Unbridled	Ruby Slippers
	Tap Your Heels		
母 Baffled 黒鹿 2005	Distorted Humor	*フォーティナイナー	Danzig's Beauty
	Surf Club	Ocean Crest	Horns Gray

距離	成長型	芝	ダート	瞬発力	パワー	底力
中	普	○	◎	○	○	○

RANKING 253 *エイシンアポロン
EISHIN APOLLON
2021 261
マイルGⅠでスピードを発揮

総収得賞金	19,627,000円	アーニング INDEX	0.31

● 2007年生　● 栗毛　● 2020年引退

　2～5歳時に日で19戦4勝。2歳時、京王杯2歳Sで重賞初制覇。続く朝日杯FSはローズキングダムの2着。4歳時、富士Sを勝って臨んだマイルCSでGⅠ初制覇を果たした。父はP317参照。半弟にマスターオブハウンズ（ジェベルハッタ）、半妹にミノレット（ベルモントオークス招待S）。産駒にエイシンハルニレ（盛岡・オパールC）。

系統：ストームキャット系		母父系統：サドラーズウェルズ系	
父 Giant's Causeway 栗 1997	Storm Cat	Storm Bird	Terlingua
	Mariah's Storm	Rahy	*イメンス
母 Silk And Scarlet 鹿 2002	Sadler's Wells	Northern Dancer	Fairy Bridge
	Danilova	Lyphard	Ballinderry

距離	成長型	芝	ダート	瞬発力	パワー	底力
マ	普	○	○	△	○	△

RANKING 254 ビービーガルダン
B B GULDAN
2021 251
GⅠ戦で2度のハナ差惜敗

総収得賞金	19,218,000円	アーニング INDEX	0.43

● 2004年生　● 青鹿毛　● 2019年引退

　2～7歳時に日で32戦7勝。5歳時のスプリンターズSと6歳時の高松宮記念で共にハナ差2着に敗れ、GⅠタイトルを逃している。ほかにキーンランドC、阪急杯を勝ち、4歳時のスプリンターズSで3着。父はBCターフを勝った米芝チャンピオン。叔父にワヒド（レヴィンクラシック）。産駒にヨシノファルコン（佐賀・天山賞）。

系統：ダンチヒ系		母父系統：サートリストラム系	
父 *チーフベアハート 栗 1993	Chief's Crown	Danzig	Six Crowns
	Amelia Bearhart	Bold Hour	Myrtlewood Lass
母 *オールザチャット 鹿 1994	Westminster	Grosvenor	Apple Blossom
	Rory's Helen	Rory's Jester	Helen's Love

距離	成長型	芝	ダート	瞬発力	パワー	底力
短	やや晩	○	○	○	○	△

RANKING 255 MOHAYMEN
モヘイメン
2021 315
半兄は日本で供用中

総収得賞金	19,186,000円	アーニング INDEX	2.13

● 2013年生　● 芦毛　● 供用地／アメリカ

　2～4歳時に米で13戦5勝。ナシュアS、レムゼンS、ホーリーブルS、ファウンテンオブユースS。父は米リーディングサイアー。母は米GⅢダヴォナデイルSの勝ち馬。半兄に2020年から日本で供用されているニューイヤーズデイ（P373）、全弟にキングリー（ラホヤH）がいる。産駒にエルムドライブ（ソレントS）、シュガーフロート。

系統：シアトルスルー系		母父系統：ノーザンダンサー系	
父 Tapit 芦 2001	Pulpit	A.P. Indy	Preach
	Tap Your Heels	Unbridled	Ruby Slippers
母 Justwhistledixie 黒鹿 2006	Dixie Union	Dixieland Band	She's Tops
	General Jeanne	Honour and Glory	Ahpo Hel

距離	成長型	芝	ダート	瞬発力	パワー	底力
マ中	普	○	○	○	○	○

RANKING 256　CANDY RIDE
キャンディライド
ファピアノ系の異流血統

2021 352

総収得賞金	18,995,000円	アーニング INDEX	2.11

●1999年生　●鹿毛　●供用地／アメリカ

3～4歳時に亜米で6戦6勝。サンイシドロ大賞、パシフィッククラシックS。父は亜の中級種牡馬で、ファピアノ系の異流血統を受け継ぐ。叔父にシティウエスト（亜2000ギニー）。産駒にガンランナー（P286）、シェアードビリーフ（マリブS）、ゲームウィナー（BCジュヴナイル）。日本でトーセンエルドラド（東京ダービートライアル）。

系統：ファピアノ系	母父系統：ブラッシンググルーム系		
父 Ride the Rails 黒鹿 1991	Cryptoclearance	Fappiano
		Naval Orange
	Herbalesian	Herbager
		Alanesian
母 Candy Girl 栗 1990	Candy Stripes	Blushing Groom
		*バブルカンパニー
	City Girl	Farnesio
		Cithara

距離	成長型	芝	ダート	瞬発力	パワー	底力
マ中	普	○	◎	○	◎	◎

RANKING 257　*エーシンスピーダー
A SHIN SPEEDER
歴史的名牝の血をひく良血馬

2021 317

総収得賞金	18,935,000円	アーニング INDEX	2.10

●2009年生　●栗毛　●2020年引退

2～5歳時に日で26戦4勝。北國新聞杯。2代母にBCマイル2回、ムーランドロンシャン賞などGI10勝の名牝ミエスク。叔父にキングマンボ（P419）、叔母にイーストオブザムーン（ジャックルマロワ賞）。母系からはリアルスティール（P352）、ラヴズオンリーユー（BCフィリー＆メアターフ）。産駒にエイシンピストン。

系統：ストームキャット系	母父系統：ミスタープロスペクター系		
父 Giant's Causeway 栗 1997	Storm Cat	Storm Bird
		Terlingua
	Mariah's Storm	Rahy
		*イメンス
母 Myhrr 鹿 1997	Mr. Prospector	Raise a Native
		Gold Digger
	Miesque	Nureyev
		Pasadoble

距離	成長型	芝	ダート	瞬発力	パワー	底力
中	普	△	○	△	△	○

RANKING 258　DAWN APPROACH
ドーンアプローチ
2012年の欧州2歳牡馬王者

2021 313

総収得賞金	18,825,000円	アーニング INDEX	0.84

●2010年生　●栗毛　●供用地／アイルランド

2～3歳時に愛英仏で12戦8勝。英2000ギニー、セントジェイムズパレスS、愛ナショナルS、デューハーストS。父はP288参照。全弟にヘラルドザドーン（愛フューチュリティS）。産駒にポエティックフレア（P398）、パウレレ（ウインターボトムS）、マッドムーン（チャンピオンズジュヴナイルS）、ファストアプローチ（札幌2歳S2着）。

系統：サドラーズウェルズ系	母父系統：ニアークティック系		
父 New Approach 栗 2005	Galileo	Sadler's Wells
		Urban Sea
	Park Express	Ahonoora
		Matcher
母 Hymn of the Dawn 鹿 1999	Phone Trick	Clever Trick
		Over the Phone
	Colonial Debut	Pleasant Colony
		Kittihawk Miss

距離	成長型	芝	ダート	瞬発力	パワー	底力
マ	普	◎	◎	◎	○	◎

RANKING 259　STREET CRY
ストリートクライ
米豪で歴史的名牝を輩出！

2021 209

総収得賞金	18,648,000円	アーニング INDEX	2.07

●1998年生　●黒鹿毛　●2014年死亡

2～4歳時に米首で12戦5勝。ドバイワールドC。父はミスプロ系の中でも芝に強い系統。母は愛オークス馬。米で20戦19勝、GI13勝のゼニヤッタ、豪で33連勝をマークしたウィンクスという2頭の歴史的名牝を送り出している。ほかにストリートセンス（P278）、ストリートボス（P334）、ニューイヤーズデイ（P373）、ディサーニング。

系統：ミスタープロスペクター系	母父系統：フェアトライアル系		
父 Machiavellian 黒鹿 1987	Mr. Prospector	Raise a Native
		Gold Digger
	Coup de Folie	Halo
		Raise the Standard
母 Helen Street 鹿 1982	Troy	Petingo
		La Milo
	Waterway	Riverman
		Boulevard

距離	成長型	芝	ダート	瞬発力	パワー	底力
中	普	○	○	◎	○	○

260 JIMMY CREED
ジミークリード
2021 —
名門牝系出身のGI馬

総収得賞金	18,645,000円	アーニング INDEX	4.14

● 2009年生 ●栗毛 ●供用地／アメリカ

　3〜4歳時に米で10戦4勝。マリブS、ポトレログランデS、サンタアニタスプリントCSS3着、ビングクロスビーS3着。父はP289参照。母は米GIラブレアS勝ち。半姉にプッシーキャットドール（ラブレアS）、姪にアクアフォビア（ユナイテッドネーションズS）。産駒にカサクリード（ジャイプールS）、スペクテイター（ソレントS）。

系統：フォーティナイナー系		母父系統：ノーザンダンサー系	
父	*フォーティナイナー	Mr. Prospector	File
Distorted Humor		Danzig	
栗 1993	Danzig's Beauty	Sweetest Chant	
母	Citidancer	Dixieland Band	
Hookedonthefeelin		Willamae	
栗 1996	Prospective Joy	Allen's Prospect	
		Jovial Joy	

距離	成長型	芝	ダート	瞬発力	パワー	底力
短マ	普	○	○	○	○	○

261 オレハマッテルゼ
OREWA MATTERUZE
2021 295
豪GI馬を輩出した快速馬

総収得賞金	18,542,000円	アーニング INDEX	0.82

● 2000年生 ●栗毛 ● 2013年死亡

　3〜7歳時に日で38戦9勝。4歳までは重賞とは無縁だったが、5歳時の京王杯SCで2着に入るとジワジワと力をつけていき、6歳時の高松宮記念で待望のGI制覇を遂げた。全姉にエガオヲミセテ（マイラーズC）、叔母にエアグルーヴ（天皇賞・秋）。産駒に豪GIを勝ったハナズゴール（オールエイジドS）。キングハート（オーシャンS）。

系統：サンデーサイレンス系		母父系統：ボールドルーラー系	
父	Halo	Hail to Reason	Cosmah
*サンデーサイレンス		Understanding	
青鹿 1986	Wishing Well	Mountain Flower	
母	*ジャッジアンジェルーチ	Honest Pleasure	
カーリーエンジェル		Victorian Queen	
栗 1990	ダイナカール	*ノーザンテースト	
		シャダイフェザー	

距離	成長型	芝	ダート	瞬発力	パワー	底力
短マ	やや晩	○	○	○	○	△

262 カルストンライトオ
CALSTONE LIGHT O
2021 217
芝1000mのレコード保持者

総収得賞金	18,518,000円	アーニング INDEX	0.51

● 1998年生 ●黒鹿毛 ●供用地／日高・日西牧場

　2〜7歳時に日で36戦9勝。不良馬場で行われたスプリンターズSを4馬身差の圧勝でGIホースに輝く。ほかにアイビスサマーダッシュ2回。4歳時に記録した芝1000m（新潟直線コース）の53秒7というタイムは20年以上経った今も破られていない。父はサセックスS勝ちのマイラー。産駒にブレイヴコール（兵庫ダービー）。

系統：インテント系		母父系統：ブラッシンググルーム系	
父	Known Fact	In Reality	Tamerett
*ウォーニング		Roberto	
青鹿 1985	Slightly Dangerous	Where You Lead	
母	*クリスタルグリッターズ	Blushing Groom	
オオシマルチア		Tales to Tell	
黒鹿 1990	オオシマススラン	*カウアイキング	
		ネバージョオー	

距離	成長型	芝	ダート	瞬発力	パワー	底力
短	普	○	○	△	○	△

263 SHACKLEFORD
シャックルフォード
2021 493
プリークネスSの勝ち馬

総収得賞金	17,908,000円	アーニング INDEX	1.33

● 2008年生 ●栗毛 ●供用地／韓国

　2〜4歳時に米で20戦6勝。3歳時、ケンタッキーダービー4着から臨んだプリークネスSを快勝。米クラシックホースに輝いた。古馬になってからはメトロポリタンH、クラークHを勝っている。父はキングズビショップS勝ちの快速馬。半姉にレディジョアン（アラバマS）。産駒にプロミシズフルフィルド（HアレンジャーケンスS）。

系統：ストームキャット系		母父系統：ファピアノ系	
父	Storm Cat	Storm Bird	Terlingua
Forestry		Pleasant Colony	
鹿 1996	Shared Interest	Surgery	
母	Unbridled	Fappiano	
Oatsee		Gana Facil	
栗 1997	With Every Wish	Lear Fan	
		Amo	

距離	成長型	芝	ダート	瞬発力	パワー	底力
マ中	普	○	◎	○	○	○

RANKING 265
SHOWCASING
ショーケーシング
2021 —
実績十分な快速血統

総収得賞金	17,854,000円	アーニング INDEX	1.98

● 2011年生　●鹿毛　●供用地／イギリス

　2〜3歳時に英で7戦2勝。ジムクラックS、ミドルパークS3着。父はP332参照。半兄にカマチョ（種牡馬）、2代母にプロフェシー（チェヴァリーパークS）。産駒にクワイエットリフレクション（スプリントC）、アドヴァータイズ（モーリスドギースS）、モハーザー（サセックスS）、ベルベク（ジャンリュックラガルデール賞）。

系統：ダンチヒ系		母父系統：ミスタープロスペクター系	
父 Oasis Dream 鹿 2000	Green Desert	Danzig	
		Foreign Courier	
	Hope	*ダンシングブレーヴ	
		Bahamian	
母 Arabesque 鹿 1997	Zafonic	Gone West	
		Zaizafon	
	Prophecy	*ウォーニング	
		Andaleeb	

距離	成長型	芝	ダート	瞬発力	パワー	底力
短マ	普	◎	○	○	○	○

RANKING 266
HAVANA GREY
ハヴァナグレー
2021 —
早くも結果を出している新鋭

総収得賞金	17,237,000円	アーニング INDEX	3.83

● 2015年生　●芦毛　●供用地／イギリス

　2〜3歳時に英愛仏米で16戦6勝。フライングファイブS、サファイアS、モルニ賞2着、フライングチルダーズS2着。父はP410参照。産駒にレディハリウッド（アランベール賞）、エディーズボーイ（エクリプス賞）、ラムスター（コーンウォリスS）、ヤクシマ。2022年の英愛2歳リーディングでは2位にランクインしている。

系統：サドラーズウェルズ系		母父系統：ノーザンダンサー系	
父 Havana Gold 鹿 2010	Teofilo	Galileo	
		Speirbhean	
	Jessica's Dream	Desert Style	
		Ziffany	
母 Blanc de Chine 芦 2009	Dark Angel	Acclamation	
		Midnight Angel	
	Nullarbor	Green Desert	
		Bloudan	

距離	成長型	芝	ダート	瞬発力	パワー	底力
短マ	普	◎	○	○	○	○

RANKING 268
INVINCIBLE SPIRIT
インヴィンシブルスピリット
2021 173
父系を伸ばしている快速馬

総収得賞金	16,741,000円	アーニング INDEX	1.24

● 1997年生　●鹿毛　●供用地／アイルランド

　2〜5歳時に英愛仏で17戦7勝。スプリントC。父はダンチヒ系を支えた名種牡馬。母ラファは仏オークス馬。半弟にコディアック（英愛2歳首位種牡馬）。産駒にキングマン（P273）、ムーンライトクラウド（ムーランドロンシャン賞）、シャラー（P297）、アイアムインヴィンシブル（豪首位種牡馬）、ブルースピリット。

系統：ダンチヒ系		母父系統：エタン系	
父 Green Desert 鹿 1983	Danzig	Northern Dancer	
		Pas de Nom	
	Foreign Courier	Sir Ivor	
		Courtly Dee	
母 Rafha 鹿 1987	Kris	Sharpen Up	
		Doubly Sure	
	Eljazzi	*アーティアス	
		Border Bounty	

距離	成長型	芝	ダート	瞬発力	パワー	底力
短中	普	◎	○	○	○	○

RANKING 269
CITY ZIP
シティジップ
2021 382
名馬ゴーストザッパーの半兄

総収得賞金	16,570,000円	アーニング INDEX	3.68

● 1998年生　●栗毛　●2017年死亡

　2〜3歳時に米で23戦9勝。ホープフルS、BCマイル3着。父は米GⅡサプリングSの勝ち馬。半弟に米年度代表馬に選ばれた名馬ゴーストザッパー（BCクラシック）。産駒にデイアットザスパ（BCフィリー＆メアターフ）、ワークオールウィーク（BCスプリント）、インプロバブル（ハリウッドGC）、日本でジッピーレーサー。

系統：ミスタープロスペクター系		母父系統：インテント系	
父 Carson City 栗 1987	Mr. Prospector	Raise a Native	
		Gold Digger	
	Blushing Promise	Blushing Groom	
		Summertime Promise	
母 Baby Zip 鹿 1991	Relaunch	In Reality	
		Foggy Note	
	Thirty Zip	Tri Jet	
		Sailaway	

距離	成長型	芝	ダート	瞬発力	パワー	底力
短中	普	◎	◎	○	◎	○

※ 264位のレーヴミストラル、267位のレインボーラインはP363に掲載しています。

2022年
海外競馬
活躍馬の血統

VADENI
ヴァデニ

PROFILE

競走成績 9戦5勝（2022年6戦3勝）
牡・鹿毛・2019年3月26日生まれ
調教師 Jean-Claude Rouget（フランス）
主戦騎手 C. スミヨン

2022年成績　最高レーティング 125 L（2022年）

出走日	国名	格	レース名	コース・距離	着順	負担重量	馬場状態	タイム	着差	競馬場
4/17	仏	GⅢ	フォンテンブロー賞	芝1600	5着	58	稍重	(1:31.17)	2・1/2	パリロンシャン
5/10	仏	GⅢ	ギシュ賞	芝1800	1着	58	良	1:51.00	2・1/2	シャンティイ
6/5	仏	GⅠ	仏ダービー	芝2100	1着	58	重	2:06.65	5	シャンティイ
7/2	英	GⅠ	エクリプスS	芝9F209Y	1着	56.5	堅良	2:05.20	クビ	サンダウン
9/10	愛	GⅠ	愛チャンピオンS	芝10F	3着	58.5	重	(2:12.10)	1・3/4	レパーズタウン
10/2	仏	GⅠ	凱旋門賞	芝2400	2着	56.5	重	(2:35.71)	1/2	パリロンシャン

欧州最優秀3歳馬に選出された抜群の安定感示す仏ダービー馬

　世界的ホースマン、アガ・カーン殿下の所有馬として仏で競走馬デビュー。緒戦、Lエレバージュ賞と連勝したが、続くGⅢ戦で3着に敗れ3戦2勝の戦績で2歳時を終える。

　3歳2戦目のGⅢギシュ賞で重賞初制覇。3番人気に推された次戦の仏ダービーでは、重馬場をものともしないパワフルな走りを展開し、5馬身の大差を付けクラシックウイナーの栄誉に浴した。英に遠征した7月のエクリプスSでは、最後方追走から直線で末脚が爆発、最後は強豪ミシュリフとの追い比べをクビ差制しGⅠ連勝を飾る。9月の愛チャンピオンSでは、1番人気に推されながらルクセンブルク、オネストに続く3着。10月の凱旋門賞でも、先に抜け出したアルピニスタを猛追しながら半馬身差届かず2着と、後一歩が足りないレースが続いたが、トップクラスのなかで常に上位争いを繰り広げた安定感の高さは、大いに賞賛されるものでもあった。

　英ダービー馬デザートクラウン、米に遠征しBCマイルを制したモダンゲームズらを抑え、2022年欧州最優秀3歳牡馬に選出。2023年凱旋門賞制覇を目指し、現役を続行する予定だ。

血 統 解 説

　父チャーチルは欧州生産界を支配したガリレオの直仔。ナショナルS、デューハーストSを連勝し、欧州最優秀2歳牡馬に選出されたほか、3歳時にも英2000ギニー、愛2000ギニーを連勝している。本馬は初年度産駒の一頭。その2年目産駒からも、仏2歳GⅠ馬ブルーローズセン（マルセルブーサック賞）が出ている。

　母は仏で走った1勝馬。母系は名門で、祖母ヴァダウィナは仏GⅠサンタラリ賞、仏GⅢクレオパトル賞の勝ち馬。本馬の叔父にヴァデヴァニ（シェーヌ賞2着）がいる。母父モンズーンはGⅠオイロパ賞などを勝った独の名馬。独首位種牡馬に輝き、シロッコ（BCターフ）、スタセリタ（仏オークス）らの世界的強豪を出している。

系統：サドラーズウェルズ系　母父系統：バーラム系

父 チャーチル 鹿 2014	ガリレオ Galileo 鹿 1998	Sadler's Wells	Northern Dancer
			Fairy Bridge
		Urban Sea	Miswaki
			Allegretta
	ミャオウ Meow 鹿 2008	Storm Cat	Storm Bird
			Terlingua
		Airwave	Air Express
			Kangra Valley
母 ヴァデラナ Vaderana 鹿 2009	モンズーン Monsun 黒鹿 1990	Konigsstuhl	Dschingis Khan
			Konigskronung
		Mosella	Surumu
			Monasia
	ヴァダウィナ Vadawina 鹿 2002	Unfuwain	Northern Dancer
			Height of Fashion
		Vadaza	Zafonic
			Vadlamixia

インブリード：Northern Dancer 4・5×4

2022年 種牡馬ランキング
270〜521

栄光の競走馬時代を送った名馬たち、ちょっと昔の活躍種牡馬たちが、キラ星のごとくランクインをしている。彼らの過去に想像をめぐらせ、残った産駒たちにも熱いエールを。

Thoroughbred Stallions In Japan

2022年総合ランキング

馬名

2022年の産駒の総収得賞金、アーニングINDEX

生年、毛色、けい養先など

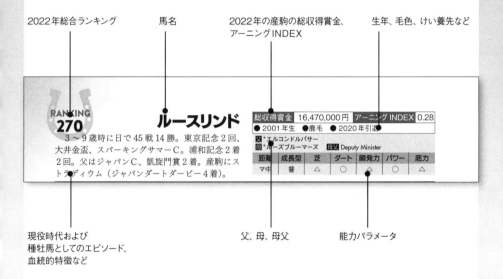

RANKING
270

ルースリンド

3〜9歳時に日で45戦14勝。東京記念2回、大井金盃、スパーキングサマーC。浦和記念2着2回。父はジャパンC、凱旋門賞2着。産駒にストラディウム（ジャパンダートダービー4着）。

| 総収得賞金 | 16,470,000円 | アーニング INDEX | 0.28 |

● 2001年生　● 鹿毛　● 2020年引退

父＊エルコンドルパサー
母＊ローズブルーマーズ　母父 Deputy Minister

距離	成長型	芝	ダート	瞬発力	パワー	底力
マ中	普	△	○	△	○	△

現役時代および
種牡馬としてのエピソード、
血統的特徴など

父、母、母父

能力パラメータ

能力パラメータの見方　短…1000〜1400m、マ…1600m前後、中…1800〜2100m、長…2200m以上、万…万能（産駒の距離タイプが様々）、早…早熟、普…普通、晩…晩成、持続…早熟と晩成を併せ持つ、◎…非常に得意、○…得意、△…やや不向き、▲…不得意

RANKING 270　ルースリンド

総収得賞金	16,470,000円	アーニング INDEX	0.28

● 2001年生　● 鹿毛　● 2020年引退

父 *エルコンドルパサー
母 *ルーズブルーマーズ　母父 Deputy Minister

距離	成長型	芝	ダート	瞬発力	パワー	底力
マ中	普	△	○	△	○	△

3〜9歳時に日で45戦14勝。東京記念2回、大井金盃、スパーキングサマーC。浦和記念2着2回。父はジャパンC、凱旋門賞2着。産駒にストラディウム（ジャパンダートダービー4着）。

RANKING 271　*ファスリエフ

総収得賞金	16,215,000円	アーニング INDEX	0.33

● 1997年生　● 鹿毛　● 2013年死亡

父 Nureyev
母 Mr. P's Princess　母父 Mr. Prospector

距離	成長型	芝	ダート	瞬発力	パワー	底力
短マ	やや早	○	○	○	△	△

2歳時に英愛仏で5戦5勝。フェニックスS、モルニ賞。1999年欧州最優秀2歳牡馬。産駒にキャリーオンケイティ（チェヴァリーパークS）、キャプテンキング（大井・羽田盃）、アピア。

RANKING 272　PIVOTAL ピヴォータル

総収得賞金	16,010,000円	アーニング INDEX	1.19

● 1993年生　● 栗毛　● 2021年引退

父 Polar Falcon
母 Fearless Revival　母父 Cozzene

距離	成長型	芝	ダート	瞬発力	パワー	底力
短中	普	○	○	○	◎	◎

2〜3歳時に英で6戦4勝。ナンソープS。産駒にアフリカンストーリー（ドバイWC）、ファルコ（仏2000ギニー）、サリスカ（英オークス）、シューニ（ジャンリュックラガルデール賞）。

RANKING 273　NIGHT OF THUNDER ナイトオブサンダー

総収得賞金	15,955,000円	アーニング INDEX	1.77

● 2011年生　● 栗毛　● 供用地／アイルランド

父 Dubawi
母 Forest Storm　母父 Galileo

距離	成長型	芝	ダート	瞬発力	パワー	底力
マ中	普	○	○	○	○	○

2〜4歳時に英仏で11戦4勝。英2000ギニー、ロッキンジS、クイーンエリザベスⅡ世S2着。産駒にナイトカラーズ（ドルメロ賞）、アンダーザスターズ（プリンセスマーガレットS）。

RANKING 274　VERRAZANO ヴェラザーノ

総収得賞金	15,600,000円	アーニング INDEX	0.87

● 2010年生　● 鹿毛　● 供用地／ブラジル

父 More Than Ready
母 Enchanted Rock　母父 Giant's Causeway

距離	成長型	芝	ダート	瞬発力	パワー	底力
マ中	普	△	○	△	○	△

3〜4歳時に米英で13戦6勝。GⅠウッドメモリアルS、ハスケル招待S。父はP279参照。半兄にエルパドリノ（リズンスターS）。産駒にチータウンレディ（GⅠテストS）。

RANKING 275　ロードバリオス

総収得賞金	15,389,000円	アーニング INDEX	0.38

● 2005年生　● 青毛　● 供用地／熊本県・本田土寿

父 *ブライアンズタイム
母 レディブラッサム　母父 Storm Cat

距離	成長型	芝	ダート	瞬発力	パワー	底力
マ中	普	○	○	△	△	△

2〜8歳時に日で33戦6勝。六甲S。父はP415参照。半弟にロードカナロア（P36）、2代母に米3歳女王サラトガデュー（ガゼルH）。産駒にタケノサイコウ（レインボーライン賞）。

RANKING 276　*トワイニング

総収得賞金	15,300,000円	アーニング INDEX	0.85

● 1991年生　● 栗毛　● 2015年死亡

父 *フォーティナイナー
母 Courtly Dee　母父 Never Bend

距離	成長型	芝	ダート	瞬発力	パワー	底力
マ中	早	△	○	○	○	○

3歳時に米で6戦5勝。ウィザーズS、ピーターパンS。半姉にアルセア（米2歳女王）。産駒にノンコノユメ（フェブラリーS）、セカンドテーブル（京王杯2歳S）、ロールオブザダイス（平安S）。

RANKING 277　*サウンドボルケーノ

総収得賞金	15,291,000円	アーニング INDEX	0.31

● 2008年生　● 栗毛　● 2022年引退

父 *ヘニーヒューズ
母 Cosmic Wing　母父 Halo

距離	成長型	芝	ダート	瞬発力	パワー	底力
短マ	普	△	○	△	△	△

2〜5歳時に日で19戦3勝。鈴鹿特別。父はP72参照。全弟にスピードホーク（首GⅢアルシンダガスプリント3着）。産駒にフローレンス（川崎・花鳥風月賞）、サウンドボス（船橋・桃の花賞）。

RANKING 278　*ルックスザットキル

2〜5歳時に日で23戦9勝。優駿スプリント、習志野きらっとスプリント、アフター5スター賞。父ワイルドキャットエアはFJドフランシス記念Sの勝ち馬。産駒にルックスソーリス、タイムトゥキル。

| 総収得賞金 | 15,230,000円 | アーニング INDEX | 0.48 |

●2012年生　●鹿毛　●供用地／浦河・イーストスタッド
父 Wildcat Heir
母 Carol's Amore　母父 Two Punch

距離	成長型	芝	ダート	瞬発力	パワー	底力
短	普	△	○	△	○	△

RANKING 279　*エーシントップ

2〜5歳時に日で24戦6勝。ニュージーランドT、京王杯2歳S、シンザン記念。父テイルオブザキャットはジオポンティ（P410）等を輩出した名種牡馬。産駒にエイシンエイト、サブリュウシン。

| 総収得賞金 | 15,004,000円 | アーニング INDEX | 0.37 |

●2010年生　●黒鹿毛　●供用地／鹿児島県・新保孝一
父 Tale of the Cat
母 Ecology　母父 Unbridled's Song

距離	成長型	芝	ダート	瞬発力	パワー	底力
マ	やや早	○	○	○	△	△

RANKING 280　MASTERY　マスタリー

2〜3歳時に米で4戦4勝。キャッシュコールフューチュリティ、サンフェリペS。父は亜で6戦無敗の快速馬で名種牡馬。叔父にGIサイアーのジャンプスタート。産駒にサクセスローレル。

| 総収得賞金 | 14,900,000円 | アーニング INDEX | 3.31 |

●2014年生　●黒鹿毛　●供用地／アメリカ
父 Candy Ride
母 Steady Course　母父 Old Trieste

距離	成長型	芝	ダート	瞬発力	パワー	底力
マ中	普	○	◎	○	○	○

RANKING 281　LONHRO　ロンロ

2〜5歳時に豪で35戦26勝。マッキノンSなどGI8勝。2003/2004年の豪年度代表馬。産駒にピエロ（ジョージライダーS）、ミライトーン。2010/2011年の豪リーディングサイアー。

| 総収得賞金 | 14,850,000円 | アーニング INDEX | 3.30 |

●1998年生　●黒鹿毛　●供用地／オーストラリア
父 Octagonal
母 Shadea　母父 Straight Strike

距離	成長型	芝	ダート	瞬発力	パワー	底力
短中	普	○	○	○	○	○

RANKING 282　RACE DAY　レースデイ

3〜4歳時に米で12戦6勝。オークローンH、ファイエットS。父は米リーディングサイアー。叔母にライトライト（ケンタッキーオークス）。産駒にホワイトアバリオ（フロリダダービー）。

| 総収得賞金 | 14,840,000円 | アーニング INDEX | 1.65 |

●2011年生　●芦毛　●供用地／韓国
父 Tapit
母 Ribalite　母父 More Than Ready

距離	成長型	芝	ダート	瞬発力	パワー	底力
マ中	普	△	○	△	○	△

RANKING 283　SUPER SAVER　スーパーセイヴァー

2〜3歳時に米で10戦3勝。ケンタッキーダービー。父は米2歳王者。母系は名門イントリギング系。産駒にランハッピー（BCスプリント）、ハッピーセイヴァー（ジョッキークラブGC）。

| 総収得賞金 | 14,786,000円 | アーニング INDEX | 1.10 |

●2007年生　●鹿毛　●供用地／トルコ
父 Maria's Mon
母 Supercharger　母父 A.P. Indy

距離	成長型	芝	ダート	瞬発力	パワー	底力
マ中	やや早	○	◎	○	○	○

RANKING 284　UNIFIED　ユニファイド

3〜4歳時に米で7戦4勝。ピーターパンS、カーターH2着。父は亜米でGI勝ちの名馬。叔母にディキシーシティ（デムワーゼルS）、近親にバブルロック。日本の産駒にエコロアレス。

| 総収得賞金 | 14,500,000円 | アーニング INDEX | 3.22 |

●2013年生　●鹿毛　●供用地／アメリカ
父 Candy Ride
母 Union City　母父 Dixie Union

距離	成長型	芝	ダート	瞬発力	パワー	底力
マ中	普	○	◎	○	○	○

RANKING 285　GALILEO　ガリレオ

2〜3歳時に愛英米で8戦6勝。英ダービー、愛ダービー、キングジョージVI世＆QES。産駒にフランケル（P264）、ニューアプローチ（P288）、ナサニエル（P321）、英愛首位種牡馬12回の名馬。

| 総収得賞金 | 14,450,000円 | アーニング INDEX | 0.64 |

●1998年生　●鹿毛　●2021年死亡
父 Sadler's Wells
母 Urban Sea　母父 Miswaki

距離	成長型	芝	ダート	瞬発力	パワー	底力
中	普	◎	○	◎	○	◎

PRACTICAL JOKE
プラクティカルジョーク

| 総収得賞金 | 14,370,000円 | アーニング INDEX | 0.80 |

● 2014年生　●鹿毛　●供用地／アメリカ

父 Into Mischief
母 Halo Humor　母父 Distorted Humor

2〜3歳時に米で12戦5勝。ホープフルS、シャンペンSなどGI3勝、BCジュヴナイル3着。産駒にウィット（サンフォードS）、ガールウィズアドリーム（フォワードギャルS）。日本でデュガ。

距離	成長型	芝	ダート	瞬発力	パワー	底力
短マ	やや早	○	◎	○	○	○

ブラックタキシード

| 総収得賞金 | 14,015,000円 | アーニング INDEX | 0.35 |

● 1996年生　●青毛　● 2019年死亡

父 *サンデーサイレンス
母 *オービーキャット　母父 Storm Cat

2〜5歳時に日で16戦4勝。セントライト記念。姪にエアパスカル（チューリップ賞）。産駒にアスカリーブル（関東オークス）、チャンストウライ（佐賀記念）、ナンシーシャイン（Fレビュー2着）。

距離	成長型	芝	ダート	瞬発力	パワー	底力
中	やや晩	○	○	△	○	△

MACHO UNO
マッチョウノ

| 総収得賞金 | 13,850,000円 | アーニング INDEX | 1.54 |

● 1998年生　●芦毛　●供用地／アメリカ

父 Holy Bull
母 Primal Force　母父 Blushing Groom

2〜4歳時に米加で14戦6勝。BCジュヴナイル。2000年最優秀2歳牡馬。半兄にオーサムアゲイン（BCクラシック）。産駒にムーチョマッチョマン（P328）、ダノンレジェンド（P164）。

距離	成長型	芝	ダート	瞬発力	パワー	底力
短マ	やや早	○	◎	○	○	○

アロマカフェ

| 総収得賞金 | 13,803,000円 | アーニング INDEX | 0.44 |

● 2007年生　●黒鹿毛　● 2019年死亡

父 マンハッタンカフェ
母 カリーノカフェ　母父 *ハートレイク

2〜9歳時に日で61戦4勝。ラジオNIKKEI賞、セントライト記念3着。父は2009年のリーディングサイアー。母父は安田記念勝ち馬。産駒にカフェアブニール、カフェベラノッテ。

距離	成長型	芝	ダート	瞬発力	パワー	底力
中	普	○	○	○	○	△

*アメリカンボス

| 総収得賞金 | 13,608,000円 | アーニング INDEX | 1.51 |

● 1995年生　●鹿毛　● 2018年死亡

父 Kingmambo
母 Redeemer　母父 Dixieland Band

2〜7歳時に日で41戦8勝。AJCC、中山記念、エプソムC2回、有馬記念2着。父は世界的大種牡馬。産駒にタカラボス（中山GJ3着）、ロイヤルボス（大井・マイルGP）。

距離	成長型	芝	ダート	瞬発力	パワー	底力
中	普	○	○	△	○	○

*セイントアレックス

| 総収得賞金 | 13,350,000円 | アーニング INDEX | 0.59 |

● 2007年生　●鹿毛　●供用地／日高・ブリーダーズSS

父 Afleet Alex
母 フェスティバル　母父 *アサティス

不出走。父は米2冠馬。母は日米両方で重賞勝ちを収めた活躍馬。母系はいとこにスリーオペレーター（阪神スプリングジャンプ）。産駒にジュンアイノキミ（門別・ブロッサムC）、クラバルバトス。

距離	成長型	芝	ダート	瞬発力	パワー	底力
マ中	普	△	○	△	○	△

ペルーサ

| 総収得賞金 | 12,968,000円 | アーニング INDEX | 0.24 |

● 2007年生　●栗毛　● 2020年引退

父 ゼンノロブロイ
母 *アルゼンチンスター　母父 Candy Stripes

2〜9歳時に日で28戦5勝。青葉賞、天皇賞・秋2着、同3着。叔母に米GI馬デイファレント、甥にアスクワイルドモア（京都新聞杯）。産駒にラペルーズ（ヒヤシンスS）、マラドーナ。

距離	成長型	芝	ダート	瞬発力	パワー	底力
中長	普	○	○	○	○	○

バーディバーディ

| 総収得賞金 | 12,805,000円 | アーニング INDEX | 0.41 |

● 2007年生　●黒鹿毛　●供用地／新ひだか・千代田牧場

父 *ブライアンズタイム
母 *ホームスイートホーム　母父 Seeking the Gold

2〜7歳時に日で35戦6勝。ユニコーンS、兵庫CS。東京大賞典3着、フェブラリーS3着、帝王賞3着。母系からGI9勝の名牝スカイビューティ。産駒にゼネラルヴィント、キタノワンダー。

距離	成長型	芝	ダート	瞬発力	パワー	底力
中長	普	○	○	○	○	○

　※292位のプレティオラスはP363に掲載しています。

RANKING 295　FORT LARNED
フォートラーンド

2〜5歳時に米で25戦10勝。BCクラシック、ホイットニーH。父イードバイは米GⅡ2勝の中級サイアー。2代母に、BCディスタフ2回などGⅠ13勝をあげた名牝バヤコア。

総収得賞金	12,700,000円	アーニングINDEX	2.82

● 2008年生　●鹿毛　●供用地／アメリカ

父 E Dubai
母 Arlucea　母父 Broad Brush

距離	成長型	芝	ダート	瞬発力	パワー	底力
中	普	○	○	○	○	○

RANKING 296　ハイアーゲーム

2〜8歳時に日で36戦5勝。青葉賞、鳴尾記念、ダービー3着。母は英GⅢランカシャーオークス勝ち。半弟にダイワマッジョーレ（京王杯SC）。産駒にコスモナインボール（アイビーS）。

総収得賞金	12,610,000円	アーニングINDEX	0.31

● 2001年生　●青鹿毛　● 2017年引退

父 *サンデーサイレンス
母 *ファンジカ　母父 Law Society

距離	成長型	芝	ダート	瞬発力	パワー	底力
中	普	○	○	○	○	△

RANKING 297　セイクリムズン

2〜9歳時に日で60戦16勝。さきたま杯、根岸S、カペラS、黒船賞3回、かきつばた記念2回、東京スプリント、JBCスプリント2着2回、かしわ記念2着。産駒にセイシーキング。

総収得賞金	12,474,000円	アーニングINDEX	0.55

● 2006年生　●青毛　●供用地／新ひだか・レックススタッド

父 エイシンサンディ
母 スダリーフ　母父 *サウスアトランティック

距離	成長型	芝	ダート	瞬発力	パワー	底力
短マ	普	△	○	△	○	△

RANKING 298　スズカマンボ

2〜5歳時に日で19戦4勝。天皇賞・春、朝日CC。産駒にメイショウマンボ（オークス、秋華賞、エリザベス女王杯）、サンビスタ（チャンピオンズC）、ユーロビート（マーキュリーC）。

総収得賞金	12,349,000円	アーニングINDEX	0.18

● 2001年生　●鹿毛　● 2015年死亡

父 *サンデーサイレンス
母 *スプリングマンボ　母父 Kingmambo

距離	成長型	芝	ダート	瞬発力	パワー	底力
中長	普	○	○	○	○	○

RANKING 299　THE GREY GATSBY
ザグレイギャツビー

2〜6歳時に英仏愛首米で28戦4勝。仏ダービー、愛チャンピオンS。父はP326参照。3代母にマクシムーヴァ（サラマンドル賞）。産駒にマイレイディ（ドクトルブッシュ記念）。

総収得賞金	12,260,000円	アーニングINDEX	2.72

● 2011年生　●芦毛　●供用地／フランス

父 Mastercraftsman
母 Marie Vison　母父 *アントレブレナー

距離	成長型	芝	ダート	瞬発力	パワー	底力
中	普	○	○	○	○	○

RANKING 300　*カリフォルニアクローム

2〜6歳時に米首で27戦16勝。ケンタッキーダービー、プリークネスS、ドバイワールドC、BCクラシック2、3着。2014、16年米年度代表馬。産駒にシラ（プライオレスS）。

総収得賞金	12,046,000円	アーニングINDEX	0.45

● 2011年生　●栗毛　●供用地／新ひだか・アロースタッド

父 Lucky Pulpit
母 Love the Chase　母父 Not For Love

距離	成長型	芝	ダート	瞬発力	パワー	底力
中	普	○	◎	○	◎	○

RANKING 301　アドマイヤオーラ

2〜6歳時に日首で16戦4勝。京都記念、弥生賞、シンザン記念。半妹にGⅠ6勝の名牝ブエナビスタ（ジャパンC）。産駒にアルクトス（南部杯）、ノボバカラ（さきたま杯）、クロスクリーガー。

総収得賞金	12,045,000円	アーニングINDEX	0.33

● 2004年生　●鹿毛　● 2015年死亡

父 アグネスタキオン
母 ビワハイジ　母父 Caerleon

距離	成長型	芝	ダート	瞬発力	パワー	底力
短中	普	○	○	○	○	○

RANKING 302　*ウィルテイクチャージ

2〜4歳時に米で21戦7勝。トラヴァーズS、クラークH、BCクラシック2着。半兄にテイクチャージインディ（フロリダダービー）、産駒にゼアゴーズハーヴァード（ハリウッドGC）。

総収得賞金	11,818,000円	アーニングINDEX	0.88

● 2010年生　●栗毛　●供用地／日高・ダーレー・ジャパンSコンプレックス

父 Unbridled's Song
母 Take Charge Lady　母父 *デヒア

距離	成長型	芝	ダート	瞬発力	パワー	底力
中	普	○	○	△	○	○

303 シングンオペラ

| 総収得賞金 | 11,727,000円 | アーニング INDEX | 0.29 |

● 1998年生　●黒鹿毛　●2019年死亡

父 *オペラハウス
母 タケノハナミ　母父 *ハードツービート

距離	成長型	芝	ダート	瞬発力	パワー	底力
中	普	○	△	△	○	△

2〜4歳時に日で16戦1勝。アルゼンチン共和国杯3着。父は1993年欧州年度代表馬＆最優秀古牡馬。産駒にシングンマイケル（中山大障害、東京ハイジャンプ、東京ジャンプS）。

304 ミュゼスルタン

| 総収得賞金 | 11,574,000円 | アーニング INDEX | 0.23 |

● 2012年生　●鹿毛　●供用地／新ひだか・アロースタッド

父 キングカメハメハ
母 アスクデビュティ　母父 *フレンチデピュティ

距離	成長型	芝	ダート	瞬発力	パワー	底力
マ中	普	○	○	○	○	△

2〜4歳時に日で7戦3勝。新潟2歳S、NHKマイルC3着。祖母はマルカコマチ（京都牝馬特別）、いとこにシャドウアプローチ（朝日杯FS3着）。産駒にユングヴィ（京王杯2歳S3着）。

305 *ゴスホークケン

| 総収得賞金 | 11,568,000円 | アーニング INDEX | 0.23 |

● 2005年生　●黒鹿毛　●2018年死亡

父 Bernstein
母 *オールザウェイベイビー　母父 Grand Slam

距離	成長型	芝	ダート	瞬発力	パワー	底力
マ	やや早	○	△	△	○	△

2〜6歳時に日で15戦2勝。朝日杯FS。父は愛GⅢコンコルドS勝ち。甥にステラヴェローチェ（神戸新聞杯）。産駒にマルターズアポジー（福島記念、小倉大賞典、関屋記念）、カシノフォワード。

306 トーセンレーヴ

| 総収得賞金 | 11,535,000円 | アーニング INDEX | 0.43 |

● 2005年生　●鹿毛　●日高・エスティファーム

父 ディープインパクト
母 ビワハイジ　母父 Caerleon

距離	成長型	芝	ダート	瞬発力	パワー	底力
中	普	○		○	○	△

3〜9歳時に日で33戦8勝。エプソムC。半姉にブエナビスタ（ジャパンC）、半兄にアドマイヤオーラ（P311）、アドマイヤジャパン（P321）。産駒にトーセンクレセント、トーセンウォルト。

307 スズカフェニックス

| 総収得賞金 | 11,256,000円 | アーニング INDEX | 0.28 |

● 2002年生　●栗毛　●2016年引退

父 *サンデーサイレンス
母 *ローズオブスズカ　母父 Fairy King

距離	成長型	芝	ダート	瞬発力	パワー	底力
短中	普	○	△	○	○	○

2〜6歳時に日で29戦8勝。高松宮記念、阪神C、東京新聞杯。叔父にドクターデヴィアス（英ダービー）。産駒にマイネルホウオウ（NHKマイルC）、ウインフェニックス、スズカフューラー。

308 テイエムオペラオー

| 総収得賞金 | 11,221,000円 | アーニング INDEX | 0.50 |

● 1996年生　●栗毛　●2018年死亡

父 *オペラハウス
母 ワンスウエド　母父 Blushing Groom

距離	成長型	芝	ダート	瞬発力	パワー	底力
中長	普	○		○	○	○

2〜5歳時に日で26戦14勝。ジャパンC、天皇賞・春2回、天皇賞・秋、有馬記念、宝塚記念、皐月賞。産駒にテイエムトッパズレ（京都ハイジャンプ）、テイエムエース（東京ハイジャンプ）。

309 *サマーバード

| 総収得賞金 | 11,195,000円 | アーニング INDEX | 0.28 |

● 2006年生　●栗毛　●2013年死亡

父 Birdstone
母 Hong Kong Squall　母父 Summer Squall

距離	成長型	芝	ダート	瞬発力	パワー	底力
中	普	△	○	○	○	○

3歳時に米で9戦4勝。ベルモントS、トラヴァーズS、ジョッキークラブGC。米最優秀3歳牡馬。産駒にバードアットザワイヤー（ラブレアS）、エーティーラッセン（日経新春杯3着）。

310 GOLDENCENTS
ゴールデンセンツ

| 総収得賞金 | 11,184,000円 | アーニング INDEX | 1.24 |

● 2010年生　●鹿毛　●供用地／アメリカ

父 Into Mischief
母 Golden Works　母父 Banker's Gold

距離	成長型	芝	ダート	瞬発力	パワー	底力
短マ	普		○	○	○	○

2〜4歳時に米で18戦7勝。BCダートマイル2回、サンタアニタダービー、メトロポリタンH2着。父は米リーディングサイアー。産駒にゴーイングトゥベガス（ロデオドライブS2回）。

RANKING 311　SMART MISSILE　スマートミサイル

2〜3歳時に豪で6戦3勝。ATCトッドマンスリッパーTR。父はP335参照。産駒にレディトゥプロフェット（スコーンデンシズジョイS）、サッシンスマート（マタマタブリーダーズS2着）。

総収得賞金	11,100,000円	アーニングINDEX	2.47

● 2008年生　●鹿毛　●供用地／オーストラリア
父 Fastnet Rock
母 Comical Smile　母父 Comic Strip

距離	成長型	芝	ダート	瞬発力	パワー	底力
短マ	普	○	○	○	○	○

RANKING 312　フサイチリシャール

2〜5歳時に日首で24戦5勝。朝日杯FS、阪神C、東京スポーツ杯2歳S。母は4歳牝馬特別など重賞4勝。半姉にライラプス（クイーンC）、産駒にニホンピロバロン（中山大障害）。

総収得賞金	11,088,000円	アーニングINDEX	1.23

● 2003年生　●芦毛　●2014年引退
父 *クロフネ
母 フサイチエアデール　母父 *サンデーサイレンス

距離	成長型	芝	ダート	瞬発力	パワー	底力
短中	やや早	○	○	○	○	△

RANKING 313　クラグオー

2〜5歳時に日で31戦10勝。ステイヤーズC、鎌倉記念2着、王冠賞2着。父は道営記念、ステイヤーズCなどを勝ったホッカイドウ競馬の名馬。産駒にクレモナ（園田・のじぎく賞）、リーデレ。

総収得賞金	11,044,000円	アーニングINDEX	0.49

● 2010年生　●鹿毛　●供用地／日高・T・H・Tステーブル
父 クラキングオー
母 クラシャトル　母父 ワカオライデン

距離	成長型	芝	ダート	瞬発力	パワー	底力
中長	普	△	○	△	△	○

RANKING 314　BERNARDINI　ベルナルディーニ

3歳時に米で8戦6勝。プリークネスS、トラヴァーズS、ジョッキークラブGC。産駒にステイサースティ（トラヴァーズS）、トゥオナーアンドサーヴ（シガーマイルH）、アメリカンベイビー。

総収得賞金	11,016,000円	アーニングINDEX	0.41

● 2003年生　●鹿毛　●2021年死亡
父 A.P. Indy
母 Cara Rafaela　母父 Quiet American

距離	成長型	芝	ダート	瞬発力	パワー	底力
中	普	△	◎	○	○	○

RANKING 315　ブリーズフレイバー

2〜7歳時に日で41戦10勝。大井ゆりかもめオープン。父は日米で父系を発展させている大種牡馬。叔父に2歳王者のリンドシェーバー（朝日杯3歳S）。産駒にボサノバフレイバー。

総収得賞金	10,988,000円	アーニングINDEX	0.41

● 2007年生　●栗毛　●供用地／浦河・地興牧場
父 *フォーティナイナー
母 *メモラブルグリーン　母父 Night Shift

距離	成長型	芝	ダート	瞬発力	パワー	底力
短	普	△	△	△	△	△

RANKING 316　マーベラスサンデー

3〜5歳時に日で15戦10勝。宝塚記念、大阪杯、札幌記念、朝日CC、エプソムC。産駒にネヴァブション（AJCC）、シルクフェイマス（AJCC）、スマートギア（中日新聞杯）。

総収得賞金	10,950,000円	アーニングINDEX	0.81

● 1992年生　●栃栗毛　●2016年死亡
父 *サンデーサイレンス
母 モミジダンサー　母父 *ヴァイスリーガル

距離	成長型	芝	ダート	瞬発力	パワー	底力
中長	やや晩	○	○	○	○	○

RANKING 317　AIR FORCE BLUE　エアフォースブルー

2〜3歳時に愛英で9戦4勝。愛フェニックスS、愛ナショナルS、デューハーストS。2015年の欧州最優秀2歳牡馬。父はP296参照。産駒にエアフォースレッド（ジョーヘルナンデスS）。

総収得賞金	10,820,000円	アーニングINDEX	0.80

● 2013年生　●鹿毛　●供用地／韓国
父 War Front
母 Chatham　母父 Maria's Mon

距離	成長型	芝	ダート	瞬発力	パワー	底力
短マ	早	○	○	○	○	△

RANKING 318　*エーシンフォワード

2〜6歳時に日香で31戦6勝。マイルCS、阪急杯、高松宮記念3着。マイルCSは1分31秒8のコースレコード勝ち。父は米GⅢ2勝。産駒にエイシンエール（園田・兵庫サマークイーン賞）。

総収得賞金	10,775,000円	アーニングINDEX	0.48

● 2005年生　●鹿毛　●供用地／アメリカ
父 Forest Wildcat
母 Wake Up Kiss　母父 Cure the Blues

距離	成長型	芝	ダート	瞬発力	パワー	底力
短マ	普	○	○	○	○	△

RANKING 319 OUTSTRIP
アウトストリップ

総収得賞金	10,770,000円	アーニング INDEX	2.39
● 2011年生	● 芦毛	● 供用地／イギリス	

2〜4歳時に英米首で11戦3勝。BCジュヴナイルターフ。母はGIスピンスターSの勝ち馬。産駒にゴールドトリップ（メルボルンC）、アウトバースト（フロリダオークス）、アウトパフォーム。

父 Exceed And Excel
母 Asi Siempre　母父 El Prado

距離	成長型	芝	ダート	瞬発力	パワー	底力
マ	やや早	○	○	○	○	○

RANKING 320 *ホワイトマズル

総収得賞金	10,670,000円	アーニング INDEX	0.40
● 1990年生	● 鹿毛	● 2017年死亡	

2〜4歳時に英伊仏米加で17戦6勝。伊ダービー。凱旋門賞2着、キングジョージVI世＆QES2着2回。産駒にイングランディーレ（天皇賞・春）、ニホンピロアワーズ、アサクサキングス。

父 *ダンシングブレーヴ
母 Fair of the Furze　母父 Ela-Mana-Mou

距離	成長型	芝	ダート	瞬発力	パワー	底力
万	普	○	○	○	◎	○

RANKING 321 エーシンモアオバー

総収得賞金	10,466,000円	アーニング INDEX	0.58
● 2006年生	● 鹿毛	● 2020年引退	

2〜6歳時に日で54戦12勝。名古屋グランプリ2回、同2着、白山大賞典2回、同2、3着、浦和記念2着、同3着。父はP269参照。産駒にエイシンレミー（佐賀・花吹雪賞）、エイシンテラ。

父 マンハッタンカフェ
母 *オレゴンガール　母父 Rubiano

距離	成長型	芝	ダート	瞬発力	パワー	底力
中長	晩	△	○	△	○	△

RANKING 322 MINESHAFT
マインシャフト

総収得賞金	10,124,000円	アーニング INDEX	1.12
● 1999年生	● 黒鹿毛	● 供用地／アメリカ	

3〜4歳時に英仏米で18戦10勝。ピムリコスペシャルH、サバーバンH、ウッドワードSなどGI4勝。2003年米年度代表馬。産駒にディスクリートリーマイン（P410）、カジノドライヴ（P242）。

父 A.P. Indy
母 Prospectors Delite　母父 Mr. Prospector

距離	成長型	芝	ダート	瞬発力	パワー	底力
中	普	○	○	○	○	○

RANKING 323 サクラオールイン

総収得賞金	9,920,000円	アーニング INDEX	2.20
● 2003年生	● 黒鹿毛	● 2020年引退	

2〜9歳時に日で38戦2勝。母系は名門で半兄にサクラオリオン（中京記念）、叔父に名種牡馬ゴーンウエスト（P425）、日本で重賞馬を出したライオンキャヴァーン。産駒にメイショウカクウン。

父 *サンデーサイレンス
母 *サクラセクレテーム　母父 Danzig

距離	成長型	芝	ダート	瞬発力	パワー	底力
マ中	普	△	△	△	△	△

RANKING 324 グロリアスノア

総収得賞金	9,830,000円	アーニング INDEX	0.73
● 2006年生	● 黒鹿毛	● 供用地／浦河・辻牧場	

2〜10歳時に日首で16戦5勝。武蔵野S、根岸S、ジャパンCダート2着。父はP230参照。いとこにトーホウアスカ（函館2歳S2着、ファンタジーS3着）。産駒にレッドシリウス。

父 *プリサイスエンド
母 ラヴロバリー　母父 *ジェイドロバリー

距離	成長型	芝	ダート	瞬発力	パワー	底力
マ	普	△	○	△	○	△

RANKING 325 RUN AWAY AND HIDE
ランナウェイアンドハイド

総収得賞金	9,700,000円	アーニング INDEX	1.08
● 2006年生	● 鹿毛	● 供用地／トルコ	

2歳時に米で3戦3勝。サラトガスペシャルS、ケンタッキーS。父はミスプロ系の傍流種牡馬。産駒にアーユーキディングミー（加エクリプスS）、テンシティ（バシュフォードマナーS）。

父 City Zip
母 Jilted　母父 Runaway Groom

距離	成長型	芝	ダート	瞬発力	パワー	底力
短マ	やや早	○	○	○	○	○

RANKING 326 CONNECT
コネクト

総収得賞金	9,600,000円	アーニング INDEX	2.13
● 2013年生	● 黒鹿毛	● 供用地／アメリカ	

2〜4歳時に米で8戦6勝。シガーマイルH、ペンシルヴェニアダービー。父はP281参照。近親にモンドキャンノ（京王杯2歳S）。産駒にラトルンロール（ブリーダーズフューチュリティ）。

父 Curlin
母 Bullville Belle　母父 Holy Bull

距離	成長型	芝	ダート	瞬発力	パワー	底力
マ	普					

RANKING 327 キモンノカシワ

総収得賞金	9,542,000円	アーニング INDEX	0.35

● 2009年生　●芦毛　●2022年引退
父 ディープインパクト
母 オイワケトモエ　母父 *ブラックタイアフェアー

距離	成長型	芝	ダート	瞬発力	パワー	底力
マ	普	△	△	△	△	△

未出走。父は P32 参照。半姉にキモンレッド（トウケイニセイ記念、JBC レディスクラシック 3 着）。母父は BC クラシックを勝ち 1991 年の米年度代表馬。産駒にキモンボーイ、ペガサス。

RANKING 328 HAYNESFIELD ヘインズフィールド

総収得賞金	9,496,000円	アーニング INDEX	1.06

● 2006年生　●栗毛　●供用地／サウジアラビア
父 Speightstown
母 Nothing Special　母父 Tejabo

距離	成長型	芝	ダート	瞬発力	パワー	底力
マ中	普	○	○	○	○	○

2〜5歳時に米で 19 戦 10 勝。G I ジョッキークラブ GC、G II サバーバン H。父は P271 参照。3 代母にクールムード（加オークス）。産駒にヘイダコタ（コモンウェルスターフ S）。

RANKING 329 チェリークラウン

総収得賞金	9,112,000円	アーニング INDEX	0.20

● 2004年生　●栗毛　●2021年引退
父 *チーフベアハート
母 シュンラン　母父 *サンデーサイレンス

距離	成長型	芝	ダート	瞬発力	パワー	底力
短マ	普	△	○	△	○	△

3〜6歳時に日で 37 戦 4 勝。ルールオブロー賞。父は BC ターフ勝ちの米芝チャンピオン。半姉にパフィオペディラム（TCK ディスタフ 2 回）、母系から日本屈指の名牝エアグルーヴが出ている。

RANKING 331 サクラオリオン

総収得賞金	8,756,000円	アーニング INDEX	0.18

● 2002年生　●黒鹿毛　●供用地／新ひだか・新和牧場
父 *エルコンドルパサー
母 *サクラセクレテーム　母父 Danzig

距離	成長型	芝	ダート	瞬発力	パワー	底力
中	普	△	○	△	△	△

3〜8歳時に日で 41 戦 6 勝。中京記念、函館記念。父は凱旋門賞 2 着の名馬。叔父に各種牡馬ゴーンウエスト（P425）。産駒にカイザーメランジェ（函館 SS）、スタークニナガ（オパール C）。

RANKING 332 DUBAWI ドバウィ

総収得賞金	8,695,000円	アーニング INDEX	0.48

● 2002年生　●鹿毛　●供用地／イギリス
父 Dubai Millennium
母 Zomaradah　母父 Deploy

距離	成長型	芝	ダート	瞬発力	パワー	底力
マ中	普	◎	○	◎	○	◎

2〜3歳時に英愛仏で 8 戦 5 勝。愛 2000 ギニー、ジャックルマロワ賞。2022 年英愛首位種牡馬。産駒にポストポンド（P329）、マクフィ（P138）、モダンゲームズ（BC マイル）など活躍馬多数。

RANKING 333 スマートボーイ

総収得賞金	8,585,000円	アーニング INDEX	0.64

● 1995年生　●鹿毛　●2016年死亡
父 *アサティス
母 アンラブル　母父 *ノーリュート

距離	成長型	芝	ダート	瞬発力	パワー	底力
中	普	▲	○	○	○	○

2〜9歳時に日で 62 戦 11 勝。アンタレス S 2 回、平安 S 2 回、マーチ S、東海 S 2 着。産駒にマツリバヤシ（エーデルワイス賞 2 着）、スターローズ（ユングフラウ賞、東京プリンセス賞 2 着）。

RANKING 334 FED BIZ フェドビズ

総収得賞金	8,440,000円	アーニング INDEX	1.88

● 2009年生　●鹿毛　●供用地／アメリカ
父 Giant's Causeway
母 Spnoutacontrol　母父 Wild Again

距離	成長型	芝	ダート	瞬発力	パワー	底力
マ中	普	△	○	○	△	△

2〜5歳時に米で 19 戦 6 勝。サンフェルナンド S、パットオブライエン S。サンディエゴ H。父は P317 参照。いとこにヨハネスブルグ（P276）。産駒にゼンデン（ドバイゴールデンシャヒーン）。

RANKING 335 *エーシンジーライン

総収得賞金	8,329,000円	アーニング INDEX	0.37

● 2005年生　●黒鹿毛　●2020年引退
父 Giant's Causeway
母 *レディダンズ　母父 Danzig

距離	成長型	芝	ダート	瞬発力	パワー	底力
中	普	○	○	△	△	△

2〜10歳時に日で 66 戦 9 勝。小倉大賞典、朝日 CC 2 着。半兄にエーシンエフダンス（オーシャン S 2 着）、いとこにリーチザクラウン（マイラーズ C、きさらぎ賞）。産駒にエイシンニーダー。

※ 330 位のスノードラゴンは P364 に掲載しています。

RANKING 336　NEW BAY　ニューベイ

2〜4歳時に仏愛で11戦5勝。仏ダービー、ニエル賞。産駒にサフランビーチ（サンチャリオットS）、ベイブリッジ（英チャンピオンS）、ベイサイドボーイ（クイーンエリザベスⅡ世S）。

	総収得賞金	8,226,000円	アーニング INDEX	0.46
●2012年生　●栗毛　●供用地／アイルランド				
父 Dubawi				
母 Cinnamon Bay　母父 Zamindar				

距離	成長型	芝	ダート	瞬発力	パワー	底力
短マ	普	△	○	△	○	○

RANKING 337　DIALED IN　ダイアルドイン

2〜4歳時に米で7戦3勝。フロリダダービー。父はP314参照。2代母に米2歳女王のイライザ（BCジュヴナイルフィリーズ）。産駒にスーパーストック（アーカンソーダービー）。

	総収得賞金	8,100,000円	アーニング INDEX	1.80
●2008年生　●黒鹿毛　●供用地／アメリカ				
父 Mineshaft				
母 Miss Doolittle　母父 Storm Cat				

距離	成長型	芝	ダート	瞬発力	パワー	底力
マ中	普	△	◎	○	○	○

RANKING 337　ITSMYLUCKYDAY　イッツマイラッキーデイ

2〜4歳時に米で21戦9勝。ウッドワードS、プリークネスS2着、フロリダダービー2着、ホイットニーH2着。父はウッドワードSなどGI2勝の名中距離馬。産駒にポンペイワーム。

	総収得賞金	8,100,000円	アーニング INDEX	1.80
●2010年生　●黒鹿毛　●供用地／アメリカ				
父 Lawyer Ron				
母 Viva la Slew　母父 Doneraile Court				

距離	成長型	芝	ダート	瞬発力	パワー	底力
マ中	普	△	◎	○	○	○

RANKING 339　*アニマルキングダム

2〜5歳時に米首英で12戦5勝。ケンタッキーダービー、ドバイワールドC。2011年米3歳牡馬王者。産駒にリーガルグローリー（ジャストアゲームS）、デュオポリー（アメリカンオークス）。

	総収得賞金	8,048,000円	アーニング INDEX	0.60
●2008年生　●栗毛　●供用地／新ひだか・JBBA静内種馬場				
父 Leroidesanimaux				
母 *ダリシア　母父 Acatenango				

距離	成長型	芝	ダート	瞬発力	パワー	底力
マ中	普	○	◎	○	○	○

RANKING 340　FREE DROP BILLY　フリードロップビリー

2〜3歳時に米で11戦2勝。ブリーダーズフューチュリティ、ホープフルS2着。父はP297参照。半兄にホークビル（ドバイシーマクラシック）。日本での産駒にスモーキンビリー。

	総収得賞金	8,000,000円	アーニング INDEX	1.78
●2015年生　●栗毛　●供用地／アメリカ				
父 Union Rags				
母 Trensa　母父 Giant's Causeway				

距離	成長型	芝	ダート	瞬発力	パワー	底力
マ中	普	○	○	○	○	○

RANKING 341　GHOSTZAPPER　ゴーストザッパー

2〜5歳時に米で11戦9勝。BCクラシック。2004年米年度代表馬。半兄にシティジップ（ホープフルS）。主な産駒にミスティックガイド（ドバイワールドC）、ガラナ（CCAオークス）。

	総収得賞金	7,800,000円	アーニング INDEX	0.58
●2000年生　●鹿毛　●供用地／アメリカ				
父 Awesome Again				
母 Baby Zip　母父 Relaunch				

距離	成長型	芝	ダート	瞬発力	パワー	底力
短中	普	○	◎	◎	○	○

RANKING 342　*スニッツェル

2〜3歳時に豪で15戦7勝。オークリープレート。産駒にシェイマスアワード（コックスプレート）、スニッツァーランド（ライトニングS）、ヤングマンパワー(富士S)。2016/17年豪首位種牡馬。

	総収得賞金	7,743,000円	アーニング INDEX	0.86
●2002年生　●鹿毛　●供用地／オーストラリア				
父 Redoute's Choice				
母 Snippets' Lass　母父 Snippets				

距離	成長型	芝	ダート	瞬発力	パワー	底力
短マ	普	○	○	○	○	△

RANKING 344　MENDELSSOHN　メンデルスゾーン

2〜3歳時愛英米首で13戦4勝。BCジュヴナイルターフ、UAEダービー。父はP411参照。半姉にGI11勝の名牝ビホルダー（BCディスタフ）、半兄にイントゥミスチーフ（P275）。

	総収得賞金	7,520,000円	アーニング INDEX	0.84
●2015年生　●鹿毛　●供用地／アメリカ				
父 Scat Daddy				
母 Leslie's Lady　母父 Tricky Creek				

距離	成長型	芝	ダート	瞬発力	パワー	底力
中	普	○	◎	○	○	○

※343位のシゲルカガはP364に掲載しています。

RANKING 345 スウィフトカレント

2〜8歳時に日で42戦6勝。小倉記念、天皇賞・秋2着。半兄にアサクサデンエン（安田記念）、半弟にヴィクトワールピサ（P120）。産駒にユウチェンジ（UAEダービー3着）、ディアドナテロ。

		総収得賞金	7,465,000円	アーニングINDEX	0.13

● 2001年生 ●青鹿毛 ●供用地／青森県・フォレブルー

父 *サンデーサイレンス
母 *ホワイトウォーターアフェア　母父 Machiavellian

距離	成長型	芝	ダート	瞬発力	パワー	底力
中	普	○	○	△	○	△

RANKING 346 GIANT'S CAUSEWAY ジャイアンツコーズウェイ

2〜3歳時に英愛仏米で13戦9勝。英インターナショナルS、愛チャンピオンSなど。産駒にシャマーダル（P296）、ブリックスアンドモルタル（P368）、ガナーティ（英1000ギニー）。

		総収得賞金	7,333,000円	アーニングINDEX	0.81

● 1997年生 ●栗毛 ●2018年死亡

父 Storm Cat
母 Mariah's Storm　母父 Rahy

距離	成長型	芝	ダート	瞬発力	パワー	底力
中	やや早	◎	○	○	○	○

RANKING 347 サクラプレジデント

2〜3歳時に日で12戦4勝。中山記念、札幌記念、札幌2歳S、皐月賞2着。叔父にサクラチヨノオー（ダービー）。産駒にサクラゴスペル（京王杯SC）、サクラプレジール（フラワーC）。

		総収得賞金	7,311,000円	アーニングINDEX	0.20

● 2000年生 ●鹿毛 ●2019年引退

父 *サンデーサイレンス
母 セダンフォーエバー　母父 マルゼンスキー

距離	成長型	芝	ダート	瞬発力	パワー	底力
短中	普	○	△	○	△	○

RANKING 348 BATED BREATH ベイテッドブレス

3〜5歳時に加英香で18戦6勝。テンプルS、ジュライC2着。父はP319参照。甥にロンシャン（英セントレジャー）。産駒にヴィアデラ（メイトリアークS）、ベックフォード（レイルウェイS）。

		総収得賞金	7,280,000円	アーニングINDEX	1.62

● 2007年生 ●鹿毛 ●供用地／イギリス

父 Dansili
母 Tantina　母父 Distant View

距離	成長型	芝	ダート	瞬発力	パワー	底力
短マ	普	○	○	○	○	△

RANKING 349 BAYERN バイエルン

3〜4歳時に米で15戦6勝。BCクラシック、ハスケル招待S。父はサバーバンH勝ち。叔父にバートリーニ（ジェンティルドンナのBMS）。産駒にレックスガロア（ブエナビスタS）。

		総収得賞金	7,080,000円	アーニングINDEX	1.57

● 2011年生 ●黒鹿毛 ●供用地／韓国

父 Offlee Wild
母 Alittlebitearly　母父 *サンダーガルチ

距離	成長型	芝	ダート	瞬発力	パワー	底力
短マ	普	△	○	△	○	△

RANKING 350 NATHANIEL ナサニエル

2〜4歳時に英愛で11戦4勝。キングジョージVI世＆QES、エクリプスS。全妹にグレートヘヴンズ（愛オークス）。産駒にエネイブル（凱旋門賞2回）、デザートクラウン（英ダービー）。

		総収得賞金	7,052,000円	アーニングINDEX	0.20

● 2008年生 ●鹿毛 ●供用地／イギリス

父 Galileo
母 Magnificent Style　母父 Silver Hawk

距離	成長型	芝	ダート	瞬発力	パワー	底力
中長	普	◎	○	○	○	◎

RANKING 351 UNCAPTURED アンキャプチャード

2〜4歳時に加米で18戦7勝。ケンタッキージョッキークラブS。父はハスケル招待H。近親にカラライナ（CCAオークス）。産駒にハヴナメルトダウン（サンヴィンセンテS）、ウィリーボア。

		総収得賞金	7,020,000円	アーニングINDEX	1.56

● 2010年生 ●黒鹿毛 ●供用地／韓国

父 Lion Heart
母 Captivating　母父 Arch

距離	成長型	芝	ダート	瞬発力	パワー	底力
マ中	普	○	○	△	○	△

RANKING 352 *フォーティナイナーズサン

2〜6歳時に米で19戦6勝。クレメントSハーシュS。父はP289参照。半姉にシンディズヒーロー（デルマーデビュタントS）。産駒にポムフィリア（関東オークス2着、兵庫CS3着）。

		総収得賞金	7,013,000円	アーニングINDEX	0.19

● 2001年 ●栗毛 ●供用地／日高・クラウン日高牧場

父 Distorted Humor
母 Cindazanno　母父 Alleged

距離	成長型	芝	ダート	瞬発力	パワー	底力
短中	普	△	○	○	△	△

RANKING 353 — KANTHAROS カンタロス

2歳時に米で3戦3勝。サラトガスペシャルS。父はハスケル招待H勝ち馬。半兄にイキガイ（ミスタープロスペクターS）。産駒にワールドオブトラブル（ジャイプール招待S）、ラックスアットゼア。

総収得賞金	7,000,000円	アーニング INDEX	1.56

●2008年生　●栗毛　●供用地／アメリカ

父 Lion Heart
母 Contessa Halo　母父 *サザンヘイロー

距離	成長型	芝	ダート	瞬発力	パワー	底力
短マ	普	○	○	○	○	○

RANKING 353 — OSCAR PERFORMANCE オスカーパフォーマンス

2〜4歳時に米加で15戦8勝。BCジュヴナイルターフ、ベルモントダービー招待S、セクレタリアトS、ウッドバインマイルS。父はP250。産駒にアンドザウイナーイズ（バーボンS）。

総収得賞金	7,000,000円	アーニング INDEX	1.56

●2014年生　●鹿毛　●供用地／アメリカ

父 Kitten's Joy
母 Devine Actress　母父 Theatrical

距離	成長型	芝	ダート	瞬発力	パワー	底力
中	普	◎	○	○	○	○

RANKING 353 — ALMANZOR アルマンゾール

2〜4歳時に仏愛英で11戦8勝。仏ダービー、愛チャンピオンS、英チャンピオンS。2016年の欧州最優秀3歳牡馬。父は仏2歳GIの勝ち馬。産駒にマンゾウス（ヴィクトリアダービー）。

総収得賞金	7,000,000円	アーニング INDEX	0.78

●2013年生　●鹿毛　●供用地／ニュージーランド

父 Wootton Bassett
母 Darkova　母父 Maria's Mon

距離	成長型	芝	ダート	瞬発力	パワー	底力
マ中	普	◎	○	○	◎	○

RANKING 356 — デスペラード

3〜6歳時に日で34戦9勝。5、6歳時にステイヤーズSを連覇。ほかに京都記念、阪神大賞典2着、ステイヤーズS3着（4歳時）。父はP230参照。産駒にマリター（園田ChC3着）。

総収得賞金	6,950,000円	アーニング INDEX	1.54

●2008年生　●鹿毛　●2018年引退

父 ネオユニヴァース
母 マイネノエル　母父 *トニービン

距離	成長型	芝	ダート	瞬発力	パワー	底力
中長	普	○	△	△	○	○

RANKING 357 — ラブイズブーシェ

2〜6歳時に日で32戦6勝。函館記念、目黒記念2着、福島記念3着。父は2009年首位種牡馬。3代母ナカミサファイヤは新潟記念を勝ちオークスで2着。産駒にコパノライダー、キンカイレイア。

総収得賞金	6,788,000円	アーニング INDEX	0.15

●2009年生　●黒鹿毛　●供用地／新ひだか・チェリーフィールズ

父 マンハッタンカフェ
母 ローリエ　母父 メジロマックイーン

距離	成長型	芝	ダート	瞬発力	パワー	底力
中	普	△	△	△	○	△

RANKING 358 — GLENEAGLES グレンイーグルス

2〜3歳時に愛仏英米で11戦7勝。英2000ギニー、愛2000ギニー、セントジェイムズパレスS。全妹にジョンオブアーク（仏オークス）。産駒にショックアクション（新潟2歳S）。

総収得賞金	6,670,000円	アーニング INDEX	0.74

●2012年生　●鹿毛　●供用地／アイルランド

父 Galileo
母 You'resothrilling　母父 Storm Cat

距離	成長型	芝	ダート	瞬発力	パワー	底力
マ中	普	◎	○	○	○	○

RANKING 359 — DUTCH ART ダッチアート

2〜3歳時に英仏で10戦4勝。モルニ賞、ミドルパークS。父はロッキンジS勝ちのマイラー。産駒にスレイドパワー（ダイヤモンドジュビリーS）、ガースウッド（モーリスドギース賞）。

総収得賞金	6,626,000円	アーニング INDEX	1.47

●2004年生　●栗毛　●供用地／イギリス

父 Medicean
母 Halland Park Lass　母父 Spectrum

距離	成長型	芝	ダート	瞬発力	パワー	底力
短マ	早	○	○	○	○	○

RANKING 360 — VIOLENCE ヴァイオレンス

2〜3歳時に米で4戦3勝。キャッシュコールフューチュリティ。父はP300参照。産駒にドクターシーヴェル（ビングクロスビーS）、デンバーテソーロ（エーデルワイス賞2着）。

総収得賞金	6,600,000円	アーニング INDEX	0.29

●2010年生　●黒鹿毛　●供用地／アメリカ

父 Medaglia d'Oro
母 Violent Beauty　母父 Gone West

距離	成長型	芝	ダート	瞬発力	パワー	底力
マ	普	○	○	○	○	△

RANKING 361　*コンデュイット

2〜4歳時に英米仏日で15戦7勝。BCターフ2回、キングジョージVI世＆QES。父は凱旋門賞馬。産駒にシンキングダンサー(東京ジャンプS)、ダイイチターミナル(小倉2歳S2着)。

総収得賞金	6,522,000円	アーニング INDEX	0.21

● 2005年生　●栗毛　● 2020年死亡
父 Dalakhani
母 Well Head　母父 Sadler's Wells

距離	成長型	芝	ダート	瞬発力	パワー	底力
中長	普	△	○	△	○	○

RANKING 362　DANSILI ダンシリ

2〜4歳時に仏英米で14戦5勝。仏2000ギニー2着。産駒にレイルリンク(凱旋門賞)、ハービンジャー(P84)、フリントシャー(パリ大賞)、ブロウアウト(ファーストレディS)。

総収得賞金	6,353,000円	アーニング INDEX	1.41

● 1996年生　●黒鹿毛　● 2021年死亡
父 *デインヒル
母 Hasili　母父 Kahyasi

距離	成長型	芝	ダート	瞬発力	パワー	底力
マ中	普	◎	○	◎	○	○

RANKING 363　TAKE CHARGE INDY テイクチャージインディ

2〜4歳時に米で14戦3勝。フロリダダービー。母はスピンスターS2回などGI3勝。半弟に日本で供用中のウィルテイクチャージ(P311)。産駒にノーブルインディ(ルイジアナダービー)。

総収得賞金	6,200,000円	アーニング INDEX	0.69

● 2009年生　●黒鹿毛　●供用地／アメリカ
父 A.P. Indy
母 Take Charge Lady　母父 *デヒア

距離	成長型	芝	ダート	瞬発力	パワー	底力
中	普	△	◎	○	○	○

RANKING 364　MYBOYCHARLIE マイボーイチャーリー

2〜3歳時に愛仏米で9戦4勝。モルニ賞。父はジュライC3着のスプリンター。いとこにスノーランド(ザ・ギャラクシー)。産駒にシスターチャーリー(BCフィリー＆メアターフ)。

総収得賞金	6,167,000円	アーニング INDEX	1.37

● 2005年生　●鹿毛　●供用地／トルコ
父 Danetime
母 Dulceata　母父 *ルション

距離	成長型	芝	ダート	瞬発力	パワー	底力
マ中	やや早	○	○	○	○	○

RANKING 365　ROMAN RULER ローマンルーラー

2〜3歳時に米で10戦5勝。ハスケル招待H。産駒にルーラーオンアイス(ベルモントS)、アルテミスアグロテラ(バレリーナS)、マスクゾロ(シリウスS)、サウンドガガ(スパーキングレディC)。

総収得賞金	6,140,000円	アーニング INDEX	1.36

● 2002年生　●黒鹿毛　● 2017年死亡
父 Fusaichi Pegasus
母 Silvery Swan　母父 Silver Deputy

距離	成長型	芝	ダート	瞬発力	パワー	底力
中	普	○	◎	○	○	○

RANKING 366　アジュディミツオー

2〜8歳時に日首で27戦10勝。東京大賞典2回、帝王賞、川崎記念、かしわ記念。2005、2006年のNAR年度代表馬。父は地方首位種牡馬。産駒にネガティヴ(エーデルワイス賞3着)。

総収得賞金	6,1250,000円	アーニング INDEX	0.45

● 2001年生　●鹿毛　●供用地／新ひだか・藤川ファーム
父 *アジュディケーティング
母 オリミツキネン　母父 *ジャッジアンジェルーチ

距離	成長型	芝	ダート	瞬発力	パワー	底力
マ中	普	△	◎	△	○	○

RANKING 367　*パーソナルラッシュ

2〜6歳時に日米で27戦7勝。ダービーグランプリ、エルムS2回。父はP286参照。甥にイイデケンシン(全日本2歳優駿)。産駒にスマートアレンジ(水沢・ヴィーナススプリント)。

総収得賞金	5,999,000円	アーニング INDEX	0.44

● 2001年生　●鹿毛　● 2016年引退
父 *ワイルドラッシュ
母 *パーソナリー　母父 Alydar

距離	成長型	芝	ダート	瞬発力	パワー	底力
中	普	△	○	△	○	△

RANKING 368　スパイキュール

3〜4歳時に日で10戦7勝。半兄にビッグショウリ(マイラーズC)、甥にカンパニー(天皇賞・秋、マイルCS)、トーセンジョーダン(P298)。産駒にプリンシアコメータ(エンプレス杯)。

総収得賞金	5,880,000円	アーニング INDEX	0.22

● 2000年生　●黒鹿毛　● 2020年死亡
父 *サンデーサイレンス
母 *クラフティワイフ　母父 Crafty Prospector

距離	成長型	芝	ダート	瞬発力	パワー	底力
マ中	普	△	◎	○	○	○

RANKING 369　ネオヴァンドーム

| 総収得賞金 | 5,684,000円 | アーニング INDEX | 0.21 |

● 2007年生　●鹿毛　● 2018年引退

2～6歳時に日で25戦4勝。きさらぎ賞。叔父にタスカータソルテ（札幌記念）、叔母にジェミードレス（府中牝馬S2着）、いとこにコティリオン（NHKマイルC2着）。産駒にハバチューバー。

父 ネオユニヴァース		
母 プリンセスカット	母父 *トニービン	

距離	成長型	芝	ダート	瞬発力	パワー	底力
中	普	○	△	△	△	△

RANKING 370　トーセンモナーク

| 総収得賞金 | 5,679,000円 | アーニング INDEX | 0.25 |

● 2005年生　●栗毛　● 2020年引退

4～6歳時に日で11戦6勝。半兄にアサクサデンエン（安田記念）、スウィフトカレント（小倉記念）、半弟にヴィクトワールピサ（P150）。産駒にトーセンボルガ（大井・優駿スプリント3着）。

父 アグネスタキオン		
母 *ホワイトウォーターアフェア	母父 Machiavellian	

距離	成長型	芝	ダート	瞬発力	パワー	底力
中	普	○	△	△	△	△

RANKING 371　ロサード

| 総収得賞金 | 5,673,000円 | アーニング INDEX | 0.63 |

● 1996年生　●鹿毛　● 2017年引退

2～7歳時に日で46戦6勝。オールカマー、小倉記念2回、京阪杯。半姉にロゼカラー（デイリー杯3歳S）、全弟にヴィータローザ（セントライト記念）。産駒にクラウンロゼ（フェアリーS）。

父 *サンデーサイレンス		
母 *ローズネイ	母父 Lyphard	

距離	成長型	芝	ダート	瞬発力	パワー	底力
中	普	○	○	○	○	△

RANKING 372　TONALIST　トゥーナリスト

| 総収得賞金 | 5,590,000円 | アーニング INDEX | 1.24 |

● 2011年生　●鹿毛　●供用地／アメリカ

2～4歳時に米で16戦7勝。ベルモントS、ジョッキークラブGC2回、シガーマイルH。産駒にカントリーグラマー（ドバイワールドC）、トゥーナリスツシェイプ（ダヴォナイルS）。

父 Tapit		
母 Settling Mist	母父 Pleasant Colony	

距離	成長型	芝	ダート	瞬発力	パワー	底力
マ中	普	○	◎	○	○	○

RANKING 373　MAYSON　メイソン

| 総収得賞金 | 5,570,000円 | アーニング INDEX | 1.24 |

● 2008年生　●鹿毛　●供用地／イギリス

2～4歳時に英仏愛で18戦5勝。ジュライC、アベイユドロンシャン賞2着。父はP305参照。産駒にオクステッド（ジュライC）、日本ではメイソンジュニア（ニュージーランドT2着）。

父 Invincible Spirit		
母 Mayleaf	母父 Pivotal	

距離	成長型	芝	ダート	瞬発力	パワー	底力
短マ	普	○	○	○	○	○

RANKING 374　アイファーソング

| 総収得賞金 | 5,297,000円 | アーニング INDEX | 0.15 |

● 2008年生　●青鹿毛　●供用地／日高・Wing Farm

2～8歳時に日で34戦12勝。アンタレスS2着。父は菊花賞をレコード勝ちした名ステイヤー。3代母に毎日王冠など重賞5勝のジュウジアロー。産駒にアイファーダイオウ、アイファーテイオウ。

父 ソングオブウインド		
母 アイファーペガサス	母父 *デヒア	

距離	成長型	芝	ダート	瞬発力	パワー	底力
中	普	△	○	△	△	△

RANKING 375　NYQUIST　ナイキスト

| 総収得賞金 | 5,290,000円 | アーニング INDEX | 0.29 |

● 2013年生　●鹿毛　●供用地／アメリカ

2～3歳時に米で11戦8勝。ケンタッキーダービー、BCジュヴナイル。父はP280参照。産駒にヴィクイスト（BCジュヴナイルフィリーズ）、グレツキーザグレート（サマーS）。

父 Uncle Mo		
母 Seeking Gabrielle	母父 Forestry	

距離	成長型	芝	ダート	瞬発力	パワー	底力
マ中	普	○	◎	○	○	○

RANKING 376　IFFRAAJ　イフラージ

| 総収得賞金 | 5,271,000円 | アーニング INDEX | 0.20 |

● 2001年生　●鹿毛　●供用地／イギリス

2～5歳時に英仏で13戦7勝。パークS、レノックスS。父は英2000ギニー馬。産駒にウートンバセット（種牡馬）、リブチェスター（ジャックルマロワ賞）、リジーナ（コロネーションS）。

父 Zafonic		
母 Pastorale	母父 Nureyev	

距離	成長型	芝	ダート	瞬発力	パワー	底力
短中	普	○	○	○	○	○

RANKING 377　ミリオンディスク

2〜8歳時に日で34戦9勝。カペラS、北海道スプリントC、JBCスプリント3着。父は芝、ダートの両方でGI馬を出した名種牡馬。産駒にドリームスイーブル（金沢・MRO金賞）。

	総収得賞金	5,261,000円	アーニング INDEX	0.39

● 2004年生　● 栗毛　● 2015年引退

父 *アフリート
母 ハッピークエスト　母父 *トニービン

距離	成長型	芝	ダート	瞬発力	パワー	底力
短	普	△	○	△	○	△

RANKING 378　RUNHAPPY　ランハッピー

2〜4歳時に米で10戦7勝。BCスプリント、マリブS、キングズビショップS。2015年米最優秀スプリンター。父はケンタッキーダービー勝ち馬。産駒にフォローイングシー（ヴォスバーグS）。

	総収得賞金	5,200,000円	アーニング INDEX	0.39

● 2012年生　● 鹿毛　● 供用地／アメリカ

父 Super Saver
母 Bella Jolie　母父 Broken Vow

距離	成長型	芝	ダート	瞬発力	パワー	底力
短マ	普	○	◎	○	○	○

RANKING 379　FIRST SAMURAI　ファーストサムライ

2〜3歳時に米で8戦5勝。ホープフルS、シャンペンS。産駒にイグゼクティヴプリミッジ（デルマーデピュタントS）、リー（ドンH）、日本でシヴァージ（シルクロードS、スプリンターズS2着）。

	総収得賞金	4,870,000円	アーニング INDEX	1.08

● 2003年生　● 栗毛　● 供用地／アメリカ

父 Giant's Causeway
母 Freddie Frisson　母父 Dixieland Band

距離	成長型	芝	ダート	瞬発力	パワー	底力
マ中	やや早	○	○	○	△	○

RANKING 380　CAMELOT　キャメロット

2〜4歳時に愛英仏で10戦6勝。英2000ギニー、英ダービー、愛ダービー。産駒にラトローブ（愛ダービー）、イーヴンソー（愛オークス）、ルクセンブルク（愛チャンピオンS）、ラシアンキャメロット。

	総収得賞金	4,746,000円	アーニング INDEX	1.05

● 2009年生　● 鹿毛　● 供用地／アイルランド

父 Montjeu
母 Tarfah　母父 Kingmambo

距離	成長型	芝	ダート	瞬発力	パワー	底力
中長	普	◎	○	○	◎	○

RANKING 381　*シルバーチャーム

2〜5歳時に米首で24戦12勝。ケンタッキーダービー、プリークネスS、ドバイワールドC。産駒にプリーチインアットザバー（サンフェリペS）、日本での産駒にスティールキングなど。

	総収得賞金	4,670,000円	アーニング INDEX	0.35

● 1994年生　● 芦毛　● 2014年引退

父 Silver Buck
母 Bonnie's Poker　母父 Poker

距離	成長型	芝	ダート	瞬発力	パワー	底力
中	普	○	○	○	○	○

RANKING 382　クレスコグランド

3〜4歳時に日で10戦3勝。京都新聞杯。半姉にアプリコットフィズ（クイーンS）、半弟にダービーフィズ（函館記念）、叔父にマンハッタンカフェ（天皇賞・春、有馬記念）。産駒にクリノキララ。

	総収得賞金	4,540,000円	アーニング INDEX	0.25

● 2008年生　● 栗毛　● 2021年引退

父 タニノギムレット
母 マンハッタンフィズ　母父 *サンデーサイレンス

距離	成長型	芝	ダート	瞬発力	パワー	底力
中長	普	○	△	△	○	△

RANKING 383　OPTIMIZER　オプティマイザー

2〜6歳時に米で33戦5勝。ケントS、ターフクラシック2着、マンハッタンH2着。叔父に日本に輸入され重賞馬を出したトレジャーアイランド。産駒にオパリナ（スウィーテストチャントS）。

	総収得賞金	4,450,000円	アーニング INDEX	0.99

● 2009年生　● 鹿毛　● 供用地／アメリカ

父 English Channel
母 Indy Pick　母父 A.P. Indy

距離	成長型	芝	ダート	瞬発力	パワー	底力
マ中	普	△	○	△	△	△

RANKING 384　アドマイヤジャパン

3〜4歳時に日で10戦2勝。京成杯、菊花賞2着、皐月賞3着。半妹にブエナビスタ（ジャパンC）、半弟にアドマイヤオーラ（P311）。産駒にダンツキャンサー（クイーンS3着）。

	総収得賞金	4,442,000円	アーニング INDEX	0.20

● 2002年生　● 栗毛　● 2018年引退

父 *サンデーサイレンス
母 ビワハイジ　母父 Cearleon

距離	成長型	芝	ダート	瞬発力	パワー	底力
マ中	普	○	○	○	○	○

RANKING 385 — ORB オーブ

総収得賞金 4,435,000円　アーニング INDEX 0.49

● 2010年生　● 鹿毛　● 供用地／ウルグアイ

父 Malibu Moon　母 Lady Liberty　母父 Unbridled

距離	成長型	芝	ダート	瞬発力	パワー	底力
中	普	○	◎	○	○	○

2〜3歳時に米で12戦5勝。ケンタッキーダービー、フロリダダービー、ファウンテンオブユースS。産駒にシッピカンハーバー（スピナウェイS）、日本でカズベナートル、ニシノトランザム。

RANKING 386 — コメート

総収得賞金 4,422,000円　アーニング INDEX 0.20

● 2012年生　● 黒鹿毛　● 2021年引退

父 ブラックタイド　母 ジューンブライド　母父 *アフリート

距離	成長型	芝	ダート	瞬発力	パワー	底力
中	普	△	△	△	△	△

2〜3歳時に日で8戦2勝。ホープフルS2着。叔父にビッグフリート（関屋記念3着）、マヤノスタ ーダム（阪神ジャンプS）、いとこにブルドッグボス（P389）。産駒にスツーカ、リザード。

RANKING 387 — ALWAYS DREAMING オールウェイズドリーミング

総収得賞金 4,400,000円　アーニング INDEX 0.49

● 2014年生　● 黒鹿毛　● 供用地／アメリカ

父 Bodemeister　母 Above Perfection　母父 In Excess

距離	成長型	芝	ダート	瞬発力	パワー	底力
中	普	○	○	○	○	○

2〜4歳時米で11戦4勝。ケンタッキーダービー、フロリダダービー。父はP331参照。半姉にホットディキシーチック（スピナウェイS）。日本で走る産駒にドリーミーブリーズ。

RANKING 389 — デュランダル

総収得賞金 4,296,000円　アーニング INDEX 0.12

● 1999年生　● 栗毛　● 2013年死亡

父 *サンデーサイレンス　母 サワヤカプリンセス　母父 *ノーザンテースト

距離	成長型	芝	ダート	瞬発力	パワー	底力
短マ	普	◎	○	◎	○	○

2〜6歳時に日香で18戦8勝。マイルCS2回、スプリンターズS、高松宮記念2着。産駒にエリンコート（オークス）、フラガラッハ（中京記念）、プレイアンドリアル（京成杯）、コールオンミー。

RANKING 390 — CREATIVE CAUSE クリエイティヴコーズ

総収得賞金 4,200,000円　アーニング INDEX 0.93

● 2009年生　● 芦毛　● 供用地／アメリカ

父 Giant's Causeway　母 Dream of Summer　母父 Siberian Summer

距離	成長型	芝	ダート	瞬発力	パワー	底力
中	普	○	○	○	○	○

2〜3歳時に米で10戦4勝。BCジュヴナイル3着。母は米GIアップルブラッサムH。全妹にヴェクセイシャス（パーソナルエンスンS）。産駒にパヴェル（スティーヴンフォスターH）。

RANKING 391 — HONOR CODE オナーコード

総収得賞金 4,096,000円　アーニング INDEX 0.46

● 2011年生　● 黒鹿毛　● 供用地／アメリカ

父 A.P. Indy　母 Serena's Cat　母父 Storm Cat

距離	成長型	芝	ダート	瞬発力	パワー	底力
マ中	普	○	◎	○	○	○

2〜4歳時に米で11戦6勝。メトロポリタンH、ホイットニーS。産駒にマックスプレイヤー（ジョッキークラブGC）、マラクージャ（CCAオークス）、オナーエーピー（サンタアニタダービー）。

RANKING 392 — スマートロビン

総収得賞金 4,075,000円　アーニング INDEX 0.23

● 2008年生　● 鹿毛　● 供用地／トルコ

父 ディープインパクト　母 *キーブギー　母父 Lyphard

距離	成長型	芝	ダート	瞬発力	パワー	底力
中長	普	○	○	○	△	○

2〜5歳時に日で17戦6勝。目黒記念。母系からダンスインザダーク（P416）、ダンスパートナー（オークス）、ダンスインザムード（桜花賞）。産駒にリンノストーン（船橋・平和賞）。

RANKING 393 — リッカロイヤル

総収得賞金 4,070,000円　アーニング INDEX 0.45

● 2005年生　● 芦毛　● 2018年引退

父 *シーロ　母 エトアールビオン　母父 *ディンヒル

距離	成長型	芝	ダート	瞬発力	パワー	底力
マ中	普	△	△	△	△	△

2〜7歳時に日で26戦5勝。元町S。父シーロは仏米でリュパン賞、セクレタリアトSなどを制した中距離馬で、種牡馬としてブルーラッド（浦和記念）を輩出。産駒にフミタツティンクル。

RANKING 394 *ジャイアントレッカー

2〜6歳時に米で28戦6勝。米GⅢカナディアンターフHに勝利した。いとこにフサイチアウステル（セントライト記念2着）。産駒にダブルファンタジー（マリーンC3着）、トシザキミ。

		総収得賞金	4,061,000円	アーニング INDEX	0.23

● 2002年生 ● 栗毛 ● 2014年死亡

父 Giant's Causeway
母 Homewrecker　母父 Buckaroo

距離	成長型	芝	ダート	瞬発力	パワー	底力
マ中	普	○	○	△	○	△

RANKING 395 MSHAWISH
ムシャウィッシュ

2〜6歳時に仏英首香米で24戦8勝。仏でデビューし、首香遠征も敢行。米移籍後に本格化し、ガルフストリームパークターフH、ドンHとGⅠを2勝した。日本で産駒プリファードランが走っている。

		総収得賞金	3,928,000円	アーニング INDEX	0.44

● 2010年生 ● 黒鹿毛 ● 供用地／カタール

父 Medaglia d'Oro
母 Thunder Bayou　母父 *サンダーガルチ

距離	成長型	芝	ダート	瞬発力	パワー	底力
短マ	普	○	○	△	△	△

RANKING 396 アンパサンド

2〜7歳時に日で23戦5勝。大井で東京ダービー、羽田盃2着など。ジャパンダートダービー2着、全日本2歳優駿3着と交流ダートGⅠでも好勝負した。産駒にボンモマン、シンジュクマスク。

		総収得賞金	3,900,000円	アーニング INDEX	0.43

● 2004年生 ● 黒鹿毛 ● 2018年引退

父 *フィガロ
母 アビエント　母父 *ウォーニング

距離	成長型	芝	ダート	瞬発力	パワー	底力
中	普	△	○	△	○	△

RANKING 397 *ブレイクランアウト

2〜4歳時に日で10戦2勝。2歳時に東京スポーツ杯2歳Sで2着、朝日杯FSで3着。3歳となり共同通信杯を制した。秋には朝日CCで2着している。産駒にGⅢ3着ロードリベラル。

		総収得賞金	3,764,000円	アーニング INDEX	0.17

● 2006年生 ● 鹿毛 ● 2020年引退

父 Smart Strike
母 *キュー　母父 *フレンチデビュティ

距離	成長型	芝	ダート	瞬発力	パワー	底力
中	普	○	○	△	△	△

RANKING 398 ジュンツバサ

2〜4歳時に日で6戦2勝。叔父にブラックタキシード（セントライト記念）。1歳セレクトセールで6930万円の値が付いた。自身もセントライト記念で3着している。産駒にジュンツバサニセイ。

		総収得賞金	3,760,000円	アーニング INDEX	0.42

● 2012年生 ● 鹿毛 ● 供用地／新冠・マリオステーブル

父 ステイゴールド
母 ピンクガーター　母父 *アフリート

距離	成長型	芝	ダート	瞬発力	パワー	底力
中	普	○	△	△	△	△

RANKING 399 *バンデ

3〜4歳時に日で12戦5勝。1000万下特別を勝ってから臨んだ菊花賞で、エピファネイアの3着に健闘する。4歳時にL札幌日経OPに勝った。父は英ダービー馬。産駒にスプリングビーンズ。

		総収得賞金	3,722,000円	アーニング INDEX	0.28

● 2010年生 ● 鹿毛 ● 供用地／フランス

父 Authorized
母 Logica　母父 Priolo

距離	成長型	芝	ダート	瞬発力	パワー	底力
中長	普	○	△	△	○	△

RANKING 400 ダイシンオレンジ

3〜8歳時に日で33戦7勝。5歳時のアンタレスS、6歳時の平安Sとダート重賞2勝。ほかに名古屋大賞典、平安Sで2着。叔父にメジロワース（マイラーズC）。産駒にダイシンイナリ。

		総収得賞金	3,680,000円	アーニング INDEX	0.82

● 2005年生 ● 鹿毛 ● 2016年引退

父 *アグネスデジタル
母 アシヤマダム　母父 *ラシアンルーブル

距離	成長型	芝	ダート	瞬発力	パワー	底力
中	普	△	○	△	○	△

RANKING 401 キョウワスプレンダ

2〜6歳時に日で21戦2勝。2歳夏にOPクローバー賞に勝利。3歳3月のスプリングSで2着している。母は4歳牝馬特別、東京新聞杯と重賞を2勝した一流馬。産駒にキョウワスピネル。

		総収得賞金	3,657,000円	アーニング INDEX	0.27

● 2001年生 ● 栗毛 ● 2017年引退

父 *サンデーサイレンス
母 キョウワホウセキ　母父 シンボリルドルフ

距離	成長型	芝	ダート	瞬発力	パワー	底力
中	普	○	△	△	△	△

RANKING 402 ＊スタチューオブリバティ

2〜3歳時に愛英仏米で7戦2勝。英GⅢコヴェントリーSに勝ち、GⅠサセックスSで2着。産駒にヘイリスト（ニューマケットH）、アクティブミノル（セントウルS）、ワンダーリーデル。

総収得賞金	3,648,000円	アーニング INDEX	0.27

● 2000年生　●黒鹿毛　● 2018年引退

父 Storm Cat
母 Charming Lassie　母父 Seattle Slew

距離	成長型	芝	ダート	瞬発力	パワー	底力
短マ	やや早	○	○	△	○	△

RANKING 403 ギンザグリングラス

2〜9歳時に日で109戦3勝。JRAでデビューし未勝利戦に勝利。公営川崎に移籍してからはタフにキャリアを重ね、通算109レースに出走する偉業を成し遂げた。産駒にフェイドハード。

総収得賞金	3,549,000円	アーニング INDEX	0.13

● 2005年生　●芦毛　●供用地／新冠・白馬牧場

父 メジロマックイーン
母 ニドクリキリコ　母父 ＊サンキリコ

距離	成長型	芝	ダート	瞬発力	パワー	底力
短中	普	△	△	△	△	△

RANKING 404 BELARDO ベラード

2〜4歳時に英愛仏で16戦5勝。2歳時に英GⅠデューハーストSに勝利。4歳時のロッキンジSで2つ目のGⅠタイトル獲得。産駒に米GⅡ馬バラベル。日本でバーストオブカラーが走る。

総収得賞金	3,538,000円	アーニング INDEX	0.79

● 2012年生　●鹿毛　●供用地／イギリス

父 Lope de Vega
母 Danaskaya　母父 ＊デインヒル

距離	成長型	芝	ダート	瞬発力	パワー	底力
マ中	普	○	○	○	○	○

RANKING 405 ZOUSTAR ズースター

2〜3歳時に豪で9戦6勝。豪で活躍の一流スプリンター。ゴールデンローズS、アスコットヴェイルSとGⅠを2勝している。産駒にレズー（チェヴァリーパークS）。日本でスリーアイランド。

総収得賞金	3,310,000円	アーニング INDEX	0.25

● 2010年生　●鹿毛　●供用地／イギリス

父 Northern Meteor
母 Zouzou　母父 Redoute's Choice

距離	成長型	芝	ダート	瞬発力	パワー	底力
短マ	やや早	○	○	△	○	○

RANKING 406 SAXON WARRIOR サクソンウォリアー

2〜3歳時に愛英で9戦4勝。英2000ギニー、レーシングポストTを制した欧州におけるディープインパクト代表産駒。産駒にヴィクトリアロード（BCジュヴナイルターフ）。日本でアドマイヤイル。

総収得賞金	3,300,000円	アーニング INDEX	0.15

● 2015年生　●鹿毛　●供用地／アイルランド

父 ディープインパクト
母 ＊メイビー　母父 Galileo

距離	成長型	芝	ダート	瞬発力	パワー	底力
マ中	普	◎	○	◎	○	○

RANKING 407 サクラバクシンオー

3〜5歳時に日で21戦11勝。史上初めてGⅠスプリンターズS連覇を達成した歴史的名短距離馬。産駒にグランプリボス（NHKマイルC）、ビッグアーサー（高松宮記念）、ショウナンカンプ。

総収得賞金	3,2040,000円	アーニング INDEX	0.24

● 1989年生　●鹿毛　● 2011年死亡

父 サクラユタカオー
母 サクラハゴロモ　母父 ＊ノーザンテースト

距離	成長型	芝	ダート	瞬発力	パワー	底力
短マ	普	◎	○	○	○	○

RANKING 408 オネストジョン

2〜9歳時に日で34戦6勝。JRA時代に1000万下札幌スポニチ賞に勝利。道営に移籍し当地の大レースである道営記念を制した。父はミスタープロスペクター直仔。産駒にピヨピヨピピピ。

総収得賞金	3,198,000円	アーニング INDEX	0.24

● 2004年生　●鹿毛　●供用地／日高・フジモトバイアリースタッド

父 ＊エイシンダンカーク
母 ハウンドトゥース　母父 トウホーカムリ

距離	成長型	芝	ダート	瞬発力	パワー	底力
短中	普	△	○	△	△	△

RANKING 409 ＊アラムシャー

2〜3歳時に愛英で9戦5勝。愛ダービー、KジョージⅥ世＆QエリザベスSを連勝した欧州の一流中長距離馬。父は仏GⅢ勝ちのスプリンター。産駒にワンダームシャ、ユキプロスパー。

総収得賞金	3,1870,000円	アーニング INDEX	0.71

● 2000年生　●鹿毛　● 2017年引退

父 Key of luck
母 Alaiyda　母父 ＊シャーラスタニ

距離	成長型	芝	ダート	瞬発力	パワー	底力
中長	普	○	○	△	○	△

RANKING 410　ZOFFANY
ゾファニー

総収入賞金	3,163,000円	アーニング INDEX	0.23

● 2008年生　●鹿毛　● 2021年死亡

父 Dansili
母 Tyranny　母父 Machiavellian

距離	成長型	芝	ダート	瞬発力	パワー	底力
マ中	普	○	○	△	○	○

　2〜3歳時に愛英仏米で13戦5勝。愛2歳GⅠフェニックスSに勝利し、セントジェイムズパレスS、ジャンプラ賞で2着した。産駒にマザーアース（英1000ギニー）。日本でロングテール。

RANKING 411　JUSTIN PHILLIP
ジャスティンフィリップ

総収入賞金	3,160,000円	アーニング INDEX	0.35

● 2008年生　●黒鹿毛　●供用地／アメリカ

父 First Samurai
母 Ava Knowsthecode　母父 Cryptoclearance

距離	成長型	芝	ダート	瞬発力	パワー	底力
短マ	やや早	△	○	△	△	△

　2〜5歳時に米で32戦7勝。タフにキャリアを重ねたスプリンター。5歳時にGⅠ AGヴァンダービルトHに勝った。米での産駒にアップセットブリューイング。日本でリョーノテソーロ。

RANKING 412　SEA THE MOON
シーザムーン

総収入賞金	3,140,000円	アーニング INDEX	0.35

● 2011年生　●鹿毛　●供用地／イギリス

父 Sea the Stars
母 Sanwa　母父 Monsun

距離	成長型	芝	ダート	瞬発力	パワー	底力
中長	普	○	○	○	○	○

　2〜3歳時に独で5戦4勝。無傷の4連勝でGⅠ独ダービーに勝利。2着馬に11馬身差を付ける衝撃的な内容だった。産駒にアルパインスター（コロネーションS）。日本でモントカイザーが走る。

RANKING 413　LE HAVRE
ルアーヴル

総収入賞金	3,132,000円	アーニング INDEX	0.17

● 2006年生　●鹿毛　● 2022年死亡

父 Noverre
母 Marie Rheinberg　母父 Surako

距離	成長型	芝	ダート	瞬発力	パワー	底力
マ中	普	○	○	○	○	○

　2〜3歳時に仏で6戦4勝。仏2000ギニーで2着し続く仏ダービーを快勝した。産駒に共に仏オークス馬のアヴニールセルタン、ラクレソニエール。日本でGⅡ馬プールヴィル（Fレビュー）。

RANKING 414　*シベリアンホーク

総収入賞金	3,130,000円	アーニング INDEX	0.70

● 2000年生　●鹿毛　● 2015年引退

父 *スピニングワールド
母 Misty Silver　母父 Slew o'Gold

距離	成長型	芝	ダート	瞬発力	パワー	底力
短マ	やや早	△	○	△	△	△

　2〜7歳時に日で16戦4勝。米国産のマル外として日本で走り、OPキャピタルSに勝ち、京成杯オータムHで2着した。産駒にシベリアンスパーブ（チャレンジC3着）、ウラルハーモニー。

RANKING 415　ENGLISH CHANNEL
イングリッシュチャネル

総収入賞金	3,100,000円	アーニング INDEX	0.69

● 2002年生　●栗毛　● 2021年死亡

父 Smart Strike
母 Belva　母父 Theatrical

距離	成長型	芝	ダート	瞬発力	パワー	底力
中長	普	◎	○	○	○	○

　2〜5歳時に米首で23戦13勝。ラストランとなった5歳時のBCターフを含め、米芝GⅠを計6勝した2007年米芝牡馬王者。産駒に親子二代の米芝牡馬王者チャンネルメーカー。日本でゾロ。

RANKING 416　*モルフェデスペクタ

総収入賞金	3,029,000円	アーニング INDEX	0.34

● 1998年生　●鹿毛　● 2014年引退

父 *デヒア
母 Mary's Spirit　母父 Mr. Prospector

距離	成長型	芝	ダート	瞬発力	パワー	底力
短	普	○	○	○	△	△

　2〜6歳時に日で19戦4勝。プレミアトレーニングセールにおいて7140万円で購買された。OPバーデンバーデンCに勝っている。産駒にサンデンバロン（名古屋記念）、モルフェキープオフ。

RANKING 417　サンライズバッカス

総収入賞金	3,004,000円	アーニング INDEX	0.67

● 2002年生　●黒鹿毛　● 2018年引退

父 *ヘネシー
母 リアルサファイヤ　母父 *リアルシャダイ

距離	成長型	芝	ダート	瞬発力	パワー	底力
マ	普	△	○	○	○	○

　2〜8歳時に日で38戦6勝。ダート重賞戦線の一線級としてタフに活躍。フェブラリーS、武蔵野Sを制し、ダービーGPで2着、ジャパンCダートで3着している。産駒にヒガシリシャール。

RANKING 418 ゴールスキー

総収得賞金	2,993,000 円	アーニング INDEX	0.33

● 2007年生　● 黒鹿毛　● 供用地／熊本県・ストームファームコーポレーション

父 ネオユニヴァース
母 *ニキーヤ　母父 Nureyev

距離	成長型	芝	ダート	瞬発力	パワー	底力
マ	普	○	○	△	○	△

2〜8歳時に日で43戦8勝。3歳時のマイルCSでエイシンフォワードの3着に健闘。7歳となってダート重賞根岸Sを制した。甥にペルシアンナイト（マイルCS）。産駒にライトシャワー。

RANKING 420 ミキノバンジョー

総収得賞金	2,930,000 円	アーニング INDEX	0.22

● 2007年生　● 鹿毛　● 供用地／浦河・ダイヤモンドファーム

父 *グラスワンダー
母 ニホンピロオリーブ　母父 *リヴリア

距離	成長型	芝	ダート	瞬発力	パワー	底力
マ中	普	○	△	△	△	△

2〜7歳時に日で49戦7勝。芝中距離戦線を主舞台に息の長い活躍を示し、5歳時の福島テレビOP、6歳時の小倉日経OPとLレースを2勝、七夕賞で3着した。産駒にミキノバスドラム。

RANKING 421 MASTERCRAFTSMAN マスタークラフツマン

総収得賞金	2,919,000 円	アーニング INDEX	0.32

● 2006年生　● 芦毛　● 2021年死亡

父 Danehill Dancer
母 Starlight Dreams　母父 *ブラックタイアフェアー

距離	成長型	芝	ダート	瞬発力	パワー	底力
マ中	早	◎	○	○	○	◎

2〜3歳時に愛英仏米で12戦7勝。GⅠを連勝し欧州最優秀2歳牡馬に輝く。ほかに愛2000ギニーなど。産駒にザグレイギャツビー、アルファセントーリ。日本でアイロンワークス。

RANKING 422 エーシンシャラク

総収得賞金	2,918,000 円	アーニング INDEX	0.22

● 2008年生　● 芦毛　● 供用地／宮崎県・吉野政敏

父 *タイキシャトル
母 *キャタリナ　母父 Storm Cat

距離	成長型	芝	ダート	瞬発力	パワー	底力
短マ	普	△	○	△	○	△

3〜9歳時に日で64戦20勝。JRAから公営岩手に移り、ローカル重賞の早池峰スーパースプリントなど勝ち星を上げた。半弟にエイシンヒカリ（香港C）、姪にスマイルカナ。産駒にカシノコマンド。

RANKING 423 カフェラピード

総収得賞金	2,917,000 円	アーニング INDEX	0.32

● 2008年生　● 黒鹿毛　● 供用地／新冠・太平洋ナショナルスタッド

父 マンハッタンカフェ
母 シンメイミネルバ　母父 Caerleon

距離	成長型	芝	ダート	瞬発力	パワー	底力
マ中	普	○	△	△	△	△

2〜6歳時に日で5戦1勝。新潟芝1800m戦で争われた2歳未勝利戦に勝利。半妹に、共に阪神牝馬S馬のサウンドオブハート、カフェブリリアント。産駒にラハイナヌーン、ラゴンダカフェ。

RANKING 424 CONGRATS コングラッツ

総収得賞金	2,910,000 円	アーニング INDEX	0.65

● 2000年生　● 鹿毛　● 2021年引退

父 A.P. Indy
母 Praise　母父 Mr. Prospector

距離	成長型	芝	ダート	瞬発力	パワー	底力
マ中	普	△	○	△	△	△

2〜6歳時に米首で26戦7勝。5歳時のGⅡサンパスカルHで唯一の重賞制覇を成し遂げる。産駒にタービュラントディセント（サンタアニタオークス）、エマズアンコール。日本でデブリン。

RANKING 424 RELIABLE MAN リライアブルマン

総収得賞金	2,910,000 円	アーニング INDEX	0.65

● 2008年生　● 芦毛　● 供用地／ドイツ

父 Dalakhani
母 On Fair Stage　母父 Sadler's Wells

距離	成長型	芝	ダート	瞬発力	パワー	底力
中長	普	○	○	○	○	○

3〜5歳時に仏英加豪で14戦5勝。無傷の3連勝で仏ダービー制覇。5歳となりGIQエリザベスSに勝った。産駒にインスピレーショナルガール、センチメンタルミス。日本でコスモザウル。

RANKING 426 *ダノンゴーゴー

総収得賞金	2,900,000 円	アーニング INDEX	0.32

● 2005年生　● 栗毛　● 2020年引退

父 *アルデバランⅡ
母 Potrinner　母父 Potrillazo

距離	成長型	芝	ダート	瞬発力	パワー	底力
短マ	普	○	○	○	○	○

2〜5歳時に日で9戦3勝。3歳3月のファルコンSで重賞制覇。NHKマイルCでディープスカイの3着だった。叔母ポトリザリスは亜オークス馬。産駒にペニテンテス、アーモンドカラー。

※ 419位のテイエムジンソクは P364 に掲載しています。

RANKING
427 カンパニー

3〜8歳時に日で35戦12勝。長く一線級で活躍し重賞タイトルも積み重ねていたが、8歳秋にピークを迎え天皇賞・秋、マイルCSを連勝した。代表産駒にウインテンダネス（目黒記念）。

総収得賞金	2,873,000円	アーニングINDEX	0.06

● 2001年生　● 鹿毛　● 2018年死亡
父 ミラクルアドマイヤ
母 ブリリアントベリー　母父 *ノーザンテースト

距離	成長型	芝	ダート	瞬発力	パワー	底力
マ中	普	○	○	○	○	△

RANKING
429 DANDY MAN ダンディマン

2〜6歳時に愛英仏で30戦6勝。3歳時にスプリント戦GⅢパレスハウスSに勝利。4歳時に英GⅠナンソープSで3着している。産駒にGⅠ馬ラペローサ（ナタルマS）。日本でザングウィル。

総収得賞金	2,800,000円	アーニングINDEX	0.62

● 2003年生　● 鹿毛　● 供用地／アイルランド
父 Mozart
母 Lady Alexander　母父 Night Shift

距離	成長型	芝	ダート	瞬発力	パワー	底力
短	普	○	○	△	○	△

RANKING
429 SHARP AZTECA シャープアステカ

2〜5歳時に米首で17戦8勝。4歳時のBCダートマイルで、バトルオブミッドウェーの半馬身差2着。続くシガーマイルHでGⅠ初制覇を達成した。日本で産駒マテンロウイーグルが走る。

総収得賞金	2,800,000円	アーニングINDEX	0.62

● 2013年生　● 黒鹿毛　● 供用地／アメリカ
父 Freud
母 So Sharp　母父 Saint Liam

距離	成長型	芝	ダート	瞬発力	パワー	底力
短マ	普	△	○	△	○	△

RANKING
429 ソングオブウインド

3歳時に日で11戦3勝。ラジオNIKKEI賞2着、神戸新聞杯3着を経て臨んだ菊花賞で、ドリームパスポートらを降しクラシック馬に輝く。産駒にGⅢ2着アイファーソング、ライステラス。

総収得賞金	2,800,000円	アーニングINDEX	0.31

● 2003年生　● 青鹿毛　● 2014年引退
父 *エルコンドルパサー
母 メモリアルサマー　母父 *サンデーサイレンス

距離	成長型	芝	ダート	瞬発力	パワー	底力
中長	やや晩	○	○	○	○	○

RANKING
432 サイレントディール

2〜8歳時に日首で50戦7勝。シンザン記念、武蔵野S、佐賀記念と芝、ダートで重賞制覇。全姉にトゥザヴィクトリー（エリザベス女王杯）。産駒にラッキープリンス（大井・東京ダービー）。

総収得賞金	2,7350,000円	アーニングINDEX	0.20

● 2000年生　● 栗毛　● 2020年引退
父 *サンデーサイレンス
母 *フェアリードール　母父 Nureyev

距離	成長型	芝	ダート	瞬発力	パワー	底力
マ中	普	○	△	△	○	△

RANKING
433 AUSTRALIA オーストラリア

2〜3歳時に愛英で8戦5勝。英ダービー、仏ダービー、英インターナショナルSとGⅠ3連勝。産駒にオーダーオブオーストラリア（BCマイル）、ガリレオクローム。日本でジャストフィット。

総収得賞金	2,720,000円	アーニングINDEX	0.20

● 2011年生　● 栗毛　● 供用地／アイルランド
父 Galileo
母 Ouija Board　母父 Cape Cross

距離	成長型	芝	ダート	瞬発力	パワー	底力
中長	普	◎	○	○	○	◎

RANKING
434 HOLY ROMAN EMPEROR ホーリーローマンエンペラー

2歳時に英仏愛で7戦4勝。フェニックスS、ジャンリュックラガルデール賞と2歳GⅠを2勝。産駒にローマナイズド（愛2000ギニー）、デザインズオンロード（香港C）。日本でルミナスゲート。

総収得賞金	2,682,000円	アーニングINDEX	0.60

● 2004年生　● 鹿毛　● 供用地／アイルランド
父 *デインヒル
母 L'On Vite　母父 Secretariat

距離	成長型	芝	ダート	瞬発力	パワー	底力
短マ	普	○	○	○	○	○

RANKING
435 LIAM'S MAP リアムズマップ

3〜4歳時に米で8戦6勝。ウッドワードS、BCダートマイルと米GⅠを連勝。産駒にカーネルリアム（ペガサスWCターフ2回）、ベイスン（米ホープフルS）。日本でスマートルシア、ソジュン。

総収得賞金	2,634,000円	アーニングINDEX	0.20

● 2011年生　● 芦毛　● 供用地／アメリカ
父 Unbridled's Song
母 Miss Macy Sue　母父 Trippi

距離	成長型	芝	ダート	瞬発力	パワー	底力
マ	普	○	○	○	○	○

※ 428位のキョウエイギアはP365に掲載しています。

CANFORD CLIFFS
キャンフォードクリフス

2〜4歳時に英仏愛で11戦7勝。愛2000ギニー、セントジェイムズパレスS、サセックスS、ロッキンジS、QアンSとマイルGI5連勝。産駒にクリフズエッジ。日本でメイショウロールス。

総収得賞金	2,630,000円	アーニング INDEX	0.29

● 2007年生　●鹿毛　●供用地／南アフリカ

父 Tagula
母 Mrs Marsh　母父 Marju

距離	成長型	芝	ダート	瞬発力	パワー	底力
マ中	普	○	○	○	○	○

STARSPANGLEDBANNER
スタースパングルドバナー

2〜6歳時に豪愛英米仏首で23戦7勝。ゴールデンジュビリーS、ジュライCを連勝し、2010年欧州最優秀スプリンターに選出。産駒にステートオブレスト（ガネー賞）。日本でリアルジョージ。

総収得賞金	2,620,000円	アーニング INDEX	0.58

● 2006年生　●栗毛　●供用地／アイルランド

父 Choisir
母 Gold Anthem　母父 Made of Gold

距離	成長型	芝	ダート	瞬発力	パワー	底力
短中	普	○	○	○	○	○

TAPIZAR
タピザー

2〜4歳時に米で14戦6勝。ラストランとなったBCダートマイルを人気薄で制し、初GIタイトル獲得に成功する。産駒にモノモイガール（BCディスタフ2回）。日本でゲキリン、タピゾー。

総収得賞金	2,619,000円	アーニング INDEX	0.29

● 2008年生　●鹿毛　● 2020年死亡

父 Tapit
母 Winning Call　母父 Deputy Minister

距離	成長型	芝	ダート	瞬発力	パワー	底力
マ	普	○	◎	○	○	○

MUCHO MACHO MAN
ムーチョマッチョマン

2〜6歳時に米で25戦9勝。5歳時にオーサムアゲインS、BCクラシックとGIを連勝。産駒にムーチョグスト（ペガサスWC）、米GI馬ムーチョアンユージュアル。日本でトニーヒアロ。

総収得賞金	2,580,000円	アーニング INDEX	0.57

● 2008年生　●鹿毛　●供用地／アメリカ

父 Macho Uno
母 Ponche de Leona　母父 Ponche

距離	成長型	芝	ダート	瞬発力	パワー	底力
マ中	普	○	◎	○	○	○

GARSWOOD
ガーズウッド

2〜4歳時に英仏で15戦4勝。スプリント戦GIモーリスドギース賞、GIIレノックスSに勝っている。父は英仏2歳GIホース。産駒にサイニフィカントリー。日本でトゥーパンクスが走る。

総収得賞金	2,5350,000円	アーニング INDEX	0.56

● 2010年生　●鹿毛　●供用地／フランス

父 Dutch Art
母 Penchant　母父 Kyllachy

距離	成長型	芝	ダート	瞬発力	パワー	底力
短マ	やや早	○	△	○	△	△

SAVABEEL
サヴァビール

2〜3歳時に豪で14戦3勝。スプリングチャンピオンS、コックスプレートと豪GIを連勝。新を代表する名種牡馬で産駒にGI7勝カウイラ新、豪の強豪が居並ぶ。日本でコスモサミット。

総収得賞金	2,431,000円	アーニング INDEX	0.54

● 2001年生　●黒鹿毛　●供用地／ニュージーランド

父 Zabeel
母 Savannah Success　母父 Success Express

距離	成長型	芝	ダート	瞬発力	パワー	底力
短マ	普	○	△	○	△	△

タガノゲルニカ

3〜5歳時に日で17戦5勝。3歳9月の未勝利戦から、500万下特別、1000万下特別、準OPアレキサンドライトS、平安Sと破竹の5連勝を飾る。産駒にタガノハピネス、タガノミルキー。

総収得賞金	2,2950,000円	アーニング INDEX	0.51

● 2002年生　●鹿毛　●供用地／新冠・タガノファーム

父 *ブライアンズタイム
母 *ブロードマラ　母父 Thatching

距離	成長型	芝	ダート	瞬発力	パワー	底力
中	普	△	○	△	△	△

ダイシングロウ

3〜9歳時に日で48戦8勝。準OP博多Sなど芝中距離戦線で勝ち鞍を重ね、小倉記念で2着。障害戦でも3勝をあげた。半兄にサンダルフォン（北九州記念）。産駒にダイシンクワトロ。

総収得賞金	2,255,000円	アーニング INDEX	0.50

● 2004年生　●黒鹿毛　● 2014年引退

父 ダンスインザダーク
母 コウユウラヴ　母父 *ジェイドロバリー

距離	成長型	芝	ダート	瞬発力	パワー	底力
中	普	△	△	△	△	△

※ 442位のクレイドルサイアーは P365 に掲載しています。

RANKING 445　SHAKIN IT UP
シェイキンイットアップ

2〜4歳時に米で10戦4勝。3歳暮れにD7F戦のGⅠマリブSに勝利。ほかにGⅡストラブS、GⅡサンヴィセンテSを制している。産駒にビービーデュード。日本でコウエイバクシン。

| 総収得賞金 | 2,230,000円 | アーニング INDEX | 0.50 |

● 2010年生　●黒鹿毛　●供用地／アメリカ

父 Midnight Lute
母 *シルバーバレットムーン　母父 Vindication

距離	成長型	芝	ダート	瞬発力	パワー	底力
短中	普	△	○	△	○	○

RANKING 446　サダムパテック

2〜6歳時に日香で30戦6勝。マイルCS、京王杯スプリングC、弥生賞、中京記念、東京スポーツ杯2歳Sと重賞を5勝し、皐月賞でオルフェーヴルの2着した一流馬。産駒にサダムゲンヤ。

| 総収得賞金 | 2,2260,000円 | アーニング INDEX | 0.25 |

● 2008年生　●鹿毛　●2022年死亡

父 フジキセキ
母 サマーナイトシティ　母父 *エリシオ

距離	成長型	芝	ダート	瞬発力	パワー	底力
マ	普	○	○	○	○	△

RANKING 447　エキストラエンド

3〜7歳時に日で38戦6勝。5歳時の京都金杯に勝ったほか、東京新聞杯2着2回など度々重賞で好走した。母は仏オークス馬。半兄にGⅡ4勝ローエングリン。産駒にマツリダスティール。

| 総収得賞金 | 2,161,000円 | アーニング INDEX | 0.12 |

● 2009年生　●鹿毛　●供用地／新冠・クラックステーブル

父 ディープインパクト
母 *カーリング　母父 Garde Royale

距離	成長型	芝	ダート	瞬発力	パワー	底力
マ中	普	○	○	○	○	△

RANKING 448　*ウォーターリーグ

2〜5歳時に日で20戦6勝。準OP元町S、1000万下天草特別2回などに勝ったダートホース。ユニコーンSで4着している。産駒にウォータールルド（ギャラクシーS）、ウォーターループ。

| 総収得賞金 | 2,155,000円 | アーニング INDEX | 0.12 |

● 1998年生　●栗毛　●2021年引退

父 *デヒア
母 Solo　母父 Halo

距離	成長型	芝	ダート	瞬発力	パワー	底力
短中	普	○	○	△	○	○

RANKING 449　TEOFILO
テオフィロ

2歳時に愛英で5戦5勝。デューハーストSなどGⅠ2つを含む無傷の5連勝を飾り、2006年欧州最優秀2歳牡馬に選出。産駒にトレーディングレザー（愛ダービー）。日本でGⅢ馬テリトーリアル。

| 総収得賞金 | 2,112,000円 | アーニング INDEX | 0.23 |

● 2004年生　●鹿毛　●供用地／アイルランド

父 Galileo
母 Speirbhean　母父 *デインヒル

距離	成長型	芝	ダート	瞬発力	パワー	底力
マ中	普	◎	○	○	◎	○

RANKING 450　エイシンデピュティ

3〜7歳時日で30戦10勝。6歳時の宝塚記念をはじめ、金鯱賞、京都金杯、エプソムCと重賞を4勝し、大阪杯、鳴尾記念で2着した名中距離馬。産駒にエイシンルカーノ、ウイングジャパン。

| 総収得賞金 | 2,108,000円 | アーニング INDEX | 0.12 |

● 2002年生　●栗毛　●2018年引退

父 *フレンチデピュティ
母 *エイシンマッカレン　母父 Woodman

距離	成長型	芝	ダート	瞬発力	パワー	底力
マ中	普	○	○	△	○	○

RANKING 451　COLLECTED
コレクテッド

2〜5歳時に米で15戦8勝。4歳となり、Lレース、GⅡ、GⅢ、GⅠパシフィッククラシックSと4連勝。続くBCクラシックでガンランナーの2着した。日本で産駒コレクテイニアが走る。

| 総収得賞金 | 2,100,000円 | アーニング INDEX | 0.47 |

● 2013年生　●栗毛　●供用地／アメリカ

父 City Zip
母 Helena Bay　母父 *ヨハネスブルグ

距離	成長型	芝	ダート	瞬発力	パワー	底力
中	普		○		○	○

RANKING 452　POSTPONED
ポストポンド

2〜6歳時に英愛仏首で20戦9勝。4〜5歳にかけ、"Kジョージ"、ドバイSC、コロネーションC、英インターナショナルSとGⅠ4つを含む6連勝を記録。日本で産駒タイムトゥゴーが走る。

| 総収得賞金 | 2,039,000円 | アーニング INDEX | 0.15 |

● 2011年生　●鹿毛　●供用地／イギリス

父 Dubawi
母 Ever Rigg　母父 Dubai Destination

距離	成長型	芝	ダート	瞬発力	パワー	底力
中長	普	○		○	○	○

RANKING 454 PALACE パレス

3〜6歳時に米で30戦12勝。キャリアを積み重ねながら地力を蓄え、5歳夏にAGヴァンダービルトH、フォアゴーSと短距離戦GⅠを連勝した。産駒にオーベルジュ。日本でユウアメリカン。

総収得賞金	1,9530,000円	アーニング INDEX	0.43

●2009年生　●鹿毛　●供用地／サウジアラビア
父 City Zip
母 Receivership　母父 エンドスウィープ

距離	成長型	芝	ダート	瞬発力	パワー	底力
短マ	普	○	○	△	○	○

RANKING 455 ニューイングランド

2〜4歳時に日で7戦4勝。新馬勝ち直後に長期休養に入るなど、順調にレースを使えずも随所に能力の高さを示した。産駒にネコパンチ（日経賞）、レオマイスター（ラジオNIKKEI賞）。

総収得賞金	1,947,000円	アーニング INDEX	0.22

●1997年生　●栗毛　●2015年死亡
父 *サンデーサイレンス
母 *クラウンフォレスト　母父 Chief's Crown

距離	成長型	芝	ダート	瞬発力	パワー	底力
中	普	○	○	○	○	△

RANKING 456 GUTAIFAN グタイファン

2歳時に英仏で7戦4勝。GⅡロベールパパン賞、GⅡフライングチルダーズSに勝ち、GⅠモルニ賞で2着したスピード型。産駒にフェブローヴァー（カナディアンS）。日本でクインズムーン。

総収得賞金	1,900,000円	アーニング INDEX	0.42

●2013年生　●芦毛　●供用地／フランス
父 Dark Angel
母 Alikhlas　母父 Lahib

距離	成長型	芝	ダート	瞬発力	パワー	底力
短マ	やや早	○	△	△	○	△

RANKING 457 オウケンマジック

2〜5歳時に日で27戦3勝。ダート中距離戦で計3勝をマーク。ユニコーンSで5着している。叔父にダートGⅠ3勝の名馬レギュラーメンバー（JBCクラシック）。産駒にマジックガール。

総収得賞金	1,890,000円	アーニング INDEX	0.14

●2006年生　●鹿毛　●2018年引退
父 タニノギムレット
母 オウケンガール　母父 マーベラスサンデー

距離	成長型	芝	ダート	瞬発力	パワー	底力
中	普	△	○	△	○	△

RANKING 459 CRACKSMAN クラックスマン

2〜4歳時に英愛仏で11戦8勝。英チャンピオンSに勝ち2017年欧州最優秀3歳牡馬に。4歳時はガネー賞、コロネーションC、英チャンピオンSに勝利。日本で産駒リマスタリングが走る。

総収得賞金	1,800,000円	アーニング INDEX	0.40

●2014年生　●鹿毛　●供用地／イギリス
父 Frankel
母 Rhadegunda　母父 Pivotal

距離	成長型	芝	ダート	瞬発力	パワー	底力
中長	普	◎	○	◎	◎	◎

RANKING 460 フェデラリスト

3〜6歳時に日で16戦7勝。5歳時に中山記念、中山金杯に勝ち大阪杯で2着。母はオークス、エリザベス女王杯勝ちの名牝。叔父にダンスインザダーク（菊花賞）。産駒にチャイヤプーン。

総収得賞金	1,750,000円	アーニング INDEX	0.39

●2007年生　●黒鹿毛　●2021年死亡
父 *エンパイアメーカー
母 ダンスパートナー　母父 *サンデーサイレンス

距離	成長型	芝	ダート	瞬発力	パワー	底力
中	普	○	○	△	○	○

RANKING 461 ARCHARCHARCH アーチアーチアーチ

2〜3歳時に米で7戦3勝。GⅠアーカンソーダービー、GⅢサウスウェストSに勝利。産駒にネクストシェアーズ（シャドウェルターフマイルS）。日本でスーパーモリオン、アーチキング。

総収得賞金	1,728,000円	アーニング INDEX	0.38

●2008年生　●黒鹿毛　●2020年死亡
父 Arch
母 Woodman's Dancer　母父 Woodman

距離	成長型	芝	ダート	瞬発力	パワー	底力
マ中	普	○	○	○	○	△

RANKING 462 *マイネルラヴ

2〜5歳時に日で23戦5勝。スプリンターズS、セントウルS、シルクロードSを制した名短距離馬。産駒にマイネルハーティー（ニュージーランドT）、ゲットフルマークス（京王杯2歳S）。

総収得賞金	1,720,000円	アーニング INDEX	0.13

●1995年生　●青鹿毛　●2012年死亡
父 Seeking the Gold
母 Heart of Joy　母父 *リィフォー

距離	成長型	芝	ダート	瞬発力	パワー	底力
短マ	やや早					

※453位のサウンドスカイ、458位のバンドワゴンはP365に掲載しています。

RANKING 463 ホールウォーカー

2〜5歳時に日で9戦4勝。公営浦和でデビューし、3歳5月のフラワーステージ競走まで5戦4勝の成績を収めた。父は種牡馬として成功した不出走馬。産駒に浦和所属のフォクスホール。

総収得賞金	1,707,000円	アーニング INDEX	0.09

● 2003年生　●鹿毛　● 2021年引退

父 エイシンサンディ
母父 ラッキーイソハル　母父 *ジョッギング

距離	成長型	芝	ダート	瞬発力	パワー	底力
短マ	普	▲	△	△	△	△

RANKING 464 BODEMEISTER ボードマイスター

3歳時に米で6戦2勝。GⅠアーカンソーダービーに勝ち、ケンタッキーダービー、プリークネスSで2着。産駒にオールウェイズドリーミング（ケンタッキーダービー）。日本でメッサーマイスター。

総収得賞金	1,650,000円	アーニング INDEX	0.37

● 2009年生　●鹿毛　●供用地／トルコ

父 *エンパイアメーカー
母父 Untouched Talent　母父 Storm Cat

距離	成長型	芝	ダート	瞬発力	パワー	底力
中	普		○	○	○	○

RANKING 465 TAVISTOCK タヴィストック

2〜4歳時に新豪で18戦6勝。ワイカトスプリント、ホークスベイチャレンジSと新GⅠを2勝。豪でもGⅡ VRCブレイミーSを制した。産駒に香港の名馬ワーザー。日本でエン、コスモヒビキ。

総収得賞金	1,631,000円	アーニング INDEX	0.18

● 2005年生　●鹿毛　● 2019年死亡

父 Montjeu
母父 Upstage　母父 Quest For Fame

距離	成長型	芝	ダート	瞬発力	パワー	底力
マ中	普	○	○	○	○	○

RANKING 466 *ノボトゥルー

2〜12歳時に日首で88戦11勝。5歳時に根岸S、フェブラリーSを連勝。その後、さきたま杯、兵庫ゴールドT、とちぎマロニエC2回と交流ダート重賞を4勝した。産駒にトゥルーフレンド。

総収得賞金	1,621,000円	アーニング INDEX	0.18

● 1996年生　●鹿毛　● 2015年引退

父 Broad Brush
母父 Nastique　母父 Naskra

距離	成長型	芝	ダート	瞬発力	パワー	底力
短マ	やや晩	△	○	○	○	○

RANKING 467 クーリンガー

3〜9歳時に日で61戦10勝。マーチS、名古屋大賞典、佐賀記念、マーキュリーCなどダート重賞6勝の強豪。母は米GⅠラスヴィルヘネスSに勝利。産駒にゴーイングベル、アドミラルティ。

総収得賞金	1,617,000円	アーニング INDEX	0.36

● 1999年生　●芦毛　● 2013年引退

父 *フォーティナイナー
母父 *クールアライヴァル　母父 Relaunch

距離	成長型	芝	ダート	瞬発力	パワー	底力
マ中	普		○	○	△	△

RANKING 468 CAIRO PRINCE カイロプリンス

2〜3歳時に米で5戦3勝。ホーリーブルS、ナシュアSと米GⅡを2勝。産駒にロイヤルシャーロット（プライオレスS）、キストゥデイグッドバイ（サンアントニオS）。日本でモンペルデュ（室町S）。

総収得賞金	1,608,000円	アーニング INDEX	0.36

● 2011年生　●芦毛　●供用地／アメリカ

父 Pioneerof the Nile
母父 Holy Bubbette　母父 Holy Bull

距離	成長型	芝	ダート	瞬発力	パワー	底力
短中	普	○	○	○	○	○

RANKING 469 カゼノグッドボーイ

3〜8歳時に日で35戦3勝。1400〜1800mで計3勝。芝、ダートの双方で勝ち鞍を記録している。父は公営高崎で1勝しただけの無名の存在。産駒に公営名古屋所属のカゼノスバル。

総収得賞金	1,601,000円	アーニング INDEX	0.36

● 2006年生　●栗毛　● 2018年引退

父 マジェスティック
母父 カミカゼビューティ　母父 マヤノトップガン

距離	成長型	芝	ダート	瞬発力	パワー	底力
短マ	普	△	△	△	△	△

RANKING 470 メジロダイボサツ

3〜5歳時に日で16戦1勝。函館芝2600mコースを舞台とした3歳未勝利戦で勝利。母はオークス、エリザベス女王杯2回などGⅠ5勝の歴史的名牝。産駒にストレートパンチ、ジュタドール。

総収得賞金	1,600,000円	アーニング INDEX	0.12

● 2008年生　●鹿毛　● 2021年引退

父 ディープインパクト
母 メジロドーベル　母父 メジロライアン

距離	成長型	芝	ダート	瞬発力	パワー	底力
中	普	△	△	△	△	△

※ 475 位のロールボヌールは P366 に掲載しています。

RANKING 471 *デビッドジュニア

2〜4歳時に英首米で13戦7勝。3歳時に英チャンピオンS、4歳時にドバイデューティフリー、エクリプスSを制した欧州の一流中距離馬。産駒にタイタン、ニシオドリーム、コハク。

| | 総収得賞金 | 1,558,000円 | アーニング INDEX | 0.07 |

● 2002年生　●栗毛　●供用地／新ひだか・JBBA 静内種馬場
父 Pleasant Tap
母 Paradise River　母父 Irish River

距離	成長型	芝	ダート	瞬発力	パワー	底力
中	やや晩	○	○	△	○	○

RANKING 472 トーセンロレンス

不出走。当歳セレクトセールで1億7325万円で購買される。母は独GⅠホース。半兄に3冠馬にして、首位サイアーのディープインパクト。産駒にトーセンオリンピア、トーセンクリーガー。

| | 総収得賞金 | 1,557,000円 | アーニング INDEX | 0.09 |

● 2009年生　●鹿毛　●2020年引退
父 ダイワメジャー
母 *ウインドインハーヘア　母父 Alzao

距離	成長型	芝	ダート	瞬発力	パワー	底力
マ中	普	○	△	△	○	△

RANKING 473 THEWAYYOUARE ザウェイユーアー

2〜4歳時に仏愛で9戦4勝。仏GⅠクリテリウムアンテルナシオナルに勝利。半姉にピーピングフォーン（愛オークス）。産駒にザウェイアイアム、ユーベターラン。日本でストーミーストーム。

| | 総収得賞金 | 1,555,000円 | アーニング INDEX | 0.35 |

● 2005年生　●鹿毛　●2018年死亡
父 Kingmambo
母 Maryinsky　母父 Sadler's Wells

距離	成長型	芝	ダート	瞬発力	パワー	底力
マ	普	○	○	△	○	△

RANKING 474 OASIS DREAM オアシスドリーム

2〜3歳時に英米で9戦4勝。ジュライC、ナンソープS、ミドルパークSとGⅠ3勝。産駒にミッデイ（BCフィリー＆メアターフ）、ネイティヴトレイル（愛2000ギニー）、日本でサンレーン。

| | 総収得賞金 | 1,507,000円 | アーニング INDEX | 0.11 |

● 2000年生　●鹿毛　●供用地／イギリス
父 Green Desert
母 Hope　母父 *ダンシングブレーヴ

距離	成長型	芝	ダート	瞬発力	パワー	底力
短マ	普	◎	○	◎	○	△

RANKING 476 *ヴリル

3〜8歳時に日29戦8勝。Lテレビ愛知OP3着の芝短距離、マイル線の活躍馬。入障後、東京AJで2着した。叔父に欧米で2歳牡馬王者に選ばれたアラジ。産駒にアスタキサンチン。

| | 総収得賞金 | 1,463,000円 | アーニング INDEX | 0.16 |

● 2001年生　●黒鹿毛　●2017年死亡
父 *サンデーサイレンス
母 *ファントムクリーク　母父 Mr. Prospector

距離	成長型	芝	ダート	瞬発力	パワー	底力
マ中	普	○	○	△	△	△

RANKING 477 PALACE MALICE パレスマリス

2〜5歳時に米で19戦7勝。3歳時に3冠最終戦ベルモントSに勝利。4歳時にはマイルGⅠメトロポリタンHを制した。産駒にストラクター（BCジュヴナイルターフ）。日本でアクイール。

| | 総収得賞金 | 1,425,000円 | アーニング INDEX | 0.32 |

● 2010年生　●鹿毛　●供用地／アメリカ
父 Curlin
母 *パレスルーマー　母父 Royal Anthem

距離	成長型	芝	ダート	瞬発力	パワー	底力
中	普	△	○	△	○	△

RANKING 478 BRAZEN BEAU ブレイズンボー

2〜3歳時に豪で12戦5勝。クールモアスタッドS、ニューマーケットHと豪GⅠを2勝している。産駒にオンザバブルス（マナワツサイアーズプロデュースS）。日本でフリージアテソーロ。

| | 総収得賞金 | 1,420,000円 | アーニング INDEX | 0.32 |

● 2011年生　●青鹿毛　●供用地／オーストラリア
父 I Am Invincible
母 Sansadee　母父 Snaadee

距離	成長型	芝	ダート	瞬発力	パワー	底力
マ	普	○	○	△	○	△

RANKING 479 モエレプルトス

3〜4歳時に日で6戦5勝。公営川崎でデビューし条件戦を計5勝、扇島特別で2着している。母はGⅢクリスタルCで2着。半妹にフォーエバーモア（クイーンC）。産駒にアカンタレ。

| | 総収得賞金 | 1,340,000円 | アーニング INDEX | 0.30 |

● 2003年生　●鹿毛　●2017年引退
父 *サンデーサイレンス
母 *エターナルビート　母父 Pentelicus

距離	成長型	芝	ダート	瞬発力	パワー	底力
マ	普	△	△	△	○	△

RANKING 480 PREFERMENT プリファーメント

2〜5歳時に豪で29戦5勝。ヴィクトリアダービー、ターンブルS、オーストラリアンC、ザ・BMWと豪GIを4勝した一流中距離馬。父は新の名種牡馬。日本で産駒コスモアピールが走る。

総収得賞金	1,306,000円	アーニング INDEX	0.29

● 2011年生　●鹿毛　●供用地／ニュージーランド

父 Zabeel
母 Better Alternative　母父 Flying Spur

距離	成長型	芝	ダート	瞬発力	パワー	底力
中長	普	○	○	△	○	○

RANKING 481 マルカシェンク

2〜7歳時に日で35戦5勝。デイリー杯2歳S、関屋記念、LニューイヤーSに勝ち、富士S、京都金杯など重賞で4度2着している。半妹にザレマ（京成杯AH）。産駒にマルカウォーレン。

総収得賞金	1,250,000円	アーニング INDEX	0.14

● 2003年生　●黒鹿毛　● 2017年引退

父 *サンデーサイレンス
母 *シェンク　母父 Zafonic

距離	成長型	芝	ダート	瞬発力	パワー	底力
マ中	普	○	○	○	○	△

RANKING 482 SEBRING セブリング

2歳時に豪で6戦5勝。ゴールデンスリッパーS、サイアーズプロデュースSとGIを2勝。産駒にクライテリオン（コーフィールドS）、香港の強豪ラッキーバブルズ。日本でコスモストライカー。

総収得賞金	1,200,000円	アーニング INDEX	0.27

● 2005年生　●栗毛　● 2019年死亡

父 More Than Ready
母 Purespeed　母父 Flying Spur

距離	成長型	芝	ダート	瞬発力	パワー	底力
中	普	○	○	△	○	△

RANKING 483 CAPE CROSS ケープクロス

2〜5歳時に英仏米首で19戦5勝。英マイルGIロッキンジSに勝利。超大物を出すことが最大の魅力で、産駒にシーザスターズ、ゴールデンホーン、ウィジャボード。日本でオールステイ。

総収得賞金	1,171,000円	アーニング INDEX	0.26

● 1994年生　●黒鹿毛　● 2017年死亡

父 Green Desert
母 Park Appeal　母父 Ahonoora

距離	成長型	芝	ダート	瞬発力	パワー	底力
マ中	普	○	○	○	○	○

RANKING 484 RIO DE LA PLATA リオデラプラタ

2〜7歳時に英愛仏首伊で30戦8勝。ジャンリュックラガルデール賞、ヴィットリオディカプア賞、ローマ賞とGI3勝。産駒に仏GII馬ターリー（サンドリンガム賞）。日本でハリスホーク。

総収得賞金	1,164,000円	アーニング INDEX	0.13

● 2005年生　●栗毛　● 2022年死亡

父 Rahy
母 Express Way　母父 Ahmad

距離	成長型	芝	ダート	瞬発力	パワー	底力
マ中	普	○	○	△	○	○

RANKING 485 MIZZEN MAST ミゼンマスト

2〜4歳時に仏米で11戦5勝。3歳時にマリブSでGI初制覇。ほかにGII、GIIIを各1勝。産駒にフロティラ（仏1000ギニー）、カラヴェル（BCターフスプリント）。日本でトロピカルライト。

総収得賞金	1,150,000円	アーニング INDEX	0.26

● 1998年生　●芦毛　● 2021年引退

父 Cozzene
母 Kinema　母父 Graustark

距離	成長型	芝	ダート	瞬発力	パワー	底力
短中	普	○	○	○	○	○

RANKING 486 サンライズペガサス

3〜7歳時に日で24戦6勝。4歳時の大阪杯、7歳時の大阪杯、毎日王冠とGIIを3勝した。ほかに神戸新聞杯、中京記念で2着、天皇賞・秋で3着。産駒にサンライズカラマ、フォローハート。

総収得賞金	1,116,000円	アーニング INDEX	0.05

● 1998年生　●栗毛　● 2019年死亡

父 *サンデーサイレンス
母 ヒガシブライアン　母父 *ブライアンズタイム

距離	成長型	芝	ダート	瞬発力	パワー	底力
マ中	普	○	○	△	○	△

RANKING 487 ROARING LION ロアリングライオン

2〜3歳時に英愛米で13戦8勝。エクリプスS、英インターナショナルS、愛チャンピオンS、QエリザベスII世Sを連勝した2018年欧州年度代表馬。産駒にドバイマイル。日本でデッドリー。

総収得賞金	1,100,000円	アーニング INDEX	0.24

● 2015年生　●芦毛　● 2019年死亡

父 Kitten's Joy
母 Vionnet　母父 *ストリートセンス

距離	成長型	芝	ダート	瞬発力	パワー	底力
中	普	◎	○	○	○	◎

488　*クリストワイニング

3〜4歳時に日で8戦3勝。新馬戦、500万下特別、900万下特別とダート短距離戦で計3勝をあげた。産駒にクランチタイム、クリスワールド、メイオウセイ（佐賀・九州ダービー栄城賞）。

総収得賞金	1,077,000円	アーニング INDEX	0.12

● 1997年生　●栗毛　● 2015年引退

父 *トワイニング
母 Crystal n Pennies　母父 Vanlandingham

距離	成長型	芝	ダート	瞬発力	パワー	底力
短中	普	△	○	△	○	△

489　SUMMER FRONT
サマーフロント

2〜6歳時に米で23戦8勝。フォートローダーデイルSをはじめ米芝重賞を4勝したほか、エディリードSなどGIで3度2着する。産駒に米GII馬エテインディアン。日本でディランズソング。

総収得賞金	1,070,000円	アーニング INDEX	0.24

● 2009年生　●鹿毛　●供用地／アメリカ

父 War Front
母 Rose of Summer　母父 El Prado

距離	成長型	芝	ダート	瞬発力	パワー	底力
マ中	普	○	○	○	○	△

490　ネヴァブション

2〜10歳時に日香で54戦8勝。4歳時の日経賞、6、7歳時に連覇したAJCCと中山競馬場を舞台とするGII重賞を計3勝。ほかにステイヤーズSで2着している。産駒にベルブション。

総収得賞金	1,022,000円	アーニング INDEX	0.23

● 2003年生　●黒鹿毛　● 2016年死亡

父 マーベラスサンデー
母 *パールネックレース　母父 Mill Reef

距離	成長型	芝	ダート	瞬発力	パワー	底力
中長	やや晩	○	○	○	○	○

491　HUNTER'S LIGHT
ハンターズライト

2〜7歳時に英土仏伊首星独米で27戦12勝。ローマ賞、ジェベルハッタ、アルマクトゥームチャレンジR3とGIを3勝。産駒に仏GIII馬イルスカ（リューリー賞）。日本でホウショウルイーズ。

総収得賞金	1,011,000円	アーニング INDEX	0.22

● 2008年生　●栗毛　●供用地／フランス

父 Dubawi
母 Portmanteau　母父 Barathea

距離	成長型	芝	ダート	瞬発力	パワー	底力
中	普	○	○	○	△	○

492　KLIMT
クリムト

2〜3歳時に米で8戦3勝。2歳時にGIIベストパルS、GIデルマーフューチュリティを連勝した。父は米GI4勝の名中距離馬。産駒にシーアート、グランドバレー。日本でブラヴィーノ。

総収得賞金	1,010,000円	アーニング INDEX	0.22

● 2014年生　●鹿毛　●供用地／トルコ

父 Quality Road
母 Inventive　母父 Dixie Union

距離	成長型	芝	ダート	瞬発力	パワー	底力
短マ	やや早	○	○	△	○	△

493　FORTIFY
フォーティファイ

2〜3歳時に米首で8戦2勝。2歳時にGIIホープフルSで2着、GIシャンペンSで3着。種牡馬となり亜で成功。産駒にジョイエピフォラ、ジョイカネラ、ナスティア。日本でオオサンバシ。

総収得賞金	1,000,000円	アーニング INDEX	0.22

● 2010年生　●黒鹿毛　●供用地／アルゼンチン

父 Distorted Humor
母 Kotuku　母父 A.P. Indy

距離	成長型	芝	ダート	瞬発力	パワー	底力
短マ	やや早	△	○	△	○	△

494　STREET BOSS
ストリートボス

3〜4歳時に米で13戦7勝。ビングクロスビーH、トリプルベンドHとスプリントGIを2勝した。産駒にキャスリンソフィア（ケンタッキーオークス）、豪GI勝ち馬アナモエ、日本でサバンナロード。

総収得賞金	933,000円	アーニング INDEX	0.10

● 2004年生　●栗毛　●供用地／オーストラリア

父 Street Cry
母 Blushing Ogygian　母父 *オジジアン

距離	成長型	芝	ダート	瞬発力	パワー	底力
短マ	普	○	○	○	○	○

495　TERRITORIES
テリトリーズ

2〜4歳時に仏英で13戦3勝。英2000ギニーで2着した直後の仏GIジャンプラ賞に勝利。その後ジャックルマロワ賞で2着している。産駒にルジール（オペラ賞）。日本でネオアスペクト。

総収得賞金	900,000円	アーニング INDEX	0.10

● 2012年生　●鹿毛　●供用地／イギリス

父 Invincible Spirit
母 Taranto　母父 Machiavellian

距離	成長型	芝	ダート	瞬発力	パワー	底力
マ中	普	○	○	○	○	○

RANKING 496　PADDY O'PRADO
パディオプラード

2〜4歳時に米で14戦5勝。芝GⅠセクレタリアトS、GⅡディキシーSなどに勝利。産駒に、共に米重賞馬のノットアプラダプライス、スウィーピングパディ。日本でヴァイスジーニー。

総収得賞金	897,000円	アーニング INDEX	0.20

● 2007年生　● 芦毛　● 2018年死亡

父 El Prado
母 Fun House　母父 Prized

距離	成長型	芝	ダート	瞬発力	パワー	底力
中	普	○	○	○	○	△

RANKING 497　*ジークエンブレム

3〜4歳時に日で4戦1勝。欧米で最優秀2歳牡馬に選ばれ、種牡馬としても実績を残したヨハネスブルグの半弟。日本で競走馬デビューし、緒戦の未勝利戦に勝った。産駒にレジェンドパワー。

総収得賞金	894,000円	アーニング INDEX	0.20

● 2003年生　● 黒鹿毛　● 2014年引退

父 Storm Cat
母 Myth　母父 *オジジアン

距離	成長型	芝	ダート	瞬発力	パワー	底力
短マ	やや早	△	△	△	△	△

RANKING 498　BLAME
ブレイム

2〜4歳時に米で13戦9勝。スティーヴンフォスターH、ホイットニーH、BCクラシックに勝ち、2010年米古牡馬王者に選出。産駒にセンガ（仏オークス）、種牡馬ナダル。日本でランドネ。

総収得賞金	870,000円	アーニング INDEX	0.06

● 2006年生　● 鹿毛　● 供用地／アメリカ

父 Arch
母 Liable　母父 Seeking the Gold

距離	成長型	芝	ダート	瞬発力	パワー	底力
中	普	○	◎	○	○	○

RANKING 499　スパロービート

2〜8歳時に日で24戦9勝。公営川崎に所属し、ローカル重賞船橋記念に勝利。交流ダート重賞北海道スプリントCで3着。いとこにGⅢ馬カネマサコンコルド。産駒にグローリアスサード。

総収得賞金	823,000円	アーニング INDEX	0.05

● 2005年生　● 黒鹿毛　● 2021年引退

父 *サウスヴィグラス
母 ショウナンルビー　母父 *パークリージェント

距離	成長型	芝	ダート	瞬発力	パワー	底力
短マ	普	△	○	△	△	△

RANKING 500　スーパーホーネット

2〜7歳時に日香で31戦10勝。スワンS、京王杯スプリングC、毎日王冠、マイラーズCとGⅡを4勝。安田記念、マイルCS2回、朝日杯FSで2着。産駒にGⅢ3着シゲルノコギリザメ。

総収得賞金	813,000円	アーニング INDEX	0.18

● 2003年生　● 鹿毛　● 2021年引退

父 *ロドリゴデトリアーノ
母 ユウサンポリッシュ　母父 *エルセニョール

距離	成長型	芝	ダート	瞬発力	パワー	底力
マ	普	○	△	○	○	△

RANKING 501　トウカイワイルド

3〜7歳時に日で26戦5勝。5歳時の日経新春杯を5番人気で勝利し、唯一の重賞制覇を達成した。半兄にトウカイナンバー（小倉3歳S2着）。産駒にミッキーボクサー、ケイジースワロー。

総収得賞金	781,000円	アーニング INDEX	0.17

● 2002年生　● 黒鹿毛　● 2015年死亡

父 *サンデーサイレンス
母 *ホブズディレンマ　母父 Mr. Prospector

距離	成長型	芝	ダート	瞬発力	パワー	底力
中	やや晩	△	△	△	△	△

RANKING 501　グランシュヴァリエ

3〜10歳時に日で74戦17勝。高知県知事賞2回、二十四万石賞など公営高知のローカル重賞を制し、南部杯で3着、JBCクラシックで4着している。産駒にリワードアヴァロン（高知優駿）。

総収得賞金	781,000円	アーニング INDEX	0.09

● 2005年生　● 青鹿毛　● 2017年引退

父 タヤスツヨシ
母 ラストキッス　母父 マルゼンスキー

距離	成長型	芝	ダート	瞬発力	パワー	底力
マ中	普	△	○	△	△	△

RANKING 503　FASTNET ROCK
ファストネットロック

2〜3歳時に豪で19戦6勝。ライトニングS、オークリープレートと豪GⅠを連勝。産駒にファッシネイティングロック、クオリファイ、モシーンなど欧豪のGⅠ馬多数。日本でフィアーノロマーノ。

総収得賞金	780,000円	アーニング INDEX	0.09

● 2001年生　● 鹿毛　● 供用地／オーストラリア

父 *デインヒル
母 Piccadilly Circus　母父 *ロイヤルアカデミーⅡ

距離	成長型	芝	ダート	瞬発力	パワー	底力
短中	普	◎	○	◎	○	○

RANKING 504 マコトスパルビエロ

総収得賞金	775,000円	アーニング INDEX	0.06

● 2004年生　● 芦毛　● 2019年死亡

父 *ブライアンズタイム
母 マコトシュンレイ　母父 *リンドシェーバー

距離	成長型	芝	ダート	瞬発力	パワー	底力
中長	普	△	○	△	○	△

2〜9歳時に日で38戦9勝。日本テレビ盃、名古屋GP、マーチS、マーキュリーCとダート重賞4勝。JBCクラシック、エルムSで2着した。産駒にマコトハインケル、マコトキッショウ。

RANKING 505 サドンストーム

総収得賞金	770,000円	アーニング INDEX	0.06

● 2009年生　● 栗毛　● 供用地／熊本県・ストームファームコーポレーション

父 *ストーミングホーム
母 *ビールジャント　母父 Green Desert

距離	成長型	芝	ダート	瞬発力	パワー	底力
短マ	普	○	○	○	○	△

2〜8歳時に日で44戦4勝。京王杯2歳S、京阪杯、シルクロードSと重賞2着3回。半兄にラッキーナイン（香港スプリント）、全弟にティーハーフ（函館スプリントS）。産駒にクリノゴーゴー。

RANKING 506 リンカーン

総収得賞金	755,000円	アーニング INDEX	0.08

● 2000年生　● 鹿毛　● 2012年死亡

父 *サンデーサイレンス
母 グレースアドマイヤ　母父 *トニービン

距離	成長型	芝	ダート	瞬発力	パワー	底力
中長	普	○	○	○	○	○

2〜6歳時に日で23戦6勝。阪神大賞典、京都大賞典、日経賞に勝ち、菊花賞、有馬記念、天皇賞・春で2着した一流馬。半弟にヴィクトリー（皐月賞）。産駒にデルマドゥルガー（クイーンC3着）。

RANKING 508 *ゴドリー

総収得賞金	736,000円	アーニング INDEX	0.08

● 2010年生　● 栗毛　● 2019年引退

父 *ヘニーヒューズ
母 Aldebaran Light　母父 Seattle Slew

距離	成長型	芝	ダート	瞬発力	パワー	底力
中	普	△	○	△	△	△

3〜6歳時に日で10戦2勝。芝2200mの未勝利戦、D1800mの500万下特別に勝利した。半兄に日本で種牡馬供用されているエスケンデレヤ（ウッドメモリアルS）。産駒にラクスシャルキ。

RANKING 509 *ストラヴィンスキー

総収得賞金	731,000円	アーニング INDEX	0.08

● 1996年生　● 鹿毛　● 2018年引退

父 Nureyev
母 Fire the Groom　母父 Blushing Groom

距離	成長型	芝	ダート	瞬発力	パワー	底力
短マ	やや早	○	○	○	○	△

2〜3歳時に英仏愛米で8戦3勝。ジュライC、ナンソープSとGI2勝の欧州一流スプリンター。産駒にセレナードローズ（オーストラリアンオークス）、コンゴウリキシオー（マイラーズC）。

RANKING 510 COMPETITIVE EDGE
コンペティティヴエッジ

総収得賞金	730,000円	アーニング INDEX	0.16

● 2012年生　● 鹿毛　● 供用地／アメリカ

父 Super Saver
母 Magdalena's Chase　母父 Cape Town

距離	成長型	芝	ダート	瞬発力	パワー	底力
マ	やや早	△	○	△	△	△

2〜3歳時に米で7戦4勝。米2歳GIホープフルS、GIIIパットデイマイルSに勝った。産駒にエッジウエイ（ランチョベルナルドH）、智GI馬エスタシオナル。日本でセイウンヒュージ。

RANKING 511 BULLET TRAIN
ビュレットトレイン

総収得賞金	687,000円	アーニング INDEX	0.15

● 2007年生　● 鹿毛　● 供用地／アイルランド

父 Sadler's Wells
母 Kind　母父 *デインヒル

距離	成長型	芝	ダート	瞬発力	パワー	底力
マ中	普	○	△	△	○	△

2〜5歳時に英で14戦2勝。GIIIダービートライアルSに勝っている。半弟に欧州年度代表馬にして欧州リーディングサイアーのフランケル。産駒にハイファイア。日本でアウティスタ。

RANKING 512 *ボストンハーバー

総収得賞金	650,000円	アーニング INDEX	0.14

● 1994年生　● 鹿毛　● 2021年死亡

父 Capote
母 Harbor Springs　母父 Vice Regent

距離	成長型	芝	ダート	瞬発力	パワー	底力
短マ	普	○	○	○	△	△

2〜3歳時に米で8戦6勝。BCジュヴナイル、ブリーダーズフューチュリティなどに勝った早熟のスピード型。産駒に米GI馬のヘルシーアディクション、イクスキューズ、ダイワバンディット。

※507位のネオアトラクションはP366に掲載しています。

RANKING 513 WORTHADD
ワースアド

3〜5歳時に伊独英仏米加で19戦9勝。伊ダービー、伊2000ギニー、リボー賞などに勝ち、英GⅠロッキンジSで2着している。父は英愛首位サイアー。日本で産駒エイシンソプラノが走る。

総収得賞金	646,000円	アーニング INDEX	0.14

● 2007年生　●黒鹿毛　● 2020年死亡

父 Dubawi
母父 Wigman　母父 Rahy

距離	成長型	芝	ダート	瞬発力	パワー	底力
マ中	普	○	△	△	○	△

RANKING 514 MAJESTICPERFECTION
マジェスティックパーフェクション

4歳時に米で6戦5勝。デビュー2戦目からの5連勝でGⅠAGヴァンダービルトHを制した。産駒にラブリーマリア（ケンタッキーオークス）。日本でマラニーノ、ペルクナス、コスモライジン。

総収得賞金	645,000円	アーニング INDEX	0.14

● 2006年生　●鹿毛　● 2021年死亡

父 Harlan's Holiday
母 Act So Noble　母父 Wavering Monarch

距離	成長型	芝	ダート	瞬発力	パワー	底力
短マ	普	△	○	△	○	○

RANKING 515 ナイキアディライト

2〜8歳時に日で43戦14勝。公営船橋に所属し、日本テレビ盃、GⅡ時代のかしわ記念、東京ダービー、羽田盃などに勝利。帝王賞で2、3着している。産駒にGⅠ4着マイネルディアベル。

総収得賞金	625,000円	アーニング INDEX	0.14

● 2000年生　●青鹿毛　● 2021年引退

父 *ディアブロ
母 ナイキアラモード　母父 *スリルショー

距離	成長型	芝	ダート	瞬発力	パワー	底力
中	普	△	○	△	○	△

RANKING 517 CLASSIC EMPIRE
クラシックエンパイア

2〜3歳時に米で9戦5勝。ブリーダーズフューチュリティ、BCジュヴナイルに勝ち、2016年米2歳牡馬王者に選出される。産駒にインターステイトデイドリーム。日本でララガルグイユ。

総収得賞金	620,000円	アーニング INDEX	0.14

● 2014年生　●鹿毛　●供用地／アメリカ

父 Pioneerof the Nile
母 Sambuca Classica　母父 Cat Thief

距離	成長型	芝	ダート	瞬発力	パワー	底力
マ中	普	△	○	△	○	△

RANKING 518 *ファルブラヴ

2〜5歳時に伊仏日英愛米香で26戦13勝。ジャパンC、香港C、エクリプスS、イスパーン賞など世界各地でGⅠを8勝した名馬。産駒にフラヴァシ、アイムユアーズ、エイシンヴァーゴウ。

総収得賞金	607,000円	アーニング INDEX	0.03

● 1998年生　●鹿毛　● 2014年引退

父 Fairy King
母 Gift of the Night　母父 Slewpy

距離	成長型	芝	ダート	瞬発力	パワー	底力
短中	普	◎	○	◎	○	○

RANKING 519 *チーフベアハート

2〜5歳時に加米日で26戦12勝。BCターフ、カナディアン国際SなどGⅠ3勝の一流グラスホース。産駒にマイネルキッツ（天皇賞・春）、マイネルレコルト（朝日杯FS）、トーホウレーサー。

総収得賞金	595,000円	アーニング INDEX	0.13

● 1993年生　●栗毛　● 2012年死亡

父 Chief's Crown
母 Amelia Bearhart　母父 Bold Hour

距離	成長型	芝	ダート	瞬発力	パワー	底力
中長	やや晩	○	○	○	○	○

RANKING 520 *エイシンプレストン

2〜6歳時に日香で32戦10勝。QエリザベスⅡ世C2回、香港マイルと香GⅠ3勝。日本でも朝日杯3歳S、毎日王冠、ニュージーランドTなどに勝利した。産駒にGⅢ3着ケンブリッジエル。

総収得賞金	569,000円	アーニング INDEX	0.13

● 1997年生　●鹿毛　● 2018年引退

父 Green Dancer
母 Warranty Applied　母父 Monteverdi

距離	成長型	芝	ダート	瞬発力	パワー	底力
マ中	普	○	△	△	○	○

RANKING 521 STAY THIRSTY
ステイサースティ

2〜4歳時に米で17戦5勝。3歳時のトラヴァーズS、4歳時のシガーマイルHとGⅡ2勝。産駒に米GⅠ3勝マインドコントロール、亜GⅠ馬ジャックオブハーツ、日本でステイグリーン。

総収得賞金	551,000円	アーニング INDEX	0.12

● 2008年生　●黒鹿毛　●供用地／アメリカ

父 Bernardini
母 Marozia　母父 Storm Bird

距離	成長型	芝	ダート	瞬発力	パワー	底力
中	普	○	○	○	○	○

※ 515位のモンドキャンノは P366 に掲載しています。

2022年

2歳馬サイアーランキング

前年3位からドゥラメンテが初の戴冠！

順位	21年順位	総合順位	種牡馬名	総収得賞金	産駒数	勝利頭数	代表産駒	掲載頁
1	3	5	ドゥラメンテ	¥412,705,000	122	21	リバティアイランド	P48
2	2	12	エピファネイア	¥410,754,000	152	29	チャンスザローゼス	P76
3	32	8	ルーラーシップ	¥361,358,000	134	19	ドルチェモア	P60
4	新	77	★＊マインドユアビスケッツ	¥319,664,000	102	28	デルマソトガケ	P350
5	6	11	＊ヘニーヒューズ	¥318,978,000	101	32	ペリエール	P72
6	8	3	ハーツクライ	¥288,387,000	130	22	ダノンザタイガー	P40,417
7	34	23	ジャスタウェイ	¥276,684,000	136	23	ガストリック	P118
8	4	2	ロードカナロア	¥268,896,000	182	20	ダノンタッチダウン	P36
9	26	18	＊キンシャサノキセキ	¥265,924,000	88	23	リバーラ	P100
10	11	9	モーリス	¥265,771,000	137	23	テラステラ	P64
11	15	22	ホッコータルマエ	¥256,100,000	133	27	ゴライコウ	P116
12	5	20	＊ドレフォン	¥245,681,000	125	17	コンティノアール	P108
13	12	4	キズナ	¥231,805,000	107	19	アリスヴェリテ	P44
14	29	41	ビッグアーサー	¥230,785,000	111	16	ブトンドール	P154
15	13	14	＊ハービンジャー	¥227,567,000	146	17	ファントムシーフ	P84,418
16	新	99	★リアルスティール	¥225,105,000	108	19	オールパルフェ	P352
17	新	94	★＊シャンハイボビー	¥206,075,000	66	21	マンダリンヒーロー	P354
18	－	88	ダノンバラード	¥197,798,000	66	10	キタウイング	P244
19	7	10	ダイワメジャー	¥196,131,000	85	16	バレリーナ	P68,416
20	新	82	★＊デクラレーションオブウォー	¥195,271,000	88	18	トップナイフ	P356

※★は2022年産駒デビューの新種牡馬。

2頭の2歳GI勝ち産駒が登場し
エピファネイアとの大接戦を制す

計11度王座に就いていたディープインパクトが静かに退場し、2022年の2歳産駒が最後から3番目の世代となるドゥラメンテが、前年の3位から2つ順位を上げ初の2歳リーディングサイアーに輝いた。

2位エピファネイアとはわずか200万円差という大接戦だったが、最後にものをいったのがリバティアイランド（阪神JF）、ドゥラエレーデ（ホープフルS）という2頭の2歳GI勝ち産駒の存在。中でもエピファネイア産駒にも数多くの有力馬がいたホープフルSを、ドゥラエレーデが14番人気で勝ち切ったことはリーディング獲得に向けての強力な追い風となった。GI勝ち産駒2頭以外にも、札幌2歳Sを勝利したドゥーラ、

2歳新馬戦を勝ち、年明け緒戦の共同通信杯で2着したタッチウッド、新馬、500万下特別を連勝しているシャンパンカラーら有力馬が揃うドゥラメンテ産駒は、牡、牝ともにクラシック戦線を沸かせてくれるはずだ。

前年と同じく2位となったエピファネイアは、ドゥラメンテを上回る勝ち鞍数、勝ち馬頭数を記録したが、2歳重賞勝ち馬が出なかったことが最後に響いてしまった。まずは、ホープフルSを1番人気で5着したミッキーカプチーノ、阪神JFで2番人気となりながら大敗してしまったモリアーナ（コスモス賞）の巻き返しに期待したいところ。このほかにも、チャンスザローゼス（アイビーS）、ウインオーディン（新潟2歳S2着）、新馬、500万特別を連勝したルミノメテオール、1勝馬ながら距離延びて本領を発揮しそうなレヴォルタードらの期待馬が揃っているだけに、複数

順位	種牡馬名	順位	種牡馬名	順位	種牡馬名
21	キタサンブラック	48	フリオーソ	75	＊モンテロッソ
22	シルバーステート	49	ヴィクトワールピサ	76	＊バトルプラン
23	★サトノクラウン	50	リアルインパクト	77	スクリーンヒーロー
24	エスポワールシチー	51	＊ヴィットリオドーロ	78	★＊マクマホン
25	＊ディスクリートキャット	52	★レッドファルクス	79	★ヤマカツエース
26	★サトノダイヤモンド	53	トゥザワールド	80	ジョーカプチーノ
27	イスラボニータ	54	ストロングリターン	81	＊エスケンデレヤ
28	カレンブラックヒル	55	＊ラニ	82	ディープブリランテ
29	コパノリッキー	56	サトノアラジン	83	グランデッツァ
30	＊パイロ	57	＊ノヴェリスト	84	★ゴールドアクター
31	ゴールドシップ	58	★＊タリスマニック	85	＊ロージズインメイ
32	＊マジェスティックウォリアー	59	ロゴタイプ	86	スピルバーグ
33	＊アジアエクスプレス	60	★ネロ	87	ヴァンキッシュラン
34	ラブリーデイ	61	★ニシケンモノフ	88	スマートファルコン
35	★＊ベストウォーリア	62	★インカンテーション	89	Speightstown（海外けい養）
36	＊ダノンレジェンド	63	メイショウボーラー	90	ヴァンセンヌ
37	＊シニスターミニスター	64	トランセンド	91	バンブーエール
38	★グレーターロンドン	65	エイシンヒカリ	92	＊スクワートルスクワート
39	＊アメリカンペイトリオット	66	パドトロワ	93	＊ベーカバド
40	＊マクフィ	67	ブラックタイド	94	トーセンホマレボシ
41	ファインニードル	68	エイシンフラッシュ	95	グランプリボス
42	リオンディーズ	69	＊トビーズコーナー	96	オルフェーヴル
43	ミッキーアイル	70	Frankel（海外けい養）	97	ベルシャザール
44	＊バゴ	71	Justify（海外けい養）	98	トーセンラー
45	★ミッキーロケット	72	ディーマジェスティ	99	Bolt d'Oro（海外けい養）
46	＊ダンカーク	73	ワールドエース	100	ディープインパクト
47	★＊ビーチパトロール	74	スズカコーズウェイ	※★は2022年産駒デビューの新種牡馬です	

の産駒がクラシック本番に駒を進めてくることは確実だろう。

新種牡馬勢最高の4位に入った 2歳ダート交流重賞2勝の個性派

　サウジアラビアRC、朝日杯FSを連勝したドルチェモアを出したルーラーシップが前年の32位から大きくランキングを上げて3位に入ってきた。ドルチェモア以外にも札幌2歳S2着、阪神JF3着のドゥアイズ、ホープフルS3着のキングズレインらの有力馬が存在するルーラーシップ産駒は、クラシック戦線の台風の目となってきそうだ。

　新種牡馬勢では、4位マインドユアビスケッツが唯一のトップ10サイアーとなった。特筆すべきは2歳ダート交流重賞での強さ。デルマソトガケ（全日本2歳優駿）、マルカラピッド（エーデルワイス賞）という2頭の重賞ウイナーは、共に実戦向きのしぶとさと勝負強さの持ち主でもあった。芝でもショーモン（デイリー杯2歳S3着）という活躍産駒が出ているが、本質的にはダート番組が改定されていく、現代の日本競馬にマッチした新進気鋭種牡馬なのだと思う。

　総合ランキングに比べ1年ごとの変化が大きい2歳サイアーランキングだが、2022年のトップ10にはすでに評価が定まったベテラン、中堅勢が数多く名を連ねた。

　その中で目立ったのが前年の34位から7位に躍進してきたジャスタウェイ。すでに「中堅種牡馬」といって良い存在だが、配合相手や育成に関するノウハウが熟成したことが、東京スポーツ杯2歳Sを制覇したガストリックを筆頭とするスケールの大きさを感じさせる優秀産駒が相次いだ要因だろう。

地方競馬サイアーランキング

砂の名馬エスポワールシチーが初王者に

2頭の交流重賞勝ち馬に加え
数多のローカル重賞馬が登場

　前々年10位、前年6位と順調にランキングを上げていたエスポワールシチーが、長年王座を守ってきたサウスヴィグラスに替わり、見事、地方競馬リーディングサイアーの座を射止めた。

　大きな原動力となったのが、共に交流ダート戦線を沸かせた2頭の産駒たち。JRA所属のペイシャエスは、名古屋グランプリを勝ち、ジャパンダートダービー2着、JBCクラシック3着とGI戦でも上位進出を果たした。また、公営園田所属のイグナイターも、黒船賞、かきつばた記念と重賞を2勝したほか、南部杯4着、JBCスプリント5着と地方競馬を代表するダート短距離馬として確かな存在感を示した。

　イグナイターも公営高知のローカル重賞黒潮スプリンターズCを制していたが、地方競馬のローカル重賞勝ち馬も多数誕生。兵庫ダービー馬バウチェイサー、大井・黒潮盃馬エスポワールガイ、金沢プリンセスC勝ちなど公営金沢の2歳重賞戦線で頑張ったショウガタップリ、東海桜花賞を制したインペリシャブルらの走りも印象深かったが、中でも、船橋・京浜盃グランドマイラーズ、大井・サンタアニタT、浦和・ゴールドCと、賞金が高い公営南関東のローカル重賞を勝利したスマイルウィの活躍は首位獲得にも多大な貢献を果たした。

　地方競馬2歳サイアーランキングでも2位につけたエスポワールシチーは、世代間のバラつきがない層の厚さも魅力。サウスヴィグラスのように、長年に亘り絶対王者として君臨し続けるかはまだ分からないが、現代の地方競馬を牽引していく重要なポジションを担う種牡馬であることは間違いない。

上位常連が変わらぬ強さを発揮
2歳首位種牡馬の動向も要注目

　2位には、8年連続トップ10入り、5年連続トップ3入りとなったパイロが前年と同じ順位をキープした。帝王賞を制したメイショウハリオ、佐賀記念、白山大賞典を勝ったケイアイパープルといった交流ダート重賞勝ち産駒はいずれもJRA所属馬だったが、地方競馬でも大井・羽田盃馬ミヤギザオウ、道営記念馬サンビュート、大井記念、東京記念を勝ったランリョウオーらが登場するなど相変わらずの地力の高さを示している。

　3位シニスターミニスターも前年と同じ順位を維持。これが6年連続のトップ10入りで、ダート戦線トップサイアーの地位を完全に築き上げたといえるだろう。JBCクラシックを快勝したテーオーケインズ、関東オークス、ブリーダーズゴールドCを制したグランブリッジというJRA所属馬の存在も大きかったが、アンティキティラ（名古屋・若草賞）、ラッキードリーム（園田・姫山菊花賞）など地方競馬ローカル重賞勝ち馬も多数誕生した。

　4位オルフェーヴルは、タニノタビトが東海ダービーに優勝するなど地方競馬に所属する産駒たちの活躍も光った。ただし、前年の15位から一気に4位まで順位を上げてきた原動力は、かしわ記念を勝ったショウナンナデシコ、東京大賞典馬ウシュバテソーロといったJRA所属の交流ダートGI馬たちではあった。

　地方競馬2歳首位種牡馬となったのが総合でも9位にまで順位を上げてきたホッコータルマエ。JBC2歳優駿馬ゴライコウの活躍もあり、2位に3000万円近い差を付けての初タイトル獲得となった。

2022年　地方競馬サイアーランキング TOP20

順位	種牡馬名	父	母父	系統	生年	掲載頁
1	エスポワールシチー	ゴールドアリュール	*ブライアンズタイム	サンデーサイレンス	2005	P104
2	*パイロ	☆プルピット	☆ワイルドアゲイン	シアトルスルー	2005	P92
3	*シニスターミニスター	☆オールドトリエステ	☆ザプライムミニスター	シアトルスルー	2003	P80
4	オルフェーヴル	ステイゴールド	メジロマックイーン	サンデーサイレンス	2008	P56
5	*サウスヴィグラス	*エンドスウィープ	☆スタードナスクラ	フォーティナイナー	1996	P128,418
6	スマートファルコン	ゴールドアリュール	*ミシシッピアン	サンデーサイレンス	2005	P148
7	*ヘニーヒューズ	*ヘネシー	☆メドウレイク	ストームキャット	2003	P72
8	フリオーソ	*ブライアンズタイム	☆ミスタープロスペクター	ロベルト	2004	P146
9	ホッコータルマエ	キングカメハメハ	☆チェロキーラン	キングマンボ	2009	P116
10	*キンシャサノキセキ	フジキセキ	☆プレザントコロニー	サンデーサイレンス	2003	P100
11	ロードカナロア	キングカメハメハ	☆ストームキャット	キングマンボ	2008	P36
12	*クロフネ	*フレンチデビュティ	☆クラシックゴーゴー	ノーザンダンサー	1998	P130,413
13	ゴールドアリュール	*サンデーサイレンス	☆ヌレイエフ	サンデーサイレンス	1999	P132,417
14	*マジェスティックウォリアー	☆エーピーインディ	☆シーキングザゴールド	シアトルスルー	2005	P124
15	ハーツクライ	*サンデーサイレンス	*トニービン	サンデーサイレンス	2001	P40,417
16	*アジアエクスプレス	*ヘニーヒューズ	☆ランニングスタッグ	ストームキャット	2011	P140
17	*ロージズインメイ	☆デヴィルヒズデュー	スピークジョン	ヘイルトゥリーズン	2000	P186,418
18	*アイルハヴアナザー	☆フラワーアレイ	☆アーチ	フォーティナイナー	2009	P134
19	ベルシャザール	キングカメハメハ	*サンデーサイレンス	キングマンボ	2008	P182
20	キングカメハメハ	☆キングマンボ	*ラストタイクーン	キングマンボ	2001	P52,413

2022年　地方競馬2歳馬サイアーランキング TOP10

順位	種牡馬名	父	母父	系統	生年	掲載頁
1	ホッコータルマエ	キングカメハメハ	☆チェロキーラン	キングマンボ	2009	P116
2	エスポワールシチー	ゴールドアリュール	*ブライアンズタイム	サンデーサイレンス	2005	P104
3	★*ベストウォーリア	*マジェスティックウォリアー	☆ミスターグリーリー	シアトルスルー	2010	P359
4	★*マインドユアビスケッツ	☆ポッセ	☆トセット	ノーザンダンサー	2013	P350
5	*ヘニーヒューズ	*ヘネシー	☆メドウレイク	ストームキャット	2003	P72
6	*パイロ	☆プルピット	☆ワイルドアゲイン	シアトルスルー	2005	P92
7	コパノリッキー	ゴールドアリュール	*ティンバーカントリー	サンデーサイレンス	2010	P166
8	★*シャンハイボビー	☆ハーランズホリデー	☆オリエンテイト	ストームキャット	2010	P354
9	フリオーソ	*ブライアンズタイム	☆ミスタープロスペクター	ロベルト	2004	P146
10	ダノンレジェンド	☆マッチョウノ	☆ストームキャット	ヒムヤー	2010	P164

★は2022年産駒デビューの新種牡馬、☆の馬は海外けい養馬。

英愛サイアーランキング

ドバウィが悲願のトップの座に立つ!

Nダンサー系の牙城を崩し
ミスプロ系では初の首位

2022年の英愛リーディングサイアーは、ミスタープロスペクター系種牡馬ドバウィが念願の首位の栄冠を獲得。1989年のブラッシンググルーム以来、実に33年ぶりとなる「非ノーザンダンサー系」の種牡馬が首位に立った。同時に、ミスタープロスペクター系種牡馬としても初となる快挙でもある。

2022年はコロエバスが英2000ギニー、セントジェイムズパレスSと連勝したほか、ネイヴァルクラウンがプラチナジュビリーSを、エルダーエルダロフが英セントレジャーを勝っている。スプリント戦から長距離レースまで、幅広く活躍馬を出しているのはさすが。なお、2023年の種付料は世界最高額となる35万ポンド(※約5775万円)にも及んでいる。

2位につけたのがシーザスターズ。サセックスS、英インターナショナルSなどGIを4勝して欧州年度代表馬に選ばれたバーイードが、2位への原動力となった。バーイードは惜しくも有終の美を飾れなかったが、あらためて名馬の血の素晴らしさを示してくれた。ほかにはバーイードの全兄でコロネーションCを勝ったフクム、英チャンピオンズフィリーズ&メアズS勝ちのエミリーアップジョンなどが活躍した。

3位にフランケル。前年、父ガリレオを超え、初の英愛リーディングサイアーに輝いたが今年は接戦の末3位に甘んじた。2022年は愛ダービー馬ウエストオーバー、ヨークシャーオークスのアルピニスタなどが活躍したが、エース格のアダイヤーやハリケーンレーンが前年ほど活躍できなかったのが響いたか。それでも、アルピニスタの凱旋門賞勝ちなどもあり、欧州リーディングでは堂々の1位に輝いている。

ちなみに父ガリレオも、その父サドラーズウェルズも、最初にリーディングサイアーに輝いた翌年は王座から陥落したものの、その次の年から長期政権を築いている。その意味で、2023年のフランケルの活躍に注目だ。

4位はかつての覇王・ガリレオ。前年、息仔に王座を譲ったとはいえまだまだ衰えたわけではない。2022年はアスコットGC、愛セントレジャーなどを制したキプリオスが活躍。

そのガリレオと僅差で争う5位となったのがダークエンジェル。主な活躍馬はGIIキングジョージS勝ちのカーデムと、あまり目立った成績ではないが、134頭という勝ち馬頭数が5位になった原動力。これは上位の種牡馬をも凌ぐもので、質より量を体現していると言えよう。

そのほかでは、前年から大きく順位をあげてきた6位ニューベイに注目。1位のドバウィの後継馬でもありさらなる活躍が期待できる。

英愛でも結果を出している
Sキャット系の新鋭に注目

2歳リーディングに輝いたのはノーネイネヴァー。4連勝でGI愛フェニックスSを制したリトルビッグベアや、ミドルパークSを勝って欧州最優秀2歳牡馬に選ばれたブラックベアードなどが活躍。ストームキャット系らしい仕上がりの早さは欧州でも健在だ。

2位は新鋭のハヴァナグレー。GIIIコーンウォリスSを勝ったラムスターなどが活躍している。欧州2歳馬王者のテオフィロへとつながるサイアーラインで、英愛に強い系統だけに期待が持てる。そして1位のノーネイネヴァーと同じスキャットダディ産駒のスーネーションが8位にランクイン。競走馬としての実績は平凡だが、種牡馬として化ける可能性があるのがこの系統の魅力。今後が楽しみだ。

※1ポンド＝165円で換算(2022年12月末のレート)

2022年　英愛サイアーランキング TOP20

順位	種牡馬名	父	母父	系統	生年	掲載頁
1	ドバウィ	ドバイミレニアム	デプロイ	ミスタープロスペクター	2002	P315,425
2	シーザスターズ	ケープクロス	ミスワキ	ダンチヒ	2006	P411
3	フランケル	ガリレオ	*デインヒル	サドラーズウェルズ	2008	P264
4	ガリレオ	サドラーズウェルズ	ミスワキ	サドラーズウェルズ	1998	P309,419
5	ダークエンジェル	アクラメーション	マキャベリアン	ノーザンダンサー	2005	P269
6	ニューベイ	ドバウィ	ザミンダー	ミスタープロスペクター	2012	P316
7	キングマン	インヴィンシブルスピリット	ザミンダー	ダンチヒ	2011	P419
8	コディアック	*デインヒル	クリス	ダンチヒ	2001	―
9	ロペデヴェガ	シャマーダル	ヴェットーリ	ストームキャット	2007	P410
10	ノーネイネヴァー	スキャットダディ	イルーシヴクオリティ	ストームキャット	2011	P288
11	インヴィンシブルスピリット	グリーンデザート	クリス	ダンチヒ	1997	P305
12	ナサニエル	ガリレオ	シルヴァーホーク	サドラーズウェルズ	2008	P317
13	ナイトオブサンダー	ドバウィ	ガリレオ	ミスタープロスペクター	2011	P308
14	キャメロット	モンジュー	キングマンボ	サドラーズウェルズ	2009	P321
15	スタースパングルドバナー	シュワジール	メイドオブゴールド	ダンチヒ	2006	P328
16	ダンディマン	モーツァルト	ナイトシフト	ダンチヒ	2003	P327
17	ゾファニー	ダンシリ	マキャベリアン	ダンチヒ	2008	P325
18	ショーケーシング	オアシスドリーム	ザフォニック	ダンチヒ	2007	P305
19	メーマス	アクラメーション	マキャベリアン	ノーザンダンサー	2014	P406
20	マスタークラフツマン	デインヒルダンサー	*ブラックタイアフェアー	ダンチヒ	2006	P326

2022年　英愛2歳馬サイアーランキング TOP10

順位	種牡馬名	父	母父	系統	生年	掲載頁
1	ノーネイネヴァー	スキャットダディ	イルーシヴクオリティ	ストームキャット	2011	P288
2	★ハヴァナグレー	ハヴァナゴールド	ダークエンジェル	サドラーズウェルズ	2015	P305
3	キングマン	インヴィンシブルスピリット	ザミンダー	ダンチヒ	2011	P419
4	コディアック	*デインヒル	クリス	ダンチヒ	2001	―
5	カマチョ	*デインヒル	ザフォニック	ダンチヒ	2002	―
6	ショーケーシング	オアシスドリーム	ザフォニック	ダンチヒ	2007	P305
7	ダンディマン	モーツァルト	ナイトシフト	ダンチヒ	2003	P327
8	★スーネーション	スキャットダディ	オアシスドリーム	ストームキャット	2015	P408
9	フランケル	ガリレオ	*デインヒル	サドラーズウェルズ	2008	P264
10	ドバウィ	ドバイミレニアム	デプロイ	ミスタープロスペクター	2002	P315,425

★は2022年産駒デビューの新種牡馬。

北米サイアーランキング

イントゥミスチーフが大差でV4達成！

自らのレコードをさらに更新！その勢いはとどまることなし！

2022年の北米リーディングサイアーは、ストームキャット系種牡馬イントゥミスチーフが4年連続で栄冠に輝いた。4年連続というのは、伝説的大種牡馬ボールドルーラー（1963年から7年連続）以来となる快挙。勝ち数こそ前年の388勝には及ばなかったが、それでも2位以下に大きく差をつける339勝をマーク。収得賞金は2585万29ドル（※約33億8635万円）に達し、前年度に自身がうち立てた北米けい養種牡馬における収得賞金レコードを塗り替えることとなった。勢いが衰えるどころかますます加速しているわけだ。

その原動力となったのは2021年に引き続きライフイズグッド。ペガサスワールドC招待S、ホイットニーS、ウッドワードSとGIを3勝。世紀の一戦となったBCクラシックでフライトラインに完敗し年度代表馬の座は逃したが、父の快進撃を支える活躍を見せた。

また、2歳世代においてもワンダーホイールがBCジュヴナイルフィリーズを勝ち、最優秀2歳牝馬に選ばれている。

種付料は驚異の25万ドル（約3275万円）。その金額にふさわしい牝馬が集まるのだから、まだまだ王座は揺るぎそうもない。

2位はカーリン。約7万ドルという大差をつけられて2年連続の2位となった。2022年は前年に米3歳女王に輝いたマラサートが引き続き活躍。同馬は前年3着の雪辱を果たしたBCディスタフなどGI3勝の活躍で、最優秀古馬ダート牝馬に選ばれている。また、ネスト（CCAオークスなどGI3勝）が米最優秀3歳牝馬に、エリートパワー（BCスプリント）が米最優秀スプリンター牡馬に選ばれており、3頭のチャ

ンピオンホースを出すことでランキング常連としての意地は見せたかたちだ。

3位は新鋭ガンランナーがランクイン。2021年に2歳リーディングサイアーに輝いた実績そのままに2022年も活躍。プリークネスS勝ちのアーリーヴォーティング、ハスケル招待Sのサイバーナイフなどの産駒を送り出した。トップ10入り種牡馬の中では勝ち馬頭数も勝ち鞍数も共に最少だが、中身の濃い産駒成績を見せた。覇王に挑戦する若きチャレンジャーのポジションを獲得していると言えよう。

歴史的名馬フロントラインを送り出したタピットが5位。順位こそ前年4位から落としたが、フロントラインの活躍であらためてこの父系に注目が集まっている。そのほか、米最優秀3歳牡馬エピセンター（トラヴァーズS）を出し7位にランクインした新鋭ノットディスタイムにも今後の活躍が期待される。

イントゥミスチーフが2冠達成も新鋭たちが虎視眈々と狙う

2歳リーディングでは、2歳女王ワンダーホイールを輩出したイントゥミスチーフがこちらも余裕のトップで2冠を達成。2位は2頭のGII馬を出した新種牡馬ボルトドーロがランクイン。米でサドラーズウェルズ系を発展させているメダグリアドーロの直仔で、この馬にも同じような活躍が期待される。3位にはBCジュヴナイルなどGI3勝の米2歳牡馬王者フォルテを出したヴァイオレンスが入った。

そのほかでは新種牡馬の活躍が目立ち、ボルトドーロ以外にもグッドマジック、アーミーミュール、ジャスティファイ、ガーヴィンの4頭がトップ10入り。無敗の3冠馬ジャスティファイは期待度の高さではやや物足りないが、2年目、3年目産駒からも目が離せない。

※1ドル＝131円で換算（2022年12月末のレート）

2022年　北米サイアーランキング TOP20

順位	種牡馬名	父	母父	系統	生年	掲載頁
1	イントゥミスチーフ	ハーランズホリデー	トリッキークリーク	ストームキャット	2005	P275
2	カーリン	スマートストライク	デピュティミニスター	ミスタープロスペクター	2004	P281
3	ガンランナー	キャンディライド	ジャイアンツコーズウェイ	ファピアノ	2013	P286
4	アンクルモー	インディアンチャーリー	アーチ	カロ	2008	P280
5	タピット	プルピット	アンブライドルド	シアトルスルー	2001	P277,424
6	マニングス	スパイツタウン	ホーリーブル	ミスタープロスペクター	2006	P411
7	ノットディスタイム	ジャイアンツコーズウェイ	トリッピ	ストームキャット	2014	P407
8	スパイツタウン	ゴーンウエスト	ストームキャット	ミスタープロスペクター	1998	P271
9	クオリティロード	イルーシヴクオリティ	ストロベリーロード	ミスタープロスペクター	2006	P290
10	コンスティチューション	タピット	ディストーテイドヒューマー	シアトルスルー	2011	P302
11	パイオニアオブザナイル	*エンパイアメーカー	ロードアットウォー	ファピアノ	2006	P279
12	ヴァイオレンス	メダグリアドーロ	ゴーンウエスト	サドラーズウェルズ	2010	P318
13	*ハードスパン	ダンチヒ	ターコマン	ダンチヒ	2004	P285
14	*ストリートセンス	ストリートクライ	ディキシーランドバンド	ミスタープロスペクター	2004	P278
15	ゴーストザッパー	オーサムアゲイン	リローンチ	ノーザンダンサー	2000	P316
16	マクリーンズミュージック	ディストーテイドヒューマー	アンブライドルズソング	ミスタープロスペクター	2008	P287
17	カイロプリンス	パイオニアオブザナイル	ホーリーブル	ファピアノ	2011	P331
18	トゥワイリングキャンディ	キャンディライド	チェスターハウス	ファピアノ	2007	－
19	アメリカンファラオ	パイオニアオブザナイル	ヤンキージェントルマン	ファピアノ	2012	P202
20	ゴールデンセンツ	イントゥーミスチーフ	バンカーズゴールド	ストームキャット	2010	P312

2022年　北米2歳馬サイアーランキング TOP10

順位	種牡馬名	父	母父	系統	生年	掲載頁
1	イントゥミスチーフ	ハーランズホリデー	トリッキークリーク	ストームキャット	2005	P275
2	★ボルトドーロ	メダグリアドーロ	エーピーインディ	サドラーズウェルズ	2015	P299
3	ヴァイオレンス	メダグリアドーロ	ゴーンウエスト	サドラーズウェルズ	2010	P318
4	★グッドマジック	カーリン	*ハードスパン	ミスタープロスペクター	2015	P405
5	プラクティカルジョーク	イントゥミスチーフ	ディストーテイドヒューマー	ストームキャット	2014	P310
6	★アーミーミュール	フリーサンファイア	クラフティプロスペクター	シアトルスルー	2014	P402
7	フロステッド	タピット	デピュティミニスター	シアトルスルー	2012	P295
8	★ジャスティファイ	スキャットダディ	ゴーストザッパー	ストームキャット	2015	P290
9	ナイキスト	アンクルモー	フォレストリー	カロ	2013	P320
10	★ガーヴィン	テイルオブエカティ	マリブムーン	ストームキャット	2014	P405

★は2022年産駒デビューの新種牡馬。

345

豪サイアーランキング

アイアムインヴィンシブルが念願の首位に

4季連続2位確保のトップ種牡馬 産駒層の厚さも初戴冠の原動力に

昨季まで4シーズン連続で2位につけていたアイアムインヴィンシブルが、熾烈な首位争いから抜け出し、悲願ともいえる豪リーディングサイアーの座に就いた。

稼ぎ頭となったのは、クールモアスタッドS、ブラックキャビア・ライトニングSとスプリントGI戦を連勝したホームアフェアーズ。このほかにも、オークレイプレートを制したマラビなど3頭のGI勝ち産駒が登場したアイアムインヴィンシブルだが、いずれもトップの数字となった「勝利数314」、「勝ち馬頭数185」、「出走頭数359」が示す、産駒層の厚さ、レベルの高さも、首位躍進への強力な原動力となった。

欧州で大成功を収めているインヴィンシブルスピリットを父に持つアイアムインヴィンシブルは、現役時代に豪GⅢマッケイSに勝ち、豪GIグッドウッドHでテイクオーバーターゲットの2着したスプリンター。大きな期待を担って種牡馬生活を開始した訳ではなかったが、2022年には供用初年度から22倍以上となる24万7500豪ドル（※約2277万円）という、豪ナンバーワンの種付料が設定された。

豪で種牡馬となった世界的名馬 かつての絶対王者も強さを示す

首位からおよそ55万豪ドル（約5060万円）の小差で2位となったのは、南半球、北半球を股にかけ、マッキノンS、愛チャンピオンS、プリンスオブウェールズSなどGIを計10勝したニュージーランド生まれの世界的名馬ソーユーシンク。稼ぎ頭となった、中距離のビッグレース、QエリザベスSに勝利したシンクイッ

トオーバー、3200m戦で争われるシドニーCを制したナイツオーダー、マイル戦のクイーンオブザターフSの勝ち馬ニマリーといった豪GI馬を含む12頭の産駒が、計18の重賞勝利を記録し昨季から3ランクを上昇させることに繋げた。自身が誇った中長距離適性の高さ、大一番で活きる底力を遺憾なく産駒に伝えていることが、種牡馬ソーユーシンク最大の武器。スプリンター、マイラー型の種牡馬が多い豪生産界では異色の存在でもある。

過去に4度の豪リーディングサイアー経験があるベテラン種牡馬スニッツェルが、昨季から1つ順位を上げトップ3圏内に返り咲いた。稼ぎ頭はスプリントGIモイアSを制したワイルドルーラー。また、「重賞勝ち馬18頭」、「重賞レース26勝」は共に全種牡馬中最多で、トップクラスにおける産駒層の厚さには相変わらず素晴らしいものがある。

昨季12位から一気に順位を上げ、自己最高位となる4位に飛び込んできたのがダンチヒ系の快速型種牡馬ニッコーニ。GI T.J.スミスS、GIスプリントクラシック、高額賞金レースであるジ・エベレストなどを制し、英GIキングズスタンドSにも勝った2021／2022年豪年度代表馬ネイチャーストリップの父として、大いに存在感を高めた。

初の2歳リーディングサイアーに輝いたのが、これまでにさしたる実績がなかった大種牡馬デインヒル直系の血を受け継ぐレベルデイン。2歳戦の世界最高賞金500万豪ドル（約4億6000万円）が懸かったゴールデンスリッパーS、イングリスサイアーズとGIを連勝し、豪最優秀2歳牡馬に選ばれたファイアバーンが登場したことにより、昨季の49位から一気にトップまで駆け上がる大躍進劇となった。

※1豪ドル＝92円で換算（2022年12月末のレート）

2021/2022年　豪サイアーランキング TOP20

順位	種牡馬名	父	母父	系統	生年	掲載頁
1	アイアムインヴィンシブル	インヴィンシブルスピリット	キャニーラッド	ダンチヒ	2004	P290
2	ソーユーシンク	ハイシャパラル	タイツ	サドラーズウェルズ	2006	P411
3	*スニッツェル	リダウツチョイス	シニペッツ	ダンチヒ	2002	P316
4	ニッコーニ	ビアンコーニ	シーニック	ダンチヒ	2005	—
5	シェイマスアワード	*スニッツェル	サクセスエクスプレス	ダンチヒ	2010	—
6	リトゥンタイクーン	イグレシア	ケンマール	ノーザンダンサー	2002	—
7	セブリング	モアザンレディ	フライングスパー	ヘイルトゥリーズン	2005	P333
8	ズースター	ノーザンメテオ	リダウツチョイス	ノーザンダンサー	2010	P324
9	オールトゥーハード	カジノプリンス	デザートサン	ダンチヒ	2009	P410
10	サヴァビール	ザビール	サクセスエクスプレス	サーゲイロード	2001	P328
11	トロナド	ハイシャパラル	グランドスラム	サドラーズウェルズ	2010	—
12	タヴィストック	モンジュー	クエストフォーフェイム	サドラーズウェルズ	2005	P331
13	ディープフィールド	ノーザンメテオ	イルーシヴクオリティ	ノーザンダンサー	2010	—
14	スピリットオブブーム	スクアロ	スペシャルデーン	フォルリ	2007	—
15	ストリートボス	ストリートクライ	*オジジアン	ミスタープロスペクター	2004	P334
16	ピエロ	ロンロ	デイラミ	サーゲイロード	2009	—
17	ファストネットロック	*デインヒル	*ロイヤルアカデミー	ダンチヒ	2001	P335
18	エクシードアンドエクセル	*デインヒル	ロモンド	ダンチヒ	2000	P297
19	ショッキング	ストリートクライ	*デインヒル	ミスタープロスペクター	2005	—
20	マグナス	フライングスパー	スニペッツ	ダンチヒ	2002	—

2021/2022年　豪2歳馬サイアーランキング TOP10

順位	種牡馬名	父	母父	系統	生年	掲載頁
1	レベルデイン	カリフォルニアデイン	モアザンレディ	ダンチヒ	2009	—
2	*スニッツェル	リダウツチョイス	シニペッツ	ダンチヒ	2002	P316
3	リトゥンタイクーン	イグレシア	ケンマール	ノーザンダンサー	2002	—
4	スピリットオブブーム	スクアロ	スペシャルデーン	フォルリ	2007	—
5	シャラー	インヴィンシブルスピリット	ウォーチャント	ダンチヒ	2013	P297
6	★ロシアンレボリューション	*スニッツェル	*ストラヴィンスキー	ダンチヒ	2013	—
7	アイアムインヴィンシブル	インヴィンシブルスピリット	キャニーラッド	ダンチヒ	2004	P290
8	セブリング	モアザンレディ	フライングスパー	ヘイルトゥリーズン	2005	P333
9	ベターザンレディ	モアザンレディ	*アグネスワールド	ヘイルトゥリーズン	2009	—
10	エポレット	*コマンズ	シングスピール	ダンチヒ	2009	—

★は2021/2022年産駒デビューの新種牡馬。

NATURE STRIP
ネイチャーストリップ

Column 4

2022年
海外競馬
活躍馬の血統

PROFILE

競走成績　40戦22勝（2021/2022年8戦5勝）
騸・栗毛・2014年11月16日生まれ
調教師　Chris Waller（オーストラリア）
主戦騎手　J.マクドナルド

2021/2022年成績　最高レーティング 126 S（2021/2022年）

出走日	国名	格	レース名	コース・距離	着順	負担重量	馬状態	タイム	着差	競馬場
2021/9/4	豪	G Ⅲ	コンコルドS	芝1200	1着	60.5	良	56.66	2・1/2	ランドウィック
2021/9/18	豪	G Ⅱ	ザショーツ	芝1100	2着	58	重	(1:03.54)	1/2	ランドウィック
2021/10/16	豪		ジエベレスト	芝1200	1着	58.5	稍重	1:09.11	アタマ	ランドウィック
2021/11/6	豪	G Ⅰ	スプリントクラシック	芝1200	1着	58.5	良	1:08.78	3・1/4	フレミントン
2/19	豪	G Ⅰ	ブラックキャビアライトニングS	芝1000	2着	58.5	良	(56.64)	短頭	フレミントン
3/5	豪	G Ⅱ	チャレンジS	芝1000	3着	58.5	不良	(59.06)	1・1/4	ランドウィック
4/2	豪	G Ⅰ	TJスミスS	芝1200	1着	58.5	不良	1:12.33	3・1/4	ランドウィック
6/14	英	G Ⅰ	キングズスタンドS	芝5F	1着	60.5	堅良	58.25	4・1/2	アスコット

走りに走ってタイトルを重ねた
スピードが自慢の豪年度代表馬

　4歳シーズンの後半に初GⅠ制覇を飾った、やや遅咲きのスプリンター。5歳となった2019／2020年シーズンに、モイアS、スプリントクラシック、TJスミスSとGⅠを3勝し、豪年度代表馬、豪最優秀短距離馬に選ばれる。6歳シーズンもトップクラスとして活躍。ブラックキャビア・ライトニングS、連覇となるTJスミスSとGⅠを2勝し、2年連続となる豪最優秀短距離馬の栄誉に浴した。

　7歳となった2021／2022年シーズンも、その強さに変化はなく、スプリント戦としては世界最高賞金が懸かるジ・エベレストを皮切りに、2度目の制覇となるスプリントクラシック、3連覇を達成したTJスミスS、英アスコット競馬場に遠征してのGⅠキングズスタンドSとビッグタイトルを重ね、2年振り2度目となる豪年度代表馬、3年連続での選出となった豪最優秀短距離馬に輝いている。

　戦い続けることが義務付けられた騸馬であり、8歳を迎えた2022／2023年シーズンも現役続行中のネイチャーストリップ。衰えを知らない力強いスピード、逃げ差し自在の脚質を駆使する、さらに円熟味を増した走りを期待したい。

血統解説

　父ニッコーニは芝1100m戦の豪GⅠザギャラクシー、芝1000m戦で争われる豪GⅠライトニングSを制した一流スプリンター。日本でも種牡馬供用された名馬ティンバーカントリーの半弟となる父ビアンコーニから大種牡馬ダンチヒへと遡る父系の継承者で、本馬はその飛び切りの代表産駒となっている。

　母系は英から新、そして豪へと渡ってきた一族。母ストライクラインは未出走馬だが、祖母ストライクハイは豪GⅢランセストンS、豪GⅢヴィクトリアセントレジャーを共に3着した、トップクラスのステイヤーだった。母父デザートサンはコックスプレート、香港マイルなどGⅠで13勝をあげた名牝サンラインの父として知られている。

父系：ダンチヒ系　母父系統：ダンチヒ系

父 ニッコーニ Nicconi 鹿 2005	ビアンコーニ Bianconi 黒鹿 1995	Danzig	Northern Dancer
			Pas de Nom
		Fall Aspen	Pretense
			Change Water
	ニコララス Nicola Lass 鹿 1995	Scenic	Sadler's Wells
			Idyllic
		Dubai Lass	Bletchingly
			Frivolous Lass
母 ストライクライン Strikeline 栗 2000	デザートサン Desert Sun 鹿 1988	Green Desert	Danzig
			Foreign Courier
		Solar	Hotfoot
			L'Anguissola
	ストライクハイ Strike High 鹿 1989	Pre Emptive Strike	Blushing Groom
			Queen Maud
		Flight Hostess	Zamazaan
			Robin's Flight

インブリード：Danzig 3×4、Northern Dancer 4・5×5、Nearctic 5×5

2022年
フレッシュサイアーランキング1~36

2022年産駒デビューの新種牡馬たちは重賞勝ち産駒は少ないものの、マインドユアビスケッツやリアルスティールなど2歳馬ランキング20位以内に4頭の馬たちがランクインをしている。

Fresh Sire Thoroughbred Stallions In Japan

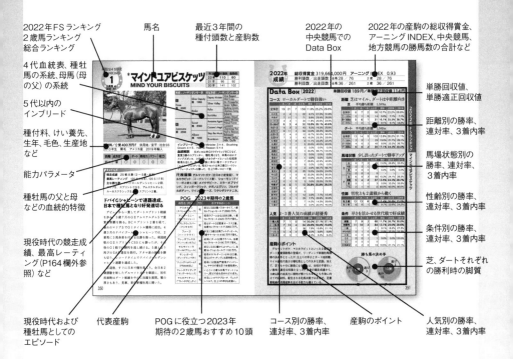

（図の周囲の説明ラベル）

- 2022年FSランキング　2歳馬ランキング　総合ランキング
- 4代血統表、種牡馬の系統、母馬（母の父）の系統
- 5代以内のインブリード
- 種付料、けい養先、生年、毛色、生産地など
- 能力パラメータ
- 種牡馬の父と母などの血統的特徴
- 現役時代の競走成績、最高レーティング（P164欄外参照）など
- 馬名
- 最近3年間の種付頭数と産駒数
- 2022年の中央競馬でのData Box
- 2022年の産駒の総収得賞金、アーニングINDEX、中央競馬、地方競馬の勝利数の合計など
- 単勝回収値、単勝適正回収値
- 距離別の勝率、連対率、3着内率
- 馬場状態別の勝率、連対率、3着内率
- 性齢別の勝率、連対率、3着内率
- 条件別の勝率、連対率、3着内率
- 芝、ダートそれぞれの勝利時の脚質
- 現役時代および種牡馬としてのエピソード
- 代表産駒
- POGに役立つ2023年期待の2歳馬おすすめ10頭
- コース別の勝率、連対率、3着内率
- 産駒のポイント
- 人気別の勝率、連対率、3着内率

能力パラメータの見方　短…1000～1400m、マ…1600m前後、中…1800～2100m、長…2200m以上、万…万能（産駒の距離タイプが様々）、早…早熟、普…普通、晩…晩成、持続…早熟と晩成を併せ持つ、◎…非常に得意、○…得意、△…やや不向き、▲…不得意

※種付料で受=受胎確認後支払、産=産駒誕生後支払、不=不受胎時全額返還、F＝フリーリターン特約（P138欄外参照）、返=流死産又は死亡時返還、不出返=不出生時返金。　価格・支払条件、供用地などは変更の場合があります。

*マインドユアビスケッツ
MIND YOUR BISCUITS

年次	種付頭数	産駒数
22年	**110**	**60**
21年	95	92
20年	141	102

種付料／⬆受400万円F　供用地／安平・社台SS
2013年生　栗毛　アメリカ産　2019年輸入

距離	成長型	芝	ダート	瞬発力	パワー	底力
短マ	普	○	◎	○	◎	○

系統：ノーザンダンサー系　母父系統：ノーザンダンサー系

父 Posse 鹿 2000	Silver Deputy 鹿 1985	Deputy Minister	Vice Regent
			Mint Copy
		Silver Valley	Mr. Prospector
			Seven Valleys
	Raska 栗 1992	Rahy	Blushing Groom
			Glorious Song
		Borishka	Roberto
			Queen Maud
母 Jazzmane 栗 2006	Toccet 鹿 2000	Awesome Again	Deputy Minister
			Primal Force
		Cozzene's Angel	Cozzene
			Charming Pan
	Alljazz 鹿 1992	Stop the Music	Hail to Reason
			Bebopper
		Bounteous	Master Derby
			Mlle. Quille

インブリード：Deputy Minister 3×4、Brushing Groom 4×5、Hail to Reason 5×4

血統解説　父ポッセは米GⅡリヴァリッジBCSなど、重賞3勝のスプリンター。種牡馬となり、本馬のほかケイレブズポッセ、コディアックカウボーイといった名短距離馬を出した。母系は一族に米GⅠ馬サーチリザルツ（エイコーンS）がいる。母父トセットは米2歳GⅠハリウッドフューチュリティを勝った、仕上り早いスピード型。

PROFILE

競走成績　25戦8勝（2～5歳・米首）
最高レーティング　120 M（18年）、120 S（17年）
主な勝ち鞍　ドバイゴールデンシャヒーン2回、マリブS、スプリントCSS、アムステルダムS、ルーカスクラシックS。BCスプリント2着。

代表産駒　デルマソトガケ（全日本2歳優駿）、マルカラピット（エーデルワイス賞）、ショーモン（デイリー杯2歳S3着）メイクザビート、ミラーオブマインド、フィンガークリック、タガノエヴリン、フルメタルボディー、ツインクルトゥズ、ワタシダケドナニカ。

ドバイGシャヒーンで連覇達成、日本で種牡馬となり好発進切る

デビューから一貫してダートスプリント戦線を歩み、3歳7月のGⅡアムステルダムSで重賞初制覇を飾る。BCスプリント2着を経て、暮れのマリブSでGⅠタイトル獲得に成功。4歳3月のドバイゴールデンシャヒーンでは、2着馬に3馬身差を付ける圧勝を飾った。帰国緒戦のGⅡスプリントCSSにも勝ったが、その後のGⅠ戦では勝利を逃し続ける。5歳となり再びのUAE遠征を敢行。アタマ差の接戦を勝ち切り、レコードタイムでドバイゴールデンシャヒーン連覇を達成した。

引退後、すぐに日本で種牡馬入り。全日本2歳優駿を制したデルマソトガケを筆頭に、初年度産駒はダート戦線を中心に活躍を展開。層の厚さもあり、見事、首位新種牡馬に輝いた。

POG　2023年期待の2歳馬

母馬名（母父）	性別	おすすめポイント
アスカクイン（スペシャルウィーク）	牡	叔父にGⅢ2着バスタータイプ。1歳セレクションセールで2860万円。
アンバーミニー（ダイワメジャー）	牡	祖母ラブームは仏GⅢを2勝。1歳セレクトセール2420万円で落札。
ケアレスウィスパー（フジキセキ）	牡	母はダートGⅡ関東オークス2着。当歳セレクトセールで3960万円。
ファーゴ（ハーツクライ）	牡	半兄に3歳GⅢ馬ヴァルディゼール。1歳サマーセール4180万円で落札。
フレッザフレスカ（マンハッタンカフェ）	牡	叔母にダートGⅠ馬ララベル。当歳セレクトセール3190万円で落札。
サルサドゥーラ（ゴールドアリュール）	牝	叔父にGⅢ3勝タイムトゥチェンジ。当歳セレクションセールで1100万円。
サンレガーロ（ディープインパクト）	牝	祖母オネストダーリンは米GⅢ3着。母父とのマッチングにも期待懸かる。
*ナッシングバットドリームズ（FRANKEL）	牝	祖母にGⅠ凱旋門賞馬デインドリーム。やや力の要る芝で本領発揮か。
フレンチアイディア（*サンデーサイレンス）	牝	いとこに豪GⅢ馬ヴゼットジョリー。母父の血も活きれば大成も。
マルカアイチャン（*フレンチデピュティ）	牝	半兄にシャドウアプローチ、ヴェルテンベルク。仕上りの早さも武器に。

2022年成績

総収得賞金 319,664,000円　**アーニング INDEX** 0.93

	全馬	2歳
勝利頭数／出走頭数	全馬 28／76	2歳 28／76
勝利回数／出走回数	全馬 36／261	2歳 36／261

Data Box (2022)

単勝回収値 189円／単勝適正回収値 114円

コース　ローカルダートで勝負強い

	1着	2着	3着	出走数	勝率	連対率	3着内率
全体計	19	21	7	159	11.9%	25.2%	29.6%
中央芝	2	4	1	22	9.1%	27.3%	31.8%
中央ダ	7	11	1	71	9.9%	25.4%	26.8%
ローカル芝	4	3	1	34	11.8%	20.6%	23.5%
ローカルダ	6	3	4	32	18.8%	28.1%	40.6%
右回り芝	4	3	2	43	9.3%	16.3%	20.9%
右回りダ	6	11	4	60	10.0%	28.3%	35.0%
左回り芝	2	4	0	12	16.7%	50.0%	50.0%
左回りダ	7	3	1	43	16.3%	23.3%	25.6%
札幌芝	1	1	0	9	11.1%	22.2%	22.2%
札幌ダ	1	1	1	5	20.0%	40.0%	60.0%
函館芝	0	0	0	5	0.0%	0.0%	0.0%
函館ダ	1	1	1	3	33.3%	66.7%	100.0%
福島芝	0	0	0	3	0.0%	0.0%	0.0%
福島ダ	0	0	0	1	0.0%	0.0%	0.0%
新潟芝	2	1	0	7	28.6%	42.9%	42.9%
新潟ダ	0	0	0	5	0.0%	0.0%	0.0%
東京芝	0	2	0	3	0.0%	66.7%	66.7%
東京ダ	3	3	0	25	12.0%	24.0%	24.0%
中山芝	1	0	0	3	33.3%	50.0%	50.0%
中山ダ	2	3	0	20	10.0%	25.0%	25.0%
中京芝	0	1	0	3	0.0%	33.3%	33.3%
中京ダ	4	0	1	13	30.8%	30.8%	38.5%
京都芝	0	0	0	0	-	-	-
京都ダ	0	0	0	0	-	-	-
阪神芝	0	1	0	13	0.0%	7.7%	15.4%
阪神ダ	2	5	1	26	7.7%	26.9%	30.8%
小倉芝	1	0	1	7	14.3%	14.3%	28.6%
小倉ダ	0	1	1	5	0.0%	20.0%	40.0%

距離　芝はマイル、ダートは中距離向き

芝　平均勝ち距離　1,583m

	1着	2着	3着	出走数	勝率	連対率	3着内率
全体計	6	7	2	56	10.7%	23.2%	26.8%
芝～1300m	0	1	0	14	0.0%	7.1%	7.1%
芝～1600m	5	6	1	31	16.1%	35.5%	38.7%
芝～2000m	1	0	1	11	9.1%	9.1%	18.2%

ダート　平均勝ち距離　1,562m

	1着	2着	3着	出走数	勝率	連対率	3着内率
全体計	13	14	5	103	12.6%	26.2%	31.1%
ダ～1300m	3	2	0	23	13.0%	21.7%	26.1%
ダ～1600m	4	6	2	45	8.9%	22.2%	26.7%
ダ～2000m	6	6	2	35	17.1%	34.3%	40.0%

馬場状態　少し渋ったダートで勝率アップ

		1着	2着	3着	出走数	勝率	連対率	3着内率
芝	良	6	7	2	45	13.3%	28.9%	33.3%
	稍重	0	0	0	10	0.0%	0.0%	0.0%
	重	0	0	0	1	0.0%	0.0%	0.0%
	不良	0	0	0	0	-	-	-
ダ	良	8	9	3	58	10.3%	24.1%	29.3%
	稍重	5	4	2	37	13.5%	24.3%	29.7%
	重	0	1	0	3	0.0%	33.3%	33.3%
	不良	2	1	0	5	40.0%	60.0%	60.0%

性齢　牡牝とも2歳戦から動く

	1着	2着	3着	出走数	勝率	連対率	3着内率
牡2歳	13	13	6	97	13.4%	26.8%	33.0%
牝2歳	6	8	1	62	9.7%	22.6%	24.2%

人気　2~3番人気の成績が超優秀

	1着	2着	3着	出走数	勝率	連対率	3着内率
1番人気	7	1	0	14	50.0%	57.1%	57.1%
2~3番人気	7	13	4	34	20.6%	58.8%	70.6%
4~6番人気	3	3	2	38	7.9%	15.8%	21.1%
7~9番人気	0	4	0	41	0.0%	9.8%	9.8%
10番人気~	2	0	1	32	6.3%	6.3%	9.4%

条件　早さを活かせる世代戦で好成績

	1着	2着	3着	出走数	勝率	連対率	3着内率
新馬	7	9	2	60	11.7%	26.7%	30.0%
未勝利	11	10	3	84	13.1%	25.0%	28.6%
1勝	1	1	1	11	9.1%	18.2%	27.3%
OPEN特別	0	1	0	3	0.0%	33.3%	33.3%
GⅢ	0	0	0	0	-	-	-
GⅡ	0	0	1	1	0.0%	0.0%	100.0%
GⅠ	0	0	0	0	-	-	-
牝馬限定	2	2	0	19	10.5%	21.1%	21.1%

産駒のポイント

　デルマソトガケ、マルカラピットといった2歳交流ダート重賞優勝馬の登場が、リーディング新種牡馬獲得の決め手となったが、仕上りの早さとダート短距離、マイル適性の高さは種牡馬としての大きな武器。加えて、芝でも十分に勝負になることは、当初の予想をいい意味で裏切る特徴となった。自身の競走成績から、3歳以降の成長力に期待が懸けられることも今後に向けての好材料。配合される牝馬次第ではあるが、芝重賞戦線の活躍産駒を出せる能力も備えている。

勝ち馬の決め手

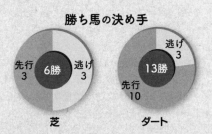

芝　6勝　先行3　逃げ3

ダート　13勝　逃げ3　先行10

リアルスティール
REAL STEEL

年次	種付頭数	産駒数
22年	151	127
21年	173	114
20年	176	108

種付料／⇨受 **300万円** F　供用地／安平・社台SS
2012年生　鹿毛　安平・ノーザンファーム産

距離	成長型	芝	ダート	瞬発力	パワー	底力
中長	普	◎	○	◎	○	◎

PROFILE
競走成績　17戦4勝（2～6歳・日首）
最高レーティング　120 M、I（16年）
主な勝ち鞍　ドバイターフ、毎日王冠、共同通信杯。天皇賞・秋2着、皐月賞2着、菊花賞2着、スプリングS2着、神戸新聞杯2着。

ドバイで花開いた一流芝ホース、種牡馬となり重賞馬を送り出す

　2歳暮れの新馬戦、3歳緒戦の共同通信杯を連勝し、クラシック有力候補に躍り出る。しかし、スプリングS2着を経て臨んだ皐月賞2着、ダービー4着、神戸新聞杯2着後の菊花賞は2着と、あと一歩で大願成就は成らなかった。R・ムーア騎手が手綱を握った4歳3月のドバイターフで世界の強豪たちを降しGI初制覇。その後、4歳時の天皇賞・秋2着など国内のGIタイトルに縁はなかったが、5歳秋に毎日王冠を制し、6歳時のドバイターフで3着している。

　7歳春に種牡馬生活を開始。初年度から3世代連続で血統登録数が110頭前後となる、高い人気を博している。2022年デイリー杯2歳Sで、オールパルフェが産駒初の重賞タイトルを獲得。今後の展開も大いに注目されるところだ。

系統：サンデーサイレンス系　母父系統：ストームキャット系

父 ディープインパクト 鹿 2002	*サンデーサイレンス 青鹿 1986	Halo	Hail to Reason
			Cosmah
		Wishing Well	Understanding
			Mountain Flower
	*ウインドインハーヘア 鹿 1991	Alzao	Lyphard
			Lady Rebecca
		Burghclere	Busted
			Highclere
母 *ラヴズオンリーミー 鹿 2006	Storm Cat 黒鹿 1983	Storm Bird	Northern Dancer
			South Ocean
		Terlingua	Secretariat
			Crimson Saint
	Monevassia 鹿 1994	Mr. Prospector	Raise a Native
			Gold Digger
		Miesque	Nureyev
			Pasadoble

インブリード：Northern Dancer 5×4・5

血統解説　父ディープインパクトは11年連続首位種牡馬獲得中の超大物。母系は名門で、全妹に日首米でGI4勝のラヴズオンリーユー（BCフィリー＆メアターフ）、全弟にプロディガルサン（東京新聞杯2着）、叔母にランプルスティルトスキン（マルセルブサック賞）。母父ストームキャットは北米リーディングサイアーに輝く一流種牡馬。

代表産駒　オールパルフェ（デイリー杯2歳S）、トーホウガレオン（シンザン記念3着）、フェイト、ゼットスティール、アンリーロード、ダニーデン、レーベンスティール、エイシンレア、プラチナジュビリー、エンファサイズ、コウセイマリア、シェーンプリマー、リアルガー。

POG　2023年期待の2歳馬

母馬名（母父）	性別	おすすめポイント
*イプスウィッチ（DANEHILL DANCER）	牡	母は仏GIIで2着2回。当歳セレクトセール6600万円で落札される。
*サマーハ（SINGSPIEL）	牡	半兄にGII馬シャケトラ。1歳セレクトセール1億9800万円で落札。
*フォエヴァーダーリング（CONGLATS）	牡	母は米GII勝ち。1歳セレクトセールにおいて1億780万円の値が付く。
*ベルワトリング（DUSHYANTOR）	牡	母はチリ年度代表馬に選ばれた名牝。当歳セレクトセールで5940万円。
リーベグランツ（*ノヴェリスト）	牡	叔母にGIII馬ディアマイダーリン。当歳セレクトセールで2860万円。
*スターズアンドクラウズ（*マクフィ）	牝	叔母にGI6勝ムーンライトクラウド。1歳セレクトセール8140万円。
ストラスペイ（*シンボリクリスエス）	牝	叔父にGII2勝の強豪ポップロック。1歳セレクトセールで3960万円。
*タニノアーバンシー（SEE THE STARS）	牝	祖母に歴史的名牝ウオッカ。当歳セレクトセール9900万円で落札。
*トレジャリング（HAVANA GOLD）	牝	母は愛米でGIIIに勝利。1歳セレクトセール5940万円で落札される。
ミスエルテ（FRANKEL）	牝	母はGIIIファンタジーSに勝利。母父の後押し受けて大物誕生を目指す。

2022年成績

総収得賞金 225,105,000円　**アーニング INDEX** 0.75

勝利頭数／出走頭数：全馬 19／67	2歳 19／67
勝利回数／出走回数：全馬 21／191	2歳 21／191

Data Box（2022）

単勝回収値 136円／単勝適正回収値 87円

コース　左回りの芝で成績安定

	1着	2着	3着	出走数	勝率	連対率	3着内率
全体計	16	15	13	156	10.3%	19.9%	28.2%
中央芝	10	4	5	76	13.2%	18.4%	25.0%
中央ダ	3	2	2	22	13.6%	22.7%	31.8%
ローカル芝	3	9	5	50	6.0%	24.0%	34.0%
ローカルダ	0	0	1	8	0.0%	0.0%	12.5%
右回り芝	9	2	5	74	12.2%	14.9%	21.6%
右回りダ	2	1	2	22	9.1%	13.6%	22.7%
左回り芝	4	11	5	51	7.8%	29.4%	39.2%
左回りダ	1	1	1	8	12.5%	25.0%	37.5%
札幌芝	0	0	0	4	0.0%	0.0%	0.0%
札幌ダ	0	0	0	2	0.0%	0.0%	0.0%
函館芝	0	0	0	1	0.0%	0.0%	0.0%
函館ダ	0	0	0		–	–	–
福島芝	0	1	1	10	0.0%	10.0%	20.0%
福島ダ	0	0	0	1	0.0%	0.0%	0.0%
新潟芝	2	3	1	14	14.3%	35.7%	42.9%
新潟ダ	0	0	1	5	0.0%	0.0%	20.0%
東京芝	2	4	3	28	7.1%	21.4%	32.1%
東京ダ	1	1	0	3	33.3%	66.7%	66.7%
中山芝	4	0	1	21	19.0%	19.0%	23.8%
中山ダ	1	0	0	13	7.7%	7.7%	15.4%
中京芝	1	3	1	10	10.0%	40.0%	50.0%
中京ダ	0	0	0		–	–	–
京都芝	0	0	0		–	–	–
京都ダ	0	0	0		–	–	–
阪神芝	4	0	1	27	14.8%	14.8%	18.5%
阪神ダ	1	1	1	6	16.7%	33.3%	50.0%
小倉芝	1	1	2	11	9.1%	18.2%	36.4%
小倉ダ	0	0	0		–	–	–

人気　4~6番人気以外は優秀

	1着	2着	3着	出走数	勝率	連対率	3着内率
1番人気	8	3	0	19	42.1%	57.9%	57.9%
2~3番人気	5	6	3	26	19.2%	42.3%	53.8%
4~6番人気	1	4	6	39	2.6%	12.8%	28.2%
7~9番人気	1	2	2	24	4.2%	12.5%	20.8%
10番人気~	1	0	2	48	2.1%	2.1%	6.3%

距離　芝中距離向きの傾向がはっきり

芝　平均勝ち距離　1,692m

	1着	2着	3着	出走数	勝率	連対率	3着内率
全体計	13	13	10	126	10.3%	20.6%	28.6%
芝~1300m	1	0	1	15	6.7%	6.7%	13.3%
芝~1600m	5	2	4	43	11.6%	16.3%	25.6%
芝~2000m	7	11	5	68	10.3%	26.5%	33.8%

ダート　平均勝ち距離　1,667m

	1着	2着	3着	出走数	勝率	連対率	3着内率
全体計	3	2	3	30	10.0%	16.7%	26.7%
ダ~1300m	0	0	2	10	0.0%	0.0%	20.0%
ダ~1600m	1	1	1	6	16.7%	33.3%	50.0%
ダ~2000m	2	1	0	14	14.3%	21.4%	21.4%

馬場状態　芝の良馬場で勝ち切る

		1着	2着	3着	出走数	勝率	連対率	3着内率
芝	良	12	10	8	103	11.7%	21.4%	29.1%
	稍重	0	3	1	14	0.0%	21.4%	28.6%
	重	0	0	1	7	0.0%	0.0%	14.3%
	不良	1	0	0	2	50.0%	50.0%	50.0%
ダ	良	2	1	2	19	10.5%	15.8%	26.3%
	稍重	1	1	0	10	10.0%	10.0%	20.0%
	重	0	0	0		–	–	–
	不良	0	0	1	1	0.0%	0.0%	100.0%

性齢　牡馬が牝馬を圧倒する成績

	1着	2着	3着	出走数	勝率	連対率	3着内率
牡2歳	11	11	8	80	13.8%	27.5%	37.5%
牝2歳	5	4	5	76	6.6%	11.8%	18.4%

条件　使われつつ成績を残す

	1着	2着	3着	出走数	勝率	連対率	3着内率
新馬	5	6	9	60	8.3%	18.3%	33.3%
未勝利	10	9	4	83	12.0%	22.9%	27.7%
1勝	0	0	0	3	0.0%	0.0%	0.0%
OPEN特別	0	0	0	1	0.0%	0.0%	0.0%
GⅢ	0	0	0	3	0.0%	0.0%	0.0%
GⅡ	1	0	0	3	33.3%	33.3%	33.3%
GⅠ	0	0	0	3	0.0%	0.0%	0.0%
牝馬限定	1	1	2	25	4.0%	8.0%	16.0%

産駒のポイント

　当初の高い期待からすれば、ここまでの初年度産駒の走りはやや物足りない印象もある。とはいえ、2歳GⅡを制したオールパルフェを筆頭に、安定感が光るトーホウガレオン、新馬戦で大物感ある走りを見せたフェイトなど、クラシック戦線で楽しみな逸材候補も存在する。芝適性、中距離適性の高さは種牡馬としての武器。自身同様、好走しながら勝ち切れない産駒も多いが、一度、壁を越えれば連勝出来る能力は有している。また、古馬となり大成する仔も多そうだ。

勝ち馬の決め手

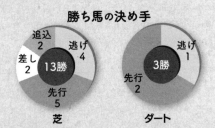

芝　13勝：逃げ 4／先行 5／差し 2／追込 2

ダート　3勝：逃げ 1／先行 2

＊シャンハイボビー
SHANGHAI BOBBY

年次	種付頭数	産駒数
22年	99	70
21年	100	65
20年	97	66

系統：ストームキャット系　母父系統：ブラッシンググルーム系

父 Harlan's Holiday 鹿 1999	Harlan 黒鹿 1989	Storm Cat	Storm Bird
			Terlingua
		Country Romance	Halo
			Sweet Romance
	Christmas in Aiken 鹿 1992	Affirmed	Exclusive Native
			Won't Tell You
		Dowager	Honest Pleasure
			Princessnesian
母 Steelin' 黒鹿 2004	Orientate 黒鹿 1998	Mt. Livermore	Blushing Groom
			Flama Ardiente
		Dream Team	Cox's Ridge
			Likely Double
	Steel Band 黒鹿 1997	Carson City	Mr. Prospector
			Blushing Promise
		＊ウェディングバンド	Mighty Appealing
			Ring of Steel

インブリード：Raise a Native 5×5、母 Steelin' に Blushing Groom 3×4

血統解説　父ハーランズホリデーは、フロリダダービー、ドンHなど米中距離GⅠを3勝。種牡馬となり、北米リーディングサイアーに輝くイントゥミスチーフを出す大仕事を成し遂げている。その父ハーランからストームキャットへと遡る父系の継承者。母スティーリンは、米で走った5勝馬。母父オリエンテイトは米チャンピオンスプリンター。

種付料／介受250万円F　供用地／新ひだか・アロースタッド
2010年生　青鹿毛　アメリカ産　2018年輸入

距離	成長型	芝	ダート	瞬発力	パワー	底力
マ中	普	○	◎	○	◎	○

P ROFILE

競走成績　8戦6勝（2～3歳・米）
最高レーティング　126（12年）
主な勝ち鞍　ブリーダーズCジュヴナイル、シャンペンS、ホープフルS、トラックバロンS。ホーリーブルS2着、フロリダダービー5着。

5連勝で米最優秀2歳牡馬に、種牡馬となり南米で実績を積む

　2歳4月のデビュー戦からLトラックバロンS、GⅡホープフルS、GⅠシャンペンS、ブリーダーズCジュヴナイルと無傷の5連勝を飾る。5馬身差の圧勝を飾ったシャンペンS、本拠地の東海岸から西海岸に渡り、アタマ差の接戦を制したBCジュヴナイルのGⅠ2戦は、いずれも好内容で、文句なしで2012年米最優秀2歳牡馬にも選出された。ホーリーブルS、フロリダダービーと連敗し、3歳3冠レースには参戦せず。9月のD6.5F戦アルジャミンSの勝利が現役最後の一戦となる。

　米で種牡馬となり、伯でのシャトル供用も経験。南米では素晴らしい実績を残している。2019年から日本での種牡馬生活を開始。産駒マンダリンヒーローが公営大井の重賞を制した。

代表産駒　インフォーサー（伯ジョッキークラブ大賞）、ココナッツボビー（智セントレジャー）、アエロトレム（ラテンアメリカ大賞）、シャンスロット（アムステルダムH）、マリアズハート（ルミエールオータムダッシュ）、マンダリンヒーロー（大井・ハイセイコー記念）

POG　2023年期待の2歳馬

母馬名（母父）	性別	おすすめポイント
ドナジュディス （マンハッタンカフェ）	牡	祖母ネームヴァリューはGⅠ帝王賞馬。1歳サマーセールで1705万円。
バンパークロップ （＊クロフネ）	牡	叔父にGⅢ2勝マイネルクロップ。1歳サマーセール3960万円で落札。
ポリアフ （キングカメハメハ）	牡	祖母に白毛のダート重賞馬ユキチャン。1歳サマーセールで3410万円。
ロードナカヤマ （＊トビーズコーナー）	牡	1歳サマーセールで1815万円。芝、ダートを問わずにタフな活躍を展開。
ウィズベイシェンス （ネオユニヴァース）	牝	叔母に2歳GⅠ3着コンコルディア。1歳サマーセール1045万円で落札。
コイヲダキシメヨウ （＊ワークフォース）	牝	叔父に重賞5勝ダイアトニック。1歳セレクションセールで1760万円。
ロイヤルメジャー （ダイワメジャー）	牝	母は3勝馬。1歳サマーセールで2200万円。力強いスピードが武器。

産駒のポイント

　パワフルなスピードが活きる、やや渋った芝、脚抜けの良いダートが本領発揮の舞台。大物が出るとしたらダート戦線からか。距離はマイルがベストだが、スプリント戦、2000mまでの中距離戦も問題なくこなせる。

2022年成績

総収得賞金 246,630,000円	アーニング INDEX　0.96	
勝利頭数／出走頭数：全馬23／57	2歳　21／54	
勝利回数／出走回数：全馬32／220	2歳　30／204	

Data Box (2020~2022)

コース　中山ダート、阪神ダートが○

	1着	2着	3着	出走数	勝率	連対率	3着内率
全体計	14	15	12	153	9.2%	19.0%	26.8%
中央芝	0	5	3	41	0.0%	12.2%	19.5%
中央ダ	7	5	3	50	14.0%	24.0%	30.0%
ローカル芝	5	2	3	45	11.1%	15.6%	22.2%
ローカルダ	2	3	3	17	11.8%	29.4%	47.1%
右回り芝	2	6	4	60	3.3%	13.3%	20.0%
右回りダ	7	6	2	47	14.9%	27.7%	31.9%
左回り芝	1	1	2	23	4.3%	8.7%	17.4%
左回りダ	2	2	4	20	10.0%	20.0%	40.0%
札幌芝	1	0	0	8	12.5%	12.5%	12.5%
札幌ダ	0	0	0	4	0.0%	0.0%	0.0%
函館芝	0	0	0	2	0.0%	0.0%	0.0%
函館ダ	0	0	0	0	-	-	-
福島芝	1	0	1	11	9.1%	9.1%	18.2%
福島ダ	0	1	0	2	0.0%	50.0%	50.0%
新潟芝	2	1	1	9	22.2%	33.3%	44.4%
新潟ダ	1	0	1	3	33.3%	33.3%	66.7%
東京芝	0	0	0	10	0.0%	0.0%	0.0%
東京ダ	0	0	1	8	0.0%	0.0%	12.5%
中山芝	0	4	0	15	0.0%	26.7%	26.7%
中山ダ	3	2	0	16	18.8%	31.3%	31.3%
中京芝	1	0	0	7	14.3%	14.3%	14.3%
中京ダ	1	2	2	9	11.1%	33.3%	55.6%
京都芝	0	0	0	1	0.0%	0.0%	0.0%
京都ダ	0	0	0	1	0.0%	0.0%	0.0%
阪神芝	0	1	2	15	0.0%	6.7%	20.0%
阪神ダ	4	3	2	25	16.0%	28.0%	36.0%
小倉芝	0	1	1	8	0.0%	12.5%	25.0%
小倉ダ	0	0	0	2	0.0%	0.0%	0.0%

条件　新馬も未勝利戦も好成績

	1着	2着	3着	出走数	勝率	連対率	3着内率
新馬	4	3	4	40	10.0%	17.5%	27.5%
未勝利	7	8	6	70	10.0%	21.4%	30.0%
1勝	1	1	1	14	7.1%	14.3%	21.4%
2勝	0	0	1	10	0.0%	0.0%	10.0%
3勝	0	0	0	0	-	-	-
OPEN特別	2	3	0	13	15.4%	38.5%	38.5%
GⅢ	0	0	0	5	0.0%	0.0%	0.0%
GⅡ	0	0	0	0	-	-	-
GⅠ	0	0	0	1	0.0%	0.0%	0.0%
ハンデ戦	2	3	0	8	25.0%	62.5%	62.5%
牝馬限定	0	1	1	15	0.0%	6.7%	13.3%
障害	0	0	0	0	-	-	-

人気　2~3番人気が1番人気にほぼ匹敵

	1着	2着	3着	出走数	勝率	連対率	3着内率
1番人気	3	5	2	14	21.4%	57.1%	71.4%
2~3番人気	5	7	3	22	22.7%	54.5%	68.2%
4~6番人気	3	3	6	35	8.6%	17.1%	34.3%
7~9番人気	2	0	0	39	5.1%	5.1%	5.1%
10番人気~	1	0	1	43	2.3%	2.3%	4.7%

単勝回収値 131円／単勝適正回収値 96円

距離　ダートは距離不問もベストはマイル

芝　平均勝ち距離　1,320m

	1着	2着	3着	出走数	勝率	連対率	3着内率
全体計	5	7	6	86	5.8%	14.0%	20.9%
芝~1300m	3	6	4	43	7.0%	20.9%	30.2%
芝~1600m	1	1	1	20	5.0%	10.0%	15.0%
芝~2000m	1	0	1	23	4.3%	4.3%	8.7%
芝~2400m	0	0	0	0	-	-	-
芝2500m~	0	0	0	0	-	-	-

ダート　平均勝ち距離　1,356m

	1着	2着	3着	出走数	勝率	連対率	3着内率
全体計	9	8	6	67	13.4%	25.4%	34.3%
ダ~1300m	4	5	2	30	13.3%	30.0%	36.7%
ダ~1600m	4	1	3	21	19.0%	23.8%	38.1%
ダ~2000m	1	2	1	16	6.3%	18.8%	25.0%
ダ2100m~	0	0	0	0	-	-	-

馬場状態　芝ダートとも馬場状態は不問

		1着	2着	3着	出走数	勝率	連対率	3着内率
芝	良	5	4	5	73	6.8%	12.3%	19.2%
	稍重	0	3	1	11	0.0%	27.3%	36.4%
	重	0	0	0	2	0.0%	0.0%	0.0%
	不良	0	0	0	0	-	-	-
ダ	良	6	7	3	43	14.0%	30.2%	37.2%
	稍重	1	0	2	21	4.8%	9.5%	19.0%
	重	1	1	0	2	50.0%	50.0%	100.0%
	不良	1	0	1	1	100.0%	100.0%	100.0%

性齢　牡馬が優勢、完成度は高め

	1着	2着	3着	出走数	勝率	連対率	3着内率
牡2歳	7	6	5	54	13.0%	24.1%	33.3%
牝2歳	4	6	6	63	6.3%	15.9%	25.4%
牡3歳前半	0	0	0	0	-	-	-
牝3歳前半	0	0	0	0	-	-	-
牡3歳後半	0	0	0	0	-	-	-
牝3歳後半	0	0	0	0	-	-	-
牡4歳	0	0	0	0	-	-	-
牝4歳	1	1	0	11	9.1%	18.2%	18.2%
牡5歳	0	0	0	3	0.0%	0.0%	0.0%
牝5歳	1	1	1	14	7.1%	14.3%	21.4%
牡6歳	0	0	0	0	-	-	-
牝6歳	1	1	0	8	12.5%	25.0%	25.0%
牡7歳以上	0	0	0	0	-	-	-
牝7歳以上	0	0	0	0	-	-	-

勝ち馬の決め手

芝：差し3／逃げ2／差し1／5勝

ダート：逃げ3／先行5／差し1／9勝

＊デクラレーションオブウォー
DECLARATION OF WAR

年次	種付頭数	産駒数
22年	108	86
21年	128	94
20年	134	88

種付料／⇧不**250万円**返還　供用地／JBBA静内種馬場
2009年生　鹿毛　アメリカ産　2018年輸入

距離	成長型	芝	ダート	瞬発力	パワー	底力
マ中	普	◎	○	○	◎	○

PROFILE

競走成績　13戦7勝（2〜4歳・仏愛英米）
最高レーティング　124I（13年）
主な勝ち鞍　英インターナショナルS、クイーンアンS、ダイヤモンドS。エクリプスS2着、ブリーダーズCクラシック3着、サセックスS3着。

系統：ダンチヒ系　母父系統：ブラッシンググルーム系

父 War Front 鹿 2002	Danzig 鹿 1977	Northern Dancer	Nearctic
			Natalma
		Pas de Nom	Admiral's Voyage
			Petitioner
	Starry Dreamer 芦 1994	Rubiano	Fappiano
			Ruby Slippers
		Lara's Star	Forli
			True Reality
母 Tempo West 栗 1999	Rahy 栗 1985	Blushing Groom	Red God
			Runaway Bride
		Glorious Song	Halo
			Ballade
	Tempo 栗 1992	Gone West	Mr. AProspector
			Secrettame
		Terpsichorist	Nijinsky
			Glad Rags

インブリード：Northern Dancer 3×5、Mr. Prospector 5×4、Nijinsky 5×4

血統解説　父ウォーフロントは米GII勝ちがあるスプリンター。種牡馬となってからは、米を中心に数多のGI勝ち産駒を送り出し、現代のダンチヒ系を代表する存在となっている。母テンポウエストは米で走った3勝馬。叔父にGI2勝の強豪ユニオンラグズ（ベルモントS）がいる。母父ラーイは大物を出すことで知られる名種牡馬。

代表産駒　オルメド（仏2000ギニー）、グーフォ（ソードダンサーS）、ファイアーアットウィル（BCジュヴナイルターフ）、ヴォウアンドデクレアー（メルボルンC）、ウォーニング（ヴィクトリアダービー）、トップナイフ（ホープフルS2着）、デュードヴァン。

マイル、中距離戦で英GI2勝、父となり欧米豪でGI産駒出す

クラシックレースに縁はなかったが、3歳10月のGⅢダイヤモンドSで重賞初制覇。4歳6月にはマイルGIクイーンアンSに勝利した。その後も欧州マイル、中距離GI戦線で好勝負を展開。8月の英インターナショナルSでトレーディングレザー、アルカジームといった強敵を降し、GI2勝目をマークする。10月にはBCクラシックに参戦。首位ムーチョマッチョマンからハナ、アタマ差の3着に健闘した。

引退後は愛で種牡馬となり、翌年米へ移動。豪でのシャトル供用も経験している。欧州でオルメド、米でファイアーアットウィル、グーフォ、豪でヴォウアンドデクレアー、ウォーニングなどのGI勝ち産駒を輩出。日本での初供用産駒から、2歳GI2着トップナイフが出た。

POG　2023年期待の2歳馬

母馬名（母父）	性別	おすすめポイント
アンシェンヌヴィル （ディープインパクト）	牡	1歳セレクションセール2310万円。持続力に富んだ力強いスピード持つ。
エアマスカット （ジャングルポケット）	牡	叔父に重賞3勝馬エアスピネル。1歳セレクトセール7260万円で落札。
ピュアダイヤモンド （フジキセキ）	牡	叔母にダートGII2着ピュアオバール。1歳サマーセールで2310万円。
アドマイヤラヴ （アドマイヤムーン）	牝	1歳セレクションセールで2640万円。芝、ダート兼用のマイラーに。
デイジーフローラ （キングカメハメハ）	牝	祖母ブラボーデイジーはダート、芝で重賞勝ち。母父との融合も楽しみ。
トウカイフィーバー （＊エンパイアメーカー）	牝	1歳セレクションセールで1485万円。タフな中距離型への成長期待。
ピンクシャンパン （ディープインパクト）	牝	祖母ピンクカメオは芝マイルGI馬。1歳セレクションセール1100万円。

産駒のポイント

基本的にはパワーを要する芝を得意とするマイル〜中距離馬が主流だろうが、ダート短距離戦線や芝中長距離戦線のスター登場も十分に期待できる。成長力もあり、古馬となって大成する仔も多そうだ。

2022年成績

総収得賞金 289,860,000円	アーニング INDEX 0.99
勝利頭数／出走頭数：全馬 24 ／ 65	2歳 18 ／ 56
勝利回数／出走回数：全馬 34 ／ 277	2歳 21 ／ 187

Data Box (2020~2022)

コース 阪神芝などタフな中央芝向き

	1着	2着	3着	出走数	勝率	連対率	3着内率
全体計	17	17	10	189	9.0%	18.0%	23.3%
中央芝	6	6	1	38	15.8%	31.6%	34.2%
中央ダ	3	3	4	65	4.6%	9.2%	15.4%
ローカル芝	6	7	4	59	10.2%	22.0%	28.8%
ローカルダ	2	1	1	47	7.4%	11.1%	14.8%
右回り芝	8	7	4	53	15.1%	28.3%	35.8%
右回りダ	1	2	2	47	2.1%	6.4%	10.6%
左回り芝	3	6	1	42	7.1%	21.4%	23.8%
左回りダ	4	2	3	45	8.9%	13.3%	20.0%
札幌芝	1	0	2	8	12.5%	12.5%	37.5%
札幌ダ	0	0	0	1	0.0%	0.0%	0.0%
函館芝	0	0	0	1	0.0%	0.0%	0.0%
函館ダ	0	0	0	0	–	–	–
福島芝	0	0	2	7	0.0%	28.6%	28.6%
福島ダ	0	1	0	5	0.0%	20.0%	20.0%
新潟芝	2	0	0	15	13.3%	13.3%	13.3%
新潟ダ	0	1	0	10	0.0%	10.0%	10.0%
東京芝	1	2	0	15	6.7%	20.0%	20.0%
東京ダ	3	2	2	27	11.1%	18.5%	25.9%
中山芝	2	1	1	8	25.0%	37.5%	50.0%
中山ダ	0	0	1	14	0.0%	0.0%	7.1%
中京芝	1	4	1	14	7.1%	35.7%	42.9%
中京ダ	0	1	0	8	12.5%	12.5%	12.5%
京都芝	0	0	0	0	–	–	–
京都ダ	0	0	0	0	–	–	–
阪神芝	3	3	0	15	20.0%	40.0%	40.0%
阪神ダ	0	1	1	23	0.0%	4.3%	8.7%
小倉芝	2	1	0	14	14.3%	21.4%	28.6%
小倉ダ	1	0	1	1	100.0%	100.0%	100.0%

条件 新馬戦より未勝利戦が買い

	1着	2着	3着	出走数	勝率	連対率	3着内率
新馬	2	4	1	43	4.7%	14.0%	16.3%
未勝利	9	4	9	92	9.8%	14.1%	23.9%
1勝	0	3	0	17	0.0%	17.6%	17.6%
2勝	1	2	1	13	7.7%	23.1%	30.8%
3勝	1	2	0	7	14.3%	42.9%	42.9%
OPEN特別	4	1	2	15	26.7%	33.3%	46.7%
GⅢ	0	2	0	9	0.0%	22.2%	22.2%
GⅡ	0	0	1	1	0.0%	100.0%	100.0%
GⅠ	0	1	0	1	0.0%	100.0%	100.0%
ハンデ戦	1	2	9	0.0%	11.1%	33.3%	
牝馬限定	1	1	0	7	14.3%	28.6%	28.6%
障害	0	2	3	10	0.0%	20.0%	50.0%

人気 2~3番人気が1番人気を一部凌ぐ成績

	1着	2着	3着	出走数	勝率	連対率	3着内率
1番人気	4	3	2	14	28.6%	50.0%	64.3%
2~3番人気	4	8	3	22	18.2%	54.5%	68.2%
4~6番人気	7	2	5	56	12.5%	16.1%	25.0%
7~9番人気	1	5	2	49	2.0%	12.2%	16.3%
10番人気~	1	1	1	58	1.7%	3.4%	5.2%

単勝回収値 115円／単勝適正回収値 98円

距離 芝短距離戦でスピード全開

芝　平均勝ち距離　1,550m

	1着	2着	3着	出走数	勝率	連対率	3着内率
全体計	12	13	5	97	12.4%	25.8%	30.9%
芝~1300m	5	4	1	25	20.0%	36.0%	40.0%
芝~1600m	2	6	3	33	6.1%	24.2%	33.3%
芝~2000m	4	3	1	33	12.1%	21.2%	24.2%
芝~2400m	1	0	0	6	16.7%	16.7%	16.7%
芝2500m~	0	0	0	0	–	–	–

ダート　平均勝ち距離　1,580m

	1着	2着	3着	出走数	勝率	連対率	3着内率
全体計	5	4	5	92	5.4%	9.8%	15.2%
ダ~1300m	0	1	2	19	0.0%	5.3%	15.8%
ダ~1600m	4	2	1	31	12.9%	19.4%	22.6%
ダ~2000m	1	1	2	39	2.6%	5.1%	10.3%
ダ2100m~	0	0	0	3	0.0%	0.0%	0.0%

馬場状態 綺麗な芝で速さを活かす

		1着	2着	3着	出走数	勝率	連対率	3着内率
芝	良	10	12	2	75	13.3%	29.3%	32.0%
	稍重	1	1	3	16	6.3%	12.5%	31.3%
	重	0	0	0	4	0.0%	0.0%	0.0%
	不良	1	0	0	2	50.0%	50.0%	50.0%
ダ	良	5	1	3	59	8.5%	10.2%	15.3%
	稍重	0	1	0	16	0.0%	6.3%	18.8%
	重	0	2	0	7	0.0%	28.6%	28.6%
	不良	0	0	0	10	0.0%	0.0%	0.0%

性齢 完成度高く2歳戦から勝負

	1着	2着	3着	出走数	勝率	連対率	3着内率
牡2歳	9	9	5	81	11.1%	22.2%	28.4%
牝2歳	2	3	2	30	6.7%	16.7%	23.3%
牡3歳前半	2	1	0	19	10.5%	15.8%	15.8%
牝3歳前半	0	0	0	6	0.0%	0.0%	0.0%
牡3歳後半	0	0	0	6	0.0%	0.0%	0.0%
牝3歳後半	0	0	0	1	0.0%	0.0%	0.0%
牡4歳	0	0	4	18	0.0%	0.0%	22.2%
牝4歳	0	1	0	4	0.0%	25.0%	25.0%
牡5歳	2	3	2	21	9.5%	23.8%	33.3%
牝5歳	0	0	0	0	–	–	–
牡6歳	2	2	0	6	33.3%	66.7%	66.7%
牝6歳	0	0	0	0	–	–	–
牡7歳以上	0	0	0	0	–	–	–
牝7歳以上	0	0	0	0	–	–	–

勝ち馬の決め手

芝　12勝
追込 2／逃げ 3／差し 2／先行 5

ダート　5勝
差し 1／逃げ 4

357

2歳馬 23
総合 104

サトノクラウン
SATONO CROWN
香日でGIを制した "大物キラー"

年次	種付頭数	産駒数
22年	78	66
21年	93	91
20年	135	123

種付料／⇧ 受150万円F 供用地／安平・社台SS
2012年生 黒鹿毛 安平・ノーザンファーム産

系統：ノーザンダンサー系 母父系統：ミスタープロスペクター系

父 Marju 黒鹿 1988	*ラストタイクーン	*トライマイベスト
		Mill Princess
	Flame of Tara	*アーティアス
		Welsh Flame
母 *ジョコンダⅡ 鹿 2003	Rossini	Miswaki
		Touch of Greatness
	La Joconde	Vettori
		Lust

20戦7勝（2〜6歳・日香首）**最高R 123 L**（16年）

　東京スポーツ杯2歳S、弥生賞を連勝したが、皐月賞6着、ダービー3着と、クラシック本番では無念の結果に終わる。4歳2月の京都記念で重賞3勝目。暮れの香港ヴァーズでは世界的強豪ハイランドリールを降し、GI初制覇を達成した。5歳6月の宝塚記念でも名馬キタサンブラックを抑え、2つ目のビッグタイトル獲得に成功する。

　父は世界各地でGI馬を出した名種牡馬。母系は一流で、全姉にライトニングパール（チェヴァリーパークS）がいる。初年度産駒にメイショウコギク、ウヴァロヴァイト。

2022年成績　総収得賞金 186,748,000円

アーニング INDEX 0.49　単勝回収値 71円　単勝適正回収値 109円
勝率9.0%　平均勝ち距離　芝 1,600m ／ダート −
勝利／出走頭数：21 ／ 85　勝利／出走回数：22 ／ 281

距離	成長型	芝	ダート	瞬発力	パワー	底力
中長	普	○	○	○	○	○

2歳馬 26
総合 108

サトノダイヤモンド
SATONO DIAMOND
名勝負を制したグランプリホース

年次	種付頭数	産駒数
22年	143	95
21年	134	94
20年	145	91

種付料／⇩ 受250万円F 供用地／安平・社台SS
2013年生 鹿毛 安平・ノーザンファーム産

系統：サンデーサイレンス系 母父系統：ダンチヒ系

父 ディープインパクト 鹿 2002	*サンデーサイレンス	Halo
		Wishing Well
	*ウインドインハーヘア	Alzao
		Burghclere
母 *マルペンサ 鹿 2006	Orpen	Lure
		Bonita Francita
	Marsella	*サザンヘイロー
		Riviere

18戦8勝（2〜5歳・日）**最高R 122 L**（16年）

　無傷の3連勝できさらぎ賞を制したものの、1番人気の皐月賞で3着、続くダービーは2着だった。秋を迎えて最充実期に入り、神戸新聞杯、菊花賞を連勝。暮れの有馬記念では、古馬キタサンブラックとの歴史的大接戦をクビ差勝ち切り、2016年最優秀3歳馬に選出される。4歳緒戦の阪神大賞典で4連勝達成。5歳秋の京都大賞典にも勝った。

　母は亜GI3勝の名牝。半妹にリナーテ（京王杯SC 2着）、甥にドゥラエレーデ（ホープフルS）。初年度産駒にシンリョクカ（阪神JF 2着）、GⅢ3着ダイヤモンドハンズ。

2022年成績　総収得賞金 174,325,000円

アーニング INDEX 0.62　単勝回収値 39円　単勝適正回収値 75円
勝率9.6%　平均勝ち距離　芝 1,800m ／ダート 1,800m
勝利／出走頭数：14 ／ 62　勝利／出走回数：16 ／ 154

距離	成長型	芝	ダート	瞬発力	パワー	底力
中長	普	○	○	○	○	○

＊ベストウォーリア
BEST WARRIOR
盛岡でダートマイルGⅠ連覇達成

年次	種付頭数	産駒数
22年	127	76
21年	126	95
20年	155	92

36戦9勝（2〜8歳・日）**最高R 115 M**（17年）

　3歳6月のユニコーンSで重賞初制覇。4歳7月のプロキオンSで重賞2勝目をあげると、続く南部杯を4馬身差で快勝し、ビッグタイトル獲得に成功する。5歳時にプロキオンS、南部杯を共に連覇。3連覇が懸かる6歳時の南部杯はコパノリッキーの2着だった。ほかにフェブラリーS、JBCスプリント、かしわ記念での2着がある。
　父は米2歳GⅠの勝ち馬。母系は叔母にプロスペクトレス、叔父にアクロスザラインといった米重賞馬がいる。初年度産駒に、公営浦和のピノホホアァ、サノノウォーリア。

種付料／⇨受50万円F　供用地／新冠・優駿SS
2010年生　栗毛　アメリカ産　2012年輸入

系統：シアトルスルー系　母父系統：ミスタープロスペクター系		
父 ＊マジェスティックウォリアー 鹿 2005	A.P. Indy	Seattle Slew
		Weekend Surprise
	Dream Supreme	Seeking the Gold
		Spinning Round
母 ＊フラーテイシャスミス 栗 2004	Mr. Greeley	Gone West
		Long Legend
	Seductive Smile	Silver Hawk
		Exit Smiling

2022年成績　　総収得賞金 135,264,000円
アーニング INDEX 0.41　単勝回収値 35円　単勝適正回収値 38円
勝率 1.8%　平均勝距離　芝 －／ダート 1,400m
勝利／出走頭数：26／74　勝利／出走回数：36／356

距離	成長型	芝	ダート	瞬発力	パワー	底力
マ	普	△	◎	○	○	○

グレーターロンドン
GREATER LONDON
重賞勝ち産駒も出し、評価高める

年次	種付頭数	産駒数
22年	34	26
21年	43	32
20年	48	44

15戦7勝（3〜6歳・日）**最高R 110 M**（18年）

　3歳秋の500万下戦から、4歳3月のL東風Sまで5連勝をマーク。安田記念でも穴人気となったがサトノアラジンの4着に終わった。秋は毎日王冠で3着。6歳時もダービー卿チャレンジT5着、京王杯スプリングC4着と好走するも勝利が遠かったが、7月の中京記念をレコードタイムで制し、念願の重賞タイトル獲得に成功する。母は桜花賞2着馬。半姉にダイワエルシエーロ（オークス）、甥にキセキ（菊花賞）。初年度産駒にロンドンプラン（小倉2歳S）、キョウエイブリッサ（朝日杯FS4着）、トラベログ（菜の花賞）。

種付料／⇧受150万円F　供用地／日高・ブリーダーズSS
2012年生　鹿毛　日高・下河辺牧場産

系統：サンデーサイレンス系　母父系統：クラリオン系		
父 ディープインパクト 鹿 2002	＊サンデーサイレンス	Halo
		Wishing Well
	＊ウインドインハーヘア	Alzao
		Burghclere
母 ロンドンブリッジ 栗 1995	＊ドクターデヴィアス	Ahonoora
		Rose of Jericho
	＊オールフォーロンドン	Danzig
		Full Card

2022年成績　　総収得賞金 119,976,000円
アーニング INDEX 0.78　単勝回収値 238円　単勝適正回収値 227円
勝率 16.7%　平均勝距離　芝 1,400m／ダート 1,600m
勝利／出走頭数：13／34　勝利／出走回数：15／142

距離	成長型	芝	ダート	瞬発力	パワー	底力
マ	普	◎	○	○	○	○

ファインニードル
FINE NEEDLE
2歳OP戦線で産駒が活躍を示す

年次	種付頭数	産駒数
22 年	110	34
21 年	54	73
20 年	110	59

Darley

28戦10勝（2〜5歳・日香）**最高R 116 S**（18年）

　キャリアを積み重ねながら地力を蓄え、3度目の重賞出走となる4歳9月のセントウルSで、初タイトルを獲得する。5歳を迎えて最充実期に入り、1月のシルクロードS、続く高松宮記念を連覇。秋にはセントウルSを連覇した後、スプリンターズSでも差し切り勝ちを収め、文句なしで2018年最優秀スプリンターにも選出された。父は芝短距離戦で強さを見せる個性派種牡馬。母は仏GⅢクロエ賞、伊GⅢセルジオクマニ賞に勝った強豪。初年度産駒にクルゼイロドスル（ジュニアC）、ウメムスビ（カンナS）。

種付料／⤵産200万円　供用地／日高・ダーレー・ジャパンSコンプレックス
2013年生　鹿毛　日高・ダーレー・ジャパンファーム産

系統：フォーティナイナー系　母父系統：ネヴァーベンド系		
父　アドマイヤムーン　鹿 2003	*エンドスウィープ	フォーティナイナー
		Broom Dance
	マイケイティーズ	*サンデーサイレンス
		*ケイティーズファースト
母　*ニードルクラフト　栗 2002	Mark of Esteem	Darshaan
		Homage
	Sharp Point	*ロイヤルアカデミーⅡ
		Nice Point

2022年成績　　総収得賞金 102,793,000 円
アーニング INDEX 0.51　　単勝回収値 26 円　　単勝適正回収値 62 円
勝率 5.7%　　平均勝ち距離　芝 1,280m ／ダート －
勝利／出走頭数：8 ／ 45　　勝利／出走回数：10 ／ 142

距離	成長型	芝	ダート	瞬発力	パワー	底力
短	普	◎	○	○	△	○

ミッキーロケット
MIKKI ROCKET
力強いスピードで宝塚記念を制覇

年次	種付頭数	産駒数
22 年	22	25
21 年	44	44
20 年	81	64

24戦5勝（2〜5歳・日）**最高R 119 L**（18年）

　神戸新聞杯2着で出走権利を得た菊花賞は、サトノダイヤモンドの5着まで。続く4歳緒戦となった日経新春杯で重賞初制覇を飾った。その後、掲示板を確保することも多かったが、2つ目の重賞タイトルには届かず。5歳6月の宝塚記念も7番人気での出走となったが、やや力の要る馬場で力強いスピードが全開となり、香港から遠征してきたワーザーをクビ差抑えGⅠタイトル獲得に成功した。

　父は2年連続首位種牡馬。母は英GⅠナッソーSで3着。初年度産駒にジョウショーホープ、フラッシングレート。

種付料／⤵受50万円F　供用地／新冠・優駿SS
2013年生　鹿毛　安平・ノーザンファーム産

系統：キングマンボ系　母父系統：ヌレイエフ系		
父　キングカメハメハ　鹿 2001	Kingmambo	Mr. Prospector
		Miesque
	*マンファス	*ラストタイクーン
		Pilot Bird
母　*マネーキャントバイミーラヴ　鹿 2006	Pivotal	Polar Falcon
		Fearless Revival
	Sabreon	Caerleon
		Sabria

2022年成績　　総収得賞金 94,901,000 円
アーニング INDEX 0.49　　単勝回収値 88 円　　単勝適正回収値 176 円
勝率 8.2%　　平均勝ち距離　芝 1,500m ／ダート －
勝利／出走頭数：10 ／ 43　　勝利／出走回数：15 ／ 140

距離	成長型	芝	ダート	瞬発力	パワー	底力
中長	普	○	○	○	○	○

FRESH SIRE RANKING 11 *ビーチパトロール BEACH PATROL

2歳馬 47
総合 147

米芝GI3勝の一流中長距離馬

総収得賞金	93,156,000円

● 2013年生　● 黒鹿毛　● 供用地／新ひだか・レックススタッド

　2〜5歳時に米で19戦5勝。3歳8月のセクレタリアトSを皮切りに、4歳時のアーリントンミリオン、ターフクラシックSと芝中長距離GIを3勝。BCターフでタリスマニックの2着している。父はベルモントS馬。引退後すぐに日本で種牡馬となった。産駒にシーウィザード（新潟2歳S3着）、デイドリームビーチ、ビキニボーイ。

系統：キングマンボ系　母父系統：ファピアノ系

父 Lemon Drop Kid 鹿 1996	Kingmambo	Mr. Prospector
		Miesque
	Charming Lassie	Seattle Slew
		Lassie Dear
母 Bashful Bertie 鹿 2007	Quiet American	Fappiano
		Demure
	Clever Bertie	Timeless Native
		Clever But Costly

距離	成長型	芝	ダート	瞬発力	パワー	底力
中長	普	○	○	○	○	○

FRESH SIRE RANKING 12 レッドファルクス RED FALX

2歳馬 52
総合 152

スプリンターズS連覇の追込馬

総収得賞金	85,176,000円

● 2011年生　● 芦毛　● 供用地／新ひだか・レックススタッド

　2〜7歳時に日香で29戦10勝。5歳時にL欅S、CBC賞、スプリンターズSと3連勝。6歳時に京王杯スプリングC、前年同様の追込劇を展開したスプリンターズSを制し、2017年最優秀短距離馬に選出されている。父は実力派の名種牡馬。叔母に阪神3歳牝馬Sなどを勝った名牝スティンガー。産駒にナックブレイブ、メイショウオトギ。

系統：フォーティナイナー系　母父系統：サンデーサイレンス系

父 *スウェプトオーヴァーボード 芦 1997	*エンドスウィープ	*フォーティナイナー
		Broom Dance
	Sheer Ice	Cutlass
		Hey Dolly A.
母 ベルモット 栗 1997	*サンデーサイレンス	Halo
		Wishing Well
	*レガシーオブストレングス	Affirmed
		Katonka

距離	成長型	芝	ダート	瞬発力	パワー	底力
短マ	やや晩	○	○	○	○	○

FRESH SIRE RANKING 13 *タリスマニック TALISMANIC

2歳馬 58
総合 169

伏兵評価のBCターフを制する

総収得賞金	64,526,000円

● 2013年生　● 黒鹿毛　● 供用地／日高・ダーレー・ジャパンSコンプレックス

　2〜5歳時に仏米香首で23戦8勝。4歳7月の仏GIIモーリスドニュイユ賞で重賞初制覇。11月に米遠征を敢行し、5番人気となっていたBCターフを鮮やかに制する。直後に転戦した香港ヴァーズでも、ハイランドリールの2着している。父は現代の米を代表する名種牡馬。いとこにロジクライ（シンザン記念）。初年度産駒にナガタエース。

系統：サドラーズウェルズ系　母父系統：ミスタープロスペクター系

父 Medaglia d'Oro 黒鹿 1999	El Prado	Sadler's Wells
		Lady Capulet
	Cappucino Bay	Bailjumper
		Dubbed In
母 Magic Mission 鹿 1998	Machiavellian	Mr. Prospector
		Coup de Folie
	Dream Ticket	Danzig
		Capo Di Monte

距離	成長型	芝	ダート	瞬発力	パワー	底力
中長	普	○		△	○	○

FRESH SIRE RANKING 14 ネロ NERO

2歳馬 60
総合 173

九州で供用される短距離重賞馬

総収得賞金	61,281,000円

● 2011年生　● 栗毛　● 供用地／鹿児島県・JBBA九州種馬場

　2〜7歳時に日で47戦8勝。2歳時にOPクリスマスローズSに勝つなど、早くから頭角を顕していたが、5歳11月の京阪杯で念願の重賞タイトル獲得に成功すると、翌年、京阪杯連覇を達成した。ほかにセントウルS、東京盃、アイビスSDで2着。叔母にGI3勝のニシノフラワー。産駒にセイウンダマシイ、ニシノピウモッソ。

系統：ストームキャット系　母父系統：サンデーサイレンス系

父 *ヨハネスブルグ 鹿 1999	*ヘネシー	Storm Cat
		Island Kitty
	Myth	*オジジアン
		Yarn
母 ニシノタカラヅカ 栗 2003	*サンデーサイレンス	Halo
		Wishing Well
	*デュプリシト	Danzig
		Fabulous Fraud

距離	成長型	芝	ダート	瞬発力	パワー	底力
短	やや晩	○	○	○	○	△

2022年 FSランキング　ファインニードル、ミッキーロケットほか

15 ニシケンモノノフ
NISHIKEN MONONOFU

2歳馬 61
総合 176

重賞好走産駒出したGⅠ勝ち馬

総収得賞金	58,643,000 円

● 2011年生　●栗毛　●供用地／新冠・優駿SS

　2～7歳時に日で42戦12勝。2歳時の兵庫ジュニアGPを皮切りに、兵庫ゴールドT、北海道スプリンCと重賞タイトルを重ねていく。大井D1200mコースを舞台とした6歳11月のJBCスプリントではコパノリッキーを降し、ダート短距離戦線の頂点に立った。父はフェブラリーS馬。産駒にデステージョ（兵庫ジュニアGP3着）。

系統：ヘイルトゥリーズン系	母父系統：ミスタープロスペクター系

父		Devil's Bag
メイショウボーラー	*タイキシャトル	*ウェルシュマフィン
黒鹿 2001	*ナイスレイズ	Storm Cat
		Nice Tradition
母	*アフリート	Mr. Prospector
グリーンヒルコマチ		Polite Lady
栗 1998	ツネノコトブキ	サンシャインボーイ
		オリエントゴールド

距離	成長型	芝	ダート	瞬発力	パワー	底力
短マ	普	△	◎	◎	◎	◎

16 インカンテーション
INCANTATION

2歳馬 62
総合 180

地方競馬で産駒走る重賞6勝馬

総収得賞金	55,488,000 円

● 2010年生　●鹿毛　●供用地／浦河・イーストスタッド

　2～8歳時に日で36戦11勝。レパードS、みやこS、平安S、マーチS、白山大賞典、武蔵野Sに勝ち、フェブラリーS、かしわ記念で2着したダート重賞戦線の勇者。母系からカーソリーグランス（モイグレアスタッドS）など欧州の重賞馬が多数登場している。産駒に地方競馬ローカル2歳重賞で健闘のセイレジーナ、グロリオサ。

系統：シアトルスルー系	母父系統：ミスタープロスペクター系

父		A.P. Indy
	Old Trieste	Lovlier Linda
*シニスターミニスター		The Prime Minister
鹿 2003	Sweet Minister	Sweet Blue
母	Machiavellian	Mr. Prospector
*オリジナルスピン		Coup de Folie
鹿 1997		Polish Precedent
	Not Before Time	Time Charter

距離	成長型	芝	ダート	瞬発力	パワー	底力
中	普	△	◎	◎	◎	◎

17 *マクマホン
MACMAHON

2歳馬 78
総合 213

日本人馬主所有の伊ダービー馬

総収得賞金	35,717,000 円

● 2014年生　●鹿毛　●供用地／日高・エスティファーム

　3～4歳時に伊仏華で10戦5勝。"トーセン"の冠名で知られる島川隆哉氏の所有馬。無傷の3連勝でGⅡ伊ダービーを制し、3歳暮れにはカタールダービーにも勝っている。父は伊GⅠヴィットリオディカプア賞、GⅡ伊2000ギニーを勝った一流マイラー。初年度産駒に、公営浦和でデビュー戦以来の3連勝を飾ったサムタイムアゴー。

系統：ノーザンダンサー系	母父系統：ミスタープロスペクター系

父		Marju
	Martino Alonso	Cheerful Note
Ramonti		El Gran Senor
鹿 2002	Fosca	La Locandiera
母	Celtic Swing	*ダミスター
Miss Sultin		Celtic Ring
鹿 2004	Miss Caerleon	Caerleon
		Satin Pointe

距離	成長型	芝	ダート	瞬発力	パワー	底力
マ中	普	◎	◎	◎	◎	◎

18 ヤマカツエース
YAMAKATSU ACE

2歳馬 79
総合 214

タフさも武器とした名中距離馬

総収得賞金	35,264,000 円

● 2012年生　●栗毛　●供用地／新ひだか・アロースタッド

　2～6歳時に日で30戦7勝。3歳4月のニュージーランドTを皮切りに、福島記念、中山金杯、金鯱賞2回と重賞を5勝した、タフさにも優れていた一流中距離馬。大阪杯3着、有馬記念4着などGⅠでも健闘した。半妹に共に3歳GⅡ2着のヤマカツグレース、ヤマカツマーメイド。初年度産駒にJRAで新馬戦勝ちしたタガノタント。

系統：キングマンボ系	母父系統：ロベルト系

父		Mr. Prospector
	Kingmambo	Miesque
キングカメハメハ		*ラストタイクーン
鹿 2001	*マンファス	Pilot Bird
母	*グラスワンダー	Silver Hawk
ヤマカツマリリン		Ameriflora
栗 2004	*イクセプトフォーワンダ	Tejabo
		Unique Gal

距離	成長型	芝	ダート	瞬発力	パワー	底力
中	普	◎	◎	◎	◎	◎

362

FRESH SIRE RANKING 19

ゴールドアクター
GOLD ACTOR

2歳馬 84
総合 219

4歳時4戦4勝で有馬記念制覇

総収得賞金	30,621,000円

● 2011年生 ●青鹿毛 ●供用地／新冠・優駿SS

　2～7歳時に日で24戦9勝。"夏の上がり馬"として参戦した菊花賞でトーホウジャッカルの3着。4歳時は1000万特別、準OP特別、アルゼンチン共和国杯、有馬記念を全勝する快進撃を示した。5歳緒戦の日経賞にも勝利。連勝ストップ後もオールカマーを制し、宝塚記念で2着している。産駒にゴールドバランサー、クイーンラブソング。

系統：ロベルト系	母父系統：レイズアネイティヴ系	
父 スクリーンヒーロー 栗 2004	*グラスワンダー	Silver Hawk
		Ameriflora
	ランニングヒロイン	*サンデーサイレンス
		ダイナアクトレス
母 ヘイロンシン 黒鹿 1999	*キョウワアリシバ	Alysheba
		Sulemeif
	ハッピーヒエン	*マナード
		ブゼンフブキ

距離	成長型	芝	ダート	瞬発力	パワー	底力
中長	普	○	○	○	○	○

FRESH SIRE RANKING 20

レーヴミストラル
REVE MISTRAL

2歳馬 108
総合 264

名門一族出身のGⅡ重賞2勝馬

総収得賞金	17,856,000円

● 2012年生 ●鹿毛 ●供用地／新ひだか・レックススタッド

　2～6歳時に日で17戦4勝。3歳時の青葉賞、4歳時の日経新春杯と芝2400mのGⅡ重賞を2勝した。母系は世界的名門で、母は仏GⅠサンタラリ賞の勝ち馬。半兄にアプレザンレーヴ（青葉賞）、半姉にレーヴディソール（阪神JF）、いとこにベスラー（愛1000ギニー）がいる。初年度産駒にニシノシャイニング、キョウエイカリーナ。

系統：キングマンボ系	母父系統：グレイソヴリン系	
父 キングカメハメハ 鹿 2001	Kingmambo	Mr. Prospector
		Miesque
	*マンファス	*ラストタイクーン
		Pilot Bird
母 *レーヴドスカー 芦 1997	Highest Honor	Kenmare
		High River
	Numidie	*バイアモン
		Yamuna

距離	成長型	芝	ダート	瞬発力	パワー	底力
中長	普	○	○	○	○	△

FRESH SIRE RANKING 21

レインボーライン
RAINBOW LINE

2歳馬 112
総合 267

マイルと2マイル戦で重賞制覇

総収得賞金	17,133,000円

● 2013年生 ●鹿毛 ● 2022年引退

　2～5歳時に日で22戦5勝。3歳時のアーリントンCで重賞初制覇。5歳時にステイヤーとしての資質が開花し、阪神大賞典、天皇賞・春を連勝した。半姉にアニメイトバイオ（ローズS）、ホーマンブリッツ（ファンタジーS2着）、叔父にエースインザレース（兵庫ジュニアグランプリ）。産駒にワイズゴールド、ダイヤモンドライン。

系統：サンデーサイレンス系	母父系統：ノーザンダンサー系	
父 ステイゴールド 黒鹿 1994	*サンデーサイレンス	Halo
		Wishing Well
	ゴールデンサッシュ	*ディクタス
		ダイナサッシュ
母 レーゲンボーゲン 栗 2002	*フレンチデピュティ	Deputy Minister
		Mitterand
	レインボーファスト	レインボーアンバー
		レインボーローズ

距離	成長型	芝	ダート	瞬発力	パワー	底力
中長	普	○	△	○	△	○

FRESH SIRE RANKING 22

プレティオラス
PRETIOLASS

2歳馬 122
総合 292

道営から移籍の東京ダービー馬

総収得賞金	13,050,000円

● 2009年生 ●黒鹿毛 ●供用地／日高・サンシャイン牧場

　2～8歳時に日で38戦7勝。道営競馬でデビューし、6戦目で初勝利。大井に移籍してからもタフにレースを使い続け、キャリア14戦目で東京ダービー馬となった。古馬となってからは東京記念2回、大井記念に勝っている。父は朝日杯3歳Sで3着。産駒コルドゥアンが、道営競馬のローカル重賞栄冠賞を14番人気で勝利した。

系統：ストームキャット系	母父系統：サンデーサイレンス系	
父 *フィガロ 芦 1995	Future Storm	Storm Cat
		Sea Sands
	Karamea	Air Forbes Won
		Timely Table
母 ユーロペ 青鹿 2003	ダンスインザダーク	*サンデーサイレンス
		*ダンシングキイ
	ルナセレナータ	*クリスタルグリッターズ
		アローローゼット

距離	成長型	芝	ダート	瞬発力	パワー	底力
マ中	普	△	○	△	○	△

23

2歳馬 135　総合 330

スノードラゴン
SNOW DRAGON
6歳時に最優秀短距離馬に選出

総収得賞金	8,785,000円

● 2008年生　● 芦毛　● 供用地／新ひだか・レックススタッド

　2〜11歳時に日香で61戦8勝。芝、ダートを問わず、長年に亘りスプリント重賞で活躍した一流馬。6歳時には高松宮記念で2着し、スプリンターズSを快勝、2014年最優秀短距離馬にも選ばれた。ほかにカペラS、オーシャンS、北海道スプリントCで2着した。父は2、6歳時にGⅠを制した個性派の名馬。産駒にツミキヒトツ。

系統：グレイソヴリン系　母父系統：サンデーサイレンス系

父 アドマイヤコジーン 芦 1996	Cozzene	Caro
		Ride the Trails
	アドマイヤマカディ	*ノーザンテースト
		*ミセスマカディー
母 マイネカプリース 鹿 1998	タヤスツヨシ	*サンデーサイレンス
		*マガロ
	ダイナカプリ	*サウスアトランティック
		ダイナギフト

距離	成長型	芝	ダート	瞬発力	パワー	底力
短	晩	○	○	△	○	○

24

2歳馬 143　総合 343

シゲルカガ
SHIGERU KAGA
ダート短距離戦で活躍の実力派

総収得賞金	7,681,000円

● 2011年生　● 鹿毛　● 2021年引退

　2〜7歳時に日で47戦14勝。キャリアを積み重ねながら地力を蓄え、4歳時に北海道スプリントC、OP千葉Sに勝ち、東京スプリントで2着した。また、公営岩手に移籍後に、8連勝をマークする活躍を示している。父はダート系サイアーの雄。母父シャンハイは、名血の仏2000ギニー馬。産駒にシゲルアレグリア、シゲルマンテン。

系統：シアトルスルー系　母父系統：ミスタープロスペクター系

父 *パイロ 黒鹿 2005	Pulpit	A.P. Indy
		Preach
	Wild Vision	Wild Again
		Carol's Wonder
母 アレグレッツァ 栗 2000	*シャンハイ	Procida
		Korveya
	トミアルコ	*ノノアルコ
		ヒトミフラッシュ

距離	成長型	芝	ダート	瞬発力	パワー	底力
短	普	○	○	△	○	△

25

2歳馬 170　総合 387

レガーロ
REGALO
2、3歳時にダート重賞で好走

総収得賞金	4,400,000円

● 2013年生　● 鹿毛　● 供用地／新ひだか・レックススタッド

　2〜4歳時に日で12戦2勝。デビュー2戦目の未勝利戦、500万下特別を連勝して臨んだ全日本2歳優駿で、サウンドスカイの2着した。3歳時にはレパードSで3着している。血統は素晴らしく、父はプリークネスSなど米GⅠ3勝の強豪、母も米GⅠサンタマリアHに勝利した。産駒に公営門別で勝ち鞍をマークしたエムティヒビキ。

系統：シアトルスルー系　母父系統：キングマンボ系

父 Bernardini 鹿 2003	A.P. Indy	Seattle Slew
		Weekend Surprise
	Cara Rafaela	Quiet American
		Oil Fable
母 *サンタテレジータ 鹿 2004	Lemon Drop Kid	Kingmambo
		Charming Lassie
	Sweet Gold	Gilded Time
		Anti Social

距離	成長型	芝	ダート	瞬発力	パワー	底力
マ中	普	△	○	△	○	△

26

2歳馬 183　総合 419

テイエムジンソク
T M JINSOKU
ダート中距離戦線で実力を示す

総収得賞金	2,936,000円

● 2012年生　● 芦毛　● 2022年引退

　3〜6歳時に日で30戦9勝。5歳時に準OP東大路S、OP大沼S、LマリーンSを3連勝。エルムS2着を挟み、みやこSで重賞初制覇を果たす。続くチャンピオンズCはゴールドドリームのクビ差2着。年を跨ぎ、1月の東海Sで2つ目の重賞タイトルを得た。初年度産駒に、公営佐賀の2歳戦で3勝をあげたテイエムジンキュウ。

系統：ノーザンダンサー系　母父系統：フォーティナイナー系

父 *クロフネ 芦 1998	*フレンチデピュティ	Deputy Minister
		Mitterand
	*ブルーアヴェニュー	Classic Go Go
		Eliza Blue
母 マイディスカバリー 鹿 2005	*フォーティナイナー	Mr. Prospector
		File
	マイグリーン	*ダンシングブレーヴ
		*マイサクセション

距離	成長型	芝	ダート	瞬発力	パワー	底力
中	普	△	○	○	△	△

FRESH SIRE RANKING 27 キョウエイギア KYOEI GERE

2歳馬 187　総合 428

3歳時にGI馬へと昇り詰める

総収得賞金	2,860,000円

● 2013年生　● 黒鹿毛　● 供用地／青森県・ワールドファーム

　2～3歳時に日で13戦4勝。初の重賞出走となった北海道2歳優駿は4着。3歳時に500万特別、OP鳳雛Sに勝利。7月のジャパンダートダービーへ駒を進め、ケイティブレイブらを降しGIウイナーの仲間入りを果たした。父はNHKマイルC、ダービーを連勝。母はGIIエンプレス杯の勝ち馬。初年度産駒にキョウエイルーマー。

系統：サンデーサイレンス系		母父系統：ネヴァーベンド系	
父　ディープスカイ　栗 2005	アグネスタキオン	*サンデーサイレンス
		アグネスフローラ
	*アビ	Chief's Crown
		Carmelized
母　ローレルアンジュ　鹿 1999	*パラダイスクリーク	Irish River
		North of Eden
	*スマートダーリン	Alydar
		Smartaire

距離	成長型	芝	ダート	瞬発力	パワー	底力
マ中	普	△	○	△	○	△

FRESH SIRE RANKING 28 クレイドルサイアー CRADLE SIRE

2歳馬 198　総合 442

英雄オグリキャップの父系継ぐ

総収得賞金	2,383,000円

● 2001年生　● 鹿毛　● 供用地／新ひだか・クレイドルファーム

　2歳時に日で2戦0勝。父は有馬記念2回、安田記念、マイルCSに勝ち、"国民的アイドルホース"と呼ばれたオグリキャップの直仔。種牡馬となり、父の貴重な血を後世に繋げている。母は道営競馬で走った未勝利馬。初年度産駒のフォルキャップが道営競馬で勝ち鞍をマークしたほか、オグリヨンセイも道営競馬からデビューしている。

系統：ネイティヴダンサー系		母父系統：ダンチヒ系	
父　ノーザンキャップ　芦 1992	オグリキャップ	*ダンシングキャップ
		ホワイトナルビー
	グレースウーマン	マルゼンスキー
		ランズプロント
母　マタニティパワー　鹿 1997	*スリルショー	Northern Baby
		Splendid Girl
	アグネススキー	*ロイヤルスキー
		アグネスビューチー

距離	成長型	芝	ダート	瞬発力	パワー	底力
マ中	普	△	○	△	△	△

FRESH SIRE RANKING 29 サウンドスカイ SOUND SKY

2歳馬 205　総合 453

2歳時に輝いたダートGI馬

総収得賞金	1,975,000円

● 2013年生　● 栗毛　● 供用地／新冠・優駿SS

　2～5歳時に日で18戦4勝。デビュー3戦目で勝ち上がると、500万特別、重賞初制覇となる兵庫ジュニアグランプリ、2歳ダート王決定戦の全日本2歳優駿と破竹の4連勝を記録した。父はNHKマイルC、ダービーを制した変則2冠馬。母は米国産馬で、阪神の未勝利戦で勝ち鞍をあげている。産駒にシーザミニョン、スカイオージ。

系統：サンデーサイレンス系		母父系統：ミスタープロスペクター系	
父　ディープスカイ　栗 2005	アグネスタキオン	*サンデーサイレンス
		アグネスフローラ
	*アビ	Chief's Crown
		Carmelized
母　*アンジェラスキッス　栗 2004	Gone West	Mr. Prospector
		Secrettame
	River Fairy	Irish River
		Fairy Garden

距離	成長型	芝	ダート	瞬発力	パワー	底力
短	早	△	○	○	△	△

FRESH SIRE RANKING 30 バンドワゴン BANDWAGON

2歳馬 206　総合 458

半弟にGI2勝馬がいる名血馬

総収得賞金	1,820,000円

● 2011年生　● 黒鹿毛　● 供用地／新冠・白馬牧場

　2～7歳時に日で13戦4勝。新馬戦、500万下エリカ賞を連勝。1番人気で臨んだ3歳緒戦のきさらぎ賞はトーセンスターダムの2着だった。その後長期休養を挟み1000万特別、準OP但馬Sに勝利している。半弟にジャパンC、大阪杯を制したスワーヴリチャード。祖母キャリアコレクションも米GII2勝馬。産駒にバンドマスター。

系統：リファール系		母父系統：ファピアノ系	
父　*ホワイトマズル　鹿 1990	*ダンシングブレーヴ	Lyphard
		Navajo Princess
	Fair of the Furze	Ela-Mana-Mou
		Autocratic
母　*ピラミマ　黒鹿 2005	Unbridled's Song	Unbridled
		Trolley Song
	*キャリアコレクション	General Meeting
		River of Stars

距離	成長型	芝	ダート	瞬発力	パワー	底力
中	普	○	△	△	○	△

31 ロールボヌール
2歳馬 210　総合 475

2～6歳時に日で7戦6勝。公営岩手でデビューし、無傷の6連勝で岩手ダービーダイヤモンドCを制した。甥にラーグルフ（ホープフルS3着）。初年度産駒に、道営競馬で勝利したヌンヌンシー。

総収得賞金 1,494,000円
●2012年生　●栗毛　●供用地／新冠・クラックステーブル
父 *フレンチデピュティ
母 ロスグラシアレス　母父 *シンボリクリスエス

距離	成長型	芝	ダート	瞬発力	パワー	底力
マ中	普	△	○	△	○	△

32 *ネオアトラクション
2歳馬 226　総合 507

3～5歳時に日で19戦2勝。3歳1月の新馬戦、5歳時の500万下戦に勝っている。母は英1000ギニー、愛1000ギニー、コロネーションC勝利。産駒に、公営名古屋のリエキソウハン。

総収得賞金 748,000円
●2012年生　●鹿毛　●2019年引退
父 Montjeu
母 Attraction　母父 Efisio

距離	成長型	芝	ダート	瞬発力	パワー	底力
マ	普	△	△	△	△	△

33 モンドキャンノ
2歳馬 230　総合 515

2～4歳時に日で10戦2勝。函館2歳Sで2着し、続く京王杯2歳Sで重賞制覇を達成した。暮れの朝日杯FSは2着。母はアイビスサマーダッシュで3着。初年度産駒にアーモンドドラジェ。

総収得賞金 625,000円
●2014年生　●鹿毛　●供用地／新冠・クラックステーブル
父 *キンシャサノキセキ
母 レイズアンドコール　母父 サクラバクシンオー

距離	成長型	芝	ダート	瞬発力	パワー	底力
短マ	早	○	△	△	○	△

34 アグニシャイン
2歳馬 238　総合 524

2～4歳時に日で4戦1勝。中山芝2000mコースで争われた2歳未勝利戦に勝っている。叔父にゴルトブリッツ（帝王賞）、いとこにレイデオロ（ダービー）。産駒に公営岩手のスペキュレイション。

総収得賞金 510,000円
●2014年生　●栗毛　●2022年引退
父 *ハービンジャー
母 ガールオンファイア　母父 アグネスタキオン

距離	成長型	芝	ダート	瞬発力	パワー	底力
中	普	△	△	△	△	△

35 ダンスディレクター
2歳馬 243　総合 531

3～8歳時に日で26戦7勝。遅咲きのスプリンターで6、7歳時にシルクロードS連覇を達成した。ほかに阪神C2着2回、CBC賞2着、セントウルS3着。産駒にハシレソウタロウ。

総収得賞金 300,000円
●2010年生　●鹿毛　●供用地／新ひだか・アロースタッド
父 *アルデバランII
母 マザーリーフ　母父 *サンデーサイレンス

距離	成長型	芝	ダート	瞬発力	パワー	底力
短	普	○	△	△	○	△

36 ハギノハイブリッド
2歳馬 249　総合 560

2～6歳時に日で27戦4勝。京都新聞杯で重賞制覇。LアイルランドTにも勝っている。祖母サイレントハピネスはローズSなど3歳GII重賞を2勝した強豪。初年度産駒にダイシンベスパ。

総収得賞金 0円
●2011年生　●栗毛　●2022年引退
父 タニノギムレット
母 ハッピーペインター　母父 *トニービン

距離	成長型	芝	ダート	瞬発力	パワー	底力
中長	普	○	△	△	△	△

36 クラウンレガーロ
2歳馬 249　総合 560

2～6歳時に日で20戦2勝。2歳新馬戦を勝ち上がり、小倉2歳S、デイリー杯2歳Sで共に2着した。3歳時は若葉Sで2着し、皐月賞、ダービーに駒を進める。産駒にクラウンサプライズ。

総収得賞金 0円
●2010年生　●栗毛　●供用地／日高・日西牧場
父 *グラスワンダー
母 エクストラニュース　母父 *エンドスウィープ

距離	成長型	芝	ダート	瞬発力	パワー	底力
短マ	普	△	△	△	△	△

2023年
新種牡馬

間もなく産駒がデビューを迎えるサイアーたち。ブリックスアンドモルタルをはじめ海外からの輸入種牡馬は前年以上に強力な布陣。迎え撃つのはレイデオロなど日本のGI勝馬たちだ。

2023Debut Thoroughbred Stallions In Japan

馬名

最近3年間の
種付頭数と産駒数

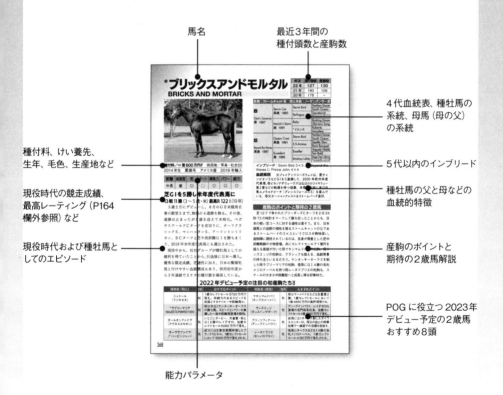

種付料、けい養先、
生年、毛色、生産地など

現役時代の競走成績、
最高レーティング（P164
欄外参照）など

現役時代および種牡馬と
してのエピソード

4代血統表、種牡馬の
系統、母馬（母の父）
の系統

5代以内のインブリード

種牡馬の父と母などの
血統的特徴

産駒のポイントと
期待の2歳馬解説

POGに役立つ2023年
デビュー予定の2歳馬
おすすめ8頭

能力パラメータ

能力パラメータの見方　短…1000〜1400m、マ…1600m前後、中…1800〜2100m、長…2200m以上、万…万能（産駒の距離タイプが様々）、早…早熟、普…普通、晩…晩成、持続…早熟と晩成を併せ持つ、◎…非常に得意、○…得意、△…やや不向き、▲…不得意

※種付料で受＝受胎確認後支払、産＝産駒誕生後支払、不＝不受胎時全額返還、F＝フリーリターン特約（P138欄外参照）、返＝流死産又は死亡時返還、不出返＝不出生時返金。　価格・支払条件、供用地などは変更の場合があります。

＊ブリックスアンドモルタル
BRICKS AND MORTAR

年次	種付頭数	産駒数
22年	127	130
21年	180	109
20年	178	―

系統：ストームキャット系　母父系統：ノーザンダンサー系

父 Giant's Causeway 栗 1997	Storm Cat 黒鹿 1983	Storm Bird	Northern Dancer
			South Ocean
		Terlingua	Secretariat
			Crimson Saint
	Mariah's Storm 鹿 1991	Rahy	Blushing Groom
			Glorious Song
		＊イメンス	Roberto
			Imsodear
母 Beyond the Waves 黒鹿 1997	Ocean Crest 黒鹿 1991	Storm Bird	Northern Dancer
			South Ocean
		S.S.Aroma	Seattle Slew
			Rare Bouquet
	Excedent 鹿 1985	Exceller	Vaguely Noble
			Too Bald
		Broadway Lullaby	Stage Door Johnny
			＊リットルブレッシング

種付料／⇒受600万円F　供用地／早来・社台SS
2014年生　黒鹿毛　アメリカ産　2019年輸入

距離	成長型	芝	ダート	瞬発力	パワー	底力
中長	普	◎	○	◎	◎	◎

芝GIを5勝し米年度代表馬に

13戦11勝（3〜5歳・米）**最高R122I**（19年）

　3歳2月にデビューし、8月のGII米競馬名誉の殿堂Sまで、無傷の4連勝を飾る。その後、連勝は止まったが5歳を迎えて本格化。ペガサスワールドCターフを皮切りに、ターフクラシックS、マンハッタンS、アーリントンミリオン、BCターフと芝中長距離GIを勝ちまくり、2019年米年度代表馬にも選出された。

　現役中から、社台グループが種牡馬としての権利を得ていたことから、引退後に日本へ導入。優秀な競走成績、芝適性に加え、日本の繁殖牝馬と付けやすい血統構成もあり、供用初年度から3年連続で3ケタの種付数を確保している。

インブリード：Storm Bird 3×3、母 Beyond the Waves に Prince John 4×4

血統解説　父ジャイアンツコーズウェイは、愛チャンピオンSなどGIを5連勝した、2000年欧州年度代表馬。母ビヨンドザウェイヴズは仏GIIロワイヤリュー賞2着などの戦績を持つ強豪。本馬の半姉に米GIII馬エメラルドビーチ（グレンスフォールスS）を産んでいる。母父オーシャンクレストはストームバード直仔。

産駒のポイントと期待の2歳馬

　芝12Fで争われたブリーダーズCターフを2分24秒73の時計をマークして勝ち切ったことからも、日本の軽い芝コースに対する適性は高そう。また、日本競馬との抜群の相性を誇るストームキャットの父であるストームバードの3×3というクロスが興味深い。産駒陣に期待されているのは、自身が得意とした芝中距離戦線の大物登場。共にセレクトセールで1億円を超える高値が付いた母マキシマムドパリの牡駒、母ランズエッジの牡駒は、クラシックも狙える、血統背景の持ち主といえるだろう。ケンタッキーオークスを制した母ラブリーマリアの牡駒、祖母にGI4勝の名牝メジロドーベルを持つ母レーヌドブリエの牝駒も、スケールの大きな中距離型へと成長し得る好素材だ。

2022年デビュー予定の注目の初産駒たち!!

母馬名（母父）	性別	おすすめポイント	母馬名（母父）	性別	おすすめポイント
ジャドール（フジキセキ）	牡	1歳セレクトセール5720万円で落札。持続力のあるスピードを武器とするマイル〜中距離馬か。	マキシマムドパリ（キングカメハメハ）	牡	母はマーメイドSなどGIII重賞2勝。1歳セレクトセールにおいて1億4850万円の高評価受ける。
＊ラブリーマリア（MAJESTICPERFECTION）	牡	母は米GIケンタッキーオークスの勝ち馬。スピードとパワーを兼備した一流中距離馬登場を期待。	ランズエッジ（ダンスインザダーク）	牡	ディープインパクト、レイデオロ登場の名門母系出身。当歳セレクトセール1億1550万円で落札。
ガールオンファイア（アグネスタキオン）	牝	いとこにダービー、天皇賞・秋とGI2勝のレイデオロ、当歳セレクトセール5060万円で落札。	ブリッツフィナーレ（ディープインパクト）	牝	叔母にGIオークスなどのダイワエルシエーロ。母父の血との相乗効果で一線級での活躍を目指す。
モーヴサファイア（＊ハービンジャー）	牝	叔父にGIII東京新聞杯制したブラックスピネル。1歳セレクトセールにおいて5500万円で落札される。	レーヌドブリエ（ゼンノロブロイ）	牝	祖母にオークスなどGI4勝の名牝メジロドーベル。1歳セレクトセール4180万円で落札される。

レイデオロ
REY DE ORO

年次	種付頭数	産駒数
22年	174	113
21年	170	130
20年	196	―

種付料／⇨受700万円F　供用地／安平・社台SS
2014年生　鹿毛　安平・ノーザンファーム産

距離	成長型	芝	ダート	瞬発力	パワー	底力
中長	普	◎	○	◎	◎	○

系統：キングマンボ系　母父系統：ロベルト系

父 キングカメハメハ 鹿 2001	Kingmambo 鹿 1990	Mr. Prospector	Raise a Native
			Gold Digger
		Miesque	Nureyev
			Pasadoble
	*マンファス 黒鹿 1991	*ラストタイクーン	*トライマイベスト
			Mill Princess
		Pilot Bird	Blakeney
			The Dancer
母 ラドラーダ 青鹿 2006	*シンボリクリスエス 黒鹿 1999	Kris S.	Roberto
			Sharp Queen
		Tee Kay	Gold Meridian
			Tri Argo
	*レディブロンド 鹿 1998	Seeking the Gold	Mr. Prospector
			Con Game
		*ウインドインハーヘア	Alzao
			Burghclere

インブリード：Mr. Prospector 3×4、父キングカメハメハに Northern Dancer 4×4

血統解説　父キングカメハメハはダービー馬にして首位種牡馬の歴史的名馬。母ラドラーダは4勝馬。本馬の全弟にレイエンダ（エプソムC）、半弟にアブソルティスモ（サウジアラビアRC3着）を産んだ。母系は3冠馬ディープインパクトらが登場した現代の超名門。母父シンボリクリスエスは2年連続年度代表馬。

父としての期待高いGI2勝馬
17戦7勝（2〜5歳・日首）最高R 123 I（18年）

　2歳12月のGIIホープフルSに勝ち、クラシック有力候補と目される。皐月賞は5着に終わったが、続くダービーで持ち前の息の長い末脚を披露。鮮やかに3歳馬の頂点に立った。神戸新聞杯で重賞3勝目。古馬陣に挑んだジャパンCでは、好走するも2着に惜敗する。4歳時のオールカマーで、1年振りの重賞制覇。続く天皇賞・秋では好位追走から抜け出し、2つ目のビッグタイトル獲得に成功した。

　父の後継者としての期待も担い、種牡馬生活を開始。供用初年度から3年連続で170頭以上の種付をこなす、圧倒的な人気を博している。

産駒のポイントと期待の2歳馬

　優秀な競走成績に加え、サンデーサイレンスの血を一滴も含んでいない血統構成も、種牡馬としての大きな武器。当然、SS系の母父を持つ繁殖牝馬との配合が主流となってくるが、同じ母系の出身者である母父ディープインパクトとの組合せは、「名牝ウインドインハーヘア4×3のクロス」が成立する、特別な配合にもなる。BMSにディープインパクトを持つ、母リンフォルツァンドの牡駒、母ラキシスの牝駒は、スケールの大きさを感じさせる血統構成の持ち主。仕上りも早そうなだけに2歳時からの息長い活躍が期待できる。セレクトセールで高い評価を得た母ファイネストシティの牡駒、母ラルケットの牡駒、母マルシアーノの牝駒も、大物に育つ可能性を十分に保持している。

2022年デビュー予定の注目の初産駒たち!!

母馬名（母父）	性別	おすすめポイント	母馬名（母父）	性別	おすすめポイント
*ファイネストシティ（CITY ZIP）	牡	母は米GIBCフィリー＆メアススプリント勝ち。当歳セレクトセール1億6500万円で落札される。	ベルルミエール（*スウェプトオーヴァーボード）	牡	母はGII阪神牝馬Sで2着。やや力の要る芝で本領発揮か。1歳レクトセール1億340万円で落札。
ラルケット（*ファルブラヴ）	牡	半兄にGIマイルCSを制したステルヴィオ。1歳セレクトセールにおいて2億4200万円で落札。	リンフォルツァンド（ディープインパクト）	牡	祖母に英GIフィリーズマイル勝ちのリッスン。当歳セレクトセールで1億9800万円の高評価得る。
キョウワジャンヌ（ハーツクライ）	牝	母はGI秋華賞の2着馬。母父の血も活かし、瞬発力に優れた芝中長距離型としての大成目指す。	マルシアーノ（フジキセキ）	牝	半姉にGIIフローラS馬エリカヴィータ。1歳セレクトセールにおいて1億120万円で落札される。
ラキシス（ディープインパクト）	牝	母はGIエリザベス女王杯馬。叔父にGI安田記念馬サトノアラジン。スケールの大きさ活かしたい。	*レッドエルザ（SMART STRIKE）	牝	叔父に米GIBCターフ制したイングリッシュチャネル。成長力あり、芝中長距離線で活躍期待。

＊アニマルキングダム
ANIMAL KINGDOM

年次	種付頭数	産駒数
22年	46	51
21年	81	75
20年	117	－

種付料／⇔受120万円返　供用地／新ひだか・JBBA静内種馬場
2008年生　栗毛　アメリカ産　2019年輸入

Kダービー、ドバイWCを制する
12戦5勝（2～5歳・米首英）**最高R125 I**（13年）

　2歳9月のデビュー戦から、一貫してオールウェザー、芝で行われるレースに出走していたが、初のダート戦となったケンタッキーダービーを11番人気で制し、一躍トップホースの仲間入りを果たす。プリークネスSは2着、ベルモントSは6着に終わったが、レベルの高いパフォーマンスが評価され、2011年米最優秀3歳牡馬に選出された。その後、骨折による長期休養を経て4歳11月のBCマイルで2着、強豪が集った5歳時のドバイワールドCを快勝し、2つ目のビッグタイトルを手に入れる。

　父は米芝GIを3勝。母は独GIII勝ち。米供用時に、リーガルグローリー（メイトリアークS）、デュオポリー（アメリカンオークス）らのGI勝ち産駒を出した。

系統：ブラッシンググルーム系		母父系統：ハンプトン系
父 Leroidesanimaux 栗 2000	Candy Stripes	Blushing Groom
		＊バブルカンパニー
	Dissemble	Ahonoora
		Kerali
母 ＊ダリシア 鹿 2001	Acatenango	Surumu
		Aggravate
	Dynamis	＊ダンシングブレーヴ
		Diasprina

距離	成長型	芝	ダート	瞬発力	パワー	底力
マ中	普	○	○	○	◎	○

アルアイン
AL AIN

年次	種付頭数	産駒数
22年	107	71
21年	108	69
20年	104	－

種付料／⇧受150万円F　供用地／日高・ブリーダーズSS
2014年生　鹿毛　安平・ノーザンファーム産

血統の良さ光る中距離GI2勝馬
20戦5勝（2～5歳・日香）**最高R118 I**（17、19年）

　3歳3月の毎日杯で重賞初制覇。3週間後の皐月賞では9番人気と評価は低かったが、ペルシアンナイト、ダンビュライトとの叩き合いをレースレコードで制し、鮮やかにクラシックウイナーの仲間入りを果たす。その後、セントライト記念2着、大阪杯3着、オールカマー2着、マイルCS3着と勝ち鞍に恵まれなかったが、5歳時の大阪杯を再び9番人気で勝利し、2つ目の芝中距離GIタイトルを手中にした。

　母はBCフィリー＆メアスプリントを制した快速馬。全弟にダービー、ドバイシーマCを勝ったシャフリヤール。競走成績、血統の良さに加え、手頃な種付料も功を奏し、3年連続で100頭以上の種付をこなしている。

系統：サンデーサイレンス系		母父系統：シアトルスルー系
父 ディープインパクト 鹿 2002	＊サンデーサイレンス	Halo
		Wishing Well
	＊ウインドインハーヘア	Alzao
		Burghclere
母 ＊ドバイマジェスティ 黒鹿 2005	Essence of Dubai	Pulpit
		Epitome
	Great Majesty	Great Above
		Mistic Majesty

距離	成長型	芝	ダート	瞬発力	パワー	底力
マ中	普	◎	○	◎	○	○

＊カリフォルニアクローム
CALIFORNIA CHROME

年次	種付頭数	産駒数
22年	148	111
21年	154	102
20年	143	－

種付料／⇒受400万円F　供用地／新ひだか・アロースタッド
2011年生　栗毛　アメリカ産　2020年輸入

3、5歳時に米年度代表馬に輝く

27戦16勝（2～6歳・米首）**最高R133I、M**（16年）

デビュー9戦目のGIIサンフェリペSで重賞初制覇。その後、サンタアニタダービー、ケンタッキーダービー、プリークネスSと米2冠を含むGI3連勝を達成。ベルモントSは4着に終わり3冠達成は逃したが、11月のGIハリウッドダービーにも勝ち、2014年米年度代表馬に選ばれた。5歳時に第二のピークを迎え、ドバイワールドC、パシフィッククラシックS、オーサムアゲインSとGIを3勝し、2016年米年度代表馬に選出される。

まず米で種牡馬となり、智GI馬クロミウム（智1000ギニー）、米GII馬シラ（プライオレスS）らが登場。2020年から日本での供用を開始し、3年連続で140頭を超える種付数を確保し、高い人気を博している。

系統：シアトルスルー系		母父系統：ミスタープロスペクター系	
父 Lucky Pulpit 栗 2001	Pulpit	A.P. Indy
		Preach
	Lucky Soph	Cozzene
		Lucky Spell
母 Love the Chase 栗 2006	Not For Love	Mr. Prospector
		Dance Number
	Chase It Down	Polish Numbers
		Chase the Dream

距離	成長型	芝	ダート	瞬発力	パワー	底力
中	普	○	◎	○	○	◎

＊サンダースノー
THUNDER SNOW

年次	種付頭数	産駒数
22年	124	115
21年	160	93
20年	152	－

Darley

種付料／⇒受250万円F　供用地／日高・ダーレー・ジャパンSコンプレックス
2014生　鹿毛　アイルランド産　2020年輸入

史上初めてドバイWC連覇を達成

24戦8勝（2～5歳・英首米愛仏）**最高R122I**（18年）

ゴドルフィンが所有し、遠征競馬での強さが光ったイギリス馬。2歳10月の仏GIクリテリウム国際で重賞初制覇を飾ると、3歳春は首に渡りGIII UAE2000ギニー、GII UAEダービーを連勝する。7月のジャンプラ賞で仏GI2勝目。4歳春も首で走り、GIIマクトゥームCR2、ドバイワールドCを制した。秋は米に渡り、ジョッキークラブGC2着、BCクラシック3着。5歳3月には、史上初のドバイワールドC連覇を達成する。

父は豪GIを3勝した快速馬。母系は、叔母にウエストウインド（仏オークス）がいる。現役引退後、すぐに日本で種牡馬入り。供用初年度の152頭を皮切りに、2年目160頭、3年目124頭の種付をこなしている。

系統：ダンチヒ系		母父系統：キングマンボ系	
父 Helmet 栗 2008	Exceed And Excel	＊デインヒル
		Patrona
	Accessories	Singspiel
		Anna Matrushka
母 Eastern Joy 鹿 2006	Dubai Destination	Kingmambo
		Mysterial
	Red Slippers	Nureyev
		Morning Devotion

距離	成長型	芝	ダート	瞬発力	パワー	底力
中	普	○	◎	○	○	○

シュヴァルグラン
CHEVAL GRAND

年次	種付頭数	産駒数
22年	78	66
21年	91	91
20年	128	―

強豪集うジャパンCでGI初勝利

33戦7勝（2〜7歳・日首英）**最高R 123 L**（17年）

　4歳3月の阪神大賞典で重賞初制覇。続く天皇賞・春でも好走したが、キタサンブラックの3着までだった。11月のアルゼンチン共和国杯で重賞2勝目。5歳時の天皇賞・春ではキタサンブラックの2着。念願のビックタイトルを得たのは5歳秋のジャパンC。鞍上ボウマン騎手の好リードもあり、レイデオロ、キタサンブラックらの強敵を完封した。その後も息の長い活躍を展開し、6歳時の天皇賞・春で2年連続の2着、7歳3月のドバイシーマクラシックでも2着に入っている。

　半姉にヴィルシーナ（ヴィクトリアマイル2回）、半妹にヴィブロス（ドバイターフ、秋華賞）がいる、現代の名門母系出身。初年度産駒91頭が血統登録されている。

種付料／⇧受100万円F　供用地／日高・ブリーダーズSS
2012年生　栗毛　安平・ノーザンファーム産

系統：サンデーサイレンス系	母父系統：ミスタープロスペクター系	
父 ハーツクライ 鹿 2001	*サンデーサイレンス	Halo
		Wishing Well
	アイリッシュダンス	*トニービン
		*ビューパーダンス
母 ハルーワスウィート 栗 2001	Machiavellian	Mr. Prospector
		Coup de Folie
	*ハルーワソング	Nureyev
		Morn of Song

距離	成長型	芝	ダート	瞬発力	パワー	底力
中	普	◎	○	○	○	○

スワーヴリチャード
SUAVE RICHARD

年次	種付頭数	産駒数
22年	81	65
21年	94	82
20年	123	―

大阪杯、ジャパンCを制した強豪

19戦6勝（2〜5歳・日首）**最高R 121 I**（18年）、**121 L**（19年）

　当歳セレクトセール1億6740万円で落札されたエリート。3歳2月の共同通信杯で重賞初制覇。皐月賞6着を経て臨んだダービーでは、レイデオロから0秒1差の2着に惜敗する。秋のアルゼンチン共和国杯で重賞2勝目。古馬となりさらに強さを増し、4歳春には金鯱賞、初GI制覇となる大阪杯を連勝。5歳時のジャパンCでもカレンブーケドール、ワグネリアンらとの叩き合いを制し、2つ目のビッグタイトルを得た。

　祖母キャリアコレクションは米GII2勝馬。半兄にバンドワゴン（きさらぎ賞2着）。父の後継種牡馬としての期待も高く、初年度産駒82頭が血統登録されたほか、2年目94頭、3年目81頭の種付をこなしている。

種付料／⇨受200万円F　供用地／安平・社台SS
2014年生　栗毛　安平・ノーザンファーム産

系統：サンデーサイレンス系	母父系統：ファピアノ系	
父 ハーツクライ 鹿 2001	*サンデーサイレンス	Halo
		Wishing Well
	アイリッシュダンス	*トニービン
		*ビューパーダンス
母 *ピラミマ 黒鹿 2005	Unbridled's Song	Unbridled
		Trolley Song
	*キャリアコレクション	General Meeting
		River of Stars

距離	成長型	芝	ダート	瞬発力	パワー	底力
中長	普	◎	○	○	◎	○

＊ニューイヤーズデイ
NEW YEAR'S DAY

年次	種付頭数	産駒数
22 年	**121**	**75**
21 年	117	103
20 年	158	－

種付料／⇨ 受 **250 万円** F　供用地／安平・社台SS
2011 年生　鹿毛　アメリカ産　2019 年輸入

系統：ミスタープロスペクター系　母父系統：ノーザンダンサー系		
父 Street Cry 黒鹿 1998	Machiavellian	Mr. Prospector
		Coup de Folie
	Helen Street	Troy
		Waterway
母 Justwhistledixie 黒鹿 2006	Dixie Union	Dixieland Band
		She's Tops
	General Jeanne	Honour and Glory
		Ahpo Hel

米供用時代に大物産駒が登場する
3 戦 2 勝（2歳・米）**最高R** ランキング対象外

　キーンランドイヤリングセールに出場し、42 万 5000 ドルで購買される。2歳 8 月に米で競走馬デビュー。2 戦目の未勝利戦で勝ち上がると、11 月のBCジュヴナイルに参戦。1 番人気に推されていたハヴァナらを抑え、鮮やかにGⅠウイナーの仲間入りを果たした。

　父はドバイワールドCを制し、種牡馬となり米のゼニヤッタ、豪のウィンクスといった歴史的名牝を送り出した大物。母も米GⅡダヴォナデイルSに勝っている。3歳春から米での種牡馬生活を開始。米GⅠ4勝馬マキシマムセキュリティ（ハスケル招待S、パシフィッククラシックS）が登場した。2020 年から日本に導入され、初年度産駒から 103 頭が血統登録されている。

距離	成長型	芝	ダート	瞬発力	パワー	底力
マ中	普	○	◎	○	○	○

＊モーニン
MOANIN

年次	種付頭数	産駒数
22 年	**167**	**112**
21 年	178	120
20 年	190	－

種付料／⇧ 受 **100 万円** F　供用地／新冠・優駿SS
2012 年生　栗毛　アメリカ産　2013 年輸入

系統：ストームキャット系　母父系統：フォーティナイナー系		
父 ＊ヘニーヒューズ 栗 2003	＊ヘネシー	Storm Cat
		Island Kitty
	Meadow Flyer	Meadowlake
		Shortley
母 Giggly 黒鹿 2005	Distorted Humor	＊フォーティナイナー
		Danzig's Beauty
	Chaste	Cozzene
		Purity

快進撃見せ4歳春にGⅠ制覇達成
28 戦 8 勝（3〜7歳・日韓）**最高R 117 M**（16 年）

　3歳 5 月のデビュー戦から準OP秋嶺Sまで4連勝。初重賞挑戦となった武蔵野Sは3着だったが、4歳緒戦の根岸S、続くフェブラリーSを連勝し、ダートマイル戦線の頂点に立つ。その後は、芝重賞参戦などタフにキャリアを重ね、4歳時の日本テレビ盃、5歳時のさきたま杯で共に2着、6歳時にはLコーラルS、韓国のローカルGⅠ戦コリアスプリントに勝利した。

　父は、現代の日本ダート戦線を牽引する名種牡馬。本馬は父の米供用時代の産駒となる。母系はいとこに米GⅡ馬ロードトゥヴィクトリー（ゴールデンロッドS）。種牡馬としての人気は高く、供用初年度の190 頭を皮切りに、3年連続で 160 頭以上の種付をこなしている。

距離	成長型	芝	ダート	瞬発力	パワー	底力
マ	普	○	◎	○	○	○

アドミラブル
ADMIRABLE
青葉賞を快勝した素質豊かな名血馬

● 2014年生　● 鹿毛　● 供用地／浦河・イーストスタッド

　2～3歳時に日で5戦3勝。3歳3月の未勝利戦で初勝利。続く500万下アザレア賞、青葉賞を共に圧倒的1番人気で快勝し、ダービーでは1番人気に支持される。この大一番では4角12番手から追い込んだものの、レイデオロの3着まで。半妹にエスポワール（ターコイズS2着）、叔父にヴィクトリー（皐月賞）、リンカーン（阪神大賞典）。初年度産駒から34頭が血統登録されている。

系統：サンデーサイレンス系	母父系統：ロベルト系		
父 ディープインパクト 鹿 2002	*サンデーサイレンス	Halo	
		Wishing Well	
	*ウインドインハーヘア	Alzao	
		Burghclere	
母 スカーレット 鹿 2005	*シンボリクリスエス	Kris S.	
		Tee Kay	
	グレースアドマイヤ	*トニービン	
		*バレークイーン	

距離	成長型	芝	ダート	瞬発力	パワー	底力
中長	普	◎	○	◎	○	○

---

*アポロケンタッキー
APOLLO KENTUCKY
強敵揃う東京大賞典で圧巻の走り披露

● 2012年生　● 鹿毛　● 2022年死亡

　2～7歳時に日で37戦9勝。4歳となり本格化。準OP特別、L仁川S、LブリリアントSと3連勝した。11月のみやこSで重賞初制覇。暮れの東京大賞典ではアウォーディーらの強敵を完封し、ビッグタイトル獲得に成功する。5歳時にも日本テレビ盃を制し、重賞3勝目。父は米GⅠを3勝。2022年6月に急死してしまったが、47頭が血統登録された初年度産駒の健闘を期待したい。

系統：ダンチヒ系	母父系統：ミスタープロスペクター系		
父 Langfuhr 鹿 1992	Danzig	Northern Dancer	
		Pas de Nom	
	Sweet Briar Too	Briartic	
		Prima Babu Gum	
母 Dixiana Delight 鹿 2005	Gone West	Mr. Prospector	
		Secrettame	
	Lake Lady	Salt Lake	
		Slinkylady	

距離	成長型	芝	ダート	瞬発力	パワー	底力
中	普	○	◎	◎	○	○

アレスバローズ
ARES BAROWS
6歳夏にスプリント戦重賞連勝を達成

● 2012年生　● 黒鹿毛　● 供用地／熊本県・本田土寿

　2～7歳時に日で34戦7勝。キャリアを重ねながらステップアップしてきたスプリンター。6歳夏にピークを迎え、CBC賞、北九州記念を共に末脚を伸ばすレース振りで連勝した。ほかに7歳時のCBC賞で2着。父は世界的な活躍を見せた大種牡馬。母も短距離戦で計4勝をマークしている。初年度産駒から6頭が血統登録。また、供用2年目には33頭にまで種付頭数を増やした。

系統：サンデーサイレンス系	母父系統：グレイソヴリン系		
父 ディープインパクト 鹿 2002	*サンデーサイレンス	Halo	
		Wishing Well	
	*ウインドインハーヘア	Alzao	
		Burghclere	
母 タイセイエトワール 鹿 2000	*トニービン	*カンバラ	
		Severn Bridge	
	エンスラーリング	*ヘクタープロテクター	
		*エンスラーリングレイディ	

距離	成長型	芝	ダート	瞬発力	パワー	底力
短	普	○	○	○	○	○

エピカリス
EPICHARIS
4連勝後に首ダービーへ挑み2着に

● 2014年生　● 黒鹿毛　● 供用地／新ひだか・レックススタッド

　2～5歳時に日首で12戦4勝。2歳8月のデビュー戦から、500万下特別、初重賞制覇となる北海道2歳優駿、3歳緒戦のLヒヤシンスSと4連勝を記録する。3月にはUAE遠征を敢行し、UAEダービーでサンダースノーの2着に入る健闘を示した。帰国後は勝ち鞍を重ねられなかったが、3歳夏のレパードSで3着した。半兄にメイショウナルト（七夕賞）。初年度産駒60頭が血統登録。

系統：サンデーサイレンス系	母父系統：サドラーズウェルズ系		
父 ゴールドアリュール 栗 1999	*サンデーサイレンス	Halo	
		Wishing Well	
	*ニキーヤ	Nureyev	
		Reluctant Guest	
母 スターペスミツコ 鹿 2002	*カーネギー	Sadler's Wells	
		Detroit	
	マーチンミユキ	マルゼンスキー	
		ミユキカマダ	

距離	成長型	芝	ダート	瞬発力	パワー	底力
中	普	△	◎	○	○	○

キタサンミカヅキ
KITASAN MIKAZUKI
NAR年度代表馬に輝くスプリンター

● 2010年生　●鹿毛　●供用地／新冠・優駿SS

　3〜9歳時に日で60戦13勝。JRA在籍時にL京葉Sに勝った。大きく花開いたのは、7歳となり公営船橋に移籍してから。10月の東京盃で重賞初制覇。8歳時には東京スプリント2着、さきたま杯2着を経て東京盃を連覇、続くJBCスプリント3着と好走を重ね、2018年NAR年度代表馬にも選出された。父は名血の個性派種牡馬。初年度産駒から12頭が血統登録されている。

系統：リファール系	母父系統：プリンスリーギフト系	
父 キングヘイロー 鹿 1995	*ダンシングブレーヴ	Lyphard
		Navajo Princess
	*グッバイヘイロー	Halo
		Pound Foolish
母 キタサンジュエリー 黒鹿 2001	サクラバクシンオー	サクラユタカオー
		サクラハゴロモ
	キタサンコール	*アーティアス
		バーセント

距離	成長型	芝	ダート	瞬発力	パワー	底力
短	晩	△	○	△	○	△

グァンチャーレ
GUANCIALE
芝マイル戦線賑わしたタフネスホース

● 2012年生　●青鹿毛　●供用地／浦河・イーストスタッド

　2〜7歳時に日で42戦5勝。3歳1月のシンザン記念に勝利。弥生賞4着を経て、NKKマイルC、ダービーに駒を進めたが上位進出は成らず。その後は芝マイル戦線をタフに戦い抜き、6歳時のLキャピタルS、7歳時のL洛陽Sに勝ち、6歳時のスワンSで3着、7歳時のマイラーズCで2着した。父は独力で道を拓いた、個性派名種牡馬。初年度産駒から7頭が血統登録されている。

系統：ロベルト系	母父系統：ヘイルトゥリーズン系	
父 スクリーンヒーロー 栗 2004	*グラスワンダー	Silver Hawk
		Ameriflora
	ランニングヒロイン	*サンデーサイレンス
		ダイナアクトレス
母 チュウオーサーヤ 青鹿 2002	*ディアブロ	Devil's Bag
		Avilion
	サンライトブルボン	*イルドブルボン
		ハシノシーダー

距離	成長型	芝	ダート	瞬発力	パワー	底力
マ	普	○	○	○	○	△

ゴールデンバローズ
GOLDEN BAROWS
3連勝後に臨んだ首ダービーで3着に

● 2012年生　●栗毛　● 2020年引退

　2〜7歳時に日首で26戦6勝。2歳11月の未勝利戦で2着馬に2秒6の大差を付ける衝撃的な内容で初勝利。3歳緒戦の500万下戦、続くLヒヤシンスSでも、共に3馬身半差の勝利を飾り、勇躍、UAEダービーへ駒を進める。R・ムーア騎手が手綱を握った、この一戦は3着まで。帰国後は5歳夏の準OP立夏Sに勝っている。父は北米首位種牡馬。初年度産駒9頭が血統登録された。

系統：シアトルスルー系	母父系統：シアトルスルー系	
父 Tapit 芦 2001	Pulpit	A.P. Indy
		Preach
	Tap Your Heels	Unbridled
		Ruby Slippers
母 *マザーロシア 青 2006	Mayakovsky	Matty G
		Joy to Raise
	Still Secret	*ヘネシー
		Runaway Spy

距離	成長型	芝	ダート	瞬発力	パワー	底力
短マ	早	○	○	○	○	○

*ゴールデンマンデラ
GOLDEN MANDELA
叔父に芝長距離G12勝馬がいる名血

● 2017年生　●鹿毛　●供用地／新ひだか・ウエスタンファーム

　未出走。英で生産され日本で競走馬となる予定も、レースには出走せず種牡馬となった。父は英ダービー、凱旋門賞、愛チャンピオンSなどに勝った超大物。母系は素晴らしく、叔父にワールドプレミア（天皇賞・春、菊花賞）、ワールドエース（マイラーズC、きさらぎ賞、皐月賞2着）、ヴェルトライゼンデ（日経新春杯、鳴尾記念）がいる。初年度産駒6頭が血統登録された。

系統：ダンチヒ系	母父系統：サンデーサイレンス系	
父 Golden Horn 鹿 2012	Cape Cross	Green Desert
		Park Appeal
	Fleche d'Or	Dubai Destination
		Nuryana
母 ウエスタンマンデラ 黒鹿 2011	ネオユニヴァース	*サンデーサイレンス
		*ポインテッドパス
	*マンデラ	Acatenango
		Mandellicht

距離	成長型	芝	ダート	瞬発力	パワー	底力
中長	普	○	△	△	○	△

375

サトノアレス
SATONO ARES
朝日杯ＦＳ制し最優秀２歳牡馬に輝く

● 2014 年生　● 黒鹿毛　● 供用地／トルコ

　２～５歳時に日で16戦４勝。２歳９月の未勝利戦、500万下ベゴニア賞、直線で末脚が炸裂した朝日杯ＦＳと３連勝を飾り、2016年最優秀２歳牡馬に選出。皐月賞は大敗したが７月のＬ巴賞に勝利した。その後は芝マイル戦線を主戦場に、東京新聞杯２、３着、京王杯スプリングＣ３着、安田記念４着などの成績を残す。一族に大種牡馬ストームキャット。初年度産駒18頭が血統登録。

系統：サンデーサイレンス系	母父系統：ダンチヒ系		
父 ディープインパクト 鹿 2002	*サンデーサイレンス	Halo	
		Wishing Well	
	*ウインドインハーヘア	Alzao	
		Burghclere	
母 *サトノアマゾネス 鹿 2004	*デインヒル	Danzig	
		Razyana	
	Prawn Cocktail	Artichoke	
		Crimson Saint	

距離	成長型	芝	ダート	瞬発力	パワー	底力
マ	早	○	○	○	○	○

ショウナンバッハ
SHONAN BACH
芝中長距離戦線で計56戦を駆け抜ける

● 2011 年生　● 鹿毛　● 供用地／日高・クローバーファーム

　３～８歳時に日で56戦６勝。JRAでデビューするも、未勝利で公営園田に移籍。当地で連勝を飾りJRAに復帰した。４歳秋に準ＯＰノベンバーＳに勝ち、オープン入り。重賞制覇は叶わなかったが、計56戦を駆け抜け中日新聞杯２着、AJCC３着、新潟記念３着などの成績を残す。半弟にジャパンＣなどGⅠ7勝の超大物キタサンブラック。初年度産駒５頭が血統登録されている。

系統：サンデーサイレンス系	母父系統：プリンスリーギフト系		
父 ステイゴールド 黒鹿 1994	*サンデーサイレンス	Halo	
		Wishing Well	
	ゴールデンサッシュ	*ディクタス	
		ダイナサッシュ	
母 シュガーハート 鹿 2005	サクラバクシンオー	サクラユタカオー	
		サクラハゴロモ	
	オトメゴコロ	*ジャッジアンジェルーチ	
		*テイズリー	

距離	成長型	芝	ダート	瞬発力	パワー	底力
中長	普	○	△	△	○	△

ヘンリーバローズ
HENRY BAROWS
全兄シルバーステート効果で種付増加

● 2015 年生　● 鹿毛　● 供用地／新ひだか・アロースタッド

　２歳時に日で２戦１勝。デビュー戦は後のダービー馬ワグネリアンのハナ差２着に惜敗。続く未勝利戦で４馬身差の快勝を飾り、単勝１・１倍の圧倒的支持に応える。結局、２戦のキャリアで現役を退き種牡馬入り。半兄に豪GⅠ馬セヴィル（ザメトロポリタン）。初年度産駒は22頭が血統登録。１歳上の全兄シルバーステートの活躍もあり、2022年は自己最多の69頭に種付された。

系統：サンデーサイレンス系	母父系統：ロベルト系		
父 ディープインパクト 鹿 2002	*サンデーサイレンス	Halo	
		Wishing Well	
	*ウインドインハーヘア	Alzao	
		Burghclere	
母 *シルヴァースカヤ 黒鹿 2001	Silver Hawk	Roberto	
		Gris Vitesse	
	Boubskaia	Niniski	
		Frenetique	

距離	成長型	芝	ダート	瞬発力	パワー	底力
中	普	○	○	○	○	○

*ホークビル
HAWKBILL
英首でGⅠを２勝した一流中長距離馬

● 2013 年生　● 栗毛　● 供用地／日高・ダーレー・ジャパンＳコンプレックス

　２～５歳時に英愛独仏加首で24戦10勝。２歳７月の未勝利戦から、初GⅠ制覇となった３歳７月のエクリプスＳまで６連勝をマーク。４歳以降は海外遠征にも積極的に挑み、５歳３月のドバイシーマクラシックでポエッツワード、レイデオロらを降し、GⅠ2勝目を飾った。半弟に米GⅠ馬フリードロップビリー（ブリーダーズフューチュリティ）。初年度産駒63頭が血統登録される。

系統：サドラーズウェルズ系	母父系統：ストームキャット系		
父 Kitten's Joy 栗 2001	El Prado	Sadler's Wells	
		Lady Capulet	
	Kitten's First	Lear Fan	
		That's My Hon	
母 Trensa 栗 2004	Giant's Causeway	Storm Cat	
		Mariah's Storm	
	Serape	Fappiano	
		Mochila	

距離	成長型	芝	ダート	瞬発力	パワー	底力
中長	普	○	○	○	○	○

ミッキーグローリー
MIKKI GLORY
マイラーとしての高い資質を有する

● 2013年生　● 青鹿毛　● 供用地／新ひだか・レックススタッド

　2～6歳時に日で13戦7勝。5歳夏の準OP阿武隈Sに勝ってオープン入り。続く、京成杯オータムHでは1番人気に推され、鮮やかな末脚を駆使して重賞初制覇を成し遂げる。11月のマイルCSは5着までだったが、休み明けでの出走となった6歳8月の関屋記念で重賞2勝目をあげた。母は北九州記念に勝利。全弟にGⅡ2勝カツジ（スワンS）。初年度産駒29頭が血統登録された。

系統：サンデーサイレンス系	母父系統：リファール系	
父 ディープインパクト 鹿 2002	*サンデーサイレンス	Halo
		Wishing Well
	*ウインドインハーヘア	Alzao
		Burghclere
母 メリッサ 鹿 2004	*ホワイトマズル	*ダンシングブレーヴ
		Fair of the Furze
	ストーミーラン	*トニービン
		ウインドオブサマー

距離	成長型	芝	ダート	瞬発力	パワー	底力
マ中	普	○	○	○	○	○

ユアーズトゥルーリ
YOURS TRULY
母はクイーンSなど重賞4勝の活躍馬

● 2016年生　● 鹿毛　● 供用地／日高・サンバマウンテンファーム

　3歳時に日で2戦0勝。競走中止、13着大敗と、競走では本領を発揮できなかったが、血統の良さを買われ種牡馬入りを果たす。父は次期リーディングサイアー最有力候補と目される一流種牡馬。母はフィリーズレビュー、クイーンS2回など重賞4勝の強豪。母系は数多くの名馬を誕生させている、オークス馬ダイナカールへと遡る現代の名門。初年度産駒15頭が血統登録された。

系統：キングマンボ系	母父系統：ノーザンダンサー系	
父 ロードカナロア 鹿 2008	キングカメハメハ	Kingmambo
		*マンファス
	レディブラッサム	Storm Cat
		*サラトガデュー
母 アイムユアーズ 栗 2009	*ファルブラヴ	Fairy King
		Gift of the Night
	セシルブルース	*エルコンドルパサー
		セシルカット

距離	成長型	芝	ダート	瞬発力	パワー	底力
マ中	普	○	△	○	△	△

ロジャーバローズ
ROGER BAROWS
好位から抜け出し見事にダービー制覇

● 2016年生　● 鹿毛　● 供用地／浦河・イーストスタッド

　2～3歳時に日で6戦3勝。3歳1月の500万下福寿草特別を勝ち、クラシック戦線に名乗りを上げる。スプリングSは7着に終わったが、京都新聞杯で2着しダービーへの出走権利を獲得。12番人気と評価は低かったが、2番手追走から抜け出すとダノンキングリーの猛追を抑え、3歳馬の頂点に立った。母系は女傑ジェンティルドンナらが登場の名門。初年度産駒61頭が血統登録。

系統：サンデーサイレンス系	母父系統：ダンチヒ系	
父 ディープインパクト 鹿 2002	*サンデーサイレンス	Halo
		Wishing Well
	*ウインドインハーヘア	Alzao
		Burghclere
母 *リトルブック 鹿 2008	Librettist	Danzig
		Mysterial
	Cal Norma's Lady	*リファーズスペシャル
		June Darling

距離	成長型	芝	ダート	瞬発力	パワー	底力
中長	普					

ヤングマンパワー
YOUNG MAN POWER
重賞を計3勝した芝マイル戦線の強豪

● 2012年生　● 黒鹿毛　● 供用地／新冠・白馬牧場

　2～7歳時に日で32戦5勝。3歳2月のアーリントンCで重賞初制覇。NHKマイルCはクラリティスカイの6着。充実期を迎えたのは4歳夏から。準OP多摩川S、関屋記念、富士Sと重賞2つを含む芝マイル戦3連勝を飾る。父は豪首位種牡馬に4度輝く大物。叔父にユウワンプラテク ト（小倉大賞典2着）、一族にメイケイダイハード（中京記念）。初年度産駒5頭が血統登録された。

系統：ダンチヒ系	母父系統：サンデーサイレンス系	
父 *スニッツェル 鹿 2002	Redoute's Choice	*デインヒル
		Shantha's Choice
	Snippets' Lass	Snippets
		Snow Finch
母 スナップショット 鹿 2000	*サンデーサイレンス	Halo
		Wishing Well
	*ルフィーラ	Nureyev
		River Memories

距離	成長型	芝	ダート	瞬発力	パワー	底力
マ	普					

377

ウルトラカイザー

2～11歳時に日で65戦37勝。JRAから公営競馬に移籍して花開き、道営記念、中島記念、吉野ケ里記念など、数多くのローカル重賞を制覇。半兄にGⅡ馬アスカクリチャン。初年度産駒は1頭。

● 2008年生　●鹿毛　●供用地／新冠・優駿SS

父 レギュラーメンバー
母 ローレルワルツ　母父 ダイナレター

距離	成長型	芝	ダート	瞬発力	パワー	底力
中	普	△	○	△	△	△

カイロス

2～8歳時に日で71戦29勝。公営福山、大井、高知と渡り歩き、福山ダービー、園田FCスプリント、福永洋一記念などのローカル重賞を制した。父は地方競馬首位サイアー。初年度産駒は2頭。

● 2010年生　●栗毛　●供用地／新冠・白馬牧場

父 *サウスヴィグラス
母 *リープイヤー　母父 Lomitas

距離	成長型	芝	ダート	瞬発力	パワー	底力
短中	普	△	△	△	△	△

キングリオ

2～7歳時に日で29戦3勝。JRA未勝利で公営園田に移籍。当地で連勝後JRAに復帰し、6歳時の500万下戦で勝ち鞍を重ねた。半兄にGⅡ馬ハートレー（ホープフルS）。初年度産駒は2頭。

● 2012年生　●鹿毛　● 2021年引退

父 キングカメハメハ
母 *ウィキッドリーパーフェクト　母父 Congrats

距離	成長型	芝	ダート	瞬発力	パワー	底力
中	普	△	△	△	△	△

スピリッツミノル

2～7歳時に日で36戦6勝。3歳3月のOPすみれSを制し、3冠競走にも出走。7歳時には人気薄でL大阪城Sに勝った。いとこにオノユウ（エーデルワイス賞）。初年度産駒3頭が血統登録。

● 2012年生　●栗毛　● 2021年引退

父 ディープスカイ
母 バアゼルクローバー　母父 *ラムタラ

距離	成長型	芝	ダート	瞬発力	パワー	底力
中長	普	△	△	△	△	△

フラットライナーズ

2～7歳時に日で28戦10勝。公営船橋でデビューし、4歳時に習志野きらっとスプリント、5歳時に船橋記念とローカル重賞を制した。叔母にエリモエクセル（オークス）。初年度産駒は1頭。

● 2012年生　●栗毛　●供用地／むかわ・ストロベリーフィールドファーム

父 *シニスターミニスター
母 アールデコ　母父 *タイキシャトル

距離	成長型	芝	ダート	瞬発力	パワー	底力
中	普	△	△	△	△	△

マイティスピリット

2～4歳時に日で21戦1勝。JRAから公営園田に移籍し、初勝利をあげた。父は世界的大種牡馬。母は英GⅠスプリントCなどを勝った全欧チャンピオンスプリンター。初年度産駒は1頭。

● 2015年生　●鹿毛　● 2021年引退

父 ディープインパクト
母 *フリーティングスピリット　母父 Invincible Spirit

距離	成長型	芝	ダート	瞬発力	パワー	底力
短マ	普	△	△	△	△	△

マルターズアポジー

3～8歳時に40戦8勝。4歳時の福島記念で重賞初制覇。5歳時にも小倉大賞典、関屋記念と重賞タイトルを重ねた。母はフェアリーSに勝ち、フィリーズレビューで2着。初年度産駒は2頭。

● 2012年生　●鹿毛　●供用地／新冠・白馬牧場

父 *ゴスホークケン
母 *マルターズヒート　母父 Old Trieste

距離	成長型	芝	ダート	瞬発力	パワー	底力
中	普	○	△	△	△	△

レガルスイ

2～8歳時に日で31戦12勝。公営船橋でデビュー。5歳時にローカル重賞京浜盃グランドマイラーズに勝ち、オーバルスプリント3着。母系は名門スターロッチ系。初年度産駒1頭が血統登録。

● 2011年生　●芦毛　●供用地／日高・エイトステーブル

父 エイシンサンデイ
母 ピンクキューティ　母父 サクラチトセオー

距離	成長型	芝	ダート	瞬発力	パワー	底力
短マ	普	△	△	△	△	△

2024年 新種牡馬

半兄がすでに種牡馬として実績を上げているサートゥルナーリアをはじめ、短距離界のエースや芝やダートで複数のGI勝ちを収めた強豪馬がひしめく豪華な陣容。

2024Debut Thoroughbred Stallions In Japan

馬名

最近2年間の種付頭数と産駒数

現役時代の競走成績、最高レーティング（P164欄外参照）

種付料、けい養先、生年、毛色、生産地など

現役時代の競走成績および血統的特徴、産駒のポイントなど

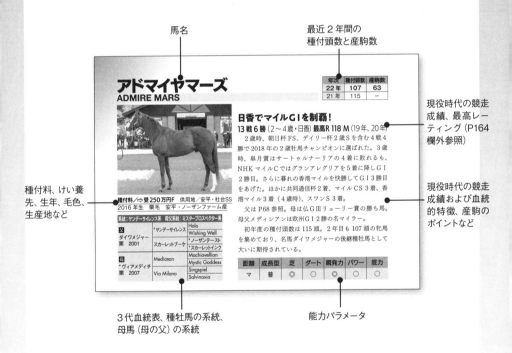

アドマイヤマーズ
ADMIRE MARS

年次	種付頭数	産駒数
22年	107	63
21年	115	—

日香でマイルGⅠを制覇！
13戦6勝（2～4歳・日香）最高R 118 M（19年、20年）
2歳時、朝日杯FS、デイリー杯2歳Sを含む4戦4勝で2018年の2歳牡馬チャンピオンに選ばれた。3歳時、皐月賞はサートゥルナーリアの4着に敗れるも、NHKマイルCではグランアレグリアを5着に降しGⅠ2勝目。さらに暮れの香港マイルを快勝してGⅠ3勝目をあげた。ほかに共同通信杯2着、マイルCS3着、香港マイル3着（4歳時）、スワンS3着。

父はP68参照。母は仏GⅢリューリー賞の勝ち馬。母父メディシアンは欧州GⅠ2勝の名マイラー。
初年度の種付頭数は115頭。2年目も107頭の牝馬を集めており、名馬ダイワメジャーの後継種牡馬として大いに期待されている。

種付料／受250万円F　供用地＝安平・社台SS
2016年生　栗毛　安平・ノーザンファーム産

系統：サンデーサイレンス系　母父系統：ミスタープロスペクター系

父			Halo
*ダイワメジャー	*サンデーサイレンス		Wishing Well
栗 2001	スカーレットブーケ	*ノーザンテースト
			*スカーレットインク
母		Mediocean	Machiavellian
*ヴィアメディチ			Mystic Goddess
栗 2007	Via Milano	Singspiel
			Salvinaxia

距離	成長型	芝	ダート	瞬発力	パワー	底力
マ	普	◎	○	◎	○	○

3代血統表、種牡馬の系統、母馬（母の父）の系統

能力パラメータ

アドマイヤマーズ
ADMIRE MARS

年次	種付頭数	産駒数
22年	107	63
21年	115	―

種付料／⇨受250万円F　供用地／安平・社台SS
2016年生　栗毛　安平・ノーザンファーム産

日香でマイルGⅠを制覇！

13戦6勝（2〜4歳・日香）**最高R 118 M**（19年、20年）

　2歳時、朝日杯FS、デイリー杯2歳Sを含む4戦4勝で2018年の2歳牡馬チャンピオンに選ばれた。3歳時、皐月賞はサートゥルナーリアの4着に敗れるも、NHKマイルCではグランアレグリアを5着に降しGⅠ2勝目。さらに暮れの香港マイルを快勝してGⅠ3勝目をあげた。ほかに共同通信杯2着、マイルCS3着、香港マイル3着（4歳時）、スワンS3着。

　父はP68参照。母は仏GⅢリューリー賞の勝ち馬。母父メディシアンは欧州GⅠ2勝の名マイラー。

　初年度の種付頭数は115頭。2年目も107頭の牝馬を集めており、名馬ダイワメジャーの後継種牡馬として大いに期待されている。

系統：サンデーサイレンス系		母父系統：ミスタープロスペクター系
父	*サンデーサイレンス	Halo
ダイワメジャー		Wishing Well
栗　2001	スカーレットブーケ	*ノーザンテースト
		*スカーレットインク
母	Medicean	Machiavellian
*ヴィアメディチ		Mystic Goddess
栗　2007	Via Milano	Singspiel
		Salvinaxia

距離	成長型	芝	ダート	瞬発力	パワー	底力
マ	普	◎	○	◎	○	○

ゴールドドリーム
GOLD DREAM

年次	種付頭数	産駒数
22年	181	132
21年	212	―

種付料／介受180万円F　供用地／新ひだか・レックススタッド
2013年生　鹿毛　安平・ノーザンファーム産

2017年のJRAダートチャンピオン

27戦9勝（2〜7歳・日首沙）**最高R 117 M**（17、19年）、**117 I**（18年）

　3歳時、ユニコーンSを勝って重賞初制覇。2度目のGⅠ挑戦となったチャンピオンSこそ大敗したが、続くフェブラリーSでGⅠホースに輝くと、暮れのチャンピオンズCも制して2017年のJRA最優秀ダートホースに選ばれた。以降もかしわ記念（2回）、帝王賞を勝ち、フェブラリーS2着2回、チャンピオンズC2着2回（6、7歳時）、東京大賞典2着、南部杯2着、同3着などの戦績を残した。

　父はP132参照。母は関東オークス3着。母系は5代母スペシャルからサドラーズウェルズ、ヌレイエフ、エルコンドルパサーなどが出ている世界的名門。

　初年度の種付頭数は212頭、種付料が上がった2年目も181頭をキープしている人気ぶりだ。

系統：サンデーサイレンス系		母父系統：ノーザンダンサー系
父	*サンデーサイレンス	Halo
ゴールドアリュール		Wishing Well
栗　1999	*ニキーヤ	Nureyev
		Reluctant Guest
母	*フレンチデピュティ	Deputy Minister
モンヴェール		Mitterand
鹿　2003	*スペシャルジェイド	Cox's Ridge
		Statistic

距離	成長型	芝	ダート	瞬発力	パワー	底力
マ中	普	○	◎	○	○	○

サートゥルナーリア
SATURNALIA

年次	種付頭数	産駒数
22年	195	146
21年	205	−

種付料／⇧受800万円F　供用地／安平・社台SS
2016年生　黒鹿毛　安平・ノーザンファーム産

超良血の2019年3歳牡馬チャンピオン

10戦6勝（2〜4歳・日）**最高R 120 L**（19年）、**120 I**（20年）

　2歳時、新馬、萩S、ホープフルSと3連勝。3歳時、ぶっつけで臨んだ皐月賞でヴェロックス、ダノンキングリーらを抑えて優勝。その時点で3冠濃厚とまでの評価を受けたが、単勝1.6倍の圧倒的人気に支持されたダービーは伸びを欠き4着に終わった。秋、神戸新聞杯を楽勝して天皇賞・秋に駒を進めるも、アーモンドアイの6着。古馬になってから金鯱賞を勝ち、宝塚記念で1番人気になるもクロノジェネシスの4着。

　父はP36参照。母は日米オークス馬で、半兄にエピファネイア（P76）、リオンディーズ（P120）。

　初年度の種付頭数は205頭、2年目も195頭と高い人気を集めている。

系統：キングマンボ系	母父系統：サンデーサイレンス系	
父 ロードカナロア 鹿 2008	キングカメハメハ	Kingmambo
		*マンファス
	レディブラッサム	Storm Cat
		*サラトガデュー
母 シーザリオ 青 2002	スペシャルウィーク	*サンデーサイレンス
		キャンペンガール
	*キロフプリミエール	Sadler's Wells
		Querida

距離	成長型	芝	ダート	瞬発力	パワー	底力
中	普	◎	○	○	○	◎

タワーオブロンドン
TOWER OF LONDON

年次	種付頭数	産駒数
22年	157	99
21年	134	−

Darley

種付料／⇒産150万円　供用地／日高・ダーレー・ジャパンSコンプレックス
2015年生　鹿毛　日高・ダーレー・ジャパン・ファーム

スプリンターズSなど重賞を5勝

18戦7勝（2〜5歳・日香）**最高R 117 S**（19年）

　2歳時、京王杯2歳Sで重賞初制覇を遂げると、続く朝日杯FSはダノンプレミアムの3着。3歳時、アーリントンCを勝って臨んだNHKマイルCでは1番人気に推されるも12着に敗れた。4歳時、セントウルS1着から駒を進めたスプリンターズSでは、鮮やかな切れ味を披露し、見事GIホースに輝いた。ほかに京王杯SCを勝ち、キーンランドCで2着。

　父レイヴンズパスはBCクラシック馬。母系は叔母にエルノヴァ（ステイヤーズS2着）、いとこにディーマジェスティ（皐月賞）、ソーヴァツ（サンタラリ賞）。

　初年度の種付頭数は134頭に及び、2年目は157頭とさらにその数を増やしている。

系統：ミスタープロスペクター系	母父系統：ネヴァーベンド系	
父 Raven's Pass 栗 2005	Elusive Quality	Gone West
		Touch of Greatness
	Ascutney	Lord At War
		Right Word
母 *スノーパイン 芦 2010	Dalakhani	Darshaan
		Daltawa
	*シンコウエルメス	Sadler's Wells
		Doff the Derby

距離	成長型	芝	ダート	瞬発力	パワー	底力
短マ	普	◎	○	◎	○	○

＊ナダル
NADAL

年次	種付頭数	産駒数
22年	114	100
21年	150	−

種付料／⬇受350万円F　供用地／安平・社台SS
2017年生　鹿毛　アメリカ産　2020年輸入

日本でも好成績の父系の後継者
4戦4勝（3歳・米）**最高R 118 M**（20年）

　3歳時、GⅡサンヴィセンテSで重賞初制覇。続くGⅡレベルSも連勝。さらにGⅠアーカンソーダービーを3馬身差で快勝し、GⅠウイナーに輝いた。勝ちタイムも同レースの近10年の中で最も優秀で、3歳クラシックでも期待されたが、このレースを最後に引退。

　父ブレイムはBCクラシックで名牝ゼニヤッタに唯一の黒星をつけたことで知られる。日本でも成功しているクリスエスの直系種牡馬。

　引退後は日本で種牡馬入り。400万円という高額な種付料でありながら初年度150頭、2年目も114頭の牝馬を集めており、その期待の高さがうかがえる。

系統：ロベルト系		母父系統：シアトルスルー系	
父 Blame 鹿 2006	Arch	Kris S.
		Aurora
	Liable	Seeking the Gold
		Bound
母 Ascending Angel 栗 2011	Pulpit	A.P. Indy
		Preach
	Solar Colony	Pleasant Colony
		Meteor Stage

距離	成長型	芝	ダート	瞬発力	パワー	底力
中	普	○	◎	○	○	○

＊ミスターメロディ
MR MELODY

年次	種付頭数	産駒数
22年	164	81
21年	174	−

種付料／⬆受150万円F　供用地／新冠・優駿SS
2015年　鹿毛　アメリカ産　2017年輸入

高松宮記念を制した名スプリンター
17戦4勝（2〜5歳・日）**最高R 114 S**（19年）

　3歳時、ファルコンSで重賞初制覇を遂げると、続くNHKマイルCは7番人気ながら4着に入線。暮れの阪神Cで2着。4歳時、1番人気の阪急杯こそ7着に敗れたが、3番人気で臨んだ高松宮記念を制してGⅠホースに輝いた。その後は、スプリンターズSで2度4着になるなどの健闘を見せたが、勝ち星は追加できなかった。

　父スキャットダディは無敗の米3冠馬ジャスティファイを出し脚光を浴びている種牡馬で、本馬は貴重な直仔の一頭。母系は近親にクーリンガー（マーチS）。

　日本で好成績のヨハネスブルグの直系ということもあり、場産地の人気は高く、初年度の種付頭数は174頭、種付料がアップした2年目も164頭を集めている。

系統：ストームキャット系		母父系統：ノーザンダンサー系	
父 Scat Daddy 黒鹿 2004	＊ヨハネスブルグ	＊ヘネシー
		Myth
	Love Style	Mr. Prospector
		Likeable Style
母 Trusty Lady 鹿 1998	Deputy Minister	Vice Regent
		Mint Copy
	Klassy Kim	Silent Screen
		＊クールアライヴァル

距離	成長型	芝	ダート	瞬発力	パワー	底力
短	普	◎	○	◎	○	○

*モズアスコット
MOZU ASCOT

年次	種付頭数	産駒数
22年	139	107
21年	167	−

種付料／⇧受300万円F　供用地／新ひだか・アロースタッド
2014年生　栗毛　アメリカ産　2015年輸入

芝、ダートのGIを制した二刀流の名馬
26戦7勝（3〜6歳・日香）**最高R 118 M**（18年）

　4歳時、阪急杯、マイラーズCと連続2着の後、賞金不足で除外濃厚の安田記念に出走するため、1週前のOP特別に出走するも2着。それでも、直前で賞金上位馬が回避したため出走が可能となり、連闘で安田記念に挑戦。9番人気という低評価を覆す鮮やかな走りで見事GIホースに輝いた。6歳時にはダートに路線変更。根岸Sを勝って臨んだフェブラリーSを快勝し、芝とダートでのGI制覇という快挙を達成した。

　父はP264参照。母は米GIIコティリオンBCHの勝ち馬。いとこに米GI馬トゥオナーアンドサーヴ。

　初年度は167頭、2年目も139頭に種付。世界中で勢いに乗るフランケルの血に注目が集まっている。

系統：サドラーズウェルズ系	母父系統：ストームキャット系	
父	Galileo	Sadler's Wells
Frankel		Urban Sea
鹿 2008	Kind	*デインヒル
		Rainbow Lake
母	*ヘネシー	Storm Cat
India		Island Kitty
栗 2003	Misty Hour	Miswaki
		Our Tina Marie

距離	成長型	芝	ダート	瞬発力	パワー	底力
マ	普	◎	◎	◎	◎	◎

ルヴァンスレーヴ
LE VENT SE LEVE

年次	種付頭数	産駒数
22年	196	152
21年	223	−

種付料／⇧受300万円F　供用地／安平・社台SS
2015年生　鹿毛　白老・社台コーポレーション白老ファーム

2018年のJRA最優秀ダートホース
10戦7勝（2〜5歳・日）**最高R 118 M**（18年）

　2歳時、GI全日本2歳優駿を含む3戦全勝の成績をマーク。3歳緒戦の伏竜Sこそ2着に敗れたが、ユニコーンS、ジャパンダートダービー、南部杯と連勝。さらに暮れのチャンピオンズCも制して2018年のJRA最優秀ダートホースに選ばれた。古馬になってからの活躍が期待されたが振るわず。

　父はP264参照。母系は4代母にオールカマーなど重賞5勝のダイナフェアリーがおり、いとこにチュウワウィザード（チャンピオンズC）がいる。

　シンボリクリスエスのダート部門の後継としての期待は大きく、初年度の種付頭数は223頭にも及び、種付料が上がった2年目も196頭を確保している。

系統：ロベルト系	母父系統：サンデーサイレンス系	
父	Kris S.	Roberto
*シンボリクリスエス		Sharp Queen
黒鹿 1999	Tee Kay	Gold Meridian
		Tri Argo
母	ネオユニヴァース	*サンデーサイレンス
マエストラーレ		*ポインテッドパス
鹿 2006	オータムブリーズ	*ティンバーカントリー
		セプテンバーソング

距離	成長型	芝	ダート	瞬発力	パワー	底力
中	普	○	◎	○	○	○

アルバート
ALBERT
ステイヤーズS3連覇の快挙を達成

● 2011年生　●栗毛　●供用地／新冠・優駿SS

　2～9歳時に日で36戦9勝。4歳半ばまでは重賞とはほぼ無縁だったが、12月のステイヤーズSで重賞初制覇を遂げると、一気にステイヤーとしての才能が開花。5、6歳時にも同レースを制し、ステイヤーズS3連覇の快挙を達成した。4勝目を狙った8歳時は2着。ほかにダイヤモンドS。父はJBCクラシック3連覇の名馬。

　初年度、2年目ともに種付頭数は8頭。

系統：ミスタープロスペクター系	母父系統：サンデーサイレンス系	
父	*ティンバーカントリー	Woodman
アドマイヤドン		Fall Aspen
鹿 1999	ベガ	*トニービン
		*アンティックヴァリュー
母	ダンスインザダーク	*サンデーサイレンス
フォルクローレ		*ダンシングキイ
栗 1999	アンデスレディー	*ノーザンテースト
		ペルースポート

距離	成長型	芝	ダート	瞬発力	パワー	底力
長	やや晩	○	○	○	○	○

ウインブライト
WIN BRIGHT
香港でGI2勝の名中距離馬

● 2014年生　●芦毛　●供用地／新冠・ビッグレッドファーム

　2～6歳時に日香で24戦9勝。中距離重賞の常連として活躍、中山記念2回、スプリングS、中山金杯、福島記念を勝ち、5歳時には香港遠征してQエリザベスII世CでGI初制覇を遂げ、暮れの香港Cも制して2019年の最優秀古牡馬に選ばれた。ほかに香港C2着（6歳時）。全姉にウインファビラス（阪神JF2着）。種付頭数は初年度93頭、2年目80頭と期待は大きい。

系統：サンデーサイレンス系	母父系統：グレイソヴリン系	
父	*サンデーサイレンス	Halo
ステイゴールド		Wishing Well
黒鹿 1994	ゴールデンサッシュ	*ディクタス
		ダイナサッシュ
母	アドマイヤコジーン	Cozzene
サマーエタニティ		アドマイヤマカディ
芦 2005	オールフォーゲラン	*ジェイドロバリー
		ミスゲラン

距離	成長型	芝	ダート	瞬発力	パワー	底力
中	普	◎	○	○	○	○

ウォータービルド
WATER BUILD
母系から名種牡馬フォーティナイナー

● 2014年生　●鹿毛　●供用地／新ひだか・アロースタッド

　2～6歳時に日で11戦3勝。新馬勝ちの後、9カ月の休養入り。3歳夏に復帰し勝利を飾るも、その後は条件戦の1勝を加えるにとどまり、重賞レースとは無縁のまま引退、種牡馬入りした。

　父はP32参照。母系は2代母の全兄に米2歳王者で日本でも種牡馬として活躍したフォーティナイナーがいる。母父も日本で重賞馬を輩出。種付頭数は初年度が8頭、2年目は6頭。

系統：サンデーサイレンス系	母父系統：シアトルスルー系	
父	*サンデーサイレンス	Halo
ディープインパクト		Wishing Well
鹿 2002	*ウインドインハーヘア	Alzao
		Burghclere
母	*ボストンハーバー	Capote
*ウォーターエナン		Harbor Springs
鹿 1999	Scrape	Mr. Prospector
		File

距離	成長型	芝	ダート	瞬発力	パワー	底力
マ中	普	○	○	○	○	△

エタリオウ
ETARIO
菊花賞でハナ差2着で栄冠を逃す

● 2015年生　●青鹿毛　●供用地／日高・ベルサイユステーブル

　2～5歳時に日で17戦1勝。3歳時、青葉賞2着で出走権を獲得したダービーで13番人気ながら4着に健闘。秋は神戸新聞杯2着から菊花賞に出走。フィエールマンのハナ差2着に惜敗した。他に日経賞2着、天皇賞・春4着など。

　父はP204参照。母は米GIクイーンエリザベスII世チャレンジCの勝ち馬。2022年生まれの初年度産駒は3頭が競走馬登録。

系統：サンデーサイレンス系	母父系統：ストームキャット系	
父	*サンデーサイレンス	Halo
ステイゴールド		Wishing Well
黒鹿 1994	ゴールデンサッシュ	*ディクタス
		ダイナサッシュ
母	Cactus Ridge	*ヘネシー
*ホットチャチャ		Double Park
黒鹿 2006	Reduced Sentence	Broad Brush
		Long Term

距離	成長型	芝	ダート	瞬発力	パワー	底力
長	普	○	○	○	○	△

エポカドーロ
EPOCA D'ORO
3冠馬の後継として期待は大きい

● 2015年生　● 黒鹿毛　● 供用地／新ひだか・アロースタッド

　2〜4歳時に日で10戦3勝。3歳時、スプリングS2着から臨んだ皐月賞では、7番人気の伏兵評価だったが、ステルヴィオ以下に快勝。オルフェーヴル産駒として初のクラシックホースに輝く。続くダービーでは、果敢に逃げてワグネリアンの半馬身差2着に惜敗。父はP56参照。母はフィリーズレビュー、フェアリーSの勝ち馬。

　種付頭数は初年度52頭、2年目が39頭。

系統：サンデーサイレンス系		母父系統：フォーティナイナー系	
父 オルフェーヴル 栗 2008	ステイゴールド	*サンデーサイレンス
		ゴールデンサッシュ
	オリエンタルアート	メジロマックイーン
		エレクトロアート
母 ダイワパッション 鹿 2003	*フォーティナイナー	Mr. Prospector
		File
	サンルージュ	*シェイディハイツ
		*チカノヴァ

距離	成長型	芝	ダート	瞬発力	パワー	底力
中	普	○	○	○	○	○

オーヴァルエース
OVAL ACE
3戦無敗で引退した大器

● 2016年生　● 栗毛　● 供用地／浦河・イーストスタッド

　2〜3歳時に日で3戦3勝。2歳時、デビュー戦を9馬身差で圧勝。続く500万下特別も快勝した。3歳緒戦のヒヤシンスSでは、重賞馬デルマルーヴル（兵庫ジュニアG）や後の重賞ウイナー、マスターフェンサー（名古屋グランプリ）を降して3連勝を飾った。父はP72参照。母系からは天皇賞馬レッツゴーターキン。種付頭数は初年度35頭、2年目34頭と実績の割に多い。

系統：ストームキャット系		母父系統：ロベルト系	
父 *ヘニーヒューズ 栗 2003	*ヘネシー	Storm Cat
		Island Kitty
	Meadow Flyer	Meadowlake
		Shortley
母 アブラシオ 鹿 2005	*グラスワンダー	Silver Hawk
		Ameriflora
	ジュウジホウセキ	マルゼンスキー
		ジュウジターキン

距離	成長型	芝	ダート	瞬発力	パワー	底力
マ	普	○	○	○	○	○

オールブラッシュ
ALL BLUSH
貴重なウォーエンブレムの後継

● 2012年生　● 黒鹿毛　● 供用地／青森県・スプリングファーム

　2〜8歳時に日で43戦8勝。5歳時、GI初挑戦となった川崎記念で、強豪サウンドトゥルーに3馬身差をつけ快勝。見事GI馬に輝いた。ほかに浦和記念を勝ち、かしわ記念2着。

　父ウォーエンブレムは米2冠馬で、数少ない産駒の中から多くの活躍馬を輩出した。本馬には貴重な後継種牡馬として注目が集まる。2022年生まれの初年度産駒は7頭が競走馬登録している。

系統：ミスタープロスペクター系		母父系統：ミスタープロスペクター系	
父 *ウォーエンブレム 青鹿 1999	Our Emblem	Mr. Prospector
		Personal Ensign
	Sweetest Lady	Lord At War
		Sweetest Roman
母 *ブラッシングプリンセス 栗 1996	Crafty Prospector	Mr. Prospector
		Real Crafty Lady
	Princess Laika	Blushing Groom
		Cool Mood

距離	成長型	芝	ダート	瞬発力	パワー	底力
中	普	△	○	△	○	○

キタノコマンドール
KITANO COMMANDEUR
未完に終わった超良血馬

● 2015年生　● 鹿毛　● 供用地／浦河・イーストスタッド

　2〜3歳時に日で4戦2勝。1歳セレクトセールで2億円を超える値が付いた良血馬で、タレントの北野武氏が命名したことでも話題になった。3歳時、すみれSを勝って2戦2勝で皐月賞に駒を進めると3番人気に支持されるも5着。ダービーでも3番人気となったが13着に敗れた。母系は全姉にデニムアンドルビー（ジャパンC2着）。

　初年度、2年目と共に種付頭数は4頭。

系統：サンデーサイレンス系		母父系統：キングマンボ系	
父 ディープインパクト 鹿 2002	*サンデーサイレンス	Halo
		Wishing Well
	*ウインドインハーヘア	Alzao
		Burghclere
母 ベネンシアドール 鹿 2006	キングカメハメハ	Kingmambo
		*マンファス
	*フェアリードール	Nureyev
		Dream Deal

距離	成長型	芝	ダート	瞬発力	パワー	底力
中	普	○	○	○	○	○

コパノチャーリー
COPANO CHARLIE
ダートの中距離路線で活躍

● 2012 年生　●栗毛　●供用地／熊本県・本田土寿

　2 〜 9 歳時に日で 61 戦 9 勝。5、6 歳時にオープン特別の阿蘇 S（ダート 1700 m）を連覇。重賞では活躍できなかったが、7 歳時の川崎記念では 6 番人気で 5 着に健闘した。父は芝、ダート、国の内外を問わず G I 6 勝をあげたオールラウンダー。母系は半兄に G I 11 勝の偉業を成し遂げたコパノリッキー。母父はプリークネス S の勝ち馬。初年度産駒は 1 頭が競走馬登録している。

系統：ミスタープロスペクター系		母父系統：ミスタープロスペクター系	
父 *アグネスデジタル 栗 1997	Crafty Prospector	Mr. Prospector
		Real Crafty Lady
	Chancey Squaw	Chief's Crown
		Alliance
母 コパノニキータ 栗 2001	*ティンバーカントリー	Woodman
		Fall Aspen
	ニホンピロローズ	*トニービン
		ウェディングブーケ

距離	成長型	芝	ダート	瞬発力	パワー	底力
中	普	△	△	△	△	△

サイモンラムセス
SAIMON RAMESSES
叔父に交流 G I 馬を持つ

● 2010 年生　●鹿毛　●供用地／日高・サンシャイン牧場

　2 〜 10 歳時に日で 68 戦 5 勝。グリーン S など準オープンを含め 5 勝をあげたが、2 着 13 回、3 着 12 回と詰めの甘さが目立った。重賞では小倉大賞典の 3 着が最高。父は P142 参照。母系は半妹にオパールムーン（ファンタジー S 2 着）、叔父にプライドキム（全日本 2 歳優駿）、いとこにスターインパルス（水沢・プリンセス C）。2022 年生まれの初年度産駒は 1 頭が競走馬登録。

系統：サンデーサイレンス系		母父系統：ロベルト系	
父 ブラックタイド 黒鹿 2001	*サンデーサイレンス	Halo
		Wishing Well
	*ウインドインハーヘア	Alzao
		Burghclere
母 コパノマルコリーニ 栗 2004	マヤノトップガン	*ブライアンズタイム
		*アルプミーブリーズ
	ステファーナ	*リアルシャダイ
		ダイナコマネチ

距離	成長型	芝	ダート	瞬発力	パワー	底力
中	普	△	△	△	△	△

サングレーザー
SUNGRAZER
G II 3 勝をマークした快速馬

● 2014 年生　●青鹿毛　●供用地／新冠・優駿 SS

　2 〜 5 歳時に日香で 20 戦 7 勝。3 歳時、スワン S で初重賞制覇。続くマイル CS は 3 着。古馬になってからも、マイラーズ C、札幌記念を勝ち、天皇賞・秋でレイデオロの 2 着。ほかに札幌記念 2 着（5 歳時）、阪神 C 3 着など。父は P32 参照。母系は叔母にロフティーエイム（福島牝馬 S）、メーデイア（JBC レディスクラシック）。種付頭数は初年度 31 頭、2 年目 25 頭。

系統：サンデーサイレンス系		母父系統：ノーザンダンサー系	
父 ディープインパクト 鹿 2002	*サンデーサイレンス	Halo
		Wishing Well
	*ウインドインハーヘア	Alzao
		Burghclere
母 マンティスハント 鹿 2001	Deputy Minister	Vice Regent
		Mint Copy
	*ウィッチフルシンキング	Lord Avie
		Halloween Joy

距離	成長型	芝	ダート	瞬発力	パワー	底力
マ中	普	◎	○	◎	○	○

サングラス
SUN GRASS
日本向きのストームキャット系

● 2011 年生　●青鹿毛　●供用地／浦河・イーストスタッド

　2 〜 9 歳時に日で 59 戦 6 勝。オープン特別のバレンタイン S など 5 勝、リステッドレースのすばる S で 3 着。重賞にも挑戦したがいずれも着外に終わっている。父は英 G III コヴェントリー S の勝ち馬で、種牡馬としても日本で芝とダートの両方で重賞勝ち馬を輩出している。母系は叔父にナリタブラック（福山大賞典）。母父は菊花賞馬。初年度産駒は 3 頭が競走馬登録されている。

系統：ストームキャット系		母父系統：サンデーサイレンス系	
父 *スタチューオブリバティ 黒鹿 2000	Storm Cat	Storm Bird
		Terlingua
	Charming Lassie	Seattle Slew
		Lassie Dear
母 ノッティングギャル 黒鹿 1998	ダンスインザダーク	*サンデーサイレンス
		*ダンシングキイ
	ウェディングダイヤ	*ブライアンズタイム
		トウホウダイヤ

距離	成長型	芝	ダート	瞬発力	パワー	底力
短マ	普	△	△	△	△	△

*シスキン
SISKIN
愛2000ギニーの勝ち馬

●2017年生　●鹿毛　●供用地／安平・社台SS

　2～3歳時に英仏米で8戦5勝。3歳時、2歳時からの5連勝で愛2000ギニーを制し愛クラシックホースに輝いた。ほかにGⅠフィーニクスS、GⅡレイルウェイSなど。父はアンブライドルズソング直仔のGⅠ馬。母系は世界的名門のベストインショウ系でアーモンドアイなどと同牝系。

　初年度こそ怪我の影響で種付頭数は20頭にとどまったが、2年目は83頭に付けている。

系統：ファピアノ系	母父系統：ダンチヒ系	
父 First Defence 鹿 2004	Unbridled's Song	Unbridled
		Trolley Song
	Honest Lady	Seattle Slew
		Toussaud
母 Bird Flown 鹿 2011	Oasis Dream	Green Desert
		Hope
	Silver Star	Zafonic
		Monroe

距離	成長型	芝	ダート	瞬発力	パワー	底力
マ中	早	◎	○	○	○	○

ストーミーシー
STORMY SEA
母父のマイル適性を受け継ぐ

●2013年生　●栗毛　●供用地／新冠・太平洋ナショナルスタッド

　2～7歳時に日で52戦5勝。3歳時、ニュージーランドTで14番人気ながら2着に食い込み波乱を演出。NHKマイルCにも挑戦したが9着。古馬になってからは、ダービー卿CTで9番人気3着。ほかに東風S、朱鷺Sと2つのリステッドレースを勝っている。父はP188参照。母父は京王杯AHをレコード勝ちしマイルCSを勝った快速マイラー。初年度産駒は4頭が競走馬登録。

系統：フォーティナイナー系	母父系統：ニジンスキー系	
父 アドマイヤムーン 鹿 2003	*エンドスウィープ	*フォーティナイナー
		Broom Dance
	マイケイティーズ	*サンデーサイレンス
		*ケイティーズファースト
母 リーベストラウム 黒鹿 2005	*ゼンノエルシド	Caerleon
		*エンブラ
	マウントモガミ	*モガミ
		マウントソブリン

距離	成長型	芝	ダート	瞬発力	パワー	底力
マ	普	○	△	△	△	△

スマートオーディン
SMART ODIN
名馬フジキセキの血を伝える

●2013年生　●黒鹿毛　●供用地／浦河・イーストスタッド

　2～8歳時に日で23戦5勝。2歳時、東京スポーツ杯2歳Sで重賞初制覇。3歳時、毎日杯、京都新聞杯と連勝してダービーでも5番人気に支持されるも6着。その後、2年を超える長い休養を経て復帰。6歳時の阪急杯を11番人気ながら豪快な差し脚で快勝。重賞4勝目をあげた。

　父はP248参照。母は愛GⅡプリティポリーS勝ち。種付頭数は初年度16頭、2年目8頭。

系統：サンデーサイレンス系	母父系統：リファール系	
父 ダノンシャンティ 黒鹿 2007	フジキセキ	*サンデーサイレンス
		*ミルレーサー
	*シャンソネット	Mark of Esteem
		Glorious Song
母 *レディアップステージ 鹿 1997	Alzao	Lyphard
		Lady Rebecca
	She's The Tops	Shernazar
		Troytops

距離	成長型	芝	ダート	瞬発力	パワー	底力
マ中	普	◎	○	◎	○	○

ダイシンサンダー
DAISHIN THUNDER
名門出身のアドマイヤムーン産駒

●2011年生　●鹿毛　●供用地／新冠・新冠タガノファーム

　3～8歳時に日で34戦5勝。芝2000mの準OP下鴨Sなど条件特別を4勝。5歳までは重賞とは無縁で、6歳時で挑戦した重賞はことごとく着外だったが、11月の京阪杯では、10番人気ながら勝ち馬とコンマ1秒差の5着に健闘した。

　父はP188参照。母系はGⅠ6勝の名牝ブエナビスタ、2歳女王ビワハイジなどがいる名門サンタルチアナ系。初年度産駒は1頭が競走馬登録。

系統：フォーティナイナー系	母父系統：サンデーサイレンス系	
父 アドマイヤムーン 鹿 2003	*エンドスウィープ	*フォーティナイナー
		Broom Dance
	マイケイティーズ	*サンデーサイレンス
		*ケイティーズファースト
母 イチゴイチエ 黒鹿 2004	マンハッタンカフェ	*サンデーサイレンス
		*サトルチェンジ
	*アイチェックユー	Miswaki
		*ジョーンズギフト

距離	成長型	芝	ダート	瞬発力	パワー	底力
マ中	普	○	△	○	△	△

*ノーブルミッション
NOBLE MISSION
フランケルの全弟として注目！

● 2009年生　●鹿毛　●供用地／新ひだか・JBBA静内種馬場

　2〜5歳時に英愛仏独で21戦9勝。英チャンピオンS、サンクルー大賞、タタソールズゴールドCとGIを3勝し、2014年の欧州古馬チャンピオンに選ばれた。父はP309参照。母系は全兄に14戦不敗の名馬フランケル（P264）がいる。米で種牡馬入りし、産駒にコードオブオナー（トラヴァーズS）。2021年から日本で供用。日本での種付頭数は1年目128頭、2年目は61頭。

系統：サドラーズウェルズ系		母父系統：ダンチヒ系					
父 Galileo 鹿 1998	Sadler's Wells	Northern Dancer					
		Fairy Bridge					
	Urban Sea	Miswaki					
		Allegretta					
母 Kind 鹿 2001	*ディンヒル	Danzig					
		Razyana					
	Rainbow Lake	Rainbow Quest					
		Rockfest					

距離	成長型	芝	ダート	瞬発力	パワー	底力
中長	普	◎	○	○	○	◎

ハッピースプリント
HAPPY SPRINT
NAR年度代表馬2回の名馬

● 2011年生　●鹿毛　●供用地／浦河・イーストスタッド

　2〜8歳時に日で36戦11勝。2歳時、全日本2歳優駿、北海道2歳優駿を勝ち、2013年のNAR年度代表馬＆最優秀2歳牡馬に輝く。4歳時も浦和記念を勝ち、帝王賞3着、かしわ記念3着などの活躍で2015年NAR年度代表馬に選ばれた。ほかにジャパンダートダービー2着。父はP289参照。母系からは加3冠馬ダンススマートリー。種付頭数は初年度21頭、2年目15頭。

系統：サンデーサイレンス系		母父系統：ダンチヒ系					
父 アッミラーレ 黒鹿 1997	*サンデーサイレンス	Halo					
		Wishing Well					
	*ダジルミージョリエ	Carr de Naskra					
		Mawgrit					
母 *マーゴーン 青鹿 1995	Dayjur	Danzig					
		Gold Beauty					
	Whispered Secret	Secretariat					
		Classy 'n Smart					

距離	成長型	芝	ダート	瞬発力	パワー	底力
マ中	普	○	◎	○	○	○

フィエールマン
FIEREMENT
長距離GI3勝の名ステイヤー

● 2015年生　●鹿毛　●供用地／日高・ブリーダーズSS

　3〜5歳時に日仏で12戦5勝。3歳時、ラジオNIKKEI賞2着から臨んだ菊花賞でエタリオウをハナ差抑えて優勝。4歳時の天皇賞・春でGI2勝目を飾ると、翌年も同レースを快勝して連覇を達成した。ほかに天皇賞・秋2着、有馬記念3着、AJCC2着、札幌記念3着。父はP32参照。母は伊GIリディアテシオ賞の勝ち馬。種付頭数は初年度107頭、2年目は81頭。

系統：サンデーサイレンス系		母父系統：ニジンスキー系					
父 ディープインパクト 鹿 2002	*サンデーサイレンス	Halo					
		Wishing Well					
	*ウインドインハーヘア	Alzao					
		Burghclere					
母 *リュヌドール 黒鹿 2001	Green Tune	Green Dancer					
		Soundings					
	Luth D'Or	Noir et Or					
		Viole d'Amour					

距離	成長型	芝	ダート	瞬発力	パワー	底力
中長	普	◎	○	○	○	○

*フォーウィールドライブ
FOUR WHEEL DRIVE
父は日本でもGI馬を輩出！

● 2017年生　●鹿毛　●供用地／日高・ブリーダーズSS

　2〜3歳時に米で4戦3勝。2歳時、GIIBCジュヴナイルターフスプリント、GIII米フューチュリティSを含む3戦3勝の成績をマークした。父は米3冠馬にして日本でもGI馬を出す活躍を見せている名馬（P202）。母系は近親にファーゼストランド（BCダートマイル）がおり、一族からはゴールドアリュール（P132）などが出ている。種付頭数は初年度139頭、2年目109頭。

系統：ファピアノ系		母父系統：ヘイロー系					
父 American Pharoah 鹿 2012	Pioneerof the Nile	*エンバイアメーカー					
		Star of Goshen					
	Littleprincessemma	Yankee Gentleman					
		Exclusive Rosette					
母 Funfair 黒鹿 2010	More Than Ready	*サザンヘイロー					
		Woodman's Girl					
	Fleuron	Distant View					
		Flamboyance					

距離	成長型	芝	ダート	瞬発力	パワー	底力
短マ	早	○	○	○	○	○

ブルドッグボス
BULLDOG BOSS
JBCスプリントでG I 制覇

● 2012年生　●鹿毛　●供用地／新ひだか・レックススタッド

　2〜8歳時に日で45戦14勝。中央時代もOP特別を3勝していたが、地方に移籍後に本格化。クラスターCで重賞初制覇を遂げると、以降はダート短距離重賞の常連として活躍。7歳時のJBCスプリントでは中央勢を撃破して優勝。2019年のNAR年度代表馬に輝いた。ほかに5、8歳時のJBCスプリントで3着。父はP68参照。種付頭数は初年度24頭、2年目16頭。

系統：サンデーサイレンス系		母父系統：ダンチヒ系	
父 ダイワメジャー 栗　2001	*サンデーサイレンス	Halo
		Wishing Well
	スカーレットブーケ	*ノーザンテースト
		*スカーレットインク
母 リファールカンヌ 鹿　1997	*デインヒル	Danzig
		Razyana
	リファールニース	Greinton
		*バーブスボールド

距離	成長型	芝	ダート	瞬発力	パワー	底力
短	普	○	◎	○	○	○

ミッキースワロー
MIKKI SWALLOW
日経賞を勝ち天皇賞・春で3着

● 2014年生　●鹿毛　●供用地／新冠・優駿SS

　3〜6歳時に日で22戦5勝。3歳時、セントライト記念を勝って菊花賞に駒を進めるも3番人気6着。6歳時に日経賞で重賞3勝目をあげると続く天皇賞・春ではフィエールマンの3着に好走した。ほかに七夕賞を勝ちAJCCなどで2着。父はディープインパクト産駒としていち早く種牡馬入りした馬で、本馬はディープの孫世代として注目。種付頭数は初年度が10頭、2年目が3頭。

系統：サンデーサイレンス系		母父系統：グレイソヴリン系	
父 トーセンホマレボシ 鹿　2009	ディープインパクト	*サンデーサイレンス
		*ウインドインヘアー
	エヴリウィスパー	*ノーザンテースト
		*クラフティワイフ
母 マドレボニータ 鹿　2005	ジャングルポケット	*トニービン
		*ダンスチャーマー
	ツインクルブライド	Lyphard
		*デビルズブライド

距離	成長型	芝	ダート	瞬発力	パワー	底力
中長	普	○	○	○	○	○

レッドベルジュール
RED BEL JOUR
デイリー杯2歳Sを兄弟で制覇！

● 2017年生　●鹿毛　●供用地／新ひだか・アロースタッド

　2歳時に日で3戦2勝。新馬戦、デイリー杯2歳Sと連勝。朝日杯FSでも3番人気に支持されたが、出遅れもあってサリオスの10着に敗れた。その後、休養入りとなり、結局復帰できないまま引退。1歳下の全弟レッドベルオーブがデイリー杯2歳Sをレコード勝ちするなどの活躍を見せたこともあり、未完の実力を期待されて種牡馬入り。初年度の種付頭数は22頭、2年目は12頭。

系統：サンデーサイレンス系		母父系統：ファピアノ系	
父 ディープインパクト 鹿　2002	*サンデーサイレンス	Halo
		Wishing Well
	*ウインドインヘアー	Alzao
		Burghclere
母 *レッドファンタジア 黒鹿　2010	Unbridled's Song	Unbridled
		Trolley Song
	Cat Chat	Storm Cat
		Phone Chatter

距離	成長型	芝	ダート	瞬発力	パワー	底力
マ中	普	◎	○	○	○	○

ロンドンタウン
LONDON TOWN
韓国遠征してコリアCを連覇！

● 2013年生　●鹿毛　●供用地／韓国

　2〜6歳時に日韓で34戦8勝。3歳10月にオープン入りしてからは、ダート重賞の常連として活躍。エルムS、佐賀記念を勝ち、マーチS、やアンタレスS、日本テレビ盃で2着、東京大賞典、南部杯で5着している。また、4、5歳時に韓国遠征して韓G IのコリアCを連覇している。父は2005年、2008年の最優秀ダートホース。

　種付頭数は初年度4頭、2年目が5頭。

系統：サンデーサイレンス系		母父系統：インリアリティ系	
父 カネヒキリ 栗　2002	フジキセキ	*サンデーサイレンス
		*ミルレーサー
	*ライフアウトゼア	Deputy Minister
		Silver Valley
母 フェアリーバニヤン 青鹿　2003	Honour and Glory	Relaunch
		Fair to All
	*キャタラクト	Storm Cat
		Queen Tutta

距離	成長型	芝	ダート	瞬発力	パワー	底力
マ中	普	△	○	△	△	△

オウケンワールド

3〜8歳時に日で20戦6勝。ダート1800mの名鉄杯（オープン）、梅田S（1600万下）を勝った。母系は叔父にレギュラーメンバー（JBCクラシック）、3代母に南関東3冠馬ロジータ。

● 2012年生　●芦毛　●供用地／新冠・白馬牧場
父 *クロフネ
母 オウケンガール　母父 マーベラスサンデー

距離	成長型	芝	ダート	瞬発力	パワー	底力
中	普	△	◎	△	◎	△

クワイトファイン

2〜9歳時に日で142戦6勝。名馬トウカイテイオーの直系の血を残すためにクラウドファンディングで資金を調達し種牡馬入りした。2022年生まれの牝駒が2頭、競走馬登録している。

● 2010年生　●鹿毛　●供用地／新冠・クラックステーブル
父 トウカイテイオー
母 オーロラテレコ　母父 ミスターシービー

距離	成長型	芝	ダート	瞬発力	パワー	底力
マ	普	△	△	△	△	△

ステッペンウルフ

2〜3歳時に日で12戦5勝。京浜盃を勝ち、羽田盃で3着。母系は名門のアマゾンウォリアー系で、母系からはメジロカンムリ（エリザベス女王杯2着）、メジロクラウン（京王杯AH2着）。

● 2016年生　●栗毛　●供用地／日高・新生ファーム
父 *サウスヴィグラス
母 ディープキッス　母父 アグネスタキオン

距離	成長型	芝	ダート	瞬発力	パワー	底力
マ	普	△	○	△	○	△

ソルテ

2〜7歳時に日で36戦15勝。さきたま杯、マイルGP、京成盃グランドマイラーズ、サンタアニタT、かしわ記念2着。父はP270参照。母系は全弟にトウケイタイガー（かきつばた記念）。

● 2010年生　●鹿毛　●供用地／新冠・太平洋ナショナルスタッド
父 タイムパラドックス
母 ヒノデモンテローザ　母父 マルゼンスキー

距離	成長型	芝	ダート	瞬発力	パワー	底力
マ	普	△	◎	△	◎	△

ソールインパクト

2〜8歳時に日豪で45戦4勝。アルゼンチン共和国杯でスワーヴリチャードの2着したほか、目黒記念など重賞で3着が4回ある。父はP32参照。叔父に米GⅢ馬イレクトリファイ。

● 2012年生　●芦毛　●供用地／千葉県・北総ファーム
父 ディープインパクト
母 *クリームオンリー　母父 Exchange Rate

距離	成長型	芝	ダート	瞬発力	パワー	底力
中長	普	○	○	○	○	△

ハウライト

2〜6歳時に日で39戦8勝。地方競馬で走り、短距離からマイルで勝ち星をあげた。父は弥生賞馬。母系はダービー馬サクラチヨノオーなどを出した名門のスワンズウッドグローヴ系。

● 2012年生　●栗毛　●供用地／日高・サンシャイン牧場
父 アドマイヤオーラ
母 ミスバレンタイン　母父 *ラムタラ

距離	成長型	芝	ダート	瞬発力	パワー	底力
短マ	普	△	△	△	△	△

フロリダパンサー

3〜8歳時に日で45戦8勝。芝の中距離の500万下特別で2着が4回ある。父はP414参照。母系は叔父に皐月賞2着、弥生賞3着のタイガーカフェ、皐月賞3着のフサイチジャンク。

● 2011年生　●青鹿毛　●供用地／日高・ベルサイユステーブル
父 *シンボリクリスエス
母 ピューマカフェ　母父 *サンデーサイレンス

距離	成長型	芝	ダート	瞬発力	パワー	底力
中	普	△	△	△	△	△

2025年
新種牡馬

無敗の3冠馬コントレイルがディープインパクトの後継とし
て大きな期待を持って登場してくる。ほかにもダートの強豪
クリソベリルを始め、海外からの種牡馬も多士済々の顔ぶれ。

2025Debut Thoroughbred Stallions In Japan

馬名

2022年の
種付頭数と産駒数

クリソベリル
CHRYSOBERYL

年次	種付頭数	産駒数
22年	150	―

2019 年のダートチャンピオン
11 戦 8 勝（2～5歳・日沙）**最高R 119 I**（20 年）

デビュー戦、条件戦と共に7馬身差の圧勝。ジャパン
ダートダービーも快勝してGI馬に輝いた。さらに日本
テレビ盃も勝って5連勝でチャンピオンズCに駒を進め
ると、強豪ゴールドドリームとの叩き合いをクビ差制し
て優勝。2019年のJRA最優秀ダートホースに選ばれた。
4歳時にも帝王賞、JBCクラシックと連覇。連覇を狙
ったチャンピオンズCは4着。ほかに兵庫CS。

父はP132参照。母系は全兄にクリソライト（ジャパ
ンダートダービー）、半姉にマリアライト（宝塚記念）、
半兄にリアファル（神戸新聞杯）、叔父にアロンダイト
（ジャパンCダート）など活躍馬がズラリと並ぶ名門。

初年度は150頭に種付しており、期待は大きい。

現役時代の競走
成績、最高レー
ティング（P164
欄外参照）

現役時代の競走
成績および血統
的特徴、産駒の
ポイントなど

種付料／⇔受 300 万円 F　供用地／安平・社台SS
2016年生　鹿毛　安平・ノーザンファーム産

種付料、けい養
先、生年、毛色、
生産地など

系統：サンデーサイレンス系		母父系統：キングマンボ系	
父	*サンデーサイレンス	Halo	
ゴールドアリュール		Wishing Well	
栗　1999	*ニキーヤ	Nureyev	
		Reluctant Guest	
母	*エルコンドルパサー	Kingmambo	
クリソプレーズ		*サダーズギャル	
黒鹿　2002	*キャサリーンバー	Riverman	
		Regal Exception	

距離	成長型	芝	ダート	瞬発力	パワー	底力
中	普	○	◎	○	○	◎

3代血統表、種牡馬の系統、
母馬（母の父）の系統

能力パラメータ

能力パラメータの見方　短…1000～1400m、マ…1600m前後、中…1800～2100m、長…2200m以上、
万…万能（産駒の距離タイプが様々）、早…早熟、普…普通、晩…晩成、持続…早熟と晩成を併せ持つ、
◎…非常に得意、○…得意、△…やや不向き、▲…不得意

※種付料で受＝受胎確認後支払、産＝産駒誕生後支払、不＝不受胎時全額返還、Ｆ＝フリーリターン特約（P138 欄外参照）、
返＝流死産又は死亡時返還、不出返＝不出生時返金。　　価格・支払条件、供用地などは変更の場合があります。

クリソベリル
CHRYSOBERYL

年次	種付頭数	産駒数
22 年	150	—

種付料／⇨受300万円F　供用地／安平・社台SS
2016年生　鹿毛　安平・ノーザンファーム産

系統：サンデーサイレンス系　母父系統：キングマンボ系		
父 ゴールドアリュール 栗 1999	*サンデーサイレンス	Halo
		Wishing Well
	*ニキーヤ	Nureyev
		Reluctant Guest
母 クリソブレーズ 黒鹿 2002	*エルコンドルパサー	Kingmambo
		*サドラーズギャル
	*キャサリーンバー	Riverman
		Regal Exception

2019年のダートチャンピオン
11戦8勝（2～5歳・日沙）**最高R 119 I**（20年）

　デビュー戦、条件戦と共に7馬身差の圧勝。ジャパンダートダービーも快勝してGI馬に輝いた。さらに日本テレビ盃も勝って5連勝でチャンピオンズCに駒を進めると、強豪ゴールドドリームとの叩き合いをクビ差制して優勝。2019年のJRA最優秀ダートホースに選ばれた。4歳時にも帝王賞、JBCクラシックと連勝。連覇を狙ったチャンピオンズCは4着。ほかに兵庫CS。

　父はP132参照。母系は全兄にクリソライト（ジャパンダートダービー）、半姉にマリアライト（宝塚記念）、半兄にリアファル（神戸新聞杯）、叔父にアロンダイト（ジャパンCダート）など活躍馬がズラリと並ぶ名門。

　初年度は150頭に種付しており、期待は大きい。

距離	成長型	芝	ダート	瞬発力	パワー	底力
中	普	○	◎	○	○	◎

コントレイル
CONTRAIL

年次	種付頭数	産駒数
22 年	193	—

種付料／⇨受1200万円F　供用地／安平・社台SS
2017年生　青鹿毛　新冠・ノースヒルズ産

系統：サンデーサイレンス系　母父系統：ファピアノ系		
父 ディープインパクト 鹿 2002	*サンデーサイレンス	Halo
		Wishing Well
	*ウインドインハーヘア	Alzao
		Burghclere
母 *ロードクロサイト 芦 2010	Unbridled's Song	Unbridled
		Trolley Song
	Folklore	Tiznow
		Contrive

日本競馬史上3頭目の無敗の3冠馬
11戦8勝（2～4歳・日）**最高R 126 L**（21年）

　2歳時、ホープフルSでGI初制覇を果たし2019年の2歳牡馬王者となる。皐月賞、ダービーはともにサリオスを降して2冠馬に輝いた。無敗の3冠制覇がかかった菊花賞は、アリストテレスに迫られるも振り切って優勝。ディープインパクト以来、史上3頭目の無敗の3冠馬に輝いた。「3冠馬対決」として話題になったジャパンCはアーモンドアイに1馬身弱及ばず初黒星。古馬になって大阪杯3着、天皇賞・秋2着と勝てなかったが、ジャパンCを制し有終の美を飾った。

　母系は2代母に米2歳女王に輝いたフォークロア。

　1200万円という種付料ながら初年度から193頭もの牝馬を集めており、その期待の大きさが伺える。

距離	成長型	芝	ダート	瞬発力	パワー	底力
中	普	◎	○	○	○	◎

ダノンスマッシュ
DANON SMASH

香港スプリント父仔制覇を達成！
26戦11勝（2〜6歳・日香）**最高R 116 S**（21年）

　3歳時に京阪杯で初重賞制覇。続くシルクロードSも連勝して高松宮記念で1番人気に推されるも4着。以後、本番ではあと一歩足りないレースが続いたが、5歳12月の香港遠征で香港スプリントを優勝。待望のGIタイトルを獲得するとともに、父ロードカナロアとの父仔制覇を成し遂げた。6歳時、高松宮記念でGI2勝目をマーク。ほかにセントウルS、キーンランドC、オーシャンSを勝ち、スプリンターズS2着、同3着。

　父はP36参照。母系は2代母にBCディスタフを勝ち米3歳女王に選ばれたハリウッドワイルドキャット。

　初年度種付頭数は146頭に及び、ロードカナロアのスプリント部門の後継として大いに期待されている。

種付料／⇨受220万円F　供用地／日高・ブリーダーズSS
2015年生　鹿毛　新ひだか・ケイアイファーム産

系統：キングマンボ系　母父系統：ダンチヒ系

父		Kingmambo
ロードカナロア	キングカメハメハ	*マンファス
鹿 2008	レディブラッサム	Storm Cat
		*サラトガデュー
母	*ハードスパン	Danzig
*スピニングワイルドキャット		Turkish Tryst
栗 2009	Hollywood Wildcat	Kris S.
		Miss Wildcatter

距離	成長型	芝	ダート	瞬発力	パワー	底力
短	普	◎	○	◎	○	◎

ダノンプレミアム
DANON PREMIUM

2017年の2歳牡馬チャンピオン
15戦6勝（2〜6歳・日豪香）**最高R 119 I**（19年、20年）

　2歳時、朝日杯FSを1番人気に応えて快勝。2017年の2歳牡馬チャンピオンに選ばれた。3歳緒戦の弥生賞を勝って3冠路線でも期待されたが、皐月賞は回避。ぶっつけとなったダービーでは1番人気に支持されるも6着に終わった。古馬になってからは、金鯱賞、マイラーズCと連勝。安田記念こそ大敗したが、天皇賞・秋でアーモンドアイの2着に入った。ほかにサウジアラビアRC1着、マイルCS2着、Qエリザベス S3着。

　父はP32参照。母は愛GIII2着など。母父インチカブはエリザベス女王杯連覇のスノーフェアリーの父。BMSとしてサトノラーゼン（京都新聞杯）。

　初年度の種付頭数は145頭を確保している。

種付料／⇨受120万円F　供用地／新ひだか・アローズタッド
2015年生　青鹿毛　新ひだか・ケイアイファーム産

系統：サンデーサイレンス系　母父系統：ロベルト系

父		Halo
ディープインパクト	*サンデーサイレンス	Wishing Well
鹿 2002	*ウインドインハーヘア	Alzao
		Burghclere
母	Intikhab	Red Ransom
*インディアナギャル		Crafty Example
黒鹿 2005	Genial Jenny	*デインヒル
		Joma Kaanem

距離	成長型	芝	ダート	瞬発力	パワー	底力
マ中	普	◎	○	◎	○	○

*アスクピーターパン
ASK PETER PAN
母はGI3勝の快速馬

●2018年生　●鹿毛　●供用地／新ひだか・アローススタッド

　未出走。スプリンターズS、ヴィクトリアマイル連覇などの実績を誇るストレイトガールをイギリスに連れて行ってフランケルと交配して生まれた。結局、競走馬としてデビューすることはできなかったが、血統を買われて種牡馬入り。

　父はP264参照。母は上記GI勝ちのほかにシルクロードSを勝ち、スプリンターズSで2着。

　初年度の種付頭数は10頭。

系統：サドラーズウェルズ系		母父系統：サンデーサイレンス系
父 Frankel 鹿 2008	Galileo	Sadler's Wells
		Urban Sea
	Kind	*デインヒル
		Rainbow Lake
母 ストレイトガール 鹿 2009	フジキセキ	*サンデーサイレンス
		*ミルレーサー
	ネヴァービリオド	*タイキシャトル
		フューチャハッピー

距離	成長型	芝	ダート	瞬発力	パワー	底力
短マ	普	◎	○	○	○	○

インディチャンプ
INDY CHAMP
2019年のJRA最優秀短距離馬

●2015年生　●鹿毛　●供用地／新冠・優駿SS

　2〜6歳時に日香で23戦8勝。4歳時、東京新聞杯で重賞初制覇。安田記念ではアーモンドアイを3着に降しGIタイトルを獲得。秋にはマイルCSも制して2019年の最優秀短距離馬に選ばれた。5歳時、連覇を狙った安田記念、マイルCSはともにグランアレグリアの3、2着。

　母系は叔父にリアルインパクト（P184）など。初年度の種付頭数は120頭と多い。

系統：サンデーサイレンス系		母父系統：キングマンボ系
父 ステイゴールド 黒鹿 1994	*サンデーサイレンス	Halo
		Wishing Well
	ゴールデンサッシュ	*ディクタス
		ダイナサッシュ
母 ウィルパワー 鹿 2007	キングカメハメハ	Kingmambo
		*マンファス
	*トキオリアリティー	Meadowlake
		What a Reality

距離	成長型	芝	ダート	瞬発力	パワー	底力
マ	普	◎	○	○	○	○

*ヴァンゴッホ
VAN GOGH
2020年の欧州2歳牡馬王者

●2018年生　●鹿毛　●供用地／浦河・イーストスタッド

　2〜3歳時に愛英仏で11戦2勝。2歳時、GIクリテリウムアンテルナシオナルを4馬身差で快勝。2020年の欧州2歳牡馬チャンピオンに選ばれた。4歳時は愛2000ギニーで3着。ほかにGIIチャンピオンズジュベナイルS2着。

　父はP202参照。母は英オークス馬。半兄にホレイショネルソン（ジャンリュックラガルデール賞）。初年度の種付頭数は73頭とまずまず。

系統：ファピアノ系		母父系統：サドラーズウェルズ系
父 American Pharoah 鹿 2012	Pioneerof the Nile	*エンパイアメーカー
		Star of Goshen
	Littleprincessemma	Yankee Gentleman
		Exclusive Rosette
母 Imagine 鹿 1998	Sadler's Wells	Northern Dancer
		Fairy Bridge
	Doff the Derby	Master Derby
		Margarethen

距離	成長型	芝	ダート	瞬発力	パワー	底力
マ	やや早	◎	○	○	○	○

エンパイアペガサス
EMPIRE PEGASUS
東北地方で勝ちまくった強豪

●2013年生　●鹿毛　●供用地／新冠・白馬牧場

　2〜8歳時に日で50戦25勝。盛岡、水沢をメインにタフに走り続けた馬で、北上川大賞典3回、オグリキャップ記念、報知グランプリCなどを勝ち、シアンモア記念で2着が2回ある。

　父は日本でも重賞勝ち馬を出すなどしたが、産駒が米で大活躍し、米国に買い戻された名種牡馬。母系は半妹にファイントリック（OROオータムティアラ）。初年度の種付料は20万円。

系統：ファピアノ系		母父系統：フォーティナイナー系
父 *エンパイアメーカー 黒鹿 2000	Unbridled	Fappiano
		Gana Facil
	Toussaud	El Gran Senor
		Image of Reality
母 *ステージトリック 栗 2006	Distorted Humor	*フォーティナイナー
		Danzig's Beauty
	Engaging	Private Account
		Starlet Storm

距離	成長型	芝	ダート	瞬発力	パワー	底力
マ中	普	△	○	△	○	△

カフジテイク
KAFUJI TAKE
強烈な末脚でダート重賞で活躍

● 2012年生　● 青鹿毛　● 供用地／浦河・ヒダカファーム

　3～9歳時に日首で37戦7勝。4歳時、GⅠ初挑戦となったチャンピオンズCで11番人気ながら4着と健闘。続く根岸Sで重賞初制覇を果たす。次走フェブラリーSでは1番人気に支持されるも3着に終わった。ほかにプロキオンS2着、武蔵野S3着、根岸S3着（6歳時）。

　父はP220参照。母系は半兄にテイクアベット（サマーチャンピオン）がいる。

系統：フォーティナイナー系	母父系統：ミスタープロスペクター系	
父	*エンドスウィープ	*フォーティナイナー
*プリサイスエンド		Broom Dance
黒鹿 1997	Precisely	Summing
		Crisp'n Clear
母	*スキャン	Mr. Prospector
テイクザケイク		Video
黒鹿 1999	エビスマイ	*ラシアンルーブル
		ローレルハッピー

距離	成長型	芝	ダート	瞬発力	パワー	底力
短マ	普	△	○	○	○	○

キセキ
KISEKI
息の長い活躍を見せた菊花賞馬

● 2014年生　● 黒鹿毛　● 供用地／日高・ブリーダーズSS

　2～7歳時に日香仏で33戦4勝。3歳時、極悪の不良馬場の菊花賞を制しGⅠホースに輝く。以後、GⅠの名脇役として息の長い活躍を見せた。4歳時のジャパンCでは、大逃げを打ってアーモンドアイの記録的レコードの2着。ほかに宝塚記念で2着2回、大阪杯2着、天皇賞・秋3着。

　父はP60参照。母系は叔母にダイワエルシエーロ（オークス）。初年度の種付頭数は79頭。

系統：キングマンボ系	母父系統：サンデーサイレンス系	
父	キングカメハメハ	Kingmambo
ルーラーシップ		*マンファス
鹿 2007	エアグルーヴ	*トニービン
		ダイナカール
母	ディープインパクト	*サンデーサイレンス
ブリッツフィナーレ		*ウインドインハーヘア
鹿 2008	ロンドンブリッジ	*ドクターデヴィアス
		*オールフォーロンドン

距離	成長型	芝	ダート	瞬発力	パワー	底力
中長	普	◎	○	○	○	○

ゴルトマイスター
GOLD MEISTER
良血の中堅ダートホース

● 2016年生　● 栗毛　● 供用地／新ひだか・レックススタッド

　2～5歳時に日で11戦4勝。3勝クラスの北総Sを勝ち、オープンのアハルテケSで3着があるが、重賞とは無縁に終わった。

　父はP132参照。母系は半姉にオーブスプリング（門別・フローラルC）、半兄にモジアナフレイバー（大井記念、東京大賞典3着）、叔父にセイウンコウセイ（高松宮記念）、3代母の仔にタイキフォーチュン（NHKマイルC）がいる。

系統：サンデーサイレンス系	母父系統：ノーザンダンサー系	
父	*サンデーサイレンス	Halo
ゴールドアリュール		Wishing Well
栗 1999	*ニキーヤ	Nureyev
		Reluctant Guest
母	*フレンチデピュティ	Deputy Minister
ナスケンアイリス		Mitterand
栗 2007	*オブザーヴァント	Capote
		*パテントリークリア

距離	成長型	芝	ダート	瞬発力	パワー	底力
中	普	△	○	△	△	△

サトノジェネシス
SATONO GENESIS
サトノダイヤモンドの全弟

● 2016年生　● 鹿毛　● 供用地／新冠・優駿SS

　2～5歳時に日で4戦3勝。当歳セールで約3億円の高値がついた期待馬で、500万下特別を勝ってクラシックでも期待されたが故障でリタイア。2年以上の休養を経て復帰戦を快勝するも、それが最後のレースとなった。

　父はP32参照。母は亜GⅠコパデプラタ大賞勝ち。全兄にサトノダイヤモンド（P358）。

　初年度の種付頭数は42頭を集めている。

系統：サンデーサイレンス系	母父系統：ダンチヒ系	
父	*サンデーサイレンス	Halo
ディープインパクト		Wishing Well
鹿 2002	*ウインドインハーヘア	Alzao
		Burghclere
母	Orpen	Lure
*マルペンサ		Bonita Francita
鹿 2006	Marsella	*サザンヘイロー
		Riviere

距離	成長型	芝	ダート	瞬発力	パワー	底力
中	普	◎	○	○	○	○

サブノジュニア
SABUNO JUNIOR
JBCスプリントで中央勢を撃破

● 2014年生　●黒鹿毛　●供用地／浦河・イーストスタッド

　2～7歳時に日で44戦12勝。6歳時のJBCスプリントでマテラスカイ、モズスーパーフレア、コパノキッキングら中央の強豪を退けGI制覇を達成。2020年のNAR年度代表馬に選ばれた。ほかに東京スプリントで2着2回。

　父は地方のトップサイアーとして君臨する名種牡馬。半兄にサブノクロヒョウ（東京記念）。

　初年度の種付頭数は16頭を数える。

系統：フォーティナイナー系	母父系統：レイズアネイティヴ系		
父 *サウスヴィグラス 栗 1996	*エンドスウィープ	*フォーティナイナー	
		Broom Dance	
	*ダーケストスター	Star de Naskra	
		Minnie Riperton	
母 サブノイナズマ 青鹿 2005	*カコイーシーズ	Alydar	
		Careless Notion	
	サブノアフロディア	フジキセキ	
		*サニーモーニング	

距離	成長型	芝	ダート	瞬発力	パワー	底力
短	普	△	○	○	△	○

サンライズソア
SUNRISE SOAR
ダート重賞2勝の活躍馬

● 2014年生　●青鹿毛　●供用地／浦河・イーストスタッド

　2～7歳時に日で24戦5勝。平安S、名古屋大賞典と重賞2勝をあげ、ジャパンダートダービー2着、チャンピオンズC3着、JBCクラシック3着などGI戦でも活躍した。ほかに武蔵野S2着、シリウスS3着、ユニコーンS3着など。

　父はP226参照。母系は2代母にスワンSなど重賞3勝のビハインドザマスク。

　初年度の種付頭数は14頭をマークしている。

系統：ロベルト系	母父系統：サンデーサイレンス系		
父 *シンボリクリスエス 黒鹿 1999	Kris S.	Roberto	
		Sharp Queen	
	Tee Kay	Gold Meridian	
		Tri Argo	
母 アメーリア 青鹿 2003	スペシャルウィーク	*サンデーサイレンス	
		キャンペンガール	
	ビハインドザマスク	*ホワイトマズル	
		*ヴァインゴールド	

距離	成長型	芝	ダート	瞬発力	パワー	底力
中	普	○	◎	○	○	△

シュウジ
SHUJI
阪神Cで皐月賞馬を降す！

● 2013年生　●鹿毛　●供用地／新ひだか・アロースタッド

　2～8歳時に日で41戦5勝。2歳時、小倉2歳Sで重賞初制覇。3歳時の阪神Cでは、皐月賞馬イスラボニータを破って重賞2勝目をあげた。ほかにデイリー杯2歳S2着、函館SS2着、キーンランドC2着、カペラS3着。3歳時のスプリンターズSでは0.1秒差の4着に健闘した。

　父はP100参照。母系は半兄にツルマルレオン（北九州記念）。初年度の種付頭数は8頭。

系統：サンデーサイレンス系	母父系統：キングマンボ系		
父 *キンシャサノキセキ 鹿 2003	フジキセキ	*サンデーサイレンス	
		*ミルレーサー	
	*ケルトシャーン	Pleasant Colony	
		Featherhill	
母 *カストリア 鹿 2001	Kingmambo	Mr. Prospector	
		Miesque	
	More Silver	Silver Hawk	
		Dancing Lt.	

距離	成長型	芝	ダート	瞬発力	パワー	底力
短	普	◎				

セイウンコウセイ
SEIUN KOSEI
高松宮記念を制した快速馬

● 2013年生　●栗毛　●供用地／新ひだか・アロースタッド

　2～8歳時に日で42戦7勝。4歳時の高松宮記念で、レッツゴードンキやレッドファルクスなどのGI馬を相手に快勝。見事GIホースに輝いた。6歳時の同レースでも2着。ほかに函館SSを勝ち、シルクロードS2着2回、キーンランドC3着、CBC賞3着がある。

　父はP188参照。叔父にタイキフォーチュン（NHKマイルC）。初年度の種付頭数は29頭。

系統：フォーティナイナー系	母父系統：シアトルスルー系		
父 アドマイヤムーン 鹿 2003	*エンドスウィープ	*フォーティナイナー	
		Broom Dance	
	マイケイティーズ	*サンデーサイレンス	
		*ケイティーズファースト	
母 *オブザーヴァント 黒鹿 2000	Capote	Seattle Slew	
		Too Bald	
	*パテントリークリア	Miswaki	
		Badge of Courage	

距離	成長型	芝	ダート	瞬発力	パワー	底力
短	普					

*タニノフランケル
TANINO FRANKEL
名牝×世界的名馬の夢の配合

● 2015年生　● 青鹿毛　● 供用地／新ひだか・レックススタッド

　2～6歳時に日で26戦4勝。GI7勝の名牝ウオッカを英に連れて行き、欧州の大種牡馬フランケルと交配させて彼の地で生まれた良血馬。外国産馬として走り、重賞勝ちこそないが、小倉大賞典2着、中山金杯3着と健闘した。

　父はP264参照。母はダービー、ジャパンC、天皇賞・秋などGI7勝をあげた名牝。

　初年度産駒は57頭とそこそこの数がいる。

系統：サドラーズウェルズ系	母父系統：ロベルト系	
父 Frankel 鹿 2008	Galileo	Sadler's Wells
		Urban Sea
	Kind	*デインヒル
		Rainbow Lake
母 ウオッカ 鹿 2004	タニノギムレット	*ブライアンズタイム
		タニノクリスタル
	タニノシスター	*ルション
		エナジートウショウ

距離	成長型	芝	ダート	瞬発力	パワー	底力
中	普	○	○	○	○	○

ダノンキングリー
DANON KINGLY
安田記念で名牝を降してGI制覇！

● 2016年生　● 黒鹿毛　● 供用地／安平・社台SS

　2～5歳時に日香で14戦6勝。3歳時、皐月賞3着、ダービー2着。毎日王冠を勝って臨んだマイルCSは5着。4歳時、大阪杯は3着に入るも、天皇賞・秋はシンガリ負けを喫した。5歳時の安田記念で女傑グランアレグリアを降して待望のGIホースに輝いた。ほかに中山記念、共同通信杯。

　父はP32参照。半兄にダノンレジェンド（JBCスプリント）。初年度の種付頭数は85頭。

系統：サンデーサイレンス系	母父系統：ストームキャット系	
父 ディープインパクト 鹿 2002	*サンデーサイレンス	Halo
		Wishing Well
	*ウインドインハーヘア	Alzao
		Burghclere
母 *マイグッドネス 黒鹿 2005	Storm Cat	Storm Bird
		Terlingua
	Caressing	Honour and Glory
		Lovin Touch

距離	成長型	芝	ダート	瞬発力	パワー	底力
マ中	普	◎	○	◎	○	○

*テーオーヘリオス
T O HERIOS
ダート短距離路線で活躍

● 2012年生　● 鹿毛　● 供用地／宮崎県・吉野政敏

　3～9歳時に日で50戦10勝。6歳時、北海道SCでスノードラゴン（スプリンターズS）やニシケンモノノフ（JBCスプリント）らを抑えて優勝した。ほかにリステッドレースのすばるSとコーラルSでそれぞれ2着、かきつばた記念で3着。

　父はミスタープロスペクター直仔で唯一のケンタッキーダービー馬。母系は弟弟にテーオージーニアス（カペラS2着、黒船賞2着）。

系統：ミスタープロスペクター系	母父系統：ソードダンサー系	
父 Fusaichi Pegasus 鹿 1997	Mr. Prospector	Raise a Native
		Gold Digger
	Angel Fever	Danzig
		Rowdy Angel
母 *リーグルメアリー 鹿 2002	Afternoon Deelites	Private Terms
		Intimate Girl
	*リアリーライジング	For Really
		Rising Writer

距離	成長型	芝	ダート	瞬発力	パワー	底力
短	普	△	○	△	△	△

*フィレンツェファイア
FIRENZE FIRE
闘志あふれるレースで話題に

● 2015年生　● 鹿毛　● 供用地／新ひだか・アロースタッド

　2～6歳時に米で38戦14勝。シャンペンS、トゥルーノースSなど重賞9勝。6歳時のフォアゴーSで直線の叩き合いの最中に相手に噛み付きに行って2着に敗れたことが話題となった。

　父ポセイドンズウォリアーは名種牡馬スパイツタウンの直仔でAGヴァンダービルトHの勝ち馬。母系からシャックルフォード（プリークネスS）。

　初年度の種付頭数は91頭と多い。

系統：ミスタープロスペクター系	母父系統：ダンチヒ系	
父 Poseidon's Warrior 黒鹿 2008	Speightstown	Gone West
		Silken Cat
	Poised to Pounce	Smarten
		Lady Lyndy
母 My Every Wish 鹿 2009	Langfuhr	Danzig
		Sweet Briar Too
	Mille Lacs	Unbridled
		With Every Wish

距離	成長型	芝	ダート	瞬発力	パワー	底力
短中	普	○	◎	○	○	○

*ベンバトル
BENBATL
名種牡馬ドバウィの後継種牡馬

● 2014年生　●鹿毛　●新冠・ビッグレッドファーム

　3～7歳時に英首独豪沙で25戦11勝。首のドバイターフ、独のダルマイヤー大賞、豪のコーフィールドSと世界を股にかけて活躍。重賞を10勝し、コックスプレート、ジュベルハッタで2着。ちなみにドバイターフではヴィブロス、リアルスティール、ディアドラを退けている。

　父はP315参照。母は米GⅠフラワーボウル招待Sの勝ち馬。初年度の種付頭数は108頭。

系統：ミスタープロスペクター系	母父系統：エタン系	
父 Dubawi 鹿 2002	Dubai Millennium	Seeking the Gold
		Colorado Dancer
	Zomaradah	Deploy
		Jawaher
母 Nahrain 栗 2008	Selkirk	Sharpen Up
		Annie Edge
	Bahr	*ジェネラス
		Lady of the Sea

距離	成長型	芝	ダート	瞬発力	パワー	底力
中	普	◎	○	○	○	○

*ポエティックフレア
POETIC FLARE
英2000ギニー勝ちの名マイラー

● 2018年生　●鹿毛　●供用地／安平・社台SS

　2～3歳時に愛英仏で11戦5勝。3歳時、英2000ギニーを9番人気で快勝。続く仏2000ギニーは人気を裏切ったが、愛2000ギニーで2着に入り、セントジェイムズパレスSでGⅠ2勝目をあげた。さらにサセックスS、ジャックルマロワ賞と続けて2着。ほかにチャンピオンS3着。

　父ドーンアプローチも英2000ギニーの勝ち馬。初年度の種付頭数は108頭とまずまず。

系統：サドラーズウェルズ系	母父系統：ダンチヒ系	
父 Dawn Approach 栗 2010	New Approach	Galileo
		Park Express
	Hymn of the Dawn	Phone Trick
		Colonial Debut
母 Maria Lee 鹿 2007	*ロックオブジブラルタル	*デインヒル
		Offshore Boom
	Elida	*ロイヤルアカデミーⅡ
		Saviour

距離	成長型	芝	ダート	瞬発力	パワー	底力
マ	普	◎	○	○	○	○

*マテラスカイ
MATERA SKY
ドバイでも活躍したダート短距離馬

● 2014年生　●栗毛　●供用地／日高・ブリーダーズSS

　2～7歳時に日首沙米で36戦7勝。5歳時、ドバイゴールデンシャヒーンで2着に健闘。国内ではプロキオンS、クラスターCを勝ち、JBCスプリントで2着2回。その後、引退レースとなった米のBCスプリントも5着に入った。また、沙遠征でも2着2回と結果を残している。

　父は米のトップスプリンター。初年度の種付頭数は128頭と多く、十分に活躍が期待できる。

系統：ミスタープロスペクター系	母父系統：ブラッシンググルーム系	
父 Speightstown 栗 1998	Gone West	Mr. Prospector
		Secrettame
	Silken Cat	Storm Cat
		Silken Doll
母 Mostaqeleh 栗 2003	Rahy	Blushing Groom
		Glorious Song
	Istiqlal	Diesis
		Wasnah

距離	成長型	芝	ダート	瞬発力	パワー	底力
短	普	○	◎	○	○	○

*ミスチヴィアスアレックス
MISCHIEVIOUS ALEX
米首位種牡馬の血をひく期待馬

● 2017年生　●鹿毛　●供用地／新ひだか・JBBA静内種馬場

　2～4歳時に米で15戦7勝。4歳時、カーターHを1番人気に応え5馬身半差の圧勝でGⅠホースに輝いた。ほかにGⅢのゴーサムS、スウェイルS、ガルフストリームパークスプリントSを勝ち、メトロポリタンHで3着がある。

　父イントゥミスチーフは2019～2021年の米リーディングサイアー（P275）。

　初年度の種付頭数は135頭と多く期待大。

系統：ストームキャット系	母父系統：ミスタープロスペクター系	
父 Into Mischief 鹿 2005	Harlan's Holiday	Harlan
		Christmas in Aiken
	Leslie's Lady	Tricky Creek
		Crystal Lady
母 White Pants Night 栗 2011	Speightstown	Gone West
		Silken Cat
	More d'Amour	Tour d'Or
		Love Connection

距離	成長型	芝	ダート	瞬発力	パワー	底力
短マ	普	○	◎	○	○	○

ミラアイトーン
MOIRA AITHON
オセアニアの名馬の血をひく

● 2014年生　●青鹿毛　●供用地／日高・エスティファーム

　2〜7歳時に日で25戦6勝。リステッドレースの谷川岳S、ニューイヤーS、キャピタルSで3着、オープンの鞍馬Sを勝ち、巴賞で2着。

　父ロンロはクイーンエリザベスSなど豪GIを11勝した強豪で、種牡馬としても豪で成功を収めている名馬。母系は半兄にストロングタイタン（鳴尾記念）、半妹にギルデッドミラー（武蔵野S、NHKマイルC3着）がいる。

系統：サートリストラム系　母父系統：インリアリティ系

			距離	成長型	芝	ダート	瞬発力	パワー	底力
父 Lonhro 黒鹿 1998	Octagonal	Zabeel							
		Eight Carat							
	Shadea	Straight Strike							
		Concia							
母 *タイタンクイーン 黒鹿 2005	Tiznow	Cee's Tizzy							
		Cee's Song							
	Ensnare	Seeking the Gold							
		*トラップパス							

距離	成長型	芝	ダート	瞬発力	パワー	底力
短マ	普	◯	◯	◯	◯	◯

リオンリオン
LION LION
名牝の血を受け継ぐ注目馬

● 2016年生　●鹿毛　●供用地／新冠・優駿SS

　2〜3歳時に日で10戦4勝。3歳時、青葉賞で重賞初制覇。6番人気に推されたダービーでは、横山武史騎手が大逃げを打って15着と大敗するも、セントライト記念で重賞2勝目をあげた。

　父はP60参照。2代母にエリザベス女王杯を勝ちドバイWCで2着したトゥザヴィクトリー。半兄にメドウラーク（七夕賞）、叔父にトゥザグローリー（P172）。初年度の種付頭数は13頭。

系統：キングマンボ系　母父系統：ノーザンダンサー系

父 ルーラーシップ 鹿 2007	キングカメハメハ	Kingmambo	
		*マンファス	
	エアグルーヴ	*トニービン	
		ダイナカール	
母 アゲヒバリ 芦 2004	*クロフネ	*フレンチデピュティ	
		*ブルーアヴェニュー	
	トゥザヴィクトリー	*サンデーサイレンス	
		*フェアリードール	

距離	成長型	芝	ダート	瞬発力	パワー	底力
中長	普	◎	◯	◯	◯	◯

ロジクライ
LOGI CRY
マイル戦線で息の長い活躍

● 2013年生　●黒鹿毛　●供用地／日高・ヴェルサイユファーム

　2〜8歳時に日で28戦5勝。3歳時、シンザン記念で後の桜花賞馬ジュエラーを降し重賞初制覇。以後、マイル戦線の常連として活躍し、GIレースでこそ結果を残せなかったが、5歳時に富士Sで重賞2勝目をあげた。ほかに中京記念2着、京王杯SC3着、京成杯AH3着、阪急杯3着。

　父はP40参照。母系は名馬の宝庫として知られるハイクレア系。初年度の種付頭数は4頭。

系統：サンデーサイレンス系　母父系統：ミスタープロスペクター系

父 ハーツクライ 鹿 2001	*サンデーサイレンス	Halo
		Wishing Well
	アイリッシュダンス	*トニービン
		*ビューパーダンス
母 *ドリームモーメント 鹿 2005	Machiavellian	Mr. Prospector
		Coup de Folie
	Dream Ticket	Danzig
		Capo Di Monte

距離	成長型	芝	ダート	瞬発力	パワー	底力
マ	普	◯	△	◯	◯	◯

ワールドプレミア
WORLD PREMIERE
菊花賞、天皇賞・春を制した名馬

● 2016年生　●黒鹿毛　●供用地／新冠・優駿SS

　2〜5歳時に日で12戦4勝。3歳時、神戸新聞杯3着から臨んだ菊花賞を快勝。クラシックホースに輝いた。続く有馬記念は3着。1年近い休養を経て復帰すると、5歳時の天皇賞・春でGI2勝目をあげた。ほかに日経賞3着。

　父はP32参照。全兄にワールドエース（P168）、半弟にヴェルトライゼンデ（日経新春杯）。

　初年度の種付頭数は53頭を集めている。

系統：サンデーサイレンス系　母父系統：ハンプトン系

父 ディープインパクト 鹿 2002	*サンデーサイレンス	Halo
		Wishing Well
	*ウインドインハーヘア	Alzao
		Burghclere
母 *マンデラ 栗 2000	Acatenango	Surumu
		Aggravate
	Mandellicht	Be My Guest
		Mandelauge

距離	成長型	芝	ダート	瞬発力	パワー	底力
中長	普	◎	◯	◎	◯	◎

キャプテンキング

2〜7歳時に日で25戦8勝。フジノウェーブ記念（2回）、川崎マイラーズ、羽田盃、東京ダービー2着。父は欧州2歳牡馬チャンピオン。叔父にワイルドワンダー（アンタレスS）。

			●2014年生　●鹿毛　●供用地／新ひだか・チェリーフィールズ		
			父 *ファスリエフ		
			母 ストロベリーパフェ	母父 *ブライアンズタイム	
距離	成長型	芝	ダート	瞬発力	パワー	底力
マ中	普	△	○	△	△	△

キングプライド

2〜9歳時に日で68戦35勝。佐賀スプリングC、はがくれ大賞典、九州オールカマーなど。父はP128参照。母は九州王冠勝ち。半兄にネオアサティス（九州ジュニアチャンピオン）。

			●2012年生　●栗毛　●供用地／鹿児島県・徳重推幸		
			父 *サウスヴィグラス		
			母 アイディアルクイン	母父 アスワン	
距離	成長型	芝	ダート	瞬発力	パワー	底力
中	普	△	△	△	△	△

ノブワイルド

2〜9歳時に日で39戦13勝。オーバルスプリント2回。さきたま杯3着、JBCスプリント5着。父は2007年最優秀ダートホース。母は九州記念。いとこにモエレビクトリー（京成杯3着）。

			●2012年生　●鹿毛　●供用地／新冠・白馬牧場		
			父 ヴァーミリアン		
			母 コウエイベスト	母父 アンバーシャダイ	
距離	成長型	芝	ダート	瞬発力	パワー	底力
短	普	△	○	△	△	△

ハイパーホーネット

3歳時に日で1戦0勝。父は毎日王冠など重賞4勝、マイルCSなどGⅠでも2着が4回ある個性的マイラー。名馬エルグランセニョールの血を引く数少ない直系種牡馬。母父はGⅠ4勝の強豪。

			●2018年生　●栗毛　●供用地／日高・T.H.Tステーブル		
			父 スーパーホーネット		
			母 サチノラバシオン	母父 マヤノトップガン	
距離	成長型	芝	ダート	瞬発力	パワー	底力
マ中	普	△	△	△	△	△

ハラモシュテソーロ

3〜4歳時に日で6戦2勝。父は様々なタイプの産駒を送り出しているトップサイアー。母系からは桜花賞馬シスタートウショウが出ている。母父は国内外でGⅠ勝ちの超一流マイラー。

			●2017年生　●栗毛　●供用地／新冠・白馬牧場		
			父 スクリーンヒーロー		
			母 テイコフトウショウ	母父 *タイキシャトル	
距離	成長型	芝	ダート	瞬発力	パワー	底力
マ中	普	△	△	△	△	△

フォクスホール

2〜8歳時に日で37戦5勝。ハイセイコー記念3着。サンデーサイレンス〜エイシンサンディ〜ホールウォーカー〜本馬と続く父系、母父リキアイワカタカは名馬マキャヴェリアンの直仔。

			●2013年生　●鹿毛　●供用地／勇払・ストロベリーフィールドファーム		
			父 ホールウォーカー		
			母 オレンジスカイ	母父 *リキアイワカタカ	
距離	成長型	芝	ダート	瞬発力	パワー	底力
短マ	普	△	△	△	△	△

リッキーボーイ

不出走。父はフェブラリーS、帝王賞などGⅠを11勝したダートの強豪。母は全日本2歳優駿などを勝ち、2度に亘ってNAR年度代表馬に選ばれた名牝。母父は地方リーディングサイアー。

			●2019年生　●栗毛　●供用地／新ひだか・小国スティーブル		
			父 コパノリッキー		
			母 ラブミーチャン	母父 *サウスヴィグラス	
距離	成長型	芝	ダート	瞬発力	パワー	底力
短マ	普	△	△	△	△	△

リコーソッピース

2〜6歳時に日で18戦12勝。門別サンライズC3着。父はダートのトップサイアー。母系は叔母にビリーヴ（スプリンターズS、高松宮記念）、いとこにジャンダルム（スプリンターズS）。

			●2014年生　●鹿毛　●供用地／新冠・クラックステーブル		
			父 ゴールドアリュール		
			母 シマノタカラチャン	母父 *ジェイドロバリー	
距離	成長型	芝	ダート	瞬発力	パワー	底力
短マ	普	△	△	△	△	△

2023年
注目される
海外けい養種牡馬

2023年に初年度産駒がデビューする新進気鋭の海外けい養種
牡馬を中心に、日本ではランクに入っていないものの海外での
活躍が際立つ注目すべき種牡馬たちを取り上げている。

Thoroughbred Stallions In The World

馬名

生年、毛色、
けい養先の国など

現役時代の競走成績
および血統的特徴、
代表産駒など

3代血統表、
種牡馬の系統、
母馬（母の父）
の系統

能力パラメータ

ACCELERATE
アクセラレート

GⅠ4連勝でBCクラシック制覇

● 2013年生　● 栗毛　● 供用地／アメリカ

　3〜6歳時に米で23戦10勝。5歳時、サンタ
アニタHでGⅠ初制覇。さらにサンタアニタ金杯
でGⅠ2勝目をあげると、そこからパシフィック
クラシックS、オーサムアゲインSとGⅠを連勝。
さらに4連勝でBCクラシックも制し、2018年の
米古牡馬チャンピオンに選ばれた。ほかにペガサ
スワールドC3着、BCダートマイル3着。
　父はプリークネスSなどGⅠ5勝の一流馬。

系統：ミスタープロスペクター系　母父系統：ノーザンダンサー系		
父 Lookin At Lucky 鹿 2007	Smart Strike	Mr. Prospector
		Classy'n Smart
	Private Feeling	Belong to Me
		Regal Feeling
母 Issues 栗 2003	Awesome Again	Deputy Minister
		Primal Force
	Darlin Echo	Eastern Echo
		Darlin Lindy

距離	成長型	芝	ダート	瞬発力	パワー	底力
中	普	○	◎	○	◎	○

能力パラメータの見方　短…1000〜1400m、マ…1600m前後、中…1800〜2100m、長…2200m以上、
万…万能（産駒の距離タイプが様々）、早…早熟、普…普通、晩…晩成、持続…早熟と晩成を併せ持つ、
◎…非常に得意、○…得意、△…やや不向き、▲…不得意

ACCELERATE
アクセラレート
GⅠ4連勝でBCクラシック制覇

● 2013年生　●栗毛　●供用地／アメリカ

　3～6歳時に米で23戦10勝。5歳時、サンタアニタHでGⅠ初制覇。さらにサンタアニタ金杯でGⅠ2勝目をあげると、そこからパシフィッククラシックS、オーサムアゲインSとGⅠを連勝。さらに4連勝でBCクラシックも制し、2018年の米古牡馬チャンピオンに選ばれた。ほかにペガサスワールドC3着、BCダートマイル3着。父はプリークネスSなどGⅠ5勝の一流馬。

系統：ミスタープロスペクター系		母父系統：ノーザンダンサー系
父 Lookin At Lucky 鹿 2007	Smart Strike	Mr. Prospector
		Classy'n Smart
	Private Feeling	Belong to Me
		Regal Feeling
母 Issues 栗 2003	Awesome Again	Deputy Minister
		Primal Force
	Darlin Echo	Eastern Echo
		Darlin Lindy

距離	成長型	芝	ダート	瞬発力	パワー	底力
中	普	○	◎	○	◎	◎

ACCLAMATION
アクラメーション
産駒が2022年香港Cを圧勝！

● 1999年生　●鹿毛　●供用地／アイルランド

　2～3歳時に英仏香で16戦6勝。GⅡダイアデムS。ナンソープS3着。父ロイヤルアプローズはスプリントC、ミドルパークSなどを勝った欧州最優秀短距離馬。産駒にエクィアーノ（キングズスタンドS2回）、エキスパートアイ（BCマイル）、ダークエンジェル（ミドルパークS）、アクレイム（P402）、ロマンチックウォリアー（香港C、クイーンエリザベスⅡ世C）。

系統：ノーザンダンサー系		母父系統：クラリオン系
父 Royal Applause 鹿 1993	*ワージブ	*トライマイベスト
		Coryana
	Flying Melody	Auction Ring
		Whispering Star
母 Princess Athena 鹿 1985	Ahonoora	Lorenzaccio
		Helen Nichols
	Shopping Wise	*フロリバンダ
		Sea Melody

距離	成長型	芝	ダート	瞬発力	パワー	底力
短中	普	◎	○	○	○	○

ACLAIM
アクレイム
早くも英1000ギニー馬を輩出

● 2013年生　●鹿毛　●供用地／イギリス

　2～4歳時に英愛仏で15戦7勝。3歳時、GⅡチャレンジSで重賞初制覇。4歳時、GⅠモーリスドギース賞2着、GⅡパークS1着から臨んだGⅠフォレ賞を勝ってGⅠ馬に輝いた。父はP402参照。母系は叔母にアゲイン（愛1000ギニー、モイグレアスタッドS）。母父ダンロードはディンヒル直仔。2018年から種牡馬入りし、産駒に2022年の英1000ギニーを勝ったカシェット。

系統：ノーザンダンサー系		母父系統：ダンチヒ系
父 Acclamation 鹿 1999	Royal Applause	*ワージブ
		Flying Melody
	Princess Athena	Ahonoora
		Shopping Wise
母 Aris 鹿 2008	Danroad	*ディンヒル
		Strawberry Girl
	Cumbres	Kahyasi
		Floripedes

距離	成長型	芝	ダート	瞬発力	パワー	底力
短マ	普	○	○	○	○	○

ARMY MULE
アーミーミュール
無敗でカーターHを勝利！

● 2014年生　●鹿毛　●供用地／アメリカ

　3、4歳時に米で3戦3勝。デビュー戦を8馬身半差で圧勝。続くクレーミングレースも7馬身半差の楽勝。さらにGⅠカーターHを6馬身4分の1差で快勝。無敗でGⅠタイトルを獲得したが、結局、これが最後のレースとなり引退、種牡馬入り。父はGⅡルイジアナダービーを1勝した中堅競走馬で本馬が代表産駒。母系に目立った活躍馬はいない。産駒は2022年にデビュー済み。

系統：シアトルスルー系		母父系統：ミスタープロスペクター系
父 Friesan Fire 鹿 2006	A.P.Indy	Seattle Slew
		Weekend Surprise
	Bollinger	Dehere
		Bint Marscay
母 Crafty Toast 芦 1995	Crafty Prospector	Mr. Prospector
		Real Crafty Lady
	Give a Toast	Storm Bird
		Salud

距離	成長型	芝	ダート	瞬発力	パワー	底力
短	普	○	◎	◎	○	○

AUDIBLE
オーディブル
米首位種牡馬の血をひく

● 2015年生　●鹿毛　●供用地／アメリカ

　2～4歳時に米で10戦5勝。3歳時、GⅡホーリーブルSを5馬身半差で圧勝。続くGⅠフロリダダービーも3馬身差で快勝した。ケンタッキーダービーはジャスティファイの3着、ドバイワールドCはサンダースノーの5着。父は2019～2021年の米リーディングサイアー。母系はいとこにリエノテソーロ（全日本2歳優駿）。初年度産駒は2023年にデビュー予定。

系統：ストームキャット系	母父系統：スウォードダンサー系	
父	Harlan's Holiday	Harlan
Into Mischief		Christmas in Aiken
鹿 2005	Leslie's Lady	Tricky Creek
		Crystal Lady
母	Gilded Time	Timeless Moment
Blue Devil Bel		Gilded Lilly
鹿 2005	Fahamore	Gulch
		Cathy's Gal

距離	成長型	芝	ダート	瞬発力	パワー	底力
マ中	普	○	◎	○	◎	○

BLUE POINT
ブルーポイント
2019年の欧州短距離王

● 2014年生　●鹿毛　●供用地／アイルランド

　2～5歳時に英香首で20戦11勝。4歳時、キングズスタンドSでGⅠ初制覇を遂げると、5歳になってさらに充実。アルクオーツスプリント、キングズスタンドS、ダイヤモンドジュビリーSの3つのスプリントGⅠを含む5連勝を達成し、2019年の欧州最優秀スプリンターに選ばれた。父は2004年の欧州2歳牡馬チャンピオン。産駒は2023年デビュー予定。

系統：ストームキャット系	母父系統：ノーザンダンサー系	
父	Giant's Causeway	Storm Cat
Shamardal		Mariah's Storm
鹿 2002	Helsinki	Machiavellian
		Helen Street
母	Royal Applause	*ワージブ
Scarlett Rose		Flying Melody
鹿 2001	Billie Blue	Ballad Rock
		Blue Nose

距離	成長型	芝	ダート	瞬発力	パワー	底力
短	普	◎	○	◎	○	○

CATALINA CRUISER
カタリナクルーザー
Nダンサー系傍流血脈の継承者

● 2014年生　●栗毛　●供用地／アメリカ

　3～5歳時に米で9戦7勝。トゥルーノースS、サンディエゴH2回、パットオブライエンS2回とGⅡ5勝をマーク。トゥルーノースSではD6.5Fでレコード勝ちを収めている。父ユニオンラグズはベルモントSの勝ち馬で、種牡馬としても多くの活躍馬を送り出し成功している。母系はいとこにマグニフィカ（ジャパンダートダービー）。初年度産駒は2023年デビュー予定。

系統：ノーザンダンサー系	母父系統：シアトルスルー系	
父	Dixie Union	Dixieland Band
Union Rags		She's Tops
鹿 2009	Tempo	Gone West
		Terpsichorist
母	Mineshaft	A.P. Indy
Sea Gull		Prospectors Delite
栗 2006	Exclusive Bird	Storm Bird
		Exclusive Moment

距離	成長型	芝	ダート	瞬発力	パワー	底力
短マ	普	◎	○	○	○	○

CATHOLIC BOY
カトリックボーイ
トラヴァーズSを4馬身差圧勝！

● 2015年生　●鹿毛　●供用地／アメリカ

　2～4歳時に米で13戦7勝。3歳時、ベルモントダービー招待Sで初GⅠ制覇を果たすと、続くトラヴァーズSでは後のBCクラシック馬ヴィーノロッソや前年の2歳牡馬チャンピオンのグッドマジックなどを相手に4馬身差の圧勝劇を演じた。父はキングズビショップS勝ち馬で、種牡馬としても数多くのGⅠ馬を出し成功を収めている。初年度産駒は2023年にデビュー予定。

系統：ヘイルトゥリーズン系	母父系統：シアトルスルー系	
父	*サザンヘイロー	Halo
More Than Ready		Northern Sea
黒鹿 1997	Woodman's Girl	Woodman
		Becky Be Good
母	Bernardini	A.P. Indy
Song of Bernadette		Cara Rafaela
黒鹿 2009	Winner's Edge	Seeking the Gold
		Lucky Us

距離	成長型	芝	ダート	瞬発力	パワー	底力
中	普	○	◎	○	○	○

403

CHURCHILL
チャーチル
2016年の欧州最優秀2歳牡馬

● 2014年生　● 鹿毛　● 供用地／アイルランド

　2～3歳時に愛英米で13戦7勝。2歳時、ナショナルS、デューハーストSと2歳GIを連勝して2016年の欧州最優秀2歳牡馬に選ばれた。3歳時も英2000ギニー、愛2000ギニーと連勝した。父は欧州の大種牡馬。全妹にクレミー（チェヴァリーパークS）、2代母にエアウェイヴ（チェヴァリーパークS）。産駒にヴァデニ（仏ダービー、エクリプスS）、ブルーローズセン（マルセルブサック賞）。

系統：サドラーズウェルズ系		母父系統：ストームキャット系
父 Galileo 鹿　1998	Sadler's Wells	Northern Dancer
		Fairy Bridge
	Urban Sea	Miswaki
		Allegretta
母 Meow 鹿　2008	Storm Cat	Storm Bird
		Terlingua
	Airwave	Air Express
		Kangra Valley

距離	成長型	芝	ダート	瞬発力	パワー	底力
マ	普	◎	○	◎	○	◎

CITY OF LIGHT
シティオブライト
ペガサスワールドCを圧勝！

● 2014年生　● 鹿毛　● 供用地／アメリカ

　3～5歳時に米で11戦6勝。3歳時、マリブSでGI初制覇。続くトリプルベンドSも勝ってGI2勝目。秋にはBCダートマイルを制し、さらには総賞金額900万ドルのビッグレース・ペガサスワールドCを5馬身4分の3差で圧勝した。父はGI4勝の強豪。母系は2代母にファビュラスノーション（サンタスサーナS）。産駒にミミカクシ（UAEオークス）。

系統：ミスタープロスペクター系		母父系統：ノーザンダンサー系
父 Quality Road 鹿　2006	Elusive Quality	Gone West
		Touch of Greatness
	Kobla	Strawberry Road
		Winglet
母 Paris Notion 黒鹿　1998	*デヒア	Deputy Minister
		Sister Dot
	Fabulous Notion	Somethingfabulous
		Careless Notion

距離	成長型	芝	ダート	瞬発力	パワー	底力
中	普	○	◎	○	○	◎

DREAM AHEAD
ドリームアヘッド
2011年の欧州短距離王

● 2008年生　● 黒鹿毛　● 供用地／イギリス

　2～3歳時に英仏で9戦6勝。3歳時、ジュライC、スプリントC、フォレ賞とGIを3勝して、2011年の欧州最優秀スプリンターに選ばれた。ほかにモルニ賞、ミドルパークS。父は安田記念の2着馬で本馬はその代表産駒。母系は姪にフェアリーランド（チェヴァリーパークS）。産駒にアルウケール（ジャックルマロワ賞）、グラスリッパーズ（BCターフスプリント）。

系統：インリアリティ系		母父系統：テューダーミンストレル系
父 *ディクタット 黒鹿　1995	*ウォーニング	Known Fact
		Slightly Dangerous
	*アルヴォラ	Sadler's Wells
		Park Appeal
母 Land of Dreams 鹿　1995	Cadeaux Genereux	Young Generation
		Smarten Up
	Sahara Star	Green Desert
		Vaigly Star

距離	成長型	芝	ダート	瞬発力	パワー	底力
短マ	普	◎	○	◎	○	○

FLAMEAWAY
フレームアウェイ
日本でも実績ある父系

● 2015年生　● 栗毛　● 供用地／アメリカ

　2～4歳時に米加で18戦6勝。GIIIサムFデイビスS、GIIIディキシアナバーボンSを勝ち、GIIブルーグラスS2着、ジムダンディS2着。父は米3冠馬ジャスティファイ、高松宮記念のミスターメロディなどを輩出。2代父、3代父も日本で活躍馬を出している父系。母系からはサルサビル（愛ダービー）、マルジュ（サトノクラウンの父）。初年度産駒は2023年デビュー予定。

系統：ストームキャット系		母父系統：ミスタープロスペクター系
父 Scat Daddy 黒鹿　2004	*ヨハネスブルグ	*ヘネシー
		Myth
	Love Style	Mr. Prospector
		Likeable Style
母 Vulcan Rose 黒鹿　2007	Fusaichi Pegasus	Mr. Prospector
		Angel Fever
	Rose of Tara	*ジェネラス
		Flame of Tara

距離	成長型	芝	ダート	瞬発力	パワー	底力
マ中	普	○	○	○	○	○

GIRVIN
ガーヴィン
早くもGI馬を輩出した新鋭

● 2014年生　●黒鹿毛　●供用地／アメリカ

　2～5歳時に米で10戦4勝。3歳時、リズンスターS、ルイジアナダービーとGIIを連勝。ケンタッキーダービーは13着と大敗したがハスケル招待HでGIウイナーに輝いた。父はウッドメモリアルSなどGI2勝の名中距離馬。半兄にコックドアンドローデッド（イロコイS）など。産駒は2022年デビュー。早くもファイザ（スターレットS）がGI勝ちを収めている。

系統：ストームキャット系	母父系統：シアトルスルー系	
父 Tale of Ekati 鹿 2005	Tale of the Cat	Storm Cat
		Yarn
	Silence Beauty	*サンデーサイレンス
		*メイプルジンスキー
母 Catch the Moon 黒鹿 2009	Malibu Moon	A.P. Indy
		Macoumba
	Catch My Fancy	Yes It's True
		Walk Away Rene

距離	成長型	芝	ダート	瞬発力	パワー	底力
マ中	普	○	◎	○	○	○

GOOD MAGIC
グッドマジック
2017年の米2歳牡馬王者

● 2015年生　●栗毛　●供用地／アメリカ

　2～3歳時に米で9戦3勝。2歳時、シャンペンS2着から臨んだBCジュヴナイルを4馬身4分の1差で快勝し、2017年の最優秀2歳牡馬に輝いた。3歳時、ブルーグラスS1着から駒を進めたケンタッキーダービーで2着。その後、ハスケル招待SでGI2勝目をあげた。父は2年連続の米年度代表馬。産駒にブレイジングセヴンズ（シャンペンS）、ベガスマジック（ソレントS）。

系統：ミスタープロスペクター系	母父系統：ダンチヒ系	
父 Curlin 栗 2004	Smart Strike	Mr. Prospector
		Classy 'n Smart
	Sherriff's Deputy	Deputy Minister
		Barbarika
母 Glinda the Good 鹿 2009	*ハードスパン	Danzig
		Turkish Tryst
	Magical Flash	Miswaki
		Gils Magic

距離	成長型	芝	ダート	瞬発力	パワー	底力
マ中	普	○	◎	○	○	○

HARBOUR WATCH
ハーバーウォッチ
名門牝系出身の無敗馬

● 2009年生　●鹿毛　●供用地／アイルランド

　2歳時に英で3戦3勝。リッジモンドS。父はP402参照。母系は半妹にヨーロッパポイント（エンプレスクラブS）。3代母のフォールアスペンからは、ティンバーカントリー、ハマスなどGI馬4頭が出ている。一族にドバイミレニアム（ドバイワールドC）、レジネッタ（桜花賞）。産駒にパイルドライヴァー（キングジョージVI世＆QES）、ワイクク（スチュワーズC）。

系統：ノーザンダンサー系	母父系統：ミスタープロスペクター系	
父 Acclamation 鹿 1999	Royal Applause	*ワージブ
		Flying Melody
	Princess Athena	Ahonoora
		Shopping Wise
母 Gorband 栗 1999	Woodman	Mr. Prospector
		*プレイメイト
	Sheroog	Shareef Dancer
		Fall Aspen

距離	成長型	芝	ダート	瞬発力	パワー	底力
短マ	普	○	○	○	○	○

HARRY ANGEL
ハリーエンジェル
2017年の欧州短距離王

● 2014年生　●鹿毛　●供用地／イギリス

　2～4歳時に英で12戦5勝。3歳時、ジュライC、スプリントCと短距離GIを連勝して2017年の欧州最優秀スプリンターに選ばれた。ほかにデュークオブヨークSなどGIIを3勝、英チャンピオンズスプリントSなどで2着している。父はミドルパークSの勝ち馬で種牡馬として大成功。叔父にエクステンション（チャンピオンズマイル）。産駒は2022年デビュー済み。

系統：ノーザンダンサー系	母父系統：テューダーミンストレル系	
父 Dark Angel 芦 2005	Acclamation	Royal Applause
		Princess Athena
	Midnight Angel	Machiavellian
		Night At Sea
母 Beatrix Potter 栗 2005	Cadeaux Genereux	Young Generation
		Smarten Up
	Great Joy	Grand Lodge
		Cheese Soup

距離	成長型	芝	ダート	瞬発力	パワー	底力
短	普	◎	○	○	○	○

MAGNA GRECIA
マグナグレーシア
英2000ギニーを快勝！

● 2016年生　●鹿毛　●供用地／アイルランド

　2～3歳時に英愛で6戦3勝。2歳時、ヴァーテムフューチュリティSでGⅠ初制覇。3歳には、英2000ギニーを2馬身半差で快勝した。父はスプリントC勝ちの快速馬で、種牡馬として大成功を収めている。母系は半兄に2021年の欧州年度代表馬に輝いたセントマークスバシリカ（仏ダービー、仏2000ギニー、エクリプスS）。初年度産駒は2023年にデビュー予定。

系統：ダンチヒ系	母父系統：サドラーズウェルズ系	
父	Green Desert	Danzig
Invincible Spirit		Foreign Courier
鹿 1997	Rafha	Kris
		Eljazzi
母	Galileo	Sadler's Wells
Cabaret		Urban Sea
鹿 2007	Witch of Fife	Lear Fan
		Fife

距離	成長型	芝	ダート	瞬発力	パワー	底力
マ中	普	◎	○	○	○	○

MAKE BELIEVE
メイクビリーヴ
名種牡馬ドバウィの後継

● 2012年生　●鹿毛　●供用地／アイルランド

　2～3歳時に英仏米で7戦4勝。3歳時、仏2000ギニーを3馬身差で快勝。秋にフォレ賞でGⅠ2勝目を飾り、米遠征したBCマイルは5着。父はP138参照。半姉にドバウィハイツ（ゲイムリーS）、叔母にタンテローズ（スプリントC）。産駒にミシュリフ（仏ダービー、ドバイシーマクラシック、英インターナショナルS、サウジC）、ローズオブキルデア（オーソーシャープS）。

系統：ミスタープロスペクター系	母父系統：ニジンスキー系	
父	Dubawi	Dubai Millennium
*マクフィ		Zomaradah
鹿 2007	Dhelaal	Green Desert
		Irish Valley
母	Suave Dancer	Green Dancer
Rosie's Posy		Suavite
鹿 1999	My Branch	Distant Relative
		Pay the Bank

距離	成長型	芝	ダート	瞬発力	パワー	底力
マ	普	◎	○	○	○	○

MEHMAS
メーマス
2021年英愛2歳リーディングサイアー

● 2014年生　●鹿毛　●供用地／アイルランド

　2歳時に英愛で8戦4勝。2歳時、ジュライS、リッチモンドSとGⅡを連勝。さらにナショナルS2着、ミドルパークS3着と健闘した。父はP402参照。母系は近親にアヴニールセルタン（仏1000ギニー、仏オークス）。産駒にスプレマシー（ミドルパークS）、ミンザール（スプリントC）、ゴーインググローバル（デルマーオークス）。2021年の英愛2歳リーディングサイアー。

系統：ノーザンダンサー系	母父系統：ミスタープロスペクター系	
父	Royal Applause	*ワージブ
Acclamation		Flying Melody
鹿 1999	Princess Athena	Ahonoora
		Shopping Wise
母	Machiavellian	Mr. Prospector
Lucina		Coup de Folie
鹿 2002	Lunda	*ソヴィエトスター
		Lucayan Princess

距離	成長型	芝	ダート	瞬発力	パワー	底力
短マ	早	◎	○	○	○	○

MITOLE
マイトーリ
2019年の米短距離王

● 2015年生　●鹿毛　●供用地／アメリカ

　2～4歳時に米で14戦10勝。4歳時、チャーチルダウンズSでGⅠ初制覇。続くメトロポリタンHも勝ってGⅠ連勝。その後、3着を1回挟んでフォアゴーS、BCスプリントと連勝して2019年の米最優秀短距離馬牡馬に選ばれた。父はP234参照。母系は半弟にホットロッドチャーリー（ペンシルヴェニアダービー）。初年度産駒は2023年にデビュー予定。

系統：ストームキャット系	母父系統：グレイソヴリン系	
父	Giant's Causeway	Storm Cat
*エスケンデレヤ		Mariah's Storm
栗 2007	Aldebaran Light	Seattle Slew
		Altair
母	Indian Charlie	In Excess
Indian Miss		Soviet Sojourn
鹿 2009	Glacken's Gal	Smoke Glacken
		Lady Diplomat

距離	成長型	芝	ダート	瞬発力	パワー	底力
短	普	○	◎	○	○	○

MO TOWN
モータウン
グレイソヴリン系の貴重な直系

●2014年生　●鹿毛　●供用地／アメリカ

　2～4歳時に米で10戦4勝。2歳時、レムゼンSで重賞初制覇。その後、勝てないレースが続いたが、クレーミングレースを勝って臨んだハリウッドダービーを制しGIホースに輝いた。父はBCジュヴナイルを勝った2歳王者で、今や衰退気味のグレイソヴリンの直系を発展させている貴重な存在で、本馬はその後継種牡馬の一頭。初年度産駒は2022年にデビュー済み。

系統：グレイソヴリン系	母父系統：シアトルスルー系	
父 Uncle Mo 鹿 2008	Indian Charlie	In Excess
		Soviet Sojourn
	Playa Maya	Arch
		Dixie Slippers
母 Grazie Mille 黒鹿 2009	Bernardini	A.P.Indy
		Cara Rafaela
	Malto Vita	Carson City
		Princess Polonia

距離	成長型	芝	ダート	瞬発力	パワー	底力
マ	普	◯	◯	◯	◯	◯

NOT THIS TIME
ノットディスタイム
アイアンホースの血をひく

●2014年生　●黒鹿毛　●供用地／アメリカ

　2歳時に米で4戦2勝。イロコイSで重賞初制覇を果たすと、続くBCジュヴナイルでは1番人気に推されるもクビ差の2着に惜敗した。父は欧州で「アイアンホース」の愛称で親しまれた名馬。母系は半兄にリアムズマップ（BCダートマイル）。産駒にエピセンター（トラヴァーズS）、ジャストワンタイム（マディソンS）、プリンセスノーア（デルマーデビュータントS）。

系統：ストームキャット系	母父系統：フォーティナイナー系	
父 Giants Causeway 栗 1997	Storm Cat	Storm Bird
		Terlingua
	Mariah's Storm	Rahy
		*イメンス
母 Miss Macy Sue 黒鹿 2003	Trippi	*エンドスウィープ
		Jealous Appeal
	Yada Yada	Great Above
		Stem

距離	成長型	芝	ダート	瞬発力	パワー	底力
マ中	普	◯	◎	◯	◯	◯

OMAHA BEACH
オマハビーチ
父はダンチヒ晩年の傑作

●2016年生　●黒鹿毛　●供用地／アメリカ

　2～3歳時に米で10戦5勝。3歳時、アーカンソーダービーでGI初制覇。続くスプリントチャンピオンシップSも制してGI連覇。大一番のBCダートマイルは1番人気に推されるも2着。その後、マリブSでGI3勝目をあげた。父はダンチヒ晩年の傑作と呼ばれる名種牡馬。母系は半姉にテイクチャージブランディ（BCジュヴナイルフィリーズ）。産駒は2023年デビュー。

系統：ダンチヒ系	母父系統：ミスタープロスペクター系	
父 War Front 鹿 2002	Danzig	Northern Dancer
		Pas de Nom
	Starry Dreamer	Rubiano
		Lara's Star
母 Charming 栗 2005	Seeking the Gold	Mr. Prospector
		Con Game
	Take Charge Lady	*デヒア
		Felicita

距離	成長型	芝	ダート	瞬発力	パワー	底力
短中	普	◎	◯	◯	◯	◯

PRESERVATIONIST
プリザベーショニスト
クリスエスの父系を伝える

●2013年生　●鹿毛　●供用地／アメリカ

　3～6歳時に米で11戦6勝。6歳時、GIIサバーバンSで重賞初制覇を果たすと、続くホイットニーSは4着だったが、ウッドワードSを制してGIホースの仲間入りを果たした。父アーチは米でクリスエスの父系を発展させている名種牡馬。母系は3代母にシックシライン（アシュランドS）、いとこにオリンピアド（ジョッキークラブGCS）。初年度産駒は2023年デビュー予定。

系統：ロベルト系	母父系統：ノーザンダンサー系	
父 Arch 黒鹿 1995	Kris S.	Roberto
		Sharp Queen
	Aurora	Danzig
		Althea
母 Flying Dixie 鹿 2005	Dixieland Band	Northern Dancer
		Mississippi Mud
	Flying Passage	A.P. Indy
		Chic Shirine

距離	成長型	芝	ダート	瞬発力	パワー	底力
中	普	◯	◎	◯	◯	◯

SIOUX NATION
スーネーション
2歳GⅠフェニックスS勝ち

● 2015年生　● 鹿毛　● 供用地／アイルランド

　2～3歳時に英愛仏で15戦4勝。2歳時、GⅡノーフォークSで重賞初覇。続くGⅠフェニックスSでGⅠホースに輝いた。3歳時はGⅢラッケンSを勝ちGⅠフライングファイヴSで3着。父は日本でもGⅠ馬を出しており、父系も日本で好相性。いとこにマイキャッチ（カブール賞）。2020年生の初年度産駒にシドニーアームズチェルシー（シックスパーフェクションズ賞）。

系統：ストームキャット系　母父系統：ダンチヒ系			
父 Scat Daddy 黒鹿 2004	*ヨハネスブルグ	*ヘネシー	
		Myth	
	Love Style	Mr. Prospector	
		Likeable Style	
母 Dream The Blues 鹿 2008	Oasis Dream	Green Desert	
		Hope	
	Catch the Blues	Bluebird	
		Dear Lorraine	

距離	成長型	芝	ダート	瞬発力	パワー	底力
短マ	やや早	◎	○	○	○	○

TEN SOVEREIGNS
テンソヴリンズ
短距離GⅠ2勝の快速馬

● 2016年生　● 鹿毛　● 供用地／アイルランド

　2～3歳時に愛英豪で8戦4勝。2歳時、GⅠミドルパークSを含む3戦3勝。3歳時、1番人気に推された英2000ギニーは5着に敗れたが、ジュライCを勝ってGⅠ2勝目をあげた。父ノーネイネヴァー（P288）は日本でも重賞勝ち馬を出している名種牡馬で2022年英愛2歳首位。4代母は米GⅠ馬で母系からはハートレイク（安田記念）。初年度産駒は2023年デビュー予定。

系統：ストームキャット系　母父系統：ダンチヒ系			
父 No Nay Never 黒鹿 2011	Scat Daddy	*ヨハネスブルグ	
		Love Style	
	Cat's Eye Witness	Elusive Quality	
		Comical Cat	
母 Seeking Solace 鹿 2007	Exceed And Excel	*デインヒル	
		Patrona	
	Flamelet	Theatrical	
		Darling Flame	

距離	成長型	芝	ダート	瞬発力	パワー	底力
短	普	◎	○	○	○	○

TOO DARN HOT
トゥーダーンホット
欧州2歳＆3歳チャンピオン

● 2016年生　● 鹿毛　● 供用地／イギリス

　2～3歳時に英愛仏で9戦6勝。2歳時、GⅠデューハーストSを含む4戦4勝の戦績で2018年の欧州最優秀2歳牡馬に選ばれた。3歳時も、ジャンプラ賞、サセックスSを勝ち、愛2000ギニーで2着し、2019年欧州最優秀3歳牡馬に輝いた。父はP315参照。母はドバイシーマクラシックの勝ち馬。叔父にダリアプール（香港ヴァーズ）。初年度産駒は2023年にデビューする予定。

系統：ミスタープロスペクター系　母父系統：サドラーズウェルズ系			
父 Dubawi 鹿 2002	Dubai Millennium	Seeking the Gold	
		Colorado Dancer	
	Zomaradah	Deploy	
		Jawaher	
母 Dar Re Mi 鹿 2005	Singspiel	In The Wings	
		Glorious Song	
	Darara	Top Ville	
		Delsy	

距離	成長型	芝	ダート	瞬発力	パワー	底力
マ中	普	◎	○	◎	○	◎

U S NAVY FLAG
ユーエスネイヴィーフラッグ
2017年の欧州2歳牡馬王者

● 2015年生　● 黒鹿毛　● 供用地／アイルランド

　2～3歳時に愛英仏豪で19戦5勝。2歳時、ミドルパークS、デューハーストSを制し2017年の欧州最優秀2歳牡馬に選ばれた。3歳時はジュライCを勝ち、愛2000ギニーで2着に入った。父ウォーフロントはP296参照。母は愛1000ギニーなどGⅠ4勝をあげた2010年の欧州2歳女王。全姉にローリーポーリー（サンチャリオットS）。初年度産駒は2022年にデビュー済み。

系統：ダンチヒ系　母父系統：サドラーズウェルズ系			
父 War Front 鹿 2002	Danzig	Northern Dancer	
		Pas de Nom	
	Starry Dreamer	Rubiano	
		Lara's Star	
母 Misty For Me 鹿 2008	Galileo	Sadler's Wells	
		Urban Sea	
	Butterfly Cove	Storm Cat	
		Mr. P's Princess	

距離	成長型	芝	ダート	瞬発力	パワー	底力
マ中	普	◎	○	○	○	◎

VINO ROSSO
ヴィーノロッソ
2019年米古牡馬チャンピオン

● 2015年生　●栗毛　●供用地／アメリカ

　2〜4歳時に米で15戦6勝。3歳時、GⅡウッドメモリアルSで重賞初制覇。古馬になって本格化し、サンタアニタ金杯でGⅠ初制覇を遂げると、大一番のBCクラシックを4馬身4分の1差で勝って2019年の米古牡馬チャンピオンに輝いた。ほかにジョッキークラブGCSを1着入線後2着降着。父は2年連続の米年度代表馬にして名種牡馬。産駒は2023年デビュー予定。

系統：ミスタープロスペクター系　母父系統：ミスタープロスペクター系		
父 Curlin 栗 2004	Smart Strike	Mr. Prospector
		Classy'n Smart
	Sherriff's Deputy	Deputy Minister
		Barbarika
母 Mythical Bride 栗 2008	Street Cry	Machiavellian
		Helen Street
	Flaming Heart	Touch Gold
		Hot Lear

距離	成長型	芝	ダート	瞬発力	パワー	底力
中	普	○	◎	○	◎	◎

WEST COAST
ウエストコースト
2017年の米3歳牡馬王者

● 2014年生　●鹿毛　●供用地／アメリカ

　3〜4歳時に米首で13戦6勝。3歳時、トラヴァーズS、ペンシルヴェニアダービーなどGⅠ2つを含む5連勝を達成し、2014年の米3歳牡馬チャンピオンに選ばれた。4歳時にはドバイワールドCなど、GⅠで2着が3回。父は競走馬としては凡庸だったが、種牡馬として成功している。母はBCジュヴナイルフィリーズ勝ちの米2歳女王。産駒は2022年にデビュー済み。

系統：シアトルスルー系　母父系統：インテント系		
父 Flatter 鹿 1999	A.P. Indy	Seattle Slew
		Weekend Surprise
	Praise	Mr. Prospector
		Wild Applause
母 Caressing 黒鹿 1998	Honour and Glory	Relaunch
		Fair to All
	Lovin Touch	Majestic Prince
		Forest Princess

距離	成長型	芝	ダート	瞬発力	パワー	底力
中	普	○	◎	○	◎	◎

WALDGEIST
ヴァルトガイスト
名牝を破って凱旋門賞優勝

● 2014年生　●栗毛　●供用地／アイルランド

　2〜5歳時に仏愛英独米香で21戦9勝。4歳になって本格化し、サンクルー大賞含む重賞4連勝。5歳になってさらに充実。フォワ賞連覇から臨んだ凱旋門賞で、3連覇を狙った名牝エネイブルを降して前年の雪辱を果たした。ほかにクリテリウムドサンクルーを勝ち、仏ダービー2着など。父は欧州に君臨する大種牡馬。母は仏GⅢの勝ち馬。初年度産駒は2023年にデビュー予定。

系統：サドラーズウェルズ系　母父系統：バーラム系		
父 Galileo 鹿 1998	Sadler's Wells	Northern Dancer
		Fairy Bridge
	Urban Sea	Miswaki
		Allegretta
母 Waldlerche 栗 2009	Monsun	Konigsstuhl
		Mosella
	Waldmark	Mark of Esteem
		Wurftaube

距離	成長型	芝	ダート	瞬発力	パワー	底力
中長	普	◎	○	○	○	◎

YOSHIDA
ヨシダ
米で活躍したハーツクライ産駒

● 2014年生　●鹿毛　●供用地／アメリカ

　2〜5歳時に米英首で18戦5勝。日本のノーザンファーム生まれ。4歳時、芝のターフクラシックSでGⅠ初制覇。さらにウッドワードSを制し芝とダートの両方で米GⅠ制覇という快挙を成し遂げた。ほかにホイットニーS2着がある。父はP40参照。母はGⅠバレリーナSの勝ち馬。半妹にサンクテュエール（シンザン記念）。初年度産駒は2023年にデビュー予定。

系統：サンデーサイレンス系　母父系統：ミスタープロスペクター系		
父 ハーツクライ 鹿 2001	*サンデーサイレンス	Halo
		Wishing Well
	*アイリッシュダンス	*トニービン
		*ビューパーダンス
母 *ヒルダズパッション 鹿 2007	Canadian Frontier	Gone West
		Borodislew
	Executricker	El Prado
		Trick Trick

距離	成長型	芝	ダート	瞬発力	パワー	底力
中	普	◎	◎	○	○	◎

ALL TOO HARD
オールトゥーハード

　3～4歳時に豪で12戦7勝。勝ち鞍にコーフィールドギニー、オールエイジドSなど。半姉に25戦無敗でGI15勝の名牝ブラックキャビアがいる。産駒にウェリントン（香港スプリント）。

● 2009年生　●鹿毛　●供用地／オーストラリア

父 Casino Prince
母 Helsinge　母父 Desert Sun

距離	成長型	芝	ダート	瞬発力	パワー	底力
短マ	普	◎	◎	○	○	○

AMERICAN FREEDOM
アメリカンフリーダム

　3～4歳時に米で8戦3勝。GIIIアイオワダービー。トラヴァーズS2着、ハスケル招待S2着。半兄にガッチャゴールド（サルヴェイダーマイルH）。日本で走った産駒にレディーチカ。

● 2013年生　●鹿毛　●供用地／アメリカ

父 Pulpit
母 Gottcha Last　母父 Pleasant Tap

距離	成長型	芝	ダート	瞬発力	パワー	底力
マ中	普	○	◎	○	○	○

DISCREETLY MINE
ディスクリートリーマイン

　2～3歳時に米で13戦5勝。キングズビショップS、リズンスターSに勝利。父は米年度代表馬。半兄にディスクリートキャット（P136）。産駒に米GIII馬シニアインヴェスティメント。

● 2007年生　●鹿毛　●供用地／ウルグアイ

父 Mineshaft
母 Pretty Discreet　母父 Private Account

距離	成長型	芝	ダート	瞬発力	パワー	底力
マ中	普	○	◎	○	○	○

FIRST DUDE
ファーストデュード

　2～4歳時に米で17戦4勝。ハリウッドGCH、アリシーバS。プリークネスS2着、ベルモントS3着。父はドンHの勝ち馬。産駒にシャムロッククローズ（BCフィリー＆メアスプリント）。

● 2007年生　●鹿毛　●供用地／アメリカ

父 Stephen Got Even
母 Run Sarah Run　母父 Smart Strike

距離	成長型	芝	ダート	瞬発力	パワー	底力
中	普	○	◎	○	◎	○

FREE EAGLE
フリーイーグル

　2～4歳時に愛英仏香で8戦3勝。プリンスオブウェールズS。英チャンピオンS3着。半妹にサーチフォーアソング（愛セントレジャー）。産駒にダンシングキング（英GIIIマーチS）。

● 2011年生　●鹿毛　●供用地／アイルランド

父 High Chaparral
母 Polished Gem　母父 *デインヒル

距離	成長型	芝	ダート	瞬発力	パワー	底力
中	普	◎	○	△	○	○

GIO PONTI
ジオポンティ

　2～6歳時に米首29戦12勝。マンノウォーS2回、アーリントンミリオンなどGI7勝。2009、2010年米芝古牡馬王者。いとこにマングース（ドンH）。産駒にドレフォン（P108）。

● 2005年生　●鹿毛　●供用地／アメリカ

父 Tale of the Cat
母 Chipeta Springs　母父 Alydar

距離	成長型	芝	ダート	瞬発力	パワー	底力
マ中	普	○	◎	○	○	○

HAVANA GOLD
ハヴァナゴールド

　2～3歳時に英仏愛で11戦5勝。ジャンプラ賞、タタソールSに勝利。父はデューハーストSなど5戦無敗の欧州2歳王者。母は伊GIII馬。産駒にハヴァナグレイ（フライングファイヴS）。

● 2010年生　●鹿毛　●供用地／イギリス

父 Teofilo
母 Jessica's Dream　母父 Desert Style

距離	成長型	芝	ダート	瞬発力	パワー	底力
中	普	◎	○	○	○	○

LOPE DE VEGA
ロペデヴェガ

　2～3歳時に仏で9戦4勝。仏ダービー、仏2000ギニー勝ちの2冠馬。父はP296参照。産駒にフェニックスオブスペイン（愛2000ギニー）、ドリームローパー（ムーランドロンシャン賞）。

● 2007年生　●栗毛　●供用地／アイルランド

父 Shamardal
母 Lady Vettori　母父 Vettori

距離	成長型	芝	ダート	瞬発力	パワー	底力
中	普	○	◎	○	○	○

MOR SPIRIT
モアスピリット

2～4歳時に米で14戦6勝。メトロポリタンH、ロスアラミトスフューチュリティを勝ち、サンタアニタダービーで2着がある。父はP234参照。産駒は2022年にデビュー済み。

● 2013年生　●黒鹿毛　●供用地／アメリカ

父	*エスケンデレヤ					
母	Im a Dixie Girl		母父 Dixie Union			
距離	成長型	芝	ダート	瞬発力	パワー	底力
マ	普	○	◎	○	○	○

MUNNINGS
マニングス

2～4歳時に米で14戦4勝。米GIIトムフールHなど重賞3勝。産駒にアイムアチャッターボックス（スピンスターS）、ジャッククリストファー（シャンペンS）、カイマリ（マディソンS）。

● 2006年生　●栗毛　●供用地／アメリカ

父	Speightstown					
母	La Comete		母父 Hply Bull			
距離	成長型	芝	ダート	瞬発力	パワー	底力
短マ	普	○	◎	○	○	△

OLYMPIC GLORY
オリンピックグローリー

2～4歳時に英仏米で15戦8勝。クイーンエリザベスII世S、フォレ賞、ロッキンジS、ジャンリュックラガルデール賞に勝利。産駒にウォッチミー（コロネーションS、ロートシルト賞）。

● 2010年生　●鹿毛　●供用地／フランス

父	Choisir					
母	Acidanthera		母父 Alzao			
距離	成長型	芝	ダート	瞬発力	パワー	底力
中	普	△	○	○	○	○

SCAT DADDY
スキャットダディ

2～3歳時に米で9戦5勝。フロリダダービー、シャンペンS。産駒に無敗の米3冠馬ジャスティファイ、レディオーレリア（キングススタンドS）、ミスターメロディ（高松宮記念）など。

● 2004年生　●黒鹿毛　● 2015年死亡

父	*ヨハネスブルグ					
母	Love Style		母父 Mr. Prospector			
距離	成長型	芝	ダート	瞬発力	パワー	底力
短中	やや早	◎	◎	○	◎	○

SEA THE STARS
シーザスターズ

2～3歳時に愛英仏で9戦8勝。英ダービー、エクリプスS、凱旋門賞など。2009年欧州年度代表馬。半兄にガリレオ（P309）。産駒にシーザムーン（P325）、バーイード（P266）。

● 2006年生　●鹿毛　●供用地／アイルランド

父	Cape Cross					
母	Urban Sea		母父 Miswaki			
距離	成長型	芝	ダート	瞬発力	パワー	底力
中	普	◎	○	○	◎	◎

SO YOU THINK
ソーユーシンク

2～5歳時に豪愛英仏米首で23戦14勝。コックスプレート、マッキノンS、エクリプスS。父は英ダービー、BCターフの勝ち馬。産駒にシンクイットオーバー（QエリザベスS）。

● 2006年生　●黒鹿毛　●供用地／オーストラリア

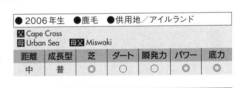

父	High Chaparral					
母	Triassic		母父 Tights			
距離	成長型	芝	ダート	瞬発力	パワー	底力
中長	普	○	○	○	○	○

WAR COMMAND
ウォーコマンド

2～3歳時に愛英で8戦4勝。デューハーストS、コヴェントリーS、愛フューチュリティS。父はダンチヒ晩年の傑作。産駒にアーティスティックライフルズ（スピアリアーマイルS）。

● 2011年生　●鹿毛　●供用地／フランス

父	War Front					
母	Wandering Star		母父 Red Ransom			
距離	成長型	芝	ダート	瞬発力	パワー	底力
マ中	普	○	○	○	○	○

WOOTTON BASSETT
ウートンバセット

2～3歳時に英仏で9戦5勝。ジャンリュックラガルデール賞。父は7FのGIIを3勝した快速馬。産駒にアルマンゾール（仏ダービー）、アウダーリャ（BCフィリー＆メアターフ）など。

● 2008年生　●鹿毛　●供用地／アイルランド

父	Iffraaj					
母	Balladonia		母父 Primo Dominie			
距離	成長型	芝	ダート	瞬発力	パワー	底力
マ	普	◎	○	○	○	○

ブルードメアサイアー
ランキング1～150

2022年

ディープインパクトの猛追を振り切り、キングカメハメハが3年連続で1位に輝く。死してなお両雄の戦いは続いている。前年15位だったキングヘイローはイクイノックスの大活躍もあって11位にランクアップした。

順位	種牡馬名	順位	種牡馬名	順位	種牡馬名
1	キングカメハメハ	51	Singspiel	101	Street Cry
2	ディープインパクト	52	*ウォーエンブレム	102	Scat Daddy
3	*クロフネ	53	*ボストンハーバー	103	A.P. Indy
4	*サンデーサイレンス	54	*グラスワンダー	104	Lomitas
5	*シンボリクリスエス	55	*フォーティナイナー	105	Pivotal
6	*フレンチデピュティ	56	Le Havre	106	Tizway
7	アグネスタキオン	57	More Than Ready	107	*アジュディケーティング
8	フジキセキ	58	*ファスリエフ	108	Bernstein
9	スペシャルウィーク	59	Fusaichi Pegasus	109	ゴールドヘイロー
10	マンハッタンカフェ	60	Dansili	110	*カコイーシーズ
11	キングヘイロー	61	*バゴ	111	*リンドシェーバー
12	*ブライアンズタイム	62	ディープスカイ	112	Harlan's Holiday
13	ダイワメジャー	63	*エンドスウィープ	113	Shamardal
14	ダンスインザダーク	64	*オペラハウス	114	*アルデバラン II
15	サクラバクシンオー	65	Sligo Bay	115	メイショウサムソン
16	ネオユニヴァース	66	*コマンズ	116	*ストラヴィンスキー
17	ゼンノロブロイ	67	ヴィクトワールピサ	117	スマートボーイ
18	ハーツクライ	68	*チチカステナンゴ	118	Royal Anthem
19	ジャングルポケット	69	アドマイヤベガ	119	*パラダイスクリーク
20	ゴールドアリュール	70	*デヒア	120	マヤノトップガン
21	*タイキシャトル	71	Layman	121	Jump Start
22	*アグネスデジタル	72	Mr. Greeley	122	アドマイヤマックス
23	Unbridled's Song	73	Distorted Humor	123	Curlin
24	アドマイヤムーン	74	アドマイヤコジーン	124	Broken Vow
25	Giant's Causeway	75	Tapit	125	*ストリートセンス
26	*ワイルドラッシュ	76	Montjeu	126	High Chaparral
27	ステイゴールド	77	*コロナドズクエスト	127	*ジェイドロバリー
28	*アフリート	78	ブラックタイド	128	*エルコンドルパサー
29	*ハービンジャー	79	マーベラスサンデー	129	フサイチコンコルド
30	*ロージズインメイ	80	メジロベイリー	130	*アサティス
31	*エンパイアメーカー	81	ケイムホーム	131	Sea The Stars
32	*サウスヴィグラス	82	Gone West	132	*ハードスパン
33	タニノギムレット	83	*ティンバーカントリー	133	Danehill Dancer
34	Smart Strike	84	*トニービン	134	Frankel
35	*ファルブラヴ	85	*カリスマティック	135	Kitten's Joy
36	Motivator	86	*ワークフォース	136	City Zip
37	Kingmambo	87	Dubawi	137	スターリングローズ
38	バブルガムフェロー	88	*コマンダーインチーフ	138	Beat Hollow
39	Galileo	89	Tiznow	139	Langfuhr
40	Storm Cat	90	*ファンタスティックライト	140	*スピニングワールド
41	Seeking the Gold	91	*パイロ	141	*エリシオ
42	デュランダル	92	*ダンシングブレーヴ	142	*サンダーガルチ
43	*マイネルラヴ	93	Monsun	143	*ストーミングホーム
44	*スウェプトオーヴァーボード	94	Acatenango	144	スズカマンボ
45	*ホワイトマズル	95	Orpen	145	サイレントディール
46	*ロックオブジブラルタル	96	Essence of Dubai	146	*ヨハネスブルグ
47	Awesome Again	97	*シニスターミニスター	147	Bernardini
48	Rainbow Quest	98	ルーラーシップ	148	*ノボジャック
49	Medaglia d'Oro	99	*キャプテンスティーヴ	149	Cape Cross
50	Vindication	100	*トワイニング	150	サクラローレル

P413～はブルードメアサイアーランキング1位から88位までを紹介しています。

BMS RANKING 1 キングカメハメハ
KING KAMEHAMEHA
海外でも強さ見せ2年連続の王座に

総収得賞金	5,087,880,000円

● 2001年生　● 鹿毛　● 2019年死亡

　コース、距離を問わない適性の広さ、全種牡馬中最多となる勝ち鞍数を記録した層の厚さを武器に、2年連続で王座に就いた万能型の大種牡馬。2022年はジオグリフ（皐月賞）、ソダシ（ヴィクトリアマイル）、ウシュバテソーロ（東京大賞典）と母父産駒3頭がGIを制したほか、ステイフーリッシュ、クラウンプライドが海外で重賞勝ち。

系統：キングマンボ系	母父系統：ノーザンダンサー系	
父 Kingmambo 鹿　1990	Mr. Prospector	Raise a Native
		Gold Digger
	Miesque	Nureyev
		Pasadoble
母 *マンファス 黒鹿　1991	*ラストタイクーン	*トライマイベスト
		Mill Princess
	Pilot Bird	Blakeney
		The Dancer

距離	成長型	芝	ダート	瞬発力	パワー	底力
万	持続	◎	◎	◎	◎	◎

BMS RANKING 2 ディープインパクト
DEEP IMPACT
母父でも有能さ示す世界的大種牡馬

総収得賞金	4,169,274,000円

● 2002年生　● 鹿毛　● 2019年死亡

　国内で圧倒的なまでの成果を収めたほか、欧州でも数多くのGIホースを送り出した世界的大種牡馬。母父としても着々と実績を積み上げ、2年連続でランキング2位に付けている。2022年はジェラルディーナ（エリザベス女王杯）、ドルチェモア（朝日杯FS）という2頭のGI馬をはじめ、オオバンブルマイらの母父産駒が重賞を制した。

系統：サンデーサイレンス系	母父系統：リファール系	
父 *サンデーサイレンス 青鹿　1986	Halo	Hail to Reason
		Cosmah
	Wishing Well	Understanding
		Mountain Flower
母 *ウインドインハーヘア 鹿　1991	Alzao	Lyphard
		Lady Rebecca
	Burghclere	Busted
		Highclere

距離	成長型	芝	ダート	瞬発力	パワー	底力
万	持続	◎	◎	◎	◎	◎

BMS RANKING 3 *クロフネ
KUROFUNE
直仔よりも距離延びて活躍を示す

総収得賞金	4,017,909,000円

● 1998年生　● 芦毛　● 2021年死亡

　5年連続でBMSランキングトップ5以内に位置する、日本のノーザンダンサー系を代表する芦毛の名種牡馬。直仔には芝マイル、短距離を得意とするタイプも多かったが、孫たちからは芝中長距離の大レース勝ち馬も登場している。2022年はヴェラアズール（ジャパンC）、スタニングローズ（秋華賞）らの母父産駒が大活躍。

系統：ノーザンダンサー系	母父系統：フェアウェイ系	
父 *フレンチデピュティ 栗　1992	Deputy Minister	Vice Regent
		Mint Copy
	Mitterand	Hold Your Peace
		Laredo Lass
母 *ブルーアヴェニュー 芦　1990	Classic Go Go	Pago Pago
		Classic Perfection
	Eliza Blue	Icecapade
		*コレラ

距離	成長型	芝	ダート	瞬発力	パワー	底力
短中	普	◎	◎	○	○	○

BMS RANKING 4 *サンデーサイレンス
SUNDAY SILENCE
現代日本競馬の礎を築いた大種牡馬

総収得賞金	2,850,162,000円

● 1986年生　● 青鹿毛　● 2002年死亡

　2～4歳時に米で14戦9勝。ケンタッキーダービー、BCクラシックなどを制した、1989年米年度代表馬。現役引退後すぐに日本で種牡馬となり、13年連続首位サイアー、13年連続リーディングBMSの金字塔を打ち建てた。ディープインパクトを筆頭に後継種牡馬も多数輩出。2022年は母父産駒ジャンダルムがスプリントGI勝ち。

系統：サンデーサイレンス系	母父系統：テディ系	
父 Halo 黒鹿　1969	Hail to Reason	Turn-to
		Nothirdchance
	Cosmah	Cosmic Bomb
		Almahmoud
母 Wishing Well 鹿　1975	Understanding	Promised Land
		Pretty Ways
	Mountain Flower	Montparnasse
		Edelweiss

距離	成長型	芝	ダート	瞬発力	パワー	底力
万	持続	◎	◎	◎	◎	◎

BMS RANKING 5 *シンボリクリスエス
SYMBOLI KRIS S
2022年も平地、障害のGI馬が誕生

総収得賞金	2,836,933,000円

● 1999年生　●黒鹿毛　●2020年死亡

　直仔同様、母父産駒にも独特の大物感を漂わせる優秀馬が多い、2002、2003年度代表馬。安定感に欠ける面はあるが、ここ一番での強さには抜群のものがある。2022年は母父産駒オジュウチョウサンが6度目となる中山グランドジャンプ制覇を果たしたほか、ソングライン（安田記念、1351ターフスプリント）が内外で重賞を制した。

系統：ロベルト系　母父系統：シアトルスルー系

父 Kris S. 黒鹿　1977	Roberto	Hail to Reason
		Bramalea
	Sharp Queen	Princequillo
		Bridgework
母 Tee Kay 黒鹿　1991	Gold Meridian	Seattle Slew
		Queen Louie
	Tri Argo	Tri Jet
		Hail Proudly

距離	成長型	芝	ダート	瞬発力	パワー	底力
万	普	◎	◎	○	◎	◎

BMS RANKING 6 *フレンチデピュティ
FRENCH DEPUTY
10年連続ランキングトップ10以内に

総収得賞金	2,512,863,000円

● 1992年生　●栗毛　●2018年引退

　直仔クロフネと共に、長年に亘り日本競馬界に影響を及ぼしてきた、コース、距離の如何によらず、数多くの優秀産駒を送り出している名種牡馬。母父としての働きも素晴らしく、10年連続でランキングトップ10入りを果たしている。2022年は、ヨーホーレイク（日経新春杯）、メイショウミモザ（阪神牝馬S）らのBMS産駒が重賞を制した。

系統：ノーザンダンサー系　母父系統：プリンスローズ系

父 Deputy Minister 黒鹿　1979	Vice Regent	Northern Dancer
		Victoria Regina
	Mint Copy	Bunty's Flight
		Shakney
母 Mitterand 鹿　1981	Hold Your Peace	Speak John
		Blue Moon
	Laredo Lass	Bold Ruler
		Fortunate Isle

距離	成長型	芝	ダート	瞬発力	パワー	底力
万	持続	◎	◎	○	◎	○

BMS RANKING 7 アグネスタキオン
AGNES TACHYON
偉大な父に替わり首位種牡馬に輝く

総収得賞金	2,377,488,000円

● 1998年生　●栗毛　●2009年死亡

　2～3歳時に日で4戦4勝。3歳春に弥生賞、皐月賞を連勝した無敗の一流競走馬。2008年には長年王座を守ってきた父サンデーサイレンスに替わり、首位種牡馬に輝いた。母、祖母、全兄アグネスフライトがいずれもクラシック馬という、超名血でもある。2022年はBMS産駒ニシノデイジー（中山大障害）がジャンプGI勝ち。

系統：サンデーサイレンス系　母父系統：ボールドルーラー系

父 *サンデーサイレンス 青鹿　1986	Halo	Hail to Reason
		Cosmah
	Wishing Well	Understanding
		Mountain Flower
母 アグネスフローラ 鹿　1987	*ロイヤルスキー	Raja Baba
		Coz o'Nijinsky
	アグネスレディー	*リマンド
		イコマエイカン

距離	成長型	芝	ダート	瞬発力	パワー	底力
マ中	持続	◎	○	◎	○	○

BMS RANKING 8 フジキセキ
FUJI KISEKI
SS直仔初のGI馬にして名種牡馬

総収得賞金	2,275,064,000円

● 1992年生　●青鹿毛　●2015年死亡

　2～3歳時に4戦4勝。サンデーサイレンス初年度産駒の一頭。朝日杯3歳Sを制し、父に初GIタイトルをプレゼントした。種牡馬としても、父を祖とする父系確立に大きな役割を果たす。直仔には芝短距離、マイル、孫たちにはダート重賞戦線での活躍馬が目立つ。2022年はBMS産駒エリカヴィータ、ウインマーベルが重賞制覇。

系統：サンデーサイレンス系　母父系統：ワイルドリスク系

父 *サンデーサイレンス 青鹿　1986	Halo	Hail to Reason
		Cosmah
	Wishing Well	Understanding
		Mountain Flower
母 *ミルレーサー 鹿　1983	Le Fabuleux	Wild Risk
		Anguar
	Marston's Mill	In Reality
		Millicent

距離	成長型	芝	ダート	瞬発力	パワー	底力
短中	普	◎	◎	○	○	○

BMS RANKING 9　スペシャルウィーク
SPECIAL WEEK
圧倒的能力示しGI4勝の超一流馬

総収得賞金	2,100,693,000円

● 1995年生　● 黒鹿毛　● 2018年死亡

　超A級の能力を保持した、サンデーサイレンス代表産駒の一頭。ダービー、ジャパンCなど芝中長距離GIを計4勝した。種牡馬としてもブエナビスタ、シーザリオといった歴史的名牝を輩出。2022年はジュンライトボルト（チャンピオンズC）、フィールドセンス（日本テレビ盃）など、ダート戦線で活躍するBMS産駒が目立った。

系統：サンデーサイレンス系　母父系統：ニジンスキー系

父	Halo	Hail to Reason
*サンデーサイレンス		Cosmah
青鹿 1986	Wishing Well	Understanding
		Mountain Flower
母	マルゼンスキー	Nijinsky
キャンペンガール		*シル
鹿 1987	レディーシラオキ	*セントクレスピン
		ミスアシヤガワ

距離	成長型	芝	ダート	瞬発力	パワー	底力
万	普	◎	○	◎	○	○

BMS RANKING 10　マンハッタンカフェ
MANHATTAN CAFE
母父産駒からダート戦線の大物誕生

総収得賞金	2,035,550,000円

● 1998年生　● 青鹿毛　● 2015年死亡

　有馬記念、天皇賞・春などを制した超一流ステイヤー。種牡馬としても大成功を収め、2009年にはリーディングサイアーの栄誉に浴している。直仔は幅広いカテゴリーで活躍を示しているが、母父に入るとダート適性に優れたタイプが多い。2022年もテーオーケインズ（JBCクラシック）、メイショウハリオ（帝王賞）がダートGIに勝利。

系統：サンデーサイレンス系　母父系統：リボー系

父	Halo	Hail to Reason
*サンデーサイレンス		Cosmah
青鹿 1986	Wishing Well	Understanding
		Mountain Flower
母	Law Society	Alleged
*サトルチェンジ		Bold Bikini
黒鹿 1988	Santa Luciana	Luciano
		Suleika

距離	成長型	芝	ダート	瞬発力	パワー	底力
万	普	◎	○	◎	○	○

BMS RANKING 11　キングヘイロー
KING HALO
年度代表馬の母父となった超名血馬

総収得賞金	1,841,210,000円

● 1995年生　● 鹿毛　● 2019年死亡

　「1980年代欧州最強馬」と称された父と、米GI7勝の母から誕生した、世界的名血馬。自身の競走時代、種牡馬となってからの直仔たちも好成績を収めているが、もう一つ物足りない感があった。2022年、天皇賞・秋、有馬記念を、いずれも素晴らしい内容で連勝したイクイノックスが母父産駒に登場。その血の優秀さを改めて証明した。

系統：リファール系　母父系統：ヘイルトゥリーズン系

父	Lyphard	Northern Dancer
*ダンシングブレーヴ		Goofed
鹿 1983	Navajo Princess	Drone
		Olmec
母	Halo	Hail to Reason
*グッバイヘイロー		Cosmah
栗 1985	Pound Foolish	Sir Ivor
		Squander

距離	成長型	芝	ダート	瞬発力	パワー	底力
短マ	普	◎	○	◎	○	○

BMS RANKING 12　*ブライアンズタイム
BRIAN'S TIME
2022年もGI勝ち母父産駒が登場

総収得賞金	1,775,111,000円

● 1985年生　● 黒鹿毛　● 2013年死亡

　2〜4歳時に米で21戦5勝。フロリダダービー、ペガサスHとGIを2勝した。引退後すぐに日本で種牡馬入り。直仔、孫たち共に大物感に溢れる優秀産駒を多数輩出し、日本競馬界に多大な貢献を果たしている。2022年もBMS産駒ナランフレグ（高松宮記念）がGIを制したほか、クリンチャー、マテンロウレオが重賞に勝利した。

系統：ロベルト系　母父系統：リボー系

父	Hail to Reason	Turn-to
Roberto		Nothirdchance
鹿 1969	Bramalea	Nashua
		Rarelea
母	Graustark	Ribot
Kelley's Day		Flower Bowl
鹿 1977	Golden Trail	Hasty Road
		Sunny Vale

距離	成長型	芝	ダート	瞬発力	パワー	底力
中長	普	◎	○	◎	○	○

ダイワメジャー
DAIWA MAJOR
母父に入る牝馬たちがダートで活躍

総収得賞金	1,722,146,000円

● 2001年生 ●栗毛 ●供用地／安平・社台SS

大種牡馬サンデーサイレンス晩年の傑作の一頭。タフに活躍し、GIを計5勝した。種牡馬となり、豊かなスピードと仕上りの早さを子孫に伝えている。母父に入るとダート適性が高まる傾向もある。2022年はBMS産駒ショウナンナデシコ（かしわ記念）、グランブリッジ（関東オークス）、ナミュール（チューリップ賞）らが重賞を制した。

系統：サンデーサイレンス系　母父系統：ノーザンダンサー系

父	Halo	Hail to Reason
*サンデーサイレンス		Cosmah
青鹿 1986	Wishing Well	Understanding
		Mountain Flower
母	*ノーザンテースト	Northern Dancer
スカーレットブーケ		Lady Victoria
栗 1988	*スカーレットインク	Crimson Satan
		Consentida

距離	成長型	芝	ダート	瞬発力	パワー	底力
マ中	普	◎	○	○	○	○

ダンスインザダーク
DANCE IN THE DARK
3頭の菊花賞馬を出した名血種牡馬

総収得賞金	1,687,684,000円

● 1993年生 ●鹿毛 ●2020年死亡

2〜3歳時に日で8戦5勝。本命に推されたダービーは2着に終わったが、菊花賞で念願のクラシック制覇を達成。全姉ダンスパートナー、全妹ダンスインザムードもクラシックホースという超名血馬でもある。種牡馬としては、自身も制した菊花賞馬を3頭輩出した。2022年はBMS産駒ボッケリーニ、ルビーカサブランカが重賞勝ち。

系統：サンデーサイレンス系　母父系統：ニジンスキー系

父	Halo	Hail to Reason
*サンデーサイレンス		Cosmah
青鹿 1986	Wishing Well	Understanding
		Mountain Flower
母	Nijinsky	Northern Dancer
*ダンシングキイ		Flaming Page
鹿 1983	Key Partner	Key to the Mint
		Native Partner

距離	成長型	芝	ダート	瞬発力	パワー	底力
中長	普	◎	○	○	○	◎

サクラバクシンオー
SAKURA BAKUSIN O
母父となり幅広い分野の優秀馬出す

総収得賞金	1,444,146,000円

● 1989年生 ●鹿毛 ●2011年死亡

史上初めてGIスプリンターズS連覇を達成した、歴史的名短距離馬。直仔にも、自身が誇った芝短距離、マイル戦向きのスピード能力を強く伝えている。母父に入ると芝中距離戦線、ダート戦線の優秀馬も多数輩出。代表BMS産駒に、芝中長距離GI7勝のキタサンブラック。2022年はアナザーリリック（福島牝馬S）が重賞を勝った。

系統：プリンスリーギフト系　母父系統：ノーザンダンサー系

父	*テスコボーイ	Princely Gift
サクラユタカオー		Suncourt
栗 1982	アンジェリカ	*ネヴァービート
		スターハイネス
母	*ノーザンテースト	Northern Dancer
サクラハゴロモ		Lady Victoria
鹿 1984	*クリアアンバー	Ambiopoise
		One Clear Call

距離	成長型	芝	ダート	瞬発力	パワー	底力
短マ	普	○	○	○	○	○

ネオユニヴァース
NEO UNIVERSE
母父産駒から2歳ダートGI馬誕生

総収得賞金	1,431,928,000円

● 2000年生 ●鹿毛 ●2021年死亡

持続力と瞬発力を兼備した末脚を爆発させ、皐月賞、ダービーを連勝した一流競走馬。種牡馬となりヴィクトワールピサ、ネオリアリズムといった、海外でGIを制した大物を出した。母父に入ると、直仔よりダート適性、短距離、マイル適性が強まる傾向もある。2022年はBMS産駒デルマソトガケ（全日本2歳優駿）らが活躍。

系統：サンデーサイレンス系　母父系統：エタン系

父	Halo	Hail to Reason
*サンデーサイレンス		Cosmah
青鹿 1986	Wishing Well	Understanding
		Mountain Flower
母	Kris	Sharpen Up
*ポインテッドパス		Doubly Sure
栗 1984	Silken Way	Shantung
		Boulevard

距離	成長型	芝	ダート	瞬発力	パワー	底力
万	普	○	○	○	○	○

BMS RANKING 17 ゼンノロブロイ ZENNO ROB ROY

天皇賞・秋、ジャパンC、有馬記念を連勝した2004年年度代表馬。直仔、孫共に、芝中長距離戦線で本領を発揮するタイプが多い。2022年はBMS産駒アスクワイルドモア（京都新聞杯）が活躍。

総収得賞金 1,330,523,000円
● 2000年生 ● 黒鹿毛 ● 2022年死亡
父 *サンデーサイレンス
母 *ローミンレイチェル　母父 *マイニング

距離	成長型	芝	ダート	瞬発力	パワー	底力
中長	普	◎	○	○	○	○

BMS RANKING 18 ハーツクライ HEART'S CRY

SS直仔の名種牡馬。2022年も、直仔たちの大一番における活躍が目覚ましかったが、BMS産駒に関しては層の厚さでランキング20位以内をキープした。代表母父産駒にエフフォーリア。

総収得賞金 1,278,110,000円
● 2001年生 ● 鹿毛 ● 2021年引退
父 *サンデーサイレンス
母 アイリッシュダンス　母父 *トニービン

距離	成長型	芝	ダート	瞬発力	パワー	底力
中長	普	◎	○	○	○	○

BMS RANKING 19 ジャングルポケット JUNGLE POCKET

大種牡馬トニービンの最良後継サイアーにもなった、2001年年度代表馬。派手さはないが、幅広いカテゴリーでBMS産駒が活躍を示している。2022年は、フルデプスリーダーがダート重賞制覇。

総収得賞金 1,204,136,000円
● 1998年生 ● 鹿毛 ● 2021年死亡
父 *トニービン
母 *ダンスチャーマー　母父 Nureyev

距離	成長型	芝	ダート	瞬発力	パワー	底力
中普	普	◎	○	○	○	○

BMS RANKING 20 ゴールドアリュール GOLD ALLURE

SS直仔種牡馬のダート部門を担った一流サイアー。母父に入ってもダート戦線を中心に優秀な孫たちを輩出している。代表BMS産駒に東京大賞典4連覇を達成したオメガパフューム。

総収得賞金 1,072,071,000円
● 1999年生 ● 栗毛 ● 2017年死亡
父 *サンデーサイレンス
母 *ニキーヤ　母父 Nureyev

距離	成長型	芝	ダート	瞬発力	パワー	底力
中普	普	○	◎	○	○	○

BMS RANKING 21 *タイキシャトル TAIKI SHUTTLE

仏GIジャックルマロワ賞を制し、日本競馬史に新たな一頁を記した超一流マイラー。母父に入りダービー馬ワンアンドオンリー、マイルGI馬ストレイトガール、レーヌミノルらを出した。

総収得賞金 1,062,397,000円
● 1994年生 ● 栗毛 ● 2022年死亡
父 Devil's Bag
母 *ウェルシュマフィン　母父 Caerleon

距離	成長型	芝	ダート	瞬発力	パワー	底力
短マ	普	◎	○	○	○	○

BMS RANKING 22 *アグネスデジタル AGNES DIGITAL

国内外、芝、ダートを問わず、GIを計6勝した個性派名馬。母父に入りダート、芝マイル戦線の強豪を数多く送り出している。2022年にシャマル（東京スプリント）がダート重賞を3勝。

総収得賞金 1,025,996,000円
● 1997年生 ● 栗毛 ● 2021年死亡
父 Crafty Prospector
母 Chancey Squaw　母父 Chief's Crown

距離	成長型	芝	ダート	瞬発力	パワー	底力
マ中	普	○	◎	○	○	◎

BMS RANKING 23 UNBRIDLED'S SONG アンブライドルズソング

2〜4歳時に米で12戦5勝。BCジュヴナイルなどGIを2勝。米で種牡馬となり大成功を収める。日本競馬との相性は抜群。2022年はBMS産駒ノットゥルノ、ジャックドールらが活躍。

総収得賞金 812,422,000円
● 1993年生 ● 芦毛 ● 2013年死亡
父 Unbridled
母 Trolley Song　母父 Caro

距離	成長型	芝	ダート	瞬発力	パワー	底力
マ中	普	○	○	○	○	○

BMS RANKING 24 アドマイヤムーン ADMIRE MOON

自身は、ジャパンC、ドバイデューティフリーなどを勝った超一流中距離馬だったが、産駒はスプリント戦線で活躍を示している。2022年に母父産駒ノースブリッジ（エプソムC）が重賞制覇。

総収得賞金 775,534,000円
● 2003年生 ● 鹿毛 ● 供用地／日高・ダーレー・ジャパンSC
父 *エンドスウィープ
母 マイケイティーズ　母父 *サンデーサイレンス

距離	成長型	芝	ダート	瞬発力	パワー	底力
短中	普	◎	○	○	○	○

25 GIANT'S CAUSEWAY
ジャイアンツコーズウェイ

自身は1400m～10FでGIを計6勝したが、クラシックレースとは無縁だった。直仔にはクラシックホースが多数登場。日本競馬とも好相性で、2022年は母父産駒クリノプレミアムが活躍。

総収得賞金	698,141,000円

● 1997年生 ●栗毛 ●2018年死亡
父 Storm Cat
母 Mariah's Storm 母父 Rahy

距離	成長型	芝	ダート	瞬発力	パワー	底力
中	やや早	◎	○	○	○	○

26 *ワイルドラッシュ
WILD RUSH

米日で種牡馬として成功を収めた、パワフルなスピードを伝える名種牡馬。直仔、孫の代共に、脚抜けの良いダートで本領を発揮する。2022年は母父産駒ペイシャエス（名古屋GP）が重賞勝ち。

総収得賞金	689,810,000円

● 1994年生 ●鹿毛 ●2018年死亡
父 Wild Again
母 Rose Park 母父 Plugged Nickel

距離	成長型	芝	ダート	瞬発力	パワー	底力
マ中	普	○	◎	○	○	○

27 ステイゴールド
STAY GOLD

3冠馬オルフェーヴルを筆頭に、数多の優秀産駒を送り出し、独力で道を拓いていった個性派名種牡馬。今後は母父に入っての大物誕生が期待される。代表馬にアランバローズ、ライオンボス。

総収得賞金	641,982,000円

● 1994年生 ●黒鹿毛 ●2015年死亡
父 *サンデーサイレンス
母 ゴールデンサッシュ 母父 *ディクタス

距離	成長型	芝	ダート	瞬発力	パワー	底力
中	普	◎	○	○	○	○

28 *アフリート
AFLEET

3～4歳時に加米で15戦7勝。ジェロームHなどGIを2勝。脚抜けの良いダート戦に向くパワフルなスピードを直仔、孫に伝える。2022年は母父産駒ロンドンプラン、ゴライコウが重賞制覇。

総収得賞金	636,971,000円

● 1984年生 ●栗毛 ●2014年死亡
父 Mr.Prospector
母 Polite Lady 母父 Venetian Jester

距離	成長型	芝	ダート	瞬発力	パワー	底力
短中	普	○	◎	○	◎	○

29 *ハービンジャー
HARBINGER

日本で種牡馬となり、着実に実績を積み上げている"Kジョージ"を圧勝した欧州の名馬。重賞を3勝したメイケイエール（セントウルS、京王杯SC）の活躍もあり、BMSランキングを急上昇させた。

総収得賞金	627,178,000円

● 2006年生 ●鹿毛 ●供用地／安平・社台SS
父 Dansili
母 Penang Pearl 母父 Bering

距離	成長型	芝	ダート	瞬発力	パワー	底力
中長	普	◎	○	○	○	◎

30 *ロージズインメイ
ROSES IN MAY

地味ながらも、地力の高い一流種牡馬。産駒が活躍する舞台も幅広い。代表BMS産駒にオークス馬ユーバーレーベン。2022年はクリノドラゴン（浦和記念）が交流ダート重賞を制している。

総収得賞金	620,913,000円

● 2000年生 ●青鹿毛 ●供用地／新冠・ビッグレッドファーム
父 Devil His Due
母 Tell a Secret 母父 Speak John

距離	成長型	芝	ダート	瞬発力	パワー	底力
中	普	○	◎	○	○	○

31 *エンパイアメーカー
EMPIRE MAKER

米で数多のGI勝ち産駒を出した一流種牡馬。日本でも5シーズンに亘り供用され、人気を博した。BMSとしての実績も申し分なし。日本での母父産駒にエアアルマス、ヴァルツァーシャル。

総収得賞金	614,373,000円

● 2000年生 ●黒鹿毛 ●2020年死亡
父 Unbridled
母 Toussaud 母父 El Gran Senor

距離	成長型	芝	ダート	瞬発力	パワー	底力
中	普	○	◎	○	○	○

32 *サウスヴィグラス
SOUTH VIGOROUS

短距離、マイル戦で活きる力強いスピードを武器に、「地方競馬の王様」として君臨した名種牡馬。孫の代でもダートで本領を発揮するタイプが大多数。母父産駒にヒカリオーソ、キモンルビー。

総収得賞金	610,661,000円

● 1996年生 ●栗毛 ●2018年死亡
父 *エンドスウィープ
母 *ダーケストスター 母父 Star de Naskra

距離	成長型	芝	ダート	瞬発力	パワー	底力
短	普	△	◎	○	○	○

BMS RANKING 33　タニノギムレット　TANINO GIMLET

産駒ウオッカと父娘ダービー制覇という偉業を達成した一流種牡馬。母父に入っても、中距離適性の高さを伝えている。BMS産駒にパフォーマプロミス、オーヴェルニュ、ララクリスティーヌ。

総収得賞金	596,801,000 円				
● 1999 年生　● 鹿毛　● 2020 年引退					
父 *ブライアンズタイム					
母 タニノクリスタル　　母父 *クリスタルパレス					
距離	成長型	芝	ダート	瞬発力	パワー	底力
マ中	普	◎	◎	◎	○	◎

BMS RANKING 34　SMART STRIKE　スマートストライク

3～4歳時に米加で8戦6勝。GⅠフィリップHアイズリンHに勝っている。種牡馬となり、数多くの大物産駒を送り出す成功を収めた。日本ではBMS産駒スターズオンアースが2冠牝馬に輝く。

総収得賞金	588,146,000 円				
● 1992 年生　● 鹿毛　● 2015 年死亡					
父 Mr. Prospector					
母 Classy'n Smart　　母父 Smarten					
距離	成長型	芝	ダート	瞬発力	パワー	底力
マ中	普	◎	◎	◎	◎	◎

BMS RANKING 35　*ファルブラヴ　FALBRAV

2～5歳時に伊仏日英愛米香で26戦13勝。世界各地で大レースに参戦し、ジャパンC、英インターナショナルS、香港Cなどに優勝。代表BMS産駒にマイルGⅠ馬ハープスター、ステルヴィオ。

総収得賞金	558,669,000 円				
● 1998 年生　● 鹿毛　● 2014 年引退					
父 Fairy King					
母 Gift of the Night　　母父 Slewpy					
距離	成長型	芝	ダート	瞬発力	パワー	底力
短中	普	◎	○	◎	○	○

BMS RANKING 36　MOTIVATOR　モティヴェイター

2～3歳時に英愛仏で7戦4勝。英ダービー、レーシングポストTに勝利。産駒に凱旋門賞連覇の歴史的名牝トレヴ。2022年はBMS産駒タイトルホルダーが天皇賞・春、宝塚記念を連勝した。

総収得賞金	528,984,000 円				
● 2002 年生　● 鹿毛　● 供用地／イギリス					
父 Montjeu					
母 Out West　　母父 Gone West					
距離	成長型	芝	ダート	瞬発力	パワー	底力
中長	普	◎	○	◎	○	◎

BMS RANKING 37　KINGMAMBO　キングマンボ

2～3歳時に仏英で13戦5勝。仏2000ギニーなどに勝った名マイラー。種牡馬となり、父系の祖となる大活躍を示した日本競馬との相性も抜群。母父産駒にビッグアーサー、スズカマンボ。

総収得賞金	520,730,000 円				
● 1990 年生　● 鹿毛　● 2016 年死亡					
父 Mr.Prospector					
母 Miesque　　母父 Nureyev					
距離	成長型	芝	ダート	瞬発力	パワー	底力
万	普	◎	◎	○	◎	◎

BMS RANKING 38　バブルガムフェロー　BUBBLE GUM FELLOW

2～4歳時に日で13戦7勝。3歳時に天皇賞・秋を制覇。種牡馬としては当初の高い期待には応えられなかったが、まずまずの健闘を示した。2022年は母父産駒ダンシングプリンスが大活躍。

総収得賞金	495,471,000 円				
● 1993 年生　● 鹿毛　● 2010 年死亡					
父 *サンデーサイレンス					
母 *バブルカンパニー　　母父 Lyphard					
距離	成長型	芝	ダート	瞬発力	パワー	底力
中	普	○	◎	△	○	○

BMS RANKING 39　GALILEO　ガリレオ

欧州生産界を支配した、歴史に残る大種牡馬。欧州クラシック制したディープインパクト産駒サクソンウォリアー、スノーフォールのBMS。2022年は母父産駒キングオブコージ（AJCC）が活躍。

総収得賞金	482,566,000 円				
● 1998 年生　● 鹿毛　● 2021 年死亡					
父 Sadler's Wells					
母 Urban Sea　　母父 Miswaki					
距離	成長型	芝	ダート	瞬発力	パワー	底力
中	普	◎	○	◎	○	◎

BMS RANKING 40　STORM CAT　ストームキャット

2～3歳時に米で8戦4勝。GⅠヤングアメリカSに勝利。北米リーディングサイアーに輝く大成功を収めた。日本競馬との相性は申し分なし。2022年は母父産駒ナムラクレアが重賞制覇。

総収得賞金	478,840,000 円				
● 1983 年生　● 黒鹿毛　● 2013 年死亡					
父 Storm Bird					
母 Terlingua　　母父 Secretariat					
距離	成長型	芝	ダート	瞬発力	パワー	底力
万	持続	○	◎	○	◎	◎

BMS RANKING 41 SEEKING THE GOLD
シーキングザゴールド

2〜4歳時に米で15戦8勝。スーパーダービー、ドワイヤーSとGI2勝。米欧豪でGI勝ち産駒を出し、世界的な成功を収めた。2022年はBMS産駒ケイアイパープルがダート重賞を2勝。

総収得賞金 436,066,000円
● 1985年生　● 鹿毛　● 2016年死亡
父 Mr. Prospector
母 Con Game　母父 Buckpasser

距離	成長型	芝	ダート	瞬発力	パワー	底力
短中	普	○	◎	○	◎	◎

BMS RANKING 42 デュランダル
DURANDAL

爆発的な末脚を駆使し、芝マイル、短距離GIを3勝した個性派名馬。直仔、孫たちにも、自らのスピード能力を伝えているが距離も持つ。2022年は母父代表産駒チュウワウィザードらが活躍。

総収得賞金 433,000,000円
● 1999年生　● 栗毛　● 2013年死亡
父 *サンデーサイレンス
母 サワヤカプリンセス　母父 *ノーザンテースト

距離	成長型	芝	ダート	瞬発力	パワー	底力
短マ	普	◎	○	◎	○	○

BMS RANKING 43 *マイネルラヴ
MEINER LOVE

絶対王者タイキシャトルを降して、3歳時にスプリンターズSを制覇。直仔、孫たちには、ダート適性に優れたスピード馬も多い。2022年はBMSに入ったウインカーネリアンが芝重賞に勝利。

総収得賞金 430,462,000円
● 1995年生　● 青鹿毛　● 2012年死亡
父 Seeking the Gold
母 Heart of Joy　母父 *リィフォー

距離	成長型	芝	ダート	瞬発力	パワー	底力
短マ	やや早	○	◎	○	○	○

BMS RANKING 44 *スウェプトオーヴァーボード
SWEPT OVERBOARD

芝スプリント戦線、ダート中距離戦線で大物を送り出した実力派サイアー。BMSに入ると、ダート適性がより強まる傾向もある。代表母父産駒にグローリーヴェイズ（香港ヴァース）。

総収得賞金 430,172,000円
● 1997年生　● 芦毛　● 2017年死亡
父 *エンドスウィープ
母 Sheer Ice　母父 Cutlass

距離	成長型	芝	ダート	瞬発力	パワー	底力
短マ	普	○	◎	○	○	○

BMS RANKING 45 *ホワイトマズル
WHITE MUZZLE

偉大な父ダンシングブレーヴの血を、日本に根付かせた功労者の一頭。距離適性幅広く、芝、ダート共にこなすが、ベストは芝中長距離戦。母父産駒にスマートレイアー、プラチナムバレット。

総収得賞金 418,866,000円
● 1990年生　● 鹿毛　● 2017年死亡
父 *ダンシングブレーヴ
母 Fair of the Furze　母父 Ela-Mana-Mou

距離	成長型	芝	ダート	瞬発力	パワー	底力
万	普	○	○	○	◎	○

BMS RANKING 46 *ロックオブジブラルタル
ROCK OF GIBRALTAR

2〜3歳時に愛英仏米で13戦10勝。2歳秋からの1年間でGI7連勝を飾った、欧州のアイドルホース。日本でのBMS産駒にミッキーアイル（マイルCS）、ジェネラーレウーノ（セントライト記念）。

総収得賞金 415,837,000円
● 1999年生　● 鹿毛　● 2022年死亡
父 *ディンヒル
母 Offshore Boom　母父 Be My Guest

距離	成長型	芝	ダート	瞬発力	パワー	底力
短中	普	◎	○	◎	○	○

BMS RANKING 47 AWESOME AGAIN
オーサムアゲイン

3〜4歳時に米加で12戦9勝。BCクラシック、ホイットニーII、ジムダンディSなどに勝った、カナダ産の名馬。2022年にはBMS産駒に入ったポタジェ（大阪杯）がGIで勝利。

総収得賞金 403,736,000円
● 1994年生　● 鹿毛　● 2020年死亡
父 Deputy Minister
母 Primal Force　母父 Blushing Groom

距離	成長型	芝	ダート	瞬発力	パワー	底力
中	普	○	○	○	○	○

BMS RANKING 48 RAINBOW QUEST
レインボークエスト

2〜4歳時に英仏愛で14戦6勝。凱旋門賞、コロネーションCに勝利。種牡馬となり大成功。日本ではサクラローレルが活躍した。2022年はBMS産駒アスクビクターモアが菊花賞を制覇。

総収得賞金 400,800,000円
● 1981年生　● 鹿毛　● 2007年死亡
父 Blushing Groom
母 I Will Follow　母父 Herbager

距離	成長型	芝	ダート	瞬発力	パワー	底力
中長	普	◎	○	◎	○	◎

BMS RANKING 49　MEDAGLIA D'ORO　メダグリアドーロ

米のサドラーズウェルズ系を代表する名種牡馬。芝、ダートを問わず大物感に溢れた中距離馬、マイラーを送り出す。日本競馬との相性も上々。BMS産駒にファントムシーフ、ルピナスリード。

総収得賞金 397,394,000円
● 1999年生　● 黒鹿毛　● 供用地／アメリカ
父 El Prado
母 Cappuccino Bay　母父 Bailjumper

距離	成長型	芝	ダート	瞬発力	パワー	底力
中	普	○	◎	○	○	○

BMS RANKING 50　VINDICATION　ヴィンディケーション

2歳時に米で4戦4勝。BCジュヴナイルを制し、2002年米最優秀2歳牡馬に選出される。早逝してしまったが種牡馬としての能力は高かった。日本ダービーを制したドウデュースのBMS。

総収得賞金 397,190,000円
● 2000年生　● 黒鹿毛　● 2008年死亡
父 Seattle Slew
母 Strawberry Reason　母父 Strawberry Road

距離	成長型	芝	ダート	瞬発力	パワー	底力
マ中	普	○	◎	○	○	△

BMS RANKING 51　SINGSPIEL　シングスピール

2～5歳時に英仏加米日首で20戦9勝。世界を股にかけた活躍を示し、ジャパンC、英インターナショナルS、ドバイWCなどに勝った。日本での代表母父産駒にシンハライト（オークス）。

総収得賞金 388,641,000円
● 1992年生　● 鹿毛　● 2010年死亡
父 In The Wings
母 Glorious Song　母父 Halo

距離	成長型	芝	ダート	瞬発力	パワー	底力
万	持続	◎	○	○	○	◎

BMS RANKING 52　*ウォーエンブレム　WAR EMBLEM

2～3歳時に米で13戦7勝。ケンタッキーダービー、プリークネスSの2冠を制覇。種付に熱心でなく産駒数は少なかったが、レベルは高かった。母父産駒にGⅡ馬スカーレットカラーなど。

総収得賞金 386,393,000円
● 1999年生　● 青鹿毛　● 2020年死亡
父 Our Emblem
母 Sweetest Lady　母父 Lord of War

距離	成長型	芝	ダート	瞬発力	パワー	底力
中	普	○	◎	○	◎	○

BMS RANKING 53　*ボストンハーバー　BOSTON HARBOR

2～3歳時に米で8戦6勝。BCジュヴナイルに勝っている。2歳戦から全開となる仕上りの早さと、スピード能力の高さが武器。2022年はBMS産駒ラプタス(兵庫ゴールドT)が重賞制覇。

総収得賞金 384,059,000円
● 1994年生　● 鹿毛　● 2021年死亡
父 Capote
母 Harbor Springs　母父 Vice Regent

距離	成長型	芝	ダート	瞬発力	パワー	底力
短マ	早	○	◎	○	○	△

BMS RANKING 54　*グラスワンダー　GRASS WONDER

有馬記念連覇などGⅠを4勝した天才型競走馬。種牡馬となり独特の大物感を持つ産駒を送り出した。主なBMS産駒にメイショウマンボ（オークス）、ダイアナヘイロー、ヤマカツエース。

総収得賞金 381,624,000円
● 1995年生　● 栗毛　● 2020年引退
父 Silver Hawk
母 Ameriflora　母父 Danzig

距離	成長型	芝	ダート	瞬発力	パワー	底力
万	普	◎	○	○	○	○

BMS RANKING 55　*フォーティナイナー　FORTY NINER

2～3歳時に米で19戦11勝。トラヴァーズSなどGⅠ4勝。種牡馬となり米日で成功。特に米ではその子孫たちが活躍を示している。日本での母父産駒にエポカドーロ、テイエムジンソク。

総収得賞金 366,405,000円
● 1985年生　● 栗毛　● 2020年死亡
父 Mr. Prospector
母 File　母父 Tom Rolfe

距離	成長型	芝	ダート	瞬発力	パワー	底力
短中	やや早	△	◎	○	◎	○

BMS RANKING 56　LE HAVRE　ルアーヴル

現役時代に仏ダービーを制覇。種牡馬となり仏オークス馬を2頭出している。中距離適性とここ一番での強さが武器。2022年マイルCSで念願のGⅠ制覇を果たしたセリフォスのBMS。

総収得賞金 361,466,000円
● 2006年生　● 鹿毛　● 2022年死亡
父 Noverre
母 Marie Rheinberg　母父 Surako

距離	成長型	芝	ダート	瞬発力	パワー	底力
マ中	普	○	○	○	○	○

BMS RANKING 57 MORE THAN READY
モアザンレディ

オセアニアと北米で数多のGI勝ち産駒を送り出している名種牡馬。芝、ダート兼用のパワフルなスピードを子孫に伝えている。2022年フェブラリーSで連覇を達成したカフェファラオのBMS。

総収得賞金	347,940,000円			
● 1997年生	● 黒鹿毛	● 2022年死亡		
父 *サザンヘイロー				
母 Woodman's Girl		母父 Woodman		

距離	成長型	芝	ダート	瞬発力	パワー	底力
短中	普	○	○	○	○	○

BMS RANKING 58 *ファスリエフ
FASLIYEV

自身は2歳GIを2勝。欧州での産駒からも2歳GI馬が出ているが、成長力に富んだマイラー、スプリンターも多い。日本でのBMS産駒にメジャータイフーン、コパノフィーリングなど。

総収得賞金	340,132,000円			
● 1997年生	● 鹿毛	● 2013年死亡		
父 Nureyev				
母 Mr. P's Princess		母父 Mr. Prospector		

距離	成長型	芝	ダート	瞬発力	パワー	底力
短マ	やや早	○	○	○	○	△

BMS RANKING 59 FUSAICHI PEGASUS
フサイチペガサス

2～3歳時に米で9戦6勝。日本人馬主所有馬初のケンタッキーダービー馬。2022年はBMS産駒ウインマリリンが香港ヴァーズを制したほか、プルパレイ（ファルコンS）も重賞を勝っている。

総収得賞金	325,619,000円			
● 1997年生	● 鹿毛	● 2020年引退		
父 Mr. Prospector				
母 Angel Fever		母父 Danzig		

距離	成長型	芝	ダート	瞬発力	パワー	底力
マ中	普	○	○	○	○	○

BMS RANKING 60 DANSILI
ダンシリ

現役時代から欧米のマイル戦線を沸かせる存在だったが、種牡馬となり、大きな成功を収めたディンヒルの息仔。日本でのBMS産駒にGI馬ダノンザキッド、GII馬ミッキーチャーム。

総収得賞金	321,014,000円			
● 1996年生	● 黒鹿毛	● 2021年死亡		
父 *ディンヒル				
母 Hasili		母父 Kahyasi		

距離	成長型	芝	ダート	瞬発力	パワー	底力
マ中	普	○	○	○	○	○

BMS RANKING 61 *バゴ
BAGO

底力に優れた芝中長距離型種牡馬。大物を出すことが最大の魅力で、今後は母父としてのブレークも期待される。主なBMS産駒に重賞馬ブリッツファング（兵庫CS）、タイセイサムソン。

総収得賞金	313,723,000円			
● 2001年生	● 黒鹿毛	● 供用地／新ひだか・JBBA静内種馬場		
父 Nashwan				
母 Moonlight's Box		母父 Nureyev		

距離	成長型	芝	ダート	瞬発力	パワー	底力
中長	普	○	○	○	○	○

BMS RANKING 62 ディープスカイ
DEEP SKY

自身は、変則2冠を制した芝の超一流馬だったが、産駒にはダート戦線での活躍馬が目立つ。母父産駒にもミヤギザオウ（大井・羽田盃）、セイカメテオポリスなど公営南関東の強豪が多い。

総収得賞金	310,047,000円			
● 2005年生	● 栗毛	● 2021年引退		
父 アグネスタキオン				
母 *アビ		母父 Chief's Crown		

距離	成長型	芝	ダート	瞬発力	パワー	底力
中長	普	○	○	○	○	○

BMS RANKING 63 *エンドスウィープ
END SWEEP

2～3歳時に米加で18戦6勝。GIIIジャージーショアSに勝利。種牡馬となり、米日で成功。代表産駒にアドマイヤムーン。主な母父産駒にセンテリュオ、ゲシュタルト、デュアリスト。

総収得賞金	305,419,000円			
● 1991年生	● 鹿毛	● 2002年死亡		
父 *フォーティナイナー				
母 Broom Dance		母父 Dance Spell		

距離	成長型	芝	ダート	瞬発力	パワー	底力
短中	普	○	○	○	○	○

BMS RANKING 64 *オペラハウス
OPERA HOUSE

2～5歳時に英愛仏米で18戦8勝。"Kジョージ"などを制した一流馬。種牡馬となりテイエムオペラオー。メイショウサムソンを出した。BMS産駒にメジャーエンブレム（NHKマイルC）、アイオライト。

総収得賞金	305,173,000円			
● 1988年生	● 鹿毛	● 2016年死亡		
父 Sadler's Wells				
母 Colorspin		母父 High Top		

距離	成長型	芝	ダート	瞬発力	パワー	底力
中長	やや晩	○	○	○	○	○

BMS RANKING 65 SLIGO BAY
スライゴーベイ

2〜5歳時に愛仏米で17戦4勝。米GIハリウッドターフC、GIIIシネマHに勝った。2022年にBMS産駒ダノンスコーピオン（NHKマイルC）、スワーヴアラミス（東海S）が重賞制覇。

総収得賞金 304,661,000円

● 1998年生　●鹿毛　●供用地／カナダ
父 Sadler's Wells
母 Angelic Song　母父 Halo

距離	成長型	芝	ダート	瞬発力	パワー	底力
中	普	○	○	△	○	○

BMS RANKING 66 *コマンズ
COMMANDS

2〜3歳時に豪で15戦4勝。GIIミサイルSに勝っている。種牡馬となり現役時代を凌駕する活躍を示し、日本でもシャトル供用された。母父産駒にデルマルーヴル、ブルーシンフォニー。

総収得賞金 302,768,000円

● 1996年生　●黒鹿毛　● 2014年死亡
父 *デインヒル
母 Cotehele House　母父 My Swanee

距離	成長型	芝	ダート	瞬発力	パワー	底力
短中	普	○	○	○	○	○

BMS RANKING 67 ヴィクトワールピサ
VICTOIRE PISA

日本馬初のドバイワールドC制覇の金字塔を打ち建てた名馬。底力があり、BMSとしての素晴らしい仕事振りが期待できる。2022年は母父産駒アートハウス、オニャンコポンが重賞に勝利。

総収得賞金 302,688,000円

● 2007年生　●黒鹿毛　●供用地／トルコ
父 ネオユニヴァース
母 *ホワイトウォーターアフェア　母父 Machiavellian

距離	成長型	芝	ダート	瞬発力	パワー	底力
中長	持続	◎	○	○	○	○

BMS RANKING 68 *チチカステナンゴ
CHICHICASTENANGO

2〜3歳時に仏で14戦4勝。パリ大賞、リュパン賞とGI2勝。代表産駒に、共に仏ダービーを制したヴィジョンデタ、サオノア。日本でのBMS産駒に、サンライズウルス、ヒュミドール。

総収得賞金 299,009,000円

● 1998年生　●芦毛　● 2012年死亡
父 Smadoun
母 *スマラ　母父 Antheus

距離	成長型	芝	ダート	瞬発力	パワー	底力
中長	普	◎	○	○	○	○

BMS RANKING 69 アドマイヤベガ
ADMIRE VEGA

2〜3歳時に日で8戦4勝。目の覚めるような末脚を披露し、ダービーを制覇。短い種牡馬生活だったが産駒の質は極めて高かった。2022年に母父に入るタイムトゥヘヴンがマイル重賞に勝利。

総収得賞金 292,911,000円

● 1996年生　●鹿毛　● 2004年死亡
父 *サンデーサイレンス
母 ベガ　母父 *トニービン

距離	成長型	芝	ダート	瞬発力	パワー	底力
万	普	◎	△	◎	○	○

BMS RANKING 70 *デヒア
DEHERE

2〜3歳時に米で9戦6勝。シャンペンS、ホープフルSと米2歳GIを2勝。自身が誇った仕上りの早さと高いスピード能力を子孫に伝える。日本での母父産駒にボールライトニング、シダー。

総収得賞金 287,127,000円

● 1991年生　●鹿毛　● 2014年死亡
父 Deputy Minister
母 Sister Dot　母父 Secretariat

距離	成長型	芝	ダート	瞬発力	パワー	底力
マ	早	○	◎	○	○	○

BMS RANKING 71 LAYMAN
レイマン

2〜4歳時に仏英首で9戦3勝。仏GIIIカブール賞、英GIIIソヴリンSに勝った、パワフルなスピードが武器のスプリンター。2022年にBMSに入ったボルドグフーシュがGI戦線で活躍した。

総収得賞金 287,068,000円

● 2002年生　●栗毛　●供用地／フランス
父 *サンデーサイレンス
母 *ライール　母父 Nureyev

距離	成長型	芝	ダート	瞬発力	パワー	底力
短マ	やや早	○	○	○	○	△

BMS RANKING 72 MR. GREELEY
ミスターグリーリー

2〜3歳時に米で16戦5勝。スウェイルSなどGIIIを3勝した。種牡馬となり、米欧豪でGI勝ち産駒を送り出している。日本での母父産駒にGI馬ベストウォーリア、スマートダンディー。

総収得賞金 274,456,000円

● 1992年生　●栗毛　● 2010年死亡
父 Gone West
母 Long Legend　母父 Reviewer

距離	成長型	芝	ダート	瞬発力	パワー	底力
短中	普					

73 DISTORTED HUMOR
ディストーティドヒューマー

父フォーティナイナー最良の後継者ともいえる名種牡馬。父系発展に大きな役割を果たした。日本競馬との相性も上々。主なBMS産駒にモーニン（フェブラリーS）、レシプロケイト。

総収得賞金	267,004,000円

● 1993年生　●栗毛　● 2021年引退

父 *フォーティナイナー
母 Danzig's Beauty　母父 Danzig

距離	成長型	芝	ダート	瞬発力	パワー	底力
中	普	○	◎	○	○	○

74 アドマイヤコジーン
ADMIRE COZZENE

2、6歳時に芝マイルGⅠを制した個性派一流馬。産駒、孫たち共に、マイル、スプリント適性の高いタイプが多い。2022年はBMS産駒テイエムスパーダ（CBC賞）が重賞に勝っている。

総収得賞金	261,473,000円

● 1996年生　●芦毛　● 2017年死亡

父 Cozzene
母 *アドマイヤマカディ　母父 *ノーザンテースト

距離	成長型	芝	ダート	瞬発力	パワー	底力
マ中	普	○	△	○	○	○

75 TAPIT
タピット

3年連続北米リーディングサイアーに輝いた大物。距離が延びても威力を落さない、持続力に優れたスピードを子孫に伝える。日本でのBMS産駒にGⅠ6勝グランアレグリア、リフレイム。

総収得賞金	261,150,000円

● 2001年生　●芦毛　●供用地／アメリカ

父 Pulpit
母 Top Your Heels　母父 Unbridled

距離	成長型	芝	ダート	瞬発力	パワー	底力
マ中	普	○	◎	○	○	◎

76 MONTJEU
モンジュー

2〜4歳時に仏愛日英米で16戦11勝。凱旋門賞、“Kジョージ”、仏ダービー、愛ダービーなどに勝った名馬中の名馬。種牡馬としても成功を収めた。2022年はパンサラッサが内外で重賞制覇。

総収得賞金	254,558,000円

● 1996年生　●鹿毛　● 2012年死亡

父 Sadler's Wells
母 Floripedes　母父 Top Ville

距離	成長型	芝	ダート	瞬発力	パワー	底力
中	普	○	○	○	○	○

77 *コロナドズクエスト
CORONADO'S QUEST

2〜3歳時に米で17戦10勝。トラヴァーズS、ハスケル招待SとGⅠを2勝。種牡馬となり、北米、欧州、日本で重賞勝ち産駒を出した。主な母父産駒にファッショニスタ、メイショウカズサ。

総収得賞金	246,386,000円

● 1995年生　●栗毛　● 2006年死亡

父 *フォーティナイナー
母 Laughing Look　母父 Damascus

距離	成長型	芝	ダート	瞬発力	パワー	底力
短中	普	○	◎	○	○	○

78 ブラックタイド
BLACK TIDE

ディープインパクトとは1歳違いの全兄。弟ほどではないが種牡馬として成功、GⅠ7勝の超大物キタサンブラックを送り出している。主なBMS産駒にマリノアズラ、テイエムユメキュウ。

総収得賞金	245,825,000円

● 2001年生　●黒鹿毛　●供用地／日高・ブリーダーズSS

父 *サンデーサイレンス
母 ウインドインハーヘア　母父 Alzao

距離	成長型	芝	ダート	瞬発力	パワー	底力
中長	普	○	○	○	○	○

79 マーベラスサンデー
MARVELOUS SUNDAY

サンデーサイレンス初年度産駒の一頭。長期休養を余儀なくされるなど、苦難も味わいながら5歳で宝塚記念に勝った。主なBMS産駒にレッツゴードンキ（桜花賞）、ブランデーロック。

総収得賞金	244,212,000円

● 1992年生　●栃栗毛　● 2016年死亡

父 *サンデーサイレンス
母 モミジダンサー　母父 *ヴァイスリーガル

距離	成長型	芝	ダート	瞬発力	パワー	底力
中長	やや晩	○	○	○	○	○

80 メジロベイリー
MEJIRO BAILEY

2〜4歳時に日で7戦2勝。未勝利戦を勝ち上がった直後に挑んだ朝日杯3歳Sを快勝し、最優秀2歳牡馬に選出された。2022年にBMS産駒カフジオクタゴン（レパードS）が重賞制覇。

総収得賞金	241,998,000円

● 1998年生　●黒鹿毛　● 2022年死亡

父 *サンデーサイレンス
母 レールデュタン　母父 マルゼンスキー

距離	成長型	芝	ダート	瞬発力	パワー	底力
中	普	○	△	○	○	○

BMS RANKING 81 ＊ケイムホーム CAME HOME

２、３歳時に米ＧＩを制した強豪。産駒にはダート適性の高いマイラーが多い。母父に入るとやや距離適性が延びる傾向もある。BMS産駒にヨシオ、アイコンテーラー、アグネスドリーム。

総収得賞金 236,485,000円					
● 1999年生	●黒鹿毛	● 2021年死亡			
父 Gone West					
母 Nice Assay	母父 Clever Trick				
距離	成長型	芝	ダート	瞬発力	パワー	底力
短中	普	○	◎	○	○	○

BMS RANKING 82 GONE WEST ゴーンウエスト

２～３歳時に米で17戦6勝。ＧＩドワイヤーSに勝っている。米で種牡馬となり、数多のＧＩ勝ち産駒を送り出す成功を収める。2022年にBMS産駒アフリカンゴールド（京都記念）が活躍。

総収得賞金 236,408,000円					
● 1984年生	●鹿毛	● 2009年死亡			
父 Mr. Prospector					
母 Secrettame	母父 Secretariat				
距離	成長型	芝	ダート	瞬発力	パワー	底力
マ中	普	○	◎	○	○	○

BMS RANKING 83 ＊ティンバーカントリー TIMBER COUNTRY

２～３歳時に米で12戦5勝。プリークネスS、BCジュヴナイルに勝っている。種牡馬となり日米豪でＧＩ勝ち産駒を出した。BMS産駒に共にダートＧＩ馬のコパノリッキー、ララベル。

総収得賞金 234,725,000円					
● 1992年生	●栗毛	● 2016年死亡			
父 Woodman					
母 Fall Aspen	母父 Pretense				
距離	成長型	芝	ダート	瞬発力	パワー	底力
マ中	やや早	○	◎	○	○	○

BMS RANKING 84 ＊トニービン TONY BIN

２～５歳時に伊仏英日で27戦15勝。伊でデビューし、凱旋門賞馬にまで昇り詰める。日本で種牡馬となり首位サイアーにも輝いた。2022年に母父産駒シルヴァーソニックがGⅡ重賞に勝利。

総収得賞金 233,337,000円					
● 1983年生	●鹿毛	● 2000年死亡			
父 ＊カンパラ					
母 Severn Bridge	母父 Hornbeam				
距離	成長型	芝	ダート	瞬発力	パワー	底力
中普	普	◎	○	○	○	◎

BMS RANKING 85 ＊カリズマティック CHARISMATIC

２～３歳時に米で17戦5勝。レース経験を積み重ねながら地力を蓄え、ケンタッキーダービー、プリークネスSの米2冠を制覇。代表産駒にワンダーアキュート。母父産駒にクロスマジェスティ。

総収得賞金 231,899,000円					
● 1996年生	●栗毛	● 2017年死亡			
父 Summer Squall					
母 Bali Babe	母父 Drone				
距離	成長型	芝	ダート	瞬発力	パワー	底力
中	普	△	◎	△	○	○

BMS RANKING 86 ＊ワークフォース WORKFORCE

英ダービー、凱旋門賞に勝った大物競走馬。日本での種牡馬生活では血の重厚さが裏目に出た印象もあったが、優秀な底力は伝えられている。母父産駒にジャスティンカフェ、アロマデローサ。

総収得賞金 226,903,000円					
● 2007年生	●鹿毛	●供用地／アイルランド			
父 ＊キングズベスト					
母 Soviet Moon	母父 Sadler's Well				
距離	成長型	芝	ダート	瞬発力	パワー	底力
中長	普	○	○	○	○	◎

BMS RANKING 87 DUBAWI ドバウィ

現代の欧州を代表する名種牡馬の一頭。大レースで発揮される勝負強さには、素晴らしいものがある。日本でのBMS産駒にリバティハイツ（フィリーズレビュー）、ロードマックス、ソウテン。

総収得賞金 226,488,000円					
● 2002年生	●鹿毛	●供用地／イギリス			
父 Dubai Millennium					
母 Zomaradah	母父 Deploy				
距離	成長型	芝	ダート	瞬発力	パワー	底力
マ中	普	◎	○	○	○	○

BMS RANKING 88 ＊コマンダーインチーフ COMMANDER IN CHIEF

３歳時に英愛で6戦5勝。英ダービー、愛ダービーを制した一流馬。日本での種牡馬生活ではダート戦線の強豪を数多輩出した。BMS産駒にリトルアマポーラ、ミツバ、メイショウドウドウ。

総収得賞金 224,460,000円					
● 1990年生	●鹿毛	● 2007年死亡			
父 ＊ダンシングブレーヴ					
母 Slightly Dangerous	母父 Roberto				
距離	成長型	芝	ダート	瞬発力	パワー	底力
中長	普	○	◎	○	○	○

多彩な陣容誇る 優駿スタリオンステーション

シルバーステート

2021年からデビューしている初年度産駒が旋風を巻き起こし、2022年の種付料は前年比4倍の600万円に。

144ページでも詳しく解説

生産者が勝負するとき選択肢となる種牡馬に

（株）優駿
椎名宏幸氏に聞く

ヘニーヒューズ、エスポワールシチーといったダート戦線のトップ種牡馬のほか、初年度産駒が旋風を巻き起こしたシルバーステート、マイルGⅠ2勝馬インディチャンプら芝の大物誕生が期待される新進気鋭も供用されている、新冠町に所在する優駿スタリオンステーション。2023年にはいずれもダートGⅠホースであるチュウワウィザード、インティ、アルクトス、ケイティブレイブがメンバーに加わり、ますます層が厚くなった優駿SSに、けい養種牡馬たちに対する期待、日高地方に立地するスタリオンとして果たすべき役割などを伺った。

（株）優駿

椎名宏幸氏

1985年北海道出身。2012年入社以来、10年間種牡馬事業に携わる。日高の生産者に随行し、米国キーンランドセールなどで海外の優良繁殖牝馬導入の補佐をしている。

「高い潜在能力に懸けた新たな金看板」

自らの潜在能力を存分に発揮し、一流種牡馬への階段を駆け昇った

——まずは、2022年からの引き継ぎで、優駿スタリオンステーション（以下優駿SS）の最高種付額（600万円）種牡馬となっている、シルバーステートの話から伺いたいと思います。シルバーステートを導入した理由というのは？

「ご存じのように、シルバーステートは重賞には出ていなかった競走馬です。とはいえ、未勝利戦、500万特別、1000万特別、準OP特別と連勝を飾ったレースを改めて見直してみると、そのポテンシャルの高さは相当なものがあると感じていました。"未知の魅力"をふんだんに保持していることが、導入の決め手となりました。生まれてきた産駒たちの評判も良かっ

たのですが、正直"走るか走らないか極端な結果が出るのでは"という予感も抱いていました。結果的に前者の予感が当たって、本当に良かったです」

——シルバーステートが成功した、最大の要因はどこにあると考えていますか？

「父ディープインパクト、さらには半兄に愛ダービーで2着し、豪でGⅠを制したセヴィルがいる母系から受け継いだ、自らが持っていた優れた潜在能力を余すところなく産駒に伝えられたからでしょう。2022年から種付料が600万円に上がりましたが、本当に良い繁殖が集まっていて、生産者さんからの期待の大きさをヒシヒシと感じています」

——当然、シルバーステート産駒には、クラシックを含めGⅠを勝って欲しいところですね。

2023年　優駿スタリオンステーション　けい養種牡馬

馬名	22年種付頭数	掲載ページ	馬名	22年種付頭数	掲載ページ	馬名	22年種付頭数	掲載ページ
アジアエクスプレス	94	140	サウンドスカイ	1	365	ヘニーヒューズ	98	72
アルクトス	23年初供用	29	サトノジェネシス	42	395	ホッコータルマエ	168	116
アルバート	8	384	サングレーザー	25	386	ミスターメロディ	164	382
インティ	23年初供用	29	シルバーステート	200	144	ミッキースワロー	3	389
インディチャンプ	120	394	タイセイレジェンド	51	268	ミッキーロケット	22	360
エスポワールシチー	142	104	チュウワウィザード	23年初供用	29	モーニン	167	373
カレンブラックヒル	78	160	トゥザワールド	33	194	リアルインパクト	20	184
キタサンミカヅキ	8	375	ニシケンモノノフ	23	362	リオンリオン	13	399
ケイティブレイブ	23年初供用	29	フサイチセブン	4	279	ロジユニヴァース	4	283
ゴールドアクター	31	363	ベストウォーリア	127	359	ワールドプレミア	53	399

※ホッコータルマエは2023年はイーストスタッドにけい養されています。

427

ダートで強さ発揮する
優駿SSの看板種牡馬

ヘニーヒューズ

米供用時代にBCディスタフなどGI11勝の歴史的名
牝ビホルダーが登場。日本でもダート首位種牡馬に輝く。

72ページでも
詳しく解説

「初年度産駒から重賞馬を送るなど多くのディープインパクト後継の中でも一際センセーショナルな印象を与えられたと思います。2022年の交配相手はGI馬、またGI馬の母など、おかげさまでよりGIクラスを意識できるものとなりました」

──芝向きの種牡馬ということでは、安田記念、マイルCSを勝ち、最優秀短距離馬に選ばれたインディチャンプも、2022年春から優駿SSでの種牡馬生活を開始しました。

「おかげさまで、供用初年度から120頭の種付をこなしました。叔父にリアルインパクト、ネオリアリズムといったGIホースがいますし、インディチャンプはステイゴールド後継種牡馬の中でも、母系の良さは最上位クラスだと思っています。ステイゴールドの牡駒としては唯一の古馬マイルGI勝ち馬ですし、細身でスラッとしたタイプが多いステイゴールド産駒としては、幅も十分有りよりスピードを意識させるイ

ンディチャンプは、かなり異質な存在とも言えるでしょう。その意味では、これまでのステイゴールド系サイアーたちと、一味違った個性を産駒に伝えることで、偉大な父の血を後世に伝えていって欲しいです」

確固たるブランドを築き上げた
2年連続全日本ダート首位種牡馬

──シルバーステートの登場で多少イメージが変わりましたが、少し前まで、優駿SSと言えばヘニーヒューズがけい養されている種馬場という印象が強くありました。

「確かに、ヘニーヒューズ本馬だけでなく、アジアエクスプレス、モーニンといった代表産駒たちもウチで種牡馬入りしていますし、ヘニーヒューズはまさに優駿SSにおける屋台骨と言えます」

──そのヘニーヒューズは、2021年、2022年と、JRA、地方競馬を総合した、全日本ダー

インディチャンプ

マイルGI2勝の2019年最優秀短距離馬。供用初年度となった2022年は、120頭の繁殖牝馬と種付されている。

394ページでも詳しく解説

394ページでも詳しく解説

アジアエクスプレス

朝日杯FSを制し、2013年最優秀2歳牡馬に選出。ダート重賞にも勝利した。サイアーランキングも年々上昇中だ。

140ページでも詳しく解説

「後継者も活躍中の名ダートサイアー」

トリーディングサイアーに輝いています。まさに日本生産界を支える一頭となりましたね。

「2013年秋に輸入され、翌2014年春から優駿SSで供用されているのですが、ヘニーヒューズ導入以来、スタリオン全体に活気が出てきた印象があります。年齢的なこともあり、近年は種付数の調整を計ってきましたが、最初の6年間は毎年170〜190頭程度の種付を行っていましたし、現在においても"優駿SSの顔"であることは間違いありません。2022年も含め、JRAでは3年連続のダートリーディングサイアーになりましたが、地方競馬と比べ馬場が軽く、パワフルなスピードがより活きるJRAのダートコースに対する適性には、抜群のものがありますよね。すでに確固たるブランドを築き上げていますし、生産者さんにとってもとても付けやすい種牡馬であることは確かでしょう」

──先ほども名前が出ましたが、アジアエクスプレス、モーニンといったヘニーヒューズ直仔サイアーたちも、高い人気を集めています。

「アジアエクスプレスは、芝でGIを勝ち、ダートでも重賞を制したという、適性の幅広さが魅力です。産駒には交流ダート重賞を勝ったソロユニットのように、ダート戦線の活躍馬が目立ちますが、今後は芝戦線で頑張る仔も出てくるはずです。サイアーランキングも確実に上昇中で、2022年は30位台まで上がってきましたし、まだまだ伸びしろが大きい種牡馬だと感じています。モーニンは2023年から初年度産駒がデビューしてきますが、3年連続で160頭以上の種付をこなすなど、生産者さんたちの評価も極めて高い新進気鋭です。産駒の評判も良く、スタリオンとしても"かなり走ってくるのでは"という大きな期待と希望を抱いています」

独力で一流への道を切り拓いた 地方競馬リーディングサイアー

──ダート戦線の現役大物サイアーということでは、2022年に初めて地方競馬リーディングサイアーのタイトルを得たエスポワールシチーも、そんな存在へと育ってきました。

「徐々に実績を積み上げていき現在の地位を築き上げた、頭の下がる思いを抱いている種牡馬です。生産者様のサポートも有り、供用初年度

ダート系種牡馬でもスピードは必要

からコンスタントに種付数を維持できたことが大きな要因と思います。初年度産駒から大井で京浜盃、羽田盃などを勝ったヤマノファイトなど、各地方競馬の重賞ウイナーが相次いで登場してきました。それぞれに形態や馬場コンディションが微妙に違ってくる全国各地の地方競馬で、産駒が結果を残し続けているのは本当に凄いことですよね」

——距離適性には多少違いがありますが、全国各地で万遍なく走る点は、計8度地方競馬首位種牡馬に輝いたサウスヴィグラスを想起させますよね？

「産駒が高いレベルで安定した走りを示すことで、各地方競馬の馬主さん、調教師さんたちの信頼感も得ていったのだと思います。サウスヴィグラスのようにダートと言えばエスポとなって欲しいですし、それだけの能力を持った種牡馬だと見ています」

——2022年から初年度産駒がデビューしているベストウォーリアも、地方フレッシュマンサイアーランキング1位に入りました。

「ベストウォーリアは南部杯連覇を含め、ダート重賞を計5勝した実績馬ですし、京都D1400mで1.21.7のコースレコードを保持して

いるように高いスピード能力の持ち主でした。ダート系サイアーであっても、スピード能力の裏付けがあった方が生産者さんも付けやすいことは確かでしょう。手頃な種付料ということも手伝い、供用初年度から4シーズン連続で120頭以上の種付をこなしていますし、今後どんな活躍を示してくれるのか、期待を抱きながらベストウォーリア産駒の走りを見守っていきます」

ダートGIウイナー4頭が揃った 優駿SS 2023年初供用サイアー

——2023年春から、優駿SSには4頭の初供用種牡馬が加わりました。1頭ずつ、期待の程を伺いたいのですが、まずはアルクトスから、よろしくお願いします。

「5歳時の南部杯をD1600m1分32秒7という日本レコードで走ったことが示す通り、抜群のスピード能力を誇ったダートGIホースです。一方、時計を要する馬場コンディションとなった翌年の南部杯を連覇しているように、パワーや勝負強さにも優れたものを持っています。クロフネのスーパーレコード（2001年武蔵野Sで記録した1分33秒3）を19年振りに更新した馬だけに、やはり天性のスピードを上手に産駒に伝えられる種牡馬となって欲しいです」

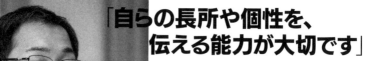

「自らの長所や個性を、 伝える能力が大切です」

——同じく、ダートマイルGI（2019年フェブラリーS）馬であるインティについては？

「日高地区で種牡馬生活を送っていたケイムホームの代表産駒ですが、ゴーンウエスト～ミスタープロスペクターと遡っていく父系は、日本競馬との相性が良いですからね。また、現代の日高地区の繁殖牝馬と配合しやすい血統構成も、大きな魅力になってくると思います。インティには、一級品のスピード持続性を産駒に伝

ダート戦線の名馬から
地方競馬首位種牡馬に

エスポワールシチー

ジャパンCダート、フェブラリーSなどGI戦9勝の砂の王者。種牡馬となり、独力で道を切り拓いていった。

**104ページでも
詳しく解説**

えられる種牡馬として、質の高い活躍をして欲しいと考えています」

──JBCクラシックや帝王賞を勝ったケイティブレイブは、同じダートGIホースでも、アルクトスやインティとは、ちょっと違うタイプかもしれません。

「ケイティブレイブは、ダート中距離適性の高さが大きな武器となりそうです。2024年から3歳春のダート中距離重賞戦線が大きく変わりますが、それも追い風として欲しいですね。川崎記念を加えたGI3勝を含む重賞を計10勝した実力派ですし、種牡馬として成功する能力は十分に備わっているはずです」

──最後に、2023年初供用種牡馬の目玉的存在ともいえるチュウワウィザードですが、120万円という種付料が設定されましたね。

「うれしいことに、2022年12月上旬の段階で満口となりました。チャンピオンズC、JBCクラシック、川崎記念2度とGIを計4勝して

いますが、2着馬に4馬身差を付けた2022年川崎記念を筆頭に、完勝でGI制覇を達成することが多かったのは高い能力の証明といえるでしょう。ドバイワールドCでも2、3着、2022年には米GI4勝の名馬ライフイズグッドに先着していますし、世界レベルの実力を持っていたことは間違いありません。また、常に上位争いを繰り広げた安定感の高さ、海外でも崩れない精神的タフネスといったものも、種牡馬としての大きな武器といえるでしょう。自らの誇った能力を上手に産駒に伝えられれば、レベル高い産駒が相次いで登場してくるはずです」

生産者たちからの需要も大きい
SS、キンカメを含まない種牡馬

──話は変わりますが、椎名さんは海外のセリ市にも、度々行かれているそうですね？

「コロナ禍もあり間が空きましたが、日高の生産者さんたちに随行する形で、米国キーンラン

ベストウォーリア
南部杯連覇など、ダート重賞を計5勝。2019年の初供用時から2022年まで、4年連続で120頭以上に種付された。

359ページでも詳しく解説

リアルインパクト
父ディープインパクトに初GⅠタイトルをもたらした名マイラー。種牡馬となり、日豪で重賞勝ち産駒を出した。

184ページでも詳しく解説

血の更新はスタリオンの重要な仕事

ドセールなどで海外の優良繁殖牝馬導入のお手伝いをさせて頂いております」

──欧米を始めとする海外の種牡馬トレンドも、気になるところですよね？

「そのあたりは常にチェックしています。海外の種牡馬は、サンデーサイレンス系やキングマンボ系に偏りがちな日本の繁殖牝馬と付けやすい血統構成の馬が多いですし。"この種牡馬を日本に持ってきたらどんな産駒が出るのだろう"と想像してみるのも楽しいですよね。いずれにしても、内外を問わず最新のトレンドを取り入れ、血の更新を行っていくことは、スタリオンの大事な仕事だと考えています」

──海外で活躍している父系で、椎名さんが注目しているサイアーラインはありますか？

「2021年から優駿SSで供用されているミスターメロディ（2019年高松宮記念の勝ち馬）の父でもあるスキャットダディは、以前から注目している種牡馬でした。自身は早逝してしまいましたが米3冠馬ジャスティファイを出すなど、米を中心に欧州でもGⅠ馬を出す世界レベルでの大活躍を示しています。スタリオン的にもで

すが、個人的にもミスターメロディが種牡馬として成功してくれるとうれしいですね。ミスターメロディは2年連続で160頭以上の種付をこなしていて、生産者の方々からも高い評価をいただいています」

──ミスターメロディもそうですが、ヘニーヒューズ、その直仔種牡馬たちと、優駿SSにはサンデーサイレンスの血もキングカメハメハの血も含んでいない人気種牡馬が、数多くいますよね。

「生産者さんたちが、サンデーサイレンスやキングカメハメハの血を薄めてくれる種牡馬を強く求めているというのは間違いのないところでしょう。当然スタリオンとしても、そういった需要には今後とも応えていく必要がありますよね」

多様なニーズに応えていくために、質の高い種牡馬を多数揃えていく

──2023年初供用となる4頭もそうですが、優駿SSの方針として、ダート系種牡馬の充実を図っていくというのが、あるのでしょうか？

「ある程度種付料を抑えた形で馬を生産できるということもあり、日高の生産者の方々にとっ

てダート戦線の強豪を送り出したいというニーズが、極めて大きいのは事実でしょう。地方競馬の馬券売り上げが伸びて賞金が上がってきたことも、そのニーズを高めている要因のひとつだと思います。また、一口にダート競馬といっても、距離、馬場コンディションなど、求められる資質には多様性があります。当然、優駿SSとしても、日高の生産者さんからのあらゆるニーズに応えられるよう、上質で層の厚いダート系サイアーを揃えていくことは、とても重要なことだと考えています。一方、芝戦線の大物を出すことを諦めているわけでは決してありません。そのあたりはシルバーステート、インディチャンプといった種牡馬たちが担ってくれると期待しています」

——スタリオン経営には、5年先、10年先も見据えながら、種牡馬を揃えていくというのもあるかと思うのですが？

「もちろん、先々のことを考えていくことも大事なのでしょうが、まずは、いまある生産者さんたちのニーズに、可能な限り応えていくということを最優先しています。そういった一年一年の積み重ねが、5年先、10年先の未来へと繋がっていくのではないでしょうか」

——では、最後に優駿SSならではのセールスポイントを上げてください。

「生産者の方々、調教師さん、馬主さんといった、お客様の幅広い需要に応えることを目標に、良質な種牡馬を多数揃えたスタリオンであると、強く自負しています」

2023年供用スタート
チュウワウィザード

系統：キングマンボ系		母父系統：サンデーサイレンス系	
父		Kingmambo	Mr. Prospector
キングカメハメハ			Miesque
鹿 2001		*マンファス	*ラストタイクーン
			Pilot Bird
母		デュランダル	*サンデーサイレンス
チュウワブロッサム			サワヤカプリンセス
鹿 2007		オータムブリーズ	*ティンバーカントリー
			セプテンバーソング

チャンピオンズCなどGIを4勝したキングカメハメハ産駒。父の後継種牡馬として、ダート中距離戦線を背負って立つことが期待されている。2023年の種付はすでに満口に。

2023年供用スタート
アルクトス

サンデーサイレンス系		母父系統：ロベルト系	
父	アグネスタキオン	*サンデーサイレンス	
アドマイヤオーラ		アグネスフローラ	
鹿 2004	ビワハイジ	Caerleon	
		*アグサン	
母	*シンボリクリスエス	Kris S.	
ホシニイノリヲ		Tee Kay	
鹿 2009	*コンキスタドレス	Seeking the Gold	
		Bless You	

5歳秋の南部杯をD1600戦日本レコードを樹立して制した、パワフルなスピード型。6歳時の南部杯で連覇を飾っている。血統の良さも活かして種牡馬としての大成を目指す。

海外主要レース勝ち馬一覧

2022年

レース名	開催地	距離	勝ち馬名	性齢	父馬名	父馬掲載ページ
【欧州2歳】						
モルニ賞	仏	1200m	ブラックベアード	牡2歳	ノーネイネヴァー	P288
クリテリウムアンテルナシオナル	仏	1600m	プラウドアンドリーガル	牡2歳	ガリレオ	P309,419
フィリーズマイル	英	8F	コミッショニング	牝2歳	キングマン	P273
ミドルパークS	英	6F	ブラックベアード	牡2歳	ノーネイネヴァー	P288
ジャンリュックラガルデール賞	仏	1400m	ベルベク	牡2歳	ショーケーシング	P305
デューハーストS	英	7F	シャルディーン	牡2歳	フランケル	P264
フューチュリティトロフィー	英	8F	オーギュストロダン	牡2歳	★ディープインパクト	P32,413
【欧州3歳牡馬】						
英2000ギニー	英	8F	コロエバス	牡3歳	ドバウィ	P315,425
仏2000ギニー	仏	1600m	モダンゲームズ	牡3歳	ドバウィ	P315,425
愛2000ギニー	愛	8F	ネイティヴトレイル	牡3歳	オアシスドリーム	P332
英ダービー	英	12F6y	デザートクラウン	牡3歳	ナサニエル	P317
仏ダービー	仏	2100m	ヴァデニ	牡3歳	チャーチル	P404
愛ダービー	愛	12F	ウエストオーバー	牡3歳	フランケル	P264
セントジェイムズパレスS	英	7F213y	コロエバス	牡3歳	ドバウィ	P315,425
パリ大賞典	仏	2400m	オネスト	牡3歳	フランケル	P264
英セントレジャー	英	14F115y	エルダーエルダロフ	牡3歳	ドバウィ	P315,425
【欧州3歳牝馬】						
英1000ギニー	英	8F	カシェイ	牝3歳	アクレイム	P402
仏1000ギニー	仏	1600m	マングスティーヌ	牝3歳	ダークエンジェル	P269
愛1000ギニー	愛	8F	ホームレスソングス	牝3歳	フランケル	P264
英オークス	英	12F6y	チューズデー	牝3歳	ガリレオ	P309,419
仏オークス	仏	2100m	ナシュワ	牝3歳	フランケル	P264
愛オークス	愛	12F	マジカルラグーン	牝3歳	ガリレオ	P309,419
【欧州古馬・中長距離】						
ガネー賞	仏	2100m	ステートオブレスト	牡4歳	スタースパングルドバナー	P328
イスパーン賞	仏	1850m	ドリームローバー	牝5歳	ロペデヴェガ	P410
コロネーションC	英	12F	フクム	牡5歳	シーザスターズ	P411
プリンスオブウェールズS	英	9F212y	ステートオブレスト	牡4歳	スタースパングルドバナー	P328
サンクルー大賞典	仏	2400m	アルピニスタ	牝5歳	フランケル	P264
エクリプスS	英	9F209y	ヴァデニ	牡3歳	チャーチル	P404
Kジョージ VI世＆QエリザベスS	英	11F211y	パイルドライヴァー	牡5歳	ハーバーウォッチ	P405
英インターナショナルS	英	10F56y	バーイード	牡4歳	シーザスターズ	P411
愛チャンピオンS	愛	10F	ルクセンブルク	牡3歳	キャメロット	P321
凱旋門賞	仏	2400m	アルピニスタ	牝5歳	フランケル	P264
英チャンピオンS	英	9F212y	ベイブリッジ	牡4歳	ニューベイ	P316
バーデン大賞典	独	2400m	メンドシーノ	牡4歳	アドラーフルーク	
ヴェルメイユ賞	仏	2400m	スウィートレディ	牝4歳	ロペデヴェガ	P410
【欧州古馬マイル・短距離】						
プラチナジュビリーS	英	6F	ネイヴァルクラウン	牡4歳	ドバウィ	P315,425
ジュライC	英	6F	アルコールフリー	牝4歳	ノーネイネヴァー	P288
サセックスS	英	8F	バーイード	牡4歳	シーザスターズ	P411
ジャックルマロワ賞	仏	1600m	インスパイラル	牝3歳	フランケル	P264
ムーランドロンシャン賞	仏	1600m	ドリームローバー	牝5歳	ロペデヴェガ	P410
スプリントC	英	6F	ミンザール	牡4歳	メーマス	P406

レース名	開催地	距離	勝ち馬名	性齢	父馬名	父馬掲載ページ
クイーンエリザベスⅡ世S	英	8F	ベイサイドボーイ	牡3歳	ニューベイ	P316
アベイユドロンシャン賞	仏	1000m	ザプラチナムクイーン	牝2歳	コタイグローリー	—
【米国2歳】						
フリゼットS	米	D8F	チョコレートジェラート	牝2歳	プラクティカルジョーク	P310
シャンペンS	米	D8F	ブレイジングセヴンス	牝2歳	グッドマジック	P405
BCジュヴナイル	米	D8.5F	フォルテ	牡2歳	ヴァイオレンス	P318
BCジュヴナイルフィリーズ	米	D8.5F	ワンダーホイール	牝2歳	イントゥミスチーフ	P275
【米国3歳牡馬】						
フロリダダービー	米	D9F	ホワイトアバリオ	牡3歳	レースデイ	P309
ケンタッキーダービー	米	D10F	リッチストライク	牡3歳	キーンアイス	—
プリークネスS	米	D9.5F	アーリーヴォーティング	牡3歳	ガンランナー	P286
ベルモントS	米	D12F	モードニゴール	牡3歳	アンクルモー	P280
ハスケル招待S	米	D9F	サイバーナイフ	牡3歳	ガンランナー	P286
トラヴァーズS	米	D10F	エピセンター	牡3歳	ノットディスタイム	P407
【米国3歳牝馬】						
ケンタッキーオークス	米	D9F	シークレットオース	牝3歳	アロゲート	P277
エイコーンS	米	D8F	マタレヤ	牝3歳	パイオニアオブザナイル	P279
アラバマS	米	D10F	ネスト	牝3歳	カーリン	P281
CCAオークス	米	D9F	ネスト	牝3歳	カーリン	P281
【米国古馬】						
サンタアニタH	米	D10F	エクスプレストレイン	牡5歳	ユニオンラグズ	P297
ハリウッドゴールドカップ	米	D10F	ゼアゴーズハーバード	牡4歳	★ウィルテークチャージ	P28,311
アーリントンミリオン	米	9F	サンティン	牡4歳	ディストーティドヒューマー	P289,424
カナディアン国際S	加	12F	開催中止	—	—	—
パシフィッククラシックS	米	D10F	フライトライン	牡4歳	タピット	P277,424
ウッドワードS	米	D10F	ライフイズグッド	牡4歳	イントゥミスチーフ	P275
ジョッキークラブGC	米	D10F	オリンピアード	牡4歳	スパイツタウン	P271
BCクラシック	米	D10F	フライトライン	牡4歳	タピット	P277,424
BCターフ	米	12F	レベルスロマンス	騸4歳	ドバウィ	P315,425
BCマイル	米	8F	モダンゲームズ	牡3歳	ドバウィ	P315,425
BCスプリント	米	D6F	エリートパワー	牡4歳	カーリン	P281
BCディスタフ	米	D9F	マラサート	牝4歳	カーリン	P281
BCフィリー＆メアターフ	米	9.5F	チューズデー	牝3歳	ガリレオ	P309,419
【アジア、オセアニア】						
ドバイワールドC	UAE	D2000m	カントリーグラマー	牡5歳	トゥーナリスト	P320
ドバイシーマクラシック	UAE	2410m	シャフリヤール	牡4歳	★ディープインパクト	P32,413
ドバイターフ	UAE	1800m	パンサラッサ	牡5歳	★ロードカナロア	P36
			ロードノース	騸6歳	ドバウィ	P315,425
ドバイゴールデンシャヒーン	UAE	D1200m	スイッツァランド	騸8歳	スパイツタウン	P271
アルクオーツスプリント	UAE	1200m	アケースオブユー	牡4歳	ホットストリーク	—
メルボルンC	豪	3200m	ゴールドトリップ	牡5歳	アウトストリップ	P314
コックスプレート	豪	2040m	アナモー	牡4歳	ストリートボス	P334
コーフィールドC	豪	2400m	ダーストン	騸6歳	シーザムーン	P325
ジョージライダーS	豪	1500m	フォービドゥンラブ	牝4歳	オールトゥーハード	P410
クイーンエリザベスS	豪	2000m	シンクイットオーバー	騸6歳	ソーユーシンク	P411
ドンカスターマイル	豪	1600m	ミスターブライトサイド	騸4歳	ブルベアーズ	—
クイーンエリザベスⅡ世C	香	2000m	ロマンチックウォリアー	騸4歳	アクラメーション	P402
チャンピオンズマイル	香	1600m	ゴールデンシックスティ	騸6歳	メダグリアドーロ	P300,421
香港C	香	2000m	ロマンチックウォリアー	騸4歳	アクラメーション	P402
香港マイル	香	1600m	カリフォルニアスパングル	騸4歳	スタースパングルドバナー	P328
香港ヴァーズ	香	2400m	ウインマリリン	牝5歳	★スクリーンヒーロー	P88
香港スプリント	香	1200m	ウェリントン	騸6歳	オールトゥーハード	P410

★は日本でけい養されている種牡馬です。

2023年 JRA重賞競走一覧
（2023年1月〜12月）

月	開催日	レース名	格	場所	距離	勝ち馬名	性齢	父馬名	系統	父馬掲載ページ
1月	5（木）	京都金杯	III	中京	1600	イルーシヴパンサー	牡5	ハーツクライ	サンデーサイレンス系	P40,417
	5（木）	中山金杯	III	中山	2000	ラーグルフ	牡4	モーリス	ロベルト系	P64
	8（日）	シンザン記念	III	中京	1600	ライトクオンタム	牝3	ディープインパクト	サンデーサイレンス系	P32,413
	9（月）	フェアリーS	III	中山	1600	キタウイング	牝3	ダノンバラード	サンデーサイレンス系	P244
	14（土）	愛知杯	III	中京	2000	アートハウス	牝4	スクリーンヒーロー	ロベルト系	P88
	15（日）	日経新春杯	II	中京	2200	ヴェルトライゼンデ	牡6	ドリームジャーニー	サンデーサイレンス系	P222
	15（日）	京成杯	III	中山	2000	ソールオリエンス	牡3	キタサンブラック	サンデーサイレンス系	P96
	22（日）	東海S	II	中京	ダ1800	プロミストウォリア	牡5	*マジェスティックウォリアー	シアトルスルー系	P124
	22（日）	AJCC	II	中山	2200	ノースブリッジ	牡5	モーリス	ロベルト系	P64
	29（日）	シルクロードS	III	中京	1200	ナムラクレア	牝4	ミッキーアイル	サンデーサイレンス系	P122
	29（日）	根岸S	III	東京	ダ1400	*レモンポップ	牡5	★レモンドロップキッド	キングマンボ系	P277
2月	5（日）	きさらぎ賞	III	中京	2000	フリームファクシ	牡3	ルーラーシップ	キングマンボ系	P60
	5（日）	東京新聞杯	III	東京	1600	ウインカーネリアン	牡6	スクリーンヒーロー	ロベルト系	P88
	11（土）	クイーンC	III	東京	1600	ハーパー	牝3	ハーツクライ	サンデーサイレンス系	P40,417
	12（日）	京都記念	II	阪神	2200	ドウデュース	牡4	ハーツクライ	サンデーサイレンス系	P40,417
	12（日）	共同通信杯	III	東京	1800	ファントムシーフ	牡3	*ハービンジャー	ダンチヒ系	P84,418
	18（土）	京都牝馬S	III	阪神	1400	ララクリスティーヌ	牝5	ミッキーアイル	サンデーサイレンス系	P122
	18（土）	ダイヤモンドS	III	東京	3400	ミクソロジー	牡4	オルフェーヴル	サンデーサイレンス系	P56
	19（日）	小倉大賞典	III	小倉	1800	ヒンドゥタイムズ	騸7	*ハービンジャー	ダンチヒ系	P84,418
	19（日）	フェブラリーS	I	東京	ダ1600	*レモンポップ	牡5	★レモンドロップキッド	キングマンボ系	P277
	26（日）	阪急杯	III	阪神	1400	アグリ	牡4	*カラヴァッジオ	ストームキャット系	P28,289
	26（日）	中山記念	II	中山	1800	ヒシイグアス	牡7	ハーツクライ	サンデーサイレンス系	P40,417
3月	4（土）	オーシャンS	III	中山	1200	*ジャンダルム	牡7	★キトゥンズジョイ	サドラーズウェルズ系	P250
	4（土）	チューリップ賞	II	阪神	1600	ナミュール	牝3	*ハービンジャー	ダンチヒ系	P84,418
	5（日）	弥生賞ディープインパクト記念	II	中山	2000	アスクビクターモア	牡3	ディープインパクト	サンデーサイレンス系	P32,413
	11（土）	阪神スプリングジャンプ	II	阪神	3900	エイシンクリック	牡8	ルーラーシップ	キングマンボ系	P60
	11（土）	中山牝馬S	III	中山	1800	クリノプレミアム	牝5	オルフェーヴル	サンデーサイレンス系	P56
	12（日）	金鯱賞	II	中京	2000	ジャックドール	牡4	モーリス	ロベルト系	P64
	12（日）	フィリーズレビュー	II	阪神	1400	サブライムアンセム	牝3	ロードカナロア	キングマンボ系	P36
	18（土）	ファルコンS	III	中京	1400	プルパレイ	牡3	イスラボニータ	サンデーサイレンス系	P152
	18（土）	フラワーC	III	中山	1800	スタニングローズ	牝3	キングカメハメハ	ミスタープロスペクター系	P52,413
	19（日）	阪神大賞典	II	阪神	3000	ディープボンド	牡5	キズナ	サンデーサイレンス系	P44
	19（日）	スプリングS	II	中山	1800	ビーアストニッシド	牡3	*アメリカンペイトリオット	ダンチヒ系	P156
	25（土）	毎日杯	III	阪神	1800	ピースオブエイト	牡3	スクリーンヒーロー	ロベルト系	P88
	25（土）	日経賞	II	中山	2500	タイトルホルダー	牡4	ドゥラメンテ	キングマンボ系	P48
	26（日）	高松宮記念	I	中京	1200	ナランフレグ	牡6	ゴールドアリュール	サンデーサイレンス系	P132,417
	26（日）	マーチS	III	中山	ダ1800	メイショウハリオ	牡5	*パイロ	シアトルスルー系	P92
4月	1（土）	ダービー卿CT	III	中山	1600	タイムトゥヘヴン	牡5	ロードカナロア	キングマンボ系	P36
	2（日）	大阪杯	I	阪神	2000	ポタジェ	牡5	ディープインパクト	サンデーサイレンス系	P32,413
	8（土）	阪神牝馬S	II	阪神	1600	メイショウミモザ	牝5	ハーツクライ	サンデーサイレンス系	P40,417
	8（土）	ニュージーランドT	II	中山	1600	*ジャングロ	牡3	★モアザンレディ	ヘイルトゥリーズン系	P279,422
	9（日）	桜花賞	I	阪神	1600	スターズオンアース	牝3	ドゥラメンテ	キングマンボ系	P48
	15（土）	アーリントンC	III	阪神	1600	ダノンスコーピオン	牡3	ロードカナロア	キングマンボ系	P36

※ 3月4日以降は2022年の勝ち馬を掲載しています。★は海外けい養の種牡馬です。

月	開催日	レース名	格	場所	距離	勝ち馬名	性齢	父馬名	系統	父馬掲載ページ
4月	15（土）	中山グランドジャンプ	I	中山	4250	オジュウチョウサン	牡11	ステイゴールド	サンデーサイレンス系	P204,418
	16（日）	アンタレスS	III	阪神	ダ1800	オメガパフューム	牡7	*スウェプトオーヴァーボード	フォーティナイナー系	P252,420
	16（日）	皐月賞	I	中山	2000	ジオグリフ	牡3	*ドレフォン	ストームキャット系	P108
	22（土）	福島牝馬S	III	福島	1800	アナザーリリック	牝4	リオンディーズ	キングマンボ系	P120
	23（日）	マイラーズC	II	京都	1600	ソウルラッシュ	牡4	ルーラーシップ	キングマンボ系	P60
	23（日）	フローラS	II	東京	2000	エリカヴィータ	牝3	キングカメハメハ	ミスタープロスペクター系	P52,413
	29（土）	青葉賞	II	東京	2400	プラダリア	牡3	ディープインパクト	サンデーサイレンス系	P32,413
	30（日）	天皇賞（春）	I	京都	3200	タイトルホルダー	牡4	ドゥラメンテ	キングマンボ系	P48
5月	6（土）	京都新聞杯	II	京都	2200	アスクワイルドモア	牡3	キズナ	サンデーサイレンス系	P44
	7（日）	新潟大賞典	III	新潟	2000	レッドガラン	牡7	ロードカナロア	キングマンボ系	P36
	7（日）	NHKマイルC	I	東京	1600	ダノンスコーピオン	牡3	ロードカナロア	キングマンボ系	P36
	13（土）	京王杯スプリングC	II	東京	1400	メイケイエール	牝4	ミッキーアイル	サンデーサイレンス系	P122
	13（土）	京都ハイジャンプ	III	京都	3930	タガノエスプレッソ	牡10	ブラックタイド	サンデーサイレンス系	P142,424
	14（日）	ヴィクトリアマイル	I	東京	1600	ソダシ	牝4	*クロフネ	ノーザンダンサー系	P130,413
	20（土）	平安S	III	京都	ダ1900	テーオーケインズ	牡5	*シニスターミニスター	シアトルスルー系	P80
	21（日）	オークス	I	東京	2400	スターズオンアース	牝3	ドゥラメンテ	キングマンボ系	P48
	27（土）	葵S	III	京都	1200	ウインマーベル	牡3	*アイルハヴアナザー	フォーティナイナー系	P134
	28（日）	ダービー	I	東京	2400	ドウデュース	牡3	ハーツクライ	サンデーサイレンス系	P40,417
	28（日）	目黒記念	II	東京	2500	ボッケリーニ	牡6	キングカメハメハ	ミスタープロスペクター系	P52,413
6月	3（土）	鳴尾記念	III	阪神	2000	ヴェルトライゼンデ	牡5	ドリームジャーニー	サンデーサイレンス系	P222
	4（日）	安田記念	I	東京	1600	ソングライン	牝4	キズナ	サンデーサイレンス系	P44
	11（日）	エプソムC	III	東京	1800	ノースブリッジ	牡4	モーリス	ロベルト系	P64
	11（日）	函館スプリントS	III	函館	1200	ナムラクレア	牝3	ミッキーアイル	サンデーサイレンス系	P122
	18（日）	マーメイドS	III	阪神	2000	ウインマイティー	牝5	ゴールドシップ	サンデーサイレンス系	P126
	18（日）	ユニコーンS	III	東京	ダ1600	ペイシャエス	牡3	エスポワールシチー	キングマンボ系	P104
	24（土）	東京ジャンプS	III	東京	3110	ケイティクレバー	牡7	*ハービンジャー	ダンチヒ系	P84,418
	25（日）	宝塚記念	I	阪神	2200	タイトルホルダー	牡4	ドゥラメンテ	キングマンボ系	P48
7月	2（日）	ラジオNIKKEI賞	III	福島	1800	フェーングロッテン	牡3	ブラックタイド	サンデーサイレンス系	P142,424
	2（日）	CBC賞	III	中京	1200	テイエムスパーダ	牝3	レッドスパーダ	ヘイルトゥリーズン系	P272
	9（日）	プロキオンS	III	中京	ダ1400	ゲンパチルシファー	牡6	トゥザグローリー	キングマンボ系	P172
	9（日）	七夕賞	III	福島	2000	エヒト	牡5	ルーラーシップ	キングマンボ系	P60
	15（土）	函館2歳S	III	函館	1200	ブトンドール	牝2	ビッグアーサー	プリンスリーギフト系	P154
	16（日）	函館記念	III	函館	2000	ハヤヤッコ	牡6	キングカメハメハ	ミスタープロスペクター系	P52,413
	23（日）	中京記念	III	中京	1600	ベレヌス	牡5	*タートルボウル	ノーザンダンサー系	P196
	29（土）	新潟ジャンプS	III	新潟	3250	ホッコーメヴィウス	騸6	ダイワメジャー	サンデーサイレンス系	P68,416
	30（日）	アイビスサマーダッシュ	III	新潟	1000	ビリーバー	牝7	*モンテロッソ	ミスタープロスペクター系	P142
	30（日）	クイーンS	III	札幌	1800	テルツェット	牝5	ディープインパクト	サンデーサイレンス系	P32,413
8月	6（日）	レパードS	III	新潟	ダ1800	カフジオクタゴン	牡3	モーリス	ロベルト系	P64
	6（日）	エルムS	III	札幌	ダ1700	フルデプスリーダー	牡5	*ヘニーヒューズ	ストームキャット系	P40,416
	13（日）	小倉記念	III	小倉	2000	マリアエレーナ	牝4	*クロフネ	ノーザンダンサー系	P130,413
	13（日）	関屋記念	III	新潟	1600	ウインカーネリアン	牡5	スクリーンヒーロー	ロベルト系	P88
	20（日）	北九州記念	III	小倉	1200	ボンボヤージ	牝5	ロードカナロア	キングマンボ系	P36
	20（日）	札幌記念	II	札幌	2000	ジャックドール	牡4	モーリス	ロベルト系	P64
	26（土）	小倉サマージャンプ	III	小倉	3390	*アサクサゲンキ	騸7	★ストーミーアトランティック	ストームキャット系	P282
	27（日）	新潟2歳S	III	新潟	1600	キタウイング	牝2	ダノンバラード	サンデーサイレンス系	P68,417
	27（日）	キーンランドC	III	札幌	1200	ヴェントヴォーチェ	牡5	*タートルボウル	ノーザンダンサー系	P196

437

月	開催日	レース名	格	場所	距離	勝ち馬名	性齢	父馬名	系統	父馬掲載ページ
9月	2（土）	札幌2歳S	Ⅲ	札幌	1800	ドゥーラ	牝2	ドゥラメンテ	キングマンボ系	P48
	3（日）	小倉2歳S	Ⅲ	小倉	1200	ロンドンプラン	牡2	グレーターロンドン	サンデーサイレンス系	P138
	3（日）	新潟記念	Ⅲ	新潟	2000	カラテ	牡6	トゥザグローリー	キングマンボ系	P172
	9（土）	紫苑S	Ⅱ	中山	2000	スタニングローズ	牝3	キングカメハメハ	ミスタープロスペクター系	P52,413
	10（日）	セントウルS	Ⅱ	阪神	1200	メイケイエール	牝4	ミッキーアイル	サンデーサイレンス系	P122
	10（日）	京成杯オータムH	Ⅲ	中山	1600	ファルコニア	牡5	ディープインパクト	サンデーサイレンス系	P32,413
	16（土）	阪神ジャンプS	Ⅲ	阪神	3140	ホッコーメヴィウス	騙6	ダイワメジャー	サンデーサイレンス系	P68,416
	17（日）	ローズS	Ⅱ	阪神	1800	アートハウス	牝3	スクリーンヒーロー	ロベルト系	P88
	18（月）	セントライト記念	Ⅱ	中山	2200	ガイアフォース	牡3	キタサンブラック	サンデーサイレンス系	P96
	24（日）	神戸新聞杯	Ⅱ	阪神	2400	ジャスティンパレス	牡3	ディープインパクト	サンデーサイレンス系	P32,413
	24（日）	オールカマー	Ⅱ	中山	2200	ジェラルディーナ	牝4	モーリス	ロベルト系	P64
	30（土）	シリウスS	Ⅲ	阪神	ダ2000	ジュンライトボルト	牡5	キングカメハメハ	ミスタープロスペクター系	P52,413
10月	1（日）	スプリンターズS	Ⅰ	中山	1200	*ジャンダルム	牡7	★キトゥンズジョイ	サドラーズウェルズ系	P250
	7（土）	サウジアラビアロイヤルC	Ⅲ	東京	1600	ドルチェモア	牡2	ルーラーシップ	キングマンボ系	P60
	8（日）	毎日王冠	Ⅱ	東京	1800	サリオス	牡5	ハーツクライ	サンデーサイレンス系	P40,417
	9（月）	京都大賞典	Ⅱ	京都	2400	ヴェラアズール	牡5	エイシンフラッシュ	キングマンボ系	P114
	14（土）	アイルランドトロフィー府中牝馬S	Ⅱ	東京	1800	イズジョーノキセキ	牝5	エピファネイア	ロベルト系	P76
	15（日）	東京ハイジャンプ	Ⅰ	東京	3110	ゼノヴァース	牡5	ディープインパクト	サンデーサイレンス系	P32,413
	15（日）	秋華賞	Ⅰ	京都	2000	スタニングローズ	牝3	キングカメハメハ	ミスタープロスペクター系	P52,413
	21（土）	富士S	Ⅱ	東京	1600	セリフォス	牡3	ダイワメジャー	サンデーサイレンス系	P68,416
	22（日）	菊花賞	Ⅰ	京都	3000	アスクビクターモア	牡3	ディープインパクト	サンデーサイレンス系	P32,413
	28（土）	スワンS	Ⅱ	京都	1400	ダイアトニック	牡7	ロードカナロア	キングマンボ系	P36
	28（土）	アルテミスS	Ⅲ	東京	1600	ラヴェル	牝2	キタサンブラック	サンデーサイレンス系	P96
	29（日）	天皇賞（秋）	Ⅰ	東京	2000	イクイノックス	牡3	キタサンブラック	サンデーサイレンス系	P96
11月	4（土）	ファンタジーS	Ⅲ	京都	1400	リバーラ	牝2	*キンシャサノキセキ	サンデーサイレンス系	P100
	4（土）	京王杯2歳S	Ⅱ	東京	1400	オオバンブルマイ	牡2	*ディスクリートキャット	ストームキャット系	P136
	5（日）	みやこS	Ⅲ	京都	ダ1800	サンライズホープ	牡5	*マジェスティックウォリアー	シアトルスルー系	P124
	5（日）	アルゼンチン共和国杯	Ⅱ	東京	2500	ブレークアップ	牡4	*ノヴェリスト	バーラム系	P158
	11（土）	デイリー杯2歳S	Ⅱ	京都	1600	オールパルフェ	牡2	リアルスティール	サンデーサイレンス系	P352
	11（土）	京都ジャンプS	Ⅲ	京都	3170	ホッコーメヴィウス	騙6	ダイワメジャー	サンデーサイレンス系	P68,416
	11（土）	武蔵野S	Ⅲ	東京	ダ1600	ギルデッドミラー	牝5	オルフェーヴル	サンデーサイレンス系	P56
	12（日）	エリザベス女王杯	Ⅰ	京都	2200	ジェラルディーナ	牝4	モーリス	ロベルト系	P64
	12（日）	福島記念	Ⅲ	福島	2000	*ユニコーンライオン	牡6	★ノーネイネヴァー	ストームキャット系	P288
	18（土）	東京スポーツ杯2歳S	Ⅱ	東京	1800	ガストリック	牡2	ジャスタウェイ	サンデーサイレンス系	P118
	19（日）	マイルチャンピオンシップ	Ⅰ	京都	1600	セリフォス	牡3	ダイワメジャー	サンデーサイレンス系	P68,416
	25（土）	京都2歳S	Ⅲ	京都	2000	グリューネグリーン	牡2	ラブリーデイ	キングマンボ系	P170
	26（日）	京阪杯	Ⅲ	京都	1200	トウシンマカオ	牡3	ビッグアーサー	プリンスリーギフト系	P154
	26（日）	ジャパンC	Ⅰ	東京	2400	ヴェラアズール	牡5	エイシンフラッシュ	キングマンボ系	P114
12月	2（土）	ステイヤーズS	Ⅱ	中山	3600	シルヴァーソニック	牡6	オルフェーヴル	サンデーサイレンス系	P56
	2（土）	チャレンジC	Ⅲ	阪神	2000	ソーヴァリアント	牡4	オルフェーヴル	サンデーサイレンス系	P56
	3（日）	チャンピオンズC	Ⅰ	中京	ダ1800	ジュンライトボルト	牡5	キングカメハメハ	ミスタープロスペクター系	P52,413
	9（土）	中日新聞杯	Ⅲ	中京	2000	キラーアビリティ	牡3	ディープインパクト	サンデーサイレンス系	P32,413
	10（日）	阪神ジュベナイルフィリーズ	Ⅰ	阪神	1600	リバティアイランド	牝2	ドゥラメンテ	キングマンボ系	P48
	10（日）	カペラS	Ⅲ	中山	ダ1200	リメイク	牡3	*ラニ	シアトルスルー系	P224
	16（土）	ターコイズS	Ⅲ	中山	1600	ミスニューヨーク	牝5	*キングズベスト	キングマンボ系	P271
	17（日）	朝日杯フューチュリティS	Ⅰ	阪神	1600	ドルチェモア	牡2	ルーラーシップ	キングマンボ系	P60
	23（土）	中山大障害	Ⅰ	中山	4100	ニシノデイジー	牡6	*ハービンジャー	ダンチヒ系	P84,418
	23（土）	阪神C	Ⅱ	阪神	1400	ダイアトニック	牡7	ロードカナロア	キングマンボ系	P36
	24（日）	有馬記念	Ⅰ	中山	2500	イクイノックス	牡3	キタサンブラック	サンデーサイレンス系	P96
	28（木）	ホープフルS	Ⅰ	中山	2000	ドゥラエレーデ	牡2	ドゥラメンテ	キングマンボ系	P48

地方競馬グレード競走一覧

（2023年1月〜2024年3月）

月	開催日	レース名	格	場所	距離	勝ち馬名	性齢	父馬名	父馬掲載ページ
1月	25（水）	TCK女王盃	JpnⅢ	大井	1800	グランブリッジ	牝4	*シニスターミニスター	P80
2月	1（水）	川崎記念	JpnⅠ	川崎	2100	ウシュバテソーロ	牡6	オルフェーヴル	P56
	9（木）	佐賀記念	JpnⅢ	佐賀	2000	バーデンヴァイラー	牡5	ドゥラメンテ	P48
3月	1（水）	エンプレス杯	JpnⅡ	川崎	2100	ショウナンナデシコ	牝5	オルフェーヴル	P56
	14（火）	黒船賞	JpnⅢ	高知	1400	イグナイター	牡4	エスポワールシチー	P104
	15（水）	ダイオライト記念	JpnⅡ	船橋	2400	ノーヴァレンダ	牡4	ダイワメジャー	P68,416
	16（木）	名古屋大賞典	JpnⅢ	名古屋	2000	クリンチャー	牡8	ディープスカイ	P272,422
4月	12（水）	マリーンカップ	JpnⅢ	船橋	1600	ショウナンナデシコ	牝5	オルフェーヴル	P56
	19（水）	東京スプリント	JpnⅢ	大井	1200	シャマル	牡5	スマートファルコン	P148
5月	2（火）	かきつばた記念	JpnⅢ	名古屋	1500	イグナイター	牡4	エスポワールシチー	P104
	3（水）	兵庫チャンピオンシップ	JpnⅡ	園田	1870	ブリッツファング	牡3	ホッコータルマエ	P116
	4（木）	かしわ記念	JpnⅠ	船橋	1600	ショウナンナデシコ	牝5	オルフェーヴル	P56
	31（水）	さきたま杯	JpnⅡ	浦和	1400	サルサディオーネ	牝8	ゴールドアリュール	P132,417
6月	1（木）	北海道スプリントカップ	JpnⅢ	門別	1200	ダンシングプリンス	牡6	パドトロワ	P258
	14（水）	関東オークス	JpnⅡ	川崎	2100	グランブリッジ	牝3	*シニスターミニスター	P80
	28（水）	帝王賞	JpnⅠ	大井	2000	メイショウハリオ	牡6	*パイロ	P92
7月	5（水）	スパーキングレディーカップ	JpnⅢ	川崎	1600	ショウナンナデシコ	牝5	オルフェーヴル	P56
	12（水）	ジャパンダートダービー	JpnⅠ	大井	2000	ノットゥルノ	牡3	ハーツクライ	P40,417
	17（月）	マーキュリーカップ	JpnⅢ	盛岡	2000	バーデンヴァイラー	牡4	ドゥラメンテ	P48
8月	15（火）	クラスターカップ	JpnⅢ	盛岡	1200	オーロラテソーロ	牡5	★マリブムーン	P278
	17（木）	ブリーダーズゴールドカップ	JpnⅢ	門別	2000	グランブリッジ	牝3	*シニスターミニスター	P80
	31（木）	サマーチャンピオン	JpnⅢ	佐賀	1400	シャマル	牡4	スマートファルコン	P148
9月	20（水）	テレ玉杯オーバルスプリント	JpnⅢ	浦和	1400	シャマル	牡4	スマートファルコン	P148
	26（火）	白山大賞典	JpnⅢ	金沢	2100	ケイアイパープル	牡6	*パイロ	P92
	27（水）	日本テレビ盃	JpnⅡ	船橋	1800	フィールドセンス	牡8	★ストリートセンス	P278
10月	4（水）	東京盃	JpnⅡ	大井	1200	レッドルゼル	牡6	ロードカナロア	P36
	5（木）	レディスプレリュード	JpnⅡ	大井	1800	プリティーチャンス	牝5	*シンボリクリスエス	P226,414
	9（月）	マイルチャンピオンシップ南部杯	JpnⅠ	盛岡	1600	カフェファラオ	牡5	★アメリカンファラオ	P202
11月	1（水）	エーデルワイス賞	JpnⅢ	門別	1200	マルカラピッド	牝2	マインドユアビスケッツ	P350
	3（金）	JBC2歳優駿	JpnⅢ	門別	1800	ゴライコウ	牡2	ホッコータルマエ	P116
	3（金）	JBCレディスクラシック	JpnⅠ	大井	1800	ヴァレーデラルナ	牝3	ドゥラメンテ	P48
	3（金）	JBCクラシック	JpnⅠ	大井	2000	テーオーケインズ	牡5	*シニスターミニスター	P80
	3（金）	JBCスプリント	JpnⅠ	大井	1200	ダンシングプリンス	牡6	パドトロワ	P258
	22（水）	兵庫ジュニアグランプリ	JpnⅡ	園田	1400	オマツリオトコ	牡2	*ヴィットリオドーロ	P274
	23（木）	浦和記念	JpnⅡ	浦和	2000	クリノドラゴン	牡4	アスカクリチャン	P276
	29（水）	クイーン賞	GⅢ	船橋	1800	テリオスベル	牝5	キズナ	
12月	13（水）	全日本2歳優駿	JpnⅠ	川崎	1600	デルマソトガケ	牡2	マインドユアビスケッツ	P350
	20（水）	兵庫ゴールドトロフィー	JpnⅢ	園田	1400	ラプタス	騙6	ディープブリランテ	P180
	21（木）	名古屋グランプリ	JpnⅡ	名古屋	2100	ペイシャエス	牡3	エスポワールシチー	P104
	29（金）	**東京大賞典**	GⅠ	大井	2000	ウシュバテソーロ	牡5	オルフェーヴル	P56
1月	17（水）	ブルーバードカップ	JpnⅢ	船橋	1800				
2月	7（水）	クイーン賞	JpnⅢ	船橋	1800				
	12（月）	佐賀記念	JpnⅢ	佐賀	2000				
	14（水）	雲取賞	JpnⅢ	大井	1800				
	29（木）	かきつばた記念	JpnⅢ	名古屋	1500				
3月	6（水）	ダイオライト記念	JpnⅢ	船橋	2400				
	20（水）	京浜盃	JpnⅡ	大井	1700				
	26（火）	黒船賞	JpnⅢ	高知	1400				

競走条件等は変更されることがあります。1月25日〜2月9日までは2023年の勝ち馬、それ以外は2022年の勝ち馬を掲載しています。

国内けい養種牡馬

INDEX

441

国内けい養種牡馬

INDEX

国内けい養種牡馬

海外けい養種牡馬　INDEX

445

INDEX

■ 著者紹介

関口隆哉（せきぐち・たかや）

早稲田大学教育学部卒業後、出版社勤務を経て、フリーライターに。競馬に関する著書多数。現在は、育成牧場における取材を毎月継続しているほか、野球（NPB、MLB、高校野球）、ペット・動物関連、教育関連、地産地消など、幅広い分野の執筆活動をおこなっている。

宮崎聡史（みやざき・さとし）

早稲田大学第一文学部卒業後、フリーライターに。以降、雑誌、単行本、WEB記事など、趣味と生活全般に関する雑多なライティング業務に携わっている。

● 種付頭数および産駒数は、公益財団法人ジャパン・スタッドブック・インターナショナルの公式データを利用しました。

執筆協力／村本浩平
データ作成／八角 潤
編集／有限会社 オネストワン　田中一平　田中正一　内田未央
DTP／大村タイシデザイン室
写真／村田利之、山田綾子、JRA、JScompany、中央競馬PRセンター、サラブレッド血統センター、地方競馬全国協会、上田美貴子（社台ファーム、レックススタッド）、Trish Dunell,Rich Hill Stud（サトノアラジン）、Arrowfield Stud（アドマイヤマーズ、ミッキーアイル、モーリス）
カバー・本文デザイン／大村タイシデザイン室

協力／社台SS、レックススタッド、アロースタッド、イーストスタッド、ブリーダーズSS、優駿SS、日本軽種馬協会、HBA、地方競馬全国協会、ビッグレッドファーム、ダーレー・ジャパン株式会社、ジャパンレースホースエージェンシー、社台ファーム、ノーザンファーム、ノーザンファーム空港、ケイアイファーム、中村畜産、荻伏ブリーディングシステム、エスティファーム

実績と信頼の充実データ
種牡馬最強データ'23〜'24

2023年3月31日　発　行　　　　　　　　　　　　NDC788

著　　者	関口隆哉、宮崎聡史	
発 行 者	小川雄一	
発 行 所	株式会社 誠文堂新光社	
	〒113-0033 東京都文京区本郷 3-3-11	
	電話 03-5800-5780	
	https://www.seibundo-shinkosha.net/	
印刷・製本	大日本印刷 株式会社	

ISBN978-4-416-52370-4